国家社会科学基金
委托资助项目

当代中国社会大事典
（1978—2015）

第四卷

魏礼群　主编

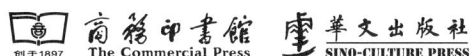

2017年·北京

目 录

第九章 网络社会与信息安全

一、信息安全 3
 1.中华人民共和国计算机信息系统安全保护条例 3
 2.中华人民共和国计算机信息网络国际联网管理暂行规定 4
 3.计算机信息网络国际联网出入口信道管理办法 4
 4.计算机信息网络国际联网安全保护管理办法 5
 5.关于计算机信息网络国际联网业务实行经营许可证制度有关问题的通知 ... 5
 6.关于加强通过信息网络向公众传播广播电影电视类节目管理的通告 6
 7.千年虫病毒事件 6
 8.计算机信息系统国际联网保密管理规定 8
 9.教育网站和网校暂行管理办法 9
 10.互联网信息服务管理办法 9
 11.互联网电子公告服务管理规定 10
 12.互联网站从事登载新闻业务管理暂行规定 11
 13.关于维护互联网安全的决定 11
 14.2001年中美网络大战 12
 15.公用电信网间互联管理规定 13
 16.中国互联网络域名管理办法 14
 17.反垃圾邮件协调小组成立 15

18. 互联网"违法和不良信息举报中心"网站（net.china.cn）开通 16
19. 全国打击淫秽色情网站专项行动 17
20. 互联网站禁止传播淫秽、色情等不良信息自律规范 17
21. 关于办理利用互联网、移动通信终端、声讯台制作、复制、出版、贩卖、传播淫秽电子信息刑事案件具体应用法律若干问题的解释 18
22. 非经营性互联网信息服务备案管理办法 19
23. 互联网IP地址备案管理办法 19
24. 关于开展以互联网站为重点的保密检查的通知 20
25. 互联网安全保护技术措施规定 21
26. 信息网络传播权保护条例 22
27. 关于发展软件及相关信息服务出口的指导意见 24
28. 关于进一步加强网吧及网络游戏管理工作的通知 25
29. 关于加强音像制品、电子出版物和网络出版物审读工作的通知 26
30. 关于开展全国重要信息系统安全等级保护定级工作的通知 27
31. 七项信息安全国家标准正式实施 28
32. 杭州市计算机信息网络安全保护管理条例 29
33. 电信网络运行监督管理办法 30
34. 关于进一步加强网络游戏前置审批和进口网络游戏审批管理的通知 31
35. 公安部打击整治网络淫秽色情专项行动 32
36. "3Q大战"爆发 33
37. "防网络诈骗联盟"专项行动启动 35
38. 公安部开展"净网行动" 35
39. 中国互联网络信息中心域名注册实施细则 36
40. 关于加强网络信息保护的决定 37
41. 互联网接入服务规范 38
42. 电信和互联网用户个人信息保护规定 39
43. 中央网络安全和信息化领导小组成立 40
44. 微软停止XP系统服务 41
45. "扫黄打非·净网2014"行动 43
46. 即时通信工具公众信息服务发展管理暂行规定 43
47. "整治网络弹窗"专项行动 45
48. 清理整治网络视频有害信息专项行动 46

49.互联网用户账号名称管理规定 ... 47
50.互联网危险物品信息发布管理规定 ... 47
51.规范域名注册服务市场专项行动 ... 49
52.国家版权局发布《关于规范网络转载版权秩序的通知》 ... 50
53.互联网新闻信息服务单位约谈工作规定 ... 51
54.通信短信息服务管理规定 ... 52
55."护苗2015"专项行动 ... 53
56.关于加强互联网领域侵权假冒行为治理的意见 ... 54

二、网络基础设施建设 ... 57

1.中国实现与国际互联网的全功能连接 ... 57
2."百所联网工程" ... 58
3."国家信息化'九五'规划和2000年远景目标"通过 ... 58
4.四大骨干互联网实现互联互通 ... 59
5.政府上网工程启动 ... 60
6.中国高速互联网示范工程 ... 61
7.企业上网工程正式启动 ... 62
8.中国电子政务应用示范工程 ... 63
9.家庭上网工程正式启动 ... 64
10.中华人民共和国中央人民政府门户网站正式开通 ... 65
11.《2006—2020年国家信息化发展战略》发布 ... 66
12.国家电子政务网络传输骨干网网络正式开通 ... 66
13.《国民经济和社会发展信息化"十一五"规划》发布 ... 67
14.中国未成年人网脉工程 ... 69
15.国务院关于推进物联网有序健康发展的指导意见 ... 71
16.周边国家互联互通基础设施建设规划 ... 72
17.三网融合推广方案 ... 72

三、网络社会建设 ... 74

1.中国第一份中文电子杂志《神州学人》上线 ... 74
2.第一家互联网公司瀛海威创立 ... 75
3.中国公用计算机互联网国际联网管理办法 ... 75

4.第一家网吧"实华开网络咖啡屋"在京开设……76
5.CNNIC（中国互联网络信息中心）成立……77
6.邮电部和电子工业部合并为信息产业部……77
7.中华网作为第一只中国网络概念股登上纳斯达克……78
8.新浪、网易和搜狐三大门户网站上市……79
9.药品电子商务试点监督管理办法……79
10.中华人民共和国电信条例……81
11.人事部推行《"电子政务"实施方案》……83
12.网络文明工程……83
13.互联网医疗卫生信息服务管理办法……85
14.国务院信息化办公室成立……85
15.信息产业"十五"规划纲要……86
16.全国青少年网络文明公约……87
17.中国互联网行业自律公约……88
18.关于加强网络文化市场管理的通知……89
19.互联网出版管理暂行规定……90
20.关于我国电子政务建设指导意见……91
21.国家互联网应急中心成立……92
22.北京联网管理暂住人口……93
23.互联网新闻信息服务自律公约……93
24.关于开展"网吧"等互联网上网服务营业场所专项治理的通知……94
25.互联网药品信息服务管理办法……95
26.中华人民共和国电子签名法……96
27."诚信自律同盟"建立……97
28.互联网等信息网络传播视听节目管理办法……98
29.全国个人信用信息基础数据库试行……99
30.广电总局在国内发放首张IPTV业务经营牌照……100
31.互联网著作权行政保护办法……101
32.网络文化经营许可证……102
33.关于网络游戏发展和管理的若干意见……103
34.网络游戏防沉迷系统开发标准出台……104
35.互联网新闻信息服务管理规定公布……105

目 录

36. 互联网药品交易服务审批暂行规定 ... 105
37. "阳光绿色网络工程"启动 ... 106
38. 互联网站管理协调工作方案 ... 108
39. 互联网电子邮件服务管理办法施行 ... 109
40. 《国家电子政务总体框架》确定 ... 109
41. 网络新闻作品首次参加中国新闻奖评选 ... 110
42. 关于网络音乐发展和管理的若干意见 ... 111
43. 中共中央政治局集体学习世界网络技术发展和中国网络文化建设与管理问题 ... 112
44. 电子商务发展"十一五"规划 ... 113
45. 关于规范利用互联网从事印刷经营活动的通知 ... 114
46. 《博客服务自律公约》正式发布 ... 115
47. "2008年奥运会中国地区互联网和移动平台传播权"协议 ... 116
48. 《互联网视听节目服务管理规定》颁布 ... 116
49. 中华人民共和国工业和信息化部成立 ... 117
50. 中国网民人数首次跃居世界第一 ... 118
51. 胡锦涛通过人民网强国论坛同网友在线交流 ... 119
52. 人民网舆情监测室成立 ... 119
53. 全国整治互联网低俗之风专项行动 ... 120
54. 首批3G牌照发放 ... 122
55. 关于加强和改进网络音乐内容审查工作的通知 ... 122
56. 国务院公布《电子信息产业调整和振兴规划》 ... 123
57. 关于加强网络游戏虚拟货币管理工作的通知 ... 124
58. 关于加强对进口网络游戏审批管理的通知 ... 125
59. 关于加大对网吧接纳未成年人违法行为处罚力度的通知 ... 126
60. 网络游戏管理暂行办法 ... 126
61. 新华网A股上市 ... 127
62. 商务部发布通知规范外企从事网络销售等行为 ... 128
63. 关于加强互联网易制毒化学品销售信息管理的公告 ... 129
64. 新闻出版总署关于发展电子书产业的意见 ... 130
65. 关于加快培育和发展战略性新兴产业的决定 ... 131
66. 中国互联网网络版权自律公约 ... 132
67. 商务部下发通知规范网络购物促销行为 ... 133

5

68. 互联网文化管理暂行规定 ... 134
69. 第三方电子商务交易平台服务规范 ... 134
70. 140余家网站签署《抵制非法网络公关行为自律公约》 ... 135
71. 中国人民银行下发首批第三方支付牌照 ... 135
72. 我国织就全球最大"水上物联网" ... 136
73. 关于严防虚假新闻报道的若干规定 ... 137
74. 关于进一步加强公共数字文化建设的指导意见 ... 138
75. 规范互联网信息服务市场秩序若干规定 ... 139
76. 北京市微博客发展管理若干规定 ... 141
77. 中国人民银行出台互联网支付管理办法 ... 142
78. 物联网"十二五"发展规划 ... 143
79. 新闻出版总署关于加快出版传媒集团改革发展的指导意见 ... 145
80. 中国互联网协会抵制网络谣言倡议书 ... 146
81. 人民网上市 ... 147
82. 网络文化经营单位内容自审管理办法 ... 147
83. 最高人民法院、最高人民检察院关于办理利用信息网络实施诽谤等刑事案件适用法律若干问题的解释 ... 148
84. 国务院办公厅公布《关于进一步加强政府信息公开回应社会关切提升政府公信力的意见》 ... 150
85. 习近平就促进亚太互联互通发表讲话 ... 151
86. 最高人民法院首审互联网反垄断案 ... 152
87. 首张4G牌照发放 ... 153
88. 打击新闻敲诈和假新闻专项行动 ... 153
89. 整治互联网重点领域广告专项行动启动 ... 154
90. 打击网上造谣传谣行为联合行动 ... 156
91. 习近平首提中国网络治理主张 ... 156
92. 国家网信办重组 ... 157
93. 阿里巴巴美国纽交所上市 ... 158
94. 公安部建立公民网络身份识别系统 ... 158
95. 首届世界互联网大会在乌镇举行 ... 159
96. 关于加强互联网禁毒工作的意见 ... 160
97. 关于大力发展电子商务加快培育经济新动力的意见 ... 161

98.关于促进跨境电子商务健康快速发展的指导意见 ... 162

99.关于积极推进"互联网+"行动的指导意见 ... 163

100.关于促进互联网金融健康发展的指导意见 ... 164

101.促进大数据发展行动纲要 ... 166

102.向民间资本开放宽带接入市场 ... 167

第十章　保障与提高人民生活水平

一、消费政策 ... 171

1.国民经济"调整、改革、整顿、提高"方针 ... 171

2.中国消费者协会成立 ... 172

3.关于进一步活跃农村经济的十项政策 ... 173

4.关于开办人民币长期保值储蓄存款的公告 ... 174

5.消费者权益日 ... 175

6.取消票证供应 ... 175

7.中华人民共和国产品质量法 ... 176

8.中华人民共和国消费者权益保护法 ... 177

9.中华人民共和国价格法 ... 178

10.全国年节及纪念日放假办法 ... 179

11.价格听证制度 ... 179

12.关于开展个人消费信贷指导意见 ... 179

13.万村千乡市场工程 ... 180

14.职工带薪休假条例 ... 181

15.家电下乡 ... 182

16.储蓄存款利息所得个人所得税 ... 183

17.关于搞活流通扩大消费的意见 ... 184

18.快递业务经营许可管理办法 ... 185

19.取消全国假日办 ... 186

20.国务院办公厅发布《关于加快发展生活性服务业促进消费结构升级的指导意见》 ... 186

21.国务院办公厅发布《关于积极发挥新消费引领作用加快培育形成新供给新动力的指导意见》......187

二、消费水平 189

1. 温饱生活水平......189
2. 小康生活水平......190
3. 居民消费倾向和储蓄倾向......191
4. 居民衣着消费......193
5. 居民食品消费......194
6. 恩格尔系数......196
7. 居民医疗保健消费......197
8. 交通出行......199
9. 耐用消费品拥有量......200
10. 通信设备......202
11. 信用消费......203
12. 文化消费......205
13. 旅游消费......206
14. 奢侈品消费......207

三、住房保障 209

1. 商品房......209
2. 国务院住房制度改革领导小组成立......210
3. 解决城镇居住特别困难户住房问题的若干意见......210
4. 中华人民共和国房产税暂行条例......212
5. 住房公积金制度......212
6. 住房担保贷款管理试行办法......214
7. 国务院发布《关于深化城镇住房制度改革的决定》......215
8. 国家安居工程实施方案......216
9. 国务院发布《关于进一步深化城镇住房制度改革加快住房建设的通知》......217
10. 关于加快普通高等学校筒子楼改造改善青年教师住房条件的意见......218
11. 个人住房贷款管理试行办法......220
12. 财政部《城镇经济适用住房建设管理办法》......220

13. 关于进一步规范经济适用住房建设和销售行为的通知...........221
14. 经济适用房价格管理办法...........222
15. 城市房屋拆迁管理条例...........223
16. 商品房销售管理办法...........224
17. 国务院印发《关于促进房地产市场持续健康发展的通知》...........225
18. 城镇廉租住房管理办法...........225
19. 国务院办公厅关于调控房地产市场的八项举措...........227
20. 关于住房转让所得征收个人所得税有关问题的通知...........228
21. 国务院《关于解决城市低收入家庭住房困难的若干意见》...........229
22. 关于改善农民工居住条件的指导意见...........230
23. 关于推进城市和国有工矿棚户区改造工作的指导意见...........230
24. 农村危房改造抗震安全基本要求（试行）...........232
25. "城中村"改造工程...........232
26. 关于加快发展公共租赁住房的指导意见...........234
27. 北京首发住房限购令...........235
28. 关于保障性安居工程建设和管理的指导意见...........237
29. 关于公共租赁住房和廉租住房并轨运行的通知...........237
30. 国务院《关于进一步做好城镇棚户区和城乡危房改造及配套基础设施建设有关工作的意见》...........239
31. 关于做好2015年农村危房改造工作的通知...........239

四、精神文化...........241

1. "中国民间文化艺术之乡"项目...........241
2. "三下乡"活动...........242
3. 广播电视村村通工程...........243
4. 公共文化体育设施条例...........245
5. 关于高度重视农民工文化生活，切实保障农民工文化权益的通知...........246
6. 关于进一步加强农村文化建设的意见...........247
7. 中国校园健康行动...........248
8. 流动舞台车工程...........249
9. 国务院印发《全民科学素质行动计划纲要》...........251
10. "农家书屋"工程...........252

11. 关于加强公共文化服务体系建设的若干意见……253
12. 关于加强地方县级和城乡基层宣传文化队伍建设的若干意见……255
13. 全国美术馆发展扶持计划……257
14. 关于进一步加强少年儿童图书馆建设工作的意见……258
15. 全国美术馆、公共图书馆、文化馆（站）免费开放制度……259
16. 关于广泛开展基层文化志愿服务活动的意见……261
17. 春雨工程……263
18. 城市社区文化设施管理办法……264
19. 特殊群体文化权益保障项目……265
20. 公共电子阅览室建设计划……267
21. 地方戏曲剧种保护与扶持计划实施方案……269
22. 传统文化普及（国学热）……270

五、生活环境……273

1. "环境保护"写入宪法……273
2. "环境保护"被确立为一项基本国策……274
3. 中华人民共和国环境保护法……275
4. 中国21世纪议程……276
5. 可持续发展战略……277
6. "环境保护"教育……278
7. 饮用水水源保护区污染防治管理规定……279
8. 关于加强农村生态环境保护工作的若干意见……281
9. 环境信息公开办法（试行）……282
10. 畜禽养殖污染防治管理办法……283
11. 中华人民共和国防沙治沙法……284
12. 住宅室内装饰装修管理办法……286
13. 重大水污染事件报告暂行办法……287
14. "资源节约型"和"环境友好型"社会建设……288
15. 国家农村小康环保行动计划……290
16. 生活垃圾填埋场污染控制标准……291
17. 社会生活环境噪声排放标准……292
18. 全国地面沉降防治规划……293

19.关于加强环境噪声污染防治工作改善城乡声环境质量的指导意见...294
20."美丽中国"建设...295
21.土壤环境保护工程...296
22.关于加强农作物秸秆综合利用和禁烧工作的通知...298
23.雾霾治理...299
24.国务院发布《关于印发水污染防治行动计划的通知》...300
25.《生态文明体制改革总体方案》的制定...301
26.农村生活垃圾治理验收办法...302

六、健康水平...303

1.全国亿万农民健康促进行动...303
2.国务院《全民健身计划（2011—2015年）》...305
3.中国农村初级卫生保健发展纲要（2001—2010年）...305
4.全国健康教育与健康促进工作规划纲要（2005—2010年）...306
5.疫苗流通和预防接种管理条例...307
6."全民健身与奥运同行"活动...308
7.农村卫生服务体系建设与发展规划...310
8.国务院《关于发展城市社区卫生服务的指导意见》...311
9.关于进一步加强妇幼卫生工作的指导意见...312
10."十一五"农民体育健身工程建设规划...313
11.青少年学生阳光体育运动...314
12.国家环境与健康行动计划（2007—2015年）...315
13."健康中国2020"战略...316
14.中国居民健康素养调查...316
15.全民健身条例...318
16.营养改善工作管理办法...319
17."医疗质量万里行"活动...321
18.全国防盲治盲规划（2012—2015年）...321
19.全国乡村医生教育规划（2011—2020年）...323
20.人口健康信息管理办法（试行）...324

第十一章　中国社会发展综合统计与国际比较

一、中国社会发展综合统计概述 329
 1.人口与就业统计 329
 2.住户调查 330
 3.社会统计 331
 4.科技统计 331
 5.环境统计 332

二、人口与就业统计 333
 1.人口统计调查综述 333
 2.第三次全国人口普查 335
 3.第四次全国人口普查 337
 4.第五次全国人口普查 340
 5.第六次全国人口普查 344
 6.人口变动情况抽样调查 347
 7.深入的生育力调查 351
 8.1987年全国1%人口抽样调查 354
 9.1995年全国1%人口抽样调查 356
 10.2005年全国1%人口抽样调查 359
 11.劳动力调查 362
 12.总人口 365
 13.出生人口 366
 14.平均预期寿命 368
 15.家庭与婚姻 369
 16.人口年龄结构 370
 17.流动人口 372
 18.人口受教育程度 373

目 录

 19.人口就业状况 ... 374
 20.少数民族人口 ... 376
 21.中国人口日 ... 378

三、社会发展统计 ... 380

 1.综合社会统计的发展 ... 380
 2.社会统计指标体系和社会发展综合指数 ... 382
 3.编制社会统计指标体系 ... 384
 4.开展社会发展水平综合评价 ... 388
 5."九五"社会综合统计改革方案 ... 391
 6.综合社会统计资料的编辑出版 ... 392
 7.社会统计的信息化发展 ... 395
 8.政府统计信息化改革 ... 397
 9.政府公共服务统计综述 ... 399
 10.国家基本公共服务统计监测 ... 401
 11.教育统计 ... 404
 12.教育经费统计 ... 408
 13.卫生统计 ... 411
 14.社会服务统计 ... 414
 15.环境统计 ... 417
 16.应对气候变化统计 ... 420
 17.社会统计专项工作和专项调查 ... 421
 18.妇女儿童发展纲要统计监测 ... 423
 19.性别统计 ... 429
 20.残疾人统计 ... 431
 21.文化产业统计 ... 435
 22.儿童情况抽样调查 ... 438
 23.主观问卷调查 ... 440
 24.妇女社会地位调查 ... 442
 25.群众安全感抽样调查 ... 445
 26.中小学生学习生活状况专项调查 ... 447
 27.时间利用抽样调查 ... 450

四、宏观社会统计 454

1. 城市、农村社会经济调查队 454
2. 农村住户调查 455
3. 城市住户调查 458
4. 城乡住户调查一体化 460
5. 农村贫困监测 463
6. 农民工监测调查 466
7. 统计上划分城乡的规定 467
8. 撤县设市 470
9. "小康社会"及统计监测 474
10. 消除贫困取得举世瞩目的成就 483
11. 城乡居民生活从贫困向全面小康迈进 484
12. 社会主义新农村建设 487
13. 中国城市化进程 492
14. 西部大开发战略 495

五、中国社会发展成就的国际比较 498

1. 和谐社会 498
2. "五位一体"总体布局 501
3. 跻身中等偏上收入组 503
4. 人文发展水平 506
5. 创新能力 509
6. 社会全球化进程 517
7. 国际竞争力 520
8. 基本民生 529
9. 各项社会事业 532
10. 社会结构 535
11. 为实现"千年发展目标"作出的贡献 541

六、统计表 548

1. 人口表 548

目　录

2.人口年龄结构和抚养比...549

3.人口出生率、死亡率和自然增长率...550

4.平均家庭户规模和婚姻状况类型所占比重...552

5.各种受教育程度人口占总人口比重...553

6.六次全国人口普查人口基本情况...554

7.国内生产总值及人均国内生产总值...555

8.国内生产总值指数...556

9.城乡居民人均收支和恩格尔系数...557

10.城乡居民住房面积和储蓄存款余额...559

11.农村贫困状况..560

12.居民消费水平及指数...561

13.按三个产业分就业人员数（年底数）..563

14.按城乡分就业人员数（年底数）..564

15.城镇单位就业人员平均货币工资及指数...565

16.城镇单位就业人员平均实际工资指数..566

17.城镇登记失业人数及失业率...568

18.学校数...569

19.专任教师数...570

20.在校学生数...571

21.学生入学率和升学率...573

22.每十万人口各级学校平均在校生数...574

23.教育经费...575

24.医疗卫生机构数..576

25.医疗卫生人员数..578

26.医疗卫生机构床位数...579

27.每万人口卫生技术人员数...581

28.监测地区5岁以下儿童和孕产妇死亡率..581

29.卫生费用...582

30.文化机构数...584

31.图书、期刊和报纸出版情况...585

32.广播电视电影综合情况...587

33.参加基本养老保险人数...588

15

34. 社会保险基本情况 ... 589
35. 社会救助情况 ... 590
36. 提供住宿的社会服务机构床位数 ... 591
37. 世界主要国家和地区总抚养比 ... 592
38. 世界主要国家和地区出生率 ... 593
39. 世界主要国家和地区死亡率 ... 595
40. 世界主要国家和地区婴儿死亡率 ... 596
41. 世界主要国家和地区出生时预期寿命 ... 597
42. 世界主要国家和地区结婚率与离婚率 ... 599
43. 世界主要国家和地区劳动参与率 ... 600
44. 世界主要国家和地区失业率 ... 601
45. 国际贫困率 ... 602
46. 世界主要国家和地区大中小学生入学率 ... 604
47. 世界主要国家和地区医疗支出占国内生产总值比重及人均医疗支出 ... 606
48. 世界主要国家和地区社会支出占国内生产总值的比重 ... 607
49. 世界主要国家和地区城市人口比重 ... 609

第十二章 中国社会学发展大事记

1. 中国社会学研究会成立 ... 615
2. 邓小平提出"社会学需要赶快补课"的论断 ... 616
3. 中国社会科学院正式成立社会学研究所 ... 617
4. 费孝通获马林诺斯基名誉奖 ... 617
5. 中国社会科学院社会学研究所与中国社会学研究会联合举办第一期社会学讲习班 ... 618
6. 中国社会科学院社会学研究所与南开大学联合举办社会学专业班 ... 619
7. 中国社会科学院社会学研究所与中国社会学研究会联合举办第二期社会学讲习班 ... 620
8. 中国婚姻家庭研究会成立 ... 620
9. 《社会》杂志创刊 ... 621
10. 费孝通接受赫胥黎奖章 ... 622

目 录

11. 南开大学开办社会学研究生班，授予硕士学位..623
12. 中国社会心理学研究会在北京成立..623
13. 中国社会学研究会在武汉召开年会..624
14. 全国社会学学科规划会议在成都召开..625
15. 上海复旦大学分校举办社会学讲习班..625
16. 胡耀邦写信推荐《小城镇　大问题》一书..626
17. 费孝通主编的《社会学概论》出版..627
18. 中国社会学函授大学面向全国招生..628
19. 中国社会学代表团参加美国社会学第80届年会..629
20. 《社会学研究》公开发行..629
21. 全国哲学社会科学"七五"规划..630
22. 全国农村婚姻家庭协作调查工作会议在北京举行..631
23. 发展理论与中国现代化研讨会在北京召开..631
24. 中国社会改革与社会学发展研讨会在贵阳召开..632
25. 全国社会主义初级阶段理论与社会学学术研讨会召开..632
26. 马克思主义与社会学理论研讨会在北京召开..633
27. 亚洲及太平洋地区社会工作教育研讨会在北京大学举行..633
28. 中山大学社会学系受民政部委托举办社会工作师资培训班..634
29. 《中国社会学年鉴（1979—1989）》出版发行..635
30. 城镇社会保障的实践和理论研讨会在北京召开..635
31. 中国社会学1991年学术年会在天津召开..636
32. 中国社会学研究国际讨论会在北京召开..637
33. 中国社会学会教育社会学研究会在天津成立..638
34. 《中国大百科全书·社会学》问世..638
35. 中国社会学会"当前中国社会变迁与小康社会研究"在杭州召开..639
36. 中国人口控制模式与实践学术讨论会在北京召开..640
37. 北京大学人口研究所开办首届北京大学人口科学国际研究生班..642
38. 中国1990年人口普查国际讨论会在北京召开..643
39. 北京大学首届妇女问题国际学术研讨会在京举行..644
40. 中国人口发展前景与对策科学研讨会在北京举行..645
41. "如何引导农民走向市场"座谈会在北京举行..646
42. "现代化与青年"的亚洲青年研究国际学术研讨会在上海举行..648

43. 中国社会学学会1993年学术年会在深圳召开 ... 648
44. 中国第一部社会形势研究报告《1992—1993年中国：社会形势分析与预测》蓝皮书发布 ... 649
45. 中国社会学会社会发展与社会保障研究会在北京成立 ... 651
46. 中国社会学会1994年学术年会在上海举行 ... 653
47. 国务院在北京召开全国社会发展会议 ... 653
48. 社会变迁中的妇女国际学术研讨会在上海举行 ... 654
49. 北京大学举办首次社会·文化人类学高级研讨班 ... 655
50. 第六届亚洲社会学大会在北京举行 ... 657
51. 国际社会工作者联合会、国际社会工作学院联合会和香港社会工作人员协会举办的联合世界会议在香港召开 ... 657
52. 中国社会学会1996年年会暨第四届理事会在沈阳召开 ... 658
53. 东亚民俗文化国际学术研讨会在北京召开 ... 659
54. 首届全国退役军人安置保障理论研讨会在北京举办 ... 660
55. 中国社会学会1997年年会在昆明举行 ... 660
56. 北京大学社会生活口述资料研究中心成立 ... 661
57. 中共中央、国务院召开国有企业下岗职工基本生活保障和再就业工作会议 ... 662
58. 中国社会学会1998年年会在福建省福清市召开 ... 663
59. 全国养老保险和再就业服务中心建设工作会议在京召开 ... 664
60. 欧亚人口与家庭历史国际学术研讨会在北京大学举行 ... 665
61. 中国社会学会1999年学术年会在武汉举行 ... 665
62. "中国城市的未来：面向21世纪的研究议程"国际讨论会在沪举办 ... 666
63. 中国社会学会2000年学术年会在江苏南京召开 ... 666
64. 清华大学社会学系召开标志清华大学社会学系恢复的国际学术研讨会 ... 667
65. 社会科学与中国性病艾滋病防治工作研讨会在京召开 ... 668
66. 中国人民大学社会学理论与方法研究中心被教育部批准正式列为人文社会科学重点研究基地 ... 668
67. 国务院学位委员会正式同意培养社会工作硕士（MSW）和社会行政管理硕士（MSSM） ... 669
68. 中国社会学会2001年年会在济南召开 ... 669
69. 中国社会科学院社会学研究所组织召开第36届世界社会学大会组织委员会筹备会议 ... 670

目 录

70. 中国社会与中国研究国际学术研讨会在南京召开......670
71. "家庭：优化与凝聚"国际研讨会在上海举办......671
72. 中国社会学会2002年学术年会在兰州召开......671
73. 首届法律与社会国际学术研讨会召开......672
74. 中国社会学会2003年学术年会在四川大学举行......673
75. 第36届世界社会学大会在北京隆重召开......673
76. 全面建设小康社会与中国"三农"问题学术研讨会在合肥召开......675
77. 李培林和景天魁在中共十六届中央政治局第二十次集体学习上就"努力构建社会主义和谐社会"问题进行讲解......675
78. 费孝通在北京逝世......676
79. 中国社会学会2005年学术年会在合肥召开......677
80. 北京大学—密歇根大学联合研究院"全球化跨学科中国研究和中国计量社会科学研究"暑期课程项目实施......678
81. 中国社会学会2006年学术年会在太原召开......678
82. 国际社会学协会第十六届世界大会在南非的德班市举行......679
83. 中国社会科学院召开第一届中国社会学博士后论坛......680
84. 文化多样性与当代世界国际学术研讨会在中山大学召开......682
85. 中国社会学会2007年学术年会在湖南长沙举行......682
86. 四川地震灾区社会重建调查报告暨研讨会在中国社会科学院举行......683
87. 中国社会学会2008年学术年会暨第七届理事会在长春举行......683
88. 胡锦涛对社会学发展作出批示......684
89. "转型中的中国社会和中国社会学：纪念中国改革开放30周年"国际学术研讨会召开......685
90. 陆学艺社会学发展基金会在北京召开成立大会......686
91. 国际社会学学会社会分层与流动研究委员会2009年年会在北京举行......687
92. 2009年中国社会学会学术年会在西安召开......688
93. 国务院学位委员会办公室批准北京大学、清华大学等33所高校开展社会工作硕士专业学位教育试点工作......688
94. 中国社会学会2010年学术年会在哈尔滨市召开......689
95. 国际人类学与民族学联合会第16届世界大会在昆明举行......691
96. 伦敦政治经济学院举办费孝通诞辰100周年国际学术会议等一系列纪念活动......692
97. 中国社会学会2011年学术年会在南昌召开......692

19

98. 中国社会科学论坛（2011社会学）暨金砖国家社会结构比较研究国际研讨会在北京举行 ... 694
99. 北京大学社会学系举办社会学系重建30周年纪念大会 ... 694
100. 中国社会学会2012年学术年会在银川召开 ... 695
101. 南开大学社会学学科举行建立30周年庆祝大会 ... 695
102. 《社会学评论》创刊 ... 696
103. 著名社会学家陆学艺逝世 ... 697
104. 中国社会学会2013年学术年会在贵阳举行 ... 699
105. 南京大学社会学院举行成立五周年庆典暨首届中国女社会学家论坛 ... 699
106. 《社会发展研究》创刊 ... 700
107. 中国社会学会2014年学术年会在武汉举行 ... 700
108. 第18届世界社会学大会在日本横滨召开 ... 701
109. 中国大陆第一家英文社会学学术期刊 The Journal of Chinese Sociology（《中国社会学杂志》）创刊 ... 702
110. 著名社会学家郑杭生逝世 ... 702
111. 中国社会学会政治社会学专业委员会成立大会暨社会转型与社会治理学术研讨会在复旦大学举行 ... 703
112. 《社会》英文刊 Chinese Journal of Sociology 创刊首发仪式成功举办 ... 704
113. 中国社会学会2015年学术年会在湖南长沙举行 ... 705
114. 地方社会学会成立 ... 706
115. 地方社会学科研机构（地方社科院社会学研究所）成立 ... 708
116. 社会学教学机构成立 ... 709
117. 社会学博士点设立 ... 711
118. 博士后流动站设立 ... 714
119. 北京师范大学成立中国社会管理研究院 ... 714
120. 魏礼群提出"关于加强社会管理学科的建议"，国务院领导刘延东作出重要批示 ... 715
121. 清华大学成立社会科学学院 ... 716
122. 中国社会治理论坛（第1—5届）在北京师范大学举行 ... 717
123. 全国哲学社会科学规划办公室批准国家社会科学基金特别委托重大项目——中国社会管理创新研究信息库建设 ... 719

124.魏礼群提出"关于改革学科建制和提升社会学地位的建议",中共中央国务院 领导作出重要批示......721
125.北京师范大学成立社会学院......722
126.《社会治理》杂志创刊......723
127.《社会体制蓝皮书》出版发行......724

索　引......727
后　记......773

第九章

网络社会与信息安全

当/代/中/国/社会大事典（1978—2015）

一、信息安全

1.中华人民共和国计算机信息系统安全保护条例

1994年2月18日,国务院发布《中华人民共和国计算机信息系统安全保护条例》(以下简称《条例》)。该《条例》是我国第一部全面、系统地涉及计算机信息系统安全的行政法规。该《条例》的发布,意味着中国的信息网络安全进入了有法可依的阶段,中国的信息网络安全立法也开始步入正轨。

《条例》的制定是为了保护计算机信息系统的安全,促进计算机的应用和发展,保障社会主义现代化建设的顺利进行。具体讲,就是要保障"三大安全":计算机及其相关配套的设备、设施的安全,运行环境的安全及网络信息安全。

《条例》明确了公安部主管全国计算机信息系统安全保护工作(含安全监督职权)。国家安全部、国家保密局和国务院其他有关部门,在国务院规定的职责范围内做好计算机信息系统安全保护的有关工作。质检部门作为计算机信息系统建设应用部门,在计算机信息系统安全保护方面接受公安等部门的监督管理。

《条例》共5章31条。第一章总则(第一条至第七条)、第二章安全保护制度(第八条至第十六条)、第三章安全监督(第十七条至第十九条)、第四章法律责任(第二十条至第二十七条)、第五章附则(第二十八条至第三十一条)。

《条例》明确了9项制度规定,规定了计算机信息系统的建设和使用、安全等级保护、国际联网备案、计算机信息系统使用单位安全案件报告、有害数据防治管理等计算机信息系统安全保护等制度,对信息系统的建设和应用进行了规范和保护。

同时,《条例》明确了8项法律责任,《条例》在第四章"法律责任"中定义了违反条例相关规定的行为,以及应要承担相应法律责任。

2.中华人民共和国计算机信息网络国际联网管理暂行规定

1996年2月1日，国务院发布《中华人民共和国计算机信息网络国际联网管理暂行规定》（以下简称《暂行规定》），并于1997年5月20日根据《国务院关于修改〈中华人民共和国计算机信息网络国际联网管理暂行规定〉的决定》修正。《暂行规定》全文共计17条。《暂行规定》制定的目的是为了加强对计算机信息网络国际联网的管理，保障国际计算机信息交流的健康发展，指出国家对国际联网的管理实行统筹规划、统一标准、分级管理、促进发展的原则。

《暂行规定》明确了国务院信息化工作领导小组（以下简称"领导小组"）负责协调和解决有关国际联网工作中的重大问题，明确了领导小组的工作内容为按照本《暂行规定》制定具体管理办法，明确国际出入口信道提供单位、互联单位、接入单位和用户的权利、义务和责任，并负责对国际联网工作的检查监督。同时就互联网络的管理问题规定了邮电部、电子工业部、国家教育委员会和中国科学院管理已经建立的互联网络，国务院负责新建互联网络的审批。

《暂行规定》明确了从事国际联网经营活动的和从事非经营活动的接入单位的申请程序和所需具备的四个条件，明确了个人、法人和其他组织进行国际联网的法定程序、责任和相对应的违法行为，明确了国际出入口信道提供单位、互联单位和接入单位在维护国际联网安全、提供和使用国家联网过程中的责任。此外，《暂行规定》第十四条和第十五条对违反本《暂行规定》的行为和所需承担的法律责任也作出了明确界定。

3.计算机信息网络国际联网出入口信道管理办法

为加强对计算机信息网络国际联网出入口的管理，根据《中华人民共和国计算机信息网络国际联网管理暂行规定》，中华人民共和国邮电部1996年4月9日公布《计算机信息网络国际联网出入口信道管理办法》（以下简称《管理办法》）。

《管理办法》共计11条。《管理办法》第二条规定了我国境内的计算机信息网络进行国际联网必须使用邮电部国家公共电信网提供的国际出入口信道。《管理办法》第三条明确了中国电信总局设置计算机信息网络国际联网出入口局及网络管理中心，并负责提供和管理国际联网出入口信道。《管理办法》第四条和第五条明确了直接进行国际联网的计算机网络运行单位（以下简称"互联单位"）所需办理的手续和邮电部的审核过程。

《管理办法》第六条至第八条分别明确了电信总局、互联单位和国际出入口局在管理或使用国际信道时的责任与义务。

《管理办法》第九条和第十条明确了自行建立和使用其他信道（含卫星信道）进行国际联网的行为和未经邮电部批准而私自为计算机信息网络国际联网提供出入口信道的违法行为和所需承担的相应法律责任。

4.计算机信息网络国际联网安全保护管理办法

为了加强对计算机信息网络国际联网的安全保护，维护公共秩序和社会稳定，根据《中华人民共和国计算机信息系统安全保护条例》、《中华人民共和国计算机信息网络国际联网管理暂行规定》和其他法律、行政法规的规定，公安部制定《计算机信息网络国际联网安全保护管理办法》（以下简称《管理办法》），于1997年12月11日经国务院批准，并于1997年12月30日发布并开始施行。

《管理办法》明确了公安部计算机管理监察机构负责计算机信息网络国际联网的安全保护管理工作，从事国际联网业务的单位和个人应当接受公安机关的安全监督、检查和指导，国际出入口信道提供单位、互联单位的主管部门或者主管单位应当依照法律和国家有关规定负责国际出入口信道、所属互联网络的安全保护管理工作。

《管理办法》共5章25条。第一章总则（第一条至第七条）、第二章安全保护责任（第八条至第十四条）、第三章安全监督（第十五条至第十九条）、第四章法律责任（第二十条至第二十三条）、第五章附则（第二十四条至第二十五条）。

《管理办法》规定了九类被禁止利用国际联网制作、复制、查阅与传播的信息和五类被禁止从事的危害计算机信息网络安全的活动。《管理办法》明确了互联单位、接入单位及使用计算机信息网络国际联网的法人和其他组织应当履行的七项安全保护职责。

《管理办法》明确了公安部和地方各级公安厅（局）的相应机构负责国际联网的安全保护管理工作，并在第三章安全监督中明确了四项安全监督职权。

同时，《管理办法》明确了四项法律责任，并在第四章法律责任中定义了违反办法相关规定的行为，以及所要承担的法律责任。

5.关于计算机信息网络国际联网业务实行经营许可证制度有关问题的通知

为了加强对国际联网业务的管理，根据国务院批准的《信息产业部职能配置、内设机构和人员编制规定》，由信息产业部负责对电信与信息服务市场进行监管，实行必要的经营许可制度，并审批和发放通信与信息服务的经营许可证。依据国务院1997年5月20日第218号令发布的《中华人民共和国计算机信息网络国际联网管理暂行规定》和原国务院信息化工作领导小组印发的《中华人民共和国计算机信息网络国际联网管理暂行规定实施办法》有关规定,决定自1998年11月1日起对从事计算机信息网络国际联网业务的经营单位实行经营许可证制度,并于1998年9月18日发布《关于计算机信息网络国际联网业务实行经营许可证制度有关问题的通知》(以下简称《通知》)。

《通知》共10条。《通知》规定对接入中国公用计算机互联网(CHINANET)、中国金桥信息网(CHINAGBNET)两个经营性互联网络,从事计算机信息网络国际联网业务的经营单位实行经营许可证制度。对于由教育部管理的和由中国科学院管理的非经营性互联网络,互联单位和接入单位均不得经营国际联网业务。《通知》规定互联单位中国邮电电信总局、吉通通信有限公司在从事国际联网业务时也应按规定办理经营许可证。《通知》明确了国际联网许可证制度的审批实行部、省两级管理,对于申请跨省或本省经营国际联网业务许可证的程序作出了明文规定。《通知》指出信息产业主管部门负责国际联网业务的经营审批和市场的监督管理,电信管理局负责制定经营单位申办国际联网业务的程序。

6.关于加强通过信息网络向公众传播广播电影电视类节目管理的通告

1999年10月,国家广播电影电视总局发布《关于加强通过信息网络向公众传播广播电影电视类节目管理的通告》(以下简称《通告》)。

《通告》明确在境内通过包括国际互联网络在内的各种信息网络传播广播电影电视类节目,须报国家广播电影电视总局批准。且在境内通过信息网络传播广播电影电视类节目,不得擅自使用"网络广播电台"、"网络电视"、"网络电视台"等称谓。此外,还要求经批准通过信息网络传播的广播电视新闻类节目(包括新闻和新闻类专题),必须是境内广播电台、电视台制作、播放的节目。

《通告》明确规定了经批准通过信息网络传播的广播电影电视类节目禁止的10项内容。

《通告》规定了凡申请在境内通过信息网络传播广播电影电视类节目的单位或个人需要提交三项书面申报材料。

《通告》最后要求已经在境内通过信息网络传播广播电影电视类节目的单位和个人,应于1999年12月1日之前向国家广播电影电视总局办理申报手续。

7.千年虫病毒事件

"千年虫病毒事件"又称作"计算机2000年问题"、"电脑千禧年千年虫问题"或"千年危机",缩写为"Y2K"。"千年虫病毒事件"(以下简称"千年虫")是指在某些使用了计算机程序的智能系统(包括计算机系统、自动控制芯片等)中,由于当初为节省存储空间,其中的年份只采用了两位十进制数来表示,因此当系统进行(或涉及)跨世纪的日期处理运算时(如多个日期之间的计算或比较等),就会出现错误的结果,进而引发各种各样的系统功能紊乱甚至崩溃。大部分老一些的主机系统、许多个人计算机和数以百万计的嵌入软件程序以及安装在各类控制系统中的半导体芯片,到2000年1月1日都有可能因时间判断的混淆发生故障,不能正确处理有关数据,造成混乱甚至崩溃,从而引发经济上、军事上、科学计算与人类社会生活上的一系列连锁反应,甚至影响整个世界正常的经济社会生活。因此,从根本上说"千年虫"是一种程序处理日期上的缺陷,而非病毒。

广泛地讲,"千年虫"还包括以下两个方面的问题:一个是在一些计算机系统中,对于闰年的计算和识别出现问题,不能把2000年识别为闰年,即在该计算机系统的日历中没有2000年2月29日这一天,而是直接由2000年2月28日过渡到2000年3月1日;另一个是在一些比较老的计算机系统中,在程序中使用了数字串99(或99/99等)来表示文件结束、永久性过期、删除等一些特殊意义的自动操作,这样当1999年9月9日(或1999年4月9日即1999年的第99天)来临时,计算机系统在处理到内容中有日期的文件时,就会遇到99或99/99等数字串,从而将文件误认为已经过期或者将文件删除等错误操作,引发系统混乱甚至崩溃等故障。

"千年虫"问题的根源始于20世纪60年代。当时计算机存储器的成本很高,如果用四位数字表示年份,就要多占用存储器空间,就会使成本增加,因此为了节省存储空间,计算机系统的编程人员采用两位数字表示年份。随着计算机技术的迅猛发展,虽然后来存储器的价格降低了,但在计算机系统中使用两位数字来表示年份的做法却由于思维上的惯性势力而被沿袭下来,年复一年,直到新世纪即将来临之际,人们开始意识到用两位数字表示年份将无法正确辨识公元2000年及以后的年份。1997年,信息界开始拉起了"千年虫"警钟,并很快引起了全球关注。

"千年虫"影响是巨大的。从计算机系统包括个人家用电脑操作系统、数据库软件、商用软件和应用系统等,到与计算机和自动控制有关的电话程控交换机、银行自动取款机、保安系统、工厂自动化系统等,乃至使用了嵌入式芯片技术的大量的电子电器、机械设备和控制系统,等等,都有可能受到"千年虫"的攻击。

世界各国纷纷由政府出面,全力围歼"千年虫"。正当有公众质疑"千年虫"问题是否被夸大之际,西非国家冈比亚却成为全球首个受"千年虫"严重影响的国家,除不少地方电力供应中断外,海空交通、金融和政府服务亦大受影响,其中财政部、税局和海关更因而无法运作。总部设在华盛顿的国际千年虫合作中心表示,冈比亚出现"千年虫"祸,其实是意料中的事，皆因国际社会太迟帮助冈比亚除虫。

中国也不例外，金融、通信、交通、供电等众多领域均受"千年虫"威胁。以北京为例，1999年4月下旬至5月底，北京市2000年问题办公室同部分市政协委员、专家，对全市的水、热、电气、医疗、电信、银行、消防、交通等涉及国计民生的重点行业进行了一次大检查。6月19日中午12时至20日中午12时，全国银行统一停业测试，对银行业解决2000年问题的技术改造工作进行检验。一场剿灭"千年虫"的实战打响。结果表明，北京市水、电、气、暖等与老百姓生活密切相关的行业，都有较好的准备与应急措施，确保了2000年过渡前后未出现大的问题。

8.计算机信息系统国际联网保密管理规定

为了加强计算机信息系统国际联网的保密管理，确保国家秘密的安全，根据《中华人民共和国保守国家秘密法》和国家有关法规的规定，国家保密局于2000年1月1日发布《计算机信息系统国际联网保密管理规定》（以下简称《管理规定》）。

《管理规定》提出计算机信息系统国际联网应遵循保密管理，实行控制源头、归口管理、分级负责、突出重点、有利发展的原则。《管理规定》明确了国家保密工作部门对于全国计算机信息系统国际联网的保密工作的主管责任，县级以上地方各级保密工作部门对于本行政区域内计算机信息系统国际联网的保密工作的主管责任，以及中央国家机关对于本系统计算机信息系统国际联网保密工作的主管或指导责任。

《管理规定》明确了涉及国家秘密的计算机信息系统和涉及国家秘密的信息的保密制度。明确了上网信息的保密管理坚持"谁上网谁负责"的原则。《管理规定》明确了在网上开设电子公告系统、聊天室、网络新闻组的单位和用户及用户使用电子函件进行网上信息交流时应遵循的保密制度。《管理规定》同时明确了互联单位和接入单位在维护计算机信息网络国家联网保密性时应承担的责任。

《管理规定》明确了各级保密工作部门负责计算机信息系统国际联网的保密管理工作，在保密监督方面的职权和责任，明确了互联单位、接入单位和用户应配合和协助保密工作部门的工作。

《管理规定》共计4章20条。第一章总则（第一条至第五条）、第二章保密制度（第六条至第十二条）、第三章保密监督（第十三条至第十七条）、第四章附则（第十八条至第二十条）。

9.教育网站和网校暂行管理办法

为了促进互联网上教育信息服务和现代远程教育健康、有序的发展,规范从事现代远程教育和通过互联网进行教育信息服务的行为,根据国家有关法律法规,教育部在 2000 年 7 月 5 日发布《教育网站和网校暂行管理办法》(以下简称《管理办法》)。

《管理办法》共计 26 条。《管理办法》首先明确了现代远程教育和教育信息服务在中国社会主义教育事业中扮演了重要的角色,发挥了重要的作用,并对教育网站和教育网校作出了清晰定义,对其涉及的教育种类和教育公共信息服务范围作出了明确界定。

《管理办法》由教育部负责解释。明确了主管的教育行政部门负责审批和管理教育网站和网校的责任及申报开办教育网站和网校的手续。明确了由所在地的教育行政部门会同物价管理部门确定由开办机构提出申请的教育网站和网校收费标准与办法,对于跨省区办学单位的收费,由开办机构商所服务区域的物价主管部门确定。

《管理办法》明确了开办各类教育网站和教育网校所需具备的两项基本条件和开办教育网校另外所需满足的资质要求。《管理办法》明确了申请开办教育网站和网校的机构,应向主管教育行政部门提供的六类材料和申请开办教育网校还需提供的证明办学条件的资料。

《管理办法》明确了教育网站和网校应遵循国家有关法律、法规和九项禁止在网络上制作、发布和传播的有害信息内容。《管理办法》定义了违反条例相关规定的行为,以及所要承担的相应法律责任。

10.互联网信息服务管理办法

2000 年 9 月 25 日,国务院发布《互联网信息服务管理办法》(以下简称《管理办法》)。《管理办法》开启了中国互联网立法的大门,是中国互联网内容管理的"根本大法"。

《管理办法》制定的目的是为了规范互联网信息服务活动,促进互联网信息服务健康有序发展。该《管理办法》的颁布为随后出台的《互联网电子公告服务管理规定》、《互联网文化管理暂行规定》、《互联网出版管理暂行规定》、《互联网站从事登载新闻业务管理暂行规定》等网络法规的颁布与实施提供了立法依据与体例参考。

《管理办法》共有 27 条。《管理办法》把互联网信息服务称为是通过互联网向上网用户提供信息的服务活动。《管理办法》的第三条把互联网信息服务分为经营性和非经营性两类:经营性类是指通过互联网向上网用户有偿提供信息或者网页制作等服务活动;非经营性类是指通过互联网向上网用户无偿提供具有公开性、共享性信息的服务活动。《管理办法》规定对经营性互联网信息服务实行许可制度；对非经营性互联网信息服务实行备案制度，未取得许可或者未履行备案手续的，不得从事互联网信息服务。《管理办法》还采用列举式的体例规定了经营性与非经营性网站的许可、审批、核准所应该提交的文件、审核机关与相关程序。

《管理办法》不但要求颁发经营许可证，还要求从事新闻、出版、教育、医疗保健、药品和医疗器械等互联网信息服务的网站，在办理经营许可或履行备案手续之前，要经相应的主管部门审核同意。

《管理办法》规定了互联网信息服务提供者不得从事制作、复制、发布、传播含九条禁令内容的信息；规定了对违法经营互联网信息服务者的处罚标准，但是并没有对各种网络侵权、犯罪与违法行为中责任的归属界定、责任的承担、举证责任的分配、过错责任的认定等方面给予规定，这在一定程度上增加了司法和执法中的不确定性，增大了司法执法裁量权滥用的可能。

《管理办法》的效力层级性较低，规定原则过于笼统。该《管理办法》是国务院审议颁布的，属于行政法规的范畴，法律效力与威慑力明显低于全国人大制定的宪法与法律。此外，由于当时互联网法律问题还未集中凸显，立法经验欠缺，导致《管理办法》中大多的条文都处于原则性阶段，没有具体的细化，使得很多规定都流于形式，未被真正执行。

11.互联网电子公告服务管理规定

2000年11月6日，信息产业部（原邮电部）发布《互联网电子公告服务管理规定》（以下简称《规定》）。《规定》制定的目的是为了加强对互联网电子公告服务（以下简称"电子公告服务"）的管理，规范电子公告信息发布行为，维护国家安全和社会稳定，保障公民、法人和其他组织的合法权益。《规定》共计22条。《规定》的出台主要是为了规范互联网上以电子布告牌、电子白板、电子论坛、网络聊天室、留言板等交互形式为上网用户提供信息发布条件的行为。《规定》指出信息产业部及省、自治区、直辖市电信管理机构和其他有关主管部门对电子服务公告提供者具有依法监督检查的职责。《规定》明确了拟从事电子服务公告的服务者进行专项申请或专项备案所需程序。《规定》明确了开展电子公告服务，除应当符合《互联网信息服务管理办法》规定的条件外，还应当具备四个条件。《规定》以列举的方式明确了禁止在电子公告服务系统中发布的九类信息。

《规定》第十条至第十四条明确了电子公告服务提供者应承担规范上网用户信息发布、按照经批准或者备案的类别和栏目提供服务、对上网用户的个人信息保密、删除并向国家有关部门报告违法信息和对发布信息进行备份的责任。《规定》第十六条至第二十条对违反《规定》的行为和所需承担的相应法律责任进行了明文规定。

根据《工业和信息化部关于废止和修改部分规章的决定》的规定，2000 年 10 月 8 日中华人民共和国信息产业部令第 3 号公布的《互联网电子公告服务管理规定》自 2014 年 9 月 23 日起废止。

12.互联网站从事登载新闻业务管理暂行规定

国务院新闻办公室和信息产业部 2000 年 11 月 6 日联合发布《互联网站从事登载新闻业务管理暂行规定》（以下简称《暂行规定》）。

《暂行规定》制定的目的是为了促进中国互联网新闻传播事业的发展，保护互联网站从事登载新闻业务的合法权益，从而维护互联网新闻的真实性、准确性和合法性。在中国，互联网的发展为人们提供了较为充分、快捷的新闻信息。但由于缺乏必要的管理规范，一些互联网站登载新闻不与新闻单位签订协议，不注明新闻来源，擅自转载新闻单位发布的新闻或冒用新闻单位名义发布新闻，侵犯了这些新闻单位的正当权益；一些互联网站将道听途说的消息编发上网，转发或引用虚假新闻和有害信息，误导公众，混淆视听，造成混乱，损害了受侵害者的合法权益和社会公众的利益。依法规范互联网站登载新闻的业务，使互联网站登载新闻能够对公众负责，对社会负责，这既是广大公众的要求，也有利于促进互联网在中国的发展。

《暂行规定》指出，互联网站从事登载新闻业务，必须遵守宪法和法律、法规。互联网站从事登载新闻业务，都应当按规定程序提出申请，通过批准取得从事这项业务的资格。从事登载行业信息、专业资讯的业务，也必须遵守国家有关法律和互联网信息服务其他有关规定。国家保护互联网站从事登载新闻业务的合法权益。

《暂行规定》明确了国务院新闻办公室负责全国互联网站从事登载新闻业务的管理工作。《暂行规定》明确了综合性非新闻单位网站只能登载省、自治区、直辖市以上新闻单位发布的新闻。非新闻单位网站转发新闻单位发布的新闻必须签订协议。《暂行规定》还明确了互联网站申请从事登载新闻业务需要办理的手续和提交的材料。

《暂行规定》还就建立新闻网站（页）从事登载新闻业务应具备的条件、非新闻单位依法建立的综合性互联网站从事登载新闻业务应当遵循的原则、互联网站登载的新闻不得含有的内容等作出了规定，并列举了违反规定的情形，明确了相应的处罚。

13.关于维护互联网安全的决定

为了兴利除弊，促进中国互联网的健康发展，维护国家安全和社会公共利益，保护个人、法人和其他组织的合法权益，2000年12月28日九届全国人大常委会第十九次会议通过《全国人民代表大会常务委员会关于维护互联网安全的决定》（以下简称《决定》）。《决定》主要针对目前中国利用互联网犯罪的实际情况，根据危害客体的特点，以归类的形式明确了利用互联网实施违法犯罪行为的，要承担相应法律责任。

《决定》共计7条。第一条至第五条对4类16种利用互联网实施的违法并构成犯罪的行为明确了依照刑法有关规定追究刑事责任。由于《决定》未规定具体罚则，因此，在对构成犯罪的行为追究刑事责任时，须依照刑法有关规定定罪处罚。其中第一条涉及危害互联网运行安全的行为，第二条涉及利用互联网实施危害国家安全和社会稳定的行为，第三条涉及危害社会主义市场经济秩序和社会管理秩序的行为，第四条涉及侵害个人、法人和其他组织的人身、财产等合法权利的行为，第五条是利用互联网实施的其他行为。《决定》第六条对利用互联网实施的尚不构成犯罪的违法行为规定了依照《治安管理处罚条例》或其他法律、行政法规，进行行政处罚，追究行政责任；对利用互联网侵犯他人合法权益，构成民事侵权的行为，规定了依法承担民事责任。《决定》第七条明确了各级人民政府及有关部门、有关主管部门、从事互联网业务的单位和使用互联网的单位和个人等主体在维护互联网安全运行过程中的责任。

14. 2001年中美网络大战

从2001年4月1日晚开始，以美军侦察机在中国海南岛东南104公里处撞毁中国军机并侵入中国领空的事件为导火索，引发了一场大规模的中美红黑客网上对决。这场大战由美国少数黑客发动，以互相破坏对方网站为主要战争内容，双方参与之多，不亚于一场"会战"。虽然从技术层面讲，这还称不上一场真正意义上的网络战争，但透过显示器，似乎已经闻到了硝烟的味道。

经过一天一夜的攻击，中国红客联盟宣布"攻陷"美国站点92个。而据网友透露，被黑的中国站点则已超过600个（包括台湾地区的网站）。考虑到统计上的误差，没能将一些红客所黑的网站进行及时统计，因此中、美被黑站点比例大约为3∶1。中美撞机事件发生后，中美黑客之间发生的网络大战愈演愈烈。自4月4日以来，美国黑客组织PoizonBOx不断袭击中国网站。对此，中国的网络安全人员积极防备美方黑客的攻击。中国一些黑客组织则在"五一"节假日期间打响了"黑客反击战"。

已经知晓的中美黑客间大规模的攻击事件，最早可以追溯到1999年5月，即美国轰炸中国驻南联盟大使馆，被列为攻击目标的美国网站，以政府、军事网站为主，除了白宫之外，还包括美国联邦调查局（FBI）、美国航空航天局（NASA）、美国国会、《纽约时报》、

《洛杉矶时报》以及美国有线新闻网（CNN）的网站。

"五一"大战之后的5月4日的交战中，美国白宫网站因遭到黑客袭击，被迫关闭了2个多小时。据称当天有8万人参加了对白宫的攻击。有人称这是信息时代"人海战术"的一次胜利。5月9日零时，在历经七天的反攻之后，中国黑客组织宣布停止反攻。

这次中美网络大战，使两国不少网站损失惨重。网络大战不仅吸引了无数的眼球，而且再一次敲响了中国网络安全的警钟。

15.公用电信网间互联管理规定

2001年5月10日，信息产业部根据《中华人民共和国电信条例》制定并公布《公用电信网间互联管理规定》（以下简称《规定》），并根据2014年9月23日中华人民共和国工业和信息化部令第28号公布的《工业和信息化部关于废止和修改部分规章的决定》修订。《规定》是一部监管机构自身的行政规章，它的发布使中国各电信网间互联有法可依。

《规定》制定的目的是为了维护国家利益和电信用户的合法权益，保护电信业务经营者之间公平、有效竞争，保障公用电信网间及时、合理地互联。

《规定》首先明确了8种适用于本《规定》的电信网间的互联情形，提出电信网间互联时应遵循技术可行、经济合理、公平公正、相互配合的原则。《规定》指出信息产业部和省、自治区、直辖市通信管理局（以下合称"电信主管部门"）是电信网间互联的主管部门。信息产业部负责本《规定》在全国范围内的实施工作，省、自治区、直辖市通信管理局负责本《规定》在本行政区域内的实施工作。

《规定》明确了主导的电信业务经营者和非主导的电信业务经营者在进行公用电信网间互联时双方对应的权利与义务，明确了互联点设置的位置、数量和使用方式，明确了互联费用的分摊与结算方法。《规定》明确了9项互联协商的主要内容，明确了涉及全国范围和不涉及全国范围同步实施的网间互联工作的启动过程。《规定》在第八章罚则中定义了违反《规定》的行为，以及所要承担相应法律责任。

《规定》共计9章49条。第一章总则（第一条至第五条）、第二章电信业务经营者的互联义务（第六条至第十五条）、第三章互联点的设置及互联费用的分摊与结算（第十六条至第二十二条）、第四章互联协议与工程建设（第二十三条至第二十七条）、第五章互联时限与互联监管（第二十八条至第三十二条）、第六章互联后的网络管理（第三十三条至第三十八条）、第七章互联争议的协调处理（第三十九条至第四十五条）、第八章罚则（第四十六条至第四十八条）和第九章附则（第四十九条）。2014年对《规定》进行修订时，将《规定》中的信息产业部变更为工业和信息化部。

16.中国互联网络域名管理办法

信息产业部于2002年8月1日发布《中国互联网络域名管理办法》（以下简称《办法》）。该《办法》于2002年9月30日起施行。

《办法》共分7章34条，分别为第一章总则（第一条至第四条）、第二章域名管理（第五条至第十条）、第三章域名注册服务机构的管理（第十一条至第十四条）、第四章域名注册（第十五条至第二十五条）、第五章域名争议（第二十六条至第二十九条）、第六章罚则（第三十条至第三十二条）和第七章附则（第三十三条和第三十四条）。

该《办法》规定，任何组织或者个人不得采取任何手段妨碍我国境内互联网络域名系统的正常运行。信息产业部负责中国互联网络域名的管理工作。我国互联网络域名体系由信息产业部以公告形式予以公布。信息产业部鼓励和支持中文域名系统的技术研究和逐步推广运用。域名管理采用逐级管理方式。域名注册管理机构和各级域名持有者根据本办法及相关规定的要求，负责其下一级域名的注册管理及服务。域名注册管理机构负责运行和管理相应的域名系统，维护域名数据库，授权域名注册服务机构提供域名注册服务。在中华人民共和国境内设置域名根服务器、设立域名注册管理机构和域名根服务器运行机构须经信息产业部授权。《办法》将对域名注册服务机构实行备案制度。

《办法》对现行的《中国互联网络域名注册暂行管理办法》进行了重大调整，取消了《暂行管理办法》关于CN域名注册的种种束缚，对鼓励CN域名注册、规范国内域名注册市场将发挥积极作用。为国家顶级域名CN的发展创造了良好的政策环境。来自中国互联网络信息中心（CNNIC）的消息证实，CN域名注册将发生以下重大变化：首先，注册手续得以简化。除政府域名GOV.CN外，注册其他CN域名不用再提交任何书面申请材料，只需联机填写注册申请，域名在提出申请后6小时内即可开通使用，从而极大地提高了域名注册的效率。其次，放宽域名命名限制，以适当形式开放个人域名，允许在CN下直接注册二级域名，最大限度地开放域名资源。降低收费标准，鼓励个人、组织上网。为解决域名与知识产权的冲突问题，CNNIC还将建立民间的域名争议解决机制。该机制的特点是快速、高效、费用低，有关争议一经受理，14天内将会由专家作出裁定。

中国互联网络信息中心还发布了有关CN域名和中文域名的注册实施细则、域名争议解决办法等相应配套规定。这一系列法规的颁布有利于规范国内域名注册市场，保证我国互联网的稳定可靠运行，并且有助于禁止任何组织或者个人擅自干扰我国境内互联网域名系统的正常运行。该域名对中国的域名政策进行了实质的调整，结合中国各级法院在涉及域名的案件的审判实践和有关的司法解释，至此中国已经形成了一套比较系统、开放、规范并与国际接轨的域名政策。

实际上,中国的第一部域名管理的规章是 1997 年 5 月由当时的国务院信息化工作领导小组颁布的《中国互联网络域名注册暂行管理办法》(以下简称《暂行管理办法》),由于当时的管理部门对于互联网的认识存在局限性,将域名当成商标或类似商标的保护客体的痕迹非常明显,设立了许多不必要的限制因素,比如不当地禁止个人以及限制外国企业或机构注册域名,不允许域名的转让或者买卖,对商业域名注册要求提供烦琐的文件,这些规定明显带有计划经济时期政府严格管制的色彩。另外,《暂行管理办法》中有关域名注册的审查标准的规定,或脱离实际,或缺乏可操作性。

此后,新的《中国互联网络域名管理办法》(以下简称"新《办法》")在 2004 年 11 月 5 日由信息产业部予以正式发布。该办法于 2004 年 12 月 20 日起施行。2002 年 3 月 14 日公布的《中国互联网络域名管理办法》(信息产业部令第 24 号)同时废止。

新《办法》共计 6 章 45 条。分别为第一章总则(第一条至第五条)、第二章域名管理(第六条至第二十二条)、第三章域名注册(第二十三条至第三十五条)、第四章域名争议(第三十六条至第三十九条)、第五章罚则(第四十条至第四十三条)和第六章附则(第四十四条和第四十五条)。

新《办法》出台有以下几方面意义:一、将进一步规范域名管理,促进域名经济;二、取消 .CN 注册申请的多重限制,简化注册手续,有利于国内域名在中国的全面推行与普及,开放注册的 .CN 域名前景广阔;三、在富有活力的开放政策之下,企业必须勒紧"企业保护"这根弦,为保护网上知识产权投入更多的关注,避免企业名称落入他手。

17.反垃圾邮件协调小组成立

2002 年 11 月 1 日,为保护中国电子邮件服务提供商和互联网用户的正当利益,公平使用国际互联网资源,同时规范我国电子邮件服务秩序,由中国互联网协会、263 网络集团和新浪共同发起,中国互联网协会反垃圾邮件协调小组在北京正式成立。国内 20 多家邮件服务商首批参加了反垃圾邮件协调小组。

由中国互联网协会协调领导的中国互联网协会反垃圾邮件协调小组的主要任务是倡导电子邮件服务提供商及全体网民共同行动起来,反对发送、转发垃圾邮件,建立和完善中国的反垃圾邮件机制,共同研究和推广技术和管理解决方案,同时积极开展与国际上有关反垃圾邮件组织的交流与合作,以共同抵制垃圾邮件。

中国互联网协会将积极协调 263 网络集团、新浪等国内主要电子邮件服务提供商就反垃圾邮件的管理、技术、个人行为等方面进行深入、有效地协商与研讨,共同制定和实施反垃圾邮件的相关措施。

该小组成立伊始,就组织开展了关闭服务器的开放转发(Open Relay)和开放代理(Open Proxy)功能、清除网上垃圾邮件群发邮件等自查自纠工作;数月后,垃圾邮件的比重下降了近5个百分点,从65.72%下降到60.87%。2003年8月开始公布垃圾邮件IP地址黑名单,组织成员单位采取统一行动对黑名单中涉及的IP进行联合抵制;2004年3月信息产业部颁布《互联网广告电子邮件格式要求》、《防范互联网垃圾邮件技术要求》等行业规章,协调小组做了预研和部分章节的起草工作;同时还通过组织和参与形式多样的国际交流活动,同国际电信联盟(ITU)、经济合作与发展组织(OECD)、亚太反垃圾邮件联盟(APCAUSE)、美国联邦贸易委员会(FTC)、韩国信息安全署(KISA)、澳大利亚互联网协会(IIA)以及Spamhaus等国际反垃圾邮件组织建立了沟通联络渠道。

垃圾邮件不仅消耗网路频宽,而且浪费用户的储存空间。几家调查公司数据显示,企业网络中有36%的邮件为垃圾邮件,这个数据比2001年同期增长了8%;调查公司Gartner则预估,以一家1万名员工的公司来说,内部产生的垃圾邮件便足以使公司损失相当于1300万美元的生产力,若再加上来自网络产生的部分,损失将更加惊人。

随着中国互联网的迅速发展,电子邮件已经成为公众必备的通信手段。人们对电子邮件日益依赖,但与此同时,垃圾邮件也在迅速蔓延,其危害日益明显。全面彻底地反垃圾邮件,要标本兼治,管理无疑是第一位的,即除了在技术上加大投入外,更重要的是健全基于互联网的法律法规。在欧美国家有法律严格禁止,发送垃圾邮件,特别是职业发送者,往往会受到比较严厉的法律制裁。中国有关部门早在2000年就出台了类似法规,但国内的垃圾邮件却日趋严重。因此,加强行业协作,共同管理防范会有力地推动反垃圾邮件的发展。反垃圾邮件行动是行业与公众的共同任务,整个反垃圾邮件行动需要行业的合作。

加盟该协调小组的263网络集团、新浪、网易等国内知名电子邮件服务提供商及信息产业部电信研究院、国家邮政局等相关部门单位二十余家参加了此次成立大会。与会所有代表一致同意将联手提高行业反垃圾邮件的协作,提高公众反垃圾邮件意识,共同采取有效措施,维护中国电子邮件服务业的正常秩序,并积极参与国际反垃圾邮件组织的协调,树立中国电子邮件服务业在国际上的良好形象。

18.互联网"违法和不良信息举报中心"网站(net.china.cn)开通

互联网"违法和不良信息举报中心"(以下简称"举报中心")网站2004年6月10日在北京开通。举报中心网站的网址是net.china.cn。举报中心网站的开通,为公众监督互联网信息传播提供了新的直接渠道，标志着中国互联网在加强行业自律和公众监督方面又向前迈出实质性一步。

举报中心网站由中国互联网协会互联网新闻信息服务工作委员会主办，宗旨是"举报违法信息，维护公共利益"。任何公民在网上发现违法和不良信息，只要登录到举报中心网站，说明相关信息所在网站的名称和页面位置，提供举报人的必要联系渠道，即可实施举报，举报人的权益受到严格保护。被举报网站收到有效举报通知后，有责任及时处理举报，对不及时处理的，举报中心网站曝光，并通报国家有关执法部门依法处理。此外，举报中心网站还刊登了"举报指南"和我国有关互联网的法律法规、行业规范等。

中国政府高度重视互联网有害信息的治理。举报中心是中国互联网行业自律组织之一，举报中心的主要职责，一是接受和处理公众对互联网违法和不良信息举报，二是推动和组织互联网行业自律。公众可以通过登录举报中心网站进行在线举报，也可以通过电话、电子邮件等形式举报互联网违法和不良信息，举报中心依据中国互联网管理的法律法规对公众的举报进行甄别、分类和取证，一方面将违法信息及时转交政府执法部门处理，另一方面向存在不良信息的网站发送《删除违法和不良信息通知书》。实践证明，公众举报对减少网上有害信息存量产生了明显的效果，是治理互联网有害信息的有效办法之一。

19.全国打击淫秽色情网站专项行动

为有效遏制淫秽色情网站的滋生，近年来，在有关部门的组织与部署下，全国开展了多次打击淫秽网站的专项行动。这一专项行动以6个方面为重点打击对象：开设淫秽色情网站的；在网站上大量制作、贩卖、传播淫秽色情影片、音像、图片的；在网站上利用视频聊天室组织淫秽色情表演的；提供境外淫秽色情网站链接服务的；利用互联网组织、介绍卖淫嫖娼、赌博等违法犯罪活动的；提供涉及未成年人淫秽信息或者利用青少年教育网络从事淫秽色情活动的。

专项行动开展后，各级公安机关既充分发挥主力军作用，又积极主动地做好协调、服务工作。各级公安机关的网监、治安、刑侦、法制、行动、技术等部门积极参战，充分发挥了公安机关的整体作战优势。

20.互联网站禁止传播淫秽、色情等不良信息自律规范

2004年6月10日，中国互联网协会互联网新闻信息服务工作委员会发布《互联网站禁止传播淫秽、色情等不良信息自律规范》（以下简称《规范》）。互联网新闻信息服务工作委员会负责对《规范》的监督执行。

《规范》制定的目的是为了促进互联网信息服务提供商加强自律，遏制淫秽、色情等不良信息通过互联网传播，推动互联网行业的持续健康发展。

《规范》共计16条。《规范》明确了淫秽信息的七种内容形式，对色情信息与淫秽信息的异同进行了区别。《规范》提出互联网站从事服务时应取得合法资格，确保新闻信息的来源合法。其中，《规范》第六条对互联网站发布与性暴力、性犯罪和性绯闻相关的新闻信息的内容、数量和形式进行了较为明确的限制。《规范》第七条提出对登载有关医学医疗等自然、社会科学信息内容建立审查制度。《规范》第八条严禁开设与不道德性行为和性交易有关的频道或专栏，对交友类专题频道或栏目的开设程序进行了规定。《规范》第九条至第十二条定义了违反条例相关规定的行为，以及要承担的相应法律责任。

21.关于办理利用互联网、移动通信终端、声讯台制作、复制、出版、贩卖、传播淫秽电子信息刑事案件具体应用法律若干问题的解释

2004年9月3日，最高人民法院和最高人民检察院联合发布《关于办理利用互联网、移动通讯终端、声讯台制作、复制、出版、贩卖、传播淫秽电子信息刑事案件具体应用法律若干问题的解释》（以下简称《解释》）。《解释》自2004年9月6日起施行。

《解释》制定的目的是为了依法惩治利用互联网、移动通讯终端制作、复制、出版、贩卖、传播淫秽电子信息，通过声讯台传播淫秽语音信息等犯罪活动，维护公共网络、通讯的正常秩序，保障公众的合法权益。《解释》根据《中华人民共和国刑法》、《全国人民代表大会常务委员会关于维护互联网安全的决定》的规定制定，对办理该类刑事案件具体应用法律的若干问题进行了相关解释。

《解释》共9条。《解释》前五条规定了相关犯罪情形和相对应的处罚。第一条第一款明确了利用互联网、移动通讯终端制作、复制、出版、贩卖、传播淫秽电子信息构成制作、复制、出版、贩卖、传播淫秽物品牟利罪的八种情形，第一条第二款明确了利用聊天室、论坛、即时通信软件、电子邮件的方式实施第一款行为的前款同一罪名定罪处罚。《解释》第二条对于第一条罪行的"情节严重"和"情节特别严重"的情形进行了认定。《解释》第三条明确了利用互联网或者移动通讯终端等方式传播淫秽电子信息构成传播淫秽物品罪的三种情形。《解释》第四条明确了淫秽电子信息数量的计算标准。《解释》第五条对通过声讯台传播淫秽语音信息构成传播淫秽物品牟利罪的三种情形和情节的严重性进行了说明。

《解释》第六条对实施本《解释》前五条规定的犯罪构成从重处罚的四种情形进行了说明。《解释》第七条明确了构成共同犯罪的情形。《解释》第八条明确了以互联网、移动通讯终端、声讯台贩卖以实物为载体的淫秽物品的犯罪行为的定罪处罚方式。《解释》第九条定义了"其他淫秽物品"的内容和"不视为淫秽物品"的一些情形。经 2010 年 1 月 18 日最高人民法院审判委员会第 1483 次会议、2010 年 1 月 14 日最高人民检察院第十一届检察委员会第 28 次会议通过,对原有的解释进一步作了补充。

22.非经营性互联网信息服务备案管理办法

信息产业部 2005 年 2 月 8 日公布《非经营性互联网信息服务备案管理办法》(以下简称《办法》)。《办法》自 2005 年 3 月 20 日起施行。

《办法》制定的目的是为了规范非经营性互联网信息服务备案及备案管理,促进互联网信息服务业的健康发展。《办法》根据《互联网信息服务管理办法》、《中华人民共和国电信条例》及其他相关法律、行政法规的规定制定。

《办法》共计 29 条。《办法》明确了信息产业部负责对全国非经营性互联网信息服务备案管理工作进行监督指导,省、自治区、直辖市通信管理局通过信息产业部备案管理系统具体实施非经营性互联网信息服务的备案管理工作。《办法》明确了非经营性互联网信息服务提供者从事服务时应依法履行备案手续,并在附录中公布了《非经营性互联网信息服务备案登记表》的格式,信息产业部负责根据实际情况对《非经营性互联网信息服务备案登记表》进行调整和公布。此外,《办法》第八条和第九条分别对拟通过接入经营性互联网络和公益性互联网络从事非经营性互联网信息服务的程序进行了规定。《办法》第十条严禁互联网接入服务提供者为不真实信息提供备案。

《办法》第二十二条至第二十七条对违反本《办法》的情形和对应的处罚进行了明确规定。《办法》第二十八条明确了年度审核时对非经营性互联网信息服务提供者责令限期整改或关闭网站并注销备案的两种情形。

23.互联网IP地址备案管理办法

信息产业部 2005 年 2 月 8 日发布《互联网 IP 地址备案管理办法》(以下简称《办法》),自 2005 年 3 月 20 日起施行。

该《办法》的制定是为了加强对互联网 IP 地址资源使用的管理,保障互联网络的安全,维护广大互联网用户的根本利益,促进互联网业的健康发展。

《办法》的适用对象为在中华人民共和国境内直接从互联网信息中心等具有 IP 地址管理权的国际机构获得 IP 地址的单位和具有分配 IP 地址供其他单位或者个人使用的单位。

《办法》共计 20 条。《办法》提出国家对 IP 地址的分配使用实行备案管理，中华人民共和国信息产业部负责对 IP 地址备案实施监督管理。各省、自治区、直辖市通信管理局对本行政区域内其他各级 IP 地址分配机构的 IP 地址备案活动实施监督管理。同时规定了信息产业部和省通信管理局及其工作人员对 IP 地址备案信息承担保密义务。

《办法》规定了各级 IP 地址分配机构对 IP 地址进行备案应采取电子邮件报备的方式。《办法》第九条和第十条对各级 IP 地址分配机构完成第一次 IP 地址信息报备和对发生变化的 IP 地址信息进行变更的时间范围进行了明确规定。《办法》第十一条和第十二条分别对基础电信业务经营者和公益性互联网的 IP 地址信息的报备方式进行了规定。《办法》第十三条至第十五条对各级 IP 地址分配机构进行 IP 地址信息备案时的责任进行了规定。《办法》第十七条和第十八条对违反本《办法》规定的具体行为和所需承担的法律责任进行了明确规定。

此外，《办法》还在附录中规定了需报备的 IP 地址信息，共计四条，包括备案单位基本情况、备案单位的 IP 地址来源信息、备案单位的 IP 地址分配使用信息和自带 IP 地址的互联网接入用户信息。

24.关于开展以互联网站为重点的保密检查的通知

商务部保密委员会于 2005 年 4 月 28 日发布《关于开展以互联网站为重点的保密检查的通知》（以下简称《通知》）。依照《通知》，商务部保密委员会在 2005 年 5 月份开展了以互联网站管理为重点的保密检查工作。此次活动的开展贯彻落实了中央保密委员会办公室、国家保密局《关于对传播国家秘密信息的互联网站开展检查整顿的通知》的要求。

《通知》共计五点。第一点规定了四类检查内容。第二点为检查分工。《通知》明确了商务部保密办、办公厅、信息化司负责此次检查工作。其中商务部保密办负责组织总体保密检查整顿工作，办公厅、信息化司建立商务部涉密信息互联网检查长效工作机制，办公厅提供商务部发文目录，信息化司组织技术人员利用互联网搜索引擎，查找涉密信息。商务部保密委员会将对发现的问题组织鉴别、核实，并视情节轻重进行处理。第三点为检查方式。《通知》明确了各单位的保密自查工作由本单位办公室负责，并由办公室、信息化司组织成立保密检查组，负责对司局和直属单位的保密管理情况进行抽查。第四点为检查要求。《通知》规定了三点检查要求，主要对各单位的保密管理工作进行了规定。第五点为上报总结。《通知》指出对此次保密检查工作的总结应于 2005 年 5 月 25 日前报商务部保密办。

25.互联网安全保护技术措施规定

公安部于 2005 年 12 月 13 日正式颁布《互联网安全保护技术措施规定》（以下简称《规定》），于 2006 年 3 月 1 日起在全国施行。

《规定》是与《计算机信息网络国际联网安全保护管理办法》（以下简称《管理办法》）相配套的一部部门规章。《规定》从保障和促进中国互联网发展出发，根据《管理办法》的有关规定，对互联网服务单位和联网单位落实安全保护技术措施提出了明确、具体和可操作性的要求，保证了安全保护技术措施的科学、合理和有效实施，有利于加强和规范互联网安全保护工作，提高互联网服务单位和联网单位的安全防范能力和水平，预防和制止网上违法犯罪活动。《规定》的颁布对于保障中国互联网安全起到了促进作用。

《互联网安全保护技术措施规定》包括立法宗旨、适用范围、互联网服务单位和联网使用单位及公安机关的法律责任、安全保护技术措施要求、措施落实与监督和相关名词术语解释等 6 个方面的内容共 19 条约 2000 字。其主要内容是：

一、明确了互联网安全保护技术措施是指保障互联网网络安全和信息安全、防范违法犯罪的技术设施和技术手段，并且规定了负责落实互联网安全保护技术措施的责任主体是互联网服务提供者和联网使用单位，负责实施监督管理工作的责任主体是各级公安机关公共信息网络安全监察部门。

二、强调了互联网服务单位和联网使用单位要建立安全保护措施管理制度，保障安全保护技术措施的实施不得侵犯用户的通信自由和通信秘密，除法律和行政法规规定外，任何单位和个人未经用户同意不得泄露和公开用户注册信息。

三、规定了互联网服务单位和联网使用单位应当落实的基本安全保护技术措施，并分别针对互联网接入服务单位、互联网信息服务单位、互联网数据中心服务单位和互联网上网服务单位规定了各自应当落实的安全保护技术措施。安全保护技术措施主要包括：防范计算机病毒、防范网络入侵攻击和防范有害垃圾信息传播，以及系统运行时间、用户上网登录时间和网络地址的记录留存等技术措施要求。

四、为了保证安全保护技术措施的科学合理和统一规范，规定安全保护技术措施应当符合国家标准，没有国家标准的应当符合公共安全行业标准。为了及时发现报警和预警防范网上计算机病毒、网络攻击和有害信息传播，规定了安全保护技术措施应当具有符合公共安全行业技术标准的联网接口。

五、为保证安全保护技术措施的正常运行，《规定》明确了互联网服务单位和联网单位不得实施故意破坏安全保护技术措施、擅自改变措施功能和擅自删除、篡改措施运行记录等。同时,《规定》作为《管理办法》的完善和补充,不再设立新的罚则,对违反《规定》的行为将依照《管理办法》第二十一条的规定予以处罚。

六、明确了公安机关监督管理责任和规范了公安机关监督检查行为。《规定》明确公安机关应当依法对辖区内互联网服务单位和联网使用单位安全保护技术措施落实情况进行指导、监督和检查。同时规定,公安机关在依法监督检查时,监督检查人员不得少于2人,并应当出示执法身份证件,互联网服务单位、联网单位应当派人参加。

《规定》的颁布实施有利于加强和规范互联网安全技术防范工作,保护互联网服务单位、联网使用单位和广大网民合法权益,维护国家安全、社会秩序和公共利益,促进互联网健康有序发展。《规定》的贯彻实施需要公安机关、政府有关部门、互联网服务单位、联网使用单位和社会各界的广泛支持与参与。

26.信息网络传播权保护条例

国务院于2006年5月18日公布《信息网络传播权保护条例》（以下简称《条例》）,自2006年7月1日起正式施行。《条例》共计27条,以著作权法为立法依据,首次对中国网络合理使用与法定许可作出了明确规定,对版权的使用方法、权利义务、侵权形式和维权方式作了较为详细的规定,有利于保护权利人的合法权益,促进互联网的进一步发展,对于指导司法、行政执法也将起到十分重要的作用。

如何实现权利人、网络服务提供者和作品使用者的利益平衡,长期以来一直是保护信息网络传播权面临的难题,也是立法的重点。为此,国务院在制定《信息网络传播权保护条例》时,明确了这三者之间的关系,明确应当保护权利人的合法权益,发挥网络传播作品的潜能,满足用户使用作品的合理要求。法律为了保护和促进新兴网络产业的健康发展,明确规定网络服务主体在没有主观过错的情况下,对著作权侵权行为不轻易承担过重的责任。

自1990年代末互联网在中国的大规模普及以来,网上著作权纠纷不断。据统计,1999年1月到2002年12月间,仅北京各法院受理的网络著作权纠纷案就有40件,其中涉及内容纠纷的19起,网页纠纷的7起,网站链接纠纷的3起。针对日益严重的网络著作权纠纷,政府出台了一系列法律法规。1991年6月1日颁布的《中华人民共和国著作权法》在2001年12月进行修订,增加网络著作权保护的内容,其第十条第一款第十二项明确规定:"信息网络传播权,即以有线或者无线方式向公众提供作品,使公众可以在其个人选定的时间和地点获得作品的权利。"在此前后,最高人民法院2000年11月22日通过《关于审理涉及计算机网络著作权纠纷案件适用法律若干问题的解释》，2005年5月30日实施《互联网著作权行政保护办法》，2006年5月颁布、7月1日正式施行《信息网络传播权保护条例》等，这一系列法律规范使中国信息网络传播权得到了有效保护，同时对互联网行业发展也产生了积极的影响。

《条例》第二十六条第一款明确规定了信息网络传播权。信息网络传播权是指以有线或无线方式向公众提供作品、表演或者录音录像制品，使公众可以在其个人选定的时间和地点获得作品、表演或者录音录像制品的权利。除法律、行政法规另有规定外，任何组织或者个人将他人的作品、表演或者录音录像制品通过信息网络向公众提供，应当取得权利人许可，并支付报酬。

通过明确界定信息网络传播权，《条例》还明确将著作权法中关于合理使用和法定许可的内容引入信息网络传播权概念的内涵：第六条规定了合理使用的范围，规定在"科学研究、时事报道、执行公务"等八种情况下可对他人作品不经许可进行免费使用；为共享人类智力成果，《条例》把图书馆等知识与信息收藏场所在职责范围内对他人作品的数字化使用，也归为"合理使用"范畴；同时，对于九年制义务教育和扶贫计划等属于国家的大政方针的内容，《条例》第八、第九条规定了法定许可，在这两项政策的实施过程中，网络服务提供者可以使用他人作品，但应向著作权人支付报酬。

从这个角度上来说，《条例》为服务提供商们提供了一个明确的尺度，清晰地划分了不同权利主体受到保护的程度，为具体的操作提供了法律依据。这些规定结合了信息网络传播迅速的特点，有利于政策的普及以及科学成果的迅速传播，有利于脑力劳动成果的迅速商业化转化，符合信息化商业发展的社会需求。

除了《条例》的分类——将信息网络传播活动的参加者划分为终端用户、内容提供、服务提供商和基础电信运营商外，《条例》还进一步将服务提供者划分为接入服务提供者（第二十条）、缓存（第二十一条）、宿主（第二十二条）、搜索引擎和链接（第二十三条）。在"维护著作权人权益"的宗旨和前提下，由于服务提供的种类不同，服务提供者的义务、责任、免责事由及纠纷发生后的举证责任都有所不同。

《条例》这样的规定是与网络技术的发展相适应的：当时的发展状况下，SP（指移动互联网服务内容应用服务的直接提供者，负责根据用户的要求开发和提供适合手机用户使用的服务）牌照放开以后CP、SP不可避免地互相渗透。同时，P2P技术实现以后，CP的范围被无限扩大化了——内容提供者不一定需要是一个团体、集合，不一定需要与SP有提供和接受的协议——任何一个个体的用户都有可能通过BT成为种子，向其他用户提供下载服务。因此，对权利人来说，具体的划分能够使他们更快地得到赔偿给付；而对于SP而言，具体的划分给了他们追究他人责任、寻找免责事由的契机，而不致在侵权的重压之下失去竞争力甚至生存能力。

"通知—删除"简便程序是《条例》施行以来社会关注的焦点。同时，除了通知和删除之外，《条例》第二十四条亦规定了反通知和恢复。这样的规定使得那些履行了法律规定义务的 SP 能够处于一种免责的境地，使得真正从事网络技术服务的 SP 具有发展空间和余地。

对于权利人来说，他们更多关注的也许是《条例》提供给各类 SP 的免责事由"避风港"，而对于 SP 来说，尽管《条例》第二十二、第二十三条规定了 SP 的免责事由，但应该认识到，这些免责事由的门槛相当高：比如第二十二条，规定了网络服务提供者为服务对象提供存储空间以及供服务对象向公众传播作品时，要同时具备五个条件才能不承担赔偿责任。

《条例》在与国际条约的基本要求接轨的同时，尽可能从中国的实际出发，一方面保护权利人的利益，另一方面最大限度地兼顾公共事业和公众使用上的要求。尽管我国互联网产业的发展是一个新兴事物，知识产权保护起步也比较晚，但是，随着一系列法律、行政法规、部门规章以及司法解释的出台，我国的互联网事业逐步进入了规范发展的轨道。此次《条例》的出台，澄清了信息网络传播中的一系列问题，为中国加入 WCT 和 WPPT 铺平了道路，同时对于我们解决现实生活中的一系列法律纠纷提供了必要的法律指导，有利于强化全社会信息网络传播权保护的法律意识，建立和完善包括信息网络传播权立法在内的著作权法律体系，采取有力措施促进互联网的健康发展。

27. 关于发展软件及相关信息服务出口的指导意见

2006 年 9 月 19 日，商务部、信息产业部、教育部、科技部、财政部、海关总署、税务总局、统计局、外汇管理局联合下发《关于发展软件及相关信息服务出口的指导意见》（以下简称《意见》）。

《意见》认为，软件产业是国民经济发展的基础性产业、战略性产业，近年来，我国软件产业规模在迅速扩大，占世界软件产业份额逐步提高，软件及相关信息服务出口也在稳步增长，为国民经济建设和社会发展做出了重大贡献，但也存在着自主创新能力差、国际化人才缺乏、市场开拓能力不强、产业链不够完善等问题。

《意见》指出，软件产业是国民经济发展的基础性、战略性产业。抓住以软件及相关信息服务外包为代表的全球新一轮产业转移机遇，提高我国软件及信息服务业国际竞争力，是转变对外贸易增长方式，提高出口质量和效益的迫切需要。

《意见》强调，《国民经济和社会发展第十一个五年规划纲要》提出，到 2010 年，我国的服务贸易要达到4000亿美元，实现由"贸易大国"向"贸易强国"的历史性跨越。我国的软件及相关信息服务业要抓住当前全球新一轮产业转移和结构调整的机遇，积极扩大出口，推动外贸增长方式的转变。

《意见》全文分为8部分，共计25条，一是明确软件及相关信息服务出口的发展目标（第一条至第二条）；二是积极培育出口促进和服务体系（第三条至第五条）；三是完善税收扶植政策（第六条至第八条）；四是完善财政金融支持政策（第九条至第十二条）；五是加强软件出口统计分析（第十三条至第十四条）；六是建立软件及相关信息服务出口发展需要的实用型人才培养体系（第十五条至第十七条）；七是加强知识产权保护（第十八条至第二十条）；八是加强国际交流合作（第二十一条至第二十五条）。

《意见》明确提出了发展目标，力争到2010年，软件及相关信息服务出口达到100亿美元，平均年递增不低于25%，形成一批自主品牌、自主知识产权的出口产品，培育一批具有国际竞争力的软件及相关信息服务出口的骨干企业。

《意见》明确了对软件出口和外包企业的政策导向，将其纳入对软件产业的扶持政策体系，可比照软件企业或者视同为软件企业享受同等优惠政策。

28.关于进一步加强网吧及网络游戏管理工作的通知

2007年2月15日，文化部、国家工商行政管理总局、公安部、信息产业部、教育部、财政部、监察部、卫生部、中国人民银行、国务院法制办公室、新闻出版总署、中央文明办、中央综治办、共青团中央等14个部门联合印发了《关于进一步加强网吧及网络游戏管理工作的通知》（以下简称《通知》）。

《通知》分为三个部分。

一、严格执法，加强监管。（一）严厉查处网吧违法经营行为。文化行政部门要以禁止网吧接纳未成年人为工作重点，坚持严管重罚，强化市场退出机制。要认真执行网吧现场检查记录制度、网吧日常检查频度最低标准制度和网吧违法经营案件处理公示制度。（二）坚决取缔黑网吧。工商行政管理部门对黑网吧要做到露头就打。（三）根治黑网吧生存的条件和环境。（四）规范对学校内上网场所的管理。教育行政部门对学校内上网场所实施备案登记管理，具体规定由教育部会同有关部门另行发布。校内上网场所必须由学校直接管理，不得出租、承包，不得以营利为目的，其收费须按有关财务管理规定统一收支。（五）打击和防范网络游戏经营活动中的违法犯罪行为。

二、采取治本之策，扎实推进长效管理机制建设。（一）严格控制网吧总量。（二）着力推进网吧存量市场结构调整。（三）加大对网络游戏的管理力度，实现监管关口前移。

（四）广泛发动社会监督，积极引导行业自律。（五）加强公益性上网场所的建设与管理。（六）实施预防、干预、控制网络成瘾的系统工程。

三、加强领导，强化监督，落实责任，增强保障。（一）加强组织领导和部门协作。（二）强化对管理工作自身的监督。（三）加强对管理工作的保障。

29.关于加强音像制品、电子出版物和网络出版物审读工作的通知

随着中国音像电子和网络出版业的快速发展，年出版音像制品和电子出版物已超过4万种，且发展势头迅猛。大量优秀音像制品、电子出版物和网络出版物的出版，极大地丰富了人民群众的精神文化生活。然而一些音像电子和网络出版单位由于政治意识淡薄，责任意识、大局意识不强，在出版过程中也出现了不少问题，主要表现为：有的出版内容违反了国家的法律规定和党的方针政策，损害公共利益；有的内容庸俗，趣味低级，有害青少年身心健康；有的质量低劣，粗制滥造。

因此，为更好地做好音像制品、电子出版物和网络出版物的审读工作，提高音像电子网络出版内容质量，满足社会和人们的精神文化需求，加强出版管理工作，新闻出版总署于2007年2月16日出台了《关于加强音像制品、电子出版物和网络出版物审读工作的通知》，从重要性、内容、程序和报告制度四个方面作出明确规定。

其一，强调加强审读工作的重要性和必要性。审读工作是新闻出版行政部门的一项基础性工作，是新闻出版行政部门转变政府职能，加强社会监管，依照国家法律法规所进行的一项重要执法工作，也是巩固马克思主义在意识形态领域指导地位的需要。音像制品、电子出版物和网络出版物作为新兴媒体，技术含量高，内容丰富，传播速度快，传播范围广，社会影响大，各省级出版行政部门要高度重视对音像制品、电子出版物和网络出版物的审读，要以"三个代表"重要思想和党的十六届六中全会精神为指导，不断增强政治意识和大局意识，把握正确的出版方向，为推动社会主义和谐社会建设提供强大的精神动力和智力支持，为党的十七大胜利召开营造良好的舆论环境。

其二，明确审读工作的重点和内容。新闻出版管理中的审读，主要对出版内容是否符合国家的法律、法规及方针、政策，是否存在反对宪法确定的基本原则的内容，是否危害国家统一、主权和领土完整，危害国家安全，泄露国家机密，破坏民族团结，宣扬宗教迷信和色情暴力等方面进行审读。音像制品、电子出版物和网络出版物审读主要包括：（一）音像制品和电子出版物年度选题计划的审核。（二）对已出版的音像制品和电子出版物的内容进行审读。（三）对网络出版内容的监管。检查网站出版内容是否符合许可范围、出版宗旨。重点关注网络出版中常带有倾向性、苗头性的问题，及时处理。

其三，明确要建立健全审读制度及程序。各省级出版行政部门要加强审读工作的制度化建设，建立健全反应灵敏、调控有力的审读信息预警机制，要投入必要的人力、物力和资金，确保本辖区内音像电子和网络出版的审读工作有效开展。（一）加强审读工作的组织领导，建立审读办法和审读工作程序。（二）建立必要的专家审读队伍。（三）各地要高度重视互联网出版技术手段的建设，提高互联网出版监管智能水平，增强互联网出版舆情研判的科学性和时效性，建立适合本地区互联网出版舆情分析系统，与总署网络出版监控系统有效对接。（四）加强信息反馈，确保审读信息的畅通。

其四，强调严格执行重大出版情况报告制度。对本区域发生或审读中发现的重大出版事项和产生重大社会影响的出版问题，各音像电子和网络出版单位要及时报告本地区新闻出版行政部门，各地新闻出版局要及时报告新闻出版总署。

各新闻出版行政部门要尽职尽责，扎扎实实地把好审读这个关口，为促进我国音像电子和网络出版事业健康、繁荣发展服务。

30.关于开展全国重要信息系统安全等级保护定级工作的通知

2007年7月16日，公安部、国家保密局、国家密码管理局、国务院信息化工作办公室四部门下发了《关于开展全国重要信息系统安全等级保护定级工作的通知》（以下简称《通知》），在全国范围内组织开展重要信息系统安全等级保护定级工作。

《通知》中首先规定了4个定级范围：一、电信、广电行业的公用通信网、广播电视传输网等基础信息网络，经营性公众互联网信息服务单位、互联网接入服务单位、数据中心等单位的重要信息系统。二、铁路、银行、海关、税务、民航、电力、证券、保险、外交、科技、发展改革委、国防科技、公安、人事劳动和社会保障、财政、审计、商务、水利、国土资源、能源、交通、文化、教育、统计、工商行政管理、邮政等行业、部门的生产、调度、管理、办公等重要信息系统。三、市（地）级以上党政机关的重要网站和办公信息系统。四、涉及国家秘密的信息系统。

其次，列举了定级工作的主要内容：一、开展信息系统基本情况的摸底调查，全面掌握信息系统的数量、分布、业务类型、应用或服务范围、系统结构等基本情况。二、按照《信息系统安全等级保护定级指南》等有关规定，初步确定定级对象的安全保护等级。三、评审与审批。初步确定信息系统安全保护等级后，可以聘请专家进行评审。四、备案。信息系统安全保护等级为第二级以上的信息系统运营使用单位或主管部门到公安部网站下载《信息系统安全等级保护备案表》和辅助备案工具，持填写的备案表和利用辅助备案工具生成的备案电子数据，到公安机关办理备案手续，提交有关备案材料及电子数据文件。

五、公安机关和国家保密工作部门负责受理备案并进行备案管理。

最后，提出了定级工作的要求：一、加强领导，落实保障。二、明确责任，密切配合。三、动员部署，开展培训。四、及时总结，提出建议。

31.七项信息安全国家标准正式实施

全国信息安全标准化技术委员会组织制定、国家标准化管理委员会审查批准发布的七项信息安全国家标准于2007年11月1日起正式实施。七项信息安全国家标准分别为《信息安全技术信息安全风险评估规范》、《信息安全技术虹膜识别系统技术要求》、《信息安全技术网上银行系统信息安全保障评估准则》、《信息技术安全技术信息安全事件管理指南》、《信息安全技术信息安全事件分类分级指南》、《信息安全技术网上证券交易系统信息安全保障评估准则》和《信息安全技术信息系统灾难恢复规范》。

七项信息安全国家标准的具体内容分别如下：

《信息安全技术信息安全风险评估规范》提出了风险评估的基本概念、要素关系、分析原理、实施流程和评估方法，以及风险评估在信息系统生命周期不同阶段的实施要点和工作形式，适用于规范组织开展的风险评估工作。

《信息安全技术虹膜识别系统技术要求》规定了用虹膜识别技术为身份鉴别提供支持的虹膜识别系统的技术要求，适用于按信息安全等级保护的要求所进行的虹膜识别系统的设计与实现，对虹膜识别系统的测试、管理也可参照使用。

《信息安全技术网上银行系统信息安全保障评估准则》规定了网上银行系统的描述、安全环境、安全保障目标、安全保障要求及网上银行信息系统安全保障目的和要求的符合性，适用于对网上银行系统在进行网上交易过程中涉及信息安全的交易活动。

《信息技术安全技术信息安全事件管理指南》指导性技术文件修改采用《信息技术安全技术信息安全事件管理》，对信息安全事件管理的规划和制定提供策略和方案给出了管理信息安全事件和开展后续工作的相关过程和规程，可用于指导信息安全管理者，信息系统、服务和网络管理者对信息安全事件进行管理。

《信息安全事件分类分级指南》指导性技术文件为信息安全事件的分类、分级提供指导，用于信息安全事件的防范与处置，为事前准备、事中应对、事后处理提供一个基础指南，可供信息系统和基础信息传输网络的运营和使用单位以及信息安全主管部门参考使用。

《信息安全技术网上证券交易系统信息安全保障评估准则》规定了网上证券交易系统的描述、安全环境、安全保障目标、安全保障要求及网上证券系统信息安全保障目的和要求的符合性声明，适用于网上证券系统在交易过程中涉及信息安全的证券交易活动。

《信息安全技术信息系统灾难恢复规范》规定了信息系统灾难恢复应遵循的基本要求，适用于信息系统灾难恢复的规划、审批、实施和管理。

32.杭州市计算机信息网络安全保护管理条例

计算机信息网络产业的迅猛发展使计算机信息网络与人民生活日趋紧密，对社会影响也愈益深刻。随着网上交易方式的普及，网络交流方式的盛行，网民、网吧数量的快速增长，以及宾馆、咖啡馆等提供公共上网服务的场所日益增多，电子商务也已经成为杭州市经济发展的重要组成部分，计算机信息网络安全问题日益突出。为加强计算机信息网络安全的保护和管理，有必要制定地方性法规，以维护国家安全、公共利益和社会稳定，维护公民、法人和其他组织的合法权益，促进信息化建设的发展。

2008年10月，杭州市十一届人大常委会第十一次会议审议了市人民政府提请的《杭州市计算机信息网络安全保护管理条例（草案）》。会后，杭州市人大法制委员会根据常委会组成人员的审议意见和内务司法委员会的审议意见，分别征求了市人大常委会立法咨询委员会、省人大常委会法工委以及市公安局的意见，还将条例草案刊登在杭州市人大网上，公开向社会征求意见。2008年12月5日，杭州市人大法制委员会举行会议，对条例草案进行审议和修改，形成条例草案修正稿，提请市十一届人大常委会第十二次会议审议并于12月23日审议通过，2009年4月1日经浙江省第十一届人民代表大会第十次会议批准，2009年4月9日公布，自2009年5月1日起施行。《杭州市计算机信息网络安全保护管理条例》（以下简称《条例》）是中国第一个要求"网络实名制"地方性法规。

《条例》的制定主要依据是《中华人民共和国计算机信息系统安全保护条例》、《中华人民共和国计算机信息网络国际联网管理暂行规定》、《互联网信息服务管理办法》等规定。

《条例》共计六章四十五条，分为第一章总则（第一条至第六条）、第二条安全保护和管理（第七条至第十六条）、第三章公共秩序管理（第十七条至第二十三条）、第四章监督管理（第二十四条至第三十一条）、第五章法律责任（第三十二条至第四十三条）、第六章附则（第四十四条和第四十五条）。

首先，《条例》定义了"计算机信息网络"。国务院《中华人民共和国计算机信息网络国际联网管理暂行规定》等行政法规和其他有关规定早前已使用"计算机信息网络"的概念，但却没有对计算机信息网络明确定义。《条例》在第二条对"计算机信息网络"的概念作了界定，规定"本条例所称的计算机信息网络，是指由计算机及其相关的和配套的设备、设施构成的，按照一定的应用目标和规则对信息进行制作、采集、加工、存储、传输、检索等处理的人机系统和运行体系"，并规定计算机信息网络的安全，包括计算机信息系统及互联网的运行安全和信息内容的安全。

其次,《条例》明确了"安全等级保护"。信息系统安全等级保护制度是近年来国家在信息安全领域推行的一项基本制度,通过统一的信息安全等级保护管理规范和技术标准,组织公民、法人和其他组织对信息系统分等级实施安全保护,对等级保护工作的实施进行监督、管理。因此,《条例》在第二章"安全等级保护和管理"中规定"计算机信息系统的安全保护等级分为五个等级",并根据国家的一些规定明确了信息系统安全登记备案和测评的具体要求。同时,针对目前计算机信息系统运营、使用单位应当落实的安全保护制度和安全保护技术措施没有系统规定的情况,《条例》进行了规定;对违反信息安全等级保护管理规定的情况,《条例》进行了规定;对违反信息安全等级保护管理规定的行为也设定了相应的法律责任。

第三,《条例》明确了"互联网服务提供者的安全保护责任"。《条例》将互联网服务提供者分为互联网接入服务提供者、互联网数据中心服务提供者、互联网信息服务提供者、互联网上网服务提供单位,并在第十八条至第二十一条分别规定了其安全保护责任。除网吧等上网营业场所国家有规定外,对日益增多的宾馆、咖啡馆等非经营性互联网上网服务提供单位,《条例》也进行了规定,要求"自提供上网服务之日起十五日内向所在地公安机关备案",并针对这些单位大多提供无线接入服务的情况,规定"提供无线接入服务的互联网上网服务场所,应当记录并留存用户信息及对应的计算机信息",提高了这些单位日常管理的可操作性。

《条例》还提出了互联网用户的行为规范。互联网以其交互性、时空性和开放性,成为继报纸、广播、电视之后的第四大媒体。网络舆论主体泛化、分散的特点导致有害信息极易在网上广泛传播。同时,破坏他人计算机信息系统,窃取、盗用他人网络资源,发送垃圾短信干扰他人正常生活秩序或者网络秩序的违法行为时有发生。根据近年来网络发展出现的新情况、新问题,《条例》在第二十二、第二十三条对利用计算机信息网络从事干扰他人正常生活秩序或者网络秩序的行为进行规范,对有害信息的内容进行了规定,从而为保护计算机信息网络及其数据、功能、运行环境、设备设施和网络资源提供了法律保障。

33.电信网络运行监督管理办法

工业和信息化部于2009年4月24日发布《电信网络运行监督管理办法》(以下简称《办法》),2009年5月1日正式执行。2002年颁布的《电信运营业重大事故报告规定(试行)》同时废止。

《办法》共计6章47条,分别为第一章总则(第一条至第五条)、第二章网络运行维护责任（第六条至第十八条）、第三章网络架构保护措施（第十九条至第二十九条）、第四章网络运行事故处理（第三十条至第三十五条）、第五章网络运行监督管理（第三十六条至第四十四条）和第六章附则（第四十五条至第四十七条）。此外，《办法》还包括四个附件。分别为《电信网络运行事故划分》、《电信网络运行事故简要报告》、《电信网络运行事故专题报告》和《电信网络运行事故报告时限》。

《办法》规定，运营商的网络运行维护工作的职责包括：建立健全本单位网络运行维护责任制；组织制定本单位网络运行维护制度，不断完善网络运行维护规程；保证本单位网络运行安全投入的有效实施等。

《办法》将电信网络运行事故等级划分为特别重大、重大、较大和一般事故四级，针对不同事故等级，制定了相应的报告流程，明确了报告时限要求。《办法》规定，基础电信业务经营者总部及其省级机构应当在特别重大事故发生后，立即分别向工信部电信管理局和相关省、自治区、直辖市通信管理局做出口头报告，4小时内做出简要书面报告，事故处理结束后的2日内做出专题书面报告。

《办法》强化了监管部门对基础电信企业网络运行安全的监督管理职能，并对企业网络运行维护责任和网络架构保护措施提出明确要求。加强了电信网络运行监督管理，保障了电信网络运行稳定可靠，有利于预防电信网络运行事故发生，促进了电信行业持续稳定发展。

34.关于进一步加强网络游戏前置审批和进口网络游戏审批管理的通知

2009年9月28日，新闻出版总署、国家版权局、全国"扫黄打非"工作小组办公室联合发出《关于贯彻落实国务院〈"三定"规定〉和中央编办有关解释，进一步加强网络游戏前置审批和进口网络游戏审批管理的通知》（以下简称《通知》），要求进一步加强网络游戏前置审批和进口网络游戏审批管理。该《通知》是依法规范管理网络游戏审批工作的重要文件。

《通知》的制定是依据国务院《互联网信息服务管理办法》和《出版管理条例》，中央宣传部等六部委《关于加强文化产品进口管理的办法》，文化部、国家广电总局、新闻出版总署、国家发展和改革委员会、商务部《关于文化领域引进外资的若干意见》，以及国务院《关于印发国家新闻出版总署（国家版权局）主要职责内设机构和人员编制规定的通知》（以下简称《"三定"规定》）和中央编办《关于印发〈中央编办对文化部、广电总局、新闻出版总署《"三定"规定》中有关动漫、网络游戏和文化市场综合执法的部分条文的解释〉的通知》（以下简称《"三定"解释》），就进一步加强网络游戏前置审批和进口网络游戏审批管理进行了明确规定。

《通知》就网络游戏前置审批明确了两项原则：一是关于网络游戏运营企业资质的前置审批，未经新闻出版总署前置审批并获得具有网络游戏经营范围的互联网出版许可证，任何机构和个人不得从事网络游戏运营服务；二是关于网络游戏上网的前置审批，未经新闻出版总署前置审批的网络游戏，一律不得上网。对经新闻出版总署前置审批过的网络游戏，可以上网使用，任何部门不再重复审批，文化、电信等管理部门应严格按新闻出版总署前置审批的内容管理。未经新闻出版总署前置审批上网运营或审批后擅自改变内容的网络游戏，将被责令停止运营服务，并依法予以查处。

对于广受业界关注的进口网络游戏审批问题，《通知》重申，根据《"三定"规定》，新闻出版总署负责审批境外著作权人授权的进口网络游戏。并明确指出：从事未经境外著作权人合法授权的进口网络游戏运营的，属于侵权盗版行为，将由国家版权局依法立案查处。对未经新闻出版总署审批，擅自在中国境内提供进口网络游戏运营服务，或为境外网络游戏在中国境内提供运营推广服务的，将依法予以取缔，停止其运营，甚至取消接入服务，关闭网站。

《通知》同时强调，禁止外资以任何形式在中国境内投资从事网络游戏运营服务。外商不得通过设立其他合资公司、签订相关协议或提供技术支持等间接方式实际控制和参与境内企业的网络游戏运营业务，也不得通过将用户注册、账号管理、点卡消费等直接导入由外商实际控制或具有所有权的游戏联网、对战平台等方式，变相控制和参与网络游戏运营业务。

《通知》还针对目前网络游戏运营中常见的变更运营单位或增加新版本、新资料片以及更新内容等情况作出了明确规定：已经在新闻出版总署前置审批或进口审批过的网络游戏有变更运营单位或增加新版本、新资料片以及更新内容等情况的，必须重新履行前置审批或进口审批手续。否则将取消原批准文件，停止运营，甚至取消接入服务，关闭网站。

35.公安部打击整治网络淫秽色情专项行动

互联网和手机淫秽色情违法犯罪活动是广大人民群众深恶痛绝的社会丑恶现象，严重毒化社会风气，侵蚀未成年人身心健康，危及社会主义精神文明建设。公安部历来高度重视互联网和手机淫秽色情打击整治工作，积极会同有关部门持续不断地组织开展了一系列专项打击整治行动，取得了一定成效。

2009年11月16日，《关于开展打击手机网站传播淫秽色情信息的紧急通知》（以下简称《通知》）下发，要求就手机网站制作、传播淫秽色情等有害信息活动进行专项治理。

《通知》强调，要加大监管和案件查办力度，通信管理部门要加强对接入服务商的监管，明确接入服务商的责任，要求接入服务商采取有效措施，对手机网站进行全面清查，防止淫秽色情信息通过手机网站传播，对明显传播淫秽色情信息的网站，要果断采取断网措施。工商行政管理部门要加强对网络广告代理商的监管，对非法经营和利用淫秽色情网站推广广告业务的网络广告代理商，依法严厉查处，杜绝在淫秽色情网站上投放广告。公安部门要进一步加大对手机网站制作、传播淫秽色情犯罪活动的打击力度，追根溯源，严查彻究，斩断手机淫秽色情网站背后的利益链条，坚决打击为手机淫秽色情网站提供建站、网络接入、增值服务、广告推广、代收费服务的运营商和第三方支付企业。

2009年12月6日，全国"扫黄打非"工作小组召开专题会议部署开展行动。各地区、各有关部门和各电信运营企业，坚决贯彻中央部署，从网站管理、行业整治、案件查办、技术防范、制度建设、法律保障、新闻宣传、社会监督等方面深入开展安全整治，切实维护网络秩序，采取了一系列措施，取得一系列成果。

全国96%的省份在行动部署、宣传教育、清理网站、查办案件、源头治理、技术防范、落实问责等七大类工作检查中表现较好。各地电信管理部门督查省份的网站备案率均达到90%以上，备案信息的准确率也达到80%以上。此外，各地电信、移动、联通等基础运营商也采取了切实措施，从业务推广渠道、手机网站接入、服务器层层转租、手机代收费等相关环节进行了清理整治。

据统计，全国共对已接入的178.5万个网站进行了全面排查，关闭涉黄网站6万多个，关闭未备案网站3000多个。落地查人，追根溯源，一批手机网站传播淫秽色情信息典型案件起到了警示作用。专项行动期间，共查处互联网和手机媒体传播淫秽色情信息案件2197起，行政案件1773起，查处相关涉案人员4965人。

全国"扫黄打非"办公室举报中心数据显示，专项行动期间收到举报共计16万余条，并已分六批次向516名举报人兑现奖金共52.6万元。此外，互联网违法和不良信息举报中心、12321网络不良与垃圾信息举报受理中心、公众信息网络安全举报网站三家举报中心也接获大量举报线索。

36. "3Q大战"爆发

2010年10月，腾讯公司与奇虎360公司为争夺产品用户和市场地位，展开一系列攻防战。双方为了各自的利益，从2010年到2014年，两家公司上演了一系列互联网之战，并走上了诉讼之路。对整个互联网产业带来深刻影响，也波及亿万网络用户。这场战争也被业界形象地称为"3Q大战"。

腾讯公司与奇虎360公司的竞争由来已久，"3Q大战"源于2010年双方"明星产品"之间的"互掐"。深圳市腾讯计算机系统有限公司基于即时通信QQ构建了QQ、腾讯网、QQ游戏以及拍拍网四大网络平台，形成了中国规模最大的网络社区。北京奇虎科技有限公司凭借360安全卫士成为继腾讯之后的第二大客户端软件。自2010年2月以来，360与QQ进行着持续不断的互联网纷争。2010年9月27日，360发布了其新开发的"隐私保护器"，专门搜集QQ软件是否侵犯用户隐私。随后，QQ立即指出360浏览器涉嫌借黄色网站推广。在经历了QQ将QQ医生自动升级为电脑管家，360推出隐私保护器和"扣扣保镖"等持续攻防之后，2010年11月3日"3Q之争"达到了顶峰，腾讯在《致广大QQ用户的一封信》中"做出了一个艰难的决定"，宣布将在装有360软件的电脑上停止运行QQ软件，用户必须卸载360软件才可登录QQ，强迫用户"二选一"。

2010年11月21日，工业和信息化部（以下简称"工信部"）正式对腾讯QQ软件和360安全卫士的"不兼容风波"进行了表态：两家公司采取不正当竞争行为，造成了恶劣的社会影响。工信部责令两家公司在5个工作日内向社会公开道歉，并对两公司涉嫌违反相关法律规定的行为进行进一步调查处理。在工信部等三部委的积极干预下，奇虎公司宣布召回"扣扣保镖"，奇虎公司发布公告称，360软件和QQ软件实现完全兼容，随后两家企业向用户道歉。这起事件虽然因工信部的介入而偃旗息鼓，但这场发生在用户个人电脑上的两家企业之间的争端，凸显了互联网企业之间竞争的无序。

2010年12月8日、22日，北京通信法制研究会、工信部电信研究院合办的"互联网立法暨3Q之争法律透析研讨会"在北京举行。两次会议的主讲人分别是"3Q大战"的两位当事方奇虎公司、腾讯公司的法律顾问。两家公司就"3Q大战"的前因后果作了说明。这两次研讨会的特别之处是，事件的两个当事方到场，双方对事件的发生有不同的解释、疑问和困惑。

奇虎公司有三个困惑的问题：第一，什么是正当竞争？目前定义不明确。第二，隐私保护问题。第三，谁来定义"滥用"市场支配地位？而腾讯公司提出的问题是：腾讯是否侵犯了用户的隐私权？如何判断网络环境下的用户隐私？为什么让用户"二选一"？腾讯的解释是，"扣扣保镖"发布后两天，已经有2000多万QQ用户被感染。假设每个QQ用户有40个好友，那么2000万用户就可以扩散到8亿户，形势已经很危急，除了对抗和先下网，已经别无选择。

双方互诉三场，奇虎360败诉。其中奇虎360诉腾讯公司垄断案尤为引人注目，2014年10月16日上午，最高人民法院判定：认定腾讯旗下的QQ并不具备市场支配地位，驳回奇虎360的上诉，维持一审法院判决。该判决为互联网领域垄断案树立了司法标杆。持续四年之久的"3Q大战"终于落下帷幕。

这起被称为"互联网反不正当竞争第一案"的案件,是迄今为止互联网行业诉讼标的额最大、在全国有重大影响的不正当竞争纠纷案件,也是《反不正当竞争法》出台多年以来,最高人民法院审理的首例互联网反不正当竞争案,案件本身引发了行业、用户和法律界各方的关注。有行业人士认为,诉讼本身既促进了中国互联网企业创新生态的营造,也推动了中国市场经济的开放与竞争。

37."防网络诈骗联盟"专项行动启动

随着中国互联网的迅猛发展,一些不法分子逐步将犯罪的阵地向网络转移,各类虚假信息、钓鱼网站频繁出现,互联网诈骗案件此起彼伏。针对近年来网络诈骗频发的现状,2011年7月8日,50余家网站与北京市公安局网安总队在百度大厦举行了防范网络诈骗专项行动的启动仪式。

自2010年至2011年7月,北京市共发生各类涉网诈骗案件11218起,发案范围覆盖21个区县,涉案金额高达1.16亿元,网络诈骗已经成为严重威胁广大网民的人身和财产安全最大隐患。打击网络欺诈,关系到4.7亿网民的切身利益,是一件至关重要、刻不容缓的大事,需要整个产业和社会的共同努力。百度公司呼吁全互联网行业共同成立"防网络诈骗联盟",大家本着行业自律的原则,通过不断加大对不良信息的审查和打击力度,加强技术、运营、监管制度的完善,建立全社会联动的举报监察机制,面向公众开展积极有效的宣传工作等一系列举措。集合全行业之力,让网络诈骗无所遁形。

百度、新浪、58同城、京东商城、易宝支付等网站分别代表搜索引擎、门户、信息服务、电子商务及第三方支付类网站共同签订了倡议书。为此,北京市公安局网安总队决定于近期开展北京市防范网络诈骗专项行动,通过开展巡查巡控、宣传防范、联合打击等工作,针对网络诈骗类型多样、案件翻新、发案量大的严峻形势,积极组织开展了各项防范工作。

38.公安部开展"净网行动"

为严密防范、严厉打击网上涉枪涉爆等违法犯罪活动,全面深化2011年治爆缉枪专项行动,全力消除社会治安隐患,公安部部署自2011年8月24日起至11月底在全国范围内开展以清理整治制作贩卖枪支爆炸物品违法信息为重点的"净网行动"。

行动期间,全国公安机关集中力量、重拳出击,彻底铲除境内涉枪涉爆违法网站,挂牌督办一批涉枪涉爆违法信息问题突出的互联网服务单位,严厉打击网上涉枪涉爆违法犯罪活动，净化网络环境，维护社会治安稳定。

专项行动中，公安机关将加强对拍卖网站、军事类网站、搜索引擎和互联网数据中心等重点部位的监督检查，全面组织开展网上涉枪涉爆信息的清理整治。严禁在网上发布买卖枪支爆炸物、传播枪支爆炸物制作技术以及传授、教唆涉枪涉爆犯罪方法等违法信息；对制作贩卖枪支爆炸物品违法信息问题突出的网站要一律停机整顿；对安全责任、制度和措施不落实、存在安全隐患的互联网服务单位要一律限期整改；对未能依法落实信息审核责任、导致涉枪涉爆违法信息传播扩散的网站，依法严肃查处。

同时，公安机关将组织专门警力，对网上贩卖枪支爆炸物的违法线索逐一调查、深挖，坚决打击网上涉枪涉爆违法犯罪活动。对多次、大量发送涉枪涉爆违法信息的不法人员，将坚决依法查处。对在网上违法发布贩卖枪支爆炸物品信息的人员，逐一进行落地调查，对非法制售枪支爆炸等物品的团伙坚决打击；对发布涉枪涉爆信息的网民进行训诫教育。

公安部网络安全保卫局相关负责人表示，互联网接入服务、信息服务单位应当严格执行"先备案、后接入"的规定，认真履行信息发布审核责任，及时清除涉枪涉爆违法信息，发现违法犯罪线索要主动报告公安机关。公安机关提醒广大网民要知法守法，不要在网上发布和传播涉枪涉爆违法信息，并欢迎广大网民积极举报网上涉枪涉爆违法犯罪线索，共同营造健康和谐的网络环境。对为案件侦破提供重要线索的举报人员，公安机关将予以奖励。"净网行动"开始后，公安机关对百度贴吧、拍拍网、一淘网等15家涉枪涉爆违法信息问题突出的网站（栏目）进行了重点整治。已责令上述网站删除涉枪涉爆违法信息2.3万余条，关闭涉枪涉爆信息集中的贴吧、网店及相关栏目131家，冻结发布、传播相关信息账号320多个。

通过"净网行动"的一系列举措可以看出，此次"净网行动"重拳出击，取得了显著成效，对于打击网上涉枪涉爆等违法犯罪活动，净化网络环境起到了积极的促进作用。

39.中国互联网络信息中心域名注册实施细则

经工业和信息化部批准，由中国互联网络信息中心修订的《中国互联网络信息中心域名注册实施细则》（以下简称《实施细则》）于2012年5月29日零时起开始实施。2009年6月5日实施的《中国互联网络信息中心域名注册实施细则》同时废止。

此次修订，重点修改了原《实施细则》第十四条关于域名注册主体的规定，提出"任何自然人或者能独立承担民事责任的组织均可在本细则规定的顶级域名下申请注册域名"，即将域名注册的主体扩大至自然人。此外，还加强域名注册者信息的安全保护，并针对域名注册、转移、续费等环节进行修改完善。个人成为网站发展的重要驱动力，此次面向自然人开放，将形成域名、网站、个人三者之间的个性化匹配，进一步推动互联网向更加开放和个性化的方向发展。

《实施细则》共 10 章 60 条，第一章总则（第一条至第三条）、第二章域名注册服务机构（第四条至第十三条）、第三章域名注册的申请与审核（第十四条至第二十三条）、第四章域名的变更与注销（第二十四条至第二十八条）、第五章域名注册服务机构的变更（第二十九条至第三十六条）、第六章用户信息保护（第三十七条至第四十七条）、第七章域名争议处理（第四十八条至第五十条）、第八章域名运行费用（第五十一条至第五十二条）、第九章用户投诉机制（第五十三至第五十五条）、第十章附则（第五十六至第六十条）。

该实施细则的修订之处和最大亮点在于第三章域名注册的申请与审核中域名规定主体的扩大，任何自然人或者能独立承担民事责任的组织均可在本细则规定的顶级域名下申请注册域名，而不仅仅是依法登记并且能够独立承担民事责任的组织。

为加强域名注册者信息的安全保护，修订后的《实施细则》通过对注册资料的传输、保存、销毁以及域名注册服务机构退出时域名注册信息、资料的处理等作出详细规定，加强对用户信息的安全保护。

《实施细则》规定"域名到期后自动进入 30 日的续费确认期，用户在此期限内确认是否续费，如书面表示不续费，域名注册服务机构有权注销该域名；如果用户在 30 日内未书面表示不续费，也未续费，域名注册服务机构有权 30 日后注销域名"。

中国互联网络信息中心副主任齐麟认为，此次对自然人开放注册，将有力提升个人邮箱的个性化应用以及电子商务的应用，比如有助于个人网站打响品牌。同时，还将与国内微应用服务商的服务进行整合，网民可以为自己的微博、微名片、电子相册等配置顶级域名，弥补了个人微应用平台这一短板。

40.关于加强网络信息保护的决定

2012 年 12 月 28 日十一届全国人大常委会第三十次会议通过了《关于加强网络信息保护的决定》（以下简称《决定》）。这是继 2000 年 12 月 28 日九届全国人大常委会第十九次会议通过的《关于维护互联网安全的决定》后，又一部加强网络信息保护、保障互联网运行安全的决定。

该《决定》由 12 项条款组成，《决定》中确立了国家保护能够识别公民个人身份和涉及公民个人隐私的电子信息，严令禁止窃取信息并从中获利的行为。网络服务提供者不得违反法律和双方的约定，对收集的公民个人电子信息必须严格保密，并应当采取必要措施以确保信息安全。网络服务提供者应当加强对其用户发布的信息的管理，在与用户签订协议或者确认提供服务时，应当要求用户提供真实身份信息。未经许可不得向用户发送商业性电子信息，如有违背公民有权采取措施予以制止，也有权向有关主管部门举报、控告或提起诉讼。有关主管部门应当各司其职，维护网络信息安全。《决定》中还规定了相应的惩处措施。

该《决定》有原则性的指示，也有操作中的具体规定。从网络服务提供者的规范，到公民个人的维权，再到相关主管部门的监管，最后是违反决定的法律后果，都作了明确的规定，是保护公民个人信息法律体系的重大突破。

41.互联网接入服务规范

为进一步规范互联网接入服务，维护电信用户合法权益，工业和信息化部于2013年7月12日公布了《互联网接入服务规范》（以下简称《规范》），自2013年9月1日起施行。《规范》要求电信业务经营者的预受理时限不得超过5个工作日，对于已具备线路条件的业务开通和移机时限不得超过7个工作日，为电信业务经营者提供了互联网接入服务质量标准和依据。

《规范》共19条，包括服务质量指标（第一条至第十一条）和通信指标（第十二条至第十九条）两大指标，并详细罗列共涵盖"用户信息保护义务"、"计费原始数据保存时限"、"提醒服务"、"无线接入网络可接入率"等19项详细标准。

《规范》提出，电信业务经营者应向用户提供套餐的到量预警、超量提醒、到期提醒等提醒服务。其中，到量预警指用户套餐内互联网接入服务实际使用量接近套餐限量前，通过短信、语音、互联网等方式，提醒用户本计费周期内业务已使用量、套餐限量等信息。电信业务经营者应根据用户需要，免费向用户提供收费详细清单查询。计费原始数据保存时限至少为5个月。

《规范》要求电信业务经营者依照法律和有关规定对提供服务过程中收集、使用的用户个人信息严格保密，不得泄露、篡改或者毁损，不得出售或者非法向他人提供。电信业务经营者提供互联网接入终端的服务，应同时提供纸质或电子类介质的用户手册或使用说明，至少包括配置方法、使用方法、日常故障的自我诊断方法等；采用无线接入方式提供互联网接入服务的电信业务经营者，应向社会公布其无线网络覆盖范围及漫游范围，并及时更新。

在服务质量指标方面，《规范》规定预受理时限平均为2个工作日内，最长为5个工作日；不具备线路条件但可以进行线路施工的业务开通、移机时限，城镇最长为16个工作日，农村平均最长为20个工作日；已具备线路条件的业务开通、移机时限不分城镇和农村，最长为 7 个工作日；障碍修复时间，城镇最长为 48 小时，农村最长为 72 小时；服务变更时间最长为 24 小时；客户服务中心的应答时限最长为 15 秒，人工服务的应答率大于等于 85%。

在通信质量指标方面，《规范》规定有线接入连接建立成功率 98%；有线接入用户接入认证平均响应时间 8 秒，最大值为 11 秒；有线接入速率的平均值应能达到签约速率的 90%；在无线接入网络覆盖范围内的 90% 位置，99% 的时间、在 20 秒内无线终端均可接入网络；无线接入连接建立成功率大于等于 95%；无线接入用户接入认证平均响应时间 8 秒，最大值为 11 秒；无线接入中断率小于等于 5%。

42.电信和互联网用户个人信息保护规定

2013 年 6 月 28 日工业和信息化部第 2 次部务会议审议通过了《电信和互联网用户个人信息保护规定》（以下简称《规定》），2013 年 7 月 16 日公布，自 2013 年 9 月 1 日起施行。该《规定》对互联网用户信息的安全保护起到了有效的推进作用，使互联网用户信息泄露事件进入了有法可依的阶段。

《规定》的出台可以进一步完善电信和互联网行业个人信息保护制度。目前，部分电信业务经营者、互联网信息服务提供者对用户个人信息安全重视不够，安全防护措施不完善，管理制度不健全，信息安全责任落实不到位，需要进一步完善用户个人信息保护法律制度，规范电信服务、互联网信息服务过程中收集、使用用户个人信息的活动。

《规定》的出台也是贯彻落实全国人民代表大会常务委员会《关于加强网络信息保护的决定》（以下简称《决定》）的需要。贯彻执行好《决定》有关收集、使用个人信息的制度，需要出台相关配套规定。制定《规定》，进一步明确电信业务经营者、互联网信息服务提供者收集、使用用户个人信息的规则和信息安全保障措施等，是落实全国人大常委会《决定》规定的制度和措施，切实保护用户合法权益的要求。

《规定》共 6 章 25 条，第一章总则（第一条至第七条）、第二章信息收集和使用规范（第八条至第十二条）、第三章安全保障措施（第十三条至第十六条）、第四章监督检查（第十七条至第二十一条）、第五章法律责任（第二十二条至第二十四条）、第六章附则（第二十五条）。

《规定》主要内容如下：

一、电信和互联网用户个人信息的保护范围。《规定》依据全国人大常委会《决定》的有关规定，明确要求保护"电信业务经营者和互联网信息服务提供者在提供服务的过程中收集的用户姓名、出生日期、身份证件号码、住址、电话号码、账号和密码等能够单独或者与其他信息结合识别用户的信息以及用户使用服务的时间、地点等信息"。

二、用户个人信息收集和使用原则。《规定》根据全国人大常委会《决定》的规定，要求电信业务经营者、互联网信息服务提供者收集、使用用户个人信息应当遵循合法、正当、必要的原则，并对用户个人信息的安全负责。

三、用户个人信息收集和使用规则。《规定》要求电信业务经营者、互联网信息服务提供者遵守下列信息收集和使用规则：制定并公布其信息收集和使用的规则；未经用户同意不得收集、使用用户个人信息；明确告知用户其收集、使用信息的目的、方式和范围等事项；不得收集提供服务所必需以外的用户个人信息；在用户终止使用服务后应当停止对用户个人信息的收集和使用，并提供注销号码或账号的服务；不得泄露、篡改、毁损、出售或者非法向他人提供用户个人信息等。

四、代理商管理。《规定》按照"谁经营、谁负责"、"谁委托、谁负责"的原则，根据民法上的委托代理制度，明确规定由电信业务经营者、互联网信息服务提供者负责对其代理商的个人信息保护工作实施管理。《规定》要求：电信业务经营者、互联网信息服务提供者委托他人代理市场销售和技术服务等直接面向用户的服务性工作，涉及收集、使用用户个人信息的，应当对代理人的用户个人信息保护工作进行监督和管理，不得委托不符合《规定》有关用户个人信息保护要求的代理人代办相关服务。

五、安全保障制度。《规定》从岗位责任、管理制度、权限管理、存储介质、信息系统、操作记录、安全防护等方面，明确了电信业务经营者、互联网信息服务提供者应当采取的防止用户个人信息泄露、毁损、篡改或者丢失的措施。与此同时，《规定》对用户个人信息保护情况自查和培训等制度作了相应的规定。

六、监督检查制度。《规定》要求电信管理机构对用户个人信息保护情况实施监督检查，电信业务经营者、互联网信息服务提供者应当予以配合。《规定》还明确规定电信管理机构在电信业务经营许可和年检中应当审查用户个人信息保护的情况，将电信业务经营者、互联网信息服务提供者违反《规定》的行为记入其社会信用档案。

43.中央网络安全和信息化领导小组成立

中国网络管理体制由于历史原因，造成"九龙治水"的管理格局。习近平总书记在对党的十八届三中全会《中共中央关于全面深化改革若干重大问题的决定》的说明中明确表示，面对互联网技术和应用飞速发展，现行管理体制存在明显弊端，多头管理、职能交叉、权责不一、效率不高。同时，随着互联网媒体属性越来越强，网上媒体管理和产业管理远远跟不上形势发展变化。

2014年2月27日，中央网络安全和信息化领导小组成立。该领导小组的机构职责是着眼国家安全和长远发展，统筹协调涉及经济、政治、文化、社会及军事等各个领域的网络安全和信息化重大问题，研究制定网络安全和信息化发展战略、宏观规划和重大政策，推动国家网络安全和信息化法治建设，不断增强安全保障能力。这是党中央落实十八届三中全会精神的又一重大举措，是中国网络安全和信息化国家战略迈出的重要一步，标志着这个拥有6亿网民的网络大国加速向网络强国挺进。

中共中央总书记、国家主席、中央军委主席习近平亲自担任组长，李克强、刘云山任副组长，再次体现了中国最高层全面深化改革、加强顶层设计的意志，显示出在保障网络安全、维护国家利益、推动信息化发展的决心。中央网络安全和信息化领导小组办事机构即中央网络安全和信息化领导小组办公室，由国家互联网信息办公室承担具体职责。国家互联网信息办公室主任鲁炜兼任中央网络安全和信息化领导小组办公室主任。中央网信办干部局10月27日发布《中央网络安全和信息化领导小组办公室2014年公开选拔处级领导干部工作公告》，并公布了此次面向社会公开选拔的9名处级领导干部职位说明书。

习近平总书记指出："没有网络安全，就没有国家安全；没有信息化，就没有现代化。"领导小组将围绕"建设网络强国"，重点发力以下任务：要有自己的技术，有过硬的技术；要有丰富全面的信息服务，繁荣发展的网络文化；要有良好的信息基础设施，形成实力雄厚的信息经济；要有高素质的网络安全和信息化人才队伍；要积极开展双边、多边的互联网国际交流合作。会议还强调，建设网络强国的战略部署要与"两个一百年"奋斗目标同步推进，向着网络基础设施基本普及、自主创新能力增强、信息经济全面发展、网络安全保障有力的目标不断前进。

44.微软停止XP系统服务

美国微软公司宣布"微软对 Windows XP 的支持将在2014年4月8日结束"。这意味着，自2014年4月8日之后，微软将不再为所有的 XP 系统用户提供安全升级、非安全性补丁、免费的支持和在线技术文档更新。今后，用户若继续使用 XP 系统，则更容易遇到安全风险与病毒的攻击。此外，由于更多软件和硬件制造商将改良产品以便与更多最新版本的 Windows 兼容，大量应用和设备将无法在 Windows XP 中使用。为更好地完成 Windows XP 在中国的"谢幕"，微软官方微博表示，已与腾讯等国内互联网安全及防毒厂商合作，为中国使用 XP 的用户继续提供独有的安全保护。

据国内外信息安全界分析，微软停止 XP 操作系统服务将对信息安全带来重大影响，有关专家认为：第一，XP 的安全机制已不能满足当前信息技术发展需求与安全需求，安全风险明显高于 Windows 7 和 Windows 8.1。第二，XP 停止服务后，安全风险将明显提高。对个人用户而言，只要使用的是正版 Windows 操作系统，系统都将继续照常启动和运行，但是无法获得微软发布的关于系统功能扩展或安全漏洞补丁的更新软件，安全风险的确要比原来受官方支持有所增大，因为之前微软会定期进行保护和更新。第三，黑客可能囤积 XP 的零日漏洞，在 4 月 8 日后使用。

Windows XP 是微软 2001 年 10 月发布的新一代视窗操作系统，此后，微软在 2012 年 10 月发布了最新的 Windows 8 系统，是为移动互联网时代打造的一款跨平台操作系统。但 Windows XP 是最流行的微软操作系统之一，由于 XP 产品非常经典，所以推出的 10 余年来，其应用仍非常广泛，拥有庞大的用户群体。微软官方对"Windows XP 支持即将结束"的解释理由为：在过去 12 年中，微软一直在为 Windows XP 提供支持服务。但现在对我们以及我们的硬件和软件供应商而言，是时候将我们的资源转向支持更多最新技术，以便我们能够继续为用户提供出色的全新体验。

据相关行业机构统计数据显示，XP 系统在全球市场的占有率仍然有 38.73%，而在国内的占有率更是高达 60%。由于很多政府机关和企业使用的内部软件是在 Windows XP 系统的环境下进行开发的，很多正在服役的关键商务软件只能在 XP 上运行，由 Windows XP 系统向 Windows 7 或 Windows 8 系统升级难以在短时间内完成，保守估计这一过程将持续至少 1 年。为了帮助企业完成系统过渡，微软将为 XP 用户把反恶意软件签名及引擎的更新延长至 2015 年 7 月 14 日。

微软官方建议，Windows XP 用户如果要继续获得保护和更新，最好升级自己的电脑操作系统到 Windows 8。若有用户依旧想要继续使用正版 XP 系统，那么可以在到期后向微软付费进行购买支持，但是费用会相对较高。而联想、惠普等几家电脑厂商则表示，用户若前往厂家指定服务站更新系统，需缴纳至少 450 元的版权费用。

为保证中国两亿多 XP 系统的忠实用户继续安全使用，由腾讯、微软中国、联想三大巨头发起，联合金山、搜狗等厂商，共同发起"Windows XP 用户支持行动"（俗称"扎篱笆"），称在 XP 操作系统正式退役后，为仍在使用该系统的大量中国用户继续提供技术支持。在用户选择升级到 Windows 8 操作系统之前，该行动将为中国 XP 用户提供包括"系统升级援助"、"XP 系统安全主动防御"、"XP 救援服务站"、"XP 用户专版安全软件"在内的一系列安全服务。在国外，英国政府网站于 2 月 4 日公布 XP 终止服务风险控制指南，该指南由 GCHQ（政府通信总局，Government Communications Headquarters）下属的 CESG（Communications-Electronics Security Group）发布。美国也有安全公司专门为政府提供该类服务。

45."扫黄打非·净网2014"行动

为了依法严厉打击淫秽色情信息传播，营造一个干净、纯净、清净的网络环境，全国"扫黄打非"工作小组办公室、国家互联网信息办公室、工业和信息化部、公安部等部门于4月13日决定，自2014年4月中旬至11月在全国范围内统一开展"扫黄打非·净网2014"专项行动，并联合发布《关于开展打击网上淫秽色情信息专项行动的公告》（以下简称《公告》）。

《公告》全文分五个部分，主要包括：一、全面清查网上淫秽色情信息，对含有淫秽色情内容的信息一律立即予以删除。二、依法严惩制作传播淫秽色情信息的企业和人员。三、严格落实互联网企业主体责任，要求互联网企业自查自纠和主动清理淫秽色情信息。四、严肃追究失职渎职责任。五、欢迎群众投诉和举报，并公布了相关网址、电话和邮箱等举报方式。

"扫黄打非·净网2014"专项行动开展以来，互联网企业积极参与，认真开展自查自纠，开通网民举报渠道，自觉接受公众监督，建立健全淫秽色情信息快速处置机制等，得到了各部门的积极配合。北京互联网管理部门、运营商多措并举，各网站立即开始自查自纠、全面清理，并研发相应的技术措施，不为淫秽色情信息提供传播条件、渠道；上海市互联网相关职能部门加大督导和检查力度，对于严重危害未成年人身心健康的违法违规网站，坚决做到依法查处、严厉打击、绝不手软；湖南省全面清剿淫秽色情信息，组织省内各类网站开展净网行动，共同删除、屏蔽不良信息等。

"扫黄打非·净网2014"专项行动查处和公布了一大批非法网站和新闻"涉假"案件。2014年5月，全国"扫黄打非"办公室通报打击网上淫秽色情专项行动第三批10起案件查处情况，包括"浙江舟山'藏书吧'网站传播淫秽色情信息案"、"广东罗定'2·17'网上传播淫秽色情信息案"、"安徽宣城'雪豹男同'网站传播淫秽色情信息案"等。2014年7月，全国"扫黄打非"办公室通报了打击网上淫秽色情专项行动第五批案件查处情况，包括"晋江文学网及其网络写手传播淫秽物品案"、"天津'1·20'网络传播淫秽物品案"、"江苏徐州'我爱ＵＵ'特大网络传播淫秽物品案"等9起案件。全国"扫黄打非"办公室于2014年12月25日公布了2014年"扫黄打非"十大数据、十大案件。

46.即时通信工具公众信息服务发展管理暂行规定

2014年8月7日，国家互联网信息办公室召开新闻发布会，发布《即时通信工具公众信息服务发展管理暂行规定》（以下简称《暂行规定》）。《暂行规定》主要针对微信、微米、易信、来往、米聊、陌陌、时光谱等基于移动互联网提供即时信息交流服务的社会规制，以十条规定规范以微信为代表的即时通信工具公众信息服务，亦被俗称为"微信十条"。

该《暂行规定》制定的目的是为进一步推动即时通信工具公众信息服务健康有序发展，保护公民、法人和其他组织的合法权益，维护国家安全和公共利益。对即时通信工具服务提供者、使用者的服务和使用行为进行了规范，对通过即时通信工具从事公众信息服务活动提出了明确管理要求。

《暂行规定》共计十条。主要内容包括：一、服务提供者从事公众信息服务需取得资质。二、强调保护隐私。三、实名注册，遵守"七条底线"，即遵守法律法规、社会主义制度、国家利益、公民合法权益、公共秩序、社会道德风尚和信息真实性。四、公众号需审核备案。五、时政新闻发布设限。新闻单位、新闻网站开设的公众账号可以发布、转载时政类新闻，取得互联网新闻信息服务资质的非新闻单位开设的公众账号可以转载时政类新闻。其他公众账号未经批准不得发布、转载时政类新闻。六、明确违规如何处罚。

《暂行规定》的亮点在于以极其简要的文字规定，彰显了对即时通信工具管理的深刻内涵。首先是在管理主体及其职责规定上，除了沿用传统规制的政府主管部门外，还明确将即时通信工具提供商、互联网行业组织和即时通信服务提供者三者纳入管理主体，建构行业自律管理体系，落实安全管理责任，实现了管理主体的多元化体系建构（不同于传统的多头管理）。尤其是强化了像腾讯这样的即时通信工具的提供商的责任和管理机制，明确了其在提供即时通信工具时，要和用户之间签署相关的协议，核实真实的用户信息。而作为政府主管部门的国家互联网信息办公室，只起统筹协调的作用。其二，对即时通信工具服务提供者与使用者的公众信息传播，仅提出了"七条底线"原则，归纳起来，"七条底线"实际上就只包含为两性：真实性和公共性。前者作为信息传播的第一要务，成为世界定律，否则就是对信息服务的全盘否定；后者包含了公共权益、公共秩序、公共安全、公共道德等，是社会秩序的基本保障，在任何国家都不允许突破。这是用户使用即时通信工具的最基本要求，是国家、社会和公民利益的最大公约数，有利于保护公众正当的言论自由。

《暂行规定》对包括超过580万微信公众账号在内的即时通信工具公众信息服务进行了及时、有效的规范管理。表明了国家通过管源头、管资质、管信息加强微信立法管理，用法律保障用户通信自由和社会公共秩序的决心。《暂行规定》的出台顺应了即时通信时代的演进规律，确立了适合即时通信网络时期以市场为基础的、灵活的、提供回应性服务的国家治理方式，同时首次明确建立统一协调、职责明确、运转有效的监管体系。《暂行规定》是互联网管理方式的新进展，它对如何通过规制的方式推动互联网管理诉求目标的落实，做出了有益的尝试，将有利于法律环境的构建，有利于个人信息的保护，有利于网络空间的净化，有利于网络治理的提升。

47."整治网络弹窗"专项行动

国家互联网信息办公室、工业和信息化部、国家工商总局2014年9月24日召开"整治网络弹窗"专题座谈会，专项研究治理网络弹窗乱象，决定近期启动"整治网络弹窗"专项行动，进一步加大对网络弹窗的整治力度，严肃查处传播淫秽色情信息、木马病毒、诈骗信息等非法弹窗行为。

随着互联网的蓬勃发展，网络弹窗已基本涵盖网站、网页游戏及播放器在内的绝大部分互联网产品，成为网上信息传播和广告推广的重要方式。与此同时，网络弹窗广告泛滥，利用网络弹窗传播有害信息的现象也非常普遍。据不完全统计，中国网民常用软件中，有弹窗广告行为的软件达1221个，其中每天弹出广告数量超过1000次的软件近500个。

尽管有关部门此前对网络弹窗也进行过多次治理，但问题仍十分突出。根据互联网违法和不良信息举报中心统计，公众对网络弹窗的举报主要集中在以下四个方面：一是传播淫秽色情及低俗信息。网络弹窗以色情低俗图片或视频诱导网民点击，推广境外色情网站。二是发布虚假信息进行诈骗。打着折扣产品、兼职、中奖等幌子进行诈骗，或者推广非法药品，夸大药品疗效，欺骗网民购买。三是违规发布新闻信息。部分未取得互联网新闻信息服务资质的网站、软件、播放器等违规编发时政新闻，转载来源不明的信息误导网民。四是传播木马病毒等恶意插件。一些网络弹窗含有恶意插件，自动下载到用户终端，强行安装，窃取用户个人信息等。

这次专项行动的重点是督促网站落实主体责任，既包括对网络弹窗的内容把关也包括行为规范。在内容把关方面，严禁传播淫秽色情低俗信息、虚假诈骗信息、木马病毒恶意插件以及违规发布的新闻信息等。行为规范方面包括以下四个方面：一、显示软件名称。软件弹窗广告必须在其标题栏区域显示该软件名称。二、禁止自行打开。禁止弹窗软件在用户无操作的情况下，自动打开广告页面。三、确保一键关停。具有网络弹窗功能的软件，必须在醒目位置设置关闭按钮和通道。四、控制数量和位置。网络弹窗不得过多过滥，影响网民上网体验。网站要对弹窗数量和位置等进行控制。

"整治网络弹窗"专项行动分为三个阶段：第一阶段启动专项行动，督促网站自查自纠。第二阶段开展社会教育，推动社会举报，引导网民提高自我防范能力。第三阶段督促检查，推动互联网协会、广告协会等行业组织制定自律规范，推动建立长效机制。国家互联网信息办同时鼓励广大网民积极向互联网违法和不良信息举报中心举报，提供线索。

48.清理整治网络视频有害信息专项行动

为进一步规范网络环境，巩固已有的清理整顿成果，国家互联网信息办公室、国家新闻出版广电总局在 2014 年 11 月 6 日下午联合召开新闻发布会，宣布从即日起至 2014 年 12 月底在全国开展清理整治网络视频有害信息专项行动。

网络视频有害信息扰乱互联网信息传播秩序，严重危害网络生态环境，社会各界反映强烈，人民群众深恶痛绝。近年来，各地区各部门积极采取措施治理网络环境，但是淫秽色情、暴力恐怖、虚假谣言等有害视频内容源头复杂多元、传播途径隐蔽多样，问题依然十分突出。一些不良信息又有抬头的现象，比如网盘、微盘、论坛中仍存在一些不良的内容，已经销声匿迹的非法网站在搜索系统中又重新被发现。本轮清理整治网络视频有害信息专项行动应运而生。

本次清理整治网络视频有害信息专项行动重点围绕淫秽色情信息、暴力恐怖信息和谣言信息三类内容，重点把握在线存储服务类网盘、APP 下载服务、微信等互动分享视频链接、未备案违法违规网站、智能终端视频播放软件等五大领域，具体包括：第一是在线存储服务类的网盘和微盘，第二是智能手机浏览器自带 APP 下载服务以及手机 APP 应用商店，第三是微博、博客、论坛等互动环节分享的视频信息，第四是发布有害内容、无视听服务资质，甚至没有备案的违法违规网站，第五是互联网电视等智能终端播放软件。

本次专项行动采取网站自查自纠、网信部门核查的方式。网信部门负责牵头建立联席会议制度，加强对专项行动的指导协调。具体包括：制定工作方案，指导属地网站开展自查自纠，全面清理网盘、微盘、APP 应用商店、互动环节等关键节点存在的视频有害信息，关闭一批性质恶劣、影响严重的账号、网站等。新闻出版广电部门负责有害视听节目的监控、研判及无视听节目服务资质网站查处工作，负责做好违规互联网电视等智能终端软件核查，最终建立长效机制。

此次行动同时完善了举报投诉制度，中国互联网违法和不良信息举报中心开设举报专区，设置 12377 举报电话、www.12377.cn 举报中心网站、jubao@12377.cn 举报邮箱，及时受理社会举报投诉并及时处置反馈。举报中心要求各网站都要设立举报部门，以便接受和处置公众举报。两部门及时公开专项行动的重点、进展及成效等，通过曝光一批典型案例，突出宣传传播有害视频的社会危害和法律后果，引导网民自觉抵制、主动监督有害信息，形成震慑效应。

49.互联网用户账号名称管理规定

中国网民规模庞大,用户账号数量巨大,账号乱象日益突出,污染网络生态,侵害公众利益,严重违反社会主义核心价值观,已成社会公害,社会各界反映强烈,整治账号乱象迫在眉睫。为加强对互联网用户账号名称的管理,保护公民、法人和其他组织的合法权益,2015年2月4日,国家互联网信息办公室发布《互联网用户账号名称管理规定》(以下简称《规定》),2015年3月1日起施行。其主要内容如下:

一、阐述《规定》的适用对象及相关部门责任划分。《规定》第二条指出适用对象为:在中华人民共和国境内注册、使用和管理互联网用户账号名称。并对互联网用户账号名称这一名词进行了界定。《规定》第三条对国家互联网信息办公室以及各省、自治区、直辖市互联网信息内容主管部门的职责进行了划分。

二、明确了互联网信息服务提供者的责任。主要包括四个方面:(一)《规定》第四条提出互联网信息服务提供者在用户注册阶段,要通过完善用户服务协议,严格用户注册信息审核加强安全管理。(二)《规定》第五条提出互联网信息服务提供者要遵循的原则,并提出了实名认证、七条底线的要求。(三)《规定》第七条指出互联网信息服务提供者要通过采取一定措施惩治注册违法和不良信息。(四)《规定》第八条对于互联网信息服务提供者针对用户冒用、关联机构或社会名人注册账号名称这一特定情形下的做法进行了规定。

三、明确规定网上昵称的"九不准"。具体包括:(一)违反宪法或法律法规规定的;(二)危害国家安全,泄露国家秘密,颠覆国家政权,破坏国家统一的;(三)损害国家荣誉和利益的,损害公共利益的;(四)煽动民族仇恨、民族歧视,破坏民族团结的;(五)破坏国家宗教政策,宣扬邪教和封建迷信的;(六)散布谣言,扰乱社会秩序,破坏社会稳定的;(七)散布淫秽、色情、赌博、暴力、凶杀、恐怖或者教唆犯罪的;(八)侮辱或者诽谤他人,侵害他人合法权益的;(九)含有法律、行政法规禁止的其他内容的。

《规定》对互联网用户账号名称进行了规范化、法治化,对提升互联网管理者、互联网信息服务提供者以及互联网用户的责任意识,对于打造一个更加明朗、更加干净、更加文明的网络空间环境具有重要意义。

50.互联网危险物品信息发布管理规定

为进一步加强对互联网危险物品信息的管理,规范危险物品从业单位信息发布行为,依法查处、打击涉及危险物品违法犯罪活动,净化网络环境,保障公共安全,2015年2月

5日，公安部、国家互联网信息办公室、工业和信息化部、环境保护部、国家工商行政管理总局、国家安全生产监督管理总局印发《互联网危险物品信息发布管理规定》（以下简称《规定》），2015年3月1日起施行。该规定共16条，其主要内容如下：

一、对危险物品、危险物品从业单位、危险物品信息进行了界定，并指出危险物品从业单位包括的9种类型。

二、对危险物品从业单位从事互联网信息服务进行了规定。主要包括：

（一）申请经营许可或备案、接受指定机关安全检查，之后才可以在本单位网站发布危险物品信息。禁止个人在互联网上发布危险物品信息。

（二）危险物品从业单位应当在本单位网站主页显著位置标明可供查询的互联网信息服务经营许可证编号或者备案编号、从事危险物品活动的合法资质和营业执照等材料，并对相应的所需资质、资格条件进行了规定。

（三）禁止危险物品从业单位在本单位网站以外的互联网应用服务中发布危险物品信息及建立相关链接。

（四）危险物品从业单位发布的危险物品信息不得包含诱导非法购销危险物品行为的内容。

（五）禁止任何单位和个人在互联网上发布危险物品制造方法的信息。

三、对接入服务提供者的行为进行了规定。主要包括：

（一）接入服务提供者应当与危险物品从业单位签订协议或者确认提供服务，不得为未取得增值电信业务许可或者未办理非经营性互联网信息服务备案手续的危险物品从业单位提供接入服务。

（二）接入服务提供者不得为危险物品从业单位以外的任何单位或者个人提供危险物品信息发布网站接入服务。

四、互联网危险物品信息发布管理责任划分。对于网络服务提供者、包括各级公安在内的相关部门的职责内容进行了划分。

五、互联网危险物品信息发布管理及惩治。《规定》指出违反规定制作、复制、发布、传播含有危险物品内容的信息，或者故意为制作、复制、发布、传播违法违规危险物品信息提供服务的，依法给予停止联网、停机整顿、吊销许可证或者取消备案、暂时关闭网站直至关闭网站等处罚；构成违反治安管理行为的，依法给予治安管理处罚；构成犯罪的，依法追究刑事责任。

六、建立互联网危险物品信息发布管理举报制度。《规定》指出任何组织和个人对在互联网上违法违规发布危险物品信息和利用互联网从事走私、贩卖危险物品的违法犯罪行为，有权向有关主管部门举报。接到举报的部门应当依法及时处理，并对举报有功人员予以奖励。

《规定》对于进一步加大执法检查力度，全面清除网上非法危险物品信息，依法严惩网上发布非法危险物品信息行为，推动形成常态化管理工作机制，推动社会公共安全和互联网健康有序发展，具有重要意义。

51.规范域名注册服务市场专项行动

为进一步规范域名注册服务行为，营造公平公正的域名注册服务市场环境，保障用户的合法权益，促进域名注册服务市场健康、有序发展，工业和信息化部依据《中国互联网络域名管理办法》，结合设立域名注册服务机构审批下放工作，于2015年4月起组织开展规范域名注册服务市场专项行动。

本次专项行动由工业和信息化部统一协调和指导，各省、自治区、直辖市通信管理部门负责本辖区内专项行动的具体组织和实施。其重点任务包括：一、对开展域名注册服务活动的机构进行注册服务项目检查，依法查处超范围提供服务及未获许可提供服务的机构。二、对域名注册服务机构开展域名实名注册情况检查，督促域名注册服务机构切实有效执行域名实名注册相关规定，进一步提高境内注册域名的实名率。三、对域名注册服务机构提供注册服务活动的行为进行检查，严禁采用欺诈、胁迫等不正当的手段售卖域名等违法经营行为。

除此之外，专项行动分为自查排查、实地检查、整顿处理、总结提升四个阶段，各个阶段的时间安排及主要任务如下：

一、自查排查阶段（4月中旬至7月中旬）。各省、自治区、直辖市通信管理局组织本辖区内的域名注册服务机构开展自查。各域名注册服务机构应在规定时间内对照要求对自身及代理机构的域名注册服务活动进行自查，对于存在问题的要采取措施予以纠正，并形成自查自纠报告报相关省、自治区、直辖市通信管理局。同时，各省、自治区、直辖区通信管理局对本辖区内的域名注册服务市场开展摸底排查，切实掌握本辖区内是否存在超范围经营提供域名注册服务、未获许可提供域名注册服务、未履行域名实名注册要求、采用欺诈、胁迫等不正当手段售卖域名等情况。

二、实地检查阶段（7月下旬至8月底）。各省、自治区、直辖市通信管理局根据域名注册服务机构自查情况，对域名注册服务机构提供注册服务等情况开展实地检查，必要时，工业和信息化部将通过成立跨省联合检查组等方式组织对域名注册服务市场进行抽查。

三、整顿处理阶段（9月份）。各省、自治区、直辖市通信管理局根据检查情况，依据相关规定，对本辖区内仍然存在的超范围提供域名注册服务、未获许可提供域名注册服务、未履行域名实名注册要求、采用不正当手段售卖域名等的机构、企业开展全面整顿处理。

四、总结提升阶段（10月份）。工业和信息化部组织各省、自治区、直辖市通信管理局召开专项行动总结会，交流经验，巩固成果，探索长效管理机制，促进域名注册服务市场健康、有序发展。

按照工业和信息化部的部署，各地按照专项行动要求，纷纷制定方案予以落实。本次专项行动是一次系统、全方位的规范行动，能够有效治理域名注册服务市场的违法违规行为，对于维护用户合法权益，深入推进网络实名制，推动互联网建立健康、公平公正的域名注册秩序，具有重大意义。

52.国家版权局发布《关于规范网络转载版权秩序的通知》

为贯彻落实中共中央办公厅、国务院办公厅印发的《关于推动传统媒体和新兴媒体融合发展的指导意见》，鼓励报刊单位和互联网媒体合法、诚信经营，推动建立健全版权合作机制，规范网络转载版权秩序，根据《中华人民共和国著作权法》、《中华人民共和国著作权法实施条例》、《信息网络传播权保护条例》有关规定，国家版权局在京召开"规范网络转载版权秩序座谈会"，2015年4月17日，正式发布《关于规范网络转载版权秩序的通知》（以下简称《通知》）。

《通知》包括9条内容。

一、互联网媒体转载他人作品，应当遵守著作权法律法规的相关规定，必须经过著作权人许可并支付报酬，并应当指明作者姓名、作品名称及作品来源。

二、报刊单位之间相互转载已经刊登的作品，除著作权人声明不得转载、摘编的外，其他报刊可以转载或者作为文摘、资料刊登，但应当按照规定向著作权人支付报酬。

三、互联网媒体转载他人作品，不得对作品内容进行实质性修改；对标题和内容做文字性修改和删节的，不得歪曲篡改标题和作品的原意。

四、《著作权法》第五条所称时事新闻，是指通过报纸、期刊、广播电台、电视台等媒体报道的单纯事实消息，该单纯事实消息不受著作权法保护。凡包含了著作权人独创性劳动的消息、通讯、特写、报道等作品均不属于单纯事实消息，互联网媒体进行转载时，必须经过著作权人许可并支付报酬。

五、报刊单位可以就通过约稿、投稿等方式获得的作品与著作权人订立许可使用合同，明确约定许可使用的权利种类、许可使用的权利是专有使用权或者非专有使用权、许可使用的地域范围和期限、付酬标准和办法、违约责任以及双方认为需要约定的其他内容。

六、报刊单位可以与其职工通过合同就职工为完成报刊单位工作任务所创作作品的著作权归属进行约定。

七、报刊单位和互联网媒体应当建立健全本单位版权管理制度。建立本单位及本单位职工享有著作权的作品信息库，载明作品权属信息，对许可他人使用的作品应载明授权方式、授权期限等相关信息。建立经许可使用的他人作品信息库，载明权利来源、授权方式、授权期限等相关信息。

八、报刊单位与互联网媒体、互联网媒体之间应当通过签订版权许可协议等方式建立网络转载版权合作机制，加强对转载作品的版权审核，共同探索合理的授权价格体系，进一步完善作品的授权交易机制。

九、各级版权行政管理部门要加大对互联网媒体的版权监管力度，支持行业组织在推动版权保护、版权交易、自律维权等方面发挥积极作用，严厉打击未经许可转载、非法传播他人作品的侵权盗版行为。

《通知》进一步明确了媒体具有独创性劳动的消息、通讯、特写等新闻作品受法律保护，对规范网络版权转载秩序，健全媒体间版权合作机制具有积极作用。

53.互联网新闻信息服务单位约谈工作规定

当前，随着互联网的快速发展，各类互联网新闻信息服务单位为广大网民提供了丰富、便捷的新闻信息服务，也促进了互联网新闻信息服务行业的长足发展。但仍有部分网站出于商业利益等考虑，在提供互联网新闻信息服务过程中，存在违法转载新闻信息、传播淫秽色情信息、传播谣言，以及散布暴力、恐怖、诈骗等违法和不良信息等问题，破坏了正常的网络新闻信息传播秩序，侵犯了公共利益。对此，国家网络信息办公室和北京等地网络信息办公室已尝试在依法处罚之外，通过约谈一些违法情节严重的互联网新闻信息服务单位，督促其采取有效措施进行整改，收到了良好效果，也得到了网民的支持。在这些实际工作的基础上，2015年4月28日，国家互联网信息办公室发布《互联网新闻信息服务单位约谈工作规定》（以下简称《规定》），2015年6月1日起施行，其主要内容如下：

一、约谈的实质与目的。约谈是对发生严重违法违规情形的互联网新闻信息服务单位，除依法处罚外，采取的一种行政管理手段。进行约谈是为了加强指导监督，帮助互联网新闻信息服务单位认识问题、改正问题，更好地依法开展服务，目的还是为了促进互联网新闻信息服务企业和行业的健康发展。

二、实施约谈。《规定》中明确了实施约谈的9种具体情形。

三、约谈对象。约谈是针对发生严重违法违规情形的互联网新闻信息服务单位采取的一种行政管理手段，即规范的是互联网新闻信息服务提供者，包括通过网站、客户端、博客、微博客、即时通信工具等各种形式提供互联网新闻信息服务的提供者。

四、约谈工作实施。国家互联网信息办公室、地方互联网信息办公室是实施约谈的行政主体。地方互联网信息办公室负责对本行政区域内的互联网新闻信息服务单位实施约谈，并及时向国家互联网信息办公室报告约谈情况。对存在重大违法情形的互联网新闻信息服务单位，由国家互联网信息办公室单独或联合属地互联网信息办公室实施约谈。

五、约谈程序。国家互联网信息办公室、地方互联网信息办公室对互联网新闻信息服务单位实施约谈，应当提前告知约谈事由，并约定时间、地点和参加人员等。实施约谈时，应当由两名以上执法人员参加，主动出示证件，并记录约谈情况。国家互联网信息办公室、地方互联网信息办公室将坚持依法行政，严格按《规定》实施约谈。出现政府工作人员玩忽职守、滥用职权、徇私舞弊的，将严格依法查处。

六、处罚。互联网新闻信息服务单位未按要求整改，或经综合评估未达到整改要求的，将依照《互联网信息服务管理办法》、《互联网新闻信息服务管理规定》的有关规定给予警告、罚款、责令停业整顿、吊销许可证等处罚；互联网新闻信息服务单位被多次约谈仍然存在违法行为的，依法从重处罚。此外，约谈情况也将记入互联网新闻信息服务单位日常考核和年检档案。

54.通信短信息服务管理规定

短信息服务是用户广泛使用的一项服务，关系到广大群众的利益。近年来，我国短信息服务市场迅速发展，与此同时，一些服务提供者经营不规范，滥发垃圾短信现象突出，受到社会广泛关注。2012年，全国人大常委会通过《关于加强网络信息保护的决定》，为治理垃圾短信提供了基本的法律依据。但是，对于用户拒绝接收短信息的方式、短信息服务提供者的义务、管理措施以及法律责任等具体问题，仍缺乏明确的规定，垃圾短信治理还面临着法律依据不足等困难。2015年5月19日工业和信息化部公布《通信短信息服务管理规定》（以下简称《规定》）并于2015年6月30日起施行。

该《规定》分7章38条，主要包括了以下内容：

一、适用范围。《规定》适用于在中国境内提供、使用短信息服务的行为。同时，为了适应互联网迅猛发展的形势需要，《规定》"附则"中提到：利用互联网向固定电话、移动电话等通信终端用户提供文字、数据、声音、图像等具有短信息特征的信息递送类服务，参照本规定执行。

二、短信息服务规范。《规定》要求短信息服务提供者遵守下列短信息服务规范：

（一）经营短信息服务的，应当取得电信业务经营许可；（二）短信息服务需向用户收费的，应当保证计费符合相关法律规定和电信标准；（三）短信息服务提供者应当记录短信息收发时间、用户订阅和退订情况等信息；（四）不得发布、传播含有法律法规禁止的内容的短信息。同时，《规定》对发送公益性短信息作出了相应的规定。

三、商业性短信息管理。《规定》中提到：（一）短信息服务提供者、短信息内容提供者未经用户同意或者请求，不得向其发送商业性短信息；（二）请求用户同意接收商业性短信息的，应当说明拟发送商业性短信息的类型、频次和期限等信息；（三）用于发送业务管理和服务类信息的端口，不得用于发送商业性短信息；（四）发送商业性短信息，应当提供便捷和有效的拒收方式；（五）短信息服务提供者应当建立短信息管理制度和预警监测机制。

四、用户投诉和举报制度。《规定》建立了工业和信息化部委托 12321 网络不良与垃圾信息举报受理中心受理短信息服务举报的制度。同时，明确了用户有关商业性短信息侵扰和违法信息的投诉和举报处理程序、短信息服务提供者对有关违法信息的处置程序等。

五、监督检查制度。《规定》明确了电信管理机构对短信息服务活动实施监督检查的权力、义务，以及短信息服务提供者需要履行配合义务。同时，《规定》建立了短信息服务提供者违法行为记入信用档案、对其负责人进行监管谈话等制度。

六、《规定》对短信息服务提供者、短信息内容提供者、电信管理机构和举报受理中心工作人员的违法行为设定了相应的法律责任。

《规定》细化了短信息服务提供者的义务，明确了商业性短信息的管理制度和处罚措施，符合有效治理垃圾短信的现实需要，对于维护广大用户合法权益、规范短信息服务行为、促进短信息服务市场健康发展具有重大意义。

55. "护苗2015"专项行动

经过持续的网上"扫黄打非"，网络生态环境大有改善。然而，淫秽色情、暴力、恐怖、残酷、迷信等有害信息，仍不同程度存在。对于不谙世事、缺乏足够辨别力和抵抗力的青少年来说，容易被网络有害信息直接"放倒"，或者不知不觉地被糖衣炮弹式的有害信息所攻陷。根据《国家互联网信息办公室 2015 年网上"扫黄打非"实施方案》，在"六一"国际儿童节来临之际，国家互联网信息办公室在 5 月 20 日至 6 月 7 日开展"护苗2015"网上行动，对淫秽色情、暴力、恐怖、残酷、迷信等有害少年儿童身心健康的信息进行全面清理。

此次"护苗 2015"网上行动，主要针对以少年儿童为主要用户的重点网站、重点应用和重点环节的治理，整治重点集中在五个领域：微信、QQ等即时通信工具；微博、论坛等互动环节；网盘、云盘、微盘等存储平台；微视频和视频；移动应用程序（APP）及分发平台。

另外，此次行动主要包括6大措施：正确引导少年儿童阅读行为；开展校园周边出版物市场清查；加强印刷复制企业监管；专项治理网络有害信息；深入查办涉及少儿类非法有害出版物案件；广泛开展"绿书签·护苗2015"行动。

除此之外，教育部、共青团中央、全国妇联、中国关心下一代工作委员会等有关部门，中国互联网协会、中国文化网络传播研究会及各地行业组织积极参与，主动发声，开展形式多样的活动网上"护苗"行动。

一、教育部在"六一"期间组织开展"少年传承中华传统美德"、"小代表走进大社会"、"给孩子适宜的爱"等主题活动，推动绿色网络建设，引导广大中小学生绿色文明上网。

二、全国妇联发挥自身优势，组织开展一系列新颖生动的主题实践活动，如开展"我爱我家"家庭情景剧展示活动、"知法懂理安全自护"亲子穿越活动等；同时鼓励家长学习网络知识，对子女上网加强引导和监督，筑起网络安全的防线。

三、共青团中央与国家网信办联合成立"国家网络安全青少年科普示范基地"，开展"小小网络安全卫士"评选、"守护未来"网络安全教育等线上线下活动。

四、中国关工委要求各地关工委积极行动，加强网吧义务监督，组织"五老"（老干部、老战士、老专家、老教师、老模范）担当网吧义务监督员，对未成年人上网进行义务监督，并在各地推行"绿色网吧"、"网瘾诊所"，积极倡导少年儿童健康上网。

五、中国互联网协会为配合网上"护苗"行动，通过"安全百店"客户端加大了对不良APP举报受理力度。

六、中国文化网络传播研究会联合相关单位发起"你我善语良言 网络绿水青山"净化网络语言座谈会。

"护苗2015"网上行动是全国首次开展"护苗"的专项行动，是净网行动的深入和发展，也是各项综合专项整治行动的重要组成部分。对于营造文明健康、积极向上的网络育人环境，引导广大青少年健康上网、文明上网具有重大意义。

56.关于加强互联网领域侵权假冒行为治理的意见

近年来，中国电子商务发展迅猛，但是互联网领域侵权假冒行为也呈现多发高发态势。据国家互联网信息办公室统计，仅2015年5月，中国互联网违法和不良信息举报中心、各地网信办举报部门和主要网站共收到网民举报174.8万件，经审核，有效举报141.9万件，首次突破百万件。随着民众维权意识的提高，民众关于"人肉搜索"、"网络谩骂"、"人身攻击"等网络侵权行为的举报量也较为突出。一些因利用互联网擅自公布他人照片、职业、住址、开房信息、违章驾驶记录等个人信息的案例层出不穷。

为有效治理互联网领域侵权假冒行为，加强社会信用建设，2015年11月，国务院办公厅印发《关于加强互联网领域侵权假冒行为治理的意见》（以下简称《意见》）。《意见》分总体要求、突出监管重点、落实企业责任、加强执法协作、健全长效机制5部分16条。

《意见》指出，要以全面推进依法治国为统领，以改革创新监管制度为保障，以新信息技术手段为支撑，以建立健全长效机制为目标，用3年左右时间，有效遏制互联网领域侵权假冒行为，初步形成政府监管、行业自律、社会参与的监管格局，促进电子商务健康有序发展，为创新创业增添新活力，为经济转型升级注入新动力。

《意见》要求坚持依法监管、技术支撑、统筹协作、区域联动、社会共治的基本原则，充分发挥打击侵权假冒工作统筹协调机制作用，提出四方面举措：

一是突出监管重点。《意见》明确了当前需要重点监管的三个领域。首先是坚持线上线下治理相结合，打击网上销售假劣商品。以农资、食品药品、化妆品、医疗器械、电器电子产品、汽车配件、装饰装修材料、易爆危险化学品、儿童用品以及服装鞋帽等社会反映集中、关系健康安全、影响公共安全的消费品和生产资料为重点，组织开展集中整治行动，加强监管执法。其次是打击网络侵权盗版。以保护商标权、著作权、专利权等知识产权为重点，严厉打击利用互联网实施的侵权违法犯罪。再次是提升监管信息化水平。充分利用大数据、云计算、物联网、移动互联网等新信息技术，创新市场监管手段，加强域名属地化、网际协议地址（IP地址）精细化管理和网站备案管理，推行网络实名制，推广使用电子标签。

二是落实企业责任。指导和督促电子商务平台企业加强对网络经营者的资格审查，配合执法部门反向追溯电子商务平台上的侵权假冒商品经营者，制止以虚假交易等方式提高商户信誉的行为。督促网络服务商落实"通知—删除"义务，指导和督促配送、仓储、邮政、快递等企业推行寄递实名制。提供商品竞价排名搜索服务的网站，应当提醒消费者搜索结果来自竞价排名，避免误导消费者。

三是加强执法协作。完善部门间执法联动机制，加强行政执法与刑事司法衔接，完善线索通报、案件咨询、联席会议制度。探索建立资金流动监管工作机制，依法追查交易资金账户。健全区域间执法协作机制，鼓励京津冀、长三角、泛珠三角等地区推进案件线索和信息共享。完善跨境执法交流协作机制。

四是健全长效机制。加快电子商务领域法规建设，明确网络商品交易规范、争议解决方式、法律责任以及各类电子交易凭证、电子检验检疫报告和证书的法律效力。针对利用微信、微博等销售侵权假冒商品行为研究监管措施。推进信用体系建设，加快建设企业标准自我声明公开和监督制度，发布失信企业"黑名单"。加强执法部门与电子商务企业的信息沟通与交流。加强舆论和社会监督，增强消费者自觉抵制侵权假冒商品的意识。

　　加强互联网领域侵权假冒行为治理，对于遏制互联网领域侵权假冒行为多发高发势头，净化互联网交易环境，促进电子商务健康发展具有重要意义。随着《意见》的有效贯彻落实，必将为创新创业增添新活力，为经济转型升级注入新动力，促进信用社会建设落到实处。

二、网络基础设施建设

1.中国实现与国际互联网的全功能连接

1994年4月20日，中国全功能接入国际互联网，成为国际互联网大家庭中的第77个成员，从此开启互联网时代。

20世纪80年代是全球互联网发展的关键时期，互联网的很多关键性、基础性标准都是在这个时期确定的。中国接入国际互联网的努力，也正是在这一时期开始的。1987年9月，在德国卡尔斯鲁厄大学（Karlsruhe University）维纳·措恩（Werner Zorn）教授带领的科研小组的帮助下，王运丰教授和李澄炯博士等在北京计算机应用技术研究所（ICA）建成一个电子邮件节点，并于9月20日向德国成功发出了一封电子邮件，邮件内容为"Across the Great Wall we can reach every corner in the world（越过长城，走向世界）"。这个电子邮件节点，是目前所知的中国第一个电子邮件节点。

在中国迈向接入国际互联网的进程中，还有以下具有决定性意义的一步：1990年11月28日，在王运丰教授和维纳·措恩教授的努力下，中国的顶级域名.CN完成注册，从此在国际互联网上中国有了自己的身份标识。由于当时中国尚未实现与国际互联网的全功能连接，中国.CN顶级域名服务器暂时设在德国卡尔斯鲁厄大学。

1993年6月，钱华林研究员参加CCIRN（Coordinating Committee for Intercontinental Research Networking）会议，讨论中国连入Internet（互联网）的问题，获得大部分到会人员的支持。1994年4月初，中美科技合作联委会在美国华盛顿举行。中国科学院副院长胡启恒代表中方向美国国家科学基金会（NSF）重申接入Internet的要求，得到认可。

1994年4月20日，NCFC（中国国家计算机与网络设施）工程通过美国Sprint公司接入Internet的64K国际专线开通，中国实现了与国际互联网的全功能连接。互联网被正式引入中国,标志着互联网引入期的结束。

在中国接入国际互联网的整个过程中,胡启恒、王运丰、钱华林、钱天白等专家和一批科技工作者发挥了重要作用。在这一时期,无论是推动力量还是应用者,都来自学术和科研机构。同时,中国实现与国际互联网的全功能连接,也标志着中国互联网时代的帷幕慢慢拉开,中国进入互联网发展期。与此同时,中国互联网的应用和推动力量快速向民间转移。

2."百所联网工程"

1995年4月,中国科学院启动京外单位联网工程,简称"百所联网工程"。

"百所联网工程"是中国科学院为顺应国民经济信息化的发展形势所采取的信息化基础设施建设项目之一,其目标是在北京地区已经入网的30多个研究所的基础上把网络扩展到全国24个城市,实现国内各学术机构的计算机互联并和Internet相连。

1995年12月,中科院"百所联网工程"完成,即中国科学院院网(CASNET)。1996年2月,中国科学院决定将其更名为"中国科技网(CSTNET)"。

此后,该网络不断扩展,并逐步连接了中国科学院以外的一批科研院所和科技单位,成为一个面向科技用户、科技管理部门及与科技有关的政府部门服务的全国性网络,更与中国公用计算机互联网(CHINANET)、中国教育和科研计算机网(CERNET)和中国金桥信息网(CHINAGBN)并称中国四大互联网骨干网。

中国科技网(CSTNET)如今已成为中国互联网行业快速发展的一支重要力量,主要为用户提供互联网接入与运维管理、小区宽带、科研数据中心(IDC)、网络安全管理等基础性服务,以及视频会议系统、邮件系统、桌面会议系统、会议服务平台、团队文档库、组织通讯录、科研主页、科信、中国科技网通行证等应用服务。此外,中国科技网还可提供网络前沿技术研究与创新试验环境服务,为国家科学技术的创新发展提供基础性的信息化支撑与保障。

3."国家信息化'九五'规划和2000年远景目标"通过

1997年4月,国务院在深圳召开了全国信息化工作会议,会议通过"国家信息化'九五'规划和2000年远景目标",将中国互联网列入国家信息基础设施建设,确定了国家信息化进程的方针、任务和工作部署,明确了信息化建设的统筹规划,即"国家领导,统一标准,联合建设,互联互通,资源共享"方针。

《"九五"计划和 2010 年远景目标纲要》包括序言和正文两大部分。正文主要包括 11 个部分，分别为："八五"计划完成情况；国民经济和社会发展的指导方针和奋斗目标；宏观调控目标和政策；保持国民经济持续快速健康发展；实施科教兴国战略；促进区域经济协调发展；深化经济体制改革；扩大对外开放程度，提高对外开放水平；实施可持续发展战略，推进社会事业全面发展；加强社会主义精神文明和民主法制建设；促进祖国和平统一大业。

"国家信息化'九五'规划和 2000 年远景目标"的制定可追溯至党的十四届五中全会，会议上通过了《中共中央关于制定国民经济和社会发展"九五"计划和 2010 年远景目标的建议》，提出了全面实现第二步战略目标，并向第三步战略目标迈进的指导方针和主要任务。国务院根据《建议》精神，广泛征求各方面意见，制定了《国民经济和社会发展"九五"计划和 2010 年远景目标纲要（草案）》。

1996 年 3 月 5 日在八届全国人大四次会议上，国务院总理李鹏作了《关于国民经济和社会发展"九五"计划和 2010 年远景目标纲要的报告》。这一报告分九部分："八五"时期国民经济和社会发展的回顾；今后十五年的奋斗目标和指导方针；促进国民经济持续、快速、健康发展；以企业改革为中心积极推进经济体制改革；实施科教兴国战略和可持续发展战略；加强精神文明和民主法制建设；积极促进祖国和平统一大业；关于国际形势和外交工作；努力做好 1996 年的工作，为"九五"创造一个良好开端。

1996 年 9 月 12 日至 13 日由国家技术监督局标准化司主持召开了"国家信息化'九五'规划和 2010 年远景目标纲要研讨会"。研讨会上全面介绍了"我国信息技术标准化工作情况"及《信息化标准化'九五'规划和 2010 年远景目标纲要工作建议（草案）》（以下简称《规划建议草案》）。《规划建议草案》主要包括如下内容：信息化标准化工作的指导思想、工作方针、总体框架、存在的问题、工作重点、亟待解决的科研课题等内容。与会全体专家代表对《规划建议草案》给予了很高的评价，在充分肯定的基础上，主要就四方面问题进行了讨论：一、功能标准和采购政策；二、标准化工作组织协调；三、总体框架和科研课题的立项；四、需要重点考虑和解决的问题。

4.四大骨干互联网实现互联互通

1997 年 10 月，中国四大互联网骨干网——中国科技网（CSTNET）、中国公用计算机互联网（CHINANET）、中国教育和科研计算机网（CERNET）、中国金桥信息网（CHINAGBN）实现宽带互联互通。

宽带互联互通实现，大大提高了网际接入速度。互联互通后，各骨干网的用户将获扩展，各网间的信息流通将进一步增强。比如实现宽带互联互通后，各骨干网的用户将扩展到该网之外的其他网站；该骨干网用户获得成倍增长的资讯内容。比如，在未实现宽带互联互通前，中国教育和科研计算机网（CERNET）内学术科研气氛较浓，但该网之外（如搜狐、新浪等）的商业气氛就比较浓，互联互通后实现对接，将使各网之间资讯共享成为现实；未互联互通之前，一些商业网站如搜狐等为吸引中国教育和科研计算机网（CERNET）中的用户，在该网中设有镜像，实现互联互通后，该镜像就可以取消。这为网站吸引用户，帮助用户获得多方面资讯扫除了诸多技术障碍。

5.政府上网工程启动

"政府上网工程"是由中国电信、国家经贸委经济信息中心和四十多家部委（办、局）信息主管部门联合发起，各省、自治区、直辖市电信管理局作为主要支持落实单位，联合信息产业界的各方面力量，推动我国各级政府各部门在网上建立正式站点并提供信息共享和便民服务应用的跨世纪系统工程。

1999年1月22日，由上述单位共同倡议发起的"政府上网工程启动大会"在北京举行。大会的召开，标志着政府信息资源上网工程的全面启动，从而揭开了1999年"政府上网年"的第一幕。

此次大会以电视电话会议为形式，国家经贸委副主任石万鹏、信息产业部副部长周德强等领导出席会议并讲话，提出当年将实现60%以上国家机关、部委办及各级部门在网上建立站点，到2000年底实现80%政府上网的目标。同时现场启动"政府上网工程"主站点：www.gov.cninfo.net和www.gov.cn，中国电信被中国互联网信息中心（CNNIC）授权，代理政府域名的申请注册。

大会上，信息产业部数据通信局发布了《政府上网工程倡议书》（以下简称《倡议书》）。《倡议书》强调了政府信息化的重要性和必要性；提倡我国各级政府各部门在信息网络上建立正式站点，通过网络实现办公自动化管理，采用交互式手段与社会各界交流沟通信息；提出了我国政府上网工程的目标及工程对我国各级政府的重要意义；最后呼吁社会各界支持工程建设并为我国社会信息化进程做出贡献。此外，《倡议书》一致同意将1999年定为"政府上网年"。

中国邮电电信总局副局长冷荣泉在大会上作了《中国电信关于政府上网工程的实施方案》报告。报告共分为六个部分，分别为政府上网工程的总体设想、政府上网工程的实施范围、政府上网工程的优惠政策、政府上网工程的配套服务措施、政府上网工程的技术方案及政府上网工程的近期安排。其中，关于第三部分"政府上网工程的优惠政策"，中国电信推出了"三免"优惠政策,即在规定期限内减免中央及省市级政府部门网络通信费,组织免费制作政府机构部分主页信息,并免费对各级领导和相关人员进行上网基本知识和技能的培训。

"政府上网工程"的启动,对于推动各级政府部门为社会服务、实现信息资源共享并全面推进国民经济信息化具有重要意义。一是政府信息上网有利于政府部门转变职能,有利于提高政府服务质量。"政府上网工程"运用先进的信息技术手段,将政府可公开信息面向社会、面向公众,有利于提高政府服务质量。二是它符合社会经济发展的要求,能够促进政府部门和社会各界的沟通,优化社会资源的配置,提高国民经济运行的质量和效益。三是它顺应了各国政府公开施政的趋势。当今各发达国家的政府都在互联网上开设了站点,通过网络树立新的政府形象,扩大政府的政策影响。"政府上网工程"的实施,对于我国政府扩大政策宣传、提高执政透明度、促进对外开放具有重要的现实意义。

工程启动后,得到了各部委及各地政府的积极响应。1999 年底,中央机关和国务院有关部委建立站点就已经超过 66 家,以 gov.cn 结尾的政府域名也已突破了 2500 家,基本实现了各级政府建立网站发布信息的阶段性目标,政府上网带来的巨大的社会效益和经济效益也开始逐步释放出来。

6.中国高速互联网示范工程

1999 年 5 月,中国高速互联网络示范工程项目启动。

由中国科学院提议启动的"中国高速互联网络示范工程"项目的基本内容是:由中国科学院、国家广电总局、铁道部、上海市共同联合,利用广播电视、铁道等部门已经铺设的光缆网络,连接北京、上海、广州、武汉等城市,建设我国先导示范性的宽带 IP 网络——中国高速互联网络(CAINET)骨干网。此项目由中国科学院牵头,会同铁道部、广电总局和上海市等有关部门和地区,组成项目管理实施机构,共同投资建设。预计建设期为 1—1.5 年,试验运行期 1.5—2 年。这一项目将建成一个高速率、低价位的数据通信示范骨干网。

2000 年 1 月 16 日中国网络通信有限公司向世界宣布:中国网通宽带高速互联网 CNCnet——中国高速互联网络示范工程落成开通。由中国网通公司承担建设与运营的中国网通宽带高速互联网 CNCnet 一期工程已于 10 月 28 日开通并投入试运营。该工程一期工程已建成 8490km、106 个中继站、17 个节点。贯通了东南部的 17 个重点城市。中国网通宽带高速互联网 CNCnet 主要提供高速、大信息量的信息传输与转接,网络总传输带宽高达 40Gbit/s。

该工程创造了几个中国之最:技术最新,带宽最宽,容量最大。该工程拥有两个世界第一:第一个全网统一采用 IP/DWDM 优化光通信技术构建的商用宽带 IP 网络,第一个全网统一采用 MPLS(多协议标记交换)网络技术。

7.企业上网工程正式启动

2000 年 7 月 7 日,全国"企业上网工程启动大会"电视电话会议在北京隆重举行,首批 18 家大型企业和 300 家中小企业入驻"21 世纪网上企业园区"。企业上网工程是继政府上网工程取得阶段性成果后,推进国民经济信息化的又一重大工程,是加速我国信息化建设、尽早迈入网络社会的三部曲(政府上网、企业上网、家庭上网)之一。这项工程由国家经贸委、信息产业部指导,由中国电信集团公司与国家经贸委经济信息中心共同发起,中国电信集团数据通信局、国家经贸委经济信息中心联合承办。

企业上网工程的目标是:在全国范围内,2000 年要实现 100 万家小型企业、1 万家中型企业、100 家大型企业上网。此后 3 年内企业上网数每年要递增 100%。

启动大会上时任全国政协副主席、中华全国工商联合会主席经叔平宣布企业上网工程主站点——中国企业在线正式启动,首批 18 家大型企业和 300 家中小企业入住"21 世纪网上企业园区"。

企业上网工程是联合国家重点企业、各行业协会共同发起,由中国电信数据通信局、国家经贸委经济信息中心承办的系统工程。工程将广泛联合软硬件厂商、ISP/ICP、系统集成商、综合性和行业性媒体、各行业协会组织、大型企业集团,共同营造企业上网良好的网络环境、商业环境和社会服务环境,推动企业建成 21 世纪的网上企业园区。通过集中组织行业或地方特色企业产品与服务的网上展示交易会等方式,使上网企业收到实效,最终实现电子商务应用,增强企业竞争力。

为实现上述目标,根据企业上网的不同需求,中国电信集团将推出多层次的服务项目。企业可以通过中国电信提供的"绿色通道"、"财富干线"、"极速商务"三种企业上网业务,加入"21 世纪网上企业园区"。为推进企业上网工程的进程,中国电信将采取相应的优惠措施,包括免费为企业上网提供咨询服务和一些必要的培训;上网企业在企业上网工程启动的第一年内,可以免费使用"中国企业信息发布系统",该系统全国统一宣传、统一信息导航和检索,能够帮助企业快速、方便、经济地在网上"安家",实时发布企业和产品信息;根据各地不同情况,上网企业可以得到不同幅度的服务费用、主机托管、虚拟主机方面的优惠;在企业上网工程第一年,所有上网企业都可以免费入驻和使用中国电信的"全国网上商品展示交易会";在企业上网工程第一年,中国电信还将免费为各类网上应用及企业、个人发放 CA 安全认证证书，为企业的网上电子商务应用提供安全认证的保障服务。中国电信集团有关领导表示今后将继续加快基础网络建设的步伐，不断完善公用数据及多媒体通信网络，为用户提供安全、可靠、快速的网络环境。

企业上网工程主站点——中国企业在线 www.SinoEOL.com 是中国电信联合 IT 界合作伙伴为推动企业经营管理信息化、网络化而创建的网上企业园区，依托中国电信数据网络资源，在全国各省、市、自治区设有 30 多个分站点，辐射省、市、县三级，发展本地企业进入当地信息港，为实现企业上网提供企业信息发布平台、网上展示交易会、电子商务应用平台和企业门户站点等优质的网络服务。

8.中国电子政务应用示范工程

2001 年 11 月 20 日，由国家保密局、国家信息安全工程技术研究中心、中国电子政务应用示范工程总体组等单位负责组织和实施的中国电子政务应用示范工程（国家"十五"科技攻关重点项目）通过了科技部组织的专家论证。

中国电子政务应用示范工程的建设内容充分覆盖了中国现有政务领域内典型的纵向业务管理和横向行政管理模式，并涵盖了政府内部政务办公和决策支持，以及政府对外的公众服务内容，将有助于全面提高政府监管职能的效率。

中国电子政务应用示范工程的启动主要是针对目前全球范围内的电子政务建设浪潮与中国加入世界贸易组织的大背景而提出的，其主要目的就是在国内各级政府和电子政府工程全面铺开之前，站在国家利益的高度，通过统一的规划与设计，建构统一的安全电子政务平台，以找出适合我国实际情况的电子政务建设的模式。科技部正是基于这样一个战略高度来组织该项目的，力争及早消除各部门各自为政进行电子政务建设可能形成的条块之间的新的数字鸿沟和信息孤岛，同时也有助于避免重复建设和无效建设，确保整个电子政务系统的互联、互通和互操作。这项工程的实施对整个信息技术领域摆脱受限受控、受制于人的被动局面，对带动微电子产业、信息安全产业乃至整个信息产业的发展，都具有十分重要的意义。

中国电子政务应用示范工程的目标是集成全新的信息技术建立统一的安全电子政务平台，重点建设覆盖政务业务管理和行政管理的电子政务应用示范系统，探索我国未来信息化政府管理职能的实施模式。

2001 年 12 月 29 日，中国电子政务应用示范工程开始在全国范围内对十个课题进行公开招标。

2002 年 4 月 20 日，中国电子政务应用示范工程总体组发布了《中国电子政务应用示范工程总体实施方案》(以下简称《方案》)。《方案》共分四部分,首先通过形势和需求分析,提出示范工程的总体目标,进行了效益分析;根据总体目标,第二章提出了示范工程的建设任务、指导思想和示范内容;第三章基于建设任务和示范内容,提出了总体设计方案;最后提出了示范工程建设的原则、组织和实施保障措施。

9.家庭上网工程正式启动

2001年12月20日15时,以"社区信息化"为主题的家庭上网工程及社区信息化推进大会,采用电视电话方式在北京召开,家庭上网工程正式启动。至此,由中国电信联合国家经贸委经济信息中心等单位共同策划发起,以促进全民信息化的政府上网工程、企业上网工程和家庭上网工程三大跨世纪工程全部正式实施。

家庭上网工程是由信息产业部、科技部、文化部、全国妇联、共青团中央主办,社会各界力量共同实施推动的重大系统工程。通过与各地政府部门和行业社团组织紧密配合,面向个人、家庭和学校普及网络知识,倡导健康文明的上网观念和上网行为,创造上网条件,丰富信息产品和网络应用服务,推进社区信息化,引导中国亿万家庭及个人走进"网络社会",提高家庭中高科技产品、电信业产品和经济生活中最具潜力的信息服务的消费。

政府上网、企业上网、家庭上网三大工程,被称为推动中国国民经济和社会信息化进程的三部曲。家庭上网工程的推进,标志着"三部曲"系统工程即将形成有机互动的良性循环体。

此次家庭上网工程的推进实施将按照"一线两点三步走"的策略,即形成一条由用户、电信运营商、信息内容服务商和商家组成的网络增值应用服务链,通过实施"架上网之路、建网上家园、享网络生活"三层服务,实现提高网上应用水平和扩大网络用户规模的两大发展目标。其中,架上网之路,就是要积极创造各种便利的用户接入条件,包括提供"社区信息服务连锁站"等公共上网服务,采取多种方式降低用户接入上网的门槛,迅速扩大上网用户规模。建网上家园,就是通过建设综合性网络应用技术平台"社区信息平台",迅速形成用户、电信运营商、信息内容服务商以及商家、银行和物流企业组成的网络增值应用服务价值链,将快捷的网络接入服务、丰富的信息应用服务和便利的商业服务整合,建立有利于促进互联网各项应用发展的良性生态圈。

此次大会还公布了中国家庭上网工程的目标:2001年至2002年年中,在全国50个城市建成1000个社区信息服务连锁站,特大型城市建设10个信息化小区,大型城市5个信息化小区,中小型城市1个信息化小区。2004年,社区信息服务连锁站覆盖全国地级以上城市，全国主要城市 20% 的小区实现信息化，预计 2005 年全国网络用户达到 1.5 亿，30% 以上的家庭通过多种终端联入网络，城镇家庭、个人生活和社区服务等领域 80% 的信息流通过网络应用实现。

10. 中华人民共和国中央人民政府门户网站正式开通

根据国务院常务会议的决定，中华人民共和国中央人民政府门户网站（以下简称"中国政府网"）于 2006 年 1 月 1 日零时正式开通。

中国政府网是国务院和国务院各部门，以及各省、自治区、直辖市人民政府在国际互联网上发布政务信息和提供在线服务的综合平台。建设中国政府网，是推进政府管理方式创新，建设服务型政府的重要举措，对于促进政务公开，改进公共服务，提高行政效能，便于公众知情、参与和监督，具有重要意义。

中国政府网由国务院办公厅牵头并负责内容规划、组织和综合协调，新华社负责运行维护、内容发布更新和技术建设及保障，各地区、各部门共同进行内容保障。中国政府网网址是 www.gov.cn，并开通中文简体版、中文繁体版和英文版。

中国政府网在开通之初，设置了政务信息区、办事服务区、互动交流区和应用功能区等 4 个区域。政务信息区主要是按照政务公开的要求，公布政府重大决策部署、行政法规、规范性公文以及工作动态。办事服务区主要是整合各地区、各部门网上办事服务项目，面向公民、企业和外国人提供网上办事服务。互动交流区主要是建立方便、高效的渠道，增进政府与公众的沟通交流，方便公众建言献策，便于政府直接了解社情民意。应用功能区主要包括检索、导航等网站辅助功能。

中文简体版和繁体版开设了"今日中国、中国概况、国家机构、政府机构、法律法规、政务公开、政务互动、工作动态、政府建设、人事任免、新闻发布、网上服务"等 12 个一级栏目。网站英文版开设了"今日中国、中国概况、外籍人士服务、商务中国、政府出版物、法律法规、专题专栏"等 7 个栏目。

网站正式开通当日，中国政府网在全球网站中的排名猛升到 744 位，在世界各国中央政府网站中仅次于加拿大联邦政府网站名列第二位，引起海内外广泛关注。

在 2006 年 1 月 1 日正式上线前，中国政府网已于 2005 年 10 月 1 日试开通。此后，其内容与形式不断得到充实、完善。2013 年 10 月 11 日，中国政府网正式开通腾讯微博以及微信。2013 年 12 月 18 日，中国政府网正式开通新浪微博和人民微博。2014 年 2 月 28 日中国政府网改版升级。

11.《2006—2020年国家信息化发展战略》发布

中共中央办公厅、国务院办公厅于2006年3月19日印发《2006—2020年国家信息化发展战略》（以下简称《战略》），明确提出至2020年中国信息化发展的战略目标。制定和实施国家信息化发展战略，是顺应世界信息化发展潮流的重要部署，是实现经济和社会发展新阶段任务的重要举措。

《战略》全文共分为六个部分，依次为全球信息化发展的基本趋势、我国信息化发展的基本形势（我国信息化发展的进展情况及信息化发展中值得重视的问题）、我国信息化发展的指导思想和战略目标、我国信息化发展的战略重点、我国信息化发展的战略行动以及我国信息化发展的保障措施。

《战略》提出，到2020年，中国信息化发展的战略目标是：综合信息基础设施基本普及，信息技术自主创新能力显著增强，信息产业结构全面优化，国家信息安全保障水平大幅提高，国民经济和社会信息化取得明显成效，新型工业化发展模式初步确立，国家信息化发展的制度环境和政策体系基本完善，国民信息技术应用能力显著提高，为迈向信息社会奠定坚实基础。

《战略》提出了中国信息化发展的九大战略重点：推进国民经济信息化；推行电子政务；建设先进网络文化；推进社会信息化；完善综合信息基础设施；加强信息资源的开发利用；提高信息产业竞争力；建设国家信息安全保障体系；提高国民信息技术应用能力，造就信息化人才队伍。

《战略》提出了中国将优先制定和实施的六项战略行动计划，即国民信息技能教育培训行动计划、电子商务行动计划、电子政务行动计划、网络媒体信息资源开发利用行动计划、缩小数字鸿沟行动计划、关键信息技术自主创新行动计划。

《战略》还提出了具体的保障措施：完善信息化发展战略研究和政策体系、深化和完善信息化发展领域的体制改革、完善相关投融资政策、加快制定应用规范和技术标准、推进信息化法制建设、加强互联网治理、壮大信息化人才队伍、加强信息化国际交流与合作、完善信息化推进体制。

12.国家电子政务网络传输骨干网网络正式开通

国家电子政务网络传输骨干网网络，即国家电子政务网络中央级传输骨干网网络，于2007年9月30日正式开通。

国家电子政务网中央级传输骨干网网络是用于承载国家重要政务信息化应用的专属传输网络。此网络的开通，标志着我国统一的国家电子政务网络框架基本形成，并为各部门各地区开展业务应用提供了一个安全可靠、资源丰富、管理规范、服务专业的公共平台，是我国电子政务网络的重要组成部分，更是提高机关工作效率和公共服务水平、推进行政管理体制改革的重要保障。

国家电子政务网中央级传输骨干网网络由国家信息化办公室牵头，主要涉及横向网络和纵向网络。其中，横向网络主要负责北京地区党委、人大、政府、政协、法院、检察院等六大系统内各单位通信需求；而纵向网络的建设涉及全国47个副省级以上地市及指定地方的指定单位。同时，该网站支持政务内网和政务外网的建设与运行，是政务内网、政务外网建设和运行的基本载体。

国家电子政务网中央级传输骨干网的运营商包括中国网通（现已和中国联通合并为中国联通）和中国电信。其中，中国网通作为中央级传输骨干网的服务总集成商，承担横向传输网络的建设任务，并在北京组建了中央级传输骨干网网络服务中心。纵向传输网络由中国网通与中国电信共同负责建设。

13.《国民经济和社会发展信息化"十一五"规划》发布

2008年4月17日，《国民经济和社会发展信息化"十一五"规划》（以下简称《规划》）由中共中央办公厅、国务院办公厅正式印发。《规划》是国民经济和社会发展第十一个五年规划的重要组成部分，其中全面部署了"十一五"时期我国信息化发展的主要任务，明确了加快推进信息化与工业化融合的发展重点，是新阶段贯彻落实科学发展观的重要举措。

"十一五"信息化发展，以邓小平理论和"三个代表"重要思想为指导，深入贯彻落实科学发展观，按照建设创新型国家和构建和谐社会的要求，围绕全面建设小康社会的战略目标，大力推进信息化与工业化融合，加速国民经济和社会事业的信息化。以经济社会发展需求为导向引领信息化，以改革和创新为动力推进信息化，以改造提升传统产业、发展现代服务业、做强信息产业为重点发展信息化，以惠及全民为宗旨普及信息化，分步实施国家信息化发展战略，讲求实效，注重质量，走中国特色的信息化发展道路，为迈向信息社会奠定坚实基础。

《规划》指出"十一五"时期要做好信息化各项工作，关键是要坚持和把握好以下四个方面的原则：一是统筹规划、资源共享；二是需求主导、实用高效；三是自主创新、安全可控；四是协调发展、产用结合。

《规划》提出了信息化发展的主要任务,统筹了信息化发展的重点领域和基础条件,把推动经济发展方式转变、促进和谐社会建设、繁荣先进文化作为今后信息化发展的核心工作和深化应用的三个重点领域,把信息产业、网络基础设施和信息安全等三个方面的基础条件作为信息化发展的重要支撑,形成了"三个重点领域"和"三个基础条件"的任务部署。在具体工作的安排上,力求做好长期战略和近期行动的协调发展,既包括了面向社会主义新农村、就业和社会保障、公共卫生、网络文化建设、信息安全等紧迫问题,也涵盖了网络基础设施建设、传统产业信息化改造、信息技术自主创新等基础性、长远性工作。此外,为使规划更具可操作性,规划还通过电子政务建设规划、电子商务发展规划、信息产业发展规划和信息安全规划等四个子规划对主要任务中的重点工作进行了细化。

《规划》提出五个方面的分类目标:

一是信息化应用目标。政府门户网站成为政府信息公开的重要渠道,50%以上行政许可项目实现在线处理,网上申报纳税额占纳税总额的比重达到50%。企业经营管理信息化水平和生产装备数字化程度大幅提高,企业网上采购商品和服务总额占采购总额的比重超过25%,银行卡消费额占社会消费品零售总额的比重超过20%,全球互联网中文信息比重提高到5%,全国电话用户数达到10亿,有线电视用户数达到1.7亿。

二是信息基础设施目标。全面实现20户以上已通电自然村通广播电视。东部、中部地区县级城市和西部地区大部分县以上城市的有线电视基本完成向数字化过渡。电话交换设备总容量达到12.5亿门,互联网通达所有乡镇和绝大部分行政村,上网计算机数量达到1亿台,国际互联网出口总带宽达到650GB以上。

三是信息产业目标。信息产业总收入达到10万亿元,增加值超过2.8万亿元,占GDP的比重提高到10%以上。年销售收入500亿元以上的企业超过10家。电子信息产品出口额占全国外贸出口总额的比重保持在35%左右,软件业销售收入达到1万亿元。

四是技术创新目标。突破一批关键技术,形成一批拥有核心自主知识产权和自有品牌的优势企业,全国百强电子信息企业研发经费支出占销售收入的比重不断提升,信息技术领域发明专利申请量占全国发明专利申请量比重提高到50%。

五是国民信息素质目标。中小学普遍开设信息化相关课程,农村初中基本具备计算机教室,农村小学基本具备卫星教学收视点。中学毕业生基本掌握信息化基础知识,政府、事业单位工作人员和企业管理人员5年内普遍接受信息化培训,公务员掌握信息化基本技能。

根据国家统计局信息化统计评价研究组于2011年发布的《"十一五"时期信息化发展指数(IDI)国际比较研究报告》,对"十一五"期间中国信息化发展水平作出了详细的评述和国际比较。报告显示,"十一五"期间(2006—2010年)中国信息化发展取得了显著的进展,属于信息化发展中等水平国家,但与发达国家相比仍有较大差距,特别是在信息化基础建设、信息化发展环境与效果、信息化技术应用方面。

14.中国未成年人网脉工程

2008年5月30日，由中国网、千龙网、央视国际、中青网、人民网、新华网、搜狐网、新浪网等国内主要网站共同发起，由共青团中央、国务院新闻办、中央文明办、教育部、信息产业部、中国社会科学院等部委指导，联合社会各界力量共同打造、惠及亿万未成年人的工程——中国未成年人网脉工程在人民大会堂启动。与此同时，一个面向未成年人的公益性互联网信息导航平台——"网脉"试开通运行。

中国未成年人网脉工程的启动，是从建立面向未成年人的网络环境和网上导航平台、开发保障未成年人健康上网的各类技术手段、探讨保障未成年人健康上网的有效机制三个方面着手，就消除网络的负面影响进行的尝试和探索。更是通过工程平台，联合社会各方面力量，从法制建设、内容建设、网络管理和运行规则上所作的深入思考和探索，以共同营造有利于未成年人健康成长的网络环境。

中国未成年人网脉工程的组织机构主要包括：

一、指导单位：共青团中央、全国少工委、中央文明办、国务院新闻办、文化部、教育部、工业和信息化部、中国社会科学院、新闻出版总署。二、主办单位：团中央信息办、全国少工委办公室、中央文明办未成年组、国务院新闻办网络局、文化部文化市场司、教育部基础教育司、工业和信息化部电信管理局、中国社科院青年中心、新闻出版总署音像电子和网络管理司、"我们的文明"主题系列活动组委会。三、承办单位：中国青少年社会服务中心。四、协办单位：北京华夏网脉科技发展有限公司、北京网际创华软件技术有限责任公司、北京世纪奥通科技有限公司。五、发起单位：人民网、新华网、中国网、央视国际、中青网、千龙网、中国精神文明网、中国公众科技网、中国普法网、新浪网、搜狐网、网易网、TOM网、腾讯网、21CN网、大众网络报、博客中国、空中网、飞龙网、新东方在线、北大附中附小网校、中国搜索、清华大学附属中小学网校。

中国未成年人网脉工程的工程内容具体包括以下三个方面：

一、促进有利于未成年人成长的互联网内容建设，建立面向未成年人的网络环境和网上导航平台，探索和实践文明办网。

通过进行网站内容推荐和评选、组织未成年人校外网上活动、开展网上不良信息举报、促进未成年人服务机构上网、帮助家长掌握互联网运用基本技能等活动，发动各方面力量，促进有利于未成年人成长的互联网服务内容的建设和发展，努力发挥互联网正面作用，帮助未成年人健康成长。

广泛争取社会各界支持,团结和凝聚教育行业、未成年人服务行业和互联网行业的各类组织、机构、企事业单位和有关人士的力量,共同建设"中国未成年人网脉"公共互联网信息服务平台,使其成为宣传社会主义荣辱观,符合未成年人身心特点、成长需求和兴趣爱好,有利于我国未成年人了解社会、认知世界、展示才华、增进交往、学习知识、健康成长的网络环境和导航平台。

二、探索保障未成年人健康上网的各类技术手段,帮助未成年人增强自控自护能力,引导未成年人文明上网。

推动有关技术的研究与应用,努力降低由于互联网的匿名制、虚拟性、无边界和缺乏监控等特点使其对缺乏自控与自护意识和能力的未成年人带来的危害,积极促进未成年人上网监护与权益保护的各类技术手段的探索和发展。

通过广播、影视、图书、海报等公益宣传和专家讲座、主题冬、夏令营等活动,帮助未成年人正确认识和使用互联网,提高自控自护意识和能力,引导未成年人树立正确的网络道德观念和行为规范,文明上网、自觉抵制不文明行为,实践社会主义荣辱观,积极参与建设网络文明。

三、探讨保障未成年人健康上网的有效机制。

通过开展论坛、访谈、网络交流等形式的各类活动,充分发挥学校教育、家庭教育和社会教育等多种渠道的作用,广泛探讨保障未成年人健康上网的可持续发展模式,促进未成年人网络应用和保护工作的发展。

根据地区经济发展状况和互联网普及水平,建立长期稳定的数据采集点,采用网络调查、问卷调查和实地调研等形式,逐步形成专题研究数据库,不断推出年度和专题调查分析报告,跟踪互联网对未成年人的影响及变化趋势,掌握未成年人对互联网的特殊需求,了解国内外的有效做法和经验,逐步形成保障未成年人健康上网的有效机制。

中国未成年人网脉工程取得了一系列阶段性成效。自启动以来,于2006年5月30日开通了未成年人上网导航平台"中国未成年人网脉网";8月,"中国未成年人网脉工程陕西行"启动;10月,"中国未成年人网脉工程天津行"启动;在各地行的活动中涵盖了未成年人健康上网图片展、专家讲座、未成年人健康上网内容推荐等多种形式的活动内容;9月,工程联合多名专家出版发行了中国第一本面向未成年人及其家长的上网导航书籍《网脉导图》;10月,中国未成年人图形化网络社区"比特岛"的建设与开发也取得了相当的进展。10月26日,政治局常委李长春、中宣部部长刘云山、国务委员陈至立、团中央常务书记杨岳等领导视察了中国未成年人网脉工程的展览,并对工程作出重要指示;10月至12月,工程联合中国社会科学院、中国青年政治学院等单位共同实施"中国未成年人互联网应用状况调查",调研结果于2007年初向全社会公布,调研将按照每年一次的频率持续进行。2007 年 3 月,"中国未成年人网脉工程广东行"在广东执信中学启动。

15.国务院关于推进物联网有序健康发展的指导意见

2013 年 2 月 5 日,《国务院关于推进物联网有序健康发展的指导意见》(以下简称《意见》)正式出台。中国政府网于 2 月 17 日将《意见》全文刊登于网站。

《意见》根据对中国物联网发展状况和国际发展形势的分析判断,以"十二五"期间为重点,针对当前物联网发展面临的突出问题,以及长远发展的需要,从全局性和顶层设计的角度进行了系统考虑,提出了中国物联网发展的总体思路,为推动中国物联网健康有序发展保驾护航。

《意见》首先明确了发展物联网的重要性,并肯定了其对促进生产生活和社会管理方式向智能化、精细化、网络化方向转变,对于提高国民经济和社会生活信息化水平,提升社会管理和公共服务水平,带动相关学科发展和技术创新能力增强,推动产业结构调整和发展方式转变的重要意义。我国已将物联网作为战略性新兴产业的一项重要组成内容。

《意见》全文共分为三部分:指导思想、基本原则和发展目标、主要任务及保障措施。文中指出应以邓小平理论、"三个代表"重要思想和科学发展观为指导思想,以统筹协调、创新发展、需求牵引、有序推进及安全可控为我国物联网发展的基本原则。并形成如下发展的总体思路:"以市场为导向,以企业为主体,以突破关键技术为核心,以推动需求应用为抓手,以培育产业为重点,以保障安全为前提,营造发展环境,创新服务模式,强化标准规范,合理规划布局,加强资源共享,深化军民融合,打造具有国际竞争力的物联网产业体系。"

《意见》提出了我国物联网总体目标及近期目标。总体目标:实现物联网在经济社会各领域的广泛应用,掌握物联网关键核心技术,基本形成安全可控、具有国际竞争力的物联网产业体系,成为推动经济社会智能化和可持续发展的重要力量。近期目标:到 2015 年,实现物联网在经济社会重要领域的规模示范应用,突破一批核心技术,初步形成物联网产业体系,安全保障能力明显提高。《意见》还从协同创新、示范应用、产业体系、标准体系及安全保障上提出了具体的目标。

《意见》提出了九个方面主要任务,包括加快技术研发,突破产业瓶颈;推动应用示范,促进经济发展;改善社会管理,提升公共服务;突出区域特色,科学有序发展;加强总体设计,完善标准体系;壮大核心产业,提高支撑能力;创新商业模式,培育新兴业态;加强防护管理,保障信息安全;强化资源整合,促进协同共享。

《意见》提出了六个方面的保障措施,包括加强统筹协调形成发展合力;营造良好发展环境；加强财税政策扶持；完善投融资政策；提升国际合作水平；加强人才队伍建设。

最后，《意见》同时发布了《物联网发展专项任务分工方案》及《重点任务分工及进度安排表》两个附件，为下一步具体工作的推进提供了规划保障。

16.周边国家互联互通基础设施建设规划

为落实"一带一路"战略构想，工业和信息化部参与制订的《周边国家互联互通基础设施建设规划》（以下简称《规划》）对中国与周边国家的信息高速公路建设作了规划，全力打造"数字丝绸之路"，实现"一带一路"国家在数据信息服务、互联网业务和国际通信业务领域的互联互通。

根据《规划》的内容，工信部已经制定了支持亚欧信息高速公路建设的工作方案。工作方案要求大幅提升新疆信息疏导能力，到2020年实现与新疆跨境直连的周边国家数目和国际传输路由进一步丰富，新增一条境内出疆路由，形成三条出疆路由互为备份的格局。

针对以上三个目标，工信部落实了工作任务，具体包括，2014年至2017年间将支持建设和完善中哈、中吉、中塔、中巴等国际跨境陆地光缆系统，建设第三条出疆光缆。同时，支持电信运营企业根据业务发展需要，通过乌鲁木齐提供国际互联网转接服务。

17.三网融合推广方案

三网融合是指电信网、广播电视网、互联网在向宽带通信网、数字电视网、下一代互联网演进过程中，三大网络通过技术改造，其技术功能趋于一致，业务范围趋于相同，网络互联互通、资源共享，能为用户提供语音、数据和广播电视等多种服务。三网融合不意味着三大网络的物理合一，而主要是指高层业务应用的融合。三网融合应用广泛，遍及智能交通、环境保护、政府工作、公共安全、平安家居等多个领域。三者之间相互交叉，形成你中有我、我中有你的格局。2015年9月4日，国务院办公厅印发《三网融合推广方案》（以下简称《方案》），加快在全国全面推进三网融合，推动信息网络基础设施互联互通和资源共享。

《方案》提出六项工作目标：一是将广电、电信业务双向进入扩大到全国范围，并实质性开展工作，二是网络承载和技术创新能力进一步提升，三是融合业务和网络产业加快发展，四是科学有效的监管体制机制基本建立，五是安全保障能力显著提高，六是信息消费快速增长。

《方案》明确，一要在全国范围推动广电、电信业务双向进入。各省（区、市）结合当地实际确定业务开展地区，电信、广电行业主管部门按照相关政策要求和业务审批权限开展业务许可审批，加快推动 IPTV 集成播控平台与 IPTV 传输系统对接，加强行业监管。二要加快宽带网络建设改造和统筹规划。加快下一代广播电视网、电信宽带网络建设，继续做好电信传输网和广播电视传输网建设升级改造的统筹规划。三要强化网络信息安全和文化安全监管。完善网络信息安全和文化安全管理体系，加强技术管理系统建设和动态管理。四要切实推动相关产业发展。加快推进新兴业务发展，促进三网融合关键信息技术产品研发制造，营造健康有序的市场环境，建立适应三网融合的标准体系。

为保障三网融合工作的全面推进，《方案》确立了四项保障措施：一是建立健全法律法规，为广电、电信业务双向进入提供法律保障；二是落实相关扶持政策，支持三网融合共性关键技术、产品的研发和产业化，推动业态创新；三是提高信息网络基础设施建设保障水平；四是完善安全保障体系，加快建立健全监管平台。

《方案》要求，各地区、各有关部门要充分认识全面推进三网融合的重要意义，切实加强组织领导，落实工作责任，完善工作机制，扎实开展工作，确保完成推广阶段各项目标任务。

加快推进三网融合，是培育战略性新兴产业的重要任务，有利于迅速提高国家信息化水平，推动信息技术创新和应用，满足人民群众日益多样的生产、生活服务需求，拉动国内消费，带动相关产业发展，形成新的经济增长点；有利于更好地参与全球信息技术竞争，增强产品和业务创新能力，提高网络信息安全保障能力；有利于创新宣传方式，扩大宣传范围，促进中华文化繁荣兴盛，保障国家文化安全。

三、网络社会建设

1.中国第一份中文电子杂志《神州学人》上线

1995年1月12日，中国第一份中文电子杂志《神州学人》正式发刊，初定为周刊，并在每周五上线（英文名为China Scholars Abroad，缩写CHISA）。《神州学人》（电子版）是纸质版《神州学人》的电子版，它标志着中国新闻媒体开始利用现代高科技手段在互联网上传递信息。

纸质版《神州学人》杂志系教育部主管的、以为广大在外留学人员提供信息服务为己任的唯一全国性留学期刊，1987年5月在北京正式创刊。邓小平同志亲笔题写刊名。《神州学人》紧紧围绕着"加强对广大在外留学人员进行爱国主义教育，鼓励他们回国工作或以适当方式为国服务，为我国改革开放和社会主义现代化建设事业做贡献"的办刊宗旨，成为留学人员了解祖国的窗口、联络感情的纽带、表达情思的园地、提供服务的媒体。

《神州学人》电子版作为《神州学人》杂志这一在留学人员中的知名品牌的延续，在宣传内容、宣传形式、宣传速度、宣传频率等方面适应了信息时代的发展，成为与《神州学人》杂志"比翼齐飞"的一份电子杂志。

《神州学人》（电子版）在发刊词中写道："在祖国和海外留学人员之间搭起一座电子桥，沟通信息，为留学人员服务。这是本刊电子版的唯一宗旨。"该刊是文摘性的新闻周刊，从国内几十种报纸杂志中摘取每周最重要的信息，在编排上设有"一周要闻"、"经济快讯"、"科教动态"、"家乡新貌"和"谈天说地"等十余个栏目，每期两万多字。这份电子周报带给身在异国他乡的海外华人特别的欣喜，尤其是极大地满足了留学生们及时了解祖国情况的渴望。2005年11月，CHISA被美国国家图书馆电脑网络中心OCLC（Online Computer Library Center）正式编目，成为被此类大型图书馆编目的第一个中国大陆的新闻媒体电子版，也成为 YAHOO（雅虎）等大型搜索引擎重点介绍的中文网站。

同时与电子杂志一起上线的还有《神州学人》网站，《神州学人》网站是中国首家网络新闻媒体，是中国教育部主管的全国性面向留学人员的综合性媒体。网站创办初期共有12个频道：新闻、讨论区、社团主页、学人主页、直播·访谈、文苑·摄影、招聘、创业、政策、读书、人物和视频，还拥有人才储备/需求信息库、政策数据库、网络视频招聘和直播访谈等平台。

2.第一家互联网公司瀛海威创立

1995年5月，中国第一家互联网公司——瀛海威科技有限责任公司成立。公司创始人为张树新，股东为张树新和丈夫姜作贤，注册资金为700万元人民币。1995年9月30日，瀛海威正式开始试营运，2003年公司因经营不善结束营业。

瀛海威运营的主要业务是ISP（互联网服务提供商）。用户利用调制解调器通过中国电信拨号上网，瀛海威则作为中间服务商提供信息服务，协助中国电信宣传互联网业务。

瀛海威一方面提供接入国际互联网的服务，另一方面开发运营了"瀛海威时空"网络。瀛海威时空是挂在中科院之下的全中文界面的交互网络，是当时国内唯一立足大众信息服务、面向普通家庭开放的网络。瀛海威时空的经营模式类似美国在线，其网站包括BBS、聊天室、电子报纸等服务。用户登录瀛海威时空，除缴纳给中国电信的电话费用之外，还需要向瀛海威缴纳一定的使用费用。

此外，瀛海威在北京开设了中国大陆第一家民营科教馆瀛海威科教馆，免费向民众宣传互联网知识。同期瀛海威还开发出一套全中文的多媒体网络浏览系统。

1996年10月，中兴发正式参股瀛海威，使瀛海威的注册资本增加到8000万元。张树新夫妇占26.5%的股份。中兴发总裁梁冶萍出任瀛海威董事长，张树新仍然留任总经理。强大的资金支持使得瀛海威成长为中国互联网的标杆，当年底，瀛海威成为北京知名ISP。

1996年10月28日，瀛海威信息通信有限责任公司宣告成立。

1996年12月26日，瀛海威开通了北京、上海、广州等8个节点，全国性的瀛海威时空主干网基本完成。瀛海威之后还准备在全国开设72个节点，使瀛海威时空覆盖全国。

3.中国公用计算机互联网国际联网管理办法

1996年4月3日，邮电部向全国各省、自治区、直辖市邮电管理局发布了《中国公用计算机互联网国际联网管理办法》（以下简称《管理办法》），并宣布《管理办法》自发布之日起施行。

《管理办法》共17条，依据《中华人民共和国计算机信息网络国际联网管理暂行规定》而制定，其目的是加强对中国公用计算机互联网（CHINANET）国际联网的管理和促进国际信息交流的健康发展。

《管理办法》指出中国公用互联网将根据需要分级建立网络管理中心及信息服务中心，并明确电信总局为中国公用互联网的互联单位为其提供服务。此外，《管理办法》详细规定了接入中国公用互联网的接入单位应具备的条件及相应的联网装备，并要求所有接入单位要办理相关接入手续。

《管理办法》要求接入单位负责接入其网内用户的管理。

《管理办法》从第九条至第十六条详细规定了接入单位和用户应遵守的相关法律法规条例，同时对违反管理办法所需承担的法律责任作出了明确规定。

4. 第一家网吧"实华开网络咖啡屋"在京开设

1996年11月15日，中国第一家网络咖啡屋"实华开网络咖啡屋"在北京首都体育馆附近开门迎客。随后，"网吧"一词被大众广泛认知。

实华开网络咖啡屋将电脑、互联网与咖啡餐饮文化相结合，由于临近国家图书馆及一些高校，其独特的风格迅速得到了年轻的文化人群的广泛认可。

实华开网络咖啡屋主要为顾客提供四种服务，分别为上网服务、商务服务、餐饮服务及场地服务。其中上网服务包括收发电子邮件、登录网络游戏及网页浏览等，商务服务包括打印、扫描、收发传真及复印等。由于当时网吧数量非常之少，相对上网价钱也非常高。资料显示，当时顾客上网，根据自身需求不同，费用为每小时20元到50元不等。而如果希望收发电子邮件，电子邮件的开户费就需要100元。

1997年6月1日，实华开网络咖啡屋万通连锁店在北京万通大厦开业，拉开了联通实华开网络咖啡屋全国百家连锁经营的序幕。此后，实华开的网络咖啡屋连锁店一度遍及北京、上海、天津、广州等城市，拥有十多家连锁店，成为全国知名的网络咖啡屋连锁机构，并成为国内网络咖啡屋规范经营的样板。其中，位于北京国贸旁的实华开网络咖啡屋，营业期间更是受到了多位外国政要参观。

然而，2002年7月31日，实华开电子商务首席执行官在北京国贸的实华开网吧宣布全面关闭实华开在全国的所有网吧。由此，在国内开创第一家网吧的实华开彻底放弃了这个累计销售额上千万元的业务模型。

5.CNNIC（中国互联网络信息中心）成立

1997年6月3日，中国互联网络信息中心（China Internet Network Information Center，简称CNNIC）宣告成立。CNNIC是经国家主管部门批准组建的管理和服务机构，行使国家互联网络信息中心的职责。

中国互联网络信息中心的成立，标志着我国互联网络的发展、管理、运行和服务进入了更加有序、完善、规范的发展轨道，也标志着我国互联网络已经完全步入国际互联网络大家庭之中，是我国互联网络发展中的重要事件。

中国互联网络信息中心是我国信息社会重要的基础设施建设者、运行者和管理者。中心在"国家公益、安全可信、规范高效、服务应用"方针的指导下，负责国家网络基础资源的运行管理和服务，承担国家网络基础资源的技术研发并保障安全，开展互联网发展研究并提供咨询，促进全球互联网开放合作和技术交流，不断追求成为世界一流的互联网络信息中心。

6.邮电部和电子工业部合并为信息产业部

1998年3月10日，九届全国人大一次会议审议批准了国务院机构改革方案，正式批准组建中华人民共和国信息产业部。

信息产业部是在原邮电部和电子工业部的基础上组建的。信息产业部的成立，对振兴民族信息产业，推动我国国民经济和社会服务信息化的发展具有重要意义。

信息产业部为主管全国电子信息制造业、通信业和软件业，负责协调推进国民经济和社会信息化的国务院组成部门。

信息产业部下设国家信息化办公室，主要职责还涉及：制定行业的规划、政策和法规；统筹规划国家通信主干网（包括本地和长途电信网）、广播电视网（包括无线和有线电视网）、军工部门和其他部门专用通信网，并进行行业管理；合理配置资源，避免重复建设，保证信息安全。此外，还规定将广播电影电视部、航天工业总公司、航空工业总公司的信息和网络管理的政府职能，并入信息产业部。成立国家邮政局，由信息产业部管理。

1998年3月31日，中华人民共和国信息产业部在北京正式挂牌。

2008年3月11日，国务院机构改革方案公布成立中华人民共和国工业和信息化部。历经10年的信息产业部被撤销。

在1998—2008年10年的发展中，信息产业部对我国国民经济和社会信息化作出了重要贡献。

信息通信业成为国民经济的基础产业、支柱产业和先导产业。统计显示，到2007年度，我国信息通信产业增加值占全国GDP的比重达7.9%，电子信息产品出口占全国出口额的37.6%，占全国高技术产品出口额的近90%。

电信市场秩序日趋稳定，为电信业的繁荣与发展营造了一个良好的市场环境。据2008年通信市场年会公布的数据，我国移动电话用户达5.47亿户，固定电话用户达3.65亿户。"十五"期间，我国电话用户以每年接近1亿户的速度增长，业务总量年均增长28.5%，创造了新的发展奇迹。

为开创电信业新局面，引入竞争，在信息产业部的领导下，先后完成邮电分营，先后两次电信重组。将中国电信分拆为中国移动、中国电信及中国卫通，分别经营移动通信、固定电话和卫星业务，成为中国电信市场化进程中的关键转折点。2001年将中国电信按地区南北分拆，组成今日电信与网通南北分家、互相竞争的格局，促使通信行业保持快速而平稳的发展，培养了中国移动等巨型企业，年利润800亿元以上，并成功走向国际市场。

信息产业部在研究制定推进国民经济和社会信息化发展规划，指导各地区、各行业的国民经济信息化工作，协助推进重大信息化工程，组织协调和推进全国软件产业的发展，研究制定有关信息资源的发展政策和措施，指导、协调信息资源的开发利用和信息安全技术开发，在推动信息化普及教育上，都作出了重要贡献。

7.中华网作为第一只中国网络概念股登上纳斯达克

1999年7月13日，中华网正式登陆纳斯达克，发行价20美元，融资9600万美元，成为中国首家赴美上市的互联网企业，更是赴美上市的第一只中国网络概念股。

中华网股票发行后，股价一度达到220.31美元，市值高达50亿美元，赶上了互联网史上最大"泡沫"的末班车。2000年1月，中华网再次发放新股，募资3亿美元。2000年3月，中华网分拆旗下的门户网站在香港创业板上市，募资1.7亿美元。

由于当时互联网史上最大"泡沫"的破裂及中华网盈利模式定位的偏差，中华网总营收逐年下降。

2003年，中华网开始主要进行资本运作，接连收购万维网、游戏运营商"一起玩"及光通网络游戏发行商等系列业务，虽然短时间收到过良好效果和盈利，但由于缺乏核心竞争力，中华网依旧严重亏损。

2011年10月4日，中华网投资集团向美国法院正式提出申请破产保护。受申请破产的消息影响，中华网股价当日大跌45美分，至42美分，跌幅51.72%，随后被停牌。

2013年10月，中华网悄然完成了身份转换——中国国际广播电台、中国国际广播电视网络台旗下的国广环球传媒控股有限公司以约7185万元人民币收购了其互联网门户业务。按照"国广控股"的规划，中华网将整合中国国际广播电台、中国国际广播电视网络台的音频、视频等资源，最终发展成为一家具备全球影响力的国际化媒体平台。

8.新浪、网易和搜狐三大门户网站上市

2000年，国内三大门户网站新浪网、网易及搜狐网接连赴美上市，成功登陆纳斯达克。

新浪网于北京时间4月13日正式在美国纳斯达克市场挂牌交易，每股定价为17美元。开盘价为17.75美元，当天收盘价涨至每股20美元。

网易于北京时间6月30日正式在美国纳斯达克股票交易所挂牌上市，发行价为15.50美元。当日开盘后一度升到17.25美元，随后直线下跌，最终当天跌破发行价收盘于12.125美元。

搜狐网于北京时间7月12日正式在美国纳斯达克股票市场挂牌交易，股票发行价格为13美元，当日报收于13.0625美元。

随后由于新经济泡沫的破灭及自身盈利模式的匮乏，三只股票相继跌破发行价。2001年3月，在纳斯达克指数下穿1800点后，三大门户网站股价也随即跌到"1美元"之下，网易和搜狐最低曾达0.65美元和0.87美元，成为"垃圾股"。

此后，三家公司为应对危机，对盈利模式等做出了调整。新浪作出"在线媒体及资讯增值服务提供商"的新定位，搜狐走上电子商务、移动通讯增值服务的多元化之路，网易则向在线增值服务战略转型，三大门户网站在探索中均摆脱了以往"千人一面"的商业模式。调整后，三家公司的股价都纷纷上扬。

9.药品电子商务试点监督管理办法

2000年6月26日，国家药品监督管理局向广东省、福建省、北京市、上海市药品监督管理局发布了《药品电子商务试点监督管理办法》（以下简称《办法》），并宣布自发布之日起开始施行。

《办法》的颁布，主要目的在于加强药品监督管理，规范药品电子商务行为，保证人民用药安全、有效。同时，《办法》的执行，对医药电子商务的初期的快速发展起到了较为理想的作用。

《办法》全文共分为7章33条，分别为第一章总则（第一条至第四条）、第二章药品

电子商务主体资格审验(第五条至第十三条)、第三章对上网从事药品交易的经营企业监督管理(第十四条至第十九条)、第四章对上网从事药品交易的生产企业的监督管理(第二十条至第二十二条)、第五章对上网采购药品的单位的监督(第二十三条至第二十四条)、第六章其他监督管理(第二十五条至第三十条)、第七章附则(第三十一条至第三十三条)。

《办法》规定成立药品电子商务试点网站必须取得国家药监局的批准。在网页的首页标明国家药监局审批同意的文件。药品电子网站只能由证照齐全的医药经营企业搭建或者由医药批发企业与合法的互联网共建,要有药品专业人员和执业药师负责网上咨询。药品电子商务网不得直接参与药品经营,不从药品差价中获得利益。

对上网从事药品交易的经营企业,要进行资格审查并与网站签订协议。零售企业只能在网上销售国家公布的非处方药,在网上进行药品交易的经营企业要在网上公布经营许可证和营业执照,公布咨询电子信箱和咨询电话,公布可投诉的药品监管部门及联系办法。经营企业在送货上门时还应当在包装上标明医药公司或药店的标签或标记,并依法开具发票。

对上网从事药品交易的生产企业要进行资格审查,审查的资料包括:药品的生产批准证明文件(原件)和质量检验报告;进口药品的注册证号和国家口岸药检所检验合格报告(原件);医疗器械产品的生产注册证书和注册证号(原件)。

上网采购药品(非零售)的单位必须是具有合法资格的医疗机构,并且要与网站签订协议。上网进行药品集中招标采购的合法中介代理机构,必须经国家药监局认定后,方可与药品电子商务试点网站签约,在该网站采购药品。

严禁发布无药品广告批准文号的广告。网站在发布有关企业信息时,必须同时标明药品生产、经营企业名称、《药品生产企业许可证》、《药品经营企业许可证》及其编号;发布有关药品信息时,必须同时标明药品名称、批准文号、生产批号、药品质量检验报告、生产企业名称、注册商标等,有关适应证及用法、用量和禁忌证必须符合药品标准的有关规定。

具体来看,第一章主要说明了《办法》颁布的目的、药品电子商务的概念界定、国家药品监督管理局等行政部门的职责以及禁止相关药品进行网上交易的情况说明。

第二章主要对药品电子商务主体资格审验作出了具体要求。

第三章主要涉及可从事互联网药品交易的药品经营企业资格说明、企业药品销售范围、经营规范等。

第四章主要涉及上网交易药品生产企业的资格说明及经营规范等。

第五章主要对此类单位的经营规范作出了具体规定。

第六章对上列内容中未涉及的规定进行了具体说明。主要涉及了对违反《办法》的单位及企业的相关处罚规定。

第七章对药品的范围、《办法》的负责单位及颁布日期作了规定。

《办法》颁布之后，我国相继出台了关于互联网药品交易的其他法律法规，在我国互联网药品交易中形成了较为完善的法律系统。其中主要涉及以下法规：

2001年2月1日，《互联网药品信息服务管理暂行规定》开始执行，将互联网药品信息服务首次分为经营类和非经营类两类。它的颁布实施为后续的相关法规的出台奠定了基础。

2004年7月8日，国家食品药品监督管理局发布了《互联网药品信息服务管理办法》，表明药品信息服务在互联网禁区的松动，突显政府鼓励开展医药电子商务的信心和决心，并与后继的有关法规一同初步构成了目前关于药品互联网交易服务的法规框架。

2005年9月30日，《互联网药品交易服务审批暂行规定》颁布实施，对互联网药品交易服务商在硬件设备设施方面进行了较为严格的规定，并从解决互联网药品交易服务商的市场准入方面提出了具体要求。

10.中华人民共和国电信条例

为了规范电信市场秩序，维护电信用户和电信业务经营者的合法权益，保障电信网络和信息的安全，促进电信业的健康发展，2000年9月25日《中华人民共和国电信条例》（以下简称《条例》）由国务院颁布。

《条例》是新中国成立以来特别是改革开放以来电信业发展与改革丰硕成果的生动体现，是中国对电信业管理的科学总结，是电信进行市场竞争的行为规范，也是中国电信业适应新世纪改革开放和加入世界贸易组织与国际接轨的必然产物。它的发布施行，标志着我国电信业走上法制的轨道，对中国尤其是新世纪电信事业的发展和建设将产生巨大推动作用和深远影响，具有划时代的重要意义。

《中华人民共和国电信条例》全文共分8个部分，分别为总则、电信市场、电信服务、电信建设、电信安全、罚则、附则和电信业务分类目录。

第一章总则，是关于电信条例的立法目的、适用范围、主管机构和电信监管原则、电信业务经营者的服务基本原则以及保护电信网络和信息安全的原则规定。总则虽然条文不多但这些规定在顺序上先于其他各章，在效力上通用于其他各章。在整个条例中的地位是举足轻重的，对电信活动起着总的指导作用，对正确理解和运用电信条例具有重要意义。

第二章电信市场，是关于电信市场有关问题的规定。第一节电信业务许可，就电信业务准入制度、业务分类、申请许可的条件、许可的颁发形式和程序等问题作了规定。第二节电信网间互联,就网间互联原则、主导的电信业务经营者的义务、互联协商协调和行政决定等问题作了规定。第三节电信资费,就电信资费标准制定的原则、电信资费种类、定价机关和定价程序等问题作了规定。第四节电信资源,就电信资源管理原则、电信资源分配方式和电信资源占用者、使用者的义务等问题作了规定。

第三章电信服务,是规范电信业务经营者在提供服务和经营活动中行为的内容,保护电信用户权益以及对电信服务监督的规定。本章规定了电信用户使用电信业务密切相关的服务环节的质量标准和时限。如安装、移装电信终端设备,修复通信障碍的时限及违约责任,用户交费及欠费处理,收费及查询服务,申诉处理,电信企业服务管理。在服务和经营活动中不得有的行为等内容,还对电信服务监管和电信普遍服务作出了规定。

第四章电信建设包含"电信设施建设"和"电信设备进网"两个小节,主要内容包括电信建设的规划、管理,电信建设与其他公共基础设施建设、施工和生产活动之间的关系,电信企业进行电信建设的合法权利,电信设施安全保障,以及电信设备进入公共电信网的管理等方面的相关规定。

第五章电信安全,主要从四个方面对电信安全作了规定:一是在维护国家安全和社会秩序方面,条例对含有危害国家安全、侵犯他人合法权益内容的九种信息作了明确的禁止性规定;二是在电信网络安全和信息安全方面,《条例》针对现实中危害较大的计算机病毒、"黑客"等情况,作了禁止性规定;三是在电信设施保护及维护电信市场秩序方面,对一些危害网络设施安全和扰乱电信市场秩序的行为,作出了禁止性规定;四是在保护通信自由和通信秘密方面,《条例》明确了电信用户依法使用电信的自由和通信秘密受法律保护。除因国家安全或者追查刑事犯罪的需要,由公安机关或者人民检察院依照法律规定的程序对电信内容进行检查之外,任何组织或者个人不得以任何理由对电信内容进行检查。

第六章罚则主要是关于违反电信条例应当承担何种法律责任的规定。

第七章附则,主要是对外商在我国境内(内地)投资与经营电信业务和电信条例实施日期的规定。本章是电信条例的最后一章,其主要作用在于以立法的形式明确电信条例前六章所未规定的,但又为实施本条例所必需的主要事项。因此,本章与其他各章的内容一样都是电信条例的重要组成部分,具有同等的法律效力。

最后条例还附录了电信业务分类目录,主要分为两大类,基础电信业务和增值电信业务。

2003年2月21日,由信息产业部发文,根据《条例》的规定,对《电信业务分类目录》重新进行了调整,宣布自2003年4月1日起施行,并公告之前公布的《电信业务分类目录》不再适用。

2014年7月9日,国务院发布《关于修改部分行政法规的决定》,其中第十条对《条例》内容作出了调整。

11.人事部推行《"电子政务"实施方案》

2000年9月28日,人事部发布《"电子政务"实施方案》(以下简称《方案》)。

《方案》制定的目的是为了加快人事行政管理信息步伐,促进人事部服务观念和工作方式的转变,进一步提高人事工作为人民群众服务的水平。

《方案》规定推行"电子政务"工作中的重大事项由部务会讨论决定,日常工作由部信息化领导小组组织协调,信息化领导小组办公室具体组织实施,部机关各部门既分工负责,又协调配合。

《方案》全文共分为五部分。分别为指导思想和基本原则、主要内容、实施步骤、主要措施和组织领导。

《方案》规定推行"电子政务"应遵循五个原则:统一规划,统筹安排;积极稳妥,循序渐进;方便公众,注意实效;立足现有条件,从实际出发;强化管理,安全保密。

《方案》规定推行"电子政务"共分两个部分,第一部分为建立人事部互联网网站,提供人事信息服务,第二部分为部分审批业务实现网上办理。其中人事部互联网网站提供人事部简介、重要新闻、人事政策法规、综合规划、专业技术人员管理、公务员管理、人才流动、工资福利与离退休、军转安置、人事行政国际交流、人事任免等共计11个项目。另一部分网上业务办理主要涉及公务员考试录用,留学人员回国安置,解决干部夫妻两地分居审核备案,西部人才开发实现西部用人单位与拟去西部工作的人才网上双向选择,国际职员后备人员招考实现网上发布招考公告,受理考生报名,公布后备人员名单,中央国家机关军转接收与安置等共计六项业务。

《方案》还具体阐述了电子政务实施的步骤和采取的措施。其中措施主要包括五条,分别为明确分工,协调配合;项目管理,责任到人;分期分批,全员培训;采取多种办法,多渠道筹集经费;加强舆论宣传,树立人事部门新形象。

12.网络文明工程

2000年12月7日,文化部、团中央、广电总局、全国学联、国家信息化推进工作办公室、中国电信、光明日报、中国移动等八家单位联合发起的网络文明工程正式启动,并向全社会号召"文明上网、文明建网、文明网络"。文化部部长孙家正、共青团中央第一书记周强出任组委会主任。网络文明工程的实施对我国互联网健康发展、推进我国社会主义精神文明建设具有重要作用。

网络文明工程是一项社会公益活动,其宗旨是通过正面引导的方式,建立网上健康文明的道德规范,占领网络这一新的思想宣传阵地;开展各种网上健康活动,倡导文明上网,创造一种全新的网上生活方式,培养一批有正义感、责任感、上进心的合格网民,在全社会形成文明上网的风气;发现一批优秀的中文网站,使之成为网络文明建设的主体,并引导和规范中国互联网站的建设,大力推进中国的网络事业。

网络文明工程的实施原则共有五条。一、工程内容健康向上、格调高雅。二、工程形式活泼多样,吸引最大多数网民参加,扩大受引导面。三、活动注重宣传效应与实质效应相结合。一方面尽量扩大宣传,使"网络文明"的观念深入人心;另一方面着眼于为网民提供实实在在的优秀文化站点内容。四、注重长期效应与短期效应相结合。一方面在短期内形成社会热潮,吸引舆论关注;另一方面着眼于长远,使活动长期、深入、务实地开展下去。五、坚持社会效益至上的原则,一切以引导网民健康文明地上网为宗旨。不靠任何物质刺激,而是依靠一批知识含量丰富、符合广大网民特别是大学生网民需要的内容来吸引网民。

网络文明工程实施后开展了一系列丰富多彩的活动,重点活动包括每年举办的"中国优秀文化网站调查评估"活动及"我为网络献计献策"征文大赛等。网络文明工程还发起了"绿色行动"、"青少年健康上网"等更为具体细致的活动。同时,网络文明工程还与多家企业合作,推出"网络文明工程绿色电脑"及"盛大新版限时卡"等帮助青少年健康上网的产品。

网络文明工程积极走进高校,得到全国多所高校的大力支持,并举办了网络文明工程宣传海报进高校、建立网络文明工程绿色网络示范学校和大学生网络文明协会等活动,引起大学生的关注,号召大学生们健康文明上网。

同时,网络文明工程得到了山西省、河北省、南京市和深圳市等地的支持,协助或自主举办了多项系列活动,对网络文明工程进行了广泛宣传。

2002年底至2003年初,中国网通和中国联通先后成为网络文明工程主办单位。

网络文明工程的实施背景是为响应江泽民总书记的号召,及时掌握网络文化发展的现状,文化部于1999年11月至2000年3月开展了中国文化网站调查评估活动,对全国文化网站发展状况进行了全面的调查。调查发现网络建设存在不少问题:网上虚假、黄色、反动内容逐渐增多,虚拟社区语言低俗,网上原创作品匮乏、格调不高,网上聊天交友不负责任,以及网络弥漫着颓废、消极、缺乏诚信的情绪,已经在社会上造成消极影响,损害了网络的健康发展。网络文明工程实施目的主要在于解决上述问题。

13.互联网医疗卫生信息服务管理办法

2001年1月3日,卫生部根据国务院发布的《互联网信息服务管理办法》及有关卫生法律法规,向各省市卫生厅局,颁布了《互联网医疗卫生信息服务管理办法》(卫发办〔2001〕3号,以下简称《管理办法》),并宣布自发布日起开始执行。该办法旨在规范互联网医疗卫生信息服务活动,促进互联网医疗卫生信息服务健康有序发展,为卫生信息化建设创造良好环境。

《管理办法》全文共16条,对互联网医疗卫生信息服务的概念界定、服务内容以及如何开展服务等都作出明确规定。《管理办法》强调,网上医疗卫生信息服务只允许提供医疗卫生信息咨询服务,不得从事网上诊断和治疗活动;而且开展远程医疗会诊服务,只能在具有《医疗机构执业许可证》的医疗机构之间进行。医院卫生网站或登载医疗卫生信息的网站所提供的医疗卫生信息必须科学、准确,且注明信息来源。登载或转载卫生政策、疫情、重大卫生事件等有关卫生信息时必须遵守有关法律、法规和规定。

《管理办法》还规定,任何经营性或非经营性医疗卫生网站以及登载医疗卫生信息的网站,在向国务院信息产业主管部门或省、自治区、直辖市电信管理机构申请办理经营许可证或办理备案手续之前,应当经同级卫生行政部门审核同意。为加强管理,卫生部依据国务院《互联网信息服务管理办法》和相关的卫生行政法律法规对互联网医疗卫生信息服务实施监督管理,指派专门机构和人员定期对开展医疗卫生信息服务的网站及其内容进行监督检查。

《管理办法》颁布后,原卫生部对医疗卫生信息网站进行了严格的审核,并以多种形式对《管理办法》进行宣传与讲解,加强了卫生系统医疗网站规范化管理。自《管理办法》下发到当年底,原卫生部共审核36家医疗卫生网站,加强了管理和审核力度,以规范互联网医疗卫生信息服务活动,促进互联网医疗卫生信息服务更加健康有序的发展。

14.国务院信息化办公室成立

2001年8月23日,中共中央、国务院决定重新组建国家信息化领导小组,而国务院信息化工作办公室(以下简称"国信办"),作为国家信息化领导小组的单设办事机构,同期成立。国家发展计划委员会主任、国家信息化领导小组副组长曾培炎兼任国务院信息化工作办公室主任。

中共中央、国务院决定重新组建国家信息化领导小组,是为了进一步加强对推进中国信息化建设和维护国家信息安全工作的领导。中央政治局常委、国务院总理朱镕基任组长，胡锦涛、李岚清、丁关根、吴邦国、曾培炎为成员。2001年12月国家信息化领导小组召开第一次会议。国家信息化领导小组负责审议国家信息化的发展战略，宏观规划有关规章、草案和重大的决策，综合协调信息化和信息安全的工作。

2008年3月，国家"大部制"改革启动，决定不再保留国务院信息化工作办公室。根据《国务院关于机构设置的通知》，原国家发展和改革委员会的工业行业管理有关职责，国防科学技术工业委员会核电管理以外的职责，以及信息产业部和国务院信息化工作办公室的职责，统一纳入新成立的工业和信息化部，国家信息化领导小组的具体工作由工业和信息化部承担。

关于国务院信息化领导小组，其主要演变如下：

1996年4月16日，国务院办公厅发出《关于成立国务院信息化工作领导小组的通知》，国务院副总理邹家华任领导小组组长，将原国家经济信息化联席会议办公室改为国务院信息化工作领导小组办公室，电子工业部副部长吕新奎任办公室主任。

1998年3月，随着国务院机构的进一步改革，原国务院信息化工作领导小组办公室整建制并入新组建的信息产业部，成立了信息产业部信息化推进司（国家信息化办公室），负责推进国民经济和社会服务信息化的工作。

1999年12月23日，国务院办公厅发出《关于成立国家信息化工作领导小组的通知》（国办发〔1999〕103号），国家信息化工作领导小组成立，国家信息化工作领导小组由15人组成，国务院副总理吴邦国任组长。信息产业部部长吴基传任副组长，其余成员是来自国家相关部门的领导。按照通知要求，国务院信息化工作领导小组不单设办事机构，具体工作由信息产业部承担，并将国家信息化办公室改名为国家信息化推进工作办公室。

15.信息产业"十五"规划纲要

根据党的十五届五中全会的战略部署和国务院的总体要求，在深入调查研究、广泛征求意见和多层次科学论证的基础上，2001年9月7日，《信息产业"十五"规划纲要》（以下简称《纲要》）由中华人民共和国信息产业部正式发布，这是国家确立信息化重大战略后的第一个行业规划。"十五"期间的发展对新世纪信息产业的更大跨越至关重要，而《纲要》是"十五"期间指导我国信息产业发展的宏观性、战略性、政策性文件。

《纲要》全文共分为五部分，分别为前言、信息产业在国民经济中的地位和作用、信息产业"九五"发展回顾、"十五"计划及2010年远景目标展望。

《纲要》强调，信息产业是国民经济的支柱产业，是关系国家经济命脉和国家安全的基础性和战略性产业，是国民经济的先导产业，更是推进国家信息化、促进国民经济增长方式转变的核心产业。

《纲要》回顾了我国信息产业"九五"期间的发展情况，总结了基本经验和存在的主要问题，并对"十五"计划的信息产业发展环境分析、指导思想、发展目标、发展重点、行业改革和政策与措施作了详细的介绍。

信息产业"十五"规划纲要和2010年远景目标框架思路主要任务包括：一、抓紧建设国家信息基础设施。继续建设和发展高速宽带网；高度重视信息资源的开发利用、推进三网融合；提高通信服务水平；加快西部信息化建设进程等。二、加速发展信息技术和信息产业。提高信息化装备能力，积极引导和推动数字技术应用；为突破集成电路、软件方面的瓶颈，国家已制定颁布鼓励软件和集成电路产业发展的若干政策，信息产业部正在制定实施细则，具体涉及投融资、税收、产业技术、出口、收入分配、人才吸收培养、采购、知识产权等十大方面的政策。三、大力推进信息技术应用。利用信息技术改造和提升传统产业，促进国民经济和社会服务信息化；推动企业信息化和电子商务的开展；统筹规划，进一步实施信息化重大工程。为迎接WTO的挑战，信息产业部同时加强了相关法律法规的制定。其中《电信管理条例》在报批；市场准入、互联互通、资费监管力度进一步加大；以改善电信服务、提高服务质量为主要内容的《电信服务标准》颁布实施。为响应国家西部大开发号召，信息产业部制定系列特殊政策，以大力发展西部通信基础设施、应用信息技术促进西部结构调整与产业升级为重点，推动西部整体经济的发展。

最后，《纲要》提出了到2010年我国信息产业的远景目标展望：到2010年，我国开始步入中等发达国家水平，并将初步进入信息社会，全社会信息资源开发利用的深度和广度明显提高，信息服务业快速发展，充分满足社会各方面需求，信息产业将成为国民经济的第一大产业，基本建成具有相当规模、技术先进的国家信息化体系。

16.全国青少年网络文明公约

2001年11月22日上午，共青团中央、教育部、文化部、国务院新闻办公室、全国青联、全国学联、全国少工委、中国青少年网络协会在中国人民大学联合召开网上发布大会，向社会正式发布《全国青少年网络文明公约》。这标志着中国青少年有了较为完备的网络行为道德规范。这是我国青少年网络生活中具有里程碑意义的一件大事。

《全国青少年网络文明公约》号召广大青少年：要善于网上学习，不浏览不良信息。要诚实友好交流，不侮辱欺诈他人。要增强自护意识，不随意约会网友。要维护网络安全，不破坏网络秩序。要有益身心健康，不沉溺虚拟时空。要树立良好榜样，不违反行为准则。

会上介绍，发布《全国青少年网络文明公约》，是团中央贯彻江泽民总书记"三个代表"重要思想，落实《公民道德建设实施纲要》的重要举措，旨在推动网络道德建设，进一步提高青少年道德水平。

17.中国互联网行业自律公约

2002年3月26日，中国互联网行业的200多位代表齐聚北京人民大会堂，隆重举行《中国互联网行业自律公约》（以下简称《公约》）签约大会。我国互联网行业呼唤已久的第一部《中国互联网行业自律公约》正式出台，并自公布日起开始施行。

遵照"积极发展、加强管理、趋利避害、为我所用"的基本方针，为建立我国互联网行业自律机制，规范从业者行为，依法促进和保障互联网行业健康发展，《中国互联网行业自律公约》出台。这对于我国加快信息化建设，促进我国互联网行业乃至国家信息化网络的快速、稳步发展具有重要意义。中国互联网协会作为《公约》的执行机构，负责《公约》的组织实施。

《公约》共分4章31条，分别为总则、行业自律、公约的执行及附则，对互联网行业自律的宗旨、原则、互联网运行服务、信息服务、应用服务、上网服务、网络资源及网络产品的开发、生产以及其他与互联网有关的科研、教育等领域从业者的自律事项以及公约的执行等作出了规定。《公约》在总则和自律条款中规定了自我管理、自我约束、互相监督、共同发展的行业自律机制，通过严格的自律机制，有效地配合政府对互联网进行法制化管理。《公约》还突出了网络文明、道德建设等内容。在《公约》自律条款中规定，鼓励并支持开展合法、公平、有序的行业竞争，反对采用不正当手段进行行业内竞争；互联网接入服务提供者应对接入境内外网站信息进行检查监督，拒绝接入发布有害信息的网站，消除有害信息对我国网络用户的不良影响；互联网上网场所经营者要采取有效措施，营造健康文明的上网环境，引导上网人员特别是青少年健康上网等。《公约》整体突出了江泽民总书记"积极发展、加强管理、趋利避害、为我所用"的互联网行业发展基本方针和网络文明秩序的建设。

在签约仪式上，人民网、新华网、千龙新闻网、搜狐公司、新浪网、263网络集团、中国电信、中国联通、中国移动等13家互联网行业的代表签署了《中国互联网行业自律公约》。搜狐公司作为签约单位的代表在签约仪式上郑重倡议：互联网行业广大从业单位都能站在中国互联网行业的全局上，以公约的签署为契机，以强烈的责任感和崭新的姿态，加强行业团结协作。自觉接受社会各界的监督和批评，共同抵制和纠正行业不正之风，营造良好的行业自律氛围。截至签约仪式当天 3 月 26 日，全国共有 130 家互联网行业的从业单位签署了该公约。

18.关于加强网络文化市场管理的通知

为贯彻落实党中央、国务院对互联网管理工作的指示精神，根据国务院整顿和规范市场经济秩序工作会议的要求和全国整顿和规范文化市场秩序电视电话会议的总体部署，切实加强网络文化市场的管理，规范网吧等互联网上网服务营业场所，2002 年 5 月 10 日，文化部向全国各级文化行政部门下发了《关于加强网络文化市场管理的通知》（以下简称《通知》），并于 5 月 16 日上午召开了新闻发布会。

《通知》全文共 10 条，对我国互联网新闻宣传和信息内容安全管理工作，提出了具体要求，同时明确了各有关管理部门的职责分工，其中还对规范网吧等互联网上网服务营业场所、遏制有害信息的网络传播等作出进一步规定。

《通知》中提到，文化部作为对利用互联网经营艺术品、音像制品、网络游戏、演出活动及网吧等互联网上网服务营业场所的日常监督和经营许可证管理的主管部门，对这些现象要进行严厉打击和规范管理。

《通知》要求各级文化行政部门，要以对党、对国家、对人民高度负责的态度，统一思想，提高认识，高度重视，切实加强网络文化市场管理；进一步明确对利用互联网经营艺术品、音像制品、网络游戏、演出活动及网吧等互联网上网服务营业场所的管理思路，制定发展规划，完善管理法规，努力推进全国网络文化市场监督管理系统的建设，增强对各种有害信息的检测和封堵能力。

对社会反响强烈，群众意见较多的网吧等互联网上网服务营业场所，文化部将开展专项治理整顿。时间从 2002 年 5 月 10 日至 10 月 1 日，为期 4 个月。在治理期间，坚决打击利用网吧等互联网上网服务营业场所经营含有色情、赌博、暴力、愚昧迷信等不良内容的网络游戏。严厉查处容留未成年人在非国家规定时间内进入网吧等互联网上网服务营业场所和未成年人夜间上网等违法经营活动。做好网吧等互联网上网服务营业场所的重新审核工作，对证照不全或不符合开办条件的，以及无证照经营的，予以关闭、取缔。建立网吧等互联网上网服务营业场所从业者资格审查、入场登记及场地巡查等制度。规范经营行为，整顿市场秩序，有效地遏制网吧等互联网上网服务营业场所过多过滥、格调低下、秩序混乱的势头。同时，《通知》对网吧的硬件设施提出了具体标准，还要求建立此类营业场所从业者资格审查、消费者入场登记及场地巡查等制度。

《通知》还对未成年人上网作出进一步规定：未成年人只能在国家法定节假日及寒暑

假每日 8 时至 20 时进入上网服务营业场所，并且在线时间不得超过 3 小时。16 周岁以下的未成年人进入，必须由其监护人陪伴。此外，非法容留未成年人在非国家规定时间内进入上网服务营业场所和允许未成年人夜间上网的违法行为将受到严厉查处。

19.互联网出版管理暂行规定

2002 年 6 月 27 日，新闻出版总署和信息产业部联合出台《互联网出版管理暂行规定》（以下简称《规定》）。《规定》于 2001 年 12 月 24 日新闻出版总署第 20 次署务会和 2002 年 6 月 27 日信息产业部第 10 次部务会审议通过，自 2002 年 8 月 1 日起施行。

《规定》要求加强互联网出版监督管理，并明确规定互联网出版机构的权利和义务，以促进我国互联网出版健康、有序地发展。这是针对互联网发展的状况和出版行业发展的需要而制定的又一部互联网内容管理的法规。

《规定》全文共分为 5 章 30 条，分别为总则、行政审批与监督管理、互联网出版机构的权利和义务、罚则、附则。

《规定》指出，互联网出版是指互联网信息服务提供者将自己创作或他人创作的作品经过选择和编辑加工，登载在互联网上或者通过互联网发送到用户端，供公众浏览、阅读、使用或者下载的在线传播行为。其作品主要包括已正式出版的图书、报纸、期刊、音像制品、电子出版物等出版物内容或者在其他媒体上公开发表的作品，以及经过编辑加工的文学、艺术和自然科学、社会科学、工程技术等方面的作品。

《规定》指出，从事互联网出版活动，必须经过批准，未经批准，任何单位或个人不得开展互联网出版活动。从事互联网出版业务，除符合《互联网信息服务管理办法》规定的条件以外，还应有确定的出版范围，有符合法律、法规规定的章程，有必要的编辑出版机构和专业人员以及有适应出版业务需要的资金、设备和场所。

《规定》要求，互联网出版机构出版涉及国家安全、社会安定等方面的重大选题，应当依照重大选题备案的规定，履行备案手续。以未成年人为对象的互联网出版内容不得含有诱发未成年人模仿违反社会公德的行为和违法犯罪的行为的内容，以及恐怖、残酷等危害未成年人身心健康的内容。此外，还具体规定了互联网出版的禁载内容。《规定》还要求互联网出版机构实行编辑责任制度，要求必须有专门的编辑人员对出版内容进行审查，以保障互联网出版内容的合法性。从事互联网出版活动，应当遵守国家有关著作权的法律、法规，应当标明与所登载或者发送作品相关的著作权记录。

《规定》还对未经批准，擅自从事互联网出版活动的行为制定了详细的罚则。

该《规定》于 2002 年 8 月 1 日起正式实施。在《规定》施行前按照国家有关规定已经从事互联网出版活动的，应在规定施行之日起 60 日内依据规定重新办理审批手续。

20.关于我国电子政务建设指导意见

2002 年 8 月 5 日，中共中央办公厅、国务院办公厅向全国各省人民政府及中央和国家机关发布了《关于我国电子政务建设指导意见》（以下简称《意见》）。

《意见》共分 3 部分，分别为电子政务建设的指导思想和原则、电子政务建设的主要目标和任务、加快电子政务建设的主要措施。

《意见》指出，国家信息化领导小组决定，把电子政务建设作为今后一个时期我国信息化工作的重点，政府先行，带动国民经济和社会发展信息化。落实这一决定，对于应对加入世界贸易组织后的挑战，加快政府职能转变，提高行政质量和效率，增强政府监管和服务能力，促进社会监督，实施信息化带动工业化的发展战略，具有十分重要的意义。

《意见》要求我国电子政务建设要坚持以下原则：统一规划，加强领导；需求主导，突出重点；整合资源，拉动产业；统一标准，保障安全。

《意见》提出了"十五"期间我国电子政务建设的主要目标：标准统一、功能完善、安全可靠的政务信息网络平台发挥支持作用；重点业务系统建设取得显著成效；基础性、战略性政务信息库建设取得重大进展，信息资源共享程度明显提高；初步形成电子政务网络与信息安全保障体系，建立规范的培训制度，与电子政务相关的法规和标准逐步完善。这些工作完成后，中央和地方各级党委、政府部门的管理能力、决策能力、应急处理能力、公共服务能力将得到较大改善和加强，电子政务体系框架将初步形成，为下一个五年计划期的电子政务发展奠定坚实的基础。

同时，《意见》提出"十五"期间我国电子政务建设的八项主要任务，分别为：一、建设和整合统一的电子政务网络；二、建设和完善重点业务系统；三、规划和开发重要政务信息资源；四、积极推进公共服务；五、基本建立电子政务网络与信息安全保障体系；六、完善电子政务标准化体系；七、加强公务员信息化培训和考核；八、加快推进电子政务法制建设。

最后，《意见》详细阐明了加快电子政务建设的主要七项措施，分别为：一、统一认识，加强领导；二、明确分工，各司其职；三、稳步推进，严禁重复建设；四、利用统一网络平台；五、规范试点；六、保证建设和运行资金；七、创造有利于电子政务发展的外部环境。

此《意见》是 2002 年 7 月 3 日，由国家信息化领导小组第二次会议讨论通过的。会议讨论了振兴软件产业的问题，会议指出要适应时代进步和世界发展的新形势，从中国现代化建设全局和战略高度出发，大力推进国民经济和社会信息化，要发挥中国智力资源优势，加快发展软件产业，要抓好电子政务，推动其他领域的信息化，努力走出一条中国特色的信息化道路。

21.国家互联网应急中心成立

国家计算机网络应急技术处理协调中心（以下简称"国家互联网应急中心"，英文简称是 CNCERT 或 CNCERT/CC）于 2002 年 9 月成立，是非政府非盈利的网络安全技术中心，也是中国网络安全应急体系的核心协调机构。CNCERT 的成立，标志着中国网络与信息安全体系的建设进展到一个新的阶段。

作为国家级应急中心，CNCERT 的主要职责是：按照"积极预防、及时发现、快速响应、力保恢复"的方针，开展互联网网络安全事件的预防、发现、预警和协调处置等工作，维护国家公共互联网安全，保障基础信息网络和重要信息系统的安全运行。

CNCERT 在中国大陆 31 个省、自治区、直辖市设有分支机构。目前，国家互联网应急中心作为中国网络安全应急体系的核心协调机构，通过组织网络安全企业、学校、民间团体和研究机构，协调骨干网络运营单位、域名服务机构和其他应急组织等，构建中国互联网安全应急体系，共同处理各类互联网重大网络安全事件。

同时，CNCERT 作为中国非政府层面开展网络安全事件跨境处置协助的重要窗口，积极开展网络安全国际合作，致力于构建跨境网络安全事件的快速响应和协调处置机制。国家互联网应急中心为国际著名网络安全合作组织 FIRST 的正式成员以及亚太应急组织 APCERT 的发起者之一。截至 2013 年，国家互联网应急中心已与 59 个国家和地区的 127 个组织建立了 CNCERT 国际合作伙伴关系。

国家互联网应急中心的业务范围主要包括四部分。一、事件发现：CNCERT 依托公共互联网网络安全监测平台开展对基础信息网络、金融证券等重要信息系统的自主监测、同时还通过与国内外合作伙伴进行数据和信息共享，以及通过热线电话、传真、电子邮件、网站等接收国内外用户的网络安全事件报告等多种渠道发现网络攻击威胁和网络安全事件。二、预警通报：CNCERT 依托对丰富数据资源的综合分析和多渠道的信息获取实现网络安全威胁的分析预警、网络安全事件的情况通报、宏观网络安全状况的态势分析等，为用户单位提供互联网网络安全态势信息通报、网络安全技术和资源信息共享等服务。三、应急处置：对于自主发现和接收到的危害较大的事件报告，CNCERT 及时响应并积极协调处置，重点处置的事件包括影响互联网运行安全的事件、波及较大范围互联网用户的事件、涉及重要政府部门和重要信息系统的事件、用户投诉造成较大影响的事件，以及境外国家级应急组织投诉的各类网络安全事件等。四、测试评估：作为网络安全检测、评估的专业机构，按照"支撑监管，服务社会"的原则，以科学的方法、规范的程序、公正的态度、独立的判断，按照相关标准为政府部门、企事业单位提供安全评测服务。CNCERT还组织通信网络安全相关标准制定，参与电信网和互联网安全防护系列标准的编制等。

关于事件处理流程，CNCERT建立了7×24小时的网络安全事件投诉机制，国内外用户可通过网站、电子邮件、热线电话、传真4种主要渠道向CNCERT投诉网络安全事件。关于事件受理：CNCERT受理的网络安全事件类型主要包括恶意程序事件、网页篡改事件、网站后门事件、网络钓鱼事件、安全漏洞事件、信息破坏事件、拒绝服务攻击事件、域名异常事件、路由劫持事件、非授权访问事件、垃圾邮件事件、混合性网络安全事件、其他网络安全事件等。关于事件处置：CNCERT在判定事件证据充分、验证事件属实后，依托与国内外电信运营企业、域名注册服务机构、安全服务厂商等相关单位建立的快速工作机制，实现对网络安全事件的应急处置。关于事件反馈：CNCERT在上述事件投诉、受理和处置3个环节结束后都将第一时间反馈投诉者，包括收到投诉、是否受理及原因、处置结果等。

22.北京联网管理暂住人口

2003年8月7日，一套新的暂住人口管理信息系统在北京市东城区开始试行。此系统将在全市内搭建一个三级联网，从而为全市各级管理部门提供一个新的暂住人口信息平台。随着此套新系统的投入使用，外地来京人员管理将首次实现全市联网。

此套新系统在全市搭建起一个三级联网、即时传输的工作平台。实行联网管理，能准确掌握暂住人口的基本情况和变动情况及平时表现，为治安管理工作提供了基础资料，实现了对出租人和承租人的追踪服务和全程监控。也可以及时、准确地为各级管理部门提供暂住人口及相关信息。

新系统对外来人员的管理更加亲情化和人性化。在新系统中，《暂住人口登记表》取消了"常住户口所在地"、"管理服务费缴费"、"处罚日期"等12项内容；新增"房主身份证号"、"返京日期"、"登记办证情况"、"拟住时间"、"暂住证件类别"、"抓逃情况"；修改4项内容，如"与房主关系"改为"房屋产权关系"等。

23.互联网新闻信息服务自律公约

为加强互联网行业自律，进一步规范互联网新闻信息服务行为，维护良好的互联网发展环境，促进中国互联网的快速健康发展，更好地为社会主义现代化建设服务，2003年12月8日，中国互联网协会互联网新闻信息服务工作委员会在北京国际会议中心举行成立大会。会上，人民网、新华网等参加会议的30多家互联网新闻信息服务单位共同签署了《互联网新闻信息服务自律公约》（以下简称《公约》）。

《公约》的签署，标志着互联网新闻信息传播行业开始建立"自我约束、互相监督、公平竞争、健康发展"的行业自律机制。

《公约》全文共10条，文中要求加入公约的互联网新闻信息服务单位，大力推动实施互联网新闻信息传播行业自律公约和规范，不断强化行业自律意识，完善自律措施，促进行业服务质量不断提高，保障国家利益和用户的合法权益；自觉抵制不良信息和不道德行为，坚持高格调、高品位，以正确的导向、健康的内容、优质的服务，打造品牌，树立信誉，切实落实党的十六大提出的把互联网站建设成为传播先进文化重要阵地的要求。

大会上，签署公约的媒体单位还承诺自觉接受政府管理和公众监督，坚决抵制淫秽、色情、迷信等有害信息的网上传播，抵制与中华民族优秀文化传统和道德规范相违背的信息内容。

此次大会还审议通过了《互联网新闻信息服务工作委员会章程》，选举产生了工作委员会负责人。该委员会作为中国互联网协会的工作机构，将组织制订和实施互联网新闻信息服务自律规范，开展自律教育活动。依法取得登载、传播新闻信息资格的互联网新闻信息服务单位以及其他相关互联网服务提供单位，均可申请加入。

24.关于开展"网吧"等互联网上网服务营业场所专项治理的通知

2002年6月29日，文化部、公安部、信息产业部、国家工商行政管理总局四单位联合发布《关于开展"网吧"等互联网上网服务营业场所专项治理的通知》（以下简称《通知》），并于发布日起开始执行。

《通知》制定的目的在于深入整顿文化市场秩序，切实加强对网吧等互联网上网服务营业场所的管理。

《通知》全文共7条，要求全国省、自治区和直辖市政府对网吧等互联网上网服务营业场所立即开展为期两个月的专项治理工作，并要求治理工作由文化部牵头，会同公安部、信息产业部、国家工商行政管理总局部署组织进行。各地区要在政府统一领导下，组织文化行政管理部门、公安机关、电信行政管理部门、工商行政管理部门具体实施专项治理工作。

《通知》对网吧等互联网上网服务营业场所的治理进行了具体规定，主要涉及对经营权的审查和经营活动的审查。关于对经营权的审查，《通知》规定要坚决取缔非法经营的网吧等互联网上网服务营业场所，严肃查处违规经营的网吧等互联网上网服务营业场所，严格对网吧等互联网上网服务营业场所进行重新审核登记以及暂停审批新的网吧等互联网上网服务营业场所。关于对经营活动的审查，《通知》要求认真开展网吧等互联网上网服务营业场所的消防安全检查，认真开展网吧等互联网上网服务营业场所接入服务检查，认真开展网吧等互联网上网服务营业场所营业活动检查以及严肃追究网吧等互联网上网服务营业场所审批和监管工作中的违法违纪行为。

《通知》最后要求加强宣传教育和社会监督，营造有利于治理网吧等互联网上网服务营业场所的良好氛围。同时要求强化地方政府领导责任，加大综合执法力度，确保专项治理工作取得成效。

25.互联网药品信息服务管理办法

2004年5月28日，《互联网药品信息服务管理办法》（以下简称《办法》）经国家食品药品监督管理局局务会议审议通过并予以公布，自公布之日起施行。

《办法》根据《中华人民共和国药品管理法》、《互联网信息服务管理办法》制定。《办法》为中国加强药品监督管理，规范互联网药品信息服务活动，保证互联网药品信息的真实、准确提供制度保障。

《办法》全文共29条，对互联网药品信息服务分类，信息服务申请，审批、发布信息规定，发布信息内容以及相关资质和要求作出了明确的规定。

《办法》明确了国家食品药品监督管理局和省、自治区、直辖市食品药品监督管理局在互联网药品信息服务监督管理中的职能。

《办法》规定，拟提供互联网药品信息服务的网站，应当在向国务院信息产业主管部门或者省级电信管理机构申请办理经营许可证或者办理备案手续之前，按照属地监督管理的原则，向该网站所在地食品药品监管部门提出申请，经审核同意后取得提供互联网药品信息服务的资格。同时，实行《互联网药品信息服务资格证书》制度，依法设立的企事业单位或者其他相关组织提出从事互联网药品信息服务的申请，经食品药品监督管理部门审核同意后，发给《互联网药品信息服务资格证书》，证书有效期为5年。当互联网药品信息服务提供者发生相关信息变更时，需要施行《互联网药品信息服务项目变更申请表》制度。

《办法》明确规定，提供互联网药品信息服务的网站发布的药品（含医疗器械）广告，必须经过药品监管部门批准。提供互联网药品信息服务的网站发布的药品（含医疗器械）广告要注明广告审查批准文号。

《办法》对违法提供互联网药品信息服务的行为有明文的规定，比如未取得《互联网药品信息服务资格证书》或者超出有效使用期限从事互联网药品信息服务；已经获得证书，但超出审核同意的范围提供互联网药品信息服务；提供不真实互联网药品信息服务并造成不良社会影响；擅自变更互联网药品信息服务项目等。

《办法》还明确，未取得或者超出有效期使用证书从事互联网药品信息服务等违法行为，情节严重者，移送相关部门，依照有关法律、法规给予处罚。

26.中华人民共和国电子签名法

2004年8月28日，《中华人民共和国电子签名法》（以下简称《电子签名法》）在十届全国人大常委会第十一次会议上获得通过，并于2005年4月1日起开始执行。

《电子签名法》的颁布，首次赋予电子签名与文本签名或者盖章具有同等的法律效力，意义重大。《电子签名法》的通过，是中国立法史上的一个里程碑，这不仅标志着中国首部"真正意义上的信息化法律"正式诞生，也标志着网上当事人的权益义务可得到法律正式确认。此外，《电子签名法》的颁布，更确立了电子合同、电子交易、数字认证机构的法律地位，使电子商务、电子政务有法可依，为我国电子政务和电子商务的深层应用起到极为重要的促进作用。

《电子签名法》全文共5章36条，分别为第一章总则（第一条至第三条）、第二章数据电文（第四条至第十二条）、第三章电子签名与认证（第十三条至第二十六条）、第四章法律责任（第二十七条至第三十三条）及第五章附则（第三十四条至第三十六条）。本法立法重点为：确立电子签名的法律效力；规范电子签名的行为；明确认证机构的法律地位及认证程序；规定电子签名的安全保障措施。

第一章第一条主要涉及本法的立法目的，即为了规范电子签名行为，确立电子签名的法律效力，维护有关各方的合法权益。第二条主要涉及电子签名和数据电文概念的规定。第三条主要涉及电子签名活动中的当事人意思自治原则、电子签名和数据电文的法律效力的规定。

第二章第四条主要涉及数据电文符合法定书面形式要求的规定；第五条主要涉及数据电文符合法定原件形式要求的规定；第六条主要涉及数据电文可以满足法律、法规规定的文件保存要求的规定；第七条主要涉及数据电文作为证据使用时的可采性的规定；第八条主要涉及数据电文作为证据使用时如何判断其真实性的规定；第九条主要涉及数据电文归属的规定；第十条主要涉及数据电文确认收讫的情形，以及确认收讫的法律作用的规定；第十一条主要涉及数据电文发送和接收时间的规定；第十二条主要涉及数据电文的发送地点和接收地点的规定。

第三章第十三条主要关于可靠的电子签名应当具备的条件的规定；第十四条主要关于可靠的电子签名法律效力的规定；第十五条主要关于电子签名人法律义务的规定；第十六条主要关于电子签名认证的规定；第十七条主要关于电子认证服务提供者应当具备的条件的规定；第十八条主要关于从事电子认证服务活动的申请与受理及申请人相关义务的规定；第十九条主要关于电子认证服务提供者应当制定电子认证业务规则的规定；第二十条主要关于电子签名认证证书申请过程中电子签名人和电子认证服务提供者的有关义务的规定；第二十一条主要关于电子认证服务提供者签发的电子签名认证证书内容的规定；第二十二条主要关于电子认证服务提供者有关保证义务的规定；第二十三条主要关于电子认证服务提供者的业务承接要求的规定；第二十四条主要关于电子认证服务提供者应当妥善保存与认证相关的信息及保存期限的规定；第二十五条主要关于授权国务院信息产业主管部门制定电子认证服务业的具体管理办法并依法实施监管的规定；第二十六条主要关于我国境外的电子认证服务提供者在境外签发的电子签名认证证书的法律效力的规定。

第四章第二十七条是关于电子签名人未履行法定义务造成他人损失承担赔偿责任的规定；第二十八条是关于电子认证服务提供者因过错给电子签名人或者电子签名依赖方造成损失承担赔偿责任的规定；第二十九条是关于未经许可提供电子认证服务应承担的法律责任的规定；第三十条是关于电子认证服务提供者暂停或者终止电子认证服务未按规定报告的法律责任的规定；第三十一条是关于电子认证服务提供者违法行为应承担的法律责任的规定；第三十二条是关于伪造、冒用、盗用他人的电子签名的法律责任的规定；第三十三条是关于负责电子认证服务业监督管理工作的部门的工作人员法律责任的规定。

第五章第三十四条是对本法中与电子签名有关的几个名词的解释；第三十五条是授权国务院或者国务院规定的部门可以制定政务活动和其他社会活动中使用电子签名、数据电文具体办法的规定；第三十六条是关于本法开始实施时间的规定。

《电子签名法》颁布之后不到一个月，连锁超市企业顺天府就和联合利华签订了国内首份电子合同，北京书生国际信息技术有限公司是首份完整电子合同管理解决方案的提供者。

27."诚信自律同盟"建立

2004 年 9 月 15 日，为积极响应 2004 中国互联网大会"构建繁荣、诚信的互联网"和"坚决抵制网上有害信息"的号召，中国三大门户网站——新浪、搜狐、网易成立中国无线互联网行业"诚信自律同盟"，同时联合发布了《诚信自律同盟成立宣言》。

"诚信自律同盟"是一个全国性的非营利性商业同盟。该同盟的宗旨是：为中国无线互联网用户倾力打造"满意的产品质量、放心的资费标准、贴心的客户服务"；并共同严格遵守国家相应的法律法规和行业规范，为维护中国无线互联网行业的健康、有序、成熟的发展起到积极的表率作用。

11月29日下午，新浪、搜狐、网易公布中国无线互联网行业"诚信自律同盟"的自律细则，同时还宣布该同盟的网站（www.ctws.org.cn）正式开通。

根据《中国无线互联网行业诚信自律细则》相关规定，同盟评审委员会将在每季度对同盟会员的行业资质表现进行考核和打分，表决通过是否继续悬挂或撤除该会员网站上的"用户可信赖无线产品"徽标（CTWS）。该同盟内会员之间将形成严格的内部监督机制，并接受广大消费者以及行业伙伴的监督，共同促进互联网企业无线产品的健康发展。会员希望通过公布同盟自律细则，推进中国无线互联网行业"诚信自律同盟"的发展步伐，为中国无线互联网行业打造诚信的品牌，让更多的互联网企业参与其中，推动中国无线互联网行业健康、有序、成熟发展，构建一个繁荣和诚信的互联网市场。

12月30日，为推动我国无线信息服务行业的自律工作走向深入，形成长期有效的行业自律机制，以及系统引导相关企业开展自律工作，在中国互联网协会协调之下，新浪、搜狐、网易、新华网等企业共同发起成立中国互联网协会无线信息服务专业委员会。无线信息服务专业委员会为中国互联网协会行业自律工作委员会的下属机构，只有自愿推动行业自律，愿意接受该机构实施的无线信息服务质量评测的企业方可加入。该机构的成立宗旨为：推动无线信息服务行业进行行业自律，推动无线信息服务行业的快速、健康、持续发展，为行业企业提供交流、合作等服务。

中国互联网协会无线信息服务专业委员会成立之后，将定期对各个无线信息服务企业的服务从多个层面进行科学评测，并将着手从多个层面为无线信息服务提供资讯、协调、交流、合作等方面的服务。会议当天共有三十家企业踊跃加盟，成为中国互联网协会无线信息服务专业委员会的首批签约单位。

28.互联网等信息网络传播视听节目管理办法

2004年7月6日，《互联网等信息网络传播视听节目管理办法》（以下简称《管理办法》）经2004年6月15日国家广播电影电视总局局务会议通过，自2004年10月11日起施行。

《管理办法》的颁布，对规范我国互联网等信息网络传播视听节目秩序，加强监督管理，促进社会主义精神文明建设具有重要意义。

《管理办法》全文共 5 章 29 条，分别为第一章总则（第一条至第五条）、第二章业务许可（第六条至第十六条）、第三章业务监管（第十七条至第二十四条）、第四章罚则（第二十五条至第二十七条）、第五章附则（第二十八条至第二十九条）。

第一章，主要涉及《管理办法》立法目的及适用范围、视听节目概念界定等，并规定国家对从事信息网络传播视听节目业务实行许可制度。

第二章，主要涉及《信息网络传播视听节目许可证》的具体办理细则及相关规定。

第三章，主要涉及通过信息网络传播视听节目的需要遵守相关法律法规，并对禁止通过信息网络传播的视听节目作出了详细规定。

第四章，对违反《管理办法》所需要承担的相关法律责任作出了详细的规定和说明。

第五章，主要涉及对已领取《网上传播视听节目许可证》的机构的具体办理规定和对《管理办法》的生效时间作出了说明。

《管理办法》规定，国家对外从事信息网络传播视听节目业务实行许可制度。外商独资、中外合资、中外合作机构，不得从事信息网络传播视听节目业务。广电总局批准设立的广播电台、电视台或依法享有互联网新闻发布资格的网站可以申请开办信息网络传播新闻类视听节目业务，其他机构和个人不得开办信息网络传播新闻类视听节目。限于境内广播电台、电视台、广播电视台以及经批准的新闻网站制作、播放的节目。用户通过信息网络向公众传播的影视剧类视听节目，只能转播广播电台、电视台播出的广播电视节目，不得转播境外广播电视节目。利用信息网络链接或集成视听节目，只能链接或集成取得《信息网络传播视听节目许可证》机构开办的视听节目，不得链接或集成境外互联网站的视听节目。

2006 年 2 月 17 日，国务院 16 个部委颁布实施《互联网站管理协调工作方案》。

2007 年 12 月 29 日，国家广播电影电视总局和国家信息产业部联合颁布《互联网视听节目服务管理规定》第 56 号令，并宣布自 2008 年 1 月 31 日开始施行。

29.全国个人信用信息基础数据库试行

2004 年 12 月 15 日，中国人民银行（以下简称"央行"）发布消息，决定全国统一的个人信用信息基础数据库于 12 月中旬开始试运行。

个人信用信息基础数据库是我国社会信用体系的重要基础设施，是在国务院领导下，由中国人民银行组织各商业银行建立的个人信用信息共享平台。该数据库采集、整理、保存个人信用信息，为金融机构提供个人信用状况查询服务，为货币政策和金融监管提供有关信息服务。中国人民银行建立个人信用信息基础数据库的目的是帮助商业银行提高风险管理能力和信贷管理效率,防范信用风险,促进个人消费信贷健康发展,为金融监管和货币政策提供服务,同时帮助个人积累信誉财富,方便个人借款。

个人信用信息基础数据库是各商业银行的信用数据信息共享平台。建立的目的是主要采集和保存个人在商业银行的借还款、信用卡、担保等信用信息,以及相关的身份识别信息,并向商业银行提供个人信用信息联网查询服务,满足商业银行防范和管理信用风险的需求,同时服务于货币政策和金融监管。全国个人信用信息数据库的试运行,意味着我国公民的个人信用即将有一份全国记录,也是央行承诺建立中国个人诚信体系道路上迈出的坚实一步。

全国个人信用信息数据库首先在北京、重庆、深圳、西安、南宁、绵阳、湖州等七城市试点运营,并对七个城市内的各国有独资商业银行、股份制商业银行和城市商业银行开通联网查询。

2005年8月18日,为维护金融稳定,防范和降低商业银行的信用风险,促进个人信贷业务的发展,保障个人信用信息的安全和合法使用,根据《中华人民共和国中国人民银行法》等有关法律规定,央行制定了《个人信用信息基础数据库管理暂行办法》予以发布,并宣布自2005年10月1日起实施。

《办法》规定个人信用信息基础数据库由中国人民银行负责组织商业银行建立,并负责设立征信服务中心,承担个人信用数据库的日常运行和管理。

2006年1月17日中国人民银行宣布,全国统一的个人信用信息基础数据库正式运行。该数据库已与全国所有商业银行和有条件的农村信用社联网。

30.广电总局在国内发放首张IPTV业务经营牌照

2005年5月10日,上海文广新闻传媒集团下属上海电视台,正式获得国家广电总局批准,开办以电视机、手持设备为接收终端的视听节目传播业务,即IPTV牌照。

此张牌照是广电总局在国内发放的首张网络电视业务经营牌照。IP电视、手机电视等新视听媒体的健康发展有助于满足更加多样化的收视需求,符合社会进步的趋势,也对增强我国广播影视行业的整体实力和竞争力,不断满足人民群众日益增长的精神文化生活需要具有重要意义。

此次上海电视台被批准开办的业务类别分别是自办播放和节目集成运营业务。上海电视台既可以在新的网络(IP)电视平台上播放自己开办的广播电视频道和视频点播节目,又可以将其他机构所播放的节目频道和点播节目依法集成到自己的播出平台上,再向用户提供播放服务。

根据国家有关规定，从事 IP 电视、手机电视等信息网络传播视听节目业务应按照《互联网等信息网络传播视听节目管理办法》（国家广电总局第 39 号令）取得《信息网络传播视听节目许可证》。许可证由国家信息网络传播视听节目行业主管部门——国家广电总局按业务类别、传输网络、接收终端等项目分类核发。

网络电视指基于 IP 协议的电视广播服务，也称 IPTV。该业务以电视机或手机等为显示终端，通过机顶盒接入宽带网络，可以向用户提供数字广播电视、VOD 点播、视频录像等诸多宽带业务。

31.互联网著作权行政保护办法

2005 年 4 月 29 日，国家版权局和信息产业部联合发布《互联网著作权行政保护办法》（以下简称《办法》），并宣布自 2005 年 5 月 30 日起开始施行。该《办法》是我国第一部互联网内容著作权保护法规。

《办法》的实施填补了国内关于网上著作权行政保护的法律空白，对规范著作权人信息网络传播权的保护有一定的积极意义。同时《办法》为互联网信息服务业的发展初步营造了良好的环境，对互联网产业乃至整个信息服务业的发展产生重要和深远的影响。

《办法》制定的目的是为了加强互联网信息服务活动中信息网络传播权的行政保护，规范行政执法行为。

《办法》规定各级著作权行政管理部门对互联网信息服务活动中的信息网络传播权实施行政保护。国务院信息产业主管部门和各省、自治区、直辖市电信管理机构依法配合相关工作。

《办法》全文共 19 条，主要明确了如何通过行政手段对著作权人的信息网络传播权进行保护。《办法》规定了适用范围、划分了著作权行政管理部门（版权局）与信息产业主管部门在互联网著作权保护方面的权责，界定了著作权人、互联网内容提供者、互联网接入服务提供者、互联网信息服务提供者在保护网上著作权方面的权利义务，并规定了相应的处罚措施。

《办法》第五条至第十条规定了互联网著作权行政保护中的"通知"和"反通知"的规则和具体实施细节。规定著作权人发现互联网传播的内容侵犯其著作权，向互联网信息服务提供者发出通知后，互联网信息服务提供者应当立即采取措施移除相关内容。在互联网信息服务提供者采取措施移除后，互联网内容提供者可以向互联网信息服务提供者和著作权人一并发出说明被移除内容不侵犯著作权的反通知。反通知发出后，互联网信息服务提供者即可恢复被移除的内容，且对该恢复行为不承担行政法律责任。

《办法》第十一条至第十三条分别规定了互联网信息服务提供者侵权行为的行政责任、免责及处罚执行要件。

《办法》第十四条至第十六条定义了违反办法相关规定的行为，以及要承担相应法律责任。

32.网络文化经营许可证

2003年5月10日，文化部发布了《互联网文化管理暂行规定》（以下简称《规定》），其中对网络文化经营许可证的相关情况进行说明和规定。《规定》自2003年7月1日开始正式施行。

《规定》中明确互联网文化单位，是指经文化行政部门和电信管理机构批准，从事互联网文化活动的互联网信息服务提供者。

《规定》明确文化部负责制定互联网文化发展与管理的方针、政策和规划，监督管理全国互联网文化活动；依据有关法律、法规和规章，对经营性互联网文化单位实行许可制度，对非经营性互联网文化单位实行备案制度；对互联网文化内容实施监管，对违反国家有关法规的行为实施处罚。省、自治区、直辖市人民政府文化行政部门负责本行政区域内互联网文化活动的日常管理工作，对申请从事经营性互联网文化活动的单位进行初审，对从事非经营性互联网文化活动的单位进行备案，对从事互联网文化活动违反国家有关法规的行为实施处罚。

《规定》明确互联网文化活动分两类，一类为经营性，二类为非经营性。经营性互联网文化活动是指以营利为目的，通过向上网用户收费或者电子商务、广告、赞助等方式获取利益，提供互联网文化产品及其服务的活动。对申请设立经营性互联网文化单位的，省、自治区、直辖市人民政府文化行政部门应当自受理申请之日起20个工作日内提出初审意见上报文化部，文化部自收到初审意见之日起20个工作日内作出批准或者不批准的决定。批准的，发给《网络文化经营许可证》；不批准的，应当说明理由。非经营性互联网文化单位，应当在设立以后60日内向所在地省、自治区、直辖市人民政府文化行政部门备案。

《规定》对《网络文化经营许可证》的申请进行了详细说明，明确了申请设立经营性互联网文化单位需要具备的五条资质及申请时需要提交的七项材料。

《规定》要求，当互联网文化单位在进行相关事项变更时，都需要持《网络文化经营许可证》同时办理相关修改。

《规定》定义了互联网文化单位违反相关规定的行为及要承担的相应法律责任，同时明确要求对违反相关规定的单位吊销《网络文化经营许可证》。

2010年6月22日，文化部出台我国第一部专门针对网络游戏管理和规范的部门规章《网络游戏管理暂行办法》，于2010年8月1日正式实施，该办法要求文化部将《网络文化经营许可证》的审批权下放至地方。

该办法规定企业申请《网络文化经营许可证》，应当向省、自治区、直辖区文化行政部门提出申请。省、自治区、直辖区文化行政部门自收到申请之日起20日内作出批准或者不批准的决定。批准的，核发《网络文化经营许可证》，并向社会公告；不批准的，应当书面通知申请人并说明理由。

33.关于网络游戏发展和管理的若干意见

2005年7月12日，文化部和信息产业部联合发布《关于网络游戏发展和管理的若干意见》（以下简称《意见》）。《意见》首次向社会表明了国家关于网络游戏的管理政策。

《意见》制定的目的是为了深入贯彻落实党和国家有关网络文化市场发展的指导思想，加大网络游戏管理力度，规范网络文化市场经营行为，提高我国网络游戏原创水平，促进网络文化产业的健康发展。

《意见》全文共有三个部分13条，分别为：一、我国网络游戏市场的现状和发展目标（第一条至第三条）；二、支持网络游戏产业健康发展（第二条至第七条）；三、规范网络游戏市场秩序（第八条至第十三条）。

《意见》首次明确了网络游戏的定义：网络游戏是通过信息网络传播和实现的互动娱乐形式，是一种网络与文化相结合的产业。

《意见》指出了我国网络游戏市场的发展目标：要以科学发展观来指导和检验网络游戏发展和管理工作，既清醒地认识到网络游戏存在的问题，采取措施、加强监管，努力解决现存的问题，为广大未成年人营造和谐的网络文化环境，又充分重视网络游戏的积极作用和产业价值，立足长远，支持民族原创网络游戏产业的发展，使内容健康向上、形式丰富多彩的网络游戏产品居于国内市场的主流，民族原创网络游戏产品尽快占据国内市场主导地位，适时进入国际市场，网络游戏市场经营行为得到有效规范，知识产权得到普遍尊重，法制管理体系基本完备，打造一批具有中国风格和国际影响的民族原创网络游戏品牌。

《意见》具体提出了四条支持网络游戏产业健康发展的意见：构筑产业支持体系、实施民族游戏精品工程、积极培育网络游戏产业孵化器和努力开发网络游戏周边产业。

《意见》提出五条规定明确规范了网络游戏市场秩序，包括严格市场准入，强化内容监管；加强网络游戏产品的进口管理工作；加大对"私服"、"外挂"等违法行为的打击力度；切实加强对网吧的管理，规范网吧市场秩序；加强行业自律和社会监督。其中《意见》对网络游戏的市场准入制度进行了更为严格的限制：文化部将严格审批网络游戏等互联网文化经营单位，提高市场准入门槛，申请新设立从事网络游戏经营活动的互联网文化经营单位除符合有关规定外，还应当具备1000万元以上的注册资金。对未经文化部许可，擅自利用互联网从事网络游戏等互联网文化经营活动的要依法取缔。

最后《意见》要求各地合理引导、加强管理，结合本地实际情况，采取有效措施，促进民族原创网络游戏产业的发展，为构建和谐社会创造良好的网络文化环境。

34.网络游戏防沉迷系统开发标准出台

2005年8月23日，新闻出版总署公布了《网络游戏防沉迷系统开发标准（试行）》（以下简称《标准》）。这是新闻出版总署继发布《健康游戏忠告》、实施"中国民族网络游戏出版工程"、开展"全国中小学生网络安全与道德教育活动"、举办"拒绝沉迷、健康上网——帮助未成年人戒除网瘾大行动"之后，采取的又一重大措施。

《标准》制定的目的是为了有效解决未成年人沉迷网络游戏问题。该系统采用国际上先进的"经验报偿模式"开发，令游戏用户无法依赖长时间的"在线练级"来获得游戏内任务能力的增长，从而改变不利于青少年身心健康的不良游戏习惯。

《标准》主要分为两部分，分别为"确定健康游戏时间标准"和"促进使用者养成健康的游戏习惯"。

《标准》在"确定健康游戏时间标准"中，明确规定未成年人累计3小时以内的游戏时间为"健康"游戏时间，超过3小时后的2小时游戏时间为"疲劳"时间，且使用者累计游戏时间超过5小时即为"不健康"游戏时间。

《标准》在"促进使用者养成健康的游戏习惯"中，对未成年人的游戏时间进行明确的限制和引导：利用游戏者最为注重的游戏中的收益，规定在"疲劳"时间，游戏者获得的游戏收益将减半。如累计游戏时间超过5小时即为"不健康"游戏时间，玩家的收益降为0，以此迫使未成年人下线。此外，《标准》还对游戏者上下线时的相关限时和提示方法进行了明确规定，从而达到促进使用者养成健康的游戏习惯，使使用者能健康地享受游戏乐趣，活跃思维，健脑益智的目的。

35.互联网新闻信息服务管理规定公布

2005年9月25日,国务院新闻办公室和信息产业部联合发布《互联网新闻信息服务管理规定》(以下简称《规定》)自公布之日起施行。同时国务院新闻办公室和信息产业部于2000年11月发布的《互联网站从事登载新闻业务管理暂行规定》废止。

《规定》制定的目的是为了规范互联网新闻信息服务,满足公众对互联网新闻信息的需求,维护国家安全和公共利益,保护互联网新闻信息服务单位的合法权益,促进互联网新闻信息服务健康、有序发展。

《规定》明确国务院新闻办公室主管全国的互联网新闻信息服务监督管理工作。省、自治区、直辖市人民政府新闻办公室负责本行政区域内的互联网新闻信息服务监督管理工作。

《规定》共6章33条,第一章总则(第一条至第四条)、第二章互联网新闻信息服务单位的设立(第五条至第十四条)、第三章互联网新闻信息服务规范(第十五条至第二十一条)、第四章监督管理(第二十二条至第二十五条)、第五章法律责任(第二十六条至第三十一条)、第六章附则(第二十二条至第三十一条)。

《规定》明确了互联网新闻信息服务单位分为三类:一、新闻单位设立的登载超出本单位已刊登播发的新闻信息、提供时政类电子公告服务、向公众发送时政类通信信息的互联网新闻信息服务单位;二、非新闻单位设立的转载新闻信息、提供时政类电子公告服务、向公众发送时政类通信信息的互联网新闻信息服务单位;三、新闻单位设立的登载本单位已刊登播发的新闻信息的互联网新闻信息服务单位。并规定了上述三类单位设立、变更相关手续等办理程序。

同时,《规定》明确了互联网新闻信息内容的11条限制,并要求互联网新闻信息服务单位从事互联网新闻信息服务,应当遵守宪法、法律和法规,维护国家利益和公共利益并接受公众监督。《条例》在第五章法律责任中定义了违反条例相关规定的行为,以及要承担的相应法律责任。

36.互联网药品交易服务审批暂行规定

2005年9月29日,国家食品药品监督管理局发布了《互联网药品交易服务审批暂行规定》(以下简称《规定》)自2005年12月1日起施行。

《规定》制定的目的是为加强药品监督管理,规范互联网药品交易。《规定》的出台,对规范互联网药品购销行为,切实加强对互联网药品购销行为的监督管理起到重要作用。

《规定》明确了国家食品药品监督管理局对为药品生产企业、药品经营企业和医疗机构之间的互联网药品交易提供服务的企业进行审批。省、自治区、直辖市食品药品监督管理部门对本行政区域内通过自身网站与本企业成员之外的其他企业进行互联网药品交易的药品生产企业、药品批发企业和向个人消费者提供互联网药品交易服务的企业进行审批。

《规定》共有37条。规定了从事互联网药品交易服务的企业必须经过审查验收并取得互联网药品交易服务机构资格证书的制度。同时企业还需在其网站首页显著位置标明互联网药品交易服务机构资格证书号码。提供互联网药品交易服务的企业必须严格审核参与互联网药品交易的药品生产企业、药品经营企业、医疗机构从事药品交易的资格及其交易药品的合法性。对首次上网交易的药品生产企业、药品经营企业、医疗机构以及药品,提供互联网药品交易服务的企业必须索取、审核交易各方的资格证明文件和药品批准证明文件并进行备案。

《规定》指出,未取得互联网药品交易服务机构资格证书,擅自从事互联网药品交易服务或者互联网药品交易服务机构资格证书超出有效期的,国家食品药品监督管理局将责令限期改正,给予警告;情节严重的,移交信息产业主管部门等有关部门依照有关法律、法规规定予以处罚。

《规定》还明确指出,向个人消费者提供互联网药品交易服务的企业只能在网上销售本企业经营的非处方药,不得向其他企业或者医疗机构销售药品。同时,向个人消费者提供互联网药品交易服务的企业,还必须是依法设立的药品连锁零售企业,具有执业药师负责网上实时咨询,并有保存完整咨询内容的设施、设备及相关管理制度。

2006年3月3日,国家食品药品监督管理总局发布了《关于实施〈互联网药品交易服务审批暂行规定〉有关问题的补充通知》,对相关适用范围、资质审核的要求及互联网药品交易规范等内容作出了新的调整。目的是为了保证互联网药品交易服务的安全,进一步明确互联网药品交易服务审查工作中有关技术审查与现场验收的要求,规范工作程序。

37. "阳光绿色网络工程"启动

2006年2月21日,信息产业部启动了"阳光绿色网络工程"系列活动。

此次系列活动涉及互联网、固定通信网、移动通信网等多个网络,内容覆盖治理网络环境工作中的政府监管、企业服务、行业自律、群众参与等多个环节,将通过强化政府监管、开展宣传教育、引导行业自律、倡导绿色文明的网络行为等多种方式,协调统筹和继续深化互联网行业管理的各项工作，规范互联网及相关信息服务市场秩序，按照"谁经营、谁负责"的原则，增强电信运营企业的信息安全意识和社会责任感，促进电信业向信息服务大行业的健康转型；引导和帮助广大网民培养健康上网的习惯，保护广大青少年身心健康；在全社会的共同参与下，进一步探索和完善疏堵结合、综合治理网络环境的长效机制和有效途径，积极构建和谐的网络环境。

此次系列活动的主题为"阳光绿色网络工程"。其中，"阳光"寓意着光明，普惠万事万物，并荡涤网络上的污浊；"绿色"代表要面向未来构建充满生机、健康和谐的网络环境；"网络"表明活动的内容主要涉及网络及相关信息服务；"工程"体现活动的系统性和长期性。此次系列活动的副主题为：倡导网络文明，构建和谐环境。

系列活动分为四个部分，共包含18项具体活动：

第一部分主题为"清除垃圾电子信息，畅享清洁网络空间"，主要开展3项活动，包括：一、集中治理垃圾邮件活动；二、开展网上垃圾国际清扫日活动；三、推广"绿色邮箱"活动。

第二部分主题为"治理违法不良信息，倡导绿色手机文化"，开展5项具体活动：一、手机短信息治理；二、移动信息服务治理；三、倡导"绿色手机文化"；四、统一通信网络短消息服务提供商（SP）代码；五、电话业务用户实名制管理工作。

第三部分主题为"让全球网络更安全"，针对2006年"5·17世界电信日"，开展的活动包括：一、"让全球网络更安全"主题宣传活动；二、组织有关网络安全的专题报告会等在内的各项纪念活动，通过广泛进行宣传教育和引导，进一步增强电信行业的网络安全意识。

第四部分主题为"打击非法网上服务，引导绿色上网行为"，共开展8项活动，以进一步加强对互联网接入服务等互联网服务市场管理，通过多种形式和途径引导绿色上网，保障广大青少年身心健康。主要包括：一、以虚拟主机、主机托管为重点的互联网接入服务市场专项治理；二、打击网络游戏私服活动；三、网络科普宣传教育活动；四、绿色上网的相关标准化工作；五、优秀绿色上网软件评测推荐活动；六、举办第十六届全国"六一"国际儿童节计算机表演赛活动；七、组织家庭绿色上网活动；八、组织第三届信息无障碍论坛活动。

"阳光绿色网络工程"系列活动启动仪式上，信息产业部同时启动集中治理垃圾电子邮件活动，并向社会颁布了《互联网电子邮件服务管理办法》，并举行互联网电子邮件举报受理中心揭牌仪式，公布了举报电话：（010）12321，举报邮箱：abuse@anti-spam.cn，反垃圾邮件网站：www.anti-spam.cn。

38.互联网站管理协调工作方案

2006年2月17日,中宣部、信产部、国新办、文化部、广电总局、新闻出版总署等16个部委联合发布了《互联网站管理协调工作方案》(以下简称《方案》)。

《方案》规定在集中开展互联网站清理整顿工作期间,国家有关部门联合成立的"全国集中开展互联网站清理整顿工作协调小组",在此项工作阶段性结束后,调整为"全国互联网站管理工作协调小组"(简称"全国协调小组"),成员单位包括:信息产业部、国务院新闻办公室、教育部、文化部、卫生部、公安部、国家安全部、商务部、国家广播电影电视总局、新闻出版总署、国家保密局、国家工商行政管理总局、国家食品药品监督管理局、中国科学院、总参谋部通信部等共计15个部门。全国协调小组负责全国互联网站日常管理工作的协调,指导、协调各成员单位对互联网站实施齐抓共管。全国协调小组办公室设在信息产业部。

各省(自治区、直辖市)将本行政区集中开展互联网站清理整顿工作领导小组同步调整为本行政区互联网站管理工作协调小组(简称"省级协调小组"),成员单位包括:省(自治区、直辖市)党委宣传部、通信管理局、新闻办、教育厅(教委)、文化厅(局)、卫生厅(局)、公安厅(局)、国家安全厅(局)、广播影视局、新闻出版局、保密局、工商行政管理局、食品药品监督管理局(药品监督管理局)。省级协调小组负责本行政区互联网站日常管理工作的协调、指导。省级协调小组办公室设在省(自治区、直辖市)通信管理局。

《方案》分为三大部分,分别为:一、建立日常协调体制,切实加强互联网站管理沟通协调。二、落实互联网站管理职责,形成管理合力。三、理顺网站管理工作衔接流程,密切部门协作。

《方案》将上述15个国家有关部门划分为五大主管部门进行联合管理,分别为互联网行业部门(信息产业部)、专项内容主管部门(包括国务院新闻办公室、教育部、文化部、卫生部、公安部、国家安全部、商务部、国家广播电影电视总局、新闻出版总署、国家保密局等)、前置审批部门(包括国务院新闻办公室、教育部、文化部、卫生部、国家广播电影电视总局、新闻出版总署、国家食品药品监督管理局等)、公益性互联单位主管部门(教育部、商务部、中国科学院、总参谋部通信部等)和企业登记主管部门(国家工商行政管理总局),并对每个部门的职责进行了具体部署。

《方案》规定五个主管部门在协调小组统一协调下,建立完善有效的互联网站管理工作衔接流程,制定前置审批、查处违法违规网站、年度审核、公益性互联单位主管部门管理网站、查询网站信息等流程。《方案》对上述流程分别作出了具体规定。

39.互联网电子邮件服务管理办法施行

2006年2月20日，信息产业部公布《互联网电子邮件服务管理办法》（以下简称《办法》），并宣布自2006年3月20日起施行。这是我国第一部针对互联网电子邮件服务管理的国家法规，它对促进政府立法，警示个人和企业组织加强自我保护，具有重要的指导意义。

《办法》制定的目的是为了规范互联网电子邮件服务，保障互联网电子邮件服务使用者的合法权利。

《办法》规定信息产业部或者省、自治区、直辖市通信管理局对互联网电子邮件服务提供者的电子邮件服务器IP地址实行登记管理。

《办法》全文共27条。《办法》第三条进一步明确了对公民通信自由和通信秘密权利的保护：公民使用互联网电子邮件服务的通信秘密受法律保护。除因国家安全或者追查刑事犯罪的需要，由公安机关或者检察机关依照法律规定的程序对通信内容进行检查外，任何组织或者个人不得以任何理由侵犯公民的通信秘密。

《办法》提出了互联网电子邮件服务管理的基本措施：一是对提供互联网电子邮件服务实行市场准入管理；二是规定了电子邮件服务器IP地址登记制度；三是要求互联网电子邮件服务提供者按照技术标准建设服务系统，采取安全防范措施；四是对电子邮件服务进行了具体的规范。

《办法》第十一条至第十六条，对垃圾邮件的相关情况作出了具体规定。《办法》结合垃圾邮件的危害规定了相关禁止行为。同时规定建立垃圾邮件的举报机制。其中还对广告电子邮件的选择政策做出了规范：发送包含商业广告内容的电子邮件时，应当在互联网电子邮件标题信息前注明"广告"或"AD"字样。

《办法》第十九条至第二十五条，规定了互联网电子邮件服务提供者违反本《办法》规定的管理措施和义务的处罚，并对违反本《办法》发送电子邮件规定了相应的处罚措施

40.《国家电子政务总体框架》确定

2006年3月19日，国务院信息化领导小组下发了《国家电子政务总体框架》（以下简称《框架》）。

《框架》制定的目的是指导"十一五"期间各地区、各部门更好地推行电子政务，促进全国电子政务健康发展。《框架》从战略高度明确了电子政务发展的思路、目标和重点，

为加快我国电子政务建设打下了基础。

《框架》全文共分为七个部分，分别为：一、总体要求与目标；二、总体框架的构成；三、服务与应用系统；四、信息资源；五、基础设施；六、法律法规与标准化体系；七、管理体制。

《框架》指出了构建国家电子政务总体框架的目标，即到2010年，覆盖全国的统一的电子政务网络基本建成，目录体系与交换体系、信息安全基础设施初步建立，重点应用系统实现互联互通，政务信息资源公开和共享机制初步建立，法律法规体系初步形成，标准化体系基本满足业务发展需求，管理体制进一步完善，政府门户网站成为政府信息公开的重要渠道，50%以上的行政许可项目能够实现在线处理，电子政务公众认知度和公众满意度进一步提高，有效降低行政成本，提高监管能力和公共服务水平。

《框架》指出了国家电子政务总体框架的构成，包括服务与应用系统、信息资源、基础设施、法律法规与标准化体系、管理体制五大部分。其中，推进国家电子政务建设，服务是宗旨，应用是关键，信息资源开发利用是主线，基础设施是支撑，法律法规、标准化体系、管理体制是保障。

服务与应用系统规定电子政务服务是主要包括面向公众、企事业单位和政府的各种服务，并应优先支持办公、财政管理、税收管理、金融监管、进出口管理、涉农管理与服务、食品药品安全监管、信用监管、资源管理、环境保护、公共安全管理、社会保障、司法保障等共计13项业务。同时在应用系统部分，应重点完善已建应用系统，强化已建系统的应用，推动互联互通和信息共享，支持部门间业务协同。对新建的应用系统，要根据业务发展需要，统筹规划建设。

信息资源主要围绕信息采集和更新、信息公开和共享及基础信息资源作出了具体要求。

基础设施规定基础设施包括国家电子政务网络、政务信息资源目录体系与交换体系、信息安全基础设施。基础设施建设要统筹规划，避免重复投资和盲目建设，提高整体使用效益。

法律法规与标准化体系指出要求加快建设相关法律法规建设。

最后在管理体制中明确要求各地区、各部门要按照国家信息化领导小组的部署，相互配合，相互支持，共同促进我国电子政务协调健康发展。

41.网络新闻作品首次参加中国新闻奖评选

2006年6月26日，第十六届中国新闻奖评选落下帷幕。其中，网络新闻首次参加全国优秀新闻作品最高奖——中国新闻奖的评选。它标志着国内网络新闻传播活动的综合发展，已经跨过了一个重要的临界点，得到社会的广泛认可和接受，是网络新闻发展的一个重要里程碑。

第十六届中国新闻奖参评的网络新闻作品分为三个类项：网络新闻评论、网络新闻专题和网络新闻专栏。以上三个网络新闻参评项目由中华全国新闻工作者协会国内新闻工作部组织网络新闻作品复评委员会推荐优秀作品参加中国新闻奖定评。经国务院新闻办公室批准的由新闻单位设立的具有登载新闻业务资质的新闻网站（不含网络版、电子版）登载的新闻作品均具有参评资格。

按照《第十六届中国新闻奖评选办法》，参评的网络新闻作品除了政治标准和新闻性之外，"网络新闻评论"必须是新闻网站首发的原创评论，且字数一般在 2000 字以内。"网络新闻专题"是指运用多媒体手段和多种体裁从不同角度全面报道同一新闻事件或同一主题、页面不少于两层的主题性新闻集纳报道单元；应体现主题重大、新闻性强、网络特色和传播美感的统一。网络新闻专栏将与传统媒体专栏一起参加中国新闻奖"新闻名专栏"项目的评选，参评专栏应是 2005 年 12 月 31 日以前，已在网上连续登载一年以上，每周刊播或更新不少于一次的新闻性专栏。

最终第十六届中国新闻奖共有 270 件新闻作品获奖，其中特别奖 2 件，一等奖 31 件，二等奖 88 件，三等奖 139 件，中国新闻名专栏 10 个。在获奖作品目录中，有 13 个为网络新闻作品获奖，其中人民网的评论《我们怎样表达爱国热情》、新华网的网络专题《网民感动总理　总理感动网民——总理记者招待会网上答问》、河南报业网的"焦点网谈"分别获得"网络评论"类、"网络专题"类和"新闻名专栏"类一等奖。

中国新闻奖是经中共中央宣传部正式批准设立、由中华全国新闻工作者协会主办的全国优秀新闻作品最高奖，每年评选一次。

42.关于网络音乐发展和管理的若干意见

2006 年 11 月 20 日，文化部下发了《关于网络音乐发展和管理的若干意见》（以下简称《意见》）。这是我国首次向社会表明国家关于网络音乐的发展和管理政策。

《意见》制定的目的是为了提高我国网络音乐原创水平，加强网络音乐管理，规范网络音乐进口，促进网络文化产业的健康发展。

《意见》全文共分为三部分 13 条，分别为：一、我国网络音乐市场的现状和发展目标（第一条至第三条）；二、支持网络音乐产业健康发展（第四条至第六条）；三、规范网络音乐市场秩序（第七条至第十二条）。

《意见》首次明确了网络音乐的内涵，它是音乐产品通过互联网、移动通信网等各种有线和无线方式传播的,其主要特点是形成了数字化的音乐产品制作、传播和消费模式。

《意见》指出网络音乐市场的发展目标是:鼓励扶持民族原创、健康向上的网络音乐产品的创作和传播,拓展民族网络文化的发展空间;规范网络音乐市场秩序,保护知识产权,完善监管体系,增强网络音乐企业竞争能力,努力打造一批具有中国风格和国际影响的民族原创网络音乐品牌。

《意见》要求促进网络音乐产业健康发展,做到坚持正确价值取向,扶持原创网络音乐发展、推动技术和内容融合,培育网络音乐市场和增强网络音乐企业的市场竞争能力。

《意见》要求在规范网络音乐市场秩序上,做到严格市场准入制度,加强内容监管;实施网络音乐产品的内容审查制度;建设积极健康的网络文化环境;加大执法力度,规范网络音乐市场;加强行业自律和社会监督。其中《意见》重申申请设立从事网络音乐经营活动的互联网文化经营单位,应符合《互联网文化管理暂行规定》要求;并禁止设立外商投资的网络文化经营单位。

43.中共中央政治局集体学习世界网络技术发展和中国网络文化建设与管理问题

2007年1月23日,中共中央总书记胡锦涛主持中共十六届中央政治局第三十八次集体学习,内容是世界网络技术发展和我国网络文化建设与管理。

胡锦涛强调,加强网络文化建设和管理,充分发挥互联网在我国社会主义文化建设中的重要作用,有利于提高全民族的思想道德素质和科学文化素质,有利于扩大宣传思想工作的阵地,有利于扩大社会主义精神文明的辐射力和感染力,有利于增强我国的软实力。我们必须以积极的态度、创新的精神,大力发展和传播健康向上的网络文化,切实把互联网建设好、利用好、管理好。

胡锦涛指出,我国网络文化的快速发展,为传播信息、学习知识、宣传党的理论和方针政策发挥了积极作用,同时也给我国社会主义文化建设提出了新的课题。能否积极利用和有效管理互联网,能否真正使互联网成为传播社会主义先进文化的新途径、公共文化服务的新平台、人们健康精神文化生活的新空间,关系到社会主义文化事业和文化产业的健康发展,关系到国家文化信息安全和国家长治久安,关系到中国特色社会主义事业的全局。

胡锦涛强调,加强我国网络文化建设和管理,必须从中国特色社会主义事业总体布局和文化发展战略出发,坚持以邓小平理论和"三个代表"重要思想为指导,全面贯彻落实科学发展观,按照发展社会主义先进文化的要求,坚持积极利用、大力发展、科学管理,以先进技术传播先进文化,促进和谐文化建设,更好地满足人民群众日益增长的精神文化需要,为全面建设小康社会提供有力的思想保证和舆论支持。

胡锦涛就加强网络文化建设和管理提出五项要求。一是要坚持社会主义先进文化的发展方向,唱响网上思想文化的主旋律,努力宣传科学真理、传播先进文化、倡导科学精神、塑造美好心灵、弘扬社会正气。二是要提高网络文化产品和服务的供给能力,提高网络文化产业的规模化、专业化水平,把博大精深的中华文化作为网络文化的重要源泉,推动我国优秀文化产品的数字化、网络化,加强高品位文化信息的传播,努力形成一批具有中国气派、体现时代精神、品位高雅的网络文化品牌,推动网络文化发挥滋润心灵、陶冶情操、愉悦身心的作用。三是要加强网上思想舆论阵地建设,掌握网上舆论主导权,提高网上引导水平,讲求引导艺术,积极运用新技术,加大正面宣传力度,形成积极向上的主流舆论。四是要倡导文明办网、文明上网,净化网络环境,努力营造文明健康、积极向上的网络文化氛围,营造共建共享的精神家园。五是要坚持依法管理、科学管理、有效管理,综合运用法律、行政、经济、技术、思想教育、行业自律等手段,加快形成依法监管、行业自律、社会监督、规范有序的互联网信息传播秩序,切实维护国家文化信息安全。

胡锦涛指出,各级党委和政府要从加强规划、完善制度、规范管理、充实队伍等方面采取措施,加强信息产业发展与网络文化发展的统筹协调,切实把一手抓发展、一手抓管理的要求贯彻到网络技术、产业、内容、安全等各个方面。要制定政策、创造条件,加强政府网站建设,扶持拥有优秀网络文化内容的网站,积极开发具有自主知识产权的网络文化产品,加强和改善与人民群众生产生活密切相关的信息和服务。要加快网络文化队伍建设,形成与网络文化建设和管理相适应的管理队伍、舆论引导队伍、技术研发队伍,培养一批政治素质高、业务能力强的干部。各级领导干部要重视学习互联网知识,提高领导水平和驾驭能力,努力开创我国网络文化建设的新局面。

44.电子商务发展"十一五"规划

2007年6月1日,国家发展和改革委员会与国务院信息化工作办公室联合发布《电子商务发展"十一五"规划》(以下简称《规划》)。这是我国在国家层面上第一次发布的有关电子商务发展的整体构想。

《规划》是贯彻落实《2006—2020年国家信息化发展战略》、《国务院办公厅关于加快电子商务发展若干意见》的重大举措,是《国民经济和社会发展信息化"十一五"规划》的重要组成部分。

《规划》确立了国家发展电子商务的战略意图,明确了"十一五"期间我国电子商务的发展原则、主要目标和任务、重大引导工程以及配套的保障措施,体现了发展网络经济与实体经济相融合、优化产业结构、促进经济增长方式转变、提高国民经济运行效率和质量战略思想的基本内涵和要求,为走出一条有中国特色的电子商务发展道路提出了一系列创新举措。

《规划》全文共分为六个部分,分别为前言、现状与趋势、发展原则和主要目标、主要任务、重点引导工程和保障措施。

《规划》对我国"十五"期间的电子商务发展的基本情况作出了科学的总结。在"十五"期间,我国电子商务发展取得了显著成就,主要表现在:电子商务应用初见成效、电子商务支撑体系建设取得重要进展、电子商务创新能力不断提高及电子商务发展环境进一步改善。但依旧存在以下问题:基础条件的建设尚不能适应电子商务快速发展的需要,发展环境有待进一步完善,企业信息化发展不平衡,电子商务公共服务滞后等。

《规划》提出了我国电子商务发展的主要目标:围绕信息化"十一五"规划确定的总体目标,到2010年,电子商务发展环境、支撑体系、技术服务和推广应用协调发展的格局基本形成,电子商务服务业成为重要的新兴产业,国民经济和社会发展各领域电子商务应用水平大幅提高并取得明显成效。

为了完成上述任务,《规划》提出了六项基本任务和六个重点引导工程。六项基本任务包括:普及深化电子商务应用,提高国民经济运行效率和质量;大力发展电子商务服务业,形成国民经济发展新的增长点;着力完善支撑环境,促进电子商务协调发展;鼓励电子商务技术创新,提高自主发展能力;加强市场监管,规范电子商务秩序;加大宣传教育力度,促进电子商务普及应用。

六个重点引导工程包括:政府采购电子商务试点工程;公共电子商务服务工程;国际贸易电子商务工程;移动电子商务试点工程;物流公共信息服务工程;电子商务支撑体系建设工程。

最后《规划》提出了六项保障措施:完善政府部门协调机制;制定和修订相关法律法规;完善财税支持政策;建立多元投资机制;建立电子商务评价体系和加强国际交流合作。

45.关于规范利用互联网从事印刷经营活动的通知

2007年8月1日,新闻出版总署、公安部、国家工商行政管理总局和信息产业部四部委联合发布《关于规范利用互联网从事印刷经营活动的通知》(以下简称《通知》),为规范"印客"类网站承接印刷经营活动提供了明确的法律依据。

《通知》制定的目的是为了促进数字印刷业健康发展,规范"印客"类网站的印刷经营活动。

《通知》全文共有7条,主要对"印客"类网站的资质要求、业务范围、经营规范及需要遵守的相关法律等内容作出了明确规定。

《通知》要求提供经营性排版、制版、印刷和装订服务的"印客"类网站，属于印刷经营活动，应事先取得《印刷经营许可证》。

《通知》规定从事图书、期刊和报纸等出版物印刷经营活动的，须验证并留存出版单位盖章的印刷委托书和报纸出版许可证，不得接受非出版单位和个人的委托印刷图书、期刊和报纸，包括伪造、假冒出版单位、书号、刊号和内部资料性出版物准印证号，以及没有出版单位、书号、刊号和内部资料性出版物准印证号的个人小说、诗集、文集、"博客"书等。禁止印刷非法出版物。

《通知》要求从事印刷经营活动的"印客"类网站须在经营场所和网站首页显著位置公示《印刷经营许可证》和营业执照。

《通知》要求从事印刷经营活动的"印客"类网站须遵守《印刷业管理条例》等国家印刷管理规定。要认真执行《印刷品承印管理规定》，建立、健全承印验证制度、承印登记制度、印刷品保管制度、印刷品交付制度、印刷活动残次品销毁制度等管理制度。

《通知》最后要求各级新闻出版、公安、工商、电信主管部门应密切配合，根据本通知要求加强对本辖区内"印客"类网站的监督检查工作，督促、引导其依法办理相关手续、合法经营。

46.《博客服务自律公约》正式发布

2007年8月21日，中国互联网协会发布《博客服务自律公约》（以下简称《公约》），并宣布自发布之日起施行。

《公约》制定的目的是为了规范互联网博客服务，促进博客服务有序发展。《公约》的发布对充分发挥互联网在社会主义文化建设中的积极作用具有重要意义。

《公约》明确了中国互联网协会作为《公约》的执行机构，负责组织《公约》的具体实施。

《公约》全文共分4章19条，包括第一章总则（第一条至第四条），第二章自律条款（第五条至第十四条），第三章公约的执行（第十五条至第十七条）和第四章附则（第十八条至第十九条）。

《公约》倡导博客服务应遵循文明守法、诚信自律、自觉维护国家利益和公共利益的原则，并规定从事互联网博客服务业务应当具备合法的互联网信息服务资质，同时还提出了其他四项应具备的条件。

《公约》鼓励博客服务提供者积极探索博客服务模式、为博客提供良好的创作环境，引导博客用户创作和传播优秀网络文化作品。

《公约》要求博客服务提供者与博客用户签订服务协议及相关具体六项内容。同时，要求博客作者对跟帖内容加强管理，鼓励社会公众对博客内容进行监督；《公约》还要求博客网站开通投诉电话和投诉窗口，接收社会公众对博客内容的监督、举报和投诉，并及时处理博客有关投诉和举报问题。

《公约》中鼓励博客服务提供者对博客用户实行实名注册，并要求博客服务提供者制定有效的实名博客用户信息安全管理制度，保护博客用户资料。

47."2008年奥运会中国地区互联网和移动平台传播权"协议

2007年12月18日，国际奥委会与中央电视台签订《"2008年奥运会中国地区互联网和移动平台传播权"协议》（以下简称《协议》），这是奥运史上首次将互联网、手机等新媒体作为独立转播平台列入奥运会的转播体系，是新媒体发展的一个重要里程碑。

《协议》规定央视国际成为唯一一家拥有中国大陆和澳门地区奥运新媒体转播权益的机构，并将独家拥有北京奥运会共计3800小时的新媒体赛事视频版权。

根据央视国际公布的规划，央视国际调用车载移动电视、网络、手机、IP电视四大平台全方位传播奥运赛事，以视频为特色，以图文为基础、以互动为核心构建"网络电视奥运台"和"手机电视奥运台"。央视国际针对奥运推出总计50个直播、轮播频道，对28个大项和36个小项赛事进行专题报道，并报道多个围绕奥运自主品牌的互动大活动如奥运圣火传递、圣火耀珠峰等，同时推出日均不少于1万条的赛事网络报道。此外央视国际还构建奥运网络大社区，通过电子杂志、客户端、奥运网站、手机wap网页等多个入口满足网民参与奥运的需求。

搜狐、新浪、网易等8家网站与央视网签约，获得2008北京奥运赛事的互联网转播授权。据统计，2008年8月8日至16日的奥运赛事期间，央视网、搜狐、新浪等9家拥有奥运转播权的网站，日均访问人数1.38亿，达到中国网民总数的一半以上，其网络转播规模是4年前雅典奥运会的50倍。

48.《互联网视听节目服务管理规定》颁布

2007年12月29日，国家广播电影电视总局和信息产业部联合发布《互联网视听节目服务管理规定》（以下简称《规定》），并宣布自2008年1月31日起施行。2015年8月28日，依《关于修订部分规章和规范性文件》的决定，对该《规定》进行了修订。

《规定》制定的目的是为了维护国家利益和公共利益，保护公众和互联网视听节目服务单位的合法权益，规范互联网视听节目服务秩序，促进健康有序发展。

《规定》明确了国务院广播电影电视主管部门为互联网视听节目服务的行业主管部门，负责对互联网视听节目服务实施监督管理，统筹互联网视听节目服务的产业发展、行业管理、内容建设和安全监管。国务院信息产业主管部门为互联网行业主管部门，依据电信行业管理职责对互联网视听节目服务实施相应的监督管理。地方人民政府广播电影电视主管部门和地方电信管理机构依据各自职责对本行政区域内的互联网视听节目服务单位及接入服务实施相应的监督管理。

《规定》全文共有29条。《规定》对"互联网视听节目服务"进行了界定，即制作、编辑、集成并通过互联网向公众提供视音频节目，以及为他人提供上载传播视听节目服务的活动。

《规定》要求从事互联网视听节目服务，应当依照《规定》取得广播电影电视主管部门颁发的《信息网络传播视听节目许可证》（以下简称《许可证》）或履行备案手续。从事主持、访谈、报道类视听服务，需广播电视节目制作经营许可证和互联网新闻信息服务许可证，从事自办网络剧（片）类服务，还需广播电视节目制作经营许可证。《许可证》有效期为三年。《规定》还对《许可证》的申请及使用等内容作出了规定。

《规定》要求从事互联网视听节目服务必须具备法人资格，为国有独资或国有控股单位，且在申请之日前三年内无违法违规记录。

《规定》要求互联网视听节目服务单位不得允许个人上载时政类视听新闻节目，在提供播客、视频分享等上载传播视听节目服务时，应当提示上载者不得上载违反本规定的视听节目。任何单位和个人不得转播、链接、聚合、集成非法的广播电视频道、视听节目网站的节目。

《规定》最后明确对违反本《规定》的互联网视听节目服务单位，电信主管部门应根据广播电影电视主管部门的书面意见，按照电信管理和互联网管理的法律、行政法规的规定，关闭其网站，吊销其相应许可证或撤销备案，责令为其提供信号接入服务的网络运营单位停止接入。

49.中华人民共和国工业和信息化部成立

2008年3月15日，十一届全国人大一次会议通过了关于国务院机构改革方案的决定，其中第三条决定组建"工业和信息化部"（简称"工信部"）。同时，历时10年的信息产业部被宣布撤销。

工业和信息化部的核心职责为拟定并组织实施工业行业规划、产业政策和标准，监测工业行业日常运行，推动重大技术装备发展和自主创新，管理通信业，指导推进信息化建设，协调维护国家信息安全。

改革方案中对工信部的职责作出了调整，主要包含五项内容：将国家发展和改革委员会的工业行业管理和信息化有关职责划给工业和信息化部、将原国防科学技术工业委员会除核电管理以外的职责划给工业和信息化部、将原信息产业部的职责划给工业和信息化部、将原国务院信息化工作办公室的职责划给工业和信息化部以及明确国家烟草专卖局改由工业和信息化部管理。

2008年6月29日中华人民共和国工业和信息化部挂牌，标志着工信部正式运行。

50.中国网民人数首次跃居世界第一

2008年7月24日，中国互联网络信息中心发布《第22次中国互联网络发展状况统计报告》。报告显示，截至2008年6月底，我国网民数量达到2.53亿，首次大幅度超过美国，网民规模跃居世界第一位。

报告还显示，中国网民中接入宽带比例为84.7%，宽带网民数已达到2.14亿人，宽带网民规模世界第一。同时，截至2008年7月22日，我国CN域名注册量也以1218.8万个超过德国DE域名，成为全球第一大国家顶级域名。这三项重大突破令世界瞩目，互联网大国规模初显。报告表明，我国互联网发展日趋成熟，网络媒体、网络商务等互联网深层次应用比例大幅提升。

报告显示，中国网民规模继续呈现持续高速发展的趋势。与2007年同期相比，中国网民人数增加了9100万人，是历年来网民增长最多的一年，同比增长达到56.2%。仅2008年上半年，中国网民数量净增量就达4300万人，并一举超越美国成为世界上网民人数最多的国家。统计表明，中国网站数量持续增长，共有191.9万个，年增长率为46.3%；其中CN下的网站数为136.9万，占总网站数71.3%，表明国内绝大多数网站都已使用CN域名。

报告显示，我国网民的学历结构正逐渐向总体居民的学历结构趋近，体现出互联网大众化的趋势。从学历角度分析报告数据，互联网显现向下扩散的趋势。目前高中学历的网民比例最大，占到39%。同时，中国网民中女性比例上升到46.4%，比2007年底上升了3.6个百分点，中国网民逐渐走向性别均衡。

报告显示当时排名前十位的网络应用是：网络音乐、网络新闻、即时通信、网络视频、搜索引擎、电子邮件、网络游戏、博客/个人空间、论坛/BBS和网络购物。

报告还披露了我国互联网普及率只有 19.1%，仍然低于全球平均水平 21.1%，互联网普及率还需进一步提高。

51.胡锦涛通过人民网强国论坛同网友在线交流

2008 年 6 月 20 日，《人民日报》创刊 60 周年之际，中共中央总书记、国家主席、中央军委主席胡锦涛通过人民网强国论坛（bbs.people.com.cn）同网友们在线交流，并强调通过互联网了解民情、汇聚民智是非常重要的渠道。

此次访谈时间虽短，但创造了中国互联网访谈节目的三项纪录：嘉宾级别最高、访谈影响最大、所受关注度最高。访谈更是开创了党和国家最高领导人通过互联网与网友进行在线互动交流的先河，引起巨大反响。这场访谈充分展示了中央领导对互联网及新兴媒体的高度重视，并把互联网等新兴媒体当作重要舆论工具，充分发挥其在改革开放及社会主义建设中的巨大作用。这在中国互联网发展史上是一个标志性事件，具有划时代的意义。

在强国论坛的交流中，胡锦涛总书记首先听取了论坛情况简要介绍，随后同网友们在线交流。

交流以论坛直播的形式进行，主持人代替网友向总书记提问。整场交流共提出了三个问题，分别对胡锦涛总书记是否上网、上网阅览内容及是否能够看到网友的意见和建议进行了提问，胡锦涛总书记对问题进行了逐一回答，表示他"关注网络"、"正通过网络了解社情民意"、汇聚民智、愿与网民良性互动的意愿，更表明了中央对网络的高度重视，最后，总书记通过互联网向网友们发出祝福。

对于此次访谈，中央重点新闻网站和主要商业网站纷纷第一时间在首页头条位置突出转载总书记做客强国论坛并与网民交流的消息。《人民日报》、新华社、中央电视台、路透社、法新社、英国广播公司等上千家境内外主流媒体、网站对这一事件进行了报道和评论。总书记同网友们的在线交流，不仅彰显出我们国家最高领导层在信息时代对民意的欢迎姿态，更体现了我们党执政风格更加成熟、开放和自信。

总书记亲自与网民交流，起到了极大的示范作用，有力地推动了中央及地方领导干部上网了解民情、听取民声、体察民意、汇聚民智。

52.人民网舆情监测室成立

2008 年 7 月，人民网舆情监测室（全称为"人民日报社网络中心舆情监测室"，以下简称监测室）正式成立。

监测室是国内最早从事互联网舆情监测、研究的专业机构之一，在舆情监测和分析研究领域处于国内领先地位。目前，监测室拥有具备舆论传播学、社会学、经济学、公共管理学、数理统计学等专业背景的舆情分析研究人员50多名，并邀请了国务院新闻办网络局、人民日报及人民网、中国社科院社会学所、北京大学、清华大学、复旦大学、中国传媒大学等单位的领导或专家、学者担任顾问，已初步形成了一套较完整的网络舆情监测理论体系、工作方法、作业流程和应用技术，可以对传统媒体网络版（含中央媒体、地方媒体、市场化媒体、部分海外媒体）、网站新闻跟帖、网络社区/论坛/BBS、微博客、网络"意见领袖"的个人博客、网站时评等网络舆情主要载体进行24小时监测，并进行专业的统计和分析，形成监测分析研究报告等成果。

监测室承担了很多网络舆情方面的研究工作，主要有国家软科学研究计划项目"科技舆情监测与形象传播研究"、国家社科基金项目"网络舆论引导规律研究"，中国社科院年度《社会蓝皮书》网络舆情部分（2007年起）、清华大学年度《传媒蓝皮书》网络互动空间部分（2008年起）等。2009年开始，监测室对外发布了"地方应对网络舆情能力排行榜"等研究成果，并着手编写实用性强的舆情工作手册和培训教程。此外，监测室长期为国务院新闻办网络局等机构提供网络舆情分析的基础信息，并为众多中央和地方党政机构、企业、社会团体提供网络舆情监测分析、突发热点舆情事件应对、网络媒体公关等方面的顾问服务。

监测室的工作还包括：人民网舆情频道（含"舆情会商室"访谈）、《网络舆情》（内刊）、舆情监测技术服务、中文报刊监测系统等。

自2006年起，人民日报社所属的有关机构和企业就开始逐步探索网络舆情研究，并于2008年正式组建人民日报社网络中心舆情监测室（2010年后为人民网舆情监测室），2009年成立北京人民在线网络有限公司（人民在线），和舆情监测室"一个机构、两块牌子"。

53.全国整治互联网低俗之风专项行动

2009年1月5日，国务院新闻办、工业和信息化部、公安部、文化部、工商总局、广电总局、新闻出版总署等七部门在北京召开电视电话会议，部署在全国开展整治互联网低俗之风专项行动。这标志为期一个月的全国整治互联网低俗之风专项行动正式启动。

这次专项行动的主要任务，是认真贯彻中央加强网络文化建设和管理的重要指示，按照社会主义核心价值体系的要求，对网上低俗信息进行集中整治，突出重点，狠抓源头，强化自律，严格执法，强化网络信息服务单位社会责任，推动文明办网、文明上网落到实处，使网络环境明显净化，网上低俗之风得到有效遏制。

会议要求，各地各部门严格执法，敢于碰硬，对在网上传播淫秽色情信息和低俗信息的不法分子，要依据有关法律法规和管理规定严肃处理。对屡教不改、影响恶劣的网站，要曝光一批、处罚一批、关闭一批，绝不姑息迁就。会议要求中国互联网协会等行业组织积极行动起来，组织广大网站认真履行自律公约，大力倡导传播文明健康信息。要将行业自律和公众监督结合起来，认真落实网络信息公众评议、公众举报等制度，发动群众对网上信息进行监督。

为进一步深入推进整治互联网低俗之风专项行动，2009年2月10日，工业和信息化部副部长奚国华主持召开专题会议，传达近期中央领导的指示精神，总结专项行动的进展情况，研究讨论了《整治手机传播低俗之风工作方案》、《关于建立整治互联网低俗之风长效机制的建议》，并就下一阶段的重点工作进行了全面部署。

奚国华指出，专项整治行动开展一个月以来，已经取得阶段性的明显成效，网上淫秽色情和低俗内容明显减少，网络文化环境得到明显改善，整治行动得到了中央领导的充分肯定和社会各界的高度评价。下一步，针对专项行动中反映出的网站备案管理、代收费、接入市场等方面的问题，组织专门力量认真研究，抓紧完善相应管理政策和监管措施；进一步强化网站备案制度，完善系统功能，提高备案准确率；加大监督检查力度，对向未备案或未取得许可的网站提供接入，以及违法违规代收费等行为，加大处罚力度，发现一起查处一起，绝不姑息，以扎扎实实的工作成绩，确保专项行动取得实效。

自1月5日行动开展后，工业和信息化部按照专项行动工作部署，重点抓好三项工作。一是迅速部署，强化督导。多次组织召开由基础电信运营企业和重点商业网站参加的会议，要求各单位提高认识，加强领导，落实责任，统筹安排，务必抓好抓实抓出成效。二是突出重点，狠抓落实。结合工作实际，研究确定了抓网站源头、抓网络接入、抓责任落实的工作思路，以此为重点推动工作有效落实。三是加强协调，完善手段。与多个互联网内容主管部门建立联络机制，以最快速度依法查处违法网站。同时，鼓励和督促各省通信监管部门和基础电信运营企业研发实用便捷的技术手段，提高对有害信息的发现、定位和处置能力。

截至2009年3月4日，按照有关部门的书面认定意见，工业和信息化部共依法关闭传播淫秽色情和低俗信息的违法网站1518家。其中，配合国务院新闻办关闭1307家，配合广电总局关闭82家，配合全国"扫黄打非"办关闭115家，配合文化部关闭14家。在关闭网站同时，停止域名解析1195个，注销其网站备案信息并纳入黑名单。

各地通信管理部门认真履行监管职能，结合各地实际，细化工作方案，加强督导检查。截至3月4日，要求当地电信企业自查自纠关闭违规网站2461家，配合省内相关部门查处违法网站713家。北京、上海、天津、湖北、江苏、河南、山西、辽宁、四川、福建等 10 省市共处罚向未备案网站提供接入的服务商 62 家。

中国电信、中国移动、中国联通三家基础电信运营企业针对自身业务特点积极开展自查自纠行动。截至 3 月 4 日，三家基础电信运营企业共自查自纠网站 13039 个。

54.首批3G牌照发放

2009 年 1 月 7 日，工业和信息化部举办小型牌照发放仪式，确认国内第三代移动通信（3G）牌照的发放。由此，2009 年成为我国的 3G 元年，我国正式进入第三代移动通信时代。

首批获得 3G 牌照的共有三家运营商，分别为中国移动、中国电信和中国联通。其中，中国移动获得 TD-SCDMA 牌照，中国电信获得 CDMA 2000 牌照，而中国联通则获得 WCDMA 牌照。

2008 年 12 月 31 日，国务院常务会议通过决议，同意启动 3G 牌照发放工作。

2008 年 12 月 31 日下午，工信部召开专题会议学习贯彻国务院常务会议精神。将按照国务院的部署和要求，依照法定程序和企业申请，稳妥做好 TD-SCDMA 和 WCDMA、CDMA 2000 三张牌照发放工作。

所谓 3G 牌照是指无线通信与国际互联网等多媒体通信结合的新一代移动通信系统的经营许可权。3G 是英文 3rd Generation 的缩写，指第三代移动通信技术。相对第一代模拟制式手机（1G）和第二代 GSM、TDMA 等数字手机（2G），第三代手机一般是指将无线通信与国际互联网等多媒体通信结合的新一代移动通信系统。它能够处理图像、音乐、视频流等多种媒体形式，提供包括网页浏览、电话会议、电子商务等多种信息服务。为了提供这种服务，无线网络必须能够支持不同的数据传输速度：在室内环境下，最高速率达 2Mbit/s（兆位每秒，或 Mbps）；在室外或步行环境下，最高速率达 384Kbit/s（千位每秒，或 Kbps）；在快速移动环境下，最高速率达 144Kbit/s。

55.关于加强和改进网络音乐内容审查工作的通知

2009 年 8 月 18 日，文化部印发了《关于加强和改进网络音乐内容审查工作的通知》（以下简称《通知》）。

《通知》制定的目的是为推动网络音乐发展，规范网络音乐经营，切实落实《文化部关于网络音乐发展和管理的若干意见》。

《通知》为 5 部分 17 条，分别为：一、管理主体和管理对象（第一条至第三条）；

二、进口网络音乐内容审查（第四条至第十一条）；三、国产网络音乐备案（第十二条至第十四条）；四、规范网络音乐经营行为（第十五条至第十六条）；五、加强网络音乐内容监管（第十七条）。

《通知》进一步明确了网络音乐的定义和涵盖的范围。《通知》对网络音乐的内涵和外延作出如下界定：网络音乐是指用数字化方式通过互联网、移动通信网、固定通信网等信息网络，以在线播放和网络下载等形式进行传播的音乐产品，包括歌曲、乐曲以及有画面作为音乐产品辅助手段的音乐短片（MV）等。

《通知》加强了对网络音乐经营主体管理。《通知》明确指出从事网络音乐产品的相关经营活动，必须是经文化部批准设立的经营性互联网文化单位。

《通知》对进口网络音乐内容审查作出了详细规定，其中包括"网络音乐进口合同"的四项规定、进口单位报审进口网络音乐所需提供的五项材料、逐项报审程序及转授权时所需要的材料。

《通知》对国产网络音乐备案申报日期、所需材料、备案程序进行了详细规定。

《通知》对网络音乐经营行为作出了规定，要求建立网络音乐内容自审制度，且在网络音乐产品页面显著位置标注其批准文号或备案文号，不得擅自变更经文化部批准或备案的网络音乐产品的名称等其他信息，不得擅自增删或变更网络音乐产品内容。

最后，《通知》要求各地文化行政部门要加强对属地内的网络音乐经营单位的管理，并对从事违法网络音乐经营活动和提供违法网络音乐产品的经营单位依法查处。

56.国务院公布《电子信息产业调整和振兴规划》

2009年4月10日，国务院正式公布了《电子信息产业调整和振兴规划》（以下简称《规划》）。

《规划》制定的目的是为应对国际金融危机的影响，落实党中央、国务院保增长、扩内需、调结构的总体要求，确保电子信息产业稳定发展，加快结构调整，推动产业升级。

《规划》体现了科学发展观的总体要求。保持电子信息产业的稳定发展是《规划》要解决的首要任务，但"稳定"必须以高质量的增长为前提和基础。《规划》要解决的不仅是经济规模的增长的问题，而是立足解决在复杂的国际环境和激烈的竞争条件下，如何进一步发挥比较优势，如何集聚有利于产业持续发展的资源，如何加快提升产业创新能力，实现又好又快发展。

《规划》全文共分为5部分，分别为：一、电子信息产业现状及面临的形势；二、指导思想、基本原则和目标；三、产业调整和振兴的主要任务；四、政策措施；五、规划实施。

《规划》制定的基本原则为坚持立足当前与谋划长远相结合、坚持市场运作与政府引导相结合和坚持自主创新与国际合作相结合。

《规划》分析了我国电子信息产业的现状及面临的形势。《规划》指出，改革开放以来，我国电子信息产业实现了持续快速发展，特别是进入21世纪以来，产业规模、产业结构、技术水平得到大幅提升。但是，受国际金融危机影响，2008年下半年以来，电子信息产品出口增速不断下滑，销售收入增速大幅下降，重点领域和骨干企业经营出现困难，利用外资额明显减少，电子信息产业发展面临严峻挑战。同时，我国电子信息产业深层次问题仍很突出。

《规划》提出了我国电子信息产业未来发展的明确目标：一、促增长、保稳定取得显著成效。其中要求电子信息产业销售收入保持稳定增长，产业发展对GDP增长的贡献不低于0.7个百分点，三年新增就业岗位超过150万个，其中新增吸纳大学生就业近100万人等。二、调结构、谋转型取得明显进展。骨干企业国际竞争力显著增强，自主品牌市场影响力大幅提高。软件和信息服务收入在电子信息产业中的比重从12%提高到15%。稳步推进电子信息加工贸易转型升级，鼓励加工贸易企业延长产业链，促进国内产业升级等。

《规划》提出了三项发展我国电子信息产业的主要任务：一、确保计算机、电子元器件、视听产品等骨干产业稳定增长。二、突破集成电路、新型显示器件、软件等核心产业的关键技术。三、在通信设备、信息服务、信息技术应用等领域培育新的增长点。

《规划》明确了扶持我国电子信息产业发展将施行的七项政策：落实扩大内需措施、加大国家投入、加强政策扶持、完善投融资环境、支持优势企业并购重组、进一步开拓国际市场和强化自主创新能力建设。

《规划》最后要求各地区要按照《规划》确定的目标、任务和政策措施，结合当地实际抓紧制定具体落实方案，确保取得实效。

57.关于加强网络游戏虚拟货币管理工作的通知

2009年6月4日，文化部和商务部联合发布《关于加强网络游戏虚拟货币管理工作的通知》（以下简称《通知》）。

《通知》规定文化行政部门要严格市场准入，加强对网络游戏虚拟货币发行主体和网络游戏虚拟货币交易服务提供主体的管理。

《通知》全文共分为4部分26条，分别为：一、严格市场准入，加强主体管理（第一条至第五条）；二、规范发行和交易行为，防范市场风险（第六条至第十八条）；三、加强市场监管，严厉打击利用虚拟货币从事赌博等违法犯罪行为（第十九条至第二十二条）；

四、加大执法力度，净化市场环境（第二十三条至第二十六条）。

《通知》首次对网络游戏虚拟货币作出了界定，是指由网络游戏运营企业发行，游戏用户使用法定货币按一定比例直接或间接购买，存在于游戏程序之外，以电磁记录方式存储于网络游戏运营企业提供的服务器内，并以特定数字单位表现的一种虚拟兑换工具。

《通知》对从事网络游戏虚拟货币发行服务和网络游戏虚拟货币交易服务业务的企业进行审批申请等进行了具体规定。

《通知》对网络游戏虚拟货币的发行、适用范围及相关交易行为规范作出了明确规定，要求网络游戏虚拟货币的使用范围仅限于兑换发行企业自身所提供的虚拟服务，不得用以支付、购买实物产品或兑换其他企业的任何产品和服务，并明确要求网络游戏虚拟货币交易服务企业不得为未成年人提供交易服务。

《通知》要求各地要按照公安部、文化部等部门配合公安机关从严整治带有赌博色彩的网络游戏，严厉打击利用网络游戏虚拟货币从事赌博的违法犯罪行为，并对具体违法犯罪行为作出了说明。

《通知》最后定义了违反条例相关规定的行为，以及要承担的相应法律责任。

58.关于加强对进口网络游戏审批管理的通知

2009年7月1日，新闻出版总署办公厅发布了《关于加强对进口网络游戏审批管理的通知》（以下简称《通知》）。

《通知》颁布的目的在于进一步规范网络游戏出版服务的前置审批和对境外著作权人授权的网络游戏作品的审批和监督管理工作，规范与进口网络游戏相关的会展交易活动。

《通知》全文共计6条。《通知》强调，任何企业在中国境内从事网络游戏出版运营服务，必须经新闻出版总署进行前置审批，取得具有网络游戏出版服务范围的互联网出版服务许可证。任何境外著作权人授权的进口网络游戏作品，未经新闻出版总署审查批准，一律不得在境内提供出版运营服务。

《通知》规定了新闻出版总署是唯一经国务院授权负责境外著作权人授权的进口网络游戏的审批部门，如发现有其他部门越权进行前置审查审批，违法行政，有关企业可以依法向国务院监督部门举报或提起行政诉讼。

《通知》最后表示，各地新闻出版部门要加强管理和监督，应根据本《通知》要求，对本地区相关企业和活动进行一次集中清理。对违反国家相关法律法规的行为，要坚决查处纠正，确保网络游戏出版服务业健康有序发展。

59.关于加大对网吧接纳未成年人违法行为处罚力度的通知

2010年3月19日,文化部发布了《关于加大对网吧接纳未成年人违法行为处罚力度的通知》(以下简称《通知》),决定加大对网吧接纳未成年人违法行为的行政处罚力度。

《通知》颁布的目的是为了切实加强网吧监管,保护未成年人健康成长。

《通知》共有3条规定,主要对网吧接待未成年人违法行为的处罚进行了明确规定,量化了处罚标准,并以网吧接待未成年人的人次为依据,要求对网吧的违法行为进行停业整顿30日乃至依法吊销《网络文化经营许可证》等处罚。

第一条规定对一次接纳3名以上(含3名)未成年人以及在规定的营业时间以外接纳未成年人,或由于接纳未成年人引发重大恶性案件的网吧,依法吊销《网络文化经营许可证》。

第二条规定对一次接纳2名以下未成年人的网吧,依法责令停业整顿30日;一年内2次接纳2名以下未成年人的网吧,依法吊销《网络文化经营许可证》。

第三条规定对连续3次(含3次)未按规定核对登记上网消费者有效身份证件的网吧,依法责令停业整顿30日。

60.网络游戏管理暂行办法

2010年6月3日,文化部发布《网络游戏管理暂行办法》(以下简称《办法》),并宣布自2010年8月1日起施行。该办法是我国第一部专门针对网络游戏进行管理和规范的部门规章。

《办法》的颁布,对中国网络游戏健康有序的发展,具有重大且深远的影响。《办法》既在法规层级上固化了文化部以往行之有效的管理制度,又针对网络游戏市场现阶段出现的突出问题细化了管理措施,强化了政策的可操作性和可实施性。

《办法》明确了国务院文化行政部门是网络游戏的主管部门,县级以上人民政府文化行政部门依照职责分工负责本行政区域内网络游戏的监督管理。

《办法》全文共计6章39条,首次系统地对网络游戏的娱乐内容、市场主体、经营活动、运营行为、管理监督和法律责任作出明确规定。

第一章总则(第一条至第五条),其中第二条对网络游戏、网络游戏上网运营、网络游戏虚拟货币等相关概念予以了明确:网络游戏是指由软件程序和信息数据构成,通过互联网、移动通信网等信息网络提供的游戏产品和服务,其表现形式主要包括以客户端、网页浏览器及其他终端形式运行的各种网络游戏。网络游戏上网运营是指通过信息网络,使用用户系统或者收费系统向公众提供游戏产品和服务的经营行为。网络游戏虚拟货币是指由网络游戏经营单位发行，网络游戏用户使用法定货币按一定比例直接或者间接购买，存在于游戏程序之外，以电磁记录方式存储于服务器内，并以特定数字单位表现的虚拟兑换工具。

第二章经营单位（第六条至第八条），主要规定了从事网络游戏经营活动的单位应取得《网络文化经营许可证》以及具备的五条资质，并详细说明了《网络文化经营许可证》的相关申请及使用办法。此外，为进一步简政放权，加强文化部宏观管理职能，《办法》规定，《网络文化经营许可证》的审批权限由国务院文化行政部门下放至省级文化行政部门。

第三章内容准则（第九条至第十五条），其中第九条详细规定了网络游戏不得含有的十条内容。第十一条至第十五条，主要阐述《办法》延续了实施进口网络游戏的内容审查和国产网络游戏备案的基本审查制度，明确了网络游戏内容审查机构的职责、进口网络游戏内容审查的条件、程序、国产网络游戏备案的方式和网络游戏内容实质性变动时的审查和备案要求。《办法》还要求网络游戏运营企业建立自审制度，保障网络游戏内容和经营行为的合法性。

第四章经营活动（第十六条至第二十八条）主要对网络游戏的研发、推广、运营、消费、终止等全流程经营活动进行了制度规范，并着重对当前的突出问题，提出具体要求。内容主要倾向加强网络游戏未成年人保护、规范网络游戏经营单位的经营行为、完善网络游戏虚拟货币发行及交易管理措施，加大网络游戏用户权益保护力度。

第五章法律责任（第二十九条至第三十五条）主要定义了违反条例相关规定的行为，以及要承担的相应法律责任。

第六章附则（第三十六条至第三十九条），第三十九条规定了《办法》的实施日期。

61.新华网A股上市

2010年8月19日，中共中央宣传部表示，新华网A股上市计划已获中宣部批准。2013年1月，新华网首次出现在证监会IPO申报企业名单之中，保荐机构为中国国际金融有限公司，拟上市地为上海证券交易所。

新华网成立于1997年，是中央领导直接部署、新华社党组直接指挥的国家重点新闻网站。新华网注册资本为1.56亿元，法定代表人为田舒斌，核准日期是2012年6月12日。2009年下半年，作为中央重点新闻网站中首批转企改制试点单位之一，新华网进行转企改制，由此进入了转型发展的新阶段。新华网的营利模式建立在"五大业务主线"的基础上，包括新闻信息服务及网络广告业务、电子政务及企业信息化业务、互联网增值业务及移动电信增值业务、电子商务、新媒体应用技术产品研发业务。新华网转型的重点是：从新闻网站向综合性互联网信息服务平台转型，从 WEB 1.0 向 WEB 2.0 以及 WEB 3.0 转型，从单一网络广告经营向适度多元的网络经营业态转型，从行政化的事业管理向市场化的现代企业治理转型。

新华网每天 24 小时以 7 种文字、通过多媒体形式不间断地向全球发布新闻信息，全球网站综合排名稳定在 190 位以内。开通 31 个地方频道，承办中国政府网、中国平安网、中国文明网、振兴东北网等大型政府网站，形成了中国最大的国家级网站集群。创办新华网产业园区，为进一步拓展全媒体业态打下了基础，与中国移动合作推出"盘古搜索"，着力打造"国内一流，世界领先"的搜索引擎。

62.商务部发布通知规范外企从事网络销售等行为

为进一步发挥互联网销售、自动售货机销售等方式在降低企业成本、促进商品流通、拉动消费等方面的积极作用，2010 年 8 月 19 日，商务部发布了《商务部办公厅关于外商投资互联网、自动售货机方式销售项目审批管理有关问题的通知》（以下简称《通知》）。

《通知》共分为两部分，分别对外商投资企业从事网络销售和自动售货机销售行为进行了规范。

《通知》首先对互联网销售的概念作出了界定，指出互联网销售是企业销售行为在互联网上的延伸，经依法批准、注册登记的外商投资生产性企业、商业企业可以直接从事网上销售业务。

《通知》要求，申请设立专门从事网上销售的外商投资企业报省级商务主管部门批准，由省级商务主管部门根据《外商投资商业领域管理办法》及其他相关的法律法规进行严格审批。外商投资企业利用企业自身网络平台为其他交易方提供网络服务的，应向工业和信息化部申请增值电信业务经营许可证；企业利用自身网络平台直接从事商品销售的，应向电信管理部门备案。

《通知》明确，外商投资企业从事网络销售及有关服务行为时，应当在其网站主页面或从事经营活动的网页醒目位置公开营业执照，如企业经营成品油、原油、图书报刊、药品等商品，还需公开经营批准证书的信息以及清晰可辨的照片或其电子链接标识。

《通知》还规定，申请设立以自动售货机销售方式销售商品的外商投资商业企业，或已设立企业增加自动售货机销售方式业务的，应报省级商务主管部门审批。此外，《通知》还对自动售货机的销售规定、企业运营方法作出了规定。

63.关于加强互联网易制毒化学品销售信息管理的公告

2010年9月21日，公安部、工业和信息化部、国家工商行政管理总局、国家安全生产监督管理总局、国家食品药品监督管理局等五部门联合发布《关于加强互联网易制毒化学品销售信息管理的公告》（以下简称《公告》）。

《公告》全文共4条，对互联网易制毒化学品销售信息的发布主体、内容要求、部门职责等作出了明确规定。分别为：严格互联网易制毒化学品销售信息发布的准入制度、认真审查拟接入互联网的非药品类易制毒化学品销售信息、认真清理互联网上的易制毒化学品销售信息及加强对互联网上易制毒化学品销售信息服务的监督检查。具体内容为：

一、严格互联网易制毒化学品销售信息发布的准入制度。任何单位在互联网上发布非药品类易制毒化学品销售信息，应当具有工商营业执照、非药品类易制毒化学品生产、经营许可证或备案证明等资质材料；禁止个人在互联网上发布非药品类易制毒化学品销售信息；禁止任何单位和个人在互联网上发布药品类易制毒化学品销售信息。

二、认真审查拟接入互联网的非药品类易制毒化学品销售信息。拟在互联网上发布非药品类易制毒化学品销售信息的网站主办者，应当向网站接入服务商提交销售单位的非药品类易制毒化学品生产、经营许可证或备案证明副本复印件，并在网站上公布销售单位名称及其许可证或备案证明编号。对发现无许可证或备案证明擅自在互联网上发布非药品类易制毒化学品销售信息的网站，网站接入服务商应当暂停接入，并向当地公安机关和工商行政管理、安全监管等部门报告。

三、认真清理互联网上的易制毒化学品销售信息。公安机关将会同有关部门及时依法清理互联网上的易制毒化学品违法销售信息；网站接入服务商如发现网站含有属明显违规的易制毒化学品销售信息，应当及时向当地公安机关和工商行政管理、安全监管、食品药品监管等部门报告，并配合有关部门做好删除清理、调查取证等相关工作。网站主办者应当加强对网上虚拟社区、论坛的管理，认真审查发帖内容，如发现信息含有属明显违规的易制毒化学品销售信息，应当及时删除，并向当地公安机关和工商行政管理、安全监管、食品药品监管等部门报告。

四、加强对互联网上易制毒化学品销售信息服务的监督检查。工商行政管理、安全监管、食品药品监管、通信管理等部门将进一步加强对互联网上易制毒化学品销售信息的监督检查，在各自的职责范围内，对在互联网上发布违法易制毒化学品销售信息的生产经营单位、网站主办者，将依法予以行政处罚。公安机关将进一步加大对网上非法买卖易制毒化学品案件的打击力度，严厉打击利用互联网从事走私贩卖易制毒化学品的违法犯罪活动。

《公告》的发布,对进一步加强互联网易制毒化学品销售信息的监管,防范不法分子利用互联网非法销售易制毒化学品,严厉打击网上走私贩卖易制毒化学品违法犯罪活动,净化网络环境具有重要作用。

64.新闻出版总署关于发展电子书产业的意见

2010年10月9日,新闻出版总署向全国各出版单位公布了《新闻出版总署关于发展电子书产业的意见》(以下简称《意见》)。《意见》制定的目的是为加快我国新闻出版产业结构调整和发展方式转变,更好地满足人民群众的精神文化需求,提高我国新闻出版业的传播能力和国际竞争力。

《意见》主要涉及四个方面,即电子书产业发展的重要意义、电子书产业发展的指导思想和基本原则、电子书产业发展的重点任务及电子书产业发展的保障措施。

《意见》界定了电子书的概念,指出电子书是指将文字、图片、声音、影像等信息内容数字化的出版物,本意见具体所指的是植入或下载数字化文字、图片、声音、影像等信息内容的集存储介质和显示终端于一体的手持阅读器。

《意见》指出,促进电子书产业发展,要把发展作为第一要务,立足当前,兼顾长远,积极培育电子书产业,以促进新闻出版业结构调整和发展方式转变。同时指出电子书发展的基本原则是:坚持政府引导与市场主导相结合,加强科学规划和宏观调控,把企业作为发展主体,充分发挥市场配置资源的基础性作用,调动电子书产业各个环节的积极性;坚持重点扶持与协调发展相结合,通过项目带动、品牌带动,促进电子书产业全面发展;坚持加快发展与有效管理相结合,发挥政策杠杆作用,促进电子书产业良性发展。

《意见》对电子书产业发展的九条重点任务进行了详细阐述,即:丰富电子书内容资源、优化传统出版资源数字化转换质量、搭建电子书内容资源投送平台、提高电子书生产技术水平、实施电子书产业重大项目、落实电子书品牌战略、培育电子书消费市场、加快电子书标准制订、依法依规建立电子书行业准入制度等方面。其中,《意见》对电子书标准和行业准入问题作出了详细规定,《意见》强调,将组织成立电子书内容标准工作组,研究制订电子书格式、质量、平台、版权等方面的行业及国家标准,加强对电子书的质量检测、认证等工作。对从事电子书相关业务的企业将实施分类审批和管理;对从事电子书内容原创、编辑出版和电子书内容资源投送平台运营业务的企业,作为电子出版物出版单位和互联网出版单位进行审批和管理;对从事出版物内容的数字转换、编辑加工、数字芯片植入的企业,作为电子出版物复制单位进行审批和管理;对从事电子书的总发行、批发、零售业务的销售企业,作为电子出版物发行单位进行审批和管理;对从事电子书进口经营业务的企业,作为电子出版物进口单位进行审批和管理。

《意见》还明确提出电子书产业发展的六条保障措施:制订电子书产业发展规划,将电子书产业纳入新闻出版产业发展总体规划之中,分阶段、有步骤地组织实施;加快电子书行业法规体系建设,为电子书产业发展提供法制保障;优化电子书产业发展环境,加大版权保护力度,加强出版物市场监管,加强行业诚信体系建设;加强电子书行业自律,引导电子书产业健康有序发展;深入开展电子书相关理论研究,为电子书产业健康快速发展提供智力支持;加强电子书专业人才队伍建设,造就一批电子书产业领域的经营专家、技术专家和企业家。

《意见》的出台,可以促进电子书产业更好地发展,带动数字出版产业发展,进而促进传统出版产业的数字化转型,同时可以促进产业链各个环节中的企业更好地定位自身角色,共同做大电子书产业。

65.关于加快培育和发展战略性新兴产业的决定

2010年10月10日,国务院向各省、自治区、直辖市人民政府,国务院各部委、各直属机构发布了《国务院关于加快培育和发展战略性新兴产业的决定》(以下简称《决定》)。

战略性新兴产业是引导未来经济社会发展的重要力量,发展战略性新兴产业已成为世界主要国家抢占新一轮经济和科技发展制高点的重大战略。我国正处在全面建设小康社会的关键时期,必须按照科学发展观的要求,抓住机遇,明确方向,突出重点,加快培育和发展战略性新兴产业。而《决定》就是指导我国培育和发展战略性新兴产业的重要文件。

《决定》分为八部分,分别从八个方面详细介绍了发展我国战略性新兴产业的必要性和具体措施:一、抓住机遇,加快培育和发展战略性新兴产业。二、坚持创新发展,将战略性新兴产业加快培育成为先导产业和支柱产业。三、立足国情,努力实现重点领域快速健康发展。四、强化科技创新,提升产业核心竞争力。五、积极培育市场,营造良好市场环境。六、深化国际合作,提高国际化发展水平。七、加大财税金融政策扶持力度,引导和鼓励社会投入。八、推进体制机制创新,加强组织领导。

《决定》首先明确了战略性新兴产业的概念,指出战略性新兴产业是以重大技术突破和重大发展需求为基础,对经济社会全局和长远发展具有重大引领带动作用,知识技术密集、物质资源消耗少、成长潜力大、综合效益好的产业。

《决定》的制定主要坚持了以下四个主要原则,分别为:突出战略性、阶段性、针对性;处理好市场机制和政府调控的关系;坚持企业的主体地位;体现统筹协调。

《决定》主要着眼于解决当前战略性新兴产业发展存在的七个问题:明确战略性新兴

产业的内涵和发展重点；突出体制机制改革；掌握战略性新兴产业核心技术；充分发挥市场的拉动力量；财税金融投资政策亟需完善；国际合作是加快培育发展战略性新兴产业的重要途径；加强规划引导和统筹协调。

《决定》提出了我国培育和发展战略性新兴产业的宏观目标：一是形成我国经济社会可持续发展和转变经济发展方式的重要力量；二是形成满足人民群众生活质量提升新要求的客观能力；三是形成我国参与国际经济技术合作和竞争发展的新优势。从发展阶段上看，《决定》提出应按照"三步走"（2015/2020/2030）的思路，到 2015 年，战略性新兴产业形成健康发展、协调推进的基本格局，对产业结构升级的作用显著增强，增加值占国内生产总值的比重力争达到 8% 左右。到 2020 年，战略性新兴产业增加值占国内生产总值的比重力争达到 15% 左右，吸纳、带动就业能力显著提高。节能环保、新一代信息技术、生物、高端装备制造产业成为国民经济的支柱产业，新能源、新材料、新能源汽车成为国民经济的先导产业。到 2030 年前后，战略性新兴产业的整体创新能力和产业发展水平达到世界先进水平，为经济社会可持续发展提供强有力的支撑。

66.中国互联网网络版权自律公约

2005 年 9 月 3 日，中国互联网协会发布了《中国互联网网络版权自律公约》（以下简称《公约》），40 家单位签署加入，符合公约生效要求，该公约当日正式生效。

《公约》是我国互联网知识产权领域发布的第一个行业自律公约，意味着我国在保护互联网知识产权领域迈出了第一步，同时也是中国互联网协会开展行业自律工作中的一个重要内容。《公约》的发布和签署将进一步规范网络从业者行为，加强互联网相关行业间的对话与合作，对于维护网络知识产权、促进和保障互联网行业健康发展途径等方面意义重大，更标志着我国互联网企业行业自律走向深入，网络业知识产权的建设与保护进入新阶段。

《公约》全文共 17 条。其中第二条至第六条是 5 条自律条款。公约规定，公约成员应该加强沟通和合作，共同研究和探讨我国互联网版权保护措施，并提出相关的政策建议和立法建议；公约成员应当积极采取有效的技术措施和管理措施，保护权利人的权利；公约成员应该鼓励、支持、保护依法进行的公平、有序的竞争，反对不正当竞争；公约成员应当自觉接受社会各界的监督和批评，共同抵制和纠正行业不正之风。

第七条到第八条规定了公约由中国互联网协会网络版权联盟（以下简称"联盟"）执行，并规定联盟有负责组织公约成员学习网络版权管理的相关法律法规和政策，维护公约成员的正当权益，积极推动和实施互联网行业自律等义务。

第九条至第十条规定了公约成员的相关权利，并对其违反公约所应承担的后果予以说明。

第十一条至第十三条阐述了联盟设立的相关机构和标示。《公约》规定联盟设置秘书处和网络版权纠纷调解中心，并统一标识。

第十四条至第十六条主要规定了《公约》执行方面的相关规定。作为开放性公约，互联网相关企业可随时申请加入《公约》，公约成员也可以随时退出《公约》。

中国互联网协会网络版权联盟作为《公约》的执行机构，负责组织《公约》的宣传和实施，并将围绕《公约》相关内容研究制定详细的实施办法。

67.商务部下发通知规范网络购物促销行为

商务部 2011 年 1 月 5 日下发《关于规范网络购物促销行为的通知》（以下简称《通知》）。《通知》指出，随着网络购物快速发展，网络购物企业间竞争日益激烈，打折、秒杀、返券、赠积分、免运费等促销手段渐趋常态化，活跃了市场，刺激了消费，但也出现了销售侵权盗版商品、以次充好、虚假打折、线下服务和线上促销承诺不一致、网络团购缺乏规范等问题。《通知》发布的目的是为了规范网络购物促销行为，营造良好消费环境，促进网络购物持续健康发展。

《通知》主要围绕七方面事项展开，分别为：一、引导企业依法促销；二、保证促销商品质量；三、保护消费者合法权益；四、严厉查处不实宣传；五、加强知识产权保护；六、引导科学合理消费；七、建立长效机制。

《通知》要求，各地商务主管部门要引导企业依照《反垄断法》、《消费者权益保护法》、《广告法》、《商标法》等法律法规依法促销；推动网络购物企业在促销活动中，事先向消费者说明促销商品或者服务的名称、种类、质量、价格、运费、配送方式、退换货方式等主要信息，采取安全保障措施，确保促销行为安全可靠。

《通知》强调，要杜绝各种价格欺诈和虚假促销行为，严禁虚构原价打折、使用误导性标价形式或价格手段，欺骗、诱导消费者，不得降低促销商品（包括有奖销售的奖品、赠品）的售后服务水平，不得以促销为由拒绝退换货或者为消费者退换货设置障碍，不得以保留最终解释权为由，损害消费者的合法权益。

《通知》要求，各地商务部门加强与工商等部门配合协作，严厉查处不实宣传；结合打击侵犯知识产权和制售假冒伪劣商品专项行动，与工商、质检等部门开展联合督查，加强知识产权保护。

68.互联网文化管理暂行规定

2011年2月17日文化部正式发布新版《互联网文化管理暂行规定》（以下简称"新《规定》"），其中增加对网游企业注册资金不低于1000万元等规定，并对部分违规情况加大处罚力度。新规定4月1日起施行，2003年5月10日发布、2004年7月1日修订的《互联网文化管理暂行规定》同时废止。

新《规定》由原先的27条内容扩充至34条内容。全文于2011年2月11日已在文化部部务会议审议通过。与2003年5月10日发布、2004年7月1日修订的《互联网文化管理暂行规定》相比，新《规定》中补充了对网游行业管理的新规定，包括要求申请从事网络游戏经营活动的应当具备不低于1000万元的注册资金、经营性互联网文化单位变更单位名称、网站名称、网站域名、法定代表人、注册地址、经营地址、注册资金、股权结构以及许可经营范围的，应当自变更之日起20日内到所在地省、自治区、直辖市人民政府文化行政部门办理变更手续等内容。

此外，新《规定》中将互联网文化活动的监督管理工作，明确下放到县级以上人民政府文化行政部门负责，并对违规行为实施处罚。新《规定》还对个别违规行为的处罚金额作出一定的调整。

在查处违法经营活动时，文化行政部门或者文化市场综合执法机构，应当依照实施违法经营行为的企业注册地或者企业实际经营地进行管辖。

69.第三方电子商务交易平台服务规范

商务部2011年4月12日正式公布《第三方电子商务交易平台服务规范》（以下简称《规范》），对第三方电子商务交易平台的设立、基本行为规范和运营提出了相应的要求。该《规范》以促进电子商务与网络购物健康和谐发展为宗旨，对第三方电子商务交易平台的经营活动进行规范和引导，营造公平、诚信、安全的交易环境。

该《规范》认定，从事第三方交易平台运营并为交易双方提供服务的可以为自然人、法人和其他组织，《规范》未在设立条件中明确提出资金规模的限制。同时要求站内经营者和交易相对人的身份信息的保存时间自其最后一次登录之日起不少于两年；交易信息保存时间自发生之日起不少于两年。《规范》鼓励平台经营者设立冷静期制度，允许消费者在冷静期内无理由取消订单并申请退款，但该制度并不适用于药品、生鲜、化妆品等属性特殊的商品。《规范》鼓励网络第三方交易平台和平台经营者向消费者提供"卖家保证金"

服务。

近年来，中国电子商务发展迅猛。据统计，2010年中国网上零售市场交易规模达到5131亿元人民币，约占全年社会平均零售总额的3%。有机构预计，未来两年国内网上零售市场交易规模将突破万亿元。但与此同时，由于缺乏规范引导，在应用第三方电子商务交易平台过程中还存在诸多问题。为规范第三方电子商务交易平台经营，创建公平诚信的交易环境，促进中国电子商务健康快速可持续发展，中国商务部组织制订了《第三方电子商务交易平台服务规范》。

在过去的很长一段时间内，由于缺少相关法律法规的监督与约束，部分第三方电子支付企业在运营中存在不少问题，有的第三方电子支付企业甚至沦为洗钱和诈骗等犯罪行为的工具。而这一新规的出台，将对第三方电子支付企业的经营起到监管作用。《规范》相当于从技术、信用等层面设置了准入门槛，将防止部分实力有限、信誉低的企业浑水摸鱼。

70.140余家网站签署《抵制非法网络公关行为自律公约》

2011年5月16日上午，140家网站代表在北京签署《抵制非法网络公关行为自律公约》（以下简称《公约》），谴责非法网络公关行为，表示要积极行动起来，杜绝非法网络公关行为，倡议互联网从业单位和广大网民营造文明诚信的网络环境。当天签署自律公约的网站包括人民网、新华网、新浪网、搜狐网、网易、凤凰网、腾讯网、百度、优酷、开心网、天涯社区等知名网站，还包括中国各地方的新闻网站等。

该《公约》由中国互联网协会发起制定。《公约》共计十条。《公约》内容包括，承诺不组织、不参与任何形式的非法网络公关活动，坚决反对和抵制损害他人商业信誉的不正当竞争行为，以及引导网民理性思考、文明发言、有序参与，营造健康网络舆论环境等。

目前社会上出现的"网络水军"、"网络推手"、"灌水公司"、"删帖公司"、"投票公司"、"代骂公司"等形式的非法机构及其个人，通过网络手段进行非法公关行为，危害文明诚信的网络环境。为此，中国互联网协会会同百家互联网从业单位发起制定《抵制非法网络公关行为自律公约》。

此次百家网站签署自律公约活动，是中国互联网业界响应由国家互联网信息办公室、工业和信息化部、公安部等开展的整治网络公关行为专项行动的具体表现。

71.中国人民银行下发首批第三方支付牌照

2011年5月26日，中国人民银行在网站上公布了获得第三方支付牌照的首批企业名单,包括支付宝、快钱等在内的27家企业榜上有名。网站资料显示,这27家企业于18日获得第三方支付许可证(支付牌照)。它们可以从事互联网支付、移动电话支付、银行卡收单、预付卡发行与受理、货币汇兑等诸多支付业务。其中,既有支付宝、财付通、快钱、汇付天下等民营第三方支付企业,也有银联商务有限公司、广州银联网络支付有限公司、北京银联商务有限公司等国字头企业。

2010年6月,央行对外公布《非金融机构支付服务管理办法》(以下简称《办法》),对国内第三方支付行业实施正式监管。《办法》是中国互联网支付行业的首份行政监管法规。第三方支付平台是否涉及国家金融安全、保护国家金融安全是否应通过内资完全控制来实现成为监管新规中的一大争议焦点。根据相关规定,非金融机构提供支付服务需要按规定取得《支付业务许可证》成为支付机构。2011年9月1日为第三方支付机构获得许可证的最后期限,逾期未取得的企业将不得继续从事支付业务。

《办法》称,非金融机构支付服务是指非金融机构在收付款人之间作为中介机构提供包括"网络支付"、"预付卡的发行与受理"、"银行卡收单"、"中国人民银行确定的其他支付服务"的货币资金转移服务。支付机构之间的货币资金转移应当委托银行业金融机构办理,不得通过支付机构相互存放货币资金或委托其他支付机构等形式办理。支付机构不得办理银行业金融机构之间的货币资金转移,经特别许可的除外。支付机构应当确定支付业务的收费项目和收费标准,并报所在地中国人民银行分支机构备案。支付机构应当公开披露其支付业务的收费项目和收费标准。

业内人士指出,《支付业务许可证》的发放,将赋予支付企业合法地位,使第三方支付业务可以延伸到政策监管更严格、专业要求更高的金融领域,如基金、保险等理财服务市场。未来几年基金、保险等理财服务市场将对第三方支付市场的发展起到重大推动作用,促进第三方支付企业的专业化支付服务水平进一步提升。

72.我国织就全球最大"水上物联网"

2011年6月,中国海事局公布,中国船舶自动识别系统网络基本覆盖了我国所有的沿海水域和四级以上的内河航道。船舶自动识别系统(简称AIS)是集现代通信、网络技术和信息技术于一体的高科技航海设施及系统。通过船载AIS设备和AIS岸基网络系统,可以实现船舶之间、船岸之间识别码、位置、航向、航速等信息的交换,达到相互识别的目的。以AIS系统为平台,可构建"水上物联网",是传统航海向实现"智能航海"跨越的重要里程碑。到2012年7月1日前,全国有13.4万艘运输船舶完成该系统的配备。国际航标协会已将中国AIS岸基网络建设的核心技术纳入世界AIS岸基系统建设的国际标准规范。这标志着中国船舶自动识别系统网络已基本覆盖我国所有的沿海水域和内河四级以上的高等级航道,表明我国建成了全球规模最大的"水上物联网"基础框架。

73.关于严防虚假新闻报道的若干规定

受网络虚假信息的影响,传统媒体虚假新闻、不实报道呈上升趋势,一定程度上损害了政府形象,扰乱了新闻秩序,降低了媒体公信力,社会反映强烈。为切实维护新闻传播公信力,从源头上防止新闻造假,2011年10月14日新闻出版总署办公厅印发了《关于严防虚假新闻报道的若干规定》(以下简称《规定》)。要求新闻机构建立健全内部防范虚假新闻的管理制度、纠错和更正制度,完善虚假失实报道的责任追究制度,对于严重虚假失实报道将责令新闻机构主要负责人引咎辞职。

《规定》共分为五条,分别从新闻记者采访的基本规范、新闻机构管理的基本职责、虚假报道的处理规则和法律责任追究等四个方面对预防虚假报道作出规定。《规定》要求,记者必须持新闻出版总署核发的新闻记者证采访;必须坚持实地采访,不得依据未经核实的社会传闻等非第一手材料编发新闻;开展批评性报道至少要有两个以上不同的新闻来源,并在认真核实后保存各方相关证据,确保新闻报道真实、客观、准确。针对目前媒体未经核实使用网络信息辨析报道造成严重虚假新闻等问题,《规定》要求,"新闻机构要严格使用社会自由来稿和互联网信息制度,不得直接使用未经核实的网络信息和手机信息,不得直接采用未经核实的社会自由来稿"。

对于新闻机构的责任,分别从采编流程管理、新闻来源的审核、转载审核管理和采编队伍准入管理等四方面提出规范要求,如新闻报道必须注明新闻消息来源、转载转播新闻报道必须事先核实、新闻机构必须规范用工制度等。《规定》还明确要求,新闻机构须建立健全虚假失实报道的纠错和更正制度,完善虚假失实报道的责任追究制度。凡经调查核实认定报道存在虚假或者失实的,新闻机构应当在本媒体上及时发表更正,消除影响。这也暗含了新闻出版总署对虚假新闻的态度和追求新闻真实性的坚定信念,同时《规定》中的一些要求也重新引发了社会各界对新闻真实性与时效性冲突的处理与应对的思考。

新闻出版总署相关负责人指出,新闻出版行政部门将加强行政监督,严肃查处损害国家利益和公共利益的虚假失实报道,对违反《规定》的新闻机构及其新闻记者,新闻出版行政部门将视其情节轻重给予处理。

74.关于进一步加强公共数字文化建设的指导意见

2011年11月15日,文化部、财政部共同出台了《关于进一步加强公共数字文化建设的指导意见》(以下简称《意见》)。根据《意见》要求,文化部、财政部将进一步加大全国公共数字文化建设力度,以制度体系、网络体系、资源体系、管理体系和服务体系建设为着力点,构建海量分级分布式公共数字文化资源库群,力争建成内容丰富、技术先进、覆盖城乡、传播快捷的公共数字文化服务体系,为广大群众提供丰富便捷的数字文化服务,切实保障信息技术环境下公共文化服务的公益性、基本性、均等性、便利性。

在数字化、信息化、全球化的时代背景下,结合国内外形势和人民群众不断增长的精神文化需求,将信息技术、数字技术、网络技术等现代科学技术和传播手段应用于公共文化服务体系建设,进一步加强公共数字文化建设,是适应时代发展的必然要求。近年来,文化部、财政部共同组织实施了全国文化信息资源共享工程(以下简称"文化共享工程")、数字图书馆推广工程和公共电子阅览室建设计划,并取得积极进展,为"十二五"时期的公共数字文化建设奠定了基础。但当前公共数字文化建设还不能满足人民群众日益增长的精神文化需求,在制度设计、资源整合、服务机制建设等诸多方面均有待加强。为此,文化部、财政部决定进一步加强公共数字文化建设。

《意见》提出,要重点实施文化共享工程、数字图书馆推广工程和公共电子阅览室建设计划三大公共数字文化惠民工程,提升三大公共数字文化惠民工程的整体效能。在此基础上,广泛动员各方面力量,逐步拓展范围,带动数字美术馆、数字文化馆、数字博物馆、数字爱国主义教育基地等建设,大力整合汇聚非物质文化遗产、国有艺术院团、民间文艺社团等方面的数字化资源,不断丰富和加强公共数字文化建设。

《意见》要求,要提高公共数字文化供给能力,创新公共数字文化服务机制,在实施重点公共数字文化惠民工程的基础上,全面加强公共数字文化的制度体系、网络体系、资源体系、管理体系和服务体系建设。一是要推进公共数字文化建设制度设计,实现科学规划。开展专题调研,推进公共数字文化建设的制度设计和机制研究。二是要发展完善公共数字文化设施网络,实现双向互动。三是要加强公共数字文化资源建设,实现共建共享。四是要搭建集中统一的运行管理平台,实现规范管理。采取科学化、系统化、规范化的管理手段,确保公共数字文化体系的稳定运行和有效监管。五是要打造基于互联网、广播电视网和移动通信网的跨网络、跨终端的服务新业态,实现创新发展。六是要鼓励开放合作的数字文化建设新局面,实现互利共赢。

《意见》还要求,加强领导,完善投入和保障机制。一是要加强组织领导和统筹规划。

各地要高度重视公共数字文化建设工作,将其纳入当地政府文化发展规划和公共文化服务体系建设。二是要完善投入和保障机制。中央财政设立专项资金,对三大公共数字文化惠民工程建设所需经费予以补助。各地要积极争取地方党政领导的重视和支持,确保地方财政资金足额按时到位,鼓励社会力量投资文化建设,并完善法律法规,加强政策保障。三是要注重人才培养和队伍建设。建立人才培养机制,为公共数字文化建设提供人力资源基础。

加强公共数字文化建设,能够全面提升公共文化服务能力和服务水平,创新文化发展体制机制,增强文化发展活力与动力,把握信息技术时代的文化发展主导权,维护国家文化安全。

75.规范互联网信息服务市场秩序若干规定

工业和信息化部(以下简称"工信部")2011年12月29日公布《规范互联网信息服务市场秩序若干规定》(以下简称《若干规定》)。《若干规定》规范了互联网信息服务活动,与互联网信息服务有关的软件等产品安装、评测及用户个人信息保护等活动也被纳入其调整范围。《若干规定》自2012年3月15日起施行。

《若干规定》共21条,主要对互联网信息服务活动中的下述事项进行了规范。

一是明确了禁止实施的侵犯其他互联网信息服务提供者权益的行为。《若干规定》以"列举加概括"的方式规定了互联网信息服务提供者不得实施的行为,包括:恶意干扰用户终端上其他互联网信息服务提供者的服务,或者产品的下载、安装、运行和升级;捏造、散布虚假事实损害其他互联网信息服务提供者的合法权益等。其中,考虑到反病毒等安全软件之间不兼容是正常的,宜通过市场机制解决安全软件兼容问题,《若干规定》仅禁止"恶意"实施的不兼容。

二是规范了互联网"评测"活动。提供平台供用户评价,或者以其他方式对互联网信息服务或者产品的性能等进行评价和测试,已成为互联网信息服务模式之一。为了防止互联网信息服务提供者操纵评测结果、滥用评测活动,《若干规定》要求评测活动应当客观公正;在公开评测结果的同时应当全面完整地提供与评测活动相关的信息;评测方与被评测方的服务相同或者功能类似的,在评测结果中不得含有其主观评价;评测方不得利用评测结果,欺骗、误导、强迫用户对被评测方的服务或者产品作出处置。《若干规定》还就被评测方对评测结果的异议作了规定,允许其就评测结果进行再评测,并规定评测方应当予以配合。《若干规定》在对评测活动、评测结果进行规范的同时,设置了相应的处罚措施。对于违反有关规定开展评测活动、可能对用户权益产生重大影响的,还可以依据《若干规定》设立的"报告"和"叫停"制度予以处理。

三是明确了禁止实施的侵犯用户合法权益的行为。《若干规定》针对互联网信息服务过程中易于出现的侵犯用户合法权益的行为，参照《合同法》和《电信条例》的要求，规定了互联网信息服务提供者不得实施的八种行为，包括：无正当理由拒绝、拖延向用户提供服务或者产品；限定用户使用其指定的服务或者产品等。

四是规范了在用户终端上安装、运行或者捆绑软件的行为。《若干规定》要求在用户终端上进行软件下载、安装、运行、升级、卸载等操作的，应当事先征得用户同意并提供明确完整的软件功能等信息，禁止欺骗、误导或者强迫用户安装、运行软件。对于互联网信息服务终端软件捆绑其他软件的行为，《若干规定》要求互联网信息服务提供者以显著方式提示用户，并提供独立的卸载或者关闭方式。

五是规范了广告窗口弹出行为。互联网信息服务提供者在用户终端上弹出广告窗口，是用户反映强烈的问题。考虑到我国互联网信息服务的免费模式建立在广告收入补贴的基础上，如果完全禁止弹出广告窗口，将改变现有互联网信息服务的商业模式，最终将损害用户的利益，影响互联网产业的发展。针对这个问题，《若干规定》要求互联网信息服务提供者以显著的方式向用户提供关闭或者退出窗口的功能标识。

六是强化了对用户个人信息的保护。《若干规定》在将"用户个人信息"界定为"与用户相关、能够单独或者与其他信息结合识别用户的信息"的基础上，对用户个人信息的收集、使用行为作了原则性规定。《若干规定》同时要求：互联网信息服务提供者应当妥善保管用户个人信息，不得擅自提供给他人；保管的用户个人信息泄露或者可能泄露的，应当立即采取补救措施；造成或者可能造成严重后果的，应当立即报告电信管理机构并配合调查处理。

另外，为了保证电信管理机构及时发现和处理互联网信息服务中的违法事件，保护互联网信息服务提供者和用户的合法权益，《若干规定》还对违反相关规定的行为设定了相应的法律责任。

近年来，互联网发展迅速，新技术、新应用层出不穷，已成为大众生产和生活的重要组成部分。与此同时，互联网信息服务竞争日益激烈，违法事件逐渐增多，不规范经营、侵害用户权益的行为时有发生，有必要加快推进相关立法。

制定《若干规定》，有利于明确互联网信息服务的行为准则，形成良好的信息服务环境。近年来的相关违法事件，凸显出互联网信息服务相关法律法规不健全、具体行为规范缺失等问题。通过制定《若干规定》进一步明确互联网信息服务规则和行为边界，有利于定纷止争，建立依法经营、依法维权的服务环境，保护互联网信息服务提供者和用户的合法权益。

制定《若干规定》，有利于推进互联网管理领域的依法行政。工信部及各省（区、市）

通信管理局在处置互联网信息服务违法事件的过程中，面临着有效法律手段缺乏、法律依据不足等问题。制定《若干规定》，有利于进一步完善相关管理制度，推进互联网管理工作的依法进行。

76.北京市微博客发展管理若干规定

北京是微博客发展的重点地区，为进一步规范微博客服务，建立以诚信为基础的健康的互联网传播秩序，促进互联网新媒体健康发展，在广泛调查研究、听取各方意见的基础上，根据国家有关法律、法规、规章，由北京市人民政府新闻办公室、北京市公安局、北京市通信管理局和北京市互联网信息办公室共同研究制定的《北京市微博客发展管理若干规定》（以下简称《规定》）于2011年12月16日出台，并自公布之日起施行。《规定》要求，任何组织或者个人注册微博客账号，应当使用真实身份信息；网站开展微博客服务，应当保证注册用户信息真实。

《规定》以"科学发展、积极利用、加强管理、确保安全"为指导原则，根据《中华人民共和国电信条例》、《互联网信息服务管理办法》等法规条例，结合北京实际，就微博客建设、运用和管理作出16条规定，包括目的依据、适用范围、发展原则、规划审批、行为规范、微博客用户注册、信息内容审核、政府部门责任、行业自律、社会监督、法律责任等内容。《规定》明确提出，要加强微博客的建设、运用，发挥微博客服务社会的积极作用。网站从事微博客服务，应当坚持诚信办网、文明办网，积极传播社会主义核心价值体系，传播社会主义先进文化，为构建社会主义和谐社会服务。

《规定》对北京市行政区域内网站开展微博客服务的申请程序和准入条件作出明确规定，提出应在满足建立健全信息安全管理制度、确定负责信息安全的监控机构及人员、落实技术安全防控措施、建立用户信息安全管理制度、建立虚假信息揭露制度等条件基础上，依法向市互联网信息内容主管部门提出申请，并经审核同意。

《规定》基于保护用户利益和构建网络诚信体系，提出任何组织或者个人注册微博客账号，应当使用真实身份信息；网站开展微博客服务，应当保证注册用户信息真实。《规定》依据国家法律法规，提出不得利用微博客制作、复制、发布、传播的11类违法和不良信息。提出开展微博客服务的网站，要履行信息审核和监管职责，承担有关法律责任。北京市人民政府新闻主管部门、北京市互联网信息内容主管部门、北京市公安机关、北京市通信管理部门和相关行业协会，要加强微博客管理工作，指导网站建立健全微博客服务规范。

近年来，以微博客服务为代表的互联网新业务发展迅速，微博客服务在反映民意、汇聚民智、信息传播、服务社会等方面发挥了积极作用。但是，在微博客发展过程中，也出现了传播谣言和虚假信息、买卖"粉丝"、利用网络进行欺诈等突出问题，损害了公共利益和公众利益，引起网站、用户和公众的不满，社会各方强烈呼吁加强互联网诚信建设，规范微博客服务管理，保障互联网健康发展。

从微博客服务发展来看，在注重服务规模、经济效益的同时，更应当重视社会效益，承担必要的社会责任，保证信息服务质量。《规定》不但不会限制微博客服务的发展，还将有助于微博客网站树立企业品牌，提高服务质量。

77.中国人民银行出台互联网支付管理办法

2012年1月5日，为规范和促进互联网支付业务的发展，防范支付风险，中国人民银行起草了《支付机构互联网支付业务管理办法（征求意见稿）》（以下简称《办法》），向社会公开征求意见。

《办法》分别从支付账户管理、业务管理、特约商户管理、风险管理、监督管理与纪律和责任方面，对从事互联网支付的企业作了相应的规定，也首次对互联网支付业务进行了规范化，为拥有互联网支付业务权利的非金融机构的发展提供了健康发展的方向。强制实名认证、禁止信用卡透支充值、允许支付个人消费信贷还款等是《办法》中的重点内容。

《办法》拟要求互联网支付账户的开立实行实名制。《办法》提出支付机构对客户身份信息的真实性负责。支付机构不得为客户开立匿名、假名支付账户。另外要登记个人客户的姓名、性别、住址、联系方式以及有效身份证件的种类、号码和有效期限等详细身份信息，单位支付账户还须登记单位名称、地址、经营范围、税务登记证号码、组织机构代码等，支付机构有义务审核客户信息的真实性。这意味着互联网支付将步入"实名"时代。

同时，客户在同一机构开立的所有支付账户，月累计充值金额超过1000元的，必须关联名称一致的银行账户，银行与支付机构存在合作关系的，银行还要核验客户身份信息和账户信息。

目前，支付宝、财付通、快钱、通联支付、汇付天下等已获牌照的第三方在线支付平台，都已推行实名认证，但认证方式和范围还未到征求意见稿的要求，大多数平台只认证姓名、性别、联系方式及有效身份证件的种类和号码，住址、身份证件有效期等信息并不在审核之列。并且，只有部分公司采用与公安部居民身份信息查验系统对接的方式认证，其他公司则与第三方合作验证。

《办法》对各第三方支付平台影响较大的规定可能以下两条：一是规定信用卡不得透支为支付账户充值，二是允许账户资金用于电子商务交易付款、公用事业缴费、信用卡等个人消费信贷还款以及购买特定金融产品交易。前者影响偏负面，后者则偏正面。

从各家第三方支付平台现行规定来看，用户既可用银行借记卡为账户充值，也可用信用卡充值，算是行业发展的"历史遗留问题"。用信用卡透支为支付账户充值，为变相透支提现提供了便利，后者是监管部门重点打击的对象。支付宝相关负责人表示，禁止信用卡透支充值，对支付宝影响并不大，因为支付宝今年开通的无需充值的快捷支付功能，比原来充值再支付的方式更便捷更安全。

《办法》出台后，支付宝于2012年1月9日发布公告，将从2012年2月8日起关闭信用卡向支付宝账户充值的通道。支付宝建议用户选择快捷支付或网上银行等方式直接向商户付款。支付宝等第三方支付机构的这项举措，是对《办法》的回应。分析人士预计，未来一段时间，伴随着《互联网支付管理办法》的正式出台，财付通、百付宝、易宝支付等第三方支付机构也将会相继叫停信用卡充值业务。

允许账户资金用于信用卡等个人消费信贷还款，这个规定为相关业务提供了正式的政策支持，并被认为能够显著提升互联网支付的交易规模。

此外，《办法》还规定，客户应通过关联银行账户为支付账户充值，没有关联银行账户的，可通过非关联银行账户或经央行批准的同一支付机构预付卡充值，但最多不超过1000元。而当用户进行支付时，单笔金额超过10000元，支付系统将要求客户重新登记个人身份信息，并核对其真实性。分析认为，监管机构未来将有可能掌握每一笔资金的流向并追溯相关责任，一方面保障客户资金安全，另一方面则遏制洗钱。

78.物联网"十二五"发展规划

2012年2月14日，国家工业和信息化部正式发布了《物联网"十二五"发展规划》（以下简称《规划》），目标计划到2015年，我国要在核心技术研发与产业化、关键标准研究与制定、产业链条建立与完善、重大应用示范与推广等方面取得显著成效，初步完成物联网产业体系构建。《规划》指出，物联网已成为当前世界新一轮经济和科技发展的战略制高点之一，发展物联网对于促进经济发展和社会进步具有重要的现实意义，对未来5年物联网的发展具有重要的指导意义。此次规划是中国首次出台如此详细的物联网规划，自上而下地充分体现了政府对物联网产业的高度重视。工信部预测数据显示：2015年我国的物联网市场规模将超过5000亿元，而在2020年将达到万亿元级，未来5年的复合年均增长率将超过30%。

《规划》围绕大力攻克核心技术、加快构建标准体系、协调推进产业发展、着力培育骨干企业、积极开展应用示范、合理规划区域布局、加强信息安全保障、提升公共服务能力八个方面介绍了"十二五"期间的物联网发展的主要任务,并就关键技术创新工程、标准化推进工程、"十区百企"产业发展工程、重点领域应用示范工程、公共服务平台建设工程五大重点工程分专栏进行了解析。

《规划》明确指出:力争在"十二五"末初步完成产业体系构建,形成较为完善的物联网产业链,培育和发展十个产业聚集区、一百家以上骨干企业、一批"专、精、特、新"的中小企业,建设一批覆盖面广、支撑力强的公共服务平台,初步形成门类齐全、布局合理、结构优化的物联网产业体系。

根据《规划》精神,中央和地方政府的政策将围绕几个重点展开。首先是重点技术领域,诸如传感器、信息处理技术、物联网安全技术,尤其是与制造业有关的传感器制造业领域,是物联网"十二五"规划发展的重点。其次是重点应用领域。在关乎经济安全运行的基础行业,如环境、工业、农业等已成为了发展的重点,而在民生密切关联的医疗、食品及社会管理领域,也已成为焦点。此外,在物联网产业聚集区域规划领域,物联网"十二五"规划思路是以"市场驱动"模式,以靠近关联应用产业为原则,如以推进物联网应用技术进步及物联网服务业为导向,以特色农业、汽车生产、电力设施、石油化工、光学制造、家居照明、海洋港口等特色产业基地,打造物联网聚集区。

《规划》将重点惠及四大产业,即智能卡技术、二维码识别、RFID(Radio Frequency Identification,简称"RFID",无线射频识别技术)芯片和传感器等诸多细分行业,将最大程度分享市场带来的增长收益。具体内容如下:一、智能卡技术。该技术已成为物联网的技术核心。智能卡是一个带有微处理器和存储器等微型集成电路芯片、具有标准规格的卡片。智能卡作为IT行业的一个小分支,原本市场份额很有限,但随着通讯、金融和政府安全等项目的实施,智能卡独特的技术特性及不可替代的地位已开始显现。二维码识别则是物联网的关键环节,用特定的几何图形按一定规律在平面上分布的黑白相间的矩形方阵记录数据符号信息。二、二维码识别技术。二维码能多次读写且存储容量更大,在产品溯源、物流、防伪、防串货、会员管理、精准营销、召回等环节均能扮演关键角色。此外,二维码可通过网络传输和下载,其应用具有高度灵活和便捷性。随着智能手机普及,二维码的应用已更加便利快捷,目前二维码和智能手机相结合的应用包括电子票、电子折扣券、手机广告、手机上网及下载、二维码名片等。三、RFID技术。RFID技术是物联网的灵魂,主要包括标签和终端设备两部分。终端设备通过无线信号读写标签中的信息,实现高速无接触式的物体标记和识别。由于RFID标签无需电源,且成本低廉、方便易用,因此已成为物联网中最有发展前途的信息技术之一,但由于成本的原因,目前还未得到大规模的应用推广。四、传感器。传感器则是物联网信息采集的基础。目前,我国传感器行业发展落后,国内传感器需求,尤其是高端需求严重依赖进口,国产化缺口巨大,目前传感器进口占比 80%，传感器芯片进口占比达 90%。

随着物联网市场商业盈利模式的日渐清晰，以及物联网设备和产品制造业、物联网运营产业、基于物联网的现代服务业等产业的发展，一个巨大的产业链正在形成。据美国独立市场研究机构 Forrester 预测，物联网所带来的产业价值要比互联网大 30 倍，有望形成下一个上万亿元规模的高科技市场。

与此同时，作为当前最具发展潜力的产业之一，物联网将有力带动传统产业转型升级，引领战略性新兴产业的发展，实现经济结构和战略性调整，引发社会生产和经济发展方式的深度变革，具有巨大的战略增长潜能。而人们可以确信的是，未来的物联网科学必将使一个个看似科幻的场景真正变为现实。

79.新闻出版总署关于加快出版传媒集团改革发展的指导意见

2012 年 2 月 24 日，新闻出版总署印发了《关于加快出版传媒集团改革发展的指导意见》（以下简称《指导意见》）。这是总署贯彻落实全国文化体制改革工作会议精神的重要举措，也是总署首次针对出版传媒集团的改革发展出台专门的指导意见。在大力推动新闻出版行业改革发展已经取得显著成效的时刻，在大力推动社会主义文化大发展大繁荣的新形势下，《指导意见》的发布对进一步促进出版传媒集团科学健康发展，指导出版传媒集团不断做强做大，具有深远意义。

《指导意见》共分为八个部分 32 条，分别为：一、充分认识加快出版传媒集团改革发展的重要性紧迫性；二、加快出版传媒集团改革发展的指导思想、原则要求和主要目标；三、进一步深化出版传媒集团体制改革；四、积极推进出版传媒集团战略性改组；五、大力支持出版传媒集团应用高新技术和推动产业升级；六、切实加强出版传媒集团科学管理；七、鼓励和扶持出版传媒集团走出去；八、加快出版传媒集团改革发展的保障措施。

《指导意见》明确了今后一个时期出版传媒集团发展的战略方向，指出了出版传媒集团加快发展的重要性和紧迫性，提出了推动出版传媒集团发展的指导思想、原则要求和主要目标，紧密围绕"三改一加强"，细化了推动出版传媒集团改革发展的责任任务，并对推动出版传媒集团发展的保障措施提出了具体要求。

《指导意见》提出了四个方面的 15 项重点任务，形成了推动出版传媒集团改革发展的任务体系。在深化出版传媒集团体制改革方面，提出要继续推动出版传媒集团完善法人治理结构，推进股份制改造，加快转换内部经营机制。同时，要求新闻出版行政主管部门要引导和规范国有出版传媒集团与非公有文化企业开展合作。在推进出版传媒集团实施战略性改组方面，提出继续支持出版传媒集团兼并重组，支持出版传媒集团间开展战略性合作,要求新闻出版行政主管部门要继续推动出版传媒集团转变发展方式。在支持出版传媒集团应用高新技术和推动产业升级方面,提出支持出版传媒集团应用高新技术,发展数字出版产业,建立科技创新体系。在加强出版传媒集团科学管理方面,提出要推动出版传媒集团加强出版产品内容生产的引导,不断健全内部管理机制,科学整合内部资源,建立健全编委会制度,并加强人力资源规划和开发。同时,意见还就"走出去"和保障措施等提出了具体要求和指导性意见。

出版传媒集团是新闻出版业发展的主导力量,《指导意见》是未来推动出版传媒集团改革发展的纲领性文件。纲举目张,伴随着《指导意见》的发布实施,出版传媒集团将进入改革发展的又一个春天,未来将展现出更美好的发展前景。

80.中国互联网协会抵制网络谣言倡议书

2012年4月8日,中国互联网协会发出倡议书,呼吁互联网行业履行社会责任,加强行业自律,自觉抵制网络谣言传播。倡议书说,网络谣言的传播成为一大社会公害,严重侵犯公民权益,损害公共利益,也危害国家安全和社会稳定,希望互联网业界采取有力措施抵制网络谣言,营造健康文明的网络环境,推动互联网行业健康可持续发展。

倡议书共8条。倡议书呼吁互联网业界严格遵守国家法律法规和行业自律公约,不为网络谣言提供传播渠道,配合政府有关部门依法打击利用网络传播谣言的行为;积极响应"增强国家文化软实力,弘扬中华文化,努力建设社会主义文化强国"的战略部署,制作和传播合法、真实、健康的网络内容,把互联网建设成宣传科学理论、传播先进文化、塑造美好心灵、弘扬社会正气的平台。

倡议书希望互联网企业增强社会责任感,承担社会责任,加强对论坛、微博等互动栏目的管理,积极引导网民文明上网、文明发言,坚决斩断网络谣言传播链条。建立、健全网站内部管理制度,规范信息制作、发布和传播流程,强化内部监管机制,加强对网站内容的甄别和处理,对明显的网络谣言应及时主动删除。

倡议书强调,要加强对网站从业人员的职业道德教育,提高从业人员对网络谣言的辨别能力,督促从业人员养成良好的职业习惯。号召提供互动信息服务的企业,遵守国家有关互联网真实身份认证的要求,同时做好保护网民个人信息安全工作,提醒各类信息发布者发布信息必须客观真实、文责自负,使每个网民承担起应尽的社会责任。

倡议书提出,互联网企业要自觉接受社会监督,设置听取网民意见的畅通渠道,对公众反映的问题认真整改,提高社会公信力。希望广大网民积极支持互联网企业抵制网络谣言的行动,自觉做到不造谣、不传谣、不信谣,不助长谣言的流传、蔓延,做网络健康环境的维护者,发现网络谣言积极举报。

81.人民网上市

2012年4月27日,人民网股份有限公司(以下简称"人民网")以46倍市盈率、2.764亿总股本的优良资质,在上海证券交易所上市交易,控股股东为人民日报社。

作为官方新闻网站,人民网的成功上市创造了中国资本市场的两个第一:人民网是我国第一家在A股上市的重点新闻网站,也是国内第一家实现新闻采编业务和经营业务整体上市的中央媒体。它的成功上市,标志着全国重点新闻网站上市经营的开始,同时也意味着文化传媒产业进军资本市场的大幕正逐步启开。人民网上市成功的背后是政府文化传媒体制改革的一次尝试,对推动中国文化传媒产业体制改革进程具有重要意义。

人民网本次发行完成后总股本276422764股,此次A股公开发行数量为69105691股,发行价为20.00元/股,共募资13.8亿元。本次上市募集的资金将主要用于人民网移动互联网增值业务项目、技术平台改造升级项目、采编平台扩充升级项目的建设。公司未来的重点发展业务共三项,包括互联网广告、网络舆情业务和移动互联网业务。其中,网络舆情服务被视为人民网信息服务业务的重要增长点。

2012年1月13日,中国证监会宣布审核通过了人民网股份有限公司的IPO(首次公开募股)申请。

人民网具有较强的核心竞争力,主要表现在:一是在中国互联网业界中形成独特的品牌优势;二是将新闻信息与互联网新技术新应用紧密结合,形成了独特的内容优势;三是拥有15种语言、16种版本,覆盖200多个国家和地区的受众优势;四是拥有政府机构、知名企业等组成的客户资源优势;五是多项准入门槛较高的互联网相关业务经营资质。

2013年4月18日,人民网发布2012年年报,宣布2012年收入7.1亿元,同比增长42%,净利润2.1亿元,同比增长51%,合EPS约0.76元,公司拟每10股派5.5元,共派息1.5亿元。2013年8月25日,人民网发布半年报,显示2013年上半年公司实现营业收入4.12亿元,同比增长41.47%;归属于上市公司股东的净利润1亿元,同比增长54.8%;基本每股收益0.36元。一系列的数据显示,转企改制并上市融资后的人民网,在资本市场的助力下,发展势头良好,并取得了社会各界有目共睹的好成绩。

82.网络文化经营单位内容自审管理办法

为贯彻落实国务院关于进一步转变政府职能和简政放权的要求,增强企业自主管理能力和自律责任，推动网络文化内容建设和管理，保障网络文化健康快速发展，2013年8月12日，文化部出台了《网络文化经营单位内容自审管理办法》（以下简称《办法》）。《办法》要求，网络文化经营单位应当建立内容审核制度，对拟上网运营的文化产品及服务内容进行事前审核，确保文化产品及服务内容的合法性。

《办法》对文化市场管理机制进行了创新，以应对正在到来的"放权"改革。原来主要由政府部门承担的网络文化产品内容审核和管理责任，将更多地交由企业承担，通过做实企业自我约束机制和提升企业自我管理能力，同时政府加强对企业服务和后续监管，来确保文化产品和服务内容的合法性。

《办法》规定，网络文化产品及服务的内容审核工作，由取得《内容审核人员证书》的人员实施。内容审核人员由各省级文化行政部门组织培训考核。《办法》要求企业保障内容审核人员的独立表达权，同时也明确了其承担的责任，对于玩忽职守造成严重社会影响或者出现重大审核失误的，将由发证部门注销其《内容审核人员证书》。

为保证网络文化经营单位内容自审管理制度的顺利实施，文化部计划首先将网络音乐、移动游戏行业的审查备案工作交由企业自审，在总结经验的基础上再扩大自审范围，逐步减少政府审查事项，降低审查层级，提高工作效率。文化部在《办法》出台的通知中指出，参与《内容审核人员证书》培训的人数由各企业根据实际需要确定，培训工作也可交由行业协会等社会中介组织承办。文化部正在积极组织编写相关的网络文化管理培训教材，指导制定《网络音乐内容审核工作指引》、《网络游戏内容审核工作指引》等操作手册，以期通过建立成熟、完善的培训师资库和题库，为各地网络文化经营单位内容自审工作及管理培训工作提供有效服务。

83.最高人民法院、最高人民检察院关于办理利用信息网络实施诽谤等刑事案件适用法律若干问题的解释

2013年9月6日，最高人民法院召开新闻发布会，公布《最高人民法院、最高人民检察院关于办理利用信息网络实施诽谤等刑事案件适用法律若干问题的解释》（以下简称《解释》）。

《解释》是根据《中华人民共和国刑法》、《全国人民代表大会常务委员会关于维护互联网安全的决定》等规定制定的，《解释》对办理利用信息网络实施诽谤、寻衅滋事、敲诈勒索、非法经营等刑事案件适用法律的若干问题进行了说明。

《解释》共十条，主要规定了以下六个方面的内容：一是利用信息网络实施诽谤罪的司法认定，包括"捏造事实诽谤他人"、"情节严重"、"严重危害社会秩序和国家利益"及

数量累计问题；二是利用信息网络实施寻衅滋事罪的司法认定；三是利用信息网络实施敲诈勒索罪的司法认定；四是利用信息网络实施非法经营罪的司法认定；五是利用信息网络实施上述犯罪的共同犯罪、犯罪竞合及处断原则；六是关于信息网络范围的界定。

《解释》针对有关网络犯罪的新情况新特点，严格按照法律规定和立法精神，进一步明确了有关犯罪的定罪量刑标准，主要遵循了以下原则：第一，立足保护公民合法权益，维护社会秩序。利用信息网络实施的诽谤、寻衅滋事、敲诈勒索、非法经营等犯罪，只是传统犯罪在信息网络时代呈现出的新形式。《解释》根据新形势下惩治犯罪的时代要求，针对信息网络新特点，对这些犯罪的司法认定作了科学的解释，为保护公民的名誉权、公私财产权，维护正常的公共秩序和市场管理秩序提供了有力法律武器。第二，坚持罪刑法定原则，依法进行解释。《解释》严格依照刑法规定的诽谤罪、寻衅滋事罪、敲诈勒索罪、非法经营罪等犯罪的构成要件进行解释，明确了这些犯罪定罪量刑的具体标准。第三，立足司法实际，强调可操作性。鉴于最高人民法院和最高人民检察院2013年4月《关于办理敲诈勒索刑事案件适用法律若干问题的解释》、7月《关于办理寻衅滋事刑事案件适用法律若干问题的解释》对敲诈勒索、寻衅滋事罪的定罪量刑已有规定，《解释》除定性问题之外，只对利用信息网络实施的诽谤罪和非法经营罪的定罪量刑标准，根据司法实践和调研情况作出了具体规定。第四，贯彻宽严相济的刑事政策，注重法律和社会效果。《解释》在坚持依法打击犯罪与保护公民合法权益并重的同时，注意充分发挥刑罚手段在预防、规范、教育、指引方面的积极作用，督促相关部门加强信息网络的管理，建立和完善网络违法犯罪预防机制，促进广大网民自觉规范网上言行，为整个社会营造积极、健康的网络环境。

2012年以来，最高人民法院和最高人民检察院有关部门对利用信息网络实施诽谤等犯罪有关法律适用问题，进行了深入调研，全面收集了各种情况，对存在的问题进行了系统梳理，广泛征求了立法机关、行政机关、地方司法机关、专家学者和社会各方面的意见，并借鉴了其他国家通行的法律规制原则，经反复研究论证，不断修改完善，形成了解释的审议稿。该《解释》于2013年9月5日由最高人民法院审判委员会第1589次会议、2013年9月2日由最高人民检察院第十二届检察委员会第9次会议通过，自2013年9月10日起施行。

《解释》发布后共有五大争议焦点，分别为：一、诽谤信息被转发500次即可判刑；二、诽谤引发群体性事件的将提起公诉；三、编造虚假信息造成严重混乱可定寻衅滋事罪；四、有偿删帖可追究刑责；五、规范网络发言无碍"网络反腐"。

84.国务院办公厅公布《关于进一步加强政府信息公开回应社会关切提升政府公信力的意见》

2013年10月1日国务院办公厅公布了《关于进一步加强政府信息公开回应社会关切提升政府公信力的意见》（以下简称《意见》）。《意见》指出，随着互联网技术的发展和信息传播方式的深刻变革，社会公众对政府工作知情、参与和监督意识不断增强，对各级行政机关依法公开政府信息、及时回应公众关切和正确引导舆情提出了更高要求。

《意见》指出，依法实施政府信息公开是人民政府密切联系群众、转变政风的内在要求，是建设现代政府，提高政府公信力，稳定市场预期，保障公众知情权、参与权、监督权的重要举措。

《意见》指出，《中华人民共和国政府信息公开条例》施行以来，政府信息公开迈出重大步伐，取得显著成效。与公众期望相比，当前一些地方和部门仍然存在政府信息公开不主动、不及时，面对公众关切不回应、不发声等问题，易使公众产生误解或质疑，给政府形象和公信力造成不良影响。

《意见》强调，为进一步做好政府信息公开工作，增强公开实效，提升政府公信力，经国务院同意，提出了以下三部分，共10条意见：

一、进一步加强平台建设。进一步加强新闻发言人制度建设，以主动做好重要政策法规解读、妥善回应公众质疑、及时澄清不实传言、权威发布重大突发事件信息为重点，切实加强政府新闻发言人制度建设，提升新闻发言人的履职能力，完善新闻发言人工作各项流程，建立重要政府信息及热点问题定期有序发布机制，让政府信息发布成为制度性安排；充分发挥政府网站在信息公开中的平台作用，进一步加强政府网站建设和管理，通过更加符合传播规律的信息发布方式，将政府网站打造成更加及时、准确、公开透明的政府信息发布平台，在网络领域传播主流声音；着力建设基于新媒体的政务信息发布和与公众互动交流新渠道，积极探索利用政务微博、微信等新媒体，及时发布各类权威政务信息，充分利用新媒体的互动功能，以及时、便捷的方式与公众进行互动交流。

二、加强机制建设。健全舆情收集和回应机制，密切关注重要政务相关舆情，及时敏锐捕捉外界对政府工作的疑虑、误解，甚至歪曲和谣言，加强分析研判，通过网上发布消息、组织专家解读、召开新闻发布会、接受媒体专访等形式及时予以回应，解疑释惑，澄清事实，消除谣言；完善主动发布机制，针对公众关切，主动、及时、全面、准确地发布权威政府信息，特别是政府重要会议、重要活动、重要决策部署，经济运行和社会发展重要动态，重大突发事件及其应对处置情况等方面的信息，以增进公众对政府工作的了解和理解；重要政策法规出台后，各地区各部门要及时组织专家通过多种方式做好科学解读；建立沟通协调机制。

三、完善保障措施。加强组织领导，把做好政府信息公开、提高信息发布实效摆上重要工作日程，做到政府经济社会政策透明、权力运行透明；加强业务培训，建立培训工作常态化机制，经常组织开展面向信息公开工作人员、新闻发言人、政府网站工作人员、政务微博微信相关人员等的专业培训；国务院办公厅和国务院新闻办公室、国家互联网信息办公室要协同加强对政府新闻发言人制度、政府网站、政务微博微信等平台建设和管理工作的督查和指导。

85.习近平就促进亚太互联互通发表讲话

国家主席习近平于 2013 年 10 月 5 日抵达印度尼西亚巴厘岛，出席亚太经合组织第二十一次领导人非正式会议。此次亚太经合组织领导人非正式会议主题是"活力亚太，全球引擎"，重点讨论了实现茂物目标、可持续和公平增长、亚太互联互通等议题。会议于 8 日在印度尼西亚巴厘岛继续举行，国家主席习近平出席并发表讲话，提出构建覆盖太平洋两岸的亚太互联互通格局。

在会议的第二阶段，关于促进亚太互联互通等议题的讨论中，习近平主席发表讲话指出，亚太经合组织要顺应潮流，做好互联互通这篇大文章。一要构建覆盖太平洋两岸的亚太互联互通格局，以此带动建设各次区域经济走廊，进而打造涵盖 21 个经济体、28 亿人口的亚太大市场，保障本地区生产要素自由流通，稳步提升太平洋两岸成员协同发展水平，实现一体化。二要打通制约互联互通建设的瓶颈，建立政府、私营部门、国际机构广泛参与的投融资伙伴关系。中国愿意积极探索拓展基础设施建设投融资渠道，倡议筹建亚洲基础设施投资银行。三要在区域和国际合作框架内推进互联互通和基础设施建设，各成员应该秉持互利互惠、优势互补理念，坚持开放透明、合作共赢原则，加强沟通交流，积极参与合作。四要用互联互通促进亚太地区人民在经贸、金融、教育、科学、文化等各领域建立更紧密联系，加深彼此了解和信任。

习近平主席宣布，中国将于 2014 年秋天在北京举办亚太经合组织第二十二次领导人非正式会议。我们希望以此为契机，同各方密切协作，推动亚太经济体以开放包容、互利共赢的思想，建立更紧密的伙伴关系，推动亚太经合组织发挥更大引领作用，勾画亚太长远发展愿景。与会领导人一致支持中国举办 2014 年亚太经合组织领导人非正式会议，并预祝会议取得成功。

会议发表了《活力亚太，全球引擎——亚太经合组织第二十一次领导人非正式会议宣言》和《支持多边贸易体制和世界贸易组织第九届部长级会议声明》，承诺加强政策协调和多边贸易体制，推进区域一体化进程，深化互联互通等领域合作，共同维护和发展开放型世界经济。

86.最高人民法院首审互联网反垄断案

2013年11月26日，最高人民法院第一法庭公开审理北京奇虎360科技公司诉腾讯科技（深圳）有限公司和深圳市腾讯计算机系统有限公司滥用市场支配地位纠纷上诉案，这是中国《反垄断法》出台6年来最高人民法院首次公开审理的第一起反垄断民事诉讼案件。而奇虎360方面1.5亿元的索赔金额，也使其成为迄今为止我国互联网领域诉讼标的额最大的垄断纠纷案件。

早在2011年11月，奇虎360就曾向广东省高级人民法院起诉腾讯滥用其在即时通讯软件及相关市场的市场支配地位，构成垄断。奇虎360请求判令腾讯立即停止滥用市场支配地位的垄断行为，赔礼道歉，连带赔偿奇虎360公司经济损失1.5亿元及合理开支100万元。

2013年3月28日，广东省高院作出一审判决，腾讯进行"二选一"的做法属于限制交易行为，且腾讯不具有市场支配地位，故而认为其行为不构成滥用市场支配地位。驳回奇虎360全部诉讼请求。对此，奇虎360公司表示不服，向最高法院提出上诉。2013年6月，最高法院受理了该案。

2013年11月26日，奇虎360诉腾讯垄断一案的二审在最高人民法院开庭。庭审中，奇虎360公司在法庭上提出上诉请求：撤销一审判决，将本案发回广东省高院重审，或在查清事实的基础上依法改判，支持上诉人在一审中提出的诉讼请求；并判令本案一、二审诉讼费用均由被上诉人承担。腾讯方面辩称，本案一审审理判决结果公正，请最高法依法驳回上诉人全部上诉请求，维持原判。

庭审中，合议庭将奇虎360和腾讯的争议归纳为如何界定本案相关市场、本案被上诉人是否具有市场支配地位、被上诉人是否构成反垄断法所禁止的滥用市场支配地位行为、本案中的民事责任如何承担、一审法院是否程序违法等五个方面，共计22个具体问题。针对焦点问题，奇虎360和腾讯的代理人及证人在庭审过程中进行了针锋相对的辩论。

在相关市场界定方面，奇虎360方面称，一审判决对本案"相关产品市场"未作认定，属于案件基本事实认定不清；一审判决在分析相关产品市场时基本方法错误，本案相关产品市场应界定为综合了文字、语音、视频的个人电脑端即时通讯软件和服务；一审判决对相关地域市场的认定明显错误，本案中相关地域市场应为中国大陆。腾讯方面称，一审的判决是正确的。即时通讯、社交网站等都是属于平台级的产品，都是在全球范围内参与竞争，相关地域市场适用于全球市场。在市场支配地位方面，双方也持相反意见。

2014年10月16日上午，奇虎360诉腾讯滥用市场支配地位一案在最高人民法院终审宣判，驳回奇虎360的上诉，维持一审法院判决。这标志着持续4年的"3Q大战"画上了句号。

终审判决将对中国反垄断民事诉讼进程产生重大影响。从互联网的角度看，它的审判有助于促进互联网企业在市场拓展中明确法律界限；而从反垄断的角度看，也可以借此观察和理解最高法院在司法审判领域适用反垄断法的观点和趋向。最高法院的此次判决，也会影响到互联网企业，尤其是互联网平台企业，此后如何去确定和调整自己的行为方式和经营模式。同时，中国人民大学商法研究所所长刘俊海也表示，反垄断法适用于传统经济和新经济。自由、充分、公平的市场竞争机制是互联网市场的活力之源，必须旗帜鲜明地鼓励竞争，反对垄断。充分尊重消费者的选择权与公平交易权，也有助于督促垄断企业慎独自律。

87.首张4G牌照发放

2013年12月4日，工信部给中国移动发放TD-LTE牌照，中国电信和中国联通均获发TD-LTE和FDDLTE两张牌照。在3G商用近5年之后，国内三大电信运营商终于获发4G牌照，拿到了启动4G商用的资格。

此前，工信部已经宣布给三大运营商分配了TD-LTE频段资源。其中，中国移动获得130MHz，分别为1880—1900MHz、2320—2370MHz、2575—2635MHz；中国电信获得40MHz，分别为2370—2390MHz、2635—2655MHz；中国联通也获得40MHz，分别为2300—2320MHz、2555—2575MHz。

4G牌照的发放，意味着4G网络、终端、业务都将名正言顺地进入正式商用的阶段，运营商部署4G相关工作的脚步也因此加快。

在此之前，三大运营商都已不同程度地在4G领域投入了资源，但进展快慢不一。其中，中国移动已经率先在广州、杭州、北京等多个城市推出了4G试商用服务，用户只需要购买一部支持TD-LTE网络制式的4G手机，就可以在移动营业厅办理开通4G业务；中国电信也在此前不久启动了筹备4G终端的工作，并向部分手机厂商发出了关于4G终端的需求书；此外，中国联通也准备开始4G网络设备的招标。

88.打击新闻敲诈和假新闻专项行动

2014年3月27日，中宣部等九部门联合印发了《关于深入开展打击新闻敲诈和假新闻专项行动的通知》，决定在全国范围内开展打击新闻敲诈和假新闻专项行动，要求坚决清除新闻队伍中的"害群之马"，切实维护新闻采编的正常秩序，推动党的新闻事业健康发展，以实际工作成效取信于民。将真假记者、真假报刊鉴别及举报方式向社会通报，并附相关部门举报电话、网络举报平台等。国家新闻出版广电总局拟采取更有力举措，遏制新闻敲诈势头蔓延。

建立健全新闻敲诈案件"双移送"机制，及时将查办案件中发现的违法犯罪线索和问题，移送司法机关处理；及时将查办案件发现的违反党纪政纪的问题，移送纪检监察机关处理。

强化日常管理和制度执行力。一是严格主管主办制度。对于屡次出现新闻敲诈、有偿新闻等问题的新闻单位，要求主管主办单位追究新闻单位主要领导及相关责任人的责任。对于新闻单位与主管主办单位是挂靠关系，主管主办单位不履行管理职责导致新闻单位出版权流失、经营权失控的，除要依法追究新闻单位的责任外，还要依据有关管理规定调整主管主办单位，难以调整的要吊销其出版许可证。二是严格报刊年检制度。对存在严重违法问题的报刊不予通过核验，直至撤销出版许可证。

加大对违规记者站整治力度。在新闻单位记者站年检工作中，各地将举报较多、社会反映强烈的记者站作为核验重点，严格审核；对年度核验中发现存在非法从事广告、发行等经营活动，擅自设立新闻网站，搞新闻敲诈、有偿新闻等严重违法违规问题的记者站，一律不予通过年度核验并注销登记。

自中宣部等九部门联合印发的《关于深入开展打击新闻敲诈和假新闻专项行动的通知》以来，该项工作已全面铺开，并取得初步成效。从2013年至今，全国共受理新闻报刊领域举报案件400余件，查处违规报刊216家，其中很大一部分涉及新闻敲诈、有偿新闻、虚假新闻等。全国报刊被缓验216种、停办76种，记者站被缓验193个、注销49个，注销新闻记者证14455个。

89.整治互联网重点领域广告专项行动启动

国家工商行政管理总局、中宣部、国家互联网信息办、工业和信息化部、国家卫计委、国家新闻出版广电总局、国家食品药品监管总局、国家中医药局2014年4月8日召开电视电话会议，决定从2014年4月10日至2014年8月31日联合开展整治互联网重点领域广告专项行动。

据工商总局副局长甘霖介绍，近年来，互联网日益成为商品生产经营者投放广告的重要渠道，与此同时，网上虚假违法广告、虚假信息问题也随之出现，特别是保健食品、保健用品、药品、医疗器械、医疗服务等领域的广告违法问题较为严重。2013年以来，工商总局等八部门联合开展的整治虚假违法医药广告专项行动取得阶段性成效，传统媒体广告违法率大幅下降，但一些违法医药广告开始向互联网媒体转移，寻求新的生存空间。

针对这些新情况、新问题，八部门决定，以保健食品、保健用品、药品、医疗器械、医疗服务等领域，以及大型门户类网站、搜索引擎类网站、视频类网站、电子商务类网站、医疗药品信息服务类网站、医药企业和医疗机构自设网站等网站为重点，在全国范围联合开展整治互联网重点领域广告专项行动。专项行动期间，各地将围绕上述重点，监督各类网站经营者自查自纠，清理违法广告，对自查整改后仍发布虚假违法广告和虚假信息的，将依法严厉查处，重点查办、公开曝光一批典型违法广告案件。

集中整治时间为2014年4月10日至8月31日，分为以下四个阶段：

宣传部署阶段（4月10日—4月20日）。各地各有关部门要摸清辖区内各类网站情况，制定工作实施方案，部署落实整治任务；组织新闻媒体宣传整治行动工作，曝光互联网的虚假违法广告及信息，运用各种形式营造舆论声势。

督促整改阶段（4月20日—5月10日）。各地各部门要向网站开办者、网络广告经营者宣传国家有关法律法规规定，要求各类网站自查清理发布的广告及信息，认真审查链接网站的主体资格及网页上的广告和信息内容，不为未经许可或备案的网站以及不具有互联网医疗保健、药品信息服务资格的网站提供链接服务，不为虚假违法广告以及含有虚假信息的网站（网页）提供链接服务；网络广告经营者不为非法网站投放广告、提供广告代理服务。

集中整治阶段（5月10日—8月15日）。各地各有关部门按照职责分工，对有关网站自查整改后仍存在发布虚假违法广告和虚假信息的问题进行治理，依法查处违法情节严重、性质恶劣的虚假违法广告和虚假信息，严厉惩治违法责任主体，公开曝光典型案件，震慑违法行为。

督查评估阶段（8月15日—8月31日）。各地各有关部门要对本地区、本系统开展集中整治工作情况进行督查，及时解决存在的问题和薄弱环节，巩固专项整治成果，积极推进长效机制建设。有关部门将适时对部分地区专项整治工作进行督导检查。

2014年10月21日，国家工商总局等八部门联合通报整治互联网重点领域广告专项行动情况。据工商总局互联网广告监测中心数据统计，整治后与整治前相比，全国互联网广告违法率环比下降9.2个百分点，违法率降幅为50%，工商总局重点监测的五类广告违法率降幅达20.8%，网络广告市场得到一定程度的净化。

90.打击网上造谣传谣行为联合行动

国家互联网信息办公室、工业和信息化部、公安部于2014年7月开展联合行动,在全国范围内集中部署打击利用互联网造谣、传谣行为,截至7月22日,全国已关停整改一批谣言较为集中且疏于管理的网站,查处多名利用互联网造谣、传谣人员。

自2014年7月15日以来,国家互联网信息办公室、工信部依法关停三批因管理不力、任由谣言传播的网站,对未在通信管理部门履行备案手续、传播谣言信息的赣州在线、中国将军政要网等4家网站依法予以关闭;对篱笆网、回龙观社区、昆山论坛等43家网站给予关停整改处罚;对虎扑体育论坛、邳州论坛给予暂停更新处罚。工作中同时发现,个别国家工作部门开设的网站也成为谣言信息传播的渠道,现已责成相关部门暂停网站更新进行整改。各大门户网站和主要社交网络平台均加强管理,加大对谣言信息处置力度。公安部门对编造谣言信息的北京网民马某、海南网民裴某依法行政拘留,对37名编造、传播谣言的网民给予治安处罚和教育训诫。另据国家互联网信息办公室介绍,一批在网上传谣的网民被通报工作单位进行教育。

三部门相关负责人强调,利用互联网造谣、传谣是违法违规行为,严重损害国家和人民利益,《中华人民共和国刑法》、《全国人大常委会关于维护互联网安全的决定》、《互联网信息服务管理办法》、《互联网新闻信息服务管理规定》等法律法规对以造谣等方式煽动颠覆国家政权、散布谣言扰乱社会秩序、侮辱或者诽谤他人、编造恐怖信息等行为均作出明确规定。

为保障网民通过互联网正常工作、学习、生活的权益不受侵害,国家互联网信息办公室、工信部、公安部将继续加大对造谣、传谣行为的惩处力度,重拳出击,严厉打击网上造谣、传谣行为。三部门相关负责人呼吁广大网民共同净化网络环境,不信谣、不传谣,并积极向中国互联网违法和不良信息举报中心等举报机构提供谣言信息线索。该行动得到了广大网民的积极响应,通过网民的举报,公安部门获取了一批有价值的线索,并进行了侦破。

91.习近平首提中国网络治理主张

2014年7月16日,中国国家主席习近平在巴西国会发表《弘扬传统友好 共谱合作新篇》的演讲。在演讲中,习近平专门提及了当下互联网治理难题,提出信息主权不受侵犯,各国共同构建多边、民主、透明的国际互联网治理体系的主张。习近平的这一倡议是中国最高领导人首次在国际场合提出中国对于互联网治理的主张,主要包含了两部分内容：一是"反对美国互联网霸权"，二是提中国版"网络安全观"。

就"反对美国互联网霸权"问题，习近平在讲话中指出，虽然互联网具有高度全球化的特征，但每一个国家在信息领域的主权权益都不应受到侵犯，互联网技术再发展也不能侵犯他国的信息主权。在信息领域没有双重标准，各国都有权维护自己的信息安全，不能一个国家安全而其他国家不安全，一部分国家安全而另一部分国家不安全，更不能牺牲别国安全谋求自身所谓绝对安全。国际社会要本着相互尊重和相互信任的原则，通过积极有效的国际合作，共同构建和平、安全、开放、合作的网络空间，建立多边、民主、透明的国际互联网治理体系。

在演讲中，习近平代表中国呼吁，每一个国家在信息领域的主权不容侵犯。对于"信息主权"这个概念，北约有一个《塔林文件》，界定一个国家对领土内的信息设备和存储在其中的数据设备具有管辖权，这是国家主权在网络时代的投射。现在的信息主权问题是指国家对国境内流动的信息是否有管辖权的问题。

此外，习近平主席还提出了中国版"网络安全观"。实际上，这并非习近平首次提出对网络安全的关切。早在2014年2月27日，习近平在中央网络安全和信息化领导小组第一次会议上便指出，没有网络安全就没有国家安全，没有信息化就没有现代化。建设网络强国，要有自己的技术、有过硬的技术，要有丰富全面的信息服务、繁荣发展的网络文化，要有良好的信息基础设施，形成实力雄厚的信息经济，要有高素质的网络安全和信息化人才队伍，要积极开展双边、多边的互联网国际交流合作。

在建设"网络强国"的号召下，中国于2014年6月23日首次向国际社会提供中国版的"网络安全观"。

92.国家网信办重组

为促进互联网信息服务健康有序发展，保护公民、法人和其他组织的合法权益，维护国家安全和公共利益，2014年8月，国务院授权重新组建国家互联网信息办公室（简称"国家网信办"），重组后的国信办增加了互联网内容的监督管理执法权。另外，中央网络安全和信息化领导小组（以下简称"中央网信小组"）的办公室也设在国家网信办，国家网信办同时加挂中央网络安全和信息化领导小组办公室的牌子。

国家网信办成立于2011年5月，其职能包括落实互联网信息传播方针政策和推动互联网信息传播法制建设，指导、协调、督促有关部门加强互联网信息内容管理等。在此之前，互联网信息内容管理由国务院新闻办公室（国新办）兼管。随后，中央网信办、国信办在打击网络谣言和网络淫秽色情文化、加强网络即时通信工具监管等方面屡屡出手，成为影响国人互联网生活的最重要的机构。

93.阿里巴巴美国纽交所上市

阿里巴巴于2014年9月19日正式在纽交所挂牌交易,股票代码BABA,此次上市募集资金217.6亿美元,最高募集资金250.2亿美元。阿里巴巴宣布,该集团确定IPO发行价为68美元,位于66美元至68美元发行价区间的上限。

阿里巴巴在纽交所成功上市还意味着,阿里将超越VISA上市时的197亿美元,成为美国市场上有史以来规模最大的IPO交易。按照阿里巴巴集团的IPO发行价计算,阿里巴巴的市值将达1680亿美元,这将使其成为美国市场上市值最高的公司之一,这也超过了亚马逊的1500亿美元。

招股书显示,此次IPO拟发售3.2亿股美国存托股票(ADS),其中,阿里巴巴将发售123076931股ADS;同时,包括主要股东雅虎以及阿里巴巴集团董事局主席马云和执行副董事长蔡崇信在内的献售股东将提供总计为197029169股的ADS。阿里巴巴集团承诺将不会从这些献售股东发售其ADS的交易中获得任何收入。

阿里巴巴自9月9日启动全球路演以来,投资者认购火爆,据消息称,仅2天时间收到的股票认购数已经超过了其发行规模。有承销商信息称,阿里巴巴只用了3分钟就收到了200亿美元的认购申请。

阿里巴巴上市是中国互联网界的头等大事,也是中国企业界的荣光。受阿里上市影响,国内电商喜忧参半。一方面阿里上市为国内电商打开更大的上市窗口,由于阿里巴巴被美国投资者接受,其表现和影响力将使中国电商深入美国投资者心中,使一些垂直龙头电商企业的故事更容易被资本市场接受;另一方面,阿里募资200多亿美元,即便是对于美国股市而言,也是非常大的一笔资金,这大大地透支了资本市场,电商股融资空间受限,估值可能也会受到影响,这使国内电商短期内的上市难度大幅增加。

94.公安部建立公民网络身份识别系统

针对网络虚拟社会管理、保护公民网络安全以及个人隐私等迫切需求,经过五年技术攻关,我国自主研发了"网络身份证"(eID)技术,并建立起全国唯一的"公安部公民网络身份识别系统"。我国自主研制的"网络身份证"技术,采用了"国密SM2"算法,通过高强度安全机制,可以确保无法被读取、复制、篡改或非法使用,从而确保芯片载体及其持有人一一对应。

截至 2014 年 11 月，公安部第三研究所已在我国广泛开展"网络身份证"（eID）技术的应用试点。2012 年，在北京邮电大学发放了近 3 万张"网络身份证"，进行校园内网络全业务流程的试点。在银行系统，加载了 eID 的工商银行金融 IC 卡已在全国试点发行 600 万张，计划 2014 年发行 2000 万张。我国的 eID 定义为公民网络电子身份标识，是对现有第二代身份证体系在网络应用上的补充，eID 由"公安部公民网络身份识别系统"统一签发，并提交全国人口库进行严格的身份审核，确保 eID 的真实性、有效性，并且每个公民只能有一个与其真实身份对应的 eID。eID 的芯片信息采用密码算法生成，不含任何个人身份信息，有效保护了公民个人身份信息。

我国已经启动建立网络空间身份管理服务平台，并将在社会上建立一系列认证平台。需要认证时，上传 eID 信息，到后台比对发放密钥。今后可用于电子商务、政务民生、社交网络、移动互联等领域。

95.首届世界互联网大会在乌镇举行

首届世界互联网大会于 2014 年 11 月 19 日至 21 日，在中国浙江乌镇举办。这是中国举办的规模最大、层次最高的互联网大会，也是世界互联网领域一次盛况空前的高峰会议。这是第一次由中国举办的世界互联网盛会，第一次汇集全球网络界领军人物共商发展大计，第一次全景展示中国互联网发展理念和成果，第一次以千年古镇命名世界网络峰会。

本次大会由国家互联网信息办公室和浙江省人民政府共同主办，由浙江省网信办、浙江省经信委、桐乡市政府和中国互联网络信息中心联合承办，以"互联互通共享共治"为主题，采取演讲和沙龙相结合的方式，设置国际互联网治理、移动互联网、互联网新媒体、跨境电子商务、网络安全、打击网络恐怖主义等 13 个分论坛。来自近 100 个国家的政要、国际组织代表、著名企业高管、网络精英、专家学者等 1000 余人，交流切磋，广泛合作，为国际互联网发展贡献智慧和力量。

建设网络强国的战略部署要与"两个一百年"奋斗目标同步推进，向着网络基础设施基本普及、自主创新能力显著增强、信息经济全面发展、网络安全保障有力的目标不断前进。世界互联网大会的举行，让我们更多地参与到世界互联网规则的制定当中，参与到国际互联网空间的共同治理中，为开启互联网发展的国际新秩序积累力量，为建设网络强国凝聚更多新力量、注入更多新动力。

96.关于加强互联网禁毒工作的意见

为全面落实中共中央、国务院《关于加强禁毒工作的意见》，大力加强互联网禁毒工作，2015年4月，国家禁毒办牵头会同中央宣传部、中央网信办、最高人民法院、最高人民检察院、公安部、工业和信息化部、国家工商行政管理总局、国家邮政局等9部门，制定出台了《关于加强互联网禁毒工作的意见》（以下简称《意见》）。其主要内容如下：

一、指导思想和工作目标。加强互联网禁毒工作，要认真贯彻党的十八大和十八届三中、四中全会精神，认真贯彻习近平总书记系列重要讲话精神，按照中共中央、国务院《关于加强禁毒工作的意见》的部署，以培育和践行社会主义核心价值观为根本，以维护国家安全和社会稳定、深入推进全国禁毒斗争为主线，以完善管理体制、健全工作机制为总体思路，各地区、各部门发挥优势、整体联动，运用法治思维和法治方式，统筹网上网下两个战场，坚决切断涉毒有害信息网上传播渠道，规范互联网管理秩序，保障人民群众根本利益。通过各部门各负其责、齐抓共管，全社会共同参与，使网上涉毒有害信息和毒品违法犯罪活动明显减少，网络禁毒监管体制基本建立，人民群众参与禁毒斗争意识显著增强，国家维护网络秩序、开展网上禁毒斗争能力显著提升。

二、明确职责分工。党委宣传部门、网信部门、人民法院、人民检察院、公安机关、电信主管部门、工商行政管理（市场监管）部门、邮政管理部门和禁毒委员会办公室要明确职责分工，充分发挥各部门作用。

三、互联网和寄递行业责任。（一）担负主体责任，互联网接入服务、信息服务提供者对网站、即时聊天群组的公共信息加强巡查，自查自纠、主动清理涉毒有害信息，不得为涉毒活动提供传播条件、渠道。（二）配合执法办案，互联网信息服务提供者要积极配合公安机关执法办案，按照有关规定，快速提供证据材料。

四、坚决依法打击。（一）加强情报线索搜集，各部门要加强协调配合，完善情报信息收集研判和共享机制，及时发现互联网涉毒违法犯罪情况并向公安机关通报。（二）严厉打击网络毒品犯罪，对涉毒违法犯罪线索进行落地侦查取证、深挖扩线和打击处理，深入搜集固定证据，查清组织策划人员，开展打击行动。

五、加强组织领导。（一）认真履行禁毒职责，各有关部门要按照职能分工，各负其责、密切配合，根据职责依法加大打击查处力度。（二）加大检查督导力度。

六、严肃追究责任。业务主管部门及其工作人员失职渎职，玩忽职守，滥用职权，徇私舞弊，疏于对互联网或寄递行业监督管理，造成严重后果，构成犯罪的，依法追究刑事责任；尚不构成犯罪的，对直接负责的主管人员和其他直接责任人员依法依纪给予降级、撤职直至开除的行政处分。

《意见》是我国打击互联网涉毒领域第一个多部门政府正式文件，作为我国禁毒法律体系的重要组成部分，首次以规范性文件的形式宣示了党和国家严厉整治网络涉毒活动的态度和决心，将互联网禁毒工作列为全国禁毒工作的重要内容，明确规定了各部门职责任务、互联网行业主体责任和整治处罚措施。《意见》作为开展互联网禁毒工作的法律依据，将在今后的禁毒工作中发挥重要作用。

97.关于大力发展电子商务加快培育经济新动力的意见

我国已进入全面建成小康社会的决定性阶段，为减少束缚电子商务发展的机制体制障碍，进一步发挥电子商务在培育经济新动力，打造"双引擎"、实现"双目标"等方面的重要作用，2015年5月7日，经李克强总理签批，国务院印发《关于大力发展电子商务加快培育经济新动力的意见》（以下简称《意见》），部署进一步促进电子商务创新发展。其主要内容如下：

一、基本原则。（一）积极推动。主动作为、支持发展。积极协调解决电子商务发展中的各种矛盾与问题。在政府资源开放、网络安全保障、投融资支持、基础设施和诚信体系建设等方面加大服务力度。推进电子商务企业税费合理化，减轻企业负担。进一步释放电子商务发展潜力，提升电子商务创新发展水平。（二）逐步规范。简政放权、放管结合。法无禁止的市场主体即可为，法未授权的政府部门不能为，最大限度减少对电子商务市场的行政干预。在放宽市场准入的同时，要在发展中逐步规范市场秩序，营造公平竞争的创业发展环境，进一步激发社会创业活力，拓宽电子商务创新发展领域。（三）加强引导。把握趋势、因势利导。加强对电子商务发展中前瞻性、苗头性、倾向性问题的研究，及时在商业模式创新、关键技术研发、国际市场开拓等方面加大对企业的支持引导力度，引领电子商务向打造"双引擎"、实现"双目标"发展，进一步增强企业的创新动力，加速电子商务创新发展步伐。

二、政策措施。（一）营造宽松发展环境，降低准入门槛，合理降税减负，加大金融服务支持，维护公平竞争。（二）促进就业创业，鼓励电子商务领域就业创业，加强人才培养培训，保障从业人员劳动权益。（三）推动转型升级，创新服务民生方式，推动传统商贸流通企业发展电子商务，积极发展农村电子商务，创新工业生产组织方式，推广金融服务新工具，规范网络化金融服务新产品。（四）完善物流基础设施，支持物流配送终端及智慧物流平台建设，规范物流配送车辆管理，合理布局物流仓储设施。（五）提升对外开放水平，加强电子商务国际合作，提升跨境电子商务通关效率，推动电子商务走出去。

（六）构筑安全保障防线，保障电子商务网络安全，确保电子商务交易安全，预防和打击电子商务领域违法犯罪。（七）健全支撑体系，健全法规标准体系，加强信用体系建设，强化科技与教育支撑，协调推动区域电子商务发展。《意见》要求，各地区、各部门要认真落实本意见提出的各项任务，于2015年底前研究出台具体政策。

电商的发展需要一系列配套措施，而物流是其中的重要一环。针对电商与贸易流通等领域联动发展的问题的本《意见》出台，既解决了电商发展的短板，也能在更深层次实现新兴产业与传统产业的融合，提升传统产业竞争力。

98.关于促进跨境电子商务健康快速发展的指导意见

为了促进国际合作加强对跨境电子商务的监管，国务院办公厅于2015年6月20日印发《关于促进跨境电子商务健康快速发展的指导意见》（以下简称《意见》）。其主要内容如下：

一、背景。近年来我国跨境电子商务快速发展，已经形成了一定的产业集群和交易规模。支持跨境电子商务发展，有利于用"互联网＋外贸"实现优进优出，发挥我国制造业大国优势，扩大海外营销渠道；有利于增加就业，推进大众创业、万众创新，打造新的经济增长点；有利于加快实施共建"一带一路"等国家战略，推动开放型经济发展升级。针对制约跨境电子商务发展的问题，有必要加快建立适应其特点的政策体系和监管体系，营造更加便利的发展环境，促进跨境电子商务健康快速发展。

二、原则和目标。"在发展中规范，在规范中发展"是跨境电子商务发展的总体原则，跨境电子商务的主要发展目标，既普遍支持国内企业利用电子商务开展对外贸易，又突出重点，鼓励有实力的企业做大做强，特别是提出要培育一批公共平台、外贸综合服务企业和自建平台，并鼓励国内企业与境外电子商务企业强强联合。

三、支持措施。（一）优化海关监管措施，进一步完善跨境电子商务进出境货物、物品管理模式，优化跨境电子商务海关进出口通关作业流程。（二）完善检验检疫监管政策措施，对跨境电子商务进出口商品实施集中申报、查验和放行，对跨境电子商务经营主体及商品实施备案管理制度。（三）明确规范进出口税收政策，继续落实现行跨境电子商务零售出口税收政策，按照有利于拉动国内消费、公平竞争、促进发展和加强进口税收管理的原则，制订跨境电子商务零售进口税收政策。（四）完善电子商务支付结算管理，稳妥推进支付机构跨境外汇支付业务试点，鼓励境内银行、支付机构依法合规开展跨境电子支付业务。（五）提供财政金融支持，对跨境电子商务企业走出去重点项目给予必要资金支持，为跨境电子商务提供适合的信用保险服务。向跨境电子商务外贸综合服务企业提供有效的融资、保险支持。

四、完善保障体系。提出了增强改革服务意识、鼓励企业探索创新、有效防控风险等总体要求。在建设综合服务体系、规范跨境电子商务经营行为、发挥行业组织作用和加强多双边国际合作等领域发挥更加积极的作用。

五、完善配套措施。国务院有关部门要制定和完善配套措施,做好指导、服务,加强部门间沟通协作和相关政策衔接,适时扩大跨境电子商务综合试点。各级地方政府要结合实际情况制订完善工作方案,履行服务、督导和监管责任,加大对重点企业的支持力度。

中国跨境电子商务快速发展,已经形成了一定的产业集群和交易规模。《意见》针对制约跨境电子商务发展的问题,对加快建立适应其特点的政策体系和监管体系,营造更加便利的发展环境,促进跨境电子商务健康快速发展有着积极的作用。

99.关于积极推进"互联网＋"行动的指导意见

"互联网＋"是把互联网的创新成果与经济社会各领域深度融合,推动技术进步、效率提升和组织变革,提升实体经济创新力和生产力,形成更广泛的以互联网为基础设施和创新要素的经济社会发展新形态。在全球新一轮科技革命和产业变革中,互联网与各领域的融合发展具有广阔前景和无限潜力,已成为不可阻挡的时代潮流,正对各国经济社会发展产生着战略性和全局性的影响。

为加快推动互联网与各领域深入融合和创新发展,充分发挥"互联网＋"对稳增长、促改革、调结构、惠民生、防风险的重要作用,解决传统企业运用互联网的意识和能力不足、互联网企业对传统产业理解不够深入、新业态发展面临体制机制障碍、跨界融合型人才严重匮乏等问题,国务院于2015年7月4日印发《关于积极推进"互联网＋"行动的指导意见》(以下简称《指导意见》),其主要内容如下:

一、基本原则和发展目标。基本原则:坚持开放共享,坚持融合创新,坚持变革转型,坚持引领跨越,坚持安全有序。发展目标:到2018年,互联网与经济社会各领域的融合发展进一步深化,基于互联网的新业态成为新的经济增长动力,互联网支撑大众创业、万众创新的作用进一步增强,互联网成为提供公共服务的重要手段,网络经济与实体经济协同互动的发展格局基本形成。经济发展进一步提质增效,社会服务进一步便捷普惠,基础支撑进一步夯实提升,发展环境进一步开放包容。到2025年,网络化、智能化、服务化、协同化的"互联网＋"产业生态体系基本完善,"互联网＋"新经济形态初步形成,"互联网＋"成为经济社会创新发展的重要驱动力量。

二、重点行动。(一)"互联网＋"创业创新,强化创业创新支撑,积极发展众创空间,发展开放式创新;(二)"互联网＋"协同制造,大力发展智能制造,发展大规模个性化定制，提升网络化协同制造水平，加速制造业服务化转型；（三）"互联网＋"现代农业，构建新型农业生产经营体系，发展精准化生产方式，提升网络化服务水平，完善农副产品质量安全追溯体系；（四）"互联网＋"智慧能源，推进能源生产智能化，建设分布式能源网络，探索能源消费新模式，发展基于电网的通信设施和新型业务；（五）"互联网＋"普惠金融，探索推进互联网金融云服务平台建设，鼓励金融机构利用互联网拓宽服务覆盖面，积极拓展互联网金融服务创新的深度和广度；（六）"互联网＋"益民服务，创新政府网络化管理和服务，发展便民服务新业态，推广在线医疗卫生新模式，促进智慧养老产业发展，探索新型教育服务供给方式；（七）"互联网＋"高效物流，构建物流信息共享互通体系，建设深度感知智能仓储系统，完善智能物流配送体系；（八）"互联网＋"电子商务，积极发展农村电子商务，大力发展行业电子商务，推动电子商务应用创新，加强电子商务国际合作；（九）"互联网＋"便捷交通，提升交通运输服务品质，推进交通运输资源在线集成，增强交通运输科学治理能力；（十）"互联网＋"绿色生态，加强资源环境动态监测，大力发展智慧环保，完善废旧资源回收利用体系，建立废弃物在线交易系统；（十一）"互联网＋"人工智能，培育发展人工智能新兴产业，推进重点领域智能产品创新，提升终端产品智能化水平。

三、保障支撑。（一）夯实发展基础，巩固网络基础，强化应用基础，做实产业基础，保障安全基础；（二）强化创新驱动，加强创新能力建设，加快制定融合标准，强化知识产权战略，大力发展开源社区；（三）营造宽松环境，构建开放包容环境，完善信用支撑体系，推动数据资源开放，加强法律法规建设；（四）拓展海外合作，鼓励企业抱团出海，发展全球市场应用，增强"走出去"服务能力；（五）加强智力建设，加强应用能力培训，加快复合型人才培养，鼓励联合培养培训，利用全球智力资源；（六）加强引导支持，实施重大工程包，加大财税支持，完善融资服务；（七）做好组织实施，加强组织领导，开展试点示范，有序推进实施。

《指导意见》的印发能够积极发挥我国互联网已经形成的比较优势，把握机遇，增强信心，加快推进"互联网＋"发展，有利于重塑创新体系、激发创新活力、培育新兴业态和创新公共服务模式，对打造大众创业、万众创新和增加公共产品、公共服务"双引擎"，主动适应和引领经济发展新常态，形成经济发展新动能，实现中国经济提质增效升级具有重要意义。

100.关于促进互联网金融健康发展的指导意见

为全面贯彻落实党的十八大和十八届二中、三中、四中全会精神，按照党中央、国务院决策部署,遵循"鼓励创新、防范风险、趋利避害、健康发展"的总体要求,从金融业健康发展全局出发,进一步推进金融改革创新和对外开放,促进互联网金融健康发展,2015年7月中国人民银行、工业和信息化部、公安部、财政部、工商总局、法制办、银监会、证监会、保监会、国家互联网信息办公室联合发布《关于促进互联网金融健康发展的指导意见》(以下简称《意见》)。其主要内容如下:

一、鼓励创新,支持互联网金融稳步发展。(一)积极鼓励互联网金融平台、产品和服务创新,激发市场活力。鼓励银行、证券、保险、基金、信托和消费金融等金融机构依托互联网技术,实现传统金融业务与服务转型升级,积极开发基于互联网技术的新产品和新服务。(二)鼓励从业机构相互合作,实现优势互补。支持各类金融机构与互联网企业开展合作,建立良好的互联网金融生态环境和产业链。(三)拓宽从业机构融资渠道,改善融资环境。支持社会资本发起设立互联网金融产业投资基金,推动从业机构与创业投资机构、产业投资基金深度合作。(四)坚持简政放权,提供优质服务。各金融监管部门要积极支持金融机构开展互联网金融业务。(五)落实和完善有关财税政策。按照税收公平原则,对于业务规模较小、处于初创期的从业机构,符合我国现行对中小企业特别是小微企业税收政策条件的,可按规定享受税收优惠政策。(六)推动信用基础设施建设,培育互联网金融配套服务体系。支持大数据存储、网络与信息安全维护等技术领域基础设施建设。

二、分类指导,明确互联网金融监管责任。(一)互联网支付。互联网支付是指通过计算机、手机等设备,依托互联网发起支付指令、转移货币资金的服务。(二)网络借贷。网络借贷包括个体网络借贷(即P2P网络借贷)和网络小额贷款。个体网络借贷是指个体和个体之间通过互联网平台实现的直接借贷。(三)股权众筹融资。股权众筹融资主要是指通过互联网形式进行公开小额股权融资的活动。(四)互联网基金销售。基金销售机构与其他机构通过互联网合作销售基金等理财产品的,要切实履行风险披露义务,不得通过违规承诺收益方式吸引客户。(五)互联网保险。保险公司开展互联网保险业务,应遵循安全性、保密性和稳定性原则,加强风险管理,完善内控系统,确保交易安全、信息安全和资金安全。(六)互联网信托和互联网消费金融。信托公司、消费金融公司通过互联网开展业务的,要严格遵循监管规定,加强风险管理,确保交易合法合规,并保守客户信息。

三、健全制度,规范互联网金融市场秩序。(一)互联网行业管理。(二)客户资金第三方存管制度。除另有规定外,从业机构应当选择符合条件的银行业金融机构作为资金存管机构。(三)信息披露、风险提示和合格投资者制度。从业机构应当对客户进行充分的信息披露,及时向投资者公布其经营活动和财务状况的相关信息。(四)消费者权益保护。研究制定互联网金融消费者教育规划,及时发布维权提示。(五)网络与信息安全。(六)反洗钱和防范金融犯罪。从业机构应当采取有效措施识别客户身份,主动监测并报告可疑交易，妥善保存客户资料和交易记录。（七）加强互联网金融行业自律。充分发挥行业自律机制在规范从业机构市场行为和保护行业合法权益等方面的积极作用。（八）监管协调与数据统计监测。各监管部门要相互协作、形成合力，充分发挥金融监管协调部际联席会议制度的作用。

《意见》对积极鼓励互联网金融平台、产品和服务创新，鼓励从业机构相互合作，拓宽从业机构融资渠道，坚持简政放权和落实、完善财税政策，推动信用基础设施建设和配套服务体系建设具有重要意义。

101.促进大数据发展行动纲要

大数据是以容量大、类型多、存取速度快、应用价值高为主要特征的数据集合，正快速发展成为对数量巨大、来源分散、格式多样的数据进行采集、存储和关联分析，从中发现新知识、创造新价值、提升新能力的新一代信息技术和服务业态。为贯彻落实党中央、国务院决策部署，全面推进我国大数据发展和应用，加快建设数据强国，国务院于2015年8月31日印发《促进大数据发展行动纲要》（以下简称《纲要》），系统部署大数据发展工作。

一、发展形势和重要意义。全球范围内，运用大数据推动经济发展、完善社会治理、提升政府服务和监管能力正成为趋势，有关发达国家相继制定实施大数据战略性文件，大力推动大数据发展和应用。坚持创新驱动发展，加快大数据部署，深化大数据应用，已成为稳增长、促改革、调结构、惠民生和推动政府治理能力现代化的内在需要和必然选择。大数据成为推动经济转型发展的新动力，大数据成为重塑国家竞争优势的新机遇，大数据成为提升政府治理能力的新途径。

二、总体目标。打造精准治理、多方协作的社会治理新模式；建立运行平稳、安全高效的经济运行新机制；构建以人为本、惠及全民的民生服务新体系；开启大众创业、万众创新的创新驱动新格局；培育高端智能、新兴繁荣的产业发展新生态。

三、主要任务。一是加快政府数据开放共享，推动资源整合，提升治理能力，大力推动政府部门数据共享，稳步推动公共数据资源开放，统筹规划大数据基础设施建设，支持宏观调控科学化，推动政府治理精准化，推进商事服务便捷化，促进安全保障高效化，加快民生服务普惠化。二是推动产业创新发展，培育新兴业态，助力经济转型，发展工业大数据，发展新兴产业大数据，发展农业农村大数据，发展万众创新大数据，推进基础研究和核心技术攻关，形成大数据产品体系，完善大数据产业链。三是强化安全保障，提高管理水平，促进健康发展，健全大数据安全保障体系，强化安全支撑。

四、政策机制。一是建立国家大数据发展和应用统筹协调机制。二是加快法规制度建设，积极研究数据开放、保护等方面制度。三是健全市场发展机制，鼓励政府与企业、社会机构开展合作。四是建立标准规范体系，积极参与相关国际标准制定工作。五是加大财政金融支持，推动建设一批国际领先的重大示范工程。六是加强专业人才培养，建立健全多层次、多类型的大数据人才培养体系。七是促进国际交流合作，建立完善国际合作机制。

坚持创新驱动发展，加快大数据部署，深化大数据应用，已成为稳增长、促改革、调结构、惠民生和推动政府治理能力现代化的内在需要和必然选择。《纲要》的印发有利于各有关部门进一步统一思想，认真落实各项任务，共同推动形成公共信息资源共享共用和大数据产业健康发展的良好格局。

102.向民间资本开放宽带接入市场

为落实《关于加快高速宽带网络建设推进网络提速降费的指导意见》有关要求，充分发挥民间资本的创新活力，通过有序竞争持续促进提升宽带服务质量和降低资费水平，工业和信息化部于2015年9月发布《工业和信息化部关于向民间资本开放宽带接入市场的通告》（以下简称《通告》），决定继续扩大宽带接入网业务开放试点范围。

一、在前期开放试点基础上，继续扩大试点范围。将天津、石家庄、晋中、大连、长春、大庆、齐齐哈尔、佳木斯、牡丹江、绥化、苏州、无锡、常州、镇江、嘉兴、合肥、福州、南昌、济南、洛阳、孝感、黄冈、鄂州、黄石、咸宁、仙桃、天门、潜江、珠海、佛山、惠州、肇庆、江门、中山、东莞、南宁、海口、三亚、儋州、绵阳、贵阳、昆明、西安、银川等44个城市纳入宽带接入网业务试点城市范围。

二、自文件印发之日起，民营企业可根据《通告》等有关规定，向试点城市所在省（自治区、直辖市）通信管理局提出开展宽带接入网业务试点的申请。

三、各省（自治区、直辖市）通信管理局应继续统筹做好本地开放宽带接入市场相关工作，推动企业加快高速宽带网络建设，不断提升服务质量，促进网速提升、网费下降。同时加强对不正当竞争行为的监管，推动资源共享，保障用户的自由选择权和企业的公平接入。

《通告》对于推动形成宽带市场多种主体相互竞争、优势互补、共同发展的市场格局具有重大意义。

本章撰写负责人：党生翠
成员：黄颖、田雪晨

第十章

保障与提高人民生活水平

当/代/中/国/社会大事典(1978—2015)

一、消费政策

1.国民经济"调整、改革、整顿、提高"方针

1976年粉碎"四人帮"之后，经过广大干部和群众的努力，国民经济停滞的局面迅速扭转，工农业生产得到了较快的恢复。但1977年和1978年两年，由于在经济工作指导思想上"左"的错误还没有得到全面清理，因此，经济建设中仍然存在着急于求成的倾向，追求不切实际的高指标和盲目扩大建设规模，使长期形成的经济比例失调的状况更加严重。同时，经济管理体制存在着许多问题，妨碍各方面积极性的发挥。相当多的企业管理落后，生产秩序混乱，严重影响经济效益的提高。

1979年4月5日至28日，中共中央在北京召开各省、市、自治区党委第一书记及主管经济工作的负责人和中央党政军机关负责人参加的工作会议，讨论经济形势和党的对策。会上李先念代表中共中央、国务院作了《关于国民经济调整问题》的讲话，分析了经济形势和存在的问题，强调了调整国民经济的必要性，总结了过去的经济建设经验，决定从1979年起，用三年时间对国民经济实行"调整、改革、整顿、提高"的方针，以调整为中心，在调整中改革，在调整中整顿，在调整中提高。

"调整、改革、整顿、提高"方针的四个方面是互相联系、互相促进的。调整是关系国民经济全局的关键，是方针的中心环节，主要是指调整国民经济的比例关系，使农轻重和工业各部门能够比较协调地向前发展，使积累和消费之间保持合理的比例。改革，指的是改革不合理的经济管理体制。当时经济管理体制的弊病主要是集中过多，管得过死，财政上统收统支，物资上统购包销，外贸上统进统出，吃"大锅饭"，不讲经济效益。这种体制严重束缚了中央各部门、地方、企业和职工的积极性，必须进行改革。整顿，指的是整顿企业管理制度。会议要求企业的各级领导建立严格的责任制，正确贯彻执行党委领导

下的厂长负责制,建立、健全党委领导下的职工代表大会制。提高,指的是提高企业的管理水平和科学技术水平。会议确定,要通过各种形式,对企业一级以上的领导干部普遍进行轮训,把职工的文化学习和技术培训工作切实开展起来。

实行"调整、改革、整顿、提高"的八字方针,目的是为了巩固和发展粉碎"四人帮"以来的经济恢复工作所取得的成就,纠正工作中的失误,消除经济工作中长期存在的"左"的错误造成的影响,把整个国民经济纳入健康发展的轨道。这一方针的提出,反映了党在经济建设指导思想方面的重要转折,具有重要历史意义。

2.中国消费者协会成立

1984年12月26日,经国务院批准,中国消费者协会在北京成立,成为中国改革开放后第一个全国性保护消费者权益的社会组织,是对商品和服务进行社会监督的保护消费者合法权益的社会团体。其宗旨是:对商品和服务进行社会监督,保护消费者的合法权益,引导广大消费者合理、科学消费,促进社会主义市场经济健康发展。中国消费者协会的组织机构是理事会,协会的日常工作由常设办事机构承担,秘书长、副秘书长专职管理,并向会长负责。协会的经费由政府资助和社会赞助。中国消费者协会的成立,标志着中国消费者权益保护从消费者自发保护进入消费者组织保护的新阶段。

根据《中华人民共和国消费者权益保护法》第三十七条,消费者协会履行的公益性职责有以下几点:一、向消费者提供消费信息和咨询服务,提高消费者维护自身合法权益的能力,引导文明、健康、节约资源和保护环境的消费方式;二、参与制定有关消费者权益的法律、法规、规章和强制性标准;三、参与有关行政部门对商品和服务的监督、检查;四、就有关消费者合法权益的问题,向有关部门反映、查询,提出建议;五、受理消费者的投诉,并对投诉事项进行调查、调解;六、投诉事项涉及商品和服务质量问题的,可以委托具备资格的鉴定人鉴定,鉴定人应当告知鉴定意见;七、就损害消费者合法权益的行为,支持受到损害的消费者提起诉讼或者依照本法提起诉讼;八、对损害消费者合法权益的行为,通过大众传播媒介予以揭露、批评。各级人民政府对消费者协会履行职责应当予以必要的经费等支持。消费者协会应当认真履行保护消费者合法权益的职责,听取消费者的意见和建议,接受社会监督。依法成立的其他消费者组织依照法律、法规及其章程的规定,开展保护消费者合法权益的活动。

1987年9月中国消费者协会成为国际消费者联盟(CI)正式会员,这有利于加强国际交流,在国际范围内更好地保护消费者权益。协会参与并协助有关方面制定了《中华人民共和国消费者权益保护法》,以及其他数十个有关保护消费者权益方面的法律、法规及标准的制定与修改。创办了《中国消费者》杂志、中国315网站等权威媒体，为消费者提供信息咨询和法律服务等有效维权手段。截止到2014年，市县消协组织402个，其中省、自治区、直辖市31个；在农村乡镇、城市街道设立的消协分会，在村委会、居委会、行业管理部门、高等院校、厂矿企业中设立的监督站、联络站等各类基层网络组织达47.3万个，义务监督员、维权志愿者10万余名。消费维权工作不仅事关消费者个人权益和整体经济利益的维护，也事关行业创新和规范发展，事关消费潜力的有效释放，对促进国家经济健康稳定发展具有重要作用。

3.关于进一步活跃农村经济的十项政策

1985年1月1日，中共中央、国务院发布了《关于进一步活跃农村经济的十项政策》（中发〔1985〕1号）。文件总结了联产承包责任制取得的巨大成功，肯定农村改革取得的巨大胜利，并指出党的十二届三中全会以后，以城市为重点的经济体制改革即将全面展开，城乡之间互相促进、协调发展的新局面将会出现。但同时，在农村生产向商品经济转化中还存在着农业生产不能适应市场消费需求，生产布局和产业结构不合理等现象。产生这些问题的一个重要原因就是国家对农村经济的管理体制存在缺陷。因此，文件提出了打破集体经济中的"大锅饭"以后，今后农村工作的重点，是进一步改革农村经济管理体制，在国家计划指导下，扩大市场调节，使农业生产适应市场需要，促进农村产业结构的合理化，进一步把农村经济搞活。

为保证上述目标的实现，党中央和国务院经过研究，制定了以下10项经济政策。具体包括：一、改革农产品统派统购制度，以合同定购和市场收购取代统购派购；二、大力帮助农村调整产业结构，继续贯彻决不放松粮食生产、积极发展多种经营的方针；三、进一步放宽山区、林区政策；四、开辟多种渠道集资建路，发展运输；五、对乡镇企业实行信贷、税收优惠，鼓励农民发展采矿和其他开发性事业；六、鼓励技术转移和人才流动；七、放活农村金融政策，提高资金的融通效益；八、按照自愿互利原则和商品经济要求，积极发展和完善农村合作制；九、进一步扩大城乡经济交往，加强对小城镇建设的指导；十、发展对外经济、技术交流。

以上制定的10项政策，是根据党的十二届三中全会关于经济体制改革决定的基本精神，结合农村新情况制定的。国家对农业的计划管理，将从过去主要依靠行政领导转变到主要依靠经济手段，中国农村开始了以改革农产品统购派购制度、调整产业结构为主要内容的进一步深入改革。

4.关于开办人民币长期保值储蓄存款的公告

20世纪80年代以来,中国一直面临巨大的通货膨胀压力。1985年居民消费价格指数(Consumer Price Index,简称为CPI)为9.3%,1986年的CPI比上年上涨6.58%,1987年的上涨率为7.3%,1988年更是高达18.8%,物价上涨幅度超过储蓄存款利率,形成了储蓄存款的负利率。物价总水平的急剧上升导致经济发展不协调和社会环境不稳定,防止通货膨胀成为当时的政策重点之一。

1988年9月3日,中国人民银行发布《中国人民银行关于开办人民币长期保值储蓄存款的公告》(以下简称《公告》)。《公告》指出,中国人民银行根据国务院常务会议决定,从当年9月10日起开办人民币长期保值储蓄存款,全国各银行、城市和农村信用社以及邮政办储蓄等部门对城乡居民个人3年期以上定期存款均予以保值。具体保值措施是:人民银行规定的现行利率不变,对3年、5年、8年期的储蓄存款,在现行利率的基础上,按照储户所得利益不低于物价上涨幅度的原则,由中国人民银行参照国家统计局公布的零售物价指数,公布全国统一的保值贴补率。即3年期储蓄的年利率加上保值贴补率,相当于同期的物价上涨幅度。5年和8年期储蓄存款年利率加上保值贴补率后,高于同期物价上涨幅度。长期储蓄存款的保值贴补率跟随物价浮动,如果出现物价指数下降到银行规定的3年、5年、8年定期存款利率以下时,仍按原规定储蓄利率计息。实行保值措施后,如储户提前支取,仍按实存期限利率计息,不予保值补贴。保值储蓄存款到期后不取,从存款到期日至提取存款日按原利率计息,不予补贴利息。

自人民币长期保值储蓄存款开办以来,这项政策的实施对稳定金融、稳定经济,遏制通货膨胀起到了重要的作用。1991年11月27日,中国人民银行发布《关于停止办理新的保值储蓄业务的紧急通知》。通知指出,自1988年9月10日保值储蓄业务开办三年以来,治理整顿已取得显著成效。1990年6月到1991年11月份,物价持续平稳,保值贴补率已连续18个月为零,继续保值意义不大。同时计算贴补率在技术上也存在一些困难。因此,经国务院批准,决定从1991年12月1日开始,不再办理保值储蓄业务。由于1992年又出现新一轮的物价上涨,1993年7月恢复开办了三年期以上的保值储蓄存款。实施之后通货膨胀得到抑制,1996年4月中国人民银行又下发关于停办新的保值储蓄业务的决定,对新存入的三年期以上的人民币定期储蓄存款,不再实行保值。在通货膨胀压力下,保值储蓄在稳定储蓄、保证储户的利益不受侵害方面发挥了重要作用。

5.消费者权益日

消费者是以个人为目的购买或接受服务的社会成员，是产品或者服务的最终使用者。随着市场经济的深入发展，消费品种类日渐增多，消费结构日趋复杂，消费风险增加。关于规范生产者和经营者的行为，保障消费者切身利益，全世界各个国家都给予了高度的关注。1898年，世界上第一个消费者组织在美国成立，1936年，建立了全美国的消费者联盟。第二次世界大战后，各种反映消费者利益和要求的组织，在一些发达国家相继出现。在此基础上，1960年，国际消费者联盟组织宣告成立。随后许多发展中国家也建立了消费者组织。消费者运动成为一种全球性的社会现象。目前，全世界已有90多个国家共300多个消费者组织在开展活动。

1983年，国际消费者联盟组织决定每年的3月15日为国际消费者权益日。其目的在于扩大消费者权益保护的宣传，使之在世界范围内得到重视，促进各国和地区消费者组织之间的合作与交往，在国际范围内更好地保护消费者权益。此后每年的3月15日，世界各地的消费者及有关组织都要举行各种活动，推动保护消费者权益运动进一步发展。节日的宗旨在于：一、向消费者提供信息，对消费者进行教育，提高消费者维护自身权益的意识和能力；二、处理消费者投诉，帮助消费者挽回损失；三、搜集消费者的意见并向企业反馈；四、通过各种宣传手段，形成舆论压力，以改善消费者的地位；五、参与国家或政府有关消费者法律和政策的制定，并要求政府建立消费者行政体系，处理消费者问题；六、成立消费者团体，确立消费者主权；七、加强消费者国际团体及合作。

中国消费者协会1987年加入国际消费者协会。此后每年3月15日，中国消费者协会及地方各级协会都联合各有关部门共同举办大规模的宣传活动，运用各种方式介绍消费知识和有关法律知识，宣传消费者的权利；唤醒、提高消费者的自我保护意识；促进全社会都来关心、支持消费者合法权益保护工作。1991年3月15日，中央电视台经济部推出现场直播"3·15"国际消费者权益日消费者之友专题晚会，之后每年都在3月15日推出同类专题晚会，为宣传和保护消费者权益作出了很大贡献。

6.取消票证供应

新中国建立初期的计划经济年代，农业和轻工业基础薄弱，粮食、日用品等其他人民生活必需品供求矛盾突出。国家为了保障全体国民的生活必需，对城乡居民的吃穿用等生活必需品，实行计划供应，按人口定量发行了粮票、布票等专用购买凭证，这些凭证通称为"票证"。

从1953年10月开始,中共中央决定开始在全国实行对粮食、油料(包括食油)的统购统销政策。1955年8月,国务院颁布《市镇粮食定量供应暂行办法》,由此粮票和购粮证作为"第一票"进入了新中国的票证历史舞台。之后,食用油票、布票等相继面世。全国2000多个市、县都分别发行和使用了各种商品票证,进行计划供应。此外,一些较大的厂矿、学校等也印发了各种票证。人们要凭票证来限量购买粮食、油、布、煤、肥皂等生活必需品,各种票证加起来共达60多种。票证成了城乡居民吃饱穿暖的保障,初步缓解了粮食等重要物资的供需矛盾,保持了市场物价的稳定,保证了新中国成立初期大规模重工业建设的顺利进行。

改革开放以后,中国工业和农业迅速发展,粮食和其他日用品日益丰富。20世纪80年代初,禽蛋蔬菜的价格逐渐放开,一些工业品也逐步达到了供需平衡。至1985年前后,凭证凭票供应的除粮、油及电视机、自行车、洗衣机等大宗商品外,其他各类商品基本上敞开供应,以布票为首的各种票证逐渐退出中国的流通领域。到1993年,国家宣布粮油购销政策全面放开,之后,各地粮票相继停止使用。1993年5月10日,北京最后停止使用粮票。票证最终结束了长达40年之久的特殊身份。商品短缺时代,票证制在一定程度上保障了广大居民对生活必需品的最基本需求,发挥了积极的历史作用。票证时代的终结,建立在劳动生产力水平提高,商品供给极大丰富的基础之上,是社会进步的一种表现。

7.中华人民共和国产品质量法

为了加强对产品质量的监督管理,提高产品质量水平,明确产品质量责任,保护消费者的合法权益,维护社会经济秩序,1993年2月22日,七届全国人大常委会第三十次会议通过了《中华人民共和国产品质量法》(以下简称《产品质量法》),自1993年9月1日起施行。后根据2000年7月8日九届全国人大常委会第十六次会议《关于修改〈中华人民共和国产品质量法〉的决定》予以修正,自2000年9月1日起施行,新增了25条,删除了2条,修改了20多条,涉及的内容十分广泛。

《产品质量法》是一部比较系统和完整的法律,主要包括产品质量监督管理和产品质量责任两个方面的基本内容。在产品质量监督管理方面,法律主要规定了国家关于产品质量监督管理的体制,明确了县级以上人民政府技术监督部门的主要职能,系统地规定了生产者、经销者的产品质量义务。产品质量责任方面主要包括行政责任、民事责任和刑事责任。

《产品质量法》规定的生产者、销售者的产品质量义务包括:一、必须保证产品质量,对产品的质量负责。产品质量必须符合所采用标准的要求,不得存在危及人身、财产安全的不合理的危险,具备应有的使用性能。二、产品的标识必须符合要求。产品必须有合格证、产品名称、厂名、厂址等;限期使用的产品必须有生产日期、安全使用期或者失效日期;涉及使用安全的产品必须有警示说明、警示标志。三、企业的禁止性行为。企业不得伪造产地;不得伪造或冒用他人的厂名、厂址;不得生产销售国家明令淘汰或者禁止生产的产品;不得伪造或者冒用质量标志;不得在产品中掺杂、掺假;不得以次充好、以假充真;不得以不合格品冒充合格品;不得销售失效、变质的产品等。

《产品质量法》规定,保护消费者的合法权益。一是消费者有权就产品质量问题,向生产者和销售者进行查询,向技术监督部门申诉,也可直接向人民法院起诉。二是消费者发现产品质量有问题时,有权直接找商店要求修理、更换、退货、实行"三包"。三是因为产品质量问题造成人身伤亡、财产损失的,消费者可以向生产者或销售者中的任何一方提出赔偿的要求,赔偿范围主要包括直接损失和间接损失。消费者享有诉讼的选择权利。此外,法律为消费者解决产品质量纠纷规定了四种处理问题的渠道,即通过协商解决、请消费者协会或技术监督部门调解、向质量仲裁机构申请裁决、直接向人民法院起诉。

自《产品质量法》实施以来,各级质量技术监督部门要求更加全面、准确地履行法定职责,注重提高全民族的产品质量意识。《产品质量法》的颁布实施,标志着国家产品质量工作进一步走上了法制管理的道路,对于建立产品质量公平竞争机制,促进社会主义市场经济的发展,具有十分重要的意义,为制裁产品质量的违法行为,提供了强大的法律武器。

8.中华人民共和国消费者权益保护法

《中华人民共和国消费者权益保护法》是为了保护消费者的合法权益,维护社会经济秩序稳定,促进社会主义市场经济健康发展而制定的一部法律。1993年10月31日,八届全国人大常委会第四次会议通过《中华人民共和国消费者权益保护法》,该法首先确立了消费者的知情权、平等交易权、依法求偿权等,自1994年1月1日起施行。这是中国第一部保护消费者权益的专门法律,它的制定和实施,标志着中国保护消费者权益的法律制度发展到了一个新的阶段。

2009年8月27日十一届全国人大常委会第十次会议通过了《关于修改部分法律的规定》,《中华人民共和国消费者权益法保护法》进行了第一次修订。2013年10月25日,十二届全国人大常委会第五次会议通过了《全国人民代表大会常务委员会关于修改〈中华人民共和国消费者权益保护法〉的决定》,进行了第二次修订。2014年3月15日,新版《中华人民共和国消费者权益保护法》(以下简称"新《消法》")开始施行。新《消法》分总则、消费者的权利、经营者的义务、国家对消费者合法权益的保护、消费者组织、争议的解决、法律责任、附则 8 章 63 条。

《中华人民共和国消费者权益保护法》规定了消费者享有安全权、知情权、选择权、公平交易权、获赔权、结社权、获知权、尊重权、监督权等 9 项权利，标志着中国以消费者为主体的市场经济向法制化、民主化迈出了一大步。

9.中华人民共和国价格法

为了规范价格行为，发挥价格合理配置资源的作用，稳定市场价格总水平，保护消费者和经营者的合法权益，促进社会主义市场经济健康发展，1997 年 12 月 29 日，八届全国人大常委会第二十九次会议通过《中华人民共和国价格法》（以下简称《价格法》）。

《价格法》的适用对象是价格行为。政府、经营者和消费者等各类市场主体的价格行为均适用《价格法》。这里的价格行为既包括经营者的定价、调价、标价以及价格评估、价格鉴证等价格行为，又包括政府的价格管理、价格调控、价格监督检查等价格行为，还包括消费者参与定价和监督价格等行为。

在部门法中，价格法是指价格立法体系，即国家用来调整经济活动中产生的价格关系的法律规范的总称。按照法律效力的不同，价格法律规范分为三个层次：第一层次是由全国人大及其常委会颁发的价格法律；第二层次是由国务院颁发或转发的价格法规以及有立法权的地方人大颁发的地方性价格法规；第三层次是由国务院价格主管部门和国务院有关部门颁发的部门价格规章以及有立法权的地方人民政府颁发的地方性价格规章。该法所称的价格法取狭义之意，即由全国人民代表大会常务委员会制定和颁布的价格法律。《价格法》是社会主义市场经济法律体系中最重要的法律之一，是整个价格法律体系的基本法，其他有关价格的法规、规章都必须以《价格法》为依据。

《价格法》共分 7 章 48 条。第一章为总则，它规定《价格法》最基本的原则和精神；第二章至第六章为分则，是总则内容的展开化，分别规定了经营者的价格行为、政府的定价行为、国家对价格实行必要的调控以保持价格总水平基本稳定、价格监督检查、对各类价格违法行为的处罚等；第七章为附则，规定了本法的例外适用内容及生效日期。

《价格法》的颁布实施是中国经济和法制建设中的一件大事，它对于巩固和发展价格改革的成果，进一步规范价格行为，发挥价格合理配置资源的作用，稳定市场价格总水平，保障广大消费者和经营者的合法权利，促进社会主义市场经济健康发展，具有重要意义。

10.全国年节及纪念日放假办法

1949年12月23日,中央人民政府政务院发布《统一全国年节和纪念日放假办法》(即后来所称的《全国年节及纪念日放假办法》)。此后,该办法根据1999年9月18日《国务院关于修改〈全国年节及纪念日放假办法〉的决定》第一次修订;根据2007年12月14日《国务院关于修改〈全国年节及纪念日放假办法〉的决定》第二次修订。2007年12月14日新修订的《全国年节及纪念日放假办法》将清明、端午和中秋三大传统节日正式列入全民法定公休节日,自2008年开始共有7个全民法定公休节日,分别为元旦、春节、清明、端午、劳动节、中秋和国庆节,全民公休节日的假期通过调整双休日来集中休假,休假时段每年由国务院发布。地方性节日、少数民族传统节日、其他特定群体的节日限于特定群体或局部地区。2013年12月11日,国务院对《全国年节及纪念日放假办法》再次作出调整,春节黄金周由除夕至正月初六调整为正月初一至正月初七,除夕不再是公众假日。

11.价格听证制度

1998年5月1日正式施行的《中华人民共和国价格法》首次将听证会制度引入价格决策领域,明确了价格听证制度的法律依据。依据《中华人民共和国价格法》关于定价听证的规定,原国家发展计划委员会于2001年发布了《政府价格决策听证暂行办法》,并于2002年对该暂行办法进行了修订,重新发布了《政府价格决策听证办法》。该办法实施以来,对规范政府定价听证行为,提高政府制定价格的科学性、民主性和透明度发挥了重要作用。同时,价格听证会在实践中也暴露出一些问题:一是对听证会性质规定不明确,以至于社会上有人将听证会看作定价决策会,认为应当实行少数服从多数原则;二是听证会的透明度有待提高,公开性需要加强;三是听证会代表的称谓、产生方式不够科学,难以发挥"代表"的作用;四是对听证会代表意见的最终采纳情况及理由缺乏公开反馈机制。以上问题,在一定程度上影响了定价听证制度辅助政府制定价格作用的正常发挥。因此,有必要修改原听证办法。2008年12月1日正式施行的《政府制定价格听证办法》进一步规范了价格听证制度。

12.关于开展个人消费信贷指导意见

个人消费信贷(以下简称"消费信贷"),对促进消费,扩大内需,推动生产,支持国民经济持续稳定发展以及调整信贷结构，提高信贷资产质量，具有十分重要的意义。为促进和规范个人消费信贷业务的健康有序发展，1999年2月中国人民银行颁布了《关于开展个人消费信贷指导意见》（以下简称《意见》）。

《意见》共分为10个部分，分别从稳步推进和拓展消费信贷业务、建立健全消费信贷职能机构；加大消费信贷投入；逐步扩大消费信贷的服务领域；合理确定利率、期限和还款方式；提供全方位优质金融服务；逐步建立个人消费贷款信用登记制度；积极主动地加强与有关部门的联系，争取有利的外部环境；强化管理，防范和化解风险；加强组织领导，总结经验，完善《个人消费信贷管理办法》等几个方面对个人消费信贷的发展作出了制度性探索，促进中国个人消费信贷的进一步快速发展。

13.万村千乡市场工程

"万村千乡市场工程"由商务部2005年2月开始启动，工程的主要内容是通过安排财政资金，以补助或贴息的方式，引导城市连锁店和超市等流通企业向农村延伸发展"农家店"，力争用三年的时间，孕育出25万家连锁经营的农家店，构建以城区店为龙头、乡镇店为骨干、村级店为基础的农村现代流通网络，使标准化农家店覆盖全国50%的行政村和70%的乡镇，满足农民消费需求，改善农村消费环境，促进农业产业化发展。"万村千乡市场工程"是商务部2005年着力推动社会主义新农村建设的重要举措之一。

"万村千乡市场工程"的指导思想是，以党的十六大、十六届三中、四中全会精神和"三个代表"重要思想为指导，按照统筹城乡经济发展要求，运用现代流通方式，建立新型农村市场流通网络，改善农村消费环境，保障农民方便消费、放心消费，促进国民经济持续、快速、健康发展。主要内容是：城市连锁和超市向农村延伸发展"农家店"；乡镇级"农家店"原则上以批零结合的综合性服务为主，鼓励其从事农资、日用小商品的批发与零售经营，以及政策允许的农副产品购销业务等；村级"农家店"以零售服务为主；"农家店"的具体建立和改造，将按商务部印发的标准执行；此外，倡导大型流通企业与生产企业进行"工商联手"，研发并生产适合当地消费特点的自有品牌消费品。具体建设方式是：一、引导各类大中型流通企业直接到试点县市的乡村投资建立、改造连锁"农家店"；二、鼓励各类大中型连锁企业通过吸引小型企业加盟的方式到乡村建立、改造"农家店"；三、支持各类中小型企业通过自愿连锁，即企业自愿结合，统一采购、统一建立销售网络的方式建设"农家店"。

"万村千乡市场工程"通过农村流通体系的改革和重组，促进了城乡资源的合理配置，促进了农村市场繁荣和农民增收，拉动了生产，促进了消费。

14.职工带薪休假条例

《职工带薪休假条例》于 2007 年 12 月由国务院常务会议通过，自 2008 年 1 月 1 日起施行。这是自中国政府调整法定假日安排之后，为维护职工休息休假的权利出台的又一项举措。《职工带薪休假条例》规定，机关、团体、企业、事业单位、民办非企业单位、有雇工的个体工商户等单位的职工连续工作一年以上的，享受带薪年休假。

职工带薪年休假条例内容：

第一条 为了维护职工休息休假权利，调动职工工作积极性，根据劳动法和公务员法，制定本条例。

第二条 机关、团体、企业、事业单位、民办非企业单位、有雇工的个体工商户等单位的职工连续工作 1 年以上的，享受带薪年休假（以下简称"年休假"）。单位应当保证职工享受年休假。职工在年休假期间享受与正常工作期间相同的工资收入。

第三条 职工累计工作已满 1 年不满 10 年的，年休假 5 天；已满 10 年不满 20 年的，年休假 10 天；已满 20 年的，年休假 15 天。

国家法定休假日、休息日不计入年休假的假期。

第四条 职工有下列情形之一的，不享受当年的年休假：

（一）职工依法享受寒暑假，其休假天数多于年休假天数的；

（二）职工请事假累计 20 天以上且单位按照规定不扣工资的；

（三）累计工作满 1 年不满 10 年的职工，请病假累计 2 个月以上的；

（四）累计工作满 10 年不满 20 年的职工，请病假累计 3 个月以上的；

（五）累计工作满 20 年以上的职工，请病假累计 4 个月以上的。

第五条 单位根据生产、工作的具体情况，并考虑职工本人意愿，统筹安排职工年休假。

年休假在 1 个年度内可以集中安排，也可以分段安排，一般不跨年度安排。单位因生产、工作特点确有必要跨年度安排职工年休假的，可以跨 1 个年度安排。

单位确因工作需要不能安排职工休年休假的，经职工本人同意，可以不安排职工休年休假。对职工应休未休的年休假天数，单位应当按照该职工日工资收入的 300% 支付年休假工资报酬。

第六条 县级以上地方人民政府人事部门、劳动保障部门应当依据职权对单位执行本条例的情况主动进行监督检查。工会组织依法维护职工的年休假权利。

第七条 单位不安排职工休年休假又不依照本条例规定给予年休假工资报酬的，由县级以上地方人民政府人事部门或者劳动保障部门依据职权责令限期改正；对逾期不改正的，除责令该单位支付年休假工资报酬外，单位还应当按照年休假工资报酬的数额向职工加付赔偿金；对拒不支付年休假工资报酬、赔偿金的，属于公务员和参照公务员法管理的人员所在单位的，对直接负责的主管人员以及其他直接责任人员依法给予处分；属于其他单位的，由劳动保障部门、人事部门或者职工申请人民法院强制执行。

第八条 职工与单位因年休假发生的争议，依照国家有关法律、行政法规的规定处理。

第九条 国务院人事部门、国务院劳动保障部门依据职权，分别制定本条例的实施办法。

第十条 本条例自2008年1月1日起施行。

15.家电下乡

为扩大农村消费，提高农民生活质量，更好地统筹城乡发展及国内外市场，促进社会主义新农村建设，2007年11月15日财政部、商务部发布了《关于家电下乡试点工作的通知》，要求2007年12月1日至2008年5月31日，在山东、河南、四川三省实施家电下乡试点工作。其补贴资金由中央财政和地方财政共同负担。其中，中央财政负担80%，地方财政负担20%。补贴产品为彩电、冰箱（含冰柜）、手机，办法自发布之日起执行。具有农业户口的人员持发票、身份证等材料到户口所在地乡镇财政部门申报即可，但每户每类补贴产品购买数量不得超过2台（件）。

为扩大国内需求，改善民生，拉动消费带动生产，促进经济平稳较快增长，国务院决定在全国推广"家电下乡"。2008年11月28日，财政部、商务部、工业和信息化部联合发布《关于全国推广家电下乡工作的通知》，确认所有自治区、直辖市、计划单列市及新疆生产建设兵团从2009年2月1日起开展家电下乡工作，将家电下乡活动在全国推广。同时，家电下乡产品扩大到彩电、冰箱、洗衣机和手机四类。

2009年2月22日，财政部、商务部、工业和信息化部下发《关于进一步加大家电下乡政策实施力度的通知》，大幅提高了家电下乡产品最高限价，并对提高限价部分所对应的下乡产品统一实行定额补贴。

2009年2月26日，财政部、商务部、工业和信息化部联合发布《关于加大家电下乡政策实施力度的通知》，认为家电下乡政策实施以来，下乡家电成为农民购买家电产品的首选，受到农民的广泛欢迎，销量大幅增长，农村家电销售服务体系也得到明显改善，不仅实现了惠农强农的政策目标，还取得了稳定家电等行业发展，均衡内外贸等多重政策效果，农民得实惠，企业得市场，政府得民心，经济得发展。为充分发挥家电下乡政策作用，国务院第51次常务会议决定，进一步加大家电下乡政策实施力度，将摩托车、空调、电脑、热水器、微波炉和电磁炉列为家电下乡产品并在全国范围内统一实施。至此，家电下乡活动全面铺开。

2012年11月7日，财政部、商务部、工业和信息化部发布《关于家电下乡政策到期后停止执行等有关问题的通知》，明确2013年1月31日全国家电下乡政策将全部执行到期。至此，家电下乡政策告一段落。

家电下乡政策推动了社会消费高速增长，大幅缩小了城乡耐用消费品差距，加快了城市消费结构升级步伐。

16.储蓄存款利息所得个人所得税

"储蓄存款利息所得个人所得税"简称利息税，主要指对个人在中国境内存储人民币、外币而取得的利息所得征收的个人所得税。新中国成立以来，利息税曾三度被免征，而每一次的变革都与经济形势密切相关。

1950年，中国颁布《利息所得税条例》，规定对存款利息征收所得税。但当时国家实施低工资制度，人们的收入差距也很小，因而在1959年停征了存款利息所得税。1980年通过的《中华人民共和国个人所得税法》（1980年9月10日五届全国人大三次会议通过）和1993年修订的《中华人民共和国个人所得税法》（1993年10月31日八届全国人大常委会第四次会议《关于修改〈中华人民共和国个人所得税法〉的决定》第一次修正），再次把利息所得列为征税项目。但是，针对当时个人储蓄存款数额较小、物资供应比较紧张的情况，对储蓄利息所得又作出免税规定。

1999年9月30日，国务院发布《对储蓄存款利息所得征收个人所得税的实施办法》，规定自1999年11月1日起对储蓄存款利息所得征收个人所得税，适用20%的比例税率，以结付利息的储蓄机构为扣缴义务人，实行代扣代缴。

2007年，中国经济社会情况发生了新的变化，投资增长较快，物价指数有一定的上涨，个人储蓄存款收益相对减少，减征储蓄存款利息所得个人所得税，有利于增加个人储蓄存款收益，符合国民经济发展的需要。2007年7月20日，国务院发布《关于修改〈对储蓄存款利息所得征收个人所得税的实施办法〉的决定》，规定"对储蓄存款利息所得征收个人所得税，减按5%的比例税率执行"，"扣缴义务人在向储户结付利息时，依法代扣代缴税款"，自2007年8月15日起施行。

2008年10月9日，财政部与国家税务总局发布《关于储蓄存款利息所得有关个人所得税政策的通知》，规定即日起，"对储蓄存款利息所得暂免征收个人所得税，即储蓄存款在1999年10月31日前孳生的利息所得，不征收个人所得税；储蓄存款在1999年11月1日至2007年8月14日孳生的利息所得，按照20%的比例税率征收个人所得税；储蓄存款在2007年8月15日至2008年10月8日孳生的利息所得，按照5%的比例税率征收个人所得税；储蓄存款在2008年10月9日后（含10月9日）孳生的利息所得，暂免征收个人所得税"。

此次对利息税的免征，是在全球金融危机的背景下开展的，虽然其对市场影响不会很大，但为我国证券市场发布了一个政策信号，表达了国家对证券市场的支持，因此此次免税政策的信号意义大于经济意义。

17.关于搞活流通扩大消费的意见

在国际金融危机对中国影响日益加深的大背景下，2008年12月31日，国务院办公厅发布了《关于搞活流通扩大消费的意见》（以下简称《意见》）。《意见》较为具体地提出了国际金融危机背景下扩大内需、促进居民消费方面的七点意见。具体包括：一、健全农村流通网络，拉动农村消费；二、增强社区服务功能，扩大城市消费；三、提高市场调控能力，维护市场稳定；四、促进流通企业发展，降低消费成本；五、发展新型消费模式，促进消费升级；六、切实改善市场环境，促进安全消费；七、加大财政资金投入，支持流通业发展。

《意见》还规定了实施过程中的具体细则：健全农村流通网络，拉动农村消费，再新建和改造一批农家店和农村商品配送中心，推进网络与供销、邮政、电信等网络的结合；加快完善农产品流通网络，再新建或改造一批农产品批发市场和农贸市场，支持建立农产品直接采购基地，提高流通效率；完善农业生产资料流通体系，重点培育大型农业生产资料流通企业，加强农业生产资料现代物流设施建设；全面推进家电下乡工作，地方人民政府应强化监管，确保下乡家电产品质量；增强社区服务功能，扩大城市消费，进一步完善城市社区便民服务设施，如网络建设、标准化菜市场示范工程、早餐服务等；促进城市耐用品消费升级换代，如健全旧货流通网络及旧货交易市场；积极促进汽车消费，如升级改造二手车交易市场、加快淘汰"黄标车"；提高市场调控能力，维护市场稳定，健全居民生活必需品储备机制，切实增强市场应急调控能力；促进流通企业发展，降低消费成本，培育大型流通企业集团，支持中小商贸企业发展，实行商业与工业用电、用水同价政策；发展新型消费模式，促进消费升级，积极培育和发展新的消费热点，大力促进节假日和会展消费，进一步促进银行卡使用，大力发展信用销售；发展新型消费模式，促进消费升级，狠抓流通企业食品安全，加强市场监管，改善交易环境，加快建立统一开放竞争有序的市场体系；加大财政资金投入，支持流通业发展，加大财政资金投入，并在以后年度继续加大投入。

自《意见》发布以后，财政部、商务部及各省级人民政府高度重视关于搞活流通扩大消费的工作，纷纷出台相关意见，响应国务院政策。搞活流通扩大消费是一项应对国际金融危机对中国经济影响的举措，也是一项惠国惠民的长远战略，对加快实体经济发展、降低对外贸易依赖和提高人民生活水平都有重要的意义。

18.快递业务经营许可管理办法

随着网络购物带动快递市场的迅速发展，中国从事快递业务的企业越来越多，新企业不断涌现，竞争格局基本形成，但也存在服务质量不高、缺乏准入门槛、安全隐患较多等突出问题。

2009年9月1日，交通运输部发布了《快递业务经营许可管理办法》（以下简称《办法》），自2009年10月1日起施行。《办法》共7章，分别为第一章总则，第二章许可条件，第三章审批程序，第四章许可证管理，第五章监督检查，第六章法律责任，第七章附则，共三十七条。《办法》第二章到第六章提出了快递业务申请、审批、管理及监督过程中的标准与准则，主要包括：一、申请经营快递业务应当具备的条件；二、申请在省、自治区、直辖市范围内经营快递业务或申请跨省、自治区、直辖市经营快递业务或申请经营国际快递业务的，分别应当具备的服务能力；三、禁止外商投资经营信件类国内快递业务；四、审批在省、自治区、直辖市范围内经营快递业务或申请跨省、自治区、直辖市经营快递业务或申请经营国际快递业务的机构为各级邮政管理机构；五、应向邮政管理机构提交的申请材料；六、邮政管理部门应当自受理之日起45日内作出批准或者不予批准的决定；七、跨省、自治区、直辖市经营或者经营国际快递业务的企业的备案制度；八、经营国际快递业务的企业应当向国务院邮政管理部门提交的材料；九、《快递业务经营许可证》的有效期限为5年；十、《快递业务经营许可证》管理的年度报告制度；十一、企业部分事项发生变更停止经营的报备制度；十二、快递业务经营许可的注销条件；十三、邮政管理部门的监督检查权利及主要内容；十四、邮政管理部门进行监督检查时的注意事项；十五、企业违反法律应当接受的处罚和应当承担的法律责任；十六、邮政管理部门的其他权利和义务。

2013年，交通运输部又发布了《关于修改〈快递业务经营许可管理办法〉的决定》（以下简称《决定》），将按国务院规定设立的省级以下邮政管理机构纳入快递业务经营许可的管理工作中，要求取得快递业务经营许可的企业设立分公司、营业部等非法人分支机构到分支机构所在地工商行政管理部门办理注册登记并到所在地省级以下邮政管理机构办理备案手续。《决定》自公布之日起施行。

《办法》及《决定》的出台，为我国蓬勃发展的快递行业设置了一定的准入标准，使得申请从事快递业务的企业有据可依,为快递行业的进一步规范奠定了基础。

19.取消全国假日办

全国假日旅游协调办公室,简称全国假日办,是国务院部际协调机构下设的办公室,设在国家旅游局,由国家旅游局局长担任主任,副局长担任副主任,成员由协调会议各单位的联络员组成,具体负责全国每年的所有公众调休假的设定及各个黄金周的组织协调工作,及时发布假日旅游信息等。此外,除香港特别行政区、澳门特别行政区和台湾省外,其余31个省级行政区划单位均设立了地方假日旅游协调办公室,即地方假日办,负责景点数据统计、放假通知等具体事宜。2014年9月15日,运行14年的全国假日办正式撤销,其全部职能并入新设机构国务院旅游工作部际联席会议制度之中。截至2014年10月8日,全国已有22个省级行政单位撤销了地方假日办,但北京、天津、上海三个直辖市以及浙江、湖北、河北、福建、山东、陕西6省仍保留这一机构。

假日办取消后,"今后节假日怎么休"成为公众关心的问题。目前,虽然假日办已经取消,但同时设立了国务院旅游工作部际联席会议,假日办的全部职能由该新设机构运行。假日办在运行的14年时间里,在振兴假日经济、拉动内需、加快旅游休闲产业发展等方面起到了积极作用,但也存在一些问题。逢节便堵的旅游让国人痛苦不堪,"放假"早已在刺激经济发展的功利思维下与惬意、休闲、舒适等美好的词汇离得越来越远,也与休闲社会南辕北辙,这些都加剧了人们对全国假日办的不满。此外,假日总量很有限,再加上个体休假需求的多样性,其设计难免众口难调。这也提示,休假制度改革需要顶层制度设计。不再将国民休假权利与旅游产业发展捆绑在一起,也将有助于国内旅游业的健康发展,从而逐步摆脱对"假日经济"的过度依赖。

自假日办被取消、国务院旅游工作部际联席会议被设立后,2015年公众调休假的设定和发布依然进行。与此同时,职工带薪休假依然没有得到落实。2013年2月2日,国务院办公厅发布《国民旅游休闲纲要(2013—2020年)》,要求到2020年落实职工带薪休假。职工带薪休假时间表的制定,是中国休假制度迈出的一大步,对于真正落实带薪休假政策具有重要意义。

20.国务院办公厅发布《关于加快发展生活性服务业促进消费结构升级的指导意见》

当前我国进入全面建成小康社会的决胜阶段,经济社会发展呈现出更多依靠消费引领、服务驱动的新特征。但总体看,我国生活性服务业发展仍然相对滞后,有效供给不足、质量水平不高、消费环境有待改善等问题突出，迫切需要加快发展。为加快发展生活性服务业、促进消费结构升级，国务院办公厅于 2015 年 11 月 19 日发布《关于加快发展生活性服务业促进消费结构升级的指导意见》（以下简称《意见》）。

《意见》要求各地区、各部门要充分认识加快发展生活性服务业的重大意义，把加快发展生活性服务业作为提高人民生活水平、促进消费结构升级、拉动经济增长的重要任务，采取有效措施，加大支持力度，做到生产性服务业与生活性服务业并重、现代服务业与传统服务业并举，切实把服务业打造成经济社会可持续发展的新引擎。《意见》提出了"六个坚持"为代表的基本原则，即坚持消费引领，强化市场主导；坚持突出重点，带动全面发展；坚持创新供给，推动新型消费；坚持质量为本，提升品质水平；坚持绿色发展，转变消费方式。并对包括居民和家庭服务，健康服务，养老服务，旅游服务，体育服务，文化服务，法律服务，批发零售服务，住宿餐饮服务以及教育培训服务在内的十个领域提出了具体的任务要求。《意见》围绕激发生活性服务业企业活力和保障居民放心消费，加快完善体制机制，营造良好市场环境为中心提出以下政策措施：深化改革开放，改善消费环境，加强基础设施建设，完善质量标准体系，加大财税、金融、价格、土地政策引导支持，推动职业化发展，建立健全法律法规和统计制度。

生活性服务业领域宽、范围广，涉及人民群众生活的方方面面，与经济社会发展密切相关。加快发展生活性服务业，是推动经济增长动力转换的重要途径，实现经济提质增效升级的重要举措，保障和改善民生的重要手段。

21.国务院办公厅发布《关于积极发挥新消费引领作用加快培育形成新供给新动力的指导意见》

我国已进入消费需求持续增长、消费结构加快升级、消费拉动经济作用明显增强的重要阶段。为更好发挥新消费引领作用，加快培育形成经济发展新供给新动力，国务院办公厅于 2015 年 11 月 19 日发布了《关于积极发挥新消费引领作用加快培育形成新供给新动力的指导意见》（以下简称《意见》）。

为发挥市场在资源配置中的决定性作用，积极发现和满足群众消费升级需要，《意见》提出应以坚持消费引领，以消费升级带动产业升级；坚持创新驱动，以供给创新释放消费潜力；坚持市场主导，以公平竞争激发社会活力；坚持制度保障，以体制创新培植持久动力为基本原则。《意见》还指出应以服务消费、信息消费、绿色消费、时尚消费、品质消费以及农村消费作为重点的消费升级领域，并具体指出了每一领域的消费升级方向。为发挥市场在资源配置中的决定性作用，积极发现和满足群众消费升级需要，维护全国统一市场和各类市场主体公平竞争，激发市场内在活力，《意见》指出应做到加快推进重点领域制度创新，全面改善优化消费环境，创新并扩大有效供给，优化政策支撑体系。其中加快推进重点领域制度创新具体包括加快建设全国统一大市场，加大服务业对内对外开放力度，加强助推新兴领域发展的制度保障，加快推进人口城镇化相关领域改革；全面改善优化消费环境具体包括全面提高标准化水平，完善质量监管体系，改善市场信用环境，健全消费者权益保护机制，强化基础设施网络支撑，拓展农村消费市场，积极培育国际消费市场；创新并扩大有效供给具体包括改造提升传统产业，培育壮大战略性新兴产业，大力发展服务业，推动大众创业万众创新蓬勃发展，鼓励和引导企业加快产品服务升级，适度扩大先进技术装备和日用消费品进口，鼓励企业加强质量品牌建设；优化政策支撑体系具体包括强化财税支持政策，推动金融产品和服务创新，优化政府投资结构，完善土地政策，创新人才政策，健全环境政策体系。

　　消费是最终需求，积极顺应和把握消费升级大趋势，以制度创新、技术创新、产品创新满足并创造消费需求，有利于提高发展质量、增进民生福祉、推动经济结构优化升级、激活经济增长内生动力，实现持续健康高效协调发展。

二、消费水平

1.温饱生活水平

按照生活改善程度，可把消费水平分为饥寒、温饱、小康、富裕四个阶段。当人民生活处于温饱阶段时，收入水平较低，消费结构中维持基本生活的消费资料占主体，吃在消费中所占的比重很大，使用的耐用消费品在消费中的比重很小，劳务消费更小。随着经济发展和收入增多，在满足了生活基本所需后，有了较多的剩余可以逐步增加享受资料和发展资料的消费。

改革开放后，邓小平提出中国现代化"三步走"战略，第一步是到1990年，使居民生活达到温饱水平。总的来说，到1990年，人民平均消费水平已从旧社会的饥寒型进入温饱型，并逐步向小康型过渡。主要依据是：一、吃、穿两项基本需求已达到生理上的需要，并符合一定的社会文明的标准。1990年，中国城乡居民平均每人消费粮食238.8公斤，食用植物油5.67公斤，猪肉16.64公斤，牛羊肉1.73公斤，鲜蛋6.27公斤，水产品6.53公斤，食糖4.98公斤，这些食物所提供的热量，已超过医学规定维持人体正常需要的标准。中国城乡居民平均每人消费呢绒0.23米、绸缎0.64米，各种布10.6米。这些数字说明，中国人民吃饱穿暖的问题已基本解决。但吃和穿在整个消费中所占的比重仍很大。1990年中国城镇居民用于吃的消费支出占全部消费支出的54.2%，衣着支出占全部消费支出的13.4%，两项合计为67.6%。二、城乡居民收入水平提高，贫困户减少，富裕户逐年增多。据抽样调查，1990年城镇居民家庭人均年收入为1522.8元，其中生活费收入为1387.3元，比1985年增加773.9元，扣除物价上涨因素，增长22.9%；农民纯收入达到629.8元，比1985年增加232.2元，增长58.4%，全年用于生活消费支出达538元，比1985年增长69.5%。在城镇居民抽样调查的总户数中，人均月生活费收入在60元及以下的户占总户数的比重由1985年的55.4%,减少到1990年的7.4%,1990年人均月收入70—150元的户占70.4%,150元以上的户占22.3%;在农村住户抽样调查中,1990年人均年纯收入在200元以下的户占总户数的比重由1985年的12.2%,减少到1990年的3.59%,人均年纯收入在200—2000元的户占94.7%,人均纯收入在2000元以上的占总户数的1.76%。可见,从1990年开始中国人民已基本摆脱贫困,进入了温饱阶段。

2.小康生活水平

1990年12月党的十三届七中全会通过的《中共中央关于制定国民经济和社会发展十年规划和"八五"计划的建议》(以下简称《建议》)明确指出:所谓小康水平,是指在温饱的基础上,生活质量进一步提高,达到丰衣足食,安居乐业。这个要求既包括物质生活的改善,也包括精神生活的充实;既包括居民个人消费水平的提高,也包括社会福利和劳动环境的改善。根据《建议》的精神,《国民经济和社会发展十年规划和"八五"计划纲要》对2000年的小康水平的具体内容明确为:生活资料更加丰裕,消费结构趋于合理,居住条件明显改善,文化生活进一步丰富,健康水平继续提高,社会服务设施不断完善。党的十八大提出确保到2020年全面建成小康社会,并从五个方面提出了新的要求:一是经济持续健康发展;二是人民民主不断扩大;三是文化软实力显著增强;四是人民生活水平全面提高;五是资源节约型、环境友好型社会建设取得重大进展。

中国现代化的"三步走"战略中的第二步战略,是在2000年人民生活达到小康水平。经过不懈努力,中国于2000年基本实现了从基本温饱到总体小康的跨越。根据党中央、国务院的要求,国家统计局及相关部委制定《全国人民小康生活水平的基本标准》,涉及经济水平、物质生活、人口素质、精神生活和生活环境等方面,共提出了16项小康水平的监测指标和小康临界值。具体包括:人均国民生产总值2500元;城镇人均可支配收入2400元;农民人均可支配收入1200元;城镇住房使用面积12平方米;农村钢木结构住房人均使用面积15平方米;人均蛋白质日摄入量75克;城市每人拥有铺路面积8平方米;农村公路行政村比重85%;恩格尔系数50%;成人识字率85%;人均预期寿命70岁;婴儿死亡率3.1%;教育娱乐支出11%;电视机普及率100%;森林覆盖率15%;农村初级卫生保健基本合格县比重100%。(注:以上均按1980年的不变价格计算)这些指标及临界值是从中国当时的实际出发,参照了国际标准制定的,到2000年年底,16个评价指标中已有13个指标达到或超过了小康标准,只有农民人均纯收入、人均蛋白质日摄入量和农村初级卫生保健基本合格县百分比三个指标没有完全实现,但已分别实现了85%、90%和80%。人民生活总体达到小康水平。但是达到的还是低水平、不全面、发展很不平衡的小康水平。所谓低水平,是指人均 GDP 水平还比较低,仅仅是进入小康社会的门槛;所谓不全面,就是基本上还是处于满足生存性消费阶段,而发展性消费还有待提高,社会保障尚不完善,水平较低,环境质量问题严重;所谓发展不平衡是指地区之间、城市之间的发展水平差距很大,农村尚有几千万人口是低水平的不巩固的温饱。城镇还存在着数量庞大的下岗失业人员,其中有大部分人生活在国家最低社会保障水平线以下,且城市化水平低,社会结构落后;农村人口占中国人口的大多数,中国社会还是非农产业占主导地位的农民社会。

在中国这样一个人口众多的发展中国家,能够使人民生活达到全面的小康水平,无疑是一项宏伟而艰巨的任务。

3.居民消费倾向和储蓄倾向

消费倾向和储蓄倾向是西方经济学家凯恩斯提出的经济学概念。这两个概念阐述了消费、收入与储蓄之间的比例关系,对于分析宏观和微观的经济活动具有重要意义。

居民消费倾向是指消费在居民可支配收入中所占的比例,可以分为平均消费倾向和边际消费倾向。平均消费倾向是指居民的总消费量在可支配收入中所占比例,也就是每个单位的收入中消费所占的比例:以 C 代表总消费,以 Y 代表总收入,则平均消费倾向表示为 C/Y。边际消费倾向是指消费增量在收入增量中所占的比例,也就是每增加一个单位的收入中增加的消费量所占的比例,以 △C 代表增加的消费量,以 △Y 代表增加的收入量,则边际消费倾向表示为 △C/△Y。

居民储蓄倾向是指储蓄在居民的可支配收入中所占的比例,可以分为平均储蓄倾向和边际储蓄倾向。平均储蓄倾向是指居民的储蓄总额在总收入中所占的比例,也就是每个单位的收入中储蓄所占的比例。以 S 代表储蓄总额,以 Y 代表总收入,则平均储蓄倾向表示为 S/Y,边际储蓄倾向是指储蓄增量在收入增量中所占的比例,也就是每增加一个单位的收入中增加的储蓄额所占的比例。以 △S 代表增加的储蓄额,以 △Y 代表增加的收入量,则边际储蓄倾向表示为 △S/△Y。

平均消费倾向与平均储蓄倾向之和等于 1,边际消费倾向和边际储蓄倾向之和也等于 1。

中国城镇和农村的平均消费倾向具有阶段性特征。在 1978—1989 年之间,城镇平均消费倾向高于农村平均消费倾向,前者在稍低于 90% 处浮动,后者在 85% 处浮动;1989—1996 年之间,农村和城镇的平均消费倾向变化趋同以至相交,与前一阶段比较有下降趋势,并且中间农村平均消费倾向微弱超过城镇平均消费倾向;在 1996—2007 年之间,两者的平均消费倾向都降到 70%—80% 区间,城镇平均消费倾向有较平稳的下降趋势,农村则有较大的波动：先下降后上升，先低于城镇又在2004—2005年之间超过城镇。总的来看，城乡居民平均消费倾向都有长期下降的趋势，而农村平均消费倾向表现出更大的起伏与波动。

自改革开放以来，中国城镇居民边际消费倾向总体上表现出波动下降的趋势，1989年前移动均值在0.8—1之间波动，1990—2011年移动均值在0.6—0.8之间波动，下降趋势明显。就波动幅度而言，1989年以前波动幅度较大，1990年以后波动幅度明显减小，取值范围几乎都在0.5—1之间，并没有出现明显大于1或小于0的异常值，尤其是进入2004年以后城镇居民边际消费倾向的波动幅度更加明显地缩小。改革开放以来农村居民边际消费倾向并没有表现出非常明显的上升或下降趋势，在大多数年份农村居民边际消费倾向都维持在0.5—1的范围之内，存在极个别年份边际消费倾向出现了大于1和小于0的异常值，如1985年前后、1989年前后、1997—1999年。从农村居民平均和边际消费倾向的变化轨迹来看，农村居民消费倾向变化的波动性很大，存在1985—1991年的支出高峰（边际消费倾向大于1）和1997—1999年的支出低谷（边际消费倾向小于0）。

导致居民消费倾向和边际消费倾向下降的主要原因是：一、人口结构变化。人口增长率总体上表现出下降的趋势，从1987年的16.61‰下降至2010年的4.79‰，降幅达11.82‰。0—14岁年龄段人口比重总体呈现下降趋势，从1978年的37.2%下降至2011年的19.1%；65岁及以上人口所占比重从1978年的4.9%上升至2011年的8.4%；15—64岁年龄段人口从1978年的57.9%增加至2011年的72.6%。二、制度变迁。制度变迁导致收支不确定性增加，自20世纪90年代还实行了一系列和居民消费相关的福利保障制度改革，进行了以教育、医疗、住房、社会保障等多个领域的社会改革，改革的主要取向是减轻了企业和财政的负担，却增加了消费者的负担；收支不确定性导致的预防性储蓄动机在全部储蓄动机中占有十分重要的地位。三、收入分配变化。居民收入水平提高且增长迅速，2011年城镇居民收入比1978年实际增长了11.46倍，农村居民实际收入水平增长到1978年的10.63倍；暂时性收入比重增大；居民之间收入差距拉大，中国基尼系数早在2002年就已经超过了收入差距分化的警戒线，2008年基尼系数高达0.491。四、消费环境不佳制约居民消费。产品有效供给不足制约居民消费需求；流通体系不健全制约居民消费需求；消费信贷发展滞后制约居民消费需求。

在今后的发展中，居民消费倾向和储蓄倾向的变化趋势取决于中国经济改革的进程，主要包括如下几个方面：一、收入分配结构的改革；二、社会保障体系的改革；三、消费环境的改革。

4.居民衣着消费

衣着消费是指居民用于各种服装、鞋帽、床上用品及其他面料等方面的消费，是人们基本消费的一个重要方面。衣着消费从远古时代的防寒遮羞作用发展到现在已经成为人们美化生活的重要内容。居民的衣着消费水平取决于一个国家的社会经济发展、资源开发利用、科学技术应用、文化风俗习惯，乃至地理环境、气候条件等方面的因素。经济和科技等方面的因素从供应方面制约人们的衣着消费，例如化学纤维的研制成功使人们的衣着消费进入了一个全新的阶段；地理气候等方面的因素从需求方面制约着人们的衣着消费，例如赤道附近地区和高纬度地区人群衣着方面的消费有着极大的差异。

新中国成立以来，随着中国经济的不断发展和人民收入水平的日益提高，居民衣着消费随之发生变化。一、消费金额。1990年城镇居民人均衣着商品支出达到170.88元，比1981年增长1.5倍，农民的衣着消费支出达到45.06元，比1980年增长1.3倍。城镇居民衣着消费占家庭生活消费支出的比重也有所上升，1990年达到13.4%。2000年，城市居民的衣着消费支出500.46元，农村居民为95.95元，到2010年，城市居民衣着消费支出1444.34元，农村居民为264元。二、主要材料发生变化。1949—1978年，棉布是主要材料。到1978年，棉布消费量占布料消费量的73%。1978—1992年棉布（制品）需求下降，化纤及其他布料（制品）需求上升，在布料消费中，棉布的购买量下降，由1981年人均1.55米下降到1990年1.33米，下降了14.2%，化纤、呢绒、绸缎的购买量下降较为缓慢，甚至有所上升，呢绒购买量从1981年人均0.22米上升到1990年的0.26米，上升18.2%。1993年以来，化学纤维受冷落，纯棉制品成新宠，这次纯棉服装的盛行不是对20世纪六七十年代棉布及其制品的简单重复，其工艺、质地、款式都远远超过当年的棉布及其制品，既适应了人们追求自然舒适的要求，又满足了人们张扬个性、提升品位的需要。三、服装种类。1978年前，成衣消费较少，自制服装较多；1957—1978年中国纺织工业总产值从174.4亿元增长到620亿元，增长445.6亿元，其中纺织业增长354.4亿元，服装及其他化纤制品仅增长60.2亿元，占增长量的13.5%，其所占纺织工业总产值的比重不但没有上升反而有所下降，从1957年的18%下降到1978年的15%。20世纪80年代，虽然城镇居民购买成衣有所增加，但购买布料做衣服仍然比较盛行。布料购买量在1984—1988年期间常居高位不下，1988年之后开始下降，到1990年又恢复到1980年的水平。与布料相比较，各种成衣购买量除化纤服装上升较大外，其他服装上升较慢，甚至下降。从20世纪90年代中期开始，裁缝业日渐衰落，成衣消费盛行，衣着档次大幅度提升，品牌化趋势十分明显，传统正装需求下降，休闲服装成为衣着消费的主流。

目前，衣着消费存在的问题：一、消费差距明显，表现为城乡之间及城镇内部消费差距较大。二、服装行业同质化，服装产品结构亟待调整。三、世界服装品牌占据优势，国内服装品牌竞争能力明显不足。今后，居民衣着消费的发展方向主要是：一、提高消费者纺织纤维等的人均消费量。二、增加农村居民衣着消费支出，增大农村中、高档衣着消费群体规模。缩小城乡居民间的消费差距。三、衣着消费继续向高档化发展，要求更为多样化、更为舒适美观。四、品牌效应将发挥越来越大的作用。

5.居民食品消费

食品消费是人们为满足食欲和保持生命延续的一种基本生活消费。古人言"民以食为天"，可见饮食消费对人民消费和生活的重要。一个社会居民饮食消费的水平和模式主要受该社会经济发展、资源状况、科技水平、文化渊源、政治环境和消费政策、饮食习惯和地理位置等因素的影响和制约。

中国居民的饮食消费模式历史源远流长，具有中华民族的特色。但由于多种原因，长期以来广大劳动人民难以维持温饱水平。新中国成立以后，经过40年的努力基本解决了温饱问题，取得了明显的成就。尤其是改革开放以来，居民食品消费更是取得了长足的发展。城乡居民食品消费水平大幅度增长，2008年城镇居民食品支出的名义货币量是1978年的22倍，农村居民是20倍。根据城乡居民食品消费水平，消除物价上涨的影响，以1978年货币衡量，2008年城镇居民食品消费水平是1978年的5.5倍，农村居民真实食品消费水平是1978年的4.8倍。

根据城乡居民食品消费指数增长情况，把1978—2008年分为4个不同的时间段：1978—1991年城镇居民食品消费支出年均增长5.5%，农村居民食品消费支出年均增长5.3%；1991—1995年城镇居民食品消费支出年均增长11.7%，农村居民食品消费支出年均增长6.3%；1995—2000年城镇居民食品消费支出年均增长1.8%，农村居民食品消费支出年均增长1.5%；2000—2008年城镇居民食品消费支出年均增长6%，农村居民食品消费支出年均增长7.8%。1991—1995年、2000—2008年是城乡居民食品消费水平快速增长的时期，1995—2000年是城乡居民食品消费支出增长最慢的时期。

粮食消费。自1981年到2000年，城镇居民人均每年粮食消费量从145.4公斤下降到80公斤，从2000年以后比较平稳，基本上都在80公斤左右。1978—2000年，农村居民的粮食消费量基本上保持不变；从2000年到2007年，粮食消费数量急剧下降，6年中人均年消费量下降了45公斤。

鲜菜消费。自1981年到1993年，城镇居民人均消费鲜菜数量发生了巨幅下降，从

150 多公斤下降到 120 公斤，10 年多的时间里下降了 20%。之后，城镇居民人均年消费鲜菜的数量基本稳定，从 1993 年到 2007 年的 13 年时间内，大多数年份都消费 115 公斤左右。1978—1992 年，农村居民年人均消费的鲜菜数量有升有降，不规则地波动；1993 年人均消费的鲜菜数量发生过巨幅下降，从 1992 年的 129 公斤下降到 1993 年的 107 公斤。之后，农村居民人均年消费鲜菜的数量基本稳定，从 1993 年到 2007 年的 15 年时间内，大多数年份都是消费 105 公斤左右。

食用油消费。城镇居民人均植物油消费量，从 1981 年的人均每年消费 4.8 公斤增加到了 2007 年的 9.6 公斤，27 年间，消费量上升了一倍。农村居民的植物油消费量在 1978—2002 年基本上呈稳定上升的趋势；2002—2004 年连续大幅度下降，从 2002 年的 7.5 公斤下降到了 5.3 公斤；之后的 2005—2007 年消费量稳定在 6 公斤以下的较低水平上。

肉类消费。城镇居民对肉类的消费出现了很特别的变化。1981—1987 年消费量稳步增长，1988—2000 年城镇居民的人均肉类消费数量在 19 公斤到 22 公斤之间波动，没有明显的变化规律，2002 年向上跳跃性的增加了 4 公斤，以后基本上稳定不变，人均消费在 23 公斤左右。农村居民对肉类的消费从 1978 年到 1995 年农村居民的人均年猪肉消费量从 5.8 公斤增加到 11.3 公斤；1997 年到 2004 年逐年上升，增加了差不多 1.5 公斤；2005 年和 2006 年突然大幅增加，从人均年消费 13.5 公斤跳升到 15.6 公斤。2007 年消费量下降。

水产品消费。1981 年时，城镇居民人均每年消费的水产品不到 7.3 公斤，2002 年达到历史最高的 13.2 公斤，2002—2007 年的消费量稳定在 12.5—13 公斤之间。农村居民的水产品消费量基本上呈上升趋势。1978 年时，农村居民人均每年消费的水产品不到 0.8 公斤，2007 年已经超过 5 公斤。

奶类消费。城镇居民对鲜奶的消费数量在 1999 年到 2003 年经历了一个持续的快速增长期，从 1999 年的人均消费 7.9 公斤迅速上升到 2003 年的 18.6 公斤。2003 年之后，对鲜奶的消费数量基本稳定在 18—18.8 公斤。农村居民对鲜奶及奶制品的消费数量在 1982 年到 2002 年经历了一个虽有波动，但是比较稳定的时期，基本上在 0.7—1 公斤。从 2003 年到 2006 年，人均消费从 2002 年的 1.2 公斤迅速上升到 2006 年的 3.2 公斤，年均增长率将近 30%。

鲜蛋消费。从 1981 年到 1997 年，城镇居民对鲜蛋人均每年消费数量从 5.2 公斤上升到 11.1 公斤。1997 年以后对鲜蛋的消费量稳定在 10.4—11.4 公斤。农村居民对鲜蛋的消费数量总体上是上升的，1978 年的 0.8 公斤增加到 2000 年的 4.8 公斤。2002 年到 2007 年人均消费量在 4.6—5 公斤，变化不大。

酒的消费。从 1981 年到 1987 年城镇居民对酒的消费量从 2.5 公斤上升到 9.9 公斤。1987 年到 2007 年，城镇居民对酒的消费量在 9.5 公斤至 10 公斤之间。从 1978 年到 1988

年，农村居民对酒的消费量稳定而快速的增加，1988—2004年在6—8公斤。但是2005—2007年，农村居民对酒的消费数量快速上升，从2004年的7.8公斤上升到了2007年的10.2公斤。

今后，中国食品消费的方向是：对食品的多样化、优质化消费需求增加；对高蛋白、低脂肪肉类以及奶产品的需求增加；对无公害食品、绿色食品和有机农产品的需求增加；水产品在动物食品中的需求比重增加；对多样化、营养化、方便化的加工食品需求增加。为此，要坚持现实可行、科学合理、立足国内、逐步改善的原则，使中国居民的膳食改善立足于国内现有和今后可以开发利用的食物可供资源，根据现代化的科学营养要求，建立具有中华特色的膳食结构。

6.恩格尔系数

恩格尔是19世纪德国统计学家，他提出随着家庭生活水平的提高，食品消费支出占家庭总消费支出比率不断减少。根据这一理论得出的比例系数称为恩格尔系数。其公式为：

$$恩格尔系数 = \frac{食品支出金额}{家庭消费总支出金额}$$

目前世界上普遍把恩格尔系数作为衡量生活水平高低的重要指标。具体划分是，恩格尔系数在59%以上为绝对贫困；51%—59%为维持温饱；40%—50%为小康水平；30%—39%为富裕水平；30%以下为最富裕。世界各国的发展经验证明，随着收入水平的提高，恩格尔系数下降是总的趋势。

恩格尔系数在中国较早就被应用于统计工作当中。20世纪五六十年代中国经济发展水平低，人们的收入水平也很低，恩格尔系数一直都徘徊在80%左右，居民的收入几乎全部用来满足暖身和果腹之需，消费结构呈现异常单一的格局。改革开放以来，中国恩格尔系数在整体上呈现不断降低的趋势，大体经历了"高位徘徊—波动下降—较快下降"的变动过程。一、高位徘徊期：1978—1984年。这一时期，中国城镇居民恩格尔系数在57.5%—59.2%之间波动，农村居民恩格尔系数在59.2%—67.7%之间波动。按照联合国粮农组织的标准，恩格尔系数在60%以上为贫困，50%—59%为温饱，这一时期中国的消费结构，农村处于贫困型、城市处于贫困型向温饱型转变的阶段。城乡居民消费结构都是以吃饱为主，计划经济时期形成的城乡消费结构的差异很快趋同。二、波动下降期：1985—1995年。1985年城市居民恩格尔系数为53.3%，然后小幅下降，1989年上升到这一时期的最高点54.5%，接着缓慢下滑，1995年为50.1%。这意味着城镇居民消费支出的一半以上用于食品支出。十年间城镇居民的恩格尔系数仅下降了3.2个百分点。而农村居民恩格尔系数的波动较为复杂，出现了多次下降、上升的变化，但变化幅度不大，在4.9个百分点之内，处于刚刚摆脱贫困、进入温饱的初期阶段，实现了温饱有余。由于这一时期，中国经济改革的重点从农村转向城市，城乡的恩格尔系数之差逐渐扩大，城乡两个市场的差异开始显现。三、较快下降期：1996—2000年。20世纪90年代中期以来，中国经济和国民收入快速增长的同时，恩格尔系数不断下降，城镇居民家庭恩格尔系数下降速度尤为明显。1996年，城市居民恩格尔系数为48.8%，率先进入小康水平。2000年，中国城市居民恩格尔系数降到39.4%，低于40%，过上了富裕生活；农村居民恩格尔系数为49.1%，首次低于50%，也达到了小康水平。在较快下降期，城市居民恩格尔系数下降了9.4个百分点，农村居民恩格尔系数下降了7.2个百分点，均为大幅下降。由此，居民消费结构发生了巨大变化。但是，城乡恩格尔系数差距不断拉大，出现了消费模式完全不同的两个市场。四、稳步下降期：2001年以来。城市、农村居民的恩格尔系数稳步下降，城市居民的恩格尔系数从2001年的38.2%降到2013年的35%，下降3.2个百分点；同期，农村居民的恩格尔系数从47.7%降到37.7%，下降10个百分点。农村与城市的居民恩格尔系数之差由9.5个百分点降到2.7个百分点，城乡差距缩小。根据全面建设小康社会的要求，即解决低水平、不全面、不平衡问题，中国不断加大力度增加农民收入，促进农民消费，使农村市场日趋活跃。

今后，城镇居民的消费结构处于升级换代高潮期，居民的吃、穿、用、住消费向优质、高档化迈进，花钱买健康、买知识、买时间、买时尚、买新鲜成为居民新的消费观念和追求；农村居民的消费水平将进一步提高，消费结构更新加快，与城镇居民的消费差距不断缩小，城乡消费模式逐渐趋同。

7.居民医疗保健消费

居民医疗保健消费是指一定时期内，人们消费医用商品和医疗保健服务的数量。一般以货币单位衡量，表现为在医疗服务部门发生的各种医疗费用的数额。医疗保健消费水平受各个地区的价格、收入、卫生保健制度、消费者受教育程度、健康意识的高低、民族风俗、宗教信仰、生活习惯、交通条件等因素的影响。

医疗保健消费结构可根据医疗机构的科室设置、研究和管理的需要，从不同层次、不同角度进行分类：一、按医疗项目可以分为挂号费、住院费、药费、检查费、治疗费、化验费等。二、按临床科室可以分为内科医疗费、外科医疗费、耳鼻喉科医疗费等。三、按医院的级别可以分为三级医院医疗费、二级医院医疗费、一级医院医疗费等。四、按医疗保健制度可以分为公费医疗、劳保医疗、合作医疗、自费医疗等。五、按支付途径可以分为政府支付、企业支付和个人支付等。六、按研究的需要可以分为每门诊人次平均医疗费、每出院病人平均住院费、每床日平均住院费等。七、按人口的年龄结构可以分为各年龄组医疗费、婴幼儿医疗费、青少年医疗费、老年人医疗费等。研究医疗保健消费水平与消费结构，对于制定卫生政策，合理配置卫生资源，更好地满足人民日益增长的医疗卫生保健需要具有重要意义。

1981—2005年，中国城镇居民医疗保健消费支出比例一直不高，但上升趋势不减。随着医疗技术水平逐步提高，卫生条件逐年改善，城镇居民医疗保健消费支出额由2.76元增长到1063.68元，其支出比例从0.60%逐年上升到7.56%（仅1984年支出比例比上年略降0.02%）。其中，1981—1984年医疗保健支出比例较小且变化平缓，这主要是当时城镇职工享受"公费医疗"即免费政策，其次是当时医疗资源短缺且技术水平比较落后。1984年城镇职工平均货币工资比上年实际上涨13.2%，城镇居民人均可支配收入大幅度增长，此后，医疗保健支出比例开始大幅度上升。1994—2005年，城镇居民医疗保健支出比例上升幅度较大，这主要是两方面的原因所致：一是1992年中国开始了城镇职工医疗制度改革，1994—1998年单位和个人共同负担的医疗制度逐渐在全国推广，并取代了公费医疗制度；二是医疗服务市场化后，医疗费用快速攀升，涨幅远远超过了居民收入。在1989—2001年间，按当年价格计算，城镇居民人均收入增长了544%，而同期诊疗费和住院费分别增长了965%和998%。2000年以后，医药费涨幅减小，医疗保健消费比例上升速度变缓。2006年以来，中国城镇居民医疗保健支出金额继续上升，但占人均消费支出的比例呈现下降趋势，从2006年的620.54元增长到2012年的1063.68元，其支出比例从7.14%降低为6.38%。

1980—2012年，中国农村居民医疗保健消费支出不高，整体呈上升趋势（1983年略降），从1980年3.42元增加到513.81元；其消费支出比例增长较城镇居民快，并且上升趋势不减，最小值为1983年的1.77%，最大值为2012年的8.70%。农村居民医疗保健消费支出比例总体变化经历了两升两降。1980—1983年，农村居民医疗保健消费支出比例平缓下降到1.77%；1983—1992年，上升到3.66%。1992—1994年从3.66%平缓下降到3.15%，1994—2012年逐年上升到8.70%（2007年略降）。中国农村居民医疗保健消费以医疗消费为主。农村居民医疗消费，不同于城镇居民，是完全的自费支出。中国医疗服务市场化首先是从农村开始的。医疗消费的主体是病人，也就是说，医疗消费属于被动消费。医疗保健消费支出比例整体呈上升趋势，主要有两个原因：一方面是中国农村医疗机构服务能力在不断提高；另一方面是医药费价格偏高，且涨幅较大。1989—2001年，按当年价格计算，城镇居民人均收入增长了393%，而同期诊疗费和住院费则分别增长了965%和998%，涨幅是农民收入涨幅的2.5倍。2004—2005年因为以县为单位的新型农村合作医疗覆盖率从 11.6% 上升到了 23.7%，所以医疗消费支出比例增加了 0.6%。

今后，中国医疗保健消费的发展方向是：一、医疗保险覆盖面扩大，参保居民个人负担比例进一步降低，补充性医疗保险和商业保险将增多。二、居民日益增长的医疗保健需求将得到进一步满足，医疗卫生资源和服务供给将增多。三、医疗保健出现新的消费热点，如围绕亚健康人群和健康人群的医疗保健服务，保健机构及养生产品，健身、运动、体检、医疗知识学习等支出将进一步增加。

8.交通出行

交通出行方式的构成是衡量交通水平的一项重要指标，伴随着中国经济高速发展，交通出行方式也发生了改变。

一、自行车。中国曾经是一个自行车王国，拥有超过 6 亿辆的自行车，是世界上自行车拥有量最多的国家。自行车的发展速度很快，20 世纪 50 年代只有几个特大城市能生产自行车，使用范围主要在大城市。据统计，1950 年中国 20 个大城市拥有自行车 106.9 万辆，1960 年上升为 321.5 万辆。20 世纪 60 年代后自行车生产得到极大发展，因而它迅速扩展到大中小城市及农村，成为中国城市居民的主要交通工具。1980 年全国自行车保有量为 9617 万辆；1983 年全国拥有 1.6 亿辆，其中城镇 7600 万辆，农村 8400 万辆；1988 年全国拥有 3.1 亿辆，约占全世界自行车总拥有量的 1/3。中国城市自行车在 20 世纪 70—90 年代增长率约为 10%—20%，是增长最快的阶段。20 世纪 90 年代以来，增长速度趋于平缓，城市自行车拥有量已近饱和，适合骑车的居民几乎人均一辆。据 1998 年资料统计，在城市客运交通方式中，自行车交通方式划分率平均为 61%。全国自行车实际拥有量达 6 亿辆以上，全国城市平均每百人拥有自行车 55 辆之多，几乎每个成人拥有一辆。但随着居民生活水平的提高，自行车出行方式逐渐被机动车等其他方式替代，据 2007 年的统计数据，北京市自行车出行比例从 2000 年的 38.5% 下降到 23%，昆明市从 2006 年的 16.7% 下降到 13.2%，深圳市更是从 1995 年的 30% 下降到 4%。

二、摩托车。摩托车是城市交通工具发展中的过渡产物，一般来说，在城市社会经济发展到一定阶段，城市土地使用布局、交通政策又比较适合摩托车发展时，摩托车开始步入高速发展时期，并可能长期占据主导地位。随着中国国民经济的高速发展，摩托车保有量一度增长势头迅猛，特别是 2006 年以前，摩托车保有量增长率维持在 12% 以上，但近几年，随着中国摩托车保有量基数的增大和部分城市对摩托车采取严格限制的政策，摩托车保有量增长势头开始放缓。

三、私家车。随着社会经济快速发展和人民生活水平不断提高，中国汽车化进程提速，汽车消费需求旺盛，汽车保有量持续快速增长。从2000年开始，中国汽车市场进入黄金10年，汽车保有量从1600万辆攀升到1亿多辆。2006年至2010年的"十一五"期间，全国汽车保有量几乎翻了一番。个人买车成为汽车消费主流，成为汽车保有量快速增长的主要因素。汽车市场由小变大，2010年成为全球第一大市场，比原先普遍预测的2015年提早了5年。中国历年来私人汽车中载客汽车的总量始终保持20%以上的增速，2003年达到35%的最高增速。

四、高铁时代。高速铁路是当今时代高新技术的集成和铁路现代化的重要标志，反映了一个国家的综合国力。从2004年高铁发展路线图出炉，到2008年，第一条高速铁路客运专线——京津城际铁路开通，2009年，中国又拥有了世界上一次建成里程最长运营速度最高的高速铁路——武广客运专线。到现在高铁已连接全国28个省份，中国正悄然迈向"高铁时代"。2007年以前，中国还没有一条真正意义上的高速铁路，但几年时间，中国高铁迅速改变了中国的交通格局。如今，高铁时速达300公里，截止到2013年末，中国高速铁路总营业里程达到11028公里，在建高铁规模1.2万公里，成为世界上高速铁路投产运营里程最长、在建规模最大的国家，中国的高速铁路初步成网。截至2014年底，中国高铁运营里程达到1.6万公里，超过全世界高铁总运营里程的一半。根据国家批准实施的《中长期铁路网规划》，到2020年，中国将新建高速铁路1.6万公里以上，形成以"四纵四横"高铁为主骨架的快速铁路网。发展高铁上升为国家意志，高铁建设拉开帷幕。短短十年，中国高铁从无到有，筑起了高速铁路网。预计到2015年末，中国高铁营业里程将达1.8万公里，以高速铁路为骨架，包括区际快速铁路、城际铁路及既有线提速线路等构成的快速铁路网基本建成，总规模达4万公里以上，基本覆盖50万人口以上城市。

当前，中国出行方式中存在的主要问题是：一、城市交通道路设施跟不上城市发展和人口增长的需要，普遍存在车多路少的矛盾。二、私家车增长过快，成为交通出行的一个严重问题。三、高铁票价略高，出行高峰时期一票难求的现象常有发生。

9.耐用消费品拥有量

耐用消费品拥有量是指全社会或某一地区的消费者对某类耐用消费品的拥有量总和。耐用消费品，指预期正常使用寿命在一年以上，经久耐用，价值随着消费过程延长而逐渐减少乃至消失的消费物品，如小汽车、电冰箱、洗衣机、空调等，既包括整体购买的耐用消费品，也包括购买零件、材料自制或装配的耐用消费品，已损坏报废的不计。按不同的范围分为两类：一是以全社会范围计算的耐用消费品社会拥有量，二是每百户居民家庭所拥有的耐用消费品数量。消费者对耐用消费品的购买和使用，既受收入水平影响，又易受消费者攀比心理的影响。根据耐用消费品拥有量，可以说明消费者生活水平的高低，也可以说明人民物质文化生活需要满足的程度，还可以进一步研究人民的消费发展趋势，为生产耐用消费品提供决策依据。

短缺时代。在20世纪90年代以前，中国经济基本上处于以短缺经济和数量扩张为基本特征的发展阶段，居民消费从总体上讲属于供给约束型。中国为了工业化和独立国民经济体系的建立，实行了低收入、低消费、低物价的配套政策。中国经济处于定量配给的短缺经济下，投资挤消费、积累压消费的现象成为经济的常态。在中国市场上出现了一阵又一阵的耐用消费品热，人们争先恐后地购买彩电、冰箱。据统计从1984至1986年，中国耐用消费品零售总额年平均递增41.9%，其中彩电增长69.3%，冰箱增长157.3%，洗衣机增长77%，分别比1983年的增长速度高出59.1%、14%和23%，但这仍然满足不了市场的需要，彩电、冰箱仍然非常走俏。此时，耐用消费品的拥有量偏低，到1985年底，城镇居民平均每百户洗衣机、电冰箱、彩色电视机及照相机的拥有量分别为52.83台、9.57台、18.43台及12.09台，农村居民平均每百户洗衣机、电冰箱、彩色电视机及照相机的拥有量分别为1.9台、0.06台、0.8台及0.2台。

耐用消费品抢购潮。20世纪80年代中后期，消费者的收入普遍大幅增加，有了一定的消费能力，国家逐步放开了对物价的集中管制，市场调节的范围不断扩大，同期的消费品市场仍然比较有限，尤其是正在普及中的耐用消费品，因而消费者的需求更显得集中，导致整个消费品市场的波动，物价大幅上涨，1988年和1989年出现较大规模通货膨胀，分别高达18.5%和17.8%。物价上涨导致1988年出现了全国范围的人们对消费品的抢购潮，将卖方市场推向了极致。彩电、冰箱、洗衣机等耐用消费品的销售量是正常销售的几倍甚至几十倍。彩电、冰箱、录像机等消费品的价格，以每月三四百元的速度上涨。这是短缺经济时期中国生产力还不能满足居民消费需求的经济现状的一种反映，也是居民消费心理不成熟的表现。之后国家调整了消费政策，居民本身消费心理也逐渐成熟起来，消费热情渐渐降温。此段时期，耐用消费品数量也得到了较大提升，1992年每百户城镇居民家庭电冰箱拥有量为52.6台，彩电74.87台，洗衣机83.41台，录音机73.59台。

买方市场。商品供给状况不断改善，消费品的品种、数量迅速增加，消费需求的对象范围不断扩大，劳务消费、奢侈品消费、精神消费比重上升，特别是自1997年以来，市场态势转入买方市场，需求约束成为中国经济的常态，企业生产能力普遍过剩，商品供过于求，市场竞争加剧，消费对于经济增长的作用显得越来越重要。这段时期，城镇居民对彩电、冰箱、洗衣机等传统耐用消费品的消费需求出现饱和，自行车、收音机、缝纫机等耐用品拥有量呈负增长之势，城镇居民人均家庭设备用品及服务支出比重从1988年的15.06%下降到2008年的6.15%。在传统电器消费需求降温的同时，一些新兴电器产品成为新的消费热点。每百户城镇居民移动电话拥有量从1997年1.7部到2008年增长到172.02部,增长100倍;家用电脑从2.60台增长到59.26台,增长21.8倍;空调从16.29台增长到100.28台,增长5.2倍,微波炉从5.40台增长到54.57台,增长9.1倍。正是这些新兴耐用消费品的兴起,使家庭设备用品及服务支出比重在下降的同时,支出总额却在不断上升,从1992年的140.68元上升到2008年的691.83元,增长了3.92倍。

10.通信设备

改革开放以来,中国的通信设备的保有量逐年攀升,同时通信设备经历了从BP机、大哥大(移动电话)、2G、3G到4G的更新换代。

BP机。20世纪80年代末,中国开始出现了寻呼机,又称BP机。1984年,中国第一家商用寻呼台在上海开通,中国开始有了第一批BP机用户。随着科学技术的成熟和社会需求的增大,20世纪90年代以后,中国寻呼用户数量逐年激增。中国的无线寻呼业务是从1993年开始向社会放开经营的,由于较早引入市场竞争机制,无线寻呼业务在当年成为电信业务中发展最快的业务之一。在1995年到1998年的4年间,全国每年新增寻呼用户均在1593万户以上。之后在数字手机普及流行的冲击下盛极而衰,出现了大逆转。寻呼业务单向呼叫的不便,导致业务日渐衰竭,成为该业务退市的主要原因。1998年以后发展速度明显减慢,2000年是中国寻呼业发展到顶峰的一年,此后便急转直下,寻呼市场日渐萎缩。从2002年开始,中国的寻呼业在经历了短暂的惨淡经营阶段后,已经从经济发达的南方到经济欠发达的北方开始逐步退出城市普通百姓的生活。20世纪90年代中后期,寻呼业在深圳处于巅峰状态,1997年深圳寻呼企业共有82家,用户180万,到2002年底,仅剩21家,用户不足40万。在同一年,天津市90%的寻呼台都退出了市场。2007年,中国联通关闭了国内30个省市区的无线寻呼业务,寻呼机淡出中国的舞台。

大哥大。移动电话刚刚进入大陆的时候,叫"大哥大"。大哥大即模拟移动电话,大哥大的称谓只流行于模拟移动电话初面世那几年,随着通信技术和制造工艺的进步,大哥大的身材越来越小巧,其称谓逐渐被"手机"二字替代。大哥大这三个字所携带的信息是明确的,在那个年代它便是身份、地位和财富的象征。1987年大哥大进入中国,无疑成了加速人们信息沟通和社会交往的重要工具,意味着中国步入了移动通信时代。大哥大因为价格的昂贵和使用费用的高昂,一度是身份的象征。直到1992年以前,一部大哥大的市场售价还基本上保持在2.8万元左右,随后价格逐渐降低。大哥大即第一代的模拟移动电话对中国移动通信事业起到很大的推动作用。数据显示,1988年,中国大陆电话用户为

493.32万户，移动电话用户3227户，移动电话普及率低于0.001%；到1998年，大陆电话用户1.12亿户，移动电话用户增至2500万户，普及率达到2%，业务高峰时期拥有客户660万，到2011年中国移动通信集团公司完全关闭模拟移动电话网前夕，还有近251万户用户，大哥大随后成为历史名词。

2G。1992年，原邮电部批准建设了浙江嘉兴地区GSM试验网，1993年9月，嘉兴GSM网正式向公众开放使用，成为中国第一个数字移动通信网（2G），迈出了数字时代的第一步。随着2001年正式关闭了模拟移动电话网（1G），从此中国的移动通信进入了全数字的大发展时期（2G）。2002年底，中国移动电话用户突破2亿户大关。全国移动电话普及率达到每百人14.95部。2004年，中国GSM手机用户总数已近2.5亿，而全球这一用户数也突破了10亿。近年来，随着3G、4G业务出现后，2G用户占比不断降低，从2009年98.4%到2014年的54.7%，降幅较大，但仍占据一半以上的份额。

3G。"3G"移动通讯就是第三代移动通信技术。第三代与前两代的主要区别是在传输声音和数据的速度上的提升，它能够在全世界范围内更好地实现无缝漫游，并处理图像、音乐、视频流等多种媒体形式，提供包括网页浏览、电话会议、电子商务等多种信息服务，同时也考虑到了与已有第二代系统的良好兼容性。3G用户数以及占移动电话的份额逐年升高，自2009年到2014年，中国3G用户从1232万增长到4.9亿，占移动电话用户占比从1.6%增长到37.7%。3G用户净增数从2009年到2013年逐年增多，2014年有所回落，由2013年的1.69亿户降低为8364万户。

4G。第四代移动电话行动通信标准，指的是第四代移动通信技术，2013年12月4日，在国内3G技术商用不到5年时间后，工业与信息化部又宣布正式授予三大通信运营商4G业务牌照。2014年，4G用户发展速度超过3G用户，新增4G和3G移动电话用户分别为9728.4万户和8364.4万户，总数分别达到9728.4万户和48525.5万户，在移动电话用户中的渗透率达到7.6%和37.7%。4G移动通信技术的信息传输级数要比3G移动通信技术的信息传输级数高一个等级，且抗信号衰落性能更好，它还具有极高的安全性，是近期移动通信的重点发展方向。

移动通信服务行业在短短几年实现了跨越式发展，不但对国民经济、人民生活产生了巨大的影响，也对人们的社会关系产生了巨大的影响，与社会文化产生了激烈碰撞。

11.信用消费

信用消费主要是指消费者向银行和其他金融机构借款，用于购买商品和服务的一种消费方式。信用消费是商品经济发展到一定阶段的产物。信用消费方式的出现，使消费者在安排消费支出上更加灵活，能够预支未来收入，提前实现消费愿望。信用消费按贷款支付方式分为直接信用消费和间接信用消费，按还款方式分为一次性还款信用消费、分期还款信用消费、循环额度信用消费等，按期限分为短期信用消费和中长期信用消费，按用途分为住房信用消费、汽车信用消费、耐用消费品贷款、教育助学贷款、旅游贷款、个人综合消费贷款等。消费者是信用消费的主体，在获得商品的同时成为债务人。

贷记卡是居民信用消费最主要和最具代表性的方式，其发展经历了以下几个阶段：一、萌芽时期（1985—1994年）：1985年3月，中国第一张准贷记卡"中银卡"在珠海诞生，中国银行成为中国第一家发行准贷记卡的银行。在这之后，其他国有大型银行也陆续发行了准贷记卡。在这一阶段，国内对于准贷记卡的认识不足，大部分人的消费意识还很保守，加上中国电子信息技术不发达，网络平台建设投入不足，中国的准贷记卡业务发展相当缓慢，截至1994年年底，中国准贷记卡累计发卡量仅为800万张。二、停滞时期（1995—1999年）：20世纪90年代中期，中国银行卡用卡环境得到了明显改善，这主要是得益于电子信息化的快速推进。金卡中心的建立，解决了困扰中国银行业许久的同城银行卡跨行转接和交易清算难题，为中国借记卡的普及打下了坚实的基础。在这一时期，中国借记卡的发行量快速增长，普及率也大大提高。截至1999年年底，中国借记卡发卡量一举突破1亿张。然而，在这个阶段，由于准贷记的办理手续非常烦琐，并且需要支付保证金，准贷记卡在中国的推广仍然举步维艰，基本处于停滞。截至1999年年底，全国准贷记卡发卡量仅为1800万张。三、启动时期（2000—2002年）：2000年至2002年，中国的信用卡产业进入发展的实质性阶段。这个时期的标志性事件就是中国银联的成立。在根本上解决了中国银行卡业长期以来各银行各自为战，不良竞争的混乱状况。随着计算机技术的不断发展，中国实现了全国银行卡联网通用，这大大改善了银行卡的受理情况，为日后中国信用卡产业的发展打下了坚实的基础。而随着中国经济的不断发展，居民收入不断增加，在北上广等地的居民透支消费的意识开始觉醒，这大大促进了中国信用卡产业的发展。截至2002年年底，中国信用卡累计发卡量已达到155万张（仅指贷记卡），中国的信用卡产业步入了正轨。四、发展时期（2003年至今）：2003年中国信用卡发卡量呈现了"井喷式"爆发式的增长，仅2003年一年贷记卡的发行量就超过以前所有年份之和，截至2003年年底，贷记卡总数达到480万张，是2002年的3倍还多。更重要的是，随着2006年中国人民银行个人征信系统的建立，在全国范围内实现了个人信用记录的全面共享，这就为信用卡业务的全面发展打下了良好的征信基础。从2005年至2010年，中国个人消费信贷余额以平均每年29%的速度增长。从2010年底到2014年底，中国国内信用卡发卡量由2.3亿张增长为4.55亿张，授信金额由2万亿元增长为5.6万亿元，信用卡已经成为中国居民日常生活中重要的非现金支付工具。

中国信用卡市场经过 20 多年的缓慢发展，如今已进入全面发展的时期。虽然信用卡产业的发展进程仍充满挑战，但规模经济效益初步呈现，居民信用消费也随之有较大的提高，中国信用消费具有广阔的发展空间。

12.文化消费

文化消费即以满足精神需求为目的的文化产品或服务消费，指人们在物质生活条件满足的前提下，通过物质手段购买文化产品进而满足精神上对于文化的需求，主要包括教育、文化娱乐、体育健身、旅游观光等方面。当人类的社会形态初具规模及其文化发展达到一定程度之后，人们就不再只关注仅供生存所需的物质需求，也开始留意精神生活方面的享受。文化消费是人们追求精神享受的更高层次的消费，其消费比重是衡量人们生活质量高低的依据。消费与文化则代表着人类在物质生活与精神生活方面的需求，两者相辅相成，是一个不可分割的整体。

随着物质生活水平的提高，居民对精神文化的需求也在逐渐增加，用于文化消费方面的支出显著增长。据统计，20 世纪 90 年代末，中国城镇居民人均文化消费为 400 元左右，比 80 年代初增长了近 10 倍。2000 年，中国城镇居民人均与文化相关的旅游、娱乐和耐用消费品、教育、文化服务、通信等各项消费总计 949 元，约占可支配收入的 19%。2005 年中国国内城乡居民文化消费的需求总量约为 5155 亿元，2006 年约为 5600 亿元，到 2007 年增加到 6325 亿元。可以看出中国的文化消费逐年增加，已经开始进入文化消费快速增长和发展时期。据国家统计局的数据：2008 年，中国文化产业实现增加值为 7630 亿元；2009 年，中国文化产业实现增加值为 8400 亿元左右，比 2008 年增长接近 10%；到 2011 年，中国城乡居民人均文化消费分别达到 1102 元和 165 元，比 2002 年分别增长 170.7% 和 253.8%，年均分别增长 11.7% 和 15.1%，年均增速分别快于人均消费支出 0.9 和 2.7 个百分点。有研究显示，当人均 GDP 1000 美元、恩格尔系数 44% 时，城乡文化消费应占个人消费的 18%，总量应该是 10900 亿元。根据国家统计局的修正数据，2001 年中国就已达到人均 GDP 1000 美元，但 2004 年的实际文化消费总量只有 3740.5 亿元；当人均 GDP 达到 1600 美元，恩格尔系数为 33%，文化消费应占个人消费 20%，消费总量应为 20100 亿元。据国家统计局发布的数据，2005 年中国人均 GDP 达到 1700 美元，而实际文化消费总量却只有 4186 亿元。2007 年的《中国文化产业发展报告》称，中国居民的文化消费总量过低，居民文化需求的满足程度不足 1/4。

2011 年城乡居民文化消费占消费支出的比重分别为 7.3% 和 3.2%，比 2002 年分别提高 0.6 和 0.7 个百分点。2011 年城乡居民的文化消费比为 6.7∶1，较 2002 年的 8.7∶1 有所缩小，但仍远大于城乡居民的可支配收入（纯收入）比（为3.1∶1）和消费支出比（平均约为2.9∶1）。2011年城乡居民文化消费占消费支出的比重之差为4.1个百分点，与2002年基本持平。中国农村居民文化消费的发展潜力还很大，发展和提高农村居民的文化消费水平仍是今后一段时期需要着重考虑的问题。

随着居民收入水平的提高和知识经济的扩展，中国的文化消费也进入数量扩张和观念嬗变期，将开拓出巨大的消费市场。未来，中国文化消费的发展趋势是：一、文化消费市场在可预见的未来空间巨大。二、中国文化产业竞争力摆脱弱势地位任务艰巨。三、区域间与群体间的文化消费差距将逐步缩小。四、文化市场的多样性特征将进一步加强。

13.旅游消费

旅游消费是社会总消费的组成部分，是现代旅游经济活动中一个重要的经济范畴。旅游消费是旅游者在外出旅行游览活动中，为了满足旅游活动的需要，顺利实现其旅游目的而耗费各种物质产品和劳务的行为。旅游消费这一概念的界定，包括如下内容：一、旅游消费是指旅游者的消费。单个旅游者的消费行为，从总体上构成了旅游消费活动，形成了旅游市场的需求。没有具体旅游者的消费行为，便没有旅游消费活动的存在。因此，旅游者的消费行为，是社会旅游消费的基础。二、旅游消费是指旅游者在外出旅游过程中为满足自己的需要而进行活动的行为，如对旅游产品的选择、比较、购买等。没有这些行为的发生，便不可能完成旅游活动。

改革开放以来，随着中国国民经济的迅猛发展，居民物质文化生活水平日益提高，旅游已成为人们主要的休闲方式，旅游消费逐渐成为消费热点，旅游业已成为新的经济增长点，中国旅游业呈现出快速发展的态势。一、国内旅游。改革开放初期，受各方面条件的限制，国内旅游采取了"不提倡、不宣传、不反对"的政策。进入20世纪80年代中期，随着综合国力的提升，居民收入显著提高，国内旅游市场开始形成。1993年，国务院办公厅转发国家旅游局《关于积极发展国内旅游业的意见》，对国内旅游工作提出"搞活市场、正确领导、加强管理、提高质量"的指导方针。1995年实行双休日制度，居民闲暇时间增多，特别是2000年开始的黄金周，使国内旅游在假日期间出现"井喷"现象，显示了独特而强劲的内生性消费需求。1985年，国内旅游人数达2.4亿人次，1993年国内旅游人数增长到4.1亿人次。从2006年开始达到了每年人均一次以上的旅游密度，当年国内旅游人数13.94亿人次，是1985年国内旅游人数（2.4亿人次）的6倍，其中城镇居民旅游人数5.76亿人次，占国内旅游人数的41.3%，农村居民旅游人数8.18亿人次，占国内旅游人数的58.7%。2013年，居民旅游消费26276.12亿元人民币，比上年增长15.7%，是

1985年国内旅游收入（80亿元）的328.5倍，其中城镇居民旅游消费20692.59亿元，农村居民旅游消费5583.53亿元，国内旅游人均花费805.5元，其中城镇居民出游人均花费946.6元，农村居民出游人均花费518.9元。二、出境旅游。中国公民出境旅游是旅游需求的延伸和升级，也是改革开放的必然结果。改革开放初期，中国以接待海外入境旅游者为主，国内旅游仅有小规模的差旅和公务活动，更不存在严格意义上的出境旅游。1990年10月率先开放中国公民自费赴新加坡、马来西亚和泰国等三国旅游。自1997年起，在试办港澳游、边境游的基础上，正式开展中国公民自费出境旅游业务，国内居民出境旅游开始兴起，出境旅游目的地的数量逐步增加。2003年，中国公民出境人数达到2022.19万人次，比上年增长21.8%，首次超过日本，成为亚洲最大的客源输出国。到2015年底，中国公民出境人数达到1.2亿人次，比上年增长16.7%，成为世界第一大出境客源市场。同时，中国也以境外旅游消费1020亿美元，一举超过美国和德国，成为世界第一。

旅游消费是在人们基本生活需要满足之后而产生的更高层次的消费需要。从总体上来看，随着旅游的大众化，中国居民的旅游消费规模不断扩大、消费水平不断提高。

14.奢侈品消费

奢侈品是一种超出人们生存与发展需要范围的，具有独特、稀缺、珍奇等特点的消费品，又称为非生活必需品。随着收入的增长，商品的需求量也在增长，但需求的增长幅度高于收入的增长幅度，该商品就是奢侈品，其恩格尔曲线呈下凹形。奢侈品具有高价格和高品质、稀有性特征、炫耀性特征、地域性特征、文化特征等特点。奢侈品消费是指消费奢侈品的一种消费行为，其实就是超出人的生活必需的消费行为，是一种和生存没有必然关联的消费行为。

中国的奢侈品市场从0元到1000亿元只经历了短短20多年的时间，在20世纪90年代全世界的奢侈品市场的领导者还是欧洲、美国和日本，而从2000年以后，中国的奢侈品市场几乎每年以70%左右的年复合增长率增长，其市场已经迅速位于世界前列。从20世纪80年代开始，国际奢侈品品牌开始进入中国，奢侈品逐渐进入中国消费者的视野，但是在人们的基本生活还未达到小康水平的年代，人们对奢侈品的关注并不多。20世纪90年代以来，随着改革开放的不断发展，中国经济、文化、教育水平的不断提高，人均收入逐年增长，越来越多的消费者开始关注高档消费品。正是在这个年代，国际奢侈品品牌在中国展开了各种各样的营销推广，逐渐被消费者纳入购买范围。进入21世纪以来，中国奢侈品市场规模不断扩大，从2000年的20亿美元，扩大到2005年的250亿美元，到2013年达到1160亿美元。发达国家的历史表明，人均收入在1500美元左右，奢侈品消费开始启动，当人均收入达到 2500 美元，奢侈品消费将急剧上升。当中国 2005 年人均收入超过 1000 美元时，奢侈品消费需求第一次爆发，当年奢侈品消费增长率高达 70%，在 2009 年人均收入超过 2500 美元以后，中国奢侈品消费迅速提高，截至 2009 年 12 月，中国奢侈品消费总额已增至 94 亿美元，全球占有率为 27.5%，并首次超越美国而仅次于日本。2012 年贝恩公司的统计数据显示，中国消费者成为全球最大的奢侈品消费群体，占全球购买量的 25%，欧洲消费者降至第二位，占 24%；美国消费者占 20%，日本消费者占 14%。贝恩咨询公司发布的中国奢侈品年度报告，称 2014 年中国奢侈品市场八年来出现首次下跌，较 2013 年下跌 1%，降至 1150 亿元人民币，与之形成鲜明对比的是中国年奢侈品消费总额却同比增长 9%，约为 3800 亿元，其中近 70% 来自海外消费，包括出国购买、内地销售、代购等，消费目的地主要是日韩及欧美地区，目前中国仍是全球奢侈品最大的购买国。据法国旅游局统计，中国旅游者在法国的平均消费金额远远超过欧美游客，目前全球顶级奢侈品牌消费额中中国人占据了 30% 的比例，其中 12% 是中国游客在海外购买的。同时根据中国品牌策略协会统计，中国目前有 2.5 亿消费者有能力购买各种品牌的奢侈品，占总人口的 13%，其中，约 1300 万人是活跃的奢侈品购买者，他们购买的产品主要集中在手表、皮包、化妆品、时装和珠宝等个人用品。

随着中国经济的持续发展，到 2020 年，全面建成小康社会的目标也将顺利实现。到 21 世纪中叶，中国将步入中等发达国家的行列，到那时，中国的人均收入水平将显著提高，无论是居民的消费意愿还是消费能力与环境，都将大为提升。加之中国巨大的消费者人群，中国奢侈品的消费规模将进一步迅速扩大，成为最重要的奢侈品消费市场之一。

三、住房保障

1.商品房

　　商品房是指在市场经济条件下，具有经营资格的房地产开发公司（包括外商投资企业）通过出让方式取得土地使用权后经营的住宅，均按市场价出售。其价格由成本、税金、利润、代收费用以及地段、层次、朝向、质量、材料差价等组成。另外，从法律角度来分析，商品房是指按法律、法规及有关规定可在市场上自由交易，不受政府政策限制的各类商品房屋，包括新建商品房、二手房（存量房）等。商品房根据其销售对象的不同，可以分为外销商品房和内销商品房两种。1987年，中国开始进行土地使用制度改革，先后颁布了《城镇土地定级规程（试行）》和《城镇土地估价规程（试行）》。1987年3月，深圳修改了《深圳土地管理暂行规定》，增加了土地使用权可以有偿出让、转让、抵押等新内容，随后，在公开拍卖前的3个月内，深圳又率先以协议和招标的方式，有偿出让了两块商品房用地。1987年12月1日，轰动全中国的第一宗土地公开拍卖在深圳会堂展开，这是中国首次以公开拍卖的方式有偿转让国有土地使用权，被称为1987年的深圳"大事件"，从此全面拉开了改革开放以来中国土地使用制度改革的帷幕，这也是商品房首次出现的契机。

　　随着深圳土地使用权的有偿有期转让，国内第一次把土地由资源变为资产，作为商品可以买卖。从更深远意义看，其在相当程度上促进了社会主义市场经济的发展。20多年来，土地的有偿使用，既盘活了土地价值，又积累了建设资金。这项重大改革，还催生了中国又一支柱产业——房地产业，加速了城市化进程，促进了经济社会迅速发展。

2.国务院住房制度改革领导小组成立

住房是人类最基本的需求之一,是关系国计民生的重大经济问题和社会问题。新中国成立之初,中国实施"统一管理,统一分配,以租养房"的公有住房实物分配制度,住房建设资金的来源90%靠政府拨款,少量靠单位自筹。1958年到1977年中国一直实行这一住房制度,但住房供给不足逐渐成为严重的社会问题。

1978年邓小平提出了关于住房制度改革的问题,由此开启了中国住房制度改革之路。第一阶段是福利分房制度改革探索阶段(1978—1985年),中国政府进行了公房出售和补贴出售住房试点,为住房制度改革进行了多种形式的尝试和创新。第二阶段是福利分房制度改革深化阶段(1986—1993年)。在之前试点的基础上,1986年以后,城镇住房制度改革取得了重大突破,掀起了第一轮房改热潮。1986年2月,成立了"国务院住房制度改革领导小组",下设办公室,负责领导和协调全国的住房制度改革工作。1988年1月国务院召开了"第一次全国住房制度改革工作会议",同年2月国务院批准印发了国务院住房制度改革领导小组《关于在全国城镇分期分批推行住房制度改革的实施方案》,标志着住房制度改革进入了整体方案设计和全面试点阶段。为继续积极稳妥地进行城镇住房制度改革,1991年12月31日,国务院住房制度改革领导小组发布《关于全面推进城镇住房制度改革的意见》。1993年11月,国务院房改领导小组在北京召开了第三次全国住房制度改革工作会议,提出"以出售公房为重点,售、租、建并举"的新方案。1988年6月25日,国务院办公厅发布《关于调整国务院住房制度改革领导小组成员的通知》。1996年7月3日,国务院住房制度改革领导小组发布《关于加强住房公积金管理意见的通知》,提出加强住房公积金管理的16点意见。1998年3月29日,国务院发布《关于议事协调机构和临时机构设置的通知》,决定撤销国务院住房制度改革领导小组,工作改由中华人民共和国建设部承担。

国务院住房制度改革领导小组组长曾由中华人民共和国建设部部长、中华人民共和国国家经济体制改革委员会主任等担任。国务院住房制度改革领导小组运行的12年间,曾提出了多项促进住房制度改革的举措,对中国住房实物分配制度改革、住房实物分配向住房市场化改革作出了贡献,并为住房市场化的全面推行和房地产调控做好了铺垫。

3.解决城镇居住特别困难户住房问题的若干意见

党的十一届三中全会以来,城镇住宅建设发展较快,城镇居民的住房条件有了较大改善。但住房困难的问题还没有得到根本解决，供需矛盾仍然十分突出。1989年全国城市住房困难户有540万户。其中人均居住面积2平方米（国际规定的最低标准）以下的住房特别困难户（以下简称"居住特困户"），还有将近50万户，解决住房困难的任务相当艰巨。

1990年9月11日，建设部、中华全国总工会联合发布实施了《解决城镇居住特别困难户住房问题的若干意见》（以下简称《意见》），要求各地方政府于1990年12月底前将计划安排报建设部。《意见》简明扼要地提出了解决城镇居住特别困难户住房问题的6点意见。具体包括：一、加强领导，把解决城镇居住特困户的住房问题列入重要议事日程，并将其作为考核政府工作的一项重要指标；二、制定方案，各地要对人均居住面积2平方米以下的城镇居住特困户的现状进行全面调查研究、分析测算，制定切实可行的"解困"方案，争取1992年基本解决居住特困户的住房问题；三、建立工作班子，50万人口以上的大城市与居住特困户1000户以上的中小城市都要成立"解决住房困难问题领导小组"；四、"解困"的主要途径，包括由各地采取多种渠道自筹解决，采取多种途径、多种形式解决房源，有计划地兴建一批能满足基本生活需要、用地省、造价低，并在居住水平提高是易于改造的中、小套型住宅，出售、出租给居住特困户；五、解困政策，包括对特困户实行优先出售商品房或优先租赁、建房优先审批、优先提供宅基地、优先安排解决居住特困户住宅所需建筑材料的供应，解困住宅坚持先卖后租的原则，对低收入者（标准由各地确定）的居住特困户购、建、租住宅给予优惠，对地方政府统筹建设的解困专用房和开发公司提供的解困住宅和居住特困户个人和合作社形式建设的住宅，各地可根据房改和财税有关政策规定，区别情况，减免有关税费；六、解困管理。

《意见》实施后，在各级政府的领导下，住房解困工作与住房制度改革相结合，从实际出发，区别困难户的不同情况，采取了多种解困措施，逐步加快了解困步伐。全国大部分城市已完成了人均居住面积2平方米以下特困户的解困任务，一些进展较快的城市已经开始解决人均居住面积3—4平方米以下困难户的住房问题。1986年至1992年全国城市共解决居住困难户596万户，有效地提高了人民的居住水平。但是，也应该看到，中国城市部分职工居民的住房仍很困难。截止到1992年底，全国城市中还有440.5万户住房困难户，其中人均居住面积2平方米以下的特困户28.7万户。中国城镇住宅十年规划和"八五"计划要求，到1995年基本解决人均居住面积3—4平方米以下困难户的住房问题；到2000年城镇居民的最低人均居住面积达到5—6平方米。所以，住房解困还是一项长期的、艰巨的工作。因此，1993年4月10日，建设部、中华全国总工会联合下发了《加快解决城镇住房困难户住房问题的意见》，并就进一步搞好住房解困工作提出了若干意见。具体包括：一、要加强对住房解困工作的领导；二、认真总结经验，进一步完善和落实各项住房解困政策、措施；三、搞好调查研究，制定切实可行的住房解困规划和方案；四、结合实际,合理确定解困的住房标准;五、动员社会各方面力量,多渠道、多层次解困。

4.中华人民共和国房产税暂行条例

房产税是以房屋为征税对象,按房屋的计税余值或租金收入为计税依据,向产权所有人征收的一种财产税。房产税起源于欧洲,目前被许多国家采用。新中国成立之初,中国实施"统一管理,统一分配,以租养房"的公有住房实物分配制度,住房建设资金的来源90%靠政府拨款,因此征收房产税的意义不大。但随着住房制度改革的推进,住房建设资金越来越多的来自单位和个人,制定房产税的征收办法就提上了日程。

1986年9月15日,国务院正式发布了《中华人民共和国房产税暂行条例》(以下简称《暂行条例》),从当年10月1日开始施行。各省、自治区、直辖市政府根据条例规定制定了实施细则。《暂行条例》共11条,提出了实施房产税的相关要求。具体要求如下:一、房产税在城市、县城、建制镇和工矿区征收;二、房产税由产权所有人缴纳;三、房产税依照房产原值一次减除10%至30%后的余值计算缴纳;四、房产税的税率;五、免纳房产税的房产;六、除本条例第五条规定者外,纳税人纳税确有困难的,可由省、自治区、直辖市人民政府确定,定期减征或者免征房产税;七、房产税按年征收、分期缴纳;八、房产税的征收管理,依照《中华人民共和国税收征收管理法》的规定办理;九、房产税由房产所在地的税务机关征收;十、条例由财政部负责解释,施行细则由省、自治区、直辖市人民政府制定,抄送财政部备案;本条例自一九八六年十月一日起施行。

征收房产税,可以缩小公民贫富差距,优化资源配置,促进土地的合理利用,并能健全财税体制,促进政府注重提升投资环境。自《暂行条例》实施以来,中国各地方人民政府曾颁布多项《〈中华人民共和国房产税暂行条例〉实施细则》,切实保障房产税的顺利征收。需要注意的是,《暂行条例》第五条第4点指出,"个人所有非营业用的房产"免征房产税。2011年1月28日,上海市、重庆市开始试点对个人住房征收房产税,为在全国范围内征收个人房产税积累了经验。

5.住房公积金制度

住房公积金为用于住房的社会福利,属于职工基本福利"五险一金"中的"一金",指国家机关、国有企业、城镇集体企业、外商投资企业、城镇私营企业及其他城镇企业、事业单位、民办非企业单位、社会团体(以下统称单位)及其在职职工缴存的长期住房储金;用于职工购买、建造、翻建、大修以及装修自住住房。缴存分为两部分,即职工个人缴存部分和所在单位缴存部分，两部分数额相等，均汇入个人账户；缴存之后全部归属于职工个人所有，并设有个人住房公积金专门个人账户。个人缴存比例不低于职工本人上一年度月平均工资的5%。缴存公积金的职工可以向公积金中心申请公积金贷款，公积金贷款利率较商业贷款利率低。但职工在缴存公积金期间，除《公积金管理条例》中所明示的条件外，不得提取公积金。

20世纪80年代随着计划经济向市场经济改革的推进，住房制度改革于80年代末期开始起步。1991年，上海首先建立住房公积金制度，1994年推广到所有县级以上的城镇。这一制度在建立的起初十年里，对弥补政府财政对住房投资不足、扩大住房投资建造规模和缓解计划体制下的住房供应严重短缺，起到一定的积极作用。1998年8月，国务院办公厅转发国务院住房制度改革领导小组《关于加强住房公积金管理的意见》，明确规定住房公积金实行、房委会决策、中心运作、银行专户、财政监督的管理原则，住房公积金管理工作得到加强。1999年，以中华人民共和国国务院令第262号发布施行了《住房公积金管理条例》（以下简称《条例》），标志着中国住房公积金制度进入了法制化、规范化发展的新时期。

2002年，国务院根据全国住房公积金制度的发展情况，在总结各地经验的基础上，公布了《国务院关于修改〈住房公积金管理条例〉的决定》，对全国统一的《住房公积金管理条例》作了相应的修改。

2005年建设部、财政部和中国人民银行联合出台《关于住房公积金管理若干具体问题的指导意见》，中国住房公积金制度建设得到进一步健全，住房公积金使用业务进一步规范，风险防范机制进一步完善，缴存人的合法权益得到进一步维护。

2006年，财政部、国家税务总局《关于基本养老保险费、基本医疗保险费、失业保险费、住房公积金有关个人所得税政策的通知》规定，单位和个人超过规定比例和标准缴付的住房公积金，应将超过部分并入个人当期的工资、薪金收入，计征个人所得税。

目前中国公积金管理和使用办法是根据《住房公积金管理条例》在2015年由住房和城乡建设部、财政部、中国人民银行联合印发的《关于发展住房公积金个人住房贷款业务的通知》（以下简称《通知》）。

《通知》规定：职工连续足额缴存住房公积金6个月（含）以上，可申请住房公积金个人住房贷款。对曾经在异地缴存住房公积金、在现缴存地缴存不满6个月的，缴存时间可根据原缴存地住房公积金管理中心出具的缴存证明合并计算。住房公积金贷款对象为购买首套自住住房或第二套改善型普通自住住房的缴存职工，不得向购买第三套及以上住房的缴存职工家庭发放住房公积金个人住房贷款。

按照支持基本住房消费、资金充分运用等原则，《通知》要求，住房公积金个人住房贷款发放率低于 85% 的设区城市，要根据当地商品住房价格和人均住房面积等情况，适当提高首套自住住房贷款额度，加大对购房缴存职工的支持力度。各地要实现住房公积金缴存异地互认和转移接续，并推进异地贷款业务，即职工可持就业地住房公积金管理中心出具的缴存证明，向户籍所在地住房公积金管理中心申请住房公积金个人住房贷款。

针对部分城市贷款发放率较高，资金流动性紧张，《通知》要求，住房公积金个人住房贷款发放率在 85% 以上的城市，要主动采取措施，积极协调商业银行发放住房公积金和商业银行的组合贷款。为切实维护缴存职工利益，降低贷款中间费用，减轻贷款职工负担，《通知》规定，住房公积金个人住房贷款担保以所购住房抵押为主，取消住房公积金个人住房贷款保险、公证、新房评估和强制性机构担保等收费项目。

《通知》要求，各省、自治区、直辖市住房和城乡建设厅要加强对各市住房公积金个人住房贷款业务的考核，定期进行现场专项检查。加大对贷款发放率低的城市督促检查力度，提高资金使用效率，保障住房公积金有效使用和资金安全。

6.住房担保贷款管理试行办法

《中国人民银行个人住房担保贷款管理试行办法》是为支持城镇居民购买用住房公积金建造的自用普通住房，规范个人住房信贷管理，维护借贷双方的合法权益，根据《中华人民共和国商业银行法》、《中华人民共和国担保法》和《贷款通则》制定的。个人住房担保贷款（以下简称"贷款"）是指借款人或第三人以所购住房和其他具有所有权的财产作为抵押物或质物，或由第三人为其贷款提供保证，并承担连带责任的贷款。借款人到期不能偿还贷款本息的，贷款银行有权依法处理其抵押物或质物，或要求保证人承担连带偿还本息的责任。

1988 年第一次住房制度改革会议召开后，1991 年住房信贷业务起步，各项住房信贷政策出台。1991 年中国建设银行、中国工商银行都成立了房地产信贷部，办理个人住房信贷业务，并制定了《职工住房抵押贷款管理办法》。

中国人民银行于 1995 年 8 月颁布了《商业银行自营住房贷款管理暂行办法》，从而标志着中国银行商业性住房贷款走上正轨。但当时的条件是比较严格的，一是要求提供双重保证即抵押（质押）担保与保证担保，二是最高期限为 10 年，三是要求借款人先有存款，存款金额不少于房价款的 30%，存款期限必须在半年以上。

1997 年，中国人民银行颁布了《个人担保住房贷款管理办法》，对原暂行办法进行了修正。一是不要求双重担保。二是没有明确规定存款期限。三是利率政策上明确规定按同期固定资产贷款利率减档执行。期限为 5 年的，执行 3 年期固定资产贷款利率，期限为 5

年以上至 10 年的，执行 5 年固定资产贷款利率，期限为 10 年以上的，在 5 年期固定资产贷款利率基础上适当上浮，最高不超过 5%。四是贷款使用范围是公积金建造的普通自用住房。五是贷款发放主体是 223 个实施安居工程城市的商业银行和烟台、蚌埠住房储蓄商业银行。六是规定贷款的处理时间为三个月，即在三个月内银行完成贷款评估、审查工作，并向申请人作出正式答复。

7.国务院发布《关于深化城镇住房制度改革的决定》

1994 年 7 月 18 日，国务院下发了《关于深化城镇住房制度改革的决定》（以下简称《决定》），《决定》确定住房制度改革的根本目标是：建立与社会主义市场经济体制相适应的新的城镇住房制度，实现住房商品化、社会化；加快住房建设，改善居住条件，满足城镇居民不断增长的住房需求。

《决定》明确，城镇住房制度改革的基本内容是：把住房建设投资由国家、单位统包的体制改变为国家、单位、个人三者合理负担的体制；把各单位建设、分配、维修、管理住房的体制改变为社会化、专业化运行的体制；把住房实物福利分配的方式改变为以按劳分配为主的货币工资分配方式；建立以中低收入家庭为对象、具有社会保障性质的经济适用住房供应体系和以高收入家庭为对象的商品房供应体系；建立住房公积金制度，发展住房金融和住房保险，建立政策性和商业性并存的住房信贷体系，建立规范化的房地产交易市场和发展社会化的房屋维修、管理市场，逐步实现住房资金投入产出的良性循环，促进房地产业和相关产业的发展。

房改的基本内容，可以概括为"三改四建"：

"三改"，即改变计划经济体制下的福利性体制，从住房建设投资由国家、单位统包的体制改为国家、单位、个人三者合理负担的体制；从国家、单位建房、分房和维修、管理住房的体制改为社会化、专业化运行体制；从住房实物福利分配方式改为以按劳分配的货币工资分配为主的方式。

"四建"，即建立与社会主义市场经济体制相适应的新住房制度，包括建立以中低收入家庭为对象、具有社会保障性质的经济适用住房供应体系和以高收入家庭为对象的商品房供应体系；建立住房公积金制度；发展住房金融、保险，建立政策性、商业性并存的住房信贷体系；建立规范化的房地产交易市场和房屋维修、管理市场。

《决定》出台后，各地纷纷制定本地区的房改实施方案，在建立住房公积金、提高公有住房租金、出售公有住房等方面取得较大进展。到 1998 年 6 月，全国归集住房公积金总额达 980 亿元。1997 年底，35 个中等城市的公有住房租金有了较大提高，平均为 1.29 元 / m²。

到 1998 年年中，全国城镇自有住房比例已经超过 50%，部分省市已超过 60%。

8.国家安居工程实施方案

安居工程指由政府负责组织建设，以实际成本价向城市的中低收入住房困难户提供的具有社会保障性质的住宅建设示范工程。

实施国家安居工程的目的是结合城镇住房制度改革，调动各方面的积极性，加快城镇住房商品化和社会化进程，促进城镇住房建设。实施国家安居工程要为推进城镇住房制度改革提供政策示范；要实行政府扶持、单位支持、个人负担的原则；要以大中城市为重点，有计划、有步骤地推进。

国家安居工程从 1995 年开始实施，在原有住房建设规模基础上，新增安居工程建筑面积 1.55 亿平方米，用 5 年左右时间完成。1995 年国家安居工程建设规模暂定 1250 万平方米，约需建设资金 125 亿元，其中国家在固定资产贷款计划中安排贷款规模 50 亿元，由国有专业银行提供贷款，其余资金由地方自筹解决。1995 年以后，建设规模和贷款规模一年一定。

国家发展计划委员会根据国务院住房制度改革领导小组确定了实施国家安居工程城市的名单及相应的建设规模，按现行固定资产投资管理办法，将建设规模指标、贷款规模指标和自筹投资计划等综合计划指标下达给实施国家安居工程的各城市。国家安排的安居工程贷款计划，由国家发展计划委员会、中国人民银行在当年固定资产贷款规模内安排，并按现行办法及时分解下达给各有关专业银行。实施国家安居工程的城市按国家贷款资金和城市配套资金 4:6 的比例提供配套资金。城市配套资金可从城市住房基金、单位住房基金、住房公积金、售房预收款和其他房改资金中筹集。配套资金没有按期足额到位的，银行不予贷款。

国家安排的安居工程贷款，由城市人民政府指定的安居工程承建单位，向中国人民银行指定的承办房改金融业务的有关专业银行申请。承办银行按照国家安居工程投资计划和有关贷款办法审定，并切实加强对配套资金和贷款的管理。国家安排的安居工程贷款与自筹资金，应按规定比例配套使用。国家安排的安居工程贷款必须用于国家安居工程住房建设，严禁挪作他用。如被挪用，立即取消该城市使用国家安居工程贷款资金的资格，并责令其限期偿还挪用贷款本息。为确保国家安居工程贷款的周转使用，国家安居工程贷款一律实行抵押贷款，期限最长为 3 年，贷款利率按中国人民银行规定的同期法定利率（不得上浮）执行。

从 2014 年开始，中央财政将中央补助廉租住房保障专项资金、中央补助公共租赁住房专项资金和中央补助城市棚户区改造专项资金,归并为中央财政城镇保障性安居工程专项资金。

实施国家安居工程的城市,要按照城市建设总体规划,认真编制安居工程详细规划,坚持综合开发、配套建设,精心设计、精心施工,做到经济、适用、美观。实施国家安居工程的城市,要制订安居工程年度建设计划,并指定安居工程承建单位,有步骤地组织实施。要努力降低国家安居工程住房的建设成本。凡用于国家安居工程的建设用地,一律由城市人民政府按行政划拨方式供应。地方人民政府相应减免有关费用。市政基础设施建设配套费用,原则上由城市人民政府承担;小区及非营业性配套公建费,一半由城市人民政府承担,一半计入房价。国家安居工程的规划、设计、施工均应通过招标投标方式确定,严禁转包。

9.国务院发布《关于进一步深化城镇住房制度改革加快住房建设的通知》

为贯彻中国共产党第十五次全国代表大会精神,进一步深化城镇住房制度改革,加快住房建设,1998年7月3日,国务院发布《关于进一步深化城镇住房制度改革加快住房建设的通知》(以下简称《通知》),宣布从同年下半年开始全面停止住房实物分配,实行住房分配货币化,首次提出建立和完善以经济适用住房为主的多层次城镇住房供应体系。

《通知》深化城镇住房制度改革的指导思想是:稳步推进住房商品化、社会化,逐步建立适应社会主义市场经济体制和中国国情的城镇住房新制度;加快住房建设,促使住宅业成为新的经济增长点,不断满足城镇日益增长的住房需求。

《通知》深化城镇住房制度改革的目标是:停止住房实物分配,逐步实行住房分配货币化;建立和完善以经济适用住房为主的多层次城镇住房供应体系;发展住房金融,培育和规范住房交易市场。

《通知》深化城镇住房制度改革工作的基本原则是:坚持在国家统一政策目标指导下,地方分别决策,因地制宜,量力而行;坚持国家、单位和个人合理负担;坚持"新房新制度、老房老办法",平稳过渡,综合配套。

《通知》内容包括以下几点:

一、调整住房投资结构,重点发展经济适用住房,加快解决城镇住房困难居民的住房问题。新建的经济适用住房实行政府指导价,按保本微利原则出售,其成本包括征地和拆迁补偿费、勘察设计和前期工程费、建安工程费、住宅小区基础设施建设费、企业管理费、贷款利息和税金等7项因素,原则上企业管理费不超过2%、开发利润不超过3%,使中低收入家庭有能力承受。

二、对不同收入家庭实行不同的住房供应政策。对最低收入家庭,由政府或单位提供廉租住房,以发放租赁补贴为主,实物配租和租金核减为辅。最低收入家庭人均廉租住房保障面积标准,原则上不超过当地人均住房面积的60%,租金由政府按维修费、管理费两项因素定价。中低收入家庭购买经济适用住房等普通商品住房。对高收入家庭购买、租赁的商品住房实行市场调节价。

三、发放住房补贴。如果房价收入比(即本地区一套建筑面积为60m²的经济适用住房的平均价格与双职工家庭年平均工资之比)在4倍以上,政府和单位可以对无房和住房面积未达到规定标准的职工实行住房补贴。

截至1998年底,全国已经全面停止实物分房,中国城镇住房制度发生了一次根本性的转变。但在执行住房货币化改革的过程中,住房补贴的发放和群众对住房需求满足的程度还不能令人满意,住房不公平现象进一步扩大,并随着房价的飙升更加恶化。而经济适用房由于政策目标不明确,执行过程中失当、失控现象严重,1998—2003年,全国经济适用住房累计竣工面积仅4.77亿m²,累计解决600多万户家庭的住房问题,经济适用住房并没有成为供应主渠道。

10. 关于加快普通高等学校筒子楼改造改善青年教师住房条件的意见

"筒子楼"建筑又称为兵营式建筑,一条长走廊串联着许多个单间。因为长长的走廊两端通风,状如筒子,故名"筒子楼"。"筒子楼"面积狭小,每个单间大约有十几个平方米的面积,是20世纪七八十年代中国企事业单位住房分配制度紧张的产物。20世纪90年代高等学校教职工住房建设与改革的任务艰巨,全国普通高等学校几十万青年教师住房非常困难,相当一部分教师长期居住在设施陈旧老化,无独立厨房、洗手间的筒子楼中。这种状况引起了党中央、国务院的高度关注和重视,要求进一步采取有力措施,集中力量对筒子楼进行花钱少、见效快的改造。1998年7月,国务院办公厅转发了由教育部等部门联合发布的《关于加快普通高等学校筒子楼改造改善青年教师住房条件的意见》(以下简称《意见》)的通知。《意见》内容分为四部分。

一、要充分认识普通高等学校筒子楼改造的重要意义。普通高等学校青年教师关系到中国高等教育的未来,是中国实施"科教兴国"战略的一支重要力量。在中国的具体国情下认真解决好他们的住房问题,具有重要的意义。目前,普通高等学校青年教师收入偏低,在一段时间之内很难有能力个人购房;绝大多数普通高等学校受本身条件的制约,在相当长的时间内,不可能提供足够的经济适用型住房供青年教师购买。另外,从每所普通高等学校的长远发展与需要来看,学校也应有一定数量的青年教师公寓和周转用房。近几年在北京大学、清华大学进行试点的实践证明：对现有筒子楼进行改造，花钱少、见效快，是目前尽快改善青年教师住房条件和解决学校周转用房的一条可行、节约的路子。抓紧对筒子楼的改造，尽快改善全国普通高等学校青年教师的住房条件，也是实施"科教兴国"战略，为青年教师办的一件大事、实事。因此，各级人民政府和有关部门的领导同志必须充分认识这项工作的必要性、重要性和紧迫性，切实加强组织和指导，认真抓紧抓好筒子楼改造工作。

二、要精心组织、密切配合、统筹规划、抓紧实施。各地区、各部门要立即对所属普通高等学校的现有筒子楼情况进行全面调查摸底。在此基础上，抓紧制定出本地区、本部门普通高等学校筒子楼改造的统一规划和实施方案，分步实施。中央部门所属普通高等学校（包括今年国务院机构改革撤并部门所属普通高等学校）要在1998年和1999年两年内完成全部筒子楼的改造工作，坚决不把普通高等学校的筒子楼带入下个世纪。地方所属的普通高等学校也要努力实现这个目标。筒子楼改造的主要内容是加厨房、加厕所，变简易房为单元房；改造的总体要求是坚固、耐用、实用并有一定的前瞻性，但严禁超标准。在此前提下，每所普通高等学校根据本校校园建设规划和筒子楼使用现状、近远期使用方向、地处位置及房屋质量等实际情况，采取多种不同形式，对适宜改造的筒子楼抓紧进行改造。要抓紧利用寒暑假空闲时期施工改造。各地区、各部门要加强对筒子楼改造工作的组织和领导，加强对筒子楼改造工程的施工组织与管理，从设计到施工都要指定专门机构和人员负责，切实做到精心组织、精心设计、精心施工，确保工程质量并按期完成规定的改造任务。

三、要给予资金保证和优惠政策。筒子楼改造任务繁重，工作量大，涉及面广。为使其能顺利实施，各地区、各有关部门要在资金和政策上给予积极支持和照顾。筒子楼改造所需费用，按照高等教育现行管理和投资体制，地方普通高等学校原则上由地方人民政府和学校负责筹措；中央部门所属普通高等学校（包括今年国务院机构改革撤并部门所属普通高等学校），由主管部门、学校和国家发展计划委员会、财政部共同负责筹措。中央和地方安排的用于筒子楼改造的专项资金，必须及时到位，专款专用，不得挪用。同时，要精打细算，在确保工程质量的前提下，节约使用。凡涉及筒子楼改造的项目立项、规划设计、施工组织等程序，以学校为主负责并从快从简；对这项工作要特事特办，优先优惠。所涉及的市政配套、水电增容等收费，地方人民政府应作为实施"科教兴国"战略采取的一项具体措施，给予免除。

四、改造后的筒子楼，一律作为学校的公有住房，实行公寓化管理，不得向个人出售。筒子楼改造后，近期内主要用于解决现有青年教师的住房困难，在一段时间内由他们租用，待其具备一定经济实力后，再另购经济适用房；从长远讲，则是作为学校的永久性青年教师公寓和周转用房。

11.个人住房贷款管理试行办法

1998年4月中国人民银行发出了《关于加大住房信贷投入支持住房建设与消费的通知》，1998年5月9日颁布了《个人住房贷款管理办法》。

该法规是为支持城镇居民购买自用普通住房，规范个人住房贷款管理，维护借贷双方的合法权益，根据《中华人民共和国商业银行法》、《中华人民共和国担保法》和《贷款通则》制定的。个人住房担保贷款（以下简称"贷款"）是指借款人或第三人以所购住房和其他具有所有权的财产作为抵押物或质物，或由第三人为其贷款提供保证，并承担连带责任的贷款。借款人到期不能偿还贷款本息的，贷款银行有权依法处理其抵押物或质物，或要求保证人承担连带偿还本息的责任。

1998年颁布的《个人住房贷款管理办法》（以下简称"新《办法》"）和1997年4月份中国人民银行颁布的《个人住房担保贷款管理办法》（以下简称"原《办法》"）相比，主要有以下不同：一是扩大了贷款可用于购买住房的范围。原《办法》规定，个人住房贷款只能用于购买用公积金建造的自用普通住房，而新《办法》规定，个人住房贷款可用于购买所有自用普通住房。二是扩大了贷款的实施城市范围。原《办法》规定，个人住房贷款业务只在安居工程试点城市实施，而新《办法》则取消了这一限制，即所有城镇均可开展个人住房贷款业务。三是扩大了办理个人住房贷款的金融机构范围。原《办法》由于规定个人住房贷款只能用于安居工程试点城市居民购买用公积金建造的自用普通住房，因而实际上只有中国工商银行、中国建设银行和中国农业银行三家银行可以办理个人住房贷款业务，新《办法》取消上述限制条款后，实际上所有银行均可办理个人住房贷款业务。四是利率更优惠。规定商业银行自营性个人住房贷款利率按照法定贷款利率减档执行，即期限5—10年个人住房贷款执行3—5年一般贷款利率，期限3—5年的执行1—3年一般贷款利率。五是加快了处理程序。由原来的三个月时间缩短为三个星期。这一政策的推行直接刺激了住房贷款的增长，1998年个人住房贷款比上年增加了324亿元，1999年又增加了858亿元。

12. 财政部《城镇经济适用住房建设管理办法》

经济适用住房是指已经列入国家计划，由城市政府组织房地产开发企业或者集资建房单位建造，以微利价向城镇中低收入家庭出售的住房。经济适用房相对于商品房具有三个显著特征：经济性、保障性、实用性，是具有社会保障性质的商品住宅经济适用住房，作为中国住房政策的重要组成部分，是政府将解决中低收入居民住房问题、推进城镇住房制度改革、实施住宅产业与国民经济发展战略有机结合的一项重大举措。

1994年12月15日财政部发布了《城镇经济适用住房建设管理办法》（以下简称《办法》）。《办法》规定，经济适用住房是指以中低收入家庭住房困难户为供应对象，并按国家住宅建设标准（不含别墅、高级公寓、外销住宅）建设的普通住宅。其中，中低收入家庭住房困难户认定的标准由地方人民政府确定。对离退休职工、教师家庭住房困难户应优先安排经济适用住房。经济适用住房建设要体现经济、适用、美观的原则，使用功能要满足居民的基本生活需要。地方人民政府要在计划、规划、拆迁、税费等方面对经济适用住房的建设制定政策措施，予以扶持。地方人民政府根据经济适用住房建设计划，优先安排建设用地。经济适用住房建设用地的供应原则上实行划拨方式。经济适用住房建设资金通过地方政府用于住宅建设的资金、政策性贷款和其他资金来源筹集。

国务院建设行政主管部门负责全国经济适用住房的建设管理工作，制定经济适用住房的方针、政策，根据国家住宅建设发展规划制定经济适用住房发展计划，并进行宏观指导。各省、自治区建设行政主管部门根据国家的方针、政策，制定本行政区域的实施方案，编制经济适用住房的发展计划与规划，指导经济适用住房的建设。各直辖市、市、县建设或房地产行政主管部门负责制定本地区经济适用住房建设计划、具体实施方案；负责经济适用住房建设计划的实施和管理工作。

13. 关于进一步规范经济适用住房建设和销售行为的通知

1998年国务院《关于进一步深化城镇住房制度改革加快住房建设的通知》发布以来，各地加大经济适用住房建设力度，加快建立新的住房供应体系步伐，取得了明显成效，绝大多数地方经济适用住房已经成为住房供应的主渠道。经济适用住房的发展有效地解决了城镇中低收入家庭的住房问题，平抑过高的商品房价格，适应了停止住房实物分配后个人购房的需求，对拉动经济增长起到了重要的作用。但也有个别地方对经济适用住房的建设认识不足，在执行国家有关经济适用住房的政策上出现偏差。为此，2000年9月，建设部发布《关于进一步规范经济适用住房建设和销售行为的通知》（以下简称《通知》），要求各地进一步规范经济适用住房建设和销售行为，进一步提高认识，把经济适用住房建设作为重点工作来抓。《通知》要求各地一定要把握好这个大局，做好以下五项工作。

一、对本地区经济适用住房建设进行认真研究和部署。要根据当地房价、中低收入家庭的支付能力，合理确定本地区经济适用住房在整个住房建设中的比例，更好地解决中低收入家庭的住房问题。

二、确保经济适用住房的低价位。要把对经济适用住房实行土地划拨、税费减免、成本及利润控制等政策落实到位，使经济适用住房的价格与当地中低收入家庭的收入水平相适应，进而调动他们购房的积极性。

三、规范经济适用住房销售行为，确保经济适用住房性质不变。各地要尽快制订经济适用住房销售管理办法，明确中低收入家庭的收入界限、购买对象条件、购买程序、价格确定办法；并制订监督查处办法及上市交易办法等。

四、加强经济适用住房总量控制。在对需求情况进行充分调研的基础上安排经济适用住房计划和组织建设，并做好经济适用住房的长远规划和项目储备。

五、加强对经济适用住房建设和使用全过程的质量管理，包括规划设计质量、工程质量和物业管理的质量。积极推行招投标建设方式，鼓励和扶持信誉好、实力强的大型开发企业从事经济适用住房建设，使经济适用住房既经济又适用。

14. 经济适用房价格管理办法

为规范经济适用住房价格管理，促进经济适用住房健康发展，国家发展计划委员会、建设部根据《中华人民共和国价格法》和国务院关于经济适用住房建设的规定，于2002年11月17日发布《经济适用住房价格管理办法》（以下简称《办法》）。《办法》提出，经济适用房的价格实行政府价格管制，原则上利润不得超过经济适用房开发建设成本的3%，并对经济适用房的开发成本项目、计算利润时应列入的项目等作出了详细的规定。

《办法》明确界定，经济适用住房应以保本微利为原则，是指纳入政府经济适用住房建设计划，建设用地实行行政划拨，享受政府提供的优惠政策，向城镇中低收入家庭供应的普通居民住房。

为统一规范经济适用住房价格构成，《办法》规定，经济适用住房基准价格由开发成本、税金和利润三部分构成。其中计入房价的企业管理费和利润以征地和拆迁补偿费、勘察设计和前期工程费、建安工程费、住宅小区基础设施建设费为基础，分别控制在2%和3%以内；对住宅小区内经营性设施的建设费用，开发经营企业留用的办公用房、经营用房的建筑安装费用及应分摊的各种费用，各种与住房开发经营无关的集资、赞助、捐赠和其他费用，各种赔偿金、违约金、滞纳金和罚款，以及按规定已经减免的费用等不得计入经济适用住房价格。此外政府价格主管部门还将加强对经济适用住房价格和涉及房地产建设项目收费的监督检查，对违反价格法规的将由政府价格主管部门依据《中华人民共和国价格法》和《价格违法行为行政处罚规定》予以处罚。

《办法》首先提出了经济适用房"基准价格"的概念，主要由三部分构成，分别是开发成本、税金和利润。除了明确的基准价格条款，《办法》还公开了制定售价的过程，也就是由有定价权的政府价格主管部门会同建设主管部门核算制定，并于项目开工之前向社会公布。价格一经公布任何单位和个人不得擅自提高。

由政府主管部门核定售价，控制了开发商利润空间，使经济适用房的市场价格更加趋于合理、更加贴近百姓的消费水准。同时《办法》还规定，开发商在具体制定每套房屋的售价时，应当以基准价格为基础，考虑楼层、朝向等因素，对房屋的价格进行微调。其上浮的幅度由政府价格主管部门在核定价格时确定，下浮幅度不限。

《办法》中各项条款规定得更加细化、更加具体，在操作的各个环节上显得更加简便，这也使得中国的经济适用房价格有法可依，极大地促进了中国经济适用房制度健康快速发展。

15.城市房屋拆迁管理条例

城市房屋拆迁既关系国家、开发建设单位、被拆迁单位及亿万城镇居民的利益，又关系到城市规划具体落实。为了加强对城市房屋拆迁的管理，维护拆迁当事人的合法权益，保障建设项目顺利进行，2001年6月13日国务院发布《城市房屋拆迁管理条例》（以下简称"新《条例》"），自2001年11月1日起施行。

中国现行的城市房屋拆迁法律制度发轫于新中国成立初期。1953年11月，当时的政务院颁布了《国家建设征用土地办法》（1958年修订）。这是中国第一个涉及房屋拆迁的法规。在房屋拆迁方面，确定了拆迁房屋的原则、程序、权限及其补偿标准。1986年全国人大常委会颁布《土地管理法》（2004年修订），其中专设第5章"国家建设用地"，其中有关房屋拆迁的规定是在过去法规基础上修订的。在房屋拆迁方面中国第一部较为规范的专一性的法规集中体现在1991年国务院发布的《城市房屋拆迁管理条例》中，这是中国城市房屋拆迁工作的最主要的规范性法律文件。除此之外，最高人民法院为规范拆迁行为与拆迁诉讼也出台了相应的司法解释。法律还赋予地方在国家授权的范围内结合本地的实际情况制定相应的地方性法规。因此，各省、市、自治区基本上依照国务院的拆迁条例制定了本地的拆迁办法或者细则。这样，中国的房屋拆迁立法以国务院颁布的拆迁条例作为龙头，周围汇集了地方各级人大以及政府所颁布的法规和规章。上述以拆迁条例为龙头的拆迁法规和规章，对于规范房屋拆迁行为，加强对城市房屋拆迁的管理，维护拆迁当事人的合法权益，保障城市建设的顺利进行，发挥了一定的积极作用。但是，随着改革的深化和社会主义市场经济的发展，原有规定已经不适应客观实际。为此，国务院于2001年6

月颁布了新的《城市房屋拆迁管理条例》。新《条例》总结和反映了中国十年来社会发展、经济体制改革在城市房屋拆迁方面的新情况、新经验和新需要，强化了对拆迁当事人合法权益的保护和对政府行政管理行为的约束，完善了调整城市房屋拆迁关系的一系列行为规则。但是，从近几年的房屋拆迁纠纷看，此条例在规范房屋拆迁中仍存在很多不足之处，有待进一步完善。

2001年制定的《城市房屋拆迁管理条例》以效率为导向，为中国的城市化发展作出了一定的贡献，但条例中对行政强制拆迁等内容的规定却引发了众多冲突，严重损害了被拆迁人的合法权益，也极大地影响了社会的稳定与和谐。随着公众权利意识和财产保障意识的觉醒，2001年的条例还存在一些问题。直到2011年《国有土地上房屋征收与补偿条例》的颁布实施，才彻底终止了在中国施行了近20年的《城市房屋拆迁管理条例》。

16.商品房销售管理办法

随着住房制度改革的不断深化，个人逐步取代集团成为住房消费主体。与此同时，实物分配和集团消费所掩盖的许多问题也逐步暴露出来，广告虚假、定金圈套、合同欺诈、一房多售、面积缩水、质量低劣等问题时有发生。为促进房地产市场的进一步发展，完善相应的法律制度，维护市场主体，特别是广大消费者的合法权益，成为亟需解决的问题。在此背景下，建设部制定了《商品房销售管理办法》（以下简称《办法》）。《办法》于2001年4月4日发布，自2001年6月1日起施行。

《办法》分为总则、销售条件、广告与合同、销售代理、交付、法律责任、附则，共7章48条（34条针对房地产开发企业，要求开发商自律，5条针对中介公司，1条针对政府管理部门，8条处于基本的立法程序）。

由于房地产市场管理制度尚不完善，商品房的销售管理没有及时跟上，消费者投诉比例不断上升，直接影响了消费者购房的积极性。《办法》进一步规范了商品房销售行为，为解决商品房销售中存在的问题提供了法律依据。

《办法》规定，房地产开发企业不得采取返本销售或者变相返本销售的方式销售商品房；不得采取售后包租或者变相售后包租的方式销售未竣工的商品房；不准分割拆零销售商品房。另外，房产商不得在未解除商品房买卖合同前，将作为合同标的物的商品房再行销售给他人，否则将处以2万元以上、3万元以下的罚款，构成犯罪的，依法追究刑事责任。

《办法》是中国第一部商品房销售管理办法，《办法》的施行为购房者保护自己的合法权益、规范商品房市场提供了法律依据。

《办法》对现有的房地产市场进行规范化的管理具有极为重要的积极意义。一是政府充分认识到规范市场的管理是开拓和保护市场的重要手段；二是政府开始从具体的实际操作指挥中脱离出来，摆正了自己的位置。从立法和裁判角度来规范市场，这是中国改革开放之后政府各部委主管机构从指挥市场向指导与管理市场的重大转变；三是中国的立法从保护企事业利益为主向保护消费者利益为主的重大转变，其规范市场的积极意义是不言而喻的。

17.国务院印发《关于促进房地产市场持续健康发展的通知》

随着城镇住房制度改革深入推进，住房建设步伐加快，住房消费有效启动，居民住房条件有了较大改善。以住宅为主的房地产市场不断发展，对拉动经济增长和提高人民生活水平发挥了重要作用。同时中国房地产市场发展不平衡，一些地区住房供求的结构性矛盾较为突出，房地产价格和投资增长过快，房地产市场服务体系尚不健全，住房消费还需拓展，房地产开发和交易行为不够规范，房地产市场的监管和调控有待完善。房地产业关联度高对经济增长影响力大。在房地产业快速发展过程中也出现了一些值得关注的问题，部分地区房地产结构性矛盾突出；一些地方房地产投资出现"过热"苗头，住房制度改革亟待深化，房地产市场运行、监管和调控体系还不够完善。房地产发展偏离了房改初衷，国家采取了一系列调控举措，以引导房地产市场平稳健康发展。2003年9月1日国务院在京召开全国房地产工作会议。中共中央政治局委员、国务院副总理曾培炎、建设部部长汪光焘出席会议并讲话。同年8月12日印发了《国务院关于促进房地产市场持续健康发展的通知》（以下简称《通知》）。《通知》共20条，突出了三个重点：一是在国务院23号文件基础上进一步深化城镇住房制度改革。增加普通商品住房供应，搞活住房二级市场，规范发展市场服务，扩大市场机制的作用范围。二是明确界定政府在房地产市场发展中的职责。包括政府在经济适用住房和廉租住房供应中的住房保障责任，对房地产市场的宏观调控责任，规范房地产市场主体行为的监管责任。三是针对当前房地产市场的突出问题，从规划土地、金融等方面提出了有关措施，要求加强部门间的协调与配合，建立对房地产市场宏观调控的协调机制。

《通知》的出台，在房地产界引起强烈的反响，不仅为房地产业带来极大的利好消息，而且对促进中国房地产市场的结构性调整产生深远意义。

18.城镇廉租住房管理办法

建设部制定的《城镇廉租住房管理办法》于1999年5月1日起施行。

《城镇廉租住房管理办法》提出由政府实施住房社会保障职能，向具有城镇常住居民户口的最低收入家庭提供租金相对低廉的普通住房。2004年3月建设部在《城镇廉租住房管理办法》的基础上修改并正式颁布实施了《城镇最低收入家庭廉租住房管理办法》。

廉租房制度，是指政府（单位）在住房领域实施社会保障职能，保障的对象是城市中低收入家庭，即对具有本市非农业常住户口的最低收入家庭和其他需保障的特殊家庭，提供租金补贴或以低廉租金配租的具有社会保障性质的普通住宅，保证其住房达到社会最低生活标准。建立廉租房制度的目的，是构建面向住房弱势群体的城市住房保障制度。廉租房制度具有以下几个特点：

一、供应对象明确。廉租房制度是具有选择性的社会政策，属于社会救济型福利，其保障特点是范围窄、标准低。只有符合各地方政府规定的住房困难的最低收入家庭，才可以申请城镇最低收入家庭廉租房。

二、以发放租赁住房补贴为主，以实物配租、租金核减为辅。其中，租赁住房补贴，是指政府先向符合条件的申请对象发放补贴，再由其到市场上去租赁住房；实物配租，是指政府直接提供住房，并按照廉租房租金标准收取租金；租金核减，则是指产权单位按照规定，采取在一定时期内对现已承租公有住房的城镇最低收入家庭给予租金减免的办法。

三、具有社会保障性特点，是政府主导性社会福利制度。政府的主导作用体现在提供相关法律和政策，对保障对象和范围及享受标准作出规定，并建立合理的资金来源和筹集房源的渠道。同时，进行有效的行政管理也是政府的重要责任。

四、廉租房资金实行财政专户管理，专项用于租赁住房补贴的发放、廉租房的购建、维修和物业管理等。

五、廉租住房制度是具有严格资格条件限制的保障性住房制度，具有公开公平的准入机制、轮候机制和退出机制。廉租房应当由户主按照规定程序提出书面申请，申请家庭人均收入应符合当地廉租住房政策确定的收入标准。

城镇最低收入家庭住房保障制度是中国社会保障体系的重要组成部分，是各级政府社会职责的重要内容，也是建立城镇住房新体制的关键环节。为建立和完善城镇廉租住房制度，保障城镇最低收入家庭的基本住房需要，2004年建设部、财政部、民政部、国土资源部、国家税务总局五部委联合发布了《城镇最低收入家庭廉租住房管理办法》（以下简称《办法》），自2004年3月1日起施行。这为建立和完善符合中国实际情况的住房保障制度迈出了重要一步。

《办法》明确规定，城镇最低收入家庭人均廉租住房保障面积标准原则上不超过当地人均住房面积的60%。实物配租应面向孤、老、病、残等特殊困难家庭及其他亟需救助的家庭。具体说就是低保家庭和符合当地住房困难标准的家庭。这充分体现了对社会相对弱势群体的扶助。《办法》明确了城镇最低收入家庭廉租住房资金的来源：实行财政预算安排为主、多种渠道筹措的原则。实物配租的廉租住房来源主要包括：政府出资收购的住房、社会捐赠的住房、腾空的公有住房、政府出资建设的廉租住房和其他渠道筹集的住房。此外，《办法》实行严格的退出机制：廉租住房保障的最低收入家庭应当按年度向当地房地产行政主管部门如实申报家庭收入、家庭人口和住房变动情况。主管部门应对其申报情况进行严格审核，情况发生变化的要及时进行调整。

廉租房建设是国家稳定和谐发展的一项重要举措。《廉租住房保障办法》作为廉租住房制度新政，体现了中国共产党和中国政府立党为公、执政为民的理念，也有利于城市低收入住房困难家庭的廉租住房保障及其监督管理，完善了社会保障制度，维护了社会的稳定。

建立住房保障制度关系到改革、发展与稳定的大局，关系到人民群众能否安居乐业的切身利益，关系到住房货币化改革的顺利推进，关系到建立住房新体制的进程。《办法》在及时总结北京、上海、天津等地多年试点探索取得经验的基础上出台，解决了实践中遇到的难题，具有很强的可操作性，意义十分重大。《办法》的施行体现了党和政府对低收入阶层的关注进入到实质性、可操作的行为阶段，体现了社会的公平、公正原则，实践了中国共产党"执政为民"的理念，具有极其重要的现实意义。

19.国务院办公厅关于调控房地产市场的八项举措

2004年，随着宏观调控政策措施的贯彻落实，房地产投资过快增长势头得到了一定的控制。但是，由于市场需求偏大，部分地区投资性购房和投机性购房大量增加，以及住房供应结构不合理，开发建设成本提高等，导致一些地方住房价格上涨过快，影响了经济和社会的稳定发展。为抑制房价过快上涨，促进房地产市场健康发展，国务院办公厅于2005年3月26日发出了《国务院办公厅关于切实稳定住房价格的通知》。其中提出抑制房价过快增长的八大措施，被称为"国八条"（以下简称"国八条"）。

"国八条"出台的宏观经济背景是房地产投资过快、部分城市的房价上涨过快。2005年之前，中国房地产投资一直偏快，一直在30%左右的高位运行：2003年的房地产投资增长速度是30.3%，2004年的房地产投资增长速度是28.1%，2005年2月份的房地产投资增长速度为同比27%。"国八条"出台后，房地产投资增长速度从2005年4月份后就逐渐下降，到2005年12月份，房地产投资增长速度已经降到20%以下。"国八条"的主要措施是严控土地和信贷"两个闸门"，打击房地产投机，目的是降低房地产投资增长速度和房价上涨速度。简单来说，"国八条"的核心是控制房地产投资增长速度和房价上涨速度，具有双重目标。

"国八条"内容包括：第一条，高度重视稳定住房价格工作；第二条，切实负起稳定住房价格的责任；第三条，大力调整和改善住房供应结构；第四条，严格控制被动性住房需求；第五条，正确引导居民合理消费预期；第六条，全面监测房地产市场运行；第七条，积极贯彻调控住房供求的各项政策措施；第八条，认真组织对稳定住房价格工作的督促检查。

房地产业是中国新的发展阶段的一个重要支柱产业，引导和促进房地产业持续稳定健康发展，有利于保持整个经济平稳较快增长，而"国八条"的出台规范与整顿了中国房地产市场，对于中国房地产住宅结构趋于合理，意义十分重大，但由于"国八条"内容宏观空泛，可操作性不强。因此，国务院总理温家宝在2011年1月26日主持召开国务院常务会议上，又确定了相关政策措施，称为"新国八条"。

20.关于住房转让所得征收个人所得税有关问题的通知

随着中国经济不断发展和改革不断深入，人民生活水平不断提高，个人住房得到较大改善，二手房交易逐渐活跃。各地税务机关在对二手房交易所得征收个人所得税过程中遇到了一些问题，主要有：一是个人转让住房过程中发生的相关费用有关扣除的规定不够明确、详细，各地执行不一；二是实际征管中，一些纳税人瞒报交易价格或者不能提供与纳税有关的房屋交易信息，使税务机关依法征税的难度较大；三是一些地区对二手房交易个人所得税的征收不到位，影响了执法刚性，造成税收收入流失。针对上述问题，2006年7月26日，国家税务总局发布《关于住房转让所得征收个人所得税有关问题的通知》（以下简称《通知》），对二手房交易所得征收个人所得税政策有关问题作了进一步明确，以利于各地税务机关规范税收征管程序，依法加强税收征管。

《通知》宣布从8月1日起，各地税务部门将在全国范围内统一强制征收二手房转让个人所得税。该通知对住房转让所得征收个人所得税的转让收入规定为"实际成交价格"，并规定："纳税人申报的住房成交价格明显低于市场价格且无正当理由的，征收机关依法有权根据有关信息核定其转让收入，但必须保证各税种计税价格一致。"并对不同房源类型的房屋原值的确定、扣除的税金及合理费用给出具体规定。规定不能提供证明房屋原值的有效凭证的，按照住房转让收入的1%—3%核定征收。

中国现行的《个人所得税法》几经修改，自1993年修正以来，已经将"财产转让所得"明确列入个人所得税范围内。《个人所得税法实施条例》中对"财产转让所得"的内容明确指出包括了"转让建筑物取得的所得"。因此，法律对个人转让住房所得课征个人所得税早有规定；但是并未同步对该税进行征收。随着中国住房市场化改革的全面展开，中国的房地产业发展迅速。为促进居民住宅市场的健康发展，1999年财政部、国家税务总局、建设部下发了《关于个人出售住房所得征收个人所得税有关问题的通知》，规定个人出售自有住房取得的所得应按照"财产转让所得"项目征收个人所得税。但全国绝大多数地区地方政府均以培育当地房地产市场为由未开征此税。对个人转让住房课征所得税的征管缺失状态直到2006年国家税务总局出台《通知》后才有所好转。该通知要求在全国范围内对个人转让住房征收个人所得税，各地税务机关纷纷转发该通知，加强对该税的征管工作。

《通知》的出台有助于正确解释和适用中国的《个人所得税法》，完善不动产所得税法律制度，实现税收公平。此外，还可充分发挥税收在调控房地产市场中的积极作用，促进社会财富的公平分配。

21.国务院《关于解决城市低收入家庭住房困难的若干意见》

住房问题是重要的民生问题，党中央、国务院高度重视解决群众的住房问题。改革开放以来，中国不断深化城镇住房制度改革，城市绝大多数居民的住房条件得到了较大改善。但随着住房社会化、商品化程度的提高，中国住房市场快速发展，也出现了一些矛盾和问题，特别是城市廉租住房制度建设相对滞后，经济适用住房制度不够完善，部分城市低收入家庭住房还比较困难，总体看低收入家庭住房问题没能得到有效解决。为解决城市低收入家庭住房困难，同时明确有关政策措施，加大工作力度，2007年8月7日，国务院印发了《关于解决城市低收入家庭住房困难的若干意见》（以下简称《意见》）。

《意见》内容包括：明确指导思想、总体要求和基本原则；进一步建立健全城市廉租住房制度；改进和规范经济适用住房制度；逐步改善其他住房困难群体的居住条件；完善配套政策和工作机制共5部分22条。

《意见》提出了以下基本原则：一是立足中国现阶段经济社会发展的特点，以满足基本住房需要为原则，合理确定住房保障的标准；二是要坚持统筹规划，有计划、有步骤解决低收入家庭的住房困难；三是政府作为解决低收入家庭住房困难的主体，要发挥主导作用，同时引导社会各界积极参与；四是要坚持在国家统一政策的基础上，各地区结合实际情况，因地制宜；五是明确责任主体，要求省级负总责，市县抓落实。

《意见》的出台标志着政府住宅调控思路的转变，其核心是建立多层次住房保障体系，将走了十个年头的住房制度改革推向了新的层面。总之，《意见》确立了中国房地产市场发展的基本宗旨，《意见》的颁布实施，使解决城市低收入居民居住问题向建立保障性住房制度迈出了重要一步，意义十分重大。

22.关于改善农民工居住条件的指导意见

为逐步改善农民工居住条件,保障农民工合法权益,推动中国特色城镇化的健康发展,促进社会和谐稳定,根据《国务院关于解决农民工问题的若干意见》及《国务院关于解决城市低收入家庭住房困难的若干意见》精神,建设部、国家发展和改革委员会、财政部、劳动和社会保障部、国土资源部2008年1月10日经国务院同意联合印发了《关于改善农民工居住条件的指导意见》(以下简称《意见》)。

《意见》指出,改善农民工居住条件的基本原则是:一要因地制宜,满足基本居住需要;二要循序渐进,逐步解决;三要政策扶持,用工单位负责。《意见》指出,用工单位是改善农民工居住条件的责任主体。用工单位可以采取无偿提供、廉价租赁等方式向农民工提供居住场所。农民工自行安排居住场所的,用工单位应当给予一定的住房租金补助,并可在劳动合同中予以明确。《意见》指出,要多渠道提供农民工居住场所。招用农民工较多的企业,应充分利用自有职工宿舍或通过租赁、购置等方式筹集农民工住房房源。在符合规划的前提下,可在依法取得的企业用地范围内建设农民工集体宿舍。农民工集中的开发区和工业园区,应按照集约用地的原则,集中建设农民工集体宿舍,由用工单位承租后向农民工提供,或由农民工直接承租,但不得按商品住房出售或出租。城中村改造时,要考虑农民工的居住需要,在符合城市规划和土地利用总体规划的前提下,集中建设向农民工出租的集体宿舍。

《意见》要求,积极引导和鼓励城乡结合部居民利用自有住房向农民工出租。集中建设的农民工集体宿舍和专供农民工租用的住房,应适当配备必要的文化、体育活动等设施设备。各地要将长期在城市就业与生活的农民工居住问题,纳入城市住房建设规划。

《意见》实施以后,中国各级政府和社会高度重视农民工居住条件,采取多种措施改善农民工的居住条件,保障农民工的权益,对推动城乡发展和全面建设小康社会、构建和谐社会都具有重要的意义。

23.关于推进城市和国有工矿棚户区改造工作的指导意见

城市和国有工矿棚户区改造是保障性安居工程的重要组成部分,党中央、国务院对此高度重视。2009年12月24日,经国务院同意,住房和城乡建设部、国家发展和改革委员会、财政部、国土资源部、中国人民银行联合印发了《关于推进城市和国有工矿棚户区改造工作的指导意见》(以下简称《意见》),对推进城市和国有工矿棚户区改造(以下简称

"棚户区改造")工作提出了明确要求。

《意见》要求,进一步提高对棚户区改造重要性的认识。

推进棚户区改造,是保障和改善民生、实现中国共产党第十七次全国代表大会提出"住有所居"目标的重大举措,是促进社会和谐、走中国特色新型城镇化道路的客观需要,也是保持经济平稳较快发展的有效途径。

《意见》积极主动参与制定棚户区改造规划等相关配套措施。

各级财政部门要按照《意见》规定,积极主动参与制定本地区棚户区改造规划、年度计划、项目实施方案、拆迁补偿安置方案等相关配套措施。

要求包括:(一)参与制定棚户区改造规划和年度计划。省级财政部门要积极主动配合有关部门,按照《意见》要求,抓紧汇总编制本地区棚户区改造规划和年度计划,报省级人民政府批准后报送住房和城乡建设部、国家发展和改革委员会、财政部、国土资源部备案。(二)参与制定棚户区改造项目实施方案。(三)参与制定棚户区改造拆迁安置补偿方案。

《意见》多渠道筹集和落实棚户区改造资金。

按照《意见》规定,棚户区改造采取财政补助、银行贷款、企业支持、群众自筹、市场开发等多渠道筹集资金。各级财政部门要根据同级人民政府批准的棚户区改造年度计划,按照规定的资金来源渠道,积极筹措和落实棚户区改造资金。要求包括:(一)市、县财政部门要按照国家规定安排好棚户区改造资金。(二)省级财政部门采取以奖代补方式推进棚户区改造工作。(三)市、县可以利用廉租住房建设资金支持棚户区改造工作。(四)中央将采取适当方式鼓励和支持各地做好棚户区改造工作。

《意见》确保棚户区改造各项税费优惠政策落实到位。

《意见》明确规定了支持棚户区改造的税费优惠政策,各级财政部门要认真贯彻执行,确保各项税费优惠政策落实到位。要求包括:(一)切实免收各项收费基金优惠政策。(二)严格按照规定免收土地出让金。(三)认真贯彻落实相关税收优惠政策。

《意见》加强棚户区改造资金的使用管理和监督。

棚户区改造资金来源于多渠道,市、县财政部门应统筹安排,加强各项资金的使用管理和监督,确保棚户区改造资金专项用于棚户区改造工作,提高棚户区改造资金使用效益。要求包括:(一)抓紧制定棚户区改造资金使用管理办法。(二)按照棚户区改造工作进度及时下达资金。(三)加强棚户区改造资金使用管理的监督检查。

棚户区改造是一项重要的惠民工程,时间紧、任务重、意义重大。各级财政部门要切实按照中央有关规定和同级人民政府的要求,充分发挥公共财政职能作用,积极配合有关部门抓紧抓实各项工作,为做好棚户区改造工作、推动和谐社会建设作出应有的贡献。

24.农村危房改造抗震安全基本要求（试行）

为加强农村危房改造工程质量监管，提高改造后农房的抗震能力，2011年7月25日住房和城乡建设部制定了《农村危房改造抗震安全基本要求（试行）》（以下简称《抗震要求》）。

《抗震要求》指出，享受各级政府农村危房改造资金补助（含新疆农村安居工程资金补助）农户实施住房重建或新建的，必须严格执行《抗震要求》有关规定。县级住房城乡建设部门和乡镇政府村镇建设管理员要按照抗震要求，加强对农村危房改造房屋设计、施工等环节的指导与监督。所有申请资金补助的项目须经抗震安全检查合格后，方可拨付全额补助资金。

《抗震要求》指出，农村危房改造房屋设计要严格执行《抗震要求》，可选用县级以上住房城乡建设部门推荐使用的通用设计图集，也可使用由注册结构工程师、注册建造师、注册监理工程师以个人身份设计的设计方案或者有资质单位的设计方案，还可由承担建设任务的农村建筑工匠设计。由农村建筑工匠设计的须出具设计说明，并提交乡镇政府村镇建设管理员进行抗震要求审查。

《抗震要求》明确，要加强施工质量监督检查。县级以上住房城乡建设部门要加强对农村危房改造质量安全和抗震设防的指导与监管，定期组织开展巡查和抽查。要加强村镇建设管理员业务管理，积极开展业务学习和培训。乡镇政府村镇建设管理员要在农村危房改造的地基基础和主体结构等关键施工阶段，及时到现场进行技术指导和检查，发现不符合抗震安全要求的当即告知建房户，并提出处理建议和做好现场记录。农村危房改造项目竣工后，农户按照施工合同约定需组织验收的，村镇建设管理员要积极提供帮助和指导。

《抗震要求》强调，各地要通过农村危房改造，探索建立农村建筑工匠资格制度。享受各级政府资金补助的农村危房改造，必须由经培训合格的农村建筑工匠或有资质的施工队伍承担。承担农村危房改造项目的农村建筑工匠要对质量安全负责。县级以上住房城乡建设部门要加强对农村建筑工匠的培训、考核及监督管理。承揽农村危房改造项目的农村建筑工匠或者单位要与农户签订工程承包合同，并按合同约定对所建房屋承担保修和返修责任。

25."城中村"改造工程

从狭义上说，"城中村"是指农村村落在城市化进程中，由于全部或大部分耕地被征用，农民转为居民后仍在原村落居住而演变成的居民区，亦称为"都市里的村庄"。从广义上说,"城中村"是指在城市高速发展的进程中,滞后于时代发展步伐、游离于现代城市管理之外、生活水平低下的居民区。

"城中村"具有农村和城市双重特征,是城市化进程中的历史产物。城市化进程的加快,使一些处于城乡结合部的村庄融入城区,成为"城中有村,村里有城,村外现代化,村里脏乱差"的地区,严重地阻碍了城市精神文明建设的普及与发展,不利于城市整体规划和建设。"城中村"在从乡村向城市转变过程中,因土地、户籍、人口等多方面均属城乡二元管理体制,没有完全纳入城市统一规划、建设和管理,其发展有很大的自发性和盲目性,在生产方式、生活方式、景观建设等方面仍保留浓厚的农民特征,因而影响了城市基础设施布局,乃至城市整体规划的实施。"城中村"的长期存在,已经成为中国很多城市发展面临的一个难题。大量的"城中村"存在于都市之中,给城市建设和管理带来很大的负面影响,而改造"城中村"的难度极大,如何改造"城中村",是全国几乎所有城市都正在面临的重大课题。很多"城中村"的房屋土地产权混乱,土地和宅基地城镇产权和农民产权都有。很多"城中村"还保留着乡、村行政建制,还有很多农民集体企业财产,是当地农民赖以为生的生存基础,处理这些财产,解决安置农民就业问题更是巨大的难题。这些都使"城中村"改造难度加大。因此,改造"城中村"必须因地制宜,要坚持"一区一策、一村一案"的做法。"城中村"主要有以下几种形态,应根据不同形态的"城中村"采取不同的改造方式。

第一种位于城市建成区内,早已没有农民户口和农业用地,早已改成街道办事处、居委会管理,撤销了乡、村行政建制,已经没有农民集体财产和宅基地产权的地区。

第二种村内已没有耕地。原自然村除宅基地以外的土地已被征用,变为城市建设用地,村内已无农民集体财产。

第三种"城中村"现有土地产权还属于农村集体所有,村民以非农收入为主。土地已经全部或大部分被国家征用,虽然村中农民已全部转为城市户口,但农民宅基地还未被征为国有,其土地本质仍未发生变化,这部分"村"至今仍然还是"村建制",实行村的管理方式。

第四种还有部分耕地,仍是乡政府、村委会建制,还有不少人是农民户口,农牧种植业仍占一定比重的村落。这样的地区改造时,农民转为城市户口,乡政府改组为街道办事处、村委会改组为居委会,但土地产权和经济组织形式可以不变。

在统一制定政策前提下,区别不同情况,确定不同的改造方式,坚持维护村民合法权益的原则。维护集体经济和村民的合法权益,提升村民的生活质量,是"城中村"改造成败的关键。

26.关于加快发展公共租赁住房的指导意见

随着廉租住房、经济适用住房建设和棚户区改造力度的逐步加大,城市低收入家庭的住房条件得到较大改善。但是,由于有的地区住房保障政策覆盖范围比较小,部分大中城市商品住房价格较高、上涨过快、可供出租的小户型住房供应不足等原因,一些中等偏下收入住房困难家庭无力通过市场租赁或购买住房的问题比较突出。同时,随着城镇化快速推进,新职工的阶段性住房支付能力不足矛盾日益显现,外来务工人员居住条件也亟需改善。大力发展公共租赁住房,是完善住房供应体系、培育住房租赁市场、满足城市中等偏下收入家庭基本住房需求的重要举措,是引导城镇居民合理住房消费、调整房地产市场供应结构的必然要求。

根据《国务院关于坚决遏制部分城市房价过快上涨的通知》和《国务院办公厅关于促进房地产市场平稳健康发展的通知》精神,为加快发展公共租赁住房,经国务院同意,2010年6月8日,住房和城乡建设部、国家发展和改革委员会、财政部、国土资源部、中国人民银行、国家税务总局、中国银行业监督管理委员会联合印发《关于加快发展公共租赁住房的指导意见》。文件共五方面的内容:

一、基本原则

(一)政府组织,社会参与。各地区在加大政府对公共租赁住房投入的同时,要切实采取土地、财税、金融等支持政策。

(二)因地制宜,分别决策。各地区要根据当地经济发展水平和市场小户型租赁住房供需情况等因素,合理确定公共租赁住房的供应规模和供应对象。

(三)统筹规划,分步实施。各地区要制订公共租赁住房发展规划和年度计划。

二、租赁管理

(一)公共租赁住房供应对象主要是城市中等偏下收入住房困难家庭。有条件的地区,可以将新就业职工和有稳定职业并在城市居住一定年限的外来务工人员纳入供应范围。

(二)公共租赁住房租金水平,由市、县人民政府统筹考虑住房市场租金水平和供应对象的支付能力等因素合理确定,并按年度实行动态调整。

(三)公共租赁住房出租人与承租人应当签订书面租赁合同。公共租赁住房合同期限一般为3年至5年。

(四)公共租赁住房只能用于承租人自住,不得出借、转租或闲置,也不得用于从事其他经营活动。

三、房源筹集

（一）公共租赁住房房源通过新建、改建、收购、在市场上长期租赁住房等方式多渠道筹集。

（二）在外来务工人员集中的开发区和工业园区，市、县人民政府应当按照集约用地的原则，统筹规划，引导各类投资主体建设公共租赁住房，面向用工单位或园区就业人员出租。

（三）新建公共租赁住房主要满足基本居住需求，应符合安全卫生标准和节能环保要求，确保工程质量安全。

四、政策支持

（一）各地要把公共租赁住房建设用地纳入年度土地供应计划，予以重点保障。

（二）市、县人民政府要通过直接投资、资本金注入、投资补助、贷款贴息等方式，加大对公共租赁住房建设和运营的投入。省、自治区人民政府要给予资金支持。中央以适当方式给予资金补助。

（三）对公共租赁住房的建设和运营给予税收优惠，具体办法由财政部、国家税务总局制定。

（四）鼓励金融机构发放公共租赁住房中长期贷款，具体办法由中国人民银行、中国银行业监督管理委员会制定。

（五）公共租赁住房建设实行"谁投资、谁所有"，投资者权益可依法转让。

五、监督管理

（一）发展公共租赁住房实行省级人民政府负总责、市县人民政府抓落实的责任制。

（二）市、县人民政府要建立健全公共租赁住房申请、审核、公示、轮候、配租和租后管理制度。

（三）政府投资建设公共租赁住房的租金收入，应按照政府非税收入管理的规定缴入同级国库，实行"收支两条线"管理。

（四）各地可根据本意见，制定具体实施办法。各地已经出台的政策性租赁房、租赁型经济适用住房、经济租赁住房、农民工公寓（集体宿舍）等政策，统一按本意见规定进行调整。

27.北京首发住房限购令

2010年4月30日，北京出台"国十条"实施细则，率先规定"每户家庭只能新购一套商品房"。

2010年9月29日,"限购令"已经在北京、上海、深圳、广州实行。9月29日国家有关部委出台"新国五条",其后更多城市出台限购令,广州限购令也在10月15日正式公布。

2011年1月中国已有24个城市出台"限购令",对已拥有住房的家庭新购住房套数进行限制。国务院办公厅26日再度出台楼市新政,中国实施"限购令"的城市进一步扩大。

2011年1月25日,中国出台"限购令"的城市已有24个:北京、上海、深圳、广州、三亚、海口、天津、杭州、苏州、温州、南京、福州、厦门、宁波、舟山、大连、兰州、太原、武汉、昆明、南昌、郑州、济南、合肥。其中在2011年后颁布"限购令"的城市有7个。

2011年1月26日国务院办公厅发布《关于进一步做好房地产市场调控工作有关问题的通知》(以下简称《通知》)。中国政府网27日公布《通知》全文。《通知》指出,各直辖市、计划单列市、省会城市和房价过高、上涨过快的城市,在一定时期内,要从严制定和执行住房限购措施。

《通知》规定,原则上对已拥有一套住房的当地户籍居民家庭、能够提供当地一定年限纳税证明或社会保险缴纳证明的非当地户籍居民家庭,限购一套住房(含新建商品住房和二手住房);对已拥有二套及以上住房的当地户籍居民家庭、拥有一套及以上住房的非当地户籍居民家庭、无法提供一定年限当地纳税证明或社会保险缴纳证明的非当地户籍居民家庭,要暂停在本行政区域内向其售房。

《通知》指出,已采取住房限购措施的城市,凡与本通知要求不符的,要立即调整完善相关实施细则,并加强对购房人资格的审核工作,确保政策落实到位。尚未采取住房限购措施的直辖市、计划单列市、省会城市和房价过高、上涨过快的城市,要在2月中旬之前,出台住房限购实施细则。其他城市也要根据本地房地产市场出现的新情况,适时出台住房限购措施。

2011年12月,住房和城乡建设部知会地方政府,对于限购政策将于2011年年底到期的城市,地方政府需在到期之后对限购政策进行延续。除此之外,住房和城乡建设部还向地方政府知会了包括一般情况下不对已经出台的地方房地产调控政策进行"方向性调整"、楼市调控政策承继性连接等在内的一系列主旨精神。

2011年一共有48个城市出台了限购令,其中有36个城市的限购政策没有给出实施的截止时间,限购政策有具体截止时间的城市为福州、厦门、海口等12个城市。其中,除了南宁截止时间为2012年2月29日外,其余11个截止时间都为2011年12月31日。

28.关于保障性安居工程建设和管理的指导意见

大规模推进保障性安居工程建设,是党中央、国务院为推动科学发展、加快转变经济发展方式、保障和改善民生采取的重大举措。为贯彻落实党中央、国务院的决策部署,全面推进保障性安居工程建设,进一步加强和规范保障性住房管理,加快解决中低收入家庭住房困难,促进实现住有所居目标,2011年9月国务院办公厅发布了《关于保障性安居工程建设和管理的指导意见》(以下简称《意见》)。《意见》的总体要求和基本原则是:

一、总体要求:适应工业化、城镇化快速发展的要求,深入贯彻落实科学发展观,把住房保障作为政府公共服务的重要内容,建立健全中国特色的城镇住房保障体系,合理确定住房保障范围、保障方式和保障标准,完善住房保障支持政策,逐步形成可持续的保障性安居工程投资、建设、运营和管理机制。到"十二五"期末,全国保障性住房覆盖面达到20%左右,力争使城镇中等偏下和低收入家庭住房困难问题得到基本解决,新就业职工住房困难问题得到有效缓解,外来务工人员居住条件得到明显改善。

二、基本原则:住房保障工作要坚持从中国国情出发,满足基本住房需要;坚持政府主导、政策扶持,引导社会参与;坚持加大公共财政的投入,同时发挥市场机制的作用;坚持经济、适用、环保,确保质量安全;坚持分配过程公开透明,分配结果公平公正;坚持规范管理,不断完善住房保障制度。

《意见》简明扼要地提出在具体实施过程中要满足以下几点要求:(一)大力推进以公共租赁住房为重点的保障性安居工程建设。重点发展公共租赁住房,根据实际情况继续安排经济适用住房和限价商品住房建设,加快实施各类棚户区改造,加大农村危房改造力度。(二)落实各项支持政策。确保用地供应,增加政府投入,规范利用企业债券融资,加大信贷支持,落实税费减免政策。(三)提高规划建设和工程质量水平。优化规划布局和户型设计,落实工程质量责任,强化工程质量监督。(四)建立健全分配和运营监管机制。规范准入审核,严格租售管理,加强使用管理,健全退出机制。(五)加强组织领导,进一步落实地方政府责任。建立目标责任制,统筹安排年度建设任务,建立考核问责机制。

《意见》实施以来,中国各级政府和社会高度重视保障性安居工程建设和管理,对构建和谐社会具有重要的意义。

29.关于公共租赁住房和廉租住房并轨运行的通知

2013年12月2日,住房和城乡建设部、财政部、国家发展和改革委员会发布《关于公共租赁住房和廉租住房并轨运行的通知》（以下简称《通知》），从2014年起，各地公租房和廉租房并轨统称为公共租赁房，统一轮候配租、统一申请标准、统一租金补贴。已建成并分配入住的廉租房统一纳入公租房管理，其租金水平仍按照原有租金标准执行，已建成或未分配的公租房，优先廉租房申请轮候者分配。

《通知》要求调整公共租赁住房年度建设计划。从2014年起，各地廉租住房（含购改租等方式筹集，下同）建设计划调整并入公共租赁住房年度建设计划。2014年以前年度已列入廉租住房年度建设计划的在建项目可继续建设，建成后统一纳入公共租赁住房管理。

《通知》要求整合公共租赁住房政府资金渠道。廉租住房并入公共租赁住房后，地方政府原用于廉租住房建设的资金来源渠道，调整用于公共租赁住房（含2014年以前在建廉租住房）建设。原用于租赁补贴的资金，继续用于补贴在市场租赁住房的低收入住房保障对象。

从2014年起，中央补助公共租赁住房建设资金以及租赁补贴资金继续由财政部安排，国家发展和改革委员会原安排的中央用于新建廉租住房补助投资调整为公共租赁住房配套基础设施建设补助投资，并向西藏及青海、甘肃、四川、云南四省藏区，新疆维吾尔自治区及新疆建设兵团所辖的南疆三地州等财力困难地区倾斜。

《通知》要求进一步完善公共租赁住房租金定价机制。各地要结合本地区经济发展水平、财政承受能力、住房市场租金水平、建设与运营成本、保障对象支付能力等因素，进一步完善公共租赁住房的租金定价机制，动态调整租金。

公共租赁住房租金原则上按照适当低于同地段、同类型住房市场租金水平确定。政府投资建设并运营管理的公共租赁住房，各地可根据保障对象的支付能力实行差别化租金，对符合条件的保障对象采取租金减免。社会投资建设并运营管理的公共租赁住房，各地可按规定对符合条件的低收入住房保障对象予以适当补贴。各地可根据保障对象支付能力的变化，动态调整租金减免或补贴额度，直至按照市场价格收取租金。

《通知》要求健全公共租赁住房分配管理制度。各地要进一步完善公共租赁住房的申请受理渠道、审核准入程序，提高效率，方便群众。各地可以在综合考虑保障对象的住房困难程度、收入水平、申请顺序、保障需求以及房源等情况的基础上，合理确定轮候排序规则，统一轮候配租。已建成并分配入住的廉租住房统一纳入公共租赁住房管理，其租金水平仍按原有租金标准执行；已建成未入住的廉租住房以及在建的廉租住房项目建成后，要优先解决原廉租住房保障对象住房困难，剩余房源统一按公共租赁住房分配。

《通知》要求加强组织领导，有序推进并轨运行工作。公共租赁住房和廉租住房并轨运行是完善住房保障制度体系，提高保障性住房资源配置效率的有效措施；是改善住房保障公共服务的重要途径；是维护社会公平正义的具体举措。各地要进一步加强领导，精心组织，完善住房保障机构，充实人员，落实经费，理顺体制机制，扎实有序推进并轨运行工作。各地可根据本通知，结合实际情况，制定具体实施办法。

30.国务院《关于进一步做好城镇棚户区和城乡危房改造及配套基础设施建设有关工作的意见》

近年来，城镇棚户区和城乡危房改造工作取得显著进展。截至2014年底，全国共改造各类棚户区住房2080万套、农村危房1565万户，其中2013—2014年改造各类棚户区住房820万套、农村危房532万户，有效改善了困难群众的住房条件。但也要看到，与党中央、国务院确定的改造约1亿人居住的城镇棚户区和"城中村"的目标相比，任务仍然十分艰巨。为进一步做好城镇棚户区和城乡危房改造及配套基础设施建设工作，切实解决群众住房困难，国务院于2015年6月25日发布《关于进一步做好城镇棚户区和城乡危房改造及配套基础设施建设有关工作的意见》（以下简称《意见》）。

《意见》对城镇棚户区和城乡危房改造及配套基础设施建设提出了包括加大改造建设力度，创新融资体制机制，加强组织领导在内的三点意见。其中加大改造建设力度具体包括加快城镇棚户区改造，完善配套基础设施，推进农村危房改造；创新融资体制机制具体包括推动政府购买棚改服务，推广政府与社会资本合作模式，构建多元化棚改实施主体，发挥开发性金融支持作用；加强组织领导具体包括落实地方责任，明确部门职责，强化监督检查。

农村困难群众对改善居住条件、住上安全住房的诉求比较强烈，加快农村危房改造的要求十分迫切。城镇棚户区和城乡危房改造工作不仅改善了困难群众的住房条件，同时也发挥了带动消费、扩大投资的积极作用，促进了社会和谐稳定。

31.关于做好2015年农村危房改造工作的通知

为贯彻落实党中央、国务院关于加大农村危房改造力度、统筹搞好农房抗震改造的要求，切实做好2015年农村危房改造工作，住房和城乡建设部、国家发展改革委、财政部于2015年3月11日联合发布了《关于做好2015年农村危房改造工作的通知》（以下简称《通知》）。

《通知》指出农村危房改造补助对象重点是居住在危房中的农村分散供养五保户、低保户、贫困残疾人家庭和其他贫困户。补助对象的确定要坚持公开、公平、公正原则，优先帮助住房最危险、经济最贫困农户解决最基本安全住房。2015年农村危房改造中央补助标准为每户平均7500元，在此基础上对贫困地区每户增加1000元补助，对建筑节能示范户每户增加2500元补助。各省（区、市）要依据改造方式、建设标准、成本需求和补助对象自筹资金能力等不同情况，合理确定不同地区、不同类型、不同档次的省级分类补助标准。要充分考虑地震高烈度设防地区农房抗震改造可能增加的成本，切实落实对地震高烈度设防地区特困农户在补助标准上的倾斜照顾。《通知》还指出了农村危房改造的具体意见，其中包括：强化农房抗震要求，加快地震高烈度设防地区农房抗震改造，加强资金筹措，加强资金和计划管理，科学制定实施方案，合理选择改造建设方式，严格执行申请审核程序和建设标准，强化质量安全管理，加强传统村落和传统民居保护，全面加强农村危房改造风貌管理，完善农户档案管理，推进建筑节能示范，健全信息报告制度，完善监督检查制度，加强组织领导与部门协作。

四、精神文化

1."中国民间文化艺术之乡"项目

"中国民间文化艺术之乡"是指在当地广泛开展的某种群众性文化艺术活动,其特色鲜明、成效突出,并对当地群众文化生活及经济发展产生较大影响的县(县级市、区)、乡镇(街道)和社区。

"中国民间文化艺术之乡"项目,是1987年文化部为推动民间文化艺术事业的繁荣发展、丰富活跃基层群众文化生活而设立的一个文化品牌项目,旨在传承和弘扬中国优秀民间文化艺术、加强基层特色文化建设、丰富广大人民群众精神文化生活。该项目以专家组评审、实地抽查、正式命名的方式进行,每三年对全国各地上报的候选艺术之乡评选一次,对成功评选的艺术之乡实行动态管理。

1987年以来,文化部在全国开展了"民间艺术之乡"和"特色艺术之乡"命名活动。截止到2002年,全国已有486个县(市、区)及乡镇获得"中国民间艺术之乡"和"中国特色艺术之乡"的称号。近年来,随着中国加速建设小康社会和经济、政治、文化的全面发展,民间文化艺术已经日益成为中国群众文化特别是新农村文化建设的重要内容,涌现出一大批民间文化艺术活动成效突出的县(市、区)、乡镇(街道)和社区。为贯彻落实科学发展观,更好地发挥民间文化艺术之乡在构建社会主义和谐社会,推动社会主义新农村建设中的重要作用,中华人民共和国文化部制定了《中国民间文化艺术之乡命名办法》(以下简称《办法》),并决定于2007年在全国开展中国民间文化艺术之乡命名工作。自此,原命名的(2002年以前命名)"中国民间艺术之乡"和"中国特色艺术之乡",由各省、自治区、直辖市文化厅(局)按照现行颁布的《办法》进行重新审核申报,申报名称统一称为"中国民间文化艺术之乡"。

"中国民间文化艺术之乡"应当符合以下基本条件：一、已被省级文化行政主管部门命名为各类文化艺术之乡。二、当地政府重视民间文化艺术之乡创建发展工作，并将其纳入当地文化建设发展的总体规划，对当地精神文明建设和经济发展起到较大促进作用。三、广泛开展具有浓厚的民族和地域特色的文化艺术活动，被当地群众普遍熟知和认同，为当地群众喜闻乐见，对当地群众文化生活产生较大影响。四、拥有开展民间文化艺术活动的代表人物和骨干队伍，经常性开展有关民间文化艺术的创作、演出、展示、培训、交流等活动，建有规范和完备的创建民间文化艺术之乡的档案。五、具备经常开展民间文化艺术活动的场地、设施等条件，并有开展活动的基本经费保障。

"中国民间文化艺术之乡"项目对于进一步推动中国民间文化艺术的发展和繁荣，充分发挥民间文化艺术在公共文化服务体系建设中的作用具有重要意义。公共文化司有关负责人提出：创建"中国民间文化艺术之乡"，其目的就是要推动地方政府加强公共文化服务体系建设，将"中国民间文化艺术之乡"建设工作融入新型城镇化和新农村建设总体规划，纳入公共文化服务体系建设总体布局，加大人、财、物保障力度，吸引更多当地群众积极参与，使广大群众成为本地特色乡土文化的传承者、创造者、爱好者和传播者，从而进一步保障基层群众平等地享有参与文化活动、从事文化创造、享受文化福利的机会，从而进一步引导基层群众加深对本土文化的学习和认识，积极参与到传统文化的保护传承和创新发展中来，增强广大基层群众的文化自觉和文化自信，提升群众文化品位和文明素质，净化社会风气，培养包容开放的心态，激发全民族文化创造活力。

2. "三下乡"活动

"三下乡"活动是指文化、科技、卫生"三下乡"，即有关文化、科技、卫生方面的内容知识让农村知道，促进农村文化、科技、卫生的发展。文化下乡包括：图书、报刊下乡，送戏下乡，电影、电视下乡，开展群众性文化活动；科技下乡包括：科技人员下乡，科技信息下乡，开展科普活动；卫生下乡包括：医务人员下乡，扶持乡村卫生组织，培训农村卫生人员，参与和推动当地合作医疗事业发展。

20世纪80年代初，共青团中央首次号召全国大学生在暑期开展"三下乡"社会实践活动。随着时代的发展，为了促进农村文化建设，改善农村社会风气，密切党群、干群关系，深入贯彻党的十四届六中全会精神，大力推进农村精神文明建设，满足广大农民的精神文化生活需求，1996年12月，中央宣传部、国家科学技术委员会、农业部、文化部等十部委联合下发《关于开展文化科技卫生"三下乡"活动的通知》。1997年，"三下乡"活动在全国范围内正式开展。科协系统积极开展"科普之冬"、"科技之春"、"科普宣传周

（月）"、"科普千里行"、"科普百乡行"、"少数民族科普示范工程"等科技下乡活动。卫生系统积极送卫生下乡，促进农村卫生事业的发展。各高校系统的大中专学生在文化下乡中发挥了重大作用。

当前，中国大中专学生志愿者们逐渐成为"三下乡"活动的主力军。1997年以来，中国共青团中央会同中央宣传部、教育部、全国学联共同组织开展大中专学生志愿者暑期"三下乡"社会实践活动。在这项活动中，每年暑期数以百万计的青年学生以志愿者的身份组成实践服务团队，深入农村特别是贫困落后和欠发达地区，开展文化、科技、卫生服务。为了突出发挥高学历青年学生的知识技能优势，从2000年开始，在这项活动中增加了一个深化性的子项目：百支博士团"三下乡"志愿服务行动。大中专学生志愿者"三下乡"社会实践活动，把青年学生成才报国的理想同国家经济社会发展的实际需要结合起来，促进了产、学、研结合，在全社会弘扬了志愿服务精神。

随着时代的发展，"三下乡"活动的形式更加灵活，内容更加丰富。在2014年的全国大中专学生志愿者暑期文化科技卫生"三下乡"活动中，通过实施重点团队和专项计划相结合的方式，组建了全国、省级、校级、院系级重点团队，深入基层开展社会实践活动，学生总参与量达500万人次。全国层面共确定900支重点团队，涉及八个方面，既有传统的文化科技卫生团队，如文化艺术服务团、科技支农帮扶团和爱心医疗服务团，又结合时代特点，创新性地发展了新的实践内容，如教育关爱服务团、美丽中国实践团、中职学生"彩虹人生"实践服务团、深化改革观察团、理论政策宣讲团。除全国重点团队外，还联合社会有关方面开展部分大学生暑期社会实践专项计划，主要包括四项："天翼"智慧城镇调研计划、"圆梦中国"公益行动、大学生社会实践"知行计划"、"井冈情·中国梦"全国大学生暑期实践季专项行动。

"三下乡"活动是服务基层、服务"三农"的重要惠民活动，在促进农村经济社会发展等方面发挥了积极作用。文化、科技、卫生，是农村之所缺、农民之所盼。"三下乡"活动的针对性和实效性，正是其生命力所在。农村，尤其是"老少边穷"地区，缺医少药、信息闭塞，"三下乡"活动如雪中送炭，使广大农村群众获得了致富的信息和技术，获得了健康知识和医疗服务，获得了精神文化的享受。通过"三下乡"活动，中国把发展经济、建设小康和扶贫攻坚结合起来，为农村中心工作服务，有利于引导和扶持农村文化、科技、卫生事业的繁荣发展。

3.广播电视村村通工程

广播电视村村通工程是为了解决广播电视信号覆盖"盲区"的农民群众收听广播、收看电视问题，由党中央、国务院决定启动并组织实施的一项民心工程，是中华人民共和国成立以来，全国广电系统实施的投入最多、时间最长、覆盖面最广、受益人数最多的一项系统工程。

该工程从1998年开始实施，经历了三个阶段。第一阶段从1998年到2003年，完成了11.7万个已通电行政村"村村通"工程建设。第二阶段从2004年开始，完成了10万个50户以上已通电自然村"村村通"工程建设。第三阶段是"十一五"期间（2006—2010年），全面实现20户以上已通电自然村"村村通"广播电视，全面加强农村广播电视无线覆盖。

2006年9月20日，国务院办公厅印发了《国务院办公厅关于进一步做好新时期广播电视村村通工作的通知》（以下简称《通知》）。《通知》明确了"十一五"期间"村村通"工作的目标任务和政策措施。在新时期"村村通"工作中，国家广播电影电视总局和地方各级广电部门认真贯彻落实《通知》精神，扎实推进农村广播电视节目无线覆盖工程建设，逐步提高农村地区广播电视无线覆盖水平，不断改善和提高广大农村群众收听收看中央广播电视节目的水平和质量。按照"巩固成果、扩大范围、提高质量、改善服务"的要求，构建农村广播电视公共服务体系。

中国已经明确将加强农村地区广播电视无线覆盖作为各级政府的公共服务职责，省、市、县政府分别负责解决转播本级广播电视节目的无线发射台（站）设备的更新改造资金和运行维护经费；中央政府对全国县及县级以上转播中央第一套广播节目、中央第一套和第七套电视节目的大中功率无线发射设备的更新改造和运行维护经费给予一定补助。同时，国家对覆盖农村地区的广播电视无线发射台站用电给予电价优惠政策，对建设经营农村有线电视网给予一定期限免征营业税和所得税的优惠政策。

截至2012年，广播电视村村通工程已覆盖全部行政村和20户以上通电自然村，全面完成中央无线广播电视覆盖工程。全国2亿有线电视用户已有1.1亿户实现数字化，通过采用直播卫星正努力从"村村通"向"户户通"推进。

实现广播电视村村通，是重点解决广大人民群众特别是山区、贫困地区听不到广播、看不到电视的一件大事、好事和实事，是贯彻落实"三个代表"重要思想的具体行动，是德政工程、民心工程、富民工程、乐民工程。

随着"广播电视村村通工程"的顺利开展和完成，新时期又提出了新的任务。"十二五"期间（2011—2015年），中国将以直播卫星应用为主，实施20户以下已通电自然村广播电视村村通工程，全面实现20户以下已通电自然村"村村通"广播电视，力争基本实现"户户通"。《中国广播电影电视发展报告（2013）》显示，截至2013年5月23日，全国直播卫星户户通用户突破900万户，宁夏、甘肃、青海等省区基本实现户户通全覆盖。

"村村通"解决了农村群众文化需求上的"温饱"问题，为了从"吃饱"变为"吃好"，中国进一步推出"户户通"工程，到 2015 年中国将基本实现广播电视"户户通"全覆盖。

4.公共文化体育设施条例

《公共文化体育设施条例》（以下简称《条例》）由国务院于 2003 年 6 月 26 日正式公布，自 2003 年 8 月 1 日起开始施行，这是新时期加强和规范公共文化体育设施建设和管理行为的一部十分重要的行政法规。

《条例》全文共 6 章 34 条，分别是总则、规划和建设、使用和服务、管理和保护、法律责任、附则。《条例》首先对于中国公共文化体育设施的定义和类型，以及公共文化体育设施管理单位的工作权限、管理责任、服务宗旨等进行了明确界定。其次在各章中对公共文化体育设施的规划和建设、使用和服务、管理和保护以及有关部门的法律责任等具体方面进行了详细说明。

公共文化体育设施，是指由各级人民政府举办或者社会力量举办的，向公众开放用于开展文化体育活动的建筑物、场地和设备。具体包括公共文化设施和公共体育设施。公共文化设施，指的是方便人民群众进行文化活动的场所和设备，包括图书馆、文化馆、文物管理所、乡镇综合文化站、乡镇文化活动中心、村（居）文化活动室、农家书屋、生态庭院文化户等。公共体育设施，指的是适合人民群众进行体育健身活动的场所和设备，包括体育俱乐部、健身会所、全民健身路径、体育场（馆）、社区体育活动室和健身器材等。

2003 年 8 月《条例》正式实施以来，中国各大中小城市，以社区活动中心为依托，大力进行全民公共文化体育设施建设。截至 2014 年，在中国城市社区基本实现了公共文化体育设施的全覆盖。在中国广大农村地区，将文化体育设施建设与乡镇综合文化站、农家书屋等文化建设活动相结合，逐步加大对农村地区文化体育设施的建设。截至 2014 年，在中国东部地区的乡镇、农村，已经基本实现了文化体育设施的全覆盖，中国中西部偏远地区、少数民族地区的乡镇、农村的文化体育设施覆盖范围正逐步扩大。

公共文化体育设施管理单位，是指负责公共文化体育设施的维护，为公众开展文化体育活动提供服务的社会公共文化体育机构，包括进行公共文化体育设施建设、管理的中国各级人民政府，积极举办公共文化体育设施的企业、事业单位、社会团体和个人等社会力量，自愿将内部文化体育设施向公众开放的国家机关、学校等单位。

《条例》要求管理单位不仅是公共文化体育设施的建设者和管理者，更是服务者和保护者，各级管理单位对于公共文化体育设施的建设、使用、管理、维护等必须承担法律规定的责任。管理单位始终要坚持为人民服务、为社会主义服务的方向，充分利用公共文化体育设施，传播有益于提高中华民族素质、有益于经济发展和社会进步的科学技术和文化知识，开展文明、健康的文化体育活动。

《条例》的顺利出台和有效实施，有利于促进中国公共文化体育设施的建设，加强对公共文化体育设施的管理和保护，充分发挥公共文化体育设施的功能；有利于繁荣中国文化体育事业，满足人民群众开展文化体育活动的基本需求。

5.关于高度重视农民工文化生活，切实保障农民工文化权益的通知

农民工是随着中国城市化进程发展而出现的社会群体，是新时期城市和农村联系的桥梁和纽带，也是协调城乡可持续发展的重要途径，他们为中国创造了巨大的社会财富，成为推动中国经济发展的生力军。但是，农民工是目前在中国社会处于政治、经济、文化下游的弱势群体，面临着各方面的权益保障问题，如工资拖欠、子女教育、文化权益等问题。伴随着农民工工资拖欠问题和子女教育问题得到逐步改善，农民工的文化生活逐步引起中国政府和社会各界的关注，保障农民工的文化权益被提上了议事日程。

2004年12月24日，文化部下发了《关于高度重视农民工文化生活，切实保障农民工文化权益的通知》（以下简称《通知》），并于同日起正式实施。《通知》简明扼要地提出了新时期中国各级文化行政部门做好农民工文化工作，丰富农民工文化生活，保障农民工文化权益的六点要求。具体包括：一、高度重视农民工文化生活，切实保障农民工文化权益；二、深入研究农民工文化生活特点，探索和推广适合农民工的文化消费方式；三、充分发挥公益性文化设施作用，努力提高农民工文化素质；四、调动文化经营单位和文艺工作者积极性，丰富活跃农民工文化生活；五、严厉打击违法违规文化经营活动，净化农民工文化生活环境；六、积极会同有关部门，推动农民工用工单位自身文化建设。

《通知》强调，在具体落实的过程中，要切实尊重和有效保障农民工文化权益，把活跃和繁荣农民工的文化生活纳入小康文化建设的总体目标，纳入政府文化部门服务和管理的基本范畴，纳入文化工作者责任和义务的基本范畴，强调要最大限度地利用公益文化设施，在服务内容、方式手段上努力贴近农民工，改变目前农民工文化生活失调的状况。

丰富农民工文化生活，保障农民工文化权益作为共建和谐社会、维护社会稳定与繁荣的重要内容，在实践中产生了多样化的方式。一是充分利用广播、电视、报刊、网络等大众媒体，营造了农民工参与文化休闲生活的良好社会舆论条件，给予了农民工参与文化休闲活动的宽松社会环境；二是针对农民工开展多形式、多渠道的文化休闲活动。在博物馆、图书馆、文化广场、健身广场等基本的文化基础设施中，专门开辟适合农民工参观、阅览、参与的新领地，如开设"农民工阅览室"、"农民工健身广场"、"农民工广场卡拉

OK 大家唱"等，为农民工参加适合自身特点的文化活动提供方便；三是加强社区对农民工的承载功能，为农民工提供阅读图书、报刊的场所，吸收农民工成为社区一员，参加社区举办的各种文化活动，同时开展全方位的信息咨询服务，协助农民工适应城市新环境；四是通过职业培训和思想道德教育，提高农民工的文化素养和人文品位，帮助农民工科学、合理利用业余时间，丰富农民工文化休闲生活内容。同时，针对农民工不同性别、不同年龄、不同职业特点，根据实际情况的需要，因地制宜，分类指导。特别是重视新生代农民工的精神文化需求，重视女性农民工精神文化需求，使农民工及其子女充分接受城市文明的熏陶，融入城市的文化生活当中。

《通知》实施以来，中国各级政府和社会高度重视农民工的文化工作，采取多种措施丰富农民工文化生活，保障农民工文化权益。活跃和繁荣农民工文化生活是一项关系到中国长远发展的战略举措，对提高中国国民素质、推动现代化城乡发展和全面建设小康社会、构建和谐社会都具有重要意义。

6.关于进一步加强农村文化建设的意见

农村目前是中国社会人口聚居的主体，中国共产党和中国政府历来高度重视农村文化建设，采取了一系列政策措施，着力推进重点文化工程建设，组织开展形式多样的农村文化活动，使中国广大农民群众的精神文化生活得到了根本改善。但是，中国农村文化建设与全面建设小康社会的目标要求还不相适应，与经济社会的协调发展还不相适应，与农民群众的精神文化需求还不相适应。农村文化建设依旧存在很多问题，主要表现为：文化基础设施落后，现有资源尚未得到有效利用，文化体制不顺、机制不活，文化产品、文化服务供给不足，文化活动相对贫乏，城乡文化发展水平差距较大等。

为贯彻落实党的十六大和十六届三中、四中、五中全会精神，促进农村文化和经济、政治、社会协调发展，2005年11月7日，中共中央办公厅、国务院办公厅联合发布了《关于进一步加强农村文化建设的意见》（以下简称《意见》）。《意见》明确指出农村文化建设的目标任务，是按照建设社会主义新农村的要求，经过5年的努力，到2010年基本形成适应社会主义市场经济体制、符合社会主义精神文明建设规律的农村文化建设新格局。

《意见》全文共七项26条，从不同层面就进一步加强农村文化建设提出了重要指导。具体内容包括：1.充分认识加强农村文化建设的重要性和紧迫性；2.农村文化建设的指导思想和目标任务；3.加强农村公共文化建设；4.丰富农民群众精神文化生活；5.创新农村文化建设的体制和机制；6.动员社会力量支持农村文化建设；7.加强对农村文化建设的组织领导。在对具体内容进行介绍的基础上，为了确保有效落实，《意见》要求各省（自治区、直辖市）、中央和国家机关有关部门要按照《意见》的精神，结合实际，制定贯彻落实的具体措施，同时要求有关部门加强对《意见》贯彻执行情况的督促检查。

自2005年《意见》正式发布以来，中国共产党各级党委和政府部门切实按照《意见》要求，进一步加强中国农村文化建设，已经取得了显著成果。一是大力推进农村公共文化建设，具体措施有：大力推进广播电视进村入户，积极发展农村电影放映，开展农村数字化文化信息服务，推动服务"三农"的出版物出版发行，加强乡村文化设施建设，加大文化资源向农村的倾斜等。二是积极丰富农民群众精神文化生活，具体措施有：开展多种形式的群众文化活动，着力发展农村特色文化，提供更多更好的农村题材文化产品等。

加强中国农村文化建设，是全面建设小康社会的内在要求，是树立和落实科学发展观、构建社会主义和谐社会的重要内容，是建设社会主义新农村、满足广大农民群众多层次多方面精神文化需求的有效途径，对于提高中国共产党的执政能力和巩固其执政基础，促进农村经济发展和社会进步，实现农村物质文明、政治文明和精神文明协调发展，具有重大意义。

7.中国校园健康行动

学生是国家的未来，是民族的希望。学生能否具有良好的思想品德素质、科学文化素质和健康素质，直接关系到国家的兴旺发达和兴衰成败。当前，由于社会发展、环境改变等诸多因素影响，中国学生的综合素质现状不容乐观，一些隐藏在学生日常生活中的人生观、价值观扭曲，心理健康问题和各种安全隐患问题日益凸显。因此，提升校园工作人员的防灾减灾能力，加强青少年的安全培训和感恩励志教育显得尤其重要。

"中国校园健康行动"是由中国关心下一代工作委员会、教育部、司法部、文化部、卫生部、农业部、国家质量监督检验检疫总局、国家广播电影电视总局、国家体育总局、国家安全生产监督管理总局、国家食品药品监督管理局、国务院法制办公室等十二部委联合发起，由中国关心下一代健康体育基金会、中国关心下一代健康体育发展中心共同承办的一项关爱青少年健康成长的大型公益活动。

2005年10月16日，为进一步贯彻落实中共中央、国务院《关于进一步加强和改进未成年人思想道德建设的若干意见》，中共中央、国务院《关于深化教育改革全面推进素质教育的决定》和《中共中央关于深入开展安全文明校园创建活动的意见》，国务院十二部委发布《关于开展"中国校园健康行动"的通知》，标志着"中国校园健康行动"的正式启动。

"中国校园健康行动"将利用十年左右的时间，在全国大、中、小学校及幼儿园广泛宣传健康人生理念，普及健康知识，倡导科学、文明、健康的生活方式和生活态度。通过组织青少年参与调查、参观、讲座、竞赛、研讨、培训、交流、展览展示及文艺演出等多种形式的活动，树立"健康第一"的理念，确立"健康校园"的标准，增强青少年的健康意识和自我保护意识。

活动内容丰富，形式多样，包括爱国主义教育计划、党建知识进校园计划、法律知识宣传计划、健康指导计划、安全教育计划、食品药品安全指导计划、禁毒教育计划、勤工助学计划、关爱乡村教师计划等方面内容。该行动共有十大主题活动：在全国万所学校开展"红旗飞扬"党建知识讲座、党建书架进校园等系列活动；开展法律知识讲座、发放普法宣传手册，建立普法宣传阵地，增强青少年法律意识；开展健康知识讲座，赠送健康书架及健康教育指导手册，积极倡导"健康快乐每一天"；建立中国校园健康网，设立心理健康指导站，提供心理健康咨询与服务；建立"健康快乐园地"，赠送"学生体质健康标准智能服务系统"相关软件及文化、体育器材；宣传普及卫生急救知识，发放急救手册及用品，在医院建立青少年健康宣传阵地；开展意外伤害安全知识讲座，宣传普及特种设备安全防范知识，在公众场所安装安全警示系统，增强自我保护意识；开展食品药品安全知识讲座，开展研讨、培训、交流及展览展示等系列活动；为万名学生提供职业教育和专业培训，提高综合素质和实践技能；为万名乡村教师提供教学及健康指导与服务，搭建企业爱心平台。

"中国校园健康行动"是"十年树木，百年树人"的事业，打牢民族复兴基础、实现"中国梦"的功德事业。该公益活动的顺利开展有利于引导和帮助青少年加强道德修养、提高综合素质，培养德智体美等全面发展的一代新人，以实现人的健康发展为目标，以开展丰富多彩的宣传实践活动为载体，通过整合社会资源，搭建关爱平台，促进学校教育、家庭教育和社会教育的有机结合，进一步营造全社会关心爱护青少年健康成长的良好氛围。

8.流动舞台车工程

民间戏曲和剧目是中国劳动人民智慧的结晶，也是人民群众喜闻乐见的文化娱乐形式。然而，长期以来中国农村看戏面临诸多问题，表现为"三难"：一是剧团下乡难，主要是演出器材运输困难，演员下乡困难，费用负担重，下乡演出成了剧团的难事；二是临时搭台难，难以寻找到合适的搭台材料，不仅耗材耗力，而且搭出的舞台不稳固、不规范，影响演出质量，安全也没有保障；三是转点难，很多农村位置偏僻，交通不便，营运客车不能到村，剧团要进村困难重重。由于上述困难难以解决，中国农村群众看戏等文化需求不能很好地得到满足,农民群众的基本文化权益难以实现。

流动舞台车工程是文化部、财政部为贯彻落实党的十六届六中全会会议精神和《国家"十一五"时期文化发展规划纲要》提出的完善公共文化服务体系及基层文化建设目标,推动艺术院团面向基层、面向群众提供良好的公共文化服务,于2006年开始实施的一项造福于民的重大文化建设工程。

从20世纪80年代以来,中国宁夏、湖南、浙江、湖北、北京、江西等省区市分别在流动舞台车的使用和农村公共文化服务体系建设方面进行了积极有益的探索,实行"政府买单,群众看戏"的文化惠民政策。这些地区的探索为全国范围的流动舞台车工程的启动打下了坚实基础,提供了良好的经验和方法。文化部在专题调研的基础上,提出实施流动舞台车工程,得到财政部的大力支持,确定了"统一管理、统一采购、统筹配置"的流动舞台车配送原则。整个"十一五"期间,文化部与财政部共同启动了总预算金额为3亿元的"流动舞台车工程",累计配送流动舞台车近千辆,满足了中国近半数的现有国有院团的需要。在车辆配置的区域分布上,流动舞台车配送的重点向中西部、少数民族地区和经济欠发达地区剧团倾斜,对东部地区则主要以对"三下乡"工作成绩突出的院团进行奖励补贴的方式为主。

该工程的一个工作重点是流动舞台车的采购。文化部对流动舞台车采购提出了严格而详细的专业要求和技术规范。流动舞台车必须符合三大标准:安全、便捷和高性价比。首先是安全,由于流动舞台车主要是配送到中西部地区,有的地区路况环境比较复杂,无论是车辆的底盘部分还是上装部分,都应该有较高的安全质量保证;其次是便捷,要求搭台所用时间少,转点速度快,从而保障送戏下乡的场次;最后是高性价比,一辆流动舞台车的招标价格一般控制在30万到32万元,在这相对固定的价格区间内,对舞台车性能进行评判考量,从而招出性价比高的中标厂商。符合严格采购标准的流动舞台车,操作简单便捷,工作人员只要轻轻按动操作电动按钮,车体两侧便展开上升成为舞台的顶棚,车厢中的舞台向两侧滑出平铺,不到十分钟舞台便可搭设完成。另外,车上还可搭载电影设备以及大量图书,同时解决了农村看戏难、看电影难、看书难的问题。

由政府配送流动舞台车送剧团下乡演出这种新型的流动文化服务形式,成为提供农村文化服务的有效载体之一。流动舞台车工程开展以来,取得了良好的效果。流动舞台车作为公共文化服务体系中的新生事物、新的服务方式,解决了文艺表演团体在农村演出难、转点难、搭台难的问题,使专业艺术团体能够及时把优秀的舞台艺术送到基层,有效缓解了边远、贫困农村群众看戏难的问题,丰富了中国农村群众的精神文化生活。

9.国务院印发《全民科学素质行动计划纲要》

科学素质是公民素质的重要组成部分。公民具备基本科学素质一般指了解必要的科学技术知识,掌握基本的科学方法,树立科学思想,崇尚科学精神,并具有一定的应用它们处理实际问题、参与公共事务的能力。

根据有关调查,中国的公民科学素质水平与发达国家相比差距甚大。具体表现为:公民科学素质的城乡差距十分明显,劳动适龄人口科学素质不高;大多数公民对于基本科学知识了解程度较低,在科学精神、科学思想和科学方法等方面更为欠缺,一些不科学的观念和行为普遍存在,愚昧迷信在某些地区较为盛行。公民科学素质水平低下,已成为制约中国经济发展和社会进步的瓶颈之一。

2006年3月20日,国务院印发了《全民科学素质行动计划纲要(2006-2010-2020年)》(以下简称《纲要》)。《纲要》的公布,标志着中国全民科学素质行动计划的正式开启。《纲要》由六个部分组成,分为前言、方针和目标、主要行动、基础工程、保障条件和组织实施。

关于全民科学素质行动计划的宗旨,《纲要》进行了明确说明。该计划旨在全面推动中国公民科学素质建设,通过科学技术教育、传播与普及,尽快使全民科学素质在整体上有大幅度的提高,实现到21世纪中叶中国成年公民具备基本科学素质的长远目标。实施全民科学素质行动计划的方针是"政府推动,全民参与,提升素质,促进和谐"。

《纲要》对于全民科学素质行动计划的目标进行了系统阐述,将计划的实现分为两个阶段。第一阶段是:到2010年,中国的科学技术教育、传播与普及有较大发展,公民科学素质明显提高,达到世界主要发达国家20世纪80年代末的水平。第二阶段是:到2020年,中国的科学技术教育、传播与普及有长足发展,形成比较完善的公民科学素质建设的组织实施、基础设施、条件保障、监测评估等体系,公民科学素质在整体上有大幅度的提高,达到世界主要发达国家21世纪初的水平。

全民科学素质行动计划的主要行动和基础工程是该计划的重点内容,也是开展全民科学素质行动的重要指导。《纲要》提出在"十一五"期间,将实施未成年人科学素质行动、农民科学素质行动、城镇劳动人口科学素质行动、领导干部和公务员科学素质行动。为了配合上述行动计划,《纲要》提出了一系列基础建设工程,包括重点实施科学教育与培训基础工程、科普资源开发与共享工程、大众传媒科技传播能力建设工程和科普基础设施工程。

全民科学素质行动计划的顺利实施离不开一些重要的保障条件,《纲要》对此也进行了明确规定。首先,在政策法规方面,要求完善有关公民科学素质建设的政策法规,明确政府、社会组织、企业及公民个人在公民科学素质建设中的责任、权利和义务。根据形势发展需要，对现有政策法规进行修订、补充和调整，其中一项重要工作就是制定《中华人民共和国科学技术普及法》实施细则。其次，在经费投入方面，要求采取多种措施，加大政府和社会投入，形成多渠道投入机制，为《纲要》的实施提供资金保障。具体包括：加大财政保障力度、落实各相关部门实施经费、鼓励捐赠、广辟社会资金投入渠道等。最后，在队伍建设方面，要求培养专业化人才，发掘兼职人才，建立志愿者队伍，加强理论研究，为公民科学素质建设提供人才保障和智力支撑。

《纲要》的公布和实施，对提高中国公民科学素质，增强公民获取和运用科技知识的能力、改善生活质量、实现全面发展具有积极促进作用。同时，对于提高国家自主创新能力，建设创新型国家，实现经济社会全面协调可持续发展，构建社会主义和谐社会，也具有十分重要的意义。

10. "农家书屋"工程

"农家书屋"工程是社会主义新农村文化建设的基础工程、民心工程之一。为深入贯彻落实中共中央、国务院《关于推进社会主义新农村建设的若干意见》和《关于进一步加强农村文化建设的意见》，充分发挥新闻出版在社会主义新农村建设中的重要作用，切实解决广大农民群众"买书难、借书难、看书难"的问题，从提高农民文化素质入手，促进新时期农村经济社会协调发展，根据《国家"十一五"时期文化发展规划纲要》的部署，2007年3月，新闻出版总署会同中央精神文明建设指导委员会办公室、国家发展和改革委员会、科技部、民政部、财政部、农业部、国家人口和计划生育委员会联合发布《关于印发〈农家书屋工程实施意见〉的通知》，标志着"农家书屋"工程开始在全国范围内实施。

农家书屋是为满足农民文化需要，解决农民买书难、借书难、看书难，在中国各个行政村建立的、农民自己管理的、能提供农民实用的书、报刊和音像电子产品阅读视听条件的公益性文化服务设施。每一个农家书屋原则上可供借阅的实用图书不少于1000册，报刊不少于30种，电子音像制品不少于100种（张），具备条件的地区，可增加一定比例的网络图书、网络报纸、网络期刊等出版物。具备条件的书屋，政府还鼓励支持其开展出版物经营活动，通过经营收入进一步支持农家书屋的良性发展。

"农家书屋"工程按照"政府组织建设，鼓励社会捐助，农民自主管理，创新机制发展"的思路组织实施，把各部门、各地区在农村文化建设中的类似项目结合起来，相互补充，同步推进，实现资源整合。同时，广泛动员社会力量参与，鼓励国内外各界采用多种形式、多种渠道进行捐助，整合各种资源。工程计划"十一五"期间在全国建立20万家农家书屋，到 2015 年基本覆盖全国的行政村。

"农家书屋"工程分两个阶段进行。第一阶段是着力解决农民群众"买书难、借书难、看书难"的问题。通过在农村建立自管自用的书屋和农民自助读书组织，让农民在家门口就能学习知识、获取信息，促进农民读书用书，开启智慧，活跃和丰富文化生活，净化农村出版物市场，改善农村文化环境，提高农民整体素质、文化生活质量和农村文明程度，在建设经济发展、生活宽裕、乡风文明、管理民主的新农村方面发挥积极作用。第二阶段是通过 5—10 年的建设，在全国农村逐步建立起"供书、读书、管书、用书"的长效机制，基本形成适应社会主义市场经济要求、符合社会主义精神文明建设规律的农村出版物发行服务新格局，达到书屋阅读条件完备、体制机制相对完善、服务功能不断加强、出版物发行网络延伸进村、农村出版物市场初步形成的基本目标，有效解决农村出版产品和服务供给不足的问题，用健康有益的出版物占领农村出版物市场，用社会主义先进文化占领农村思想文化阵地。

在中央财政和各级政府的大力支持下，"农家书屋"工程比原计划提前三年完成，标志着覆盖全国农村的新闻出版公共服务体系基本建成，开创了农村文化建设的新局面。截至 2012 年 8 月底，农家书屋已覆盖全国具备条件的行政村，提前三年完成了"农家书屋村村有"的任务。全国共建成达到统一规定标准的农家书屋 600449 家，投入资金 180 多亿元，共计配送图书 9.4 亿册、报刊 5.4 亿份、音像制品 1.2 亿张、影视放映设备和阅读设施 60 多万套，丰富了农村的文化生活。农家书屋工程建设还带动了社区书屋、职工书屋、农民工书屋、连队书屋的建设。到目前为止，基层书屋也达到 9 万多家，缓解了基层群众读书难、看报难的矛盾。

农家书屋工程的顺利开展和提前完成，为广大中国农民普及了科技知识，传播了先进文化，提供了精神食粮，体现了人文关怀，满足了广大农村群众最基本的精神文化需求和日益增长的多层次、多方面文化消费需要，为社会主义新农村建设提供了精神动力和智力支持。

11.关于加强公共文化服务体系建设的若干意见

改革开放以来，随着中国经济社会的快速发展，中国共产党和政府高度重视文化建设，采取了一系列政策措施，加强公共文化基础设施和服务网络建设，促使公共文化服务能力和水平不断提高。在新的时期，中国公共文化建设和服务面临着新的问题和挑战：一方面中国人民群众的文化需求日益增长，文化消费方式发生了深刻变化；另一方面中国广大农村和西部地区，文化设施还比较落后，公共文化产品供给严重不足，实现和保障人民群众基本文化权益的任务依旧十分艰巨。这些问题和挑战对中国公共文化服务、文化产品、基础设施、服务网络、资源配置等提出了新的要求。加强公共文化服务体系建设，完善基本公共文化服务供给，是中国社会主义和谐文化建设的重要任务，也是现代国家政府文化服务的责任担当。

2007年8月21日，为加快建立覆盖全社会的公共文化服务体系，中共中央办公厅、国务院办公厅发布《关于加强公共文化服务体系建设的若干意见》（以下简称《意见》），并于同日起施行。《意见》首先强调了提高对公共文化服务体系建设重要性的认识，然后在明确公共文化服务体系建设的指导思想和目标任务的基础上，对新时期加强公共文化服务体系建设的具体任务进行了详细介绍和部署：一是实施重大公共文化服务工程，二是增强公共文化产品的生产供给能力，三是创新公共文化服务运行机制，四是加强对公共文化服务体系建设的领导。

《意见》明确提出为了进一步加强公共文化服务体系建设，必须积极开展和完成一系列重大公共文化服务工程，具体包括：一、广播电视村村通工程。建立以县为中心、乡镇为依托，服务农户的农村广播电视公共服务覆盖网络。计划到2010年底全面实现20户以上已通电自然村广播电视村村通，到2020年基本实现农村广播电视户户通。二、全国文化信息资源共享工程。通过发展电子信息技术，不断提高信息化、网络化水平，做到资源互联互通。计划到2010年基本建成覆盖城乡的文化信息资源共享工程服务网络。三、乡镇综合文化站和基层文化阵地建设工程。坚持公益性事业单位的性质，认真履行社会服务、指导基层、协助管理农村文化市场的职能，其业务由县（市）、区文化部门指导，日常工作由乡镇管理。计划到2010年基本实现乡镇有综合文化站、村有文化活动室、社区有文化中心。四、农村电影放映工程。按照企业经营、市场运作、政府购买、农民受惠的原则，推进农村公益性电影放映服务体制的改革。计划到2010年，基本实现每个行政村每月放映1场电影。五、农家书屋建设工程。每个书屋要拥有一定数量的党报党刊和适合农民阅读的经济、科技、法律、卫生、文化类图书、期刊和音像制品，做到内容丰富、服务规范、农民满意。计划到2010年建成农家书屋20万个，2015年基本覆盖每个行政村。

《意见》还提出要通过建立健全公共文化设施网络、充分发挥现有文化设施的作用、加强公共文化产品生产、积极开展公益性文化活动、提高产业支撑和市场供给能力等措施来实现增强公共文化产品的生产供给能力的目标。为了创新公共文化服务运行机制，需要推进公益性文化事业单位改革、创新公共文化服务方式、提高公共文化服务技术水平。最后，加强对公共文化服务体系建设的领导，需要从如下四个方面入手：健全领导和工作机制、切实转变政府职能、完善公共文化服务投入机制、加强公共文化服务队伍建设。

《意见》作为新时期中国公共文化服务体系建设的指导性文件，从正式实施以来，对中国公共文化服务体系建设提供了发展方向和建设指导，产生了重要的积极影响。近几年，中国公共文化服务体系建设取得了显著成效，公共文化服务网络得到了较大改善，公共文化产品供给能力大幅度提高，公共文化服务体系初步建立。国家对文化事业投入逐渐加大，公共文化服务体系建设的基础不断巩固。"十一五"期间，全国财政用于文化事业支出累计3002亿元，同比增加1369亿元，增长82.8%。文化建设的财政投入逐渐向农村和西部倾斜，5年来累计对农村投入159.44亿元，并以年均增长16.5%的速度增加；累计对西部地区的文化投入126.09亿元，年均增长15.4%。公益性文化事业单位服务能力和水平不断提高。按照"增加投入、转换机制、增强活力、改善服务"的总体要求，文化馆、图书馆、博物馆、美术馆等公益性文化单位积极深化内部人事和收入分配制度改革，增强自身活力，创新服务方式，服务水平大大提升。各项公共文化服务重点工程稳步推进，取得明显成效。全国文化信息资源共享工程已初步形成省有中心、地县有分中心、乡镇和街道有基层中心、村和社区有服务点的格局，目前已建数字资源13.6TB（1TB数据量相当于25万册电子图书或926小时视频节目）。广播电视"村村通"工程基本实现已通电行政村和20户以上自然村近亿农民收听收看广播电视的目标，正向着"户户通"迈进。农村电影放映工程在22个省区顺利实施，已资助22个省区1.15亿元，组建农村电影放映队7000个。农家书屋工程启动以来已建成超20万个农家书屋，并于2012年提前完成预定计划，基本覆盖了中国每个行政村。

加强公共文化服务体系建设，是深入贯彻落实科学发展观、从中国特色社会主义事业总体布局和全面建设小康社会全局出发提出的一项重要任务，是繁荣发展社会主义先进文化、建设和谐文化、构建社会主义和谐社会的必然要求，该计划的提出和顺利实施，有利于满足人民群众日益增长的精神文化需求，维护好、实现好、发展好人民群众基本文化权益。对于促进人的全面发展、提高全民族的思想道德和科学文化素质、建设富强民主文明和谐的社会主义现代化国家具有重要意义。

12.关于加强地方县级和城乡基层宣传文化队伍建设的若干意见

地方县级和城乡基层宣传文化队伍是中国共产党的宣传文化队伍中一支十分重要的力量，主要包括县（市、区、旗）、乡镇、村和街道、社区从事宣传思想文化工作的干部和文化工作者。长期以来，中国县级和城乡基层宣传文化队伍建设存在一些不适应的地方和薄弱环节，主要是队伍总量不足、结构不够合理、素质能力还不够高，有的干部思想观念滞后、创新意识不够强，队伍建设保障力度不够、体制机制还不健全等。在新时期大力进行公共文化服务体系建设的背景下,加强地方县级和城乡基层宣传文化队伍建设显得尤其重要。

2010年7月,为深入贯彻落实党的十七大和十七届三中、四中全会精神,适应加强新形势下基层宣传思想文化工作需要,进一步增强地方县级和城乡基层宣传文化队伍的创造力、凝聚力、战斗力,中央宣传部联合其他部门发布了《关于加强地方县级和城乡基层宣传文化队伍建设的若干意见》(以下简称《意见》),并自发布之日起施行。

《意见》全文共17条,对新时期加强地方县级和城乡基层宣传文化队伍建设进行了全面部署。《意见》在强调加强地方县级和城乡基层宣传文化队伍建设是一项重要而紧迫的任务、明确加强地方县级和城乡基层宣传文化队伍建设的总体要求的基础上,提出了12条具体建议措施。一、切实加强地方县级党委宣传部门领导班子建设;二、进一步加强地方县级和城乡基层宣传文化干部管理工作;三、加强干部教育培训工作;四、加大干部交流和实践锻炼力度;五、进一步充实工作力量;六、配齐配好乡镇、村和街道、社区宣传文化工作人员;七、重视专业技术人才队伍的培养;八、积极支持民间文化人才队伍发展;九、完善表彰激励机制;十、加大队伍建设保障力度;十一、加大对西部地区县级和城乡基层宣传文化队伍建设的支持资助;十二、加强队伍建设的组织领导。

《意见》实施以来,中国各级党委和政府部门高度重视地方县级和城乡基层宣传文化队伍建设,采取一系列措施切实加强县级和城乡基层宣传文化干部素质能力建设:一、通过进一步推进县级和城乡基层宣传文化干部的交流任职,有计划地选派县级宣传文化部门干部和工作骨干到乡镇、街道和上级机关、企事业单位进行多岗位实践锻炼,建立了庞大的地方县级和城乡基层宣传文化网络;二、通过完善专业技术人才评价机制,研究建立体现基层工作特点的宣传文化人才评价标准,逐步实行了相关专业技术人员职业资格制度;三、通过重视民间文化人才和非公有制经济组织及新社会组织中的文化人才,把这方面人才开发纳入人才发展规划,在人才政策和人才服务方面一视同仁、平等对待,为县级和城乡基层宣传文化队伍输入了新鲜血液;四、通过进一步健全完善激励表彰制度,对作出突出贡献的基层宣传文化工作者给予表彰奖励,在宣传文化系统全国性表彰先进活动中更多地向基层倾斜,培养了一大批优秀的地方县级党委宣传部门领导班子、基层宣传文化干部,以及乡镇、村和街道、社区宣传文化工作人员。

地方县级和城乡基层宣传文化队伍担负着用中国共产党的理论、路线、方针政策教育群众、服务群众的重要职责,在推动科学发展、促进社会和谐、繁荣文化事业中发挥着重要作用。加强地方县级和城乡基层宣传文化队伍建设有利于统一思想、凝聚力量、建设先进文化、培育文明风尚,有利于促进中国城乡经济社会发展、推动社会主义新农村建设、满足人民群众日益增长的精神文化需求。

13. 全国美术馆发展扶持计划

美术馆是中国公共文化服务体系的重要组成部分，在推动和促进中国美术事业发展、普及和提高人民群众审美素养、满足人民群众日益增长的精神文化需求方面发挥着不可替代的重要作用。在建设中国特色社会主义和谐社会，促进精神文明建设的新时期，推动美术馆的专业化、规范化建设，全面提高美术馆的建设管理水平和公共文化服务质量显得尤为重要。

"全国美术馆发展扶持计划"是文化部于2010年开始启动，用以引导和扶持全国美术馆事业发展的政策措施。作为"国家美术发展工程"的重要组成部分，该计划将对"学术性强，社会影响广泛"的入选美术项目给予奖励性扶持，以促进优秀美术作品收藏研究和地域文化研究传承，充分发挥国家重点美术馆的行业示范作用和美术馆的公共文化服务作用，提升美术馆的文化影响和社会贡献率，繁荣文化艺术事业，进一步满足人民群众的精神文化生活需求。计划的具体实施内容涵盖了美术馆专业人才培训、优秀展览资助、学术研究及公共推广项目扶持、标准化建设研究等方面。

"全国美术馆发展扶持计划"的重要内容是表彰扶持上一年度的全国优秀美术发展项目，共分为国家重点美术馆优秀展览项目、优秀展览项目、优秀公共教育和推广项目三类。2010年首先开展了对全国美术馆优秀学术研究成果和公共推广项目的奖励扶持工作。经过专家组评选，共有20个项目入选2010年全国美术馆发展扶持计划，其中优秀公共推广项目14个，优秀学术研究成果6个。优秀公共推广项目包括组织策划的展览推广、观众拓展、公共教育、社会合作等多种形式的综合性的公共推广活动。入选的学术研究成果紧密围绕美术馆学术研究职能、结合本馆学术定位和学术规划、自主策划学术研究活动，包括举办学术论坛和出版学术文集、重要的学术论文等。2011年全国美术馆发展扶持计划共有48个项目入选，其中国家重点美术馆优秀展览项目8个，优秀展览项目20个，优秀公共教育与推广项目20个。2012年度全国美术馆发展扶持计划共有43个项目入选，其中国家重点美术馆优秀展览项目7个，优秀展览项目21个，优秀公共教育与推广项目15个。入选项目均具有深度和较为广泛的学术影响，体现了美术馆较高的全方位的公共文化服务水平，并取得较为显著的社会影响和成效。

在全国美术馆发展扶持计划的扶持和引导下，全国各大美术馆积极探索、不断创新，涌现了许多高水平的展览。各馆在公共教育和推广方面，不断尝试新做法、探索新模式，有力地推动了美术馆行业的自身建设，也使得美术馆成为文化惠民的一道亮丽的风景线。其中，国家重点馆入选的优秀展览项目体现了中国美术馆事业正经历着从美术展览馆向美术博物馆转型和提升的历程。它们所体现的专业性、学术性和社会影响,对全国美术馆的发展以及当前的美术创作都有着鲜明的导向作用。各地方美术馆则立足于本地实际和自身优势,积极挖掘地方文化资源,整合地域文化力量,举办了不少有着地方特色的展览。另外,民营美术馆显示了蓬勃的发展势头,这不仅体现了政府文化主管部门大力支持民营美术馆发展的成果,也是对其推动美术馆行业发展所起作用的积极肯定。

美术馆对提升大众的审美水平和精神素质,提升民族创新能力,促进美术社会功能的实现具有非常关键的作用。"全国美术馆发展扶持计划"对中国各地的各种类型的优秀美术馆和美术项目进行扶持,充分发挥了美术馆的公共文化服务作用,推动了美术馆标准化、规范化建设,全面提高了美术馆的建设管理水平和服务质量,有利于促进优秀美术作品收藏研究和地域文化传承、提升美术馆的文化影响和社会贡献率,有利于繁荣中国文化艺术事业,进一步满足了人民群众的精神文化生活需求。

14.关于进一步加强少年儿童图书馆建设工作的意见

少年儿童图书馆,是指包括独立设置的少年儿童图书馆和在一些公共图书馆设立的少年儿童分馆或少年儿童阅览室及服务部。世界各国少年儿童图书馆服务的发展模式不同,但宗旨基本上是一致的,即提供图书资料,满足少年儿童学习文化知识和促进智力发育的需求。目前在中国,与发达国家相比,少年儿童图书馆事业还存在着较大的差距,主要表现在投入不足、设施落后、文献资源总量少、品种单调、服务网络不健全等。

2010年12月9日,文化部发布《关于进一步加强少年儿童图书馆建设工作的意见》(以下简称《意见》),要求中国各级文化行政部门要进一步增强责任意识、大局意识,把加强少年儿童图书馆的工作作为当前和今后一个时期文化建设的一项重大任务,在政策、经费投入、人才培养等方面予以重点支持,促进少年儿童图书馆事业的快速发展。

《意见》在强调提高认识、切实加强少年儿童图书馆建设的基础上,为新时期进一步加强少年儿童图书馆建设工作提出了一系列指导意见。具体包括:一、加大投入,积极构建覆盖城乡的少年儿童图书馆服务体系;二、丰富文献信息资源,逐步建立资源共建共享体系;三、发挥教育职能,深入开展阅读指导和服务工作;四、推进公共电子阅览室建设,努力为未成年人提供安全、绿色的公益性上网服务;五、加强人才培养,不断提高队伍的专业化水平;六、扩大宣传,为少年儿童图书馆事业发展营造良好的社会氛围。

在《意见》的指导下,中国各地区积极开展了少年儿童图书馆建设工作,取得了显著的成果。全国各地专门的少年儿童图书馆数量增加迅速,截至2014年,在中国各省、市,特别是东部发达省、市基本都设有了专门的少年儿童图书馆、少年儿童分馆或者少年儿童阅览室，例如北京市有 41 个、上海市有 31 个、广州市有 25 个、厦门市有 26 个、深圳市有 24 个、天津市有 21 个，另外还包括杭州、大连、重庆、温州等城市。这些少年儿童图书馆和阅览室都丰富了少年儿童教育资源和娱乐活动，包括收集和提供适合儿童读者的文献（如儿童读物、声像资料、图片、动画片、幻灯片等）；根据少年儿童的年龄和文化程度及其兴趣爱好和愿望，开展灵活多样的服务，例如故事会、朗诵会、书评会、与作者见面会、图书与艺术品展览、读书读报征文、智力竞赛图书灯谜游戏、文艺集会等多种形式的活动；重视对儿童进行阅读指导，帮助他们掌握利用图书和图书馆获取文化科学知识的能力；养成良好的阅读习惯；独立地使用图书馆。

《意见》要求"国家图书馆应编制《少年儿童图书馆（室）基本藏书目录》（以下简称《目录》），作为各级少年儿童图书馆文献入藏的参考"。根据《意见》要求，国家图书馆联合全国各地图书馆共同启动了少儿书目研制工作。经过出版社函调、学校走访、图书馆调研、书目征集、社会推荐、样书审读、书目遴选、儿童试读和社会公示等工作，最终完成了《目录》的研制。2012 年 9 月 2 日，《目录》正式向社会发布。《目录》收录了新中国出版的少儿读物 4913 种，15105 册/件，包含图书、期刊、报纸、电子出版物、音像制品、网络数据库等六种载体形式，涵盖了蒙、藏、维、哈、朝等十余种少数民族语言，还包含了一定数量的盲文图书和英文图书，具有较强的系统性、全面性和权威性。这是中国公共图书馆首个适用于全国少儿图书馆（室）的基本藏书目录。《目录》作为中国最权威的少儿图书馆藏书指南，为提高中国少年儿童阅读效率、阅读质量，推进全民阅读发挥了重要作用，有利于为优秀的图书找到优秀的读者，为优秀的读者找到优秀的图书。

少年儿童图书馆是中国图书馆事业的重要组成部分，是以广大未成年人为对象的重要的社会教育机构，是未成年人的第二课堂。少年儿童图书馆作为未成年人社会教育的重要基地，是少年儿童课外阅读和自学的主要场所，对学校教育起着补充、延伸、深化的作用。加强少年儿童图书馆建设，是保护广大未成年人的文化权益、建立健全公共文化服务体系的重要举措，有利于满足广大未成年人日益增长的精神文化需求、全面提高未成年人的科学文化素质。

15. 全国美术馆、公共图书馆、文化馆（站）免费开放制度

美术馆、公共图书馆、文化馆（站）是中国政府举办的公益性文化事业单位，是开展公共文化服务的重要场所，是保障人民群众基本文化权益的重要阵地。推动美术馆、公共图书馆、文化馆（站）免费开放是贯彻党的十七大关于社会主义文化大发展大繁荣的具体实践，对于提高广大人民群众思想道德和科学文化素质，保障广大人民群众基本权益，促

进社会和谐稳定具有重要意义。

2011年1月26日，文化部、财政部联合出台了《关于推进全国美术馆公共图书馆文化馆（站）免费开放工作的意见》（以下简称《意见》），明确提出了全国美术馆、公共图书馆、文化馆（站）免费开放制度。这是继2008年博物馆、纪念馆实现全面免费开放后，又一项推进中国公共文化服务体系建设的重要举措。《意见》就全国美术馆、公共图书馆、文化馆（站）免费开放进行了总体部署，明确了全国美术馆、公共图书馆、文化馆（站）免费开放的重要意义、指导思想、工作原则、主要目标、基本内容、实施步骤、具体举措和保障机制。

全国美术馆、公共图书馆、文化馆（站）免费开放工作分两个阶段实施。第一阶段，在2011年底之前，实现国家级、省级美术馆全部向公众免费开放，同时全国所有的公共图书馆、文化馆（站）实现无障碍、零门槛进入，公共空间设施场地全部免费开放，所提供的基本服务项目全部免费。第二阶段，到2012年底，全国各级美术馆全部向公众免费开放，同时全国所有一级馆、省级馆、省会城市馆、东部地区图书馆、文化馆（站）免费提供的基本公共文化服务质量和水平不断提升，形成2个以上服务品牌。其他图书馆、文化馆（站）实现基本公共文化服务项目健全，并免费提供。

为切实将全国美术馆、公共图书馆、文化馆（站）免费开放工作落到实处，《意见》要求各地按照中央关于深化文化体制改革的总体部署，推动公共文化服务体制机制创新，优化组织结构，改进内部管理，创新服务方式，提高运营效率；尊重和贴近服务对象的文化需求，在实现均等普惠的公共服务基础上，逐步增设多样化服务，重点增加对未成年人、老年人、农民工等特殊人群的对象化服务。同时，中国各级财政部门进一步明确了美术馆、公共图书馆、文化馆（站）公益性文化单位性质，按照"增加投入、转换机制、增强活力、改善服务"的原则，建立免费开放经费保障机制，保证免费开放后正常运转并提供基本公共文化服务。中央财政安排专项资金，重点对中西部地区美术馆、公共图书馆、文化馆（站）开展基本公共文化服务项目所需经费予以补助，对东部地区予以适当奖励。

自全国美术馆、公共图书馆、文化馆（站）免费开放制度正式实施以来，中国基本公共文化服务体系建设取得了新的进展。截至2012年底，中国各级美术馆实现免费向公众开放，基本展览实行免费参观。全国各级公共图书馆实现免费开放，主要包括：一般阅览室、少年儿童阅览室、多媒体阅览室（电子阅览室）、报告厅（培训室、综合活动室）、自修室等公共空间设施场地免费开放；文献资源借阅、检索与咨询、公益性讲座和展览、基层辅导、流动服务等基本文化服务项目健全并免费向公众提供。全国各级文化馆（站）免费开放，主要包括：多功能厅、展览厅（陈列厅）、宣传廊、辅导培训教室、计算机与网络教室、舞蹈（综合）排练室、独立学习室（音乐、书法、美术、曲艺等）、娱乐活动室等公共空间设施场地的免费开放；普及性的文化艺术辅导培训、时政法制科普教育、公益性群众文化活动、公益性展览展示、培训基层队伍和业余文艺骨干、指导群众文艺作品创作等基本文化服务项目健全并免费提供。另外，在全国各级美术馆、公共图书馆、文化馆（站）中为保障基本职能实现的一些辅助性服务，如办证、存包等全部向公众免费提供。

为进一步规范和加强中央补助地方美术馆、公共图书馆、文化馆（站）免费开放专项资金管理，提高资金使用效益，2013年6月7日，财政部又印发了《中央补助地方美术馆公共图书馆文化馆（站）免费开放专项资金管理暂行办法》（以下简称《办法》）。《办法》对补助范围、标准与支出内容、申报与审批、管理与使用、监督与检查等重要内容进行了详细规定，成为新时期进一步实施全国美术馆、公共图书馆、文化馆（站）免费开放制度的重要保障。

全国美术馆、公共图书馆、文化馆（站）免费开放制度是加强社会主义核心价值体系建设和公民思想道德建设的有效手段，是进一步提高政府为全社会提供公共文化服务水平的重要举措，是实现和保障人民群众基本文化权益的积极行动。推进美术馆、图书馆、文化馆、博物馆免费开放，有利于充分发挥美术馆、公共图书馆、文化馆（站）保障公民基本文化权益、提高公民鉴赏能力的重要作用，有利于加强公共文化服务体系建设和公民思想道德建设，丰富人民群众的精神文化生活。

16.关于广泛开展基层文化志愿服务活动的意见

文化志愿服务是志愿服务工作的重要组成部分，是繁荣发展城乡基层文化的有效途径。随着中国公共文化服务体系建设的全面推进，基层文化志愿服务日益成为公共文化服务的重要力量。然而，由于志愿服务这个"舶来品"在中国国内发展时间较短，文化志愿服务更是新事物，仍然处于不断探索之中。

2012年9月12日，文化部、中央精神文明建设指导委员会办公室联合制定下发了《关于广泛开展基层文化志愿服务活动的意见》（以下简称《意见》），对组织开展基层文化志愿服务活动作出了明确的安排部署。《意见》在强调开展基层文化志愿服务活动的重要意义、指导思想和基本原则的基础上，提出要广泛开展丰富多彩的基层文化志愿服务活动，并为保障其顺利开展而建立和完善了基层文化志愿服务活动的领导体制和运行机制。

《意见》要求，要广泛开展丰富多彩的基层文化志愿服务活动。一是依托公益性文化设施开展基层文化志愿服务活动。例如在博物馆、美术馆招募文化志愿者担任讲解员、参与展览布展和举办专题讲座；在公共电子阅览室组织文化志愿者为基层群众特别是未成年人、老年人和农民工等特殊群体提供上网辅导等。二是依托重点文化惠民工程开展基层文化志愿服务活动。例如依托广播电视村村通工程，招募文化志愿者协助做好技术指导、政策宣传和群众意见调查反馈等工作；依托全国文化信息资源共享工程，招募文化志愿者帮助开展文化数字资源收集整理、少数民族语言数字资源译制工作，辅导群众学习网络知识，检修电子设备，开展业务培训等。三是依托重要节日纪念日开展基层文化志愿服务活动。例如利用"七一"、"八一"、"十一"等革命节日，组织文化志愿者深入基层，帮助群众组织开展爱国歌曲大家唱、演讲比赛、诗歌朗诵等；利用"三八"、"五一"、"六一"等国际性节日，面向妇女儿童和各行各业的劳动者，开展各具特色的文化志愿服务活动。四是依托内地对边疆民族地区对口支援工作开展文化志愿者边疆行活动。根据边疆民族地区群众文化需求，结合援藏、援疆和其他对口支援工作，整合内地文化资源，采取双向互动方式，深入开展"春雨工程"——全国文化志愿者边疆行活动，推动边疆民族地区基层文化繁荣发展。

《意见》强调，要建立完善基层文化志愿服务活动的领导体制和运行机制。一是要加强组织领导。各地要将其纳入公共文化服务体系建设总体规划，纳入文化工作考评指标。二是突出思想内涵。要把开展基层文化志愿服务活动作为推动社会主义核心价值体系建设的有效载体，通过为具有一定文化艺术专长或热心公益文化事业的人士或团队搭建服务平台，鼓励更多人参与文化志愿服务活动。三是规范招募管理。要根据基层文化志愿服务的需求，制定符合实际的招募办法，把专业文化工作者、基层群众文艺骨干、文化能人和文艺社团吸引进来。四是培育活动品牌。各地各有关单位要结合自身开展文化志愿服务的基础、特点和优势，探索具有地方或行业特色的文化志愿服务模式，着力培育和打造一批文化志愿服务品牌。

自《意见》正式实施以来，中国各地区的基层文化志愿服务活动得到了有效保障和广泛开展；各地区通过调动社会各界力量参与公共文化服务，更好地满足了基层群众的基本文化需求，保障了城乡居民的基本文化权益；各地区各文化单位筹办了一系列文化志愿者联合会，面向社会公开招募了大量具有一定文化艺术才能，热心文化事业，自愿奉献时间和精力，为文化事业繁荣、社会和谐发展无偿提供各种公益性文化艺术服务的优秀文化志愿者；开展了一系列基层文化志愿服务，例如公益性文化讲座、艺术培训与辅导，群众性文化活动演出、服务，公益性展览的布置、讲解、导览，公共图书馆图书整理、读者管理、阅读辅导，协助文化市场管理工作、协助文化遗产保护工作，以及其他公益性文化服务。

广泛开展基层文化志愿服务活动，组织动员专业文化工作者和社会各界人士志愿参与基层文化建设和群众文化活动，有利于推动群众性文化活动广泛深入开展，丰富人们的精神文化生活，满足人们的精神文化需求，保障人民的基本文化权益；有利于充分发挥人民群众文化创造积极性，让蕴藏于人民中的文化创造活力得到充分发挥；有利于吸引优秀文化人才服务基层，壮大基层文化人才队伍，为社会主义文化大发展大繁荣提供人才支撑。

17.春雨工程

21世纪是信息技术的时代，掌握充足的信息知识和技术是一个人成长成才的重要条件，是一个民族繁荣富强的重要保障。根据2003年的统计发现，中国每年只有15%的学生接受信息技术教育。中国有70余万所中小学，其中78%分布在农村，拥有电脑的学校微乎其微。当数千万的城市人享受着丰富的信息资源时，农村人口正逐渐成为信息时代的"新文盲"。

2004年6月，中华国际科学交流基金会（以下简称"科基会"）在北京成功召开了全体代表大会，200多名海内外科学家及理事单位代表一致呼吁，落实"科教兴国"战略必须从孩子抓起，倡议实施"春雨工程"。为协助中国政府实现构建和谐社会、实施科教兴国战略的方针，科基会于2004年向社会发布了《春雨工程倡议书》和《春雨工程实施计划》，并于2005年1月正式启动"春雨工程"公益援助项目。

春雨工程的主题是：弘扬科技公益精神，让所有孩子接受现代信息教育。该工程首先在经济欠发达地区的中小学校建设科技援助站，在科技援助站的基础上，通过科基会学科专业委员会组建科技教育普及、科技交流合作和科技援助互动网络，使落后地区的中小学有步骤地实施科技援助信息计划，减少出现信息时代的"新文盲"。这是面向落后地区中小学的科技普及教育的信息工程，是由科学家倡议的全社会的爱心工程，将成为全社会科技公益援助的互动网络，以及各地区科技合作交流的信息互动网络。

春雨工程从正式实施开始，已完成了首期建设目标，在全国经济欠发达地区的中小学校成功建设了300多个科技援助站，救助20000多名失学儿童重返校园完成学业。以一对一认助为主的方式，成功建立了上万对家庭的友好往来。在针对农村教育体制的改善方面，加强了农村教育体制信息化建设，提高了农村学校教育水平；在针对农村失学儿童、留守儿童的救助方面，在中国各地建成了"春雨工程"教育基地，春雨学校成为违法（失足）以及家庭监护缺失未成年人进行思想疏导、行为矫治的教育基地。

春雨工程的另一项重要内容是"文化志愿者边疆行"活动。"春雨工程"——全国文化志愿者边疆行工作是由中央精神文明建设指导委员会办公室和文化部共同主办，自2010

年正式启动的文化援助和建设项目。"春雨工程"通过融合文化、志愿、边疆、少数民族四个元素,以"大讲堂"、"大舞台"、"大展台"为基本载体,以双向互动的形式,搭建内地与边疆民族地区文化帮扶与交流平台。

据国务院新闻办公室发布的《2012年中国人权事业的进展白皮书》的记载,从2010年开始,文化部积极开展全国文化志愿者边疆行活动,截至2012年,共有20多个内地省(市)和单位组成50多支志愿团,招募2000多名文化志愿者,先后为12个边疆民族省、区和新疆生产建设兵团组织文艺演出450多场,业务培训2000多学时,文化展览600多天,惠及数十万人次。2012年4月10日,为加强对"春雨工程"——全国文化志愿者边疆行工作指导,提高科学化、规范化水平,文化部印发了《"春雨工程"——全国文化志愿者边疆行工作实施方案》。该《方案》分指导思想、基本原则、主要内容、目标任务、实施步骤等六部分,明确提出了新阶段该工程的目标任务是:通过大力开展对边疆民族地区的文化志愿服务活动,建立一支热心公益、素质优良、结构合理、积极奉献的文化志愿者队伍,推出一批惠及边疆民族地区人民群众的文化志愿服务品牌活动,形成一套设计科学、行之有效的文化志愿服务机制,不断深化内地与边疆文化交流,着力拓宽文化帮扶和文化援助渠道,积极促进边疆民族地区公共文化服务体系建设。

春雨工程在中国欠发达地区和农村地区的顺利开展,充分发挥了文化所具有的春风化雨、润物无声、潜移默化的功能作用,为改善这些地区的基础教育办学条件,提高学校教育的信息化水平,增强少年儿童的信息科技知识和综合素质发挥了重要作用。"春雨工程"——全国文化志愿者边疆行工作在中国边疆少数民族地区的大力开展,有利于促进边疆地区的文艺创作和文化艺术活动的开展,有利于推进边疆地区的公共文化基础设施建设,有利于增强边疆少数民族的科学文化素养和对中华民族的认同感、归属感。

18.城市社区文化设施管理办法

城市社区文化设施,是指在城市街道和社区设置的,集书报刊借阅、时政法制科普教育、文艺演出活动、数字文化信息服务、公共文化资源配送和流动服务、体育健身和青少年校外活动等功能于一体的社区文化中心和社区文化活动室。

2010年5月1日,文化部颁布了《城市社区文化设施管理办法(试行)》(以下简称《办法》),并于同日正式试行。《办法》全文共6章35条,在对城市社区文化设施的概念进行界定的基础上,对社区文化设施的规划和建设、设置和服务、人员和经费、检查和考核等内容进行了明确规定。

《办法》提出城市社区文化设施必须以社区全体居民为服务对象,以老年人、未成年人、残疾人等为服务重点，为城市社区居民提供基本公共文化服务。城市社区文化设施主要包括：多功能活动厅、书刊阅览室、健身活动室、展览陈列室、培训教室、文化信息资源共享工程基层点和管理用房，以及室外活动场地、宣传栏等配套设施。

《办法》要求，在规划和建设方面，城市社区文化设施建设应纳入当地国民经济和社会发展计划，与当地经济社会发展水平相适应，建设规模应符合国家有关规定；应纳入当地城市建设规划，社区文化设施建设使用国有土地的，经依法批准可以划拨方式取得。在设置和服务方面，城市社区文化中心原则上按街道办事处范围设置，社区文化活动室原则上按社区居委会范围设置，应与社区内机关、团体、部队、企事业单位的文化设施，以及民政部门社区服务中心和社区服务站等设施建设统筹考虑，配套建设，共建共享。社区文化中心、社区文化活动室应该提供以下公共文化服务：一、举办各类展览、讲座，提供图书报刊借阅服务，普及科学文化知识，传递经济信息，为促进当地经济建设服务。二、组织开展丰富多彩、群众喜闻乐见的文体活动和广播、电影放映活动。指导群众业余文艺团队建设，辅导和培训群众文艺骨干。三、协助区（市、县）文化馆、图书馆等文化单位配送公共文化资源，开展流动文化服务，保证公共文化资源进村入户。四、建成全国文化信息资源共享工程基层服务点，开展数字文化信息服务。五、协助区（市、县）文化行政部门开展文物和非物质文化遗产的宣传保护等工作。

《办法》虽然是试行版本，但作为目前中国公共文化服务领域的重要政策法规，为加强城市社区文化设施管理，充分发挥社区文化设施的功能发挥了重要作用，有利于满足人民群众的基本文化需求，促进城市公共文化服务体系建设。

《城市社区文化设施管理办法》正式版本的出台已经被提上了议程，其出台指日可待。2014年11月27日，"全国文化馆及城市社区文化设施管理办法"征求意见座谈会在北京召开，会议就文化部拟定的《文化馆管理办法》和《城市社区文化设施管理办法》初稿，进行讨论和意见征求。文化部社会文化司司长于群表示，将结合会议提出的意见和建议进一步完善管理办法，同时将进一步从加强理论和政策研究，文化服务方式创新，在小半径范围内进行文化建设三方面在全国开展试点工作。

19.特殊群体文化权益保障项目

一个国家文明程度的标志不只是看物质生活是否丰富，还要看精神文化是否先进。文化权利是人人享有的基本权利之一，文化权利的核心是公平性。妇女、未成年人、老年人、残疾人作为中国社会的弱势群体和特殊群体，尊重和有效保障他们的文化权益，是一项关乎国家长治久安、持续发展的战略举措。

特殊群体文化权益保障项目是由文化部在《"十二五"时期公共文化服务体系建设实施纲要》（以下简称《纲要》）中明确提出的中国公共文化服务体系建设的重要项目。

《纲要》第八条提出，要加强对特定地域、特定群体的公共文化服务，促进公共文化服务均等化；强调"十二五"时期要加强面向特殊群体的公共文化服务，将老年人、未成年人、残疾人、农村留守妇女儿童、生活困难群众作为公共文化服务的重点对象，重点保障这些特殊群体的基本文化权益，完善面向这些特殊群体的公共文化服务设施；实施中国少儿歌曲创作推广计划，加大对优秀少儿歌曲创作的支持力度，采取多种形式广泛开展优秀少儿歌曲的推广普及活动，扩大少儿歌曲创作推广的社会参与面和参与度，提高优秀少儿歌曲的社会影响力；举办群众歌咏和老年文化项目，推广群众歌咏活动、举办全国老年合唱节，充分发挥示范、导向和带动作用，推动群众歌咏活动广泛、深入、持久地开展；以下岗失业人员、离退休人员、低收入人群、残障人群为重点服务对象，采取政府采购、补贴、发放文化消费券等措施，开辟服务渠道，丰富服务内容，探索建立长效机制，努力实现弱势群体文化权益保障的制度化。

中国政府一向十分重视和关心未成年人成长工作，充分保障少年儿童的基本权益。在全国各地开展了少年儿童图书馆建设工作，截至2014年，在中国各省、市，特别是东部发达省市基本都设有专门的少年儿童图书馆、少年儿童分馆或者少年儿童阅览室。这些少年儿童图书馆和阅览室都为少年儿童提供了丰富的教育资源和娱乐活动，包括收集和提供适合儿童读者的文献（如儿童读物、声像资料、图片、动画片幻灯片等）；重视对儿童进行阅读指导，帮助他们掌握利用图书和图书馆获取文化科学知识的能力、养成良好的阅读习惯、独立地使用图书馆。另外，还针对未成年人举办了相关主题活动，例如举办"庆六一"主题文化活动；有针对性地开展图书推荐，引导少儿读者多读书、读好书，开展多种形式的少儿读者活动；组织未成年人观看集思想性、艺术性、观赏性于一体的优秀影片等。

在保障老年群体文化权益方面，中国政府组织了一系列示范性、导向性老年群众文化活动，带动了全国老年文化活动蓬勃开展。自1999年起，文化部每年举办一届"永远的辉煌"——中国老年合唱节。合唱节期间还开展合唱艺术主题展、合唱讲座、经验交流会、全国老年美术书法摄影展等系列活动。目前，中国老年合唱节已经成为具有广泛影响力的示范性老年群众文化品牌活动，有效带动了全国老年文化活动的广泛开展。各地文化部门也按照全国老龄委和文化部的部署，积极组织开展本地区的老年文化活动。目前，文化系统内公益性文化服务机构开办的老年大学已达800多所，有力促进了老年文化教育工作的开展。在这些活动的带动下，老年广场文化、老年社区文化蓬勃开展，老年人已经成为基层群众文化活动的主力军。

特殊群体文化权益保障项目自实施以来，取得了良好的效果。国务院新闻办公室发表的《2012年中国人权事业的进展》白皮书记载，中国已广泛开展针对特殊群体的公共文化服务，加强对老年人、未成年人、低收入人群、残障人群文化权益的保障；实施了中国少儿歌曲推广计划，举办了中国少年儿童合唱节、中国老年合唱节等活动。2010年5月，国家图书馆少年儿童馆暨少儿数字图书馆正式开放。2012年，"中国盲人数字图书馆"和"中国残疾人数字图书馆"为超过百万的残疾人提供无障碍图书、讲座、音乐等文化服务。

关注特殊群体的文化生活，保障特殊群体的文化权益是提高国家文明程度的重要内容。特殊群体文化权益保障项目的大力开展对提高中国国民素质、推进城乡统筹协调发展和全面建设小康社会、构建社会主义和谐社会，具有重要意义。

20.公共电子阅览室建设计划

21世纪是信息爆炸的时代，公共数字文化建设成为公共文化服务体系建设的重要内容。为进一步推动覆盖城乡的公共文化服务体系建设，切实保障数字化、信息化、网络化环境下公共文化服务的公益性、基本性、均等性、便利性，更好地满足人民群众日益增长的精神文化需求，中国政府提出了"公共电子阅览室建设计划"。

"公共电子阅览室建设计划"是由文化部在《"十二五"时期公共文化服务体系建设实施纲要》（以下简称《纲要》）中，明确提出的中国公共文化服务体系建设的重要项目。

《纲要》第五条提出，要促进公共文化领域文化和科技融合发展，强化公共文化服务的技术支撑。加快推进公共电子阅览室建设，实施"公共电子阅览室建设计划"，利用文化信息资源共享工程工作网络，依托公益性文化单位，建立公共电子阅览室，为基层群众特别是广大青少年提供内容健康、服务规范、环境良好的公益性互联网服务。该文化建设计划以未成年人、老年人、进城务工人员等群体为重点服务对象，与文化共享工程建设、乡镇文化站建设、街道（社区）文化中心（文化活动室）建设以及中央精神文明建设指导委员会办公室组织实施的"绿色电脑进西部活动"相结合。《纲要》要求到"十二五"末，中国实现各级公共图书馆，文化共享工程乡镇、街道、社区基层服务点基本建有公共电子阅览室。

为了对"公共电子阅览室建设计划"的具体实施内容进行安排部署，2012年2月3日，文化部、财政部联合印发了《关于"公共电子阅览室建设计划"实施方案的通知》（以下简称《通知》）。《通知》明确提出了"公共电子阅览室建设计划"实施方案，成为指导全国各地进行公共电子阅览室建设的指南。方案在对"公共电子阅览室建设计划"的总体目标、实施意义进行强调的基础上，详细阐述了"公共电子阅览室建设计划"的实施条件、实施内容、实施步骤和保障措施。

"公共电子阅览室建设计划"的具体实施内容包括：一、推进免费开放。推动已建公共电子阅览室的免费开放，彰显其公益特性。二、完善设施条件。提升、完善设施条件，配备统一标准的信息安全管理软件，建设一批标准、规范的公共电子阅览室。重点推进乡镇和街道、社区公共电子阅览室的建设。三、丰富数字资源内容。依托文化共享工程和国家数字图书馆资源，加大整合共建力度，建设先进性、知识性、趣味性为一体的，基层群众喜闻乐见的公共互联网数字资源库群。四、建立和完善技术支撑平台。充分应用云计算、智能服务、流媒体、移动互联网等最新适用技术，与"三网融合"发展战略紧密结合，依托已有技术管理平台，建立先进实用、安全可靠、开放互联的公共电子阅览室技术平台。

"公共电子阅览室建设计划"的具体实施分成三个阶段进行。一、试点阶段（2010年11月—2011年12月），将大力推进试点工作，为计划全面实施积累经验、奠定基础。组建"公共电子阅览室建设计划"专家咨询机构，制定公共电子阅览室管理办法、公共电子阅览室技术平台规范。二、逐步推进阶段（2012—2013年），将全面推进已有公共电子阅览室的免费开放。完成已配备文化共享工程设备的乡镇/街道、社区公共电子阅览室的设备升级。三、全面完成阶段（2014—2015年），将对符合条件的公共互联网服务场所进行认定，推进全社会共同参与建设公共电子阅览室。

截至2014年，公共电子阅览室建设第一阶段的建设试点工作已经全面完成，取得了良好成效。自2009年下半年以来，在北京、天津、辽宁、山东、上海、浙江、广东、安徽、陕西9省（市）开展的试点工作已经成功完成。9个试点省（市）各级经费投入近2.7亿元，参加试点的公共电子阅览室数量达6200个，资源总量达386GB，服务人次近1700万。公共电子阅览室建设第二阶段的逐步推进工作也已经顺利收官。一方面实现了已有公共电子阅览室的免费开放，另一方面完成了已配备文化共享工程设备的乡镇/街道、社区公共电子阅览室的设备升级。目前，公共电子阅览室建设工作正向着全面完成阶段不断推进，在2015年底基本实现了公共电子阅览室在全国所有乡镇和街道、社区的全面覆盖。

"公共电子阅览室建设计划"的顺利实施，是满足未成年人基本文化需求的重要手段，对于扩大思想文化阵地，净化网络环境，提高未成年人及广大社会公众的思想道德素质和科学文化素质，具有重要意义；是加快构建公共文化服务体系的重要举措，对于健全中国公共文化服务体系网络，提升中国公共文化服务体系建设的水平，具有重要作用；是推进全社会信息化建设的重要途径，把更多适应人民群众需求的数字资源传送到社区、城镇和农村，对于活跃基层群众的文化生活、推进全社会的信息化具有重要意义。

21.地方戏曲剧种保护与扶持计划实施方案

地方戏曲剧种是流行于一定地区、具有地方特色的戏曲剧种的通称。作为中国传统文化表现形式的重要组成部分，地方戏曲具有悠久的历史传统和独特的艺术魅力，是表现和传承传统文化的重要载体，是一种具有浓郁地域特色、深受人民群众欢迎的演剧形式。

中国共产党和中国政府历来高度重视地方戏曲艺术的发展。新中国成立以后，中国地方戏曲艺术在剧目创作、人才培养、剧团建设等方面都取得了显著成绩。然而，改革开放尤其是进入新世纪以后，由于市场经济和多元文化的影响，地方戏曲观众减少、市场萎缩等现象日益突出，对地方戏曲剧种的保护和扶持迫在眉睫。

2013年7月15日，为深入贯彻中国共产党第十八次全国代表大会精神，不断巩固和发展地方戏事业良好态势，努力开创地方戏事业新局面，文化部印发了《地方戏曲剧种保护与扶持计划实施方案》（以下简称《方案》）。《方案》决定实施地方戏曲剧种保护与扶持计划，以剧种保护与扶持为依托，推动中国地方戏曲艺术表演团体健康发展，促进舞台艺术全面繁荣。《方案》共分五个部分，分别论述了保护与扶持地方戏曲剧种的意义、指导思想、基本目标、主要措施、支持方式及资金管理，成为中国当前保护和扶持地方戏曲剧种的重要指南。

《方案》指出，中国各级文化行政单位将全面加强地方戏曲剧种保护与扶持，推动地方戏创作和地方戏曲艺术表演团体建设，计划以5年为周期（首期实施时间为2013年至2017年），确立40个左右全国地方戏创作演出重点院团；创作一批地方戏优秀作品；培养一批潜心地方戏曲艺术、德艺双馨的专门人才；挖掘、整理一批珍贵的地方戏曲史料，使其成为地方戏曲剧目创作中心、地方戏曲剧种保护中心、地方戏曲艺术传播普及中心和地方戏曲资料收集整理与研究中心，逐步建立地方戏曲艺术生态保护区。

《方案》提出了一系列保护和扶持地方戏曲剧种的具体措施，主要包括：一、确定全国地方戏创作演出重点院团，以重点院团的扶持促进地方戏曲剧种的保护。各省级文化行政部门应结合实际，确定本地一至两个全国地方戏创作演出重点院团（含转制、民营及其他社会力量举办的各种体制地方戏曲院团）并报文化部。二、对全国地方戏创作演出重点院团的剧目创作给予资助，以剧目的扶持促进地方戏曲剧种的保护。2013年，首批资助四十台左右优秀地方戏剧目，2014年至2017年每年资助十台左右优秀地方戏剧目，力争推出一批具有民族精神和浓郁地方特色、思想性艺术性观赏性相统一、人民群众喜闻乐见的优秀作品，推动地方戏曲院团科学发展。三、对全国地方戏创作演出重点院团的表演及创作人才进行培训，并鼓励各省采取多种方式完善地方戏曲人才梯队建设。为培养地方戏新一代领军人物，文化部组织对全国地方戏创作演出重点院团的定向招生或委托培养项目给予资助。分年度委托戏曲院校开展全国地方戏曲编剧、导演、作曲、舞美人才培训班，每年资助十个地方戏曲剧种人才培训班，并对各地开展的各类特色鲜明、重点突出的地方戏曲人才培训项目进行资助。四、支持各地对本地最具代表性的地方戏曲剧种的史料进行抢救、保存。要通过文字、图片、影像等方式，加大对现存的地方戏曲文献、资料，对健在的老一辈艺术家丰富多彩的舞台艺术实践、艺术精粹和历史记忆的挖掘、抢救和保护力度。文化部将对以上项目予以分年度扶持，每年资助十个地方戏曲剧种文献、资料等抢救、保存。五、举办有影响的地方戏曲展演及表彰活动。六、对全国地方戏创作演出重点院团赴境外演出和艺术交流活动实行补贴。每年资助十个地方戏曲剧种的十个院团走出去，由各院团向文化部提出申请，审核通过后拨付经费。七、地方各级文化行政部门应制定相应政策措施，保护和扶持地方戏曲剧种。

自《方案》正式实施以来，中国地方戏曲剧种的保护和扶持工作在全国范围内大力开展，取得了显著的成果。文化部积极会同财政部门设立了地方戏曲剧种保护与扶持专项资金，对全国地方戏创作演出重点院团剧目创作、人才培养、史料抢救与保存、赴境外演出等给予了资金扶持。各省级文化行政部门也对全国地方戏创作演出重点院团给予了资金扶持。《方案》的顺利实施，对于保护和扶持地方戏曲剧种，传承和弘扬中国优秀传统文化，丰富人民大众的精神文化生活具有重要意义。

22.传统文化普及（国学热）

中国传统文化是中国劳动人民智慧和汗水的结晶，它承载着中华民族文化的精髓，在中国具有深厚的社会土壤和民间基础。传统文化作为国家建设的文化软实力的重要组成部分，对其进行"取其精华去其糟粕"的批判继承和发扬，对于丰富人民群众的精神文化生活、实现社会主体文化的大发展大繁荣具有重要意义。

国学热，就是中国传统文化学习的热潮。国学热的兴起是传统文化普及的重要表现，对于继承和发扬中国优秀传统文化起到了重要的作用。国学热的兴起有着深刻的社会背景，既与中国共产党和中国政府近年来提倡以德治国、依法治国、以人为本、和谐社会、和谐世界、与时俱进、执政为民、道德修养以及义利观、荣辱观、礼义廉耻观等有关，又与众多研究中国传统文化的学者们的呼吁、提倡学习中国传统文化，以及各类媒体对中国传统文化的积极报道，唤起了民众重新学习国学的热情有着密切联系。

在传统文化普及（国学热）的发展过程中，有几大重要力量发挥了积极作用。首先是国学热发展的起点性文化事件"儒藏编纂"。2002年开始，北京大学、中国人民大学、四川大学纷纷提出了儒藏工程的计划，2003年教育部正式发布儒藏重大课题攻关项目，由北京大学牵头。儒藏项目后来在国家社科基金也得到重大项目立项支持。这项工程后来在几个大学发展，各有不同的方向，例如北京大学是以中国的儒家经典与文献为主，中国人民大学则以东亚、海外为主，汇编日本、韩国、越南历史上的儒学文献，四川大学则结合自己的宋代古籍整理计划进行。儒藏的编纂工程，是国学研究的基础性建设工程，引起了社会对中国优秀传统文化和国学的关注。此后，中国传统文化经典和国学经典逐渐成为学界的热点。因此，从2002年开始的"经典汇编"现象可以作为中国近几年国学热的第一个起点。

其次是中国各大高校对国学的推动和发展。近些年来，中国一些高校纷纷成立了有关国学、传统文化、儒释道思想的研究机构。2000年北京大学中国传统文化中心率先转型为国学研究院；2005年中国人民大学设立国学院，开始运用国学学科的方式进行国学教育和推动国学研究；2009年清华大学重建国学研究院。另外还有中国社会科学院儒教研究中心、安徽大学中国传统文化研究院等。各大高校国学研究机构出版的学术著作及研究文章不计其数，每年都要召开各种形式和规模的国内国际学术研讨会，使得国学影响传播到了东亚、东南亚、欧美等国家和地区。

还有中国各类媒体对国学的报道和传播。2006年10月，大型电视文艺节目《百家讲坛》在中央电视台开播，成为近几年整个中国传统文化普及的先锋，带动了媒体对国学热的文化参与。中国各大高校的国学教师轮流登上讲坛，以通俗易懂的方式向社会公众介绍优秀传统文化和艺术。例如阎崇年讲清帝，刘心武讲红楼，易中天讲三国，王立群讲史记，这些学人雅俗共赏的国学讲座，重新唤起了社会大众了解传统历史和文化的热情，在全国范围内掀起了一股了解国学、学习国学的风潮。2009年，中央电视台《开心辞典》栏目推出了"开心学国学"，该节目在暑期播出，面向青少年，有利于促进中国传统文化在青少年中传播，促进青少年文化素质的提高和德育的养成。除了电视台外，纸质媒体、网络媒体也积极参与和推动了国学的发展，例如2006年1月，《光明日报》专门开设了国学版，中文搜索引擎百度开设了"国学频道"，新浪网高调推出了乾元国学博客圈等。

另外，各类民间国学教育机构发展迅速，在中国的各个省市开设了大量国学教育培训班，学习国学已经成为当前课外才艺学习新的流行趋势。各类国学班中，学习的内容和形式多种多样。有的以诗词诵读为主，有的以学习儒家经典的普及版为主，如《三字经》、《弟子规》等，也有一些是以学习儒家正典为主，如"四书"、"五经"等。因此，随着国学的学习逐渐从校园内的国学研究机构的研究，发展到社会上的国学班、国学经典诵读等大众学习，中国的国学热掀起了一场优秀传统文化的再学习运动。

当前这股国学热、传统文化热，是中国对一百多年来批判和否定民族文化的一种自我反思，是对人类社会面临的一系列自然危机、社会危机和道德危机的积极回应。

五、生活环境

1. "环境保护"写入宪法

科学技术的迅速发展，使得生产规模急剧扩大，在经济高速发展的同时，再加上人口数量的增加，环境污染和自然资源的破坏日益严重，在不少国家已成了灾难性的公害，不仅严重损害了民众的健康和生命，也阻碍了国民经济的进一步发展。严峻的现实使人们认识到，牺牲环境带来的发展不仅不能改善人们的生存状态，反而会使生存水平大大降低，最终会影响和制约经济和社会的发展。

在这样的时代背景下，环境保护在许多国家被提上了议事日程，如何解决环境日益恶化的问题，保护我们赖以生存的地球成了各国政府面临的重要问题。各国政府不得不采取各种保护环境的措施和对策，有关环境保护的立法随之不断发展。从保护环境的单项法规到专门立法，最后到把环境保护问题写入宪法，环境保护问题在社会生活中的地位越来越重要。

1978年3月5日，五届全国人大一次会议通过了《中华人民共和国宪法》（以下简称《宪法》）。在《宪法》"总纲"的第十一条第三款明确规定"国家保护环境和自然资源，防治污染和其他公害"。这是中华人民共和国成立以来，第一次以根本大法的形式对环境保护作出明确规定，为中国环境保护法制建设奠定了重要基础。

此后，中国的环境保护法制建设逐渐步入正轨，各类环境保护相关的法律法规和政策制度相继出台。1978年12月31日，中共中央转发了国务院环境保护领导小组的《环境保护工作汇报要点》，作为中共中央出台的关于环境保护的首份文件，明确指出："消除污染、保护环境是进行经济建设、实现四个现代化的重要组成部分。"1979年9月，中国颁布了新中国成立以来第一部综合性的环境保护基本法——《中华人民共和国环境保护法

（试行）》，把中国有关环境保护方面的基本方针、任务和政策，用法律的形式确定了下来。此外，中国在环境保护领域还陆续颁布了一系列专门性的法律法规，例如《中华人民共和国森林法》、《中华人民共和国草原法》、《中华人民共和国水土保持法》、《中华人民共和国土地管理法》和《中华人民共和国气象法》等。

虽然1978年的《中华人民共和国宪法》对于环境保护的规定比较简单，但这对于中国环境保护而言是里程碑式的重要事件，说明中国已经把环境保护作为国家的一项重要任务来完成。"环境保护"入宪为中国的环境保护法律法规的制定和环境保护工作的实施提供了宪法基础和法律依据。

2."环境保护"被确立为一项基本国策

国策是立国、治国之策。只有那些对国家经济建设、社会发展和人民生活具有全局性、长期性和决定性影响的策略，才能上升为国策。自然环境是人类赖以生存的基本条件，一旦被破坏将对国家的经济建设、社会发展和人民物质文化生活产生直接或间接的影响，还将威胁到当代人和子孙后代的生存与发展。因此，环境保护是既具有长期性，又具有全局性的重要问题。

1983年12月31日至1984年1月7日，第二次全国环境保护会议召开，会议正式宣布将"环境保护"确立为基本国策。与此同时，会议还制定了经济建设、城乡建设和环境建设同步规划、同步实施、同步发展，实现经济效益、社会效益、环境效益相统一的指导方针，提出了"预防为主，防治结合"、"谁污染，谁治理"和"强化环境管理"的三大政策，初步规划了到20世纪末中国环境保护的主要指标、步骤和措施。

第二次全国环境保护会议决定把"环境保护"纳入基本国策的范畴，主要基于以下几点考虑。一是吸取了人口增长的教训，尽管中国在20世纪70年代初就实行了计划生育政策，但是人口仍在急剧增长，给环境保护与经济发展带来了极大的压力。二是环境保护就是保护资源，也就是保护工农业发展的物质基础，有利于为经济建设服务。三是只有通过环境保护，保障环境安全才能够保护当代人的健康以及人类自身再生产的正常运行，有利于子孙后代的健康成长。四是为人民创造清洁、舒适、安静、优美的环境，是社会主义国家各级政府为人民服务应尽的责任。

"环境保护"被确立为中国的一项基本国策，是第二次全国环境保护会议的主要成果，对于中国环境保护事业的发展具有重要的指导意义。主要表现在以下四个方面：第一，"环境保护"被确立为基本国策，极大地增强了全民的环境意识，并把环境意识上升为国家意志，从战略上对环境保护工作在社会主义现代化建设中的重要位置作出了定位。

第二，随着"环境保护"基本国策的确立，提出了中国环境保护的总方针、总政策，这奠定了一条符合中国国情的环境保护道路的基础。第三，此后强化环境管理成为环境保护工作的中心环节，有利于中国环境保护工作的顺利开展。第四，推出了以合理开发利用自然资源为核心的生态保护策略，对环境保护的各个环节进行了细致的部署，提出了防止对土地、森林、草原、水、海洋以及生物资源等自然资源的破坏，有利于保护生态平衡。

3.中华人民共和国环境保护法

1978年，《中华人民共和国宪法》第一次以根本大法的形式，对环境问题作出了规定。同年召开的党的十一届三中全会作出了将工作重点转移到经济建设上来的决定，环境问题作为与经济发展密不可分的发展问题，成为越来越突出的热点和焦点问题。随着中国环境保护法制化的发展，环境保护法的制定逐渐提上了国家立法的日程。

《中华人民共和国环境保护法》（以下简称《环境保护法》）是为保护和改善环境，防治污染和其他公害，保障公众健康，推进生态文明建设，促进经济社会可持续发展制定的国家法律。随着时代的发展，《环境保护法》经历了与时俱进的演变历程。目前，中国共正式颁布过3个版本的《环境保护法》，分别是在1979年、1989年和2014年。

1979年9月13日，五届全国人大常委会第十一次会议通过了新中国成立以来第一部综合性的环境保护基本法——《中华人民共和国环境保护法（试行）》。该部法律将中国在环境保护方面的基本方针、任务和政策，用法律的形式确定了下来。1979年《环境保护法》共7章33条。其中第一章（总则）规定：环境保护法的任务，是通过"保证在社会主义现代化建设中，合理地利用自然环境，防治环境污染和生态破坏"，达到"为人民造成清洁适宜的生活和劳动环境，保护人民健康，促进经济发展"的目的。1979年《环境保护法》的颁布是中国环境保护走上法治道路的标志，对全国的环境保护工作、环境立法和司法起着积极的促进作用。

由于1979年《环境保护法》是作为"原则通过"的"试行"法，还存在很多不完善之处，需要根据实施中出现的问题和情况的变化，在条件成熟时加以修订。1989年12月26日，七届全国人民代表大会常务委员会第十一次会议审议并正式通过了修订后的《中华人民共和国环境保护法》，该法律自公布之日起施行。1989年《环境保护法》共6章47条。1979年的《中华人民共和国环境保护法（试行）》同时废止。

随着改革开发的逐渐深入，特别是社会主义市场经济的发展，中国的社会经济发展和环境保护情况发生了翻天覆地的变化，在改革攻坚的新时期，为了与当前日益复杂的经济发展环境和环境保护状况相适应，亟需一部新的环境保护方面的基本法律来规范和指导环境保护工作的深入开展。

2014年4月24日，十二届全国人民代表大会常务委员会第八次会议修订通过了新的《中华人民共和国环境保护法》，自2015年1月1日起施行。最新的《环境保护法》共7章70条，主要包括总则、监督管理、保护和改善环境、防治污染和其他公害、信息公开和公众参与、法律责任和附则。新的《环境保护法》在原有法律的基础上，有很多新的发展，例如：一、增加规定"保护环境是国家的基本国策"，并明确"环境保护坚持保护优先、预防为主、综合治理、公众参与、污染者担责的原则"。二、突出强调政府责任、监督和法律责任，增加规定"地方各级人民政府应当对本行政区域的环境质量负责"。三、增加环境日的规定，将联合国大会确定的世界环境日写入法律，规定每年6月5日为环境日。四、专章规定了环境信息公开和公众参与，加强公众对政府和排污单位的监督。五、突出了人大常委会监督落实政府环境保护的责任，规定政府每年向人大报告环境状况。六、增加了要求科学确定符合中国国情的环境基准的规定。

《环境保护法》作为一部环境保护领域的基本法，是促进中国环境保护事业大力发展和环境保护工作顺利开展的重要指导依据，也是制定环境保护领域的专门性规章制度的重要法律基础和指导原则。为使其中规定的方针、原则、要求等得到正确实施，还需要制定各种有关的单行法规。中国环境保护法制化进程还处于不断推进和发展之中。

4.中国21世纪议程

《中国21世纪议程》，又称《中国21世纪人口、环境与发展白皮书》，是根据在1992年联合国环境与发展首脑会议上通过的《21世纪议程》制定的中国可持续发展总体战略、计划和对策方案，是中国政府制定国民经济和社会发展中长期计划的指导性文件之一。

1994年3月25日，《中国21世纪议程》（以下简称《议程》）经国务院第十六次常务会议审议通过。《议程》共20章78个方案领域，主要内容分为四个部分。第一部分，可持续发展总体战略与政策，提出了中国可持续发展战略的背景和必要性；提出了中国可持续发展的战略目标、战略重点和重大行动，可持续发展的立法和实施；制定了促进可持续发展的经济政策，参与国际环境与发展领域合作的原则立场和主要行动领域。第二部分，社会可持续发展，包括人口、居民消费与社会服务、消除贫困、卫生与健康、人类住区和防灾减灾等，其中最重要的是实行计划生育、控制人口数量和提高人口素质。第三部分，经济可持续发展。《议程》把促进经济快速增长作为消除贫困、提高人民生活水平、增强综合国力的首要条件。第四部分，资源的合理利用与环境保护，包括水、土等自然资源保护与可持续利用，还包括生物多样性保护、防治土地荒漠化、防灾减灾等。

《议程》对中国可持续发展的方向和目标进行了说明，主要将社会经济可持续发展的目标分成近期目标、中期目标和长期目标。具体包括：近期目标（1994—2000 年），重点是针对中国现存的环境与发展的突出矛盾，采取应急行动，并为长期可持续发展的重大举措打下坚实基础，使中国在保持 8% 左右经济增长速度的情况下，使环境质量、生活质量、资源状况不再恶化，并局部有所改善。中期目标（2000—2010 年），重点是为改变发展模式和消费模式而采取的一系列可持续发展行动；完善适应于可持续发展的管理体制、经济产业政策、技术体系和社会行为规范。长期目标（2010 年以后），重点是恢复和健全中国经济生态系统调控功能，使中国的经济、社会发展保持在环境和资源的承载能力之内，探索一条适合中国国情的高效、和谐、可持续发展的现代化道路，对全球的可持续发展进程作出应有的贡献。

《议程》还提出了实现中国社会可持续发展的优先项目计划框架中的 7 个优先领域，分别是：一、资源与环境保护；二、全世界环境问题；三、人口控制与社会可持续发展；四、可持续发展能力建设；五、工业与交通运输业的可持续发展；六、农业可持续发展；七、持续的能源生产与消费。

为了执行《议程》所制定的可持续发展战略，实现《议程》确定的各类目标，需要一系列的支持条件，主要包括：一、切实可行的可持续发展政策，以及为此而制定的行动计划；二、健全、有效的环境保护机构，以及完善的环境管理运行机制；三、优秀的管理和技术人才，为此需要发展环境教育和培训事业；四、公众的参与和支持，特别是科技界、工商界的参与，为此需要广泛的宣传教育；五、较多的投资支持，为此需要进一步开拓资金渠道，并积极利用外资。

《议程》的提出，既是中国适应世界范围内提倡保护生态环境、实现社会可持续发展的重要一步，也是中国为实现经济社会发展和生态环境保护相协调目标的重要措施。对《议程》的贯彻执行，有利于物质文明、精神文明、生态文明建设的协调发展，有利于全面小康社会的建设，有利于实现中国社会的可持续发展。

5.可持续发展战略

随着社会经济的快速发展，资源匮乏和环境污染问题日益严重，这向人类提出了严峻的挑战。这些资源和环境问题对科技、经济、社会发展提出了更高的要求和目标。在目前情况下，任何一个国家要增强本国的综合国力，都无法回避科技、经济、资源、生态环境同社会的协调与整合问题。因此，对于一个国家而言，制订和实施可持续发展战略，显得尤为迫切和重要。

可持续发展是 20 世纪 80 年代提出的一个新的发展观，这一观念的提出是对时代变迁、社会经济发展需要的反应。1987年，挪威首相布伦特兰夫人在她任主席的联合国世界环境与发展委员会的报告《我们共同的未来》中，首次把可持续发展定义为"既满足当代人的需要，又不对后代人满足其需要的能力构成危害的发展"。中国学者对这一定义作了如下补充：可持续发展是"不断提高人群生活质量和环境承载能力的、满足当代人需求又不损害子孙后代满足其需求能力的、满足一个地区或一个国家需求又未损害别的地区或国家人群满足其需求能力的发展"。可持续发展的核心思想是，经济发展、保护资源和保护生态环境协调一致，让子孙后代能够享受充分的资源和良好的资源环境。也就是说，健康的经济发展应建立在生态可持续能力、社会公正和人民积极参与自身发展决策的基础上。它所追求的目标是：既要使人类的各种需要得到满足，个人得到充分发展；又要保护资源和生态环境，不对后代人的生存和发展构成威胁。

可持续发展战略，是指实现可持续发展的行动计划和纲领，是一个国家在多个领域实现可持续发展的总称，它要求各方面的发展目标，尤其是社会、经济与生态、环境的目标相协调。1992年6月，联合国环境与发展大会在巴西里约召开，会议提出并通过了全球的可持续发展战略——《21世纪议程》，并且要求各国根据本国的情况，制定各自的可持续发展战略、计划和对策。1994年7月4日，国务院批准了中国的第一个国家级可持续发展战略——《中国21世纪人口、环境与发展白皮书》。

可持续发展战略自提出之日起，在中国社会改革和经济发展过程中发挥了积极的推动指导作用。2012年6月1日，国务院新闻办对外正式发布了《中华人民共和国可持续发展国家报告》。报告表示，当前和今后一个时期，中国将进一步深入推进可持续发展战略的总体思路，具体包括：一是把转变经济发展方式和对经济结构进行战略性调整作为推进经济可持续发展的重大决策；二是把建立资源节约型和环境友好型社会作为推进可持续发展的重要着力点；三是把保障和改善民生作为可持续发展的核心要求；四是把科技创新作为推进可持续发展的不竭动力；五是把深化体制改革和扩大对外开放和合作作为推进可持续发展的基本保障。

可持续发展的观念对中国社会政策的制定，社会经济的发展产生了深远影响。可持续发展战略成为指导中国进行社会经济发展和改革的重要依据和原则。中国坚持可持续发展战略，走可持续发展之路，既符合时代发展的潮流，也有利于中国社会经济的改革与发展。

6. "环境保护"教育

"环境保护"教育是以人类与环境的关系为核心，以解决环境问题和实现可持续发展为目的，以提高人们的环境意识和有效参与能力、普及环境保护知识与技能、培养环境保护人才为任务，以教育为手段而展开的一种社会实践活动过程。简而言之，"环境保护"教育就是以人类与环境的关系为核心而进行的一种对环境进行保护的教育活动。

"环境保护"教育的目的和任务有：一是培养和造就消除环境污染和防治生态破坏，改善和创造高质量的生产和生活环境所需的各种专门人才，培养和造就具有环境保护与可持续发展综合决策和管理能力的各层次管理人才；二是培养广大人民群众自觉保护环境的道德风尚，提高全民族的环境与发展意识。

中国的"环境保护"教育以校园环境保护教育的形式为主体，这是贯彻"环境保护"这一基本国策的基础工程，是中国可持续发展能力建设的重要内容。《中国21世纪议程》对校园环境保护教育的规定有："加强对受教育者的可持续发展思想的灌输。在小学的《自然》和中学的《地理》等课程中纳入资源、生态、环境和可持续发展内容；在高等学校普遍开设《发展与环境》课程，设立与可持续发展密切相关的研究生专业，如环境学等，将可持续发展思想贯穿于从初等到高等的整个教育过程中。"

中国的校园环境保护教育开始于20世纪70年代，在理论和实践上已经积累了丰富的经验，其发展过程共经历了三个阶段。一是起步阶段（1973—1983年）：1973年第一次全国环境保护会议后，环境保护工作开始受到关注；在20世纪70年代末80年代初逐渐在中小学校课程中增加环境科学知识内容。二是发展阶段（1983—1992年）：教育部1987年颁布的教学大纲中强调，小学和初中要通过相关学科教育和课外活动、开设讲座等形式进行能源、环境保护和生态的渗透教学，有条件的开设选修课。三是提高阶段（1992年后）：中国教育部在1992年颁布的新大纲中明确提出在相关学科教学内容中要讲授环境保护知识，1995年在北京召开环境教育先进单位、先进个人和优秀教师表彰大会，有力地推动了全国的环境教育工作。从20世纪90年代中期以来，国际组织和外国政府与中国政府和民间组织进行合作，开展了环境教育研究和培训，加强人员交流以及中小学环境保护活动，为中国环境教育注入了新的活力，使中国环境教育界与世界环境教育界联系得更加紧密。1996年以后，"绿色学校"的创建使中国环境保护教育进入了一个新阶段。

中国的"环境保护"教育事业经过多年的努力和发展，初步形成了具有中国特色的教育体系。随着社会和经济的发展，环境保护的任务和难度不断增强，这也向"环境保护"教育提出了更高的要求。"环境保护"教育的大力发展为提高中国广大民众对环境保护的认识程度和社会责任感，推动中国环境保护工作的发展作出了重要贡献。

7.饮用水水源保护区污染防治管理规定

水资源是人类生存的基本要素和源泉。中国水资源存在众多隐患和问题，一方面水资源在全国范围内分布极其不均,另一方面中国面临着严重的水污染问题,中国的近一半河段和九成的城市水域均受到不同程度的污染。水环境的恶化破坏了生态系统,而生态系统的破坏又进一步加剧了水资源的紧缺。

饮用水水源,指的是提供城镇居民生活及公共服务用水(如政府机关、企事业单位、医院、学校、餐饮业、旅游业等用水)、取水工程的水源地域,包括河流、湖泊、水库、地下水等。保护饮用水水源对于广大民众的生命安全和社会的可持续发展而言,显得尤为重要。

1989年7月10日,国家环境保护总局、卫生部、建设部、水利部、地矿部联合颁布了《饮用水水源保护区污染防治管理规定》(以下简称《规定》)。《规定》自颁布之日起正式实施,共6章27条。《规定》在对饮用水水源保护区进行界定的基础上,提出了污染防治的具体要求和措施,包括对饮用水地表水源保护区的划分和防护、对饮用水地下水源保护区的划分和防护、对饮用水水源保护区污染防治的监督管理,以及有关的奖励与惩罚事项。

《规定》对饮用水水源进行了系统的划分,包括饮用水地表水源保护和饮用水地下水源保护。对于不同类型的饮用水水源提出了针对性的保护和治污措施,例如按照《规定》要求,饮用水地表水源各级保护区及准保护区内,禁止一切破坏水环境生态平衡的活动以及破坏水源林、护岸林、与水源保护相关植被的活动;禁止向水域倾倒工业废渣、城市垃圾、粪便及其他废弃物。对于饮用水地下水源各级保护区及准保护区,《规定》要求,禁止利用渗坑、渗井、裂隙、溶洞等排放污水和其他有害废弃物;禁止利用透水层孔隙、裂隙、溶洞及废弃矿坑储存石油、天然气、放射性物质、有毒有害化工原料、农药等。

随着时代的发展,《规定》也进行了与时俱进的修改和发展。2010年12月,环境保护部颁布了《关于废止、修改部分环保部门规章和规范性文件的决定》(环境保护部令第16号,以下简称《决定》)。

《决定》要求对《规定》作出一系列符合时代要求的修改。例如:一、将第八条、第九条、第十九条中的"《GB 3838—88地面水环境质量标准》"修改为"《地表水环境质量标准》"。二、将第八条、第十四条中的"《GB 5749—85生活饮用水卫生标准》"修改为"《生活饮用水卫生标准》"。三、将第十九条中的"《GB 5084—85农田灌溉水质标准》"修改为"《农田灌溉水质标准》"。四、将第十二条第一项中的一级保护区内"禁止从事种植、放养畜禽,严格控制网箱养殖活动",修改为"禁止从事种植、放养畜禽和网箱养殖活动"。五、将第十二条第二项中的二级保护区内"不准新建、扩建向水体排放污染物的建设项目。改建项目必须削减污染物排放量",修改为"禁止新建、改建、扩建排放污染物的建设项目";将"原有排污口必须削减污水排放量,保证保护区内水质满足规定的水质标准",修改为"原有排污口依法拆除或者关闭"。

《规定》是中国第一部专门针对饮用水水源进行保护和治污的行政法规，为广大民众的饮用水安全提供了政策保障，为水源保护区的污染防治工作开展提供了政策支持和原则指导，对于中国饮用水治理和保护具有重要意义。

8.关于加强农村生态环境保护工作的若干意见

改革开放以来，中国的农村经济有了快速发展，但随着农村经济的发展，农村环境污染和生态破坏问题日益突出，农药、化肥、农膜污染加剧，秸秆焚烧、污水灌溉和养殖业污染日趋严重，乡镇工业污染迅速蔓延，农业生态系统退化，植被破坏、土地退化严重，一系列生态破坏和环境污染问题成为影响农村社会经济可持续发展的重要因素。

为了应对农村地区日益严重的生态环境问题，中国政府提出了一系列促进农村生态环境保护工作的指导政策和建议。1999年11月1日，《国家环境保护总局关于加强农村生态环境保护工作的若干意见》（以下简称《意见》）颁布。《意见》要求提高认识，在明确农村生态环境保护的目标与任务的基础上，提出了加强农村生态环境保护工作的几点重要意见，包括：加强面源污染防治，改善水体和大气环境质量、开展环境综合整治，创建生态文明村镇、加大生态示范区建设力度，推进区域生态经济的发展、严格资源开发的环境管理，切实保护好重要自然生态系统、加强能力建设，提高农村生态环境保护的监督管理水平。

《意见》首先指出了农村生态环境保护的重要意义和主要任务。《意见》认为农村生态环境保护是环境保护工作的重要组成部分，是改善区域环境质量的重要措施。当前农村生态环境保护的主要任务是，防治农业生产和农村生活污染，综合整治乡镇环境，促进自然资源的合理开发利用，维护农村重要自然生态系统的良性循环，提高城乡居民的生活环境质量，确保农村经济社会的健康、持续发展。

《意见》对各级环保部门在农村生态环境保护中的任务进行了明确规定，并且提出了监督的要求。环保部门需要做的农村生态环境保护工作有很多，为抓住重点，《意见》围绕着改善农村生态环境质量、加强农村生态环境保护和监督管理的需要提出了到2002年底的工作目标：要求各级环境保护部门应积极开展村镇环境规划；小城镇和村庄环境整治是农村生态环境保护的重点；要求进一步加强乡镇企业环境管理。《意见》对于环保部门在农村生态环境保护中的监督检查工作进行了详细规定，要求各级环境保护部门加强农村生态环境保护监督管理队伍的建设；加强与相关部门的协调与合作，通过抓立法、抓规划、抓标准、抓监督考核，不断推进农村生态环境保护工作；积极开展生态环境监理，加强农村生态环境监测能力建设，努力提高统一监督管理水平。

《意见》基本涵盖了农村生态环境保护的主要方面，但是由于各地农村的具体生态环境问题存在巨大差异，因此各地环保部门在执行《意见》内容时应该结合本地区的实际情况，参照《意见》中的不同内容，有重点有针对性地开展保护工作。

《意见》作为在农村生态环境保护领域的专门性政策文件，是对以往只注重城市环境保护的重大突破，对于中国广大农村地区的生态环境保护，以及农村的社会经济发展具有重要的积极意义。

9.环境信息公开办法（试行）

现代社会的发展，要求政府建立起一套公开透明，能够集中民智、代表民意的公众参与机制。政府部门的信息和政务公开，是公众有效参与公共事务管理的前提和基础。由于中国环境污染的普遍性和严重性，在环境这一领域尝试进行信息公开，是时代发展的必然要求。中国现有的环境法规中虽有"信息公开"的原则，但在公开的具体对象、方式方法和监督责任等方面一直缺乏可操作性的规定，给公众参与环境保护工作造成了巨大障碍。

环境信息，指的是在环境领域的一系列信息，包括政府环境信息和企业环境信息。政府环境信息，是指环保部门在履行环境保护职责中产生或者获取的，以一定形式记录、保存的信息。企业环境信息，是指企业以一定形式记录、保存的，与企业经营活动产生的环境影响和企业环境行为有关的信息。

2007年4月11日，国家环境保护总局第一次局务会议通过了《环境信息公开办法（试行）》（以下简称《办法》），自2008年5月1日起施行。这是继国务院颁布《政府信息公开条例》之后，中国政府部门发布的第一部有关信息公开的规范性文件，也是第一部有关环境信息公开的综合性部门规章。

《办法》全文共5章29条。包括总则、政府环境信息公开、企业环境信息公开、监督与责任，以及附则。《办法》通过将环境信息划分成政府环境信息和企业环境信息，明确了信息公开的责任主体；通过对不同的信息公开责任主体的区分，明确其具体任务要求，如公开的范围、公开的方式和程序等，将有利于强制和监督环保部门和污染企业向全社会公开重要环境信息，为公众参与污染减排工作提供平台。

在政府环境信息公开方面，《办法》作出了详细的规定。首先，对于公开的内容和时限要求有了明确的规定。在内容上，要求各级环保部门公开环保法律法规、政策、标准、行政许可与行政审批等17类政府环境信息。在时限上，要求环保部门必须在环境信息形成或者变更之日起20个工作日内，以便民的方式公开政府环境信息，在15个工作日内对公众获取信息申请作出答复。其次，对于环境信息公开的责任也有了明确规定。在制度上，要求建立政府环境信息公开工作考核制度、社会评议制度和责任追究制度。在监督上，公众认为环保部门在政府环境信息公开工作中的具体行政行为侵犯其合法权益的，可以依法申请行政复议或者提起行政诉讼。最后，对政府环境信息公开工作年度报告也作出了详细的规定，要求年度报告应包括：环保部门主动公开政府环境信息的情况；环保部门依申请公开政府环境信息和不予公开政府环境信息的情况；因政府环境信息公开申请行政复议、提起行政诉讼的情况；政府环境信息公开工作存在的主要问题及改进情况等。

在企业环境信息公开方面，《办法》同样作出了详细的规定。首先，对于公开的对象和时限要求有了明确的规定。在对象上，强制超标、超总量排污的企业公开四大类环境信息，并且不得以保守商业秘密为由拒绝公开。此外，鼓励一般污染企业自愿公开环境信息。在时限上，要求属于强制性公开环境信息的企业，应当在环保部门公布企业名单后30日内，在所在地主要媒体上公布其环境信息，包括主要污染物排放情况，并将向社会公开的环境信息上报所在地环保部门进行备案。另外，对企业环境信息公开的行为还有奖励的有关规定。对于自愿公开企业环境行为信息且模范遵守环保法律法规的企业，环保部门可以给予一定奖励，包括在当地主要媒体公开表彰；依照国家有关规定优先安排环保专项资金项目；依照国家有关规定优先推荐清洁生产示范项目或者其他国家提供资金补助的示范项目等。

《办法》的出台，既重申了在政府工作和环境保护工作方面的"信息公开"原则，又通过对信息公开的对象，公开的内容、时限、方法，公开的责任和监督等进行明确规定，使中国的环境信息公开更具有可行性和可操作性。对于中国政府进一步开展环境保护工作，以及中国民众的环境保护参与和监督都具有重要积极意义。

10.畜禽养殖污染防治管理办法

中国是禽畜养殖大国，特别是改革开放后，随着国家经济的恢复和发展，畜禽养殖业发展迅速，已经成为农村经济最具活力的增长点，对保障消费者"菜篮子"供给、促进农民增收致富具有重要意义。但是，随着畜禽养殖规模不断扩大，畜禽粪便、污水等养殖废弃物的产生量也迅速增加，大量禽畜养殖废弃物得不到有效处理导致环境污染严重。因此，畜禽养殖污染已成为中国农业污染的主要来源，同时畜禽养殖业环境问题也已经成为妨碍产业本身健康发展的重要因素。

畜禽养殖污染，是指在畜禽养殖过程中，畜禽养殖场排放的废渣，清洗畜禽体和饲养场地、器具产生的污水及恶臭等对环境造成的危害和破坏。畜禽养殖场，是指常年存栏量为500头以上的猪、3万羽以上的鸡和100头以上的牛的畜禽养殖场，以及达到规定规模标准的其他类型的畜禽养殖场。

2001年3月20日,国家环境保护总局经局务会议通过了《畜禽养殖污染防治管理办法》(以下简称《办法》),于2001年5月8日起正式实施。《办法》共21条,对中国禽畜养殖的管理和禽畜污染物的防治进行了详细的规定,是指导禽畜养殖和农村环境治理的重要指南。

针对中国原先大量存在的禽畜养殖选址不规范、不科学的问题,《办法》进行了明确的规定,集中提出了禁止建设畜禽养殖场的地点,包括:生活饮用水水源保护区、风景名胜区、自然保护区的核心区及缓冲区;城市和城镇中居民区、文教科研区、医疗区等人口集中地区;县级人民政府依法划定的禁养区域;国家或地方法律、法规规定需特殊保护的其他区域。

针对禽畜养殖场污染物过度排放和污染治理难度大的问题,《办法》也进行了详细的规定。要求畜禽养殖场排放污染物,不得超过国家或地方规定的排放标准;在依法实施污染物排放总量控制的区域内,畜禽养殖场必须按规定取得《排污许可证》,并按照《排污许可证》的规定排放污染物;另外,畜禽养殖场排放污染物,应按照国家规定缴纳排污费;向水体排放污染物,超过国家或地方规定排放标准的,应按规定缴纳超标准排污费。

针对畜禽养殖场以往存在的缺乏强有力的监管问题,以及对禽畜养殖场的监管权利义务划分问题,《办法》同样进行了明确规定。要求县级以上人民政府环境保护行政主管部门有权对本辖区范围内的畜禽养殖场的环境保护工作进行现场检查,索取资料,采集样品,监测分析;被检查单位和个人必须如实反映情况,提供必要资料。另外,对超过规定排放标准或排放总量指标,排放污染物或造成周围环境严重污染的畜禽养殖场,县级以上人民政府环境保护行政主管部门可提出限期治理建议,报同级人民政府批准实施。

《办法》对中国禽畜养殖业中长期存在的一系列不规范的管理问题和严重污染问题进行了总结和明确规定,为新时期禽畜养殖发展和污染治理提供了重要原则和指导。有利于规范中国禽畜养殖行业污染行为,治理禽畜养殖污染,增强禽畜养殖业综合竞争力,提高人民群众的生活质量。

11.中华人民共和国防沙治沙法

中国属于典型的大陆性气候,从而使得干旱、半干旱地区广泛地分布在辽阔的国土上。这些地区的生态环境脆弱,土地呈现明显的自然沙化趋势。随着中国经济的快速发展,人口的大量迁移,农业活动和工业活动逐渐密集化。高强度的人类活动对原本脆弱的土壤环境造成了严重破坏,特别是中国西北内陆地区,土地荒漠化、沙化现象日趋严重。

土地沙化不利于农业和工业的发展,更对人民群众的生命和财产安全造成了巨大威胁。

土地沙化是指因气候变化和人类活动所导致的天然沙漠扩张和沙质土壤上植被破坏、沙土裸露的过程。中国面临的土地沙化,主要是由于人类不合理活动所导致的天然沙漠扩张和沙质土壤上植被及覆盖物被破坏,形成流沙及沙土裸露的问题。防沙治沙,是指在干旱、半干旱和亚湿润地区,预防沙漠化和恢复植被、提高地力、治理沙漠的综合性治理措施。

2001年8月31日,九届全国人大常委会第二十三次会议审议通过了《中华人民共和国防沙治沙法》(以下简称《防沙治沙法》),自2002年1月1日起施行。《防沙治沙法》全文共7章47条,在明确土地沙化治理的意义和原则的基础上,详细规定了防沙治沙规划、土地沙化的预防、沙化土地的治理等重要内容,并且提出了防沙治沙的保障措施和法律责任。

在防沙治沙的总体规划方面,《防沙治沙法》明确要求从事防沙治沙活动,以及在沙化土地范围内从事开发利用活动,必须遵循防沙治沙的统一规划。首先,对防沙治沙规划的编制提出了严格规定,要求应当根据沙化土地所处的地理位置、土地类型、植被状况、气候和水资源状况、土地沙化程度等自然条件及其所发挥的生态、经济功能,对沙化土地实行分类保护、综合治理和合理利用。其次,对防沙治沙规划的灵活性和适应性给予了充分重视,要求防沙治沙规划应当与土地利用总体规划相衔接;防沙治沙规划中确定的沙化土地用途,应当符合本级人民政府的土地利用总体规划。

在防沙治沙的治理主体和相应的权利义务方面,《防沙治沙法》也进行了详细的规定。首先,沙化土地所在地区的地方各级人民政府,应当按照防沙治沙规划,组织有关部门、单位和个人,因地制宜地采取人工造林种草、飞机播种造林种草、封沙育林育草和合理调配生态用水等措施,恢复和增加植被,治理已经沙化的土地。其次,国家鼓励单位和个人在自愿的前提下,捐资或者以其他形式开展公益性的治沙活动。从事公益性治沙的单位和个人,应当按照县级以上地方人民政府林业或者其他有关行政主管部门的技术要求进行治理,并可以将所种植的林、草委托他人管护或者交由当地人民政府有关行政主管部门管护。最后,对于从事营利性治沙活动的单位和个人,在治理活动开始之前,应当向治理项目所在地的县级以上地方人民政府林业行政主管部门或者县级以上地方人民政府指定的其他行政主管部门提出治理申请。

在防沙治沙的保障措施方面,《防沙治沙法》同样进行了明确的规定。首先,防沙治沙应设立专项工程,并提供资金支持。国务院和沙化土地所在地区的地方各级人民政府应当在本级财政预算中按照防沙治沙规划通过项目预算安排资金,用于本级人民政府确定的防沙治沙工程。其次,对于单位和个人的防沙治沙应予以优惠和奖励。国务院和省、自治区、直辖市人民政府应当制定优惠政策，鼓励和支持单位和个人防沙治沙。县级以上地方人民政府应当按照国家有关规定，根据防沙治沙的面积和难易程度，给予从事防沙治沙活动的单位和个人资金补助、财政贴息以及税费减免等政策优惠。

《防沙治沙法》是中国为预防土地沙化，治理沙化土地，维护生态安全，促进经济和社会的可持续发展而制定的第一部关于土地沙化治理的专门性法律，对于新时期土地沙化的治理具有重要的指导作用。

12.住宅室内装饰装修管理办法

居住权利和住宅是民众进行生产生活最基本的要求和保障。在中国，随着社会经济的持续快速发展，民众对居住环境的质量和品质不断提出了新的要求，越来越多的人开始注重住宅的室内装饰和装修。

住宅室内装饰装修，是指住宅竣工验收合格后，业主或者住宅使用人（以下简称"装修人"）对住宅室内进行装饰装修的建筑活动。在实际装修过程中，存在着一系列管理问题和环境隐患，对生态环境保护和民众的日常生活造成了不良影响，政府有必要对室内装饰装修行为进行指导和管理。

2002年2月26日，建设部经第53次部常务会议讨论通过并颁布了《住宅室内装饰装修管理办法》（以下简称《办法》），自2002年5月1日起施行。《办法》共8章48条，分别是总则、一般规定、开工申报与监督、委托与承接、室内环境质量、竣工验收与保修、法律责任和附则。

《办法》对于在中国城市从事的住宅室内装饰装修活动，进行了详细而明确的管理和监督规定。首先，《办法》明确指出了在住宅室内装饰装修活动中必须禁止的一系列行为，具体包括：未经原设计单位或者具有相应资质等级的设计单位提出设计方案，变动建筑主体和承重结构；将没有防水要求的房间或者阳台改为卫生间、厨房间；扩大承重墙上原有的门窗尺寸，拆除连接阳台的砖、混凝土墙体；损坏房屋原有节能设施，降低节能效果等。另外，《办法》还指出了在从事住宅室内装饰装修活动时，未经批准不能进行的活动，包括：搭建建筑物、构筑物；改变住宅外立面；在非承重外墙上开门、窗；拆改供暖管道和设施；拆改燃气管道和设施。

在住宅室内装饰装修活动存在多个主体，为了处理好各个主体间的利益关系，避免在装饰装修过程中出现纷争，《办法》对多方主体间的关系进行了详细规定。首先是装修人和物业管理单位的关系，装修人，或者装修人和装饰装修企业，应当与物业管理单位签订住宅室内装饰装修管理服务协议。其次是装修人和装饰装修企业的关系，装修人和装饰装修企业应当签订住宅室内装饰装修书面合同,明确双方的权利和义务。最后,《办法》对在装饰装修中各个主体间发生的纠纷提出了解决机制。当住宅室内装饰装修工程发生纠纷时,可以协商或者调解解决;不愿协商、调解或者协商、调解不成的,可以依法申请仲裁或者向人民法院起诉。

对于在装饰装修过程中容易产生的环境污染问题,《办法》也进行了明确规定,要求装饰装修企业从事住宅室内装饰装修活动,应当严格遵守规定的装饰装修施工时间,降低施工噪音,减少环境污染;住宅室内装饰装修过程中所形成的各种固体、可燃液体等废物,应当按照规定的位置、方式和时间堆放和清运;住宅室内装饰装修工程使用的材料和设备必须符合国家标准,禁止使用国家明令淘汰的建筑装饰装修材料和设备。

《办法》对室内装饰装修过程中的各个环节的要求进行了明确规定,以及对各方参与主体的权利义务进行了详细说明,成为对住宅室内装饰装修进行监督管理的重要政策依据。加强住宅室内装饰装修管理,有利于保证装饰装修工程的质量和安全,有利于维护公共安全和公众利益。

13.重大水污染事件报告暂行办法

水污染是指由于有害化学物质造成水的使用价值降低或丧失的过程。世界范围内重大水污染事件屡见不鲜,例如1956年,日本熊本县由于水污染导致的严重水俣病;1986年,瑞士巴塞尔市化工厂导致的莱茵河严重污染。

重大水污染事件往往伴随着工业的快速发展而产生。在中国,随着经济的快速发展,特别是工业生产规模的扩张,中国水资源质量不断下降,水环境持续恶化。由于污染所导致的缺水和事故不断发生,不仅使工厂停产、农业减产甚至绝收,而且造成了不良的社会影响和巨大的经济损失,严重地威胁到社会的可持续发展,威胁到民众的生存。

2000年7月3日,水利部颁布了《重大水污染事件报告暂行办法》(以下简称《办法》),于2003年7月3日正式实施。《办法》共9条,在有限的篇幅中对重大水污染事件报告制度进行了精要的介绍,成为新时期指导中国治理重大水污染事件的重要参考和依据。

《办法》首先对重大水污染事件的界定要求和类型划分进行了明确规定。在中国,重大水污染事件系指下列情形之一:长江、黄河、松花江、辽河、海河、淮河、珠江干流、太湖及其他重要河流、湖泊、水库发生或可能发生大范围水污染;县级以上城镇集中供水水源地发生水污染,影响或可能影响安全供水;因水污染导致人群中毒;水污染直接损失在10万元以上;因水污染使社会安定受到或可能受到影响等。

《办法》还对重大水污染事件的管理结构和报告路径进行了说明。流域机构直接管的河流（河段、湖泊、水库）发生的重大水污染事件，流域机构负责报告水利部，并通报有关省、自治区、直辖市（以下简称"省级"）人民政府和水行政主管部门；省级水行政主管部门管理的河流（河段、湖泊、水库）发生的重大水污染事件，省级水行政主管部门负责报告水利部和当地人民政府，并抄报有关流域机构；特别紧急重大的水污染事件，在报告水利部的同时，可直接报告国务院。在重大水污染事件报告之后，《办法》还要求建立调查报告制度。各单位在重大水污染事件调查处理结束后的10日内以正式文件向水利部提交重大水污染事件调查报告，报告应包括以下主要内容：发生的时间、地点、过程及影响的范围；发生的原因；采取的措施和效果；造成的损失和影响；经验教训与建议。

在对报告过程进行规定的同时，《办法》还对在重大水污染事件报告制度中的主要参与主体的责任进行了要求。重大水污染事件报告实行领导负责制和报告值班制。由于瞒报、漏报、迟报影响及时妥善处理重大水污染事件，造成后果的，要依法追究有关责任人及主管领导的责任。

《办法》对报告内容、报告程序、责任主体等重要内容的明确规定，为水利和环保部门治理水污染事件提供了重要制度基础，有利于水污染治理工作的顺利开展，对于保护水资源，维护民众的基本生活权益，实现社会可持续发展具有重要意义。

14. "资源节约型"和"环境友好型"社会建设

改革开放以来，中国的经济社会发展取得了巨大成就。但是，从总体上看，中国目前经济的快速增长在很大程度上是依靠资源的高消耗实现的，并没有从根本上改变"高投放、高消耗、高排放、低效率"的粗放式增长方式。中国的耕地、淡水、能源、矿产资源和环境状况对经济发展已经构成了严重制约。为了实现经济社会的可持续发展，进行"资源节约型"和"环境友好型"社会建设成为了中国社会发展的一种必然选择。

资源节约型社会，是指在生产、流通、消费等领域，通过采取法律、经济和行政等综合性措施，提高资源利用效率，以最少的资源消耗获得最大的经济和社会收益，保障经济社会可持续发展。环境友好型社会，则是指一种人与自然和谐共生的社会形态，其核心内涵是人类的生产和消费活动与自然生态系统协调可持续发展。

2005年10月，党的十六届五中全会通过了《中共中央关于制定国民经济和社会发展第十一个五年规划的建议》，指出"要把节约资源作为基本国策，发展循环经济，保护生态环境，加快建设资源节约型、环境友好型社会，促进经济发展与人口、资源、环境相协调"。2006年3月，十届全国人大四次会议审议通过了国家"十一五"规划纲要，纲要用五章专题阐述了建设资源节约型、环境友好型社会问题，明确提出：落实节约资源和保护环境基本国策，建设低投入、高产出，低消耗、少排放，能循环、可持续的国民经济体系和资源节约型、环境友好型社会。由此，建设"资源节约型"和"环境友好型"社会被确定为中国的一项中长期战略任务。这是关系到中国经济社会发展和中华民族兴衰，具有全局性和战略性的重大决策。

首先，发展资源节约型、环境友好型社会的经济体系是建设资源节约型、环境友好型社会的核心。传统的经济发展模式是以对自然资源的过度索取和以牺牲环境容量为代价来获得财富数量的增长，表现出典型的高消耗、低效益和高污染排放特征。因此，资源节约型、环境友好型经济发展模式的首要任务是实现低资源能源消耗、高经济效益、低污染排放和生态破坏。为此，要大力发展循环经济，实现环境治理模式从末端治理向源头和全过程控制的转变。因此，发展循环经济是建立资源节约型、环境友好型社会的重要内容。循环经济主要是以减量化、再利用、资源化为原则，以最小的资源和环境成本，取得最大的经济社会效益，使经济发展与环境保护有机结合，实现经济社会可持续发展，使社会经济系统与自然生态系统相和谐。

其次，不断深化改革，推进适应资源节约型、环境友好型社会的体制和机制创新是生产关系的重大变革，也是建设资源节约型、环境友好型社会的关键。因此，必须采取政府主导与市场机制相结合的原则，加快改革与创新，为建设资源节约型、环境友好型社会创造良好的政策环境和体制保障。当前工作的重点：一是加快生产要素价格改革，使市场在资源配置中更大程度地发挥基础性作用。尽快理顺资源、环境价格，使其能够反映资源稀缺的程度，改变资源、环境价格严重扭曲的现状。二是转变政府职能，使各级政府，特别是中央政府把资源、环境的保护和生态建设的管理和投入作为基本职责之一，发挥政府的主导作用，加大对公共物品的投入力度，解决生态环境在市场配置中的失灵问题。三是大力加强制度创新，建立绿色 GDP 核算体系，改进政绩考核指标体系，建立健全推动资源节约和环境保护的一整套财政、税收、金融政策等。

最后，倡导和培养全民的生态文明、环境文化和节约资源的社会价值观、道德观和行为准则是建设资源节约型、环境友好型社会上层建筑的重要内容，要通过各种形式的宣传教育，调动企业、单位和个人参与建设的积极性，使人们在经济、科技、法律、伦理以及政治等领域建立起一种追求人与自然以及人与人之间和谐和对环境友好的价值理念，并以此指导生产、生活和消费方式。

建设资源节约型、环境友好型社会，是中国共产党和中国政府作出的事关中华民族生存和长远发展的一项重大战略决策，是实现经济社会又好又快发展的内在要求，是实现全面建设小康社会宏伟目标和中华民族伟大复兴的必由之路。

15.国家农村小康环保行动计划

随着中国农村经济的快速发展,农村生活污水、垃圾、农业生产及畜禽养殖废弃物排放量不断增大,农村地区环境状况日益恶化,农村环境质量明显下降,直接威胁着广大农民群众的生存环境与身体健康,制约了农村经济的健康发展。

2006年10月11日,国家环境保护总局发布了《国家农村小康环保行动计划》(以下简称《行动计划》)。该计划紧紧围绕全面建设小康社会的总体目标,以试点示范为先导,为切实解决农村环境"脏、乱、差"问题而提出一系列建议措施,为中国全面建设小康社会提供了环境安全保障和政策支撑。《行动计划》全文共由六个部分组成,分别是前言、中国农村环境形势、指导思想原则与目标、重点领域、建设任务和保障措施。

关于国家农村小康环保行动的计划和目标,可以分成两个部分,即总体目标和阶段性目标。《行动计划》提出的总体目标是:到2020年,有效控制农村地区环境污染的趋势,基本解决农村"脏、乱、差"问题,农村生活与生产环境得到切实改善,为建设"清洁水源、清洁家园、清洁田园"的社会主义新农村和全面建设小康社会提供环境安全保障。《行动计划》提出的阶段性目标,也称为"十一五"目标,就是到2010年,初步解决农村环境"脏、乱、差"问题,农村地区工业企业污染防治取得阶段性成效,农村饮用水环境得到改善,规模化畜禽养殖污染得到基本控制,新增一批有机食品生产基地,生态示范创建活动全面展开,农村环境监管能力得到加强,公众环保意识进一步提高,农村环境得到初步改善。

关于国家农村小康环保行动的重点工作领域,《行动计划》规定主要有五个方面,具体有:一是开展村庄环境污染综合治理。在实施"行动计划"的农村地区,生活垃圾要实现定点存放、统一收集、定时清理、集中处置,提倡资源化利用或纳入镇级以上处置系统集中处理。二是加强工业企业污染防治。坚持工业企业适当集中原则,优化工业发展布局。东部沿海经济比较发达地区的农村工业企业,要积极推行清洁生产;中西部经济欠发达地区的农村工业企业,要合理开发和利用自然资源,严禁引进和新建污染严重的生产项目。三是治理土壤污染与农村面源污染。在全国土壤污染状况调查的基础上,针对不同土壤污染类型选取有代表性的区域开展土壤污染治理与修复示范工作。四是保障农村饮用水环境安全。建设并完善水源地环境保护工程建筑物,合理布置取水点位置,划定水源保护区,加强水源水质监测,开展农村饮用水源水质调查与评估。五是防治规模化畜禽养殖污染,使用安全、高效的环保生态型饲料和先进的清粪工艺、饲养管理技术,实现污染"源头控制"。

关于国家农村小康环保行动的建设任务,《行动计划》规定了八个方面,具体有：一是农村环境污染治理基础设施建设；二是工业企业污染防治示范建设；三是土壤污染综合治理与修复示范建设；四是有机食品生产基地建设；五是农村饮用水源地保护示范建设；六是规模化畜禽养殖污染防治示范建设；七是创建环境优美乡镇、生态村；八是农村环境保护能力建设。

《行动计划》对环保行动的目标、原则、重要领域、任务进行了详细规定,坚持以人为本、环保为民。这是中国全面建设小康社会的重要步骤,有利于遏制农村环境污染加剧趋势,改善农村生活与生产环境,有利于建设社会主义新农村,全面建设小康社会。

16.生活垃圾填埋场污染控制标准

生活垃圾指的是与农业、工业等生产性垃圾相区别的,在人们生活过程中产生的废弃物和污染物。随着经济的发展和人们生活水平与消费能力的提高,人们在生活中产生的废弃物与日俱增。现阶段,中国对生活垃圾的处理主要以填埋为主,然而由于填埋规定的不完善、管理的不到位,导致垃圾填埋场环境污染现象日益严重。这对环境保护提出了新的挑战。

2008年4月2日,环境保护部和国家质量监督检验检疫总局联合发布了《生活垃圾填埋场污染控制标准》(以下简称《标准》),该标准自2008年7月1日起实施。

《标准》共由11个部分组成,包括适用范围、规范性引用文件、术语和定义、选址要求、设计、施工与验收要求、填埋废物的入场要求、运行要求、封场及后期维护与管理要求、污染物排放控制要求、环境和污染物监测要求,以及实施要求。这是环境保护部成立以后,为防治生活垃圾填埋处置造成的污染,保护和改善生态环境,保障人体健康,首次发布的国家污染物排放标准。

《标准》是对《生活垃圾填埋场污染控制标准》的修订。此次修订内容,主要有：修改了标准的名称；补充了生活垃圾填埋场选址要求；细化了生活垃圾填埋场基本设施的设计与施工要求；增加了可以进入生活垃圾填埋场共同处置的生活垃圾焚烧飞灰、医疗废物、一般工业固体废物、厌氧产沼等生物处理后的固态残余物、粪便经处理后的固态残余物和生活污水处理污泥的入场要求；增加了生活垃圾填埋场运行、封场及后期维护与管理期间的污染控制要求；增加了生活垃圾填埋场污染物控制项目数量。

新的《标准》更加符合时代发展的要求,并且致力于解决之前在生活垃圾填埋过程中出现的一系列问题。首先,《标准》对在生活垃圾填埋场的场址选择、建设、运行与封场后的全过程中的污染控制提出了更加严格的要求。《标准》补充了生活垃圾填埋场选址、基本设施的设计与施工要求。其次,《标准》对于生活垃圾处理场的设备设施有新的规定,要求现有和新建生活垃圾填埋场都应建有较完备的污水处理设施,渗滤液需经过处理后达到标准规定的排放限值才能排放。最后,《标准》还根据特殊区域环保工作的需要,在新的领域设立了新的要求,包括设立了水污染物特别排放限制;对生活垃圾填埋场产生的恶臭气体提出了严格的监控措施,规定甲烷气体应综合利用和处置。

《标准》作为新时期生活垃圾处理工作的重要规则,对生活垃圾填埋场的科学化、专业化管理提供了指导,有利于促进地区经济与环境协调发展,推动经济结构的调整和经济增长方式的转变;有利于引导工业生产工艺和污染治理技术的发展方向;有利于社会生态环境的可持续发展。

17.社会生活环境噪声排放标准

随着社会经济的发展,人口、商业、工业的不断密集,生活中的各种噪声问题不断显现并日益严重化。除了工业噪声之外,社会生活过程中产生的噪声也不断增多和增强,给人们的日常生产生活带来了巨大阻碍。如何对社会生活环境中产生的噪声进行规范化管理,成为当前环境保护的一项重要工作。

社会生活噪声主要是指在商业交易、娱乐休闲、体育比赛、游行集会、庆祝活动、宣传活动等各种社会活动中产生的噪声,其他如打字机、家用电器等小型机械,以及住宅区内修理汽车、制作家具和燃放爆竹等所产生的噪声也包括在内。

2008年,环境保护部和国家质量监督检验检疫总局联合发布了《社会生活环境噪声排放标准》(以下简称《标准》),自2008年10月1日起实施。这是环境保护部首次发布的关于社会生活环境噪声的规范性标准。虽然中国此前已经出台了有关环境噪声污染防治方面的政策和办法,但由于其缺乏具体的实施标准和测量噪声的办法,在现实运用中不具有可操作性。《标准》的公布可以重点解决这一操作性问题。

《标准》首先对适用的场合和对象进行了明确说明:主要适用于对营业性文化娱乐场所、商业经营活动中使用的向环境排放噪声的设备、设施的管理、评价与控制。其次,《标准》根据现行法律对社会生活噪声污染源达标排放义务进行了明确规定,对营业性文化娱乐场所和商业经营活动中可能产生环境噪声污染的设备、设施规定了边界噪声排放限值和测量方法。最后,《标准》对不同类型的社会环境及其噪声上限进行了详细规定,具体有:明确规定医院病房、住宅卧室、宾馆客房等以休息睡眠为主、需要保证安静的房间,夜间(22:00至次日6:00)噪声不得超过30分贝,白天(6:00至22:00)不得超过40分贝;以居住、学校、文教机关为主的区域,其室内噪声白天不得高于45分贝,夜间不得高于35分贝。

《标准》的颁布，是环境保护部在噪声环境治理方面的首创性举措，对于推进新时期社会生活环境噪声的管理工作顺利进行，对于净化居民的生活环境、提高居民生活质量都具有重要意义。

18.全国地面沉降防治规划

地面沉降是指由于自然因素或人类工程活动引发的地下松散岩层固结压缩并导致一定区域范围内地面高程降低的地质现象。地面沉降会造成建筑物地基下沉、房屋开裂、地下管道破损、井管抬升、洪涝及风暴潮灾害加剧等一系列问题，给国民经济造成巨大的损失。

中国目前存在严重的地面沉降问题，主要是由地下水、地下热水、油气等地下流体资源开采和工程建设等人类工程活动引发的。2009年国土资源部的调查与监测结果显示，中国累计地面沉降量超过200毫米的地区达到7.9万平方千米，发生地面沉降的城市超过50个，主要分布于北京、天津、上海、江苏、河北、山西、内蒙古等20个省、自治区、直辖市。地面沉降灾害已成为影响中国区域经济社会可持续发展的重要因素之一。

2012年6月26日，国土资源部和水利部发布了关于贯彻落实《全国地面沉降防治规划（2011—2020年）》（以下简称《规划》）的通知。这是中国首部有关地面沉降防治的指导性政策文件。《规划》全文共由7个部分组成，包括认真学习宣传《规划》，统筹推进贯彻落实、抓紧编制省级规划，把各项防治工作落到实处、加强协调联动，构建联防联控的工作机制、加强调查监测，健全完善地面沉降监测网络、严格地下水资源管理，加快推进地下水超采治理、统筹落实经费，建立地面沉降灾害防治工作投入保障机制、加强监督检查，保障《规划》实施效果。

《规划》将以长江三角洲地区、华北地区、汾渭盆地为主要目标区，用十年时间，查明全国地面沉降灾害现状、发展趋势、形成原因及分布规律，建立重点地区地面沉降监测网络；建立健全政府主导、部门协同、区域联动的地面沉降防治工作体系；形成适合国情的地面沉降防治与地下水控采技术方法体系。

在全国地面沉降防治的目标方面，《规划》制定了详细而明确的计划，将十年的防治工作分成了两个阶段。一是近期目标（2011—2015年）：完成长江三角洲、华北平原、汾渭盆地等主要地面沉降区和高速及重载铁路沿线等重大工程区的地面沉降调查，初步建立主要地面沉降区、重点城市及重大工程区的地面沉降监测网络。完成地面沉降区的地下水超采复核，划定地下水禁采区和限采区，控制并逐渐压缩地下水超采规模。建立以控制地面沉降与合理开采地下水为基础的区域地面沉降防治与地下水管理技术支撑体系，初步遏制地面沉降继续恶化的趋势。二是远期目标（2016—2020年）：完成全国地面沉降调查，基本掌握全国地面沉降的分布规律，建立全国地面沉降监测网络，实现对主要地面沉降区、重点城市和重大工程区地面沉降的有效监控，地面沉降监测与防治技术体系、管理体系进一步完善，通过实施重点地区水资源配置与地下水禁采限采、含水层恢复修复工程，地面沉降恶化趋势得到有效控制。

针对中国不同地区地面沉降严重程度的区别，《规划》主要对三个地面沉降重灾区提出了具体的地面沉降控制目标。首先是华北平原，北京和天津的目标均为：2015年，沉降速率控制在每年25毫米以内，沉降中心沉降速率控制在每年45毫米以内；2020年沉降速率控制在每年15毫米以内，沉降中心沉降速率控制在每年30毫米以内。河北和山东的目标均为：2015年，沉降速率控制在每年30毫米以内，沉降中心沉降速率控制在每年50毫米以内；2020年，沉降速率控制在每年20毫米以内，沉降中心沉降速率控制在每年30毫米以内。其次是长三角，上海市的目标为：2015年沉降速率控制在每年7毫米以内；2020年，区域地面沉降速率进一步降低。江苏和浙江的目标均为：2015年，沉降速率控制在每年15毫米以内，沉降中心沉降速率控制在每年20毫米以内；2020年，沉降速率控制在每年10毫米以内，沉降中心沉降速率控制在每年15毫米以内。

《规划》的颁布和实施，对于全面部署和推进中国地面沉降防治工作，促进资源、环境和经济社会协调发展，为民众的生产生活提供基础安全保障，都具有十分重要的积极意义。

19.关于加强环境噪声污染防治工作改善城乡声环境质量的指导意见

环境噪声污染，是指所产生的环境噪声超过国家规定的排放标准，并干扰他人正常生活、工作和学习的现象。环境噪声污染是一种能量污染，与其他工业污染一样，是危害人类环境的公害。随着中国经济社会的发展，城市化进程不断加快，在城市和乡村的环境噪声污染影响日益突出，环境噪声污染纠纷频发，给人们的生产生活带来了诸多不便，造成了明显的不良影响。

2010年12月15日，环境保护部、国家发展和改革委员会等十一部委联合发布了《关于加强环境噪声污染防治工作改善城乡声环境质量的指导意见》（以下简称《意见》）。《意见》共7章26条，在明确城乡环境噪声污染防治工作的指导思想、原则和目标的基础上，从六个方面对环境噪声污染防治进行了详细规划和指导，具体包括：加大重点领域噪声污染防治力度、强化噪声排放源监督管理、加强城乡声环境质量管理、强化监管支撑能力建设、夯实基础保障条件，以及抓好评估检查和宣传教育。

针对环境噪声治理不同领域的特点，《意见》提出了有针对性的治理方法。对于交通噪声污染的防治，要求加快城市市区铁路道口平交改立交建设，逐步取消市区平面交叉道口；控制高铁在城市市区内运行的噪声污染；加强机场周边噪声污染防治工作，减少航空噪声扰民纠纷等。对于施工噪声污染的防治，要求城市人民政府依法限定施工作业时间，严格限制在敏感区内夜间进行产生噪声污染的施工作业；实施城市夜间施工审批管理，推进噪声自动监测系统对建筑施工进行实时监督，鼓励使用低噪声施工设备和工艺。对于社会生活噪声污染的防治，要求严格控制加工、维修、餐饮、娱乐、健身、超市及其他商业服务业噪声污染，有效治理冷却塔、电梯间、水泵房和空调器等配套服务设施造成的噪声污染，严格管理敏感区内的文体活动和室内娱乐活动。对于工业企业噪声污染的防治，要求加大敏感区内噪声排放超标污染源关停力度，各城市应每年关停、搬迁和治理一批噪声污染严重的企业，到2015年底前实现敏感区内工业企业噪声排放达标。

评估检查是对治理的结果进行评价的重要工作，《意见》对城乡环境噪声污染防治的评估检查给予了高度重视。明确提出开展评估检查，要求各城市环保部门应定期开展噪声污染防治工作的评估，发布噪声污染防治报告，重点城市应每年将噪声污染防治情况报送环境保护部。同时，《意见》提出要深化环境噪声污染治理过程中的信息管理，要求划定后的声环境功能区应在环保部门网站予以公开，有条件的城市应在街道、社区明显位置设置声环境功能区类别的标识牌。最后，《意见》将环境噪声污染防治的主体向一般公众转移，提倡促进公众在环境噪声防治中的参与，要求广泛宣传噪声污染防治的法律、法规和政策，介绍噪声对人体健康危害的知识；并且在每年的"6·5"环境日期间，要求各地组织电视、广播、报纸等媒体，宣传报道声环境质量状况和噪声污染防治相关情况。

《意见》的出台，体现了中国政府对城乡噪声环境治理的高度重视，为加强环境噪声污染防治工作提供了重要指导，有利于改善城市和乡村的声环境质量，提高广大民众的生活质量。

20. "美丽中国"建设

2012年11月8日，党的十八大报告指出：要把生态文明建设放在突出地位，融入经济建设、政治建设、文化建设、社会建设各方面和全过程，努力建设"美丽中国"，实现中华民族永续发展。这是在历次的中国共产党全国代表大会中，首次以专章来论述生态文明，首次提出"推进绿色发展、循环发展、低碳发展"和"建设美丽中国"的重要理念。

"美丽中国"继"科学发展观"、"可持续发展"之后，成为中国社会各界关注的新词。其内涵是对党的十六大以来，党中央相继提出走新型工业化发展道路，发展低碳经济、循环经济，建立资源节约型、环境友好型社会，建设创新型国家，建设生态文明等新的发展理念和战略举措的继承和发展。

"美丽中国"建设，其核心就是要按照生态文明要求，通过建设资源节约型、环境友好型社会，实现经济繁荣、生态良好、人民幸福。而建设生态文明，实质上就是要建设以资源环境承载力为基础、以自然规律为准则、以可持续发展为目标的资源节约型、环境友好型社会，实现人与自然、环境与经济、人与社会的和谐共生。

党的十八大报告在独立篇章里系统地提出了今后五年大力推进生态文明建设的总体要求，把生态文明建设纳入了社会主义现代化建设的总体布局。报告提出要树立尊重自然、顺应自然、保护自然的生态文明理念；要坚持节约资源和保护环境的基本国策，坚持节约优先、保护优先、自然恢复为主的方针；要着力推进绿色发展、循环发展、低碳发展；要形成节约资源和保护环境的空间格局、产业结构、生产方式、生活方式，从源头上扭转生态环境恶化趋势，为人民创造良好生产生活环境，为全球生态安全作出贡献。

报告还明确了今后一个时期推进生态文明建设的重点任务，具体包括：一是优化国土空间开发格局。控制开发强度，调整空间结构，促进生产空间集约高效、生活空间宜居适度、生态空间山清水秀，给自然留下更多修复空间，给农业留下更多良田，给子孙后代留下天蓝、地绿、水净的美好家园；二是全面促进资源节约。节约资源是保护生态环境的根本之策，要节约集约利用资源，推动资源利用方式根本转变，加强全过程节约管理，大幅降低能源、水、土地消耗强度，提高利用效率和效益。

建设"美丽中国"，就是要坚持建设社会主义生态文明，需要积极探索在发展中保护、在保护中发展的环境保护新道路，需要构筑全社会共同参与的大格局。建设美丽中国是全社会共同参与、共同建设、共同享有的事业。中国共产党将生态文明建设提到更高的战略地位，体现了党中央对形势的准确判断与超强应对能力，也彰显了以人为本、执政为民的理念，必将增强中国建设"美丽中国"的信心和决心。

21.土壤环境保护工程

土壤是农业生产的基石，土壤的生产能力是经济社会稳定和持续发展的重要保障。随着工业化和城市化的大力推进，中国的土壤环境面临着严峻的挑战，不同地区的土壤遭受了不同程度的破坏和污染，土地荒漠化、水土流失、土壤污染等现象日益严重。为治理土壤污染源，中国多部委频频出台文件，加大工矿业、农业污染的治理力度。然而，土壤污染事件仍呈高发态势，其造成的生态环境影响也逐渐显露。

土壤环境保护工程，是指对于全国范围内的城市和农村土壤资源进行长期、动态治理和保护的系统工程。该工程的提出经历了复杂的决策过程，同时也与中国土壤环境保护工作的日益完善密切相关。

2011年10月31日，国务院总理温家宝主持召开国务院常务会议，研究部署土壤环境保护和综合治理工作。面对严峻的土壤污染形势，国务院表态将在未来实施"土壤环境保护工程"。

国务院常务会议提出，要将保护土壤环境、防治和减少土壤污染、保障农产品质量安全、建设良好人居环境作为当前和今后一个时期的主要目标。未来政府部门要进一步摸清土壤环境质量状况，建立土壤环境质量调查、监测制度，构建土壤环境质量监测网，完善相关政策、法规和标准，实施"土壤环境保护工程"，加快形成国家土壤环境保护体系，逐步改善土壤环境质量。会议要求严格保护耕地和集中式饮用水水源地土壤环境，加强土壤污染物来源控制，严格管控受污染土壤的环境风险，开展土壤污染治理与修复，提升土壤环境监管能力。此外，会议还要求落实企业保护土壤环境的主体责任。充分发挥市场机制作用，吸引社会资金参与土壤环境保护。引导和鼓励公众积极参与和支持土壤环境保护。

继国务院常务会议专门研究土壤环境的保护工作之后，一系列土壤保护工作进一步展开，不断丰富土壤环境保护工程的内涵。2013年1月23日，国务院办公厅发布了《关于印发近期土壤环境保护和综合治理工作安排的通知》（以下简称《通知》）。《通知》成为土壤环境保护工程中针对土壤环境综合治理的重要指导性政策，为土壤环境保护工程的进一步开展提供了重要参考。

《通知》明确提出了土壤环境保护的工作目标，即到2015年，全面摸清中国土壤环境状况，建立严格的耕地和集中式饮用水水源地土壤环境保护制度，初步遏制土壤污染上升势头，确保全国耕地土壤环境质量调查点位达标率不低于80%；到2020年，建成国家土壤环境保护体系，使全国土壤环境质量得到明显改善。

为了实现土壤环境保护工作的近期和长期目标，《通知》还提出了一系列任务和措施，包括：建立土壤环境质量定期调查和例行监测制度，基本建成土壤环境质量监测网，对全国60%的耕地和服务人口50万以上的集中式饮用水水源地土壤环境开展例行监测；全面提升土壤环境综合监管能力，初步控制被污染土地开发利用的环境风险，有序推进典型地区土壤污染治理与修复试点示范，逐步建立土壤环境保护政策、法规和标准体系。

土壤环境保护工程作为中国在土壤环境治理和保护工作中的系统性、综合性重点工程，其有序开展和顺利实施将在很大程度上解决中国存在的土壤污染事件、土壤破坏事件，对于中国生态环境的可持续发展具有重要的积极影响。

22.关于加强农作物秸秆综合利用和禁烧工作的通知

中国是农业大国,农作物秸秆产量大、分布广、种类多,历来是农民生活和农业发展的宝贵资源。改革开放以来,在政府强农惠农政策支持下,农业连年丰收,农作物秸秆产生量逐年增多,秸秆随意抛弃、焚烧现象屡禁不止,造成了资源的巨大浪费,带来了空气的污染,严重影响了交通安全,威胁着广大人民群众的生命财产安全。加强农作物秸秆禁烧工作、加快推进秸秆综合利用,对于稳定农业生态平衡、缓解资源约束、减轻环境压力都具有十分重要的意义。

2013年5月14日,国家发展和改革委员会联合农业部、环境保护部下发了《关于加强农作物秸秆综合利用和禁烧工作的通知》(以下简称《通知》)。《通知》对进一步推进秸秆综合利用和禁烧工作进行了明确的条文规定,有利于杜绝秸秆违法违规露天焚烧造成的资源浪费和环境污染问题。《通知》共由六个部分组成。在要求政府部门和民众充分认识秸秆综合利用和禁烧工作重要性和紧迫性的基础上,《通知》提出了一系列加强农作物秸秆综合利用和禁烧的指导意见,具体包括:加强组织领导、加大政策支持力度、严格执行相关标准、强化禁烧监管,以及加强舆论宣传。

《通知》对全国范围内的农作物秸秆综合利用和禁烧工作的开展提出了明确的指导意见,要求加大政策支持力度,充分利用现有秸秆综合利用财政、税收、价格优惠激励政策,加大对农作物收获及秸秆还田收集一体化农机的补贴力度,提高还田和收集率,扩大秸秆养畜、保护性耕作、秸秆代木、能源化利用等秸秆综合利用支持规模;研究秸秆收储运体系建设激励措施;探索秸秆综合利用重点区域支持政策;研究建立秸秆还田或打捆收集补助机制,深入推动秸秆还田、养畜、秸秆代木、食用菌生产、秸秆固化成型、秸秆炭化等不同途径利用;加强秸秆综合利用能力建设,探索形成适合当地秸秆资源化利用的管理模式和技术路线,提高秸秆综合利用率,推动秸秆综合利用规模化、产业化发展。

《通知》对各个地方因地制宜地进行农作物秸秆综合利用和禁烧工作进行了详细说明:要求各地可以按照本地区《秸秆综合利用规划》提出的目标要求,切实转变工作思路,下大力气加大对秸秆收集和综合利用的扶持力度,抓好秸秆禁烧工作,采取"疏堵结合"、"以用促禁"的方式,加快构建政府主导、企业主体、农民参与的秸秆综合利用工作格局;地方各级人民政府要着力健全激励和约束机制,明确对本行政区域秸秆综合利用负总责、政府主要领导是第一责任人的工作要求,建立秸秆综合利用和禁烧目标责任制,并分解落实到相关部门,明确分工、落实责任,加强监管;各地要围绕机场周边、高速公路和铁路沿线、旅游景区等,划定并公布秸秆综合利用和禁烧重点区域,确保措施落实到位,杜绝秸秆随意焚烧现象。

《通知》作为农村环境治理过程中的一个重要政策，对农村环境保护工作的顺利开展具有积极作用。农作物秸秆综合利用和禁烧工作的大力推进，有利于农村生态环境的改善，有利于民众生活质量的提高，有利于中国社会的可持续发展。

23.雾霾治理

雾霾是指悬浮于大气中的PM2.5尺寸的微粒、粉尘、气溶胶等粒子，在一定的湿度、温度等天气条件相对稳定状态下产生的天气现象。雾霾灾害，是大气长期污染造成的结果。雾霾天气主要是由于经济发展方式粗放、产业结构和能源结构不尽合理造成的，其根源在于化石能源的过度和粗放使用。

随着中国工业化、城镇化的深入推进，能源资源消耗持续增加，大气环境污染问题日益严重。当前，中国雾霾污染形势严峻，以可吸入颗粒物（PM10）、细颗粒物（PM2.5）为特征污染物的区域性雾霾环境问题日益突出，严重损害了人民群众的身体健康，影响了社会和谐与稳定。对雾霾的治理已经成为事关国计民生的重要环境保护任务。

2013年9月10日，针对日渐严重的雾霾天气，国务院公开发布了《关于印发大气污染防治行动计划的通知》（以下简称《计划》）。《计划》提出了应对日益严重的空气污染问题，进行空气污染综合长期治理的政策建议，成为当前雾霾治理的重要指南。

《计划》全文共10章35条。在对大气污染防治的总体要求、奋斗目标和具体指标进行阐述的基础上，明确提出了下一阶段中国大气污染防治的重要手段和措施，具体包括：加大综合治理力度，减少多污染物排放；调整优化产业结构，推动产业转型升级；加快企业技术改造，提高科技创新能力；加快调整能源结构，增加清洁能源供应；严格节能环保准入，优化产业空间布局；发挥市场机制作用，完善环境经济政策；健全法律法规体系，严格依法监督管理；建立区域协作机制，统筹区域环境治理；建立监测预警应急体系，妥善应对重污染天气；明确政府企业和社会的责任，动员全民参与环境保护。《计划》还提出了当前中国大气污染治理，包括雾霾治理的长期和短期目标。《计划》要求经过五年努力，全国空气质量总体改善，重污染天气较大幅度减少；京津冀、长三角、珠三角等区域空气质量明显好转。力争再用五年或更长时间，逐步消除重污染天气，全国空气质量明显改善。在污染治理的具体指标上，《计划》提出到2017年，全国地级及以上城市可吸入颗粒物浓度比2012年下降10%以上，优良天数逐年提高；京津冀、长三角、珠三角等区域细颗粒物浓度分别下降25%、20%、15%左右，其中北京市细颗粒物年均浓度控制在60微克/立方米左右。

雾霾治理是个艰巨、长期、系统的任务，是大气污染治理工程中的重要内容。对雾霾进行治理，同样需要制定一系列相互关联的治理措施。首先，雾霾治理的基础是加强对大气污染物排放的控制和治理。具体有：加强工业企业大气污染综合治理；深化面源污染治理，包括综合整治城市扬尘、开展餐饮油烟污染治理；强化移动源污染防治，包括加强城市交通管理、提升燃油品质、加强机动车环保管理，以及大力推广新能源汽车。其次，雾霾治理需要改变粗放型的经济发展方式。具体措施有：强化科技研发和推广，包括加强灰霾、臭氧的形成机理、来源解析、迁移规律和监测预警等研究，全面推行清洁生产；大力发展循环经济，包括鼓励产业集聚发展，实施园区循环化改造，推进能源梯级利用、水资源循环利用、废物交换利用、土地节约集约利用，促进企业循环式生产、园区循环式发展、产业循环式组合，构建循环型工业体系；大力培育节能环保产业，包括促进重大环保技术装备、产品的创新开发与产业化应用。最后，雾霾治理事关全社会的责任，需要建立长效联结机制，需要社会的广泛参与。具体有：建立区域协作机制，建立京津冀、长三角区域大气污染防治协作机制，协调解决区域突出环境问题，组织实施环评会商、联合执法、信息共享、预警应急等大气污染防治措施，通报区域大气污染防治工作进展，研究确定阶段性工作要求、工作重点和主要任务；广泛动员社会参与，包括积极开展多种形式的宣传教育，普及大气污染防治的科学知识，加强大气环境管理专业人才培养，倡导文明、节约、绿色的消费方式和生活习惯，引导公众从自身做起、从点滴做起、从身边的小事做起，在全社会树立起"同呼吸、共奋斗"的行为准则，共同改善空气质量。

雾霾治理事关广大人民群众的根本利益，事关经济的持续健康发展，事关全面小康社会的建设进程，事关实现中华民族伟大复兴的中国梦。中国仍然处于社会主义初级阶段，包括雾霾治理在内的大气污染防治任务依旧繁重艰巨，需要继续坚定治理雾霾的信心和决心，坚持不懈地综合治理，逐步推进雾霾治理工作的进程。

24.国务院发布《关于印发水污染防治行动计划的通知》

水环境保护事关人民群众切身利益，事关全面建成小康社会，事关实现中华民族伟大复兴中国梦。当前，我国一些地区水环境质量差、水生态受损重、环境隐患多等问题十分突出，影响和损害群众健康，不利于经济社会持续发展。为切实加大水污染防治力度，保障国家水安全，国务院于2015年4月2日发布《关于印发水污染防治行动计划的通知》（以下简称《通知》）。《通知》制定了主要目标和主要指标。同时，《通知》还提出了包括全面控制污染物排放，推动经济结构转型升级，着力节约保护水资源，强化科技支撑，充分发挥市场机制作用，严格环境执法监管，切实加强水环境管理，全力保障水生态环境安全，明确和落实各方责任，强化公众参与和社会监督在内的几点要求。其中全面控制污染物排放包括狠抓工业污染防治，强化城镇生活污染治理，推进农业农村污染防治，加强船舶港口污染控制；推动经济结构转型升级包括调整产业结构，优化空间布局，推进循环发展；着力节约保护水资源包括控制用水总量，提高用水效率，科学保护水资源；强化科技支撑包括推广示范适用技术，攻关研发前瞻技术，大力发展环保产业；充分发挥市场机制作用包括理顺价格税费，促进多元融资，建立激励机制；严格环境执法监管包括完善法规标准，加大执法力度，提升监管水平；切实加强水环境管理包括强化环境质量目标管理，深化污染物排放总量控制，严格环境风险控制，全面推行排污许可；全力保障水生态环境安全包括保障饮用水水源安全，深化重点流域污染防治，加强近岸海域环境保护，整治城市黑臭水体，保护水和湿地生态系统；明确和落实各方责任包括强化地方政府水环境保护责任，加强部门协调联动，落实排污单位主体责任，严格目标任务考核；强化公众参与和社会监督在内的要求包括依法公开环境信息，加强社会监督，构建全民行动格局。

我国正处于新型工业化、信息化、城镇化和农业现代化快速发展阶段，水污染防治任务繁重艰巨。《通知》的发布有利于处理好经济社会发展和生态文明建设的关系，确保全国水环境治理与保护目标如期实现。

25.《生态文明体制改革总体方案》的制定

为加快建立系统完整的生态文明制度体系，加快推进生态文明建设，增强生态文明体制改革的系统性、整体性、协同性，中共中央、国务院于2015年9月21日印发《生态文明体制改革总体方案》（以下简称《方案》）。

《方案》明确生态文明体制改革的指导思想，是坚持节约资源和保护环境基本国策，坚持节约优先、保护优先、自然恢复为主方针，立足我国社会主义初级阶段的基本国情和新的阶段性特征，以建设美丽中国为目标，以正确处理人与自然关系为核心，以解决生态环境领域突出问题为导向，保障国家生态安全，改善环境质量，提高资源利用效率，推动形成人与自然和谐发展的现代化建设新格局。推进生态文明体制改革首先要树立和落实正确的理念，统一思想，引领行动。为此，《方案》提出，要树立尊重自然、顺应自然、保护自然的理念，发展和保护相统一的理念，绿水青山就是金山银山的理念，自然价值和自然资本的理念，空间均衡的理念，山水林田湖是一个生命共同体的理念。《方案》指出，生态文明体制改革的原则是，坚持正确改革方向，坚持自然资源资产的公有性质，坚持城乡环境治理体系统一，坚持激励和约束并举，坚持主动作为和国际合作相结合，坚持鼓励试点先行和整体协调推进相结合。《方案》设定了我国生态文明体制改革的目标，即到

2020年，构建起由自然资源资产产权制度、国土空间开发保护制度、空间规划体系、资源总量管理和全面节约制度、资源有偿使用和生态补偿制度、环境治理体系、环境治理和生态保护市场体系、生态文明绩效评价考核和责任追究制度等八项制度构成的产权清晰、多元参与、激励约束并重、系统完整的生态文明制度体系，推进生态文明领域国家治理体系和治理能力现代化，努力走向社会主义生态文明新时代。

《方案》对包括健全自然资源资产产权制度，建立国土空间开发保护制度，建立空间规划体系，完善资源总量管理和全面节约制度，健全资源有偿使用和生态补偿制度，建立健全环境治理体系，健全环境治理和生态保护市场体系，完善生态文明绩效评价考核和责任追究制度，生态文明体制改革的实施保障等各方面内容也提出了详细要求。

26.农村生活垃圾治理验收办法

按照《住房和城乡建设部等部门关于全面推进农村垃圾治理的指导意见》要求，为做好农村生活垃圾治理验收工作，住房和城乡建设部、中央农办、中央文明办、发展改革委、财政部、环境保护部、农业部、商务部、全国爱卫办、全国妇联组织于2015年12月3日发出通知，要求各地认真贯彻执行《农村生活垃圾治理验收办法》（以下简称《办法》）。

《办法》明确指出验收主体和对象，验收内容、标准和依据则包括：有完备的设施设备，有成熟的治理技术，有稳定的保洁队伍，有完善的监管制度，有长效的资金保障（简称"五有标准"）。《办法》规定了验收程序，包括省级申请、材料审查、现场核查、综合审定四个主要步骤，并对每一步骤进行了详细描述。《办法》在验收管理方面规定：对已通过验收的省（自治区、直辖市），十部门将组织不定期明察暗访，如发现明显的反弹现象，将给予通报批评，情节非常严重不再符合"五有标准"的，将从通过的验收名单中予以除名。

《办法》对农村垃圾给出了详细治理路径，它的发布有利于规范农村生活垃圾的有效治理，使农村环境质量不断提升。

六、健康水平

1.全国亿万农民健康促进行动

全国亿万农民健康促进行动是国家面向广大农村，以亿万农民为对象，针对农村居民存在的主要健康问题，通过采取大众传播与人际传播相结合的策略，大力普及基本卫生知识，进而提高农民的自我保健意识和能力，提倡科学、文明、健康的生活方式，改变不良生活习惯，旨在提高全国农民身体健康素质与生活水平的活动。

1994年7月，卫生部、全国爱国卫生运动委员会（以下简称"全国爱卫会"）、农业部和国家广播电影电视总局联合发起了"全国九亿农民健康教育行动"；1997年，《中共中央、国务院关于卫生改革与发展的决定》文件指出：健康教育是公民素质教育的重要内容，要十分重视健康教育，提高广大人民群众的健康意识和自我保健能力，积极推进"全国九亿农民健康教育行动"。1999年，国家"全国九亿农民健康教育行动"领导小组在卫生部、全国爱卫会、农业部、国家广播电影电视总局四部委的基础上，增加了国务院扶贫办开发领导小组办公室（以下简称"扶贫办"）、中央宣传部、中华全国妇女联合会三部委，使"行动"进入新的发展阶段。2001年，国务院经济体制改革办公室、国家发展计划委员会、财政部、农业部、卫生部等5部门联合下发了《关于农村卫生改革与发展的指导意见》和卫生部、国家发展计划委员会、财政部、农业部、国家环境保护总局、全国爱卫会、国家中医药管理局等七部门印发的《中国农村初级卫生保健发展纲要（2001—2010年）》，把积极推进"全国亿万农民健康促进行动"列为农村卫生工作的主要任务之一。2002年2月，卫生部、全国爱卫会、农业部、国家广播电影电视总局、国务院扶贫办、中央宣传部、中华全国妇女联合会七部委联合下发了《全国九亿农民健康教育行动规划（2001—2005年）》（以下简称《行动规划（2001—2005年）》），确定了新时期的"全国九亿农民健康教育行动"目标、策略和实现各项目标的具体措施,旨在通过政策倡导、加强部门协作、建立示范社区等工作保证农村健康教育与健康促进的可持续发展。2002年5月,"全国九亿农民健康教育行动"被纳入新的十年《农村初级卫生保健发展纲要（2001—2010年）》,并更名为"全国亿万农民健康促进行动"（以下简称"行动"）,积极推进"行动"工作,将提高农村居民基本卫生知识知晓率、中小学校健康教育开课率和人群健康相关行为形成率等指标纳入发展纲要。2002年10月,中共中央、国务院颁布的《关于进一步加强农村卫生工作的决定》中再次强调,要"推进亿万农民健康促进行动",采取多种形式普及疾病预防和卫生保健知识,引导和帮助农民建立良好的卫生习惯,破除迷信,提倡科学、文明、健康的生活方式;结合"行动"规划的具体要求,全国"行动"办公室下发了《全国亿万农民健康促进行动监测评价指标体系（试行）》,并于2003年组织实施了全国"行动"中期督导评估工作。全国各地围绕贯彻、落实《行动规划（2001—2005年）》,以"安全与健康"为传播主题,广泛深入地推进多种形式的农民健康教育与健康促进工作。2004年,"行动"进入快速发展阶段。教育部和共青团中央也加入"行动"领导小组,成员部门扩展到9个,同年11月,卫生部、全国爱卫会、农业部、国家广播电影电视总局、中央宣传部、中华全国妇女儿童联合会、国务院扶贫办、教育部和共青团中央九部门联合在京召开"全国亿万农民健康促进行动"10周年座谈会暨第六次全国"行动"领导小组扩大会议,此次座谈会上公布了首批23个全国"行动"示范县（区）。2006年7月,九部门联合印发《全国亿万农民健康促进行动规划（2006—2010年）》,以进一步普及基本卫生知识,倡导科学文明健康的生产生活方式,提高农村居民的健康素质和生活质量,促进社会主义新农村建设。

从1994年到2004年这10年间,"行动"大体上分为两个阶段:第一阶段自1994年至2000年。这一阶段通过开展以大众传媒为主的全国"行动"和多种形式的农民健康教育活动,促进了广大农民健康意识的提高。该"行动"制作和免费下发了24部140个卫生节目录像带和30个卫生节目录音带,总计11万多盘（盒）,全国有2000多个县市的电视台和电台播放了"行动"节目,出版发行了《九亿农民健康教育读本》7.5万册和《亿万农民健康促进广播稿》5万册等一批传播材料。第二阶段从2001年至2004年,是"行动"计划不断完善、工作机制不断健全、逐步走向科学化和规范化的时期。在此期间,研究制定了《行动规划（2001—2005年）》,并在自我评估的基础上,分别对22个省（区、市）开展了《"行动"规划》实施的中期督导报告。

"行动"得到了联合国儿童基金会,以及强生和杨森公司等著名企业的强有力技术支持和经费资助。联合国儿童基金会认为,"行动"总结出中国大面积人群开展健康促进的成功经验,是发展中国家农村健康促进的有效方式,应在中亚国家推广。

2.国务院《全民健身计划（2011—2015年）》

当前，由于生活方式和工作方式的改变，中国居民工作和业余生活中的体力活动不断减少，肥胖、高血压、血脂异常、糖尿病已成为中国居民常见的健康问题，亚健康群体不断扩大，各种心理疾病发病率迅速攀升，人口健康问题令人担忧。改善健康状况，关键是改变不健康的生活方式和习惯，最经济、最简便易行、最有效的办法是动员和组织广大群众参与体育锻炼活动。

为进一步发展全民健身事业，广泛开展全民健身运动，加快体育强国建设进程。2011年2月15日，国务院发布了《全民健身计划（2011—2015年）》（以下简称《计划》）。《计划》明确指出目标为：到2015年，城乡居民体育健身意识进一步增强，参加体育锻炼的人数显著增加，身体素质明显提高，形成覆盖城乡比较健全的全民健身公共服务体系。

《计划》全文共分为5部分，具体包括：指导思想、目标任务、工作措施、保障措施、组织实施。其中对于目标《计划》具体提出了八个方面的具体内容：一、经常参加体育锻炼人数进一步增加；二、城乡居民身体素质进一步提高；三、体育健身设施有较大发展；四、全民健身活动内容更加丰富；五、全民健身组织网络更加健全；六、全民健身指导和志愿服务队伍进一步发展；七、科学健身指导服务不断完善；八、全民健身服务业发展壮大。

关于工作措施，在全民宣传健康教育的基础上，《计划》提出要对于城市、农村两个地区，对于少数民族、青少年、老年人、残疾人、职工群体这些需要重点开展健身计划的群体提出具体要求，同时在建立与推行体育锻炼和体质测定标准、传承民间传统体育、广泛开展全民健身活动、组织举办全民健身运动会等方面提出具体措施。

《计划》的颁布，对深入贯彻落实科学发展观，坚持体育事业公益性，逐步完善符合国情、比较完整、覆盖城乡、可持续的全民健身公共服务体系，保障公民参加体育健身活动的合法权益，促进全民健身与竞技体育协调发展，扩大竞技体育群众基础，丰富人民群众精神文化生活，形成健康文明的生活方式，提高全民族身体素质、健康水平和生活质量，促进人的全面发展，促进社会和谐和文明进步，努力奠定建设体育强国的坚实基础都有着重要的意义。

3.中国农村初级卫生保健发展纲要（2001—2010年）

农村初级卫生保健（以下简称"初保"）是农村居民应该人人享有的，与农村经济社会发展相适应的基本卫生保健服务。实施农村初保是中国社会经济发展总体目标的组成部分，是各级政府的重要职责。经过努力，中国农村已基本实现了1990年到2000年初保阶段性目标。

为不断提高初保水平，开创新世纪初保工作的新局面，2002年4月29日，卫生部、国家发展计划委员会、财政部、农业部、国家环境保护总局、全国爱国卫生运动委员会、国家中医药管理局七部门发布了《中国农村初级卫生保健发展纲要（2001—2010年）》（卫基妇发〔2002〕115号，以下简称《纲要》），以推动新一轮全国农村初级卫生保健工作的开展，不断提高农村居民健康水平，促进农村卫生事业与农村经济社会的协调发展。

《纲要》全文共5章，具体包括：总目标，主要任务，政府职责，实施策略以及保障措施。《纲要》将"2010年，孕产妇死亡率、婴儿死亡率以2000年为基数分别下降1/4和1/5，平均期望寿命在2000年基础上增加1—2岁"作为其总目标，并从农村疾病预防控制、基本医疗服务、妇女儿童健康水平、医疗保障制度等八个方面规定了详细的主要任务。《纲要》中指出了各地方政府部门的职责，重点作出了"每年至少召开一次协调会议，研究解决初保工作中的重点难点问题"的要求。在《纲要》具体实施方面，在以"分级管理、分步实施、分类指导"作为实施策略的基本框架的基础上，增加了"社会参与、协调发展"两类更加具体的实施策略。为保证总目标与主要任务得以顺利地进行与实现，《纲要》从"督导制度、机构改革、依法监督、监测评估"四个方面设立了保障措施。

农村初级卫生保健是农村居民应该人人享有的，与农村经济社会发展相适应的基本卫生保健服务，是农村居民应享有的一项权利；实施农村初保是中国社会经济发展总体目标的组成部分，是各级政府的重要职责。

自《纲要》颁布以来，全国各地市积极发展农村的各项初级卫生保健项目，极大地改善了农民医疗卫生的条件。《纲要》作为继1990年到2000年农村初级卫生保健阶段后的一部纲领性文件，对于中国全面实施农村基本卫生保健服务具有较强的指导性意义。

4.全国健康教育与健康促进工作规划纲要（2005—2010年）

健康教育与健康促进活动是动员全社会和多部门的力量，促进全民健康素质提高的活动。第九个五年计划实施以来，健康教育与促进活动紧密围绕卫生工作中心任务，结合创建国家卫生城市、初级卫生保健、重大疾病的预防控制及重点人群卫生保健等开展工作，初步形成了政府负责、部门配合、社会参与的良好局面。但是，健康教育与促进工作的发展仍存在着较多的问题，如发展水平低，人群的健康知识水平和健康行为形成率还较低，特别是在贫困、边远农村地区，发展不平衡，东西部地区、城乡之间存在着较大的差异；发展基础差，工作网络不健全，业务经费投入不足，专业人员数量不足、素质不高。

为了贯彻党的十六大关于全面建设小康社会的奋斗目标和《中共中央、国务院关于卫生改革与发展的决定》精神，2005年1月12日，卫生部发布了《全国健康教育与健康促进工作规划纲要（2005—2010年）》（以下简称《纲要》）。《纲要》明确提出总目标为建立和完善适应社会发展需要的健康教育与健康促进工作体系，提高专业队伍素质。围绕重大卫生问题针对重点场所、重点人群，倡导健康的公共政策和支持性环境，以社区为基础，开展多种形式的健康教育与健康促进活动，普及健康知识，增强人们的健康意识和自我保健能力，促进全民健康素质提高。

《纲要》全文共分为5部分，具体为：背景、总目标、主要工作任务和具体目标、策略与措施。在具体工作任务与目标中，《纲要》分别在建立和完善教育与促进工作体系，重大疾病与突发公共卫生事件教育与促进，农村教育与促进，城市社区教育与促进，以场所为基础的教育与促进，重点人群健康教育与促进以及控烟方面均作出了具体的要求。在策略与措施的制定上，《纲要》指出，加强领导，规范管理，以点带面，推动本《纲要》的落实，加强部门协调，动员社会参与，加强能力建设，促进学科发展，督导监测，考核评测这一系列自上而下、完善全面的措施。

《纲要》颁布后，各地市按照要求开展各类有关健康意识与保健的活动，并取得了一系列的成果。《纲要》的颁布，为中国健康教育与促进工作的开展提供了详细的目标及措施，对于中国人口健康素质、健康水平、健康意识的提高具有重要的意义。

5.疫苗流通和预防接种管理条例

《疫苗流通与预防接种管理条例》（以下简称《条例》）由国务院于2005年3月24日正式发布，自2005年6月1日起正式实施。《条例》是国家为保障人民健康、促进中国公共卫生事业的发展、建立健全应急机制所颁布的一部重要的行政法规。

《条例》颁布之前，疫苗流通和预防接种工作主要依据1994年卫生部令第37号《预防用生物制品生产供应管理办法》和1998年卫生部指定的《计划免疫技术管理规程》等部门规章、规程来执行，政府职责界定不清，强制性不够，部分防保所片面追求经济效益，擅自加大收费标准，任意扩大免疫范围，迫切需要制定新的法规规章和标准来规范疫苗流通和预防接种工作。

《条例》共分为8章34条，除总则与附录外，还包括疫苗流通、疫苗接种、保障措施、预防接种异常反应的处理、监督管理、法律责任6部分。《条例》所包含的内容主要有如下方面：

一、通过对疫苗的分类，理顺了疫苗的流通和接种秩序。

《条例》第二条把所有的疫苗分成一类疫苗和二类疫苗两类。一类疫苗免费，由政府提供；二类疫苗自愿接种，费用自理。消除了公众在接种第一类疫苗时要向接种单位缴纳服务费和耗材费的情况，中国疾控工作进一步完善。《条例》第十三条中指出，国家对第一类疫苗的流通实行统一管理，"疫苗生产企业或者疫苗批发企业应当按照政府采购合同的约定，向省级疾病预防控制机构或者其他疾病预防控制机构供应第一类疫苗，不得向其他单位或者个人供应"，确保了公民按照规定受种疫苗。药品批发企业具备《条例》规定的条件并经批准后，可以经营疫苗。药品零售企业不得从事疫苗经营活动，确保了疫苗流通的正常进行。

二、通过对疫苗质量的严格要求，保证了预防接种工作的基本条件。

《条例》对疫苗的储运、监管等方面作出了明确的规定。《条例》第十条要求从疫苗生产企业、药品批发企业到接种单位，必须建立和完善冷链系统，在运转过程中必须装备用于储存、运输的冷藏设施、设备。《条例》第十七条、第十八条对于疫苗生产销售的批签发管理作出了具体要求，并在随后的第六十一条、第六十二条、第六十三条对违反管理条例的行为制定了必须承担法律责任的规定。

三、通过对疫苗接种不良反应的认识和处理，加强了疫苗使用的安全。

《条例》第四十条在明确预防接种的异常反应的概念后，第四十一条分析了预防接种后引起的各种反应，并规定了疫苗本身特性、疫苗质量不合格、接种单位违反规范、受种者偶合发病、疫苗使用不当、心理因素这6种情况不属于异常反应。为保证预防接种工作的长久、持续、顺利进行，《条例》第四十六条、第四十七条对以上情况的处理也作出了规定，并由此明确了相应的责任。

《条例》是国家第一次用法规的形式对疫苗流通环节、预防接种工作、接种反应处理等进行了详细规定，《条例》颁布后，各地市卫生部门严格按照相关标准开展相关工作，在疫苗规划经费投入及机构建设、接种单位和人员资质许可、乙肝疫苗首针及时接种、预防接种后不良反应及事故报告与处理及安全注射工作、流动温度检测和运转等各方面都有所改进和规范。

《条例》的制定和施行，对预防接种工作的开展提供了法律依据，不但将预防接种工作提升到新的高度，而且规范了疫苗的生产及流通渠道，对保障人民群众的身体健康和公共卫生事业的发展起到重要作用。

6."全民健身与奥运同行"活动

2001年北京申办奥运会成功后，为充分发挥举办奥运会对体育工作的全面促进作用、发挥体育事业对构建和谐社会的重要功能，国家体育总局提出了"全民健身与奥运同行"这一群众体育工作的主题。

在 2006 年 1 月 19 日举行的全国体育会议上，国家体育总局局长刘鹏在讲话中提出"广大体育工作者应该唱响'全民健身与奥运同行'的主题"。这是第一次较明确提出了"全民健身与奥运同行"的主题。11 月 27 日，国家体育总局发布了《"全民健身与奥运同行"系列活动实施意见》（以下简称《意见》）。《意见》指出，充分利用北京举办 2008 年奥运会的历史机遇，组织开展以"全民健身与奥运同行"为主题的大型群体活动，是贯彻"发展体育运动，增强人民体质"这一体育工作根本目的的具体体现，是实现"人文奥运"理念的有效途径，是促进社会和谐发展的重要内容。12 月 28 日，"全民健身与奥运同行"系列活动新闻发布会在国家体育总局新闻发布厅召开。会上发布了国家体育总局为唱响"全民健身与奥运同行"主题，在继 2006 年开展活动的基础上，2007 年将在全国范围内组织开展的规模较大的、有影响力的 65 项大型群众体育活动。在开展的活动中，既有如"全国群众新年登高健身活动"、"五个亿万人群体育健身活动"、"全民健身周活动"、"全民健身与奥运同行——社区行"、"农民体育健身工程"等国家体育总局直接主办的活动，又有各省（自治区、直辖市）、单项运动协会和行业体协结合自身特点举办的特色活动。

进入 2007 年，国家体育总局以媒体活动作为载体于 3 月 30 日下午举行"蒙牛〈城市之间〉全国 100 城市全民健身展示活动"全国启动仪式暨新闻发布会，旨在深入贯彻《全民健身计划纲要》，不断增强广大群众的健康素质，唱响"全民健身与奥运同行"主题，营造全民喜迎北京 2008 年奥运会的热烈氛围。随后在 3 月 31 日召开的全国社会体育指导中心主任会议上，各省、市社会体育指导中心主任介绍了 2006 年的工作经验、体会以及 2007 年以大力唱响"全民健身与奥运同行"主题为指导思想的工作计划。6 月 28 日，国家体育总局发布《关于组织开展迎奥运倒计时一周年"全民健身与奥运同行"主题活动的通知》，拟定于 8 月 8 日开展迎奥运倒计时一周年全国亿万群众体育健身活动。

2008 年 7 月 22 日，主题为"全民健身与奥运同行"的新闻发布会在 2008 北京国际新闻中心（BIMC）召开，总结了申奥成功 7 年实施《全民健身计划纲要》取得的重大进展并阐释了"全民健身与奥运同行"的内涵：一、充分体现了"重在参与"的奥林匹克精神，丰富了"人文奥运"理念，为奥运举办史留下独特的文化遗产。二、充分体现了中国发展体育事业的根本目的和任务，为发展和谐体育，实现体育为人民服务的宗旨拓展了新路子。三、充分体现体育工作服务全局、服务中心工作的基本职能，是"以人为本"实现社会和谐，建设美好社会的重要载体。四、充分体现体育与文化的紧密融合，为建设和谐世界，向世界各国展示东方文明之美，中华健身神韵搭建舞台。

2009 年 2 月 27 日召开的全国群众体育工作会议中对于"全民健身与奥运同行"活动

进行了回顾与总结。5月21日举办的中华全国体育总会第八次全国代表大会对活动进行了充分的肯定,认为"全民健身与奥运同行"极大激发了人民群众的体育热情,使体育走进了亿万群众的生活。

在整个奥运周期中,各地结合实际,精心组织丰富多彩的全民健身活动,仅国家体育总局在2007年、2008年两年就使用体育彩票公益金资助有关全国性单项体育组织和社团开展了150多项大型全民健身活动。这些活动增强了广大群众的体育健身意识,成为北京奥运周期内遍布全国的一道亮丽风景线。

7.农村卫生服务体系建设与发展规划

新中国成立以来,在党和政府的高度重视下,中国贯彻以农村为重点、预防为主、中西医并重的卫生工作方针,广泛开展爱国卫生运动,实施初级卫生保健,基本建立了农村三级(县、乡、村)卫生服务网和农村卫生队伍,农村卫生事业有了长足的发展,农民健康水平得到较大提高。但是,从整体上看,农村卫生落后面貌仍没有得到根本改变,特别是随着农村经济体制改革不断深化和经济社会的快速发展,城乡之间、东西部之间农民健康水平的差距逐步扩大。

为贯彻党的十六大精神和科学发展观,落实中共中央、国务院《关于进一步加强农村卫生工作的决定》和建设社会主义新农村的要求,进一步加强和完善农村卫生服务体系建设,2006年8月29日,卫生部、国家中医药管理局、国家发展和改革委员会、财政部联合发布了《农村卫生服务体系建设与发展规划》(以下简称《规划》)。《规划》明确指出农村卫生服务体系建设与发展的目标任务:2010年,建立起基本设施比较齐全的农村服务网络、具有一定专业素质的农村卫生服务队伍、运转有效的农村卫生管理体制和运行机制,建立和完善新型农村合作医疗制度和医疗救助制度协同发展机制,满足农民群众人人享有初级卫生保健服务需求。

《规划》共分为6章,具体为:现状分析,发展目标和建设原则,农村卫生服务体系,建设任务、建设标准,相关政策措施,预期建设成效。《规划》介绍了农村卫生服务体系的县、乡、村三级医疗机构构成以及在各层级中所包含的机构与所对应的功能。为保证农村卫生服务体系建设与发展的顺利进行,《规划》明确了建设任务与建设标准,以及相关配套的资金筹集、建设进度和管理以及相关的政策措施。

随着农村卫生服务体系建设任务的完成,新型农村合作医疗制度的建设和完善,农村卫生服务体系建设的成效会得到进一步发挥,中国农民基本卫生服务将得到有效保障。《规划》作为纲领性文件将起到至关重要的作用。

8.国务院《关于发展城市社区卫生服务的指导意见》

改革开放以来,中国城市卫生事业有了很大发展,服务规模不断扩大,科技水平不断提高,医疗条件明显改善,疾病防治能力显著增强,为增进人民健康发挥了重要作用。同时,在城市卫生事业发展中还存在优质资源过分向大医院集中,社区卫生服务资源短缺、服务能力不强、不能满足群众基本卫生服务需求等问题。这是造成群众看病难、看病贵的重要原因之一。

为深化城市医疗卫生体制改革,推进城市社区卫生服务工作,缓解群众看病难、看病贵问题,2006年2月21日,国务院印发了《关于发展城市社区卫生服务的指导意见》(以下简称《意见》),进一步明确了发展城市社区卫生服务的指导思想、基本原则和工作目标,提出了一系列行之有效的政策措施。

《意见》提出的工作目标为:到2010年,全国地级以上城市和有条件的县级市要建立比较完善的城市社区卫生服务体系。具体表现为:社区卫生服务机构设置合理,服务功能健全,人员素质较高,运行机制科学,监督管理规范,居民可以在社区享受到疾病预防等公共卫生服务和一般常见病、多发病的基本医疗服务。东中部地区地级以上城市和西部地区省会城市及有条件的地级城市要加快发展,力争在两三年内取得明显进展。

《意见》全文共4项15条,从不同层面就建设城市社区卫生服务发展提出了重要的指导。具体内容包括:一、发展社区卫生服务的指导思想、基本原则和工作目标;二、推进社区卫生服务体系建设;三、完善发展社区卫生服务的政策措施;四、加强对社区卫生服务工作的领导。政策措施方面,《意见》指出应从制订实施社区卫生服务发展规划;加大对社区卫生服务的经费投入;发挥社区卫生服务在医疗保障中的作用;落实有关部门职责,促进社区卫生服务发展这四个方面开展。

为切实贯彻落实《意见》精神,完善社区卫生服务各项政策措施,2006年上半年以来,中央机构编制委员会办公室、国家发展和改革委员会、人事部、财政部、卫生部、劳动保障部、中医药管理局等部门先后制订了《关于促进医疗保险参保人员充分利用社区卫生服务的指导意见》、《关于在城市社区卫生服务中充分发挥中医药作用的意见》、《关于公立医院支援社区卫生服务工作的意见》、《关于城市社区卫生服务补助政策的意见》、《关于印发城市社区卫生服务中心、站基本标准的通知》、《关于加强城市社区卫生人才队伍建设的指导意见》、《关于印发〈城市社区卫生服务机构管理办法(试行)〉的通知》、《关于加强城市社区卫生服务机构医疗服务和药品价格管理意见的通知》、《关于印发〈城市社区卫生服务机构设置和编制标准指导意见〉的通知》等9个配套文件,进一步细化《意见》提出的有关政策措施,为加快推进城市社区卫生服务工作提供了有力的制度保障。

社区卫生服务是城市卫生工作的重要组成部分,是实现人人享有初级卫生保健目标的基础环节。大力发展社区卫生服务,构建以社区卫生服务为基础、社区卫生服务机构与医院和预防保健机构分工合理、协作密切的新型城市卫生服务体系,对于坚持预防为主、防治结合的方针,优化城市卫生服务结构,方便群众就医,减轻费用负担,建立和谐医患关系,具有重要意义。

9.关于进一步加强妇幼卫生工作的指导意见

新中国成立特别是改革开放以来,党和政府高度重视妇幼卫生工作,采取一系列有效措施提高妇幼卫生服务的能力,强化保障措施,使妇女儿童健康水平明显提高。但是,妇幼卫生发展面临不少困难和问题,对妇幼卫生的重要性认识不足、投入不足等情况普遍存在,妇幼卫生服务同人民群众日益增长的健康需求还不相适应,城乡、区域间发展存在明显差距,妇幼卫生的公共卫生性质和机构的功能定位亟待进一步明确。

为进一步加强妇幼卫生工作,全面提高妇女儿童的健康水平,2006年12月26日,卫生部发布《卫生部关于进一步加强妇幼卫生工作的指导意见》(以下简称《意见》)。《意见》设定工作目标为降低孕产妇、婴儿和5岁以下儿童死亡率,到2010年孕产妇死亡率降至40/10万,婴儿死亡率降至17‰;提高出生人口素质,不断满足人民群众生殖健康需求,预防和减少出生缺陷;建立适合流动人口的妇幼保健服务模式;逐步缩小城乡、区域等妇幼卫生指标差距。

《意见》全文共5项13条,在加强妇幼卫生服务体系方面,《意见》指出:一、坚持妇幼保健机构的公益性质,不得以各种形式改变妇幼保健机构所有权性质,保持妇幼保健机构的稳定。二、明确妇幼卫生服务体系的功能定位,坚持以保健为中心、保健与临床相结合的发展方向。三、落实妇幼卫生事业发展的财政补助政策,结合妇幼保健机构运行机制改革,维护其公共卫生性质,保障妇幼保健机构的经费补助。四、加强妇幼卫生人才培养和队伍建设,一方面加强妇幼卫生师资队伍建设和学科建设,另一方面加强妇幼保健管理人员的培养。五、健全母婴保健法律法规体系,根据《中华人民共和国母婴保健法》及《母婴保健法实施办法》,完善母婴保健法律法规体系。《意见》同时指出住院分娩与出生缺陷为目前严重威胁妇女儿童健康的突出问题;并提出要通过建立孕产妇住院分娩的长效机制,健全妇幼卫生的专项,加大婚前医学检查的宣传教育力度,提高诊断水平以有效解决以上问题。《意见》最后提出在探索妇幼卫生服务内涵以满足妇女儿童健康需求的同时加强妇幼卫生工作的领导,明确妇幼卫生是政府履行社会管理和公共服务职能的重要内容。

妇女儿童健康是民族兴盛的基础,妇幼卫生水平的提高是社会文明进步和卫生事业发展的重要标志,发展妇幼保健事业是提高人民生活水平的重要保障。《意见》的发布为加强妇幼卫生工作提供了明确的目标以及保障措施,进而对于提高全民族健康素质,促进经济发展和构建和谐社会具有重要意义。

10. "十一五"农民体育健身工程建设规划

新中国成立以来,在各级政府的关心和重视下,农村体育事业有了较大发展。但由于受条件制约,农村体育仍然是中国体育事业的薄弱环节,体育场地设施匮乏、体育组织建设滞后,使农村体育活动开展时冷时热、时断时续,城乡差距越来越大。

为贯彻落实《中华人民共和国国民经济和社会发展第十一个五年规划纲要》,进一步推动"农民体育健身工程"的实施,切实发挥其在建设社会主义新农村中的作用,2007年5月19日,国家体育总局、国家发展和改革委员会、财政部联合发布了《"十一五"农民体育健身工程建设规划》(以下简称《规划》)。《规划》提出的发展目标与任务为:到2010年在全国完成10万个行政村农民健身场地设施建设,使六分之一的行政村建有公共体育场地设施,并形成一定规模的农村体育组织网络和体育骨干队伍,促进当地农民体育健身活动经常开展,使农村经常参加体育锻炼的人数显著增加。其中农民健身场地设施主要指"1片硬化的标准篮球场,并配置1副篮球架和2张室外乒乓球台"。

《规划》共分6章,其中具体提出了5点基本原则,分别是:因地制宜,分类指导;整合资源,有效利用;地方为主,多方参与;统一规划,分步实施;农民自愿,民主决策。并提出了6点保障措施:加强领导,健全工作机制;科学规划,从实际出发;取信于民,保证建设资金和配备的器材及时到位;组织到位,全面加大农村体育工作力度;加强宣传,形成良好舆论氛围;监督检查,加强对工程实施情况的指导。

截至2010年12月31日,全国共投入118.3亿元建设农民体育健身工程,其中中央资金12.4亿元,地方财政资金60.6亿元,带动社会资金投入45.3亿元;共建设了231306个农民体育健身工程,其中国家规划10万个,地方自建13.1万个,超额完成国家规划任务131306个,超过原规划任务的131.3%;新增体育场地面积2.3亿平方米,受惠人数3.3亿,农村人均新增场地面积0.7平方米。以全国人口计算,人均体育场地面积新增近0.2平方米。这说明在《规划》的有效指导下,中国提前一年超额完成了其中所提出的发展目标与任务。

建设社会主义新农村是当前一项重大的历史任务。发展农村体育事业、广泛开展农村体育活动,不仅可以提高广大农民群众的健康素质,改善生活质量,更可以繁荣先进文化，引导农民移风易俗，提升农村的文明程度和农民的文明素养，形成和谐的人际关系，对实现"全民健身与奥运同行"，推动社会主义新农村建设有着重要意义。

11.青少年学生阳光体育运动

"阳光体育运动"是指让各级各类学校学生走出教室，走进大自然，走到阳光下所进行因地制宜、因人而异，尽情享受阳光温暖并给学生带来轻松、带来快乐、带来活力与增进健康的运动。"阳光体育运动"是学校体育运动的重要组成部分，是提高青少年学生体质，增强青少年身心健康，促进学校体育工作全面发展的重要措施。

2006年12月23日，新中国成立以来第一次全国体育工作会议在北京召开。2007年1月7日，中共中央总书记胡锦涛对加强青少年体育工作、增强青少年体质作出了重要批示。2007年4月23日，中共中央政治局专门研究了加强青少年体育工作，并作出部署。2007年4月29日，中国政府正式宣布启动"全国亿万青少年阳光体育运动"。5月7日，中共中央、国务院颁布了《关于加强青少年体育增强青少年体质的意见》。这体现了党和政府对青少年学生身心健康的深切关注，也体现了人们对体育功能、作用等认识的不断深化。

经过近几年的国家投入、理论探索和一线教师的努力，学校体育工作取得了长足的进步。《关于加强青少年体育增强青少年体质的意见》是学校开展"体育运动"的根本指导性文件，按照《体育器材设施配备目录》购置器材为正常开展学校体育活动提供物质保障，教育部《关于落实保证中小学生每天体育活动时间的意见》的颁布给学校体育活动时间提供了保障制度。"阳光体育运动"长效机制的启动，可以更好地发挥现有学校体育资源，因陋就简、因地制宜、因材施教，促进学校传统体育项目的发展和学校体育文化的建设。

"阳光体育运动"是在全面推进素质教育，构建和谐社会，适应信息化时代背景和迎接北京2008年奥运会历史条件下，参照各国学校体育经验提出的，体现了体育的本真特征和让生命尽享体育的阳光这一人文体育理念。一方面，时代需要全面发展的人才，学校体育是培养新世纪人才全面发展的重要组成部分；另一方面，2008年奥运会在北京召开，这是国际社会对中国30年来改革开放成就的充分认可与肯定，是世界把奥运会这样一个促进提高和发展的重要历史契机提供给了发展壮大中的中国，而且"阳光体育运动"是一种时代精神，一种时代特色。青少年深刻领会"阳光体育运动"的内涵，并在工作、学习、生活中不断提高自己，享受"阳光体育"带来的快乐。

12.国家环境与健康行动计划（2007—2015年）

改革开放以来，随着中国社会经济的快速发展和城市化进程的不断加快，人民群众的物质生活水平得到了极大的提高。但与此同时，环境污染和生态破坏问题也日益严重。虽然党和国家在环境污染防治方面采取了许多积极的措施，但环境污染的严峻态势并未得到根本遏止，环境污染引发的健康损害问题在局部地区已经相当突出，直接危及人民群众的生产、生活，人民群众的根本利益受到了严重的损害。近年来，由环境污染导致的健康损害问题在一些地区甚至引发了群体事件，造成了社会的不稳定。特别是从中国社会经济和环境保护未来的发展形势来看，中国严峻的环境污染形势很难在短时期内得到扭转，由于长期暴露于污染的环境中，对健康造成的损害还有进一步加剧的趋势，持久性有机污染物等新型污染对人体健康的危害也不容忽视。

为进一步落实党的十七大报告中提出的"把建设资源节约型、环境友好型社会放在工业化、现代化发展战略的突出位置，落实到每个单位、每个家庭"的要求，2007年11月6日，卫生部、国家环境保护总局等18个部委联合发布了《国家环境与健康行动计划（2007—2015年）》（以下简称《计划》）。《计划》提出的总体目标为：完善环境与健康工作的法律、管理和科技支撑，控制有害环境因素及其对健康的影响，减少环境相关性疾病发生，维护公众健康，促进国家"十一五"规划纲要中提出的约束性指标和联合国"千年发展目标"的实现，保障经济社会持续协调发展，并提出了2007—2010年、2010—2015年的分阶段目标。

《计划》全文共分为5章，具体包括：前言、指导思想与基本原则、目标、行动策略、保障机制。在行动策略方面，《计划》指出：通过建立部门合作协调机制，建立健全环境与健康相关法律法规和政策体系，形成环境与健康监测网络，加强环境与健康风险预警和突发事件应急处置工作，建立国家环境与健康信息共享与服务系统，完善环境与健康技术支撑建设，加强环境与健康的宣传和交流等一系列行动和措施，全面提高政府开展环境与健康预防、预警、应急和救助的能力和水平，提高政府环境与健康公共服务能力和水平，维护群众的环境与健康权益。为进一步强化部门协作，《计划》特别强调了部门协作的重要性，并根据有关部门的行政管理职权，对有关18个部门开展环境与健康监督管理的责任进行了明确的划分，提出了建立国家、地方和部门协作的工作机制，为开展"部门协作，科学管理"奠定了基础，为确保《计划》各项任务和工作顺利实施提供了重要的组织保障。

《计划》是中国政府相关职能部门共同制定的环境与健康领域的第一个纲领性文件，是控制有害环境因素及其健康影响、减少环境相关性疾病发生、维护公众健康，落实"环境保护"基本国策的重要环境政策。它的制定与实施必将对中国环境政策从宏观思路到具体制度的更新提出新的要求。《计划》是在上述严峻的环境污染和群众健康损害形势的大背景下出台的,体现了国家和政府对环境与健康问题的高度重视及解决这一问题的坚强决心。

13."健康中国2020"战略

2008年,为积极应对中国主要健康问题和挑战,推动卫生事业全面协调可持续发展,在科学总结新中国成立60年来中国卫生改革发展历史经验的基础上,卫生部启动了"健康中国2020"战略研究。2012年8月,发布《"健康中国2020"战略》研究报告。"健康中国2020"战略,作为卫生系统贯彻落实全面建设小康社会新要求的重要举措之一,努力促进公共服务均等化。这一战略是以提高人民群众健康为目标,以解决危害城乡居民健康的主要问题为重点,坚持预防为主、中西医并重、防治结合的原则,采用适宜技术,以政府为主导,动员全社会参与,切实加强对影响国民健康的重大和长远卫生问题的有效干预,确保到2020年实现人人享有基本医疗卫生服务的重大战略目标。

"健康中国2020"战略分阶段目标为:第一步到2010年,初步建立覆盖城乡居民的基本医疗卫生制度框架,实现《卫生事业发展"十一五"规划纲要》规定的各项目标,使中国进入实施全民基本卫生保健的国家行列;第二步到2015年,使中国医疗卫生服务和保健水平位于发展中国家的前列;第三步到2020年,建立起比较完善、覆盖城乡居民的基本医疗卫生制度,全民健康水平接近中等发达国家。每个阶段都要有具体的指标和措施,包括:人均期望寿命、婴儿死亡率和孕产妇死亡率的指标,重大传染病和重大慢性疾病控制指标,卫生服务可及性指标和生物药械产业发展水平,卫生服务规模和卫生投入指标等,以实现卫生制度建设与健康促进目标的有机统一。

"健康中国2020"战略研究提出了"健康中国"这一重大战略思想,为把提高人均预期寿命纳入"十二五"国民经济和社会发展主要目标体系提供了重要循证依据,为实现卫生事业发展和国民健康水平提高提供了重要抓手,对科学制定中国中长期卫生发展战略意义重大。

14.中国居民健康素养调查

健康素养是健康素质的重要组成部分,指的是个人获取和理解基本健康信息和服务,并运用这些信息和服务作出正确判断,以维护和促进自身健康的能力。世界卫生组织指出,无论是发达国家还是发展中国家,居民健康素养水平普遍偏低,例如,在美国约50%

成人对健康信息的理解存在困难。提高健康素养是加快实现联合国"千年发展目标"中卫生相关目标的迫切需要。

2007年,卫生部组织医药卫生领域百余位专家,研讨并界定中国公民健康素养的基本内容。2008年1月,卫生部发布《中国公民健康素养——基本知识与技能(试行)》(以下简称《公告》)。《公告》是中国健康教育领域发布的第一个政府公告,也是世界上唯一一份界定公民健康素养的政府文件。在此基础上,卫生部组织专家编写了《健康66条——中国公民健康素养读本》(以下简称《读本》),全面阐述了健康66条的主要内容。同年5月在北京举行了中国公民健康素养促进行动启动仪式暨《读本》首发式。8月,卫生部办公厅下发了《中国公民健康素养促进行动工作方案(2008—2010年)》,为中国全面开展健康素养促进工作奠定了坚实的基础。

为通过调查了解和掌握当前中国居民健康素养现状,为制定卫生政策与规划提供重要参考依据,2008年卫生部委托中国健康教育中心,在参考国内外健康素养研究成果和工作经验的基础上,根据《公告》的内容编写了《中国居民健康素养调查问卷》。同年6—8月份进行了首次中国城乡居民健康素养现状调查,覆盖全国31个省(自治区、直辖市),以及新疆生产建设兵团,调查对象为15—69岁的常住人口,总共调查79542人。

2009年12月18日,卫生部召开首次中国城乡居民健康素养现状调查新闻发布会,发布《首次中国居民健康素养调查报告》(以下简称《调查报告》),并介绍了调查情况。调查结果显示:一、中国居民具备健康素养的总体水平为6.48%。二、中国当前5类主要卫生问题调查得出慢性病预防素养最低,基本医疗素养次之。三、居民健康素养水平存在明显的城乡和地域差别,城市居民明显高于农村居民,中部地区高于东、西部地区。四、调查对象中年龄在55—69岁人群健康素养水平较低。五、对71项测评内容总体回答情况进行分析发现,6项指标的正确回答率低于20%。

根据调查结果,《报告》提出了三点建议:一、大力推进健康促进与健康教育工作,提高全民健康素养水平。即通过建立健全健康教育机构工作网络,提供规范优质服务,促进城乡居民平等享有健康教育与健康促进等基本公共卫生服务,确保全民健康素养水平逐步得到提高。二、努力探索提高全民健康素养水平的新思路和新方法。充分利用电视、广播、互联网、手机短信等群众喜闻乐见的大众媒体传播形式,广泛开展以提高全民健康素养为目的的健康传播活动;以学校、厂矿企业、医院、社区卫生服务中心(站)和乡镇卫生院(室)等为阵地,开展以提高健康技能和促进健康行为形成为目的的综合干预活动。三、定期开展健康素养监测,及时发布监测结果。今后每3—5年在全国范围内开展一次居民健康素养监测。

提高中国公民健康素养,是贯彻落实科学发展观、全面建设小康社会和构建社会主义和谐社会的一项重大任务和提高人民生活质量的重要举措。

15.全民健身条例

2009年8月30日国务院正式公布《全民健身条例》（以下简称《条例》），于2009年10月1日正式实施。

改革开放以来，中国竞技体育得到了长足的发展，特别是在2008年北京奥运会中，中国代表团取得了金牌总数第一的骄人成绩，在竞技体育不断取得为国争光辉煌成就的同时，随着经济社会的发展和人们生活方式的变化，追求人的发展与健康，全面提高生活质量，越来越成为具有普遍性的公共需求，体育健身成为广大群众越来越多参与的社会活动。2002年，中国共产党第十六次全国代表大会将"明显提高全民族健康素质、形成比较完善的全民健身体系"列入全面建设小康社会的奋斗目标。随着公共体育服务地位的不断提升，对全民健身进一步专门规范的社会需求日益凸显，《条例》的发布正是顺应了这一要求。

《条例》共分为6章40条，除总则与附录外，还具体包括全民健身计划、全民健身活动、全民健身保障、法律责任4部分。《条例》所包含的内容主要有如下方面：

一、全民健身行政责任制度

《条例》对于政府承担全民健身工作责任进行了多方面规定：一方面，总则设立了两个专门条款，不但明确了国务院和地方政府体育主管部门对全民健身工作全面负责的主管责任以及其他有关部门在各自职责范围内负责有关全民健身工作的分管责任，而且直接确定了各级地方政府在全民健身工作中的各种法律责任；另一方面，在总则其他条款和其他各章规定中，有着大量政府应当承担的行为要求，通过明确的行政责任来保障全民健身各方面工作的开展。

二、全民健身计划与监控制度

《条例》设立了全民健身计划的专章，明确了国务院和地方政府分别制订全民健身计划和全民健身实施计划、政府体育主管部门会同有关部门组织实施、政府加强组织协调对实施负责的职务责任，对全民健身计划从制订、修订到实施的整个过程和主要环节及有关要求作出了规定。同时，将已有体育等部门制度化开展的公民体质监测和全民健身活动状况调查与全民健身紧密结合起来，并创设了政府任职期内全民健身计划实施和评估的报告制度。

三、全民健身组织建设制度

在多年的全民健身工作的实践中，加强网络化的组织建设一直是构建全民健身体系的重要任务。《条例》将全民健身的组织建设置于非常突出的重要地位，在总则的第三条就作出国家推动基层文化体育组织建设的规定，而且首先着眼于建立经政府批准、具有事业单位性质的正式工作机构，以保证在现阶段能够切实协助政府履行公共体育服务职能。同时，《条例》第十八条作出了鼓励和推动全民健身活动站点、体育俱乐部等群众性体育组织开展全民健身活动的规定。此外，《条例》还在诸多条款中，对包括企业事业单位、社会团体、民办非企业单位、基层群众自治组织以及其他多种组织开展全民健身工作赋予了职责，提出了要求。

四、全民健身工作监管制度

为了保证全民健身事业健康顺利地发展，政府及其工作部门还必须加强相关的监督管理，严格规范和切实维护全民健身工作与活动的秩序和安全。为了维护全民健身活动中参加者的生命健康和财产安全，《条例》重点就政府对全民健身中的安全监管作出了各种规定，如第三十二条要求组织大型全民健身活动应当按照规定做好安全工作，特别是为经营高危险性体育项目增设了行政许可，对审批条件、许可程序和项目确定等作出明确的规定，并且特别强调了政府体育部门的依法监督检查职责。《条例》第三十三条还通过对投保有关责任保险和意外伤害保险的鼓励，来预防和转移全民健身活动中的安全事故风险。同时，《条例》还专门设置了对全民健身活动社会秩序的监管内容，规定不得利用健身活动从事宣扬封建迷信、违背社会公德、扰乱公共秩序、损害公民身心健康的行为，为体育健身活动建立良好的秩序氛围。此外，《条例》也对政府和有关组织在全民健身活动中的审批行为作出规定，不得非法设置审批和收取审批费用。

五、全民健身法律责任制度

为了保证全民健身公共服务依法有效地实现，维护和救济公民在全民健身中的合法权益，需要确立和执行全民健身的法律责任制度。《条例》进一步从四个方面作出了法律责任的规定：一是对学校违反《条例》行为的责任追究；二是对未经批准擅自经营高危险性体育项目以及取得许可后不符合条件仍然经营等行为的责任追究；三是对利用体育健身活动从事破坏社会秩序行为的责任追究；四是政府及其部门工作人员在全民健身工作中构成违法的责任追究。

《条例》是中国第一部全面、系统规范全民健身事业发展的专门性行政条例，对全民健身管理机制、全民健身计划、全民健身活动、全民健身保障以及法律责任等作了明确规定。《条例》的颁布，对于加快"建设体育强国"具有十分重要的意义，为推动中国体育事业实现跨越式发展，尤其是群众体育事业的跨越式发展，创造了必要的法律保障条件。

16.营养改善工作管理办法

新中国成立后，中国政府非常重视和关心人民的健康和营养事业的发展，在不同时期通过各项方针、政策和宏观调控，基本解决了全民的温饱问题。但是随着社会的发展，中国不同地区、不同人群的物质生活和教育程度出现了很大差别，国家面临着居民营养缺乏和营养过剩的双重挑战，营养需求不断增加。由于没有营养法律法规的制约，社会营养工作有很大的随意性，尤其是欠发达地区和贫困农村地区营养工作不被重视，多种因素造成营养不良、经济落后、身体素质低下的恶性循环。

为进一步动员力量进行有计划、有组织的营养改善行动，改变居民中存在的营养不良的状况，提高居民营养质量和健康水平，2010年8月3日，卫生部发布了《营养改善工作管理办法》（以下简称《办法》），并于2010年9月1日起实施。

《办法》共分为7章36条。除总则与附则外，还包括营养监测、营养教育、营养指导、营养干预、奖励5部分。《办法》所包含的内容主要有如下方面：

一、营养监测

《办法》第八条规定了在卫生部制订、实施国家营养监测计划的基础上，各省、自治区、直辖市人民政府卫生部门也应制定相关的配套监测方案。在第九条中规定了营养监测的5个方面内容：摄入、膳食结构变化；宏量、微量营养素情况；能量营养不良缺乏状况；超重、肥胖及营养相关疾病状况以及其他监测内容。在随后的第十至第十四条的要求中，对县级以上疾病预防控制机构；国家、省级疾病预防控制机构；妇幼保健机构、社区卫生服务机构、乡镇卫生院以及其他卫生机构；疾病预防控制机构和医疗机构；卫生行政部门这5方面的相关责任部门在营养监测工作上的工作以及职责作出了详细的规定要求。

二、营养教育

《办法》对于营养教育工作的开展提出要通过推广《中国居民膳食指南》，帮助居民形成符合营养要求的饮食习惯以及健康的生活方式，提高改善膳食营养的能力。在第十六至第二十条中又进一步对相关的责任部门进行了职责的确定。

三、营养指导

营养指导作为在营养监测工作后发现问题的解决措施，第二十二条指出其目标为预防营养相关疾病，重点针对营养缺乏与营养过剩的人群。在《办法》的第二十三条中提出了营养工作的六方面内容：有关营养知识和咨询，营养状况评价，膳食搭配和摄入量建议，强化食品和营养素补充剂选择的建议，食物营养标签的使用，社会及媒体的营养与健康课堂，其他营养指导服务。并在随后的条目中指出了营养改善示范单位试点工作的开展途径。

四、营养干预

相比于营养教育与营养指导工作，营养干预工作更加实际并有较强的执行性。在第二十六至第二十九条中，《办法》提出，县级以上的人民政府卫生行政部门主要负责结合实际制定营养干预计划,疾病预防控制机构加强对中小学学生食堂和学生营养配餐单位的指导,医疗机构加强临床营养工作,卫生行政部门将营养干预纳入自然灾害和突发公共卫生事件的应急预案。

《办法》是中国出台的第一个营养管理办法。它将营养工作纳入政府工作职责,纳入卫生部及各级卫生行政部门职责,制定相应工作计划和考核制度,约束卫生部及各级卫生行政部门,促进营养改善工作的开展。为保障中国居民的营养与健康状况,促进营养工作的顺利开展,继续推进营养立法工作奠定了坚实的基础。

17. "医疗质量万里行"活动

为贯彻落实2009年全国安全生产会议精神,加强医疗机构医疗安全管理,保障医疗质量和医疗安全,2009年5月20日,卫生部决定自2009年到2011年在全国范围内开展"医疗质量万里行"(以下简称"万里行")活动。

"万里行"活动内容具体包括:广泛开展多层次多形式的宣传教育,强化医务人员和群众的医疗质量和医疗安全意识;以贯彻实施《医疗技术临床应用管理办法》为重点,认真做好医疗技术临床应用管理、促进临床合理用药等项工作;根据《病原微生物实验室生物安全管理条例》、《人间传染的高致病性病原微生物实验室和实验活动生物安全审批管理办法》、《医疗机构临床实验室管理办法》等有关规定,对医疗机构内实验室生物安全、质量控制和管理进行全面检查,重点检查制度建设、硬件设施、人员管理、应急处置、执行落实等方面情况;全面排查安全生产基础设施、技术装备、作业环境、防控手段等方面存在的安全隐患,重点整治安全生产制度建设、安全管理组织体系、责任落实、劳动纪律、现场管理、事故查处等方面存在的薄弱环节。

为深入贯彻落实党的十七大、十七届四中全会和《中共中央国务院关于深化医药卫生体制改革的意见》有关精神,按照《2010年卫生工作要点》的部署和要求,2010年5月24日,卫生部发布了《2010年"医疗质量万里行"活动方案》,作为2009年开展的"医疗质量万里行"的进一步延续。

18. 全国防盲治盲规划(2012—2015年)

盲和视力损伤严重影响人民群众的身体健康和生活质量,加重了家庭和社会负担,是重大的公共卫生问题。1999年,世界卫生组织和国际防盲协会提出"2020年前消除可避免盲"的防盲治盲全球性战略目标,到2020年要在全球消除包括白内障、沙眼、河盲、儿童盲、屈光不正和低视力导致的可避免盲，中国政府作出承诺并积极参与实现这一目标。"十一五"期间，中国政府高度重视防盲治盲工作，通过制定实施防盲治盲规划、建立防盲治盲工作体系和开展防盲治盲项目，大力推动此项工作，取得显著成绩。但是目前仍面临巨大挑战，中国仍然是世界上盲和视力损伤最严重的国家之一，还存在眼科医疗资源总量不足、分布不均和质量不高，基层眼保健工作薄弱、信息系统不完善等问题。

为进一步全面推动中国防盲治盲工作，满足人民群众眼保健服务需求，保障人民群众身体健康，在中国实现"2020年前消除可避免盲"的目标，2012年7月27日，卫生部、中国残疾人联合会发布了《全国防盲治盲规划（2012—2015年）》（以下简称《规划》）。《规划》指出，到2015年底，争取达到如下工作目标：一、完善防盲治盲网络，设有眼科或具有眼耳鼻喉科医师的县级综合医院达到全国县级综合医院总数的90%以上。二、加强防盲治盲人员队伍建设，建立国家级和省级防盲治盲管理人员和专业技术人员规范化培训制度。三、防治主要致盲性眼病，到2015年底全国创建600个白内障无障碍县（区），根除致盲性沙眼，提高社会公众的防治意识。四、开展实例康复工作，在省级残疾人康复机构建立"低视力康复中心"，为50万名低视力患者免费配用助视器，培训低视力儿童家长20万名。

《规划》全文共分为5部分，具体为：现状和问题、指导思想和工作原则、工作目标、主要工作内容、保障措施。《规划》从7个方面阐述了主要的工作内容：一、进一步建立完善防盲治盲工作网络，具体包括加强国家级、省级、设区的市级防盲技术指导组的能力建设；加强县级综合医院眼科能力建设；开展城市农村防盲治盲网络试点工作；鼓励社会各界积极参与防盲治盲工作。二、加强防盲治盲人员队伍建设，成立国家级、省级防盲治盲培训专家队伍，加强对各省省级防盲治盲管理人员与县级综合医院眼科医师、基层医疗人员的培养与培训。三、防止主要致盲性眼病，继续开展扶贫白内障患者复明工作，开展致盲性沙眼根治工作。四、开展低视力康复工作，各省省级残疾人康复机构均建立"低视力康复中心"。五、开展防盲治盲宣传教育工作，通过媒体、健康宣传日等形式普及眼保健知识。六、制定基层常见致盲性眼病防治工作指南。七、进一步完善白内障复明手术信息报送制度，加强"白内障复明手术信息报告系统"数据库建设。在保障措施方面，《规划》指出：一是密切协作，完善政策；二是以点带面，推动落实；三是实行目标管理，建立定期评估制度。

《规划》的发布对进一步全面推动中国防盲治盲工作，满足人民群众眼保健服务需求，保障人民群众身体健康具有强大的促进作用，为中国实现"2020年前消除可避免盲"的目标提供了有力的政策保障。

19.全国乡村医生教育规划（2011—2020年）

自2001年卫生部颁布《全国乡村医生教育规划（2001—2010年）》以来，全国各地根据农村卫生工作实际，完善乡村医生教育，实行在岗培训和学历教育相结合，有力促进了乡村医生队伍建设。但是，乡村医生队伍总体学历低、执业（助理）医师少，整体素质和服务能力与农村居民健康需求相比还存在较大差距的状况尚未根本改变；乡村医生培训网络不健全，师资队伍薄弱，培训内容的针对性、培训方式的适宜性与乡村医生岗位需求相比还存在较大差距，区域间发展不平衡的状况尚未根本改变；吸引人才、稳定人才、支撑教育培训有效实施等相关政策尚不完善，统筹城乡发展，促进城乡基本卫生服务公平，全面建成小康社会依旧面临严峻挑战。

为贯彻落实《中共中央国务院关于深化医药卫生体制改革的意见》、《"十二五"期间深化医药卫生体制改革规划暨实施方案》、《卫生事业发展"十二五"规划》、《国务院办公厅关于巩固完善基本药物制度和基层运行新机制的意见》和《国务院办公厅关于进一步加强乡村医生队伍建设的指导意见》，加强乡村医生教育培养工作，完善村级医疗卫生服务，2013年10月18日，国家卫生和计划生育委员会、国家发展和改革委员会、教育部、财政部、国家中医药管理局五个部门联合发布了《全国乡村医生教育规划（2011—2020年）》（以下简称《规划》）。《规划》提出总体目标为：到2020年，各省（区、市）建立健全与全面建成小康社会目标相适应的乡村教育培训制度，建立一支以中支（中专）及以上学历、执业（助理）医师为主体、整体素质基本满足村级卫生服务需求的合格乡村医生队伍，推动农村基层卫生服务绩效得到相应改善，并提出了2015年、2020年两阶段目标。

《规划》全文共分为4章13条，具体包括：规划背景，指导思想、基本原则和目标，主要任务，保障措施。《规划》要求，建立并严格执行乡村医生定期在岗免费培训制度，县级卫生行政部门对在村卫生室执业的乡村医生每年免费培训不少于两次，累计培训时间不少于两周。乡村医生原则上应当每3—5月到县级医疗卫生机构或有条件的中心卫生院脱产进修一次，进修时间原则上不少于一个月，以提高临床医生诊疗能力、公共卫生服务能力的专项技术水平为主。为保证《规划》能够得到有效落实，《规划》指出卫生计生等相关部门将从加强组织领导、明确职责分工、保障经费投入、健全工作机制、强化绩效考核、严格乡村医生执业准入等多环节入手，以保障村医教育培训落到实处。《规划》强调，对政府及其主管部门按《规划》组织的乡村医生在岗培训，所需资金由同级财政预算安排，不得向乡村医生收取费用；鼓励在岗乡村医生参加学历教育，同级财政可适当予以补助。

随着社会主义新农村建设的不断推进、医药卫生体制改革的日益深化和农村疾病流行模式的逐步改变，农村居民对乡村医生的整体素质寄予新的期待，农村卫生工作对乡村医生提出了更高要求。《规划》的颁布，对实施全面建成小康社会阶段的乡村医生教育体系，强化素质能力培养培训，加快乡村医生队伍向执业（助理）医师转化，提高整体服务水平，逐步缩小城乡基层卫生服务水平的差距，具有重要的意义。

20.人口健康信息管理办法（试行）

随着人口健康信息化建设全面推进和新技术快速发展与应用，中国各类医疗卫生计生服务机构采集产生的电子健康档案、电子病历、全员人口信息等人口健康的数据量越来越大，人口健康信息互联共享的范围也越来越广，利用人口健康信息服务群众健康的需求也越来越多。同时，人口健康信息面临的安全威胁也在不断增加，亟须借鉴国际有益经验和做法，研究制定人口健康信息管理规范，进一步加强人口健康信息管理，保障人口健康信息安全，保护公民个人隐私。

为规范人口健康信息的管理工作，促进人口健康信息的互联互通和共享利用，推动卫生计生事业科学发展，2014年5月5日，国家卫生和计划生育委员会发布了《人口健康信息管理办法（试行）》（以下简称《办法》）。

人口健康信息是指依据国家法律法规和工作职责，各级各类医疗卫生计生服务机构在服务和管理过程中产生的人口基本信息、医疗卫生服务信息等，主要包括全员人口、电子健康档案、电子病历以及人口健康统计信息等。

《办法》对负责单位采集人口健康信息的要求是要做到标准统一、术语规范、内容准确、对采集数据质量负责以保证采集质量；遵循"一数一源、最少够用"的原则，避免重复采样、多头采样以保证数据的唯一性、一致性，从而便于信息共享与利用；负责单位采集的人口健康信息应满足业务工作要求，实现区域内互联互通、信息共享和业务协同。

在人口健康信息的管理、使用方面，《办法》指出县级以上卫生计生行政部门是人口健康信息的主管部门。按照人口健康信息化建设三大数据库（全员人口数据库、电子健康档案数据库、电子病历数据库）和四级平台（国家级、省级、地市级、县级）的总体规划，实行分级存储。通过分类利用、授权利用、个人利用的使用原则，达到提高医学研究、科学决策和便民服务水平，最终服务于群众健康的目的。

为加强人口健康信息的安全与隐私的保护，《办法》要求按照信息安全等级保护要求，建立信息安全保障体系，制定完善安全管理制度、操作规程和技术规范，确保人口健康信息系统安全。任何建立、修改和访问人口健康信息的用户，都应当通过严格的实名身份鉴别和授权控制，做到其行为可管理、可控制、可追溯。按照国家有关信息安全审查制度要求，加强对人口健康信息系统技术产品和信息技术服务提供者的安全管理，确保安全、可控。

为保证《办法》的顺利实施，《办法》指出通过加强指导监督，逐步提高本行政区域内精细化人口健康服务和管理能力；通过建立通报制度，对违反本《办法》规定造成数据丢失、破坏、隐私泄露等不良后果的依法追究其法律责任；通过建立责任追究制度，对违反本《办法》规定的主管部门和责任单位，按情节严重程度追究其责任。

《办法》的颁布，对进一步规范加强各级各类医疗卫生计生服务机构的人口健康信息采集、管理、利用、安全和隐私保护工作，明确管理和安全职责，在保证人口健康信息安全和保护个人隐私的前提下，促进人口健康信息互联互通和共享利用，推动人口健康信息化和卫生计生事业科学发展具有重要的指导及推进作用。

本章撰写负责人：尹栾玉

成员：李士梅、王静媛、高阳、郭帅

第十一章
中国社会发展综合统计与国际比较

当/代/中/国/社会大事典(1978—2015)

一、中国社会发展综合统计概述

1.人口与就业统计

新中国成立以后,中国开始探索开展常规性人口统计工作,并于1953年开展了第一次全国人口普查。1958年11月,《中华人民共和国户口登记条例》的颁布,标志中国确立了以户口登记为基础的经常性人口统计制度。1964年第二次全国人口普查后,人口统计制度得到逐步完善。

"文化大革命"时期,人口统计工作一度中断。1980年6月2日,中共中央为了准确查清人口数量、地区分布和社会经济构成情况,决定于1982年7月1日进行第三次全国人口普查。这是中国第一次现代化的人口普查。1986年8月6日,为准确及时掌握人口总量及其变动情况,国务院办公厅发布《国务院对今后全国人口普查工作安排意见的批复》,原则同意今后每10年进行一次全国人口普查。这是中国首次将定期进行人口普查以文件形式确定下来,对形成完整的人口统计调查制度具有十分深远的意义。此后,在1990年、2000年、2010年分别进行了第四次、第五次和第六次人口普查。

国家虽然每10年进行一次人口普查,但相隔周期较长,不能及时掌握人口发展变化情况。为弥补上述不足,1986年8月6日,在国务院办公厅发布的《国务院对今后全国人口普查工作安排意见的批复》中,原则同意两次普查中间进行一次1%人口抽样调查。该项调查已成为中国周期性人口普查制度的重要组成部分。此后,分别于1987年、1995年、2005年进行了三次1%人口抽样调查。

为准确及时掌握国家年度人口变动情况,在全国人口普查和1%人口抽样调查基础上,中国国家统计局建立了每年一次的人口变动抽样调查制度。从1983年到2014年,中国人口变动情况抽样调查开展过25次。

中国的劳动就业统计，始于1950年第一次全国工业普查。1959年，中国国家统计局成立文教劳动司，建立集中的劳动工资统计报表制度。"文化大革命"中，劳动工资统计被取消。"文化大革命"结束后，随着大批知青返城，城镇就业矛盾凸显。为有效应对这一问题，国家于1978年建立了城镇待业人员登记制度。中国共产党第十一届中央委员会第三次全体会议以后，职工个人收入的形式和渠道发生了很大变化，工资外收入逐年增多，工资总额统计不能全面准确反映职工的收入状况。为此，1992年国家统计局决定建立职工个人收入统计。随着中国社会主义市场经济体制的初步建立和劳动就业制度改革的不断深化，2004年9月27日，国务院决定自2005年起建立采用抽样调查方式的全国劳动力调查制度。2009年，为及时反映就业状况的变化、趋势和各项就业政策的实施效果，建立31个大城市劳动力调查制度，按月反映全国重点城市劳动力资源和市场供求状况、就业人员、失业人员总量及结构变化情况。同年，国家统计局对沿袭几十年的劳动工资统计进行重大改革，建立了全国统一的城镇私营单位工资统计制度，将私营单位正式纳入工资统计范围。2013年，大城市劳动力调查城市总数由31个扩大为65个。同年，国家统计局在一套表联网直报单位范围内对不同岗位的工资情况进行了调查，并于2014年向社会发布数据。

2.住户调查

国家统计局于1956年建立农民家计经常性调查。从1956年4月1日开始，在北京、天津等27个城市进行经常性的职工家计调查。"文化大革命"期间，这两项调查中断。1977年，各地农民家计调查恢复，调查内容也不断充实。1983年，更名为农村住户调查。1980年，国务院同意恢复职工家庭生活调查工作。中国大规模的城镇住户基本情况调查分别于1987年、1990年、1993年、1996年、1999年、2010年开展过6次。2002年10月8日，进行城镇住户调查制度改革，将住房、医疗、养老等社会保障项目纳入城市居民生活调查范畴。为准确反映农民工数量、流向、结构、就业、收支、生活、社会保障及创业等情况，2008年12月17日，建立农民工监测调查制度。受城乡二元结构的影响，长期以来中国的城乡住户调查是分开进行的，难以精确测算全体居民的收入差距和支出结构，农村居民与城镇居民的收支水平和结构等统计数据也不完全可比。2011年以来，为更加真实准确地反映全体居民收入和生活状况，更好地统筹城乡发展和改善收入分配格局，国家统计局对城乡住户调查进行一体化改革，从2012年四季度起，在全国统一选取40万户城乡居民家庭直接开展调查。2014年，发布了城乡可比的新口径全国居民人均可支配收入数据，填补了中国全体居民收入数据的空白。

3.社会统计

中国社会统计工作始于 20 世纪 50 年代，主要由教育、文化、卫生、体育、环保、政法、民政等部门承担具体调查任务，国家统计局负责综合协调。改革开放前，社会统计主要依据各部门行政记录加工整理。1978 年后，社会统计取得了长足进步。1983 年，国家统计局研究建立了中国官方社会统计指标体系。随后，组织开展了小康社会监测、妇女儿童状况调查、残疾人抽样调查、农村贫困监测、文化及相关产业统计、体育及相关产业统计等工作，为促进中国社会进步和精神文明建设作出了积极贡献。近年来，国家统计局还圆满完成国务院布置和中央有关部门委托的组织工作满意度调查、党风廉政建设民意调查、社会各阶层思想动态调查、国有企业反腐倡廉民意调查、全国文明城市测评、群众安全感调查等多项专项调查，为相应部门管理决策提供了重要信息基础。

4.科技统计

中国科技统计调查制度始建于 20 世纪 80 年代中期。党的十一届三中全会以后，中国的科技事业有了较大发展。为了对全国的科技投入规模和强度作出基本估计，1985 年 9 月，国务院科技领导小组决定开展科技普查。1993 年 10 月 22 日，国家科委决定建立国家级科技计划项目统计年报制度。制度涉及的科技计划有攻关计划、863 计划、攀登计划、星火计划、火炬计划和成果推广计划。1995 年，国家统计局将科技统计调查范围扩大至国有小型工业企业、建筑业、运输仓储邮电业、农林牧渔业、地质水利业、医疗卫生业和国家级高技术园区企业，并按照扩大的范围和统一的口径对历史数据进行了调整。至此，中国初步建立了五年周期滚动科技调查制度，基本满足了全社会科技统计核算工作需要。

为弄清中国 R&D（科学研究与试验发展）资源投入状况，衡量中国科技投入现状和国际地位，2000 年和 2010 年，进行了两次全国 R&D 资源清查。为贯彻落实中央提出的"提高自主创新能力、建设创新型国家"的战略部署，2006 年 8 月 24 日国家统计局在北京、天津、河北等省、自治区、直辖市的 40 个大中城市开展企业创新专项调查。2013 年 1 月 14 日，国家统计局制定《战略性新兴产业分类（2012）》（试行），该分类更好地满足了统计上测算战略性新兴产业发展规模、结构和速度的需要。党的十八届三中全会明确要求建立创新调查制度，为此，国家统计局于 2014 年制订了全国企业创新调查方案，并开展了地方创新指数试算。

5.环境统计

20世纪50年代，中国就开展过国土、气象、矿产等方面的统计。1979年，国务院环境保护领导小组办公室组织开展全国3500多个大中型企业环境基本状况调查。1980年，国务院环境保护领导小组与国家统计局联合建立了环境保护统计制度，从1981年起，依据《中华人民共和国统计法》和环境保护统计制度的规定，环境统计工作在全国范围展开，要求每年编制环境统计年报资料和环境统计分析报告。

为贯彻落实国家一系列节能降耗举措，积极促进经济转型升级，2006年1月23日，国家统计局创立单位GDP能耗等相关指标的报送制度。2007年7月31日，国家统计局从2007年上半年报告期开始，按季度试算国家和各省、自治区、直辖市能源消费总量、单位GDP能耗及其降低率。面对"十一五"后期十分严峻的节能减排形势，国家统计局按照"坚持原则、科学核算、确保衔接"的要求，健全能源统计制度，能源统计月度范围扩至32万家规模以上法人单位，细化能源统计品种，完善能源平衡表，健全建筑节能、第三产业节能统计，建立循环经济统计评价体系。

国家统计局还建立了应对气候变化统计指标体系及其统计调查制度。2013年5月，经国务院批准，国家发展改革委和国家统计局联合印发了《关于加强应对气候变化统计工作的意见的通知》。随后，国家统计局制定并实施了应对气候变化统计工作方案、统计指标体系和部门统计报表制度等一系列文件。目前，中国应对气候变化统计工作已正式全面展开。

二、人口与就业统计

1.人口统计调查综述

《中华人民共和国统计法》第十六条规定："搜集、整理统计资料，应当以周期性普查为基础，以经常性抽样调查为主体，综合运用全面调查、重点调查等方法，并充分利用行政记录等资料。"1986年8月6日，国务院下发《国务院对今后全国人口普查工作安排意见的批复》，决定"今后每十年（逢0年份）进行一次全国人口普查，两次普查间（逢5年份）进行一次1%人口抽样调查"。从20世纪80年代以来，中国已形成了人口普查和人口抽样调查相结合的人口统计调查制度。

一、全国人口普查。新中国成立以来，中国分别于1953年、1964年、1982年、1990年、2000年、2010年成功开展了6次全国人口普查。改革开放以来进行的4次人口普查，不断总结前次人口普查的经验，普查方法进一步改进和完善。2010年5月24日，国务院颁布了《全国人口普查条例》，为科学有效地组织实施人口普查提供了法律依据。人口普查是指在国家统一规定的时间内，按照统一项目、统一普查表和统一的填写方法，对全国人口普遍地、逐户逐人地进行的一次性调查登记。通过人口普查数据的搜集、整理、评估、分析和发布等全部过程，查清全国人口的数量、结构和分布情况，查清人口的社会、经济、文化等特征。人口普查是各个国家取得有关人口资料，查清国情国力的一种最基本的方法，人口普查也称作"国情普查"。中国人口普查工作按照"全国统一领导、部门分工协作、地方分级负责、各方共同参与"的原则组织实施。在人口普查工作期间，各级人民政府设立由统计机构和有关部门组成的人口普查机构，负责人口普查的组织实施工作。村民委员会（社区）、居民委员会（社区）成立村级人口普查小组，协助所在地人民政府动员和组织社会力量，进行本区域内的人口普查工作。人口普查主要分三个阶段，先后要历时3年多。一是准备阶段。这一阶段的主要工作有：组建各级普查机构，制订普查方案、普查细则和工作计划，进行普查试点，落实普查经费和物资，开展普查宣传，选调培训普查指导员和普查员，绘制普查地图，进行户口整顿等。二是普查登记阶段。这一阶段的主要工作有：普查员入户登记，进行全面复查，开展数据质量抽查等。中国人口普查的标准时点为普查年度的11月1日零时，普查的对象是指普查标准时点在中华人民共和国境内的自然人以及中华人民共和国境外但未定居的中国公民。不包括在中华人民共和国境内短期停留的境外人员。以第一次全国人口普查为例，从11月1日起历时1个月的时间，遍布全国的600多万名普查员和普查指导员深入每一个社区村庄，访问每一户家庭，按照普查方案的要求详细登记每一名普查对象的情况。三是数据整理和发布阶段。这一阶段的主要工作包括：普查表编码，数据录入、审核、汇总。在数据发布阶段，发布《中国人口普查主要数据公报》和出版《中国人口普查资料》。人口普查数据为深入研究中国人口的特征及其发展变化，人口和经济社会、人口和资源环境等问题提供了大量丰富翔实的数据资料。

二、全国1%人口抽样调查，又称人口小普查。全国1%人口抽样调查，通常是在两次人口普查中间年份（为逢5的年份）进行。两次普查之间的1%人口抽样调查，是继人口普查后又一次大规模的社会调查，为国家及时全面掌握人口发展变化情况提供人口信息。中国已分别在1987年、1995年和2005年进行过三次全国1%人口抽样调查。1%人口抽样调查的内容、组织实施形式都与人口普查相似。在数据发布阶段，发布《全国1%人口抽样调查主要数据公报》和出版《全国1%人口抽样调查资料》。

三、全国人口变动情况抽样调查。在1982年第三次全国人口普查后，国家统计局在普查年和1%人口抽样调查年以外，进行每年一次的人口变动情况抽样调查，形成了年度人口变动调查制度。人口变动情况抽样调查时点为每年的11月1日零时。调查工作的流程主要包括：一是制订方案。人口变动调查的主要调查项目有：人口基本信息，出生、死亡和迁移流动，受教育情况、婚姻状况等。在这些基本项目基础上，为了满足社会需求，还会增加或调整某些调查项目。二是组织实施。国家统计局统一组织对各地统计局进行培训后，由各地统计局分别根据当地情况，对调查员的选聘、培训、宣传、摸底和入户等工作进行安排和部署，全国31个省（区、市）在标准时点同时开展入户登记工作。三是宣传工作。为使调查工作顺利进行，调查工作人员在调查样本点所在地开展宣传工作，宣传调查的意义，争取被调查户的理解和支持。四是质量控制与抽查。为了保证调查的质量，质量控制工作由县级统计机构组织，采用检查、督导等方式进行。五是数据公布。国家统计局通过统计公报发布年度全国总人口、出生率、死亡率、自然增长率、分年龄分性别人口数、城镇化率和流动人口等数据，各省（区、市）发布本省相关数据。《中国统计年鉴》和《中国人口和就业统计年鉴》发布年度调查的人口年龄、教育、婚姻、生育、死亡等结构数据。

2.第三次全国人口普查

1982年中国进行了第三次全国人口普查，普查的标准时间是1982年7月1日零时。1980年6月，中共中央和国务院作出了关于在1982年7月1日进行第三次全国人口普查的决定。在1964年第二次全国人口普查后，中国已18年没有进行人口普查。为了准确查清全国的人口数量，查清人口的地区分布和构成情况，为制定人口政策和规划提供可靠的资料，国务院决定进行第三次人口普查。

第三次全国人口普查工作在国务院领导下进行，并设立专门的普查机构。1979年11月国务院成立第三次全国人口普查领导小组，国务院副总理陈慕华任领导小组组长，郑思远、吕剑光、李成瑞为副组长。成员部门有：国家统计局、公安部、国家计委、国务院办公厅、农委、建委、民委、民政部、财政部、粮食部、商业部、教育部、卫生部、国家劳动总局、计划生育办公室和人口小组。省、地区、县、公社、街道设立人口普查机构。1982年2月28日，中共中央、国务院发出了《关于认真做好第三次全国人口普查工作的指示》。指示要求：为了高质量地完成这次人口普查工作，各级党委和人民政府要切实加强领导，各级党委宣传部门要对人口普查的宣传工作作出统一安排，广泛深入地进行宣传动员；切实做好普查人员的选调和培训工作，保证抽调合格的人员参加普查工作，普查所需物质条件，计划、商业、物资、交通、电力等部门要予以保证。

人口普查组织实施分为三个阶段。第一阶段准备阶段，主要工作：一是制订普查方案。1982年2月国务院发布了《第三次全国人口普查办法》，共28条，办法规定，第三次全国人口普查的对象是："具有中华人民共和国国籍，并且在中华人民共和国境内居住的人。"人口普查，采用按常住人口（居住一年以上）的原则。每个人都需在常住地进行登记。一个人只能在一个地方进行登记。据此，《第三次全国人口普查办法》规定了应在本县、市登记的五类人：一、常住本县、市，并已在本县、市登记了常住户口的人；二、已在本县、市常住一年以上，常住户口在外地的人；三、在本县、市居住不满一年，但已离开常住户口登记地一年以上的人；四、普查时住在本县、市，常住户口待定的人；五、原住本县、市，普查时在国外工作和学习，暂无常住户口的人。第三次全国人口普查项目，较之前两次有了大幅度的增加，增加了有关婚姻、生育状况、就业状况，以及普查前一年的出生、死亡人数等内容，共19个项目。按人填报的13项，其中前6项（姓名、与户主的关系、性别、年龄、民族、常住人口的户口登记状况），每个人都填报；第7项（文化程度），6岁以上的人填报；第8项至第11项（行业、职业、不在业人口状况、婚姻状况），15岁以上的人填报；最后两项（妇女生育的子女数和现在存活的子女数、1981年育龄妇女生育状况），分别由15岁至64岁的妇女和15岁至49岁的育龄妇女填报。按户填报的有6项：户的类别（家庭户或集体户）、本户住址编码、本户人数、本户1981年出生人数、本户1981年死亡人数。二是开展户口整顿和人口普查试点工作。整顿户口工作，主要由公安部门承担，共有576万多人参加整顿户口工作，为提高人口普查数据质量奠定了基础。第三次人口普查的试点，采取了先上后下层层多级试点。国务院人口普查办公室于1980年7月在江苏无锡市和无锡县进行了人口普查试点，试点人数涉及76万人。试点取得了普查工作的具体经验。三是选调、培训普查人员。选调和培训了近百万名各级人口普查办公室的干部，518万名普查员，109万名普查指导员，培训采用国务院人口普查办公室统一编印的教材。四是开展大规模的宣传活动。1982年1月12日，陈慕华副总理在全国人口普查工作会议上发表讲话；1982年3月25日，《人民日报》发表评论员文章《进行人口普查是经济调整和四化建设的需要》；1982年5月27日，郑思远在全国人口普查电话会议上发表讲话；1982年6月10日，郑思远在各部委，各省、市、自治区人口普查座谈会上作总结发言；1982年6月，举行了声势浩大的"人口普查宣传月"活动，把宣传工作推向了高潮，使人口普查的意义和有关规定家喻户晓。1982年6月13日，姚依林副总理发表电视广播讲话，号召全国各族人民积极参加人口普查。

第二阶段为现场登记。第三次全国人口普查登记方式主要有两种：一种是设立登记站，由各户申报人到站登记；一种是由普查员到居民家中询问、填写。通过前一种形式登记的人口约占80%，后一种约占15%。此外，有5%左右是由普查员到田头、船上、帐篷、工作点登记的。一个普查区的普查登记完毕后，普查指导员及时组织普查人员进行复查，包括自查、议查和互查。然后，普查指导员组织普查员按专项分组进行检查。复查中，运用事先规定的《人工逻辑检查规则》进行检查，发现问题，经过判断或核实后予以改正。对于不能从逻辑关系判断出来的差错，由普查员邀请熟悉情况的当地有关人员进行集体议查。再就是进行事后质量抽查。第三次全国人口普查事后质量抽查结果显示，人口数中重报人口占0.71‰，漏报人口占0.56‰，重漏相抵，净差人口占0.15‰；性别误差率为0.03‰；年龄误差率为6.15‰；1981年出生人口漏报率为1.83‰；1981年死亡人口漏报率为4.40‰。

第三阶段为数据汇总和发布。国家统计局于1982年10月27日发表了这次人口普查手工汇总的主要数字的公报。1982年7月1日零时，全国人口为1031882511人。其中大陆29个省（区、市）（不包括福建省的金门、马祖等岛屿，下同）的人口和现役军人共1008175288人。男性519433369人，占51.5%；女性488741919人，占48.5%。性别比（以女性为100对男性的比例）为106.3。汉族人口936703824人，占93.3%；各少数民族人口67233254人，占6.7%。市镇总人口为206588582人，占全国总人口的20.6%，比

1964年的18.4%上升了2.2个百分点。1983年12月出版了电子计算机处理的10%抽样资料。1985年7月出版了电子计算机处理的全部资料《中国1982年人口普查资料》。资料共编印77张表，为1册，分为七部分，第一部分人口概括，第二部分人口地区分布，第三部分民族，第四部分年龄，第五部分文化程度，第六部分行业职业，第七部分家庭、婚姻、生育以及中国人民解放军现役军人状况。

第四阶段为数据开发利用。1984年3月26—31日，国务院人口普查领导小组和国家统计局在北京联合召开了"中国1982年人口普查国际讨论会"。国务院副总理姚依林接见了全体代表，国务委员、国务院第三次全国人口普查领导小组组长陈慕华致开幕词。参加会议的有18个国家的人口学家、统计学家及联合国、世界人口学会和其他有关国际组织的代表80余人。会上宣读了论文48篇。

与前两次全国人口普查相比，这次普查具有显著特点：一是普查的人口达十亿之多，规模空前巨大；二是调查项目增多，包括人口基本特征、就业、生育、死亡等共19个调查项目；三是第一次使用电子计算机处理普查资料；四是普查的方案及其组织实施既吸收了中国前两次人口普查的经验，又借鉴和学习了国外的先进经验，同时也得到了联合国有关机构及一些友好国家、友好人士的大力帮助和支持，包括运用现代计算机技术的经验。五是中国人口普查获得的准确全面人口资料，为政府制定政策和计划提供了准确详细的人口数据，为分析研究世界人口的现状和发展动向作出了巨大贡献。

3.第四次全国人口普查

1990年中国进行了第四次全国人口普查，普查的标准时间是1990年7月1日零时。1989年5月9日，国务院下发了《国务院关于进行第四次全国人口普查的通知》（简称《通知》），决定于1990年进行第四次全国人口普查。《通知》指出：这次普查，对于查清第三次人口普查以来，中国人口在数量、地区分布、结构和素质方面的变化，检查2000年人口控制目标执行情况，科学制定人口、教育、就业、产业政策，实现中国社会经济发展战略目标，以及安排好人民的物质文化生活，都具有十分重要的意义。

《通知》批准成立第四次全国人口普查领导小组及其办公室。李铁映任领导小组组长，刘忠德、张塞、郝建秀、彭珮云、俞雷、范宝俊、邹时炎、孙兢新等任副组长。成员单位有统计局、国家民委、财政部、中宣部、总参军务部、商业部、人事部、广播电影电视部、建设部、农业部、卫生部、劳动部、经贸部等。各省、自治区、直辖市、地区、县、乡、镇、街道也均设立相应机构。

人口普查的组织实施分为三个阶段。第一阶段为准备阶段。主要工作：一是制订普查方案。1989年10月25日，李鹏总理签发了国务院第45号令，发布了《第四次全国人口普查办法》（以下简称《普查办法》）。《普查办法》共33条，包括普查目的、对象、组织实施、人口登记原则、项目、标准时间以及方法步骤等。《普查办法》规定，第四次全国人口普查的对象是具有中华人民共和国国籍，并且在中华人民共和国境内居住的人。普查仍采用按常住人口（居住一年以上）的原则，每个人都须在常住地进行登记，并只准在一个地方进行登记。常住的时间界限为一年，空间标准是本县、市。规定了应在本县、市登记的五种人，这与第三次人口普查完全一致。第四次人口普查问卷的项目共21项，按户填报的项目为6项，按人填报项目为15项。与第三次人口普查相比，有了五个方面的变化：第一，增加了"1985年7月1日常住地状况"和"迁来本地的原因"两个项目，反映5年来中国人口移动的状况；第二，在户口状况和性质中增加了"农业户口"、"非农业户口"；第三，在文化程度中增加了"学业完成情况"（如在校、毕业、肄业等）；第四，对出生人口和死亡人口的普查时间，由原来的前一年改为前一年半；第五，对死亡人口的登记增加了文化程度、婚姻状况、生前的主要职业等项目。二是开展户口整顿和人口普查试点。《普查办法》规定，在"人口普查登记开始以前，各级人口普查机构应当按照《中华人民共和国登记条例》及国家有关户口管理的其他规定进行户口整顿"。国务院批转了国务院人口普查领导小组、公安部关于在第四次全国人口普查前进行户口整顿的报告。户口整顿工作从1990年1月开始，由各级人口普查领导小组办公室和公安机关负责组织实施，5月底结束。核对户口时，采用对所辖区的常住户口和暂住户口分别入户核对的方法，对户口簿册内容与实际不相符的人口，登记项目进行核查。对确认有误的，经有关部门批准予以补登、注销、变更或更正。整理后的户口资料是普查登记时的重要参考。第四次全国人口普查试点在全国、省（地）两级开展，试点的任务主要是积累经验和培训骨干，通过试点着重总结如何做好社会力量动员工作和如何保证人口普查数据准确性两个方面的经验。三是选调和培训普查人员。人口普查队伍庞大，包括上百万各级人口普查机构工作人员，600万普查员及100多万普查指导员和编码员。各地统计局按规定标准严格选拔普查员和普查指导员。国务院人口普查办公室统一编印培训教材，培训人员700多万。四是开展了大规模的宣传活动。1989年12月8日，国务院总理李鹏出席第四次全国人口普查工作会议并发表重要讲话，广泛动员搞好第四次全国人口普查。李铁映在会上作了工作报告，刘忠德主持会议并作总结发言；1990年5月22日，李铁映视察北京市人口普查准备工作，强调人口普查要一次成功；1990年6月20日，李铁映发表题为《动员起来圆满完成全国人口普查》的广播电视讲话；6月23日，国务院举行常务会议，听取全国人口普查准备工作情况的汇报；6月29日，李鹏总理签署发布了《国务院关于全国人口普查登记的命令》，号召城乡居民积极参加普查；7月1日，江泽民、李鹏、万里等到中南海怀仁堂登记站，以普通公民身份参加全国人口普查登记，并发表了讲话。同时，各地加强人口普查宣传工作，利用电台、报纸、电视台等媒介，通过演出文艺节目、贴宣传画、树标语牌、写黑板报等各种宣传形式，特别是通过"人口普查宣传月"活动，形成人口普查的强大宣传声势。

第二阶段为普查现场登记。《普查办法》第十三条规定："人口普查登记方法，主要采用普查员入户询问，当场填报的方式进行，必要时，也可采用在普查区内设立登记站的方式进行。"在普查登记过程中充分吸取了第三次人口普查经验，整个普查工作从现场调查到数据汇总都实行了有效的质量控制。每一普查项目都经普查员逐户逐人逐项询问和填写，普查指导员亲临指导检查，基层干部和群众积极分子组成陪调员协助进行必要的宣传和组织工作。每张调查表均经过调查员自查、议查、互查和普查指导员复查四个环节。各乡、镇、街道还设置了人口普查登记质量检查组，在本地区登记、复查完毕后，以抽样方式抽取样本，重新入户调查，以检验质量。普查登记结束后进行了事后质量抽查。第四次全国人口普查后质量抽查结果显示，人口重登率为0.1‰，漏登率为0.7‰，重漏相抵，人口数净差率为0.6‰；性别误差率为0.14‰；年龄误差率为3.07‰；出生漏报率为1.03‰，死亡漏报率为4.9‰。

第三阶段为数据汇总和发布。1990年10月30日，国家统计局发布了《1990年人口普查主要数据公报》。1990年7月1日零时，全国人口为1160017381人。其中大陆30个省（区、市）（不包括福建省的金门、马祖等岛屿，下同）和现役军人的人口共1133682501人。男性为584949922人，占51.6%；女性为548732579人，占48.4%。性别比（以女性为100，男性对女性的比例）为106.6。汉族人口1042482187人，占91.96%；各少数民族人口91200314人，占8.04%。市镇总人口296512111人，占全国总人口的26.23%。1989年7月1日至1990年6月30日，出生人口23543188人，死亡人口为7045470人；出生率为20.98‰，死亡率为6.28‰，自然增长率为14.70‰。第四次全国人口普查的数据处理工作是在各级人口普查办公室统一组织领导下，由国家统计信息自动化系统完成的，在地（市）、省（区、市）完成了数据录入和汇总处理后，由国家统计局计算中心完成了全部国家级汇总制表工作。自1990年10月底开始到1991年7月，国家统计局根据手工汇总和电子计算机10%提前汇总资料，连续发布了10期人口普查的主要数据公报，并出版了《中国第四次人口普查主要数据》和《中国1990年人口普查10%抽样资料》。1993年4月出版《中国1990年人口普查资料》，资料共编印216张表，分为4册。第一册内容有人口概要、人口城乡分布和民族；第二册内容有人口年龄、文化程度、职业行业；第三册内容有婚姻、家庭、生育，第四册内容有死亡、人口迁移状况、中国人民解放军现役军人状况和表式的英文解释，并出版了省级汇总资料1000余册。同时用磁介质形式，通过磁带、磁盘和光盘建立电子计算机人口数据库。

第四阶段是数据开发利用。一是召开了普查数据研讨会，1992年10月"中国1990年人口普查北京国际讨论会"在北京召开。来自联合国有关组织的15个国家、地区及国内的100余名专家学者、友好人士参加了会议，会议共收到国内外学术论文60余篇。1993年召开了中国少数民族人口国际讨论会。二是向有关部门和单位提供了专门分析研究使用的磁介质资料，即计算机磁盘、数据带。

第四次全国人口普查与前三次全国人口普查相比，具有显著特点：一是确定了人口普查的法律地位。在第三次全国人口普查后，中国的法制日趋完善，1983年12月8日，国家主席李先念签发《中华人民共和国统计法》，这是中国的第一部统计法。1987年1月19日，经国务院批准《中华人民共和国统计法实施细则》第八条规定：国家一般每十年进行一次重大国情国力普查。二是调查项目增多，汇总资料丰富。人口基本特征、就业、生育、死亡等调查项目由第三次全国人口普查的19项增加到21项；电子计算机处理普查资料的数据汇总表由第三次全国人口普查的77张增加到216张。三是为制定人口政策、人口规划提供了可靠依据，为人口社会问题的研究提供了翔实数据。第四次全国人口普查不仅查清了中国总人口数及其地理分布，而且核实修正了原来掌握的偏低的人口出生率和总和生育率，更科学地预测了2000年全国及各省、市（县）的人口发展状况。同时，依据此次人口普查对八十年代，特别是"七五"期间人口计划的执行情况进行了回顾性检查，为制定"八五"人口计划和十年发展规划提供了重要依据。普查还查清了不同地区、不同民族的育龄妇女状况及其生育率，各胎次生育的比例等资料，为计划生育工作实施分类指导打下基础。普查数据显示中国部分地区人口老龄化速度加快和少数地区婴儿性别比例失调，利用普查数据提出了值得注意的社会问题。

4.第五次全国人口普查

2000年中国进行了第五次全国人口普查，普查的标准时点是2000年11月1日零时。1998年6月17日，国务院印发了《关于进行第五次全国人口普查的通知》（以下简称《通知》），决定于2000年进行第五次全国人口普查。通知强调，1990年第四次全国人口普查以来，中国人口状况发生了很大变化，对经济和社会的发展产生了重要影响。为查清十年来中国人口在数量、结构、分布和居住环境等方面的变化情况，全面检查"九五"计划的执行情况，为科学地制定国民经济和社会发展"十五"计划以及2010年远景规划提供可靠的依据，统筹安排人民的物质和文化生活，实现可持续发展战略，国务院决定于2000年进行第五次全国人口普查。这次世纪之交的人口普查，不仅为全国人民所关心，也为世界所瞩目，对于全面实现中国现代化建设战略目标，研究下个世纪的社会、人口变化情况具有重要意义。

《通知》对成立普查领导机构、经费保障和普查员选调等工作进行了部署。2000年1月25日，朱镕基总理签发了国务院第277号令，发布实行《第五次全国人口普查办法》（以下简称《普查办法》）。《普查办法》对普查的目的、政策和各阶段工作都作了明确规定，是普查工作的法律依据。国务院决定成立以国务委员王忠禹为组长的第五次全国人口普查领导小组，马凯、刘洪、牟新生、杨魁孚等任副组长。国家统计局、公安部、国家计划生育委员会、国家发展计划委员会等17个部门为领导小组成员单位。领导小组办公室设在国家统计局，具体负责人口普查的日常工作。国务院第五次人口普查领导小组与中宣部、公安部、财政部、建设部、国家计划生育委员会等各有关部门先后就人口普查的有关问题出台了7个政策文件。地方各级人民政府建立了相应的领导小组及其办公室，负责本行政区域内人口普查工作的组织和实施。

第五次全国人口普查的工作大致可分为四个阶段：

第一阶段为准备阶段。从1998年初至2000年10月，主要是完成了《普查办法》的制定、组建各级普查机构、层层进行试点、划分普查区域、绘制普查区和普查小区地图、进行户口整顿、对600多万普查员进行业务培训，以及必要的经费和物资准备。一是制定了普查方案。《普查办法》第六条规定，"人口普查的对象是具有中华人民共和国国籍并在中华人民共和国境内常住的人"。第七条规定，"人口普查，采用按常住人口登记的原则。每个人必须在常住地进行登记。一个人只能在一个地方登记"。下列人口应当在本乡、镇、街道普查登记：一、居住本乡、镇、街道，并已在本乡、镇、街道办理常住户口登记的人；二、已在本乡、镇、街道居住半年以上，常住户口在本乡、镇、街道以外的人；三、在本乡、镇、街道居住不满半年，但已离开常住户口登记地半年以上的人；四、普查时居住在本乡、镇、街道，常住户口待定的人；五、原住本乡、镇、街道，普查时在国外工作或者学习，暂无常住户口的人。这里规定的空间标准"本乡、镇、街道"，指本乡、镇、街道所辖的地理区域。时间标准"半年"指连续半年。普查表共分为：普查表短表、普查表长表、死亡人口调查表和暂住人口调查表，共四种表。其中，短表项目19个，长表项目49个。第五次全国人口普查《户主姓名底册》是普查表长表调查户的抽样框，在每个调查小区内随机等距抽取10%的户作为普查表长表调查户。二是开展了户口整顿和人口普查试点。全国各地公安机关严格按照《普查办法》、《国务院办公厅转发国务院第五次人口普查领导小组、公安部关于在第五次全国人口普查前进行户口整顿工作意见的通知》的要求，精心组织、周密安排。通过组建机构、制订方案、选调培训、开展试点、宣传发动、入户调查、数据汇总、检查验收等环节，历时近一年，按时保质地完成了户口整顿任务。国务院人口普查办公室分别于 1998 年 12 月在天津、吉林、山东、湖北、四川、甘肃六省（市）和 1999 年 7 月在辽宁进行了两次国家级专项试点，对普查表的设计和填表说明进行了检验。此后，于 1999 年 12 月在福建省晋江市进行了国家级综合试点，为制订完善普查方案、检验普查工作流程提供了可靠依据。三是普查员选调和培训。根据《普查办法》规定，普查员和普查指导员，由县、市人民政府负责选调配备，可以从各级党政机关、企事业单位、村民委员会或者居民委员会干部、教师和大中专学生以及离退休人员中选调，也可以临时从社会招聘。农村地区以中小学教师为主体。有条件的地方，也可以临时从社会招聘。这次普查共选调 100 多万名普查指导员和 500 多万名普查员。再加上各级普查机构的工作人员以及公安干警、街道和村居委会的干部、数据处理人员、编码员和陪调人员，直接参与普查工作的人员达 1300 多万人。国务院人口普查办公室组织编写全国统一的培训教材，各地分别组织对普查人员的培训。《普查办法》规定："人口普查所需经费，在保证高质量完成任务和厉行节约的原则下，由中央财政和地方财政共同负担，以地方财政为主。"全国共投入普查经费近 30 亿，其中，中央财政 5.5 亿，省级财政合计 5 亿多，地、县相应匹配的经费估计在 15 亿。四是普查宣传动员。2000 年 3 月 30 日，李岚清副总理代表国务院在人口普查工作会议上进行了动员，10 月 20 日又代表国务院发表了广播电视讲话。11 月 1 日在全国正式登记开始时，江泽民总书记、李鹏委员长、朱镕基总理等中央政治局常委以普通公民的身份参加了登记。普查期间，从中央到地方，通过各种宣传媒介进行了广泛、持久、深入的宣传。据统计，第五次人口普查全国在广播电视、报刊杂志上发表信息 99 万条，出动宣传车 810 万车次，张贴宣传画 1752 万张，发放各种宣传材料 28596 万份，真正做到了"电视有影、广播有声、报纸有字"。公安、财政、人事、劳动、计生、工商、宣传、民委、教育、解放军、武警等单位和部门在普查政策、人力等方面给予了大力协助。各企事业单位在人力、宣传上积极配合。

第二阶段为人口普查登记。一是登记和复查。该工作是从 2000 年 11 月 1 日至 12 月底。这次普查的标准时点为 2000 年 11 月 1 日零时。从 2000 年 11 月 1 日起，在各级人民政府的统一指挥下，全国普查办公室组织近千万人（包括普查员、基层干部和公安干警），深入到居民家中，逐户进行普查登记。二是事后质量抽查。普查登记结束后，全国统一抽取 602 个调查小区进行了登记质量的抽样调查。抽查结果显示，人口漏登率为 1.81%，说明登记质量达到了设计要求。

第三阶段为数据处理和发布阶段。2001 年 3 月 28 日，国家统计局发布了 2000 年第五次全国人口普查主要数据公报（第一号）。普查登记的中国大陆 31 个省（区、市）（不包括福建省的金门、马祖等岛屿）和现役军人的人口共 126583 万人。其中，家庭户人口为 119839 万人，平均每个家庭户的人口为 3.44 人。男性为 65355 万人，女性为 61228 万人，性别比为 106.74。0—14 岁的人口为 28979 万人，占总人口的 22.89%；15—64 岁的人口为 88793 万人，占总人口的 70.15%；65 岁及以上的人口为 8811 万人，占总人口的 6.96%。汉族人口为 115940 万人，占总人口的 91.59%；各少数民族人口为 10643 万人，占总人口的 8.41%。居住在城镇的人口 45594 万人，占总人口的 36.09%；居住在乡村的人口 80739 万人，占总人口的 63.91%。2001 年 4 月 2 日，国家统计局发布了 2000 年第五次全国人口普查主要数据公报（第二号），公布了人口的地区分布数据。普查数据处理分两步走，首先，对主要数据逐级上报，进行快速汇总；其次，利用计算机对普查表进行数据处理，获得普查最终的详细分类汇总数据。国务院人口普查办公室于 2002 年 8 月编辑出版了《中国 2000 年人口普查资料》，随后相继编辑出版了《2000 年人口普查分县资料》和《中国乡、镇、街道人口资料》。

第四阶段为普查资料开发利用。国务院人口普查办公室从 2002 年开始建成了以县级行政区域为最小地理单元的人口普查地理信息系统；面向全国各地近百个大专院校、政府部门、研究机构等单位，开展了人口普查重点课题的公开招标，最终完成国家级重点课题 33 个、省级课题和重点论文项目 570 多个；向国务院报告了有关出生婴儿性别比、平均预期寿命、婴儿死亡率、流动人口、城市化、老龄化、少年儿童、受教育程度、人均住房等分析资料，向中央和国务院有关部门提供了有关研究各民族人大代表席位的分布、设市设镇标准、就业和社会保障政策、解决出生婴儿性别比偏高、城市化和人口流动的政策等参考资料；开展了小区域人口分析研究；组织编写了《世纪之交的中国人口》系列丛书；分别组织召开国内和国际人口普查科学讨论会，展示了中国人口普查的水平和能力，提高了中国人口普查在国际上的影响力。

第五次全国人口普查在继承以往人口普查的成功做法和借鉴国际上的先进经验基础上，对普查方案设计和工作方法等方面进行了新的尝试，采用了国际上先进的普查技术和数据处理模式，体现了市场经济条件下中国人口普查的新特点。一是采用了国际上通行的长短表方式。这次普查采取普查与抽样调查相结合的方法，反映人口基本情况的项目进行普查，详细项目抽取 10% 的户进行调查。这种普查方式既扩大了信息量又节省了工作量。二是改变了常住人口的时间标准和空间标准。第四次人口普查常住人口的时间标准为一年，空间标准为县（市）。第五次人口普查常住人口的时间标准缩短为半年，空间标准缩小到乡镇街道。即只要一个人在某个乡镇街道居住了半年以上，普查时就是该乡镇街道的常住人口，就必须在该乡镇街道进行登记。这种改变主要是为了反映中国人口流量和流向的急剧变化情况。三是充分利用了普查地图。这次人口普查为了做到"全面覆盖、不重不漏"，严格按照地域的原则，划分普查区、绘制普查地图、编制普查底册，明确了普查员的责任范围。普查员按照普查地图，走遍每座房屋、逐户查点询问。逐人逐项登记，保证了普查的质量,也为建立人口地理信息系统打下了基础。四是使用了光电录入技术。不同于以往普查的人工键盘录入,这次普查采用了"光电录入、图像存储、建立网站、三级处理"的模式,充分利用了现代科学技术,是中国人口普查方法的重大突破,有效排除了人工键盘录入的再生性误差,减少了人工成本,改进了数据处理工作的时效。

5.第六次全国人口普查

2010年中国进行了第六次全国人口普查,普查的标准时点为2010年11月1日零时。2009年5月4日,国务院下发了《关于开展第六次全国人口普查的通知》(以下简称《通知》)。《通知》指出,第六次全国人口普查的主要目的是查清中国人口在数量、结构、分布和居住环境等方面的变化情况,为科学制定国民经济和社会发展规划,统筹安排人民的物质和文化生活,实现可持续发展战略,构建社会主义和谐社会,提供科学准确的统计信息支持。

《通知》明确了对第六次全国人口普查的工作要求。2010年5月24日,温家宝总理签发第576号国务院令,颁布《全国人口普查条例》,对人口普查的目的、原则、普查对象、普查内容和方法、普查的组织实施、普查资料的管理和公布、法律责任等作出了明确规定。国务院成立了第六次全国人口普查领导小组,李克强副总理为组长,尤权、马建堂、张新枫、江帆任副组长,国家统计局、公安部、人口计生委、中央宣传部、国家发展改革委、财政部、国家民委、监察部、民政部、司法部、人力资源社会保障部、国土资源部、住房和城乡建设部、农业部、卫生部、工商总局、广电总局、港澳办、法制办、台办、总参谋部军务部、武警部队等25个部门为领导小组成员单位。普查领导小组办公室设在国家统计局,具体负责人口普查的日常组织和协调。国务院人口普查办公室与中宣部、住房和城乡建设部、国家人口计生委等各有关部委先后就人口普查的有关问题出台了15个政策文件。地方各级政府设立相应的普查领导小组及其办公室,负责组织本行政区域内的普查工作;村民委员会、居民委员会等群众性自治组织成立村级普查小组,协助所在地政府动员和组织社会力量。为强化责任意识,下级与上级普查机构层层签订"第六次全国人口普查目标责任书"。

普查工作大致分准备阶段、登记阶段、数据处理和发布阶段。第一阶段为准备阶段。从2009年5月至2010年10月底,主要工作是组建各级普查机构,制定普查条例、普查制度和工作计划,进行普查试点,落实普查经费和物资,开展普查宣传,选调培训普查指导员和普查员,绘制普查地图,进行户口整顿等。一是制订了普查方案。普查对象是指普查标准时点在中华人民共和国境内的自然人以及在中华人民共和国境外,但未定居的中国公民，不包括在中华人民共和国境内短期停留的境外人员。第六次人口普查首次将港澳台和外国人列入普查对象。普查登记原则是采用按现住地登记的原则。每个人必须在现住地进行登记，普查对象不在户口登记地居住的，户口登记地要登记相应信息。第六次全国人口普查表共分四种，分别是：《第六次全国人口普查短表》、《第六次全国人口普查长表》、《第六次全国人口普查短表》（供港澳台和外国人使用）、《第六次全国人口普查死亡人口调查表》。一、普查短表，共18个项目。按户填报的6项：户编号、户别、本户应登记人数、2009.11.1—2010.10.31出生死亡人数、本户住房建筑面积、本户住房间数。按人填报的12项：姓名、与户主关系、性别、出生年月、民族、普查时点居住地、户口登记地、离开户口登记地时间、离开户口登记地原因、户口性质、是否识字、受教育程度。二、普查长表，共45个项目。按户填报的17项：户编号、户别、本户应登记人数、2009.11.1—2010.10.31出生死亡人数、住房用途、本户住房建筑面积、本户住房间数、建筑层数、承重类型、住房建成年代、主要炊事燃料、住房内有无管道自来水、住房内有无厨房、住房内有无厕所、住房内有无洗澡设施、住房来源、月租房费用。按人填报的28项：姓名、与户主关系、性别、出生年月、民族、普查时点居住地、户口登记地、离开户口登记地时间、离开户口登记地原因、户口登记地类型、户口性质、出生地、五年前常住地、是否识字、受教育程度、学业完成情况、工作情况、行业、职业、未工作原因、三个月内是否找过工作、能否工作、主要生活来源、婚姻状况、结婚（初婚）年月、生育子女数、2009.11.1—2010.10.31的生育状况、身体健康状况。三、港澳台和外国人表，共11个项目。分别是：姓名、与户主关系、性别、出生年月、来大陆或来华目的、已在大陆或在华居住时间、受教育程度、身份或国籍、过去六个月回港澳台居住时间、行业、职业。后三项只由港澳台居民填写。四、死亡表，共8个项目。分别是：户编号、姓名、性别、出生年月、死亡时间、民族、受教育程度、婚姻状况。普查长表抽样方法：在每个普查小区中，从《户主姓名底册》的户编号上，按照10%的比例，抽取长表调查住户组，每个住户组由相邻的4户组成。第五次全国人口普查是按10%的比例，直接抽取调查户。二是开展了户口整顿和人口普查试点。全国各地公安机关严格按照《国务院办公厅转发国务院第六次人口普查领导小组、公安部关于在第六次全国人口普查前进行户口整顿工作意见的通知》的要求，精心组织、周密安排。从2010年5月到8月按时保质地完成了户口整顿任务。同时，充分利用部门已有的人口行政记录资料，为普查登记提供了扎实的基础。从2007年11月开始，陆续进行了8个专项试点。在江西进行外出人口调查登记试点，在浙江进行外来人口调查登记试点，在北京进行人户分离人口调查登记试点，在河南进行人口与房屋调查登记试点，在广东进行港澳台人员、外籍人员调查试点，在福建进行港澳台人员、外籍人员、华侨及侨眷调查登记试点，在辽宁开展利用遥感资料进行普查区划与制图试点,在6个省进行了用于光电录入的普查表填表试点。2010年3月在安徽合肥进行了综合试点。三是普查员选调和培训。第六次全国人口普查,在全国范围内共选聘近800万名普查员、普查指导员,再加上其他普查工作人员,组建了一支近千万人的普查大军。培训工作分级进行,国家负责对省级业务骨干培训,省级负责对地市级和县级业务骨干培训,县级负责对调查指导员和调查员培训。全国共投入财政经费100亿左右,其中中央财政12.5亿。在这次人口普查中,中央财政首次在重大国情国力普查中安排了可用于"两员"劳动报酬的中央专项经费近5亿。全国共计配备光电录入设备1600余台,PC服务器764台,台式计算机6000台,共计印刷普查用表近10亿张。四是普查宣传动员。与中宣部联合下发《第六次全国人口普查宣传工作方案》,召开了第六次全国人口普查宣传工作会议,编写了《第六次全国人口普查宣传工作手册》,开通了第六次全国人口普查网站。在2010年10月组织开展了声势浩大的人口普查宣传月活动,进一步掀起人口普查宣传的高潮。2010年11月2日上午,胡锦涛、吴邦国、温家宝、贾庆林、李长春、习近平、李克强、贺国强等党和国家领导人以普通公民的身份,在北京中南海参加人口普查登记,或委托家人申报人口普查信息。

第二阶段是人口普查登记。这一阶段从2010年11月1日至11月底。主要工作是普查员入户登记,全面复查,开展数据质量抽查等。这是整个普查工作中最为关键的环节,也是工作量最大、动员力量最多、直接决定普查数据质量的重要阶段。一是登记和复查。人口普查登记工作从2010年11月1日开始,11月10日前结束。采取普查员入户查点询问、当场填报的方式进行。复查工作从2010年11月11日开始,11月15日前结束。采取自查、互查、议查三种方式进行。二是进行事后质量抽查。以第六次全国人口普查地址码库作为样本框,按照分层、随机、等距、整群的方法进行抽样。在全国共抽取402个县级单位的402个普查小区,约4万户、12万人。抽查结果显示,这次人口普查的漏登率为0.12%。

第三阶段是数据处理和发布。2011年4月28日,国务院新闻办举行新闻发布会,发布2010年第六次全国人口普查主要数据公报(第1号)。普查登记的大陆31个省、自治区、直辖市和现役军人的人口共1339724852人。平均每个家庭户的人口为3.10人。男性人口占51.27%,女性人口占48.73%。0—14岁人口占16.60%,15—59岁人口占70.14%,60岁及以上人口占13.26%,其中65岁及以上人口占8.87%。汉族人口占91.51%,各少数民族人口占8.49%。居住在城镇的人口占49.68%,居住在乡村的人口占50.32%。2011年4月29日,国家统计局发布了2010年第六次全国人口普查主要数据公报(第2号),并同时发布了2010年第六次全国人口普查接受普查登记的港澳台居民和外籍人员主要数据。数据处理阶段从2010年12月1日至2012年12月。主要工作是普查表编码、数据录入、审核、汇总,发布主要数据公报,普查数据汇总等。第六次全国人口普查采用光电录入技术,通过识别程序对扫描的图像进行自动识别,得到原始数据并进行汇总。2012年5月份,国家编辑出版了计算机详细汇总资料,共429张汇总表,2000余页,并且该资料全部在中国统计信息网上公布。同时组织31个省(自治区、直辖市)编辑出版本行政区域人口普查资料。

第四阶段是普查资料开发利用。进行课题研究工作,国家通过委托和公开招标的方式,确定人口普查课题88个。为系统、完整地展现人口普查的成果,出版了《迈向小康社会的中国人口》大型系列丛书。丛书包括全国总册,大陆31个省、自治区、直辖市和中国香港、中国澳门、中国台湾各1分册,共计35册。对政府部门、科研机构、大专院校和社会公众,积极开展普查数据加工汇总和信息咨询服务,为党中央、国务院和各级党委、政府提供"短、平、快"的信息简报、专报等分析资料。2012年11月28—29日,在北京举行了第六次全国人口普查科学讨论会。2013年6月19—21日在浙江杭州举行了"中国2010年人口普查国际讨论会"。

与以往的人口普查相比,第六次全国人口普查是在中国经济社会结构和行政管理方式发生了深刻变化的背景下展开的。这次普查的显著特点,一是坚持依法普查。国务院颁布了《全国人口普查条例》,这是中国第一部关于人口普查的法律规定,明确了普查机构、普查人员和普查对象的权利义务,为普查的顺利开展提供了法律保障。普查中,各级普查机构、普查人员和普查对象严格执行《中华人民共和国统计法》和《全国人口普查条例》。二是首次普查外籍常住人口。对这些普查对象实施调查,无论是年度人口变动调查,还是以往各次1%人口抽样调查和人口普查,都没有现成的经验可循,这无疑也增加了本次普查的难度。三是坚持科学普查。中国迁移流动人口规模庞大,比10年前几乎增加了一倍。人口居住地与户籍所在地分离的现象十分普遍。如何锁定普查对象,做到不重不漏,难度超过以往历次人口普查。为解决这一难题,第六次全国人口普查采用按现住地登记的原则,每个人必须在现住地进行登记。第六次全国人口普查还登记了不在户口登记地居住的人,采取了"见人就登、见户就登"的"两头登"方式,有效防止了流动人口和人户分离的漏登,这是与以往人口普查不同的地方。四是绘制了精准的普查地图。依据卫星遥感资料,结合实地勘察,绘制出覆盖全国各个乡镇街道、社区楼宇的电子化普查地图,确保了普查区域不重不漏。

6.人口变动情况抽样调查

1983年以来,国家统计局在普查年和1%人口抽样调查年以外,每年进行一次年度人口变动情况抽样调查,为国家和地方政府提供了及时准确的人口数据。从1983年建立人口变动情况抽样调查制度以来，调查制度和调查方法在长期的实践中不断改进完善，已形成了较科学完整的人口调查制度和调查工作机制。30余年来人口变动情况抽样调查经历了三个阶段。

第一阶段是1983年到1988年，人口变动情况抽样调查制度的建立处在起步的阶段。1983年以前，人口统计数据主要来源于公安部门的户籍登记。随着户籍管理作用的削弱，人户分离和无户口现象增多，全国户籍登记人口数与实际人口数的差距增大。1983年国务院办公厅转发了国家统计局、国家计划生育委员会、国务院第三次人口普查领导小组《关于认真做好一九八三年人口变动情况抽样调查工作的意见》。意见指出"望统计、公安、计划生育等各有关部门密切合作，认真做好这项工作，并应在今后每年进行一次，形成一项调查制度"。1982年到1988年，全国调查的样本量为50万人，抽样比为0.5‰。样本量按人口比例分配给各地区，当时人口最多的四川省样本量为4.5万人，三个直辖市样本量少于5400人，大多数省的样本量为1万至2万人。样本设计只考虑对全国有代表性，不考虑省（区、市）（以下简称"省"或"省级单位"）的代表性。人口变动调查数据仅推算全国人口数据，各省人口数仍采用公安部门的户籍登记数。这一时期人口变动调查对象是按常住户口划分。户口状况分为三种：一、有常住户口的人口；二、未落常住户口的人口；三、已定居一年以上，户口情况不明的流入人口。调查项目人记录有15项，有姓名、与户主关系、户口登记状况、性别、出生年月、民族、婚姻状况、出生、死亡、省内省外的户口迁移状况、生育子女总数等。户记录有8项，包括户类别即家庭户和集体户，本户年初、年末人口等。

第二阶段是20世纪80年代末到90年代，人口变动情况抽样调查制度全面形成的阶段。20世纪80年代，中国处于育龄妇女生育高峰期，人口过快增长的形势严峻。由于各地区人口增长情况不同，全国50万的样本量不能满足各省掌握本地区人口增长情况的需要，从1989年到1993年，人口变动调查样本量扩大为180万人，平均每个省在6万人左右，以解决调查数据对各省的代表性。1994年开始将样本量缩减到120万，抽样比约为1‰，各省样本量在3万至4万人。适当减少样本量有利于集中人力物力，提高人均调查费用标准，以达到提高数据质量的目的。这一阶段人口变动情况抽样调查在制度方法建立和完善方面取得了重大的进展。

一是建立省级抽样调查制度。一、抽样方法改变。为了保证调查的主要指标对省级单位有较好的代表性，从1989年开始，样本设计以全国为总体，以各省级单位为次总体，不仅考虑了调查数据对全国的代表性，还考虑对各省的代表性。各省采用分层、四级整群概率比例的抽样方法。第一级抽样框单位是县级单位（县、市、市辖区），省级单位抽中县级单位的比例为30%至35%。第二级抽样框单位是乡级单位（乡、镇、街道），在每个抽中的县级单位中抽取4个乡级单位。第三级抽样框单位是村级普查区（村、居委会），在每个抽中的乡级单位抽取1个村级普查区。第四级抽样框单位是调查小区（村、居民小组）。在抽中的每个村级普查区抽取1个调查小区。调查小区要求是一个完整的地域，地域界限清楚。地域内按不重叠、不遗漏调查户为原则，调查小区人数原则上控制在100户左右。抽样框来源于人口普查和公安部年报全国分地区的统计资料，在人口普查后的邻近年份，用普查区和普查小区作为抽样框资料。在远离普查的年份，抽样框主要来源于公安部年报资料。各省级单位要对第一级抽样框的县级单位进行分层。分层的原则是使层内各单位调查变量之间的差异减小，层间调查变量的差异增大，以降低抽样误差。分层标志用与地理条件有关的变量，如山区、平原、丘陵、半山区半丘陵，也用人口出生率、死亡率、自然增长率作为分层变量。按照上述抽样方法，全国人口变动情况调查样本分布在全国大约900个县级单位、3500个乡级单位和6000个村级单位。调查样本每年更新，即年度之间的样本不重复。对收集的调查数据，采用了比率估计方法，估计主要调查指标的抽样误差、标准误差、变异系数和设计效应。全国数据由各省调查数据按各省人口占全国总人口的比例加权汇总得到。由于人口变动调查数据对省级单位有较好的代表性，从1991年开始，根据调查数据推算全国和各省的人口总数及人口主要指标，在国家和省统计公报和统计年鉴上公布。二、调查对象改变。继1990年第四次人口普查以后，1990年到1994年人口变动调查将调查常住户口改为调查常住人口，常住人口的时间为一年。即住本调查小区，户口在本乡镇街道；住本调查小区一年以上，户口在外乡镇街道；住本调查小区不满一年，离开户口登记地一年以上；住本调查小区，户口待定的人口。从1996年以后，每年人口变动调查的常住人口均采用半年的调查口径，以便能更好掌握流动人口，特别是季节性的流动人口的情况。三、调查时点改变。从1982年到1993年，人口变动调查用年末12月31日24时作为调查时点，调查本年度的人口变动情况，取得日历年度（当年1月1日至12月31日）的数据。从1994年到1999年，调查时点由年末提前到当年的10月1日零时，取得调查年度（上年10月1日至当年9月30日）的数据，再通过科学估算取得当年日历年度的数据，统计公报公布日历年度的数据。在2000年第五次人口普查以后，调查时点又由每年的10月1日零时改为11月1日零时，同人口普查调查时点相同。四、调查项目的改变。在项目设置上，保留了20世纪80年代的多数项目，同时增加了反映初婚年龄和文化程度以及完成学业情况的项目。从1996年开始，调查表上增加了有关劳动力调查的内容。在调查表的20项人记录中，人口变动情况的项目有12项，包括人口基本状况，婚姻生育死亡，人口受教育程度和迁移。劳动力情况的项目有8项。劳动力项目包括前一周是否从事过有收入劳动、工作时间、未工作状况、未工作原因、就业者身份等。鉴于2000年人口普查中流动人口漏报问题的突出，从2001年开始，在人口变动调查的户记录中，加入了户籍在本户外出半年以上，以及外出离开本省的人口登记项目，在人记录中，加入了一年以前的常住地人口的登记项目，这些项目就如何在人口变动调查中反映迁移流动情况进行了积极探索。五、加强调查的组织实施。全国制订统一的调查方案，省负责组织实施和培训调查员。国家统计局每年召开人口变动调查工作会议和培训会，讨论方案布置工作和组织培训。各省根据国家的方案，选派调查员，分级对调查员进行培训。调查员由县统计人员或熟悉当地情况、有入户访问经验的人担任。调查员采用入户询问填写调查表，并要求对被调查户的情况予以保密。六、改进调查数据处理工作。从1996年开始，调查数据处理工作由国家人口统计系统独立完成。统一编制下发调查数据录入程序和SAS汇总程序，并在全国举办了数据处理培训班。

二是建立事后质量抽查制度。1992年国务院办公厅发出《关于确保人口变动情况抽样调查工作质量的通知》。《通知》要求认真贯彻《中华人民共和国统计法》和中共中央、国务院《关于加强计划生育工作严格控制人口增长的决定》，坚持实事求是、依法办事原则，确保统计数字的准确性，严防瞒报和虚报。为了最大限度减少调查数据误差，全国和各省采取了一系列加强数据质量的措施。从1992年开始，人口变动调查建立了事后质量抽查制度，每年在全国范围内抽取100个调查小区约3万人。抽查小区分布为：5000万人以下的省份抽查3个调查小区，其中两个为农村小区，一个为城市小区；5000万人以上的省份抽查4个调查小区，其中三个为农村小区，一个为城市小区。从1994年开始，全国每年召开各省数据评估会，通过当年事后质量抽查结果对调查进行评估，同时结合计生、公安、卫生、防疫等部门的相关资料对数据进行验证。

第三阶段是2010年以来调查制度改革发展的阶段。自2010年第六次人口普查后，人口变动情况调查制度方法进一步完善。一、改进抽样方法。抽样方法采用二阶段抽样。第一阶段抽村级单位，第二阶段抽取调查小区。在四年的调查周期内以村级单位进行轮换，年度样本轮换率为50%，没有轮换的村级单位内抽中调查小区在下一年度继续作为调查样本不变。按照改进后抽样方法，调查样本分布在全国大约2100多个县级单位，4400多个乡级单位和4800个村级单位，调查样本小区年度有50%样本重复。二、调查对象改变。2010年以前年度人口变动调查是采用常住地登记原则。常住人口是指户籍在本地，并居住在本地的人口和外来人口在本地已居住了半年以上或离开户籍登记地半年以上的人口。从2011年开始，人口变动调查采用了2010年人口普查按现住地登记原则，即以"现有人口"加"户籍外出人口"为登记对象原则。人口变动调查对象为抽中调查小区内具有中华人民共和国国籍的人。调查以户为单位进行，既调查家庭户，也调查集体户。应在抽中调查小区内各户登记的人包括：一、调查标准时点居住在本户的人；二、户口在本户，调查标准时点未居住在本户的人。三、完善了调查项目。围绕准确推算城镇化率、反映城镇化进程的质量方面对调查项目做了较多的充实。调查方案在确保原有的城乡人口自然增加和迁移流动调查项目的基础上,增加了反映城镇基本公共服务和基础设施的部分指标,如住房情况、土地承包情况、社会保险等项目,反映了城镇化进程质量与城镇基本公共服务常住人口全覆盖情况,反映了农业户籍转移人口在城镇落实市民待遇的情况。为了更准确判定调查社区的城乡属性,增加了调查社区基本情况,内容包括农林牧渔业从业人员所占比重和饮用水、市政排水、炊用能源、厕所类型等基础公共设施项目。

30多年来,国家统计局通过人口变动情况调查数据,推算了年度全国和分地区的常住人口、城乡人口、流动人口、出生人口、死亡人口、迁移人口等主要数据,为国家和各级政府准确及时掌握全国和各地区人口变动情况和发展趋势,制定国民经济和社会发展计划,提供了可靠依据。

7.深入的生育力调查

第一期深入的生育力调查。经国务院批准,国家统计局于1985年4月在河北省、陕西省和上海市开展第一期深入的生育力调查。这次调查是"世界生育力调查"项目的一部分,是在国际统计学会研究中心协助下进行的。调查的目的是深入了解中国生育水平和发展趋势,分析研究妇女生育水平的变化及原因,学习世界生育力调查的经验,提高中国在生育力和人口学及其他有关方面的调查研究能力,为国家制定和检验人口政策提出更为丰富的科学资料。

为了顺利开展调查,国务院办公厅向国家统计局并河北省、陕西省、上海市人民政府发出了《关于认真搞好深入的生育力调查工作的复函》(以下简称《调查方案》)。国家统计局制定了《中国深入的生育力调查方案》、《调查员手册》和《指导员手册》以及各项工作细则。这次调查对象为50周岁以下的已婚妇女,包括未经婚姻登记,事实上已成婚的。采用按现有人口登记的原则,凡被抽中户调查时在场的50周岁以下的已婚妇女,都要进行调查。《调查方案》规定了调查登记的三类人:一、调查时在本户常住的50周岁以下的已婚妇女;二、调查时在场的昨晚在本户居住的临时来客中50周岁以下的已婚妇女;三、在学校或企事业单位集体户中的本户人口,调查期间经通知可以返回本户参加调查的50周岁以下的已婚妇女。

生育力调查的内容包括:50周岁以下已婚妇女的个人调查表、住户调查表以及社区调查表,共有233个问题。一、个人调查表。项目包括已婚育龄妇女的出生年月、受教育程度、工作状况等基本情况,婚姻史、生育史、避孕方法的了解及使用、生育愿望、丈夫的基本情况,调查员对被调查人的评价等194个问题。二、住户调查表。调查抽取住户中的常住人口和现有人口，通过对住户人口的登记，用以选择属于调查范围的已婚妇女，并了解住户的人口构成及经济状况。调查项目包括住户人口构成、未婚育龄妇女人数、住房情况、现代家用设备拥有情况和收入情况等16个问题。三、社区调查表。只对农村被抽中的基层社区单位村民委员会或生产大队进行调查。内容包括本社区生产、收入情况，公共交通、公用设施、教育、医疗及计划生育服务等23个问题。这次调查的样本设计是河北省抽取50周岁以下的已婚妇女5000人，陕西省和上海市分别抽取4000人，抽样概率河北省约为0.5‰，陕西省约为1‰，上海市约为2‰。抽样方法采用以市区、平原县和山区县分层（上海以街道、镇、乡分层），按出生率高低排序列表，抽取初级样本单位。然后，采用概率比例和随机、等距抽样方法，分4至5个阶段，抽取最终调查户。河北省抽取34个县、市作为初级样本单位，陕西省抽取28个县、市，上海市抽取54个街道、乡。河北省、陕西省在每个抽中县、市中，抽取4个街道、乡；从每个抽中街道、乡中，抽取2个村民委员会、居民委员会，再从每个抽中的村民委员会、居民委员会中，抽取2个村民小组、居民小组。上海市从每个抽中街道、乡中抽取3个居民委员会、村民委员会；再从每个抽中居民委员会、村民委员会中，抽取3个居民小组、村民小组。最后，按照每个抽中村民小组、居民小组的住户列表，抽取住户。为了保证抽样的统一性和随机性，两省一市的初级抽样单位由国家统计局人口统计司统一抽取；二级以下抽样单位及住户，分别由两省一市统计局抽取。

关于调查员选调与培训，《调查方案》明确规定调查员、指导员必须由妇女担任，选调具有初中或初中以上文化程度，有一定的社会调查经验，工作认真负责，年龄不宜过大的已婚妇女为调查员。调查员和指导员的实际培训时间不少于15天。现场调查时间为1985年4月。对被抽中地区的个人调查和住户调查，从1985年4月1日开始，至4月30日止，共一个月时间。调查标准时间为向某个妇女和某户调查时，调查的那一天。为确保调查质量，减少调查误差，现场调查资料过"三关"。一是调查员本身按照逻辑检查规则，对填写的每份调查表格，当天认真复核。发现差错、疑问或漏填，回访查实，防止主观臆造，弄虚作假。二是指导员对调查员经过复核提交的调查表，全部进行检查，发现差错和疑问，退回调查员回访查实。三是县统计局对全部调查表，抽查百分之十，并派有经验的统计干部，对每个调查员填报的调查表，实地重新核查一二户。调查工作完毕后，两省一市统计局组织质量检查组，进行奖评。

第一期深入的生育力调查，完成调查住户17885户，完成率为97.7%；完成调查的已婚育龄妇女13307名，完成率为96.3%。其中河北省实际调查了6732户中的5080名妇女，完成率为97.5%；陕西省调查了5250户中的4084名妇女，完成率为96.1%；上海市调查了5903户中的4143名妇女，完成率为99.2%。由于住户迁移以及被调查妇女疾病等原因，未能调查的有 427 户、515 名妇女。全部调查资料分别在两省一市统计局负责编码的基础上，由国家统计局用电子计算机统一录入，进行数据汇总。汇总后的第一期深入的生育率调查数据，清晰地勾画出河北省、陕西省、上海市婚姻、生育和避孕状况的轮廓。新中国成立以来，两省一市婚姻关系稳定，离婚率不仅大大低于发达国家，而且也低于许多发展中国家；婚姻质量有所提高，包办婚姻现象越来越少；初婚初育年龄逐渐推迟，生育子女数逐年减少，国家提倡一对夫妇只生一个孩子的号召得到广泛响应；婴幼儿死亡率降低，医疗、卫生和妇幼保健水平逐步提高；避孕知识和措施得到普及和推广。同时，调查数据也反映了当时计划生育工作中应当注意的一些问题。

第二期深入的生育力调查。经国务院批准，国家统计局于 1987 年 4 月在北京、辽宁、山东、广东、贵州和甘肃五省一市开展了第二期深入的生育力调查。这次调查参照了世界生育调查标准，并结合中国国情，吸取第一期调查经验并加以充实完善，其目的是在更大的范围内深入了解中国生育力水平和发展趋势，分析研究妇女生育水平的变化及原因，为国家制定和检验人口政策提供更为丰富的数据。

第二期生育力调查的省（市），地处华北、东北、华东、华南、西南、西北六个地区，代表了当时中国人口和社会经济条件的不同类型。五省一市的人口总数达 2.4 亿，占全国总人口的 22%。这次调查对象仍为 50 周岁以下的已婚妇女，包括未经婚姻登记，事实上已成婚的，并采用按现有人口登记的原则，凡被抽中户调查时在场的 50 周岁以下的已婚妇女，都进行调查。《调查方案》规定的应调查登记的三类人与第一期深入的生育力调查一致。调查项目除个别有变动外，也基本与第一期深入的生育力调查相同，经个别调整后的调查内容，由 191 个问题组成，分成三种调查表登记。其中：一、个人调查表。是主调查表，内容包括调查人本人和家庭的基本情况，本人婚姻史、生育史、怀孕史，本人对避孕方法的了解和应用，本人生育意愿以及丈夫的基本情况等 7 个部分，共 151 个问题。二、住户调查表。通过对被抽中户住户人口的登记，用以选择属于调查对象的妇女，并了解住户的人口构成及经济状况。调查项目包括住户人口构成、未婚育龄妇女人数、住房情况、现代家用设备拥有情况和收入情况等 17 个问题。三、社区调查表。只对农村被抽中的基层社区单位村民委员会或生产大队进行调查，内容包括本社区生产、收入情况，公共交通、公用设施、教育、医疗及计划生育服务等 23 个问题。

根据样本设计，北京市抽选 50 周岁以下的已婚妇女 7000 人，其他五省分别抽选 6000 人，代表这些地区的生育力水平。五省一市的抽样概率约为：北京市 3.6‰，辽宁省 0.92‰，山东省 0.44‰，广东省 0.68‰，贵州省 1.43‰，甘肃省 1.64‰。抽样方法采取分层、多阶段、概率比例和随机等距原则。五省一市分别根据本省情况，按地理标志或其他人口、社会、经济等特征综合考虑进行分层。层内各单位的排列，按城乡人口分布，出生率或少数民族人口所占比例等指标的高低列表,抽选初级样本单位。为了保证抽样的科学性,五省一市的初级抽样单位由国家统计局人口统计司和五省一市统计局共同抽选,二级以下各阶段的样本抽选工作由五省一市统计局负责。五省一市共抽选了210个县、市(区)的858个乡、镇、街道,2194个村(居)委会。

调查时间为1987年4月。对被抽中地区的个人调查和住户调查,从1987年4月1日开始,至4月30日止,共一个月时间,登记的标准时间为向某个妇女和某户调查时,调查的那一天。第二期深入的生育力调查,完成调查的住户49458户,完成率为97.7%;完成个人调查的已婚妇女39210名,完成率为98.5%。其中北京市实际调查了9929户中的7622名妇女,完成率为98.6%;辽宁省调查了8459户中的6567名妇女,完成率为96%;山东省调查了8238户中的6124名妇女,完成率为99.6%;广东省调查了8266户中的6654名妇女,完成率为98.2%;贵州省调查了7957户中6489名妇女,完成率为99.3%;甘肃省调查了6609户中的5754名妇女,完成率为97.1%。由于住户迁移以及被调查妇女疾病等原因,未能调查的有1170户,573名妇女。第二期深入的生育力调查所获得的全部资料,由五省一市统计局用电子计算机进行数据录入和初步编辑,然后将其录入磁盘送国家统计局电子计算中心进行统一汇总。汇总后的数据清晰地勾画了北京市、辽宁省、山东省、广东省、贵州省、甘肃省婚姻、生育、避孕等方面的轮廓。新中国成立以来,五省一市婚姻关系稳定,绝大部分妇女在35岁都已完婚,终身未婚的很少,离婚及分居的比例很低;20岁前结婚的妇女比例有较大幅度下降,妇女的平均生育子女数逐年减少,生育多孩的比重随妇女年龄的下降而逐渐减少,生育子女的死亡率逐渐降低。平均初育年龄总体上逐年推迟,总和生育率水平呈下降趋势。

第二期深入的生育力调查,调查范围更广,调查样本更多,在第一期深入的生育力调查的基础上,达到了深入了解中国生育力水平和发展趋势,分析研究妇女生育水平变化及原因的目的。两期生育力调查数据为国内外学术机构进行中国育龄妇女的生育史、婚姻史、避孕史、生育意愿等相关问题的分析研究奠定了基础。同时,还召开了深入的生育力调查国际研讨会,进行了积极广泛的交流。

8. 1987年全国1%人口抽样调查

1987年中国进行了全国1%人口抽样调查,调查的标准时间是1987年7月1日零时。1986年12月27日,经国务院同意,国家统计局下发了《关于认真搞好一九八七年全国1%人口抽样调查工作的通知》,要求各省(区、市)人民政府布置有关部门于1987年进行全国1%人口抽样调查,以满足政府决策和制定各项政策的需要。各省(区、市)和被抽中县、市在同级人民政府的领导下，组织有关部门成立人口抽样调查领导小组，负责人口调查的组织领导。国家统计局，各省（区、市）统计局和被抽中县、市统计局，负责人口调查的组织实施工作。调查所需经费由中央财政和地方财政共同解决，以地方财政为主。

全国1%人口抽样调查的组织实施分三个阶段。

第一阶段是准备阶段。一是制订了全国1%人口抽样调查方案。方案规定调查对象为被抽中地区具有中华人民共和国国籍的人。调查采用按常住人口登记的原则，以户为单位进行登记，既调查家庭户，也调查集体户。家庭户和集体户应登记的人包括：一、居住在本市、镇、县，并已在本市、镇、县登记了常住户口的人（包括外出不满半年的人）；二、已在本市、镇、县居住半年以上，常住户口登记在外市、镇、县的人；三、调查时居住在本市、镇、县，由于各种原因，户口待定的人。调查表分为《1987年全国人口抽样调查表》和《死亡人口登记表》。《1987年全国人口抽样调查表》共包括26个项目。其中按人填报的项目由1982年人口普查时的13项增加到17项，主要增加了有关迁移和初婚状况的内容。包括：姓名、与户主关系、性别、年龄、民族、户口登记状况、在本地居住时间、最后一次从何地迁来、迁移原因、文化程度、行业、职业、不在业人口状况、婚姻状况、初婚年龄、生育和存活子女总数、1986年1月1日至1987年6月30日生育状况。按户填报的项目为9项，包括：户别、本户编号、本户人数、1986年上半年出生、1986年下半年出生、1987年上半年出生、1986年上半年死亡、1986年下半年死亡、1987年上半年死亡。《死亡人口登记表》的项目包括：本户编号、姓名、性别、民族、出生时间、死亡时间、文化程度、死亡时的婚姻状况、死者生前从事的主要职业。这次调查的样本设计是以全国为总体，以各省、自治区、直辖市为子总体进行。调查采用分层、三阶段、整群概率比例的抽样方法。第一阶段，各省、自治区抽取县、市。北京、上海和天津三个直辖市抽取乡、镇、街道。第一阶段抽样工作，在国家统计局统一组织下，由各省、自治区、直辖市统计局负责进行。第二阶段，各省、自治区被抽中的县、市抽取乡、镇、街道。北京、上海和天津三个直辖市被抽中的街道、镇、乡抽取居民委员会，村民委员会和集体户单位。第三阶段，各省、自治区被抽中的街道、镇、乡抽取村民委员会、居民委员会和集体户单位。北京、上海和天津三个直辖市被抽中的居民委员会、村民委员会抽取居民小组、村民小组和集体户。最终样本单位的整群规模按概率比例计算的规模加以控制。这次抽样调查，在大陆29个省（区、市）（海南省、重庆市尚未建立）中抽取了1045个县（市），6270个乡（镇、街道），12540个村民委员会（居民委员会）。共调查登记了249万户，1071万人（含现役军人），占全国人口总数的0.999%。二是开展1%抽样调查试点工作。本次调查不但进行了国家级试点，也要求各省（区、市）在正式调查前进行一次试点，试点内容包括：调查登记、复查核实和编码。三是选调、培训调查人员。调查员、调查指导员由各被抽中的县、市人口抽样调查领导小组负责从机关、企事业单位及社会上选调和招聘。国家统计局负责对省级调查骨干的培训工作。各省（区、市）统计局负责对抽中县、市调查骨干和师资的培训工作。县、市统计局负责对本县、市的调查员和调查指导员的培训工作。培训时间一般不少于5天，经考试合格后聘用。这些人员在调查任务完成前，不得从事调查以外的工作。

第二阶段是现场登记。调查登记前，调查指导员组织调查员对调查点的情况进行实地考察，根据考察结果，参照户口簿和地址码本编制《人口抽样调查底册》，使每个调查员掌握应该负责的调查范围以及户数和人数。户口簿中如有遗漏或多列的户数和人数，据实予以补列或剔除。这次调查以调查员入户访问登记为主，有条件的地方也可以设登记站。要求调查员逐户逐人逐项进行询问和填写，严格防止照抄户口簿或人口抽样调查底册的做法。少数交通不便的边远地区，在7月10日前完成调查登记确有困难的，经省、自治区人口抽样调查领导小组批准，可适当提前登记。同时要求调查人员对被调查户家庭及个人信息予以保密。登记工作完成后，调查指导员要及时组织调查员进行复查。复查的方法：首先由调查员每天进行自查，再由调查指导员组织调查员按专项分工进行互查。自查和互查时，都要按照人工逻辑检查规则进行检查，发现差错和疑问实地核查，对核查中发现的差错据实改正。最后，对户数、人数、出生、死亡、迁移等情况进行议查。调查登记和复查完毕后，调查指导员组织调查员对调查表和死亡人口登记表按照规定的方法进行装订和预编码。经过复查、预编码的调查表，由县、市人口抽样调查领导小组组织进行手工汇总过录。

第三阶段是数据汇总和发布。调查采用手工汇总和电子计算机汇总方式。1987年11月，国家统计局根据手工汇总资料发布了1987年全国1%人口抽样调查主要数据公报。根据这次人口抽样调查，结合前几年的调查数据，经推算，1987年7月1日零时，大陆29个省（区、市）和现役军人的人口共107233万人，与第三次人口普查相比，五年间增加了6415万人，增长6.36%，平均每年增加1283万多人，年平均增长率为1.24%。这次调查是在1982年第三次人口普查后的第一次大规模的人口抽样调查，为此后的1%人口调查积累了经验。

9.1995年全国1%人口抽样调查

根据《国务院办公厅关于进行1995年全国1%人口抽样调查的通知》和《中华人民共和国统计法实施细则》的规定，中国决定于1995年进行全国1%人口抽样调查，调查的标准时间是1995年10月1日零时。这是继1990年全国第四次人口普查后，进行的又一次较大规模的国情国力调查。它将进一步查清1990年后中国人口总量、地区分布、基本构成和居住环境等变化情况，为制定长期人口控制目标及相应措施提供依据，为加强国家宏观调控的科学决策和发展社会主义市场经济提供全面准确的信息。1995年全国1%人口抽样调查国务院成立了联席会议，统一领导全国1%人口抽样调查，下设全国人口抽样调查办公室，负责全国调查工作的实施。国务委员彭珮云任联席会议召集人，国务院副秘书长徐志坚、国家统计局局长张塞、副局长卢春恒，国家计生委副主任蒋正华协助负责联席会议的组织协调工作。联席会议成员还有统计局、国家计委、国家教委、公安部、民政部、财政部、人事部、劳动部、建设部、广电部、卫生部、中宣部、军委总参谋部等。各省（区、市）人民政府，设区的市、自治州人民政府和地区行政公署、被抽中的县（市、区、旗）人民政府按照全国统一部署，成立人口抽样调查的领导机构及办公室，被抽中的乡、镇人民政府和街道办事处成立人口抽样调查小组，分别负责对本地区调查工作的领导、组织和具体实施。调查所需经费按照分级负担的原则由中央和地方财政分级承担。

  全国1%人口抽样调查的组织实施分为三个阶段。第一阶段是准备阶段。一是制订了全国1%人口抽样调查方案。方案规定调查的对象是常住在被抽中地区具有中华人民共和国国籍的人。调查对象采用按常住人口登记的原则，以户为单位进行登记，既调查家庭户，也调查集体户。应在家庭户和集体户进行登记的人包括：一、居住在本乡、镇、街道，并在本乡、镇、街道登记了常住户口的人（包括外出不满半年的人）；二、在本乡、镇、街道居住半年以上，常住户口登记在外乡、镇、街道的人；三、在本乡、镇、街道居住不满半年，离开常住户口登记地半年以上的人；四、调查时居住在本乡、镇、街道，在任何地方都没有登记常住户口，或手持户口迁移证、出生证、退伍证、劳改劳教释放证等，尚未办理常住户口登记的人；五、原住本乡、镇、街道，现在国外工作或学习，暂无户口的人。调查表分为《1995年全国1%人口抽样调查表》和《死亡人口调查表》。《1995年全国1%人口抽样调查表》共包括36个项目。其中按人填报的项目为22项，包括：姓名、与户主关系、性别、出生年月、民族、调查对象状况、户口登记地、何时来本县（市、区）居住、从何地来本县（市、区）居住、1990年10月1日常住地、是否识字、受教育程度、学业完成情况、工作时间、行业、职业、不在业状况、婚姻状况、初婚年月、生育子女数、存活子女数、1994年10月1日以来的生育状况。按户填报的项目为14项，包括：户编号、户类型、本户人数、本户户籍人口中外出半年以上的人数、本户1994年10月1日以来的出生人数、本户1994年10月1日以来的死亡人数、住房面积、住房间数、厨房、厕所、炊事燃料、饮用水、住房类型、住房建成时间。《死亡人口调查表》的项目包括：户编号、姓名、性别、民族、出生时间、死亡时间、主要职业。人口抽样调查的样本设计，以全国为总体，以各省（区、市）为子总体进行。调查采用分层、多阶段、整群概率比例的抽样方法。全国的样本规模为1200万人，约占人口总数的1%。各省（区、市）的样本规模按总人口的开方比例进行分配，对人口规模大的省（市、区）和人口规模小的省（区、市），在保证代表性的前提下作必要的调整。调查的结果要求各项主要调查指标不仅对全国有代表性，对各省（区、市）也要有代表性。本次调查的最终样本单位为调查小区，以被抽中的居（村）民小组所辖地域作为调查小区。北京、上海和天津三个直辖市采取两阶段抽样方法，各省、自治区根据本地区的实际情况采取二阶段或三阶段的抽样方法。二阶段抽样，即省（区、市）抽取乡（镇、街道）；乡（镇，街道）抽取居（村）民小组；三阶段抽样，即省（区、市）抽取县（市、区）；县（市、区）抽取乡（镇，街道）；乡（镇，街道）抽取居（村）民小组。这次全国1%人口抽样调查在全国30个省（区、市）（重庆市尚未建立）共抽取了1558个县级行政单位、47471个调查小区，共调查登记了1257万人（含现役军人），占全国人口总数的1.04%。二是开展1%抽样调查试点工作。1995年全国1%人口抽样调查与以往的人口普查和抽样调查比较有了很大变化。一、常住人口的时间标准和空间标准的变化。1995年全国1%人口抽样调查仍然采用调查常住人口的方法，但是常住人口的时间标准由1990年全国人口普查的一年修改为半年；常住人口的空间标准由1990年的本县、市修改为本乡、镇、街道所辖的地理区域。二、调整了调查登记的标准时间，由以往人口普查和抽样调查的7月1日调整到10月1日。三、增加了调查项目，由1990年普查的21个项目增加到36项。主要增加了反映人口迁移流动、婚姻状况、妇女生育史、城镇居民住房等方面的内容。为完善调查方案，对调查对象、调查项目的可操作性进行论证，全国人口抽样调查办公室于1994年8月和11月先后在辽宁省普兰店市和湖北省黄石市进行了两次试点，涉及人口分别为5000多人和10000多人。之后，由各省、自治区、直辖市人口抽样调查办公室负责组织实施省以下试点。三是选调、培训调查人员。调查员、调查指导员的选调、培训工作在被抽中7县、市人民政府的领导下进行，由人口抽样调查办公室组织实施。原则上每个调查小区配备一名调查员，每个被抽中的乡、镇、街道配备一名调查指导员。培训采用国务院人口抽样调查办公室统一编印的教材，分级培训，培训时间一般不少于7天，调查员要经过严格考核后发给证件方可上岗。四是宣传动员工作。全国人口抽样调查办公室制订了《1995年全国1%人口抽样调查宣传工作规划》，各级人口抽样调查领导机构和办公室根据国家的宣传工作规划制订本地的宣传工作安排计划。充分利用各种宣传媒介，采用多种形式，宣传1%抽样调查的目的、意义和方法。

　　第二阶段是现场登记。调查员在标准时间前进入调查小区，根据调查小区地图对实际调查区域进行摸底，编制调查底册，安排调查路线和登记时间。调查登记采用由调查员入户登记的方法进行，调查员要逐户逐人逐项询问，填写调查表。调查登记后，调查员要对调查表认真复核，发现差错、疑问或漏填要立即改正，确保调查登记质量。现场登记结束后，调查指导员组织调查员按照规定的方法进行全面复查，复查主要采用自查、互查和议查。首先由调查员根据《调查小区地图》、调查底册和人工逻辑检查规则进行自查。在调查员自查完成的基础上，调查指导员组织调查员按专项分成若干组，根据人工逻辑检查规则，对调查表的填写情况进行相互检查。议查是在自查和互查完成的基础上核实，通过召开由基层干部或熟悉情况的其他人员参加的座谈会，议查登记的质量，对议查发现的差错要进一步核对，并据实更正。县、市人口抽样调查办公室组织进行质量验收，全国人口抽样调查办公室组织进行事后质量抽查，对全国调查登记质量作出评价。这次 1% 人口抽样调查事后质量抽查的样本量约为 4 万人，全国抽查的调查小区为 120 余个。

第三阶段是数据汇总和发布。数据处理采用手工汇总和电子计算机汇总方式。1996 年 2 月 25 日，国家统计局根据快速汇总发布了 1995 年全国 1% 人口抽样调查主要数据公报。根据这次调查数据推算，1995 年 10 月 1 日零时，全国 30 个省（区、市）总人口为 120778 万人。同 1990 年第四次全国人口普查的 113368 万人（7 月 1 日零时）相比，五年三个月间增加了 7410 万人，增长 6.54%，年平均增长 1.21%。1995 年全国 1% 人口抽样调查，在 95% 的把握程度下，人口出生率的抽样误差为 0.73‰，人口死亡率的抽样误差为 0.39‰。1997 年 1 月出版公布了电子计算机处理的全部资料。

1995 年全国 1% 人口抽样调查标志着中国周期性的人口普查和人口抽样调查制度已完全进入正规化。此后，中国在逢"0"的年份进行人口普查，逢"5"的年份进行 1% 人口抽样调查。

10.2005年全国1%人口抽样调查

2004 年 10 月 26 日，国务院办公厅下发了《国务院办公厅关于开展 2005 年全国 1% 人口抽样调查的通知》，决定于 2005 年进行全国 1% 人口抽样调查，调查的标准时间是 2005 年 11 月 1 日零时。目的是摸清 2000 年以来中国人口数量、构成以及居住等方面的变化情况，研究未来人口的发展趋势，为制定经济社会发展规划和有关政策提供客观准确的依据。

国务院成立了全国 1% 人口抽样调查领导小组及其办公室。国务院副总理曾培炎任领导小组组长，国务院副秘书长汪洋、国家统计局局长李德水、公安部副部长白景富、人口计生委副主任王国强等任副组长。成员单位还有中宣部、国家发展与改革委员会、财政部、民政部、国家工商总局等。全国 1% 人口抽样调查领导小组负责这次调查的领导和组织协调工作，领导小组办公室设在国家统计局，负责落实有关调查工作的具体安排。县以上地方各级人民政府成立 1% 人口抽样调查领导小组及其办公室；被抽中的乡、镇和街道办事处，成立 1% 人口抽样调查办公室，按照全国 1% 人口抽样调查领导小组及其办公室的统一要求，分别负责本地区 1% 人口抽样调查的领导和组织实施工作。这次调查的经费按分级负担的原则，由中央和地方财政共同负担，并列入相应的财政年度预算。

全国1%人口抽样调查的组织实施分为三个阶段。

第一阶段是准备阶段。一是制订了全国1%人口抽样调查方案。方案规定全国1%人口抽样调查的对象是：在被抽中的调查小区内具有中华人民共和国国籍并符合以下条件之一的全部人口：一、2005年10月31日晚居住在本调查小区；二、户口在本户，2005年10月31日晚未居住在本户。中国人民解放军现役军人由军队领导机关统一进行调查。调查表分为《2005年全国1%人口抽样调查表》和《死亡人口调查表》。《2005年全国1%人口抽样调查表》项目的设置上，在2000年人口普查的基础上做了适当调整，增加了反映人口地区间迁移流动和人们生活状况等内容。调查登记的项目共55项。其中按人填报的项目35项，包括：姓名、与户主关系、性别、出生年月、民族、户口登记地情况、调查时点居住地、离开户口登记地时间、离开户口登记地原因、户口登记地类型、户口性质、有几个兄弟姐妹、身体健康状况、一年前常住地、五年前常住地、是否识字、受教育程度、学业完成情况、上周工作情况、行业、职业、上周工作的单位和工作类型、就业身份、签订劳动合同情况、收入情况、上周未工作原因、三个月内是否找过工作、能否工作、参加社会保险情况、主要生活来源、婚姻状况、初婚年龄、生育子女数、存活子女数、2004.11.1—2005.10.31的生育状况。按户填报的项目有20项，包括：户编号、户别、本户应登记人数、本户2004.11.1—2005.10.31出生人口、本户2004.11.1—2005.10.31死亡人口、住房用途、建筑层数、本户住宅建筑结构、本座住宅建成时间、住房间数、住房建筑面积、本住房中是否有其他合住户、是否饮用自来水、住房内有无厨房、主要炊事燃料、住房内有无厕所、住房内有无洗澡设施、住房来源、构建住房费用、月租房费用。2004年11月1日零时至2005年10月31日24时期间有死亡人口的户，还要填报《死亡人口调查表》。《死亡人口调查表》的项目包括：户编号、姓名、性别、出生时间、死亡时间、民族、受教育程度、婚姻状况。这次调查的抽样设计，以全国为总体，以各省、自治区、直辖市为子总体进行。抽样采用分层、多阶段、整群、概率比例的方法，最终样本单位为调查小区。全国样本量共约1300多万人，约占全国总人口的1%。全国样本在各省按各省总人口平方根的份额进行分配。调查的结果要求各项主要调查指标不仅对全国有代表性，对各省、自治区、直辖市也要有代表性。各省根据自身情况采用三阶段或二阶段抽样。三阶段抽样的步骤为：第一阶段，由全国1%人口抽样调查办公室在各省抽取乡级（指乡、镇、街道）单位。第二阶段，由省级1%人口抽样调查办公室在抽中的乡级单位抽取村级（指村委会和居委会）单位。第三阶段，由省级调查办公室在抽中的村级单位抽取调查小区。两阶段抽样的步骤为：第一阶段，由省级调查办公室抽取村级单位。第二阶段，由省级调查办公室在抽中的村级单位抽取调查小区。本次调查共涉及345个地（市）、2869个县（市、区）、21182个乡（镇、街道）、61820个村（居）委会的77417个调查小区。调查的样本量为1705万人，占全国总人口的1.31%。二是开展1%人口抽样调查试点工作。2005年开展的1%人口抽样调查在调查方案上进行了改进，而最主要的就是改变了调查对象。这次将调查对象由过去的常住人口调整为"现有人口"加上"外出人口"，即凡2005年11月1日零时"在被抽中调查小区居住的人"和"户口在、人已外出的人"都是调查对象，都要填报调查表。2004年9月在河北省廊坊市进行了全国1%人口抽样调查试点，调查规模为12个调查小区，每个调查小区约100户，共涉及约1400户，4700人。试点的主要目的是检验新确定的调查对象的界定方法和调查表项目设置的科学性，以及界定方法改变后对调查员选调、培训及入户调查的影响。2004年11月，在福建省宁德市和福州市进行了第二次试点，调查规模为15个调查小区，每个调查小区平均100户，共涉及约1500户，5000人。这次试点重点在研究调查对象口径改变后对筛选常住人口和调查员工作量的影响。两次试点为进一步制订和完善调查方案提供了非常宝贵的经验。三是选调、培训调查人员。这次每个调查小区至少配备一名调查员，平均每两个调查小区配备一名调查指导员。调查指导员的选调工作由县级1%人口抽样调查领导小组负责。调查指导员和调查员从机关、企事业单位和基层组织（村、居委会和社区）人员中选调，有的从社会上临时招聘。培训工作分级进行，全国1%人口抽样调查办公室负责对省级1%人口抽样调查办公室业务骨干进行培训；省级1%人口抽样调查办公室负责对地市级和县级1%人口抽样调查办公室的业务骨干进行培训；县级1%人口抽样调查办公室负责培训调查指导员和调查员。四是充分利用各种宣传媒介，采用多种形式，宣传1%抽样调查的目的、意义和方法。

第二阶段是现场登记。调查员在标准时间前进入调查小区，根据调查小区地图对实际调查区域进行摸底，编制调查底册，安排调查路线和登记时间。登记采用调查员入户查点询问、现场填报的方式进行。调查员按照调查表中的项目逐户逐人询问，逐项填写，做到不重不漏、准确无误。调查登记后，调查员要对调查表认真复核，发现差错、疑问或漏填要立即改正，确保调查登记质量。现场登记结束后，调查指导员组织调查员按照规定的方法进行全面复查。复查工作采取自查、互查和议查三种方式进行。首先，由调查员根据《调查小区地图》和《户主姓名底册》和人工逻辑检查规则进行自查。在调查员自查完成的基础上，调查指导员组织调查员按专项分成若干组对调查表的填写情况进行相互检查，根据人工逻辑检查规则进行专项检查。议查是在自查和互查完成的基础上核实，通过召开由基层干部、群众积极分子或熟悉情况的其他人员参加的座谈会，议查登记的质量，或统一组织再次入户核对，并据实更正。之后，进行事后质量抽查。事后质量抽查是调查登记结束后，在调查范围内抽取一定的样本，进行部分区域和样本的抽样调查。它是整个调查工作的一部分，又是调查之后单独对部分项目进行的一次抽样调查。用于评价全国1%人口抽样调查的登记质量,并不评价省级及省级以下各级的调查质量。各省、自治区、直辖市也不再另行进行事后质量抽查。这次1%人口抽样调查事后质量抽查的样本量为100个调查小区,平均每省3个调查小区。

第三阶段是数据汇总和发布。2005年全国1%人口抽样调查采用电子计算机汇总方式。2006年3月16日,国家统计局根据初步的机器汇总发布了2005年全国1%人口抽样调查主要数据公报。根据这次调查数据推算,2005年11月1日零时,全国31个省(区、市)和现役军人的总人口为130628万人。与2000年11月1日零时第五次全国人口普查的总人口126583万人相比,增加了4045万人,增长了3.2%;年平均增长809万人,年平均增长0.63%。2005年全国1%人口抽样调查重新界定了调查对象,调查对象由过去的常住人口调整为"现有人口"加上"外出人口",既对提高调查数据质量起到积极作用,也是人口调查的一次积极探索,为第六次全国人口普查科学界定普查对象积累了经验。

11.劳动力调查

2004年9月,国务院办公厅印发了《关于建立劳动力调查制度的通知》(以下简称《通知》),决定建立劳动力调查制度。《通知》指出,随着中国社会主义市场经济体制的初步建立和劳动就业制度改革的不断深化,劳动就业形势和政府对劳动就业进行管理的方式、方法发生了重大变化。在计划经济体制下形成的现行就业统计制度,调查周期长,数据质量差,调查方法和标准不能与国际接轨,难以准确反映城乡就业总量和城镇失业的实际情况,不能满足国家宏观调控和制定就业政策的需要。《通知》提出,要借鉴国际通行的方法和标准,建立适合中国国情的劳动力调查制度,为准确、及时、全面地反映中国的劳动力资源和就业情况,建立健全城乡就业和失业调查统计体系,更好地为国家宏观调控和制定就业政策服务。《通知》要求,劳动力调查工作所需经费由中央和省级财政共同负担,并列入相应年度的财政预算。

长期以来,中国劳动力统计的官方数据主要来源是统计部门的城镇单位定期统计报表,人力资源和社会保障部门提供的城镇新增就业人数和城镇登记失业率等行政记录,以及十年一次的人口普查。根据国务院《通知》要求,国家统计局建立劳动力调查制度,从2005年11月正式组织实施全国劳动力调查,每年5月和11月在全国范围内各进行一次。2009年3月,为应对国际金融危机的冲击,更加及时反映中国就业的发展变化状况,为政府准确判断就业形势、制定和调整宏观经济政策提供基础依据,国家统计局建立了大城市月度劳动力调查制度。

2009年3月,31个省(自治区)省会(首府)城市进行了首次月度劳动力调查。大城市月度劳动力调查以城市地区为重点，着重反映经济发达地区劳动力市场的变化情况，调查数据具有较高的时效性和灵敏性。为进一步提高调查的科学性、准确性和规范性，国家统计局对月度大城市劳动力调查制度又进行了改革和完善，适当扩大调查范围和样本，增加了一些经济比较发达、劳动力市场比较活跃的非省会城市。2013年4月，月度劳动力调查扩大到65个城市。调查范围是各直辖市，各省（自治区）省会（首府）城市，各计划单列市以及唐山市、大同市、包头市、鞍山市、吉林市、牡丹江市、苏州市、徐州市、无锡市、温州市、台州市、芜湖市、泉州市、景德镇市、烟台市、洛阳市、焦作市、宜昌市、株洲市、东莞市、佛山市、三亚市、柳州市、绵阳市、宜宾市、遵义市、玉溪市、宝鸡市和天水市等65个城市抽中的城镇和乡村地区。根据第六次全国人口普查资料，2010年65个劳动力调查城市人口合计占全国总人口的27.0%，15岁以上人口占28.0%，来自外乡镇街道的迁入人口占32.2%，其中来自外省市县的比例达78.0%，城镇人口占35.1%，城镇化率为66.7%（全国为49.7%）。

　　普查数据显示，65个调查城市的人口总量接近全国30%，人口迁移流动活跃，城镇化水平明显高于全国平均水平，表明这65个城市对于中国经济发展以及城市劳动力市场变化具有较好的代表性。劳动力调查以户为单位进行登记，包括家庭户和集体户。月度劳动力调查的标准时间为每月10日零时，入户登记时间为10—14日。由于10月份国庆长假，10月份调查的标准时间调整为15日零时，入户登记时间顺延至15—19日。如果适逢春节长假，调查时间也会作适当调整。劳动力调查对象是被抽中户中的两类人：一、调查时点居住在本户已满16周岁的人；二、本户家庭成员中，离开本乡、镇、街道不满半年且已满16周岁的人。调查项目分为按户填报的项目和按人填报的项目。按户填报的项目有户编号、户别、调查时点居住在本户的人口数、调查时点居住在本户已满16周岁的人口数、本户家庭成员中离开本乡镇街道且已满16周岁的人口数等5个项目。按人填报的项目有姓名、与户主关系、性别、出生年月、户口登记地、住本户时间、离开户口登记地原因、户口性质、受教育程度、婚姻状况、是否为取得收入而工作、工作单位或经营活动类型、就业身份、是否签订劳动合同、未工作原因、是否想工作、是否寻找工作、未寻找工作原因、当前能否工作、不能工作的原因、行业、职业、参加社会保险情况等25个项目。调查采用二阶段分层概率比例的抽样方法。根据人口普查资料整理的抽样框，国家统计局首先抽取村级单位，然后各省统计局在抽中的村级单位中抽取住户组（每个住户组4户）。根据层内差异小、层间差异大的分层原则，选择与调查失业率相关性较强的指标进行分层。分层按市、镇、乡，市中心区、城乡结合区，镇中心区、镇乡结合区，乡中心区和村庄划分，同时考虑村级单位的人口规模和结构以及集体户人口的比例。

　　年度劳动力调查，全国样本量约为15万户，47万人，各省级单位调查的样本量约为

4000—6000户，1.2万—1.8万人。月度劳动力调查户数约为4.2万户，约9.8万人。非直辖市每个月调查600户，季度调查户数约为1800户；直辖市每个月调查1200户，季度调查户数为3600户。月度调查城市每个月在村级单位内进行样本轮换，季度间有80%的样本（即住户组）重复调查，同一季度内月度间无重复样本，年度间的同月有20%的重复样本。调查员选调与培训。调查员的选调由县级政府统计机构负责。调查员主要从政府统计系统和基层组织人员中选调，也从社会招聘。调查员的数量，原则上按1个社区（居委会、村委会）1名调查员进行配备，调查指导员由乡、镇、街道统计人员担任。为提高调查员培训效率，各级统计机构尽可能减少培训层次，有的省级统计局直接培训到调查员和调查指导员。为宣传劳动力调查的意义，争取得到广大住户的支持、配合，劳动力调查入户登记前，每个抽中的调查社区要张贴国家统计局统一印制的《关于开展劳动力调查的公告》，向被调查户发放《致被调查户的一封信》，并强调调查员要遵守《中华人民共和国统计法》的有关规定，对调查户信息保密。调查组织实施。劳动力调查由各省（区、市）统计局负责组织实施。月度劳动力调查工作由各省（区、市）统计局组织各调查城市统计局实施。在基层组织的协助下，采取派调查员入户登记的方式，对被抽中的住户进行调查。

为进一步提高劳动力调查工作水平，劳动力调查于2014年开始采用手持电子设备数据采集系统，调查数据也纳入了国家统计局联网直报数据平台。为加强对劳动力调查过程的管理和监督，还建立了电话核查和入户回访制度，规定各省选取不少于10%的户进行电话核查，不少于5%的户进行入户回访。国家统计局委托专业机构，重点对月度劳动力调查进行电话回访。电话回访按月进行，每6个月对65个大城市回访一遍。电话核查结果是评估月度劳动力调查质量的方法之一，并反馈给各调查城市作为分析、改进工作的依据。国家统计局负责编制数据录入程序和汇总程序并下发各省。各省（区、市）统计局按照规定的格式和要求，组织实施调查数据的录入工作，汇总省级调查数据，推算省级劳动力主要数据，按照规定的格式向国家统计局报送数据。汇总数据结果主要包括劳动参与率，就业率，就业人员的地区、行业和职业构成，调查失业率，周平均工作时间，平均失业时间，失业原因等。目前，月度调查数据的主要结果每月以统计信息专报的形式报送党中央、国务院和相关部门，尚未对外公开发布。年度调查数据的部分结果如就业人口的职业、行业、就业身份、受教育程度、平均工作时间、失业原因等在《中国人口和就业统计年鉴》和《中国劳动统计年鉴》上发布。

劳动力调查对于及时反映中国城镇就业和失业状况，了解和把握就业形势，发挥了积极作用。多年来中国劳动力调查结合中国国情，积极学习借鉴国际劳动力统计标准和方法，在实践中不断总结经验，调查制度得到不断发展和完善。现行的中国劳动力调查采用国际通行的标准和方法，可以比较准确、及时地反映就业和失业人口的总量、结构、分布、素质及其发展变化情况。目前中国劳动力调查还在不断完善劳动力调查指标体系,改进数据评估方法,健全城乡就业和失业调查统计体系,努力使之成为判断经济走势的重要依据。

12.总人口

自1978年改革开放以来,中国坚持人口与发展综合决策,将计划生育确定为基本国策,中国计划生育工作取得了巨大成就,人口过快增长得到有效控制,人口再生产类型实现了历史性转变,人口数量平稳增长,有效缓解了人口对资源环境的压力。

2013年大陆总人口达到136072万人,1978年大陆总人口为96259万人,35年间增长了39813万人,平均每年增加1137.5万人。改革开放后中国人口的发展经历了三个阶段。人口有效控制增长阶段(1971—1980)。20世纪70年代特别是改革开放以后,是中国人口发展出现根本性转变时期。中国政府开始实行计划生育,并陆续制定和完善了计划生育政策,使人口高出生、高增长的势头得到迅速控制。这一时期,人口出生率和自然增长率迅速下降,分别由1971年的30.7‰和23.4‰下降到1978年的18.25‰和6.25‰,以及1980年的18.21‰和6.34‰。但由于中国人口基数庞大,这一阶段中国人口净增的绝对数量仍可观。1971—1980年,全国总人口由8.52亿增加到9.87亿,净增1.35亿,超过了中国1949—1957年第一次增长高峰时期的净增人口。人口高增长阶段(1981—1990)。进入20世纪80年代后,国家把计划生育、控制人口增长提高到了战略高度,计划生育被确定为一项基本国策,控制人口增长的措施更加严格。但是,由于20世纪60年代初"第二次人口生育高峰"中出生的人口陆续进入生育年龄,加之20世纪80年代初《婚姻法》的修改造成许多不到晚婚晚育年龄的人口提前进入婚育行列,使得人口出生率出现回升。1981—1990年全国净增人口1.43亿,平均年净增人口1584万人,1990年总人口达到11.43亿,这是新中国成立以后出现的"第三次人口增长高峰"。人口平稳增长阶段(1991年至今)。进入20世纪90年代后,随着计划生育工作的不断加强和完善,20世纪80年代人口的高出生率得到控制,并持续稳步下降。1991年人口出生率为19.7‰,2013年降到12.08‰。数据显示,1978—1987年平均每年净增1449万人,1988—1997年减少到1433万人,1998—2007年进一步减少到850万人,2003年后,中国每年的净增人口一直保持在800万人以下,且呈继续下降趋势,2013年的净增人口仅为668万人。

改革开放以来,随着计划生育政策的贯彻落实,中国人口生育水平不断下降。人口出生率由1978年的18.25‰下降到2013年的12.08‰,年均下降0.18个千分点。人口再生产类型完成了由"高出生、低死亡、高自然增长"的传统模式向"低出生、低死亡、低自然增长"的现代模式转变。中国人口再生产类型的这一历史性转变,速度快,时间短,仅仅用了不到 30 年的时间，而发达国家通常需要上百年才能走完这一历程。随着出生率的下降，人口自然增长率由 1978 年的 12.00‰ 下降到 2013 年的 4.92‰，年均下降 0.2 个千分点。年末总人口由 1978 年的 96259 万人增加到 2013 年的 136072 万人，年均增长 0.99%，比改革开放前（1949—1977）的年均 2.0% 的增长速度下降了 1.01 个百分点。自 1987 年起，人口出生率和自然增长率基本保持稳步下降趋势，2002 年人口出生率下降到 13‰ 以下，1998 年人口自然增长率首次降到 10‰ 以下，2004 年人口自然增长率又下降到 6‰ 以下，中国人口进入平稳增长时期。人口增速趋缓使人口增量不断减少，据估算，计划生育政策实施 30 多年来，全国少生 4 亿多人，使中国"13 亿人口日"和世界"60 亿人口日"的到来时间都推迟了 4 年，减轻了人口增长过快的压力。这期间，中国人口占世界人口的比重由 1980 年的 22.2% 下降到 2013 年 19.28%，中国人口增量的下降为世界人口与发展做出了重要贡献。

13. 出生人口

1978 年以来，中国计划生育工作取得了巨大成就。中国人口生育水平不断下降，出生人口逐步减少。

从 1980—1989 年，中国人口出生率一直在 20‰ 上下波动，最低点是 1980 年的 18.21‰，最高点是 1987 年的 23.33‰，其中，1981—1982 年和 1985—1987 年出生率出现两次较明显的回升，在 1987 年后呈现下降趋势。这一阶段每年的出生人口保持在 2000 万—2500 万人左右，其中 1987 年出生人口最多，为 2522 万人，10 年间平均每年出生 2217 万人。20 世纪 90 年代，中国的人口出生率一直呈下降趋势，除 1990 年达到 21.06‰ 以外，其余年份都处于 20‰ 以下的水平。到 1999 年，人口出生率下降到 14.64‰，比 1990 年下降了 6.42 个千分点。这一阶段中国每年的出生人口在 1800 万—2400 万人之间，基本保持下降趋势，平均每年出生约 2094 万人，出生人口明显减少。2000 年以来，中国人口出生率基本延续了 20 世纪 90 年代的下降趋势，2010 年下降到 11.90‰，较 2000 年下降 2.13 个千分点。2011—2012 年，人口出生率有所回升，但仍维持在 12‰ 左右的较低水平。2013 年人口出生率为 12.08‰，比上年下降了 0.02 个千分点。可以说，2000 年以来人口出生率处在平稳较低水平。这一阶段每年的出生人口在 1500 万—1800 万人之间，平均每年出生约 1627 万人，出生人口进一步减少。

中国计划生育政策对出生人口减少起到了决定性的作用。从 20 世纪 70 年代初开始，控制人口增长的活动在全国范围内大规模开展，中国有计划地增长人口的政策也开始形成，并提出"晚、稀、少"的政策方针。即鼓励男女青年晚婚晚育，鼓励夫妇拉长两胎之间的间隔，鼓励一对夫妇少生子女，后来明确为"最好一个，最多两个"，政策重点放在少生子女上。这样，以"晚、稀、少"为主要内容的中国控制人口增长的生育政策基本形成，并在城乡逐步得到落实，取得显著成绩。

1980年9月，五届全国人大三次会议提出："在今后二三十年内，必须在人口问题上采取一个坚决的措施，就是除了在人口稀少的少数民族地区以外，要普遍提倡一对夫妇只生育一个孩子，以便把人口增长率尽快控制住，争取全国总人口在本世纪末不超过12亿。"同年9月25日，中共中央发表《关于控制中国人口增长问题致全体共产党员、共青团员的公开信》，号召党团员带头执行新的计划生育政策。1982年初，中共中央、国务院又发布了关于进一步做好计划生育工作的批示，具体规定国家干部和职工、城镇居民除特殊情况经过批准外，一对夫妇只生育一个孩子；农村普遍提倡一对夫妇只生育一个孩子，某些群众确有实际困难要求生二胎的，经过审批可以有计划地安排；不论哪一种情况都不能生三胎；对于少数民族，也要提倡计划生育，在要求上可适当放宽一些。同年10月，中共中央办公厅和国务院办公厅转发《全国计划生育工作会议纪要》时指出，实行计划生育是我们国家的一项基本国策，是一项长期的战略任务。至此，中国的计划生育政策在内容上有所扩展和充实，由70年代的"晚、稀、少"变成了80年代初的"晚婚、晚育、少生、优生"，提倡一对夫妇只生一个孩子，增加了提高人口素质的内容。中共中央在1984年4月重新调整了生育政策的某些规定，一是农村居民生育二胎的条件有所放宽，允许独女户生育二胎，缓解了生育政策和生育需求之间的矛盾；二是严格禁止计划外生育，特别是三胎生育；三是对少数民族计划生育的要求进一步明确：人口在1000万人以上的少数民族，原则上与汉族同样要求，1000万人以下的根据人口密度等情况，允许一对夫妇生育二胎，个别的可以生育三胎，但不准生育四胎。调整后的生育政策对控制中国人口，引导人们的生育观念和生育行为起到了重要作用。

2000年以来，中国政府在继续坚持稳定现行生育政策的同时，积极推进计划生育工作思路和工作方法的转变。2000年3月，党中央、国务院通过《关于加强人口与计划生育工作稳定低生育水平的决定》，指出人口过多仍然是中国的首要问题，人口问题是社会主义初级阶段长期面临的重大问题。在实现人口再生产类型的历史性转变以后，人口与计划生育工作的主要任务将转向稳定低生育水平、提高出生人口素质。2001年12月，九届全国人大常委会第二十五次会议审议通过了《中华人民共和国人口与计划生育法》，2002年9月正式实施，计划生育基本国策有了国家基本法律的保障，人口和计划生育工作全面进入依法管理、优质服务的阶段。2003年3月国家计划生育委员会更名为国家人口和计划生育委员会，增加了开展人口发展战略研究、制定人口发展规划、促进生殖健康产业发展等职能。从党的十六大到十七大，党中央提出了树立和落实科学发展观、建设社会主义新农村、构建社会主义和谐社会等一系列重大战略思想，为认识和解决人口问题提供了新的思路和视角。2006年12月党中央、国务院通过了《关于全面加强人口和计划生育工作统筹解决人口问题的决定》，明确提出中国人口和计划生育工作进入稳定低生育水平、统筹解决人口问题、促进人的全面发展的新阶段。这些重大的理论、政策和战略转变，为中国的人口与计划生育工作、为低生育水平的稳定创造了有利的政治社会条件。

为了适应人口发展形势的变化，党的十八届三中全会通过了《中共中央关于全面深化改革若干重大问题的决定》，提出坚持计划生育的基本国策，启动实施一方是独生子女的夫妇可生育两个孩子的政策，逐步调整完善生育政策，促进人口长期均衡发展。2013年12月，中共中央、国务院印发《关于调整完善生育政策的意见》，明确了实施"单独二孩"政策的重要意义、总体思路和工作方法。启动实施"单独二孩"政策，是计划生育政策的重大调整和完善，是适应人口发展新形势，合乎民意的重大举措。这一政策有利于家庭幸福与社会和谐，有利于促进人口长期均衡发展，保持合理的劳动力规模，延缓人口老龄化速度，促进经济持续健康发展。

14.平均预期寿命

人口平均预期寿命，是指同时出生的一批人若按照某一时期各个年龄死亡率水平度过一生平均能够存活的年数，利用年龄别死亡率编制生命表可以计算出具体数值，通常表示为一个人口群体从出生起平均存活的年龄。平均预期寿命是反映人类健康水平、死亡率的指标，其高低主要受社会经济条件和医疗水平等因素的制约。随着中国社会经济的快速发展，人民生活水平的不断提高以及医疗卫生保障体系的逐步完善，中国人口平均预期寿命继续延长。

2010年中国人口平均预期寿命为74.83岁，比1981年提高了7.06岁。1981年人口平均预期寿命为67.77岁，其中男性为66.28岁，女性为69.27岁；1990年人口平均预期寿命为68.55岁，男性66.84岁，女性70.47岁；2000年人口平均预期寿命已达71.40岁，其中男性为69.63岁，女性为73.33岁，到2010年中国人口平均预期寿命已达到74.83岁，男性为72.38岁，女性为77.37岁。如果按照不同年代提升的程度，可以看出，1990年比1981年的人口平均预期寿命提高了0.78岁，1990年到2000年的10年间，提高了2.85岁，2010年比2000年提高了3.43岁，提高幅度逐渐增加。从分性别看，人口平均预期寿命，女性人口平均预期寿命高于男性。2010年男性为72.38岁，比1981年提高6.10岁；女性为77.37岁，比1981年提高8.10岁。男女平均预期寿命之差与1981年相比，由2.99岁扩大到4.99岁。数据表明，在中国人口平均预期寿命不断提高的过程中，女性提高速度快于男性，并且两者之差也进一步扩大。这与世界其他国家平均预期寿命的变化规律是一致的。2010年世界人口的平均预期寿命为69.6岁，其中高收入国家及地区为79.8岁，中等收入国家及地区为69.1岁。中国人口平均预期寿命不仅明显高于中等收入国家及地区，也大大高于世界平均水平，但比高收入国家及地区平均水平低5岁左右。从提高幅度看，2000—2010年中国人口平均预期寿命提高3.43岁，比世界平均提高2.4岁高1岁多。

人口平均预期寿命的提高，是各年龄死亡率水平下降综合作用的结果，而婴儿死亡率（指同时出生的一批婴儿未能存活到1岁的比例）的下降起着尤为重要的作用。从1978年到2013年，中国人口死亡率在6.21‰—7.16‰之间波动，其间有平稳下降的时期，也有上升阶段，人口死亡率由1978年的6.25‰上升到2013年的7.16‰。由于受人口年龄结构的影响，特别是人口的老龄化，自2008年开始人口死亡率超过7‰。改革开放以来，随着生活水平的提高和公共卫生事业的进步，中国人口总体健康状况有了极大改善，婴儿死亡率持续下降。人口普查数据显示，1981年中国婴儿死亡率为37.61‰，1990年下降到32.90‰，2000年又下降到28.4‰，平均每十年下降4.6个千分点。2005年中国婴儿死亡率为24.3‰，比2000年下降了4.1个千分点，下降速度明显。2010年中国婴儿死亡率为13.93‰，比1981年的37.61‰下降23.68个千分点。2010年比2000年的婴儿死亡率28.38‰下降14.45个千分点，平均每年下降1.45个千分点，而1990—2000年10年间，中国婴儿死亡率下降4.51个千分点，平均每年下降0.45个千分点。可见，随着中国经济的发展，人民生活水平和妇幼保健服务水平的提高，中国的婴儿死亡率不仅继续呈下降趋势，而且下降速度加快。

15.家庭与婚姻

家庭是社会的细胞，也是人口再生产的基本单位。从20世纪80年代初至2013年，中国家庭的类型、规模和结构在不断发生变化。其主要特点：一是平均家庭户规模下降，家庭规模呈现进一步缩小的趋势。2013年，中国平均家庭户规模为2.98人，比1982年、1990年和2000年分别减少了1.43、0.98和0.46人。二是在家庭户类型中，二人户和三人户比例超过50%。从家庭户规模的分布看，2013年，二人户和三人户比例较高，分别为27.3%和26.9%，合计超过半数；四人户、一人户和五人以上户的比例接近，分别为17.0%、14.6%和14.2%。与往年相比，一人户和二人户比例不断提高，四人户和五人以上户比例不断下降，家庭户类型进一步小型化。1990年，五人以上户的比例为33.1%，成为主要的家庭户类型；2000年，三人户的比例为30.0%，成为主要家庭户类型；2010年，虽然三人户仍是主要家庭户类型，但所占比重比2000年低了3.1个百分点，同时二人户比例达到24.4%，比2000年提高了7.4个百分点；2013年，二人户超过三人户成为主要家庭户类型。三是家庭户结构进一步简化，一代户比例上升。家庭户规模的缩小，必然伴随着家庭结构的变化。2013年，中国二代户比例最高，为45.8%；其次是一代户，占37.1%；三代户比例为16.5%；四代以上的户的比例非常低，只占全部家庭户的0.7%。与2000年相比，一代户的比例提升了15.4个百分点，二代户、三代户及四代户的比例均下降，其中二代户的比例变化明显，下降13.5个百分点。总体看，生育率的降低，家庭观念的转变促使大家庭分化，家庭户规模缩小。

婚姻是家庭的基础。改革开放30年多来，中国人口婚姻状况相对稳定，其变化的特点：一是未婚比例下降，早婚现象减少。15岁及以上人口未婚比例由1982年的28.6%下降到2013年的20.2%，但15—19岁年龄组人口未婚比例逐渐增加，早婚现象减少与社会经济发展密不可分，随着新进入适婚年龄的人口受教育水平越来越高，尤其是女性受教育水平有了大幅度提高，晚婚的现象越来越普遍。二是有配偶的比例上升。1982—2005年，中国15岁及以上有配偶的比例出现明显上升趋势，由1982年的63.7%上升到2005年的74.1%，上升了10.4个百分点，这一阶段有配偶比例迅速上升主要受未婚人口和丧偶人口减少的影响。2010年以来，有配偶比例存在小幅波动，但基本稳定在71%—73%之间。三是离婚比例上升。随着人们婚姻家庭观念的改变和人口流动性的增加，离婚人口比例持续上升。中国15岁及以上人口的离婚比例由1982年的0.6%上升到2013年的1.6%，上升了1个百分点。2013年，处于离婚状态的人口中，男性占58.2%，女性占41.8%，女性比男性少16.4个百分点，表明女性离婚后重组家庭的人数高于男性。四是丧偶比例下降。健康服务、医疗技术水平的提高使人口预期寿命大幅提高，因此丧偶人口比例也出现了一定程度的下降，由1982年的7.2%下降到2013年的5.4%，下降了1.8个百分点。男性的丧偶比例为3.3%，女性为7.7%，女性比男性高4.4个百分点。随着男女平均预期寿命差距的进一步增大，将会导致未来人口的丧偶比例有所提高，并主要是由于女性老年人丧偶导致的。五是人口平均初婚年龄提高。根据2010年全国人口普查数据推算，2010年中国人口平均初婚年龄为24.85岁，比1990年提高了2.06岁；其中，男性平均初婚年龄为25.86岁，女性为23.89岁，分别比1990年提高了2.29岁和1.87岁。女性平均初婚年龄的提高对降低生育率，减缓人口增长起到重要作用。

16.人口年龄结构

人口年龄结构是指一定时期、一定地域范围内，不同年龄人口占总人口的比重状况。通常根据三大年龄组的比例把人口年龄结构划分为年轻型、成年型和老年型。三种年龄结构的判断标准：年轻型，0—14岁人口比例40%以上，65岁以上人口比例4%以下，老少比15%以下，年龄中位数在20岁以下；成年型，0—14岁人口比例30%—40%，65岁以上人口比例4%—7%，老少比15%—30%，年龄中位数20—30岁；老年型，0—14岁人口比例30%以下，65岁以上人口比例7%以上，老少比30%以上，年龄中位数30岁以上。

  新中国成立以来，中国人口年龄结构经历了从年轻型到老年型的转变（参见表1）。1953年，中国0—14岁少年儿童人口为2.1亿人，占总人口的比重为36.3%，超过了三分之一。1964年，少儿人口继续增加到2.8亿人，比重也上升到40.7%，是历次普查的最高比重，65岁及以上人口比重为3.6%，年龄中位数为20.2岁，中国人口的年龄结构属于比较典型的年轻型结构。20世纪80年代以来，中国人口死亡率一直保持在较低水平，人口出生率则稳步下降，使中国人口年龄结构逐步演化为一种典型的成年型结构。1982年，少儿人口达到最高值3.4亿人，但比重已经开始下降，为33.6%；65岁及以上人口占总人口的4.9%，年龄中位数回升到22.9岁，总体年龄结构已经属于成年型。到1990年，少年儿童比重已经下降到27.7%，老年人口比重上升到5.6%，年龄中位数上升到25.3岁，这些数据都反映出成年型人口结构的特点。从1990年起，中国少儿人口数量和比重均呈现下降趋势，2000年人口普查反映出人口年龄结构已经发生了很大的变化，少儿人口比例下降到22.9%，老年人口比例接近7%的临界点，年龄中位数上升到30.8岁，标志着人口年龄结构基本呈现为老年型，中国已经进入老龄化社会。2010年人口普查数据反映出人口老龄化在进一步发展，少儿人口比例下降到历史最低点16.6%，65岁及以上老年人口比例已经接近9%，老少比首次超过50%，年龄中位数大幅度提高到35.9岁。2013年，中国人口老龄化程度继续加深。0—14岁人口比例为16.4%，比2010年下降了0.2个百分点；65岁及以上人口比例为9.7%，上升了0.8个百分点；老少比为58.9%，上升了5.5个百分点；年龄中位数达到37.0岁，上升了2.1岁。

表1 中国人口年龄结构的变化情况

指标	1953年	1964年	1982年	1990年	2000年	2010年	2013年
0—14岁人口比例（%）	36.3	40.7	33.6	27.7	22.9	16.6	16.4
65岁以上人口比例（%）	4.4	3.6	4.9	5.6	7.0	8.9	9.7
老少比（%）	12.2	8.8	14.6	20.1	30.4	53.4	58.9
年龄中位数（岁）	22.7	20.2	22.9	25.3	30.8	35.9	37.0
年龄结构类型	年轻型	年轻型	成年型	成年型	老年型	老年型	老年型

从人口普查数据看,中国劳动年龄人口数量不断增加。1953年,15—59岁劳动年龄人口为3.3亿人,占总人口的比重为56.4%。1964年,劳动年龄人口达到3.7亿人,比1953年增长了4000万人,但由于出生率的提高,劳动年龄人口比例比1953年下降了3.2个百分点。1982—2010年,劳动年龄人口数量和比例均保持持续增长趋势,15—59岁人口从5.9亿人增长到9.4亿人,增长了近60%;劳动年龄人口比例从58.8%提高到70.1%,提高了11.3个百分点。2012年,我国15—59岁人口为93727万人,比2011年减少了345万人,劳动年龄人口数量首次出现下降。2013年,我国15—59岁人口为93500万人,比2012年又减少了227万人。同时,15—59岁人口占总人口的比重也从2010年的70.1%逐年下降到2013年的68.7%。劳动年龄人口数量和比重减少,标志着我国人口结构变化新趋势的开端,丰富的劳动年龄人口为中国经济持续增长提供的庞大的人口红利开始消减,这必将对我国社会和经济发展带来深远影响。

17.流动人口

流动人口是指居住地和户口登记地所在乡镇街道不一致,且离开户口登记地半年以上并扣除市内人户分离的人口,即居住本乡镇街道半年以上、户口在外乡镇街道和在本乡镇街道居住不满半年、离开户口登记地半年以上的两类人,并剔除其中的市内人户分离人口;市内人户分离的人口即市辖区内人户分离的人口,是指一个直辖市或地级市所辖区内和区与区之间,居住地和户口登记地不在同一乡镇街道的人口。改革开放以来,中国流动人口规模不断扩大。1990年全国流动人口数量为2000多万人,2013年全国流动人口已达2.45亿,占总人口的18%。

改革开放前,由于实行严格的计划经济管理,加上严格的户籍管理,中国的流动人口为数很少。截至20世纪80年代初,全国离开户口所在地外出流动的流动人口数量不过几百万人,占全国总人口的比重不足1%。80年代初,中国对农村经济体制实行改革,农村联产承包责任制的实施激发了农民的生产热情,解放了生产力,释放出的剩余劳动力需要在农业之外寻找就业机会。同时城乡之间、地区之间巨大的收入差距对农民有着巨大的吸引力。80年代中期以后,中国的流动人口经历了一个迅速增长的过程。1984年,以国务院《关于农民进入集镇落户问题的通知》为标志,国家在一定程度上放松了对农村人口进入中小城镇的控制,允许农民在自筹资金、自理口粮的条件下,进入城镇务工经商,并由此带来对整个人口流动控制的松动,随之,流动人口在规模上迅速增长,人口流动的目的地也逐渐突破小城镇而大量进入大中城市。1990年全国流动人口数量达到2000多万人,占全国总人口的比重将近2%;2000年,全国流动人口突破1亿,达1.21亿,占全国总人口的 9.5%；2000 年后，各地开始逐步取消对农民进城就业的各种不合理限制，积极推进涉及农村劳动力流动的就业、保障、户籍、教育、住房、小城镇建设等多方面的配套改革，随着经济的快速发展，流动人口保持快速增长的势头，2010 年，全国流动人口达 2.21 亿，占全国总人口的 16.5%；2013 年全国流动人口 2.45 亿，占总人口的 18%。在 30 多年间，全国流动人口规模增长了 36 倍。党的十八大更是高度重视流动人口的问题，提出要加快户籍制度改革，有序推进农业转移人口市民化，努力实现城镇基本公共服务常住人口全覆盖。

18.人口受教育程度

人口受教育状况是国家教育发展程度的综合反映，各种受教育程度人口构成变化是人口的一个重要特征。改革开放以来，中国实施了普及九年义务教育和加速发展高等教育的计划，加快了教育事业发展的步伐，人口受教育程度显著提高。

2013 年，中国总人口中，具有大专及以上文化程度的人口占 10.5%，高中文化程度的占 15.4%，初中文化程度的占 38.0%；小学文化程度的占 24.6%。大专及以上受教育程度人口比例增长迅速。1982—2013 年，中国大专及以上受教育程度人口比例增长了 9.9 个百分点，平均每年增长 0.32 个百分点，增长速度保持较高水平。分阶段看，1982—1999 年的 17 年间，大专及以上受教育程度人口比例仅增长了 2.3 个百分点，平均每年增长 0.14 个百分点。进入 21 世纪，大专及以上文化程度人口进入快速增长期，占总人口的比例从 2000 年的 3.6% 迅速增长到 2013 年的 10.5%，平均每年增长 0.53 个百分点。大专及以上文化程度人口的快速增长得益于 1999 年开始实施的高校扩招政策。在 1999 年之前，中国高校招生规模虽然逐年增长，但每年增长率只在 8.5% 左右。而 1999 年，高校招生人数增长速度达到 47.4%，2000 年的扩招幅度为 38.16%，2001 年为 21.61%，2002 年为 19.46%，到 2003 年，中国普通高校本专科生在校人数超过 1000 万。扩招政策使更多的高中毕业生可以进入大学学习，提高了高等教育人口的比例，使国民整体素质也进一步提升。高中受教育程度人口比例增长较快。1982—2013 年，全国高中受教育程度人口比例增长了 8.8 个百分点，平均每年增长 0.28 个百分点。从发展变化看，高中受教育程度人口比例增长较平稳，1982—1990 年平均每年增长 0.18 个百分点；1990—2000 年平均每年增长 0.31 个百分点；2000—2013 年平均每年增长 0.33 个百分点。表明中国在逐步普及九年义务教育的基础上，越来越多的初中毕业生选择继续进入高中学习，高中文化程度人口稳步增加。接受义务教育的人口比例明显增加。1986 年，中国颁布了《中华人民共和国义务教育法》，首次用法律的形式规定适龄儿童必须接受九年的义务教育，并提出实施义务教育不收学费、杂费。义务教育法的颁布和实施，使更多的儿童能够进入学校接受教育，完成9年学业达到初中毕业水平。2013年，中国接受义务教育的人口比例为62.6%，比1982年的53.2提高了9.4个百分点。其中小学文化程度人口比例比1982年下降了10.8个百分点，初中文化程度人口比例上升了20.2个百分点。初等教育人口比例下降，中等和高等教育人口比例上升反映了人口受教育结构正逐步向高水平位移。

人口粗文盲率显著下降。人口粗文盲率是指15岁及以上的文盲人口占总人口的比重。在全国基本普及九年义务教育和基本扫除青壮年文盲的工作开展和推进之后，中国的文盲率有了大幅下降，基本实现了"两基"的目标。2013年，中国的人口粗文盲率为3.8%，其中，男性文盲率为2.1%，女性文盲率为5.7%。中国人口粗文盲率已处于较低水平。1982年，中国文盲人口为22996万人，占总人口的22.81%，到1990年，文盲率进一步下降到15.88%，人口的受教育水平有了显著提高。20世纪90年代以来，全国开展了基本普及九年义务教育和基本扫除青壮年文盲的"两基"工作，文盲率下降幅度增大。2000年，中国15岁及以上的文盲人口为8507万人，比1990年的18003万人少了9496万人，减少幅度超过50%；文盲率下降到6.72%，首次低于10%。2010年，中国文盲人口为5466万人，比2000年又减少了3041万人，减少幅度为35.7%，文盲率下降到4.08%。数据表明，中国政府在扫盲工作上做出了极大努力，也取得了显著成果。

人口平均受教育年限稳步提高。1982年，中国6岁及以上人口平均受教育年限仅为5.2年，相当于小学五年级的水平，人口受教育程度处在较低水平。1990年，人口平均受教育年限提高了1.1年，达到6.3年，相当于小学毕业生的水平。2000年，人口平均受教育年限为7.6年，已经上升到了初中水平。2010年，人口平均受教育年限又进一步提高到8.8年，接近初中毕业水平。1990—2000年间中国人口平均受教育年限提高了1.3年，2000—2010年提高了1.2年。2013年，中国人口平均受教育年限为9.0年，达到初中毕业水平。

19.人口就业状况

改革开放以来，城乡分割的劳动力市场逐渐被打破，中国就业规模不断扩大，就业结构改善。

2013年，中国就业人数76977万人，比1978年增加了36825万人，年均增加1052万人，年均增长1.9%。城镇就业增加更快。2013年城镇就业人数38240万人，比1978年增加了28726万人，增长了4.02倍，年均增加821万人，年均增长4.1%。改革开放以来，为克服中国长期实行的"统包统配"的就业政策带来的人浮于事、效率低下的问题，政府抓住发展经济这条主线，坚持市场化的改革方向，针对不同时期就业工作的难点和特点，推出一系列的方针政策，逐步建立了市场导向的就业机制。1980年提出劳动部门介绍就业，志愿组织起来就业和自谋职业相结合的"三结合"就业方针；1986年决定改革企业用工制度，规定国有企业招工实行合同制；1995年《中华人民共和国劳动法》的实施，明确了劳动关系各主体的法律地位，在国家法律上保证了企业自主用工、个人自主择业的权利，使劳动力市场建设走上了法制化的轨道。1998年提出"劳动者自主择业、市场调节就业、政府促进就业"的新时期就业方针；2008年《中华人民共和国就业促进法》颁布，为中国实施积极的就业政策提供了法律保障。随着劳动力市场的培育和发展，劳动力流动突破城乡、地区之间的分割，劳动者与用人单位双向选择的劳动力市场供求机制基本形成，劳动力市场已成为劳动力实现就业的主要渠道。良好的经济发展环境和积极的就业政策为就业增长提供了有力保障，就业规模持续扩大，并呈现以下特点：一是非公有制单位成为就业增加的主体。改革开放前，由于限制个体私营经济发展，1978年仅有个体就业人员15万人，占全部就业人员的比例不到0.04%。改革开放以后，随着以公有制为主体多种经济并存的经济制度的确立和"三结合"就业方针的实施，中国就业管理体制和人们的就业观念发生了根本性的变化，自谋职业、自主创业成为重要的就业方式，越来越多的人进入到混合经济单位及私营个体经济单位就业，非公有制经济单位就业人数迅速增长。到2013年，中国就业的所有制结构发生了重大变化。城镇非公有制单位就业人员比例从1978年的0.2%增加到2013年的89.9%。其中，股份制经济单位就业人员从无到有，已达到1721万人，占城镇就业人员的4.5%；外商及港、澳、台投资经济单位从业人员达2963万人，占城镇就业人员的7.7%；私营个体经济从业人员达14385万人，占城镇就业人员37.6%。20世纪90年代以来，个体私营企业平均每年净增工作岗位572万个，占城镇每年新增加岗位的57.6%。非公有制经济的发展，不仅为中国经济的快速发展作出了重大贡献，也成为缓解城镇就业压力，吸纳农村富余劳动力的重要途径。二是三次产业就业结构得到明显优化。改革开放以后，中国经济发展和结构调整进一步加快，针对过去产业结构偏向重工业的情况，国家结合产业结构调整先后将发展重点转向与人民生活密切相关的轻工业、商业、饮食业、服务业以及制约国民经济发展的交通运输、邮电通讯、金融保险业等基础设施和第三产业。通过产业结构调整，积极引导有利于增加就业机会的产业和企业的发展，在增加基本建设投资，积极扩大内需，保持国民经济快速发展的同时，重视发展具有比较优势和市场潜力的劳动密集型企业，特别是就业容量比较大的服务性企业和中小企业。随着经济结构和产业结构的调整，就业人员的就业结构发生了相应变化。1978年，中国全部就业人员中，从事第一产业的28318万人，占70.5%；从事第二产业的6945万人，占17.3%；从事第三产业的4890万人，占12.2%。1994年，第三产业就业人数超过了第二产业；1997年，第二、三产业就业人数之和首次超过第一产业；2011年，第三产业就业人数超过了第一产业。到2013年，从事第一产业的人员24171万人，占31.4%；从事第二产业的人员23170万人，占30.1%；从事第三产业的人员29636万人，占38.5%。与1978年相比，第一产业下降了39.1个百分点，第二、三产业分别上升12.8和26.3个百分点。从增减的绝对量看，第一产业减少4147万人，年均下降0.5%；第二产业增加16225万人，年均增长3.5%；第三产业增加24747万人，年均增长5.3%。35年来，第一产业就业人数不断向第二、三产业转移，第三产业成为就业人数增长最快的产业。三是大量农村剩余劳动力向城镇转移。改革开放以来，中国农村劳动力流动政策经历了从限制流动到允许流动，从控制盲目流动到引导有序转移，直到实行城乡统筹就业，推动城乡劳动力市场逐步一体化的发展过程。1984年开始允许农民在自筹资金、自理口粮的条件下，进入城镇务工经商，破除了农村劳动力流动的政策限制；1993年开始实施以就业证卡管理为中心的农村劳动力跨地区流动的就业制度，改革小城镇户籍管理制度；从2000年开始，逐步取消对农民进城就业的各种不合理限制，积极推进涉及农村劳动力流动的就业、保障、户籍、教育、住房、小城镇建设等多方面的配套改革；2006年，国务院印发了《关于解决农民工问题的若干意见》，提出要消除对农民进城务工的歧视性规定和体制性障碍，逐步建立城乡统一的劳动力市场和公平竞争的就业制度；2011年，"十二五"规划纲要把加快建立城乡统一的人力资源市场，促进城乡劳动者平等就业，努力实现农民工与城镇就业人员同工同酬，提高农民工工资水平，形成城乡劳动者平等就业制度列为重要任务。1985年农村外出劳动力达到2000万人，1990年突破5000万人，2000年突破8000万人，2005年突破1亿人，达到1.26亿人，2013年达到1.66亿人。城镇就业人员比例也迅速上升，从1978年的23.7%增加到2013年的49.7%。

20.少数民族人口

中国是一个统一的多民族国家，经国家确认的民族共有56个。其中汉族人口比重最大，约占全国人口总数的92%；其他55个民族总人口偏少，约占全国总人口的8%，因此被称为少数民族。

新中国成立以来，少数民族人口总量处于不断增长的趋势。从1953年第一次全国人口普查的3532万人增长至2010年第六次人口普查的11379万人，增加了7847万人，增长了2.22倍。少数民族人口占总人口比重总体上不断上升。从1953年的6.06%升至2010年的8.49%。仅在1953年到1964年间，少数民族人口比重有所下降，从6.06%降至5.76%，随后均呈上升态势。从人口增长率来看，1982—1990年间少数民族人口增长最快，年均增长率达到3.87%，此后开始下降，2000—2010年间年均增长率仅为0.67%（参见表1）。

各少数民族人口的增长速度也有很大差异。根据 2000—2010 年少数民族人口年均增长率，将 55 个少数民族分为四类：第一类为高速增长民族，年均增长率在 2% 以上，包含 7 个少数民族，占全部少数民族人口的 0.37%；第二类为较快增长民族，年均增长率为 1%—2%，有 17 个民族，占全部少数民族人口的 28.49%；第三类为较低增长民族：有 18 个，占少数民族人口的 53.62%；第四类为负增长民族，有 13 个，占全部少数民族人口的 17.52%（参见表 2）。各少数民族人口的规模差异较大。2010 年，55 个少数民族中，壮族、回族、满族和维吾尔族的人口数均在 1000 万人以上，合计占少数民族总人口的 43.09%；人口数在 500 万—1000 万人之间的民族有苗族、彝族、土家族、藏族和蒙古族，合计占少数民族总人口的 34.82%。侗族等 9 个民族人口数在 100 万—500 万人之间，合计占少数民族总人口的 16.31%。人口数在 100 万人以下的民族共有 37 个，合计占少数民族总人口的 5.78%。

表 1　历次人口普查民族构成

年份	总人口（万人）	汉族 人口数（万人）	汉族 占总人口比重（%）	汉族 年均增长率（%）	少数民族 人口数（万人）	少数民族 占总人口比重（%）	少数民族 年均增长率（%）
1953	58260	54728	93.94		3532	6.06	
1964	69458	65456	94.24	1.64	4002	5.76	1.14
1982	100818	94088	93.32	2.04	6730	6.68	2.93
1990	113368	104248	91.96	1.29	9120	8.04	3.87
2000	126583	115940	91.59	1.03	10643	8.41	1.51
2010	133972	122593	91.51	0.56	11379	8.49	0.67

表 2　2000-2010 年中国少数民族年均人口增长率

年均增长率 (%)	民族	增长模式
>2.0	怒族、布朗族、普米族、京族、撒拉族、塔吉克族、珞巴族（7 个）	高速增长
1.0—2.0	保安族、东乡族、土族、维吾尔族、门巴族、黎族、哈萨克族、阿昌族、阿尔克孜族、藏族、赫哲族、哈尼族、德昂族、彝族、景颇族、基诺族、傈僳族（17 个）	较快增长
0—1.0	傣族、佤族、回族、拉祜族、瑶族、纳西族、鄂伦春族、苗族、裕固族、壮族、仫佬族、白族、土家族、蒙古族、水族、鄂温克族、羌族、锡伯族（18 个）	较低增长
<0	畲族、达斡尔族、俄罗斯族、侗族、满族、布依族、朝鲜族、亿佬族、毛南族、独龙族、高山族、乌兹别克族、塔塔尔族（13 个）	负增长

21. 中国人口日

1987年7月11日,世界人口达到50亿。为纪念这个特殊的日子,1990年联合国根据开发计划署理事会第36届会议的建议,决定从这一年起将每年7月11日定为"世界人口日",以唤起人们对人口问题的关注。1999年10月12日世界人口达到60亿,联合国将这一天确定为"世界60亿人口日"。

中国11亿人口日。在中国,第一个"中国人口日"出现在1989年。据国家统计局测算,1989年4月14日中国大陆总人口达到11亿。为了进一步引起全党和全国人民对人口问题的高度重视,经国务院批准,将1989年4月14日定为"中国11亿人口日",并在全国范围内举办"中国11亿人口日"活动。1989年3月22日,中共中央宣传部、国家计生委、国家统计局联合发出了《关于开展"11亿人口日"宣传活动的通知》,要求全国各地积极动员并组织社会各方面力量和舆论工具,广泛深入地开展"11亿人口日"宣传活动,以提高各级干部和群众对控制人口增长的重要性和紧迫性的认识,推动计划生育工作的深入开展。4月13日下午,首都各界代表在人民大会堂隆重举行"中国11亿人口日大会"。中共中央政治局委员、国家主席杨尚昆,中共中央政治局委员、国务院副总理田纪云,中共中央政治局委员、国务委员李铁映,全国人大常委会副委员长周谷城,全国政协副主席杨静仁、钱正英,中顾委常委王首道以及中共中央、国务院有关部委、各群众团体的负责人出席了大会。田纪云代表党中央、国务院就中国的人口形势、解决人口问题的迫切性以及怎样做好计划生育工作做了重要讲话。讲话指出,计划生育工作是一项综合性的难度很大的工作。因此,各级党委和政府主要领导人都要亲自抓这项工作,并实行责任制。要坚定不移地、认真地、全面地贯彻执行现行的计划生育政策。要把这项工作逐步纳入法制轨道。要实行综合治理,所有部门和群众团体都要把贯彻计划生育政策作为自己责无旁贷的任务。通过"中国11亿人口日"宣传活动,人口形势严峻的警钟震荡在中国大地上,教育了广大干部群众,使人们进一步增强了人口忧患意识,提高了控制人口增长的紧迫感和责任感。

中国第12亿人口日。1995年2月15日零时,中国第12亿个公民出生了,"12亿人口日"(不含港澳台地区)推迟了九年才来到,是中国人口发展史上的一件大事,1995年中国妇女生育率已持续下降到更低水平,年出生人数降到2100多万,净增人数降到1300多万。1995年2月14日,国家计划生育委员会、国家计委、国家统计局、国家环保局、中共中央宣传部、全国总工会、共青团中央、全国妇联和北京市人民政府等9个单位在北京联合召开"中国12亿人口日"大会。大会由国务委员、国家计划生育委员会主任彭珮云主持，国务院副总理邹家华代表党中央、国务院做了重要讲话。邹家华在讲话中指出，中国 12 亿人口的到来，既是对人口控制工作取得成绩的一种肯定，也是为继续抓紧抓好计划生育工作敲响了警钟。人口问题是制约中国经济发展、影响人民生活水平进一步提高的重要问题。能否有效地解决好人口问题，不仅直接关系到中国社会主义现代化建设第二步战略目标的实现，而且对下个世纪中国的人口状况，对能不能实现可持续的发展，为子孙后代提供一个良好的生存与发展的环境都具有重大的影响。只有积极稳妥地解决好人口问题，才能有利于经济和社会的发展。同时，只有经济和社会的发展，才能从根本上解决人口问题。因此，制定科学的、合理的人口政策和人口计划应当成为中国经济社会发展战略的重要组成部分。

中国 13 亿人口日。2005 年 1 月 6 日，中国大陆总人口达到 13 亿（不含港澳台地区）。因此这一天被定为"中国 13 亿人口日"。由于中国控制人口和实行计划生育，使世界 60 亿人口日和中国 13 亿人口日的到来各推迟了 4 年。控制人口和实行计划生育，不仅为中国创造了良好的人口环境，实现了人口再生产类型由高出生率、低死亡率、高增长率向低出生率、低死亡率、低增长率的历史性转变，也促使世界 60 亿人口日（1995 年）推迟了 4 年到来。经过 30 多年的艰苦努力，中国的人口总和生育率从 20 世纪 70 年代初的 5.8% 下降到 2005 年的 1.8% 左右。国家人口计生委主任张维庆在中国 13 亿人口日电视电话会上说，在今后几十年，人口总体素质不高、流动人口规模庞大、出生人口性别比持续升高、贫困人口脱贫困难、艾滋病及其他传染性疾病滋长蔓延等五大难点将相互叠加。同时还要面对四大压力，即就业人口对经济承载的压力，贫富差距对社会承载的压力，生产生活方式对资源承载的压力，人口总量对环境承载的压力。人口和计划生育工作既面临稳定低生育水平的艰巨任务，又要统筹解决人口素质、结构和分布等方面的突出矛盾和问题。13 亿人口，是中国前所未有的人口规模，人口和计划生育工作面临着新的严峻挑战。中国目前正处在人口低增长率高增长量并存的时期，人口规模庞大的基本国情还没有改变，低生育水平并不稳定，出生人口性别比持续升高，流动人口、老龄人口将进入高峰期，劳动力人口剧增给就业增添了明显压力。

三、社会发展统计

1.综合社会统计的发展

综合社会统计，是通过建立科学的指标体系和合理的结构框架，在各部门、各专业统计调查基础之上，对相关资料进行收集、整理、开发、提供的过程。

中国改革开放以来，国家统计局的综合社会统计在完善内容、创新方法、加强分析、开发数据和提高服务水平方面做出了持续努力，取得了显著成就。

一、与相关部门建立统计工作协调机制

社会统计涵盖范围非常广泛。中国的社会统计体制由政府综合统计和政府部门统计两部分组成。

1980年，国家统计局增设社会统计组。1981年9月22日，创建社会统计司。国务院各相关部门的统计工作也相继恢复、建立、完善，各项常规统计调查逐步展开。国家统计局社会统计司陆续与各相关部门统计机构建立起了常规的工作联系机制。经过30余年的发展，这种工作机制对加强社会统计起到了重要的协调和推动作用，工作基础和工作规范化程度大大加强。目前包括在社会统计常规工作机制中的机构主要有：最高人民法院和最高人民检察院，教育部、公安部、民政部、司法部、人力资源和社会保障部、环境保护部、文化部、国家卫生和计划生育委员会、国家新闻出版广电总局、国家体育总局、国家文物局、国家档案局等国务院部门，以及中华全国总工会、中华全国妇女联合会、中国残疾人联合会等国家级群众团体。这些部门和机构都承担着本系统或行政管辖权范围内的统计工作，统计基础不断加强，内容和方法不断充实完善，定期向国家统计局提供统计资料，并在统计工作上与国家统计局有着全方位的合作。

二、以指标体系推动综合社会统计

1983年，国家统计局研究建立了《社会统计指标体系（试行）》，收集、整理、编辑统计资料，深化社会统计的分析研究。通过科学合理的指标框架，综合社会统计在社会发展决策中的价值得以充分体现，并对完善社会统计内容，加强数据利用和统计分析起到积极的推动及引导作用。

国家统计局利用指标体系框架分析梳理社会统计的主要内容、基本指标和数据来源，完善了社会统计数据的整理开发、深度加工和编辑应用。社会统计指标体系的建立也推动了社会统计调查在中国的发展。

各部门统计工作也加强了对指标体系的研究，起到了使统计内容更加科学、合理、规范，统计信息得到更加有效利用的作用。

三、开展专项调查，满足决策需要

为完善综合社会统计内容，国家统计局开展了多项社会统计专项调查。

（一）20世纪80—90年代，与联合国儿童基金会合作，开展了多轮中国儿童情况抽样调查。

（二）从20世纪80年代后期起，开展了不同主题的主观意向调查，包括1987年的精神文明建设情况问卷调查、1988年的关于政治体制改革的职工问卷调查、1990年的职工问卷调查、1991年起关于行业风气的系列问卷调查（与国务院纠正行业不正之风办公室合作开展）、2001年起的群众安全感调查（受公安部委托）。

（三）2005年，受教育部委托，开展了中小学生学习生活状况调查。

（四）2005年开展了时间利用试调查。2008年开展了中国首次时间利用抽样调查。

为更好地服务于行业管理需要，各部门也开展了很多专项调查，如国家卫生服务调查、残疾人情况调查、体育场地普查等。这些调查补充了常规统计内容的不足，也为综合社会统计提供了丰富的信息来源。

四、综合社会统计内容不断拓展创新

在常规社会统计的基础上，相继开创、建立的综合社会统计工作有性别统计、环境综合统计和文化产业统计，建立了《中国妇女发展纲要》和《中国儿童发展纲要》执行情况的统计监测工作，开拓了健康服务业统计和政府基本公共服务统计的研究。这些统计工作的共同特点是，通过建立多部门或多专业合作的工作机制，研究建立指标体系，加强对相关统计资料的调查、收集、整理、编辑和利用，形成专门的数据资料库或资料集，以满足数据使用、研究和决策的需要。

五、不断推动改革，加强基础建设

1994年，国家统计局社会统计司和科技统计司合并为社会与科技统计司。1998年，与人口司合并组建了人口和社会科技统计司。

1996年，国家统计局印发《"九五"社会综合统计改革总体方案》。

2003年，国家统计局对中国社会统计主要领域发展状况和国际发展趋势进行研究分析，提出了加强社会统计的建议。

2005年，国家统计局加强了社会统计的机构设置和人员力量，通过拓展新的业务工作，完善了统计领域，丰富了统计信息，提高了调查分析能力，培养了专业人才，加强了部门合作，使综合社会统计水平得到新的提升。

2011年9月，国家统计局增设社会科技和文化产业统计司，正式建立文化产业统计工作。

2012年以来，国家统计局的综合社会统计工作重点抓强化基础和规范，一是开始了新的社会统计指标体系研究，二是着手建立综合社会统计数据库，三是统一规范对各部门的社会统计综合报表制度，为在新形势下提供优质的统计服务打造了更加坚实的平台。

六、综合社会统计服务

改革开放以来，中国社会统计覆盖的范围越来越广，数据资料越来越丰富，提供的内容越来越全面，渠道越来越便捷多样。国家统计局的《中国统计年鉴》、《中国统计摘要》、《中国统计提要》、《中国发展报告》等出版物中，社会统计数据占有相当篇幅，涵盖了相关部门和专业统计中最主要的统计信息，展示了中国社会发展的基本情况。这些数据也可以通过国家统计局官方网站查找和下载，大大方便了统计用户。中国统计信息网历史数据的加载也在抓紧进行。

政府各部门的统计资料均通过统计年鉴及官方网站等形式向社会公众提供数据服务，内容不断充实，及时性不断改进，方便性不断增强。

综合社会统计资料的编辑出版也已形成了产品系列，包括《中国社会统计年鉴》系列、《中国妇女儿童统计资料》系列和《中国文化产业统计年鉴》系列等，以及配套的各种小册子和专题信息等，受到用户好评。

2.社会统计指标体系和社会发展综合指数

社会统计指标体系和社会发展综合指数较多应用于复杂且涉及领域广泛的社会发展宏观问题研究。

指标体系是目前国内外广泛使用的方法，一般是指为了一个明确的研究分析目的，选择与研究目的相关性较强的指标，组织集合在一个框架结构之中。通过对这些特定指标的分析观察，得出研究结论。绝大多数指标体系的建立是以统计指标和统计数据为基础的。

反映社会发展的统计指标众多，涉及社会生活的各方面。为达到全面、清晰、直观地反映社会发展全貌，需要选择最有代表性的指标，构建指标体系。通过对这些关键指标统计数据的对比分析，反映社会发展的总体状况和发展趋势。由于指标的选择直接影响到研究成果，因此指标构架的科学合理性十分重要，并被认为对社会发展政策起到一定的导向作用。

一、社会统计指标体系的研究应用

1975 年，联合国推出《建立社会和人口统计体系》，探讨了社会指标体系的意义和作用，对各国相关研究起到了推动作用。其在 4 个方面强调了体系是有机整体的特性，目的是反映社会发展的总体状况。

联合国为推动在跨入 21 世纪的过程中实现全球更好的发展，设定了千年发展目标指标体系，包括 8 个领域、18 个项目，全面覆盖当今社会最需要发展的领域和最亟待解决的问题，选定了 48 项反映社会发展整体状况最具代表性的指标。千年发展目标的基期和目标期分别为 1990 年和 2015 年，跨越 1/4 个世纪。通过这些指标的年度变化，反映出改善全球社会发展状况的进程和差距。联合国各成员国为千年发展目标在本国的推进作出了承诺。

中国自改革开放以来，社会发展和群众福祉成为国家发展政策的重要关注点，以宏观社会发展状况和发展进程为研究目的的各种社会发展指标体系的研究很多，其中包括国家统计局的社会统计指标体系和全面建设小康社会进程统计监测指标体系、中国社会科学院的社会发展与社会指标研究、国务院发展研究中心的科学发展指标体系等，都是国内较有影响力的研究成果。

20 世纪 80 年代中期起，除综合社会统计指标体系外，中国基于不同研究目的的专题指标体系也有较多的发展。政府部门为改善行政管理和公共服务而开展的统计指标体系研究也比较多，如教育监测与评价统计指标体系、卫生统计指标体系、公安统计指标体系、民政统计指标体系、环境统计指标体系等。

二、社会统计指标体系的内容和指标选取

综合社会统计指标体系的结构框架和指标选取，与国家发展水平、发展阶段及发展政策密切相关。改革开放以来，从最初关注基本生活需求，消除贫困，解决温饱，普及基础教育、基本卫生服务和社会保障，到进入 21 世纪后更多地立足于科学发展观，关注更高层次的生活质量，完善政府公共服务，追求全面协调可持续发展，社会指标体系在服务于国家发展战略和发展目标过程中不断调整完善。例如，学龄儿童入学率、义务教育入学率、初中毕业生升学率、高等教育普及率分别代表教育发展的不同阶段；新型农村合作医疗、最低生活保障制度、空气质量等指标，都随着社会发展政策的完善而被纳入社会统计指标体系；而基于中国国情，人口规模、城乡差距、环境状况等问题一直是中国社会发展指标体系的重要关注点。

指标的选取也与研究目的有关。从统计角度说，指标必须是可以通过统计调查获得数据的，并且以现行统计可提供的内容为主。但其中也有两种不同的考虑。一是以梳理统计指标，规范统计架构，推动统计完善为主要目的，涉及的领域会尽量全面，选取的指标比较多，例如国家统计局的综合社会统计指标体系，设计了15个领域，选取了1000多个指标，其中30%是需要建立统计调查予以完善的；二是以定期反映发展进程为主要目的，一般仅选择比较重要的发展领域及其中的核心指标，除特别有必要，不选取没有数据来源的指标，如国家统计局开展社会发展水平综合评价的指标体系和全面建设小康社会进程统计监测指标体系。

三、社会发展综合指数

运用指标体系反映发展的方法很多，综合指数法是其中应用较多的一种。

相对于GDP在经济发展统计中的核心地位，社会发展统计存在涉及范围众多，但缺乏能够反映整体发展状况的权威指标的问题。为解决这一统计难题，综合指数得到广泛应用，目的是使复杂的社会发展状况和趋势变得在总体上可量化、可评估、可比较，是开展社会发展研究分析的有效手段。

以社会发展指标体系为基础的综合指数，是指通过既定的运算方法，去掉体系内各指标的具体特性，统一转换成只代表一定水平或程度的纯数值，再将这些数值根据需要进行汇总，得出分项、分层指数或总指数，以代表总体或不同领域的发展水平或程度，进行动态的发展进程比较和静态的区域水平比较，起到简明直观的作用。

由于需要通过运算，将代表一定社会现象的指标变成抽象的数值，因此指标和权重是综合指数运算的关键。选择指标，既要考虑到指标的重要性和代表性，又要保证数据可得；对于不同重要性的指标，通过分配不同的权重，使其在指数运算中的影响程度不同，对提高综合指数的科学性、合理性和客观性至关重要。

3.编制社会统计指标体系

1982年9月，国家统计局将研究编制社会统计指标体系作为重点工作，翌年8月提交全国统计工作会议审查通过。此后，多本社会统计资料依据指标体系的框架编辑出版，数据得到更好的开拓应用。

一、研究背景

联合国统计司以其对社会统计及指标的10余年研究，1975年推出《社会和人口统计框架》，1978年出版《社会指标指南（试行）》，1979年出版《发展中国家社会统计的改进：概念、体系和方法》。同时，由于20世纪60年代社会指标运动的兴起，很多经济发达国家纷纷研究建立了本国的社会统计指标。

1982年9月，中国共产党第十二次全国代表大会提出，在建设高度物质文明的同时，一定要努力建设高度的社会主义精神文明。国务院在编制《中华人民共和国国民经济和社会发展第六个五年计划》时，首次将社会发展写在国家五年发展计划的标题中。

由此，中国国家统计局着手开展社会统计指标体系研究和编制。

二、编制思路

编制工作以国家"六五"发展计划为基础，借鉴联合国和其他国家已有经验，广泛征求各部委、学者、专家等方面意见，确定了立足中国情况，结合统计工作体制，反映社会发展现状，满足社会发展研究和决策需要的基本指导思想和原则。

范围。社会统计指标体系的设计基本不包括物质生产活动等经济领域的统计指标，与经济统计指标体系既有联系又相对独立。

内容。从社会生活的角度出发，以社会条件、社会结构、人民生活、民主法制为主线排序，并将社会关系穿插其中。

指标。在各相关专业统计的基础上，选出反映社会发展不同侧面的核心指标，科学合理地组织并构架成有机整体，而不是指标的简单罗列。

完整性。将重要但尚无统计来源的指标选用在体系中，既不使整体性有缺失，又能使统计内容更加科学、完善。

三、框架结构

社会统计指标体系分13大类，73个中类，选取了1100多个指标。结构如下：

表1 社会统计指标体系

大类	中类
自然环境	国土面积 人口密度 矿产资源 气候条件 城市面积 行政区划
人口与家庭	人口规模 人口构成 人口出生死亡 人口迁移 婚姻家庭 计划生育

续表

大类	中类
劳动	劳动力资源利用 社会劳动者构成 劳动条件 工时利用
居民收入与消费	居民收入 消费支出 城乡居民储蓄存款 个人消费总额占消费总额的比重 劳动收入与劳动生产率对比
劳动保险与社会福利	劳动保险 社会救济 社会福利 劳动保险、社会救济、社会福利费用占国民收入中消费总额的比重
住房与生活服务	居住面积 居住质量 住房所有权 住房投资情况 商业、饮食业、服务业的情况 交通运输 公用事业
教育与培训	教育设施 师资状况 教育普及程度 专门人才培养 在校学生情况 教育经费 少数民族教育
科学研究	科学研究机构 科学研究人员 科研成果 学术交流活动情况 科研经费
卫生与环境保护	医疗预防条件 医疗预防活动 营养与健康 少数民族医疗预防 环境保护 卫生与环保经费

续表

大类	中类
文化与体育	居民文体活动条件 居民文体活动 文体事业成就 书刊出版情况 民族文化体育 文体事业经费
生活时间分配	平均用于工作和上下班路途的时间 平均用于个人生活必需时间 平均用于家务劳动时间 平均用于自由支配时间
社会秩序与安全	司法工作人员数 律师公证的情况 人民调解的情况 社会治安情况 青少年违法犯罪及对失足青少年的教育情况 劳动教养情况 社会收容、遣送情况 各种非正常死亡情况
政治活动和社会活动参与	政治活动参与情况 工会活动 共青团活动 妇联活动 其他

体系规定了指标分组、计算方法、资料来源和备注说明。以△标出比较重要的指标。

指标分组。根据分析需要，分别列出每个指标的分组，如地区、城乡、性别、年龄等。有的按城市规模、机构所有制、人员职业和民族等分组。

计算方法。对需要进行计算的指标，明确计算所用的数据和方法，主要为人均指标、指数指标和比重指标。

资料来源。明确了每一指标的资料来源，即产生统计数据的具体部门和具体统计制度。对未开展统计或调查的指标，则明确尚无资料来源。

备注栏对指标做补充说明，主要是对相应统计调查中重要规定或限制，如应用标准、统计范围的提示。对某些无资料来源的指标，亦提出如何完善的建议。

体系中 70% 的指标，选自中国国家统计局和相关政府部门已有的统计报表，另 30% 的指标需加工估算，或在补充调查中获得数据。

1989 年，国家统计局对指标体系进行了第一次修订，扩展为 15 大领域。

四、作用和意义

编制社会统计指标体系，是当时全球统计界的新课题。虽无统一概念和定义，但研究的作用和意义显而易见。无论是经济相对富足的发达国家，还是仍极力追逐经济增长的发展中国家，物质财富增加并不必然带来社会发展水平提高已逐步成为全球共识。需要通过科学的社会统计指标体系，反映社会各方面发展，以及是否与经济协调发展的状态。

社会统计是相对于经济统计而言的。为厘清所研究领域的不同，社会统计指标体系以不包括经济统计指标为原则。但经济发展和社会发展有着千丝万缕的联系，不可能截然分开。将一些经济统计指标纳入社会统计指标体系，体现的是这些经济指标在社会发展方面的意义：有些用来反映基本国情国力，有些用来反映人们生活质量的改善。

社会统计指标体系的范围是与社会统计概念相联系的。社会统计有较长的历史，根据发展阶段的不同，社会统计的内容也有所不同。改革开放以后，中国已相继建立或恢复了人口、环保、劳动工资、人民生活、科学、教育、文化、卫生、体育、社会保障、社会治安等各项社会统计，从不同角度反映了社会发展。编制社会统计指标体系，选择各项统计中直接反映发展成果或进程的核心指标进行有机整合，力图集中、全面地反映一定历史条件下的社会发展面貌。

通过建立社会统计指标体系，中国社会统计得到了促进和加强，先后出版了多种社会统计资料，启动了多项社会统计调查，带动了多领域指标体系研制和统计制度改善，开展了社会发展水平综合评价，推动了社会统计的国际对比指标研究。

4.开展社会发展水平综合评价

1991年10月，中国国家统计局发出通知，开展全国和各省（区、市）的社会发展水平评价工作。截至2012年，国家统计局每年开展此项工作。

一、1991年建立试行评价方案

（一）评价方案

国家统计局的社会发展水平综合评价研究始于20世纪80年代后期，在研究借鉴国内外社会统计发展理论和社会统计指标体系的基础上，完成了《我国地区间社会发展水平评价方案（试行）》。

1.评价内容及结构

评价内容的主体为10个领域和4个方面交叉的二维结构框架，选取环境、人口、经济基础、居民生活、劳动就业、社会保障、卫生保健、教育科技、文化体育和社会治安等社会发展的10个重要领域，而存量、质量、结构、变动度4个方面分别代表投入和现有能力状况、发展水平和效能、重要的比例关系和发展速度。在每一领域和方面的交叉点上，选用最具代表性特征的统计指标，总共包括 135 个统计指标。权重是根据领域和方面的重要性来确定的，总权重为 100%。

2. 评价方法

方案设计为多级综合方法，将统计指标数值转换为代表水平的指数。其步骤，先用基本统计指标得出方案设计的评价指标，再将评价指标通过标准化转化并进行加权得到单项指数，然后逐项加总得出领域指数或方面指数，最终合计为总指数。

计算中还要区分评价指标的方向性，正向指标（+）如学龄儿童入学率，指标值越大计算出的指数值越大，负向指标（—）如婴儿死亡率，指标值越大计算出的指数值越小。

3. 评价形式

方案规定的基本评价是分别对全国和省级各地区社会发展水平指数进行评价和比较，分别计算 1990 年和 1991 年两年全国和各地区的领域指数、方面指数和总指数。对地区指数进行排序，反映地区间发展水平的差距，并通过 1991 年与 1990 年结果的比较，以指数的年度间变动反映发展速度。

根据测算结果，还可以对特定领域和相互关系进行更多的分析和评价。

（二）主要评价结果

1993 年初，国家统计局公布了 1990 年和 1991 年的评价结果，这是中国官方统计首次进行的社会发展水平综合评价，引起了社会的热烈反响，国内各大新闻媒体给予转载和评论。

评价结果显示，以 1990 年全国指数为基期，指数值为 100，中国 1991 年社会发展水平指数为 110，比 1990 年提高了 10%，年度间发展较快的领域为环境、科技教育、经济和居民生活 4 个领域。分地区看，指数高于全国平均水平的 14 个地区全部为东、中部地区，其中除北京、上海、天津三个直辖市分别以 187、174 和 168 位居前三名外，其他沿海地区又占了 8 席；但低于全国平均水平的地区，相互之间总体差异不大，绝大多数的发展指数在 90 以上。

国家统计局在对评价结果的说明中指出，社会发展水平，是历史、自然、现实多重因素交互作用、地区间相互影响的结果，因此，并不能以排序为宗旨，而应着重分析总水平变化的原因、特点和问题，从各地区实际出发，发挥优势，克服薄弱环节，促进社会全面协调发展。

二、评价方案的修订

根据社会发展需要，国家统计局对评价方案进行了多次修订和完善，2007 年最后一次修订，其评价内容由"人口发展"、"生活水平"、"公共服务"和"社会和谐"四个领域组成，选用了 30 个评价指标。指标的调整也适应了社会发展的新形势。例如，在义务教育已经普及的情况下,反映教育的指标不再使用最初的"学龄儿童入学率",而使用了"大专以上人口比重"和"人均受教育年限"。

新方案的指数计算方法基本沿用原方案,但对指标的权重和计算基数进行了调整。

2007年方案增加了对各地区发展水平的聚类分层分析。方法是根据特定需要设定聚类的层数,通过对各地区数据离差平方和的计算,对发展特征近似的地区进行归类,对聚类的结果进行分析。这一方法的目的是在进行地区间发展水平指数比较的同时,进一步研究分析各地区之间发展特征的异同。

2007年的评价以2005年为基期,全国总指数计算结果为122,年均增长10.5%。四个领域,生活水平指数139,公共服务指数129,社会和谐指数114,人口发展指数107。2007年社会发展水平的地区差异系数为28.2,与2005年的29.6相比,反映地区差异略有缩小;分领域看,地区差异最大的是生活水平领域,最小的为公共服务领域。而从发展指数的增长速度看,呈现出中、西部地区和东北部地区快于东部地区的态势。

三、组织实施及意义

(一)评价工作的组织实施

1991年10月,国家统计局首次印发《关于布置〈我国地区间社会发展水平评价方案(试行)〉的通知》,其附件"社会发展水平基本情况"调查表,包含112项基本统计指标、指标解释及填报说明,由各省(区、市)统计局负责收集1990年和1991年两年的数据并上报。国家统计局根据社会发展水平基本情况表收集的数据,按照方案规定的方法进行了数据处理和指数计算,于1992年底前完成了测算工作。此后,国家统计局每年印发通知布置工作,通过各地区收集上报的相关统计数据,对全国和各地区综合社会发展水平进行评价。

从2002年开始,国家统计局和国家发展改革委共同发文开展此项工作,并将评价结果下发各地区统计局和国家发展与改革委员会,作为各地区进行社会发展研究分析和决策的重要参考依据。

2007年对评价方案再次进行修订。此后根据新方案对2005—2008年的总指数和领域指数进行了测算。

2009年,国家统计局将1995年以来的评价结果、相关文件和数据编辑成《社会发展水平综合评价资料汇编》,以方便有关人员参考使用。

2012年,因与全面建设小康社会进程统计监测的内容存在较多重复,且小康监测工作更加贴近决策目标,国家统计局停止了社会发展水平综合评价工作。

(二)社会发展评价的作用和意义

社会发展水平综合评价,是社会统计指标体系的实践应用,旨在通过主要的统计指标，直观地反映全国及各省（区、市）社会发展的整体状况。评价工作的建立，摆脱了仅以 GDP 等单纯经济指标衡量中国各地区发展水平的局面，得到有关部门和相关研究机构的高度关注和好评。社会各界普遍认为，评价工作的开展有利于引起各级政府对社会发展问题的重视，促进社会经济全面协调发展。一些政府部门的同类研究，吸收借鉴了其中的思路和方法。

在国家方案实施的过程中，全国半数以上地区的统计机构陆续根据实际情况开展了本地区的社会发展水平评价工作，收到了很好效果，受到了地方党委政府的高度重视。

（三）正确认识和使用综合评价方法

综合指数评价方法是用有限的指标反映社会发展的复杂问题，既存在必要性，也存在局限性。好的综合评价方法，主要体现在结构的设计、指标的选取和方法的规定，要求具有简明、正确、直观地反映宏观发展水平、发展结构和发展趋势的优势。但具体的方法并没有通用的标准。即使对同样的评价对象，任意两种评价方法产生的结果都不可比，关键是各评价方法本身必须统一连贯，能合理反映基本趋势，而不是拘泥于指数值的精确程度。对评价结果的深入研究，不能只针对指数值，必须结合基础指标反映的社会问题和社会现象进行具体分析。

5. "九五"社会综合统计改革方案

1996 年 3 月 17 日，八届全国人大四次会议批准的《中华人民共和国国民经济和社会发展"九五"计划和 2010 年远景目标纲要》明确提出，必须把社会全面发展放在重要战略地位，实现经济与社会相互协调和可持续发展。9 月 3 日，中国国家统计局向各省（区、市）统计局发出《关于印发〈"九五"社会综合统计改革总体方案〉的通知》，要求结合本地区情况研究贯彻落实，在"九五"计划期间，采取有效措施，提高社会统计在社会发展方面的整体功能。

一、改革方案的建立背景

在国家统计改革与发展总体规划指导下，社会统计工作在国家"八五"计划期间取得了长足的进步，为各级党委政府和社会各界提供了大量社会统计信息。同时社会统计改革也取得了初步成果，主要表现在开展了社会发展水平综合评价工作、《中国儿童发展纲要》贯彻实施的统计监测工作，开拓了社会统计的国际合作新领域，进行了中国儿童情况抽样调查，启动了性别统计研究和资料收集。综合社会统计由此前单纯收集相关部门的统计数据，转向与社会统计调查、社会发展目标监测相结合，建立起了社会领域综合统计的基本框架。

但是，由于历史原因和社会统计的特点，社会统计基础薄弱，社会领域指标定量困难，统计内容、方法和手段与国际上社会统计快速发展的局面存在着较大差距，与国家迈向新世纪的发展蓝图不相适应。

二、改革方案的主要内容

（一）改革的指导思想与基本目标

以邓小平建设有中国特色的社会主义理论为指导，以为实施可持续发展战略提供优质统计服务为宗旨，遵循全国统计"四化"的发展战略，建立和完善社会各专业统计、重点社会发展领域目标监测和社会核算相结合的，具有中国特色、能够进行国际比较研究的社会综合统计体系，提高社会统计的整体功能。

（二）改革内容

改革内容主要有四个方面，一是完善社会发展水平综合评价工作，加强理论研究，扩大覆盖领域，改进资料收集，完善指标和评价办法，使结果更加客观、全面、科学，着手试编社会发展指数；二是在开展《中国儿童发展纲要》监测的基础上，建立《中国妇女发展纲要》监测，扩大重点社会发展领域的统计监测内容，形成完善的主要发展目标监测体系，发挥统计在社会发展领域的监督功能；三是建立社会统计综合数据库，以提高统计资料提供的及时性和规范性；研究社会发展领域的国际和地区比较办法，提高社会统计综合分析水平；四是完善服务业财务统计报表制度，扩大财务统计范围，规范调查单位和调查内容，改进调查方法，提高规范化程度和数据质量。

（三）改革措施

为达到改革目标，方案提出的措施包括：推进以合作促发展，以项目带建设，以监测上水平的工作路线，建立更加完善的数据收集渠道，强化信息、咨询和服务功能；加强综合统计协调职能，从完善社会综合统计入手，强化部门合作，组织相关部门开展重点社会发展领域和目标监测工作；组建全国社会统计学会，形成强有力的智力支持，加强社会统计理论和方法研究，探讨社会可持续发展监测评价模型，研究国际比较方法；加强社会综合统计工作的领导，做好组织协调工作，强化社会统计队伍建设；提高社会统计的综合分析和产出能力，出版社会发展报告和资料集。

6.综合社会统计资料的编辑出版

将统计调查收集到的数据进行加工整理，按照一定的主题思路和章节结构编辑成册，方便用户查找和使用，是提供统计服务的主要手段之一。

在中国国家统计局各种综合统计资料出版物中，社会统计都占有相当大的篇幅，如《中国统计年鉴》、《中国统计摘要》、《中国统计提要》、《中国发展报告》等。除此之外，国家统计局和各相关部门每年还有多本社会统计资料编辑出版。

国家统计局编辑的社会统计资料，大致可以分为两类，一类是尽量全面包括社会统计各个方面内容的综合统计资料，另一类是侧重于反映一个专业或一个主题的专题统计资料。现代技术使统计资料的提供更加细化，服务更加快速便捷，通过网络和其他数字化手段提供的社会统计资料服务越来越丰富。

一、综合社会统计资料编辑

（一）《中国社会统计资料》

国家统计局从1985年编辑出版了第一本《中国社会统计资料》，到2000年为止，这一系列共出版了5册。

编辑《中国社会统计资料》是中国改革开放以后社会统计工作的一大突破。此书是中国第一本全面系统地反映社会发展面貌的统计资料集，也是中国首次以社会统计指标体系为基础编辑出版的统计数据集。从内容的确定到资料的收集，按照指标体系构建的社会发展各领域之间的相互联系和逻辑关系，对分散、独立的各部门各专业的统计资料进行整理加工，精心编排。在方便用户使用的同时，反映出了综合社会统计诠释和分析社会发展的独特价值。

（二）《中国社会统计年鉴》

从2006年开始，国家统计局将此前不定期编辑的《中国社会统计资料》改版为《中国社会统计年鉴》，每年以中英文双语编辑出版。为方便用户，与其配套、轻便易查的《社会统计简明资料》（中英文）小册子也每年编制印发。

（三）《中国社会发展资料》

1992年出版的这本资料集，以"七五"计划期间的统计数据为主，首次结合使用主观调查、常规统计和国际比较的结果，是对中国社会发展状况进行全方位综合定量分析的一次大胆尝试。与其他资料集的不同还在于，此书的编者对纳入的统计数据进行了简明分析，以此阐释体系的完整思路和框架，及对社会发展各领域和指标之间综合关系的研究探索。

二、专题统计资料编辑

（一）《中国社会中的女人和男人》

这是配合中国建立性别统计工作而编辑的小册子，分中英文两种版本，其特点是所有统计资料都分性别提供，配有简明直观的统计图表和文字说明，面向普通读者，通俗易懂，在宣传和推动男女平等方面发挥了重要作用。

1995年，第四次世界妇女大会在北京召开之际，首次编辑出版发行的第一册，引起了较大反响。1999年、2004年、2007年和2012年再编，对数据资料和内容进行了更新和补充。2012年版包括性别统计主要的9个领域和分地区的主要指标，使用了相关部门和专业的年度统计、历次人口普查和抽样调查、国家卫生服务调查、中国妇女社会地位调查、国民体质监测公报等丰富的数据资料，揭示了当代中国社会生活中存在的性别差异。这本资料的首次编辑得到了联合国妇女基金的帮助，目前这项工作得到联合国人口基金的资助。

（二）《中国环境统计年鉴》

2005年起编辑出版的《中国环境统计年鉴》，是在1998年编辑的《中国环境统计资料》和此后的《中国环境统计概要》的基础上，由国家统计局与环境保护部合作编辑出版的中英文双语统计年鉴。年鉴将自然资源、生态环境、自然灾害、城乡生活环境、废弃物排放、环境事故、环境保护与投资等来自多部门、多专业统计调查的相关资料整理汇编，并包括了历史主要年份的数据、分地区数据和国外资料对比等，全面反映了当前经济社会发展中备受关注的资源、生态、环境等相关问题的总体概况和发展趋势。

（三）《中国妇女儿童状况统计资料》

自2008年起每年编辑印发的这本统计资料集，全面系统地收集整理了反映中国妇女儿童发展状况的统计资料。内容包括人口、卫生保健、教育、就业、社会保障、社会服务、社会参与、科技、体育、法律保护、社会和生活环境等各方面的数据、主要年份的历史资料和分地区资料，并附有主要统计指标解释。书中也编辑了世界主要国家和地区的相关指标数据。使用的国内数据来自于国务院妇女儿童工作委员会成员单位和其他相关单位等近20个部门提供的统计年报和统计年鉴数据、国家统计局的相关统计资料、各地区妇女儿童状况综合统计年报，以及各专项调查资料。联合国人口基金和联合国儿童基金会也是此书编辑的合作单位。

（四）《中国人的生活时间分配》

这是2008年中国官方首次时间利用抽样调查数据的摘要汇编，以中英文双语出版。书中简要介绍了此次时间利用调查的情况、数据结构、主要指标及使用说明，编辑摘要了调查对象的基本情况，展示了中国居民24小时各种活动分布的模式，按性别、年龄、职业等个人特征分组的各类活动平均时间。居民用于各种活动的三个主要结果指标是平均时间、参与率及参与者的平均时间。摘要还编入了国际对比资料和2008年调查的活动分类说明。用于时间利用调查的活动类别，主要分为个人生理需要（如吃饭、睡觉、个人卫生）、有酬劳动（如工作、家庭生产经营）、无酬劳动（如家务劳动、帮助别人）、学习培训、休闲娱乐等大类。

（五）《中国文化及相关产业统计年鉴》

由国家统计局与中宣部共同合作，从2013年起出版。年鉴的内容分为经济和社会发展、文化及相关产业发展、文化及相关产业法人单位、主要文化行业发展和主要国家（地区）统计资料五个部分，包括文化产业发展的主要统计指标和行业构成、固定资产投资、居民家庭文化娱乐消费、文化产品进出口、法人单位基本情况和科技活动情况、主要行业的业务活动、公共服务和管理经营情况等，通过收集整理相关统计调查数据编辑而成，全面反映我国文化及相关产业的发展。书中附录收录了主要统计指标解释、文化及相关产业统计的分类标准等，以方便读者阅读和理解。年鉴内容丰富，数据来源众多，参与编辑的部门包括工业和信息化部、民政部、财政部、住房和城乡建设部、商务部、文化部、国家工商总局、国家新闻出版广电总局和国家档案局。从 2012 年开始编辑的《文化及相关产业统计概览》小册子，是与之配套的指标数据摘要。

7. 社会统计的信息化发展

统计信息化发端于 20 世纪 80 年代中期个人电脑在日常统计工作中的应用。30 年间，随着信息化技术不断升级换代，统计工作流程发生了重大变革。信息化手段在统计数据收集、处理、存储、上报、分析、展示等环节的应用，带动了统计设计、制度方法、规则标准、质量控制等一系列的调整和变革，也对统计理念、统计法规、数据安全等一系列问题带来深远影响。

中国政府大力推进信息化发展战略。1997 年 4 月，全国信息化工作会议召开；2002 年 10 月，中国第一个国家信息化规划——《国民经济和社会发展第十个五年计划信息化重点专项规划》出台；2006 年 5 月，《2006—2020 年国家信息化发展战略》印发。以上举措都极大地推动和保障了统计信息化的建设与改革。

一、统计数据来源的信息化

（一）行政记录

政府部门在实施行政管理和服务职能的过程中形成大量的记录信息，包括管理或服务对象的信息和自身行政管理行为的记录。这些信息和记录是大量社会统计数据的基础和来源。

社会统计信息化，源自电子政务的发展。政府对各项社会事务行政管理的信息化，从应用计算机取代手工记录开始，经历了个人电脑的单机应用、局域网应用和互联网应用三个阶段。随着信息技术不断升级，以行政记录为基础的统计工作模式发生了根本性变革。

20 世纪 80 年代初期，政府行政管理和服务的信息通常是手工记录造册。为方便基层统计人员从行政记录中过录统计数据，填报统计报表，各部门普遍建有基层统计台账。80 年代中期，电脑办公迅速普及，行政记录、台账和统计报表等手工操作，逐步被电脑替代，统计（数据）质量和工作效率显著提高。进入 21 世纪，行政记录的数据库管理逐步普及，基层原始数据经过联网直报入库，形成了海量存储信息，使行政记录生成统计数据更加智能化，统计内容也更丰富，统计产出的可塑性增强。

(二)统计调查

统计调查的信息化,包括统计手段的信息化和以现代数字技术为基础的数据来源多源化。

统计手段的信息化,指利用不断升级的数据采集技术替代原来的原始数据手工采集。这种升级从手工填报调查表,通过计算机加工处理,发展到通过网络平台直报数据、手持电子终端采集数据、空间信息技术应用获取数据等方法,高效率采集数据的信息技术日趋完善,统计制度设计和统计工作流程的改革也随之推进。

进入21世纪的第2个10年,大数据对统计的影响已被认识,各国统计机构逐步开展应用大数据的探索研究。2012年,中国国家统计局开始了大数据在统计中的应用的研究。大数据在社会统计中应用的必要性也初露端倪。社会统计对大数据的应用,关注人们在互联网上的行为数据和跟踪数据所折射出的生活方式、社会需求和主观意向。目前,统计界对社会统计挖掘资源、充实内容、开拓大数据应用环境已有共识,仍需加大理论和方法研究力度,以及标准和法律保障。

二、统计服务的信息化

社会统计服务方式的更新和发展,以电子和网络技术为支点,为用户提供了更加便捷有效的服务。在提供传统编辑成册的统计资料的同时,国家统计局积极开发互联网上的统计查询和统计服务产品。在中国统计信息网上建立了国家数据查询服务,供用户通过网络方便地获取统计年鉴和丰富的统计数据信息,包括选择指标和分组标志,制成个性化的统计图表。

《中国统计年鉴》的社会统计数据已实现网上查询,各主要指标的历史数据和分地区数据的加载上网进度也已加快,国家统计数据库中的社会统计数据越来越完整全面。国家统计局2008年时间利用抽样调查的资料,包括主要指标汇总结果和调查方案,已全部上网。

为方便社会公众查找详细信息,中国统计信息网提供各部门统计网址的链接和数据内容的简要说明。部门官方网站建立统计专栏或信息公开目录。例如,教育部、民政部、国家卫生计生委等,将编辑出版的统计年鉴数据资料全部上网,并逐步充实补充历史年份的资料;民政部、国家卫计委及时公布统计季报和月报的汇总数据;文化部、国家新闻广电总局等提供主要统计数据的分析文章以方便用户了解发展状况和发展趋势。随着政府信息公开化水平的提高,官方统计数据的网络化服务发展速度加快。

以建立服务型统计为指导,中国统计信息网除提供数据服务外,还建立了丰富的可视化统计信息。在中国经济社会新常态下,统计微博、统计微信、国家数据库手机客户端等统计信息服务手段,正在不断开拓、丰富和完善。

8.政府统计信息化改革

从 20 世纪 80 年代中期开始,中国政府统计主动跟踪快速发展的电脑和网络技术手段,从最早的使用计算机替代手工收集和处理数据,到大力推进网络信息技术应用和遥感、地理信息系统、全球定位系统等空间信息技术应用,及时更新工作机制和方法,质量、效率不断提升。

2011 年 4 月,中国国家统计局印发《"十二五"时期统计发展和改革规划纲要》,再次明确提出把现代信息技术作为统计科学发展的强有力支撑,进一步推动现代信息技术与统计工作的融合,切实提高统计信息化科学规划水平,充分利用现代信息技术变革统计生产方式和管理方式,实现制度设计、任务布置和数据采集、传输、汇总、存储、发布等主要环节的信息化和网络化。

一、统计四大工程建设

四大工程,是指以企业一套表为核心的基本单位名录库、数据采集处理软件系统、联网直报系统和"企业一套表"制度。四大工程建设,是统计调查流程的系统再造,是统计数据生产方式的深刻变革。

国家统计局于 20 世纪 90 年代初开展"企业一套表"工作,目的是整合对企业的各项统计调查,统一布置报表,统一统计标准,统一采集数据。虽然由于当时的条件不具备,这一努力没有取得成功,但此次尝试体现了中国政府统计的前瞻意识和改革精神,并在实践中深化了认识,积累了经验。

2008 年起,国家统计局再次启动"企业一套表"的研究。在 2009 年底召开的全国统计工作会议上,马建堂局长宣布国家统计局正式推行"企业一套表"改革。而此次改革,充分结合了已有信息化和网络技术的优势,形成了国家统计局的四大工程建设思路,即建设真实完整、及时更新的基本单位名录库,建立统一规范、方便填报的企业(单位)一套表制度,建设功能完善、统一兼容的数据采集处理软件系统,建设安全畅通、便捷高效的联网直报系统。其中,基本单位名录库是基础,企业一套表是核心,数据采集处理软件系统是平台,联网直报系统是手段。

2012 年 2 月 18 日,统计系统联网直报正式开始,全国 70 万家"三上"(指规模以上工业、有资质的建筑业、限额以上批发零售业和住宿餐饮业、全部房地产开发经营业)法人企业通过国家统计联网直报系统直接向国家数据中心上报原始数据。这标志着以企业(单位)统计数据层层上报至国家统计局为主的数据收集模式的结束,实现了国家统计局《"十二五"时期统计发展和改革规划纲要》提出的"按照'统一设计、统一标准、统一调查单位、统一布置'的原则,将对企业分散实施的各项调查整合统一到一起,统一布置报表,统一采集原生性指标数据,统一不同专业报表中相同指标的含义、计算方法、分类标准和统计编码,建立既能有效满足各级党委政府、企事业单位和社会公众统计需求,又能满足专业统计和国民经济核算需要,便于企业填报、减轻企业负担的统一规范的企业一套表制度"。

四大工程是统计调查流程再造的革命性突破,大大夯实了统计的源头基础,优化了统计流程,提高了统计工作效率,有效减少了中间环节可能存在的对统计数据的干扰。四大工程建设,为在第三次全国经济普查中首次应用先进的PDA(手持电子终端)进行调查数据采集提供了扎实的技术支撑。

二、开展大数据在政府统计中的应用

2012年以来,国家统计局顺应大数据时代的发展,成立了以国家统计局局长为组长、总统计师牵头、各相关司和地方统计业务骨干为成员的研究团队,赴多家国内知名企业调研,摸清大数据发展现状。考察了数海、百度、淘宝、京东商城、1号店、58同城、腾讯公司、华为集团、浦东软件园、天脉聚源公司、S.CN鞋业、擎天科技、苏宁、天云融创科技公司等知名企业,并与商务部、国家测绘局等政府部门、专家学者、网商企业等,多次座谈、研讨和探索理论与应用方法。

2013年10月,研究成果《大数据在政府统计中的探索和应用》一书正式出版发行,该书对大数据进行了界定和分类,探讨了大数据背景下政府统计生产流程的变革,以及大数据在政府统计专业中应用的可行性及实施路径,为应用大数据推动统计改革和创新提供了思路与参考。同月,召开了以"大数据背景下的统计"为主题的第十七次全国统计科学讨论会,对大数据涉及的相关理论、方法、技术和思维模式进行了深入交流。

2013年11月和2014年9月,国家统计局与企业之间在大数据合作方面迈出实质性步伐,分两次共与17家大数据企业签署战略合作框架协议,打造合作共赢平台。统计部门充分利用企业大数据资源和技术,提供更多、更好的统计产品,履行政府统计公共服务职能,为企业转型发展开拓市场。

2013年底,开展网上重要生产资料市场价格监测,按旬发布50种流通领域生产资料网上市场价格变动情况,形成了政府统计部门主导与企业共建的大数据的应用平台。

2014年5月,为反映网络零售商品价格和钢铁、有色金属、贵金属等大宗商品价格与成交量变动情况,编发《大数据企业统计指标旬报》,有效提升与大数据企业合作的深度和广度。

2014年,选取重点专业领域,开展应用研究与试点突破。在贸易统计中,按月发布限额以上单位网上零售额数据。在CPI调查中,每天定时采集相关规格品网络交易价格并开始指数测算工作。在房地产价格统计中，采用住建部门网签数据编制房价指数。在农业统计中，通过卫星影像、物联网技术测算粮食等农作物播种面积和产量。在交通运输统计中，研究应用射频传感器技术统计交通流量以分析监测经济活动景气状况。在经济监测分析中，通过关键词搜索开展经济预警与统计舆情分析。

目前，已实现近百万家重点企业通过互联网直接向国家统计局数据管理中心报送数据，居民消费价格统计和第三次全国经济普查全部由调查员手持电子终端现场即采即报。利用编制、民政、税务、工商、质检等部门电子化行政记录，更新维护基本单位名录库。利用有关部门电子化税收、用电量、交通货运量等评估各地统计数据。加大空间信息技术和物联网技术在人口、投资等统计领域的应用。企业生产经营记录自动导入国家联网直报系统，和企业财务数据直接生成统计数据等路径与方法，都在研究中。

9.政府公共服务统计综述

一、政府公共服务统计

政府公共服务统计，主要指对政府行使的公共服务和社会管理活动的统计。结合行政管理职能，政府公共服务统计主要是部门统计，由政府行政主管部门负责。

从新中国建立直至改革开放初期，在计划经济体制下，政府提供的公共服务被称为社会事业，主要指由公共财政负担的，由政府主管主办的各种非市场经营性的社会服务，如教育、卫生、文化、体育、司法、社会保障等。相关的统计统称为社会事业统计，是中国社会统计的传统内容。统计的主要作用是满足政府各职能部门掌握发展情况、制定发展决策的需要。改革开放以后，随着市场经济的发展和政府职能的转变，除了基本公共服务仍由政府承担外，社会事业发展多样化和市场机制的引入，政府部门行业管理的职责更加突出，统计的内容也发生了较大的变化。

目前，由部门负责的政府公共服务统计范围，主要包括教育统计、卫生和计划生育统计、民政统计、文化统计、体育统计、司法统计、环境统计和一些社会组织服务的统计等。统计内容主要是机构、人员、投入、设施和业务活动，以反映行业发展和服务提供的规模和能力。与计划经济时期不同的是，根据市场经济的发展和行业管理的需要，各部门统计对象的范围逐步从隶属于本系统的机构扩展到覆盖全行业，社会资源提供和引入市场机制的各项公共服务，也在相关部门的管理范围内，纳入政府公共服务的统计内容，如民办营利或非营利的教育、卫生、文化、体育和社会服务活动等，反映行业管理的内容更加全面。

反映服务水平和服务效果的内容增加。各部门根据需要开展多项专项统计调查，以补充常规统计的不足。大多数专项调查是针对服务对象和服务需求的调查，包括群众满意程度的主观意向调查，与主要针对政府公共服务提供和行政管理的常规统计调查互为补充。这些调查更好地反映了政府公共服务的实际水平，体现服务型政府的职能转变效果。

上述统计和专项调查的范围和内容，综合反映出政府的全面社会管理和社会服务。从居民生活需求角度看，各级各类教育、医疗健康和计划生育服务、就业服务、婚姻登记管理、养老服务、社会救助服务、殡葬服务、文化机构和设施、广播电影电视、体育活动、社会治安与执法、环境保护等与百姓生活密切相关的各种需求，均包含在政府公共服务统计中。

二、政府公共服务统计的数据收集

政府公共服务统计是对政府行使管理和服务职责活动的统计，因此统计工作机制与政府部门的职责活动紧密结合，统计工作由各行政主管部门具体负责。目前，这些部门和机构主要包括最高人民法院、最高人民检察院、教育部、公安部、民政部、司法部、人力资源和社会保障部、环境保护部、文化部、国家卫生计生委、国家新闻出版广电总局、国家体育总局等，以及其他的相关部委；也包括以特定群体为服务对象的全国性群众组织和社会团体，如中华全国总工会、全国妇联和中国残联等。

各部门建立相应的统计机构或行使统计职责的机构，统一统计业务管理规范，制定统计调查制度和统计标准，统一数据录入和上报程序，对本系统的统计人员进行培训，以形成全国统一的统计调查活动，逐级收集汇总上报统计数据直至国家各部委，以满足各级部门的管理需求和各级政府的规划和决策需要。部门制定的统计报表制度要经过同级政府统计机构审批或备案，主要统计数据要报送同级政府统计机构。

常规部门统计的数据来源主要为日常行政管理记录，如各类机构的人员管理和业务活动的行政记录、教育机构的学生注册信息、卫生机构的医疗服务记录、社保机构的救助对象登记、司法机关的办理案件记录等。根据管理和决策的需要，有关部门开展周期性或一次性的专项调查，补充常规统计的不足。

三、政府公共服务统计的发展

1978年改革开放以后，作为管理和决策不可或缺的信息源，中国的部门统计随着政府各部门及其职责的逐步恢复建立而逐步得到完善和加强，为反映政府公共服务和社会事务管理提供了大量统计信息。此后，随着经济体制改革和政府职能转变，以及信息技术的应用，反映政府公共服务的各部门统计在统计内容、统计手段和统计服务三个方面不断发展完善。

（一）统计内容不断完善

改革开放初期，部门统计以满足本系统的管理需要为核心，统计内容以本系统管辖的各类机构、人员和业务活动情况为主。随着经济体制改革带来的行政管理体制的变化，自20世纪90年代开始，根据行业管理的需要，很多部门将统计范围从本系统所属机构逐步扩展到全行业。同时，随着政府职能的转变，为反映政府公共服务的水平，自21世纪初起，针对服务对象和服务效果的统计内容大大增加，也因此开展了更多的统计专项调查，以反映政府公共服务活动的实际成效和群众反馈信息。

（二）统计手段不断完善

各部门统计的数据基础以部门管理的行政记录为主。20世纪80年代的部门统计，多是手工填报报表，将行政记录信息整理过录到统计表中，逐级汇总上报。为加强统计基础，很多部门建立了基层统计台账，方便了基层数据的管理。自90年代以后，随着计算机的普及，基层行政记录逐步实现了电子化管理，统计报表填报也实现了计算机应用，但汇总上报手段依然比较落后。21世纪以来，各部门积极应用现代信息技术，在统计上逐步建立超级汇总和数据库管理，使统计基础更加扎实，统计手段更加便捷，数据上报更加及时，统计信息更加全面。

（三）服务水平不断完善

统计服务公众的方法和水平不断改进。统计信息更加开放，向公众提供的内容更加丰富。各部门出版的统计公报、统计资料和统计年鉴，对本部门本专业的统计数据进行系统的组织和编辑，提供更便于分析和使用的统计数据表。部门网站上公布的数据信息越来越全面，可视化程度越来越高，使普通群众能够方便地理解和使用信息。各部门的统计数据是《中国统计年鉴》、《中国统计摘要》、《国民经济和社会发展统计公报》、《中国发展报告》、《中国社会统计资料》等国家统计出版物的重要组成部分，为政府统计服务大众提供了重要的统计数据信息来源。

10.国家基本公共服务统计监测

2013年，中国国家统计局启动《国家基本公共服务体系"十二五"规划》实施进程监测工作。

一、基本公共服务统计监测工作背景

2012年7月，国务院印发《国家基本公共服务体系"十二五"规划》，阐明国家基本公共服务的制度安排，明确范围、标准和工作重点，引导公共资源配置，建立健全基本公共服务体系，促进基本公共服务均等化。

基本公共服务，是指建立在一定社会共识基础上，由政府主导提供的，与经济社会发展水平和阶段相适应，旨在保障全体公民生存和发展基本需求的公共服务。

享有基本公共服务属于公民的权利，提供基本公共服务是政府的职责。均等化是基本公共服务的重要目标，指全体公民都能公平可及地获得大致均等的基本公共服务。

该规划明确要求要加强对规划实施情况的跟踪分析，开展基本公共服务水平的监测评价，加强监督问责。

二、国家基本公共服务统计监测工作

国家统计局根据《国家基本公共服务体系"十二五"规划》覆盖的领域范围、各领域重点任务和主要目标，自2013年起启动了规划实施进程的监测工作。

（一）编制监测方案

为全面反映基本公共服务状况，促进国家基本公共服务均等化，满足规划实施工作对统计监测的要求，根据《国务院办公厅关于印发国家基本公共服务体系"十二五"规划重点工作分工方案的通知》精神，国家统计局研究制订了监测工作方案。主要包括：

1. 工作目标。建立体现以政府服务为主导的国家基本公共服务统计监测体系，采集、整理和分析"十二五"期间相关年度数据，全面、准确、及时反映国家基本公共服务实施进程，为开展国家基本公共服务体系统计监测和综合评估提供基础信息支撑，为国家制定相关政策提供统计依据。

2. 工作内容。按照《国家基本公共服务体系"十二五"规划》提出保障基本民生需求的相关领域，开展统计监测工作，包括建立指标体系，开展统计监测与评估，建立信息发布制度，加强数据管理等。

3. 职责分工。国家统计局负责国家基本公共服务体系统计监测工作的组织实施，包括建立指标体系、制定统计报表制度、收集数据、开展统计监测分析和有关测算工作。相关部门负责组织实施所在领域的基本公共服务统计工作，完善本部门统计调查制度，完成相关数据的收集和审核工作，确保数据质量，按照要求将数据报送国家统计局。

（二）建立指标体系

为推动统计监测的科学化和规范化，国家统计局研究建立了以政府服务为主导的国家基本公共服务统计监测指标体系。根据规划目标，监测指标体系分为9个领域、29项内容，共设置90多项指标。通过这套监测指标体系，将定期收集相关数据，开展统计监测，全面、准确、及时反映国家基本公共服务水平和目标完成的进展情况。

（三）统计监测主要成果

国家基本公共服务统计监测从2014年正式开始。此项工作的成果主要有以下两项。

1. 发布国家基本公共服务统计监测报告。按照规划提出的"开展国家基本公共服务水平监测"的要求，国家统计局根据统计监测指标体系，及时收集、整理、分析相关的统计数据和信息，撰写规划完成情况的年度统计监测报告和终期统计监测报告，反映国家基本公共服务主要目标任务实施进展情况、总体水平和存在的不足。

2. 编辑国家基本公共服务统计资料。及时反映国家基本公共服务各领域基本情况，国家统计局将每年定期编辑《国家基本公共服务统计概览》等出版物或资料集，及时为政府和社会各界提供统计服务。

三、国家基本公共服务统计监测的主要内容

（一）基本公共服务的范围

根据国家国民经济和社会发展第十二个五年规划纲要，为突出体现"学有所教、劳有所得、病有所医、老有所养、住有所居"的要求，《国家基本公共服务体系"十二五"规划》的范围确定为基本公共教育、劳动就业服务、社会保障、基本社会服务、基本医疗卫生和人口计划生育、基本住房保障、公共文化体育和残疾人基本公共服务等领域。

（二）统计监测内容及指标

1. 基本公共教育。国家建立基本公共教育制度，保障所有适龄儿童、少年享有平等受教育的权利，提高国民基本文化素质。

主要监测内容包括：巩固提高九年义务教育，基本普及高中阶段教育和学前一年教育，完善以政府为主导、多种方式并举的家庭经济困难学生资助政策，建立健全基本公共教育服务体系。共设有13项统计监测指标。

2. 劳动就业服务。国家建立劳动就业公共服务制度，为全体劳动者就业创造必要条件，加强劳动保护，改善劳动环境，保障合法权益，促进充分就业和构建和谐劳动关系。

主要监测内容包括：建立健全覆盖城乡的劳动就业公共服务体系，以高校毕业生、农村转移劳动力、城镇就业困难人员和零就业家庭为重点服务对象，全面提升就业全过程公共服务能力，努力创造平等就业机会，积极构建和谐劳动关系。共设有9项统计监测指标。

3. 社会保险。国家建立基本养老保险、基本医疗保险、工伤保险、失业保险、生育保险等社会保险制度，保障公民在年老、疾病、工伤、失业、生育等情况下依法从国家和社会获得物质帮助的权利。

主要监测内容包括：以增强公平性和适应流动性为重点，着力完善制度，扩大覆盖范围，逐步提高保障水平和统筹层次，建立健全覆盖城乡居民的社会保险体系。共设有11项统计监测指标。

4. 基本社会服务。国家建立基本社会服务制度，为城乡居民尤其是困难群体的基本生活提供物质帮助，保障老年人、残疾人、孤儿等特殊群体有尊严地生活和平等参与社会发展。

主要监测内容包括：着力健全以城乡最低生活保障制度为核心，以农村五保供养、自然灾害救助、医疗救助、流浪乞讨人员救助制度为主要内容，以临时救助制度为补充的社会救助体系。以扶老、助残、救孤、济困为重点，逐步拓展社会福利的保障范围，推动社会福利由补缺型向适度普惠型转变,逐步提高国民福利水平。加强优抚安置工作。共设有13项统计监测指标。

5.基本医疗卫生。国家建立基本医疗卫生制度,为城乡居民提供安全、有效、方便、价廉的基本医疗卫生服务,切实保障人民群众身体健康。

主要监测内容包括:按照人人享有基本医疗卫生服务的目标要求,加快建立健全公共卫生服务体系、城乡医疗服务体系、药品供应和安全保障体系,提高基本医疗卫生服务的公平性、可及性和质量水平。共设有16项统计监测指标。

6.人口和计划生育。国家建立人口和计划生育基本服务制度,为城乡居民提供计划生育、优生优育、生殖健康以及人口和计划生育信息等服务。

主要监测内容包括:坚持计划生育基本国策,以计划生育服务和计划生育利益导向为重点,完善人口和计划生育服务体系,保障城乡育龄人群身心健康,促进人口长期均衡发展。共设有2项统计监测指标。

7.基本住房保障。国家建立基本住房保障制度,维护公民居住权利,逐步满足城乡居民基本住房需求,实现住有所居。

主要监测内容包括:加大保障性安居工程建设力度,增加保障性住房供应,加快解决城镇居民基本住房问题和农村困难群众住房安全问题,建立健全基本住房保障制度。共设有6项统计监测指标。

8.公共文化体育。国家建立公共文化体育服务制度,保障人民群众看电视、听广播、读书看报、进行公共文化鉴赏、参加大众文化活动和体育健身等权益。

主要监测内容包括:围绕建设社会主义核心价值体系和满足城乡居民精神文化需求的要求,坚持公益性、基本性、均等性、便利性,建立健全公共文化服务体系,扩大公共文化产品和服务的供给。推进全民健身公共服务体系建设。共设有14项统计监测指标。

9.残疾人基本公共服务。国家为残疾人提供适合其特殊需求的基本公共服务,营造残疾人平等参与的社会环境,为残疾人生活和发展提供稳定的制度性保障。

主要监测内容包括:按照平等、参与、共享的原则,以重度残疾人、农村残疾人和残疾儿童为重点,优先发展社会急需、受益面广、效益好的残疾人基本公共服务,增强供给能力,健全残疾人社会保障体系和服务体系。共设有8项统计监测指标。

11.教育统计

教育统计始于新中国建立初期,由教育部负责。改革开放以来,教育统计报表制度和体系不断完善,各项统计机制逐步健全,技术手段不断更新,已建成以学校(机构)为基本调查单位，覆盖全国 52 万个各级各类学校（机构）、2.6 亿学生和 1800 多万教职工，科学、系统的教育统计体系。

一、指标体系和报表制度

（一）建立教育监测与评价统计指标体系

1991 年，"中国教育监测与评价统计指标体系"颁布实施，为中国教育监测与评价、决策与管理提供了科学的方法和基础，实现了教育统计的历史性突破，基本解决了长期困扰教育决策和管理的统计数据不齐、不准的问题。

2011 年，重新修订中国教育监测与评价统计指标体系，以满足国家发展战略需要为导向，反映教育对经济与社会发展的关键性基础作用，切实贯彻教育事业发展规划的要求。

2013 年起，研究制定国家教育现代化监测评价指标体系。主要用于监测评价国家教育现代化进展情况，监测各地教育事业发展水平，以全面推进中国教育现代化。在指标体系研究与构建过程中，教育统计发挥了重要的作用。

（二）改革教育统计报表制度

从 1996 年开始，为了使统计工作能够适应教育事业改革与发展在规模、结构以及体制上的巨大变化，教育部着手对全国各级各类教育事业统计报表开展研究和修订工作，于 21 世纪初完成了新的统计报表制度的重大改革。

2001—2003 年统计报表制度的改革，是新中国成立以来最大的一次报表制度的全面改革，报表体系、报表形式、指标设置、软件平台建设都进行了重大的调整。

2001 年进行的基础教育统计报表制度改革，重点是把基本调查单位层次从县级下移到学校和教学点，更加关注了弱势群体；2002 年高等教育统计报表制度的改革，重点是将普通高校、成人高校、研究生、社会力量举办的其他高等教育机构等四套报表统一成为一套报表，突出了高等教育改革的成果；2003 年实施的中等职业教育统计报表制度改革，将分散、不完整、不统一的各类中等职业教育统计整合成为一套完整的报表制度。

这次报表制度的重大改革，是中国教育统计发展史上的一个重要里程碑，为开展更加科学、系统的统计奠定了基础，为教育事业的改革和发展作出了贡献。改革后报表制度的最大优势体现在：统计调查对象覆盖的范围更加全面、广泛；对教育体系和教育分类有了更清晰的描述，便于国际接轨和比较；对数据质量实现了技术控制；可生成更多的信息，能比较清晰地反映教育改革与发展的新情况，使得数据的服务能力大大提升。

2011 年，为贯彻落实《中长期教育改革和发展纲要》，教育部又一次对教育事业统计报表进行了全面改革。新报表体现了改革的目的：更加关注教育公平，细化了学前教育、民族教育，进城务工人员子女、农村留守儿童接受教育情况等弱势群体教育指标；重视教育质量，新增了师资培训、学生体质、学校卫生、医疗保健等与教育质量相关的指标；回应社会关注和领导关切，增加了学校安全、专职辅导员、心理咨询人员以及教育现代化监测等所需的相关统计指标；重新梳理了教育统计标准，修订和完善了教育统计指标解释和填报说明，同时增加了统计指标的国际可比性。

二、统计标准化

2011年，制定并颁布实施《学校（机构）代码管理办法》，为各级各类学校（机构）编制了全国唯一、永久不变的教育系统身份标识码，做到了"先有库再有数，不进库不出数"，率先实现了国家统计局推行的"四大工程"建设之单位名录库的目标，为资源整合、数据共享、业务管理和系统建设奠定了基础。

2012年，制定颁布了《教育统计信息标准》、《教育管理基础代码》等教育统计信息采集标准，统一数据采集口径和方法，规范工作流程，为实现教育统计信息优化管理和资源共享奠定了基础。

2013年，制定并下发《学校（机构）人员基础信息代码编制规则》，进一步加强和规范学校（机构）人员基础信息管理，统一编制人员身份标识，全面了解和反映学校（机构）人员基本情况，提高教育管理服务水平。

加强培训是实现统计标准化的重要基础。2011年制定并下发了《教育统计培训工作方案》，建立了复旦大学、厦门大学、成都信息工程学院、西安财经学院及大理学院5个国家级教育统计培训基地。

三、统计信息技术

直至20世纪80年代末，教育统计一直采用珠算和手工制表等方式进行数据汇总。改革开放以来，随着信息技术的发展，教育统计工作的技术手段也在不断改进。教育统计信息技术革新大体经历了四个发展阶段：

第一阶段（1978—1982年），教育统计工作制定了不同教育层次的五套指标和报表体系，数据汇总以手工叠加各省综合报表的方式完成，数据查询工作只能翻阅各类统计报表。

第二阶段（1983—1991年），1983年教育部成立了信息中心（计算中心）后，实现了数据查询的计算机化；从1987年至1989年，实现了计算机汇总替代手工数据汇总；此后，普通高校和中专开始采用分学校数据汇总的方法，基础教育采用分省数据汇总。

第三阶段（1991—2000年），开发推广了全套教育事业统计软件系统，实现了从基层单位到国家级的统计数据汇总的计算机化，基础教育实现了以县为单位的汇总，极大地提高了工作效率和数据的准确性。

第四阶段（2001年至今），全国教育统计信息系统覆盖到省、地、县、乡和学校，基础教育也实现了以学校数据进行汇总，形成了从统计软件开发、技术服务到数据汇总、统计资料出版、统计数据查询服务的一整套完整的工作体系。

教育统计的信息技术革新,大大提高了统计工作的效率和数据质量。

四、数据质量核查机制

2011年,制定《教育统计数据质量核查工作方案》和《教育统计数据质量核查工作指导手册》,每年定期开展常规性数据质量核查。

建立数据质量核查全过程监控、数据质量全面提升的长效机制。开展经常性的实地核查,从制度设计、系统开发、数据采集、汇总、分析和监测等各个环节加强控制,全面分析各地的统计数据。结合各级各类教育事业发展情况,深入分析并重点核实增速快、总量大、生均水平高、年度变化大的学校和地区数据,筛查剖析若干疑似存在数据质量问题的指标,筛选出各省需要核查的市、县和学校名单并确定自查比例,形成《教育事业统计数据筛查分析报告》并下发各地,明确各省核查工作任务,指导各地有针对性地组织开展核查工作。

五、统计数据分析和服务

多层面、全方位提供统计服务。通过对统计数据的加工分析,每年完成的各类统计资料包括:《教育事业统计公报》、《中国教育统计年鉴》、《中国教育事业统计简况》、《统计摘要》等,形成各类统计快讯、专题统计分析报告、年度教育事业进展报告、综合类统计分析报告等,为宣传教育成就、科学制定发展规划、人才资源报告、基本建设项目立项等提供了宝贵的数据支撑和多样化服务。为《国民经济和社会发展统计公报》、《中国统计年鉴》、《中国统计摘要》、《中国发展报告》、《中国社会统计年鉴》等提供教育统计数据和分析报告。

六、国家教育决策服务系统

教育部于2012年开始策划构建"国家教育决策服务系统",目的是按照大数据时代的科学决策要求,充分发挥教育统计数据支撑宏观管理的重要作用,创新决策服务机制。

"国家教育决策服务系统",旨在深度融合决策研究与信息技术,全面整合历年来各级各类教育统计、经济社会发展、国际比较等海量数据资源,以破解教育改革和发展的难题为任务导向,深入分析现存问题,客观评价发展状况,科学预测发展趋势,为国家及各地教育管理决策提供科学支撑,为社会公众提供综合数据服务。

2013年,结合"中国教育现代化监测评价指标体系"的构建和研制,对系统进行了充实和完善,可多视角、生动直观地呈现中国教育在世界上的位置,监测、评价全国及各地教育现代化的状况和水平。

系统的搭建是一场全新的革命,是一次新思想、新手段和新理念融合的有益尝试;是提升教育管理科学化、现代化水平,推进教育治理体系和治理能力现代化,深化教育管理改革的重要成果;是教育部落实政府职能转变、实现宏观管理科学化要求的重要举措。

12.教育经费统计

一、教育经费统计制度的建立与完善

（一）建立背景

教育经费统计制度是适应教育事业发展需要、适应国家管理和决策需要而建立起来的。党的十一届三中全会以来，党中央、国务院高度重视教育事业，把教育事业确定为国家社会经济发展的重点优先发展。各级人民政府在财政预算中优先保障教育经费，加快了学校建设，改善了办学条件，教育事业呈现蓬勃向上的良好势头。

虽然教育事业的发展取得了前所未有的成就，但长期存在的一些问题并没有从根本上得到解决。学校公用经费严重不足，办学条件还有很大缺口，教师待遇总体偏低等，致使教育教学活动的开展受到各种影响。这些问题的存在，归根到底还是经费投入不足。《中共中央关于教育体制改革的决定》（1985年5月27日）中指出："发展教育事业不增加投资是不行的。在今后一定时期内，中央和地方政府的教育拨款的增长要高于财政经常性收入的增长，并使按在校学生人数平均的教育费用逐步增长。"党中央的决定，对于保证教育经费的逐年增长具有十分重要的意义。如何衡量国家对教育的投入水平，如何考核各级政府教育投入的努力程度，这就涉及到应建设一套体系制度来了解和掌握教育经费的投入情况，教育经费统计工作就自然而然提到议事日程上来了。

（二）发展历程

为及时掌握和了解各级各类教育经费投入和使用情况，监测各级政府落实教育经费投入责任，为教育决策提供相关数据支撑，原国家教委于1986年起研究建立了全国教育经费统计制度。此后，随着国家教育事业的发展和财税体制改革的推进，教育经费统计制度进行了几次重大调整，不断完善。

1. 第一阶段（1986—1992年）。1986年，原国家教委研究建立了教育经费统计制度并决定在全国开展教育经费统计工作，1987年4月，在江西景德镇召开了第一次全国教育经费统计工作会。这一时期教育投入来源渠道相对单一，主要是政府财政投入。统计范围主要是教育部门办的各级各类学校。统计的重点为各级财政投入、勤工俭学和捐资助学情况，并按经费来源渠道，划分预算内投入和预算外投入分别进行了统计。由于当时信息技术不够发达，计算机速度慢、容量小，只能做到以省为单位进行统计。1989年，原国家教委、国家统计局联合向全国各地布置了统计报表编报工作，并对1989年度教育经费执行情况进行了全面统计，标志着教育经费统计制度的真正建立。这一阶段，可以说是中国教育经费统计工作的探索起步阶段。

2. 第二阶段（1993—1996年）。1993年《中国教育改革和发展纲要》提出了"多渠道筹措教育经费"的要求，为此，原国家教委对全国教育经费统计指标进行了首次修订：在收入指标中，引入了反映财政性教育经费和多渠道教育投入的指标；在支出指标中，引入了教育总支出概念，包括反映预算内和预算外支出的指标。在统计范围上，将其他部门、国有企业办学和民办学校经费纳入统计，完整反映各级各类教育投入、支出情况，基本做到全行业、全覆盖。同时，组织专业人员开发了系统、科学的教育经费统计应用软件，初步解决了计算机运行速度慢、容量不足等问题。通过新技术手段的运用，教育经费统计首次做到高校以学校为单位统计，其余各级各类学校以县为单位统计，自下而上，层层汇总到全国。教育经费统计的这些重大修订，为落实教育改革和发展纲要提供了重要的数据支撑，为中国教育经费统计制度的发展奠定了基础。

为加强对各级政府教育投入水平的监测，督促各级政府切实落实教育经费投入政策，根据《中华人民共和国教育法》规定，从1995年起原国家教委会同国家统计局，建立了全国教育经费统计公告制度。每年向全社会发布上年度教育经费统计执行情况，重点是《中华人民共和国教育法》规定的"三个增长"、"两个比例"的落实情况，并接受社会的监督。这一阶段，是中国教育经费统计工作的初步定型阶段。

3. 第三阶段（1997—2013年）。1997年，随着财政体制改革的深入，教育经费统计指标体系做了较大调整，改为了收入按经费来源，支出按经济分类进行统计。2007年，根据政府收支分类科目的较大调整，教育部对教育经费统计制度进行了较大修订。充实和完善了预算内经费统计数据，细分教育经费的来源和类别；在多渠道筹措资金方面，增设了地方教育费附加等内容，反映各地依法落实新出台的教育投入政策情况；在支出方面，设置了预算内教育经费支出指标，重点考核生均经费和生均公用经费的增长情况。这时期也是信息技术快速发展的时期，教育经费统计也做到了中等职业学校以校为单位进行统计，部分省份还做到了全省各级各类学校均能逐校进行统计。

从2000年开始，每年由教育部、国家统计局、财政部三家联合向社会发布《全国教育经费执行情况统计公告》。公告显示，2012年国家财政性教育经费占GDP比例为4.28%，如期实现了教育规划纲要提出的4%目标，成为中国教育发展史上重要的里程碑。这一阶段，也是中国教育经费统计工作日益完善的阶段。

4. 第四阶段（2014年至今）。2014年，随着国家财税体制改革的全面推进，以及事业单位、高等学校、中小学校财务制度、会计制度的修订，教育经费统计制度又进行了一次大的修订。首次做到了各级各类学校按教育部学校名录库进行逐校填报，教育事业单位等进行逐单位填报。新修订的教育经费统计制度将更加全面、系统地反映各级各类学校教育经费投入和使用情况，对科学评价各级政府投入责任，促进教育经费管理科学化、精细化和规范化等方面产生积极影响。同时,随着计算机应用水平的提高和网络化的发展,下一步的统计工作也将更加及时、灵活、准确、实用。这一阶段,可谓中国教育经费统计工作的发展提升阶段。

二、教育经费统计的主要内容和方法

(一)统计内容

教育经费统计内容为所有填报单位会计年度财务收支情况,主要分为收入和支出两部分。

收入部分包括国家财政性教育经费,民办学校中举办者投入,社会捐赠经费,事业收入及其他教育经费。其中,国家财政性教育经费包括公共财政预算教育经费,各级政府征收用于教育的税费,企业办学中的企业拨款,校办产业和社会服务收入用于教育的经费及其他属于财政性教育经费。

支出部分包括事业性经费支出、上缴上级支出、对附属单位补助支出、经营支出和其他支出。其中,事业性经费支出包括工资福利支出、对个人和家庭的补助支出、商品和服务支出、其他资本性支出。

(二)统计方法

教育经费统计资料的各项数据从最基层单位开始填报,经过乡(镇)、县(市、区)、地(市、州)、省(自治区、直辖市)等地方各级教育部门和相关部门层层审核汇总后报送到教育部,教育部对各地报送的数据审核确认后,汇总生成全国数据。

三、统计资料的编印

教育部联合国家统计局每年向社会出版《中国教育经费统计年鉴》,全面、系统、详细地反映每一年度全国及分地区各级各类教育的投入与支出情况,为地方各级政府制定教育财政政策提供重要的参考依据。教育部财务司编写出版《中国教育经费统计年度发展报告》,对各级各类教育的投入与支出状况及使用效益进行全面、系统的综合比较与分析,客观反映和评价教育投入及保障方面的努力程度与进步程度。同时,通过对统计数据的加工分析,每年编写《全国教育经费统计简明分析》、《教育经费统计快讯》等参阅材料。

全国教育经费统计制度实施近30年来,效果十分明显。一是为中央及地方政府把握和判断教育事业发展形势、制定教育发展战略和政策、增加政府对教育的投入提供了重要的数据支持和咨询建议,对4%目标的实现和持续巩固发挥了不可替代的作用。二是有利于督促各级政府重视教育投入,确保落实法定增长的要求,为各级教育行政部门和财政部门开展教育经费绩效评价提供了有力支撑。三是便于教育经费更好地接受社会监督,在阳光下运行。四是推动各级各类学校会计核算精细化,在一定程度上促进了高校和中小学校会计制度更好地贯彻落实,进一步提高财务人员业务素质,提升学校财务管理水平。

13.卫生统计

一、卫生统计的建立与发展

卫生统计反映政府卫生行政部门管理职责范围内各项工作的组织实施和成效，依法组织实施统计调查，为政府制定政策，规划和管理国家卫生事业发展提供信息基础。

卫生统计是社会统计的重要组成部分，是政府基本公共服务统计的重要内容。政府重视人民群众健康事业的发展，卫生统计始于新中国建立初期，是中国社会统计中建立最早、力量最强的统计专业之一，形成了制度完备、运行良好的统计工作体系。2013 年以前，卫生统计由原卫生部负责；2013 年机构调整，卫生统计由新组建的国家卫生和计划生育委员会负责。

依据《中华人民共和国统计法》及其实施细则，原卫生部于 1999 年颁布了《全国卫生统计工作管理办法》，促进了卫生统计的法制化建设。随着国家公共卫生服务体系的改革和信息系统建设的深入，全国卫生统计服务能力与工作范围发生了很大变化，修改 1999 年发布的管理办法势在必行。2013 年组建国家卫生和计划生育委员会后，根据新的职责和工作需要，将《全国卫生统计工作管理办法》和由原国家计划生育委员会颁布的《计划生育统计工作管理办法》进行了整合和修订，更名为《全国卫生计生统计工作管理办法》。新的管理办法于 2015 年发布实施。

二、卫生统计调查制度

随着经济和社会改革的深入，政府、社会和居民对卫生信息的需求发生了很大变化，从关注事业本身的发展转向更加关注人民群众健康状况、卫生服务可及性与公平性。

卫生统计内容根据需求变化不断修订完善。1996 年推行了机构、人力和设备个案表。2002 年以服务质量和效益为主要内容，加强综合性调查指标，为政府卫生事业发展的宏观调控服务；同时在卫生统计中推行使用国际分类标准。2007 年制定并发布《卫生统计指标体系》，由健康状况、预防保健、医疗服务、卫生监督、卫生资源五部分共计 215 个指标组成。2009 年增加医改监测、医疗服务月报和出院病人季报。

卫生统计利用现代信息技术，于 2002 年建立了卫生基本信息库，实现了超级汇总；又于 2007 年建立了统计直报系统，9 万余个医疗卫生机构在线报告、审核、订正统计数据，大大提高了统计工作效率。

通过这些统计制度改革和修订，卫生统计推行了信息标准，增加了反映居民健康及卫生服务质量的指标，增强了统计数据的及时性。

2013 年组建国家卫生和计划生育委员会后，根据新的职责和工作需要，对原《国家卫生统计调查制度》和《计划生育统计报表制度》进行了修订，形成2013版《国家卫生和计划生育统计调查制度》，由全国卫生资源与医疗服务、卫生监督、疾病控制、妇幼卫生、新型农村合作医疗、计划生育、卫生和计划生育信访等7项统计调查制度组成。

各级卫生部门按照调查制度的要求，逐级建立了基本卫生信息数据库，为卫生政策制定及宏观管理提供了大量的信息咨询服务。这些数据库包括：医疗卫生机构代码库、卫生资源库、医疗机构运营情况数据库、医疗服务月报库、卫生人力库、乡村医生库、医用设备库、病案首页库、重性精神疾病患者数据库等，并将逐步建立覆盖全人群的出生和死亡信息库。

三、卫生统计专项调查

常规统计主要是对卫生服务机构的统计，收集的是卫生服务提供方的信息。专项调查是对服务对象的调查，主要收集卫生服务需求方的信息。开展专项调查，使中国卫生服务统计内容更加完善。专项调查主要有：

（一）居民营养与健康状况调查

此项调查为十年一次的定期调查，分别于1982年、1992年、2002年和2012开展过4次。调查目的是了解居民膳食结构、营养和健康状况，揭示社会经济发展对居民营养和健康状况的影响，为国家制定相关政策、引导农业及食品产业发展、指导居民采纳健康生活方式提供科学依据。

（二）疾病监测

对疾病的监测工作始于20世纪80年代后期，在全国161个监测县（区）开展，覆盖7000万人口。2013年监测范围扩大到605个县（区），覆盖约20%的人口。通过对死因的监测，得到了全国及分省疾病别死亡率、死因构成、死因顺位数据，为深化医改和加强人口管理、评价人口健康水平、优化卫生资源配置提供了重要的信息支持。

（三）妇幼卫生监测

妇幼卫生监测工作始于1991年，在334个监测县区开展，主要收集孕产妇、儿童死亡率及出生缺陷等内容，了解其动态变化和地域分布特征，服务于卫生决策。监测结果表明，2013年中国孕产妇、儿童死亡率较1991年下降了2/3，妇幼卫生工作成效显著。

（四）国家卫生服务调查

此项调查是每5年一次的全国调查，分别于1993年、1998年、2003年、2008年和2013年进行。

国家卫生服务调查是中国政府掌握城乡居民健康状况，了解居民卫生服务需要、需求和利用、医疗保健费用及负担、对医疗服务满意度等信息的重要途径，为客观反映医改成效，预测需求变化趋势，深化医改和制定卫生事业发展规划提供客观依据，促进民生改善。跨度20年的调查研究工作，对国家卫生政策制定产生了重大影响，得到社会和有关部门的关注。通过连续调查，已建立了覆盖全国31个地区20多万人口的家庭基本信息、人口基本信息、患病与就医、基本卫生服务利用等几百项指标的数据库，建立了连续的、随时间变化的指标体系及观测结果。

2013年开展的第五次调查，涉及全国156个样本县（市、区）、780个乡镇（街道）、1560个行政村（居委会）的9万余居民户、近30万人口。根据调查结果，开展了医改工作专题研究和社会热点专题研究，包括基本药物制度的实施、县级公立医院改革等重点改革内容；对居民医疗卫生服务利用、居民就医经济负担及居民满意度等开展深入分析；围绕基层卫生服务提供、老年人口卫生服务需求、流动人口健康等问题深入开展调查研究。

四、实施医药卫生体制改革监测评估

深化医药卫生体制改革对统计工作的任务要求是建立监测与评价系统。掌握医改工作动态和进程，了解各地重点改革进展和具体任务落实情况，评价绩效及其影响，发现存在的问题，以利于决策部门及时调整和完善政策，推动医改顺利进行。2009年起卫生部开始实施医改监测。每年依据年度医改主要任务，修订方案，完善指标，组织实施监测，按期撰写监测报告和年度评估报告。监测工作已经成为各级卫生计生部门推动医改的重要手段。2013年的医改监测共有指标165个，报告期为3期，全国2860个县（区）、336个地（市）和31个省级监测单位按照方案上报监测数据。

五、统计信息服务

卫生统计利用坚实的统计数据基础，服务于国家卫生发展决策和社会各界的卫生统计数据需求，发挥了重要的作用。

（一）统计数据发布

卫生统计数据通过国家卫生和计划生育委员会官方网站，分年度、季度和月度发布。一年一度的卫生计生事业发展情况统计公报，发布较为全面、综合的统计数据；季度发布的有全国医疗服务情况；月度发布的有全国法定传染病疫情情况、医疗服务情况、二级及以上公立医院病人费用、医疗卫生机构数等。

（二）出版物及专项调查资料

定期出版的有《中国卫生和计划生育统计年鉴》、《中国卫生和计划生育统计提要》（中英文）、《卫生和计划生育月度统计资料》、《中医月度统计资料》、《国家卫生服务调查研究》、《中国卫生总费用研究报告》、《全国妇幼卫生信息分析报告》等；不定期出版的有《中国卫生人力发展报告》、《中国居民营养与健康状况调查分析报告》、《中国新型农村合作医疗进展及效果研究》、《中国医疗卫生机构名录》、《中国口腔医学信息大全》等。

《中国统计年鉴》、《中国统计摘要》、《中国发展报告》、《中国社会统计年鉴》等，均使用了大量的卫生统计数据和信息。

14.社会服务统计

一、社会服务统计

民政部是国务院管理有关社会服务方面的职能部门，主要负责管理社会工作（社会救助、社会福利、慈善事业、优抚安置、救灾救济）、成员组织（民间组织、基层群众自治组织）、居民服务业中的婚姻、殡葬等社会服务领域方面的工作。

社会服务统计是对民政部主要职能工作及工作对象的统计。以"统计工作标准化，夯实基础；数据采集网络化，便捷迅速；信息服务社会化，公开透明"为目标，进行统计规范化管理。

（一）统计内容

《社会服务统计制度》包括了涵盖民政部门主要职能的统计报表和统计规范性文件，包括统计法规、统计标准、报表表式和统计指标解释等内容，是统计人员的工作手册。

社会服务统计报表有月报、季报和年报。社会服务月报的主要内容包括社会服务经费实际支出、社会救助、社会捐赠和优抚安置对象等，其特点是迅速精练；社会服务季报包括主要民政资金情况、收养性机构情况、儿童收养、福利企业、社会救助、社会捐赠，社会服务标准季报主要收集各个地区的社会救助和优抚标准等内容，其特点是做数据库的维护；社会服务年报包括了民政部门各主要工作情况的统计内容，分为综合、社会工作、成员组织和其他社会服务四大类，其特点是对机构和人员的一次综合调查，是历史数据的永久记录。

（二）统计台账

统计台账涵盖了民政各项业务，其具体内容记录到每一个民政对象个体和机构。社会服务统计建立完善的统计电子台账系统，直接将行政记录转化为电子台账，再由电子台账直接生成统计报表，形成了基础信息与统计数据的高度一致。电子统计台账的建立，可以检索到每个民政对象的基本信息和各种补助发放情况，使各级民政部门可以通过台账系统直接查询到最基层单位的民政对象和社会服务机构的情况。这是民政业务管理工作走向系统化、规范化、科学化的前提保证。由于台账数据清晰，内容翔实，说服力极强，在民政部门编制预算、审计检查时起到了积极的监督管理作用。直接从台账中提取数据也增加了透明度，方便了各级领导查询，使各级党委政府能够直接了解到基层困难群众的基本情况；还为国家人口库、经济普查库、组织机构代码库提供了准确的基础信息，使民政部门报送给国家基础信息库的信息和统计系统发布的统计信息相一致。

（三）统计规范

《民政部统计工作管理办法》是社会服务统计的主要规范性文件。《办法》规定了统计工作的基本任务、管理方法、报表制度及修改与补充、统计资料的管理和公布等各项规则。民政部对统计作出各种统一规定，明确统计标准和口径，避免由于口径不同造成的数据不一致。

每年定期修订《社会服务统计制度》、《社会服务统计信息系统操作手册》，使统计人员的操作有章可循，避免因人而异。

（四）信息系统互联互通

统计信息系统建设针对信息共享机制不完善而引起的信息孤岛现象和重复建设引起的资源浪费现象，积极加强与有关各方的联系和沟通，在开发中做好数据来源可与业务系统对接，数据上报可与国家级各种信息库相连的功能作用，做好系统的进口和出口，使社会服务统计数据共享实现顺畅通达。

二、统计资料发布及编辑出版服务

在民政部网站上公布《发布日程表》，将民政事业统计报表数据公布时间制度化，使社会各界及时了解民政事业的发展情况。并借此广泛接受社会各界的监督，规范日常统计工作。及时有效地通过纸质、电子、网络等各种渠道发布统计信息，公布信息免费查询热线服务大众。在民政部官方网站上开辟专栏，及时定期发布统计数据。公布统计标准和统计方法，方便读者查询。

出版《社会服务发展统计公报》、《社会服务发展统计提要》、《社会服务发展统计月刊》、《社会服务发展统计季刊》、《民政事业统计年鉴》、《中华人民共和国乡镇行政区划简册》等一系列统计数据和统计标准资料，使社会各界及时了解社会服务领域的发展情况。

三、社会服务发展情况

通过社会服务统计体系的建立，可以及时了解到社会服务领域的发展，为中共中央、国务院和各级人民政府的决策提供可靠的依据。

（一）提供住宿的社会服务

统计数据表明，截至2013年底，全国各类提供住宿的社会服务机构4.6万个，床位526.7万张，收养322.5万人；每千人口平均拥有社会服务机构床位3.9张。其中，各类养老服务机构拥有床位493.7万张，年末收留抚养老年人307.4万人；儿童收养救助服务机构拥有床位9.8万张，年末收养各类人员5.6万人；民政部门管理的智障与精神疾病服务机构拥有床位7.4万张，年末收养各类人员2.3万人；其他提供住宿的社会服务机构床位15.7万张。

(二)不提供住宿的社会服务

老龄服务。截至2013年底,全国共有老龄事业单位2571个,老年法律援助中心2.1万个,老年维权协调组织7.8万个,老年学校5.4万个、在校学习人员692.0万人,各类老年活动室36万个。

儿童福利。截至2013年底,全国共有孤儿54.9万人,其中集中供养孤儿9.4万人,社会散居孤儿45.5万人。2013年全国办理家庭收养登记24460件,其中:内地居民收养登记21033件,港澳台华侨收养197件,外国人收养登记3230件。

为残疾人提供服务的机构。截至2013年底,全国共有为残疾人提供服务的机构18227个,吸纳残疾职工53.9万人就业。

(三)社会救助

城市最低生活保障。截至2013年底,全国共有城市低保对象1097.2万户、2064.2万人。全年各级财政共支出城市低保资金756.7亿元,其中中央财政补助资金545.6亿元,占总支出的72.1%。2013年全国城市低保平均标准为每人373元/月;全国城市低保人均补助水平为每人264元/月。

城市"三无"人员救济。2013年救济城市"三无"人员(无劳动能力、无收入来源、无法定赡养[抚养、扶养]人)8.6万人。

农村最低生活保障。截至2013年底,全国有农村低保对象2931.1万户、5388.0万人。全年各级财政共支出农村低保资金866.9亿元,其中中央补助资金612.3亿元,占总支出的70.6%。2013年全国农村低保平均标准每人2434元/年;全国农村低保月人均补助水平116元。

农村五保供养。截至2013年底,全国有农村五保供养人员537.2万人。全年各级财政共支出农村五保供养资金172.3亿元。其中,集中供养年平均标准为4685元/人,分散供养年平均标准为3499元/人。

农村传统救济。2013年农村传统救济73万人。

医疗救助。2013年民政部门资助参加城镇居民基本医疗保险1490.1万人,人均资助参保水平96.7元,各级财政共支出资助参保资金14.4亿元;民政部门资助参加新型农村合作医疗4868.7万人,人均资助参合水平61.7元,各级财政共支出资助参合资金30.0亿元;直接医疗救助2126.4万人次,各级财政共支出直接医疗救助资金180.5亿元。

2013年全年累计医疗补助优抚对象454.1万人次,人均补助水平715.8元,各级财政共支出优抚医疗补助资金32.5亿元。

(四)社会服务发展资金保障情况

改革开放以来,国家财政进一步加大对社会服务事业的投入力度,社会服务事业得到了长足的发展。社会服务事业费稳步增长，由 1978 年的 13.71 亿元增长到 2013 年的 4276.5 亿元，平均年增长速度为 17.8%。2013 年社会服务事业费占国家财政支出的比重为 3.1%。

中央政府在支持社会服务事业中一直起着至关重要的作用，每年社会服务事业费的一半出自中央财政。2013 年中央财政共向各地转移支付社会服务事业费 2149.7 亿元，占当年社会服务事业费支出总计的比重为 50.3%。

2013 年中国各级社会服务事业费总计支出的 4276.5 亿元中：城市居民最低生活保障支出 756.7 亿元，农村居民最低生活保障支出 866.9 亿元，其他社会救助支出 291.4 亿元，医疗救助支出 257.4 亿元，自然灾害救济费 178.7 亿元。

15.环境统计

一、环境统计相关背景

改革开放以来，中国经济高速发展，经济总量逐年递增。而这一过程并没有完全摆脱高投入、高消耗、重污染、低产出的传统发展模式，造成的环境污染仍然十分严重，自然资源遭到耗竭性的开发，生态环境面临日益严重的破坏，使得社会经济的可持续发展受到了严峻挑战。中国作为一个快速发展中的人口大国，在全面建成小康社会的现代化进程中，环境状况如何，对自身乃至全球的环境影响重大。

环境统计的发展伴随着环保事业的发展不断加强。近些年来，中国各级政府对环境保护工作的关注程度前所未有。与此同时，为了全面地反映中国的环境状况，准确地跟踪和记录中国环境保护和生态建设的工作进程，环境统计也得到了前所未有的重视，政府和社会各界对环境统计工作的要求越来越高，内容越来越细。在市场经济条件下，环境统计为满足政府决策提供依据的迫切需求以及对促进环境、经济和社会持续协调发展的作用显得越来越重要。

二、环境统计的建立和发展

环境统计是说明环境状况和趋势的统计，主要是以人类生存和发展的自然环境为研究对象。它反映大气、水域、土壤等环境体受污染的状况，反映污染源排放、治理和综合利用的效果及其环境保护投入情况等。

中国的环境统计是适应环境保护的需要而建立，并伴随着环境保护事业的发展而发展的。1979 年国务院环境保护领导小组办公室组织了对全国 3500 多个大中型企业的环境基本状况调查后，为加强环境管理，制定了环境保护有关方针政策，编制了自然环境和城市环境规划。

1980年，国务院环境保护领导小组与国家统计局联合建立了环境保护统计制度。当时的内容主要是针对工业企业的环境污染排放治理方面的统计，涉及生态环境建设和保护的统计内容较少。此后，国务院有关部门相继建立了涵盖有关环境保护内容的统计制度，并逐步纳入国家统计范围。20世纪90年代中期，环境统计在国家统计局得到进一步加强。2001年，国家统计局提出要加强环境统计工作，环境统计工作开始全面展开。2004年，国家统计局建立了面向相关部门的环境综合统计制度，对部门相关统计工作的业务指导和协调管理大大加强，对环境统计数据的收集力度加大，环境统计工作快速发展。

三、环境统计主要内容

环境统计涉及人类赖以生存的生产和生活全部条件。根据中国环境保护需要及国情，环境统计的主要内容涵盖了水环境、海洋环境、大气环境、固体废物、生态环境（土地、森林/草地、生物多样性）、自然灾害、环境污染治理投资、城市环境、农村环境等方面。归纳起来包括以下四个方面。

自然资源统计：反映土地、矿产、水、森林、生物、自然遗迹、自然保护区等现有数量、开发利用程度及保护情况。

能源环境统计：反映能源资源的分布状况、能源生产消费情况。

居住区环境统计：反映公众居住条件、公共设施状况。

环境污染和治理统计：反映水、大气、废物等主要污染物的产生、排放和治理情况、环境污染治理投资情况、气候变化情况等。

四、环境统计数据收集

中国环境统计是政府综合统计和部门专业统计相结合的运行模式。环境统计数据资料的收集主要是通过环境统计制度及相关的环境统计调查获得。负责环境统计数据收集的部门主要有国家统计局、环境保护部及其他有关部门。

国家统计局制定统计规范，协调、管理、指导部门环境统计工作，并负责收集环境综合统计资料和审批各有关部门的统计报表制度。环境保护部是制定环境政策的机构，也是收集环境统计数据的主要机构。国务院其他有关部门，如水利部、住房和城乡建设部、国土资源部、农业部、卫生部、民政部、国家林业局、国家海洋局、中国气象局、中国地震局等也是收集有关环境统计数据的重要机构。各地方、各部门除执行国家统计制度外，还搜集一些本身所需要的其他有关的环境统计数据。

改革开放以来，国家统计局和相关部门为应对环境面临的挑战，在环境统计方面做了大量工作，基本形成了具有中国特色的环境统计工作格局，主要包括：

（一）加大对政府各部门环境统计工作的组织协调和管理，初步建立了部门间合作协调机制。

（二）加强对各部门报送的包含环境内容的统计制度的审核和审查，逐步规范环境统计指标。

（三）建立了由各相关部门报送的环境综合统计制度。

（四）加强环境综合统计资料的搜集整理编辑工作，逐步在《国民经济和社会发展统计公报》、《中国统计摘要》、《中国统计提要》、《中国统计年鉴》中增加环境统计的内容，为各级党委政府、部门和科研机构提供综合统计信息。

（五）开展一系列环境统计分析和研究工作。

（六）举办环境统计培训班，提升中国环境统计业务人员的业务素质。

（七）协助相关部门开展环境统计调查。如环保产业调查、第一次全国污染源普查等。

（八）积极参与环境统计的国际交流与合作。

（九）编辑出版了中国第一套较全面、系统地反映各领域环境状况及环境问题的综合性资料信息集——《中国环境统计年鉴》，填补了综合性环境统计资料编辑提供的空白。

（十）进行了 1987 年、1995 年和 1997 年大气污染物排放测算研究，初步建立了中国年代范围较广的大气排放清单。

改革开放以来的中国环境统计，从统计制度建设、业务工作基础建设、提供统计服务等各方面逐步推动工作的开展，搜集整理了大量能够反映客观实际的环境统计数据，有力地支撑了各级政府的决策需求和部门环境管理需要，也为社会各界提供了丰富的环境统计信息。

五、环境统计资料编辑和提供

建立统计制度以来，环境统计工作得到进一步加强，发展迅速，内容逐步丰富，范围日益广泛，成果不断增加。根据目前环境统计框架和现有环境统计制度，国家统计局和各相关部门定期编辑出版相应的统计资料，将收集的环境统计数据服务于各级党委政府和社会公众。环境统计数据发布和出版物主要有：国家统计局的《国民经济和社会发展统计公报》、《中国统计年鉴》、《中国环境统计年鉴》、《中国能源统计年鉴》；环境保护部的《中国环境状况公报》、《中国环境统计年报》、《中国环境年鉴》；水利部的《中国水利统计公报》、《中国水资源公报》、《中国水利统计年鉴》；住房和城乡建设部的《中国城市建设统计年鉴》；国土资源部的《国土资源综合统计年鉴》；农业部的《中国农业统计资料》；国家卫生和计划生育委员会的《中国卫生统计年鉴》；民政部的《中国民政统计年鉴》；国家林业局的《中国林业发展报告》、《中国林业统计年鉴》；国家海洋局的《中国海洋环境公报》、《中国海洋灾害公报》、《中国海洋统计年鉴》；中国气象局的《中国气象统计年鉴》；中国地震局的《中国地震统计年报》等。

16.应对气候变化统计

2013年,中国正式启动应对气候变化统计工作,印发了《关于加强应对气候变化统计工作的意见》和《应对气候变化统计工作方案》,建立了《应对气候变化部门统计报表制度》和《政府统计系统应对气候变化统计数据需求表》。这些统计工作文件,明确了应对气候变化统计的目的、方法、内容、工作分工及组织实施机制。

一、工作背景

气候变化是当前人类发展面临的最大挑战。为应对气候变化问题,2007年,国务院成立国家应对气候变化及节能减排工作领导小组,印发了《中国应对气候变化国家方案的通知》。2008年10月,国务院新闻办公室发布《中国应对气候变化的政策与行动》。2009年8月,全国人大常委会通过《关于积极应对气候变化的决议》。国务院于2011年8月颁发了《"十二五"节能减排综合性工作方案》,于12月颁发了《"十二五"控制温室气体排放工作方案》。同年11月,国务院新闻办公室发表了《中国应对气候变化的政策与行动(2011)》白皮书。2014年9月,报经国务院同意,国家发展改革委印发《国家应对气候变化规划(2014—2020年)》。这一系列行动,表明了中国政府对气候变化问题的高度重视和积极应对的决心。

为贯彻落实《国民经济和社会发展第十二个五年规划纲要》和《"十二五"控制温室气体排放工作方案》中"建立完善温室气体排放统计核算制度,加强气候变化统计工作"的要求,中国国家统计局正式启动应对气候变化统计工作。

二、应对气候变化统计方法制度研究

(一)组织温室气体排放基础统计课题研究

控制温室气体排放是应对气候变化的关键措施。2012—2013年,国家统计局组织了温室气体排放基础统计课题研究,天津、湖北、重庆、云南、青海、宁夏等6个省(区、市)的统计部门参加。课题组对编制温室气体清单涉及的能源活动、工业生产过程、农业、土地利用变化和林业、废弃物处理等五个领域的统计数据进行了全面评估与分析,完成了建立和完善温室气体排放统计指标体系、调查体系、调查方法等相关课题研究,为国家研究建立适应温室气体排放核算的应对气候变化统计工作方案和相关报表制度提供了有益参考。

(二)研究制定应对气候变化统计报表制度和工作方案

2013年11月,国家统计局和国家发展改革委联合印发《关于开展应对气候变化统计工作的通知》,向相关部门布置《应对气候变化部门统计报表制度(试行)》。该制度涵盖能源活动、工业生产过程、农业、土地利用变化和林业、废弃物处理五个领域、20个相关部门和协会的统计数据，共计21张报表，727项指标。

2014年1月，国家统计局印发《应对气候变化统计工作方案》（以下简称《方案》）。《方案》中的应对气候变化统计指标体系分为两部分内容：一是应对气候变化综合统计指标，包括气候变化及影响、适应气候变化、控制温室气体排放、应对气候变化的资金投入4个方面，36个综合统计指标；二是温室气体排放基础统计指标，包括能源活动、工业生产过程、农业、土地利用变化和林业、废弃物处理5个方面的基础统计指标。《方案》明确了指标数据来源和负责部门，以及与相关报表制度的对应关系。

《方案》包括的《政府综合统计系统应对气候变化统计数据需求表》，是对国民经济核算、工业、能源、服务业和农村等专业统计提出的数据需求，要求相关专业通过改进现有统计制度、统计分类和汇总方式等办法，提供应对气候变化统计所需的数据。

三、全面部署应对气候变化统计工作

2014年2月，应对气候变化统计工作领导小组成立，国家统计局、国家发展和改革委员会、科技部、工业和信息化部、民政部、财政部、环境保护部、住房和城乡建设部、交通运输部、水利部、农业部、国家质量监督检验检疫总局、国家安全生产监督管理总局、国家林业局、国家机关事务管理局、中国气象局、国家能源局、国家海洋局、中国石油化学工业联合会、中国钢铁工业协会、中国电力企业联合会等21个部门为领导小组成员单位。国家统计局马建堂局长和国家发展改革委解振华副主任任领导小组组长。领导小组办公室设在国家统计局，负责日常工作。领导小组的主要任务是：组织协调应对气候变化统计工作，统一部署任务，研究解决工作中遇到的重大问题，全面推进应对气候变化统计工作。

同月，领导小组召开会议，全面部署应对气候变化统计工作。

2014年5月，应对气候变化统计工作领导小组办公室在北京召开工作培训会议，布置《应对气候变化部门统计报表制度（试行）》的落实任务。

17.社会统计专项工作和专项调查

一、社会统计专项工作和专项调查的作用

社会统计专项工作和专项调查，是指为一些特定需求而开展的统计项目。相对于一般社会活动和社会管理内容的常规统计，专项社会统计的作用，多为满足某一具体决策的调研需求、既定发展目标的进程监测、特定问题或特定群体的特殊性研究与决策等专门目的，或具有阶段性特征的其他需求而建立的统计项目；其内容，往往是为一般统计调查在内容、范围、频率、结构上不能满足的统计需求而设定。其方法，一是在已有统计调查的基础之上对数据的进一步加工整理,二是根据需要在常规统计调查项目中增加指标或分组,三是开展必要的专项统计调查。因此,专项统计往往是为了满足综合社会统计需求,从宏观社会发展的角度开展的。根据需要,专项统计工作和调查可以是定期进行的,也可以是一次性开展的。其形式,可以是数据收集和提供,也可以是数据研究和分析。

二、专项社会统计的主要内容及发展

从20世纪中期国际上的社会指标运动起,专项社会统计和调查的理念与实践得到较快发展。这是因为社会指标运动即是起因于从单纯追求经济发展到对社会全面发展理念的认识,以人的发展为中心的公共研究和决策占据了越来越重要的地位。因此,社会指标的研究提出了更多的社会统计需求,从而带动了社会统计调查的快速发展,将社会统计调查引入越来越广泛和深入的社会发展领域,涉及社会生活的各个方面。伴随着社会发展的不同水平和阶段,社会统计调查的关注点也不同,其核心是社会发展和公共决策面临的最突出问题。

在国际上,贫困、性别不平等、环境恶化、犯罪等具有全球影响的社会发展问题,一直都是社会统计调查的重要关注点。对居民生活模式的统计调查,如生活时间利用、居民营养状况、社会活动参与等,也是为公共决策提供重要信息支撑的研究领域。随着经济全球化和社会环境、发展理念等各方面因素的变化影响,新的社会关注点如人口老龄化、弱势群体、文化多样性、基本公共服务均等化、居民主观意向等受到重视,体现出更加注重社会公平、文化融合、可持续发展等社会发展深层次的问题。

三、社会统计专项工作和调查在中国的实践

改革开放以来,以中国国情为基础,围绕社会发展的重要和核心问题、宏观发展决策的信息需求和成效、国家发展目标的进程监测等,中国国家统计局和政府有关部门、社会组织和研究机构,有针对性地组织了很多非常有价值的专项统计和调查工作,收集整理了大量的统计数据,成为综合社会统计的重要数据来源,为政府决策和社会发展研究提供了有效的统计服务。主要内容有:

(一)针对特定群体的专项统计与调查

对妇女、儿童、残疾人、老龄人口、农民工、留守儿童等的统计和调查,反映这些群体的主要特征、生活状况、特殊困难及需求。

(二)针对特定方面的调查

公共卫生服务调查、居民营养调查、国民体质调查、公众科学素养调查、时间利用调查、素质教育调查,反映社会在某一方面的整体状况、发展水平和存在的问题。

(三)针对特定发展目标的监测和统计

《中国妇女发展纲要》和《中国儿童发展纲要》执行进程监测、中国小康建设进程监测、文化产业统计,反映特定发展目标的贯彻执行和进展完成情况、主要的推进和存在的差距,以更有针对性地采取有效措施。

(四)针对特定舆情的问卷调查

对精神文明建设、政治体制改革、行业风气、公共安全感等群众特别关心的问题开展的多项主观问卷调查,反映群众对特定问题的感受和评价,获知政府在社会管理和方针政策执行过程的效果和不足。

专项统计和调查与社会发展水平、阶段、目标紧密相关,以反映特定时期、特定群体、特定问题为主要内容,多数具有较明显的时代特点和较强的阶段性特征,其内容也会随着社会发展水平的变化而调整。

四、社会统计专项工作和专项调查的意义

(一)整理相关资料,提供统计服务

除开展必要的专项调查外,社会统计专项工作的很多数据来源是已有的统计资料。通过专业统计人员对这些资料的收集、整理和加工、汇总,方便了数据使用,满足了用户的专门需求。例如,性别统计是将分布在各专业统计中的分性别统计信息进行收集整理,汇编出反映社会生活各个方面男女对比的统计资料,有力地支持了妇女发展各项政策规划的实施。

(二)开展统计调查,完善统计内容

对一般统计不能满足的调查信息,通过专项统计调查可以给予有效的补充。如 5 年一次的卫生服务调查提供的卫生服务需求和居民健康状况,是卫生统计的重要组成部分,为政府基本公共卫生服务决策提供了全面的信息。在常规统计调查中根据专门需要增加调查项目或分组,也是满足专项统计需要的一种方法。

(三)开展统计分析,满足决策需求

对一些重要的国家发展目标和规划,通过对相关统计数据的汇总处理,掌握静态水平和动态趋势,对规划的执行情况和目标的达标情况作出分析和判断。如文化产业统计,通过收集汇总文化产业范围内的各行业数据,获得文化产业增加值及其结构和增长速度等数据,服务于发展目标的研究分析。

18.妇女儿童发展纲要统计监测

中国妇女儿童发展纲要统计监测,是指对《中国妇女发展纲要》和《中国儿童发展纲要》实施情况进行的统计监测工作(简称"两纲监测")。此项工作由中国国家统计局负责,多部门合作,是国务院妇女儿童工作委员会贯彻落实两个发展纲要工作的重要组成部分。

一、妇女和儿童发展纲要的制定

妇女发展纲要和儿童发展纲要是推动中国妇女儿童发展的纲领性文件。自20世纪90年代，国务院先后颁布了首部儿童发展纲要和首部妇女发展纲要后，中国已经完成了两个周期的纲要实施，目前正在执行《中国妇女发展纲要（2011—2020年）》和《中国儿童发展纲要（2011—2020年）》。

（一）《九十年代中国儿童发展规划纲要》和《中国妇女发展纲要（1995—2000年）》颁布

根据中国国民经济和社会发展十年规划和第八个五年计划提出的目标任务，结合妇女儿童发展的需要，参照世界儿童问题首脑会议和第四次世界妇女大会的议题，中国政府分别于1992年和1995年制定并颁布了《九十年代中国儿童发展规划纲要》和《中国妇女发展纲要（1995—2000年）》。这是中国妇女儿童发展的重要里程碑。在各级党委和政府的统一领导和社会各界的大力支持下，两个纲要实施顺利，成效显著。《九十年代中国儿童发展规划纲要》和《中国妇女发展纲要（1995—2000年）》监测与评估报告显示：到2000年两个纲要的目标基本实现。儿童的生存、保护和发展取得了历史性的进步；妇女在政治、经济、文化、社会和家庭生活等各个领域的权利得到进一步实现。此外，两个纲要的实施成果，形成了《中华人民共和国一九九五年第四次世界妇女大会〈北京宣言〉〈行动纲领〉执行成果报告》和《中华人民共和国九十年代儿童发展状况报告（世界儿童问题首脑会议后续行动国家报告）》，分别于2000年6月和12月提交联合国23届妇女问题特别会议和联合国儿童基金会总部，体现了中国政府认真履行对国际社会的承诺。

（二）《中国妇女发展纲要（2011—2020年）》和《中国儿童发展纲要（2011—2020年）》

继完成中国妇女儿童发展2001—2010年的纲要后，根据《国民经济和社会发展第十二个五年规划纲要》的总体目标和要求，结合妇女儿童发展实际，在总结前两个周期妇女儿童发展纲要实施的经验基础上，2011年7月，国务院颁布了2011—2020年的新一轮中国妇女儿童发展纲要。

纲要确定了中国妇女儿童发展的总目标、发展领域、主要目标及策略措施，要求对纲要实施情况进行年度监测、中期评估和终期评估。

《中国妇女发展纲要（2011—2020年）》包括妇女与健康、妇女与教育、妇女与经济、妇女参与决策和管理、妇女与社会保障、妇女与环境、妇女与法律等7个领域，共设置57项主要目标，88项措施。

《中国儿童发展纲要（2011—2020年）》包括儿童与健康、儿童与教育、儿童与福利、儿童与社会环境、儿童与法律保护5个发展领域。共设置52项主要目标，67项措施。

新纲要是指导 2011—2020 年中国妇女儿童发展的行动纲领，对于实现到 2020 年全面建成小康社会的伟大目标，具有重大的现实意义和深远的历史意义。

二、中国妇女儿童发展纲要监测工作

开展统计监测，是推动两个纲要贯彻实施，按期实现国家制定的妇女儿童发展目标的重要基础性工作。

自 20 世纪 90 年代两个纲要首次颁布，根据纲要的目标和措施等要求，由国家统计局牵头、多部门合作的国家级统计监测工作开始建立并不断完善。

（一）两纲监测的主要工作任务

两纲监测工作主要包括以下内容：根据纲要确定的目标和措施，研究制定统计监测方案，建立监测指标体系，落实统计数据来源，建立统计报表制度；收集、整理、汇编统计数据，建立统计数据库；开展统计分析研究和统计监测，定期完成妇女、儿童两个发展纲要实施情况的统计监测报告，反映纲要目标完成进展情况、措施落实情况和存在的问题，为政府相关决策提供统计咨询；对统计系统和各部门进行纲要监测工作的指导和人员培训；对加强统计基础工作和改善统计监测工作提出要求或建议。

（二）中国妇女儿童发展纲要监测工作机制

纲要监测工作在国务院妇女儿童工作委员会的领导下，相关成员单位组成监测工作小组，由国家统计局牵头负责。监测工作小组共同研究确定监测统计指标体系和工作任务；各单位根据监测需要，按期完成本部门负责的数据收集和提供；国家统计局根据各单位报送的统计数据，开展统计分析，定期完成两个发展纲要的统计监测报告报国务院妇女儿童工作委员会，向社会发布。

三、中国妇女发展纲要监测指标

根据《中国妇女发展纲要（2011—2020 年）》制定的发展目标，监测内容分为 6 个领域，51 项统计指标。包括：

（一）妇女与健康

1. 妇女人均预期寿命。

2. 孕产妇死亡率。

3. 妇女常见病筛查率。

4. 宫颈癌死亡率。

5. 乳腺癌死亡率。

6. 孕产妇艾滋病病毒抗体阳性率。

7. 妇女梅毒年报告发病率。

8. 孕产期中、重度贫血患病率。

9. 已婚育龄妇女避孕率。

10. 妇女经常参加体育锻炼的人数比例。

(二)妇女与教育

1. 在园儿童中女童所占比例。

2. 小学初中在校生中女生所占比例。

3. 普通高中在校生中女生所占比例。

4. 高等教育毛入学率。

5. 普通高校在校生中女生比例。

6. 职业学校在校生中女生所占比例。

7. 由就业培训中心和民办职业培训机构举办的职业技能培训中女性所占比例。

8. 女性青壮年文盲率。

(三)妇女与经济

1. 妇女就业人员占全部就业人员的比例。

2. 城镇单位女性就业人员。

3. 女性非农就业人数占全部非农就业人数的比例。

4. 公有经济企事业单位高级专业技术人员中女性所占比例。

5. 执行了《女职工劳动保护特别规定》的企业比重。

6. 城乡低保、农村五保对象中女性人数。

7. 城乡最低生活保障平均标准。

(四)妇女参与决策和管理

1. 全国(省)人大代表中女性比例。

2. 全国(省)人大常委会委员中女性比例。

3. 省(市、县)政府领导班子配有女干部的班子比例。

4. 省、市政府工作部门领导班子配有女干部的班子比例。

5. 省(市、县)政府领导班子正职中女干部比例。

6. 省(市、县)政府工作部门领导班子配有正职女干部的班子比例。

7. 企业董事会中女职工董事占职工董事的比重。

8. 企业监事会中女职工监事占职工监事的比重。

9. 职工代表大会中女性比例。

10. 村委会成员中女性比例。

11. 村委会主任中女性比例。

12. 居委会成员中女性比例。

（五）妇女与社会保障

1. 城镇职工生育保险参保人数。

其中：女性参保人数。

2. 城镇职工和居民基本医疗保险参保人数。

其中：女性参保人数。

3. 城镇职工和居民基本养老保险参保人数。

其中：女性参保人数。

4. 新型农村社会养老保险参保人数。

其中：女性参保人数。

5. 城镇女性参加失业保险的人数。

6. 城镇女职工参加工伤保险人数。

（六）妇女与环境及法律

1. 农村集中式供水受益人口比例。

2. 农村卫生厕所普及率。

3. 破获强奸案件数。

4. 破获拐卖妇女案件数。

5. 破获组织（强迫、引诱、容留、介绍等）妇女卖淫案件数。

6. 受暴妇女儿童救助（庇护）机构数。

7. 受救助（庇护）所救助人次。

8. 妇女获得法律援助人数。

四、中国儿童发展纲要监测指标

根据《中国儿童发展纲要（2011—2020年）》制定的发展目标，监测内容分为4个领域，34项统计指标。包括：

（一）儿童与健康

1. 严重致残的出生缺陷发生率。

2. 婴儿死亡率。

3. 5岁以下儿童死亡率。

4. 18岁以下儿童伤害死亡率。

5. 纳入国家免疫规划的疫苗接种率。

6. 新生儿破伤风发病率高于1‰的县数。

7. 低出生体重发生率。

8. 0—6个月婴儿纯母乳喂养率。

9. 5岁以下儿童贫血患病率。

10. 5岁以下儿童生长迟缓率。

11. 5岁以下儿童低体重率。

（二）儿童与教育

1. 学前三年毛入园率。

2. 城市公办幼儿园数。

3. 农村公办幼儿园数。

4. 九年义务教育巩固率。

5. 义务教育阶段残疾儿童在校学生数。

6. 高中阶段毛入学率。

7. 中等职业教育在校生数。

（三）儿童与福利

1. 孤儿家庭收养人数。

2. 残疾儿童接受康复训练和服务人数。

3. 残疾儿童康复救助人数。

4. 儿童福利机构个数。

5. 流浪儿童救助保护中心个数。

6. 开展残疾儿童康复的残疾人康复服务机构数。

（四）儿童与环境和法律保护

1. 家长学校数。

2. 家长学校培训人次。

3. 儿童主要文化产品数量。

4. 基层组织中持有证书的专业社会工作者人数。

5. 社区服务中心（站）个数。

6. 儿童中心（或儿童之家）个数。

7. 出生人口性别比。

8. 解救被拐卖儿童数。

9. 得到法律机构援助的未成年人数。

10. 未成年人犯罪人数占同期犯罪人数的比例。

五、中国妇女儿童发展纲要监测工作成果

（一）定期提供两纲监测报告

根据对纲要实施情况进行年度监测，动态反映纲要目标进展情况的要求，国家统计局牵头监测工作小组，按照两纲监测指标体系，及时收集、整理、分析相关数据和信息，按期完成了妇女和儿童两个发展纲要每年的年度监测报告、各纲要周期的中期监测报告和终期监测报告，利用简洁的图表和文字，逐一分析各个目标的落实进度、政策措施取得的成效和存在的问题，及时地反映了两个纲要的分别实施进展情况和中国妇女儿童权益保障及事业发展的总体状况。

（二）推动中国性别统计和儿童统计工作的开展

为满足两纲监测需要，并全面系统地反映中国妇女儿童事业发展状况，2004年，国家统计局建立了妇女儿童状况综合统计制度，形成了一套较为完善的统计指标体系，涵盖了经济、人口、卫生保健、教育、就业、社会保障、社会服务、妇女参政议政、法律保护、社会生活环境等领域，促进了两纲监测数据的收集。各部门也加强了相关统计工作，完善了统计指标和性别分组。两纲监测的实行，加强了部门间的协调配合，形成了有效合作的统计工作机制。在加强统计数据收集的基础上，国家统计局与联合国人口基金合作建立了中国妇女儿童数据库，为做好纲要监测和评估工作提供了数据支持和技术保障。

（三）编印妇女儿童统计出版物

为及时反映妇女儿童发展状况、男女平等发展进程和两性生存状况，国家统计局编印了多本妇女儿童和性别统计资料出版物。主要包括：自1995年起不定期出版《中国社会中的男人和女人》、《社会的进步》、《中国性别统计资料》；自2008年起每年定期出版的《中国妇女儿童状况统计资料》等，各地区也相继编印了大量妇女儿童和性别统计资料，为政府和社会各界提供优质统计服务。

19.性别统计

一、性别统计在中国的建立与发展

（一）性别统计的作用

性别统计的目的是了解男性和女性群体在社会生活中的不同社会角色和性别差异，是通过在相关统计调查中纳入必要的性别分组指标，使收集上来的统计数据可以进行分性别的比较和分析，发现中国社会在推动男女平等基本国策实现进程中取得的成就和存在的问题。性别统计是综合社会统计的重要内容。

在中国建立性别统计之前，已经建立有妇女事业统计，由全国妇联负责，以妇联工作和所服务的妇女群体为主要统计对象，在全系统开展相关统计调查，并结合其他专业统计中可得的女性统计数据，编辑整理反映中国妇女发展状况的统计资料。这些统计反映出了中国妇女的进步和社会地位的改善，以及政府和全社会为推动妇女发展所做的努力和成果，在妇女发展研究、宣传和决策上发挥了重要作用。

妇女的发展进步水平和社会地位高低是相对于男性而言的，目标是实现社会生活中的性别平等。因此，仅对女性社会生活各方面进行统计和动态比较，反映女性自身的变化与进步是不全面的，必须要建立性别统计，将女性和男性的社会生活状况进行比较，才能真正反映妇女地位的改善和男女平等的实现程度，为研究决策提供全面的信息。

（二）性别统计在中国的建立

1995年8月，中国第一部《中国妇女发展纲要（1995—2000年）》经国务院批准颁布实施。为推动《纲要》目标的落实和开展统计监测，其措施包括："加强国家级的妇女发展综合统计，建立妇女数据库，增设性别统计指标，做好有关妇女的信息采集、整理、反馈和交流工作，为预测发展趋势、制订规划、科学决策、检查评估等提供依据。""建立国家级的妇女状况监测系统，制定切实可行、科学规范的监测评估方案，全面地、动态地监测妇女发展状况。"

自此，国家统计局承担了国家级妇女发展纲要实施的监测。从研究指标体系开始，将反映妇女发展和男女平等的统计指标纳入体系，建立了多部门合作的数据资料收集机制。通过全面收集分性别的统计调查资料，中国性别统计的建立正式起步。

为配合1995年第四次世界妇女大会在北京召开，国家统计局与联合国妇女基金自1992年开展合作项目，研究中国分性别统计的状况，编辑《中国社会中的女人和男人——事实与数据1995》分中英文版的小册子，在世界妇女大会上分发。结合贯彻落实国家妇女发展纲要的监测任务，合作项目完成了《中国性别统计改善报告》。

中国的性别统计以国务院颁布的《中国妇女发展纲要（2001—2010年）》和《中国妇女发展纲要（2011—2020年）》提出的发展目标为基础，结合其他政策法规中的相关内容，不断完善性别统计内容，改善数据收集手段。性别统计的数据来源主要包括已有的分性别统计资料、通过在统计调查中增加性别分组获得的资料和专项统计调查资料。

由于技术等多种原因，目前中国性别统计数据缺口还比较大，仍有很多亟须的分性别资料无法获得。完善的主要措施，一是推动现有统计调查中加强性别分组数据的收集，二是开展更多有针对性的专项调查。

二、性别统计的主要内容和成果

（一）主要内容

性别统计一般覆盖人口、家庭、婚姻、生育、教育、就业、收入、无酬劳动、经济权益、社会保障、卫生保健、社会参与、法律、安全、特殊权益保护等方面的统计，以展示性别差异及其反映出的社会观念、生活状态、政策影响和改善状况，和对女性特殊需求或特殊权益的保障为主要内容。但根据妇女发展国家目标，针对社会观念中仍然存在对女性的歧视和社会发展中女性仍处于劣势地位的现状，每一领域中关注的核心指标会根据特定的发展水平、突出的性别问题和具体的政策目标而确定。由于性别差异很多是由社会观念造成，因此关于性别观念的主观调查是性别统计的重要内容，对相关政策的制定起着重要的作用。

性别统计的主要数据来源，是现有的部门或专业统计，如国家统计局的人口普查与人口抽样调查、住户调查，国务院各行政主管部门的业务统计，如民政统计、就业统计、教育统计、卫生与计划生育统计、劳动保障统计、公安和司法统计；社会参与统计还包括了全国人大和全国政协的相关统计内容；最高人民法院和最高人民检察院的统计也是性别统计的重要来源；全国总工会和全国妇联等机构的相关统计是妇女特殊权益保护等方面资料的重要来源。

（二）主要成果

1. 多渠道全面收集、整理、编辑各领域各专业分性别的统计数据，定期出版统计资料，为用户的使用提供了便利。

2. 开展妇女发展纲要的统计监测，发布年度监测、中期监测和终期监测报告。

3. 建立妇女统计资料数据库。在联合国人口基金支持下，利用其推荐的 DEVINFO 软件，建立了包括多专业统计指标、元数据信息、历年全国和分地区数据，满足多维度查询、方便结果输出、全面支持各相关政策和规划目标的性别统计数据库。

4. 开展培训。通过与联合国人口基金合作，中国性别统计将培训一直延伸到地级市，培训了大量性别统计的基层力量，提高了相关人员的性别统计意识和能力。

5. 开展专项调查。自 1990 年起，全国妇联与国家统计局合作，每十年开展一次中国妇女地位调查，到目前为止已经进行了三次。国家统计局在 2005 年试点调查的基础上，于 2008 年开展了中国首次时间利用抽样调查。对包括主观意向和个人、家庭、社会、社区等的生活状况和生活条件等内容的调查，极大地丰富了性别统计数据资料。

6. 大力推动各省（区、市）的性别统计工作。各地区也都开展了统计资料编辑、数据库建设、妇女发展纲要监测等工作，为推动全国性别统计工作较快发展发挥了重要作用。

20.残疾人统计

一、残疾人统计的重要作用

残疾人事业是中国特色社会主义事业的重要组成部分，关注残疾人是社会文明进步的标志。

残疾人统计是国家统计体系的重要组成部分，是保障残疾人事业科学发展的基础性工作。国家有关残疾人事业发展规划、政策的制定，离不开统计数据的支持和推动。

残疾人统计的发展完善在中国社会统计的发展与完善中发挥着重要作用。

二、残疾人统计工作机制

中国残疾人统计工作主要由中国残疾人联合会承担，任务是对全国残疾人事业的发展状况和残联系统的业务工作进行统计调查、统计分析、统计预测和统计监督，统计形式包括定期、不定期报表和各种专门调查和问卷调查。

全国残疾人统计工作实行统一领导、分级负责。全面的组织、协调与管理由中国残联负责，统计机构设在中国残联信息中心。地方各级残联的统计工作由地方各级残联负责管理和组织实施，并接受上级残联和同级人民政府统计部门的指导、监督与管理。

根据事业发展和业务工作需要，中国残疾人联合会及其地方各级组织开展残疾人专项业务统计调查，以掌握残疾人状况与需求情况，为制定残疾人事业发展规划、评估残疾人社会政策效果等提供科学依据。大型统计调查工作，通常成立或设置专门机构单独组织开展。

三、残疾人统计的内容

残疾人统计发展至今，累积了来自抽样调查、监测、需求调查等大量的数据资源。主要包括以下几个部分：

（一）残疾人总体状况

残疾人总体状况数据根据抽样调查推算。数据来源为1987年和2006年两次全国残疾人抽样调查。2006年第二次全国残疾人抽样调查内容包括调查户的人口、住房、收入、家电拥有、生活用电情况，以及每一位成员的性别、年龄、民族、户口性质、教育、就业、未工作状况及主要生活来源等共计25项，残疾人的残疾类别、等级、发现时间、致残原因、活动参与、康复建议、持证情况、在校教育、社会保障、曾接受服务或扶助、主要需求情况等共计11项。

（二）残疾人人口状况

数据来源为全国残疾人状况与小康进程监测，内容包括残疾人的生存、发展和环境状况及变化情况。涉及残疾人生活、康复、教育、就业、社会保障、社区服务、无障碍环境和法律服务等方面。数据发布形式为残疾人状况与小康进程监测年度报告。

（三）残疾人事业统计

数据来源为统计台账和年报，内容涵盖康复、教育、就业、扶贫、社会保障、宣传文化、体育、维权、组织建设、服务设施建设、信息化建设等业务领域。台账为基层残疾人主要业务工作基础登记资料，既包括所服务的残疾人信息，也包括服务机构及人员工作情况的数据。仅2014年，各业务领域统计台账数据就达到619.6万条。年报全面收集残疾人事业各项业务工作年度进展数据，其中主要业务统计数据由台账直接生成。

（四）持证残疾人登记

数据来源为全国残疾人人口基础数据库，内容涵盖年龄、性别、民族、户口、教育、就业等基本信息，残疾类别、等级、致残原因、残疾状况等残疾信息，以及残疾人证办理信息。截至2014年底，数据库已经积累了近3000万持证残疾人的基础数据。

四、残疾人统计专项调查

全国范围内开展的大型残疾人专项调查主要包括：

（一）1987年全国残疾人抽样调查

1987年，民政部、国家统计局、国家计委、卫生部、国家教委、公安部、财政部和中国残疾人福利基金会、中国盲人聋哑人协会联合开展了第一次全国残疾人抽样调查。调查规模为37万户、158万人口，调查人数占全国总人口数的1.50‰。根据这次抽样调查的结果推算，全国各类残疾人总数约有6000万人。其中，听力语言残疾约2057万人；智力残疾约1182万人；肢体残疾约887万人；视力残疾约887万人；精神残疾约225万人；综合残疾约782万人。

此次调查对全国残疾人事业产生了开创性的影响。中国政府首次掌握了全国各类残疾人的人数、地区分布、致残原因及其医疗、康复、教育、就业、婚姻、家庭和参与社会生活等详细具体的情况，为《中华人民共和国残疾人保障法》和有关法规、方针、政策和工作规划的制定提供了可靠的依据。

（二）2001年中国0—6岁残疾儿童抽样调查

为了了解中国残疾儿童的状况，掌握残疾儿童的现患率、发现率、致残原因、康复现状及需求，为国家制定相关政策、对残疾儿童进行康复服务提供科学依据，卫生部、公安部、中国残联和国家统计局在联合国儿童基金会的资助下，于2001年组织了中国首次0—6岁残疾儿童抽样调查。调查总样本量为6万名，调查得出的0—6岁儿童残疾现患率为1.362%，根据2000年第五次全国人口普查结果推算，中国约有0—6岁残疾儿童139.5万人。

（三）2006年第二次全国残疾人抽样调查

随着中国经济和社会的不断发展，为了进一步掌握残疾发生率及致残原因，了解残疾人各方面的需求，为制定相关政策提供依据，中国残联会同国家统计局、民政部等部门组织开展了第二次全国残疾人抽样调查。全国共调查了77.2万户、252.6万人，调查的抽样比为1.93‰。根据调查数据推算，全国各类残疾人总数为8296万人，占全国总人口的比例为6.34%。各类残疾的人数及占残疾人总数的比重分别是：视力残疾1233万人，占14.9%；听力残疾2004万人，占24.2%；言语残疾127万人，占1.5%；肢体残疾2412万人，占29.1%；智力残疾554万人，占6.7%；精神残疾614万人，占7.4%；多重残疾

1352万人，占16.3%。

2006年第二次全国残疾人抽样调查表明，中国残疾人状况正处于一个快速变动的阶段。与1987年第一次调查比较，中国残疾人口总量增加，残疾人比例上升，残疾类别结构变动。影响这一变化的因素有两次调查间人口增长与结构变动、社会与环境变化、残疾标准修订等。

本次调查是一次成功的调查，获得了丰富的数据，为《中共中央国务院关于促进残疾人事业发展的意见》和《中华人民共和国残疾人保障法》，中国残疾人事业"十一五"、"十二五"工作纲要等一系列法规、方针、政策和工作规划的制定提供了科学可靠的基础和依据。这些重大部署，使中国残疾人事业进入加快发展的新阶段。

（四）全国残疾人状况与小康进程监测

2007年起，中国残联启动全国残疾人状况监测工作。监测是第二次全国残疾人抽样调查的拓展和延伸，是为了更加及时、准确、全面地掌握残疾人状况的变化情况，为相关立法、政策、规划及业务工作的调整、评估提供更具有针对性的信息。监测的主要内容根据中国残疾人小康指标体系和第二次全国残疾人抽样调查的主要指标确定，包括残疾人生存、发展和环境状况，涉及残疾人生活、康复、教育、就业、社区服务、无障碍环境、法律服务等方面的状况及变化情况。

2007—2013年残疾人状况监测结果表明，残疾人生活状况逐年得到较大改善，特别是收入水平和康复服务的覆盖率明显提高，残疾人小康进程继续迈进，2013年度小康指数达71.1%，反映出党和国家一系列改善民生措施的成效和残疾人事业加快发展的新变化。残疾人状况监测已经成为一项重要的基础性工作，是各项事业统计、绩效评估的重要参照。

（五）全国残疾人基本服务状况和需求专项调查

2014年，为扎实推进残疾人同步小康进程，制定残疾人事业"十三五"发展纲要，实现残疾人基本状况的信息化动态管理，国务院残疾人工作委员会启动全国残疾人基本服务状况和需求专项调查工作。调查对象为在全国残疾人人口基础数据库中登记并持有第二代《中华人民共和国残疾人证》的残疾人，及在数据库中登记而暂未持证的疑似残疾儿童。调查标准时点定为2015年1月1日零时。调查重点了解各类残疾人在生活救助、社会保障、康复服务、辅具服务、接受教育、就业帮扶、托养照料、扶贫开发、住房保障、无障碍改造、权益维护等方面的现有服务状况和托底服务需求等内容。

五、残疾人统计资料的编辑和提供

中国残联每年发布残疾人事业统计公报，出版《中国残疾人事业统计年鉴》，编印各种统计资料，通过中国残联官方网站及时发布数据，为社会公众和基层残联提供统计服务。《国民经济和社会发展统计公报》和《中国统计年鉴》、《中国社会统计年鉴》、《中国民政统计年鉴》等近 20 种国家级综合统计资料使用残疾人事业统计数据。各地残联也积极通过各种形式，或与同级统计部门协调合作，提供统计服务。

21.文化产业统计

2010 年，中国国家统计局建立文化产业统计，为掌握中国文化产业发展的总体水平和发展状况提供了重要信息支撑。

一、文化产业统计的研究与建立

（一）文化产业统计课题研究

党的十六大关于文化建设和文化体制改革的重大部署，给统计工作提出了全新的要求。2003 年 7 月，由中宣部、国家统计局牵头，国务院各文化行政主管部门和其他相关部门参加的"文化产业统计研究课题组"成立，中国文化产业统计研究工作启动。

在课题组成员单位的共同合作下，课题研究工作进展顺利，取得了丰硕成果，填补了文化产业统计工作的空白。

2004 年，国家统计局印发了《文化及相关产业分类》，界定了文化产业的概念，确定了文化产业统计的行业范围，成为中国首个文化产业统计的标准性文件。

2005 年，国家统计局印发了《文化及相关产业统计指标体系框架》，规范了文化产业统计指标，为各地区和有关部门开展文化产业统计提供了重要的参考。

课题组各部门共同合作，编辑整理了《2004 中国文化及相关产业统计概况》小册子，这是中国第一次整理汇编文化产业发展状况的统计资料。

通过使用 2004 年第一次全国经济普查数据，对文化产业主要指标和增加值进行测算，以全面、详细、准确的统计资料，首次提供了反映中国文化产业宏观发展的量化信息。

（二）继续推动和适时建立文化产业统计

2006 年 8 月，文化产业统计研究课题总结会议在北京召开，标志着文化产业统计研究课题工作的顺利完成，也标志着文化产业统计工作走向新的开端。在此基础上，国家统计局继续开展文化产业统计数据的研究分析，利用 2008 年第二次全国经济普查数据测算了文化产业的主要指标和增加值。同时，国家统计局积极推动和指导各地区文化产业统计工作的开展，为下一步在全国范围内正式建立文化产业统计制度积累了经验，奠定了基础。

2010 年 9 月，国家统计局召开了全国文化产业统计工作会议，向全国统计系统部署相关工作，标志着全国文化产业统计工作正式启动。2011 年 10 月，国家统计局在新组建的社会科技和文化产业统计司中成立文化产业统计处，专门负责文化产业统计工作。

二、文化产业统计的发展和主要成果

自2010年建立文化产业统计工作以来,国家统计局不断完善文化产业统计制度,修订文化产业分类统计标准,制定全国文化产业统计方案,并通过开展文化产业法人单位核查认定、应用信息技术手段等多种方式促进文化产业统计工作,全国及各地区文化产业统计工作通过不断规范、统一得以发展。

(一)建立统计制度

自2010年建立《文化服务业财务综合统计报表制度》起,国家统计局每年根据需要进行修订完善,已经形成了较为成熟的文化及相关产业综合统计报表制度。报表制度对文化产业的统计范围、调查内容、调查表式和数据采集方法等进行了详细的规定,规范了全国的文化产业统计工作。

(二)制定统计方案

国家统计局于2010年制定了《文化及相关产业统计方案(试行)》,在全国统计系统贯彻执行。该方案对文化产业的统计对象、行业范围、统计内容和资料来源进行了规范,对文化产业增加值的核算方法作出了规定,为全国和各地区开展文化产业统计提供了统一的工作框架。

(三)修订统计分类

国家统计局于2012年颁布了修订后的《文化及相关产业分类(2012)》,对文化及相关产业的框架结构和主要内容进行调整,增加了文化创意、文化新业态等内容,删除了与文化产业关联不大的行业内容。分类的修订适应了文化产业发展的新情况新变化。

(四)建立调查单位库

2012年底,国家统计局布置各地区开展文化产业法人单位核查认定,于2013年4月初步建成文化产业法人调查单位库,收录了全部文化产业法人单位的组织机构代码、单位详细名称、行业类别、主营业务活动等基本信息,以及从业人员、营业收入和资产总计等主要经营指标。2014年,结合第三次全国经济普查,国家统计局组织开展了全部文化产业单位(包括法人单位、个体户和产业活动单位)的审核认定和标识入库工作,文化产业调查单位库初步建成,为反映文化产业单位的基本情况、开展统计调查奠定了重要基础。

(五)测算文化产业统计数据

根据全国经济普查和统计年报资料,国家统计局每年测算并公布全国文化产业增加值,提供文化产业发展总体规模和基本构成的数据,受到社会各界和相关部门的广泛关注。根据2013年第三次全国经济普查,测算了中国最新的文化产业统计数据。

(六)编辑出版统计资料

2013年,国家统计局和中宣部共同编印了《文化及相关产业统计概览(2012)》,第一次从规模、结构、投资、消费、进出口等角度全面收集、整理、汇编了中国文化产业发展的统计资料。2013年底，国家统计局又和中宣部合作，首次编辑出版了《中国文化及相关产业统计年鉴2013》，并将其中主要数据整理编辑成《文化及相关产业统计概览2013》。《年鉴》和《概览》作为常规性年刊每年编辑出版。

三、文化产业统计方法

（一）统计对象和统计范围

《文化及相关产业分类（2012）》将文化及相关产业定义为"为社会公众提供文化产品和文化相关产品的生产活动的集合"。根据这一定义，《分类》规定了文化及相关产业的统计范围，包括文化制造业、文化批零业和文化服务业的120个国民经济行业小类。统计对象为《分类》所规定行业中的全部文化及相关产业单位，包括法人单位、个体经营户，也包括非文化法人单位所属的、具有文化活动属性的产业活动单位。

（二）统计指标

文化产业统计指标主要包括财务状况指标、业务活动指标以及其他补充指标。财务状况指标来自企事业单位的会计报表，反映文化产业单位的资产、收支和经营状况，并以此为基础测算增加值等宏观指标；业务活动指标主要来自各文化行政主管部门，如来自文化部的有关艺术表演团体、博物馆、文化馆等机构的基本情况统计，来自国家新闻出版广电总局的广播电影电视统计、新闻出版发行统计等；其他补充指标主要是从业人员、文化投入、文化消费、文化投资等指标，反映了文化产业发展与外部环境的相互影响和作用。

（三）资料来源

随着国家统计局统计"四大工程"的推进，自2012年起，规模以上文化制造业、限额以上文化批零业和规模以上文化服务业企业法人的相关统计数据直接从国家统计局联网直报平台取得；文化产业其他法人单位的统计资料在经济普查年份直接从经济普查资料取得，在非经济普查年份由各地区统计局报送。此外，各文化行政主管部门的相关统计也是文化产业统计的重要资料来源。

（四）核算方法

文化产业增加值是文化产业统计的主要指标。根据2010年制定的《文化及相关产业统计方案（试行）》，在经济普查年份，国家统计局采用收入法统一核算全国及各地区文化产业法人单位增加值；在非经济普查年份，国家统计局和省级统计机构采用收入法和推算相结合的方式分别核算全国及本地区文化产业增加值。

四、文化产业统计工作阶段性成果汇编

文化产业统计研究和发展的十年历程，为中国统计工作发展提供了珍贵的信息。国家统计局注重对这些信息的整理汇集，以利于工作过程的总结回顾和工作文件的保存查阅。

2005年和2006年，文化产业统计研究课题组分别编印了《文化产业统计研究资料汇编》的上册和下册，收录了3年课题研究的各项成果、工作简报、统计数据及分析报告等全部信息。

2013年，国家统计局组织编写《文化产业统计的建立与发展》一书，于2014年出版。该书回顾了中国文化产业统计的发展历程，展示了众多成果，探讨了文化产业统计在概念、范围和方法中存在的若干问题，阐述了文化产业统计的发展思路。

22.儿童情况抽样调查

1983年至1992年期间，中国开展了三次儿童情况抽样调查，并出版了调查成果与报告。调查是中国国家统计局与联合国儿童基金会的合作项目。

一、1983年的首次调查

第一次儿童情况抽样调查从1984年初开始，调查的标准时点是1983年12月31日零时。国家统计局与联合国儿童基金会于1983年初开始调查的各项准备工作。作为首次调查实践，国家统计局为此进行了精心细致的安排。包括落实经费、准备方案、培训人员、购置设备，以及后期的数据处理和专家来访等各项事宜。具体调查任务由省级统计局组织相关市（县）统计局完成。

调查在全国29个省、自治区、直辖市抽取297个市（县）的13.8万户家庭，覆盖了56.9万人口，调查0—14岁儿童17.9万人，其中城市儿童3.3万人，农村儿童14.6万人，分别占到调查儿童总数的18.4%和81.6%。平均每户家庭中有1.3个儿童。

调查内容包括儿童的性别、年龄、民族、营养与发育、疾病与缺陷、入托与入学，以及儿童的家庭和城乡社会生活环境的简要情况。

二、1987年的第二次调查

这次调查是中国政府与联合国儿童基金会1985—1989年的合作项目活动，由国家统计局、卫生部、公安部、民政部、全国妇联和共青团中央6部门联合开展。调查的目的是比较详细地搜集中国儿童的基本情况，为国内制定有关儿童政策提供数据，并为联合国儿童基金与中国政府有关部门签订的其他合作项目提供科学依据。

调查在内蒙古、黑龙江、浙江、山东、湖北、广东、四川、云南、宁夏等9省、自治区的84个市、县开展，抽取了19.2万户家庭，覆盖81万人口，调查0—14岁儿童23.5万，其中城市儿童4.8万人，农村儿童18.7万，分别占到调查儿童总数的20.4%和79.6%。平均每个家庭中有1.2个儿童。

调查内容包括儿童的性别、年龄、身体发育、预防接种、学龄前及学龄期接受教育情况及儿童的家庭与社会环境简况等。调查的标准时点为 1987 年 7 月 1 日零时。

调查受到各级政府的高度重视。国家统计局等 6 部门成立了此次儿童情况调查的领导小组，在国家统计局设立领导小组办公室，专门负责领导和组织调查工作。各地在省（自治区）和市（县）两级政府领导下，组织有关部门，动员基层组织，按照全国统一规定的调查方案完成了调查工作。

三、1992 年的第三次调查

根据中国政府和联合国儿童基金会 1990—1994 年项目协定，经国务院批准，国家统计局在国家教委、卫生部、民政部和全国妇联协助下，于 1992 年 6 月在全国开展了儿童基本情况抽样调查。这次调查在全国 29 个省（区、市）进行。全国共抽选 56.1 万户家庭，覆盖 215 万人口，调查 0—14 岁儿童 57.1 万人，其中城市 12.43 万人，农村 44.65 万人，分别占调查儿童总数的 21.8% 和 78.2%。平均每户家庭中有 1.0 个儿童。

调查内容包括儿童的居住条件、学校教育、生长发育、保健、喂养、患病等情况和死亡儿童的情况，以及社区的经济发展水平和生活环境等基本情况。调查的标准时点为 1992 年 6 月 1 日零时。

1992 年正值中国政府颁布《九十年代中国儿童发展规划纲要》。此次调查对深入研究中国儿童的现状和发展具有重要的现实意义。为做好调查的组织工作，国家统计局成立了国家级项目领导小组，负责领导、协调全国调查的各项工作。各地区也成立了相应的领导小组。具体调查工作由城市和农村社会经济调查队系统负责。

四、调查成果

三次调查的实施，为中国儿童事业的发展提供了大量极有价值的信息，特别是跨越十年发展的动态数据比较，为中国的儿童问题研究提供了基础数据，成为儿童发展政策决策和措施安排的主要依据。

调查结果既反映了儿童状况得到不断改善，也反映出了一些存在的问题。十年中，中国儿童占总人口比重显著下降，健康和教育水平迅速提高，生活环境大大改善，城乡差距不断缩小。调查结果也反映了中国儿童发展在城乡和性别方面存在的显著差距。

根据调查结果分析，中国 0—14 岁儿童占总人口的比重，1983 年、1987 年和 1992 年分别为 31.4%、28.9% 和 26.5%。平均每户的儿童人数在 10 年间约减少了 0.3 人。

调查显示 0—14 岁儿童的性别比，1983 年为 107.4，1987 年为 108.4，1992 年为 111.5，呈现出逐年扩大的趋势。

健康方面，对儿童免疫情况的调查显示，1—4 岁儿童的四种疫苗全程接种率，1992 年比 1987 年提高了 10 个百分点以上。分年龄看，1987 年在 34.5%—51.3% 之间，1992 年在 47.1%—57.7% 之间，年龄越小，接种率越高，5 年间提高的幅度越大，说明了中国儿童计划免疫工作逐年完善，覆盖的地区和儿童人数逐年扩大。

教育方面，6—14岁儿童在校率，1983年为75.7%，1987年为76.7%，1992年为91.2%。但分性别看，1987年男童在校率80.1%，女童73.0%，1992年分别为93.3%和88.4%，存在着明显的性别差距。

存在的城乡差距，以生活环境为例，1992年安全饮用水的人口覆盖率，城市为98.9%，农村为60.8%，农村明显低于城市，不利于农村儿童的健康发育。

23.主观问卷调查

1987年至1994年，中国国家统计局开展了一系列主观问卷调查。

一、开展主观问卷调查的背景和意义

主观问卷调查，是党和政府了解群众对重大社会问题和国家政策措施及效果的看法和主观感受，掌握舆情动向，正确进行决策的有效手段。20世纪80年代，是中国改革开放政策实施带动社会发生深刻变化的时期。在各项经济体制改革政策实施，经济快速发展，物质生活水平显著改善的同时，人们的各种利益诉求表现得更为多样，社会关系更为复杂。在这种形势下，通过问卷调查了解国家各项改革措施出台所引发的社会反响、对人民群众的影响及他们的评价、意见和建议，对健康有序的改革开放进程有着重要的意义。

应用主观问卷调查，是中国社会统计紧跟形势发展，满足决策需求，在统计理念上的重大突破和统计手段上的重大革新。

二、精神文明建设情况问卷调查

（一）调查的组织

1987年4月，精神文明建设情况问卷调查在北京、天津、吉林、江苏、湖南、陕西、安徽、广西等8个省（区、市）进行。这是中国官方统计的首次大规模主观问卷调查。

这次调查的目的，是根据中共中央十二届六中全会决议精神，以了解群众对精神文明建设的看法和要求为主要内容。调查对象包括8个省（区、市）15个城市的工厂、机关、科研单位和服务机构的1.4万职工。问卷印发和数据汇总由国家统计局统一负责，具体组织由各地区统计局负责。调查严格执行不记姓名、密封答卷、自愿交回的原则，由被调查者将问卷直接寄回省（区、市）统计局。全部调查问卷回收率达到了74%。

本次调查具有时间短、见效快、费用低的特点，调查内容符合实际，获取的信息极为丰富，成为一次成功的尝试。

（二）调查结果

调查结果显示，群众对加强社会主义精神文明建设十分关心，对中央在时下抓党风、抓法制、抓教育发展和科技体制改革等的进展持肯定态度；而群众对精神文明建设的期待，集中在坚决打击破坏社会秩序的坏人、改善机关工作作风、提高干部思想水平和业务能力、提高服务质量、改善职工业余学习条件和丰富职工文化生活等方面。调查结果真实鲜活地反映了当时条件下职工工作和生活中面临的主要问题及他们的诉求和愿望。

（三）调查引发的反响

作为中国社会统计调查的新生事物，此次调查得到了各地区党委政府及各单位的大力支持。由于调查内容紧跟形势、贴近实际、适时对路，反映的是政府和百姓都关心的问题，职工填答和寄回问卷的积极性和各地区组织者的积极性都很高。有的地区主动扩大调查规模、增加问卷内容，以使调查结果更好地反映本地区的情况；有的地区主动汇总调查数据，以期尽早获得调查结果；有些不在国家调查范围内的地区主动索取方案，自行开展调查。职工认为"填答问卷也是一次行使民主权利的机会"，组织者认为"调查本身就是开展思想政治工作的一种好方式"。

三、后续开展的系列调查

1988年8月开展的关于政治体制改革的职工问卷调查，在辽宁、江西、广西、河南、甘肃、湖南6省和自治区进行。目的是了解职工群众对政治体制改革一些问题的看法和愿望，以及对1987年精神文明建设调查中群众看法和评价变化情况进行动态追踪调查。调查内容紧扣党和国家的改革重点和措施，选择已经开始改革试点的单位，对不同性别、年龄、政治面貌、文化程度、职业等各类人员进行调查，并从基本态度、认识程度、现状评价、实效评估等角度开展分析。

1990年9月开展的职工问卷调查，在江西、广西、河南、四川、湖南5省和自治区进行，调查对象包括企事业和机关的负责人、办事人员和有关人员，商业和服务业工作人员，生产工人、运输工人和有关人员。此次调查在内容上突破了前两次调查只针对当期主要改革政策措施问题，扩展到社会生活的各个方面，包括了家庭收支水平、职业满意程度、闲暇时间利用、家务劳动负担等个人生活状况，也包括了对市场商品供应、公共服务水平、社会福利、社会风气的评价等。

配合国家"八五"计划和十年规划（1991—2000年）的发布，国家统计局在1991年5月进行的行业风气问题问卷调查中纳入了相关内容。调查在河北、黑龙江、山东、广东、四川和陕西6省各选三个城市进行。调查结果表明，绝大多数群众对规划和计划的颁布有所了解，对贯彻实施有信心；而调查中群众认为会直接影响目标实现的五大问题是人口、经济效益、社会稳定、科技教育和社会分配等。调查结果表明，群众最关心的问题，正是党和政府正在重点研究解决的问题。上下同心共识，才是实现国家发展的最重要保证。

1994年10月，关于社会形势的问卷调查与行业风气问题问卷调查同时进行，在北京、河北、辽宁、黑龙江、山东、河南、广东、四川、陕西、甘肃10省、直辖市进行。调查主要关注群众对高速经济增长情况下社会形势及发展趋势的看法。调查规模为2万份，回收率达到98.9%。被调查者包括工人、农民、干部、科教人员、服务人员、街道居民、在校学生、个体经营者和私营业主，具有广泛的代表性。调查结果表明，多数群众认为稳定和改革开放顺利推进是中国1994年社会形势的主流。在调查表列出的当年8项改革措施中，工资改革被认为是最成功的改革，其余依次为住房制度改革、财政改革、公务员制度改革、社会保障改革、金融体制改革、国有企业改革和物价改革。群众普遍希望解决的问题依次为物价、腐败和社会治安。

四、关于行业风气的问卷调查

纠正部门和行业不正之风，是反对腐败、加强廉政建设的一项重要内容。为贯彻中共中央、国务院的部署，国务院纠正行业不正之风办公室于1990年成立后，重视搞好信息、统计和民意测验等量化评估工作，于1991年起委托国家统计局开展了关于行业风气的系列问卷调查，以了解行业风气状况，动态跟踪治理效果及群众的评价和看法。

调查由国家统计局统一组织，统一印制调查问卷和编制汇总程序，省级、市级统计局负责具体调查的实施和问卷回收；国务院纠风办负责本系统的工作协调，省级和市级纠风办负责协助同级统计局调查工作的组织，督促检查调查问卷的发放和回收。

根据调查内容的特点，调查要求在每个省级地区各选一个大、中、小城市，通过在企业、服务机构、科研机构、大中小学校、机关等单位和街道、集贸市场及市属乡镇发放问卷，每次的调查规模为2万人，包括了工人、农民、服务业人员、专业技术人员、学生、教师、公职人员、个体经营者和离退休人员等，并兼顾了调查对象的性别、年龄、学历和工作单位类型等特征构成。

截至1994年，此项系列调查共开展了4次，调查问卷回收率均在95%以上，取得了很好的效果。

24.妇女社会地位调查

中华全国妇女联合会与国家统计局合作，分别于1990年、2000年和2010年开展了三期中国妇女社会地位调查。其中第一、第二期调查为国家社会科学基金年度项目，第三期调查为国家社会科学基金重大项目。

一、调查目的

描述和反映中国妇女社会地位状况及变化，分析并研究社会资源分配中的性别结构；对妇女社会地位进行历史比较和群际比较，揭示中国妇女社会地位发展变化的规律和特点；分析并解释影响妇女地位变化的因素和机制，探究社会结构变迁与妇女地位变迁、社会分层与性别分层的关系；建立中国妇女社会地位定量研究的数据库；建立并完善中国本土的妇女社会地位评价调查指标体系，为妇女社会地位的定期监测和国家妇女发展纲要的制定与监测评估服务；为党和政府制定相关社会发展政策服务。

二、调查的组织实施

调查由全国妇联和国家统计局联合发文部署，成立领导小组协调相关工作。全国妇联妇女研究所作为课题研究的责任单位，负责调查方案设计、调查人员培训和调查的组织实施，国家统计局参与调查方案的设计和人员培训，各省（区、市）妇联负责本区域调查的实施。

中国妇女社会地位调查采用按地区发展水平分层的多阶段不等概率（PPS）抽样方法。第一期调查以省（区、市）为初级抽样单元，再对县（市）、乡（镇、街道）、村（居）委会、家庭户及调查对象采取四阶段抽样方法选取调查样本；第二、三期调查的初级抽样单元为县、区和县级市，再抽选样本乡镇街道、村（居）委会（第三期调查直接从样本县（区、市）抽选样本村（居）委会）、家庭户和户内调查对象。

为使调查结果对省级地区也具有代表性，抽样方案的样本设计包括全国样本和省级追加样本两种。三期调查的全国个人样本设计规模分别为22000个、19512个和30000个，省级追加样本分别为2000个、2012个和3000个。在各级妇联和统计局的密切配合和样本村（居）委会的大力支持下，每期调查合格样本的问卷回收率都在95%以上。

为提高数据的代表性，三期调查的数据汇总均分别按照人口规模、地区、城乡、性别等进行了加权处理。

三、调查内容和调查对象

第一、二期调查的内容和指标体系包括健康、教育、经济、政治、婚姻家庭、生活方式、法律权益和认知、性别观念和态度8个方面。为适应国家发展战略转变和妇女发展目标的调整，第三期调查增设了"社会保障"内容。

中国妇女社会地位调查分为个人调查问卷和社区调查问卷。社区问卷的调查对象为村（居）委会，个人调查主问卷的对象是居住在家庭户内的18至64周岁人口。除此之外，第二、三期还进行了典型群体的调查研究。其中第二期调查的典型群体为国有企业女工、有流动经历的农村女性、女企业家和企业高层主管、少数民族妇女等四类群体；第三期调查的典型群体为女童、老年妇女、女大学生、受流动影响的女性、高层女性人才等五类群体。增加典型群体调查，旨在全面调查分析中国妇女社会地位的总体状况和分层特征的基础上，更深刻地揭示全球化背景下中国社会结构变迁对妇女整体和不同女性群体地位变迁的影响，科学解释社会发展、经济发展与妇女发展、妇女地位的关系；第三期调查增设的女童和老年女性群体调查还使此项调查研究实现了对中国妇女社会地位全生命周期视角的认识与分析。

四、调查成果

中国妇女社会地位调查作为一项具有广泛性、权威性及追踪性的重要国情调查，不仅是研究妇女地位状况的重要信息，也是进行多角度多层次社会研究的宝贵数据资源，其价值得到决策部门和专家学者的高度认可，研究成果产生了巨大的社会影响，对中国妇女发展和性别平等状况改善具有重要的促进作用。调查已经形成的研究成果主要有以下四类：

（一）主要数据报告

主要数据报告是快速、简要反映调查主要结果的重要形式，在调查完成一年内由全国妇联和国家统计局共同向社会发布。2011年10月《第三期中国妇女社会地位调查主要数据报告》通过国务院新闻办公室向社会发布，引起了国内外媒体的广泛关注。十一届全国人大常委会副委员长、时任全国妇联主席陈至立基于第三期中国妇女社会地位调查主要数据报告，在《人民日报》发表题为《提高妇女社会地位促进社会和谐发展》的署名文章，全面阐释当前中国妇女的社会地位状况，论述提高妇女社会地位对于构建社会主义和谐社会的重要意义，呼吁党政领导和社会各界进一步关注妇女发展所面临的挑战和问题。

（二）研究专著

是研究课题组基于调查数据对妇女社会地位各个方面进行的全面深入的描述和分析。第一期调查研究报告《中国妇女社会地位概观》由中国妇女出版社于1993年出版，新世界出版社1995年出版了英文版；第二期调查研究报告《社会转型中的中国妇女社会地位》由中国妇女出版社于2006年出版；第三期调查研究报告《新时期中国妇女社会地位研究》（上下卷）由中国妇女出版社于2013年出版。

中国妇女社会地位调查研究报告在分析认识国家社会经济政策对性别平等与妇女发展影响的基础上，通过性别、城乡、年龄等多维度的对比分析，客观、全面、系统地描述了各个重要历史时刻中国妇女社会地位状况，阐述了社会变迁中妇女社会地位的发展脉络，揭示中国妇女在健康、教育、经济、社会保障、政治、婚姻家庭、生活方式、法律权益和认知、性别观念和态度等方面取得的进步和面临的挑战；反映各个典型群体的现实生存状况和面临的主要问题和政策需求，并提出相应的有针对性的政策建议。第二、三期调查的研究报告不仅客观、全面、系统地反映了调查时点中国妇女社会地位状况，而且通过与前期调查数据的对比分析，反映妇女地位变化的历史进程，充分体现中国贯彻科学发展观，促进社会公平的诸多成效。基于中国妇女社会地位调查兼顾了省级独立分析需求的特点，课题组对省级代表性分析进行指导和交流，并与中国妇女出版社合作，分别组织了三期调查丛书的出版。中国妇女社会地位调查研究专著不仅是了解中国各个历史时期全国和各地区女性群体现实生存状况和历史发展脉络的重量级参考资料，而且对创新中国特色社会主义妇女理论和丰富新时期中国妇女运动实践具有重要的参考价值。

（三）研究论文

研究论文是研究者基于调查数据对相关重点、热点问题的深入分析研究。其涉及的研究议题更为丰富，包括公共卫生利用、心理健康、继续教育、非正规就业、收入差距、妇女参政、夫妻权力关系、时间利用、工作家庭平衡等诸多具有鲜明时代特点和重要社会性别意义的议题；论文的数据分析方法也呈现出更为多元和专业的色彩，对问题的剖析也相对更为深入、细致，有助于深化对中国妇女社会地位状况与成因的认识，对国家相关社会政策的制定具有重要的参考价值。为了扩大中国妇女社会地位调查的社会影响，自第二期调查开始，中国妇女社会地位调查分批向相关专家学者开放原始数据，此举不仅使本研究在短时间内产出了大量高质量的学术研究成果，而且促进了相关学科的研究。

（四）政策建议

为政府决策服务是中国妇女社会地位调查的重要目标。已经完成的每期调查都在研究分析的基础上，就中国性别平等与妇女发展中的重要问题形成多篇情况反映和政策建议报告，提交中共中央、国务院和有关部门。这些报告和建议数据可靠，分析翔实，为促进中国妇女发展和全国妇联从源头维护妇女权益、有效发挥妇女在国家社会治理中的作用提供了科学依据，得到了国家领导的高度重视和相关部门的积极回应，推进了有关问题的解决进程。

25.群众安全感抽样调查

中国国家统计局自 2001 年至 2007 年，每年开展一次群众安全感调查，并向社会发布调查主要数据公报。

一、开展调查的背景

20 世纪 80 年代中期，为更好地判断治安形势，开展有效的社会公共安全治理，公安部开展了"公众安全感指标研究与评价"课题研究工作。以此研究成果为基础，1988 年 12 月和 1991 年 5 月，公安部在全国 15 个省（区、市）开展了两次公众安全感问卷调查。调查对象为城镇居民，抽样规模为 1.5 万人。两次调查回收的有效问卷分别为 1.27 万份和 1.49 万份。调查结果比较表明，中国城镇居民安全感受的总体评价为一般水平，但对受到刑事犯罪侵害的担心还比较突出。第二次调查的公众安全感总体评价结果为"一般偏上"，好于第一次调查"一般偏下"的评价，表明调查对象对两次调查间社会治安状况好转趋势的充分肯定。

为使公众安全感调查能够更加客观反映群众的真实感受和想法，从 2001 年起，公安部将此项调查委托给国家统计局,由统计权威机构以第三方的形式对群众进行安全感问卷调查,并由国家统计局发布调查主要数据公报。

二、调查范围和调查内容

2001—2007年,国家统计局组织开展了7次全国性的群众安全感抽样调查。调查范围覆盖全国31个省(区、市),调查方案和问卷由国家统计局统一设计,各地区统计局负责组织实施。调查对象为16岁以上的城乡人口,调查规模为10万人。调查对象的确定是在每个样本户随机抽取一名16岁以上人口。

群众安全感调查的个人问卷部分包括三个方面,一是对公共安全的基本感受,二是对社会治安状况的基本评价,三是群众最关注的社会问题(从2003年起调查公报增加此项内容)。收集调查对象基本情况的信息,可以了解不同群体主观感受的异同,开展更加深入的统计分析。这些信息包括性别、年龄、文化程度、职业。调查问卷还可以根据居住地信息区分城镇和乡村人口。

三、主要调查成果

2001—2007年各次调查结果的比较显示,中国的社会治安状况每年都有明显好转。

2007年的调查结果显示,被调查者对问题"在目前的社会治安环境下,您感觉安全吗?"的回答,选择"很安全"和"安全"两项的合计占到63.6%,29.7%的人选择"基本安全",选择"不太安全"和"不安全"两项的合计占被调查者的6.7%;群众感觉社会治安状况安全或基本安全的比例达到了93%。与2001年的调查结果相比,选择"很安全"和"安全"的比重合计上升了近26个百分点,选择"基本安全"的下降了14个百分点,选择"不太安全"和"不安全"的比重合计下降了12个百分点。2001—2007年调查结果逐年比较看,选择"不太安全"和"不安全"的比重呈逐年下降趋势,从2005年起下降幅度增大;选择"很安全"和"安全"的比重在2006年和2007年均有明显提高;而选择"基本安全"的比重在2003—2005年间都超过了半数。

2007年的调查结果与2001年相比,在最影响群众安全感受的问题上,调查对象选择"刑事犯罪"的比重下降明显,由30.5%下降到25%;而选择"公共秩序混乱"的由25.6%增加到28%;选择"交通事故"的比重由20%大幅上升到38%;选择"火灾"的由4%上升到9%。

2007年居民对所在地社会治安的评价大大好于2001年。认为"很好"和"较好"的比重分别高出2001年17个和9个百分点。选择这两个选项的比重合计高于对安全感评价前两项比重的合计,认为"较差"和"很差"的比重合计低于对安全感评价后两项比重的合计。这一点与2001年的调查结果一致。

2007年,群众对当地社会治安状况是否比上年有改善的看法,认为"有明显好转"的占 24%,"有好转"的占 48%,表明绝大多数群众认可社会治安的改善,且二者合计比 2001 年提高了 12 个百分点。2007 年调查中,还有约 25% 的人认为社会治安状况和以前一样,有不到 3% 的群众认为比以前更差,比 2001 年的 8% 明显下降。

四、安全感调查的意义

安全感调查以群众整体感受和评价反映社会治安形势。对群众安全感调查结果的统计分析,有助于政府相关部门科学、准确、客观地把握普通群众对社会秩序和社会治安状况的真实看法,了解群众的主观感受,确定影响安全感的主要因素和存在的突出问题,补充公安部门常规统计工作不能覆盖的内容,全面评价社会治安管理质量,判断动态变化趋势,为政府切实采取措施,有效改善社会治安状况提供科学的决策依据。

安全感调查作为社会统计的重要组成部分,是衡量社会整体运行机制、评价政府管理绩效和反映居民生活质量不可缺少的内容。

26.中小学生学习生活状况专项调查

2005 年 9 月,中国国家统计局开展了中小学学生学习生活状况专项调查。此项调查是国家素质教育系统调研的组成部分。

一、工作背景

2005 年,由中国教育部牵头,会同中宣部、人事部、社科院、团中央等部门,开展素质教育系统调研。国家统计局受教育部委托,组织了此项调查。调查覆盖 35 个大中城市(4 个直辖市、除拉萨外的省会城市、5 个计划单列市)的指定区、县,中西部 8 个省的指定县。调查对象是普通中小学的学生、校长、教师和学生家长。调查的主要内容为调查对象对学生课业负担和素质教育的看法,包括中小学生的作息时间、校内的学习活动和环境、校外的活动、学生的感受及校长、教师和家长的看法。国家统计局和教育部共同组成专家组,认真研讨调查内容,精心设计调查问卷。相关地区统计机构组织人员实施调查。

二、调查的组织过程

(一)确定调查学校

调查规定,在每个指定的调查城区选定小学、初中和高中各 3 所学校,兼顾不同办学条件的学校;在每个指定的调查县选定 2 所普通高中,兼顾城关镇和其他乡镇。在学校选择上的这些要求,为的是能够使调查兼顾到全国城乡各类地区和各类学校,包括城乡、经济发展水平不同的地区、办学条件不同的学校等,增强调查的代表性。

(二)确定调查对象

调查对象为选定学校的校长、每个学校两个教学班的全体任课教师、学生及家长。考虑到调查时新学期刚开始，不对初中一年级和高中一年级进行调查。考虑到低龄儿童回答问题的能力，小学只调查四年级和毕业年级。

（三）确定调查问卷

对调查对象分别设计调查问卷。《中小学生学习生活状况专项调查表》共有5套表式，分别为：A中学生卷、B小学生卷、C教师卷、D校长卷和E家长卷。调查均为匿名问卷，包括学校及所在地区代码、个人基本情况和问题三个部分。为有利于后期对结果的深入分析，要求学生问卷的序号与其家长问卷序号一致，以对学生的情况和家长的情况进行关联。

（四）确定调查方法

调查由学校所在地统计局负责，派调查员到学校向调查对象直接发放问卷，当场填答，当场收回。家长问卷由调查员次日到学校直接收回。

三、调查成果

（一）调查规模和调查对象分布

调查学校总数为410所，其中中学305所（包括初中和高中，初中和高中是同一所学校的，分别计算），小学105所。回收问卷，学生问卷41595份，教师问卷6649份，校长问卷381份，家长问卷32801份。学生、教师、校长问卷的回收率均为100%，家长问卷的回收率为93%。

调查学校的分布，城市市区占65%，城市郊区占2%，县城占20%，镇占14%；办学条件较好、中等和较弱的学校分别占41%、38%和21%。

调查学生的年级构成，小学生中，四年级和毕业班学生分别占49%和51%；中学生中，初二占16%，初三占17%，高二占34%，高三占33%。

（二）调查数据和调查报告

2005年12月，国家统计局向教育部提交了《中小学生学习生活状况专项调查报告》，包括总报告和中学生学习生活状况、小学生学习生活状况、教师调查问卷分析、校长调查问卷分析和家长调查问卷分析等5篇分报告，并将全部调查数据移交教育部。

四、主要调查结论

调查报告认为，此项调查客观地反映了当前中小学生的学习生活现状，以及学校教师、校长和学生家长关于教育的一些做法和看法。调查结果显示，教师、校长和学生家长对课业负担的看法不尽相同。对学生课业负担重的原因分析，升学压力大是最直接的原因，而家长对子女期望过高、教育行政部门对学校工作的评价体系同样是重要因素。

（一）中学生的学习生活状况。

从调查结果看，中学生课时多，睡眠时间普遍偏少，自主支配时间少，高三学生问题尤为突出。

校内课时，调查前一周，中学生平均在校内上课 55 节（包括自习课、班会、学校的补习课和周末加课），高三学生平均为 62 节，同时有 62% 的学生反映自习课"经常"或"有时"被占用改上其他课。

放学后，中学生平均做作业的时间是近 2 小时，其中 2—3 小时的占 30%，3 小时以上的占 24%。调查显示，放学后通常不看电视的学生占 58%、不上网的占 89%、没有体育活动的占 63%、不做家务的占 64%、有家教或校外班的占 13%。

周末和假期，中学生平均周末到校上课时间为 6 小时，58% 的高三学生超过 8 小时；周末其他学习时间平均 5 小时，包括老师和家长安排的作业、校外班和家教等；对 2005 年暑假情况的调查，中学生在校内外上课和请家教的时间平均为 21 天，其中高三学生为 24 天。

睡眠，90% 的被调查学生平日上学的起床时间在 6 点 40 分前，其中不到 6 点就起床的占 28%；22 点前睡觉的占 12%，而 22 点 30 分后睡觉的学生超过 70%。高三学生睡觉过晚的情况比较突出，22 点前睡觉的不到 5%，23 点后睡觉的超过 50%。调查学生的平均睡眠时间为 7 小时 20 分钟，而高三学生平均只有 6 小时 58 分钟。

学生的自我感受，课业负担"比较重"和"过重"的占 58%；家长对学习要求最多的是"考出好成绩、争取好名次、考上好学校"的占 54%；对学习总体感觉"比较有兴趣"和"很有兴趣"的接近 40%；在"每天步入校门时心情"的选项上，选择"愉快"和"平静"的合计占 63%；选择"郁闷"、"紧张"、"疲惫"、"厌烦"、"焦虑"和"恐惧"的合计占 36%；高三学生中选择"疲惫"的高达 18%。

（二）小学生的学习生活状况

小学生睡眠时间少于国家相关规定，到校时间早，家庭作业时间过长，多数小学生上课外班。

校内学习，平均每周上课 32 节，其中体育课 2.5 节，艺术类课程 3.8 节；小学生人均有教辅资料 8 本。

校外学习，平均做家庭作业的时间是 1 小时 39 分钟；1 小时内完成作业的占 21%，2 小时以上的占 30%。平时上校外班和有家教的学生分别占 71% 和 24%，暑假期间分别为 57% 和 14%。

睡眠，小学生平日上学时的平均睡眠时间为 9 小时 18 分钟；7 点前起床的，占 72%；其中，6 点 40 分前起床的占 55%；21 点半前睡觉的占 75%；22 点后睡觉的占 11%。

学生的自我感受，认为课业负担重的占 19%，其中将原因归于"学习成绩不理想"、"课太多，没时间玩"和"家长要求高"的分别占 29%、22% 和 26%；对上学感觉"高兴"的占 67%，"不想上学的"占 1%；对学习感觉"有兴趣"的占 72%，没有兴趣的占 1%。

（三）教师、校长、家长的看法

对中小学生课业负担的总体看法是合适偏重，学生年级越高，教师、校长、家长选择负担重的比例越高。认为高中学生学业负担重或过重的，教师和校长同为47%，家长占56%。

教师、校长、家长都将升学压力大作为造成课业负担重的主要原因之一。同时，教师和校长认为教育行政部门对学校工作的评价体系和家长对子女期望过高也是重要原因，家长们则认为就业压力大是学生课业负担过重最主要的社会原因。

增加课外学习，40%的家长认为有必要请家教，59%的家长认为有必要上课外班，给孩子购买教辅资料的占73%；为孩子报班和请家教的家长的平均支出为856元。

关于对学生最需要加强的教育，教师和校长的看法一致，前三项选择依次为"吃苦耐劳的精神"、"诚实守信"和"学习能力"；而家长选择最多的前三项依次为"学习能力"、"吃苦耐劳的精神"和"独立生活能力"。

27.时间利用抽样调查

2008年，中国国家统计局开展了官方统计的首次时间利用抽样调查。调查目的，是从时间利用角度反映居民生活模式和生活质量，探索对妇女无酬劳动的测量方法，进一步完善中国的性别统计。

一、时间利用调查的方法和作用

（一）调查方法

时间利用调查是对个人生活时间使用情况进行的调查，要求被调查者记录自己在连续24小时内所从事的各种活动及发生的时间，包括记录主要活动（唯一活动，或同时有两个以上的活动时自己认为的主要活动）及同时进行的其他活动（次要活动）。通过对这些活动及时间的调查分析，可以反映人们日常生活的行为模式，开展各种相关研究。

时间利用调查通常将人们的日常活动归纳为五个大类：个人活动，指维持人的生理需要的活动，如吃饭、睡觉、个人卫生等；有酬劳动，指以个人或家庭获得收入为目的进行的就业活动，如上班、经营、种田等；无酬劳动，指不以取得报酬为目的，为家庭成员或其他人提供的服务，如做家务、照顾孩子、志愿者服务等；学习培训，指以获得知识或职业发展为目的的此类活动，如学生上学和职业培训等；休闲活动，指在上述活动之外，在可自由支配时间进行的活动，如娱乐健身、社会交往、个人爱好等活动。

结合被调查者的个人特征信息，以及活动发生的地点、与谁在一起、为谁而做、是否有报酬等辅助信息，调查可以深入分析各类人群日常生活模式的异同和规律特点。

（二）调查的作用

相比于其他调查，时间利用调查可以更全面地反映社会生活模式。

1. 分析人的生活质量和生活状况。时间利用模式可以反映生活质量。总体看，工作时间与自由支配时间的长短，是分析生活质量，判断人们福祉的重要标志。缺少休闲时间是反映贫困的一项重要指标。

2. 对无酬劳动进行测量与估价。时间利用可用于准确测量无酬劳动，以建立个人为基础的国民时间核算账户和家庭部门生产核算账户，通过对劳动力投入、货物与服务产出的时间核算，建立与现行国民经济核算账户体系的内在联系，更全面地描述一个国家的宏观经济状况。

3. 全面测量各种形式的劳动参与。时间利用调查覆盖各种形式的就业和劳动参与活动，包括正规就业和非正规就业、有酬劳动和无酬劳动、失业及寻找工作等情况。特别是对妇女、老人、青少年、残疾人等群体中较为突出的非正规劳动参与的了解，可以补充劳动力调查范围之外的劳动参与信息。

4. 为政策制定者提供相关信息。时间利用调查可提供社会、经济生活各方面的居民需求信息，以供公共服务领域的更好决策。例如，调查居民出行方式，提供用于交通的时间、目的及出行高峰时点等信息，为制定公共交通政策提供可靠依据；调查可得到居民在教育、卫生保健、广播电视、电力通讯等公共服务方面的可获得性，提供这些基本服务的普及程度和需求信息，为制定各相关政策措施提供有力支持。

二、中国 2008 年时间利用调查的组织实施

（一）调查的背景

时间利用调查因信息丰富，能够满足社会经济发展中多目标分析需求而日益受到世人瞩目。1995 年在北京召开的第四次世界妇女大会发表的《北京宣言》及其《行动纲领》，明确提出各国官方统计机构有责任改进性别统计数据收集，开展时间利用调查，以客观反映妇女无酬劳动及其对经济发展和社会发展的贡献。

《中国妇女发展纲要（2001—2010 年）》将"增加妇女自我支配的时间"作为改善妇女生活质量，推动妇女发展的重要指标。

在研究联合国和其他国家开展时间利用调查标准、方法和经验的同时，2003—2007 年，中国国家统计局与瑞典统计局开展了关于时间利用调查的合作项目，于 2005 年在浙江和云南两省开展了试点调查。

2008 年 5 月，国家统计局采用国际通行的标准和方法，开展了中国官方统计的首次全国时间利用抽样调查。

（二）调查的组织

调查由国家统计局组织北京、河北、黑龙江、浙江、安徽、河南、广东、四川、云南、甘肃等10个省、直辖市国家统计局调查总队实施。国家统计局统一设计调查方案、调查规则、调查日志及活动分类，并对调查涉及的202个县（市、区）的工作人员进行了直接培训。调查总队及县（市）级调查队负责本地区的现场调查，调查表审核，数据编码、录入和上报。

以城乡住户调查样本为基础，调查范围为10省（市）的全部城镇国家样本户和抽取的部分农村国家样本户，调查对象为抽中调查户中15—74岁的人口。调查的最终有效样本为16661户，37142人；其中城镇19621人，乡村17521人；男性18215人，女性18927人。

（三）日志记录

日志记录是时间利用调查的基本方式。本次调查采用开放式日志表，记录时间始于凌晨4点，以每10分钟为一个时间段。要求调查对象记录自己24小时内的主要活动、次要活动、活动地点（如果是交通活动记录交通方式）和活动开始时与谁在一起等项目。每个调查对象要完成一个工作日和一个休息日的日志记录。自己记录有困难的调查对象，可由家人或调查员帮助记录。

（四）活动分类

对时间利用调查数据的分析，必须依靠统一的活动分类。国家统计局参照联合国和欧盟统计局的标准，结合中国的实际，制定了用于此次调查的《时间利用统计的活动分类》。全部活动被分为9个大类、61个中类和113个小类。9个大类的代码和名称为：0为个人活动，1为就业活动，2为家庭初级生产经营活动，3为家庭制造和建筑活动，4为家庭服务经营活动，5为为自己和家人最终消费提供的无酬家务劳动，6为照顾家人和对外提供帮助，7为学习培训，8为娱乐休闲和社会交往。其中，代码1至4为已包括在国民经济核算内的生产活动，代码5和6为未包括在国民经济核算内的生产活动，代码0、7、8为个人活动，这些活动意味着只能由本人完成，其他人不能代替完成。

三、2008年时间利用抽样调查的主要成果

（一）调查具有深远影响

调查提供了中国城乡居民的生活状况及时间利用的分布情况，填补了中国社会统计的空白，丰富了性别统计内容，为探索无酬劳动的计量方法提供了基础数据，为制定国际时间利用活动分类标准提供了参考，充实了发展中国家时间利用实践，调查成果丰硕，影响深远。

（二）加强数据开发应用

1.调查结果与数据提供。国家统计局在官方网站上发布了《中国时间利用抽样调查数

据资料汇编》，出版了中英文版的《中国人的生活时间分配》，开辟了对外提供调查数据的渠道，供国内外专业研究人员应用。

2. 调查成果分析应用。国家统计局组织撰写了多篇统计分析，与研究机构合作开展了"妇女无酬劳动价值测量方法研究"等课题，对中国无酬劳动进行测算和估价。2011 年和 2012 年，国家统计局分别与联合国统计司、国际时间利用研究协会共同举办了国际时间利用统计培训班，中国相关机构和地区，及亚太地区发展中国家的统计人员和研究人员参加了调查技术方法和数据分析的培训与交流。

3. 时间利用活动分类课题研究。利用调查回收的日志表，国家统计局开展了"时间利用活动分类研究"项目，对被调查者填写的所有活动进行整理，汇总得出了各类日常活动发生的频率、被调查者的描述用词及各种词汇的使用频率。项目研究目的是通过分析，为建立中国时间利用统计活动分类标准做准备。这一成果也可以用来研究当代中国人描述日常生活的词汇使用习惯。

（三）揭示出中国居民生活方式特征

1. 根据调查结果，中国人平均每天用于睡觉、用餐等个人活动 11 小时 40 分钟，有报酬劳动 5 小时 11 分钟，无报酬劳动 2 小时 44 分钟，休闲娱乐活动 3 小时 52 分钟，学习培训 33 分钟。多数居民生活存在明显的共性规律。大多数人一天从起床、早餐、上班、上学到午休、晚餐、看电视、休闲娱乐，各类活动的集中时段分布清晰，具有近似的规律，步调节奏趋同。

2. 女性仍是无酬家务劳动的主要承担者，平均时间远高于男性，而休闲娱乐时间远低于男性。男性每天平均工作 6 小时，比女性多 1 小时 37 分钟；女性平均家务劳动时间 3 小时 54 分钟，比男性多 2 小时 24 分钟；女性平均用于休闲娱乐的时间比男性少 36 分钟。

3. 城镇居民以正规就业为主，工作日和休息日活动有明显差异；农村居民以家庭生产经营为主，工作日和休息日活动差别不大，劳动时间相对较长。城镇居民的休闲娱乐活动较丰富，农村居民业余生活相对单调。

四、宏观社会统计

1.城市、农村社会经济调查队

1984年以前，中国没有设置专门的城市、农村调查机构，物价统计、农民和城镇职工家计调查（后称居民生活状况调查、住户调查）工作由国家统计局财贸司和农村司根据国家统计报表制度和调查方案组织实施，在重点市、县统计局配备专人负责这两项专业统计调查工作。

1984年1月，国务院印发《关于加强统计工作的决定》，明确提出建立健全集中统一的强有力的统计系统，并组建国家统计局直属的农村和城市两支抽样调查队。为了贯彻执行国务院指示，尽快地充实与加强农村和城市两支抽样调查队伍，顺利地开展调查工作，1984年2月14日，国家计委、劳动人事部、财政部、国家统计局联合发出《关于农村和城市两支抽样调查队组建工作的通知》，规定了两支调查队的任务、建制、管理体制、人员编制等。

农村抽样调查队的主要任务是：农产量抽样调查、农民家计调查（农村住户调查）、农村社会经济调查。

城市抽样调查队的主要任务是：职工家计调查（城市住户调查）、职工生活费用价格指数调查。

国家统计局设立农村抽样调查总队和城市抽样调查总队。省、市、自治区设立农村抽样调查队和城市抽样调查队，队下可以设处。抽中的调查市、县分别设立农村抽样调查队和城市抽样调查队。省辖市的城市抽样调查队机构的设置，由省、自治区统计局和省、自治区城市抽样调查队，根据当地具体情况确定。

省（市、区）抽样调查队和抽中的市、县抽样调查队受上级调查队和当地统计局的双重领导，以上级调查队领导为主。省（市、区）抽样调查队和抽中的市、县抽样调查队必须按照总队制订的统一调查方案进行调查，调查成果直接上报。抽中的市、县抽样调查队的调查资料应同时直接报送总队、省（市、区）抽样调查队和当地统计局。省（市、区）抽样调查队的调查资料，在报送总队的同时，要报送省（市、区）统计局。各级抽样调查队的工作受《中华人民共和国统计法》的保障，独立行使统计调查、统计报告、统计监督的职权，不受侵犯。抽样调查资料，必须按照国家制度规定，按期如实上报，任何人不得修改。

1988年，各级城市、农村抽样调查队更名为"城市、农村社会经济调查队"。

1994年，国务院批准国家统计局建立企业调查队，1995年，中央机构编制委员会办公室同意在国家统计局成立企业调查总队。

企业调查队的主要任务是：对全国二、三产业中各种经济类型、各种经济规模的企业进行抽样调查；开展与建立现代企业制度和发展市场体系密切相关的快速专项调查；进行基本统计调查单位的统计登记工作，建立和管理基本统计调查单位名录库等。

2005年，经国务院批准，国家统计局进行直属调查队管理体制改革，将农村、城市、企业三支调查队合并为国家统计局派出的调查队，在全国设立31个省级调查总队、15个副省级城市调查队、318个市级调查队、887个县级调查队，对其机构、编制、干部管理、经费、业务实行垂直管理，统计调查管理体制得到进一步完善。

2.农村住户调查

中国农村住户调查始于1954年，"文化大革命"期间中断，1977年恢复。在1978年前称为"农村家庭收支调查"或"农民家计调查"，是依照《中华人民共和国统计法》规定和国家统计调查制度，为全面、准确、及时了解农村居民家庭人口就业、生产经营、收入消费等状况，客观监测居民收入分配格局和不同收入层次居民的生活质量，更好地满足研究制定城乡统筹政策和民生政策的需要，为国民经济核算和居民消费价格指数权重制定提供基础数据，由国家统计局统一领导并组织的一项重大统计调查。其调查对象为农村居民家庭，调查方法主要为抽样调查。1984年，"农村家计调查"更名为"农村住户调查"，国家统计局成立农村社会经济调查队。2010年，国家统计局成立住户调查办公室。2012年12月，农村、城市住户调查开始实行一体化改革。

一、调查范围与调查规模变化

1977年和1978年，在中共中央和国务院的重视和支持下，经过省（区、市）统计部门的不断努力，农民家庭收支调查又重新开展起来。此时采用典型调查方法。调查范围和调查规模为：

1977年，调查了17个省（自治区、直辖市），3646户。

1978年，调查了20个省（自治区、直辖市），6095户。

1979—1981年，按照国家统计局要求各地严格执行改进的抽样方法，农村住户的抽选调查采用了多阶段等距抽样方法，调查范围和调查规模为：

1979年，调查了22个省（自治区、直辖市），10282户。

1980年，调查了26个省（自治区、直辖市），15914户。

1981年，调查了27个省（自治区、直辖市），18529户。

1982年，调查了29个省（自治区、直辖市），22775户。

1983年，调查了29个省（自治区、直辖市），30427户。

1985年，农村住户调查覆盖了全国31个省（自治区、直辖市）的68000个农村常住户。

2011年，调查全国31个省（自治区、直辖市）、893个调查县的7800个调查村，74340个农村住户。

二、调查内容及数据采集方法变化

（一）调查内容的变化

1978年前，农村住户调查的户数较少，调查内容比较简单，只包括了家庭副业生产情况、收入情况和主要生活消费品实物消费量等63个指标。1983年国家统计局农调总队成立后，农村住户调查内容不断充实、调整和完善，调查指标及调查内容有五次大变化：

1. 1984—1992年，调查指标有640余个。与1983年以前的调查方案比较，主要特点是：调查内容更广，调查指标更多。调查内容包括：农村住户家庭基本情况，农村住户农、林、牧、渔业生产情况，农村住户出售产品情况，农村住户粮食收支平衡情况，农村住户总收入、总支出、纯收入、现金收入与支出情况，农村住户购买主要商品情况，农村住户主要实物消费量和主要耐用物品拥有量等。

2. 1993—1999年，调查指标为1400余个。与1984—1992年的调查方案比较，主要特点是：调查指标更细、更多、更系统，具有一定的城乡可比性和国际可比性。①增加了大量为满足国民经济核算需要的详细内容；②增加了反映农民食品消费和膳食营养的调查内容；③支出指标分类参照了《国际住户调查能力方案》手册和城镇住户调查方案，具有一定的城乡可比性和国际可比性；④调查指标增加了1倍多。

调查内容主要包括：农村住户社区基本情况，农村住户家庭成员基本情况，农村住户调查户基本情况，农村住户人口状况，农村住户生产用固定资产拥有情况，农村住户经营耕地、山地、水面情况，农村住户建房和居住情况，农村住户耐用物品拥有情况，农村住户生产情况，农村住户粮食收支平衡情况，农村住户总收入、总支出、纯收入、现金收入与支出情况，农村住户购买商品情况，农村住户食品消费和营养情况等。

3.2000—2002年，调查指标为1100余个。在2000年以前方案基础上，农村住户调查内容去掉了部分过时的或过于详尽的消费指标，增加了反映农村人口变动的一些住户人口与劳动力就业情况指标。

4.2003年，调查指标为4000余个。主要是在2002年调查方案的基础上，进一步利用农村住户调查网点，强化了农村劳动力就业、流动以及外出人员从业情况数据的收集调查。

5.2011年，为推进城乡住户调查一体化，对农村住户调查指标体系进行了完善、修订，以便更好地符合国际规范。为了更好地规范记账工作及保证计算上的准确，对于工资性等能分到个人的收入，需要分人记。在报表处理期上采用做4个季报的方式，全年数据是4个季度数据的累加。

如今的农村住户抽样调查经过1984年、1993年、2000年、2003年、2011年几次大的改进，已逐步实现了科学化，调查内容不断充实和完善，逐步形成了一套比较完整、规范、系统的农村住户调查指标体系。

（二）调查数据采集方法变化

1978年后，尤其是1983年农调总队成立后，农村住户调查数据的采集逐步规范，主要采用日记账与访问调查相结合的方法。即在抽中的农户家庭建立现金收支登记账和实物收支登记账，由调查户对日常发生的各项经济收支情况按发生的时间顺序逐项登记在账册上，形成农村住户调查的原始数据。而其他统计指标内容，则采用年底一次性入户访问调查取得资料。抽中调查户的记账账本由国家统计局统一设计、编制，要求现金收支账每日一记，实物收支账发生一笔记一笔。县级调查队每月收取调查户的账本，录入到计算机中。一次性调查由县级调查队的调查员完成，采取入户面访的调查方式。

近年来，随着电子产品的普及应用，农村住户调查逐步推广利用电子产品采集数据方式，以满足社会经济发展的快速反应要求。

（三）抽样方法变化

1.1954—1977年，中国进行的农户调查方法分别有：按类型比例与等距抽样相结合的方法；类型比例和机械抽样调查相结合的方法；利用全面统计资料，对总体进行分层划类，抽选有代表性的样本县方法；采用分层按收入水平排队、等距抽样的方法；典型抽样调查方法等。

2.1979年，抽样调查方法进行了较大改进，采取多阶段、半距起点、对称等距抽样方法。即全国统一按照省抽县、县抽公社、公社抽大队、大队抽户四个阶段进行样本农户的抽选。

3.1982年，抽样方法进一步改进。一是将原来的四阶段抽样改为三阶段抽样，即省抽县、县抽村、村抽户，使样本的随机性加强。二是扩大了样本规模，由过去每县调查3—4个村改为每县6个村，使样本的分布更加广泛。三是减少了村内的抽取户数，由原来的15户减为10户，以提高抽样效率。

4.1984年，随着农村住户抽样调查的不断发展，原来的抽样方法局限性日益凸现。因此，为了取得更准确的数据，国家统计局农村社会经济调查总队采用新的抽样方法，即采用多阶段、随机起点、对称等距抽样方法。这种方法要求样本单位的分布以总体的中心为中心对称，各对称样本与其相近的下限或上限的距离相等，即等于随机起点值。抽样时一般分为省抽县、县抽村、村抽农户几个阶段。各省、自治区、直辖市共抽中845个调查县，占全国总县数的35%。

省抽县、县抽村的抽样框编制方法是：以总体各单位近三年人均纯收入作为有关标识，按高低顺序排队，再以近三年平均人口为辅助资料逐单位进行累计，计算抽样距离，采用随机起点、对称等距抽样方法，抽选调查村。

村抽调查户的抽样框编制方法是：利用全村各户上年人均纯收入作为有关标识，按高低顺序排队。村抽调查户时，不用人口辅助资料计算组距，而用规定调查户数除全村（组、队）户数计算出组距，采用随机起点、对称等距抽样方法，抽选调查户。

5.2000年实施的样本轮换方案，采用了简单随机抽样、分层随机抽样、有关标识排队对称等距随机抽样和三相二阶段随机抽样的综合应用，即应用了多变量与规模成比例的概率抽样来确定样本容量，或称MPPS抽样方法。

6.2010年样本轮换，原则上采用三阶段自加权抽样方案，即省抽县、县抽普查小区、普查小区抽户。本轮抽样中省略第一阶段即省抽县，现有参加国家农村住户调查汇总的调查县为既定县级样本；第二阶段在每个调查县内，按抽样框资料中的城乡分类代码和普查小区码进行排序，采用与人口规模成比例（PPS）的抽样方法，抽选普查小区；第三阶段在样本普查小区内用等概率系统抽样方法抽选固定数量的调查户。

3.城市住户调查

中国城市住户调查，是依照《中华人民共和国统计法》规定和国家统计调查制度，为全面、准确、及时了解城镇居民家庭人口及结构，劳动力就业与失业，家庭收入、支出、消费、资产与负债，家庭生产经营与有关设备拥有和使用情况及其他生活状况，客观监测居民收入分配格局和不同收入层次居民的生活质量，更好地满足研究制定城乡统筹政策和民生政策的需要，为国民经济核算和居民消费价格指数权重制定提供基础数据，由国家统计局统一领导并组织实施的以城市居民家庭为对象，以抽样调查为主要手段的一项重大统计调查。

1955 年，为了解职工的就业、收入、支出以及物质文化生活状况，经国务院批准，中国国家统计部门开始在全国范围建立城市职工家庭生活抽样调查。调查对象是工业企业职工家庭，样本量为 6000 户。调查样本集中分散在多个城市。1957 年，为增加调查样本的代表性，调查城市扩大到 32 个，涉及工业、商业、文教、机关等四个部门，调查户约 20000 户。1958 年调查工作受到削弱，1960 年完全停止。三年困难期后，政府为了解职工家庭的生活状况及发展变化情况，作为制定工资和物价政策的依据，在 1961 年由国家统计局重新布置统一的调查方案。1964 年全国共有 59 个城市、24 个县约 13.9 万户参加了一次性大调查。1966 年这项工作因"文化大革命"而被迫中断。

改革开放以后，尤其是党的十一届三中全会以后，城市住户调查恢复并迅速发展壮大。1980 年，国务院同意恢复职工家庭生活调查。批准给全国重点调查城市统计部门增加职工家计调查员 460 人，列为行政编制。全国采用"划类选点、等距抽样"抽选了 47 个国家点城市和 8000 户样本，加上地方点共 126 个城市和 26 个县。全国有 15000 户参加经常性调查。平均每 15—20 户配备一名调查员，各调查市县都建立了专门调查机构（一般称为"家计科"），全国从上到下初步形成了一个职工家计调查网。

1984 年，经国务院批准，全国成立了城市社会经济调查队，调查人员扩大到 4550 人；国家重点调查市、县增加到 226 个（其中 146 个城市，80 个县城），调查规模为 15000 户。调查对象由职工家庭扩大到非农业户，个体户纳入调查范围；"职工家庭生活调查"更名为"城镇住户调查"。

1992 年，城镇住户调查开始与国际接轨，城镇居民消费支出采用联合国《国家住户调查能力方案》的分类标准。

2002 年，借鉴国际住户调查方法的先进经验，全国采用住宅框选取调查户样本。调查对象涵盖了居住在城镇区域内的所有住户，不但包括非农业户口的城镇居民，也包括了在城镇里有固定居所的农业户口的居民。一些具有固定住宅的非本地居民纳入了调查范围。调查范围从原先的城市、县城的中心区发展为建制市和镇的全部辖区，调查对象也从机关企事业单位的职工家庭发展为涵盖各行各业、所有居住在城镇区域内的居民家庭，覆盖人群总数从改革开放初期的 2 亿左右发展为 6.2 亿。

截至 2005 年，全国有 31 个省（区、市），近 550 个市、县开展了城市住户调查工作。总调查样本量为 50000 户。其中，国家重点调查市县 226 个，调查样本量为 25000 户。

城镇住户调查方案是在借鉴联合国统计司的《国家住户调查能力方案》基础上，结合中国具体实践制定而成的。主要采用住宅框抽样和二相、多阶段、分层随机抽样的方法从全国 476 个调查市、县抽选出 6.6 万调查户。数据服务对象也从主要为政府部门决策服务逐渐变为向政府部门、企业以及社会公众提供及时、准确、全面的统计数据和数据解读资料发展。

2010年，国家统计局成立住户调查办公室，并着手住户调查制度的新一轮改革。2012年12月，农村、城镇住户调查开始实行一体化改革。

随着改革开放的不断深入和社会主义市场经济的逐步完善，城市住户调查顺应时代发展要求，由较单一的收支调查逐步发展成为全面的生活质量调查，形成以基本情况调查为基础，以多主题调查为主体，以专项调查为辅助的灵活多样的调查方式。充分运用灵活、快捷、高效的调查优势，为宏观决策提供及时、准确、全面的决策依据。

4.城乡住户调查一体化

一、住户调查一体化改革的背景

受城乡二元结构的制约，长期以来中国的住户收支调查都是分开进行的。农村住户收支调查面向农村，主要采集和发布农村居民人均纯收入数据。城镇住户收支调查面向城镇，主要采集和发布城镇居民人均可支配收入数据。具体讲，农村住户收支调查在全国31个省（自治区、直辖市），采用分层随机抽样方法抽取896个县的7.4万农户，通过记账方式，收集家庭现金收支、实物收支及家庭经营情况等资料。城镇住户收支调查是在全国31个省（自治区、直辖市），采用分层随机抽样方法抽取476个市、县的6.6万城镇住户，通过记账方式，收集家庭收入、支出、就业及住房基本情况等资料。调查的原始数据由市、县级国家调查队编码录入审核后直接上报，由国家统计局直接汇总出全国和分省的收支数据。这些数据从总体看，来源明确，基本上客观地反映了城乡居民收支情况及其变化，为国家制定有关城乡居民收入分配政策、统筹城乡发展提供了重要的参考依据。

但是，由于城镇住户收支调查和农村住户收支调查在调查设计、调查内容和覆盖范围等方面均有所差别，城乡住户调查的主要收支指标名称和口径都不尽相同，概念和定义与国际标准也存在差异，抽样对象既有少量交叉，同时也遗漏了大量在城镇工作的流动群体。一直以来，统计部门只能分别提供城镇居民和农村居民的收入和支出数据，无法简单整合计算出全国居民的收支数据，难以精确测算全国居民的收入差距和支出结构。分别得出的城镇居民和农村居民的收入、支出等水平和结构方面的数据也不完全可比。

随着中国工业化、城镇化的不断加快，农村外出务工人员急剧增加，农民工的收入归属问题已成为影响城乡居民收入统计水平的一个重要因素。以前相互独立的城乡住户调查，没有很好地解决不同类型农民工及其收入是归城镇还是归农村统计这个问题。此外，随着住房改革的深化和房地产交易市场的逐步成熟，城镇自有住房户比重越来越高，城镇居民的自有房屋虚拟房租产生的收入和消费支出对城镇居民收支的影响越来越大，但在独立的城镇住户调查中，城镇居民的自有住房虚拟服务产生的收入和相应的支出并未纳入城镇居民的收入和消费支出中。

为了解决上述问题，以便更加真实准确地反映城乡居民收入增长状况，更好地满足统筹城乡发展和改善收入分配格局的需要，国家统计局对实行了 50 多年的农村住户收支调查和城镇住户收支调查进行了一体化改革。充分吸收和借鉴住户调查领域的国际标准和实践经验，按照统一指标和口径、统一抽样、统一数据采集和统一数据处理的基本思路重新设计了一体化的城乡住户收支调查，并于 2013 年起正式在全国范围内推行。

二、住户调查一体化改革的主要内容

（一）统一指标和口径

在一体化住户调查中，根据国际通用的住户收入统计堪培拉标准对收入概念和收入指标体系进行了重新设计，对现行的农村居民纯收入和城镇居民可支配收入指标进行了调整和规范，以便计算全体居民的可支配收入以及分城乡的居民可支配收入。

在一体化住户调查中，可支配收入被具体分成四个子项。

可支配收入＝工资性收入＋经营净收入＋财产净收入（财产性收入－财产性支出）＋转移净收入（转移性收入－转移性支出）

在一体化住户调查中，消费概念的设计遵循了按目的划分的个人消费分类国际标准（COICOP），从指标的分类和内涵上做到了国际可比，并且更好地满足了 CPI 权数计算和支出法 GDP 核算的需要。其中一个重要的变化是在居住消费支出中包含了自有住房虚拟服务产生的租金，以更好地反映居民的实际消费水平和结构。

常住人口的界定也重新进行了规范。在一体化住户调查中，严格依据居住时间来判定常住人口，将在城镇居住半年以上的人口调整为城镇常住人口。这意味着在大规模人口流动的背景下，大量外出务工经商的农民工都将划归为城镇常住人口。而在过去的农村住户调查中，与农村家庭有着紧密经济联系的农民工群体，不论离家多久，都被归为农村家庭人口。在新的一体化住户调查中，常住人口的定义与人口普查中的定义协调一致。

（二）统一抽样

一体化住户调查通过统一的抽样框、统一的样本抽选、统一的样本轮换和统一的样本动态管理，确保了人口覆盖不重不漏。特别是对流动人口，通过抽样方法的改进，相比于过去的农村住户调查和城镇住户调查，有了很完整的覆盖。

一体化住户调查使用第六次全国人口普查中普查小区名录及基本情况作为全国统一的抽样框。编制抽样框时，对常住人口过少的普查小区进行合并，形成规模大小基本一致的

"规范普查小区",这些单元统称为调查小区。

在具体的样本抽选中,以省为总体,综合采用分层、多阶段、与人口规模大小成比例(PPS)的方法和随机等距抽样相结合的方法抽选住宅,并对抽中住宅内的住户进行调查。每个省被划分为市区层和县域层,分别进行抽样。市区层包括所有市辖区,在每个市辖区内采用二阶段抽样方法,即每个区都要抽调查小区、抽中的调查小区抽住宅;县域层包括县和县级市,采用三阶段抽样,即从县域层中抽调查县、调查县抽调查小区、抽中的调查小区抽住宅。

在每个区或抽中县(县级市)内,将所有调查小区分为城镇居委会、城镇村委会和乡村三层,每层内按照一定的社会经济指标顺序进行排序,然后采用与人口规模成比例(PPS)的方法抽选调查小区。在抽中调查小区内,对调查小区内的所有建筑物进行住宅摸底,整理形成住宅抽样框,采用随机等距方法抽选固定数量的住宅。在抽中住宅中,1宅1户的,调查1户;1宅多户的,随机抽取2户进行调查。另外,住宅和住户样本每年轮换50%,以确保样本的时效性和代表性。

其中值得注意的是,一体化住户调查采用了严格的住宅抽样设计,将住宅的概念扩展至包含普通住宅、职工宿舍、工棚和工作地住宿等多种居住形式,并对住宅样本进行持续追踪和动态管理,确保了对流动人口的覆盖。

一体化住户调查共抽选了1650个县(县级市、市辖区)的约16万个住户参加调查,比之前城镇住户调查和农村住户调查的样本量之和增加了2万多户。

(三)统一数据采集

一体化住户调查数据采集的对象是中华人民共和国境内的住户,既包括城镇住户,也包括农村住户;既包括以家庭形式居住的住户,也包括以集体形式居住的住户。无论户口性质和户口登记地,所有居民均以户为单位,在常住地参加调查。

一体化住户调查采用日记账和问卷访问相结合的方法来采集城乡居民的生活状况和收支信息。其中,居民现金收入与支出、实物收入与支出等内容主要使用记账方式采集。住户成员及劳动力从业情况、住房和耐用消费品拥有情况、家庭经营和生产投资情况、社区基本情况及其他民生状况等资料使用问卷调查方式采集。对于部分记账意愿较低的住户和集体居住户,也可以采用问卷访问的方法来采集住户收支数据,提高调查的回答率。

一体化住户调查将过去农村住户调查5年的记账周期和城镇住户调查3年的记账周期,统一缩短为2年。鼓励大中城市进一步缩短记账周期,减轻调查负担,提高调查的回答率。并且在有条件的地区,积极推广调查户使用电脑、手机、平板等进行电子记账。在数据采集的过程中,加强对数据质量的控制,从源头上保障基础数据的采集,进一步提高城乡居民收入数据的质量。

（四）统一数据处理

国家统计局采用统一的数据处理程序，对采集的调查数据进行编码、录入、审核和汇总。运用插补、奇异值处理、加权、校准等先进的数据处理技术对数据进行进一步的处理，以提高居民收支数据的质量。全国、省、市、县各级汇总结果均根据分户基础数据、采用加权汇总方式生成，各级汇总权数由国家统计局统一根据抽样设计来制定。

二、住户调查一体化后的主要成果

2014年2月24日，国家统计局在《2013年国民经济和社会发展统计公报》发布了中国城镇居民人均可支配收入和农村居民人均纯收入数据，同时首次发布了城乡住户调查一体化后的全国居民人均可支配收入数据："根据从2012年四季度起实施的城乡一体化住户调查，全国居民人均可支配收入18311元，比上年增长10.9%，扣除价格因素，实际增长8.1%。"

5.农村贫困监测

消除贫困，实现共同富裕，始终是党和政府工作的重要组成部分，是促进各民族共同繁荣发展的重要任务。自20世纪80年代中期，随着国内经济逐渐复苏好转，中国政府确定了开发式扶贫方针，划定273个国家级贫困县，正式开展大规模扶贫工作。1994年，国家启动"八七"扶贫攻坚计划，将国家级贫困县增至592个，并明确提出从1994年到2000年，力争用7年左右的时间，基本解决目前全国8000万贫困人口温饱问题的工作目标。

为了全面、客观地反映中国反贫困进程，为中央制定扶贫相关政策提供参考依据，国家统计局1997年建立农村贫困监测统计制度。

一、农村贫困监测统计制度

农村贫困监测统计制度具体由全国住户调查、贫困监测专项调查和分县社会经济统计三部分构成。其中，住户调查是测算贫困标准、全国和分省贫困人口规模及贫困程度的基础。中国贫困人口测算工作始于1978年；贫困监测专项调查，是测算592个国家扶贫开发工作重点县贫困规模和贫困程度、反映扶贫工作成就的基础；分县社会经济统计主要提供贫困县域的背景性资料。

住户调查的范围是全国31个省（区、市）。调查内容包括：抽中住户人口与劳动力基本情况；住户收支情况；住户住房、耐用消费品、土地承包和经营、生活设施情况；抽中住户所在村基础设施情况。

贫困监测专项调查的范围是国家扶贫攻坚计划或扶贫纲要中划定的贫困县域。调查内容是在住户调查的基础上为满足贫困信息需求做了补充,如在针对个人层面增加儿童、妇女、少数民族、残疾状况;在住户一级增加扶贫项目参与和扶贫资金注入等情况;在村一级增加扶贫项目到村情况。增加县级扶贫效果统计。

住户调查和贫困监测专项调查的调查对象为调查范围内县以及抽中行政村、住户及住户成员;调查采用日记账和问卷调查相结合的方式采集基础数据。具体调查由国家统计局住户调查办公室负责,国家统计局各调查总队组织实施。调查和数据发布的频率为季度和年度。

分县社会经济统计的全国城区以外的全部县级单位(包括县、县级区、旗、县级农区),统计内容包括人口、综合经济、农业生产、基础设施、教育、科技、环境等,调查方式是全面统计。具体由国家统计局农村社会经济调查司负责,各省级统计局组织实施。统计和数据发布的频率为年度。

为了做到更好地服务于扶贫政策实施,在开展贫困监测的17年时间里国家统计局不断从抽样方法、调查内容、调查组织、数据质量控制等方面进行贫困监测制度的修订和完善。如从调查内容方面,由《国家八七扶贫攻坚计划》实施阶段强调关注收支等经济贫困,转为2001—2010年《中国农村扶贫开发纲要》实施阶段关注收支和教育、医疗、卫生、基础设施、发展机会等多维贫困。当前中国正处在2011—2020年《中国农村扶贫开发纲要》实施阶段,调查内容的关注点除坚持多维度视点外,更注重缩小差距和收入分配不平等改善方面的内容。

二、贫困标准及其变化情况

贫困标准是测算贫困人口、衡量贫困变化的基础,也是确定扶贫工作长远目标的重要依据。从1978年到2013年的35年间,中国正式采用过三条农村绝对贫困标准。分别是:

1978年标准,也可称为维持生存标准。在1978—1999年被称为农村贫困标准,2000—2007年被称为农村绝对贫困标准。2008年以后不再按此标准公布贫困数据。此标准在1978年为100元,2007年为785元。2008年以前,1978年标准也是国务院有关部门的农村扶贫工作标准。1978年标准包括两个部分:一部分是满足最低营养标准(2100大卡能量/人日)的基本食品需求,即食物贫困线;另一部分是最低限度的衣着、住房、交通、医疗及其他社会服务的非食物消费需求,即非食物贫困线。其中,非食物贫困线是贫困农户愿意牺牲基本食品需求所换取的,因此,实际上是根据一些食物消费达不到食物贫困线人口的非食物消费所测定的。

2008年标准,也可称为基本温饱标准。在2000—2007年被称为农村低收入标准,2008年起正式改称为农村贫困标准。2011年起不再按此标准公布贫困数据。此标准在

2000年为865元，2010年为1274元。2008年标准是在1998年测定的绝对贫困标准中的基本食品需求的基础上，根据恩格尔系数（食品消费支出占总消费支出的比重）为60%以上为贫困水平、50%—60%是温饱水平的通用假设而测定的，以后一直用农村居民消费价格指数进行更新。

2010年标准，也可称为稳定脱贫标准。2011年起按此标准公布贫困数据。2010年为2300元，根据消费价格指数逐年更新，2013年为2736元。此标准从2011年起成为农村扶贫工作标准。根据国际贫困测量经验，稳定脱贫标准为每人每天2美元。2300元的标准按照2005年第七轮国际比较项目结果，并用农村贫困人口的CPI进行年度更新，约等于每天1.6美元。

三、主要调查结果

自2000年起，国家统计局定期公开出版《中国农村贫困监测报告》，向社会各界发布中国农村贫困状况，展示贫困变化的宏观背景，介绍各部门和全社会的扶贫实践及其扶贫效果。改革开放以来，中国贫困人口发生率持续下降。参见表1：

表1 农村贫困状况

年份	1978年标准 贫困人口（万人）	1978年标准 贫困发生率(%)	2008年标准 贫困人口（万人）	2008年标准 贫困发生率(%)	2010年标准 贫困人口（万人）	2010年标准 贫困发生率(%)
1978	25000	30.7				
1980	22000	26.8				
1990	8500	9.4				
2000	3209	3.5	9422	10.2		
2007	1479	1.6	4320	4.6		
2008			4007	4.2		
2009			3597	3.8		
2010			2688	2.8	16567	17.2
2011					12238	12.7
2013					8249	8.5

注：① 1978年标准：1978—1999年被称为农村贫困标准，2000—2007年被称为农村绝对贫困标准。
② 2008年标准：2000—2007年被称为农村低收入标准，2008—2010年被称为农村贫困标准。
③ 2010年标准：是新确定的农村扶贫标准。

6.农民工监测调查

农民工是中国改革开放和工业化、城镇化进程中涌现的一支新型劳动大军,也是当前新型城镇化战略实施中农业转移人口市民化的核心人群。作为中国产业工人的重要组成部分,农民工对中国现代化建设作出了重大贡献。因此,农民工问题事关中国经济和社会发展全局,关系农村经济发展和农民增收。2008年底,受国际金融危机影响,全国范围内大批农民工提前返乡的情况受到中央和国务院的高度重视。但当时农民工群体规模有多大,他们的流向和结构、就业和收支、生活和社会保障等情况如何,没有一家权威机构能给出答案。为此,国家统计局于2008年12月建立了农民工监测制度,在农民工输出地开展抽样调查,通过定期收集农民工相关统计信息,为政府制定科学的农民工政策、加强和改善农民工工作提供科学依据。

一、农民工监测调查制度

农民工监测调查的调查范围是全国31个省(区、市)的农村地域。主要内容包括:抽中住户人口与劳动力就业基本情况;外出从业人员及本地非农务工人员就业、收支、生活和社会保障情况;本地从业人员非农自我经营和创业情况;外出从业人员返乡情况、农村劳动力举家外出情况等。调查对象为抽中住户的农村劳动力。调查方法为抽样调查,数据采集方法采用访问员上门面访。调查具体由国家统计局住户调查办公室负责,国家统计局各调查总队组织实施。调查和数据发布的频率为季度和年度。

在调查开展5年时间里,为提高农民工监测数据的政策适用性,国家统计局主要从调查内容和调查对象上不断修订和改进调查制度。如随着国内经济逐渐好转,2010年去掉了外出从业人员返乡情况有关内容;随着广大农民纷纷进城务工就业,人口迁移带来了许多社会问题,尤其是农民工子女教育问题日趋突出,2013年增加了农民工子女教育情况有关内容;随着国家统计局城乡住户调查一体化改革的实施,2012年将调查对象改用"盯宅不盯户"的办法,流动农民工被有效包括在城镇务工地样本中,进一步提高了农民工收支数据的准确性。随着新型城镇化战略的实施,国家统计局从需求出发将农民工监测调查制度建设的最终目标确定为建立起一个以人口普查和行政记录为基础,以农民工输入地为主、输入地与输出地相结合的农民工经常性监测调查为主体的农民工统计监测调查体系。

二、农民工监测调查主要结果

2009年以来,国家统计局公开发布农民工监测调查报告。

国家统计局发布的2013年农民工监测调查报告显示,2013年全国农民工总量26894万人,比上年增加633万人,增长2.4%。1980年及以后出生的新生代农民工12528万人,占农民工总量的 46.6%。其中：56.8% 的农民工从事第二产业，比上年下降 0.3 个百分点；42.6% 的农民工从事第三产业，比上年提高 0.1 个百分点。外出农民工 61.8% 在第二产业就业，本地农民工 48.6% 在第三产业就业。

表 1　农民工规模

指标	农民工总量（万人）	1.外出农民工（万人）	（1）住户中外出农民工（万人）	（2）举家外出农民工（万人）	2.本地农民工（万人）	人均月收入（元）
2008 年	22542	14041	11182	2859	8501	1340
2009 年	22978	14533	11567	2966	8445	1417
2010 年	24223	15335	12264	3071	8888	1690
2011 年	25278	15863	12584	3279	9415	2049
2012 年	26261	16336	12961	3375	9925	2290
2013 年	26894	16610	13085	3525	10284	2609

农民工外出务工收入持续快速提高。2013 年农民工外出务工人均月收入达到 2609 元，比 2008 年的 1340 元净增近 1 倍，年均增长 14.3%。

近年农民工总量增长有两个特点，一是无论数量还是增长速度本地农民工都快于外出农民工，就地就近转移成为新特点；二是农民工总量增速呈持续回落态势，2011 年、2012 年、2013 年增速分别比上年下降 1.0、0.5 和 1.5 个百分点。

7.统计上划分城乡的规定

党的十一届三中全会以来，农村经济的繁荣，促进了小城镇的恢复和发展。为适应城乡经济发展的需要，国务院分别于 1984 年 11 月和 1986 年 4 月，批转了民政部《关于调整建镇标准的报告》和《关于调整设市标准和市领导县条件的报告》，对以前的市镇建制标准作了较大的放宽。这两个报告实施以后，各地出现了大量的撤县设市、撤乡建镇，全国市镇数量大幅度增加。按照新调整的行政区划进行测算，中国城镇人口将高达 75%。这与中国的实际情况有较大的出入。

为了在统计上统一城乡划分标准，满足第五次全国人口普查和各部门、各专业统计上的需要，民政部、国家统计局于 1998 年末联合向国务院报送了《关于统计上制定城乡划分统计标准的请示》报告。国务院领导批复并同意由国家统计局牵头，民政部、建设部、公安部、农业部、财政部参加，联合制定统计上使用的城乡划分统计标准。

1999年12月6日，国家统计局印发《关于统计上划分城乡的规定（试行）的通知》，并在2000年下发《关于执行统计上划分城乡规定中判断城镇范围的补充通知》。对城镇的地域范围包括设区市市区、县级市市区、县的城区和建制镇镇区规定如下。

一、城镇的地域范围

（一）设区市市区，包括：

1. 市辖区人口密度在1500人/平方公里及以上的，其区辖全部行政地域作为市区的组成部分；

2. 市辖区人口密度不足1500人/平方公里的，区人民政府驻地和区辖其他街道办事处的地域为市区的组成部分；

如果区人民政府驻地的城市建设已延伸到周边建制镇（乡）人民政府的驻地或延伸到镇（乡）所辖50%以上的行政村的地域，则该建制镇（乡）的全部地域也作为市区的组成部分。

（二）县级市市区，包括：

1. 市人民政府驻地和市辖其他街道办事处地域；

2. 如果市人民政府驻地的城市建设已延伸到周边建制镇（乡）人民政府的驻地或延伸到镇（乡）所辖50%以上的行政村的地域，则该建制镇（乡）的全部地域也作为市区的组成部分。

（三）县的城区：指县人民政府驻地的建制镇的镇区。

（四）建制镇镇区：指镇人民政府驻地和镇人民政府驻地建成区已延伸到的村委会，镇辖其他居委会。

凡地处城镇地区以外的工矿区、开发区、旅游区、科研单位、大专院校等特殊地区，常住人口在3000人以上的，按镇划定。

二、延伸区的判断方法

（一）区、市、镇人民政府驻地有明确建成区的（与政府驻地不连片的建成区除外），可用建成区判断城区建设向外延伸的地区。建成区的范围以当地政府建设部门或城市建设规划部门确认的范围为准，不能用规划区的范围代替建成区的范围。具体判断方法是：

1. 区、市政府驻地的建成区如果包括周边镇、乡政府驻地的，或包括周边镇、乡所辖50%及以上村民委员会驻地的，则该镇、乡的全部地域作为延伸区。否则不作为延伸区。

2. 镇政府驻地的建成区如果包括周边村民委员会驻地的，则该村民委员会的全部地域作为延伸区。否则不作为延伸区。

（二）区、市、镇人民政府驻地没有明确建成区的，延伸地区是指与政府驻地的城区建设连成片，未被农业用地（房前屋后小片菜园地除外）、河流（有桥的除外）、湖泊、荒山、荒地、沙漠、草原等隔开的地区。

1. 在判断区、市的延伸区时，公共设施、市政公用设施和居民区应同时延伸，包括在建项目和已征用的土地。

2. 在判断镇的延伸区时，市政公用设施和居民区应同时延伸，包括在建项目和已征用的土地。

2006年3月10日，国家统计局印发《关于统计上划分城乡的暂行规定》和《国家统计局统计上划分城乡工作管理办法》的通知。对1999年印发的《关于统计上划分城乡的规定（试行）》进行了修订。

在2006年《关于统计上划分城乡的暂行规定》中明确，城乡划分标准以国务院关于市镇建制的规定和中国的行政区划为基础，以民政部门确认的居民委员会和村民委员会为最小划分单元，将中国的地域划分为城镇和乡村。

城镇是指在中国市镇建制和行政区划的基础上，经本规定划定的区域。城镇包括城区和镇区。城区是指在市辖区和不设区的市中，经本规定划定的区域。城区包括：一、街道办事处所辖的居民委员会地域；二、城市公共设施、居住设施等连接到的其他居民委员会地域和村民委员会地域。镇区是指在城区以外的镇和其他区域中，经本规定划定的区域。镇区包括：一、镇所辖的居民委员会地域；二、镇的公共设施、居住设施等连接到的村民委员会地域；三、常住人口在3000人以上独立的工矿区、开发区、科研单位、大专院校、农场、林场等特殊区域。乡村是指本规定划定的城镇以外的其他区域。

为了科学、真实地反映中国现阶段城乡人口、社会和经济发展情况，准确评价中国的城镇化水平，2008年7月12日，国务院批复国家统计局等《关于报请国务院批转统计上划分城乡规定的请示》（以下简称《规定》）。

《规定》以中国的行政区划为基础，以民政部门确认的居民委员会和村民委员会辖区为划分对象，以实际建设为划分依据，将中国的地域划分为城镇和乡村。

城镇包括城区和镇区。城区是指在市辖区和不设区的市，区、市政府驻地的实际建设连接到的居民委员会和其他区域。镇区是指在城区以外的县人民政府驻地和其他镇政府驻地的实际建设连接到的居民委员会和其他区域。

与政府驻地的实际建设不连接，且常住人口在3000人以上的独立的工矿区、开发区、科研单位、大专院校等特殊区域及农场、林场的场部驻地视为镇区。实际建设是指已建成或在建的公共设施、居住设施和其他设施。

乡村是指本规定划定的城镇以外的区域。

《规定》仅作为统计上划分城乡的依据，不改变现有的行政区划、隶属关系、管理权限和机构编制,以及土地规划、城乡规划等有关规定。

《规定》在一定程度上解决了城乡划分标准变动导致统计数据混乱的问题。就全国来说,根据《规定》计算,人口城镇化水平2000年为36.22%,2011年突破50%,达51.27%。2013年为53.73%。这一数字更为准确地反映了中国人口城镇化水平,得到了有关部门和专家的认可。

8.撤县设市

按照《中华人民共和国宪法》规定,中国市制只有"直辖市"和"市"之分。1983年5月,劳动人事部、民政部在《关于地市机构改革的几个主要问题的请示报告》中首次使用"地级市"和"县级市",同年在国务院有关行政区划批复中正式使用"地级市"和"县级市"。县级市的行政地位相当于县。

改革开放以前,县级市一般是从县域范围内分出一个或几个乡镇设市而来。那时,中国县级市发展缓慢,至1975年,全国县级市只有86个。

改革开放以后,工业化快速发展,城镇产业结构和人口结构发生了很大变化。政府为适应城乡经济发展的需要,改革了设市模式,加快了设市速度,多次调整设市标准,县级城市数量日益增多。大多数"县级市"都以撤县设市的方式建立。

1983年,中国开始实施地级行政区划改革,民政部提出一套内部掌握执行的设市标准和市领导县条件。1986年4月,国务院批转民政部《关于调整设市标准和市领导县条件报告》,对1983年的标准作如下调整:

一、非农业人口(含县属企事业单位聘用的农民合同工、长年临时工,经工商行政管理部门批准登记的有固定经营场所的镇、街、村和农民集资或独资兴办的第二、三产业从业人员,城镇中等以上学校招收的农村学生,以及驻镇部队等单位的人员,下同)6万以上,年国民生产总值2亿元以上,已成为该地经济中心的镇,可以设置市的建制。少数民族地区和边远地区的重要城镇,重要工矿科研基地,著名风景名胜区,交通枢纽,边境口岸,虽然非农业人口不足6万、年国民生产总值不足2亿元,如确有必要,也可设置市的建制。

二、总人口50万以下的县,县人民政府驻地所在镇的非农业人口10万以上、常住人口中农业人口不超过40%、年国民生产总值3亿元以上,可以设市撤县。设市撤县后,原由县管辖的乡、镇由市管辖。总人口50万以上的县,县人民政府驻地所在镇的非农业人口一般在12万以上、年国民生产总值4亿元以上,可以设市撤县。自治州人民政府或地区

（盟）行政公署驻地所在镇，非农业人口虽然不足 10 万、年国民生产总值不足 3 亿元，如确有必要，也可以设市撤县。

三、市区非农业人口 25 万以上、年国民生产总值 10 亿元以上的中等城市（即设区的市），已成为该地区政治、经济和科学、文化中心，并对周围各县有较强的辐射力和吸引力，可实行市领导县的体制。一个市领导多少县，要从实际出发，主要应根据城乡之间的经济联系状况，以及城市经济实力大小决定。

1993 年 5 月，国务院批转民政部《关于调整设市标准报告》的通知，按"八五"计划中关于"城市发展要坚持实行严格控制大城市规模，合理发展中等城市和小城市的方针，有计划地推进城市化进程，并使之同国民经济协调发展"的精神，对 1986 年经国务院批准试行的设市标准作了相应的修改。

（一）每平方公里人口密度 400 人以上的县，达到下列指标，可设市撤县：

1. 县人民政府驻地所在镇从事非农产业的人口（含县属企事业单位聘用的农民合同工、长年临时工，经工商行政管理部门批准登记的有固定经营场所的镇、街、村和农民集资或独资兴办的第二、三产业从业人员，城镇中等以上学校招收的农村学生，以及驻镇部队等单位的人员，下同）不低于 12 万，其中具有非农业户口的从事非农产业的人口不低于 8 万。县总人口中从事非农产业的人口不低于 30%，并不少于 15 万。

2. 全县乡镇以上工业产值在工农业总产值中不低于 80%，并不低于 15 亿元（经济指标均以 1990 年不变价格为准，按年度计算，下同）；国内生产总值不低于 10 亿元，地方本级预算内财政收入不低于人均 100 元，总收入不少于 6000 万元，并承担一定的上解支出任务。

3. 城区公共基础设施较为完善。其中自来水普及率不低于 65%，道路铺装率不低于 60%，有较好的排水系统。

（二）每平方公里人口密度 100 人至 400 人的县，达到下列指标，可设市撤县：

1. 县人民政府驻地镇从事非农产业的人口不低于 10 万，其中具有非农业户口的从事非农产业的人口不低于 7 万。县总人口中从事非农产业的人口不低于 25%，并不少 12 万。

2. 全县乡镇以上工业产值在工农业总产值中不低于 70%，并不低于 12 亿元；国内生产总值不低于 8 亿元，第三产业产值在国内生产总值中的比例达到 20% 以上；地方本级预算内财政收入不低于人均 80 元，总收入不少于 5000 万元，并承担一定的上解支出任务。

3. 城区公共基础设施较为完善。其中自来水普及率不低于 60%，道路铺装率不低于 55%，有较好的排水系统。

（三）每平方公里人口密度100人以下的县，达到下列指标，可设市撤县：

1. 县人民政府驻地镇从事非农产业的人口不低于8万，其中具有非农业户口的从事非农产业的人口不低于6万。县总人口中从事非农产业的人口不低于20%，并不少于10万。

2. 全县乡镇以上工业产值在工农业总产值中不低于60%，并不低于8亿元；国内生产总值不低于6亿元，第三产业产值在国内生产总值中的比例达到20%以上；地方本级预算内财政收入不低于人均60元，总收入不少于4000万元，并承担一定的上解支出任务。

3. 城区公共基础设施较为完善。其中自来水普及率不低于55%，道路铺装率不低于50%，有较好的排水系统。

（四）具备下列条件之一者，设市时条件可以适当放宽：

1. 自治州人民政府或地区（盟）行政公署驻地。

2. 乡、镇以上工业产值超过40亿元，国内生产总值不低于25亿元，地方本级预算内财政收入超过1亿元，上解支出超过50%，经济发达，布局合理的县。

3. 沿海、沿江、沿边境重要的港口和贸易口岸，以及国家重点骨干工程所在地。

4. 具有政治、军事、外交等特殊需要的地方。具备上述条件之一的地方设市时，州（盟、县）驻地镇非农业人口不低于6万，其中具有非农业户口的从事非农产业的人口不低于4万。

（五）少数经济发达，已成为该地区经济中心的镇，如确有必要，可撤镇设市。设市时，非农业人口不低于10万，其中具有非农业户口的从事非农产业的人口不低于8万。地方本级预算内财政收入不低于人均500元，上解支出不低于财政收入的60%，工农业总产值中工业产值高于90%。

（六）国家和部委以及省、自治区确定予以重点扶持的贫困县和财政补贴县原则上不设市。

设立地级市的标准：

市区从事非农产业的人口在25万人以上，其中市政府驻地具有非农业户口的从事非农产业的人口在20万人以上；工农业总产值30亿元以上，其中工业产值占80%以上；国内生产总值在25亿元以上；第三产业发达，产值超过第一产业，在国内生产总值中的比例达35%以上；地方本级预算内财政收入2亿元以上，已成为若干市县范围内中心城市的县级市，方可升格为地级市。

设立县级市及地级市标准中的财政收入指标，将根据全国零售物价指数上涨情况，由民政部报经国务院批准适时调整。

表1 设市标准变化中的中国各级行政区数量变化

时间	地级区划数（个）	地级市数（个）	县级区划数（个）	市辖区数（个）	县级市数（个）	县数（个）
1978年	310	98	2653	408	92	2011
1979年	315	104	2690	428	109	2002
1980年	318	107	2775	511	113	1998
1981年	316	108	2780	514	122	2001
1982年	322	112	2797	527	130	1998
1983年	322	144	2785	552	142	1942
1984年	322	147	2814	595	150	1926
1985年	327	162	2826	621	159	1893
1986年	325	166	2830	629	184	1856
1987年	326	170	2826	632	208	1817
1988年	334	183	2831	647	248	1765
1989年	336	185	2829	648	262	—
1990年	336	185	2833	651	279	1723
1991年	338	187	2833	650	289	1714
1992年	339	191	2833	662	323	—
1993年	335	196	2835	669	371	1617
1994年	333	206	2845	697	413	1560
1995年	340	210	2849	706	427	1542
1996年	335	218	2859	717	445	—
1997年	332	222	2862	727	442	—
1998年	331	227	2863	737	437	1516
1999年	331	236	2858	749	427	1510
2000年	333	259	2074	787	400	1503
2001年	332	265	2053	808	393	1489
2002年	332	275	2860	830	381	1478
2003年	333	282	2861	845	374	1470
2004年	333	283	2862	852	374	1464
2005年	333	283	2862	852	374	1464
2006年	333	283	2860	856	369	1463
2007年	333	283	2859	856	368	1463
2008年	333	283	2859	856	368	1463
2009年	333	283	2858	855	367	1464
2010年	333	283	2856	853	370	1461
2011年	332	284	2853	857	369	1456
2012年	333	285	2852	860	368	1453
2013年	333	286	2853	872	368	1442

改革开放以来，县级城市数量快速增加。从1978年的92个，上升到1983年的142个，随后到1997年的442个。1997年，考虑到许多地方盲目追求县改市造成的"假性城市化"、耕地占用、权力寻租等众多问题，国务院作出了"暂停审批县改市"的决定。此后，撤县设市进入了严格管控阶段。2013年末，中国城市数量为658个，比1997年末减少10个，其中县级城市数量为368个，比1997年末减少74个。一些规模较大或与地级及以上城市区域接壤的县级市，升格为地级城市或成为地级市的辖区。

9. "小康社会"及统计监测

一、邓小平赋予小康社会现代含义

1979年12月6日，邓小平会见了来华访问的日本首相大平正芳，就中国实现"四个现代化"的问题回答了大平正芳的提问，提出了在中国实现小康的发展目标。1984年3月25日，邓小平在同日本首相中曾根康弘的谈话中说：翻两番，国民生产总值人均达到800美元，就是到20世纪末在中国建立一个小康社会。这个小康社会，叫作中国式的现代化。翻两番、小康社会、中国式的现代化，这些都是我们的新概念。

二、小康社会作为中国社会经济发展的战略目标

（一）1982年9月，党的十二大报告首次使用"小康"概念，提出到20世纪末"人民的物质文化生活可以达到小康水平"。1987年10月，党的十三大将"小康"确定为经济建设的战略部署，即"三步走战略"的第二步目标。其中：第一步，到1990年实现国民生产总值比1980年翻一番，解决人民的温饱问题；第二步，到20世纪末，使国民生产总值比1980年翻两番，人民生活达到小康水平；第三步，到21世纪中叶实现人均国民生产总值4000美元，达到中等发达国家水平，人民生活比较富裕，基本实现现代化。

（二）2002年11月，党的十六大正式提出全面建设小康社会目标，即：经济更加发展、社会更加和谐、人民生活更加殷实、民主更加健全、科教更加进步、文化更加繁荣。

（三）2012年11月，党的十八大提出了全面建成小康社会的宏伟目标。报告提出，根据我国经济社会发展实际，要在党的十六大、十七大确立的全面建设小康社会目标的基础上努力实现新的要求：经济持续健康发展，转变经济发展方式取得重大进展，在发展平衡性、协调性、可持续性明显增强的基础上，实现国内生产总值和城乡居民人均收入比2010年翻一番；人民民主不断扩大；文化软实力显著增强；人民生活水平全面提高；资源节约型、环境友好型社会建设取得重大进展。全面建成小康社会，必须以更大的政治勇气和智慧，不失时机深化重要领域改革，坚决破除一切妨碍科学发展的思想观念和体制机制弊端，构建系统完备、科学规范、运行有效的制度体系，使各方面制度更加成熟、更加定型。

三、小康进程统计监测

（一）小康生活标准及总体小康进程监测

20世纪90年代初，国家统计局就开始着手研究小康生活标准的统计监测。1992年4月，国家统计局相继开展农村、城市和全国小康统计标准研究。会同国家计委和农业部共同对小康标准进行了更为全面的研究，制定了《全国人民小康生活水平的基本标准》、《全国农村小康生活水平的基本标准》和《全国城镇小康生活水平的基本标准》，得到了政府部门与社会的认同。此后，一直以此标准作为衡量全国人民小康生活水平实现程度的尺度。

1992年小康水平的量化标准：

1. 人均国民生产总值为2400元。确定人均国民生产总值标准主要依据国家经济发展战略。中国经济发展战略的第二步目标为国民生产总值翻两番，达到小康水平。按照1990年价格，翻两番的国民生产总值为31000亿元，翻两番的人均国民生产总值为2400元，此即人均国民生产总值的小康标准。

2. 第三产业产值占国民生产总值的比重为36%。据世界银行统计，1988年低收入国家第三产业产值占国民生产总值的比重为32%，中等收入国家为50%。而中国1990年第三产业比重为27.2%。

这一方面表明目前中国第三产业发展缓慢，另一方面也存在着国民生产总值核算方法的问题（即低估了第三产业的产值）。

综合考虑中国国情条件、80年代的发展经验和90年代的发展规划，按现行核算口径和核算方法，中国第三产业产值占国民生产总值的比重的小康标准为36%。这个标准加上统计口径差异和操作误差后相当于世界中等收入国家的下限水平。

3. 基尼系数为0.30—0.35。基尼系数是测量收入分配均等程度的重要指标，市场经济国家对基尼系数取值的一般判断标准为：0.2以下高度均等，0.2—0.3之间相对均等，0.3—0.4差距相对合理，0.4以上差距偏大。

参照上述标准，依据中国分配制度改革目标和80年代的实践，小康阶段，中国居民收入分配的基尼系数相对合理区间为0.30—0.35，这个标准低于市场经济国家的一般标准，但是它体现了中国生产资料以公有制为主的特征，与中国居民对收入差距的承受能力相适应，也能提高效率，保证实现共同富裕的目标。

4. 贫困人口比重为5%以下。贫困人口比重是综合反映社会保障效果的逆指标，在中国贫困主要是指生存资料相对不足。按照国家统计局提出的贫困线划定，1990年中国城乡合计有9000万人口尚未脱贫，占全部人口的比重为8%，根据80年代的实践和90年代的社会保障目标，小康标准的贫困人口比重为5%以下。

5. 人均年收入为1400元。城市小康标准的人均年收入为2380元，农村为1100元（计算方法详见城市、农村小康标准研究报告），二者加权平均为1400元，此即全国小康的人均收入标准。

6. 人均钢筋、砖木结构住房面积15.5平方米。城市人均居住面积的小康标准为8—10平方米，农村人均钢筋、砖木结构住房面积小康标准为18平方米，加权平均后，全国小康标准的居住水平人均钢筋、砖木结构住房面积15.5平方米，即平均每人一间较宽敞的住宅。

7. 人均日从食物中摄取的热量为2600千卡，蛋白质为75克。世界卫生组织和联合国粮农组织的专家认为，每天2385千卡的热量，75克的蛋白质和65克脂肪是维持"地球上一个普通公民"正常活动的标准饮食，考虑到小康阶段的一般生理需求特征、中国居民的消费特征以及粮食、畜产品供给条件，中国小康水平的营养标准为人均日摄取热量2600千卡，蛋白质75克。

8. 恩格尔系数为47%—49%。联合国粮农组织提出的用恩格尔系数判定生活发展阶段的一般标准是：60%以上为贫困，50%—60%为温饱，40%—50%为小康，40%以下为富裕。中国城市小康的恩格尔系数标准为44%—46%，农村小康的恩格尔系数标准为50%，综合考虑城乡标准，中国的恩格尔系数小康标准为47%—49%。

9. 人均文化用品及文化教育、生活服务支出比重为16%。人均文化用品及文化教育、生活服务支出比重是综合反映物质文明和精神文明建设的指标，根据各影响因素变动趋势预计，实现小康时，城市居民人均文化用品及文化教育、生活服务支出比重将达到22%，农村将达到10%，城乡平均后全国小康标准的人均文化用品及文化教育、生活服务的支出比重为16%。

10. 平均期望寿命70岁。平均期望寿命是反映营养、医疗保健和环境效果的综合指标。据联合国1991年3月《统计月报》发表的数字，1985—1990年全世界按全部人口平均的预期寿命为61岁。另据世界银行统计，1988年，中等收入国家的出生时期望寿命为66岁，高收入国家为76岁。

中国居民平均期望寿命，1981年为67.5岁，80年代末达到了70岁，考虑到中国居民平均期望寿命基数较高的事实，中国居民平均期望寿命的小康标准定为70岁。

11. 中学入学率为55%—60%。80年代末期，低收入国家中学入学率为37%，中等收入国家为54%，高收入国家为93%，参照上述标准和中国城乡中等教育状况，中国小康标准的中学入学率为55%—60%。

1993年2月4日，国家统计局印发《中国小康生活标准统计监测指标体系试行方案》。

表1 全国人民小康生活水平的基本标准及综合评价值

指标类型	指标名称	单位	指标数量值 1980年	1990年	1997年	小康值	权数	实现程度（%）1990年	1997年
一、经济水平	1. 人均国内生产总值	元	778	1634	3165	2500	14	49.7	100
二、物质生活							48	49.9	89.8
收入	2. 人均收入水平						16		
收入	(1) 城镇人均可支配收入	元	974	1523	2378	2400	6	38.5	98.5
收入	(2) 农民人均纯收入	元	315	686	964	1200	10	41.9	73.3
居住	3. 人均居住水平						12		
居住	(1) 城镇人均住房使用面积	平方米	5.5	9.45	12.4	12	5	60.7	100
居住	(2) 农民人均钢砖木结构住房面积①	平方米	4.5	11	16.1	15	7	61.9	100
营养	4. 人均蛋白质摄入量	克	50	62	68.4	75	6	48.0	73.6
交通	5. 城乡交通状况						8		
交通	(1) 城市每万人拥有铺路面积①	平方米	2.8	6	7.6	8	3	61.5	92.3
交通	(2) 农村通公路行政村比重	%	50	74	≥88.6	85	5	68.6	100
结构	6. 恩格尔系数	%	60	56.8	50.5	50	6	32.0	95.0
三、人口素质							14	53.0	80.3
文化健康	7. 成人识字率	%	68	77.7	83.3	85	6	57.1	90
文化健康	8. 人均预期寿命	岁	68	70	≥70	70	4	100	100
文化健康	9. 婴儿死亡率	‰	34.7	32.9	33.0	31	4	48.6	45.9
四、精神生活							10	47.2	97.0
	10. 教育娱乐支出比重	%	3	6.27	12.0	11	5	40.9	100
	11. 电视机普及率	%	11.9	59.1	94.8	100	5	53.6	94.1
五、生活环境							14	23.3	60.3
	12. 森林覆盖率	%	12	13.0	13.4	15	7	33.3	46.7
	13. 农村初级卫生保健基本合格以上县百分比	%	—	13.3	74.0	100	7	13.25	74.0
总计	共16项分指标						100	46.3	86.5

注：该标准由国家统计局与国家发展改革委（原国家计委）于1995年联合制定。表中价值量指标均按1990年价格计算。另外，表中森林覆盖率为1996年数；农村初级卫生保健基本合格以上县百分比1997年为推算数。

(二)全面建设小康社会统计监测

2003年初,国家统计局召集各方面专家组成课题组,开始研究全面建设小康社会统计监测指标体系,到2004年底初步完成课题研究报告。报告提出的《全面建设小康社会统计监测指标体系》(以下简称《监测体系》)包括"经济发展、社会和谐、生活质量、民主法制、科教文卫、资源环境"等6部分25项指标。《监测体系》所包括的6个方面,是按照党的十六大报告的内容拟出的,也比较充分地体现了"五个统筹"的科学发展思想。

2005年,国家统计局征求了国家发展改革委等有关部委意见,把《全面建设小康社会统计监测指标体系》印发给各地试运行,课题组根据反馈意见,及时对指标体系进行完善。2006年开始对中国全面建设小康社会进程进行统计监测,同时撰写监测报告上报中共中央、国务院。

2007年又根据党的十七大提出的新要求对指标体系作了重要修订。为了便于各地开展监测工作,2008年6月由国家统计局正式印发了《全面建设小康社会统计监测方案》,方案中的指标体系由经济发展、社会和谐、生活质量、民主法制、文化教育、资源环境等6个方面23项指标组成。2008年6月18日,国家统计局将全面建设小康社会统计监测方案向社会公开,并接受社会各界的监督和咨询。

表2 全面建设小康社会统计监测指标体系

监测指标	单位	权重(%)	标准值(2020年)
一、经济发展		29	
1. 人均GDP	元	12	≥31400
2. R&D经费支出占GDP比重	%	4	≥2.5
3. 第三产业增加值占GDP比重	%	4	≥50
4. 城镇人口比重	%	5	≥60
5. 失业率(城镇)	%	4	≤6
二、社会和谐		15	
6. 基尼系数	—	2	≤0.4
7. 城乡居民收入比	以农村居民为1	2	≤2.80
8. 地区经济发展差异系数	%	2	≤60
9. 基本社会保险覆盖率	%	6	≥90
10. 高中阶段毕业生性别差异系数	%	3	=100
三、生活质量		19	
11. 居民人均可支配收入	元	6	≥15000
12. 恩格尔系数	%	3	≤40

续表

监测指标	单位	权重（%）	标准值（2020年）
13. 人均住房使用面积	平方米	5	≥27
14. 5岁以下儿童死亡率	‰	2	≤20
15. 平均预期寿命	岁	3	≥75
四、民主法制		11	
16. 公民自身民主权利满意度	%	5	≥80
17. 社会安全指数	%	6	≥100
五、文化教育		14	
18. 文化产业增加值占GDP比重	%	6	≥5
19. 居民文教娱乐服务支出占家庭消费支出比重	%	2	≥16
20. 平均受教育年限	年	6	≥10.5
六、资源环境		12	
21. 单位GDP能耗	吨标准煤/万元	4	≤0.84
22. 常用耕地面积指数	%	2	≥100
23. 环境质量指数	%	6	=100

注：①人均国内生产总值、居民人均可支配收入、单位GDP能耗按2000年不变价计算。②因目前城镇调查失业率统计数据还没有对外公开使用，可暂用城镇登记失业率代替。农村居民人均可支配收入暂用农村居民人均纯收入代替。

全面建设小康社会实现程度是一种综合指数，是各监测指标实际值除以标准值，然后再经加权综合而得的。实现程度60为总体小康，100为全面小康。

根据《全面建设小康社会统计监测方案》，国家统计局统计科学研究所和各地统计研究部门对2000—2010年全国及各地全面建设小康社会进程进行了统计监测。结果表明，过去的10年中，在中共中央、国务院的正确领导下，中国努力克服了严重国际金融危机冲击、生产成本上涨、"非典"疫情、罕见的冰雪灾害与大地震、泥石流，以及欧洲主权债务危机等众多不利因素的影响，经济建设取得了巨大成就，各项社会事业加快发展，人民生活水平不断提高，生态建设与自然环境保护态势良好。全国及各地区在全面建设小康社会的道路上取得了长足的进步。中国全面建设小康社会进展顺利，实现程度由2000年的59.6%提高到2010年的80.1%，平均每年提高2.05个百分点。全面建设小康社会的六大方面：经济发展、社会和谐、生活质量、民主法制、文化教育、资源环境的实现程度都有较大的提高（见下表）。

表3 2000—2010年全面建设小康社会实现程度　　　　　　　　　　　　　单位：%

	2000年	2001年	2002年	2003年	2004年	2005年	2006年	2007年	2008年	2009年	2010年
全面建设小康社会	59.6	60.7	61.8	63.0	64.8	67.2	69.9	72.8	74.7	77.5	80.1
经济发展	50.3	52.2	54.4	56.3	58.2	60.6	63.4	66.6	69.1	73.1	76.1
社会和谐	57.5	59.6	57.1	56.3	59.9	62.8	67.6	72.1	76.0	77.7	82.5
生活质量	58.3	60.7	62.9	65.2	67.7	71.5	75.0	78.4	80.0	83.7	86.4
民主法制	84.8	82.6	82.5	82.4	83.7	85.6	88.4	89.9	91.1	93.1	93.6
文化教育	58.3	59.1	60.9	61.8	62.2	63.0	64.1	65.3	64.6	66.1	68.0
资源环境	65.4	64.6	66.3	67.2	67.7	69.5	70.6	72.6	75.2	76.8	78.2

（三）全面建成小康社会统计监测

根据党的十八大精神，为全面反映中国及各地区全面建成小康社会的进展情况，国家统计局统计科研所组织有关专家，对小康统计监测方案进行了修改和完善。特别是根据各地发展差距较大，生产力发展水平多层次，不可能是"同一水平小康"的总体判断，在确定目标值时，制定了全国统一标准方案和对东、中、西部地区实施差异化评价的方案。

评价指标体系由原来的经济发展、社会和谐、生活质量、民主法制、文化教育、资源环境6个方面23项指标，调整为经济发展、民主法制、文化建设、人民生活、资源环境5个方面39项指标。在此基础上测算，2012年全国小康指数为83.55%；按差异化评价方案，东、中、西部地区小康指数分别为87.59%、79.42%和77.80%。

表4 全面建成小康社会统计监测指标、权重及目标值

	监测指标	单位	权重	统一目标值
一、经济发展	人均GDP（2010年不变价）	元	4.0	≥57000
	第三产业增加值占GDP比重	%	2.0	≥47
	居民消费支出占GDP比重	%	2.5	≥36
	R&D经费支出占GDP比重	%	1.5	≥2.5
	每万人口发明专利拥有量	件	1.5	≥3.5
	工业劳动生产率	万元/人	2.5	≥12
	互联网普及率	%	2.5	≥50
	城镇人口比重	%	3.0	≥60
	农业劳动生产率	万元/人	2.5	≥2

第十一章 中国社会发展综合统计与国际比较

续表

		监测指标	单位	权重	统一目标值
二、民主法制		基层民主参选率	%	3.5	≥95
		每万名公务人员检察机关立案人数	人/万人	3.5	≤8
	社会安全指数	每万人口刑事犯罪人数	%	4.0	=100
		每万人口交通事故死亡人数			
		每万人口火灾事故死亡人数			
		每万人口工伤事故死亡人数			
		每万人口拥有律师数	人	3.0	≥2.3
三、文化建设		文化及相关产业增加值占GDP比重	%	3.0	≥5
		人均公共文化财政支出	元	2.5	≥200
		有线广播电视入户率	%	3.0	≥60
		每万人拥有"三馆一站"公用房屋建筑面积	平方米	2.5	≥450
		城乡居民文化娱乐服务支出占家庭消费支出比重	%	3.0	≥6
四、人民生活		城乡居民人均收入（2010年不变价）	元	4.0	≥25000
		地区人均基本公共服务支出差异系数	%	1.5	≤40
		失业率	%	2.0	≤6
		恩格尔系数	%	2.0	≤40
		基尼系数	—	1.5	≤0.4
		城乡居民收入比	以农为1	1.5	≤2.8
		城乡居民家庭住房面积达标率	%	2.0	≥60
	公共交通服务指数	每万人拥有公共交通车辆	标车	2.0	=100
		行政村客运班线通达率	%		
		平均预期寿命	岁	2.0	≥76
		平均受教育年限	年	2.0	≥10.5
		每千人口拥有执业医师数	人	1.5	≥1.95
		基本社会保险覆盖率	%	3.0	≥95
		农村自来水普及率	%	1.5	≥80
		农村卫生厕所普及率	%	1.5	≥75

续表

	监测指标		单位	权重	统一目标值
五、资源环境	单位GDP能耗（2010年不变价）		吨标准煤/万元	3.0	≤0.6
	单位GDP水耗（2010年不变价）		立方米/万元	3.0	≤110
	单位GDP建设用地面积（2010年不变价）		公顷/亿元	3.0	≤60
	单位GDP二氧化碳排放量（2010年不变价）		吨/万元	2.0	≤2.5
	环境质量指数	PM2.5达标天数比例	%	4.0	=100
		地表水达标率			
		森林覆盖率			
		城市建成区绿化覆盖率			
	主要污染物排放强度指数	单位GDP化学需氧量排放强度	%	4.0	=100
		单位GDP二氧化硫排放强度			
		单位GDP氨氮排放强度			
		单位GDP氮氧化物排放强度			
	城市生活垃圾无害化处理率		%	3.0	≥85

注：①全国单位GDP二氧化碳排放暂无数据，待有关部门公布时再纳入计算。②复合指标环境质量指数中的PM2.5达标天数比例暂无数据，用城市空气质量达到二级以上天数占全年比重代替。③各地区单位GDP二氧化碳排放量、基尼系数、每万名公务人员检察机关立案人数、人均基本公共服务支出差异系数数据无法取得，未纳入计算。

表5 2000—2012年全国小康指数　　　　　　　　　　　　　单位：%

	2000年	2001年	2002年	2003年	2004年	2005年	2006年	2007年	2008年	2009年	2010年	2011年	2012年
全国（全国统一目标值）													
小康指数	51.27	52.55	53.89	55.14	56.65	58.75	61.33	64.13	67.42	71.51	75.16	79.27	83.55
一、经济发展	42.72	44.37	46.75	48.75	50.61	52.78	55.43	59.45	63.63	68.95	73.77	78.87	84.38
二、民主法制	72.25	70.68	71.90	73.21	73.50	75.33	77.20	77.25	77.50	79.06	79.61	80.71	81.79
三、文化建设	39.07	40.58	43.21	45.52	48.25	52.19	54.18	55.48	57.22	63.39	68.96	77.02	82.89
四、人民生活	57.82	60.76	60.95	61.01	62.21	63.60	66.34	68.21	72.12	75.69	78.71	82.63	86.55
五、资源环境	45.38	45.74	46.71	48.04	49.63	51.50	54.68	60.41	65.08	68.88	72.91	75.60	80.11
东、中、西部（全国统一目标值）													
东部地区	57.65	58.89	60.77	62.89	65.15	67.67	70.95	74.44	78.35	82.01	85.12	87.94	90.42
中部地区	48.58	49.79	50.68	52.21	53.67	55.55	57.48	60.2	63.07	66.76	70.44	74.22	78.27
西部地区	45.5	46.24	46.9	48.24	49.95	52.33	53.92	56.64	59.67	62.72	66.67	70.72	74.75
东、中、西部（不同目标值）													
东部地区	55.87	56.99	58.66	60.64	62.73	65.07	68.23	71.62	75.43	78.99	82.12	85.05	87.59
中部地区	48.93	50.17	51.09	52.65	54.14	56.08	58.06	60.85	63.79	67.57	71.35	75.24	79.42
西部地区	47.08	47.97	48.66	49.93	51.67	53.67	55.78	58.68	61.89	65.1	69.34	73.61	77.8

注：①2000年、2001年基尼系数为估算数。②失业率数据为登记失业率。③单位GDP二氧化碳排放量暂无数据，待有关部门公布时再纳入计算。④复合指标环境质量指数中的PM2.5达标天数比例暂无数据，用城市空气质量达到二级以上天数占全年比重代替。

10.消除贫困取得举世瞩目的成就

消除贫困、实现共同富裕是社会主义的本质要求，是构建和谐社会，实现中华民族伟大复兴中国梦的必要条件。

改革开放初期，中国建立了以家庭承包经营为基础的农村经济体制，解放了农村生产力，使农村贫困问题得以缓解。到 1985 年，农民人均纯收入增长了 2.6 倍，绝对贫困人口从 2.5 亿减少到 1.25 亿。

1986 年后，针对相当数量贫困人口尚未解决温饱问题的基本国情，中国成立了国务院扶贫开发领导小组及办公室，开始实施有组织、有计划、大规模的开发式扶贫。

1994 年 3 月，国务院颁布实施《国家八七扶贫攻坚计划（1994—2000 年）》，明确提出用 7 年左右的时间基本解决 8000 万农村贫困人口的温饱问题。国家扶贫开发投入大幅度增加，明确了资金、任务、权利、责任"四个到省"的扶贫工作责任制，建立了东部沿海地区支持西部欠发达地区的扶贫协作机制，并规范了机关定点扶贫制度。

20 世纪末，政府开始实施西部大开发战略，并相继出台一系列区域发展政策，促进西藏和四川、云南、甘肃、青海四省藏区以及新疆、广西、重庆、宁夏、甘肃、内蒙古、云南等地经济社会发展，并把农村扶贫开发作为政策重点加以推进。

新世纪以来，国家实行统筹城乡经济社会发展的方略和工业反哺农业、城市支持农村与"多予少取放活"的方针，全面促进农村经济社会的发展，使贫困地区和农村贫困人口普遍受益。政府相继取消牧业税、生猪屠宰税和农林特产税，特别是取消了在中国存在 2600 多年的农业税，并以法律形式固定下来，让中国广大农民彻底告别了缴纳农业税的历史。全面实行对种粮农民的直接补贴、良种补贴、农机具购置补贴和农资综合补贴，逐步建立和完善农村社会保障体系，推进农村饮水、电力、道路、沼气等基础设施建设和农村危房改造。推行集体林权制度改革，使农民真正拥有林地承包经营权和林木所有权，落实各项优惠政策，发展林下经济和森林旅游，增加农民收入。不断加大强农惠农富农和扶贫开发的投入力度，公共财政覆盖农村步伐明显加快。中央财政在农村最低生活保障、新型农村合作医疗和新型农村社会养老保险的制度安排上，对中西部地区给予较大支持。

2001 年，中国政府制定实施了《中国农村扶贫开发纲要（2001—2010 年）》，明确提出了低收入标准。中国扶贫开发工作重点发生了转移，把整村推进、劳动力转移培训和产业化扶贫作为工作重点。2007 年，中国政府决定在全国农村建立最低生活保障制度。这一政策实际上是对农村贫困人口的基本生活进行了兜底性制度安排。2008 年，党的十七届三中全会明确提出，实行新的扶贫标准，对低收入人口全面实施扶贫政策。2009 年，国家开展新型农村社会养老保险试点工作，到 2011 年 7 月已覆盖全国 60% 的农村地区，共有 493 个国家扶贫开发工作重点县纳入试点，覆盖率达到 83%。同时开始实施人均 1196 元的扶贫新标准，按照新标准测算的扶贫对象达 4007 万人。这标志着中国扶贫开发进入了一个新阶段。2011 年，中国政府又相继制定实施了《中国农村扶贫开发纲要（2011—2020 年）》等扶贫开发规划计划。2012 年编制了 14 个连片特困地区的区域发展与扶贫攻坚规划，2013 年印发了《关于创新机制扎实推进农村扶贫开发工作的意见》，对新时期的扶贫开发工作作出了全面部署。扶贫开发成为全社会的共识和行动。

经过 30 多年努力，中国扶贫开发取得了举世瞩目的伟大成就。按照 1978 年国家扶贫标准，中国农村尚未解决温饱问题的绝对贫困人口从 1978 年的 2.5 亿下降到 2007 年的 1479 万，占农村居民总人口的比重（贫困发生率）从 30.7% 下降到 1.6%；初步解决温饱问题，使不稳定的低收入贫困人口从 2000 年的 6213 万减少到 2007 年的 2841 万，占农村居民总人口的比重从 6.7% 下降到 3%。按照 2008 年标准，农村贫困人口从 2000 年的 9422 万人下降至 2010 年的 2688 万人，占农村居民总人口的比重从 10.2% 下降到 2.8%；按 2010 年最新国家扶贫标准，农村贫困人口从 2010 年的 16567 万人下降至 2013 年的 8249 万人，占农村居民总人口的比重从 17.2% 下降到 8.5%。根据外交部与联合国驻华机构合著的《中国实施千年发展目标情况报告》，无论按照中国政府的扶贫标准，还是参考国际贫困标准，中国都是最早提前实现千年发展目标中贫困人口减半目标的发展中国家。

但是，中国仍然是最大的发展中国家，区域、城乡、群体之间发展差距还比较大。按照国家 2010 年的扶贫标准，2013 年末还有贫困人口 8249 万。贫困人口不仅规模大，而且集中分布在生存环境恶劣、生态脆弱、基础设施薄弱、公共服务滞后的连片特困地区，扶贫开发任务十分艰巨。

11.城乡居民生活从贫困向全面小康迈进

改革开放以后，随着经济的快速增长与收入分配制度改革的逐步深化，居民收入持续快速增长，居民生活已经实现由温饱不足到总体小康的历史性跨越，正在向全面小康迈进。

一、收入和消费水平持续快速上升

改革开放以来，中国政府千方百计发展经济，扩大就业，增加居民收入。1978—2013 年，农村居民人均纯收入从 1978 年的 133.6 元增加到 2013 年的 8895.9 元，扣除物价因素，增长 11.9 倍，年均增长 7.6%。城镇居民人均可支配收入从 1978 年的 343.4 元增加到 2013 年的 26955.1 元，扣除价格因素，增长 11.3 倍，年均增长 7.4%。

居民消费水平大幅提高。从核算角度看，2013年，全体居民人均消费水平为15632元，扣除价格因素，是1978年的14.4倍；从城乡看，农村居民人均消费水平为7409元，是1978年的9.2倍，城镇居民人均消费水平为22880元，是1978年的9.2倍。从居民家庭支出角度看，2013年，农村居民家庭人均消费支出为6626元，扣除价格因素，比1978年实际增长9.0倍，年均增长6.8%；城镇居民家庭人均消费支出提高到18023元，扣除价格因素，实际增长8.1倍，年均增长6.5%。

二、居民消费结构发生质的飞跃

（一）城乡居民家庭恩格尔系数显著下降

农村居民家庭的恩格尔系数从1978年的67.7%下降到2013年的37.7%，下降30个百分点。到1983年，农村居民家庭恩格尔系数小于60%，表明农村居民生活基本上摆脱了贫困，解决了温饱。2000年，农村居民家庭恩格尔系数小于50%，2011年突破40%，表明农村居民整体过上了温饱有余的生活，正由温饱向小康迈进。

城镇居民家庭恩格尔系数从1978年的57.5%下降到2013年的35.0%，下降了22.5个百分点。到1996年，城镇居民家庭恩格尔系数已小于50%，2000年达到39.4%，表明城镇居民生活水平明显改善，也逐步开始了从温饱向小康的消费模式转型。

（二）发展和享受型消费比重上升

改革开放后，随着人们温饱问题的解决，在城乡居民生活消费支出中，发展和享受型消费比重上升。电视机的普及，城乡居民逐步意识到知识和信息的重要性，对文化教育等发展性投入不断增大。农村居民家庭人均文教娱乐用品及服务支出由1980年的8.3元增加到2013年的486元，其占消费性支出比重由5.1%上升到7.3%；城镇居民家庭人均教育文化娱乐服务支出由1981年的38元增加到2013年的2294元，占消费性支出比重也由8.4%上升到12.7%。

（三）农村居民货币消费支出大幅增加

农村居民货币收入占比提高，促进了农村居民购买力的提高。农村居民人均生活消费现金支出由1978年的48元提高到2013年的6122.9元；生活消费现金支出占生活消费总支出的比重也由1978年的41.3%提高到2013年的92.3%，提高了51个百分点。

三、居民生活质量显著改善

（一）食品消费质量提高，膳食营养改善

城乡居民在食品消费支出增长的同时，饮食更加注重营养，膳食结构更趋合理，消费质量不断提高。从食品消费结构来看，1978—2012年，农村居民人均粮食消费量由1978年的248千克降到2012年的164.3千克，城镇居民由1978年的205.3千克降到2007年的78.8千克。从食用的营养性角度看，肉、禽、蛋、奶等动物性食品消费显著增加，营养结构有所改善。农村居民人均猪肉的消费量由1978年的5.2千克上升到14.4千克，鲜蛋由1978年的0.8千克上升为5.9千克；城镇居民人均猪肉的消费量由1978年的13.7千克上升到21.2千克，鲜蛋由1978年的1.97千克上升为10.5千克。

（二）现代化家庭设备用品成倍增长

改革开放以来，城乡居民生活最显著的变化体现在耐用消费品不断升级。由20世纪80年代自行车、缝纫机、手表"老三件"到90年代的彩电、冰箱、洗衣机的"新三件"，随后科技含量更高的家电产品又逐步取代了"新三件"。2012年全国农村居民家庭每百户拥有彩色电视机、电冰箱、洗衣机分别为116.9台、67.3台和67.2台，而1985年仅为0.8台、0.1台和1.9台；2012年全国城镇居民家庭每百户拥有彩色电视机、电冰箱、洗衣机分别为136.1台、98.5台和98.0台，而1985年仅为17.2台、6.6台和48.3台。一些新型家用电器逐步进入家庭，居民消费向学习型、享用型消费产品转移。移动电话、电脑和家用汽车逐步成为新世纪城镇居民家庭耐用消费品的"新三件"。2012年每百户农村居民拥有移动电话、电脑和家用汽车分别为197.8部、21.4台和6.6辆，城镇居民分别为212.6部、87台和21.5辆。

（三）居住条件和居住环境极大改善

改革开放以来，农村居民居住状况变化极大，居住条件和居住环境明显改善。人均居住住房面积由1978年的8.1平方米增加到2012年的37.1平方米，增长3.6倍。

改革开放之前，绝大部分城镇居民的住房是租赁单位或房屋管理部门的房屋，只有少数居民拥有自己的住房，人口多、住房面积小、三代同居一室是当时住房条件的真实写照。改革开放后，党委和各级政府十分注重改善城镇居民的生活条件，加大了民用住宅建设的投资力度，近年来更是通过建设廉租房和经济适用房，千方百计解决居民住房难的问题。大量住宅建成使用，使许多居民家庭告别低矮、破旧、设施简陋的住房，迁入宽敞明亮、设施齐全的楼房，居住条件明显改善。2012年城镇居民人均住房建筑面积达32.9平方米，比1978年的4.2平方米增长6.8倍。在住房条件明显改善的同时，城镇居民的居住环境也日趋美化。

（四）消费领域不断拓宽，精神生活日益充实

交通通信方式有了质的变化。改革开放以后，国家投入了大量的资金用于交通道路和通信网络的建设，一个发达的交通通信网络已初步形成。居民出行使用的个人交通工具从最早的自行车、摩托车、电动车，发展到家用汽车；使用的公共交通工具，也从最初的公共汽车、火车，发展到广为人们接受的出租车和飞机。2012年全国每百户城镇居民家用汽车拥有量达21.5辆，是2000年的43倍。从电报、信函到电话、手机、网络，居民的通信方式也发生了根本性的变革。据统计，2013年全国电话普及率为每百人109.9部，1978年

仅有 0.4 部。移动电话普及率由 2000 年的每百人 6.7 部提高 2013 年的 90.3 部。

旅游成为城镇居民休闲度假、增长见识、促进健康的重要方式。2013 年国内旅游人数达 32.62 亿人次，比 1994 年增长 4.4 倍。2013 年国内居民因私出境人数达 9197.1 万人次，比 1994 年增长 11.2 倍。

四、社会保障体系不断完善

改革开放以来，在多方共同努力下，中国社会保障事业发展迅速，基本建立了以社会保险、社会救助、社会福利为基础，以基本养老、基本医疗和最低生活保障制度为重点，以慈善事业、商业保险为补充的多层次社会保障体系。2013 年末，全国参加城镇职工基本养老保险人数为 32218 万人，比 1989 年末增加 26508 万人；城乡居民社会养老保险参保人数达到 49750 万人。参加城镇职工基本医疗保险人数为 27443 万人，比 1994 年末增加 27043 万人；参加失业保险人数为 16417 万人，增加 8449 万人；参加工伤保险的人数为 19917 万人，增加 18095 万人；参加生育保险的人数为 16392 万人，增加 15476 万人。2013 年末，2489 个县（市、区）实施了新型农村合作医疗制度，新型农村合作医疗参合人数达到 80209 万人，参合率为 98.7%。2064 万城市居民和 5388 万农村居民得到政府最低生活保障。

根据《全面建成小康社会统计监测》测算，全国小康指数由 2000 年的 51.27% 提高至 2012 年的 83.55%，正在逐步向全面建成小康社会迈进。

12.社会主义新农村建设

农村建设和发展，一直以来都是中国共产党和各级政府的重点工作。"建设社会主义新农村"的提法最早出现在 20 世纪 50 年代。改革开放以来，随着社会经济发展的不断进步和发展理念的逐步演进，新农村建设增添了新的含义和内容。

关于建设社会主义新农村，在中共中央 1984 年"1 号文件"、1987 年"5 号文件"和 1991 年"21 号文件"即党的十三届八中全会通过的《中共中央关于进一步加强农业和农村工作的决定》中多次提及。1998 年 10 月，党的十五届三中全会通过《中共中央关于农业和农村工作若干重大问题的决定》，提出建设"富裕、民主、文明社会主义新农村"和"到 2010 年建设有中国特色社会主义新农村的奋斗目标"。2000 年 10 月，党的十五届五中全会通过《中共中央关于制定国民经济和社会发展第十个五年计划的建议》，提出"千方百计增加农民收入"、"多渠道增加对农业和农村的投入，坚持群众性农田基本建设，加强农村道路、供电、供水、通信等基础设施建设，改善农村生产、生活和市场条件"。2002 年 11 月，党的十六大报告《全面建设小康社会，开创中国特色社会主义事业新局面》中第一次提出"统筹城乡经济社会发展,建设现代农业,发展农村经济,增加农民收入,是全面建设小康社会的重大任务"。2003年中共中央农村工作会议要求对农业实行"多予、少取、放活"的方针。2004年的农村工作会议再次提出"努力建设生产发展、生活富裕、生态良好的社会主义新农村"。2004年9月,党的十六届四中全会提出"两个趋向"的重要论断,指出中国从总体上已经到了工业反哺农业、城市反哺农村的发展阶段。

2005年的中央"1号文件"继续加大"两减免、三补贴"的力度,并提出:"增加对农村教育、卫生等社会事业投入,从多方面加强农村公共服务。"

2005年10月,党的十六届五中全会通过《关于制定国民经济和社会发展第十一个五年规划的建议》,明确提出:"坚持把解决好'三农'问题作为全党工作的重中之重,实行工业反哺农业、城市支持农村,推进社会主义新农村建设,促进城镇化健康发展。落实区域发展总体战略,形成东中西优势互补、良性互动的区域协调发展机制。""十一五"规划建议提出在社会主义制度下,要按照"生产发展、生活宽裕、乡风文明、村容整洁、管理民主"的新时代要求,对农村进行经济、政治、文化和社会等方面的建设,最终实现把农村建设成为经济繁荣、设施完善、环境优美、文明和谐的社会主义新农村的目标。

近年来,中国社会主义新农村建设的政策体系正在形成,在提高粮食生产、促进农民增收、改善农民生产生活条件等方面取得明显成效。

一、农村基础建设不断加强,农村生产生活条件大为改善

一是农村交通、电力等基础设施快速发展。2013年,全国农村公路(含县道、乡道、村道)里程达378.48万公里,比1978年末增加10.64万公里,其中村道214.74万公里,增加8.52万公里。全国通公路的乡(镇)占全乡(镇)总数99.97%,其中通硬化路面的乡(镇)占全国乡(镇)总数97.81%,比上年末提高0.38个百分点;通公路的建制村占全国建制村总数99.70%,其中通硬化路面的建制村占全国建制村总数89.00%,提高2.54个百分点。已通电话的行政村比重达100%;通邮的行政村比重达99.20%。

二是农田水利等基础设施建设逐步加强。到2013年末,全国有效灌溉面积达到63473千公顷,比1978年增长41.2%。农田水利建设为农业综合生产能力稳步提高提供了坚实的基础。

三是供水及卫生条件改善。2013年末,乡建成区用水普及率68.24%,人均日生活用水量82.81升,燃气普及率19.5%,人均道路面积12.1平方米,排水管道暗渠密度3.57公里/平方公里,人均公园绿地面积1.08平方米。2013年末,村庄内排水管道沟渠长度50.7万公里。全国61.3%的行政村有集中供水,9.1%的行政村对生活污水进行了处理,54.8%的行政村有生活垃圾收集点,36.3%的行政村对生活垃圾进行处理。(参见表1,表2)

第十一章 中国社会发展综合统计与国际比较

表1 新农村建设发展情况

	农村居民家庭平均每人纯收入(元)	农业机械总动力(万千瓦)	有效灌溉面积(千公顷)	农村电话年末用户数(万户)	农村投递路线(万公里)	已通邮的行政村比重(%)	农村宽带接入用户(万户)
1985年	397.6	20912.5	44035.9	93.1	356.6	96.3	
1990年	686.3	28707.7	47403.1	146.6	336.5	96.4	
1995年	1577.7	36118.1	49281.2	807.0	334.6		
2000年	2253.4	52573.6	53820.3	5171.3	336.4		
2001年	2366.4	55172.1	54249.4	6843.1	349.3	94.5	
2002年	2475.6	57929.9	54354.9	7843.1	351.1	97.8	
2003年	2622.2	60386.5	54014.2	9165.0	353.2	98.0	
2004年	2936.4	64027.9	54478.4	10150.5	353.1	97.7	
2005年	3254.9	68397.9	55029.3	11069.2	356.5	99.0	
2006年	3587.0	72522.1	55750.5	11645.6	356.7	99.4	
2007年	4140.4	76589.6	56518.3	11704.0	363.8	98.4	
2008年	4760.6	82190.4	58471.7	10880.0	365.7	98.5	
2009年	5153.2	87496.1	59261.4	10183.2	367.6	98.8	
2010年	5919.0	92780.5	60347.7	9776.1	369.1	99.0	2475.7
2011年	6977.3	97734.7	61681.6	9388.1	363.3	98.0	3308.8
2012年	7916.6	102559.0	62490.5	8921.9	373.2	99.1	4075.9
2013年	8895.9	103906.8	63473.3	8241.7	374.5	99.2	4737.3

表2 新农村建设发展情况

	农村公路里程(按行政等级分)(公里)		
	县道	乡道	村道
2000年	461872	800681	—
2001年	463665	813699	—
2002年	471239	865635	—
2003年	472935	898300	—
2004年	479372	945180	—
2005年	494276	981430	—
2006年	506483	987608	1531987
2007年	514432	998422	1621516

续表

	农村公路里程 （按行政等级分） （公里）		
	县道	乡道	村道
2008 年	512314	1011133	1720981
2009 年	519492	1019550	1830037
2010 年	554047	1054826	1897738
2011 年	533576	1065996	1964411
2012 年	539519	1076651	2062217
2013 年	546818	1090522	2147421

二、农村市场经济制度和管理制度日益完善

一是村民自治制度建设取得了更加明显的成效。1987年《中华人民共和国村民委员会组织法》通过以后，尤其是到了20世纪90年代以后，村民自治的这种组织体系逐渐完善。据民政部提供的数据，2010年底，全国29个省（区、市）相继颁布了《中华人民共和国村民委员会组织法》实施办法，31个省（区、市）出台了村委会选举办法，一些省份还制定了村民代表会议规则和村务管理办法等行政规章。85%的村建立了村民会议或者村民代表会议制度，92%的村建立了村民理财小组、村务公开监督小组等组织。95%的村委会依法实行了直接选举，绝大多数农村进行了7至8次以上村委会换届选举，村民的平均参选率超过90%。

二是农村生产经营制度不断丰富完善。自1978年至1983年底，全国农村基本上实行了以家庭承包经营为基础、统分结合的双层经营体制，实现了"耕者有其田"。1984年，家庭承包经营制度被确立为中国农村一项最基本的生产经营制度。土地承包期一般在15年以上。2008年7月，中共中央、国务院《关于全面推进集体林权制度改革的意见》公布，家庭承包经营制度从农田延伸到山林。

三是农村市场体系建设取得初步成效。经过多次农产品流通体制改革，目前中国已初步形成了开放、统一、竞争、有序的农产品市场体系，农产品市场主体已经从单一经营发展为农民、各种中介组织、国有流通企业等构成的多元化经营；流通渠道逐渐形成了零售、批发、期货等多层次并进；信息服务也正朝着不断满足生产者、经营者和消费者多方需要的方向发展。市场基础设施也取得显著成效。第二次农业普查结果显示，2006年末，68.4%的乡镇有综合市场，34.4%的村地域内有50平方米以上的综合商店或超市。

三、农村生产力水平明显提高,粮食等主要农产品连年增产

一是农业机械化水平逐年提高。据统计,全国农机总动力由1978年的11750万千瓦增加到2013年的10.4亿千瓦,增长了7.8倍。大中型拖拉机、联合收割机等分别从1978年的55.7万台、1.9万台提高到2013年的527万台和142万台。2013年,耕种收综合机械化水平达59%左右,基本实现了农业生产方式从人畜力为主向机械化为主的历史性转变。"三夏"期间,全国小麦机收率超过92%,黄淮海地区夏玉米机播水平达90.8%。

二是农产品生产快速发展。1978年粮食产量30477万吨,人均粮食产量增加到319公斤。2013年粮食产量达到60194万吨,人均粮食产量达到443公斤。粮食单产屡创新高。2013年平均每公顷粮食产量达到5377公斤,比1978年提高了2850公斤,增长112.8%;棉花产量为1449公斤,提高1004公斤,增长2.3倍;油料为2508公斤,提高1669公斤,增长2倍。产品结构和区域结构进一步合理化。农产品逐步向优势产区集中。与改革开放初期相比,种植业的区域化生产格局已基本形成。

四、农村居民生活日益宽裕,农村社会保障水平提高

一是农民收入大幅提高,收入结构呈现新的特点。1978—2013年,农村居民人均纯收入8896元,扣除价格因素,实际增长11.9倍,年均增长7.6%。以农业收入为代表的家庭经营收入比重下降。2013年农村居民家庭生产经营纯收入人均3793元,在农民人均纯收入中所占的比重为42.6%,比改革开放初期下降了30多个百分点。工资性收入比重稳步上升,占纯收入的45.3%,成为农民增收的主要来源。

二是农村居民生活水平明显改善。主要表现在:农村居民消费结构不断升级。农村居民的恩格尔系数从1978年的67.7%下降到2013年的37.7%,下降30个百分点,表明农村居民整体过上了温饱有余的生活,正由温饱向小康迈进。发展和享受性消费支出快速增长。农村居民家庭人均文教娱乐用品及服务支出由1980年的8.3元增加到2013年的486元,其占消费性支出比重由5.1%上升到7.3%。农民居住条件明显改善。人均居住住房面积由1978年的8.1平方米增加到2012年的37.1平方米,增长3.6倍。家庭生活逐步进入电气化、信息化时代。1978年,农村居民家庭几乎没有任何电器,2013年,农村居民家庭平均每百户彩色电视机、洗衣机、电冰箱、空调、计算机和移动电话拥有量分别为116.9台、67.2台、67.3台、25.4台、21.4台和197.8部,分别比2000年末增加68.2台、38.6台、55台、24.1台、20.9台和193.5部。

三是社会保障水平不断提高。2013年末,2489个县(市、区)实施了新型农村合作医疗制度,新型农村合作医疗参合人数达到80209万人,参合率为98.7%。2064万城市居民和5388万农村居民得到政府最低生活保障。

四是农村贫困状况大幅改善。1978年,全国农村贫困人口高达2.5亿人,贫困发生

率为30.7%。改革开放以后，大规模的全国性的扶贫工作正式开始实施。到2007年，贫困人口下降为1479万人，1978—2007年平均每年脱贫811万人。2008年以来，为了更好地改善人民生活水平，多次提高贫困标准。按照2008年标准，2007年农村贫困人口为4320万人，2010年下降为2688万人，平均每年脱贫544万人。按照2010年制定的新标准，2010年农村贫困人口为16567万人，2013年下降为8249万人，平均每年脱贫2773万人。

总之，改革开放以来中国农业、农村发生了历史性巨变。在政府一系列强农惠农富农政策带动下，中国农业综合生产能力显著提高，农业增长方式加快转变，现代农业深入发展，新农村建设顺利推进。

13.中国城市化进程

随着改革的不断深入和社会经济的快速发展，城乡间劳动力、土地、资本等要素市场的藩篱逐步被打破，城市经济社会等各项事业快速发展，中国城市化进程进入快速发展的历史新阶段。

一、城市数量和规模不断加大

（一）城市数量较快增长

2013年末，中国城市数量达658个，比1978年的193个增加465个，其中地级及以上城市由1978年的101个增加到290个。37年来，城市数量变化可分为三个阶段：

一是较快起步阶段（1978—1982年）。1982年末中国城市数量由1978年的193个上升到245个，增加52个，平均每年增加13个城市。

二是快速扩张阶段（1983—1996年）。1996年末中国共有城市666个，比1982年增加421个，平均每年增加30个。

三是内涵式发展阶段（1997年至今），城市总体数量有所减少，但区域不断扩大。主要是部分县级城市由于发展规模扩大，演变为上一行政级的地级市的市辖区。

（二）城市规模不断扩大

在城市数量增加的同时，城市规模也在不断扩大，大城市数量增长迅速。2013年，中国地级及以上城市（不包括市辖县）年末总人口100万人以上的有133个，是1978年（13个）的10倍多。其中，市辖区人口（不包括市辖县）200万以上城市个数达36个，比1978年增加26个；100万至200万人口城市达86个，比1978年增加67个。

第十一章 中国社会发展综合统计与国际比较

表1 中国大城市规模变动情况　　　　　　　　　　　　　　　单位：个

市辖区人口	1978年	2013年	增加个数
200万以上人口	10	47	37
100—200万	19	86	67
50—100万	35	103	68

（三）城市群快速发展

经历了30多年的改革开放和建设，城市发展体系已逐渐走向成熟。以大城市为核心，不同层级城市聚集发展的城市群或都市圈日益显现。除原有的长江三角洲、珠江三角洲、京津冀、厦泉漳闽南三角地带外，山东半岛城市群、辽中南城市群、中原城市群、长江中游城市群、海峡西岸城市群、川渝城市群和关中城市群也在快速发展。

二、城市人口比重快速提高

2013年末，全国城镇人口达7.31万人，城镇人口（居住在城镇地区半年及以上的人口）占总人口比重为53.73%，比1978年的17.9%，提高了35.8个百分点。

表2 1978—2013年中国城镇化进程

	直辖市数（个）	地级市数（个）	县级市数（个）	镇数（个）	城镇人口（万人）	城镇人口占总人口比重(%)	城镇就业人员（万人）	城镇就业占全部就业人数的比重(%)
1978年	3	98	92	2176	17245	17.92	9514	23.69
1985年	3	162	159	9140	25094	23.71	12808	25.68
1990年	3	185	279	12084	30195	26.41	17041	26.32
1995年	3	210	427	17532	35174	29.04	19040	27.97
2000年	4	259	400	20312	45906	36.22	23151	32.12
2001年	4	265	393	20374	48064	37.66	24123	33.14
2002年	4	275	381	20601	50212	39.09	25159	34.33
2003年	4	282	374	20226	52376	40.53	26230	35.57
2004年	4	283	374	19883	54283	41.76	27293	36.75
2005年	4	283	374	19522	56212	42.99	28389	38.03
2006年	4	283	369	19369	58288	44.34	29630	39.52
2007年	4	283	368	19249	60633	45.89	30953	41.09
2008年	4	283	368	19234	62403	46.99	32103	42.48
2009年	4	283	367	19322	64512	48.34	33322	43.94
2010年	4	283	370	19410	66978	49.95	34687	45.58

续表

	直辖市数（个）	地级市数（个）	县级市数（个）	镇数（个）	城镇人口（万人）	城镇人口占总人口比重(%)	城镇就业人员（万人）	城镇就业占全部就业人数的比重(%)
2011年	4	284	369	19683	69079	51.27	35914	47.00
2012年	4	285	368	19881	71182	52.57	37102	48.37
2013年	4	286	368	20117	73111	53.73	38240	49.68

注：①1981年及以前人口数据为户籍统计数；1982、1990、2000、2010年数据为当年人口普查数据推算数；其余年份数据为年度人口抽样调查推算数据。总人口和按性别分人口中包括现役军人，按城乡分人口中现役军人计入城镇人口。②全国就业人员1990年及以后的数据根据劳动力调查、人口普查推算，2001年及以后数据根据第六次人口普查数据重新修订。

三、城市基础设施建设明显加强

2013年末，城市道路长度33.6万公里，比上年增长2.8%，道路面积64.4亿平方米，比上年增长6.0%，其中人行道面积14.0亿平方米，人均城市道路面积14.87平方米，比上年增加0.48平方米。2013年末，全国有16个城市建成轨道交通线路长度2213公里，车站数1447个，其中换乘站270个，配置车辆数12346辆。全国有35个城市在建轨道交通线路长度2760公里，车站数1898个，其中换乘站443个。

2013年末，城市供水综合生产能力达到2.84亿立方米/日，其中，公共供水能力2.15亿立方米/日。供水管道长度64.6万公里，年供水总量537.3亿立方米，其中，生产运营用水161.7亿立方米，公共服务用水74.0亿立方米，居民家庭用水192.4亿立方米，用水人口4.23亿人，用水普及率97.56%。2013年末，全国城市共有污水处理厂1736座，污水厂日处理能力12454万立方米。排水管道长度46.5万公里，城市污水处理率89.34%，其中污水处理厂集中处理率84.53%。县城供水综合生产能力达到0.52亿立方米/日，用水普及率88.14%。

2013年末，城市人工煤气供气管道长度3.05万公里，天然气供气管道长度38.8万公里，液化石油气供气管道长度1.34万公里，用气人口4.08亿人，燃气普及率94.25%。县城燃气普及率70.91%。

2013年末，城市建成区绿化覆盖面积190.7万公顷，建成区绿化覆盖率39.70%。建成区绿地面积171.9万公顷，建成区绿地率35.78%。公园绿地面积54.7万公顷，人均公园绿地面积12.64平方米。

不仅如此，诸如电视、电话、电脑等信息网络基本实现城市全覆盖，图书馆、博物馆、运动场馆等文化体育娱乐设施和场所越建越多且规模也日益增大，大型物流基地、综合性市场等服务设施发展日益现代化。

四、城市经济实力不断增强

城市经济在国民经济中的地位和作用进一步增强。2013 年，中国地级及以上城市（不包括市辖县）地区生产总值 157011 亿元，占全国 GDP 的比重由 1990 年的 36% 上升到 63%。2013 年中国地级及以上城市（不包括市辖县）地方财政预算内收入 14066 亿元，是 1978 年的 23 倍，占全国地方财政收入的比重由 1978 年的 52% 提高到 59.8%。

14.西部大开发战略

西部地区特指陕西、甘肃、宁夏、青海、新疆、四川、重庆、云南、贵州、西藏、广西、内蒙古 12 个省、自治区和直辖市。整个西部地区面积约占中国国土总面积的 71%，1999 年末人口约占全国的 29%，其中少数民族人口占中国的 75% 左右。

中西部地区特别是西部地区的发展，关系到全国的经济发展和社会稳定，不仅具有重要的经济意义，而且具有重大的政治意义。但是与东部等地区相比，西部地区社会经济发展存在较大的落差。这一落差，一方面是有历史性存在，另一方面是因为在改革开放初期，东部地区凭借良好的优势区位和倾斜性发展政策，已经率先取得较大发展，而中西部地区，尤其是西部地区发展相对缓慢。东、西部地区的发展差距扩大，已经逐步成为长期困扰中国经济和社会健康发展的全局性问题。

1988 年，邓小平针对中国发展不平衡的特点，提出了"两个大局"的战略构想。一个大局，就是沿海地区加快对外开放，较快地先发展起来，中西部地区要顾全这个大局。另一个大局，就是当沿海地区发展到一定时期，要拿出更多的力量帮助中西部地区加快发展，东部沿海地区也要服从这个大局。

1999 年 9 月，在对国内外政治、经济形势进行科学分析与判断的基础上，党的十五届四中全会审时度势，抓住时机，明确提出要实施西部大开发战略。

西部大开发战略，是贯彻关于中国现代化建设"两个大局"战略思想、面向新世纪作出的重大战略决策，是全面推进社会主义现代化建设的一个重大战略部署。实施西部大开发，就是要依托亚欧大陆桥、长江水道、西南出海通道等交通干线，发挥中心城市作用，以线串点，以点带面，逐步形成西部有特色的西陇海兰新线、长江上游、南（宁）贵、成昆（明）等跨行政区域的经济带，带动其他地区发展，有步骤、有重点地推进西部大开发。

2000 年 1 月，国务院组成了以朱镕基任组长、温家宝任副组长，国务院和中直 19 个相关部委主要负责人参加的西部地区开发领导小组，并随即召开西部地区开发会议，研究加快西部地区发展的基本思路和战略任务，部署实施西部大开发的重点工作。2000 年 10 月，党的十五届五中全会通过的《中共中央关于制定国民经济和社会发展第十个五年计划的建议》，把实施西部大开发、促进地区协调发展作为一项战略任务，强调："实施西部大开发战略、加快中西部地区发展，关系经济发展、民族团结、社会稳定，关系地区协调发展和最终实现共同富裕，是实现第三步战略目标的重大举措。"

2001年3月，九届全国人大四次会议通过的《中华人民共和国国民经济和社会发展第十个五年计划纲要》对实施西部大开发战略再次进行了具体部署。

2006年12月8日，国务院常务会议审议并原则通过《西部大开发"十一五"规划》。规划提出努力实现西部地区经济又好又快发展，人民生活水平持续稳定提高，基础设施和生态环境建设取得新突破，重点区域和重点产业的发展达到新水平，教育、卫生等基本公共服务均等化取得新成效，为构建社会主义和谐社会迈出扎实步伐。

西部大开发总的战略目标是：经过几代人的艰苦奋斗，建成一个经济繁荣、社会进步、生活安定、民族团结、山川秀美、人民富裕的新西部。

表1　西部地区国民经济和社会发展主要指标（1999—2013年）

	1999		2013	
	西部地区合计	占比（%）	西部地区合计	占比（%）
GDP	15822.4	17.9	126002.8	20.0
第一产业增加值（亿元）	3636.7	24.9	15700.8	27.6
第二产业增加值（亿元）	6136.3	15.5	62356.5	20.3
第三产业增加值（亿元）	6049.5	17.6	47945.4	18.0
工业增加值（亿元）	5018.9	14.7	51709.4	19.3
全社会固定资产投资（亿元）	5421.3	18.7	109260.9	24.8
房地产开发投资（亿元）	581.5	14.2	18997.1	22.1
经营单位所在地进出口总额（千美元）	137.0	3.8	2775.5	6.7
经营单位所在地出口总额（千美元）	77.2	4.0	1779.3	8.1
经营单位所在地进口总额（千美元）	59.8	3.6	996.2	5.1
社会消费品零售总额（亿元）	5492.2	16.9	42508.6	17.9
地方财政一般预算收入（亿元）	1028.9	18.4	14444.9	20.9

注：本表中涉及分地区数据相加不等于全国总计的指标，在计算东、中、西和东北地区占全国的比重时，分母为31个省（区、市）相加的合计数。

西部大开发战略的实施使西部大地焕发出勃勃生机，西部地区的经济增长速度一改滞后的局面，2000—2013年西部地区生产总值年均增长12.3%，分别比东部、中部地区快0.5和0.7个百分点，2013年西部地区生产总值占全国的比重上升至20.0%，比1999年提高2.1个百分点。投资、国内消费品市场零售、对外贸易等多项指标在全国占比均有不同程度的提高，显示出西部地区大开发、大发展成效显著。西部地区基础设施建设取得突破性进展，大大改变了西部地区闭塞落后的面貌。2000—2013年，西部地区全社会固定资产投资年均增长24.0%，比东部地区快4.6个百分点，青藏铁路、西气东输、西电东送等一批标志性工程相继建成。人民生活水平明显提高，群众得到更多实惠。2013年，西部地区城镇居民人均可支配收入22710元，农村居民人均纯收入6834元。

五、中国社会发展成就的国际比较

1.和谐社会

社会主义和谐社会，是在中国特色社会主义道路上，中国共产党领导全体中国人民共同建设、共同享有的和谐社会。必须坚持以马克思列宁主义、毛泽东思想、邓小平理论和"三个代表"重要思想为指导，坚持党的基本路线、基本纲领、基本经验，坚持以科学发展观统领经济社会发展全局，按照民主法治、公平正义、诚信友爱、充满活力、安定有序、人与自然和谐相处的总要求，以解决人民群众最关心、最直接、最现实的利益问题为重点，着力发展社会事业、促进社会公平正义、建设和谐文化、完善社会管理、增强社会创造活力，走共同富裕道路，推动社会建设与经济建设、政治建设、文化建设协调发展。

一、"和谐社会"的提出

2004年9月19日，党的十六届四中全会上正式提出"构建社会主义和谐社会"的概念。

2005年2月19日，胡锦涛总书记在省部级主要领导干部提高构建社会主义和谐社会能力专题研讨班上发表重要讲话。讲话阐明构建社会主义和谐社会的重大意义、科学内涵、基本特征、重要原则和主要任务，丰富发展了马克思主义关于社会主义社会建设的理论。指出：社会主义和谐社会，应该是民主法治、公平正义、诚信友爱、充满活力、安定有序、人与自然和谐相处的社会。

2006年7月10日，胡锦涛总书记在全国统战工作会议上指出：构建社会主义和谐社会，必须正确认识和处理中国经济、政治、文化、社会等领域涉及党和国家工作全局的重大关系，最根本的是要处理好各方面的利益关系。要正确认识和处理中国共产党和民主党派的关系，巩固和发展中国共产党领导的多党合作的政治格局；正确认识和处理各民族特别是汉族和少数民族的关系,促进各民族共同团结奋斗、共同繁荣发展;正确认识和处理信教群众和不信教群众、信仰不同宗教群众之间的关系,积极引导宗教与社会主义社会相适应;正确认识和处理社会各阶层的关系,推动和实现全社会和谐相处、共同发展;正确认识和处理大陆同胞和港澳同胞、台湾同胞、海外侨胞的关系,在爱国主义旗帜下加强海内外中华儿女的大团结。

2006年10月,党的十六届六中全会审议通过的《中共中央关于构建社会主义和谐社会若干重大问题的决定》,阐明了中国特色社会主义和谐社会的性质和定位、指导思想、目标任务、工作原则和重大部署。11日,胡锦涛在党的十六届六中全会第二次全体会议上指出:社会和谐是中国特色社会主义的本质属性,这个重大判断深化了对社会主义本质的认识,是总结国内外社会主义建设特别是中国社会主义建设历史经验得出的重要结论,也是构建社会主义和谐社会的理论基础。我们要构建的社会主义和谐社会,是经济建设、政治建设、文化建设、社会建设协调发展的社会,是人与人、人与社会、人与自然整体和谐的社会,要贯穿于建设中国特色社会主义的整个历史过程。在实际工作中,我们既要从"大社会"着眼,把和谐社会建设落实到包括经济建设、政治建设、文化建设、社会建设和党的建设等在内的党和国家全部工作之中;又要从"小社会"着手,以解决人民群众最关心、最直接、最现实的利益问题为重点,着力发展社会事业、促进社会公平正义、建设和谐文化、完善社会管理、增强社会创造活力,走共同富裕道路,推动社会建设与经济建设、政治建设、文化建设协调发展。

2007年10月,党的十七大再次强调了构建社会主义和谐社会的重要性,并对以改善民生为重点的社会建设作了全面部署。报告指出:"科学发展和社会和谐是内在统一的。没有科学发展就没有社会和谐,没有社会和谐也难以实现科学发展。构建社会主义和谐社会是贯穿中国特色社会主义事业全过程的长期历史任务,是在发展的基础上正确处理各种社会矛盾的历史过程和社会结果。要通过发展增加社会物质财富、不断改善人民生活,又要通过发展保障社会公平正义、不断促进社会和谐。""必须在经济发展的基础上,更加注重社会建设,着力保障和改善民生,推进社会体制改革,扩大公共服务,完善社会管理,促进社会公平正义,努力使全体人民学有所教、劳有所得、病有所医、老有所养、住有所居,推动建设和谐社会。"

二、提出"构建社会主义和谐社会"的时代背景

提出"构建社会主义和谐社会"之际,正值中国处于体制转轨、社会转型的特殊历史时期。中国的改革与发展已经处在了一个历史性的关口。在改革方面,改革在广度上已涉及经济、政治、文化等各个领域,在深度上已触及体制和制度的层面;在发展方面,高投入、高消耗、高污染、大进大出的发展模式的弊端越发突出,科学发展、全面发展、可持

续发展的必要性更加凸显。中国社会总体上是和谐的,但也存在不少影响社会和谐的矛盾和问题,主要是:城乡、区域、经济社会发展很不平衡,人口资源环境压力加大;就业、社会保障、收入分配、教育、医疗、住房、安全生产、社会治安等方面关系群众切身利益的问题比较突出;体制机制尚不完善,民主法制还不健全;一些社会成员诚信缺失、道德失范,一些领导干部的素质、能力和作风与新形势新任务的要求还不适应;一些领域的腐败现象仍然比较严重;敌对势力的渗透破坏活动危及国家安全和社会稳定。这些突出问题如果处理不当,就会影响社会的稳定,影响经济的平稳发展,甚至引发社会动荡,从根本上动摇党的执政基础,瓦解中国特色社会主义事业的根基。

提出"构建社会主义和谐社会"主要是基于以下几点:一是目前中国人均国内生产总值(GDP)超过1000美元,从国际上看,这一时期往往是社会稳定问题非常突出的时期,不能不高度重视构建社会主义的和谐社会。二是正确应对各种社会矛盾,保持社会和谐稳定的现实需要。以建立社会主义市场经济体制为目标的改革,一方面打破了原有的利益格局,另一方面催生了大量的利益主体和利益群体,形成了多元化的利益格局。因而,不同利益主体、利益群体之间的矛盾尤其是利益矛盾日益凸显,而解决这些矛盾的难度也越来越大。面对这样的情况,社会的和谐发展问题自然要提上日程,提到比过去更为重要的位置。三是实现中国共产党执政的历史任务的必然要求。"和谐社会"是针对社会内部冲突加剧这一状况提出的,是针对社会转型时期通常伴随的不稳定这一特定现状而言的。因此,如何避免可能出现的经济社会问题,巩固改革发展的成果,推动经济可持续发展,推动社会主义和谐社会构建就成为中国共产党必须解决好的一个崭新课题。

三、"构建社会主义和谐社会"的重大意义

党的十六大把"社会更加和谐"作为全面建设小康社会的目标之一提出来,党的十六届四中全会又把"提高构建社会主义和谐社会的能力"作为党执政能力的一个重要方面明确提出,这在党的历史上还是第一次。这一重要论断的提出,是对马克思主义理论的重要丰富和发展,是对什么是社会主义、怎样建设社会主义的又一次理论升华。构建社会主义和谐社会,是我们党在社会主义初级阶段全面建设小康社会、全面推进社会主义现代化的关键时期提出的治国理政的核心理念。更加关注社会建设,即更加关注社会和谐、社会公平和社会正义,标志着我们党的执政理念、治国理念和治理社会的理念有了进一步的发展和完善。

党中央提出构建社会主义和谐社会,是中国社会主义现代化建设总体布局,由发展社会主义市场经济、社会主义民主政治和社会主义先进文化的"三位一体",实现了向包括社会主义和谐社会在内的"四位一体"的飞跃。构建社会主义和谐社会是党中央顺应历史发展变化,为推进中国特色社会主义伟大事业作出的重大战略举措,是中国处于体制转轨、社会转型这一特殊历史时期经济社会发展的必然要求,是满足人民群众不断增长的物质文化需要的必然要求,是全面落实科学发展观、实现全面建设小康社会奋斗目标的必然要求。

构建社会主义和谐社会,是在清醒认识和准确把握中国社会发生的深刻变化的基础上,针对当前经济和社会生活中出现的突出问题,从全面建设小康社会全局出发的一项重大战略任务。构建社会主义和谐社会,关系到最广大人民的根本利益,关系到巩固中国共产党执政的社会基础和实现的历史任务,关系到全面建设小康社会的全局,关系到国家的长治久安。

2. "五位一体"总体布局

"五位一体"总体布局,是指建设中国特色社会主义总布局,即经济建设、政治建设、文化建设、社会建设、生态文明建设"五位一体"。

一、"五位一体"总体布局的提出

2012年7月23日,胡锦涛在省部级主要领导干部专题研讨班开班式上发表重要讲话时,首次完整阐述了"五位一体"的总布局。

2012年11月8日,胡锦涛在党的十八大上作了题为《坚定不移沿着中国特色社会主义道路前进为全面建成小康社会而奋斗》的报告。胡锦涛指出:"建设中国特色社会主义,总依据是社会主义初级阶段,总布局是'五位一体',总任务是实现社会主义现代化和中华民族伟大复兴。""必须更加自觉地把全面协调可持续作为深入贯彻落实科学发展观的基本要求,全面落实经济建设、政治建设、文化建设、社会建设、生态文明建设'五位一体'总体布局,促进现代化建设各方面相协调,促进生产关系与生产力、上层建筑与经济基础相协调,不断开拓生产发展、生活富裕、生态良好的文明发展道路。"

二、"五位一体"总体布局的历史脉络

从20世纪50年代中期开始,以毛泽东为主要代表的中国共产党人领导中国人民探索社会主义建设道路。1962年1月,毛泽东在扩大的中央工作会议上的讲话中,多处讲到了这个重要思想:"社会主义建设,从我们全党来说,知识都非常不够。我们应当在今后一段时间内,积累经验,努力学习,在实践中逐步加深对它的认识,弄清它的规律。"1964年12月,由毛泽东建议,周恩来在三届全国人大一次会议上正式提出在20世纪末实现现代化目标。

党的十一届三中全会以后,在解放思想、拨乱反正的基础上,以邓小平为主要代表的中国共产党人探索建设中国特色社会主义道路。在这个过程中逐步形成并提出了社会主义现代化建设总体布局的思想。这一时期能够形成这个总体布局的重要思想,主要得益于邓小平提出的"三步走"的发展战略和"两手抓、两手都要硬"战略方针。在20世纪80年代初,邓小平指出:为了建设社会主义现代化强国,任务很多,需要做的事情很多,各种任务之间又有相互依存的关系,如经济与教育、科学,经济与政治、法律等等,都有相互依存的关系,不能顾此失彼。因此,现代化建设的任务是多方面的,各个方面需要综合平衡,不能单打一。也就在这一时期,邓小平提出了"两手抓、两手都要硬"的战略方针。1986年党的十二届六中全会通过的《关于社会主义精神文明建设指导方针的决议》。这一决议开宗明义指出,中国社会主义现代化建设的总体布局是:以经济建设为中心,坚定不移地进行经济体制改革,坚定不移地进行政治体制改革,坚定不移地加强精神文明建设,并且使这几个方面互相配合,互相促进。由此形成的经济建设、政治建设和文化建设这"三位一体"的总体布局。

江泽民在党的十五大报告中从中国特色社会主义的经济、政治、文化的基本目标和基本政策的有机统一上,论述了社会主义初级阶段的基本纲领。江泽民还指出了中国特色社会主义是社会主义市场经济、社会主义民主政治和社会主义先进文化的有机统一,从而充实和丰富了社会主义现代化建设总体布局。党的十五大明确提出要实现物质文明、政治文明和精神文明全面发展。

2005年2月19日,胡锦涛在省部级主要领导干部提高构建社会主义和谐社会能力专题研讨班上的讲话中指出:"随着中国经济社会的不断发展,中国特色社会主义事业总体布局,更加明确地由社会主义经济建设、政治建设、文化建设'三位一体'发展为社会主义经济建设、政治建设、文化建设、社会建设'四位一体'。"党的十七大报告提出:我们必须适应国内外形势的新变化,顺应各族人民过上更好生活的新期待,把握经济社会发展趋势和规律,坚持中国特色社会主义经济建设、政治建设、文化建设、社会建设的基本目标和基本政策构成的基本纲领,在党的十六大确立的全面建设小康社会目标的基础上对中国发展提出新的更高要求。

2012年11月,党的十八大召开。由习近平担任起草组组长,党的十八大报告,首次把"美丽中国"作为生态文明建设的宏伟目标,把生态文明建设摆上了中国特色社会主义"五位一体"总体布局的战略位置。习近平总书记在各种场合多次强调生态文明建设的重要性。2013年9月7日,习近平总书记在哈萨克斯坦纳扎尔巴耶夫大学发表演讲并回答学生们提出的问题,在谈到环境保护问题时他指出:"我们既要绿水青山,也要金山银山。宁要绿水青山,不要金山银山,而且绿水青山就是金山银山。"表达了党和政府大力推进生态文明建设的鲜明态度和坚定决心。要按照尊重自然、顺应自然、保护自然的理念,贯彻节约资源和保护环境的基本国策,把生态文明建设融入经济建设、政治建设、文化建设、社会建设方面和全过程,建设美丽中国,努力走向社会主义生态文明新时代。

三、"五位一体"总体布局的理论和现实意义

（一）"五位一体"进一步丰富了中国特色社会主义理论体系。

在现代化布局方面，以往的提法主要是"经济现代化"，党的十六大报告提出的是"三位一体"（经济建设、政治建设、文化建设），到了党的十七大提出了"四位一体"（经济建设、政治建设、文化建设和社会建设），党的十八大又进一步拓展到"五位一体"（经济建设、政治建设、文化建设、社会建设、生态文明建设），表明我们对社会主义发展规律认识不断深入、全面。

"五位一体"，即经济、政治、文化、社会和生态五大建设是相互影响的有机整体：经济建设是根本，政治建设是保障，文化建设是灵魂，社会建设是条件，生态文明建设是基础。这是中国特色社会主义理论体系在新的历史条件下的总体布局，是对科学发展观的本质和内涵的深度挖掘，是对社会主义建设规律、人类社会发展规律认识的深化。

（二）"五位一体"总体布局是在实践中不断探索、不断发展的理论成果，也是指导新时期中国特色社会主义建设的行动准则。

深刻把握"五位一体"总体布局，关键是在实践中全面贯彻落实。"五位一体"是一个整体布局，要协调推进，统筹兼顾，不能顾此失彼，更不能单兵突进。既要以经济建设为中心，又不能孤立地就经济建设谈经济建设、就政治建设谈政治建设、就文化建设谈文化建设、就社会建设谈社会建设、就生态文明建设谈生态文明建设。必须将"五位"合成"一体"，避免因各自为政而导致政策碎片化。

3.跻身中等偏上收入组

世界银行采用人均GNI（国民总收入）指标来衡量各经济体的发展阶段，其原因主要有：一是在各国的借款条件的基础上划分发展阶段临界值，使得人均GNI数据在各国之间可比；二是几乎所有国家都生产该数据，数据容易获取；三是该指标与生活质量方面的一些非货币化指标联系紧密，如出生时预期寿命、儿童死亡率以及入学率等。

根据人均GNI数值的大小，世界银行将世界各经济体划分为低收入、中等偏下收入、中等偏上收入和高收入经济体四个等级，其中，中等偏下收入和中等偏上收入经济体统称为中等收入经济体，低收入和中等收入经济体合起来又称为发展中经济体，高收入经济体又称为发达经济体。世界银行最新数据显示，2013年，中国按现价计算的人均GNI为6560美元，比上年增长14.7%，在所统计的193个经济体中居第109位，位列中等偏上收入组。中国跨入中等偏下和中等偏上收入组门槛的时间分别为1998年和2010年，按现价计算的人均GNI分别为800美元和4240美元，虽然比美国、英国、日本和韩国等国家的

跨入时间晚，但中国在中等偏下收入组停留的时间只用了12年，比目前所有中等偏上收入国家停留的时间都短，显示了十足的发展后劲。1978—2013年的35年间，中国按现价计算的人均GNI从180美元上升至6560美元，增长了35.4倍，大大高于世界同一时期的4.5倍，年均增速达到10.8%，比世界平均增速高出5.8个百分点。但是，中国跨入高收入组任重道远。2013年中国的人均GNI只及世界、高收入组和中等偏上收入组平均水平的62.1%、16.7%和87.0%，只相当于现有高收入组临界值的51.5%。在将本币GNI折算成美元GNI的过程中，世界银行为了降低不同年份汇率波动对数据造成的影响，采用图表集法，即当年汇率和前两年加权汇率的平均数作为折算因子。

从发达国家情况来看，世界主要发达国家一般于20世纪60—70年代跨入中等偏上收入组。世界银行数据库资料显示，美国、加拿大和瑞典在有数据的1962年就已经是中等偏上收入国家了，澳大利亚、冰岛和荷兰分别于1963年、1964年和1967年进入中等偏上收入组，法国和挪威（1965年）以及芬兰、比利时和卢森堡（1966年）也都于20世纪60年代进入中等偏上收入组，英国、日本和韩国进入的时间分别为1970年、1971年和1986年。金砖国家中，除中国外，俄罗斯、巴西和南非均属于中等偏上收入国家，跨入时间分别为1991年、1987年和2004年，2013年印度人均GNI为1570美元，仍属于中等偏下收入国家。

各收入组临界值的确定是基于世界银行的贷款业务分类的，包括土木工程优先、IDA（国际开发协会）贷款资格等。在设定人均收入基准值的过程中，首先要做的就是在社会指标（如贫困发生率和婴儿死亡率）和经济指标（如人均GNI）之间找到稳定的联系。根据这种联系和世界银行每年可用的资源，设立最初的人均收入基准值。然后每年根据世界通货膨胀率调整这些基准值。世界通货膨胀率为特别提款权平减指数变动率，该指数为国际货币基金组织组成特别提款权的四种货币的经济体（日本、英国、美国和欧元区）的GDP平减指数的加权平均数，权重为各经济体货币在一个特别提款权中的占比。也就是说，各个时期的基准实际值是保持不变的。人均GNI低于世行"土木工程优先"基准的国家划分到低收入经济体；人均GNI高于世界银行"土木工程优先"基准而低于世界银行17年IBRD（国际复兴开发银行）贷款业务基准的国家划分到中等偏下收入经济体；人均GNI高于世界银行17年IBRD贷款业务基准而低于高收入国家基准的国家划分到中等偏上收入经济体。经过世界通胀率调整后的基准值也就是各收入组的临界值。每年世界银行财年年初，即7月1日，世界银行都会对外公布根据世界通货膨胀率调整后的收入分组新的临界值，所以各收入组的临界值每年都会变化。例如，2014年，进入高收入组、中等偏上收入组和中等偏下收入组的临界值分别为12745美元、4126美元和1046美元，分别比1988年高出6745美元、2185美元和565美元。

虽然人均GNI是目前为止衡量经济能力和经济发展进程的最佳单一指标，但在使用过

第十一章 中国社会发展综合统计与国际比较

程中还需认识到该指标的不足之处：一是该指标不能反映一国的福利水平，需要结合其他指标数据加以判断；二是在那些有较多的非正规活动的低收入国家，人均 GNI 有可能被低估；三是在将本币 GNI 转换成美元 GNI 的过程中，使用的是统一的官方汇率，而官方汇率不能反映国内价格水平的差异。除了图表集法，世界银行还采用购买力平价法作为转换因子来折算美元 GNI。但是，到目前为止，由于购买力平价法在方法、地理覆盖面、及时性以及外推技术等方面还存在不足之处，还难以广泛运用。

表 1　2013 年排名世界人均 GNI 前 20 位的经济体以及中国的位次

位次	经济体	人均 GNI（图表集法，美元）	位次	经济体	人均 GNI（购买力平价法，国际元）
1	摩纳哥	—	1	卡塔尔	123860
2	列支敦士登	—	2	中国澳门	112180
3	百慕大	104610	3	科威特	88170
4	挪威	102610	4	新加坡	76850
5	卡塔尔	85550	5	百慕大	66390
6	瑞士	80950	6	挪威	66520
7	卢森堡	71810	7	卢森堡	59750
8	英属马恩岛	—	8	阿拉伯联合酋长国	58090
9	澳大利亚	65520	9	瑞士	53920
10	中国澳门	64050	10	中国香港	54260
11	丹麦	61110	11	美国	53960
12	英属海峡群岛	—	12	沙特阿拉伯	53780
13	瑞典	59130	13	阿曼	52170
14	圣马力诺	—	14	瑞典	44660
15	英属开曼群岛	—	15	德国	44540
16	新加坡	50040	16	丹麦	44440
17	美国	53670	17	奥地利	43810
18	丹麦属法罗群岛	—	18	荷兰	43210
19	科威特	44940	19	加拿大	42590
20	加拿大	52200	20	澳大利亚	42540
…			…		
109	中国	6560	109	中国	11850
	世界	10564		世界	14211

注："—"为指 2013 年数据不可获得，世界银行根据估算值排位。

表2 2013年各收入组包括的经济体及其人均GNI

收入组	经济体	平均人均GNI（图表集法）
高收入组（62个经济体）	摩纳哥、列支敦士登、百慕大、挪威、卡塔尔、瑞士、卢森堡、英属马恩岛、澳大利亚、中国澳门、丹麦、英属海峡群岛、瑞典、圣马力诺、英属开曼群岛、新加坡、美国、丹麦属法罗群岛、科威特、加拿大、奥地利、荷兰、芬兰、日本、德国、比利时、冰岛、法国、爱尔兰、英国、阿拉伯联合酋长国、中国香港、新西兰、意大利、以色列、西班牙、塞浦路斯、沙特阿拉伯、韩国、阿曼、斯洛文尼亚、希腊、巴哈马、葡萄牙、马耳他、巴林、波多黎各、捷克、爱沙尼亚、斯洛伐克、特立尼达和多巴哥、巴巴多斯、智利、乌拉圭、赤道几内亚、拉脱维亚、立陶宛、俄罗斯、圣基茨和尼维斯、克罗地亚、波兰、安提瓜和巴布达	39312美元
中等偏上收入组（52个经济体）	委内瑞拉、匈牙利、塞舌尔、巴西、哈萨克斯坦、帕劳、土耳其、巴拿马、加蓬、马来西亚、墨西哥、黎巴嫩、哥斯达黎加、毛里求斯、苏里南、罗马尼亚、博茨瓦纳、哥伦比亚、格林纳达、阿塞拜疆、黑山、南非、圣卢西亚、保加利亚、土库曼斯坦、多米尼加、白俄罗斯、伊拉克、图瓦卢、圣文森特和格林纳丁斯、中国、秘鲁、古巴、纳米比亚、伊朗、塞尔维亚、多米尼克、马尔代夫、厄瓜多尔、泰国、阿尔及利亚、牙买加、安哥拉、约旦、马其顿、波斯尼亚和黑塞哥维那、阿尔巴尼亚、伯利兹、汤加、斐济、突尼斯、马绍尔群岛	7540美元
中等偏下收入组（48个经济体）	巴拉圭、乌克兰、科索沃、亚美尼亚、蒙古、圭亚那、萨尔瓦多、佛得角、印度尼西亚、东帝汶、格鲁吉亚、密克罗尼西亚、萨摩亚、危地马拉、菲律宾、斯里兰卡、埃及、瓦努阿图、斯威士兰、摩洛哥、约旦河西岸和加沙、尼日利亚、刚果（布）、基里巴斯、玻利维亚、不丹、摩尔多瓦、洪都拉斯、巴布亚新几内亚、乌兹别克斯坦、尼加拉瓜、加纳、越南、所罗门群岛、印度、莱索托、赞比亚、圣多美和普林西比、老挝、科特迪瓦、巴基斯坦、也门、喀麦隆、吉尔吉斯斯坦、苏丹、南苏丹、塞内加尔、毛里塔尼亚	2068美元
低收入组（31个经济体）	乍得、塔吉克斯坦、柬埔寨、肯尼亚、孟加拉国、科摩罗、津巴布韦、海地、贝宁、尼泊尔、阿富汗、塞拉利昂、布基纳法索、马里、坦桑尼亚、卢旺达、莫桑比克、多哥、几内亚比绍、冈比亚、乌干达、厄立特里亚、埃塞俄比亚、几内亚、马达加斯加、利比里亚、尼日尔、刚果（金）、中非共和国、布隆迪、马拉维	664美元

4.人文发展水平

一个国家和地区的发展与进步，不仅体现在经济方面，还可从社会角度进行测算。人文发展指数是基于可持续发展理论而提出的一种衡量发展的指标体系。1990年，联合国开发计划署首次发布《人文发展报告》，并在报告中推出人文发展指数（HDI）。HDI的理论依据为，人类发展最主要的内涵有三个方面：一是健康长寿的生命，二是掌握一定的知识，三是体面的生活。在具体测算时，健康长寿的生命用"出生时预期寿命"计量，最短和最长寿命分别设为20和85岁；知识用"25岁以上人口平均受教育年限"和"预期受教育年限"两个指标计量,数据均来自联合国教科文组织。两个教育指标设定的最小值均为0年,最大值分别为15年和18年,采用算数平均法合成统一的教育指数。"预期受教育年限"根据各教育层次中各年龄段学生注册人数来估算;体面的生活用"按购买力平价法计算的人均GNI"计量,最小值和最大值分别设为100美元与75000美元。三个维度的指数采用加权平均法分别计算,再采用简单平均法合成一个综合指数HDI。HDI的得分在0—1之间,越接近1,说明该经济体的社会素质越高。HDI与物质生活质量指数和社会进步指数等指标一样,是对传统的GNI指标的补充。

2014年7月,联合国开发计划署发布的《人文发展报告》显示,2013年(数据截至11月15日),各经济体HDI排名基本保持稳定。挪威、澳大利亚和瑞士HDI得分分别为0.944、0.933和0.917,位居参与测评的世界187个经济体的第1、第2和第3位,与上年相同,属于极高人文发展水平国家。美国、德国、英国、日本和法国,也位列极高人文发展水平国家,得分分别为0.914、0.911、0.892、0.890和0.884,位居世界第5、第6、第14、第17和第20位,仅日本较上年下滑一位,其余国家皆与上年相同。中国得分0.719,排名第91位,位次较上年前进两位,属高人文发展水平国家;其他金砖国家俄罗斯、巴西、南非和印度得分分别为0.778、0.744、0.658和0.586,分别位居世界第57、第79、第118和第135位,其中,俄罗斯和巴西属于高人文发展水平国家,南非和印度属于中等人文发展水平国家。值得注意的是,每年参与测评的经济体的数量不尽相同。例如,2013年HDI排名中,经济体的数量达到187个,而1990年和2000年分别为130个和173个。

20世纪80年代以来,世界人文发展水平在各经济体医疗卫生、教育和收入分配等政策调整的作用下稳步提高。通过对历史数据进行修订后的可比数据显示,2013年,世界HDI平均得分为0.702,比1980年上升25.4%,33年间年均增幅达到0.7%。从地理区域来看,南亚和东亚太平洋地区提升最快,2013年其HDI得分分别为0.588和0.703,分别比1980年上升53.8%和53.7%,年均增速均达到1.3%。从发展阶段看,中等和低人文发展水平经济体社会提升最快,2013年,其HDI得分分别为0.614和0.493,分别比1980年上升46.4%和43.1%,年均增幅分别达到1.2%和1.1%;高人文发展发展水平经济体平均得分0.735,比1980年上升37.6%,年均增幅1.0%;极高人文发展水平经济体平均得分为0.890,比1980年上升17.6%,年均增幅0.5%。

中国在1980—2013年的33年间,经历了低、中、高人文发展三个阶段:1990年之前处于低人文发展水平,1990—2010年处于中等人文发展水平,2010年之后处于高人文发展水平。1990年和2010年,中国人文发展指数分别达到0.502和0.701,突破0.500和0.700的临界值,分别跻身中等和高人文发展水平组,晋组时间虽晚,但发展较快。2013年,中国人文发展指数得分0.719,比1980年上升70.0%,33年间年均增速达到1.6%,

比世界同期年平均增速高出 0.9 个百分点。不过，单从教育水平和经济实力来看，中国不仅落后于高人文发展水平组，而且低于世界平均水平，2013 年中国的平均受教育年限、预期受教育年限和人均 GNI 分别比高人文发展水平组低 0.6 年、0.5 年和 13.3%，平均受教育年限和人均 GNI 分别比世界平均水平低 0.2 年和 16.4%，说明中国医疗卫生水平较高且较均等，但教育政策和整体经济实力有待完善和增强。

与上年相比，2013 年各经济体 HDI 分项指标中部分数据有较大调整和修订，主要体现在：一是采用了联合国人口司最新的人口数据，所有按人均计算的指标以及"出生时预期寿命"指标均受到影响；二是采用了 2011 年国际比较项目调查获得的购买力平价转换因子。世界银行已于 2014 年 5 月 7 日公布了按购买力平价法计算经济体 GDP 和 GNI 的数据，2014 年《人文发展报告》将这些最新数据纳入 HDI 的计算中；三是 GDP 和 GNI 数据的基期由 2005 年调整为 2011 年。采用 2011 年基期后，按不变价美元计算，2013 年世界人均 GNI 比 2005 年为基期的数据上浮了 33%。以上调整和修订对 2013 年各经济体 HDI 得分与排名结果影响较大，其中对中等收入经济体的影响更明显。

自推出 HDI 后，联合国开发计划署不断对其测算方法加以修订和完善。2010 年，联合国开发计划署对 HDI 的教育和收入指标有所调整。之前，成人识字率是一个二元变量，仅需回答"识字"或"不识字"，难以看出渐进变化程度，是个不充分的测算指标，而采用"平均受教育年限"和"预期受教育年限"指标则能够更好地捕获教育水平及其变化趋势。2013 年，HDI 指标中的最大值有所调整。1980 年以来"预期寿命"的最大值为期间可观测到的最大值，但在 2013 年 HDI 的计算中固定为 85 岁；"平均受教育年限"和"预期受教育年限"的最大值分别设为 15 年和 18 年，人均 GNI 的最大值设为 75000 美元。调整最大值的原因在于，一国 HDI 的得分应该依靠本国取得的成绩，而使用观测到的最大值实际上借助了别国的成绩。例如，在以往计算巴西 HDI 分值的过程中，可能参照了日本的最长寿命、美国的最长受教育年限以及卡塔尔的最高人均 GNI。除了调整最大值，教育指标的汇总方法也有所改变。因为以往采用的几何平均法很可能低估发展中国家预期受教育年限的得分，而现在采用的算术平均法将两个教育指标同等对待。

HDI 强调人类的幸福和能力，是评估各经济体发展程度的参照标准，揭示了一个经济体的优先发展项，而不单单是经济增长状况。例如，马来西亚的人均 GNI 比智利高 4.9%，但"出生时预期寿命"却比智利短 5 年，"平均受教育年限"和"预期受教育年限"分别比智利低 0.3 年和 2.4 年，使智利的 HDI 得分大大高于马来西亚，处于极高人文发展水平组，而马来西亚却处于高人文发展水平组。

需要指出的是，HDI 测算仅包括了健康、教育和收入三个维度的指标，未能反映政治参与度、性别不平等和贫困等方面状况，在全面描绘各经济体人文发展水平时，具有一定的局限性。因而，使用 HDI 时，需要结合其他相关指标予以综合研判。

表1 2013年各人文发展水平包括的经济体

组别	经济体
极高人文发展水平（49个经济体）	挪威、澳大利亚、瑞士、荷兰、美国、德国、新西兰、加拿大、新加坡、丹麦、爱尔兰、瑞典、冰岛、英国、中国香港、韩国、日本、列支敦士登、以色列、法国、奥地利、比利时、卢森堡、芬兰、斯洛文尼亚、意大利、西班牙、捷克、希腊、文莱、卡塔尔、塞浦路斯、爱沙尼亚、沙特、立陶宛、波兰、安道尔、斯洛伐克、马耳他、阿拉伯联合酋长国、智利、葡萄牙、匈牙利、巴林、古巴、科威特、克罗地亚、拉脱维亚、阿根廷
高人文发展水平（53个经济体）	乌拉圭、巴哈马、黑山、白俄罗斯、罗马尼亚、利比亚、阿曼、俄罗斯、保加利亚、巴巴古斯、帕劳、安提瓜和巴布达、马来西亚、毛里求斯、特立尼达和多巴哥、黎巴嫩、巴拿马、委内瑞拉、哥斯达黎加、土耳其、哈萨克斯坦、墨西哥、塞舌尔、圣基茨和尼维斯、斯里兰卡、伊朗、阿塞拜疆、约旦、塞尔维亚、巴西、格鲁吉亚、格林纳达、秘鲁、乌克兰、伯利兹、马其顿、波斯尼亚和黑塞哥维那、亚美尼亚、斐济、泰国、突尼斯、中国、圣文森特和格林纳丁斯、阿尔及利亚、多米尼克、阿尔巴尼亚、牙买加、圣卢西亚、哥伦比亚、厄瓜多尔、苏里南、汤加、多米尼亚
中等人文发展水平（42个经济体）	马尔代夫、蒙古、土库曼斯坦、萨摩亚、巴勒斯坦、印度尼西亚、博茨瓦纳、埃及、巴拉圭、加蓬、玻利维亚、摩尔多瓦、萨尔瓦多、乌兹别克斯坦、菲律宾、南非、叙利亚、伊拉克、圭亚那、越南、佛得角、密克罗尼西亚、危地马拉、吉尔吉斯斯坦、纳米比亚、东帝汶、洪都拉斯、摩洛哥、瓦鲁阿图、尼加拉瓜、基里巴斯、塔吉克斯坦、印度、不丹、柬埔寨、加纳、老挝、刚果（布）、赞比亚、孟加拉国、圣多美和普林西比、赤道几内亚
低人文发展水平（43个经济体）	尼泊尔、巴基斯坦、肯尼亚、斯威士兰、安哥拉、缅甸、卢旺达、喀麦隆、尼日利亚、也门、马达加斯加、津巴布韦、巴布亚新几内亚、所罗门群岛、科摩罗、坦桑尼亚、毛里塔尼亚、莱索托、塞内加尔、乌干达、贝宁、苏丹、多哥、海地、阿富汗、吉布提、科特迪瓦、冈比亚、埃塞俄比亚、马拉维、利比里亚、马里、几内亚比绍、莫桑比克、几内亚、布隆迪、布基纳法索、厄立特里亚、塞拉利昂、乍得、中非共和国、刚果（金）、尼日尔

5.创新能力

随着世界逐步从工业化进入信息化时代，传统的依赖自然资源和廉价劳动力来推动经济社会发展的模式越来越难以为继，创新能力的高低已成为一国能否可持续发展的关键要素。目前世界上较有影响力的国家创新能力评价指数有"欧盟创新指数"、"科学技术和产业指数（OECD）"以及"全球创新指数"。由于测度的经济体范围最广泛、考察的指标较为完整，全球创新指数受到的关注度最高。

全球创新指数（Global Innovation Index，GII）由欧洲工商管理学院于 2007 年推出，旨在采取更加科学和完善的方法和指标来测度一国创新能力的高低，给各国政策制定者提供参考和建议，而不是仅仅采用"研发支出占比"和"论文发表数量"等简单的几个指标。GII 从投入产出的角度来测算创新能力，包括 2 个大类指标、7 个中类指标和 81 个小类指标（指标体系见图1）。2007—2014年，GII指数及其排名已对外发布7次，最早由欧洲工商管理学院单独发布，后来康奈尔大学和世界知识产权组织也加入到该指数的编制中来。GII总分100分，是创新投入指数和创新产出指数的平均数，创新投入指数和创新产出指数的得分分别为所包含的下一级指标得分的算术平均数，二者的比值为创新效率指数。在GII的计算过程中，需对原始数据进行标准化处理以消除不同计量单位的差异。

对于正指标，标准化处理的公式为：

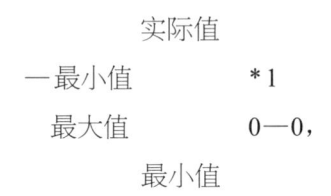

$$\frac{实际值-最小值}{最大值-最小值}*100$$

对于逆指标，标准化处理公式为：

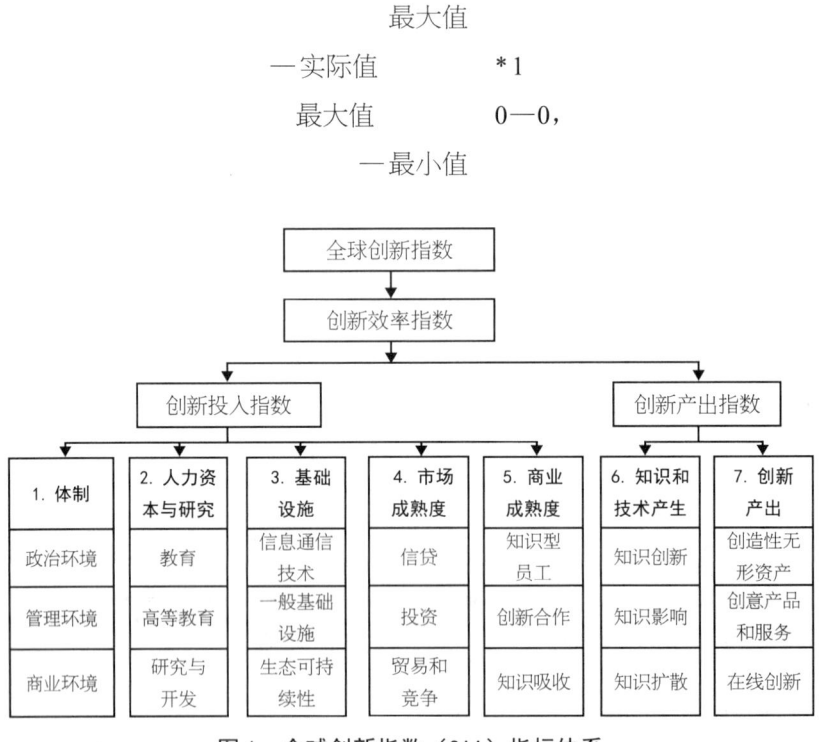

$$\frac{最大值-实际值}{最大值-最小值}*100$$

图1 全球创新指数（GII）指标体系

在81个小类指标中，硬指标、合成指标和软指标各有56、20和5个。硬指标来自公共或私人机构的定量的客观指标，这些机构主要包括联合国教科文组织、世界知识产权组织、世界银行、普华永道、汤森路透集团、HIS全球透视集团等。合成指标是由统计学家利用专业机构或著名大学的数据采用科学的计算方法加工而成，这些专业机构或大学主要包括世界银行、国际电信联盟、联合国公共行政网络、美国耶鲁大学和哥伦比亚大学等。软数据为调查数据，来自世界经济论坛的"企业领导人意见调查"，意在获取企业领导人对创新活动的主观感受。

2014年7月发布的《全球创新指数报告》显示，2014年，在参与测评的143个经济体中，瑞士、英国、瑞典、芬兰、荷兰、美国、新加坡、丹麦、卢森堡和中国香港的GII排名靠前，为世界最具创新能力的10个经济体。其中，瑞士连续四年蝉联榜首，英国、新加坡和丹麦位次均比上年上升1位，芬兰和卢森堡分别上升2位和3位，瑞典、荷兰和美国均下滑1位，中国香港下滑3位，卢森堡历史上首次进入世界10强（2014年GII居世界前20位的经济体以及中国的位次见表1）。进入世界10强的经济体各具创新优势。芬兰在体制和人力资本与研究方面的得分居世界首位；丹麦在体制方面得分居第4位；中国香港和瑞典的基础设施分别居世界第1位和第4位；美国和英国的市场成熟度分别居世界第1位和第2位；新加坡和卢森堡的商业成熟度分别居世界第1位和第2位；瑞典的知识和技术产出居世界第3位；荷兰的创新产出居世界第3位。发展中国家和新兴经济体中，金砖国家总体表现较好。2014年中国GII再次领跑金砖国家，位居世界第29位，比上年上升6位，俄罗斯、南非、巴西和印度分别位居世界第49、53、61和76位。与上年相比，俄罗斯和巴西均上升3位，南非上升5位，但印度大幅下滑10位。结合世界银行的收入分组标准，中国排名已超越马来西亚和匈牙利，在所有中等偏上收入经济体中排名第1，南非和巴西分别位居中等偏上收入组的第9位和第16位，印度位于中等偏下收入组的第7位。作为高收入国家，俄罗斯位居其收入组的第43位。

表1 2014年全球创新指数（GII）居世界前20位的经济体以及中国的位次

经济体	位次	得分（0—100分）	创新效率指数（创新产出指数/创新投入指数）	创新效率指数居世界的位次
瑞士	1	64.78	0.95	6
英国	2	62.37	0.83	29
瑞典	3	62.29	0.85	22
芬兰	4	60.67	0.80	41
荷兰	5	60.59	0.91	12
美国	6	60.09	0.77	57
新加坡	7	59.24	0.61	110

续表

经济体	位次	得分（0—100分）	创新效率指数（创新产出指数/创新投入指数）	创新效率指数居世界的位次
丹麦	8	57.52	0.76	61
卢森堡	9	56.86	0.93	9
中国香港	10	56.82	0.66	99
爱尔兰	11	56.67	0.79	47
加拿大	12	56.13	0.69	86
德国	13	56.02	0.86	19
挪威	14	55.59	0.78	51
以色列	15	55.46	0.79	42
韩国	16	55.27	0.78	54
澳大利亚	17	55.01	0.70	81
新西兰	18	54.52	0.75	66
冰岛	19	54.05	0.90	13
奥地利	20	53.41	0.74	69
...				
中国	29	46.57	1.03	2

从GII的七大指标来看，与上年相比，中国除了体制指标排名下降1位外，其他六项指标排名均有所上升，其中，创新产出上升最快，比上年上升了37位。创新产出位次上升的主要原因在于创意产品和服务以及在线创新进步较快，分别排名世界第33位和第87位，比上年上升了36位和49位。从小类指标（中国GII各项指标得分及其居世界的位次见附表1）的得分和排名来看，中国领先世界的指标有：国际学生评估项目（PISA）测试中阅读、数学和科学成绩（第1名）、资本形成总额占GDP的比重（第2名）、提供正规培训的公司占比（第1名）、商业企业获得的研发支出占研发总支出的比重（第5名）、本国居民国内专利申请量（第1名）、本国居民小专利申请数量（第1名）、人均GDP增长率（第2名）、高技术产品出口比重（第1名）以及创意产品出口比重（第1名）。但中国在冗余人员解雇成本（第120名）、企业创业便利程度（第122名）等方面的指标排名落后。

从GII排名可以看出，创新能力的高低与经济发展水平密切相关。创新能力强的国家一般说来人均收入也较高，但2014年进入世界前50名的经济体中不乏发展中国家，如中国、马来西亚、匈牙利和毛里求斯等。按照创新能力和收入水平之间的关系，可将全球经济体划分为创新领导者、创新学习者和创新欠佳者三类（三种类型包括的经济体见表2）。

第十一章 中国社会发展综合统计与国际比较

表2 2014年全球创新领导者、创新学习者和创新欠佳者

类型	包括的经济体
创新领导者	瑞士、英国、瑞典、芬兰、荷兰、美国、新加坡、丹麦、卢森堡、中国香港、爱尔兰、加拿大、德国、挪威、以色列、韩国、澳大利亚、新西兰、冰岛、奥地利、日本、法国、比利时、爱沙尼亚、马耳他等
创新学习者	摩尔多瓦、中国、蒙古、越南、印度、约旦、亚美尼亚、塞内加尔、马来西亚、泰国、乌克兰、格鲁吉亚等
创新欠佳者	卡塔尔、阿曼、科威特、沙特阿拉伯、巴林、文莱、特立尼达和多巴哥、希腊、乌拉圭、苏丹、委内瑞拉、伊朗、博茨瓦纳、阿尔及利亚、厄瓜多尔、安哥拉、塞舌尔、阿根廷、阿塞拜疆、也门、斯威士兰、哈萨克斯坦、黎巴嫩、纳米比亚、阿尔巴尼亚、尼加拉瓜、萨尔瓦多、巴基斯坦、乌兹别克斯坦、洪都拉斯等

除了GII,《全球创新指数报告》还发布创新效率指数。创新效率指数显示创新投入与创新产出的转化比率。如果一个经济体在创新环境和创新投入方面较为薄弱,但在创新产出方面势头强劲,那么这个经济体在效率指数中依然排名靠前。2014年《全球创新指数报告》显示,中国创新效率指数排名世界第2位,比上年大幅上升12位,摩尔多瓦、马耳他、印度尼西亚和越南分别位居世界第1、第3、第4和第5位。

总的来看,GII不仅涵盖研发支出占GDP的比重以及申请的专利数量等传统指标,而且还包括制度、基础设施、商业环境和人力资源等其他指标,是一套综合性较强的指标体系,有利于全面了解和比较各经济体在创新能力方面的优势和劣势,为创新政策制定者提供参考。但是,该指标体系在计算方法上仅对下级指标进行简单的算术平均,没有反映不同指标对创新能力的不同影响力。因此,在运用GII指导创新政策时,应结合本国经济社会发展实际,深入分析,合理借鉴。另外,对于中国创新效率指数居世界前列应有清醒认识。一方面中国在创新投入上尤其是体制方面得分较低,另一方面虽然国内专利申请数量以及高技术产品出口比重两个指标得分较高,但中国专利的创新度和高技术产品的附加值不高。中国进入世界创新强国行列还任重道远。

附表1 中国全球创新指数(GII)各项指标得分及其居世界的位次

指标编码	指标名称	实际值(硬指标)或得分(软指标和合成指标)	居世界的位次	
1	体制	48.3	114	
1.1	政治环境	40.1	125	(a)
1.1.1	政治稳定性*	52.3	99	
1.1.2	政府效率*	41.0	67	

续表

指标编码	指标名称	实际值（硬指标）或得分（软指标和合成指标）	居世界的位次	
1.1.3	新闻自由*	26.9	141	(a)
1.2	管理环境	49.3	117	
1.2.1	管理质量*	42.1	92	
1.2.2	法律法规*	32.9	90	
1.2.3	冗余人员解雇成本	27.4	120	(a)
1.3	商业环境	55.5	98	
1.3.1	企业创业的便利程度*	67.4	122	(a)
1.3.2	企业破产的便利程度*	38.1	70	
1.3.3	企业税负*	61.1	100	
2	人力资本与研究	43.4	32	
2.1	教育	71.3	1	(b)
2.1.1	教育支出占GDP的比重（%）	…	…	
2.1.2	政府对每名中学生的教育支出占人均GDP的比重（%）	…	…	
2.1.3	预期受教育年限	13.1	74	
2.1.4	国际学生评估项目（PISA）测试中阅读、数学和科学成绩	587.5	1	(b)
2.1.5	生（中学生）师比率	14.5	55	
2.2	高等教育	13.9	115	(a)
2.2.1	大学生人数占同年龄组总人数的比重（%）	26.7	82	
2.2.2	科学和工程专业的研究生占大学生总人数的比重（%）	…	…	
2.2.3	高校外国留学生占比（%）	0.3	100	(a)
2.3	研究与开发	45.0	23	
2.3.1	每百万人中研究人员数量	1392.8	50	
2.3.2	研发支出占GDP的比重（%）	2.0	19	
2.3.3	排名本经济体前三位的大学在QS世界大学排名中的平均得分*	76.8	10	(b)
3	基础设施	45.0	39	
3.1	ICT(信息通信技术)	36.1	73	
3.1.1	ICT获得指数*	43.6	74	
3.1.2	ICT使用指数*	27.0	64	
3.1.3	政府在线服务指数*	52.9	60	
3.1.4	政府电子参与指数*	21.1	65	
3.2	一般基础设施	65.3	2	(b)

第十一章　中国社会发展综合统计与国际比较

续表

指标编码	指标名称	实际值（硬指标）或得分（软指标和合成指标）	居世界的位次	
3.2.1	发电量	3508.4	56	
3.2.2	物流表现指数*	75.8	24	
3.2.3	资本形成总额占GDP的比重（%）	48.9	2	(b)
3.3	生态可持续性	33.5	80	
3.3.1	单位能源消耗创造的GDP	3.7	101	
3.3.2	环境绩效指数*	43.0	103	
3.3.3	ISO14001环境证书发放量（每10亿美元GDP）	7.5	16	
4	市场成熟度	50.5	54	
4.1	信贷	35.8	69	
4.1.1	获得信贷的便利程度*	62.5	69	
4.1.2	私人部门获得的国内信贷占GDP的比重（%）	131.6	18	
4.1.3	平均每家小额贷款机构的贷款余额占GDP的比重（%）	0.2	62	
4.2	投资	40.5	50	
4.2.1	投资者保护力度*	50.0	81	
4.2.2	上市公司市值占GDP的比重（%）	44.9	44	
4.2.3	股票交易额占GDP的比重（%）	70.8	9	
4.2.4	风险资本成交数量（每万亿美元GDP）	0.0	42	
4.3	贸易和竞争	75.1	75	
4.3.1	实际关税税率	4.1	73	
4.3.2	非农产品出口的实际关税税率	2.6	94	
4.3.3	本地竞争的激烈程度#	71.0	43	
5	商业成熟度	41.8	32	
5.1	知识型员工	59.4	29	
5.1.1	知识密集型服务业的就业人数	7.4	101	(a)
5.1.2	提供正规培训的公司占比（%）	79.2	1	(b)
5.1.3	商业企业研发支出占GDP的比重（%）	1.5	13	
5.1.4	商业企业获得的研发支出占研发总支出的比重（%）	76.2	5	(b)
5.1.5	参加美国研究生入学考试(GMAT)的人数(每100万20—34岁人)	154.2	33	
5.2	创新合作	30.5	74	
5.2.1	大学与企业的研究合作#	56.8	32	
5.2.2	集聚发展状况#	60.2	23	

续表

指标编码	指标名称	实际值（硬指标）或得分（软指标和合成指标）	居世界的位次	
5.2.3	从国外获得的研发支出占研发支出总额的比重（%）	1.0	81	(a)
5.2.4	风险资本与战略资本达成交易的数量（每万亿美元GDP）	0.0	67	
5.2.5	至少在三个专利办公室提出过申请的专利的数量（每万亿美元GDP）	0.2	36	
5.3	知识吸收	35.5	28	
5.3.1	支付的版税和执照费占交易额的比重（%）	0.8	34	
5.3.2	高技术产品进口额占进口总额的比重（%）	18.3	8	(b)
5.3.3	通信、计算机和信息服务进口额占贸易额的比重（%）	0.3	123	
5.3.4	FDI流入额占GDP的比重（%）	3.0	65	
6	知识和技术产出	59.0	2	(b)
6.1	知识创新	67.1	4	(b)
6.1.1	国家专利办公室收到的本国居民专利申请数量	43.7	1	(b)
6.1.2	本国居民按照世界知识产权组织《专利合作条约》申请的国际专利数量	1.5	29	
6.1.3	国家专利办公室收到的本国居民小专利申请数量	59.9	1	(b)
6.1.4	科技论文发表数量（每10亿美元GDP）	15.8	56	
6.1.5	被引用论文的H指数*	385.0	16	
6.2	知识影响	65.7	3	(b)
6.2.1	从业人员人均GDP增长率	7.4	2	(b)
6.2.2	新企业密集度	…	…	
6.2.3	计算机软件支出总额	0.4	24	
6.2.4	ISO 9001质量证书发放数量	27.2	16	
6.2.5	高技术和中高技术产品产出占制造业总产出的比重（%）	43.6	16	
6.3	知识扩散	44.3	23	
6.3.1	收到的版税和执照费占交易额的比重（%）	0.0	68	
6.3.2	高技术产品出口额占出口总额的比重（%）	27.8	1	(b)
6.3.3	通信、计算机和信息服务出口额占贸易额的比重（%）	0.8	89	
6.3.4	FDI流出额占GDP的比重（%）	1.4	41	
7	创新产出	35.7	59	
7.1	创造性无形资产	48.9	47	
7.1.1	国家商标办公室收到的本国居民商标申请数量（每万亿美元GDP）	122.5	8	
7.1.2	按"马德里体系"批准的国际商标申请数量	0.2	55	

续表

指标编码	指标名称	实际值（硬指标）或得分（软指标和合成指标）	居世界的位次	
7.1.3	ICT 和商业模式创新 #	60.7	50	
7.1.4	ICT 和组织模式创新 #	61.5	31	
7.2	创意产品和服务	33.6	33	
7.2.1	文化和创意服务出口额占贸易额的比重（%）	0.2	39	
7.2.2	主题电影摄制数量	0.6	86	(a)
7.2.3	全球性娱乐和媒体产出（每1000名15—69岁人）*	0.1	49	(a)
7.2.4	印刷和出版制造业产出占总产出的比重（%）	0.0	83	(a)
7.2.5	创意产品出口额占贸易额的比重（%）	14.9	1	(b)
7.3	在线创造	11.2	87	
7.3.1	国际域名数量	2.2	86	
7.3.2	国家域名数量	31.2	55	
7.3.3	维基百科每人每月编辑数量	190.1	117	
7.3.4	Youtube 视频上传量 *	…	…	

注：①（a）为中国的劣势指标，（b）为中国的优势指标。②带"*"标记的指标为合成指标，带"#"标记的为调查指标。

6.社会全球化进程

1978 年以来，随着全球信息与通讯技术的快速发展，经济和社会等领域的全球化越来越引人瞩目。瑞士 KOF 研究院推出的"全球化指数"凭借其较为科学的测度方法和全面的样本数据被广泛引用。

瑞士 KOF 研究院的"全球化指数"最早由德国曼海姆大学的德雷尔博士于 2002 年提出，之后得到 KOF 研究院相关专家的不断修订和完善。德雷尔认为，全球化指数包括经济全球化、社会全球化和政治全球化三个方面。社会全球化是指思想、信息、图像以及人员的传播或流动。社会全球化指数包括人际交往指数、信息流动指数和文化趋同指数 3 个大类指标和 11 个小类指标。无论是大类指标还是小类指标，其权重均采用主成分分析法确定。社会全球化指数每年涵盖的样本量依据各个经济体数据的可获得性而不尽相同。1970 年、1980 年、1990 年、2000 年和 2010 年社会全球化指数涵盖的经济体分别为 149 个、172 个、181 个、199 个和 200 个。原始数据主要来自相关国际组织，如世界银行、联合国统计司、国际电信联盟以及世界知名企业官网等（社会全球化指数指标体系以及各指标的权重和资料来源见表 1）。采集到的原始数据被转化成 1—100 分之间的得分，经加权平均层层汇总后得到社会全球化指数。社会全球化指数及其三大分项指数的得分越接近100分，说明该经济体的社会全球化程度越深。截至目前，KOF已公布1970—2011年共42年的社会全球化指数及其分项指数得分。

表1 社会全球化指数指标体系以及各指标的权重和资料来源

指标	权重	资料来源
社会全球化指数	100%	
1. 人际交往指数	33%	
（1）用固定电话打出和接听的国际电话（分钟/人）	25%	国际电讯联盟
（2）货物、服务、收入和金融产品流入和流出总额（占GDP比重）	4%	世界银行
（3）外国游客入境和离境的总人次（占总人口的比重）	26%	世界银行
（4）外国人口占总人口的比重	21%	世界银行
（5）寄出和收到的国际信件数量（人均）	24%	万国邮政联盟
2. 信息流动指数	35%	
（1）互联网用户（每1000人）	36%	世界银行
（2）电视机拥有量（每1000人）	37%	世界银行、国际电信联盟
（3）报纸和期刊的进出口总额（占GDP比重）	27%	联合国统计司
3. 文化趋同指数	32%	
（1）麦当劳餐馆数量（人均）	45%	多种资料来源
（2）宜家店面数量（人均）	45%	宜家官网
（3）图书进出口总额（占GDP比重）	10%	联合国统计司

2014年4月16日发布的最新数据显示，2011年，新加坡、爱尔兰、奥地利、瑞士、荷兰、塞浦路斯、比利时、加拿大、丹麦和法国为世界207个经济体中社会全球化最高的10个国家，其中，新加坡、爱尔兰和奥地利位次均比上年上升1位，瑞士和荷兰均上升2位，塞浦路斯和比利时分别下滑5位和2位，加拿大、丹麦和法国与上年持平。10大经济体各有优势。新加坡在人际交往和文化趋同方面得分较高；瑞士和爱尔兰在人际交往方面，比利时和塞浦路斯在信息流动方面，奥地利、加拿大、荷兰、丹麦和法国在文化趋同方面得分较高（2011年社会全球化最高的20个经济体见表2）。2011年社会全球化程度最低的国家为刚果（金）、埃塞俄比亚、缅甸和阿富汗，其社会全球化指数得分分别仅为新加坡的16.5%、17.0%、17.3%和19.0%。

金砖国家中，俄罗斯社会全球化程度最高，其2011年得分为64.77，排名世界第59位，但位次比上年下滑12位；南非、巴西和印度得分分别为50.06、43.61和29.85，分别排名世界第97位、115位和155位，其中，南非比上年上升4位，巴西和印度分别下滑3

位和11位。2011年中国社会全球化指数得分为52.42,排名世界第92位,在金砖国家中排名仅次于俄罗斯,比上年得分略高0.04,但位次下滑2位。得分增加主要源于文化趋同指数比上年增加0.69(排名世界第36位),但人际交往指数和信息流动指数得分分别下降0.06和0.44(分别位居世界第170位和117位)。

从1978年以来的可比数据看,中国在社会方面与世界快速融合。2011年,中国社会全球化指数得分52.42,是1978年的6.7倍,为所有参与测评的经济体中进步最快的经济体。从分项指数来看,2011年中国人际交往指数、信息流动指数和文化趋同指数的得分分别是1978年的1.7倍、5.8倍和41.2倍。

表2　2011年社会全球化最高的20个经济体以及中国的位次

位次	社会全球化指数 得分	社会全球化指数 经济体	人际交往指数	信息流动指数	文化趋同指数
1	91.61	新加坡	列支敦士登	安道尔	新加坡
2	91.55	爱尔兰	开曼群岛	爱沙尼亚	奥地利
3	91.47	奥地利	卢森堡	列支敦士登	瑞士
4	90.86	瑞士	新加坡	比利时	加拿大
5	90.32	荷兰	百慕大	卢森堡	英国
6	90.26	塞浦路斯	瑞士	马耳他	塞浦路斯
7	90.17	比利时	爱尔兰	黑山	捷克
8	88.91	加拿大	格林纳达	法罗群岛	瑞典
9	86.84	丹麦	奥地利	斯洛伐克	荷兰
10	86.70	法国	中国澳门	斯洛文尼亚	丹麦
11	86.07	英国	荷兰	立陶宛	爱尔兰
12	84.75	葡萄牙	阿拉伯联合酋长国	塞浦路斯	比利时
13	84.56	挪威	塞浦路斯	百慕大	法国
14	84.41	瑞典	巴林	爱尔兰	澳大利亚
15	83.71	德国	安提瓜和巴布达	波斯尼亚和黑塞哥维那	芬兰
16	83.51	芬兰	比利时	荷兰	匈牙利
17	82.60	西班牙	阿鲁巴	摩纳哥	德国
18	82.24	澳大利亚	巴哈马群岛	加拿大	挪威
19	82.22	捷克	丹麦	波多黎各	美国
20	81.69	阿拉伯联合酋长国	新喀里多尼亚	波兰	斯洛伐克
		…	…	…	…
92	52.42	中国	中国第170位	中国第117位	中国第36位

与其他社会全球化指数不同，瑞士KOF研究院的社会全球化指数涵盖文化领域，是目前较为全面的社会全球化指数。另外，其权重的确定采用主成分分析法，增强了该指数的科学性。但是，该指数在设计过程中带有一定的政治偏见，其排名未必能够如实反映不同政治体制下的各经济体的社会全球化程度。

7.国际竞争力

全球化背景下，竞争力越强的国家越能保证本国生产率的持续提高，从而确保经济的可持续发展。目前，世界上较有影响的竞争力评价指标体系主要有瑞士洛桑国际管理开发学院的国际竞争力指数和总部位于瑞士日内瓦的世界经济论坛（WEF）的全球竞争力指数（GCI）。WEF的全球竞争力评价体系以新古典经济增长理论、技术内生化经济增长理论以及竞争优势理论为基础，界定国际竞争力的内涵，解释国际竞争力的驱动因素，在此基础上构建国际竞争力评价的指标体系。在内涵上，WEF将国际竞争力定义为一国（地区）保持人均GDP持续较快增长的能力；在指标构成上，WEF选取了3个大类指标、12个中类指标和114个小类指标。3个大类指标分别为基本条件、效率提升以及创新和成熟度；12个中类指标依次为制度、基础设施、宏观经济环境、健康和初等教育、高等教育和培训、商品市场效率、劳动力市场效率、金融市场发展、技术就绪度、市场规模、商业成熟度和创新，既包括了经济方面，又涵盖政治、教育以及医疗卫生等领域；小类指标中，既包括硬指标即统计数据指标，又包括软指标即调查问卷汇总数据，其中，软指标约占全部指标的四分之三。从2004年开始，WEF每年对外发布GCI以及以此为基础的世界各经济体竞争力排名（详见附表1）。

2014年9月3日，WEF发布的《2014/2015年全球竞争力报告》显示，2014年（实际数据截至2014年7月8日），在参与排名的144个经济体中，全球最具竞争力的10大经济体依次为瑞士、新加坡、美国、芬兰、德国、日本、中国香港、荷兰、英国和瑞典。其中，瑞士和新加坡蝉联世界第1和第2位，美国、德国、日本和英国分别上升2位、1位、3位和1位，芬兰和瑞典分别下降1位和4位。中国继续位居金砖国家之首，排名世界第28位，较上年上升1位（见表1）；俄罗斯、南非、巴西和印度分别位居世界第53位、56位、57位和71位，除俄罗斯大幅上升9位外，其余三国均比上年有所下滑，其中，印度大幅下滑11位，为连续五年下滑。从GCI的3个大类指数来看，新加坡、美国和瑞士分别为基本条件、效率提升以及创新和成熟度方面最具竞争力的国家。从12个中类指标看，新西兰的制度保障、挪威的宏观经济环境、新加坡的商品市场效率、瑞士的劳动力市场效率、卢森堡的技术就绪度、美国的市场规模以及日本的商业成熟度均领先世界，中国香港在基础设施和金融市场发展两项遥遥领先，芬兰在健康和初等教育、高等教育和培训以及创新三项居榜首。

表1 2014年竞争力居世界前20位的经济体以及中国的位次

位次	经济体	得分（1—7分）	2013年位次
1	瑞士	5.70	1
2	新加坡	5.65	2
3	美国	5.54	5
4	芬兰	5.50	3
5	德国	5.49	4
6	日本	5.47	9
7	中国香港	5.46	7
8	荷兰	5.45	8
9	英国	5.41	10
10	瑞典	5.41	6
11	挪威	5.35	11
12	阿拉伯联合酋长国	5.33	19
13	丹麦	5.29	15
14	中国台湾	5.25	12
15	加拿大	5.24	14
16	卡塔尔	5.24	13
17	新西兰	5.20	18
18	比利时	5.18	17
19	卢森堡	5.17	22
20	马来西亚	5.16	24
...			
28	中国	4.89	29

中国2014年国际竞争力排名的上升得益于企业家精神和创新精神的培育。2014年，中国在高等教育和培训（上升5位）、商业成熟度（上升2位）以及技术就绪度（上升2位）方面有所提升。市场的功能继续有所改进，但一些限制措施和准入壁垒以及投资规则对竞争力产生负面影响。许多中小型企业依然难以顺利获得贷款，金融服务受到银行业的

拖累。政府效率有所提升,但腐败和安全问题以及缺乏透明度损害了制度方面的得分。目前,中国在市场规模、宏观经济环境、创新、劳动力市场效率以及健康和初等教育方面具有优势,但在技术就绪度、高等教育和培训以及商品市场效率方面劣势明显。2014年中国的国内市场规模和国外市场规模分别位居世界第1位和第2位,良好的宏观经济环境得益于巨额的国民总储蓄、较低的通货膨胀率和政府债务、较高的国家信用等级。创新方面,2014年,先进技术产品的政府采购比例以及企业的研发支出较高,分别位居世界第10位和第23位。中国的技术就绪度、高等教育和培训、商品市场效率排名靠后,分别位居世界的第83位、第65位和第56位。其中,国际互联网带宽排名世界144个经济体的第120位;创办一家新企业需要办理的手续和需要的天数分别为13项和33天,分别位居世界第135位和116位;企业缴纳的各种税赋排名世界第131位;高等教育方面,管理学院的质量仅居世界第85位。

由于每年参与测评的经济体的数量不尽相同,中国的国际竞争力位次波动较大,但总体处于上升态势。2001年,中国的国际竞争力在参评的79个经济体中居中,居世界第39位,次年随即跃升至世界第33位(80个经济体参评)。从2003年开始,随着参评经济体急剧增加,中国的位次连续四年下滑,到2006年,下滑至世界第54位(131个经济体参评),此后持续好转,至2014年上升至世界第28位。从评价结果看,中国目前已经上升到经济发展的第二个阶段,属于效率驱动型国家。

应当看到,构筑GCI的12个中类指标是互相联系、相互影响的。例如,如果没有健康的、受过良好教育和培训并善于吸收新技术的劳动力,这个国家(地区)就很难具备较强的创新能力;如果不能为研发提供充分的资金或是没有一个有效率的商品市场,就很难把新技术推向市场。对所有经济体而言,12个指标均会对其产生影响,但影响程度取决于该经济体处于哪个发展阶段。WEF认为,一国(地区)经济发展一般会经历要素驱动型经济、效率驱动型经济和创新驱动型经济三个阶段以及两个过渡阶段(详见附表2)。在要素驱动型经济阶段,维持竞争力主要依靠完善的公共和私人制度、发达的基础设施、稳定的宏观经济环境以及至少接受过初等教育的身体健康的劳动力;在效率驱动型经济阶段,竞争力的提高越来越依靠高等教育和培训、有效率的商品市场、完善的劳动力市场、发达的金融市场以及能够利用好现有技术和国内外市场的好处;在创新驱动型经济阶段,维持竞争力需要企业能够通过创新生产过程并利用好先进的生产技术。不同的发展阶段中,12个指标发挥作用的大小不同,也就是说在GCI的计算过程中,需赋予不同的国家(地区)不同的权重。例如,布隆迪正处于经济发展的第一阶段,其基本条件大类指数占GCI的60%,而瑞士已经进入到第三阶段,其基本条件比重只占GCI的20%。对于处在过渡阶段的经济体,其计算GCI的各指标的权重呈现出有规律的变动,反映出从较低阶段向较高阶段的平稳过渡。例如，正处于从第一阶段向第二阶段过渡的阿塞拜疆，三个大类指数的权重分别为 56.3%、37.8% 和 5.9%（不同发展阶段的权重见表 2）。

表 2　发展阶段的划分标准以及 GCI 三个大类指数的权重

	第一阶段：要素驱动型	过渡阶段：从第一阶段到第二阶段	第二阶段：效率驱动型	过渡阶段：从第二阶段到第三阶段	第三阶段：创新驱动型
人均 GDP（美元，按市场汇率折算）	< 2000	2000—2999	3000—8999	9000—17000	> 17000
基本条件权重（维度 1—4）	60%	40%—60%	40%	20%—40%	20%
效率提升权重（维度 5—10）	35%	35%—50%	50%	50%	50%
创新和成熟度权重（维度 11—12）	5%	5%—10%	10%	10%—30%	30%

WEF 判断发展阶段的标准有两个：一个是按市场汇率折算成美元的人均 GDP，另一个是矿产品出口额占货物和服务出口总额的比重。其中，第二个标准为补充标准，适用于那些经济发展高度依赖矿产品出口的经济体。如果一个经济体的矿产品出口额占货物和服务出口额的比重突破 70%（5 年移动平均），那么这个经济体就被认为是要素驱动型经济体。但也有一些资源大国本身已经达到了较高的收入水平，矿产品部门以外的其他行业生产率的提高依赖于本国创新能力的提高（从国外引进技术不足以使生产率的提高幅度维持本国的高工资水平）。同时，这类国家有实力在创新上投入大量资金。因此，这类处于世界技术前沿的资源型国家不应属于要素驱动型国家，而应划入创新型国家行列，也就是经济发展的第三个阶段。

GCI 的数据来源有两个：一是 WEF 组织的企业领导人意见调查获得的调查数据。被调查者的回答被转化为 1—7 的分值，1 分和 7 分分别代表最差和最好的情况。2014 年，WEF 调查了 15000 位企业领导人；另一个为各国际组织的统计数据，主要从世界银行、国际货币基金组织、联合国教科文组织、世界卫生组织和国际电讯联盟等取得。在获得原始数据后，需要经过标准化处理转化为 1—7 分的得分。计算公式有两个：对于正指标，计算公式为：

$$6 \times \left(\frac{实际值 - 最小值}{最大值 - 最小值} \right) + 1$$

对于逆指标，计算公式为：

$$-6 \times \left(\frac{实际值 - 最小值}{最大值 - 最小值} \right) + 7$$

与其他国际竞争力评价体系不同,WEF 的 GCI 更加重视机制上的问题和企业实际运营中的问题,评价结果主要取决于调查对象的看法,以致调查结果的准确性严重依赖所收回的调查问卷的准确性和代表性。因此,在比较各国竞争力强弱时,可参考不同机构的评价结果予以综合判断。

附表1 全球竞争力指数(GCI)指标体系以及 2014 年中国各指标居世界的位次

指标	计算上一层级竞争力指数时运用的权重	中国居世界的位次
基本条件	20%—60%(2014 年中国为 40%)	28
一、制度	25%	47
(一)公共制度	75%	
1. 产权	20%	
1.01 产权		50
1.02 知识产权保护		53
2. 道德规范和腐败	20%	
1.03 公共资金的挪用		45
1.04 对政治家的信任度		26
1.05 不规范的支付和贿赂		66
3. 不正当压力	20%	
1.06 司法独立		60
1.07 政府官员在决策过程中徇私舞弊		22
4. 政府效率	20%	
1.08 政府支出的浪费		24
1.09 政府管理的负担		19
1.10 解决争端过程中法律体制的效率		49
1.11 管理规定受到挑战时法律体制的效率		47
1.12 政府决策的透明度		33
5. 安全	20%	
1.13 恐怖行动引起的商业成本		85
1.14 犯罪和暴力活动引起的商业成本		52
1.15 有组织犯罪		70
1.16 警察服务的可靠性		61
(二)私人制度	25%	
1. 企业道德	50%	

第十一章 中国社会发展综合统计与国际比较

续表

指标	计算上一层级竞争力指数时运用的权重	中国居世界的位次
1.17 公司的职业道德行为		55
2. 可靠性	50%	
1.18 审计报告标准的强度		82
1.19 公司董事会的功效		78
1.20 小股东权益的保护		67
1.21 对投资方的保护力度 *		83
二、基础设施	25%	46
（一）交通基础设施	50%	
2.01 整体基础设施质量		64
2.02 公路质量		49
2.03 铁路基础设施质量		17
2.04 港口基础设施质量		53
2.05 航空运输基础设施质量		58
2.06 可提供的航线的客运周转量 *		2
（二）电力和电话基础设施	50%	
2.07 电力供应质量		56
2.08 移动电话用户数量 *		108
2.09 固定电话主线数量 *		59
三、宏观经济环境	25%	10
3.01 政府预算余额 *		50
3.02 国民总储蓄 *		5
3.03 通货膨胀率 *		1
3.04 政府债务 *		22
3.05 国家信用等级 *		25
四、健康和初等教育	25%	46
（一）健康	50%	
4.01 疟疾造成的经济影响		15
4.02 疟疾发病率 *		32
4.03 肺结核造成的经济影响		84
4.04 肺结核发病率 *		96
4.05 艾滋病病毒和艾滋病造成的经济影响		1
4.06 艾滋病病毒发病率 *		88

续表

指标	计算上一层级竞争力指数时运用的权重	中国居世界的位次
4.07 婴儿死亡率*		62
4.08 预期寿命*		53
(二) 初等教育	50%	
4.09 初等教育质量		59
4.10 初等教育入学率*		4
效率提升	35%—50%（2014 年中国为 50%）	30
五、高等教育和培训	17%	65
(一) 教育质量	33%	
5.01 中等教育入学率*		72
5.02 高等教育入学率*		85
(二) 教育质量	33%	
5.03 教育体制的质量		52
5.04 数学和科学教育的质量		56
5.05 管理学院的质量		85
5.06 学校互联网接入率		38
(三) 在职培训	33%	
5.07 本地可获得的专业化研究和培训服务		58
5.08 员工培训的程度		46
六、商品市场效率	17%	56
(一) 竞争	67%	
1. 国内竞争		
6.01 本地竞争的强度		44
6.02 市场操纵程度		29
6.03 反垄断政策的有效性		38
6.04 为鼓励投资而采取的税收政策带来的效果		44
6.05 整体税率*		131
6.06 创办企业需办理的手续的数量*		135
6.07 创办企业需花费的时间*		116
6.08 农业政策成本		11
2. 国外竞争		
6.09 贸易壁垒的盛行程度		54
6.10 关税*		115
6.11 外资所有权的盛行程度		71

续表

指标	计算上一层级竞争力指数时运用的权重	中国居世界的位次
6.12 FDI 规则对企业造成的影响		26
6.13 海关手续带来的负担		55
6.14 进口额占 GDP 的比重 *		130
（二）需求状况质量	33%	
6.15 "以顾客为宗旨"的执行程度		70
6.16 买方成熟度		18
七、劳动力市场效率	17%	37
（一）灵活性	50%	
7.01 工资关系的合作		58
7.02 工资决定制度的灵活性		84
7.03 招聘和解雇行为		15
7.04 冗余成本 *		120
7.05 为鼓励工作而采取的税收政策带来的效果		36
（二）人才使用效果	50%	
7.06 支出和生产率		15
7.07 对专业化管理的依赖程度		43
7.08 国家留住人才的能力		31
7.09 国家吸引人才的能力		27
7.10 女性劳动力的参与率 *		60
八、金融市场发展	17%	54
（一）效率	50%	
8.01 金融服务的可获得性		63
8.02 金融服务的可承受性		50
8.03 通过本地股票市场融资		34
8.04 获得贷款的难易程度		21
8.05 风险资本的可获得性		13
（二）可信赖度和信心	50%	
8.06 银行的健康程度		63
8.07 对证券交易所的监管		58
8.08 法定权利指数 *		85
九、技术就绪度	17%	83
（一）技术采用	50%	
9.01 最新技术的可获得性		97

续表

指标	计算上一层级竞争力指数时运用的权重	中国居世界的位次
9.02 公司层面的技术吸收能力		68
9.03 FDI和技术转移		81
（二）信息通信技术的使用	50%	
9.04 互联网用户数*		75
9.05 宽带互联网用户数*		51
9.06 互联网带宽*		120
9.07 移动宽带用户数*		78
十、市场规模	17%	2
（一）国内市场规模	75%	
10.01 国内市场规模指数*		2
（二）国外市场规模	25%	
10.02 国外市场规模指数*		1
创新和成熟度	5%—30%（2014年中国为10%）	33
十一、商业成熟度	50%	43
11.01 本地供应商数量		24
11.02 本地供应商质量		63
11.03 集聚发展状况		25
11.04 竞争优势情况		45
11.05 价值链增值程度		37
11.06 对国际分销的控制		31
11.07 生产过程的成熟度		56
11.08 销售范围		52
11.09 授权意愿		49
十二、创新	50%	32
12.01 创新能力		40
12.02 科研机构的质量		39
12.03 公司的研发支出		23
12.04 大学和企业在研发方面的合作		32
12.05 先进技术产品的政府采购		10
12.06 科学家和工程师的可用性		43
12.07 按《专利合作条约》提交的专利申请数量*		34

注：①带有"*"标记的小类指标为硬指标，其余指标为软指标。②本附表由于12个中类下的小类指标有重复，所以只显示112个小类指标。③国内竞争的权重=（C+I+G+X）/（C+I+G+X+M），国外竞争的权重=M/（C+I+G+X+M），C、I、G、X、M分别代表消费额、投资额、政府支出额、出口额和进口额。

附表2 不同发展阶段包括的经济体

发展阶段	包括的经济体
第一阶段：要素驱动型 （37个经济体）	孟加拉国、布基纳法索、布隆迪、柬埔寨、喀麦隆、乍得、科特迪瓦、埃塞俄比亚、冈比亚、加纳、几内亚、海地、印度、肯尼亚、吉尔吉斯斯坦、老挝、莱索托、马达加斯加、马拉维、马里、毛里塔尼亚、莫桑比克、缅甸、尼泊尔、尼加拉瓜、尼日利亚、巴基斯坦、卢旺达、塞内加尔、塞拉利昂、塔吉克斯坦、坦桑尼亚、乌干达、越南、也门、赞比亚、津巴布韦
从第一到第二阶段的过渡阶段 （16个经济体）	阿尔及利亚、安哥拉、阿塞拜疆、不丹、玻利维亚、博茨瓦纳、加蓬、洪都拉斯、伊朗、科威特、利比亚、摩尔多瓦、蒙古、菲律宾、沙特阿拉伯、委内瑞拉
第二阶段：效率驱动型 （30个经济体）	阿尔巴尼亚、亚美尼亚、保加利亚、佛得角、中国、哥伦比亚、多米尼加、埃及、萨尔瓦多、格鲁吉亚、危地马拉、圭亚那、印度尼西亚、牙买加、约旦、马其顿、黑山、摩洛哥、纳米比亚、巴拉圭、秘鲁、罗马尼亚、塞尔维亚、南非、斯里兰卡、斯威士兰、泰国、东帝汶、突尼斯、乌克兰
从第二到第三阶段的过渡阶段 （24个经济体）	阿根廷、巴林、巴巴多斯、巴西、智利、哥斯达黎加、克罗地亚、匈牙利、哈萨克斯坦、拉脱维亚、黎巴嫩、立陶宛、马来西亚、毛里求斯、墨西哥、阿曼、巴拿马、波兰、俄罗斯、塞舌尔、苏里南、土耳其、阿拉伯联合酋长国、乌拉圭
第三阶段：创新驱动型 （37个经济体）	澳大利亚、奥地利、比利时、加拿大、塞浦路斯、捷克、丹麦、爱沙尼亚、芬兰、法国、德国、希腊、中国香港、冰岛、爱尔兰、以色列、意大利、日本、韩国、卢森堡、马耳他、荷兰、新西兰、挪威、葡萄牙、波多黎各、卡塔尔、新加坡、斯洛伐克、斯洛文尼亚、西班牙、瑞典、瑞士、中国台湾、特立尼达和多巴哥、英国、美国

8.基本民生

目前，基本民生涵盖的领域在国际和国内尚无统一认识。但是，就业、居民收入和消费以及减贫一般都包括在内。中国政府高度重视基本民生，1978年以来，在政策和资金等方面作出了巨大努力，中国基本民生改善之快居世界领先地位。不过，受经济发展水平影响，与发达国家甚至一些发展中国家相比，中国居民收入和消费水平仍然偏低，完全消除日均消费1.25美元以下的贫困人口任务依然艰巨。

一、就业人数增长较快，失业率较低

就业是民生之本。2013年，中国就业人数达到7.7亿人，比1978年增加了91.7%，1978—2013年年均增速达到1.88%，分别比美国、英国和日本同期年均增速高出0.68、1.48和1.38个百分点。由于大量农村人口进城务工或定居，1978年以来，中国城镇就业人数增速大大快于农村。2013年，城镇和农村就业人数分别达到3.82亿和3.87亿人，分别比1978年增长了301.9%和26.4%，年均增速分别达到4.05%和0.67%。

2013年，中国城镇登记失业率为4.1%，比2000年上升了1.0个百分点；美国、英国和日本经过季节调整后的调查失业率分别为7.4%、7.5%和4.0%，与2000年相比，分别上升了3.4、2.4和1.0个百分点。其中,美国2000年以来的失业率最高的年份为2010年,达到9.6%。2013年,发展中国家和新兴经济体中,南非失业率较高,达到24.7%;巴西、俄罗斯和墨西哥分别为5.5%、5.5%和4.9%;马来西亚、中国香港和中国台湾失业率较低,分别为3.1%、3.4%和4.2%。

二、居民收入增长较快

经济发展与就业增加推动了中国城乡居民收入增长。2013年,中国城镇居民人均可支配收入和农村居民人均纯收入分别达到26955.1元和8895.9元人民币,扣除价格因素影响,分别是1978年的12.3倍和12.9倍,年均增速分别为7.4%和7.6%。中国城镇居民人均可支配收入无论从实际增速还是名义增速比较,都高于世界其他国家。中国城镇居民人均可支配收入1978—2013年实际年均增速比美国同期高出5.7个百分点;1998—2013年名义年均增速比韩国同期高出2.0个百分点;2002—2012年名义年均增速比新加坡同期高出6.9个百分点。但从绝对量比较,2013年中国城镇居民人均可支配收入仅为美国的10.8%。

三、居民消费增长较快

居民消费支出是衡量人民生活水平和经济社会发展状况的一个重要指标。从住户收支调查数据看,2013年中国城镇居民人均现金消费支出为18022.6元,是1990年的14.1倍,年均增长12.2%,比同期美国居民人均消费支出年均增速高出7.3个百分点,比韩国1998—2013年的人均消费支出增速高出8.2个百分点,比新加坡2003—2013年年均增速高出8.7个百分点。2013年中国农村居民人均消费支出6625.5元,是1990年的11.3倍,年均增长11.1%。尽管消费支出增速较快,中国居民的整体消费水平不高,2013年中国城镇居民人均现金消费支出仅相当于美国人均居民消费支出的7.9%。

在消费总量增长的同时,中国居民的消费结构发生了较大改变。30多年来,中国居民在文教娱乐和医疗保健等方面的支出占消费性支出总额的比重日益上升,食品支出占比持续下降。2013年,中国城镇居民和农村居民恩格尔系数(食品支出在现金消费支出中所占的比例)分别为35.0%和37.7%,分别比1978年下降22.5和30.0个百分点。但是,与发达国家相比,中国城镇居民的恩格尔系数仍然偏高,分别比美国、英国、澳大利亚、韩国和日本高出28.2、25.7、24.8、21.4和21.3个百分点。从耐用消费品的消费情况来看,中国居民消费结构升级较快,有些耐用消费品的拥有量与发达国家相差无几。2012年,中国每百户城镇居民中,家用汽车、洗衣机、电冰箱、微波炉、彩电、移动电话和计算机的拥有量分别为21.54辆、98.02台、98.48台、62.24台、136.07台、212.64台和87.03台,其中,洗衣机、电冰箱和彩电分别比1985年增加了49.73台、91.90台和118.86台。2012—2013年,新加坡拥有彩电、洗衣机、空调、移动电话和计算机的家庭占家庭总数的比重分别为 98.0%、95.8%、76.1%、97.0% 和 82.7%。

四、贫困人口大幅减少

中国的贫困人口主要在农村。1978 年以来,中国政府采取各种措施减少农村贫困人口数量,取得了显著成效,贫困发生率显著下降。按照世界银行日均生活费不足 1.25 美元的贫困人口占比来看,2011 年,世界贫困率为 14.5%,比 1990 年大幅下降 21.9 个百分点;中国为 6.26%,比 1990 年大幅下降 54.47 个百分点,中国为全球贫困人口下降作出了巨大贡献。2011 年,印度、南非和巴西等金砖国家贫困率分别为 24.68%、9.42% 和 4.53%,其中,印度比 2010 年下降了 8.0 个百分点,南非比 2000 年下降了 16.78 个百分点,巴西比 1990 年下降了 11.7 个百分点。

表 1　国际贫困率　　　　　　　　　　单位：%

国家和地区	1990 年	2000 年	2010 年	2011 年	2012 年
巴西	16.23	—	—	4.53	3.75
中国	60.73	—	9.19	6.26	—
哥斯达黎加	8.45	5.56	1.27	1.36	1.35
多米尼加	—	5.24	2.24	2.54	2.25
厄瓜多尔	—	20.32	4.58	4.04	3.95
萨尔瓦多	—	13.67	5.17	2.82	2.53
埃塞俄比亚	—	54.57	—	36.79	—
格鲁吉亚	—	17.75	18.04	16.05	14.14
危地马拉	—	11.79	—	13.70	—
印度	—	—	32.68	24.68	—
印度尼西亚	54.27	—	18.04	16.20	—
墨西哥	—	5.53	0.72	—	1.03
巴拿马	—	13.82	3.82	3.55	3.99
菲律宾	—	24.59	—	—	18.96
南非	—	26.20	—	9.42	—
越南	—	—	3.93	—	2.44
世界	36.40	—	16.30	14.50	—

注：①此处的国际贫困率指的是按购买力平价法计算,日均生活费不足 1.25 美元的贫困人口比重。②"—"为没有数据。

9.各项社会事业

作为社会成员发展的机会和条件,一般而言,教育、科学、文化和卫生都属于社会事业范畴。同时,由于建立健全社会保障制度有助于抵御各种风险和调节社会成员之间的收入差距,一般也越来越倾向将其纳入社会事业领域。改革开放以来,中国在教科文卫和社会保障方面取得了突出成就,但与其他国家尤其是发达国家相比,某些领域仍显滞后,推动经济社会协调发展的任务依然艰巨。

一、教育事业成绩显著

2010年,中国15岁及以上成人识字率为92.7%,比1982年上升了41.6个百分点,分别比世界和中等收入国家平均识字率高出10.8和12.0个百分点,但比高收入国家低3.2个百分点。其中,男性和女性识字率分别为97.5%和95.1%,分别比1982年上升了8.3和29.6个百分点,女性识字率的上升幅度高于男性。与世界其他发展中国家相比,中国15岁及以上成人识字率分别比俄罗斯、蒙古、阿根廷、委内瑞拉和菲律宾低4.6、3.2、2.8、0.4和0.3个百分点,但比印度、埃及、伊朗、巴西和南非分别高出29.1、21.2、10.8、3.8和1.4个百分点。1982—2010年,中国成人识字率上升幅度快于世界其他国家,分别比印度尼西亚、印度、南非、菲律宾和委内瑞拉快16.1、19.6、24.1、29.5和30.8个百分点。

从入学率看,1978—2012年中国大中小学三个阶段的入学率提高较快。2012年,小学、中学和大学入学率(指粗入学率,即入学总人数(不考虑年龄)与适龄入学人数之比)分别为127.9%、89.0%和26.7%,与1978年相比,分别提高了12.7、35.0和26.0个百分点,与世界平均水平相比,小学和中学入学率分别高出19.5和16.0个百分点,大学入学率低5.4个百分点。与其他发展中国家相比,2012年中国小学入学率分别比印度、南非、印度尼西亚、俄罗斯和墨西哥高出35.1、34.1、13.5、11.1和5.3个百分点;中学入学率分别高出15.3、26.3、19.4、27.3和22.9个百分点;大学入学率比印度高1.9个百分点,但比俄罗斯、印度尼西亚和墨西哥低49.4、4.8和2.3个百分点。

二、科学发展进步巨大

2011年,中国每百万人中研究人员数为963人,比1996年增加524人,高于世界大部分发展中国家。与土耳其、巴西、南非、墨西哥和印度尼西亚相比,分别高出71人、253人、574人、577人和873人,但与高收入国家整体水平相比要少2639人。

在专利申请方面,2012年,中国居民专利申请和非居民专利申请数量分别达到535313件和117464件,分别是1985年的131.7倍和26.1倍,分别占世界居民专利申请总数和非居民专利申请总数的 37.4% 和 15.9%。与世界其他国家相比，2012 年中国居民专利申请数量分别是印度、巴西、墨西哥和马来西亚等发展中国家的 56.0 倍、111.4 倍、413.7 倍和 480.5 倍，分别是日本、美国、韩国、德国和英国等发达国家的 1.9 倍、2.0 倍、3.6 倍、11.5 倍和 34.8 倍；非居民专利申请数量分别是印度、巴西、墨西哥和马来西亚的 3.4 倍、4.6 倍、8.4 倍和 20.2 倍，分别是日本、韩国、德国和英国的 2.1 倍、2.9 倍、8.0 倍和 14.9 倍，但只相当于美国的 42.9%。

三、文化事业蓬勃发展

截至 2013 年底，中国纳入统计制度的各类文化单位共 29.29 万个，比 2006 年增加 15.7%；文化单位从业人员 215.49 万人，比 2006 年增加 38.0%。按现价计算，2012 年中国文化产业增加值达到 18071 亿元，是 2004 年的 5.3 倍，年均增长 23.0%，大大高于美国 5.0%（2009—2012 年）、英国 3.7%（2008—2012 年）、新加坡 12.9%（1995—2000 年）和中国香港 8.3%（2005—2010 年）的年均增速。2006—2013 年中国文化产业就业人数年均增速达到 4.7%，高于美国 1.1%（2009—2012 年）、中国香港 2.0%（2005—2010 年）和日本 0.1%（1995—2005 年）的年均增速（世界主要国家和地区文化产业增加值和就业情况见表 1）。在中央和地方财政的扶持下，中国文化事业费稳定增长。2013 年底，中国人均文化事业费 38.99 元，是 2000 年的 7.6 倍，但大大低于发达国家水平。2006 年，德国人均文化事业费达到 86.06 欧元，折合成美元后是中国同期的 45.9 倍。

凭借制造业大国的身份，中国文化产品贸易势头强劲，已成为世界文化产品进出口大国。2012 年，中国文化产品出口额和进口额分别达到 1512 亿和 142 亿美元，分别占世界文化产品出口总额和进口总额的 31.9% 和 3.3%，其中，文化产品出口额居世界首位；进口额居世界第 9 位。2003—2012 年中国文化产品出口年均增速达到 16.5%，分别比美国、日本、英国和韩国同期年均增速高出 7.8、8.4、11.2 和 12.3 个百分点；进口年均增速达到 18.9%，分别比韩国、日本、英国和美国同期年均增速高出 7.0、11.9、14.0 和 16.4 个百分点。

表 1　世界主要国家和地区文化产业增加值和就业情况

国家和地区	年份	文化产业增加值占 GDP 的比重（%）	文化就业人数占总就业人数的比重（%）
美国	2013	11.25	8.35
韩国	2012	9.89	6.24
匈牙利	2010	7.42	7.28
澳大利亚	2011	6.60	8.00
中国	2009	6.37	6.52
巴拿马	2009	6.35	3.17

续表

国家和地区	年份	文化产业增加值占 GDP 的比重（%）	文化就业人数占总就业人数的比重（%）
新加坡	2007	6.19	6.21
俄罗斯	2007	6.06	7.30
荷兰	2009	5.90	8.80
马来西亚	2008	5.70	7.50
罗马尼亚	2008	5.55	4.19
立陶宛	2012	5.40	4.92
加拿大	2004	5.38	5.55
斯洛文尼亚	2010	5.10	6.80
菲律宾	2006	4.82	11.10
墨西哥	2006	4.77	11.01
黎巴嫩	2007	4.75	4.49
阿根廷	2013	4.70	3.00
芬兰	2010	4.60	3.60
坦桑尼亚	2012	4.56	5.63
保加利亚	2011	4.54	4.92
泰国	2012	4.48	2.85
克罗地亚	2007	4.27	4.65
印度尼西亚	2013	4.11	3.75
南非	2011	4.11	4.08
乌克兰	2008	2.85	1.90
秘鲁	2009	2.67	4.50

注：此处的文化产业指广义文化产业，即创意产业。

四、医疗卫生事业明显进步

2012年，中国医疗支出占GDP的比重达到5.4%，比1995年上升了1.9个百分点，人均医疗支出按PPP法计算（2005年不变价）达到480.0美元，是1995年的9.3倍，分别是印度和菲律宾的3.1倍和2.4倍，但只及俄罗斯、巴西和南非的32.6%、43.3%和48.9%。2012年，中国享有卫生设施的人口占总人口的65.3%，比1990年上升了41.6个百分点，比世界平均水平高出1.7个百分点，分别比印度和印度尼西亚高出29.3和6.5个百分点。2012年，中国享有清洁饮用水源人口占总人口的比重为91.9%，比1990年上升了25.2个百分点，比世界平均水平高出2.6个百分点。

随着医疗支出的增加和卫生条件的改善，中国婴儿死亡率大幅下降，人均预期寿命显著提高。2013年，中国婴儿死亡率为10.9‰，比1978年大幅下降了42.0个千分点，大大低于世界33.6‰的平均死亡率，分别比印度、南非和巴西低30.5、21.9和1.4个千分点；2012年，中国人均出生时预期寿命达到75.2岁，比1978年提高8.69岁，比世界平均寿命高出4.42岁，分别比南非、印度、俄罗斯和巴西高出19.1岁、8.99岁、4.74岁和1.58岁。

五、社会保障事业发展迅速

1978年改革开放后，中国于20世纪80和90年代陆续建立了城镇职工基本养老保险、基本医疗保险、失业保险以及工伤生育保险等制度，社会保障体系日趋完善。2013年末，中国参加基本养老保险人数达到81968万人，占全国总人口的60.4%，是1989年的14.4倍。从各项社会保险看，2013年末中国参加失业保险、城镇基本医疗保险、工伤保险和生育保险的人数分别达到16416.8万、57072.6万、19917.2万和16392.0万人，分别占总人口的12.1%、42.0%、14.7%和12.1%，分别是1994年的2.1倍、142.6倍、10.9倍和17.9倍。2013年，中国基本养老保险、失业保险、城镇基本医疗保险、工伤保险以及生育保险支出金额分别为19819亿、532亿、6801亿、482亿和283亿元，分别是1990年的133倍、213倍、932倍、268倍和177倍，年均增速分别达到23.7%、26.2%、34.6%、27.5%和25.2%。

由于目前尚缺乏统一的国际通用统计标准，各国社会保障统计资料无法直接比较。国际和区域性组织中，只有国际劳工组织、经济合作与发展组织（OECD）、欧盟和世界银行建立了社会保障统计体系，但四大组织社会保障支出统计口径差异较大。根据OECD最新数据，2013年OECD共34个成员国的公共社会支出占GDP的比例平均达到20.1%，居前五位的是法国、丹麦、比利时、芬兰和奥地利，分别达到33.0%、30.8%、30.7%、30.5%和28.3%，非OECD国家俄罗斯、巴西、南非和印度分别为15.7%（2009年数据）、14.4%（2010年数据）、8.1%（2008年数据）和4.6%（2008年数据），中国为9.0%（2012年数据），说明在社会保障方面的投入偏低。

10.社会结构

社会结构的优化是经济和社会发展的演进成果，同时也是经济社会发展的结构基础。1978年以来，中国在城市化、工业化和市场化的进程中，人口结构、城乡结构、就业结构、消费结构和收入分配结构等正向现代化转型。

一、人口结构

中国是世界上人口规模最大的国家。2013年底,中国总人口达到136072万人,占世界总人口的19.1%,比1978年下降3.3个百分点。人口的出生率和死亡率分别为12.08‰和7.16‰,其中,人口出生率比美国、英国、巴西、印度和俄罗斯分别低0.5、0.7、3.0、8.6和1.2个千分点,比世界平均水平低7.3个千分点;人口死亡率比美国、英国、南非、印度和俄罗斯分别低0.9、1.7、6.0、0.7和6.1个千分点,比世界平均水平低0.8个千分点。2013年中国人口自然增长率为4.92‰,已成为一个低生育、低死亡和低自然增长的国家。

二、城乡结构

2013年,中国城镇和农村年末人口分别为73111万人和62961万人,城镇人口占全国总人口的53.2%,比印度和泰国分别高出21.2和5.3个百分点,但比巴西、俄罗斯和南非分别低32.0、20.7和10.6个百分点,与美国、英国、日本和韩国的差距更大,分别比这些国家的城市化率低28.1、28.9、38.3和29.0个百分点。中国的城市化进程滞后于工业化进程,有很大的发展空间。

三、就业结构

中国改革开放30多年来,随着三次产业比重的变化,中国就业人员的产业构成不断调整,第一产业就业比重不断下降,第二和第三产业不断上升,就业结构已经发展到工业化中期阶段。2013年,中国第一产业就业人员占全部就业人员的比重为31.4%,比1978年大幅下降了39.1个百分点,第二产业和第三产业就业人员占比分别为30.1%和38.5%,分别比1978年上升了12.8和26.3个百分点。与此同时,中国第一、第二和第三产业的增加值分别占GDP的10.0%、43.9%和46.1%,显示中国第一产业的劳动生产率仍然较低。从世界范围看,其他国家第一产业就业比重一般低于30%,发达国家在7%以内;第二产业就业比重一般在20%左右;第三产业就业比重一般在40%以上,发达国家一般高于70%。例如,2012年美国的三次产业的就业结构为1.6:16.7:81.2,韩国为6.6:17.0:76.4,巴西为15.3:21.9:62.7。

四、消费结构

2013年,中国城镇居民人均现金消费支出为18023元人民币,其中,食品、衣着以及家庭设备及用品三项支出占消费支出总额的比重分别为35.0%、10.6%和6.7%,分别比1990年下降19.2、2.8和1.8个百分点;居住、交通通信、文教娱乐和医疗保健占比分别为9.7%、15.2%、12.7%和6.2%,分别比1990年上升4.9、12.0、3.9和4.2个百分点。农村居民人均现金消费支出构成同样呈现出食品、衣着和家庭用品等支出占比下降而交通通信和医疗保健支出上升的趋势,显示出中国城乡居民的消费支出结构正从生存型向发展型消费模式转变。但是，中国的恩格尔系数（食品支出占消费支出总额的比重）仍然偏高，2013年中国城镇居民的恩格尔系数为35.0%，虽比1978年大幅下降22.5个百分点，但比美国、英国、日本和韩国等发达国家依然分别高出28.2、25.7、21.3和21.4个百分点。

表1　发达国家居民消费支出构成　　　　　单位：%

国家	年份	食品、非酒精饮料	酒精饮料、烟草和麻醉品	服装和鞋类	住房、水、电、天然气和其他燃料	家具、家用设备及住房日常维护	医疗保健	交通	通讯	休闲与文化	教育	饭店和旅馆	其他
澳大利亚	2010	10.22	3.63	3.31	22.55	4.54	5.81	10.32	2.46	10.74	4.11	6.89	15.42
奥地利	2010	10.02	3.45	5.92	21.58	6.63	3.57	12.77	2.18	10.68	0.71	11.93	10.57
比利时	2011	13.42	3.48	5.00	23.88	5.70	5.58	12.38	2.13	9.01	0.51	6.08	12.82
加拿大	2010	9.65	3.60	4.44	23.97	6.25	4.81	13.95	2.42	9.85	1.43	6.84	12.78
捷克	2011	14.47	9.21	3.10	26.52	5.44	2.40	9.38	3.06	9.77	0.65	7.43	8.58
丹麦	2011	11.28	3.66	4.32	29.48	5.24	2.74	12.63	1.91	10.94	0.77	5.03	12.01
芬兰	2011	12.19	4.94	4.94	26.86	5.31	4.63	11.26	2.22	11.30	0.41	6.40	9.53
法国	2012	13.70	3.20	4.18	25.64	5.71	3.86	13.95	2.64	8.06	0.83	7.04	11.19
德国	2012	11.71	3.24	4.90	24.22	6.28	5.19	13.70	2.65	8.98	0.99	5.91	12.23
希腊	2011	16.23	4.36	3.74	23.81	3.98	6.36	11.83	2.93	5.63	2.39	11.72	7.03
匈牙利	2011	17.06	7.42	2.84	21.91	4.32	4.27	12.98	3.74	7.49	1.39	6.68	9.92
冰岛	2011	14.56	4.24	4.17	22.42	6.93	3.30	14.84	2.30	10.61	1.29	8.54	6.80
爱尔兰	2010	10.21	5.66	4.10	21.37	4.90	5.82	11.70	3.16	6.86	2.41	14.08	9.73
意大利	2011	14.24	2.75	7.39	22.44	7.18	2.85	12.78	2.37	7.27	0.99	10.15	9.59
日本	2010	13.69	2.55	3.26	25.37	3.89	4.47	11.08	2.98	10.37	2.16	6.59	13.58
韩国	2012	13.58	2.13	5.16	16.48	3.31	6.61	12.01	4.29	7.76	6.68	8.22	13.78
卢森堡	2011	8.53	8.43	4.63	24.04	6.44	2.04	19.04	1.70	6.86	0.80	7.00	10.50
墨西哥	2010	24.58	2.36	2.40	15.71	5.19	4.42	21.12	4.47	4.97	2.61	4.05	8.11
荷兰	2011	11.80	3.09	5.43	23.79	6.02	2.72	12.45	4.10	10.02	0.64	5.15	14.78
挪威	2010	13.15	4.32	5.38	22.01	5.65	2.78	14.61	2.72	12.58	0.44	5.82	10.55
波兰	2010	19.64	6.74	4.11	24.20	4.44	4.14	9.26	3.05	7.76	1.26	2.85	12.55

续表

国家	年份	食品、非酒精饮料	酒精饮料、烟草和麻醉品	服装和鞋类	住房、水、电、天然气和其他燃料	家具、家用设备及住房日常维护	医疗保健	交通	通讯	休闲与文化	教育	饭店和旅馆	其他
葡萄牙	2011	16.91	3.09	6.04	15.37	5.69	5.88	12.65	3.12	7.19	1.34	11.29	11.44
斯洛伐克	2011	17.36	5.02	3.97	25.49	6.07	3.99	7.26	3.66	9.50	1.54	5.50	10.65
西班牙	2011	13.82	2.90	5.32	20.41	4.76	3.45	11.49	2.78	8.07	1.43	17.67	7.90
瑞典	2011	12.17	3.61	4.83	26.88	5.03	3.23	13.28	3.31	11.07	0.29	5.62	10.66
瑞士	2010	9.27	3.70	3.52	24.25	4.38	14.84	9.03	2.45	8.38	0.56	7.02	12.61
英国	2013	9.28	3.47	6.01	25.17	5.03	1.56	14.43	2.16	10.45	1.63	9.88	10.91
美国	2012	6.80	2.11	3.40	18.71	4.20	20.90	10.18	2.43	8.95	2.43	6.43	13.45
爱沙尼亚	2011	19.85	9.12	6.31	19.95	4.04	2.62	13.18	3.29	6.37	0.63	7.55	7.10
以色列	2010	15.89	2.53	2.75	24.34	5.76	3.74	15.07	4.07	7.77	3.00	6.11	8.95
斯洛文尼亚	2011	14.77	5.44	5.47	19.45	6.10	3.67	15.07	3.23	8.70	1.20	6.90	10.01

五、收入分配结构

从发达国家走过的历程看，收入分配差距在工业化加速发展时期会呈现扩大趋势，但随着中产阶层人数的增加，整个社会的收入分配差距将会缩小。2000—2013年，无论是城镇居民还是农村居民，其收入差距均呈扩大趋势。世界银行统计数据显示，2009年中国收入最高的20%的人群收入是最低20%群组的10.1倍，虽然低于南非和巴西的25.3倍和20.6倍，但高于印度和俄罗斯的5.0倍（2010年）和7.3倍，也高于美国、英国、日本和韩国等发达国家的收入差距。2013年，中国按居民年人均可支配收入测算的基尼系数达到0.473，比2003年下降0.006个点，但仍在0.4的国际警戒线之上，不仅高于美国、英国、日本和韩国等发达国家的0.41（2000年）、0.36（1999年）、0.25（1993年）和0.32（1998年），也高于印度、印度尼西亚等发展中国家和俄罗斯等转型国家的0.34（2010年）、0.38（2011年）和0.40（2009年）。依联合国标准衡量，中国属于收入差距较大的国家。

国际比较项目是在联合国、世界银行、国际货币基金组织和OECD等国际组织大力推动下开展的一项全球性统计活动。国际比较项目的理论依据为20世纪20年代瑞典经济学家古斯塔夫·卡塞尔提出的购买力平价（Purchasing Power Parities，简称PPP）理论。

国际比较项目自1968年始，目前已分阶段完成了8轮全球性比较活动。参加的国家和地区，从最初 10 个扩大到目前近 200 个，遍布全球 8 个区域（OECD-Eurostat 成员国、亚太地区、非洲地区、加勒比、太平洋岛屿、独联体国家、西亚地区以及拉美地区），比较方式由区域性单独比较拓展到全球整体性比较。

1993 年，中国国家统计局首次以部分地区、双边比较的方式参加联合国第六阶段亚太区域的国际比较项目，开展了上海市与日本、广东省与中国香港的试验性双边比较。1999 年，国家统计局选择了经济相对发达的北京、上海、重庆、哈尔滨、武汉、广州和西安市，调查和收集价格和 GDP 支出数据。2005 年，中国以北京、上海、重庆、大连、宁波、厦门、青岛、哈尔滨、武汉、广州和西安市参加由世界银行牵头的亚太区国际比较项目调查活动，价格调查范围延伸到农村，GDP 支出数据核算范围从城市扩大到全国。此后，亚洲开发银行以 2005 年国际比较项目全面调查的方法技术和数据资源为基础，简缩价格调查范围和商品数目，组织成员国和地区进行补充调查，更新 2009 年 PPP 数据。2011 年，中国全面参加第八轮全球 ICP 活动，调查的地区范围覆盖全国 30 个省（区、市）80 多个调查地区，调查规格品数量显著增加（中国历次开展国际比较项目调查的范围和规模见表 1）。

表 1　中国历次开展国际比较项目调查的范围和规模

调查时间	调查范围	居民消费	政府消费	机械设备	建筑品	GDP 支出分类
1993 年	两个地区	761	15	89	6	140
1999 年	7 个城市地区	935	27	59	3	190
2005 年	11 个城市地区	580	18	91	34	155
2009 年	首都地区	215	18	50	10	155
2011 年	全国范围	920	44	177	61	155

国际比较项目调查涉及居民消费项目、建筑品项目、机械设备项目、住房项目等价格调查，政府职务报酬调查以及 GDP 支出分类核算等多个专业领域，它们在调查方法、调查范围、调查对象等方面各不相同。调查工作繁重，方法过程复杂。而且，各国经济发展水平、经济结构、消费模式和消费习惯、社会管理和福利体制以及文化背景习俗、统计能力等千差万别，国际比较项目实施和调查难度很大。如何兼顾调查产品的可比性和代表性，如何保证不同国家和地区调查产品的同质性，如何调查和比较房租、教育、医疗、雇员报酬等服务项目价格，如何实现价格数据与支出法 GDP 数据的匹配，等等，都是国际比较项目长期以来的难题。加之 PPP 的测算是一个非常综合且十分复杂的统计推算过程，不同的

处理办法可能会取得截然不同的 PPP 数据比较结果，导致比较结果存在很大不确定性。

综观中国历次参加国际比较项目活动的比较方法和结果（见表2），由于每次调查的基准期、调查范围、比较对象、比较方法、基准货币、组织方式各不相同，其比较结果只反映特定时期、特定区域范围、采用特定方法测算的 PPP。它们显示的共同之处是，人民币的购买力平价值要低于汇价，基于购买力平价法测算的 GDP 总量要大于基于汇率法计算的结果。

表2　中国历次参加国际比较项目活动的比较方法和结果

调查时间	比较方法	PPP 结果 单位	PPP	相对价格水平（PPP/汇率，%）
1993 年	双边比较	人民币/港币	0.47	63
1999 年	双边和多边结合	人民币/美元	4.94	60
2005 年	多边比较	人民币/美元	3.45	42
2009 年	多边比较	人民币/港币	0.63	72
2011 年	多边比较	人民币/美元	3.51[1]	54

注：由于对世界银行2011年轮PPP的计算方法等存在质疑，世界银行和亚洲开发银行根据中方的要求，对我国2011年轮PPP数据进行了相应的注释和说明。世界银行和亚洲开发银行的表述和处理方式相同。世界银行在2014年4月公布的《购买力平价与实际经济规模摘要报告》中写道："中国国家统计局对2011年轮国际比较项目所用方法的某些方面表示了保留意见，因此，不同意发布主要大类结果，有关中国的结果是由设在亚洲开发银行的2011年国际比较项目亚太区办公室和设在世界银行的全球办公室估算的。中国国家统计局不认可这些结果为官方统计。"《摘要报告》中的每张表格以脚注形式说明："表中所展示的结果基于所有参与国提交的数据，并根据2011年度国际比较项目技术顾问组所建议的原则和程序编制而成。中国结果是由亚太区办公室和全球办公室估算的。中国国家统计局不认可这些结果为官方统计。"

需要特别强调的是，国际比较项目测算的 PPP 结果在很大程度上是国际统计合作的研究性成果。由于数据本身存在的质量问题、方法论以及 PPP 数据的应用局限性，在使用购买力平价结果时需十分谨慎。2014年，世界银行和亚洲开发银行指出 PPP 数据使用的局限性和使用注意事项主要包括：

（一）PPP 数据有抽样误差和统计误差，使用时应十分谨慎。主要有：一是 PPP 更适用于相似经济体间的比较，不太适用于对差异较大的经济体间的比较；二是产品类的 PPP 数据可靠性要好于服务类，如住房、医疗领域的 PPP 误差可能较大；三是 PPP 只反映各经济体的总体价格水平，而不反映经济体内部的价格水平差异。

（二）PPP 不能用作汇率决定水平。

（三）考虑到消费结构的不一致，将居民消费 PPP 用于贫困分析有一定局限性。

（四）用户不能对两轮间比较结果进行直接比较，或者说不能把 2011 年 ICP 结果与以 2005 年 ICP 结果为基准的外推结果进行直接比较。

11. 为实现"千年发展目标"作出的贡献

2000 年 9 月，189 个国家在联合国千年会议上正式签署《千年宣言》，旨在推动世界发展，缩小南北差距。《千年宣言》实施方案包括 8 项总目标、18 项分目标和 48 项具体指标（见附表 1），被称为"千年发展目标"。

千年发展目标涵盖社会、经济和环境等多个领域，以 1990 年为基准年，2015 年为完成期限，是一套明确、全面、具体的全球发展目标和当前国际发展合作的重要框架，代表着全世界每一个人应享受到的基本生活需要和权力。《千年宣言》正式签署 10 余年来，取得了一些实质性进展，也有不少目标进展缓慢，要在 2015 年前完全实现任重道远。

一、千年发展目标的成就

（一）消除极端贫困和饥饿

据世界银行统计，2011 年，中等收入和低收入国家按购买力平价法计算的每天生活费低于 1.25 美元的人口占总人口的比重分别为 13.7% 和 46.8%，分别比 1990 年下降了 29.8 和 19.2 个百分点。在减少饥饿方面，2011 年，世界 5 岁以下儿童中体重不达标的比例为 16%，比 1990 年下降 9 个百分点。其中，南亚、撒哈拉以南非洲、东南亚和大洋洲分别为 31%、21%、17% 和 14%，分别比 1990 年下降了 19、8、14 和 5 个百分点；北非和西亚均为 5%，分别下降了 5 和 10 个百分点；拉美和加勒比地区以及东亚均为 3%，分别下降了 4 和 12 个百分点。

2011 年，中国每天生活费低于 1.25 美元的人口占总人口的比重为 6.3%，比 1990 年大幅下降 54.4 个百分点。2010 年，中国 5 岁以下儿童中体重不达标的比例为 3.4%，比 1990 年大幅下降 9.2 个百分点。目前，中国已经提前实现"消除极端贫困和饥饿"目标。

（二）普及初等教育

2011 年，世界小学学龄儿童净入学率达到 91.2%，比 1990 年上升 9.3 个百分点。其中，发达国家和发展中国家分别达到 97.3% 和 90.5%，比 1990 年上升 1.4 和 10.9 个百分点。发展中地区中，东亚、北非、东南亚、拉丁美洲和加勒比、南亚以及西亚分别达到 98.0%、97.3%、95.6%、95.3%、93.0% 和 92.1%，比 1990 年上升 1.0、17.7、2.6、7.7、18.8 和 9.0 个百分点，撒哈拉以南非洲虽比 1990 年上升 24.6 个百分点至 77.2%，但要在 2015 年前普及初等教育，任务艰巨。

中国政府高度重视初等教育。1990年，中国小学学龄儿童净入学率为97.8%，比发达国家同期平均水平高出1.9个百分点，甚至比2011年发达国家的平均水平还要高。2007年中国在全国推行九年义务教育，初等教育普及率进一步得到巩固和提高。2013年，中国小学学龄儿童净入学率达到99.7%，比1990年上升1.9个百分点。

（三）促进两性平等和赋予妇女权利

2011年，世界男女童小学和中学入学比率均为0.97（以男性为1），分别比1990年上升0.09和0.14个百分点，两性接受中小学教育的机会趋向平等；大学入学比率为1.08，女孩入学人数多于男孩，扭转了1990—2000年接受大学教育的男孩多于女孩的情形。分地区看，撒哈拉以南非洲是两性接受教育最不平等的地区，小学、中学和大学男女入学比率分别为0.93、0.83和0.61，女孩在三个阶段的入学人数均低于男孩。东南亚是两性接受教育方面最为平等的地区，小学、中学和大学的男女入学比率分别为0.99、1.01和1.06。2011年，世界非农部门就业人数中女性占就业总人数的比重为39.6%，比1990年高出4.3个百分点，其中，发达国家和发展中国家分别为47.7%和34.2%，分别比1990年高出3.2和5.1个百分点。发展中地区中，拉丁美洲和加勒比以及东亚是女性就业人数占比最高的两个地区，分别达到44.2%和42.1%，分别比1990年上升6.1和4.0个百分点；南亚和北非为女性就业人数占比最低的两个地区，分别为19.5%和19.1%，其中北非比1990年还有所下降，降幅为0.1个百分点。随着教育和就业的改善，女性的政治权利有所提升。2011年，世界各国下院议席中，女性占有的席位占席位总数的比例为20.8%，比1990年上升了8.0个百分点，其中，发达国家和发展中国家分别为23.9%和19.5%，分别比1990年上升7.8和7.6个百分点。发展中地区中，拉丁美洲和加勒比地区最高，达到24.5%，比1990年上升2.6个百分点，北非最低，仅19.5%。

从1995年起，中国已经制定实施了三轮妇女发展纲要，男女平等基本国策得到强化，妇女权益进一步得到保障。2012年，中国小学、中学和大学男女入学比率分别为0.86、0.90和1.05（以男性为1），分别比1998年上升0.24、0.06和0.14个百分点，女孩在各个教育阶段中的占比均有所上升。中国妇女的参政状况不断改善。党的十八大代表中，女性占代表总数的23.0%，比上届提高了2.9个百分点。

（四）降低儿童死亡率

2012年，世界5岁以下儿童的死亡率为50‰，比1990年下降了37个千分点，其中，撒哈拉以南非洲为105‰，比1990年下降73个千分点，为世界上儿童死亡率最高的地区；南亚和大洋洲分别为59‰和49‰，仅次于撒哈拉以南非洲，比1990年下降了57和24个千分点；东亚是各地区中儿童死亡率最低的地区，仅为14‰，比1990年下降34个千分点。

2013年，中国监测地区5岁以下儿童死亡率为12.0‰，比1991年大幅下降49.0个千分点。

（五）改善孕产妇保健

根据千年发展目标，到2015年，各国孕产妇死亡率应比1990年下降3/4。据世界银行统计，2010年，世界孕产妇死亡率为210/10万，比1990年下降了47.5%。撒哈拉以南非洲是世界上孕产妇死亡率最高的地区，2010年达到500/10万，西亚和南亚是发展中地区中最低的两个地区，分别为71/10万和37/10万。与1990年相比，撒哈拉以南非洲、西亚和东亚分别比1990年下降了41.2%、58.2%和69.2%，东亚已提前实现目标。

2013年，中国监测地区孕产妇死亡率为23.2/10万，比1991年下降71.0%，提前实现目标。

（六）与艾滋病和疟疾等疾病作斗争

根据千年发展目标，到2015年，应遏制并开始扭转艾滋病病毒和艾滋病的蔓延以及疟疾和其他主要疾病的发病率，到2010年，应实现所有需要得到艾滋病病毒和艾滋病治疗的普及。据世界银行统计，2011年，世界15—49岁人口中感染艾滋病病毒的比率为0.06%，比2001年下降0.02个百分点。撒哈拉以南非洲感染艾滋病病毒的比率最高，达到0.37%，但比2001年下降了0.24个百分点。在非洲内部，南部非洲的感染率大大高于其他地区，达到1.02%，中部非洲、东部非洲、西部非洲和北部非洲分别为0.33%、0.26%、0.24%和0.02%。拉丁美洲和加勒比地区以及东南亚仅次于撒哈拉以南非洲，均为0.03%，其中拉丁美洲和加勒比地区比2001年下降0.01个百分点，东南亚持平。

据中国卫计委、联合国艾滋病规划署和世界卫生组织估算，截至2011年底，中国艾滋病病毒感染者和病人78万人，2011年新发现艾滋病病毒感染者4.8万人，正向着2015年实现艾滋病防治相关的千年发展目标稳步前进。2013年，中国肺结核发病率为66.8/10万，比2000年下降了61%，提前实现了联合国"千年发展目标"确定的结核病控制指标。

（七）确保环境的可持续性

2010年，全球森林覆盖率为31.0%，比1990年下降1.0个百分点，其中，发展中国家和发达国家分别为27.6%和36.7%，分别比1990年下降1.8个百分点和上升0.4个百分点。发展中地区中，大洋洲、东南亚以及拉丁美洲和加勒比地区的森林覆盖率最高，分别达到62.5%、49.3%和47.4%，但与1990年相比均有所下降，降幅分别为5.0、7.6和4.6个百分点，西亚和北非是森林覆盖率最低的两个地区，分别为3.3%和1.4%，其中，西亚上升0.5个百分点，北非持平。从人均二氧化碳排放量来看，发达国家是二氧化碳排放的主力。2010年，世界人均二氧化碳排放量为4.57吨，比1990年上升0.49吨，其中，发达国家人均排放量为 10.90 吨,比发展中国家高出 7.74 吨,但比 1990 年下降 1.47 吨。撒哈拉以南非洲是人均二氧化碳排放量最低的地区,仅 0.83 吨,比 1990 年下降 0.08 吨;西亚和东亚是发展中地区中人均二氧化碳排放量最高的两个地区,分别达到 6.85 吨和 6.30 吨,分别比 1990 年大幅增加 2.0 吨和 3.84 吨。

2010 年,中国人均二氧化碳排放量为 6.2 吨,低于发展中国家的平均水平,但高于世界平均水平,比 1990 年上升了 4.0 吨。2013 年,中国森林覆盖率 21.6%,不仅低于世界平均水平,甚至比发展中国家的平均水平还低。

(八)建立全球发展伙伴关系

目前,发达国家对发展中国家的官方发展援助面临减少的趋势。2012 年,发达国家的官方发展援助净拨款为 1257 亿美元,比上年减少 80 亿美元,占全部发达国家国民收入的 0.29%,比重比 1990 年下降了 0.03 个百分点。不过,发达国家对最不发达国家的援助比重有所上升,2011 年,最不发达国家获得的官方发展援助达到 446 亿美元,是 1990 年的 2.95 倍。

1990 年尤其是 2000 年以来,中国在南南合作框架下向 120 多个发展中国家提供了力所能及的援助,努力增强其自主发展能力。2000—2012 年,中国提供各类对外援助共计 2500 多亿元人民币。

二、完全实现"千年发展目标"任重道远

千年发展目标给世界各国人们的生活带来了明显改变。从各目标来看,截至 2014 年 6 月,与千年发展目标的参考期 1990 年相比,全球贫困人口减半的目标已提前实现,发展中地区 90% 的儿童享受到了初等教育,男女童入学率的差距正在缩小。在与艾滋病等疾病作斗争方面也取得了显著成绩,越来越多的人可以获得安全饮用水,互联网走进千家万户。但是,由于发展中国家经济发展水平和接受的发展援助不同,实现千年发展目标的难度也有所不同。中国已经提前实现或能够按期实现千年发展目标 2014 年进度表列出的 16 个目标中的 14 个,但"生产性而且体面的工作"和"接受生殖保健服务"两个目标按期实现难度较大。分地区来看,东亚完成千年发展目标的数目最多,除了"普及小学教育"、"妇女在国民议会中平等占有席位"和"遏制并开始扭转艾滋病病毒/艾滋病的蔓延"三个目标可能难以按期实现外,其余 13 个目标已经提前实现或能够在 2015 年前实现。撒哈拉以南非洲是世界各地区中进展最为缓慢的地区。除了"遏制并开始扭转艾滋病病毒/艾滋病的蔓延"外,其余 15 个目标均难以按期实现(见表 1)。在全球范围内,2015 年前完全实现千年发展目标任重道远。

第十一章 中国社会发展综合统计与国际比较

表1 "千年发展目标"2014年进度表

目标	非洲 北非	非洲 撒哈拉以南非洲	亚洲 东亚	亚洲 东南亚	亚洲 南亚	亚洲 西亚	大洋洲	拉丁美洲和加勒比	高加索和中亚
目标1：消除极端贫困和饥饿									
将极端贫困人口减半	①	②	①	①	①	②	②	①	①
生产性而且体面的工作	②	②	①	②	②	②	②	②	②
将挨饿人口减半	①	②	①	①	②	③	②	①	①
目标2：普及初等教育									
普及初等教育	①	①	①	②	②	①	①	②	②
目标3：促进两性平等和赋予妇女权利									
女童平等接受初等教育	①	②	①	①	①	②	②	①	①
妇女在有酬就业者中的比例	②	②	①	②	②	②	②	①	②
妇女在国民议会中平等占有席位	②	②	②	②	②	②	②	②	②
目标4：降低儿童死亡率									
将5岁以下儿童的死亡率降低三分之二	①	②	①	①	②	①	②	①	①
目标5：改善孕产妇保健									
将孕产妇死亡率降低四分之三	②	②	①	②	②	②	②	②	①
接受生殖保健服务	②	②	①	②	②	②	②	②	②
目标6：与艾滋病病毒/艾滋病、疟疾和其他疾病作斗争									
遏制并开始扭转艾滋病病毒/艾滋病的蔓延	③	①	②	①	③	①	①	①	②
遏制并扭转肺结核病的蔓延	②	②	①	①	①	①	①	②	①
目标7：确保环境的可持续性									
将无法获得安全饮用水的人口比例减半	①	②	①	①	②	②	②	①	③
将无法获得基本卫生设施的人口比例减半	①	②	①	①	②	②	②	①	①
改善贫民窟居民的生活	①	②	①	①	①	③	④	②	④
目标8：建立全球发展伙伴关系									
互联网用户	①	②	①	①	②	②	②	①	①

注：数据截至2014年6月。"①"代表目标已经实现或将在2015年实现；"②"代表如果按现有趋势，2015年前无法实现目标；"③"代表没有进展或有所恶化；"④"代表缺少数据或数据不足。

附表1 "千年发展目标"的总目标、具体目标和具体指标

总目标	具体目标	具体指标
目标一：消除极端贫困和饥饿	目标1A：从1990年到2015年，将每日收入不足1.25美元的人口比例减半	1.1 每日收入低于1.25美元（购买力平价法）的人口比例 1.2 贫困差距率 1.3 最贫困的五分之一人口的消费占国民总消费的份额
	目标1B：让所有人包括妇女和年轻人实现充分的生产性就业，获得体面工作	1.4 就业人口人均GDP增长率 1.5 人口就业率 1.6 依靠每日低于1.25美元（购买力平价法）维生的就业人口比例 1.7 全部就业人口中自营就业和家庭雇员所占比例
	目标1C：从1990年到2015年，将饥饿人数减少一半	1.8 5岁以下儿童中体重不达标的比例 1.9 低于最低食物能量摄取标准的人口比例
目标二：到2015年前普及初等教育	目标2A：到2015年前确保所有儿童，无论男女，都能完成全部初等教育课程	2.1 小学净入学率 2.2 从一年级读到小学最高年级的学生比例 2.3 15至24岁男女人口识字率
目标三：促进两性平等和赋予妇女权利	目标3A：争取到2005年在中、小学教育中消除两性差距，至迟于2015年在各级教育中消除此种差距	3.1 小学、中学、高等教育中女生对男生比率 3.2 非农业部门有酬就业者中妇女比例 3.3 国民议会中妇女所占席位比例
目标四：降低儿童死亡率	目标4A：从1990年到2015年将五岁以下儿童死亡率降低三分之二	4.1 5岁以下儿童死亡率 4.2 婴儿死亡率 4.3 接种麻疹疫苗的1岁儿童的比例
目标五：改善孕产妇保健	目标5A：从1990年到2015年将孕产妇死亡率降低四分之三	5.1 产妇死亡率 5.2 由卫生技术人员接生的新生儿比例
	目标5B：到2015年实现人人享有生殖保健	5.3 避孕普及率 5.4 青少年生育率 5.5 产前护理覆盖率（至少接受过1次及至少接受过4次产前护理） 5.6 未满足的计划生育需要
目标六：与艾滋病病毒/艾滋病、疟疾和其他疾病作斗争	目标6A：到2015年，遏制并开始扭转艾滋病病毒和艾滋病的蔓延	6.1 15至24岁人口艾滋病病毒感染率 6.2 最近一次高风险性行为中使用避孕套的比例 6.3 15至24岁人群中全面正确了解艾滋病病毒/艾滋病的人口比例 6.4 10至14岁孤儿与非孤儿入学人数比
	目标6B：到2010年，实现所有需要获得艾滋病病毒和艾滋病治疗的普及	6.5 艾滋病重度感染者中可获得抗逆转录病毒药物的比例
	目标6C：到2015年，遏制并开始扭转疟疾和其他主要疾病的发病率	6.6 疟疾发病率和死亡率 6.7 5岁以下儿童中在经杀虫剂处理的蚊帐中睡觉的人口比例 6.8 5岁以下发烧儿童中得到适合治疟药物治疗的人口比例 6.9 肺结核发病率、流行率和死亡率 6.10 采用短期直接观察处置疗法发现并治愈的肺结核患者比例

续表

总目标	具体目标	具体指标
目标七：确保环境的可持续性	目标 7A：将可持续发展的原则纳入政策和计划，扭转环境资源损失趋势	7.1 森林覆盖率 7.2 二氧化碳排放总量、人均排放量和 1 美元国内生产总值(购买力平价法)排放量 7.3 臭氧消耗物质的消费量 7.4 在安全生态环境范围内的鱼类资源比例 7.5 水资源总量使用比例
	目标 7B：降低生物多样性丧失，到 2010 年显著降低生物多样性丧失的速度	7.6 受保护的陆地和海洋面积比例 7.7 濒临灭绝物种的比例
	目标 7C：到 2015 年将无法持续获得安全饮用水和基本环境卫生设施的人口比例降低一半	7.8 使用改善饮用水源的人口比例 7.9 使用改善的卫生设施的人口比例
	目标 7D：到 2020 年前，明显改善至少 1 亿贫民窟居民的生活	7.10 生活在贫民窟中的城市人口比例
目标八：建立全球发展伙伴关系	目标 8A：进一步发展开放的、有章可循的、可预测的、非歧视性的贸易和金融体制。包括在国家和国际两级致力于善政、发展和减贫的承诺	8.1 对全体援助对象和对最不发达国家的官方发展援助净额，占经济合作与发展组织（OECD）发展援助委员会（DAC）捐助国国民总收入的百分比 8.2 OECD/DAC 捐助国提供的可在部门间分配的双边发展援助中用于基础社会服务（基础教育、初级卫生医疗、营养、安全水源和卫生设施）的比例 8.3 OECD/DAC 捐助国不附加条件的双边官方发展援助比例 8.4 内陆发展中国家接收的官方发展援助占其国民总收入的比例 8.5 小岛屿发展中国家接收的官方发展援助占其国民总收入的比例 8.6 发达国家从发展中国家和最不发达国家免税进口的产品占其进口总额的比例（按价值计算，不包括军火） 8.7 发达国家对从发展中国家进口的农产品、纺织品和服装类产品征收的平均关税 8.8 OECD 国家农业补贴估计值占其国内生产总值的比例 8.9 官方发展援助中用于帮助建设贸易能力的比例
	目标 8B：满足最不发达国家的特殊需要。包括：对其出口免征关税、不实行配额；加强重债穷国(HIPC)的减债方案，注销官方双边债务；向致力于减贫的国家提供更为慷慨的官方发展援助	
	目标 8C：满足内陆发展中国家和小岛屿发展中国家的特殊需要（通过《小岛屿发展中国家可持续发展行动纲领》以及联合国大会第二十二次特别会议结果）	
	目标 8D：通过国家和国际措施全面处理发展中国家的债务问题，使债务可以长期持续承受	8.10 达到重债穷国（HIPC）动议决定点和完成点（累计）的国家数量 8.11 根据重债穷国（HIPC）倡议和多边债务减免（MDRI）倡议承诺减免的债务 8.12 还本付息占货物与服务出口的比例

六、统计表

1.人口表

年份	总人口（年末）（万人）	按性别分（万人）		按城乡分（万人）		人口城镇化率（%）
		男	女	城镇	乡村	
1978	96259	49567	46692	17245	79014	17.92
1979	97542	50192	47350	18495	79047	18.96
1980	98705	50785	47920	19140	79565	19.39
1981	100072	51519	48553	20171	79901	20.16
1982	101654	52352	49302	21480	80174	21.13
1983	103008	53152	49856	22274	80734	21.62
1984	104357	53848	50509	24017	80340	23.01
1985	105851	54725	51126	25094	80757	23.71
1986	107507	55581	51926	26366	81141	24.52
1987	109300	56290	53010	27674	81626	25.32
1988	111026	57201	53825	28661	82365	25.81
1989	112704	58099	54605	29540	83164	26.21
1990	114333	58904	55429	30195	84138	26.41
1991	115823	59466	56357	31203	84620	26.94
1992	117171	59811	57360	32175	84996	27.46
1993	118517	60472	58045	33173	85344	27.99
1994	119850	61246	58604	34169	85681	28.51
1995	121121	61808	59313	35174	85947	29.04

续表

年份	总人口（年末）（万人）	按性别分（万人）		按城乡分（万人）		人口城镇化率（%）
		男	女	城镇	乡村	
1996	122389	62200	60189	37304	85085	30.48
1997	123626	63131	60495	39449	84177	31.91
1998	124761	63940	60821	41608	83153	33.35
1999	125786	64692	61094	43748	82038	34.78
2000	126743	65437	61306	45906	80837	36.22
2001	127627	65672	61955	48064	79563	37.66
2002	128453	66115	62338	50212	78241	39.09
2003	129227	66556	62671	52376	76851	40.53
2004	129988	66976	63012	54283	75705	41.76
2005	130756	67375	63381	56212	74544	42.99
2006	131448	67728	63720	58288	73160	44.34
2007	132129	68048	64081	60633	71496	45.89
2008	132802	68357	64445	62403	70399	46.99
2009	133450	68647	64803	64512	68938	48.34
2010	134091	68748	65343	66978	67113	49.95
2011	134735	69068	65667	69079	65656	51.27
2012	135404	69395	66009	71182	64222	52.57
2013	136072	69728	66344	73111	62961	53.73

注：① 1981年及以前数据为户籍统计数，1982年、1990年、2000年和2010年数据为当年人口普查数据推算数，1987年、1995年和2005年数据根据全国1%人口抽样调查数据推算，其余年份数据为人口变动情况抽样调查推算数。② 总人口和按性别分人口中包括中国人民解放军现役军人，按城乡分人口中现役军人计入城镇人口。

2.人口年龄结构和抚养比

单位：万人

年份	总人口（年末）	0—14岁		15—64岁		65岁及以上		总抚养比（%）	少儿抚养比（%）	老年抚养比（%）
		人口数	比重（%）	人口数	比重（%）	人口数	比重（%）			
1982	101654	34146	33.6	62517	61.5	4991	4.9	62.6	54.6	8.0
1987	109300	31347	28.7	71985	65.9	5968	5.4	51.8	43.5	8.3
1990	114333	31659	27.7	76306	66.7	6368	5.6	49.8	41.5	8.3
1995	121121	32218	26.6	81393	67.2	7510	6.2	48.8	39.6	9.2
1996	122389	32311	26.4	82245	67.2	7833	6.4	48.8	39.3	9.5

续表

年份	总人口（年末）	0—14岁 人口数	比重（%）	15—64岁 人口数	比重（%）	65岁及以上 人口数	比重（%）	总抚养比（%）	少儿抚养比（%）	老年抚养比（%）
1997	123626	32093	26.0	83448	67.5	8085	6.5	48.1	38.5	9.7
1998	124761	32064	25.7	84338	67.6	8359	6.7	47.9	38.0	9.9
1999	125786	31950	25.4	85157	67.7	8679	6.9	47.7	37.5	10.2
2000	126743	29012	22.9	88910	70.1	8821	7.0	42.6	32.6	9.9
2001	127627	28716	22.5	89849	70.4	9062	7.1	42.0	32.0	10.1
2002	128453	28774	22.4	90302	70.3	9377	7.3	42.2	31.9	10.4
2003	129227	28559	22.1	90976	70.4	9692	7.5	42.0	31.4	10.7
2004	129988	27947	21.5	92184	70.9	9857	7.6	41.0	30.3	10.7
2005	130756	26504	20.3	94197	72.0	10055	7.7	38.8	28.1	10.7
2006	131448	25961	19.8	95068	72.3	10419	7.9	38.3	27.3	11.0
2007	132129	25660	19.4	95833	72.5	10636	8.1	37.9	26.8	11.1
2008	132802	25166	19.0	96680	72.7	10956	8.3	37.4	26.0	11.3
2009	133450	24659	18.5	97484	73.0	11307	8.5	36.9	25.3	11.6
2010	134091	22259	16.6	99938	74.5	11894	8.9	34.2	22.3	11.9
2011	134735	22164	16.5	100283	74.4	12288	9.1	34.4	22.1	12.3
2012	135404	22287	16.5	100403	74.1	12714	9.4	34.9	22.2	12.7
2013	136072	22329	16.4	100582	73.9	13161	9.7	35.3	22.2	13.1

注：本表数据来源为《2014中国统计年鉴》，1981年及以前数据为户籍统计数，1982年、1990年、2000年和2010年数据为当年人口普查数据推算数，2001—2004年、2006—2009年和2011—2013年数据为人口变动情况抽样调查推算数；1987年、1995年和2005年数据根据全国1%人口抽样调查数据推算。

3.人口出生率、死亡率和自然增长率

年份	总人口（年末）（万人）	人口出生率（‰）	人口死亡率（‰）	人口自然增长率（‰）
1978	96259	18.25	6.25	12.00
1979	97542	17.82	6.21	11.61
1980	98705	18.21	6.34	11.87
1981	100072	20.91	6.36	14.55
1982	101654	22.28	6.60	15.68
1983	103008	20.19	6.90	13.29

续表

年份	总人口（年末）（万人）	人口出生率（‰）	人口死亡率（‰）	人口自然增长率（‰）
1984	104357	19.90	6.82	13.08
1985	105851	21.04	6.78	14.26
1986	107507	22.43	6.86	15.57
1987	109300	23.33	6.72	16.61
1988	111026	22.37	6.64	15.73
1989	112704	21.58	6.54	15.04
1990	114333	21.06	6.67	14.39
1991	115823	19.68	6.70	12.98
1992	117171	18.24	6.64	11.60
1993	118517	18.09	6.64	11.45
1994	119850	17.70	6.49	11.21
1995	121121	17.12	6.57	10.55
1996	122389	16.98	6.56	10.42
1997	123626	16.57	6.51	10.06
1998	124761	15.64	6.50	9.14
1999	125786	14.64	6.46	8.18
2000	126743	14.03	6.45	7.58
2001	127627	13.38	6.43	6.95
2002	128453	12.86	6.41	6.45
2003	129227	12.41	6.40	6.01
2004	129988	12.29	6.42	5.87
2005	130756	12.40	6.51	5.89
2006	131448	12.09	6.81	5.28
2007	132129	12.10	6.93	5.17
2008	132802	12.14	7.06	5.08
2009	133450	11.95	7.08	4.87
2010	134091	11.90	7.11	4.79
2011	134735	11.93	7.14	4.79
2012	135404	12.10	7.15	4.95
2013	136072	12.08	7.16	4.92

4.平均家庭户规模和婚姻状况类型所占比重

单位：%

年份	平均家庭户规模	未婚	初婚有配偶	再婚有配偶	离婚	丧偶
1987	4.23					
1988	4.03					
1989	4.03					
1990	3.96	25.1	68.2		0.6	6.1
1991	4.01					
1992	3.95					
1993	3.92					
1994	3.87					
1995	3.70	20.0	71.1	2.1	0.7	6.1
1996	3.70	19.7	71.5	2.0	0.8	6.0
1997	3.64	19.5	71.8	1.8	0.8	6.0
1998	3.63	19.3	71.9	1.9	0.9	6.1
1999	3.58	18.8	72.4	1.8	0.9	6.0
2000	3.44	20.2	71.1	2.2	0.9	5.6
2001	3.42	19.1	72.3	1.8	1.0	5.8
2002	3.39	19.5	71.9	1.7	1.0	5.9
2003	3.38	19.6	71.9	1.7	1.1	5.7
2004	3.36	19.5	72.0	1.6	1.1	5.7
2005	3.13	19.2	71.9	2.2	1.0	5.7
2006	3.17	19.4	71.8	1.9	1.0	5.9
2007	3.17	19.2	72.0	1.8	1.1	5.9
2008	3.16	18.9	72.3	1.7	1.1	5.9
2009	3.15	18.8	72.5	1.7	1.2	5.8
2010	3.09	21.6	71.3		1.4	5.7
2011	3.02	20.8	70.8	1.6	1.4	5.5
2012	3.02	20.4	71.3	1.6	1.4	5.3
2013	2.98	20.2	71.2	1.6	1.6	5.4

注：1990、2010年人口普查未设置"初婚有配偶"和"再婚有配偶"指标，均为"有配偶"。

5.各种受教育程度人口占总人口比重

单位：%，年

年份	各种受教育程度人口占总人口比重 小学	初中	高中	大专及以上	粗文盲率	平均受教育年限 6岁及以上	15岁及以上
1987							
1988							
1989							
1990	37.2	23.3	8.0	1.4	15.9	6.3	
1991							
1992							
1993							
1994							
1995	38.4	27.3	8.3	2.0	12.0	6.7	
1996	37.8	28.8	8.6	2.0	13.2	6.8	
1997	37.4	29.5	9.6	2.5	12.1	7.0	
1998	36.8	30.6	9.9	2.6	11.9	7.1	
1999	35.7	31.9	9.9	2.9	11.6	7.2	
2000	35.7	34.0	11.1	3.6	7.0	7.6	
2001	33.8	34.4	11.5	4.1	9.0	7.7	
2002	32.7	35.3	11.7	4.4	9.2	7.7	
2003	31.3	35.7	12.5	5.1	8.7	7.9	
2004	30.4	36.9	12.6	5.4	8.3	8.0	
2005	31.2	35.8	11.5	5.2	8.9	7.8	8.0
2006	31.0	36.6	12.1	5.8	7.6	8.0	8.3
2007	29.9	37.8	12.6	6.2	6.9	8.2	8.4
2008	29.3	38.4	12.9	6.3	6.4	8.3	8.5
2009	28.2	39.1	12.9	6.8	5.9	8.4	8.6
2010	26.8	38.9	14.0	8.9	4.1	8.8	9.1
2011	25.7	38.6	14.4	9.4	4.4	8.9	9.1
2012	25.0	38.3	15.0	9.9	4.2	8.9	9.2
2013	24.6	38.0	15.4	10.5	3.8	9.0	9.3

注：①粗文盲率指15岁及以上的文盲人口占总人口的比重。②平均受教育年限是将各个受教育水平折算成受教育年限计算平均数得出的，具体的折算标准是：未上过学=0年；小学=6年；初中=9年；高中=12年；大专及以上=16年。

6.六次全国人口普查人口基本情况

指标	1953	1964	1982	1990	2000	2010
总人口（万人）	58260	69458	100818	113368	126583	133972
男	30190	35652	51944	58495	65355	68685
女	28070	33806	48874	54873	61228	65287
性别比（以女性为100）	107.56	105.46	106.30	106.60	106.74	105.20
家庭户规模（人/户）	4.33	4.43	4.41	3.96	3.44	3.10
各年龄组人口比重（%）						
0—14岁	36.28	40.69	33.59	27.69	22.89	16.60
15—64岁	59.31	55.75	61.50	66.74	70.15	74.53
65岁及以上	4.41	3.56	4.91	5.57	6.96	8.87
民族人口						
汉族（万人）	54728	65456	94088	104248	115940	122593
占总人口比重（%）	93.94	94.24	93.32	91.96	91.59	91.51
少数民族（万人）	3532	4002	6730	9120	10643	11379
占总人口比重（%）	6.06	5.76	6.68	8.04	8.41	8.49
每十万人拥有的各种受教育程度人口（人）						
大专及以上		416	615	1422	3611	8930
高中和中专		1319	6779	8039	11146	14032
初中		4680	17892	23344	33961	38788
小学		28330	35237	37057	35701	26779
文盲人口及文盲率						
文盲人口（万人）		23327	22996	18003	8507	5466
文盲率（%）		33.58	22.81	15.88	6.72	4.08
城乡人口（万人）						
城镇化率（%）	13.26	18.30	20.91	26.44	36.22	49.68
城镇人口	7726	12710	21082	29971	45844	66557
乡村人口	50534	56748	79736	83397	80739	67415
平均预期寿命（岁）			67.77*	68.55	71.40	74.83
男			66.28*	66.84	69.63	72.38
女			69.27*	70.47	73.33	77.37

注：①1953年、1964年、1982年及1990年全国人口普查标准时点为当年7月1日零时，2000年和2010年全国人口普查标准时点为当年11月1日零时。②历次普查总人口数据中包括了中国人民解放军现役军人。在城乡人口中，中国人民解放军现役军人列为城镇人口统计。③1964年文盲人口为13岁及13岁以上不识字人口，1982、1990、2000、2010年文盲人口为15岁及15岁以上不识字或识字很少人口。④表中"*"号表示为1981年数据。

7.国内生产总值及人均国内生产总值

单位：亿元

年份	国民总收入	国内生产总值	第一产业	第二产业	第三产业	人均国内生产总值（元/人）
1978	3650.2	3650.2	1018.4	1736.0	895.8	382
1979	4067.7	4067.7	1258.9	1903.3	905.4	420
1980	4551.6	4551.6	1359.4	2180.5	1011.6	464
1981	4896.0	4898.1	1545.6	2243.7	1108.8	493
1982	5340.2	5333.0	1761.6	2370.6	1200.9	529
1983	5998.5	5975.6	1960.8	2632.6	1382.2	584
1984	7262.0	7226.3	2295.5	3089.7	1841.1	697
1985	9064.6	9039.9	2541.6	3846.8	2651.6	860
1986	10308.0	10308.8	2763.9	4469.9	3074.9	966
1987	12094.2	12102.2	3204.3	5225.3	3672.6	1116
1988	15095.1	15101.1	3831.0	6554.0	4716.0	1371
1989	17098.9	17090.3	4228.0	7240.8	5621.6	1528
1990	18824.8	18774.3	5017.0	7678.0	6079.3	1654
1991	21940.2	21895.5	5288.6	9055.8	7551.2	1903
1992	27082.0	27068.3	5800.0	11640.4	9627.9	2324
1993	35450.4	35524.3	6887.3	16373.0	12264.1	3015
1994	48370.3	48459.6	9471.4	22333.5	16654.7	4066
1995	60146.5	61129.8	12020.0	28536.2	20573.6	5074
1996	70538.3	71572.3	13877.8	33665.8	24028.7	5878
1997	78517.3	79429.5	14264.6	37353.9	27810.9	6457
1998	83505.7	84883.7	14618.0	38808.8	31456.8	6835
1999	88989.8	90187.7	14548.1	40827.6	34812.0	7199
2000	98562.2	99776.3	14716.2	45326.0	39734.1	7902
2001	108683.4	110270.4	15501.2	49262.0	45507.2	8670
2002	119765.0	121002.0	16188.6	53624.4	51189.0	9450
2003	135718.9	136564.6	16968.3	62120.8	57475.6	10600
2004	160289.7	160714.4	20901.8	73529.8	66282.8	12400
2005	184575.8	185895.8	21803.5	87127.3	76964.9	14259
2006	217246.6	217656.6	23313.0	103163.5	91180.1	16602

续表

年份	国民总收入	国内生产总值	第一产业	第二产业	第三产业	人均国内生产总值（元/人）
2007	268631.0	268019.4	27783.0	125145.4	115090.9	20337
2008	318736.7	316751.7	32747.0	148097.9	135906.9	23912
2009	345046.4	345629.2	34154.0	157850.1	153625.1	25963
2010	407137.8	408903.0	39354.6	188804.9	180743.4	30567
2011	479576.1	484123.5	46153.3	223390.3	214579.9	36018
2012	532872.1	534123.0	50892.7	240200.4	243030.0	39544
2013	583196.7	588018.8	55321.7	256810.0	275887.0	43320

注：①本表按当年价格计算。②按照我国国内生产总值（GDP）数据修订制度和国际通行做法，根据修订后的2013年GDP数据和有关历史资料，对2012年及以前年度的GDP历史数据进行了系统修订（以下相关表同）。③三次产业分类依据国家统计局2012年制定的《三次产业划分规定》（以下相关表同）。④：国民总收入与国内生产总值的差额为国外净要素收入。

8.国内生产总值指数

（1978年＝100）

年份	国民总收入	国内生产总值	第一产业	第二产业	第三产业	人均国内生产总值
1978	100.0	100.0	100.0	100.0	100.0	100.0
1979	107.6	107.6	106.1	108.2	107.8	106.1
1980	116.0	116.0	104.6	122.9	114.4	113.0
1981	121.9	122.0	111.9	125.2	125.4	117.3
1982	133.2	133.0	124.8	132.1	141.4	126.1
1983	147.9	147.3	135.1	145.9	162.1	137.6
1984	170.6	169.7	152.6	167.0	193.7	156.5
1985	193.2	192.7	155.4	198.0	229.0	175.3
1986	209.9	209.9	160.5	218.2	257.3	188.1
1987	234.4	234.5	168.1	248.1	295.3	206.8
1988	260.9	261.0	172.3	284.1	334.5	226.6
1989	272.1	272.0	177.6	294.7	354.1	232.5
1990	283.4	282.7	190.7	304.1	363.5	238.1
1991	309.5	308.9	195.2	346.2	397.0	256.7
1992	353.2	353.0	204.2	419.4	447.2	289.7
1993	401.3	402.2	213.7	502.8	501.8	326.3

续表

年份	国民总收入	国内生产总值	第一产业	第二产业	第三产业	人均国内生产总值
1994	454.0	454.8	222.2	594.5	559.2	364.9
1995	496.7	504.8	233.1	677.0	615.7	400.6
1996	546.9	554.9	244.9	759.0	672.4	435.8
1997	599.1	606.1	253.3	838.5	742.5	471.1
1998	643.1	653.7	262.0	913.2	804.9	503.3
1999	694.1	703.5	269.2	987.7	879.1	536.9
2000	753.5	762.8	275.4	1080.5	964.6	577.6
2001	814.3	826.1	282.7	1171.8	1063.3	621.1
2002	892.0	901.2	290.3	1287.0	1174.5	673.0
2003	985.4	991.5	297.2	1450.0	1286.4	735.8
2004	1088.6	1091.4	315.3	1611.0	1416.2	805.2
2005	1206.7	1215.3	331.3	1805.4	1590.7	891.3
2006	1366.9	1369.5	347.1	2047.5	1815.3	998.8
2007	1567.5	1563.9	359.3	2354.9	2106.8	1134.7
2008	1725.1	1714.4	377.8	2585.7	2327.1	1237.5
2009	1869.6	1872.7	392.9	2846.1	2547.4	1345.1
2010	2062.8	2071.8	409.6	3206.9	2794.1	1480.9
2011	2247.0	2268.3	426.7	3546.1	3059.7	1613.6
2012	2438.4	2444.1	445.8	3836.5	3303.3	1730.2
2013	2610.3	2631.9	462.8	4138.8	3576.0	1854.0

9.城乡居民人均收支和恩格尔系数

年份	城镇居民家庭平均每人 可支配收入（元）	城镇居民家庭平均每人 可支配收入指数（1978=100）	城镇居民家庭平均每人 消费支出（元）	城镇居民家庭平均每人 恩格尔系数（%）	农村居民家庭平均每人 纯收入（元）	农村居民家庭平均每人 纯收入指数（1978=100）	农村居民家庭平均每人 消费支出（元）	农村居民家庭平均每人 恩格尔系数（%）
1978	343.4	100.0	311.2	57.5	133.6	100.0	116.1	67.7
1979	405.0	115.7			160.2	119.2	134.5	64.0
1980	477.6	127.0	412.4	56.9	191.3	139.0	162.2	61.8
1981	500.4	129.9	456.8	56.7	223.4	160.4	190.8	59.9
1982	535.3	136.3	471.0	58.6	270.1	192.3	220.2	60.7
1983	564.6	141.5	505.9	59.2	309.8	219.6	248.3	59.4

续表

年份	城镇居民家庭平均每人 可支配收入（元）	可支配收入指数（1978=100）	消费支出（元）	恩格尔系数（%）	农村居民家庭平均每人 纯收入（元）	纯收入指数（1978=100）	消费支出（元）	恩格尔系数（%）
1984	652.1	158.7	559.4	58.0	355.3	249.5	273.8	59.2
1985	739.1	160.4	673.2	53.3	397.6	268.9	317.4	57.8
1986	900.9	182.7	799.0	52.4	423.8	277.6	357.0	56.4
1987	1002.1	186.8	884.4	53.5	462.6	292.0	398.3	55.8
1988	1180.2	182.3	1104.0	51.4	544.9	310.7	476.7	54.0
1989	1373.9	182.5	1211.0	54.5	601.5	305.7	535.4	54.8
1990	1510.2	198.1	1278.9	54.2	686.3	311.2	584.6	58.8
1991	1700.6	212.4	1453.8	53.8	708.6	317.4	619.8	57.6
1992	2026.6	232.9	1671.7	53.0	784.0	336.2	659.2	57.6
1993	2577.4	255.1	2110.8	50.3	921.6	346.9	769.7	58.1
1994	3496.2	276.8	2851.3	50.0	1221.0	364.3	1016.8	58.9
1995	4283.0	290.3	3537.6	50.1	1577.7	383.6	1310.4	58.6
1996	4838.9	301.6	3919.5	48.8	1926.1	418.1	1572.1	56.3
1997	5160.3	311.9	4185.6	46.6	2090.1	437.3	1617.2	55.1
1998	5425.1	329.9	4331.6	44.7	2162.0	456.1	1590.3	53.4
1999	5854.0	360.6	4615.9	42.1	2210.3	473.5	1577.4	52.6
2000	6280.0	383.7	4998.0	39.4	2253.4	483.4	1670.1	49.1
2001	6859.6	416.3	5309.0	38.2	2366.4	503.7	1741.1	47.7
2002	7702.8	472.1	6029.9	37.7	2475.6	527.9	1834.3	46.3
2003	8472.2	514.6	6510.9	37.1	2622.2	550.6	1943.3	45.6
2004	9421.6	554.2	7182.1	37.7	2936.4	588.0	2184.7	47.2
2005	10493.0	607.4	7942.9	36.7	3254.9	624.5	2555.4	45.5
2006	11759.5	670.7	8696.6	35.8	3587.0	670.7	2829.0	43.0
2007	13785.8	752.5	9997.5	36.3	4140.4	734.4	3223.9	43.1
2008	15780.8	815.7	11242.9	37.9	4760.6	793.2	3660.7	43.7
2009	17174.7	895.4	12264.6	36.5	5153.2	860.6	3993.5	41.0
2010	19109.4	965.2	13471.5	35.7	5919.0	954.4	4381.8	41.1
2011	21809.8	1046.3	15160.9	36.3	6977.3	1063.2	5221.1	40.4
2012	24564.7	1146.7	16674.3	36.2	7916.6	1176.9	5908.0	39.3
2013	26955.1	1227.0	18022.6	35.0	8895.9	1286.4	6625.5	37.7

注：收入指数按可比价格计算。

10.城乡居民住房面积和储蓄存款余额

年份	城市人均住宅建筑面积（平方米）	农村人均住房面积（平方米）	城乡居民人民币储蓄存款年底余额（亿元）	人均储蓄存款余额（元）
1978	6.7	8.1	210.6	21.9
1979	6.9	8.4	281.0	28.8
1980	7.2	9.4	395.8	40.1
1981	7.7	10.2	523.4	52.3
1982	8.2	10.7	675.4	66.5
1983	8.7	11.6	892.9	86.9
1984	9.1	13.6	1214.7	117.0
1985	10.0	14.7	1622.6	154.5
1986	12.4	15.3	2237.8	210.1
1987	12.7	16.0	3083.4	285.2
1988	13.0	16.6	3819.1	348.5
1989	13.5	17.2	5184.5	466.2
1990	13.7	17.8	7119.6	622.9
1991	14.2	18.5	9244.9	798.3
1992	14.8	18.9	11757.3	1003.2
1993	15.2	20.7	15203.5	1281.9
1994	15.7	20.2	21518.8	1794.7
1995	16.3	21.0	29662.3	2447.4
1996	17.0	21.7	38520.8	3147.1
1997	17.8	22.5	46279.8	3744.3
1998	18.7	23.3	53407.5	4280.8
1999	19.4	24.2	59621.8	4739.9
2000	20.3	24.8	64332.4	5075.8
2001	20.8	25.7	73762.4	5779.5
2002	24.5	26.5	86910.6	6765.9
2003	25.3	27.2	103617.7	8018.3
2004	26.4	27.9	119555.4	9197.4
2005	27.8	29.7	141051.0	10787.3
2006	28.5	30.7	161587.3	12292.9

续表

年份	城市人均住宅建筑面积（平方米）	农村人均住房面积（平方米）	城乡居民人民币储蓄存款年底余额（亿元）	人均储蓄存款余额（元）
2007	30.1	31.6	172534.2	13058.0
2008	30.6	32.4	217885.4	16406.8
2009	31.3	33.6	260771.7	19540.8
2010	31.6	34.1	303302.5	22619.2
2011	32.7	36.2	343635.9	25504.6
2012	32.9	37.1	399551.0	29508.1
2013			447601.6	32894.5

注：① 1978—2001年城市人均住宅建筑面积由建设部提供，2002—2012年城镇居民人均住房建筑面积为城镇住户抽样调查数据（不含集体户）。② 2011年后，人民银行的居民储蓄存款统计取消了定期与活期的分类。③ 2013年，居民家庭住房数据因样本调整和一体化调查国口径数据暂缺。

11.农村贫困状况

年份	1978年标准 贫困人口（万人）	1978年标准 贫困发生率（%）	2008年标准 贫困人口（万人）	2008年标准 贫困发生率（%）	2010年标准 贫困人口（万人）	2010年标准 贫困发生率（%）
1978	25000.0	30.7				
1980	22000.0	26.8				
1981	15200.0	18.5				
1982	14500.0	17.5				
1983	13500.0	16.2				
1984	12800.0	15.1				
1985	12500.0	14.8				
1986	13100.0	15.5				
1987	12200.0	14.3				
1988	9600.0	11.1				
1989	10200.0	11.6				
1990	8500.0	9.4				
1991	9400.0	10.4				
1992	8000.0	8.8				
1994	7000.0	7.7				
1995	6540.0	7.1				

续表

年份	1978年标准 贫困人口（万人）	1978年标准 贫困发生率（%）	2008年标准 贫困人口（万人）	2008年标准 贫困发生率（%）	2010年标准 贫困人口（万人）	2010年标准 贫困发生率（%）
1997	4962.0	5.4				
1998	4210.0	4.6				
1999	3412.0	3.7				
2000	3209.0	3.5	9422	10.2		
2001	2927.0	3.2	9029	9.8		
2002	2820.0	3.0	8645	9.2		
2003	2900.0	3.1	8517	9.1		
2004	2610.0	2.8	7587	8.1		
2005	2365.0	2.5	6432	6.8		
2006	2148.0	2.3	5698	6.0		
2007	1479.0	1.6	4320	4.6		
2008			4007	4.2		
2009			3597	3.8		
2010			2688	2.8	16567	17.2
2011					12238	12.7
2012					9899	10.2
2013					8249	8.5

注：① 1978年标准：1978—1999年称为农村贫困标准，2000—2007年称为农村绝对贫困标准。② 2008年标准：2000—2007年称为农村低收入标准，2008—2010年称为农村贫困标准。③ 2010年标准：是新确定的农村扶贫标准。

12.居民消费水平及指数

年份	绝对数（元） 全国居民	绝对数（元） 农村居民	绝对数（元） 城镇居民	指数（上年=100） 全国居民	指数（上年=100） 农村居民	指数（上年=100） 城镇居民
1978	184	138	405	104.1	104.3	103.3
1979	208	159	425	106.9	106.5	102.8
1980	238	178	489	109.0	108.4	107.2
1981	264	201	521	108.3	109.8	104.0
1982	288	223	536	106.8	109.1	100.7
1983	316	250	558	108.1	110.6	102.1
1984	361	287	618	112.0	112.9	107.9

续表

年份	绝对数（元）			指数（上年=100）		
	全国居民	农村居民	城镇居民	全国居民	农村居民	城镇居民
1985	446	349	765	113.5	113.3	111.1
1986	497	378	872	104.7	102.3	106.7
1987	565	421	998	106.0	104.9	105.6
1988	714	509	1311	107.8	105.2	109.7
1989	788	549	1466	99.8	98.3	100.7
1990	833	560	1596	103.7	99.2	108.5
1991	932	602	1840	108.6	105.4	110.7
1992	1116	688	2262	113.3	108.5	116.1
1993	1393	805	2924	108.4	104.3	110.4
1994	1833	1038	3852	104.6	103.1	104.4
1995	2355	1313	4931	107.8	106.8	107.2
1996	2789	1626	5532	109.4	114.5	103.4
1997	3002	1722	5823	104.5	103.1	102.2
1998	3159	1730	6109	105.9	101.2	105.9
1999	3346	1766	6405	108.3	105.1	107.0
2000	3632	1860	6850	108.6	104.5	107.8
2001	3887	1969	7161	106.1	104.5	103.9
2002	4144	2062	7486	107.0	105.2	104.9
2003	4475	2103	8060	107.1	100.3	107.0
2004	5032	2319	8912	108.1	104.2	106.9
2005	5596	2657	9593	108.2	110.8	105.0
2006	6299	2950	10618	109.8	108.2	108.0
2007	7310	3347	12130	110.9	106.9	109.7
2008	8430	3901	13653	109.0	108.5	106.9
2009	9283	4163	14904	110.3	107.7	109.1
2010	10522	4700	16546	108.2	108.0	105.9
2011	12570	5870	19108	110.3	112.6	107.3
2012	14110	6632	21035	109.4	109.3	107.5
2013	15632	7409	22880	108.0	108.7	106.1

注：本表绝对数按当年价格计算，指数按不变价格计算。

13.按三个产业分就业人员数（年底数）

年份	经济活动人口（万人）	就业人员（万人）	第一产业	第二产业	第三产业	构成（合计＝100）第一产业	第二产业	第三产业
1978	40682	40152	28318	6945	4890	70.5	17.3	12.2
1979	41592	41024	28634	7214	5177	69.8	17.6	12.6
1980	42903	42361	29122	7707	5532	68.7	18.2	13.1
1981	44165	43725	29777	8003	5945	68.1	18.3	13.6
1982	45674	45295	30859	8346	6090	68.1	18.4	13.5
1983	46707	46436	31151	8679	6606	67.1	18.7	14.2
1984	48433	48197	30868	9590	7739	64.0	19.9	16.1
1985	50112	49873	31130	10384	8359	62.4	20.8	16.8
1986	51546	51282	31254	11216	8811	60.9	21.9	17.2
1987	53060	52783	31663	11726	9395	60.0	22.2	17.8
1988	54630	54334	32249	12152	9933	59.3	22.4	18.3
1989	55707	55329	33225	11976	10129	60.1	21.6	18.3
1990	65323	64749	38914	13856	11979	60.1	21.4	18.5
1991	66091	65491	39098	14015	12378	59.7	21.4	18.9
1992	66782	66152	38699	14355	13098	58.5	21.7	19.8
1993	67468	66808	37680	14965	14163	56.4	22.4	21.2
1994	68135	67455	36628	15312	15515	54.3	22.7	23.0
1995	68855	68065	35530	15655	16880	52.2	23.0	24.8
1996	69765	68950	34820	16203	17927	50.5	23.5	26.0
1997	70800	69820	34840	16547	18432	49.9	23.7	26.4
1998	72087	70637	35177	16600	18860	49.8	23.5	26.7
1999	72791	71394	35768	16421	19205	50.1	23.0	26.9
2000	73992	72085	36043	16219	19823	50.0	22.5	27.5
2001	73884	72797	36399	16234	20165	50.0	22.3	27.7
2002	74492	73280	36640	15682	20958	50.0	21.4	28.6
2003	74911	73736	36204	15927	21605	49.1	21.6	29.3
2004	75290	74264	34830	16709	22725	46.9	22.5	30.6
2005	76120	74647	33442	17766	23439	44.8	23.8	31.4
2006	76315	74978	31941	18894	24143	42.6	25.2	32.2

续表

年份	经济活动人口（万人）	就业人员（万人）	第一产业	第二产业	第三产业	构成（合计=100）		
						第一产业	第二产业	第三产业
2007	76531	75321	30731	20186	24404	40.8	26.8	32.4
2008	77046	75564	29923	20553	25087	39.6	27.2	33.2
2009	77510	75828	28890	21080	25857	38.1	27.8	34.1
2010	78388	76105	27931	21842	26332	36.7	28.7	34.6
2011	78579	76420	26594	22544	27282	34.8	29.5	35.7
2012	78894	76704	25773	23241	27690	33.6	30.3	36.1
2013	79300	76977	24171	23170	29636	31.4	30.1	38.5

14.按城乡分就业人员数（年底数）

单位：万人

年份	合计	城镇										乡村		
		小计	#国有单位	#集体单位	#股份合作单位	#联营单位	#有限责任公司	#股份有限公司	#私营企业	#港澳台商投资单位	#外商投资单位	#个体	小计	#私营企业	#个体
1978	40152	9514	7451	2048								15	30638		
1980	42361	10525	8019	2425								81	31836		
1985	49873	12808	8990	3324		38						450	37065		6
1990	64749	17041	10346	3549		96			57	4	62	614	47708	113	1491
1995	68065	19040	11261	3147		53		317	485	272	241	1560	49025	471	3054
1996	68950	19922	11244	3016		49		363	620	265	275	1709	49028	551	3308
1997	69820	20781	11044	2883		43		468	750	281	300	1919	49039	600	3522
1998	70637	21616	9058	1963	136	48	484	410	973	294	293	2259	49021	737	3855
1999	71394	22412	8572	1712	144	46	603	420	1053	306	306	2414	48982	969	3827
2000	72085	23151	8102	1499	155	42	687	457	1268	310	332	2136	48934	1139	2934
2001	72797	24123	7640	1291	153	45	841	483	1527	326	345	2131	48674	1187	2629
2002	73280	25159	7163	1122	161	45	1083	538	1999	367	391	2269	48121	1411	2474
2003	73736	26230	6876	1000	173	44	1261	592	2545	409	454	2377	47506	1754	2260
2004	74264	27293	6710	897	192	44	1436	625	2994	470	563	2521	46971	2024	2066
2005	74647	28389	6488	810	188	45	1750	699	3458	557	688	2778	46258	2366	2123

564

续表

年份	合计	城镇 小计	#国有单位	#集体单位	#股份合作单位	#联营单位	#有限责任公司	#股份有限公司	#私营企业	#港澳台商投资单位	#外商投资单位	#个体	乡村 小计	#私营企业	#个体
2006	74978	29630	6430	764	178	45	1920	741	3954	611	796	3012	45348	2632	2147
2007	75321	30953	6424	718	170	43	2075	788	4581	680	903	3310	44368	2672	2187
2008	75564	32103	6447	662	164	43	2194	840	5124	679	943	3609	43461	2780	2167
2009	75828	33322	6420	618	160	37	2433	956	5544	721	978	4245	42506	3063	2341
2010	76105	34687	6516	597	156	36	2613	1024	6071	770	1053	4467	41418	3347	2540
2011	76420	35914	6704	603	149	37	3269	1183	6912	932	1217	5227	40506	3442	2718
2012	76704	37102	6839	589	149	39	3787	1243	7557	969	1246	5643	39602	3739	2986
2013	76977	38240	6365	566	108	25	6069	1721	8242	1397	1566	6142	38737	4279	3193

15.城镇单位就业人员平均货币工资及指数

年份	平均货币工资（元） 合计	国有单位	城镇集体单位	其他单位	平均货币工资指数（上年＝100） 合计	国有单位	城镇集体单位	其他单位
1978	615	644	506		106.8	107.0	105.9	
1979	668	705	542		108.6	109.5	107.1	
1980	762	803	623		114.1	113.9	114.9	
1981	772	812	642		101.3	101.1	103.0	
1982	798	836	671		103.4	103.0	104.5	
1983	826	865	698		103.5	103.5	104.0	
1984	974	1034	811	1048	117.9	119.5	116.2	
1985	1148	1213	967	1436	117.9	117.3	119.2	137.0
1986	1329	1414	1092	1629	115.8	116.6	112.9	113.4
1987	1459	1546	1207	1879	109.8	109.3	110.5	115.3
1988	1747	1853	1426	2382	119.7	119.9	118.1	126.8
1989	1935	2055	1557	2707	110.8	110.9	109.2	113.6
1990	2140	2284	1681	2987	110.6	111.1	108.0	110.3
1991	2340	2477	1866	3468	109.3	108.5	111.0	116.1
1992	2711	2878	2109	3966	115.9	116.2	113.0	114.4

续表

年份	平均货币工资（元）				平均货币工资指数（上年＝100）			
	合计	国有单位	城镇集体单位	其他单位	合计	国有单位	城镇集体单位	其他单位
1993	3371	3532	2592	4966	124.3	122.7	122.9	125.2
1994	4538	4797	3245	6303	134.6	135.8	125.2	126.9
1995	5348	5553	3934	7728	118.9	117.3	121.1	119.9
1996	5980	6207	4312	8521	111.8	111.8	109.6	110.3
1997	6444	6679	4516	9092	107.8	107.6	104.7	106.7
1998	7446	7579	5314	9241	115.5	113.5	117.7	101.6
1999	8319	8443	5758	10142	111.7	111.4	108.4	109.8
2000	9333	9441	6241	11238	112.2	111.8	108.4	110.8
2001	10834	11045	6851	12437	116.1	117.0	109.8	110.7
2002	12373	12701	7636	13486	114.2	115.0	111.5	108.4
2003	13969	14358	8627	14843	112.9	113.0	113.0	110.1
2004	15920	16445	9723	16519	114.0	114.5	112.7	111.3
2005	18200	18978	11176	18362	114.3	115.4	114.9	111.2
2006	20856	21706	12866	21004	114.6	114.4	115.1	114.4
2007	24721	26100	15444	24271	118.5	120.2	120.0	115.6
2008	28898	30287	18103	28552	116.9	116.0	117.2	117.6
2009	32244	34130	20607	31350	111.6	112.7	113.8	109.8
2010	36539	38359	24010	35801	113.3	112.4	116.5	114.2
2011	41799	43483	28791	41323	114.4	113.4	119.9	115.4
2012	46769	48357	33784	46360	111.9	111.2	117.3	112.2
2013	51483	52675	38905	51453	110.1	108.9	115.2	111.0

16.城镇单位就业人员平均实际工资指数

年份	平均实际工资指数（上年＝100）				平均实际工资指数（1978年＝100）			
	合计	国有	城镇集体	其他	合计	国有	城镇集体	其他
1978	106.0	106.2	105.1		100.0	100.0	100.0	
1979	106.6	107.4	105.1		106.6	107.5	105.1	
1980	106.1	106.0	106.9		113.2	113.9	112.4	
1981	98.8	98.7	100.5		111.9	112.4	113.1	
1982	101.3	100.9	102.5		113.4	113.5	115.9	

续表

年份	平均实际工资指数（上年=100）				平均实际工资指数（1978年=100）			
	合计	国有	城镇集体	其他	合计	国有	城镇集体	其他
1983	101.5	101.4	102.0		115.1	115.1	118.2	
1984	114.8	116.4	113.1		132.1	133.9	133.7	100.0
1985	105.3	104.8	106.6	122.5	139.0	140.4	142.4	122.5
1986	108.2	108.9	105.5	106.0	150.4	152.9	150.3	129.8
1987	100.9	100.5	101.6	106.0	151.9	153.7	152.7	137.6
1988	99.2	99.3	97.9	105.0	150.7	152.6	149.5	144.6
1989	95.2	95.4	93.9	97.7	143.5	145.6	140.4	141.3
1990	109.2	109.7	106.6	108.9	156.7	159.8	149.6	153.9
1991	104.0	103.2	105.6	110.5	162.9	164.6	157.9	170.0
1992	106.7	107.0	104.1	105.3	173.8	176.2	164.3	179.0
1993	107.1	105.7	105.9	107.9	186.1	186.2	173.9	193.0
1994	107.7	108.7	100.2	101.5	200.4	202.3	174.3	196.0
1995	101.8	100.4	103.7	102.6	204.0	203.2	180.7	201.2
1996	102.8	102.7	100.7	101.3	209.7	208.8	182.0	203.9
1997	104.5	104.4	101.6	103.5	219.1	217.9	184.9	211.0
1998	116.2	114.2	118.4	102.3	254.7	248.7	218.9	215.8
1999	113.2	112.9	109.8	111.2	288.3	280.7	240.3	239.9
2000	111.3	110.9	107.5	109.9	320.9	311.4	258.4	263.8
2001	115.3	116.2	109.0	109.9	370.0	361.8	281.7	289.9
2002	115.4	116.2	112.6	109.5	426.8	420.3	317.2	317.5
2003	111.9	112.0	112.0	109.1	477.5	470.8	355.1	346.3
2004	110.3	110.9	109.1	107.7	526.8	522.1	387.5	373.1
2005	112.5	113.6	113.1	109.4	592.8	593.0	438.3	408.2
2006	112.9	112.7	113.4	112.7	669.3	668.2	497.2	460.0
2007	113.4	115.0	114.8	110.6	758.9	768.6	570.9	508.9
2008	110.7	109.8	111.0	111.4	840.1	844.3	633.6	566.7
2009	112.6	113.7	114.8	110.8	946.1	960.2	727.6	627.9
2010	109.8	108.9	112.9	110.7	1038.7	1045.7	821.4	694.9
2011	108.6	107.7	113.9	109.6	1128.4	1125.8	935.4	761.7
2012	109.0	108.3	114.2	109.3	1230.0	1219.2	1068.2	832.5
2013	107.3	106.1	112.3	108.2	1319.9	1292.9	1199.4	900.7

注：①本表数据不含私营单位。②1994年及以前数据为职工人数和平均工资。③2013年就业人员数变动较大，系将原属于乡镇企业的规模以上法人单位纳入劳动工资统计范围所致。

17.城镇登记失业人数及失业率

年份	失业人数（万人）	失业率（%）
1978	530.0	5.3
1979	567.6	5.4
1980	541.5	4.9
1981	439.5	3.8
1982	379.4	3.2
1983	271.4	2.3
1984	235.7	1.9
1985	238.5	1.8
1986	264.4	2.0
1987	276.6	2.0
1988	296.2	2.0
1989	377.9	2.6
1990	383.2	2.5
1991	352.2	2.3
1992	363.9	2.3
1993	420.1	2.6
1994	476.4	2.8
1995	519.6	2.9
1996	552.8	3.0
1997	576.8	3.1
1998	571.0	3.1
1999	575.0	3.1
2000	595.0	3.1
2001	681.0	3.6
2002	770.0	4.0
2003	800.0	4.3
2004	827.0	4.2
2005	839.0	4.2
2006	847.0	4.1

续表

年份	失业人数（万人）	失业率（%）
2007	830.0	4.0
2008	886.0	4.2
2009	921.0	4.3
2010	908.0	4.1
2011	922.0	4.1
2012	917.0	4.1
2013	926.0	4.05

18.学校数

单位：所

年份	普通高等学校	普通高中	中等职业教育	初中	普通小学	特殊教育学校	学前教育
1978	598	49215		113130	949323	292	163952
1979	633	40289		103944	923532	289	165629
1980	675	31300		87077	917316	292	170419
1981	704	24447		82271	894074	302	130296
1982	715	20874		80775	880516	312	122107
1983	805	18876		77598	862165	319	136306
1984	902	17847		75867	853740	330	166526
1985	1016	17318		77529	832309	375	172262
1986	1054	17111		75856	820846	423	173376
1987	1063	16930		75927	807406	504	176775
1988	1075	16524		74968	793261	577	171845
1989	1075	16050		73525	777244	662	172634
1990	1075	15678		73462	766072	746	172322
1991	1075	15243		70608	729158	886	164465
1992	1053	14850		69171	712973	1027	172506
1993	1065	14380		68415	696681	1123	165197
1994	1080	14242		68116	682588	1241	174657
1995	1054	13991		68564	668685	1379	180438
1996	1032	13875		66092	645983	1428	187324
1997	1020	13880		64762	628840	1440	182485

续表

年份	普通高等学校	普通高中	中等职业教育	初中	普通小学	特殊教育学校	学前教育
1998	1022	13948		63940	609626	1535	181368
1999	1071	14127		63086	582291	1520	181136
2000	1041	14564		63898	553622	1539	175836
2001	1225	14907		66590	491273	1531	111706
2002	1396	15406		65645	456903	1540	111752
2003	1552	15779		64730	425846	1551	116390
2004	1731	15998		63757	394183	1560	117899
2005	1792	16092	14466	62486	366213	1593	124402
2006	1867	16153	14693	60885	341639	1605	130495
2007	1908	15681	14832	59384	320061	1618	129086
2008	2263	15206	14847	57914	300854	1640	133722
2009	2305	14607	14401	56320	280184	1672	138209
2010	2358	14058	13872	54890	257410	1706	150420
2011	2409	13688	13093	54117	241249	1767	166750
2012	2442	13509	12663	53216	228585	1853	181251
2013	2491	13352	12262	52804	213529	1933	198553

19.专任教师数

单位：万人

年份	普通高等学校	普通高中	中等职业教育	初中	普通小学	特殊教育学校	学前教育
1978	20.6	74.1		244.1	522.6	0.4	27.7
1979	23.7	66.7		241.0	538.2	0.5	29.5
1980	24.7	57.1		244.9	549.9	0.5	41.1
1981	25.0	49.4		235.0	558.0	0.5	40.1
1982	28.7	46.6		221.5	550.5	0.5	41.5
1983	30.3	45.1		241.6	542.5	0.6	43.3
1984	31.5	45.9		209.7	537.0	0.6	49.1
1985	34.4	49.2		216.0	537.7	0.7	55.0
1986	37.2	51.8		223.9	541.4	0.8	60.5
1987	38.5	54.4		232.7	543.4	1.0	65.1
1988	39.3	55.7		240.3	550.1	1.1	67.0
1989	39.7	55.4		242.7	554.4	1.2	70.9

续表

年份	普通高等学校	普通高中	中等职业教育	初中	普通小学	特殊教育学校	学前教育
1990	39.5	56.2		249.9	558.2	1.4	75.0
1991	39.1	57.3		251.7	553.2	1.6	76.9
1992	38.8	57.6		256.5	552.6	1.9	81.5
1993	38.8	55.9		260.8	555.2	2.0	83.6
1994	39.6	54.7		268.7	561.1	2.3	86.2
1995	40.1	55.1		282.1	566.4	2.5	87.5
1996	40.3	57.2		289.3	573.6	2.7	88.9
1997	40.4	60.5		298.2	579.4	2.9	88.4
1998	40.7	64.2		305.5	581.9	3.0	87.5
1999	42.6	69.2		314.8	586.0	3.1	87.2
2000	46.3	75.7		328.7	586.0	3.2	85.6
2001	53.2	84.0		338.6	579.8	2.9	54.6
2002	61.8	94.6		346.8	577.9	3.0	57.1
2003	72.5	107.1		349.8	570.3	3.0	61.3
2004	85.8	119.1		350.1	562.9	3.1	65.6
2005	96.6	129.9	75.0	349.2	559.2	3.2	72.2
2006	107.6	138.7	79.9	347.5	558.8	3.3	77.6
2007	116.8	144.3	85.9	347.3	561.3	3.5	82.7
2008	123.7	147.6	89.5	347.6	562.2	3.6	89.9
2009	129.5	149.3	86.9	351.8	563.3	3.8	98.6
2010	134.3	151.8	87.1	352.5	561.7	4.0	114.4
2011	139.3	155.7	88.2	352.5	560.5	4.1	131.6
2012	144.0	159.5	88.1	350.4	558.5	4.4	147.9
2013	149.7	162.9	86.8	348.1	558.5	4.6	166.3

20.在校学生数

单位：万人

年份	普通本专科	普通高中	中等职业教育	初中	普通小学	特殊教育学校	学前教育
1978	85.6	1553.1		4995.2	14624.0	3.1	787.7
1979	102.0	1292.0		4613.0	14662.9	3.2	879.2
1980	114.4	969.8		4551.2	14627.0	3.3	1150.8

续表

年份	普通本专科	普通高中	中等职业教育	初中	普通小学	特殊教育学校	学前教育
1981	127.9	715.0		4144.6	14332.8	3.3	1056.2
1982	115.4	640.5		3888.0	13972.0	3.4	1113.1
1983	120.7	629.0		3768.8	13578.0	3.6	1140.3
1984	139.6	689.8		3864.3	13557.1	4.0	1294.7
1985	170.3	741.1		4010.1	13370.2	4.2	1479.7
1986	188.0	773.4		4116.6	13182.5	4.7	1629.0
1987	195.9	773.7		4174.4	12835.9	5.3	1807.8
1988	206.6	746.0		4015.5	12535.8	5.8	1854.5
1989	208.2	716.1		3837.9	12373.1	6.4	1847.7
1990	206.3	717.3		3916.6	12241.4	7.2	1972.2
1991	204.4	722.9		3960.6	12164.2	8.5	2209.3
1992	218.4	704.9		4065.9	12201.3	13.0	2428.2
1993	253.6	656.9		4082.2	12421.2	16.9	2552.5
1994	279.9	664.8		4316.9	12822.6	21.1	2630.3
1995	290.6	713.2		4727.5	13195.2	29.6	2711.2
1996	302.1	769.3		4970.4	13615.0	32.1	2666.3
1997	317.4	850.1		5167.8	13995.4	34.1	2519.0
1998	340.9	938.0		5363.0	13953.8	35.8	2403.0
1999	413.4	1049.7		5721.6	13548.0	37.2	2326.3
2000	556.1	1201.3		6256.3	13013.3	37.8	2244.2
2001	719.1	1405.0		6514.4	12543.5	38.6	2021.8
2002	903.4	1683.8		6687.4	12156.7	37.5	2036.0
2003	1108.6	1964.8		6690.8	11689.7	36.5	2003.9
2004	1333.5	2220.4		6527.5	11246.2	37.2	2089.4
2005	1561.8	2409.1	1600.0	6214.9	10864.1	36.4	2179.0
2006	1738.8	2514.5	1809.9	5958.0	10711.5	36.3	2263.9
2007	1884.9	2522.4	1987.0	5736.2	10564.0	41.9	2348.8
2008	2021.0	2476.3	2087.1	5585.0	10331.5	41.7	2475.0
2009	2144.7	2434.3	2195.2	5440.9	10071.5	42.8	2657.8
2010	2231.8	2427.3	2238.5	5279.3	9940.7	42.6	2976.7
2011	2308.5	2454.8	2205.3	5066.8	9926.4	39.9	3424.4
2012	2391.3	2467.2	2113.7	4763.1	9695.9	37.9	3685.8
2013	2468.1	2435.9	1923.0	4440.1	9360.5	36.8	3894.7

21.学生入学率和升学率

年份	毕业生升学率（%） 高中	毕业生升学率（%） 初中	毕业生升学率（%） 小学	小学学龄儿童净入学率（%）
1978		40.9	87.7	95.5
1979		40.0	82.8	93.0
1980		45.9	75.9	93.9
1981		31.5	68.3	93.0
1982		32.3	66.2	93.2
1983		35.5	67.3	94.0
1984		38.4	66.2	95.3
1985		41.7	68.4	96.0
1986		40.6	69.5	96.4
1987		39.1	69.1	97.2
1988		38.0	70.4	97.2
1989	24.6	38.3	71.5	97.4
1990	27.3	40.6	74.6	97.8
1991	28.7	42.6	77.7	97.9
1992	34.9	43.4	79.7	97.2
1993	43.3	44.1	81.8	97.7
1994	46.7	47.8	86.6	98.4
1995	49.9	48.3	90.8	98.5
1996	51.0	48.8	92.6	98.8
1997	48.6	57.5	93.7	98.9
1998	46.1	50.7	94.3	98.9
1999	63.8	49.5	94.4	99.1
2000	73.2	51.2	94.9	99.1
2001	78.8	53.2	95.5	99.1
2002	83.5	58.3	97.0	98.6
2003	83.4	59.6	97.9	98.7
2004	82.5	63.8	98.1	98.9
2005	76.3	69.7	98.4	99.2
2006	75.1	75.7	100.0	99.3

续表

年份	毕业生升学率（%）			小学学龄儿童
	高中	初中	小学	净入学率（%）
2007	70.3	80.5	99.9	99.5
2008	72.7	82.1	99.7	99.5
2009	77.6	85.6	99.1	99.4
2010	83.3	87.5	98.7	99.7
2011	86.5	88.9	98.3	99.8
2012	87.0	88.4	98.3	99.9
2013	87.6	91.2	98.3	99.7

22.每十万人口各级学校平均在校生数

单位：人

年份	学前教育	小学	初中阶段	高中阶段	高等学校
1978		15190			89
1979		15100			105
1980		14820			116
1981		14390			128
1982		13820			114
1983		13180			117
1984		12990			134
1985		12630			161
1986		12260			175
1987		11740			179
1988		11290			186
1989		10980			185
1990		10710			180
1991	1907	10502	3465	1355	304
1992	2072	10413	3518	1365	313
1993	2190	10656	3599	1448	376
1994	2219	10819	3681	1293	433
1995	2262	11010	3945	1610	457
1996	2208	11273	4180	1780	470
1997	2058	11435	4289	1905	482
1998	1944	11287	4408	1978	519

续表

年份	学前教育	小学	初中阶段	高中阶段	高等学校
1999	1864	10855	4656	2032	594
2000	1782	10335	4969	2005	723
2001	1602	9937	5161	2021	931
2002	1595	9525	5240	2283	1146
2003	1560	9100	5209	2523	1298
2004	1617	8725	5058	2824	1420
2005	1676	8358	4781	3070	1613
2006	1731	8192	4557	3321	1816
2007	1787	8037	4364	3409	1924
2008	1873	7819	4227	3463	2042
2009	2001	7584	4097	3495	2128
2010	2230	7448	3955	3504	2189
2011	2554	7403	3779	3495	2253
2012	2736	7196	3535	3411	2335
2013	2876	6913	3279	3227	2418

注：①初中阶段包括普通初中和职业初中。②高中阶段包括普通高中、成人高中、普通中专、职业高中、技工学校和成人中专。因指标口径范围发生变化，故一些年份无数据。③高等学校包括普通高等学校和成人高等学校。

23.教育经费

单位：亿元

年份	全国教育经费总投入	#国家财政性教育经费	#公共财政教育支出	公共财政教育支出占公共财政支出比例（%）	国家财政性教育经费占国内生产总值比例（%）
1992	867.05	728.75	564.94	15.10	2.71
1993	1059.94	867.76	676.61	14.57	2.46
1994	1488.78	1174.74	931.13	16.07	2.44
1995	1877.95	1411.52	1092.94	16.02	2.32
1996	2262.34	1671.70	1288.08	16.23	2.35
1997	2531.73	1862.54	1441.27	15.61	2.36
1998	2949.06	2032.45	1654.02	15.32	2.41
1999	3349.04	2287.18	1911.37	14.49	2.55
2000	3849.08	2562.61	2191.77	13.80	2.58
2001	4637.66	3057.01	2705.66	14.31	2.79

续表

年份	全国教育经费总投入	#国家财政性教育经费	#公共财政教育支出	公共财政教育支出占公共财政支出比例（%）	国家财政性教育经费占国内生产总值比例（%）
2002	5480.03	3491.40	3254.94	14.76	2.90
2003	6208.27	3850.62	3619.10	14.68	2.84
2004	7242.60	4465.86	4244.42	14.90	2.79
2005	8418.84	5161.08	4946.04	14.58	2.79
2006	9815.31	6348.36	6135.35	15.18	2.93
2007	12148.07	8280.21	8094.34	16.26	3.12
2008	14500.74	10449.63	10212.97	16.32	3.33
2009	16502.71	12231.09	11974.98	15.69	3.59
2010	19561.85	14670.07	14163.90	15.76	3.65
2011	23869.29	18586.70	17821.74	16.31	3.93
2012	27695.97	22236.23	20314.17	16.13	4.28
2013	30364.72	24488.22	21405.67	15.27	4.30

注：①国家财政性教育经费：主要包括公共财政预算教育经费，各级政府征收用于教育的税费，企业办学中的企业拨款，校办产业和社会服务收入用于教育的经费等。②2012年对部分教育经费统计指标进行了修订。"公共财政教育支出"2012年以前包括教育事业费、科研经费、基建经费、其他经费和教育费附加；2012年起包括教育事业费、基建经费和教育费附加。

24.医疗卫生机构数

单位：个

年份	合计	#医院	#基层医疗卫生机构	#社区卫生服务中心（站）	#乡镇卫生院	#村卫生室	#门诊部（所）	#专业公共卫生机构	疾病预防控制中心	专科疾病防治院（所/站）	妇幼保健院（所/站）	卫生监督所（中心）
1978	169732	9293			55018		94395		2989	887	2571	
1979	176793	9646			55263		99643		3047	1066	2659	
1980	180553	9902			55413		102474		3105	1138	2745	
1981	800205	10252			55500	610079	111189		3202	1197	2789	
1982	801869	10471			55496	608431	113916		3271	1272	2827	
1983	870686	10901			55559	674669	115826		3274	1326	2851	
1984	905424	11381			55549	707168	117028		3339	1458	2955	
1985	978540	11955			47387	777674	126604		3410	1566	2996	

第十一章 中国社会发展综合统计与国际比较

续表

年份	合计	#医院	#基层医疗卫生机构	#社区卫生服务中心（站）	#乡镇卫生院	#村卫生室	#门诊部（所）	#专业公共卫生机构	疾病预防控制中心	专科疾病防治院（所/站）	妇幼保健院（所/站）	卫生监督所（中心）
1986	999102	12442			46967	795963	127575		3475	1635	3059	
1987	1012804	12962			47177	807844	128459		3512	1697	3082	
1988	1012485	13544			47529	806497	128422		3532	1727	3103	
1989	1027522	14090			47523	820798	128112		3591	1747	3112	
1990	1012690	14377			47749	803956	129332		3618	1781	3148	
1991	1003769	14628			48140	794733	128665		3652	1818	3187	
1992	1001310	14889			46117	796523	125873		3673	1845	3187	
1993	1000531	15436			45024	806945	115161		3729	1872	3115	
1994	1005271	15595			51929	813529	105984		3711	1905	3190	
1995	994409	15663			51797	804352	104406		3729	1895	3179	
1996	1078131	15833			51277	755565	237153		3737	1887	3172	
1997	1048657	15944			50981	733624	229474		3747	1893	3180	
1998	1042885	16001			50071	728788	229349		3746	1889	3191	
1999	1017673	16678			49694	716677	226588		3763	1877	3180	
2000	1034229	16318	1000169		49229	709458	240934	11386	3741	1839	3163	
2001	1029314	16197	995670		48090	698966	248061	11471	3813	1783	3132	
2002	1005004	17844	973098	8211	44992	698966	219907	10787	3580	1839	3067	571
2003	806243	17764	774693	10101	44279	514920	204468	10792	3584	1749	3033	838
2004	849140	18393	817018	14153	41626	551600	208794	10878	3588	1583	2998	1284
2005	882206	18703	849488	17128	40907	583209	207457	11177	3585	1502	3021	1702
2006	918097	19246	884818	22656	39975	609128	212243	11269	3548	1402	3003	2097
2007	912263	19852	878686	27069	39876	613855	197083	11528	3585	1365	3051	2553
2008	891480	19712	858015	24260	39080	613143	180752	11485	3534	1310	3011	2675
2009	916571	20291	882153	27308	38475	632770	182448	11665	3536	1291	3020	2809
2010	936927	20918	901709	32739	37836	648424	181781	11835	3513	1274	3025	2992
2011	954389	21979	918003	32860	37295	662894	184287	11926	3484	1294	3036	3022
2012	950297	23170	912620	33562	37097	653419	187932	12083	3490	1289	3044	3088
2013	974398	24709	915368	33965	37015	648619	195176	31155	3516	1271	3144	2967

注：① 2002年起，医疗卫生机构数不再包括高中等医学院校本部、药检机构、国境卫生检疫所和非卫生部门举办的计划生育指导站。
② 2013年起，医疗卫生机构数包括原计生部门主管的计划生育技术服务机构。
③ 1996年以前门诊部（所）不包括私人诊所。

25.医疗卫生人员数

单位：万人

年份	卫生人员	#卫生技术人员	#执业（助理）医师	#注册护士	每千人口执业（助理）医师数（人）
1978	788.3	246.4	97.8	40.5	1.08
1979	773.8	264.2	108.8	42.1	1.12
1980	735.5	279.8	115.3	46.6	1.17
1981	719.9	301.1	124.4	52.5	1.25
1982	695.4	314.3	130.7	56.4	1.29
1983	675.7	325.3	135.3	59.6	1.33
1984	662.3	334.4	138.1	61.6	1.34
1985	560.6	341.1	141.3	63.7	1.36
1986	572.6	350.7	144.4	68.1	1.37
1987	584.3	360.9	148.2	71.8	1.39
1988	592.5	372.4	161.8	82.9	1.49
1989	602.8	380.9	171.8	92.2	1.56
1990	613.8	389.8	176.3	97.5	1.56
1991	627.8	398.5	178.0	101.2	1.56
1992	640.9	407.4	180.8	104.0	1.57
1993	654.1	411.7	183.2	105.6	1.58
1994	663.1	419.9	188.2	109.4	1.60
1995	670.4	425.7	191.8	112.6	1.62
1996	673.5	431.2	194.1	116.3	1.62
1997	683.4	439.8	198.5	119.8	1.65
1998	686.3	442.4	200.0	121.9	1.65
1999	689.5	445.9	204.5	124.5	1.67
2000	691.0	449.1	207.6	126.7	1.68
2001	687.5	450.8	210.0	128.7	1.69
2002	652.9	427.0	184.4	124.7	1.47
2003	621.7	438.1	194.2	126.6	1.54
2004	633.3	448.6	199.9	130.8	1.57

续表

年份	卫生人员	#卫生技术人员	#执业（助理）医师	#注册护士	每千人口执业（助理）医师数（人）
2005	644.7	456.4	204.2	135.0	1.56
2006	668.1	472.8	209.9	142.6	1.60
2007	696.4	491.3	212.3	155.9	1.61
2008	725.2	517.4	220.2	167.8	1.66
2009	778.1	553.5	232.9	185.5	1.75
2010	820.8	587.6	241.3	204.8	1.80
2011	861.6	620.3	246.6	224.4	1.83
2012	911.6	667.6	261.6	249.7	1.94
2013	979.0	721.1	279.5	278.3	2.04

注：①卫生人员和卫生技术人员包括获得"卫生监督员"证书的公务员。
②2013年卫生人员数包括卫生计生部门主管的计划生育技术服务机构人员数，2012年以前不包括原人口计生部门主管的计划生育技术服务机构人员数。
③2002年以前，执业（助理）医师数系医生，注册护士数系护师（士）。
④人口系常住人口数（下表同）。

26.医疗卫生机构床位数

单位：万张

年份	合计	#医院	#基层医疗卫生机构	#社区卫生服务中心（站）	#乡镇卫生院	#专业公共卫生机构	#妇幼保健院（所、站）	#专科疾病防治院（所、站）	每千人口医疗卫生机构床位
1978	204.2	110.0			74.73		1.16	2.63	
1979	212.8	114.7			77.12		1.50	2.70	
1980	218.4	119.6			77.54		1.64	2.73	
1981	223.4	124.1			76.31		1.97	2.71	
1982	228.03	128.52			75.32		2.33	2.73	
1983	234.16	134.53			74.62		2.75	2.85	
1984	241.24	141.24			73.14		3.18	2.96	
1985	248.71	150.86			72.06		3.46	2.95	
1986	256.25	155.98			71.12		3.67	3.06	

续表

年份	合计	#医院	#基层医疗卫生机构	#社区卫生服务中心（站）	#乡镇卫生院	#专业公共卫生机构	#妇幼保健院（所、站）	#专科疾病防治院（所、站）	每千人口医疗卫生机构床位
1987	268.50	165.34			72.30		4.00	3.07	
1988	279.49	174.70			72.61		4.35	3.00	
1989	286.70	181.46			72.30		4.50	3.10	
1990	292.54	186.89			72.29		4.66	3.10	
1991	299.19	192.61			72.92		4.80	3.17	
1992	304.94	197.66			73.28		5.00	3.22	
1993	309.90	203.64			73.08		4.50	3.03	
1994	313.40	207.04			73.24		4.80	2.98	
1995	314.06	206.33			73.31		5.13	3.07	
1996	309.96	209.65			73.47		5.60	2.83	
1997	313.45	211.92			74.24		6.02	3.06	
1998	314.30	213.41			73.77		6.30	2.90	
1999	315.90	215.07			73.40		6.63	2.93	
2000	317.70	216.67	76.65		73.48	11.86	7.12	2.84	
2001	320.12	215.56	77.14		74.00	12.02	7.40	2.70	
2002	313.61	222.18	71.05	1.20	67.13	12.37	7.98	3.18	2.49
2003	316.40	226.95	71.05	1.21	67.27	12.61	8.09	3.38	2.49
2004	326.84	236.35	71.44	1.81	66.89	12.73	8.70	3.12	2.56
2005	336.75	244.50	72.58	2.50	67.82	13.58	9.41	3.34	2.62
2006	351.18	256.04	76.19	4.12	69.62	13.50	9.93	2.80	2.70
2007	370.11	267.51	85.03	7.66	74.72	13.29	10.62	2.59	2.83
2008	403.87	288.29	97.10	9.80	84.69	14.66	11.73	2.64	3.05
2009	441.66	312.08	109.98	13.13	93.34	15.40	12.61	2.71	3.32
2010	478.68	338.74	119.22	16.88	99.43	16.45	13.44	2.93	3.58
2011	515.99	370.51	123.37	18.71	102.63	17.81	14.59	3.14	3.84
2012	572.48	416.15	132.43	20.32	109.93	19.82	16.16	3.57	4.24
2013	618.19	457.86	134.99	19.42	113.65	21.49	17.55	3.85	4.55

27.每万人口卫生技术人员数

单位：人

年份	卫生技术人员 合计	卫生技术人员 城市	卫生技术人员 农村	执业（助理）医师 合计	执业（助理）医师 城市	执业（助理）医师 农村	注册护士 合计	注册护士 城市	注册护士 农村
1980	29	80	18	12	32	8	5	18	2
1985	33	79	21	14	34	9	6	19	3
1990	35	66	22	16	30	10	9	19	4
1995	36	54	23	16	24	11	10	16	5
1998	36	53	24	17	23	11	10	16	5
1999	36	52	24	17	23	11	10	16	5
2000	36	52	24	17	23	12	10	16	5
2001	36	52	24	17	23	12	10	17	5
2002	34			15			10		
2003	35	49	23	15	21	10	10	16	5
2004	35	50	22	16	22	10	10	16	5
2005	35	58	27	16	25	13	10	21	7
2006	36	61	27	16	26	13	11	22	7
2007	37	64	27	16	26	12	12	24	7
2008	39	67	28	17	27	13	13	25	8
2009	42	72	29	17	28	13	14	28	8
2010	44	76	30	18	30	13	15	31	9
2011	46	67	27	18	26	11	17	26	8
2012	49	85	34	19	32	14	18	37	11
2013	53	92	36	20	34	15	20	40	12

注：① 2002年以前，执业（助理）医师数系医生，注册护士数系护师（士）。
② 城市包括直辖市市区和地级市市辖区，农村包括县及县级市。
③ 分母为常住人口。

28.监测地区5岁以下儿童和孕产妇死亡率

年份	新生儿死亡率（‰）合计	新生儿死亡率（‰）城市	新生儿死亡率（‰）农村	婴儿死亡率（‰）合计	婴儿死亡率（‰）城市	婴儿死亡率（‰）农村	5岁以下儿童死亡率（‰）合计	5岁以下儿童死亡率（‰）城市	5岁以下儿童死亡率（‰）农村	孕产妇死亡率（1/10万）合计	孕产妇死亡率（1/10万）城市	孕产妇死亡率（1/10万）农村
1991	33.1	12.5	37.9	50.2	17.3	58.0	61.0	20.9	71.1	80.0	46.3	100.0
1992	32.5	13.9	36.8	46.7	18.4	53.2	57.4	20.7	65.6	76.5	42.7	97.9

续表

年份	新生儿死亡率（‰）			婴儿死亡率（‰）			5岁以下儿童死亡率（‰）			孕产妇死亡率（1/10万）		
	合计	城市	农村	合计	城市	农村	合计	城市	农村	合计	城市	农村
1993	31.2	12.9	35.4	43.6	15.9	50.0	53.1	18.3	61.6	67.3	38.5	85.1
1994	28.5	12.2	32.3	39.9	15.5	45.6	49.6	18.0	56.9	64.8	44.1	77.5
1995	27.3	10.6	31.1	36.4	14.2	41.6	44.5	16.4	51.1	61.9	39.2	76.0
1996	24.0	12.2	26.7	36.0	14.8	40.9	45.0	16.9	51.4	63.9	29.2	86.4
1997	24.2	10.3	27.5	33.1	13.1	37.7	42.3	15.5	48.5	63.6	38.3	80.4
1998	22.3	10.0	25.1	33.2	13.5	37.7	42.0	16.2	47.9	56.2	28.6	74.1
1999	22.2	9.5	25.1	33.3	11.9	38.2	41.4	14.3	47.7	58.7	26.2	79.7
2000	22.8	9.5	25.8	32.2	11.8	37.0	39.7	13.8	45.7	53.0	29.3	69.6
2001	21.4	10.6	23.9	30.0	13.6	33.8	35.9	16.3	40.4	50.2	33.1	61.9
2002	20.7	9.7	23.2	29.2	12.2	33.1	34.9	14.6	39.6	43.2	22.3	58.2
2003	18.0	8.9	20.1	25.5	11.3	28.7	29.9	14.8	33.4	51.3	27.6	65.4
2004	15.4	8.4	17.3	21.5	10.1	24.5	25.0	12.0	28.5	48.3	26.1	63.0
2005	13.2	7.5	14.7	19.0	9.1	21.6	22.5	10.7	25.7	47.7	25.0	53.8
2006	12.0	6.8	13.4	17.2	8.0	19.7	20.6	9.6	23.6	41.1	24.8	45.5
2007	10.7	5.5	12.8	15.3	7.7	18.6	18.1	9.0	21.8	36.6	25.2	41.3
2008	10.2	5.0	12.3	14.9	6.5	18.4	18.5	7.9	22.7	34.2	29.2	36.1
2009	9.0	4.5	10.8	13.8	6.2	17.0	17.2	7.6	21.1	31.9	26.6	34.0
2010	8.3	4.1	10.0	13.1	5.8	16.1	16.4	7.3	20.1	30.0	29.7	30.1
2011	7.8	4.0	9.4	12.1	5.8	14.7	15.6	7.1	19.1	26.1	25.2	26.5
2012	6.9	3.9	8.1	10.3	5.2	12.4	13.2	5.9	16.2	24.5	22.2	25.6
2013	6.3	3.7	7.3	9.5	5.2	11.3	12.0	6.0	14.5	23.2	22.4	23.6

29.卫生费用

年份	卫生总费用（亿元）	政府卫生支出		社会卫生支出		个人现金卫生支出		人均卫生费用（元）			卫生总费用占GDP比重（%）
		绝对数（亿元）	占卫生总费用比重（%）	绝对数（亿元）	占卫生总费用比重（%）	绝对数（亿元）	占卫生总费用比重（%）	合计	城市	农村	
1978	110.2	35.4	32.2	52.3	47.4	22.5	20.4	11.5			3.02
1979	126.2	40.6	32.2	59.9	47.5	25.7	20.3	12.9			3.11
1980	143.2	51.9	36.2	61.0	42.6	30.4	21.2	14.5			3.15
1981	160.1	59.7	37.3	62.4	39.0	38.0	23.7	16.0			3.27
1982	177.5	69.0	38.9	70.1	39.5	38.4	21.6	17.5			3.33
1983	207.4	77.6	37.4	64.6	31.1	65.2	31.5	20.1			3.48

续表

年份	卫生总费用（亿元）	政府卫生支出 绝对数（亿元）	政府卫生支出 占卫生总费用比重（%）	社会卫生支出 绝对数（亿元）	社会卫生支出 占卫生总费用比重（%）	个人现金卫生支出 绝对数（亿元）	个人现金卫生支出 占卫生总费用比重（%）	人均卫生费用（元）合计	人均卫生费用（元）城市	人均卫生费用（元）农村	卫生总费用占GDP比重（%）
1984	242.1	89.5	37.0	73.6	30.4	79.0	32.6	23.2			3.36
1985	279.0	107.7	38.6	92.0	33.0	79.4	28.5	26.4			3.09
1986	315.9	122.2	38.7	110.4	34.9	83.3	26.4	29.4			3.07
1987	379.6	127.3	33.5	137.3	36.2	115.1	30.3	34.7			3.15
1988	488.0	145.4	29.8	190.0	38.9	152.7	31.3	44.0			3.24
1989	615.5	167.8	27.3	237.8	38.6	209.8	34.1	54.6			3.62
1990	747.4	187.3	25.1	293.1	39.2	267.0	35.7	65.4	158.8	38.8	4.00
1991	893.5	204.1	22.8	354.4	39.7	335.0	37.5	77.1	187.6	45.1	4.10
1992	1096.9	228.6	20.8	431.6	39.3	436.7	39.8	93.6	222.0	54.7	4.07
1993	1377.8	272.1	19.7	524.8	38.1	581.0	42.2	116.3	268.6	67.6	3.90
1994	1761.2	342.3	19.4	644.9	36.6	774.1	43.9	147.0	332.6	86.3	3.65
1995	2155.1	387.3	18.0	767.8	35.6	1000.0	46.4	177.9	401.3	112.9	3.54
1996	2709.4	461.6	17.0	875.7	32.3	1372.2	50.6	221.4	467.4	150.7	3.81
1997	3196.7	523.6	16.4	984.1	30.8	1689.1	52.8	258.6	537.8	177.9	4.05
1998	3678.7	590.1	16.0	1071.0	29.1	2017.6	54.8	294.9	625.9	194.6	4.36
1999	4047.5	641.0	15.8	1146.0	28.3	2260.6	55.9	321.8	702.0	203.2	4.51
2000	4586.6	709.5	15.5	1171.9	25.6	2705.2	59.0	361.9	813.7	214.7	4.62
2001	5025.9	800.6	15.9	1211.4	24.1	3013.9	60.0	393.8	841.2	244.8	4.58
2002	5790.0	908.5	15.7	1539.4	26.6	3342.1	57.7	450.8	987.1	259.3	4.81
2003	6584.1	1116.9	17.0	1788.5	27.2	3678.7	55.9	509.5	1108.9	274.7	4.85
2004	7590.3	1293.6	17.0	2225.4	29.3	4071.4	53.6	583.9	1261.9	301.6	4.75
2005	8659.9	1552.5	17.9	2586.4	29.9	4521.0	52.2	662.3	1126.4	315.8	4.68
2006	9843.3	1778.9	18.1	3210.9	32.6	4853.6	49.3	748.8	1248.3	361.9	4.55
2007	11574.0	2581.6	22.3	3893.7	33.6	5098.7	44.1	876.0	1516.3	358.1	4.35
2008	14535.4	3593.9	24.7	5065.6	34.9	5875.9	40.4	1094.5	1861.8	455.2	4.63
2009	17541.9	4816.3	27.5	6154.3	35.1	6571.2	37.5	1314.3	2176.6	562.0	5.15
2010	19980.4	5732.5	28.7	7196.6	36.0	7051.3	35.3	1490.1	2315.5	666.3	4.98
2011	24345.9	7464.2	30.7	8416.5	34.6	8465.3	34.8	1807.0	2697.5	879.4	5.15
2012	28119.0	8432.0	30.0	10030.7	35.7	9656.3	34.3	2076.7	2999.3	1064.8	5.41
2013	31669.0	9545.8	30.1	11393.8	36.0	10729.3	33.9	2327.4	3234.1	1274.4	5.57

注：① 2013年为初步测算数。
② 2001年起卫生总费用不包括高等医学教育经费，2006年起包括城乡医疗救助经费。

30. 文化机构数

单位：个

年份	艺术表演团体	艺术表演场馆	文化馆（站）	公共图书馆	博物馆
1978	3150	1095		1218	349
1979	3482	1255		1651	344
1980	3533	1444		1732	365
1981	3483	2302		1787	383
1982	3460	2469		1889	409
1983	3444	1818		2038	467
1984	3397	1779		2217	618
1985	3317	1377	8576	2344	711
1986	3195	2058	8913	2406	777
1987	3094	2148	8974	2440	827
1988	2985	2081	9045	2485	903
1989	2850	2050	9037	2512	967
1990	2805	1955	9216	2527	1013
1991	2772	2068	10507	2535	1075
1992	2753	2037	9564	2558	1106
1993	2707	2024	10155	2572	1130
1994	2698	1998	11276	2589	1161
1995	2682	1958	13487	2615	1194
1996	2664	1934	45253	2620	1219
1997	2663	1947	45449	2628	1282
1998	2652	1929	45834	2662	1339
1999	2632	1911	45837	2669	1363
2000	2619	1900	45321	2675	1392
2001	2605	1854	43379	2696	1461
2002	2587	1829	42516	2697	1511
2003	2601	1900	41816	2709	1515

续表

年份	艺术表演团体	艺术表演场馆	文化馆（站）	公共图书馆	博物馆
2004	2759	1928	41402	2720	1548
2005	2805	1866	41588	2762	1581
2006	2866	1839	40088	2778	1617
2007	4512	1732	40601	2799	1722
2008	5114	1662	41156	2820	1893
2009	6139	1499	41959	2850	2252
2010	6864	1461	43382	2884	2435
2011	7055	1429	43675	2952	2650
2012	7321	1279	43876	3076	3069
2013	8180	1344	44260	3112	3473

31.图书、期刊和报纸出版情况

年份	图书 种数（种）	图书 #新出版	图书 总印数（亿册）	图书 总印张数（亿印张）	期刊 种数（种）	期刊 平均期印数（万册）	期刊 总印数（亿册）	期刊 总印张数（亿印张）	报纸 种数（种）	报纸 平均期印数（万册）	报纸 总印数（亿份）	报纸 总印张数（亿印张）
1978	14987	11888	37.7	135.4	930	6200	7.6	22.7	186	4280	127.8	113.5
1979	17212	14007	40.7	172.5	1470	7960	11.8	30.1	69	4762	130.8	123.0
1980	21621	17660	45.9	195.7	2191	10298	11.3	36.7	188	6236	140.4	141.7
1981	25601	19854	55.8	217.7	2801	13096	14.6	45.6	242	7152	140.7	133.6
1982	31784	23445	58.8	222.0	3100	13885	15.1	46.0	277	8074	140.0	129.1
1983	35700	25826	58.0	232.4	3415	15995	17.7	52.5	340	9611	155.1	142.7
1984	40072	28794	62.5	260.6	3907	20440	21.8	64.3	458	16246	180.8	162.3
1985	45603	33743	66.7	282.8	4705	23952	25.6	77.3	1445	19107	246.8	202.8
1986	51789	39426	52.0	220.3	5248	21980	24.0	73.0	791	14628	193.9	172.2
1987	60213	42854	62.5	261.2	5687	24375	25.9	72.7	850	15524	204.9	183.2
1988	65961	46774	62.2	269.0	5865	23275	25.5	71.2	829	15170	207.2	189.7
1989	74973	55475	58.6	243.6	6078	17145	18.4	50.7	1576	15288	207.0	179.5
1990	80224	55245	56.4	232.1	5751	16156	17.9	48.1	1444	14670	211.3	182.8

续表

年份	图书 种数（种）	#新出版	总印数（亿册）	总印张数（亿印张）	期刊 种数（种）	平均期印数（万册）	总印数（亿册）	总印张数（亿印张）	报纸 种数（种）	平均期印数（万册）	总印数（亿份）	总印张数（亿印张）
1991	89615	58467	61.4	266.1	6056	18216	20.6	54.4	1524	16393	236.5	205.8
1992	92148	58169	63.4	280.4	6486	20506	23.6	62.7	1657	18031	257.9	238.8
1993	96761	66313	59.3	282.3	7011	20780	23.5	64.2	1788	18478	263.8	287.1
1994	103836	69779	60.1	297.2	7325	19763	22.1	63.9	1953	17736	253.2	310.8
1995	101381	59159	63.2	316.8	7583	19794	23.4	67.0	2089	17644	263.3	359.6
1996	112813	63647	71.6	360.5	7916	19300	23.1	68.1	2163	17877	274.3	392.4
1997	120106	66585	73.1	364.0	7918	20046	24.4	73.3	2149	18259	287.6	459.8
1998	130613	74719	72.4	373.6	7999	20928	25.4	79.9	2053	18211	300.4	540.0
1999	141831	83095	73.2	391.4	8187	21845	28.5	96.8	2038	18632	318.4	636.7
2000	143376	84235	62.7	376.2	8725	21544	29.4	100.0	2007	17914	329.3	799.8
2001	154526	91416	63.1	406.1	8889	20697	28.9	100.9	2111	18130	351.1	938.9
2002	170962	100693	68.7	456.5	9029	20406	29.5	106.4	2137	18721	367.8	1067.4
2003	190391	110812	66.7	462.2	9074	19909	29.5	109.1	2119	19072	383.1	1235.6
2004	208294	121597	64.1	465.6	9490	17208	28.3	110.5	1922	19522	402.4	1524.8
2005	222473	128578	64.7	493.3	9468	16286	27.6	125.3	1931	19549	412.6	1613.1
2006	233971	160757	64.1	512.0	9468	16435	28.5	136.9	1938	19703	424.5	1658.9
2007	248283	136226	62.9	486.5	9468	16697	30.4	157.9	1938	20545	438.0	1700.8
2008	274123	148978	70.6	561.1	9549	16767	31.1	158.0	1943	21155	442.9	1930.6
2009	301719	168296	70.4	565.5	9851	16457	31.5	166.2	1937	20837	439.1	1969.4
2010	328387	189295	71.7	606.3	9884	16349	32.2	181.1	1939	21438	452.1	2148.0
2011	369523	207506	77.1	634.5	9849	16880	32.9	192.7	1928	21517	467.4	2272.5
2012	414005	241986	79.3	667.0	9867	16767	33.5	196.0	1918	22762	482.3	2211.0
2013	444427	255981	83.1	712.6	9877	16453	32.7	194.7	1915	23696	482.4	2097.8

32.广播电视电影综合情况

年份	广播节目综合人口覆盖率（%）	公共广播节目播出时间（万小时）	电视节目综合人口覆盖率（%）	公共电视节目播出时间（万小时）	电影故事片厂数（个）	生产故事影片数（部）	电影院线（条）	电影院线内银幕（块）
1978					12	46		
1979					17	65		
1980					17	82		
1981					19	105		
1982					19	112		
1983					19	127		
1984					20	144		
1985	68.3		68.4		20	127		
1986					20	134		
1987					22	146		
1988					22	158		
1989	73.0		77.9		22	136		
1990	74.7		79.4		22	134		
1991	75.0		81.0		22	130		
1992	75.6		81.3		22	170		
1993	76.3		82.3		22	154		
1994					22	148		
1995	78.8		84.5		30	146		
1996					30	110		
1997	86.0		87.7		31	88		
1998	88.3		89.0		31	82		
1999	90.5		91.6					
2000	92.5		93.7		31	91		
2001	92.9		94.2		27	88		
2002	93.3		94.6		31	100		
2003	93.7		94.9		31	140		
2004	94.1		95.3		31	212		
2005	94.5		95.8		32	260		

续表

年份	广播节目综合人口覆盖率（%）	公共广播节目播出时间（万小时）	电视节目综合人口覆盖率（%）	公共电视节目播出时间（万小时）	电影故事片厂数（个）	生产故事影片数（部）	电影院线（条）	电影院线内银幕（块）
2006	95.0	1078	96.2	1360	32	330	34	3034
2007	95.4	1127	96.6	1455	32	402	34	3527
2008	96.0	1163	97.0	1495	33	406	34	4097
2009	96.3	1227	97.2	1578	31	456	37	4723
2010	96.8	1266	97.6	1636	31	526	37	6256
2011	97.1	1306	97.8	1675	31	558	39	9286
2012	97.5	1338	98.2	1699	31	745	40	13118
2013	97.8	1380	98.4	1706	31	638	42	18195

注：本表电影故事片厂指国有电影故事片厂。

33.参加基本养老保险人数

单位：万人

年份	年末参加基本养老保险人数	城镇职工基本养老保险 合计	城镇职工基本养老保险 职工	城镇职工基本养老保险 离退休人员	城乡居民基本养老保险
1989		5710.3	4816.9	893.4	
1990		6166.0	5200.7	965.3	
1991		6740.3	5653.7	1086.6	
1992		9456.2	7774.7	1681.5	
1993		9847.6	8008.2	1839.4	
1994		10573.5	8494.1	2079.4	
1995		10979.0	8737.8	2241.2	
1996		11116.7	8758.4	2358.3	
1997		11203.9	8670.9	2533.0	
1998		11203.1	8475.8	2727.3	
1999		12485.4	9501.8	2983.6	
2000		13617.4	10447.5	3169.9	
2001		14182.5	10801.9	3380.6	
2002		14736.6	11128.8	3607.8	
2003		15506.7	11646.5	3860.2	
2004		16352.9	12250.3	4102.6	

续表

年份	年末参加基本养老保险人数	城镇职工基本养老保险			城乡居民基本养老保险
		合计	职工	离退休人员	
2005		17487.9	13120.4	4367.5	
2006		18766.3	14130.9	4635.4	
2007		20136.9	15183.2	4953.7	
2008		21891.1	16587.5	5303.6	
2009		23549.9	17743.0	5806.9	
2010	35984.1	25707.3	19402.3	6305.0	10276.8
2011	61573.3	28391.3	21565.0	6826.2	33182.0
2012	78796.3	30426.8	22981.1	7445.7	48369.5
2013	81968.4	32218.3	24177.3	8041.0	49750.1

34.社会保险基本情况

年份	失业保险			城镇基本医疗保险			工伤保险		年末参加生育保险人数（万人）
	年末参保人数（万人）	全年发放失业保险金人数（万人）	全年发放失业保险金（亿元）	年末参保人数（万人）	年末参保城镇职工	年末参保城镇居民	年末参保人数（万人）	年末享受工伤待遇的人数（万人）	
1994	7967.8	196.5	5.1	400.3	400.3		1822.1	5.8	915.9
1995	8237.7	261.3	8.2	745.9	745.9		2614.8	7.1	1500.2
1996	8333.1	330.8	13.9	855.7	855.7		3102.6	10.1	2015.6
1997	7961.4	319.0	18.7	1762.0	1762.0		3507.8	12.5	2485.9
1998	7927.9	158.1	20.4	1877.6	1877.6		3781.3	15.3	2776.7
1999	9852.0	271.4	31.9	2065.3	2065.3		3912.3	15.1	2929.8
2000	10408.4	329.7	56.2	3786.9	3786.9		4350.3	18.8	3001.6
2001	10354.6	468.5	83.3	7285.9	7285.9		4345.3	18.7	3455.1
2002	10181.6	657.0	116.8	9401.2	9401.2		4405.6	26.5	3488.2
2003	10372.9	741.6	133.4	10901.7	10901.7		4574.8	32.9	3655.4
2004	10583.9	753.5	137.5	12403.6	12403.6		6845.2	51.9	4383.8
2005	10647.7	677.8	132.4	13782.9	13782.9		8478.0	65.1	5408.5
2006	11186.6	598.1	125.8	15731.8	15731.8		10268.5	77.8	6458.9
2007	11644.6	538.5	129.4	22311.1	18020.0	4291.1	12173.3	96.0	7775.3
2008	12399.8	516.7	139.5	31821.6	19995.6	11826.0	13787.2	117.8	9254.1

续表

年份	失业保险 年末参保人数（万人）	失业保险 全年发放失业保险金人数（万人）	失业保险 全年发放失业保险金（亿元）	城镇基本医疗保险 年末参保人数（万人）	城镇基本医疗保险 年末参保城镇职工	城镇基本医疗保险 年末参保城镇居民	工伤保险 年末参保人数（万人）	工伤保险 年末享受工伤待遇的人数（万人）	年末参加生育保险人数（万人）
2009	12715.5	483.9	145.8	40147.0	21937.4	18209.6	14895.5	129.6	10875.7
2010	13375.6	431.6	140.4	43262.9	23734.7	19528.3	16160.7	147.5	12335.9
2011	14317.1	394.4	159.9	47343.2	25227.1	22116.1	17695.9	163.0	13892.0
2012	15224.7	390.1	181.3	53641.3	26485.6	27155.7	19010.1	190.5	15428.7
2013	16417.0	416.7	203.2	57072.6	27443.1	29629.4	19917.2	195.2	16392.0

35.社会救助情况

单位：万人

年份	城市居民传统救济人数	城市居民最低生活保障人数	农村救济总人数	农村救助总人数	农村居民最低生活保障人数	农村集中供养五保人数	农村分散供养五保人数	农村传统救济人数
1985	30.0		116.7					
1986	49.0		103.0					
1987	29.8		92.2					
1988	32.9		93.0					
1989	30.5		75.7					
1990	41.8		100.2					
1991	33.7		97.0					
1992	39.5		97.5					
1993	24.6		80.1					
1994	23.0		82.1					
1995	109.0		98.3					
1996	120.1	84.9	109.2					
1997		87.9	104.5					
1998		184.1	120.5					
1999		256.9	107.1					
2000		402.6	112.2					
2001		1170.7	130.5		385.3	304.6		
2002		2064.7	138.7		497.8	407.8		
2003		2246.8		1160.5	367.1			

续表

年份	城市居民传统救济人数	城市居民最低生活保障人数	农村救济总人数	农村救助总人数	农村居民最低生活保障人数	农村集中供养五保人数	农村分散供养五保人数	农村传统救济人数
2004		2205.0		1402.1	488.0			
2005		2234.2		1891.8	825.0			
2006		2240.1		2987.8	1593.1			115.6
2007		2272.1		4818.6	3566.3	138.0	393.3	75.0
2008		2334.8		5757.3	4305.5	155.6	393.0	72.2
2009		2345.6		5922.0	4760.0	171.8	381.6	62.2
2010		2310.5		6443.5	5214.0	177.4	378.9	59.5
2011		2276.8		6522.2	5305.7	184.5	366.5	68.7
2012		2143.5		5969.7	5344.5	185.3	360.2	79.6
2013		2064.2		5998.3	5388.0	183.5	353.8	73.0

36.提供住宿的社会服务机构床位数

年份	提供住宿的社会服务机构床位数（万张）	老年及残疾人床位（万张）	智障和精神疾病床位（万张）	儿童床位（万张）	救助及其他社会服务床位（万张）	每千人口社会服务床位数（张）	每千老年人口养老床位数（张）
1991	82.8	78.3	3.8	0.7		0.71	
1992	89.8	85.2	3.8	0.8		0.77	
1993	92.7	87.4	4.0	0.9	0.4	0.78	
1994	95.5	90.1	4.0	0.9	0.5	0.80	
1995	97.6	91.9	4.0	1.1	0.6	0.81	
1996	100.8	95.0	4.0	1.2	0.6	0.82	
1997	103.1	97.2	4.0	1.3	0.6	0.83	
1998	105.8	99.6	4.1	1.5	0.6	0.85	
1999	108.9	102.4	4.1	1.6	0.8	0.87	
2000	113.0	104.5	4.1	1.8	2.6	0.89	
2001	140.7	114.6	4.2	2.3	19.6	1.10	
2002	141.5	114.9	4.3	2.5	19.8	1.10	
2003	142.9	120.6	4.5	2.7	15.1	1.11	
2004	157.2	139.5	4.5	3.0	10.2	1.21	
2005	180.7	158.1	4.4	3.2	15.0	1.38	10.97
2006	204.5	179.6	4.4	3.2	17.3	1.56	12.05

续表

年份	提供住宿的社会服务机构床位数（万张）	老年及残疾人床位（万张）	智障和精神疾病床位（万张）	儿童床位（万张）	救助及其他社会服务床位（万张）	每千人口社会服务床位数（张）	每千老年人口养老床位数（张）
2007	269.6	242.9	4.7	3.4	18.6	2.04	15.83
2008	300.3	267.4	5.4	4.3	23.2	2.26	16.72
2009	326.5	293.5	5.9	4.8	22.3	2.45	17.56
2010	349.6	316.1	6.1	5.5	21.9	2.61	17.79
2011	396.4	369.2	6.5	6.8	13.9	2.94	19.96
2012	449.3	416.5	6.7	8.7	17.4	3.32	21.48
2013	526.9	493.9	7.4	9.8	15.7	3.87	24.39

注：① 2001年起，社会服务机构床位数口径有所调整，除收养性机构床位数外，还包括了救助类机构床位数、社区类机构床位数以及军休所、军供站等机构床位数。老年人口指60岁及以上人口。
② 2011年起，老年及残疾人床位含社区服务床位（含日间照料床位）。

37.世界主要国家和地区总抚养比

单位：%

国家和地区＼年份	1978	1990	2000	2010	2011	2012	2013
澳大利亚	54.8	49.5	49.6	47.9	48.4	49.1	50.2
巴西	75.3	66.0	54.1	47.9	47.3	46.8	46.2
加拿大	49.2	46.9	46.5	44.1	44.6	45.3	46.3
中国	72.9	54.0	48.1	36.0	36.1	36.4	36.8
丹麦	55.6	48.5	50.0	53.0	53.5	54.2	55.0
芬兰	47.9	48.6	49.4	50.7	51.8	53.2	55.0
法国	58.6	51.5	53.7	54.2	54.8	55.6	56.5
德国	54.6	45.1	46.9	52.0	52.1	52.1	52.0
希腊	56.5	49.1	47.1	50.4	50.9	51.5	52.3
中国香港	49.2	43.2	39.4	33.4	33.6	34.0	34.6
冰岛	61.3	55.3	53.5	49.4	49.5	49.8	50.4
印度	76.1	70.6	62.8	54.4	53.7	53.0	52.4
印度尼西亚	82.8	67.3	54.6	53.5	53.0	52.4	51.8
意大利	56.9	45.8	48.3	52.3	52.8	53.5	54.3
日本	48.4	43.4	46.6	56.9	58.4	60.0	61.6
朝鲜	70.5	45.2	46.9	45.9	45.6	45.4	45.2

续表

年份 国家和地区	1978	1990	2000	2010	2011	2012	2013
韩国	64.7	44.1	39.5	37.6	37.3	37.1	37.1
卢森堡	49.3	44.4	49.3	46.3	46.1	46.1	46.5
中国澳门	52.4	47.2	43.3	24.9	24.7	24.9	25.8
马来西亚	77.6	68.7	59.1	48.2	47.4	46.7	45.9
墨西哥	96.8	74.8	63.9	56.3	55.4	54.5	53.6
荷兰	54.0	45.0	47.3	49.1	49.8	50.7	51.7
新西兰	60.5	52.3	52.7	50.4	50.7	51.3	51.9
挪威	59.3	54.4	54.3	51.1	51.4	51.8	52.6
菲律宾	88.1	78.8	71.7	63.9	63.1	62.2	61.4
波兰	51.3	54.3	46.3	39.9	40.2	40.8	41.6
葡萄牙	60.3	52.0	47.9	49.6	49.9	50.2	50.5
俄罗斯	46.6	49.7	44.1	38.9	39.2	39.7	40.5
沙特阿拉伯	91.1	82.5	72.2	50.8	49.5	48.4	46.9
新加坡	50.6	37.1	40.4	35.8	35.6	35.5	35.6
南非	81.4	72.8	57.3	53.7	53.7	53.8	53.9
西班牙	60.0	50.5	46.3	47.1	47.8	48.6	49.5
瑞典	56.2	55.6	55.5	53.2	54.1	55.3	56.8
瑞士	52.6	46.2	48.7	47.0	47.2	47.6	48.1
泰国	80.1	53.2	44.4	39.3	38.9	38.7	38.6
英国	57.8	53.2	53.4	51.9	52.4	53.1	54.0
美国	52.5	51.9	50.9	49.0	49.4	49.8	50.4
世界	73.1	65.8	60.2	54.0	53.7	53.6	53.6

38.世界主要国家和地区出生率

单位：‰

年份 国家和地区	1978	1990	2000	2010	2011	2012
澳大利亚	15.6	15.4	13.0	13.7	13.6	13.6
巴西	32.4	24.2	20.9	15.6	15.3	15.1
加拿大	15.2	15.0	10.9	11.1	11.0	11.0
中国	18.3	21.1	14.0	11.9	11.9	12.1
丹麦	12.2	12.3	12.6	11.4	10.6	10.4

续表

年份 国家和地区	1978	1990	2000	2010	2011	2012
芬兰	13.4	13.1	11.0	11.4	11.1	11.0
法国	14.1	13.4	13.3	12.9	12.6	12.6
德国	10.4	11.4	9.3	8.3	8.1	8.4
希腊	15.5	10.1	9.5	10.1	9.6	9.0
中国香港	17.3	12.0	8.1	12.6	13.5	12.8
冰岛	18.6	18.7	14.0	15.4	14.1	14.1
印度	35.7	30.7	25.6	21.3	21.0	20.7
印度尼西亚	34.7	25.9	21.5	20.1	19.6	19.2
意大利	12.6	10.0	9.5	9.3	9.0	9.0
日本	14.8	10.0	9.4	8.5	8.3	8.2
朝鲜	20.4	20.8	17.9	14.4	14.4	14.4
韩国	20.3	15.2	13.3	9.4	9.4	9.6
卢森堡	11.2	12.9	13.1	11.6	10.9	11.3
中国澳门	11.5	19.3	9.1	9.5	9.7	10.0
马来西亚	29.5	28.2	22.7	17.6	17.6	17.6
墨西哥	36.0	28.2	24.1	19.5	19.2	18.8
荷兰	12.6	13.2	13.0	11.1	10.8	10.5
新西兰	16.3	17.5	14.7	14.6	13.9	13.8
挪威	12.7	14.4	13.2	12.6	12.2	12.0
菲律宾	37.2	33.0	29.6	25.0	24.8	24.6
波兰	19.1	14.3	9.8	10.8	10.1	10.0
葡萄牙	17.5	11.7	11.7	9.6	9.2	8.5
俄罗斯	16.1	13.4	8.7	12.5	12.6	13.3
沙特阿拉伯	43.9	35.7	27.1	20.8	20.3	19.9
新加坡	16.8	18.4	11.8	9.3	9.5	10.1
南非	35.7	29.3	24.1	21.5	21.3	21.1
西班牙	17.3	10.3	9.9	10.4	10.1	9.7
瑞典	11.2	14.5	10.2	12.3	11.8	11.9
瑞士	11.2	12.5	10.9	10.3	10.2	10.3
泰国	28.5	19.2	14.6	11.0	10.7	10.5
英国	12.2	13.9	11.5	12.9	12.8	12.8
美国	15.0	16.7	14.4	13.0	12.7	12.6
世界	27.4	25.7	21.4	19.6	19.4	19.4

39.世界主要国家和地区死亡率

单位：‰

国家和地区＼年份	1978	1990	2000	2010	2011	2012
澳大利亚	7.5	7.5	6.7	6.5	6.6	6.5
巴西	9.0	9.0	6.4	6.4	6.4	6.4
加拿大	7.1	7.1	7.1	7.1	7.2	7.2
中国	6.3	6.3	6.5	7.1	7.1	7.2
丹麦	10.4	10.4	10.9	9.8	9.4	9.4
芬兰	9.1	9.1	9.5	9.5	9.4	9.6
法国	10.2	10.2	8.9	8.5	8.4	8.7
德国	12.2	12.2	10.2	10.5	10.4	10.8
希腊	8.7	8.7	9.6	9.6	10.0	10.5
中国香港	5.1	5.1	5.1	6.0	6.0	6.1
冰岛	6.4	6.4	6.8	6.4	6.2	6.1
印度	12.9	12.9	8.9	8.0	7.9	7.9
印度尼西亚	10.8	10.8	6.8	6.3	6.3	6.3
意大利	9.6	9.6	9.8	9.6	9.8	10.3
日本	6.0	6.0	7.7	9.5	9.9	10.0
朝鲜	6.6	6.6	9.1	9.1	9.1	9.2
韩国	6.8	6.8	5.2	5.1	5.1	5.3
卢森堡	11.6	11.6	8.6	7.4	7.4	7.3
中国澳门	7.0	7.0	4.9	4.8	4.8	4.8
马来西亚	6.0	6.0	4.4	4.6	4.6	4.7
墨西哥	7.3	7.3	4.6	4.5	4.5	4.5
荷兰	8.2	8.2	8.8	8.2	8.1	8.4
新西兰	7.9	7.9	6.9	6.5	6.8	6.8
挪威	10.0	10.0	9.8	8.5	8.4	8.4
菲律宾	8.3	8.3	6.1	6.0	6.0	6.0
波兰	9.4	9.4	9.5	9.9	9.7	10.0
葡萄牙	10.1	10.1	10.2	10.0	9.7	10.2

续表

年份 国家和地区	1978	1990	2000	2010	2011	2012
俄罗斯	10.5	10.5	15.3	14.2	13.5	13.3
沙特阿拉伯	9.4	9.4	4.0	3.3	3.3	3.3
新加坡	5.1	5.1	3.9	4.4	4.5	4.5
南非	11.4	11.4	11.7	13.9	13.5	13.2
西班牙	8.0	8.0	9.0	8.2	8.3	8.6
瑞典	10.8	10.8	10.5	9.6	9.5	9.7
瑞士	9.1	9.1	8.7	8.0	7.8	9.0
泰国	7.8	7.8	6.8	7.4	7.5	7.6
英国	11.9	11.9	10.3	9.0	8.7	8.9
美国	8.7	8.7	8.7	8.0	8.1	8.1
世界	10.3	10.3	8.6	8.1	8.0	8.0

40.世界主要国家和地区婴儿死亡率

单位：‰

年份 国家和地区	1978	1990	2000	2010	2011	2012	2013
澳大利亚	12.0	7.6	5.1	4.0	3.8	3.5	3.4
巴西	82.1	51.4	28.9	14.6	13.7	12.9	12.3
加拿大	11.8	6.8	5.2	4.9	4.7	4.7	4.6
中国	52.9	42.2	30.2	13.6	12.6	11.7	10.9
丹麦	8.8	7.4	4.6	3.3	3.1	3.0	2.9
芬兰	8.1	5.5	3.5	2.5	2.4	2.2	2.1
法国	11.0	7.4	4.4	3.5	3.5	3.5	3.5
德国	14.4	7.0	4.4	3.5	3.4	3.3	3.2
希腊	24.4	11.3	6.9	4.0	3.9	3.8	3.7
冰岛	8.7	5.1	3.1	1.9	1.8	1.7	1.6
印度	120.6	88.4	66.5	46.4	44.7	42.9	41.4
印度尼西亚	90.1	62.0	41.0	27.4	26.4	25.4	24.5
意大利	16.1	8.3	4.7	3.4	3.3	3.1	3.0
日本	8.3	4.6	3.3	2.4	2.3	2.2	2.1
朝鲜		33.4	44.5	24.8	23.8	22.7	21.7

续表

年份 国家和地区	1978	1990	2000	2010	2011	2012	2013
韩国	15.4	6.1	5.2	3.5	3.4	3.3	3.2
卢森堡	12.3	7.3	3.9	1.9	1.8	1.7	1.6
马来西亚	28.7	14.3	8.7	7.2	7.3	7.3	7.2
墨西哥	60.5	37.0	21.6	14.4	13.8	13.1	12.5
荷兰	9.3	6.8	5.1	3.7	3.6	3.5	3.3
新西兰	13.5	9.2	6.1	5.3	5.3	5.3	5.2
挪威	8.8	7.0	3.9	2.6	2.5	2.3	2.3
菲律宾	54.8	41.1	30.1	25.0	24.5	24.0	23.5
波兰	22.5	15.1	8.1	5.0	4.7	4.5	4.5
葡萄牙	26.8	11.5	5.5	3.1	3.1	3.1	3.1
俄罗斯	28.3	21.9	19.7	10.2	9.6	9.1	8.6
沙特阿拉伯	79.2	35.3	19.3	14.7	14.2	13.8	13.4
新加坡	12.3	6.2	3.1	2.2	2.2	2.2	2.2
南非	73.7	47.0	51.7	35.2	34.4	33.5	32.8
西班牙	18.4	9.3	5.4	3.9	3.7	3.7	3.6
瑞典	7.6	5.8	3.4	2.5	2.4	2.4	2.4
瑞士	9.2	6.7	4.6	3.8	3.8	3.7	3.6
泰国	50.9	30.3	19.1	12.5	12.0	11.6	11.3
英国	13.4	7.9	5.6	4.4	4.2	4.0	3.9
美国	13.8	9.4	7.1	6.3	6.1	6.1	5.9
世界	83.2	62.7	53.0	37.0	35.7	34.6	33.6

41.世界主要国家和地区出生时预期寿命

单位：岁

年份 国家和地区	1978	1990	2000	2010	2011	2012
澳大利亚	73.7	77.0	79.2	81.7	81.9	82.1
巴西	62.0	66.5	70.3	73.1	73.3	73.6
加拿大	74.5	77.4	79.2	80.9	81.1	81.2
中国	66.5	69.5	72.1	74.9	75.0	75.2
丹麦	74.4	74.8	76.6	79.1	79.8	80.1

续表

年份 国家和地区	1978	1990	2000	2010	2011	2012
芬兰	72.9	74.8	77.5	79.9	80.5	80.6
法国	73.6	76.6	79.1	81.7	82.1	82.6
德国	72.1	75.2	77.9	80.0	80.7	80.9
希腊	73.0	76.9	77.9	80.4	80.7	80.6
中国香港	73.6	77.4	80.9	83.0	83.4	83.5
冰岛	76.6	78.0	79.7	81.9	82.4	82.9
印度	54.4	58.5	62.2	65.7	66.0	66.2
印度尼西亚	57.5	63.4	67.3	70.2	70.4	70.6
意大利	73.7	77.0	79.8	82.3	82.6	82.9
日本	76.0	78.8	81.1	82.8	82.6	83.1
朝鲜	64.9	69.3	65.0	68.9	69.2	69.5
韩国	65.0	71.3	75.8	80.6	81.0	81.4
卢森堡	71.5	75.0	77.9	80.6	81.0	81.4
中国澳门	71.8	75.3	77.6	79.7	79.9	80.1
马来西亚	67.4	70.8	72.9	74.5	74.7	74.8
墨西哥	65.5	70.8	74.3	76.7	76.9	77.1
荷兰	75.1	76.9	78.0	80.7	81.2	81.1
新西兰	73.0	75.4	78.6	80.7	80.9	81.2
挪威	75.4	76.5	78.6	81.0	81.3	81.5
菲律宾	61.8	65.2	66.8	68.2	68.4	68.6
波兰	70.4	70.9	73.7	76.2	76.7	76.8
葡萄牙	70.3	74.0	76.3	79.0	80.5	80.4
俄罗斯	67.4	68.9	65.3	68.9	69.7	70.5
沙特阿拉伯	61.3	69.1	72.6	75.1	75.3	75.5
新加坡	71.3	76.0	78.1	81.5	81.7	82.1
南非	55.9	62.1	55.8	54.4	55.3	56.1
西班牙	74.3	76.8	79.0	81.6	82.5	82.4
瑞典	75.5	77.5	79.6	81.5	81.8	81.7
瑞士	75.2	77.2	79.7	82.2	82.7	82.7
泰国	63.2	70.4	70.9	73.8	74.0	74.2
英国	73.2	75.9	77.7	80.4	81.0	81.5
美国	73.4	75.2	76.6	78.5	78.6	78.7
世界	62.6	65.7	67.7	70.3	70.6	70.8

42.世界主要国家和地区结婚率与离婚率

单位：‰

国家和地区	结婚率 2010年	结婚率 2011年	结婚率 2012年	离婚率 2010年	离婚率 2011年	离婚率 2012年
中国	9.3	9.3	9.6	2.0	1.6	1.8
中国香港	7.5	8.3	—	—	—	—
中国澳门	5.8	6.5	6.7	1.7	1.8	2.2
伊朗	12.0	11.6	—	1.8	1.9	—
日本	5.5	5.2	—	2.0	1.8	—
哈萨克斯坦	9.0	9.7	—	2.5	2.7	—
韩国	6.5	6.6	—	2.3	2.3	—
蒙古	—	—	—	1.1	—	—
新加坡	6.5	7.2	7.3	1.8	1.9	1.8
墨西哥	5.1	—	—	0.8	—	—
美国	6.8	6.8	—	2.8	2.8	—
阿根廷	3.0	3.1	—	—	—	—
委内瑞拉	3.3	3.5	—	—	—	—
白俄罗斯	8.1	9.2	8.1	3.9	4.1	4.1
保加利亚	3.2	2.9	2.9	1.5	1.4	1.6
捷克	4.4	4.3	4.3	2.9	2.7	2.5
法国	3.9	3.9	3.7	2.1	2.1	—
德国	4.7	4.6	4.7	2.3	2.3	—
意大利	3.6	3.4	3.4	0.9	—	—
荷兰	4.5	4.3	4.2	2.0	2.0	2.1
波兰	5.9	5.4	5.3	1.6	1.7	1.7
罗马尼亚	5.4	4.9	5.0	1.5	1.7	1.5
俄罗斯	8.5	9.2	—	4.5	4.7	—
西班牙	3.6	3.4	3.5	2.2	2.2	—
土耳其	8.0	8.0	8.0	1.6	1.6	1.6
乌克兰	6.7	7.8	6.1	2.8	1.4	1.1
英国	4.5	—	—	2.1	2.1	—
澳大利亚	5.5	5.5	—	2.3	2.2	—
新西兰	4.8	4.6	—	2.0	1.9	—

注："—"为没有数据。

43.世界主要国家和地区劳动参与率

单位：%

年份 国家和地区	1990	2000	2010	2011	2012
澳大利亚	63.9	63.4	65.6	65.6	65.3
巴西	64.6	68.2	70.0	69.9	69.9
加拿大	66.8	65.3	66.6	66.4	66.3
中国	78.9	77.1	70.7	71.0	71.1
丹麦	68.3	65.8	64.4	64.0	63.3
芬兰	65.0	61.7	60.3	60.3	60.1
法国	55.2	55.3	56.2	56.0	56.1
德国	55.9	58.1	59.3	59.9	59.8
希腊	51.0	52.6	54.0	53.4	53.2
中国香港	63.6	60.7	59.5	59.3	59.1
冰岛	74.8	76.9	74.5	73.8	74.0
印度	60.9	59.1	55.4	55.5	55.5
印度尼西亚	65.5	67.4	67.8	67.8	67.8
意大利	50.2	47.7	48.2	48.1	49.0
日本	63.2	62.4	60.1	59.1	58.9
朝鲜	82.0	81.0	78.2	78.1	78.1
韩国	60.1	61.0	60.3	60.5	60.8
卢森堡	50.7	53.4	57.0	56.8	57.7
中国澳门	57.6	65.0	71.2	71.3	71.4
马来西亚	61.6	62.8	59.1	59.2	59.3
墨西哥	58.6	59.6	61.1	60.3	61.6
荷兰	56.3	62.9	64.6	64.3	64.7
新西兰	63.7	64.8	67.7	68.0	67.8
挪威	63.1	66.1	65.7	65.4	65.5
菲律宾	65.4	65.2	64.7	65.2	65.2
波兰	63.3	56.0	55.9	56.1	56.5
葡萄牙	60.0	60.9	61.9	61.3	61.1
俄罗斯	67.2	60.7	63.0	63.4	63.5

续表

国家和地区＼年份	1990	2000	2010	2011	2012
沙特阿拉伯	54.0	48.6	51.5	51.8	52.2
新加坡	64.9	65.4	67.2	67.5	68.1
南非	53.5	56.8	51.3	51.3	51.8
西班牙	50.8	53.0	59.2	59.3	59.4
瑞典	66.7	62.9	63.5	63.9	64.1
瑞士	67.8	67.4	67.9	68.1	68.1
泰国	81.5	72.8	72.4	72.4	72.4
英国	63.2	61.9	61.9	61.9	62.1
美国	65.5	66.3	63.5	63.0	62.9
世界	66.3	65.3	63.4	63.5	63.6

44.世界主要国家和地区失业率

单位：%

国家和地区＼年份	2000	2010	2011	2012
澳大利亚	6.3	5.2	5.1	5.2
巴西	9.5	7.9	6.7	6.9
加拿大	6.8	8.0	7.4	7.2
中国	4.5	4.2	4.3	4.5
丹麦	4.5	7.5	7.6	7.5
芬兰	9.7	8.4	7.7	7.6
法国	10.2	9.3	9.2	9.9
德国	7.7	7.1	5.9	5.4
希腊	11.1	12.5	17.7	24.2
中国香港	4.9	4.3	3.4	3.3
冰岛	2.3	7.6	7.1	6.0
印度	4.3	3.5	3.4	3.4
印度尼西亚	6.1	7.1	6.6	6.6
意大利	10.8	8.4	8.4	10.7
日本	4.8	5.0	4.5	4.3
朝鲜	4.6	4.4	4.4	4.6

续表

国家和地区＼年份	2000	2010	2011	2012
韩国	4.4	3.7	3.4	3.2
卢森堡	2.3	4.4	4.9	5.1
中国澳门	6.7	2.8	2.6	2.0
马来西亚	3.0	3.4	3.1	3.1
墨西哥	2.6	5.2	5.3	4.9
荷兰	2.7	4.5	4.4	5.3
新西兰	6.2	6.5	6.5	6.9
挪威	3.4	3.6	3.3	3.2
菲律宾	11.2	7.3	7.0	7.0
波兰	16.1	9.6	9.6	10.1
葡萄牙	3.9	10.8	12.7	15.6
俄罗斯	10.6	7.3	6.5	5.5
沙特阿拉伯	4.6	5.5	4.4	5.6
新加坡	3.7	3.1	2.9	2.8
南非	26.7	24.7	24.7	25.0
西班牙	14.2	20.2	21.8	25.2
瑞典	5.9	8.6	7.8	8.0
瑞士	2.7	4.5	4.0	4.2
泰国	2.4	1.0	0.7	0.7
英国	5.6	7.8	7.9	7.9
美国	4.1	9.7	9.0	8.1
世界	6.3	6.1	5.9	5.9

45.国际贫困率

单位：%

国家和地区＼年份	1990	2000	2010	2011	2012
阿根廷	—	5.1	1.7	1.4	—
亚美尼亚	—	—	2.5	2.5	1.8
贝宁	—	—	—	—	51.6
不丹	—	—	—	—	2.4

第十一章 中国社会发展综合统计与国际比较

续表

国家和地区＼年份	1990	2000	2010	2011	2012
玻利维亚	—	26.9	—	7.0	8.0
巴西	16.2	—	—	4.5	3.8
柬埔寨	—	—	11.3	10.1	—
乍得	—	—	—	36.5	—
中国	60.7	—	9.2	6.3	—
哥伦比亚	—	17.9	6.2	5.0	5.6
刚果（布）	—	—	—	32.8	—
哥斯达黎加	8.5	5.6	1.3	1.4	1.4
多米尼加	—	5.2	2.2	2.5	2.3
厄瓜多尔	—	20.3	4.6	4.0	4.0
萨尔瓦多	—	13.7	5.2	2.8	2.5
埃塞俄比亚	—	54.6	—	36.8	—
格鲁吉亚	—	17.8	18.0	16.1	14.1
危地马拉	—	11.8	—	13.7	—
几内亚	—	—	—	—	40.9
洪都拉斯	46.9	—	13.4	16.5	—
印度	—	—	32.7	24.7	—
印度尼西亚	54.3	—	18.0	16.2	—
伊拉克	—	—	—	—	3.9
吉尔吉斯斯坦	—	36.8	6.0	5.1	—
老挝	—	—	—	—	30.3
墨西哥	—	5.5	0.7	—	1.0
纳米比亚	—	—	23.5	—	—
尼泊尔	—	—	23.7	—	—
尼日尔	—	—	—	40.8	—
尼日利亚	—	—	62.0	—	—
巴基斯坦	—	—	—	12.7	—
巴拿马	—	13.8	3.8	3.6	4.0
巴拉圭	1.1		5.3	4.4	3.0
秘鲁	—	12.5	2.7	3.0	2.9
菲律宾	—	24.6	—	—	19.0
卢旺达	—	79.4	—	63.0	—

603

续表

国家和地区＼年份	1990	2000	2010	2011	2012
塞内加尔	—	—	—	34.1	—
塞拉利昂	62.9	—	—	56.6	—
南非	—	26.2	—	9.4	—
坦桑尼亚	—	84.2	—	—	43.5
多哥	—	—	—	52.5	—
乌干达	—	—	—	—	—
越南	—	—	3.9	—	2.4
赞比亚	—	—	74.3	—	—
世界	36.4	—	16.3	14.5	—

注：①此处的国际贫困率指的是按购买力平价法计算，日均生活费不足1.25美元的贫困人口比重。
②"—"为没有数据。

46.世界主要国家和地区大中小学生入学率

单位：%

国家和地区	大学生入学率 2005年	大学生入学率 2012年	中学生入学率 2005年	中学生入学率 2012年	小学生入学率 2005年	小学生入学率 2012年
中国	18.3	26.7	60.2①	89.0	111.8①	127.9
中国香港	32.1	59.7	79.6	88.7	96.1	101.2
中国澳门	63.6	64.0②	105.2	96.5	104.6	—
孟加拉国	6.2	13.2②	45.0	53.6	98.5	114.2②
文莱	17.7	24.3	93.6	107.8	111.3	95.5
柬埔寨	3.3	15.8②	31.1③	—	133.5	124.2
印度	11.0	24.8	55.1	68.5②	105.4①	112.6②
印度尼西亚	17.7	31.5	61.7	82.5	109.8	108.5
伊朗	22.9	55.2	76.3	86.3	101.1	106.0
以色列	58.1	65.8②	104.8	101.7②	103.6	105.0②
日本	55.0	61.5	101.0	101.8	101.9	102.3
哈萨克斯坦	52.9	44.5	96.5	97.7	104.2	104.9
韩国	93.5	98.4	97.5	97.2	101.6	102.7
老挝	7.8	16.7	43.1	46.5	109.0	122.7
马来西亚	27.9	36.0②	68.7	67.2②	101.4	—

续表

国家和地区	大学生入学率 2005年	大学生入学率 2012年	中学生入学率 2005年	中学生入学率 2012年	小学生入学率 2005年	小学生入学率 2012年
蒙古	44.7	61.1	90.3	103.5	98.0	117.0
缅甸	—	13.8②	44.0	50.2④	103.5	114.2④
巴基斯坦	4.7	9.5	25.3	36.6	83.7	92.9
菲律宾	27.5	28.2⑤	83.0	84.6⑤	106.5	105.8⑤
斯里兰卡	—	17.0	—	99.3	97.9	98.4
泰国	44.2	51.4	71.4	87.0	98.1	95.4
越南	15.9	24.6	—	—	97.3	104.7
埃及	31.6	30.1	87.6③	86.3	105.5	113.4
尼日利亚	10.4	—	34.7	43.8④	100.9	84.8④
南非	—	—	91.0	101.9	107.0	101.6
加拿大	—	—	101.1	103.4②	97.1	98.3②
墨西哥	23.3	29.0	78.8	85.7	102.3	105.0
美国	81.3	94.3	94.8	93.7	99.6	98.1
阿根廷	64.0	78.6②	84.9	91.9②	113.1	117.6②
委内瑞拉	41.5③	78.1⑤	74.2	85.4	104.6	102.1
捷克	48.9	64.2	95.0	96.6	99.5	100.4
法国	53.9	58.3	110.4	109.7	107.7	107.3
德国	—	61.7	99.3	101.3	101.5	100.5
意大利	64.0	62.5	98.8	100.7②	101.4	100.0②
荷兰	58.7	77.3	119.1	129.9	106.4	105.8
波兰	63.6	73.2	99.1	97.7	96.8	101.2
俄罗斯	72.6	76.1	91.7①	95.3	95.3	100.6
西班牙	66.6	84.6	118.7	130.8	103.4	102.9
土耳其	32.8	69.4	83.4	86.1	103.8	100.0
乌克兰	68.7	79.7	92.0	97.8	107.1	106.0
英国	58.7	61.9	105.4	95.4	106.5	108.5
澳大利亚	71.2	86.3	147.6	135.5	101.5	104.8
新西兰	80.6	79.8	120.2	119.5	99.8	98.7
世界	24.1	32.2	63.7	73.0	104.8	108.4

注：① 2003年数据。② 2011年数据。③ 2004年数据。④ 2010年数据。⑤ 2009年数据。⑥ "—"为没有数据。

47.世界主要国家和地区医疗支出占国内生产总值比重及人均医疗支出

国家和地区	医疗支出占国内生产总值比重（%）			人均医疗支出（美元）		
	2000年	2005年	2012年	2000年	2005年	2012年
中国	4.6	4.7	5.4	43.4	79.7	321.7
孟加拉国	2.8	3.2	3.6	9.9	12.9	26.0
文莱	3.0	2.6	2.3	551.4	671.4	939.3
柬埔寨	6.3	7.0	5.4	18.6	32.7	51.3
印度	4.3	4.3	4.1	19.6	31.6	61.4
印度尼西亚	2.0	2.8	3.0	15.1	35.5	107.8
伊朗	4.6	5.3	6.7	231.3	156.1	490.2
以色列	7.5	7.7	7.5	1494.9	1479.9	2288.6
日本	7.6	8.2	10.1	2834.2	2928.0	4751.6
哈萨克斯坦	4.2	4.1	4.2	50.9	154.3	521.1
韩国	4.5	5.6	7.5	508.5	987.6	1702.6
老挝	3.3	4.3	2.9	10.8	20.4	40.2
马来西亚	3.1	3.2	4.0	124.6	179.2	409.5
蒙古	4.7	6.0	6.3	22.0	59.8	231.9
缅甸	2.1	2.1	1.8	3.4	4.7	19.8
巴基斯坦	3.0	3.2	3.2	15.0	21.9	39.4
菲律宾	3.2	3.9	4.6	33.6	47.0	118.8
新加坡	2.8	3.8	4.7	662.7	1058.2	2426.1
斯里兰卡	3.7	4.0	3.2	32.6	49.2	88.6
泰国	3.4	3.6	3.9	66.0	95.5	215.1
越南	5.3	5.9	6.6	20.9	36.5	102.5
埃及	5.4	5.1	5.0	78.6	64.4	151.6
尼日利亚	4.6	6.6	6.1	17.1	53.1	94.3
南非	8.3	8.8	8.8	246.1	450.5	644.6
加拿大	8.8	9.8	10.9	2089.2	3452.0	5740.7
墨西哥	5.1	5.9	6.2	328.5	478.4	618.3
美国	13.4	15.8	17.9	4703.5	6732.2	8895.1

续表

国家和地区	医疗支出占国内生产总值比重（%）			人均医疗支出（美元）		
	2000年	2005年	2012年	2000年	2005年	2012年
阿根廷	9.2	8.3	8.5	709.3	394.8	995.2
巴西	7.2	8.2	9.3	264.8	387.1	1056.5
委内瑞拉	5.7	5.4	4.7	273.8	295.5	593.2
捷克	6.3	6.9	7.7	361.4	882.4	1431.8
法国	10.1	11.0	11.8	2202.7	3749.9	4690.0
德国	10.4	10.8	11.3	2385.9	3624.2	4683.2
意大利	8.0	8.7	9.2	1553.9	2671.6	3032.5
荷兰	8.0	10.9	12.4	1924.6	4261.0	5737.0
波兰	5.5	6.2	6.7	247.2	494.2	854.1
俄罗斯	5.4	5.2	6.3	96.0	276.7	886.9
西班牙	7.2	8.3	9.6	1039.9	2177.7	2807.7
土耳其	5.0	5.5	6.3	205.3	366.0	664.6
乌克兰	5.6	6.4	7.6	35.7	117.2	292.9
英国	7.0	8.3	9.4	1765.1	3161.2	3647.5
澳大利亚	8.1	8.5	9.1	1713.1	3136.5	6140.0
新西兰	7.6	8.4	10.3	1051.4	2288.2	3291.8
世界	9.2	10.1	10.2	484.1	709.1	1030.4

48.世界主要国家和地区社会支出占国内生产总值的比重

单位：%

国家和地区	公共支出								私人支出				社会支出净额
	1990年	2000年	2008年	2009年	2010年	2011年	2012年	2013年	1990年	2000年	2008年	2009年	2009年
澳大利亚	13.2	17.3	17.8	17.8	17.9	18.2	18.8	19.518	0.8	4.4	3.3	3.2	19.574
奥地利	23.8	26.6	26.8	29.1	28.9	27.9	27.9	28.293	2.3	1.9	2	2.1	25.475
比利时	24.9	25.3	27.3	29.7	29.5	29.7	30.5	30.728	1.6	1.7	2.2	2.3	28.137
加拿大	18.1	16.5	17.6	19.2	18.7	18.1	18.1	18.155	3.3	5	4.9	5.1	23.274
智利	9.9	12.8	9.6	11.3	10.8	10.4	10.2	—	0.6	1.2	2.9	3	13.216
捷克	15.3	19.1	18.1	20.7	20.8	20.8	21.0	21.770	—	0.4	0.5	0.7	19.776

续表

国家和地区	公共支出									私人支出				社会支出净额
	1990年	2000年	2008年	2009年	2010年	2011年	2012年	2013年	1990年	2000年	2008年	2009年	2009年
丹麦	25.1	26.4	26.8	30.2	30.6	30.6	30.8	30.786	2.1	2.4	2.7	2.9	25.366
爱沙尼亚	—	13.9	15.8	20.0	20.1	18.2	17.6	17.742	—	—	—	—	16.683
芬兰	24.1	24.2	25.3	29.4	29.6	29.2	30.0	30.534	1.1	1.2	1.1	1.2	24.813
法国	25.1	28.6	29.8	32.1	32.4	32.0	32.5	33.021	1.9	2.7	2.9	3.1	32.061
德国	21.7	26.6	25.2	27.8	27.1	25.9	25.9	26.183	3.1	3	3	3.2	27.535
希腊	16.6	19.3	22.2	23.9	23.3	24.4	24.1	21.995	2.1	2.1	1.7	1.8	—
匈牙利	—	20.7	23.1	23.9	22.9	21.9	21.6	21.557	—	—	0.2	0.2	—
冰岛	13.7	15.2	15.8	18.5	18.0	18.1	17.6	17.219	3.0	4.2	5.3	6	20.785
爱尔兰	17.3	13.4	19.7	23.6	23.7	23.3	22.4	21.592	1.4	1.3	1.6	2.2	23.245
以色列	—	17.2	15.5	16.0	16.0	15.8	15.8	15.805	—	0.3	0.6	0.6	14.919
意大利	19.9	23.1	25.8	27.8	27.7	27.5	28.0	28.440	3.9	2.1	2.2	2.3	25.462
日本	11.1	16.3	19.8	22.2	22.3	—	—	—	0.333	3.772	3.695	3.99	24.992
韩国	2.8	4.8	8.4	9.6	9.2	9.1	9.3	—	0.376	2.721	2.246	2.425	12.084
卢森堡	19.1	20.9	20.8	23.6	23.0	22.6	23.2	23.379	—	0.1	1.1	1.7	21.104
墨西哥	3.3	5.3	7.4	8.2	8.1	7.7	7.4	—	0.1	0.1	0.2	0.3	9.208
荷兰	25.6	19.8	20.9	23.2	23.4	23.4	24.0	24.299	6	7.4	6.3	6.7	24.775
新西兰	21.5	19.0	19.8	21.2	21.3	21.4	22.0	22.371	0.2	0.5	0.5	0.5	19.438
挪威	22.3	21.3	19.8	23.3	23.0	22.4	22.3	22.880	1.8	2.1	1.9	2.3	20.487
波兰	14.9	20.5	20.3	21.5	21.8	20.5	20.6	20.942	—	—	—	—	18.285
葡萄牙	12.5	18.9	23.1	25.6	25.4	25.0	25.0	26.383	0.8	1.5	2.0	1.9	25.266
斯洛伐克	—	17.9	15.7	18.7	19.1	18.1	18.3	17.945	—	0.8	1.0	1.0	18.456
斯洛文尼亚	—	21.8	19.7	22.6	23.6	23.7	23.7	23.776	—	—	1.1	1.2	21.369
西班牙	19.9	20.2	22.9	26.0	26.7	26.4	26.8	27.428	0.2	0.3	0.5	0.5	24.598
瑞典	30.2	28.4	27.5	29.8	28.3	27.6	28.1	28.643	1.2	2.6	3.0	3.2	26.298
瑞士	13.5	17.8	18.5	—	20.6	19.5	18.8	19.097	5.272	8.27	7.936	—	—
土耳其	5.7	—	10.7	12.8	—	—	—	—	—	—	—	—	—
英国	16.7	18.6	21.8	24.1	23.8	23.6	23.9	23.773	5.0	7.7	5.7	6.3	27.597
美国	13.6	14.5	17.0	19.2	19.8	19.6	19.7	20.033	7.6	9.1	10.6	10.5	28.815
巴西	—	—	—	—	14.4	—	—	—	—	—	—	—	—

续表

国家和地区	公共支出								私人支出				社会支出净额
	1990年	2000年	2008年	2009年	2010年	2011年	2012年	2013年	1990年	2000年	2008年	2009年	2009年
中国	—	—	6.5	—	—	—	9.0	—	—	—	—	—	—
印度	—	—	4.6	—	—	—	—	—	—	—	—	—	—
印度尼西亚	—	—	—	2.1	—	—	—	—	—	—	—	—	—
俄罗斯	—	—	—	15.7	—	—	—	—	—	—	—	—	—
南非	—	—	8.1	—	—	—	—	—	—	—	—	—	—

注："—"为没有数据。

49.世界主要国家和地区城市人口比重

单位：%

国家和地区＼年份	1978	1990	2000	2010	2011	2012	2013
澳大利亚	85.9	85.4	87.2	88.7	88.9	89.0	89.2
奥地利	65.4	65.8	65.8	65.9	65.9	65.9	65.9
比利时	95.0	96.4	97.1	97.6	97.7	97.7	97.8
巴西	63.6	73.9	81.2	84.3	84.6	84.9	85.2
加拿大	75.6	76.6	79.5	80.9	81.1	81.3	81.5
智利	80.1	83.3	86.1	88.6	88.8	89.0	89.2
中国	17.9	26.4	35.9	49.2	50.6	51.9	53.2
丹麦	83.2	84.8	85.1	86.8	87.0	87.1	87.3
埃及	43.8	43.5	42.8	43.0	43.0	43.0	43.0
芬兰	70.2	79.4	82.2	83.6	83.7	83.8	84.0
法国	73.1	74.1	75.9	78.3	78.6	78.8	79.1
德国	72.7	73.1	73.1	74.3	74.5	74.7	74.9
希腊	68.4	71.5	72.7	76.3	76.6	77.0	77.3
中国香港	90.8	99.5	100.0	100.0	100.0	100.0	100.0
匈牙利	63.5	65.8	64.6	68.9	69.3	69.8	70.3
冰岛	87.6	90.8	92.4	93.6	93.7	93.8	93.9
印度	22.4	25.5	27.7	30.9	31.3	31.6	32.0
印度尼西亚	21.0	30.6	42.0	49.9	50.7	51.5	52.3

续表

年份 国家和地区	1978	1990	2000	2010	2011	2012	2013
爱尔兰	54.7	56.9	59.1	61.8	62.1	62.4	62.7
意大利	66.2	66.7	67.2	68.3	68.4	68.6	68.7
日本	76.1	77.3	78.6	90.5	91.2	91.9	92.5
韩国	53.2	73.8	79.6	81.9	82.0	82.1	82.2
中国澳门	98.3	99.8	100.0	100.0	100.0	100.0	100.0
马来西亚	40.3	49.8	62.0	70.9	71.7	72.5	73.3
墨西哥	64.9	71.4	74.7	77.8	78.1	78.4	78.7
荷兰	64.1	68.7	76.8	87.1	87.8	88.6	89.3
尼日利亚	21.1	29.7	34.8	43.5	44.4	45.2	46.1
挪威	69.6	72.0	76.1	79.1	79.4	79.7	79.9
巴基斯坦	27.4	30.6	33.2	36.6	37.0	37.4	37.9
菲律宾	36.6	48.6	48.0	45.3	45.0	44.8	44.6
波兰	57.2	61.3	61.7	60.9	60.8	60.7	60.6
葡萄牙	42.0	47.9	54.4	60.6	61.2	61.8	62.3
罗马尼亚	44.6	53.2	53.0	53.8	54.0	54.1	54.2
俄罗斯	68.7	73.4	73.4	73.7	73.7	73.8	73.9
沙特阿拉伯	62.9	76.6	79.8	82.1	82.3	82.5	82.7
斯洛伐克	49.5	56.5	56.2	54.7	54.4	54.2	53.9
斯洛文尼亚	45.8	50.4	50.8	50.0	49.9	49.9	49.8
南非	48.3	52.0	56.9	62.2	62.7	63.3	63.8
西班牙	71.5	75.4	76.3	78.4	78.7	78.9	79.1
瑞典	82.9	83.1	84.0	85.1	85.2	85.4	85.5
瑞士	57.2	73.2	73.3	73.7	73.7	73.7	73.8
泰国	25.6	29.4	31.4	44.1	45.4	46.7	47.9
土耳其	42.9	59.2	64.7	70.7	71.3	71.8	72.4
英国	78.2	78.1	78.7	81.3	81.6	81.8	82.1
美国	73.7	75.3	79.1	80.8	80.9	81.1	81.3
委内瑞拉	77.9	84.3	88.0	88.8	88.8	88.9	88.9
世界	38.5	42.9	46.6	51.5	52.0	52.5	53.0

注：此处的城市人口比重是指居住在人口超过100万人的城市地区的人口占总人口的比重。

统计表编辑说明

一、数据来源：《当代中国社会大事典（1978—2015）》第十一章收录1978—2013年社会发展方面的统计数据，以及多个重要历史年份世界主要国家和地区主要指标统计数据，分别来自中国国家统计局和国际主要机构数据库。相关指标的统计方法及统计解释可参阅《中国统计年鉴2014》及相关专业统计年鉴。

二、统计范围：事典涉及的中国统计数据，均未包括中华人民共和国香港特别行政区、澳门特别行政区和台湾省。根据中华人民共和国"香港特别行政区基本法"和"澳门特别行政区基本法"有关原则，香港特别行政区、澳门特别行政区与内地是相对独立的统计区域，依据各自不同的法律规定和统计制度，独立进行统计工作。

三、计量单位：事典使用度量衡的单位，均采用国际统一标准计量单位。

四、符号说明：事典附录各表中的"空格"，表示统计指标数据不足本表最小单位数、数据不详或无数据；"#"表示其中的主要项；"*"或"①"表示本表下有注解。

五、行业分类：除注明以外，均采用2011年版行业分类标准。

本章撰写负责人：丁建华

成员：周彦、胡英、李睿、武超、权少伟、徐岚、贾毓慧、武洁、肖宁、杨建春、刘巍、姜澍、李锁强、李燕丽、刘景、薛明、何珊珊、安新莉、张钧、辛佳、蒋永萍、江明清、王金萍、余芳东

第十二章
中国社会学发展大事记

当/代/中/国/社会大事典(1978—2015)

1.中国社会学研究会成立

1979年3月15—18日，中国社会科学院、全国哲学社会科学规划会议筹备处在北京主持召开了"社会学座谈会"。这次会议邀请了北京和部分省市一些曾从事社会学教学研究的工作者，以及教育、民政、公安、工会、共青团、妇联等实际工作部门的同志，还有热心支持社会学研究的专家等共计60人参加。会议召开的主要目的是研究如何在马克思列宁主义、毛泽东思想的指导下，开展社会学的研究工作，为中国社会主义现代化建设作出贡献。

3月16日，时任中国共产党中央委员会委员的胡乔木亲自到会并作了重要讲话。胡乔木首先为社会学恢复名誉，他批判了否认社会学是一门科学的观点，认为用粗暴的方法来禁止社会学的存在、发展、传授，无论从科学的角度还是政治的角度来说，都是错误和违背社会主义根本原则的。他还表示要尽力支持社会学界成立研究会，研究迫切需要研究的社会实际问题，同时抓紧开展基础理论的研究。他还提出科研单位和大专院校要尽快建立社会学研究所和社会学系，抓紧培养社会学人才，以防止出现社会学研究后继无人的问题，并且希望大家不要有任何顾虑和恐惧，因为过去特殊的历史条件已经过去，曾在社会学发展中经历过的种种阻碍也不会再出现。

这样，胡乔木以中国社会科学院院长和中国共产党在思想理论战线与社会科学方面的领导者的身份出面，恢复了社会学在科学园地的地位，为中国社会学从政治上平了反，让社会学的研究重见光明。

这次会议还在学术理论上澄清了一些过去流行的不正确的观点，通过座谈会的讨论，与会者对社会学的性质和发展的前景有了比较明确的认识。

在座谈会上，与会人员对于否定社会学的观点进行了讨论和澄清，恢复了社会学的地位。会议也讨论了历史唯物主义与社会学的关系，一致认为研究历史唯物主义同研究社会学不能画等号，有了历史唯物主义并不等于社会学的问题就解决了；会议还正视了社会主义社会也存在的社会问题，认为社会生活里的问题并不因为由资本主义发展到了社会主义，社会就由有问题的社会变为了无问题的社会，各类现存的社会问题都与国家建设和人民的生活息息相关，应该有社会学，并需要认真开展调研工作；会议还讨论了对待社会学这门学科的态度，认为要用马克思主义的立场、观点、方法来科学地指导研究社会和社会中的各种问题，但不能拘泥于其中个别的论断；会议也讨论了学习借鉴外国的问题，认为随着现代科技的发展和国际交往的频繁，封闭的状态势必被打破，因此，对国外的社会也有必要进行了解，取人之长，补我之短，逐步建立起有中国特色的社会学。

在1979年3月18日会议表决上，与会人员一致赞成成立"中国社会学研究会"，选举产生了由50人组成的第一届理事会（后来增加为58人），并推选费孝通教授为会长，田汝康、陈道、杜任之、李正文、罗青、林耀华、雷洁琼7人为副会长，聘请于光远、陈翰笙、吴文藻、吴泽霖、李安宅、李景汉、李剑华、言心哲、赵范、杨堃、杨成志、杨开道、张世文、洪谦、柯象峰等老一辈专家学者为顾问。1979年3月19日，中国社会学研究会召开第一次理事会，会上决定成立研究会的办事机构，由王康任总干事，处理日常事务。这次社会学座谈会的召开和中国社会学研究会的成立，标志着社会学恢复重建工作的开始，从此结束了中国社会学停顿27年的局面，踏上了学科重建的新征程。

2.邓小平提出"社会学需要赶快补课"的论断

在1979年3月30日召开的党的理论工作会议上，邓小平发表"坚持四项基本原则"的重要讲话，阐明了四项基本原则就是坚持社会主义道路，坚持无产阶级专政即人民民主专政，坚持共产党的领导，坚持马列主义毛泽东思想，并旗帜鲜明地指出四项基本原则是"实现四个现代化的根本前提"。

这次会议对于社会学研究的意义在于，邓小平检讨了过去国家对社会科学研究的忽视，提出了社会学等学科"需要赶快补课"的要求，从中央的层面对社会学重建给予了有力的肯定和支持。邓小平指出：实现四个现代化是一项多方面的复杂繁重的任务，思想理论工作者的任务当然不能限于讨论它的一些基本原则……列宁号召多谈些经济，少谈些政治。我想，对于这两方面理论工作的比例来说，这句话今天仍然适用。不过我不认为政治方面已经没有问题需要研究，政治、法学、社会学以及世界政治的研究，我们过去多年忽视了，现在也需要赶快补课……我们已经承认自然科学比外国落后了，现在也应该承认社会科学的研究工作（就可比的方面说）比外国落后了。我们的水平很低，好多年连统计数字都没有，这样的情况当然使认真的社会科学的研究遇到极大的困难。因此，我们的思想理论工作者必须下定决心，急起直追，一定要深入专业，深入实际，调查研究，知彼知己，力戒空谈。四个现代化靠空谈是谈不出来的。这是第一篇正式公开提及社会学的中央文献，对社会学的重建和发展具有重大意义。

这次讲话站在全局的角度，向知识分子提出了为新形势下的国家建设和社会发展提供智力支持的期待。在邓小平同志"3·30"讲话后，一些高校和科研机构开始纷纷行动起来，成立相应的研究机构或设置社会学学系，举办各种研究班，培养社会学研究教学人才。

邓小平同志的"社会学需要赶快补课"的论断，使中国社会学迎来了恢复重建和发展的大好时机。此后，社会学在重建过程中一直围绕着"补课"的思想，不断充实社会学的经验材料和理论基础。

3.中国社会科学院正式成立社会学研究所

1980年1月18日，经国务院批准，中国社会科学院正式成立社会学研究所，费孝通任所长，王康任副所长，赵范任顾问，陈道任党委书记。

该所的办所方针主要包括：以马克思列宁主义毛泽东思想为指导，坚持理论联系实际和"双百"方针，重视理论研究，加强应用研究。积极开展社会学基础理论和方法的研究，逐步建立起具有中国特色的马克思主义社会学理论体系；紧密联系中国社会主义现代化建设的实际，着重研究改革中出现的重大理论问题和实际问题，为党和国家的决策提供咨询。开展国内外学术交流和协作，促进中国社会主义事业的蓬勃发展。

中国社会科学院社会学研究所是改革开放之后，中国社会学恢复、成立最早的社会学研究所，是中国社会学的国家级学术研究机构。它所承担的核心科研任务包括：紧密联系中国社会主义现代化建设的实际，研究中国社会发展中具有重大理论意义和现实意义的课题；探讨社会发展的一般规律和中国社会发展的特殊规律；对家庭、群体、阶层、组织、社区、社会结构、社会流动、城乡协调、区域发展、社会政策、社会问题、社会心理等进行专题性、综合性和整体性研究；在此基础上，提供高质量的学术性和对策性研究成果，为党和政府决策提供咨询；大力开展国内外学术交流与合作，促进中国社会学事业的繁荣发展。

4.费孝通获马林诺斯基名誉奖

1980年3月15日，费孝通先生在美国丹佛大学接受了应用人类学学会马林诺斯基名誉奖，并在授奖大会上发表了题为"迈向人民的人类学"的讲话。

马林诺斯基名誉奖全称布罗尼斯拉夫·马林诺斯基名誉奖（The Bronislaw Malinowski

Award），是由美国应用人类学学会（SfAA）为纪念布罗尼斯拉夫·马林诺斯基（1884—1942）而设立的，马林诺斯基是奖金的主要提供者之一。马林诺斯基是出身于英国的波兰人类学家，他建构了以客观民族志记载田野调查研究成果的人类学研究方法，并开设了最早的社会人类学课程，故有人称他为"民族志之父"。他不但是第一位亲自在考察地长期进行研究并以客观的民族志材料取代过往充满研究者主观论述的人类学家，也是首先提出完整的文化理论以取代以往演化论与传播论观点，进而开启新研究方向的理论大师。马林诺斯基名誉奖于1950年初步成立，自1973年以来每年颁发一次，授予一生致力于用社会科学研究来解决社会问题，并有突出贡献的资深学者。这份荣誉的授予是对费孝通先生学术研究的充分肯定。

在讲演中，费孝通先生首先追忆了自己与老师马林诺斯基分别之时的场景，并回顾了自己长期从事人类学田野调查工作的感受，提出科学必须为人类的生存和繁荣服务。他认为，科学的存在价值是为了人民的利益，为了人类中绝大多数人乃至全人类的共同安全和繁荣，为了满足人们不断增长的物质和精神生活的需要。当前世界上的各族人民确实需要真正反映客观事实的社会科学知识来为他们建立一个和平、平等、繁荣的社会而服务，以人类社会文化为其研究对象的人类学者就有责任满足广大人民的这种迫切要求，建立起这样一门为人民服务的人类学。这门学科的目的应当是使得广大人民对自己的社会具有充分的知识，能按照客观存在的社会规律来安排他们的集体生活，去实现他们不断发展的主观愿望。

5.中国社会科学院社会学研究所与中国社会学研究会联合举办第一期社会学讲习班

1980年5月25日至7月31日，中国社会科学院社会学研究所和中国社会学研究会在北京联合举办了第一期社会学讲习班。

这次讲习班吸收了全国各地有志于从事社会学研究和教学的中青年学者参加，来自12个省、市、自治区和社会科学研究院（所）、10所大专院校和中华人民共和国第一机械工业部、司法部、中国共产主义青年团中央委员会、中华全国妇女联合会、人民日报社等22个单位的40余人参加了讲习班。也有很多在北京的学校、机关和研究单位的人闻讯前来，听课的人最多时有近百人。

讲习班聘请了美国和中国香港的社会学家以及内地的学者们来讲课，其中包括美国匹兹堡大学荣誉教授杨庆堃、美国匹兹堡大学社会学系主任霍尔兹纳教授、美国国家科学基金会顾问、美国匹兹堡大学教授涅尼瓦萨，岭南基金董事会主席、美国洛克菲勒兄弟基金董事会董事菲利浦斯，香港中文大学社会科学院院长、社会研究中心主任李沛良，香港中文大学社会学系讲师刘创楚等著名学者。

除了以上正式课程外，费孝通、吴文藻、吴泽霖、张子毅、全慰天、张之年、戴世光、汪子嵩、于光远、杜任之、李有义、袁方和陈道等在京的社会学家和其他学科的专家学者，来班上作了中国社会学史、美国早期社会学家介绍、中国宗教问题、西藏问题、劳动就业问题、优生问题、社会调查方法问题等专题报告。

在此期间，中国社会科学院社会学研究所还邀请部分主要从事教学的同志，讨论酝酿编写《社会学概论》作为大学社会学专业教材使用。

讲习班是一种特殊的速成的教学方法，其主要特点包括：教学内容高度浓缩（一般把一学期或一学年的课程浓缩在 20 个或 30 个学时内讲授）；教学实践集中短期（在两个月的时间里集中学习 4 门到 8 门基础课程）；教学力量是中外结合（基础专业课程借用外力）；"反刍式"消化知识（为了让学员充分利用短期有限的时间接受尽可能多的知识，在班上听了学了初步理解后，返回工作岗位再认真分析、批判、抉择）。这种方法不适用于一般学校的学生，但是对于一批基础较好、接受能力强的骨干力量来说，作为一种特殊的措施，既节约时间和经费，又能接触较广的学科知识面，对恢复重建初期的中国社会学的发展起到了重要的积极作用。

6.中国社会科学院社会学研究所与南开大学联合举办社会学专业班

1981 年 2 月 26 日，中国社会科学院社会学研究所与南开大学联合举办的社会学专业班开学。它从全国 18 所重点综合大学的 77 届在校生和复旦大学分校社会学系的 78 届在校生中，选拔了 43 名学员，另有少数进修生和旁听生，学习期一年。费孝通、季啸风、张再旺、滕维藻、沈其鹏等人出席了开学典礼，费孝通和季啸风在典礼上发表了讲话。

为了使学生具备从事社会学教学任务所必需的知识和能力，费孝通主持解决了专业班的诸多问题。在教学计划方面，他形象地把社会学专业人才必须具备的基本知识结构概括为"六脏"：即社会学理论、社会调查方法、西方社会学学说史、社会心理学、比较社会学、城乡社会学等必修课，并要求尽快编写出相关教材和参考材料。在落实专业班的师资问题方面，费孝通先生通过各种途径从美国纽约州立大学奥本尼分校聘请到了美国前社会学会会长、社会学交换理论的代表人物彼特·布劳教授和在华裔中颇具影响力的林南教授，从联邦德国邀请到了伯格和贺碧立等外籍专家，还邀请到了雷洁琼、吴泽林、林耀华、袁方等许多老社会学家讲课，由此聚集的强大的师资力量保证了专业班授课的水准和质量。

费孝通在参加南开大学社会学专业班结业典礼时，看到讲台对面写了一幅横标："横下一条心，干一辈子社会学。"他在肯定学生们热情的同时，强调学习社会学不是只在书斋中为社会学而社会学，终究是为了认识和了解中国社会，达到民富国强、改造社会的目的。

南开大学开办的社会学专业班，是早期培养社会学人才的另一种形式。在教育部的支持下，从十余所大专院校选拔出的、进行为期一年的系统教育的应届毕业生，成为恢复重建后推动社会学学科发展的一批质量较好的科研教学新生力量。

7.中国社会科学院社会学研究所与中国社会学研究会联合举办第二期社会学讲习班

1981年5月25日至7月30日，中国社会科学院社会学研究所和中国社会学研究会在北京联合举办第二期社会学讲习班。这期讲习班主要由国内一些学者任教，并邀请了美国和香港的一些社会学学者讲学。学员来自各地高等院校、科研机构，共51人。另外还有旁听生35人。

5月，美国哥伦比亚大学、纽约州立大学奥本尼分校社会学系彼特·布劳教授来南开大学教授社会学理论，并先后在北京大学国际政治系和第二期社会学讲习班作了学术报告。美籍华裔社会学学者、美国纽约州立大学奥本尼分校社会学系主任林南教授来南开大学讲授社会调查方法，并应邀先后在第二期社会学讲习班和北京大学国际政治系作了题为"美国社会学方法的发展趋势"的学术讲演。

8.中国婚姻家庭研究会成立

中国婚姻家庭研究会于1981年10月6日成立，是中国第一个研究婚姻家庭问题的群众性学术团体，是国家一级社团，由中华全国妇女联合会主管。研究会内聚集了全国著名的法学、伦理学、社会学、妇女学、教育学、心理学、性学、医学等学科的专家，来自各级科研院所、高等院校、司法系统、民政部门和各级妇联、工会等10个省级研究机构都是其团体会员。

中国婚姻家庭研究会的成立，是为了适应研究新时期中国婚姻家庭方面出现的新情况新问题的需要，是为了组织、协调各方面的力量，开展婚姻家庭方面的研究、宣传活动，以满足人民群众建立一个美满幸福的家庭的需要。成立大会在人民大会堂举行，康克清、程子华、张友渔等有关方面负责人出席了大会。来自妇女、青年、司法、教育、理论、宣传等界的300名代表也在会上进行了热烈的讨论。中华全国妇女联合会宣教部部长陈少健、北京市中级人民法院民庭庭长李群、中国人民大学哲学系研究生王伟、总工会书记处书记乌兰、中国社会科学院副院长于光远、法学家韩幽桐等，就当时中国城乡婚姻家庭问题，作了专题发言。100多名会员也决定就婚姻与道德、财产与继承等题目，以马列主义、毛泽东思想为指导，结合实际开展研究。会议还选定了中华全国妇女联合会副主席、法学专家雷洁琼为中国婚姻家庭研究会会长。

雷洁琼在成立大会上谈道，"婚姻家庭问题，是关系到家家户户、男女老少切身利益的大事，建立幸福美满的婚姻和民主和谐的家庭，对建设社会主义的高度物质文明和精神文明，有着十分重要的意义"。后来，陈慕华和顾秀莲先后担任婚姻家庭研究会的会长，她们把研究婚姻家庭问题、服务千家万户作为研究会的重要任务，作为促进社会和谐稳定的工作基础，高度重视、亲自推动，发动广大婚姻家庭方面的专家学者，坚持不懈地进行研究与探讨、进行宣传与呼吁，取得了可喜的成果。

研究会成立之初，在宣传、普及和实施1980年修改的《中华人民共和国婚姻法》（以下简称《婚姻法》）中作了大量工作。2000年后，参与1980年修改《婚姻法》工作的专家学者们又参与了新《婚姻法》和《中华人民共和国妇女权益保障法》（以下简称《妇女权益保障法》）的修改工作，并著书立说，为新《婚姻法》和《妇女权益保障法》的宣传普及作出了突出贡献。

9.《社会》杂志创刊

1981年10月，《社会》（社会学丛刊）杂志创刊，这是中国社会学研究恢复以来最早公开发行的全国性社会学专业刊物，由复旦大学分校主办，上海市教委主管。创刊时为双月刊，1988年1月起改为月刊。自2005年改版以来，《社会》杂志重新改为双月刊，国内外公开发行，大32开，242页，每年出版6期，逢单月20日出版。为了保证刊物的高质量，成立了以陆学艺、郑杭生、林南、邓伟志为顾问，以马戎、卢汉龙、沈关宝、宋林飞、李强、李友梅、李路路、景天魁为学术委员会委员，以李培林、孙立平、王思斌、刘世定、张乐天、沈原、应星等31位全国著名的社会学专家学者为编委的学术指导和编审机构。

创刊之时，该刊确立的宗旨为：坚持以马克思主义、毛泽东思想为指导，客观介绍各种社会学理论，介绍科学的社会调查方法，提供社会学的视野和分析方法，探讨纷繁复杂的社会问题。在内容上坚持理论性、学术性和科学性的同时，注意到实践性、应用性和可读性，并希望将刊物打造成不同意见争鸣和交流的平台。在2005年改版之后，该刊更加明确地确立了"更快地反映对中国社会经济发展、变化有深刻认识和分析的学术思想和具有一定原创性的理论;与世界层面社会学学科的前沿紧密地互动;为推动中国社会学研究的发展作贡献"的办刊宗旨。

《社会》杂志追求的目标是"更加关注社会转型中出现的深层次的问题,更加注重社会学学科建设的规范性和学术性,努力将《社会》办成国内一流、国际知名的学术性刊物",不断适应当今中国社会学发展对学术期刊的迫切要求,突出学术性、规范性和研究"真问题"的特色。杂志主要刊登国内外社会学及相关领域最新的研究论文、评论、书评、学术讲演、会议综述、新书推介等;它不仅关注国内外一流学者的最新研究动向和成果,而且也密切关注中国社会学及相关领域一线的最前沿的富有价值及代表着未来中国社会学发展趋势的研究成果,同时,它也关注着代表中国社会学未来希望的社会学领域后起之秀、社会学新人的成长。

《社会》创刊以来,不仅深受国内外社会学界同行的欢迎,也受到国内外关心社会学发展的广大读者的喜爱,在国内外享有广泛的影响,被评价为上海期刊"在全国学术理论刊物中名列前茅"的杂志(《文汇报》)。自1992年以来,该刊已连续多次被评定为全国中文核心期刊。2006年《社会》杂志刊文全文转载量为社会科学总论类排名第5位。到目前为止,《社会》已是全国中文核心期刊、中国人文社会科学核心期刊、中文社会科学引文索引(CSSCI)核心期刊、教育部名刊工程入选期刊、国家社科基金资助期刊、美国EBSCO host数据库和剑桥科学文摘(CSA)收录期刊,荣获第三届中国政府出版奖期刊奖。

10.费孝通接受赫胥黎奖章

赫胥黎奖章是1900年为纪念《天演论》的作者、英国博物学家赫胥黎而创设的,是国际人类学的最高学术荣誉奖。1981年11月18日,在伦敦经济学院的大厅里,71岁的中国社会人类学家费孝通登上了45年前他留学英国时的母校的讲台,接受了英国皇家人类学会颁发的1981年度赫胥黎奖章,成为第一位接受这项人类学最高荣誉的中国学者。

在授奖会上,费孝通教授作了《三访江村》的学术演讲,受到同行们的普遍赞扬,费孝通先生当年的教师、80多岁的英国著名社会人类学家雷蒙德·费思爵士说,这篇精彩的学术演讲不仅证明费孝通在社会人类学的研究方面已经达到一个新的卓越水平,而且也显示了中国人类学界对世界所作的贡献。

"江村"是开弦弓村的学术名称,它位于江苏省吴江市境内(距费孝通家乡松陵镇约20公里)。1936年夏,费孝通首次在这里作了详尽的社会调查,并在此后发表了著名的学术著作《江村经济》(*Peasant Life in China*)。1957年春,他又对该村的经济结构,农、副业发展状况进行了第二次调查。1981年10月前后，年事已高且疾病在身的费孝通先生壮心不已，余勇胜过当年，第三次来到江村作科学研究。因此，他在讲演中，用的全是自己亲手调查所得的资料，以令人信服的事实和鲜明的对比，介绍了中国农村近半个世纪，特别是新中国成立30多年来所发生的巨大变化，让与会同行为他的学术水平和学术精神赞叹不已。

这位年逾七旬的老社会学家，并没有停留在已有的成绩和荣誉上。回国以后，按照中国社科院社会学研究所的决定，他又亲自组织和带领了一个由中青年社会学工作者为主体的调查组，四访江村，对这个江南村落进行了再一次的全新的综合性考察。经过一个多月的调查研究，取得一系列重要成果，为建立江村社会调查基地打下了良好的基础。

在1981年中央举办的春节团拜会上，费孝通以"我国农民已经闯出新路子"为题，作了热情洋溢的发言，以"江村"作为中国农村的一种类型和窗口，向全国人民报告了党的十一届三中全会以来农村的大好形势。

11.南开大学开办社会学研究生班，授予硕士学位

1981年12月13日，南开大学社会学专业班举行结业典礼。教育部以此为契机，批准以这个专业班为基础，开办授予社会学硕士学位的研究生班。经过考试，录取了14名学生。自1982年2月入校后，他们按培养方案先后学习了十余门课程，其中社会学专业必修课六门，在两年内全部修满了规定的学分。费孝通、张之毅、傅正元、何桂林、高平和吴泽霖等六位导师分别对他们的毕业论文给予了指导。1984年6月至7月间进行的毕业论文答辩，受到有关专家的好评。

1984年，南开大学首届攻读硕士学位的这14名研究生完成学业，于1984年8月正式毕业分配工作。这届毕业的研究生，一部分分配到中共中央党校、南开大学和上海大学从事社会学专业教学工作，另一部分分配到北京、天津、湖北和山西等地的科研机构担任社会学专业研究人员，为社会学作出了自己的贡献。

12.中国社会心理学研究会在北京成立

1982年4月22日，中国社会心理学研究会在北京举行成立大会。中国社科院哲学研究所顾问陈元晖在中国社会心理学研究会成立大会的开幕词中提出了中国社会心理学研究会要贯彻十六字工作方针，即"以马列主义为指导，从中国实际出发"，坚持为建设社会主义精神文明服务。中国科学院心理研究所所长潘菽致贺词，著名心理学家陈立、唐城等

人也给大会发来贺信。

会上，吴江霖作了题为"马克思主义社会心理学的展望"专题报告，他在报告中提出了20项中国社会心理学实验研究的重要课题。林传鼎作了"社会心理学中的情绪问题"的学术报告，胡寄南代表上海心理学会300多名会员作了"我们需要中国的社会心理学"的发言。在大会上发言的还有徐联仓、林方、汪青、张世富等人。

大会讨论并通过了《中国社会心理学研究会暂行章程（草案）》，组成了研究会的理事会，聘请于光远、费孝通、雷洁琼、潘菽、陈立、周先庚等6人为顾问，推选陈元晖为会长，吴江霖、胡寄南、林传鼎、王康、徐联仓等为副会长，其中吴江霖任常务副会长。理事会设立秘书处，吴重光任秘书长，邵瑞珍、汪青、何炳济、孙焕林等4人任副秘书长。研究会在北京、上海、广州设立三个联络点。

社会心理学研究会理事会讨论并部署了今后的工作，一是要求积极发展会员，二是要求全国各地根据条件成立社会心理学研究会分会或小组，大力开展社会心理学科学研究。吴江霖起草了社会心理学研究计划，提出了包括社会动机、舆论、两性差异、年龄差异、法律社会心理学、工业社会心理学、教育社会心理学等在内的一系列重要研究课题，并希望中国社会心理工作者与社会学工作者、人类学工作者携手合作，早出成果。为推动中国社会心理学科学研究工作，提供发表和交流研究成果的园地，理事会还决定印发《中国社会心理学年刊》，以后逐步发展为半年刊、季刊。

大会于4月24日圆满闭幕，新华社以英、法、德、日、俄、西班牙等6国文字向全世界发布消息，庄重宣告中国社会心理学研究会成立。

13.中国社会学研究会在武汉召开年会

中国社会学研究会1982年年会于5月22日至26日在华中工学院举行，参加这次会议的有正式代表150多名，列席代表近200名，包括各省、市、自治区社会科学院的负责人、全国各地的社会学工作者代表，以及武汉社会学研究班学员共300多人。著名社会学家罗青、杨堃、邓裕志，新华社副社长李普，全国妇联国内工作部负责人李林，中共湖北省委副秘书长吕乃强参加了会议。华中工学院朱九思院长被聘为中国社会学学会顾问，卢振中副院长被增选为中国社会学学会理事。

著名社会学家、中国社会学研究会会长费孝通，著名社会学家、中国社会学研究会副会长雷洁琼，分别在会上作了报告。此外，会上收到学术论文和调查报告100多份，社会学工作者还交流了研究的成果。大会也讨论修改了学会章程，选举产生了新的学会领导机构。

这次年会是自1979年3月中国社会学研究会成立以来举行的第一次年会。年会总结了社会学学科建设三年来的成就，讨论了社会学如何为中国社会主义现代化建设服务的问题，同时决定将中国社会学研究会改名为中国社会学会，选出了 69 名理事，并继续为台湾省的社会学组织保留了理事的席位。

14.全国社会学学科规划会议在成都召开

1983 年 4 月 2 日至 8 日，全国社会学"六五"规划会议在成都召开，各地专家、学者和代表共 58 人参加了会议。中国社会科学院社会学研究所和教育部高教司等有关负责人在会上作了讲话，规划小组组长吴承毅汇报了"六五"期间社会学学科的研究项目，各研究项目实际负责人就本项目的意义和可行性等问题作了论证，与会者分组还讨论了研究项目的落实、人才培养和队伍建设等问题，并座谈社会学学科发展远景和"七五"设想。

这次会议最大的成果是确立了"六五"期间的重点研究项目，主要包括三个方面：一、江苏省小城镇研究。由费孝通教授负责学术指导，中国社会科学院社会学研究所、江苏省社会科学院社会学研究所、江苏省社联等单位承担。二、中国城市家庭现状及发展趋势（五城市家庭研究）。由雷洁琼教授负责学术指导，中国社会科学院社会学所，上海、天津、四川等省市社会学所，江苏公安专科学校，复旦大学哲学系，复旦大学分校社会学系，北京经济学院劳动经济系等单位承担。三、中国人口问题研究，包括中国生育率降低趋势与问题、北京市人口的分析和预测等两个专题，由戴世光、袁方、张乐群等教授负责学术指导，北京大学社会学系、北京医学院卫生统计系、中国社科院民族研究所、北京经济学院人口研究室、北京市人民政府研究室等单位承担。

15.上海复旦大学分校举办社会学讲习班

复旦大学分校在教育部和中国社会学会的委托下于 1983 年暑期举办了上海社会学讲习班，并得到中国社会科学院社会学研究所的支持，目的是在进一步普及马克思主义社会学知识的基础上，逐步提高社会学教学、科研和行政管理人员的业务水平。

参加讲习班的学生来自全国 20 个省、市、自治区，共 101 人。招收的对象包括已经正式从事或预定将要从事社会学教学、科研、管理工作的人员，以及实际工作部门中具有高中以上文化水平的科级或相当于科级的干部，其中 38 人是 30 所高等院校的教师和干部，25 人是 12 所省、市以上党校和地方、部队干部学校的教师和干部，19 人是 16 个省、市社会科学院系统的研究人员和干部，7 人是从 7 个省、市、地、县党政机关来的干部，还有 12 人是来自大中企业的干部。在这些学员中约有三分之一正在从事社会学的教学、研究和实际工作。

在讲习班开学典礼上，中共中央顾问委员会委员、上海市社会科学界联合会主席夏征农，中国社会学会顾问、上海市社会学学会会长曹漫之，上海市高教局副局长韩中岳到会并讲话祝贺，中国社会学会理事、上海市社会学学会副会长、复旦大学分校党委书记、讲习班班主任李庆云作了学习动员和部署。

这期讲习班最大的特点是采用本国教材，由国内讲师授课。讲习班以马克思主义社会学基础理论和基本方法为主要教学内容，开设了社会学概论、社会学方法等课程和西方社会学理论、社会思想史等专题讲座，并请实际工作部门的负责人作报告和著名社会学者谈治学经验。在时间紧、内容多、连续十多天高温的不利条件下，经过大家共同努力，较好地完成了教学计划，达到了预期目的。较系统地讲授了社会学概论、社会调查方法和统计这两门主课，开设的马克思主义经典著作《家庭、私有制和国家的起源》和《1844年经济学—哲学手稿》、西方社会学流派和柏拉图社会思想、未来学等讲座由复旦大学分校社会学系、华东师范大学政教系、复旦大学哲学系、上海大学工商管理学院等有关教师承担了讲授任务。讲习班还邀请到上海市有关领导机关的干部作了社会治安、宗教问题、经济开发、青少年犯罪、中美社会结构和价值观比较等专题报告。刚从日本考察回国途经上海的湖南省妇联干部也应邀作了关于日本家政学介绍。

讲习班还组织参观了宝钢、金山石化总厂这两个全国重点建设的项目，给学员们展示了社会主义现代化的美好图景。参加学习的学员在学习结束前，通过考核，成绩及格者，发给结业证书。在结业典礼上，中国社会学会常务理事、秘书长、中国社会科学院社会学研究所副所长吴承毅和曹漫之到会讲话，李庆云作了讲习班小结。

从1983年7月1日开始到8月10日圆满结束，讲习班共历时40天。这期讲习班贯彻理论联系实际、百家争鸣的方针，对社会学的理论体系、教学内容、研究课题、调查方法，以及如何开创社会学新局面、社会学和科学社会主义等相关学科的关系等问题作了积极的有益的探讨。对已经和将要从事社会学教学和科研的学员起了互相交流、共同提高、开阔思路的作用，对初学的学员则受到了一次很好的社会学入门的教育。

16. 胡耀邦写信推荐《小城镇　大问题》一书

《小城镇　大问题》是一本论文集，费孝通教授的著名论文《小城镇　大问题》被收入本书，并以此作为书名。该论文集由江苏省小城镇研究课题组编写，从事这项研究的课题组由中国社会科学院社会学研究所和江苏省社会科学院社会学研究所的部分人员组成，中国著名社会学家费孝通教授担任课题组和该书的学术指导，1983年初完成，1984年由江苏人民出版社出版。

全书的内容主要包括以下几个方面：第一，对苏南地区小城镇的类别、层次、布局以及历史和发展做了如实的描述，并在此基础上进行分析。第二，该书指出，小城镇的经济和社会，不仅与农村经济、社会有着有机的内在联系，而且与城市经济、社会存在着日益紧密的联系。书中以大量事实说明，不仅乡镇企业离不开城市，城市也离不开乡镇企业。一部分乡镇企业事实上已经成为城市工业体系的组成部分，两者的有机结合，展现着城乡日渐向一体化方向发展的前景。第三，对农村的城镇化过程进行了总结分析。农业经济的商品化、社会化，乡镇工业的发展，使得农村的经济结构、社会结构、人口结构以及农村居民的价值观念、生活方式都发生了显著的变化。这种变化的过程就是农村城镇化的过程。各种变化中，最为显著的变化是涌现了为数众多的农民工。该书提出并分析了城镇化过程中出现的新问题，如农业、乡镇工业和城市工业的协调发展问题，小城镇发展过程中新旧体制的交替问题，小城镇的规划问题，等等。

该书以中国经济较发达的江苏南部地区为研究对象，探讨了中国社会主义工业化的一条新路径，即发展乡镇企业和小城镇之路。费孝通教授在文中对这条道路的由来，从中国的国情和历史传统（即"人多地少"、"农工相辅"）方面进行了深刻分析，中国的国情是人多地少，这个矛盾因农工相辅的传统未能恢复和发展而加剧。苏南地区在20世纪70年代初期和中期由于发展社队（乡镇）工业而开始打破这种局面，中国共产党第十一届中央委员会第三次全体会议之后，这里的乡镇工业更是获得迅猛发展。本书中的观点认为，乡镇工业已经并将继续给农村带来重大变化，必将因此走出一条具有中国特色的社会主义工业化的路子；而且，乡镇工业还将带动整个农村商品经济的发展，促进农村经济结构、社会结构和人口结构的变化，从而走出一条农村城镇化的道路。

课题组针对这些问题提出的若干改革意见，部分被实际工作部门采纳。1983年11月5日，胡耀邦总书记亲自写信推荐了此书。

17.费孝通主编的《社会学概论》出版

1984年5月，《社会学概论》由天津人民出版社出版，共32万字。本书是1979年中国社会学重建以来的第一本大学社会学概论教科书，以编写组的名义出版。费孝通教授任主编，韩明谟、丘士杰、杨心恒任副主编，参加编写的有贾春增、周运清、沈关宝、刘豪兴、夏学銮、孟还、陈树德、何炳济等人。

本书遵循着理论、应用、方法的三维空间架构，三个方面互相关联、互相照映，形成一个整体，为建设中国特色社会主义社会学作出了初步的积极贡献。全书共分为15章，第

1章、第2章两章说明社会学的对象、任务、社会及其发展条件；第3章到第7章属于理论部分，论述社会的形成、构造等，内容包括人的社会化、初级社会群体、社会组织、阶级与阶层、社会制度；第8章到第13章属于应用部分，内容包括社会控制、社区、社会变迁、社会现代化、社会问题、社会工作等；最后的第14章和第15章分别介绍社会学研究方法和社会学的由来及发展。

本书内容有几个鲜明特征。第一，理清了历史唯物主义和社会学的关系。书中认为历史唯物主义是哲学，社会学是一门具体的社会科学，后者不能被前者替代，而是相互补充，一方面研究社会学应该以历史唯物主义为指导，另一方面社会学的研究成果也可以丰富和发展历史唯物主义。第二，全书贯穿了一个全面而清晰的社会学观点，即认为社会学是从变动着的社会系统整体出发，通过人们的社会关系和社会行为来研究社会的结构、功能、发生、发展规律的一门综合性的社会科学。该书认为，社会是人们相互交往的产物，是以生产关系为基础的各种社会关系的总和；各类社会和社会群体都是一些在结构上繁简程度不同的社会系统；人们的社会关系和社会行为是研究社会的敲门砖；在社会学调研的过程中要落实到社区。

该书在结合中国实际方面，也力求做到以下几个方面。第一，从中国的实际情况出发，尽量利用中国在社会、政治、经济上的社会主义制度、社会资源和自然资源等基本情况资料。第二，分析问题结合中国历史文化传统。第三，充分吸取当前中国的学术成就，特别是社会学的成就，并考虑国家对社会学的需求，比如建设精神文明的理论，是中国社会主义建设理论的新创造。第四，面对当时中国存在的主要社会问题，着重论述产生人口、劳动就业、青少年犯罪等问题的实质原因和解决问题的途径。第五，专设"社会工作"一章，在评论中国社会工作一般情况的基础上，重点介绍分析中国社会工作的成就与特点。第六，专设"社会现代化"一章，以体现全国各族人民实现中国社会主义现代化崇高而艰巨的任务，这在中国理论界是第一次。第七，社会变迁是中国社会转型期的主要问题，该书为此单列一章，以马克思主义社会变革理论，结合中国新民主主义革命和社会主义革命时期的事实，科学地论证中国社会变迁问题。

《社会学概论》出版之后，成为当时国内销路最广、影响最大的社会学教科书，行销量达30万册以上。

18.中国社会学函授大学面向全国招生

1984年11月，由中国社会学会、中国社会科学院社会学研究所、北京大学社会学系、北京市社会学会和北京市社会科学研究所社会学研究室共同创办的中国社会学函授大学，决定于1985年1月起在全国范围内招生。

人员聘请方面，该校聘请了老一辈的社会学家费孝通教授和雷洁琼教授为名誉校长，北京大学社会学系主任袁方教授和中国社会科学院社会学所所长何建章研究员任校长。还聘请了五家举办单位以及北京和各省、市有关大专院校的教授、副教授、研究员、副研究员等170位专家、学者编写教材和任辅导教师，保障了师资力量和教学水平。

机构设置方面，学校设教务处、校务处、总务处、教材编审委员会、辅导委员会、社会学辅导报编委会等机构，以满足学校工作正常开展的需要。

课程设置方面，学校开设了八门社会学专业课：社会学史、社会学概论、社会学方法、社会心理学、社会管理学、婚姻家庭问题、经济体制改革与社会变迁、社会发展预测；另设大专基础课唯物史观、政治经济学、语法修辞、形式逻辑，选修外语等课程。在全国26个省市建立了27个面授辅导站，并由校部每月编印一期《社会学辅导报》（后改名为《中国社会学函授大学校刊》）发给学员。

中国社会学函授大学共招收2.6万名学员，其中31—55岁的占60%；各级管理干部占75%。这两万多名学员分布在全国29个省、市，遍及各行各业，为社会学作出了自己的贡献。

19.中国社会学代表团参加美国社会学第80届年会

1985年8月21日至9月12日，美国社会学第80届年会及美国国家科学院中美学术交流中心委员会主办的社会学趋势研讨会在美召开。北京大学社会学系主任袁方率中国社会学代表团参加了会议，并在年会和研讨会上分别作了《北京劳动力人口行业、职业分布的研究》和《介绍中国社会学的发展、现状和主要研究课题》的报告。这是中国社会学走出去的第一次正式行动。

20.《社会学研究》公开发行

1986年1月20日，由中国社会科学院社会学研究所主办的学术性刊物《社会学研究》公开发行。其前身是《社会学通讯》（内部刊物，1981—1984年）和《社会调查与研究》（1985年）。创刊至今一直是双月刊，在国内外公开发行，每年出版6期，逢单月20日出刊。每期24万字，248页。

《社会学研究》第一任主编何建章，创刊时确立的办刊宗旨是，以马克思主义为指导，贯彻"双百"方针，古为今用、洋为中用，批判地吸收中国历史上的和国外的社会学研究成果，从社会实际出发，探讨社会发展中的重大理论问题，研究社会结构、社会变迁和社会问题。

刊物所载文章的主要内容包括：社会学的理论与方法、社会调查、社会学史、国外社会学、社会心理学、教育社会学、法律社会学、伦理社会学、家庭社会学、城市社会学、农村社会学、社会行为研究、社会群体研究、社会保障、社会改革和社会变迁、生活方式和价值观念等问题的研究以及国内外社会学学术动态和教研机构介绍。

在办刊过程中，《社会学研究》注重科学性，注重对社会学新生力量的培养，一直提倡从科学地调查中国社会入手，运用社会学的理论和方法探讨现代化建设中的重大理论问题和实际问题，为党和政府的科学决策提供咨询服务，从学科建设的整体出发，在加强应用研究的同时重视理论研究，提供各种学术观点的交流，不断提高刊物的学术水平。

创刊至今，《社会学研究》经历了引介西方社会学、促进中国社会学研究的规范化、发布关乎中国社会发展重大问题的杰出研究成果、引导中国社会学研究取向的发展过程，逐渐为国内外社会学同仁所重视，为研究中国社会的各界人士所瞩目。随着学术导向的日益增强，该刊愈来愈被视为中国社会学学术研究的专业领军期刊。目前为止，《社会学研究》已成为中国社会科学院社会学研究所主办的一级专业学术期刊，系中文社会科学引文索引（CSSCI）核心期刊、国家社科基金资助期刊、国家哲学社会科学学术期刊数据库收录期刊。在中国社会科学院、南京大学、北京大学、武汉大学等四家期刊评价机构的学科排名中均名列第一，被誉为"中国权威核心期刊"，并于2012年、2013年、2014年连续三年获评"中国最具国际影响力学术期刊"称号。

21.全国哲学社会科学"七五"规划

1986年10月29日至11月14日，全国哲学社会科学"七五"规划会议在北京召开，会上确定了"七五"规划期间社会学学科首批13个国家重点课题，会上社会学学科规划小组16名成员选举产生了正、副组长。会议期间，全体成员认真讨论、评议了各单位推荐的研究课题。最后，经过无记名投票，确定了"七五"期间社会学学科的首批13个国家重点课题。

全国哲学社会科学社会学学科"七五"规划小组组长为何建章，副组长为袁方，成员有丁水木、王雅林、关涛、刘敏、何肇发、李泊溪、苏驼、宋书伟、李德芳、郑杭生、赵子祥、胡汝泉、柳斌杰、高德。

"七五"期间社会学学科的13个国家重点课题内容如下：一、小城镇与城乡关系研究；二、农村家庭功能的变化及其对社会发展的影响；三、中国社会发展战略研究；四、中国现阶段的阶级和阶层研究；五、社会学基本理论研究；六、社会、经济、科技协调发展模式研究；七、中国现代社会结构模式研究；八、精神文明建设中的价值观念变化和社会问题；九、中国城乡居民生活方式研究；十、"七五"期间社会保障问题的研究；十一、中国城市老龄问题及对策研究；十二、社会发展指标体系研究；十三、香港社会研究。

22.全国农村婚姻家庭协作调查工作会议在北京举行

1987年3月25日，中国社会科学院社会学研究所主持召开了"全国农村婚姻家庭协作调查"工作会议。来自黑龙江、吉林、河北、天津、山东、浙江、广西、四川、福建、贵州、陕西等省、市、自治区的社会学工作者参加了会议。会议商定用1987年和1988年两年时间，由各省、市协作进行中国农村婚姻家庭的调查，调查的中心内容是实行生产责任制后农村家庭结构、家庭职能的变化。

23.发展理论与中国现代化研讨会在北京召开

1987年5月14日至15日，由中国社会科学院社会学研究所发起的发展理论与中国现代化研讨会在北京召开。有关课题的研究人员、对发展理论有专门研究的中日学者以及新闻、出版单位的记者、编辑等近40人出席了会议。

研讨会的第一天，国内相关学科的学者交流了有关发展理论研究的状况；第二天，中、日学者进行发展理论研讨，特别是针对中日发展比较研究的学术交流。

第一天会上，中国社会科学院社会学研究所的"发展理论与中国现代化"课题组负责人张琢介绍了这一课题及其子课题"中日发展比较研究"的计划和进展情况；北京大学社会学系孙立平介绍了"中国社会发展战略研究"课题进展情况；中国社会科学院社会学研究所朱庆芳介绍了"社会发展指标体系研究"的课题以及由她自己设计的一套关于中国社会发展指标体系的初步方案，唤起了大家的兴趣；南开大学张向东、彭华民介绍了南开大学社会学系的发展理论科研和教学的情况。

到研讨会的第二阶段，与会人员首先请关心中国现代化的日本社会学家东京大学教授、南开大学客座教授富永健一，作了题为"马克斯·韦伯与亚洲的现代化"的专题报告，并回答了中方学者提出的一些问题。

日本是与中国同处一个文化体系的近邻，自中国改革开放以来，日本的现代化进程唤起了不少中国研究者的热情。这次富永健一着重谈了现代化中的社会文化问题，引起与会嘉宾的很大兴趣。通过此次形式活泼、答问中肯的讨论会，各方都表示很有收获。

24.中国社会改革与社会学发展研讨会在贵阳召开

1987年11月25日至29日，中国社会改革与社会学发展研讨会在贵阳市召开。会议由《中国社会科学》杂志社、《社会学研究》杂志社、中国社会学函授大学、《光明日报》理论部和共青团贵州省委、贵州省社会科学院、贵州省社会科学院社会学所、贵州民族学院联合召开，100余名正式和列席代表参加了会议，参会论文30余篇。

会议论文和会议发言涉及的中国社会改革发展议题主要包括以下几个方面：第一，对中国当时的全面改革及其理论问题进行探讨，学者们提出了一些引人注目的新见解；第二，中国社会发展的总体目标和战略问题是不少学者着重探讨的问题；第三，观念现代化、人的现代化与社会现代化的关系受到众多学者的关注；第四，中国当时的社会阶级、阶层结构和改革过程中的社会公平及其社会心理承受力的问题，是与会者讨论的两个热点。

此外，与会者还就社会学的自身发展问题展开了一系列讨论。主要议题包括：第一，社会学中国化问题；第二，理论研究与经验的关系问题；第三，社会学与中国改革的关系。

25.全国社会主义初级阶段理论与社会学学术研讨会召开

1988年8月5日至9日，全国社会主义初级阶段理论与社会学学术研讨会在黑龙江省伊春市隆重举行。这次会议是由中国社会学会、中国社会科学院社会学研究所、国家教育委员会高等教育系统社会学系所、《光明日报》理论部、黑龙江省社会科学联合会、黑龙江省社会科学院、黑龙江省暨哈尔滨市社会学学会和中共伊春市委等部门联合发起召开的。来自科研、教育及实际工作单位的196名专家、学者和实际工作者出席了这次盛会。

会议期间，与会学者对社会学在中国重建九年来所取得的成就给予了高度的评价和肯定，同时对存在的差距与不足进行了深入细致的研究和讨论。会议期间，黑龙江省和伊春市的有关单位及其工作人员克服了重重困难，为会议的顺利进行创造了条件，受到与会者的一致好评。来自全国各地的参会人员十分珍惜这次社会学界齐聚一堂，共同探索社会学的发展道路的机会。

这次会议取得了以下几个方面的成果：第一，在新的基础上增进了团结，为社会学的进一步发展奠定了良好的基础；第二，从会议上提出和讨论的问题来看，社会学研究有了很大的进展，研究问题所涉及的范围和深度都是前所未有的，特别是对具有战略决策意义的重大社会现实问题的研究引起了社会学界的普遍关注；第三，进一步明确了学科建设的任务与方向；第四，会议始终贯彻了"双百"方针，与会代表畅所欲言，各抒己见，这表明社会学学科健康、民主、活泼的学风得到了进一步发扬。

会上,代表们分析了社会学发展的有利条件,对社会学的发展充满信心,决心用自己的艰苦奋斗开创中国社会学事业发展的新局面。

26.马克思主义与社会学理论研讨会在北京召开

1988年9月23日至24日,由中国社会科学院社会学研究所理论室、北京社会科学院社会学研究所、中国人民大学社会学系、北京大学社会学系和中共中央党校科学社会主义教研室五单位联合发起的马克思主义与社会学理论研讨会在北京召开。来自上述单位的社会学理论工作者及北京地区部分高校、上海社会科学院社会学研究所的代表共20余人参加了会议。

何建章、郑杭生、宋书伟、苏国勋、韩明谟、夏学銮、折晓叶、杨雅彬等围绕下面三个问题阐述了各自的观点:第一,关于马克思主义社会学理论建设工作的重要性和迫切性问题;第二,关于马克思主义社会学概念界定问题;第三,关于马克思主义社会学的研究对象、方法、体系架构等问题。

这次会议具有如下几个方面的特点:第一,会期较短,具有简单明快的风格;第二,议题较为集中,因而使各种不同的观点都得到阐述;第三,不同学术观点进行了直截了当的交锋,有利于相互交流和沟通。

27.亚洲及太平洋地区社会工作教育研讨会在北京大学举行

1988年12月15日至19日,亚洲及太平洋地区社会工作教育研讨会在北京大学举行。这次会议是在亚太地区社会工作教育协会的积极倡导和推动下,在国家教育委员会和民政部、澳大利亚国际发展援助国际支持计划、京港学术交流中心、北京市民政局、爱德基金会、北京大学社会学系的赞助和支持下召开的。来自亚太16个国家和地区的121名代表在研讨会上交流了社会工作教育的模式和经验,探讨了社会工作教育中存在的问题,展望了社会工作教育的发展趋势。

出席15日开幕式的有北京大学教授雷洁琼、民政部部长崔乃夫、北京市副市长何鲁丽、国家教育委员会高教一司司长夏自强、外交部参赞陈津初、民政部顾问杨琛、北京市民政局副局长李乐兰、《社会保障报》社长许承琦、北京大学副校长周尔鎏、国际社会工作训练学院协会秘书长韦立、麦泰等。

会上,中国的社会工作教育是讨论最多的课题。中国大陆、香港及美国、澳大利亚的学者都很关注这个论题,发表了许多真知灼见。

全国人大常委会副委员长、北京大学社会学系教授雷洁琼出席会议并发言。她指出,中国是一个发展中国家,处于社会主义初级阶段,正在进行经济、社会的全面改革,人民生活普遍提高,但是,在人口结构中还存在特殊困难群体,如人口年龄结构日趋老龄化,60岁以上的老年人口已超过9000万人,残疾人5000多万人,弱智儿童约占儿童的1%。解决他们面临的问题,需要大量的社会工作,而发展社会工作教育是做好社会工作的前提。1988年民政部资助10万人民币,在北京大学开设"社会工作与管理"专业,为国家培养具有现代知识和技能的社会管理人才和社会工作服务人才。雷洁琼教授还谈到,要搞好社会工作教育,教师队伍的培养、课程的设置、教材的建设都是十分重要的。在这方面我们虽有燕京大学培养社会工作人员的经验可资借鉴,但是,要使社会工作教育较好地符合现代社会的需要,就必须学习当今世界上社会工作教育的先进经验,并使之与中国的现实相合。

一些老教授对召开这次研讨会以及北大设立社会工作和管理专业而感到十分激动。长期以来,社会学和社会工作被认为是资产阶级伪科学,1952年院系调整时,取消了社会学系和社会福利行政系。目前民政系统有10万工作人员,但绝大多数都没有受过社会工作专业的训练,不懂得用现代行政管理的理论和方法,从事自己承担的工作并和自己的工作对象打交道,因而工作质量低,这就是我们多年来否定社会工作专业教育而尝到的苦果。

与会外国代表介绍了国外课程设置的模式,但同时指出,中国社会工作的发展不应同于欧美模式,社会工作的文化差异性决定了课程设置的模式有所不同。中方的一些代表提出课程可分为理论、方法技术和应用三个层次。根据人才层次,开设不同的课程。对于参与和从事社会发展决策的高层次人才,理论内容要多一些;对于社会行政管理人才,可理论和方法兼顾;对从事基层地区工作的人员,可多学一些方法技术和应用方面的课程,提高服务能力。

一些代表特别指出,当前尤其要加强职业道德教育,激发学生为社会工作事业献身的精神。学制上也要考虑以两年大专为主,这是人才金字塔的基础,也可尽快满足社会的迫切需要。一些外国学者还谈到教育实习、督导、学位设置、老龄化教学等问题。

28.中山大学社会学系受民政部委托举办社会工作师资培训班

1989年4月17日至6月16日,受民政部社会工作教育研究中心的委托,中山大学社会学系举办了全国首届社会工作师资培训班,共开设13门课程,授课近200小时,来自全国各地的34名教师参加了这次培训。根据民政部社会工作教育研究中心的要求和学员社会工作基础理论比较薄弱的实际情况，培训班开设了社会工作概论、社会研究与统计、人类行为与社会环境、社区工作、团体工作、个案工作、社区服务、家庭问题、妇女问题、国外社会工作、社会保障、统计学、人口学等课程。培训班继续与香港大学社会工作及社会行政学系合作，两系共同承担了培训班的教学任务。其中香港大学的何桂华、梁祖彬、郭义和周永新四位教师分别讲授了团体工作、社区服务、国外社会工作和社会保障四门课程。为了把课堂教学与社会实践有机结合起来，培训班还组织全体学员到深圳、珠海和佛山等地参观学习。

29.《中国社会学年鉴（1979—1989）》出版发行

1989年10月，《中国社会学年鉴（1979—1989）》由中国大百科全书出版社出版发行，全书共400页，49.5万字，包括专文、专题研究进展、社会学界动态、国外社会学论坛、著作选介、论文选介、社会学界概况、社会学家传略和附录9个部分，是社会学在中国重建后的第一本专业年鉴。

《中国社会学年鉴（1979—1989）》反映了社会学重建十年的社会学发展概况及社会学理论研究进展，反映了1979—1989年中国社会学界动态，以及国外社会学的最新动态，表明了中国社会学重建后，经过十年的发展，已初步奠定了理论的基础，它的出版对社会学的研究和发展有一定的贡献。

此后，《中国社会学年鉴》每四年出版一期。

30.城镇社会保障的实践和理论研讨会在北京召开

为了系统总结新中国成立以来特别是改革十年来北京城镇社会保障工作正反两方面的经验，发挥社会保障工作在整顿和深化改革过程中的社会稳定作用，为领导科学决策提供依据，北京市人民政府研究室和北京市社会学会于1990年6月20日在京联合召开了城镇社会保障的实践和理论研讨会。来自科研单位、大专院校和实际工作部门的40多人参加了会议，讨论的中心主要围绕以下两个问题：

第一，目前中国公费医疗制度的改革问题。代表们认为：公费医疗改革的指导思想是既要保证干部、职工得到基本医疗保健，又要克服浪费，有效地利用卫生资源。当前的可行办法就是从医院的药品发放和医药费报销制度的管理等方面严格把关，改变"一人看病，全家吃药"的现象。有代表认为，要想彻底改变目前中国的公费医疗状况，就要向医疗保险的方面努力，为此应建立一些医疗保险组织和管理机构，以及加快关于医疗保险的立法工作。会上,与会同志还介绍了对北京一些企业职工医疗状况的调查和国外一些国家的医疗保障情况。

第二,关于社区服务问题。代表们认为:在中国城市收入保障已得到基本解决后,社会保障的重点应放在服务保障方面,而社区服务是当前城市社会保障最有效的途径。随着人口老龄化、家庭规模小型化及"空巢"家庭等问题的增多,社区服务已越来越受到重视。会上,来自北京市属各区的实际工作部门的工作人员互相交流了近几年在社区服务方面所取得的成绩和存在的问题。大家认为,通过社区服务活动,实现了民政工作的全民性和社区服务的自我性,培养了"我为人人,人人为我"的良好社会风气,今后应把社区服务活动继续深入地搞下去。

31.中国社会学1991年学术年会在天津召开

中国社会学会、天津社会科学院和天津社会学会联合发起,天津社会科学院主办的1991年中国社会学学术年会于5月14日至17日在天津举行。著名社会学家、中国社会学会名誉会长雷洁琼、中国社会学会会长袁方、副会长王辉、陆学艺、何肇发、吴铎、郑杭生以及来自全国27个省、自治区和直辖市的160多位代表出席了会议。与会代表围绕着本届年会的中心议题"社会学:社会稳定和发展的理论与实践"展开了充分的讨论,向年会提交论文百余篇,有60多名代表作了大会发言。这次年会主要讨论了以下几个问题:关于社会稳定的概念;社会稳定类型;社会稳定与发展的关系;改革开放给中国社会带来的影响;社会稳定的现实问题;社会稳定中的心理因素;社会控制与社会稳定的问题;经济与社会的协调发展的问题。

与会代表还就其他重要问题发表了看法,主要包括:中国社会学在20世纪90年代的使命,中国社会学的现状、发展与未来,中国社会学理论建设的知识环境,中国改革的理论与实践,社会组织、社会结构的重组及调整,社区建设,职工劳动积极性、劳动态度及其制约因素,中国社会主义初级阶段的利益群体,社会流动,企业环境,企业文化等。

本届年会表明,在短短几年的时间内,社会学界围绕"一个中心两个基本点",在促进社会稳定发展,即有利于经济发展的优化协调的非经济因素方面,做了大量的调查研究,取得了丰硕的成果。随着研究的不断广泛和深入,中国社会学者必将继续为"中国社会稳定和发展"的理论与实践,为具有中国特色的社会学理论的丰富和发展作出更大的贡献。

32.中国社会学研究国际讨论会在北京召开

为了促进中外社会学工作者的学术交流,增进中外学者的相互了解、相互合作,推进中国社会学研究的繁荣和发展,推进中国的经济与社会协调发展作出新的贡献,中国社会科学院社会学研究所在福特基金会的资助下,于1991年7月2日至28日,在北京召开了中国社会学研究国际讨论会。

会议得到了中国社会学会名誉会长费孝通教授、雷洁琼教授等老一辈社会学家的关心和中国社会科学院的领导及有关部门的帮助和支持。会议邀请了50名代表,实到43名。除中国代表(包括港、澳、台)外,还有来自英国、美国、法国、瑞典、荷兰的学者,并有观察员32名。会议收到中外学者提交的论文30多篇。

会议以社会学理论、社会学方法和农村发展问题为主要议题,展开了积极、热烈的学术交流。主要内容包括以下三个方面:

第一,对中国社会现状的理论社会学认识。就此议题先后在大会作学术发言的有:瑞典的欧洲社会学家和人类学家、中国研究网络主任格仑·埃摩(Goran Aijmer),法国国立科学研究中心社会学系研究员伊莎贝尔·塞拉尔(Isabelle Thireau),美国斯坦福大学人类学教授阿瑟·沃尔夫(Arthur Wolf),美国密执安大学社会学系教授怀墨廷(Martin Whyte)和中国社会科学院社会学研究所副研究员李培林,北京大学社会学系讲师王汉生,华中农业大学农村社会学专业教授李守经,中国人民大学社会学系讲师胡鸿保等8人。

第二,对当下中国农村社会学的认识。就此议题,有8位代表作了学术交流。美国哥伦比亚大学东亚研究所人类学教授马隆·科恩(Myron Cohen)通过1986年至1990年对中国河北、四川、上海的三个村庄的实地调查,研究中国乡村分家模式的变迁。美国耶鲁大学人类学系教授海伦·苏(Helen Still)在大会上交流了她对1986年所作的"珠江三角洲集镇发展"的研究发现。英国伦敦大学社会研究系高级讲师斯蒂芬·王(Stephen Feucht Wang)介绍了他从事的一项"中国农村社会的供养安排和地方传统的转变"的研究。江苏社会科学院社会学研究所研究员吴大声、助理研究员邹农俭,交流了对"中国苏南农村现代化与社会公平"问题的研究结果。

第三,对其他中国问题的研究。于此,有三位学者分别介绍了他们的研究结果。美国哈佛大学社会学系教授、哈佛大学费正清研究中心研究员安德鲁·沃尔德(Andrew Walder)介绍了他所作的"关于中国城市中工作单位制度的经济学研究"。华东师范大学教授吴铎介绍了"上海老年社会保障研究"的成果。北京大学社会学系讲师林彬对"社会学方法的发展趋势",发表了自己的研究认识。

此外，会上还组织了三场专题学术报告，分别是中国社会科学院社会学研究所研究员、所长陆学艺作的"中国社会学的现状与发展趋势"报告；美国杜克大学社会学教授、美国社会学会亚洲研究主任林南作的"关于社会学研究方法的若干问题"报告；英国伦敦大学亚非学院社会人类学教授、不列颠与欧洲共同体社会人类学学会主席大卫·帕金（David Parkin）作的"当代英国的人类学"报告。

33.中国社会学会教育社会学研究会在天津成立

中国社会学会教育社会学研究会于1991年8月18日在天津成立并召开学术研讨会。教育社会学研究会围绕中国教育发展与改革中的重大理论问题和现实问题及人们所共同关心的与本学科有关的问题，致力于探索中国社会主义时期教育与社会之间的关系及其发展规律，规划组织该会的力量开展教育社会学的专题研究，为政府有关决策提供咨询和建议，更好地促进中国教育事业的改革与发展，更好地适应社会主义现代化建设的需要。

全国人民代表大会常务委员会副委员长、著名社会学家雷洁琼于8月19日致电大会表示祝贺，并预祝会议圆满成功；中国社会学会会长、北京大学教授袁方代表中国社会学会到会祝贺，并发表重要讲话，天津市有关方面领导也到会祝贺。

会上通过了《中国社会学会教育社会学研究会章程》，并产生了理事会。理事长由北京师范大学教授厉以贤担任，副理事长由国家教育委员会国家教育发展中心副主任谈松华、中国社会科学院社会学所副所长杨雅彬、天津教育科学研究院副院长王宗敏、华东师范大学教育科学学院院长金一鸣、华中理工大学高教研究所所长姚启和等担任。

34.《中国大百科全书·社会学》问世

《中国大百科全书·社会学》卷（以下简称《社会学》卷），自1986年6月开始筹备编纂，1987年4月正式撰写，1988年各编写组全面展开审稿，1988年年底完成全部审稿任务，1989年中国大百科全书出版社组织该书编委会审定全书重点条目和疑难条目并着手成书，进行编辑加工和技术处理。经过全国社会学学者数年的共同努力，《社会学》卷终于在1991年12月正式出版。这对中国社会学界来说是一件大事，也标志着社会学理论研究的重大进展。

由郑杭生、杨心恒、苏国勋共同撰写的5万字卷首专文，系统地介绍和总结了社会学一系列根本理论问题：社会学的对象、性质、框架、功能、地位；社会学的方法论、方法；社会学的历史、发展趋势；社会学在中国的发展；等等。其中不乏有新意、有提高的地方。例如，紧紧抓住社会和个人的关系来说明社会学，来区分社会学定义的类别。专文说："社会学是现代社会科学中从某种特有的角度，或侧重对社会，或侧重对社会主体的人，或侧重对社会和人的关系，进行综合性研究，因而具有自己独特对象和方法的学科。"又如，为什么不论社会学者的观点多么不同，但都仍然有共同感兴趣的问题可以沟通。专文解释说："社会学实际上是以别的具体社会科学学科都涉及，但又不作专门研究的东西为对象的。社会学家们都自觉不自觉地在寻找这个东西，都有意识地在沿着这条路探索。所以不论他们观点和方法有多么大的差别，在研究实践中仍然会走到一起来。"

《社会学》卷选收条目近千个，内容包括社会学理论、社会学方法、社会学史、社会学的分支和应用学科、社会工作、社会心理学、人口学等7大部分，文稿字数约130万字，插图近500幅，其中彩图190余幅，并配置有分类目录、内容分析索引、人名译名对照和社会学大事记等索引，是当时国内出版的规模最大、内容最全、查阅最为方便的社会学工具书。全国近200名社会学专家、学者参加撰稿，60余位具有较高学术造诣的学者分为9个编写组负责审稿。

《社会学》卷的编纂，是1986年以来中国社会学界规模最大的一项学科建设项目。从《社会学》卷的条目分类目录来看，它把社会学知识系统化、规范化了。《社会学》卷反映了中国社会学研究的成果，也进一步表明了社会学学科在中国的确立。它对推动社会学学科建设、促进国内社会学界的交流与合作，起到了积极的推动作用。《社会学》卷的出版是中国社会学发展的一个里程碑，标志着社会学理论研究进入了一个新阶段。

35.中国社会学会"当前中国社会变迁与小康社会研究"在杭州召开

中国社会学学会1992年年会经过一年的准备工作，于3月28日至4月1日在杭州举行。这次会议的主题是：当前中国社会变迁与小康社会研究。会议由中国社会学学会、浙江省社会科学院、中共杭州市下城区委和区政府、杭州市下城区长庆街道办事处等多家单位共同筹办。中国社会学会理事和论文作者共150余人出席了会议，会议共收到论文128篇。

中国社会学学会会长袁方教授在会议上致开幕词。袁方会长指出，"当前中国社会变迁与小康社会研究"是中国社会主义理论建设的重要课题之一，是一个兼具重大理论和实践意义的课题，它需要多学科进行研究，社会学应发挥主要作用，因此召开这次学术会议很有必要。袁方会长指出，如果说20世纪80年代是中国社会学恢复和重建阶段，那么90年代可以说是中国社会学发展和日趋成熟的阶段。他呼吁社会学学会应支持会员做好以下工作：第一，按照邓小平同志的讲话精神，进一步解放思想、大胆探索、勇于创新。只有这样，我们方能面对中国实际，促使有中国特色的社会学迅速成长起来。第二，加强团结，求同存异。不同的观点和学派应鼓励，但宗派主义要反对。第三，大力提高社会学工作者的专业素质，以适应中国社会主义现代化建设的需要。

中国社会学学会秘书长王庆基教授转达了费孝通教授对这次大会的祝贺，还受雷洁琼教授的委托宣读了书面发言。雷洁琼教授指出，小康社会是一个宏伟蓝图和系统工程，有必要从社会学角度进行研究，发挥社会学整体性、综合性和系统性的学科优势；20世纪90年代是实现小康目标的关键阶段，也是社会学工作者发挥力量的大好时机，希望社会学界共同努力，开创社会学发展的新局面。

大会就"当前中国社会变迁和小康社会研究"这一主题进行了认真的交流和讨论。与会代表从理论、方法、技术等方面进行了小康社会和社会变迁的探讨，也从农村、城市、老人、妇女、城市化等方面进行探讨，将宏观视野与微观研究结合起来。华中农业大学的李守经教授、南开大学社会学系的张向东教授、江苏省社会科学院徐福基教授、中国人民大学郑杭生教授、黑龙江哈尔滨社会科学研究所叶乃滋副研究员、山东大学社会学系徐经泽教授等对小康社会研究进行了主题发言。另外，杨建华、卢淑华、叶南客、杨张乔、王雅林、王永平等同志作了专题发言。还有很多代表作了精彩的即席发言，会议始终在紧张热烈的气氛中举行，取得了很大的成效。陆学艺代表中国社会学学会致闭幕词。

36.中国人口控制模式与实践学术讨论会在北京召开

1992年9月6日至9日，受国家教育委员会和中国人口学会委托，由中国人民大学人口研究所、北京大学人口研究所、复旦大学人口研究所、吉林大学人口研究所、西安交通大学人口研究所联合主办的中国人口控制模式与实践学术讨论会在中国人民大学召开。国家计划生育委员会副主任蒋正华教授、中国人民大学副校长郑杭生教授、中国人口学会会长刘铮教授、国家教育委员会P04项目负责人阚延河应邀出席开幕式并讲话。四川省计划生育委员会主任钟戡到会，山西省计划生育委员会主任李绍先、副主任李俊喜撰文介绍了山西省计划生育工作经验。中国人口学会秘书长邬沧萍教授应邀在闭幕式上讲话。

参加研讨会的有人口学界专家学者及人口控制实际部门工作的同志。会议收到正式代表论文60余篇，其中25篇是由人口控制实际部门人员提供的，与会代表一致认为，此次会议对探讨中国人口控制问题，交流、总结人口控制的经验与模式，是一个非常有意义的开端。会议希望今后加强理论与实践的结合，使这种结合在新形势下，对中国人口控制实践产生有益的影响。

会议就以下重点问题进行了探讨：

第一，20世纪90年代人口控制与中国改革开放的新形势。不少与会代表认为应逐步改革现有人口控制模式以适应新时期协调人口与经济关系的需要。与会代表在讨论中指出，尽管中国市场经济发展尚在初期，很难在今天预测其对90年代人口控制的实际影响，但对于这一发展趋势与人口控制现有模式之间的可能摩擦，必须有清醒的认识，尽早给以战略性的考虑。中国人口控制模式的行政管理主导特征，一方面会长久存在，另一方面必须与经济发展的新形势相符合，所以如何在发挥人口控制成效的同时保证计生工作的稳定性成为重要问题。

第二，关于90年代人口控制方略的讨论。人口控制方略涉及的主要问题包括：一是晚婚晚育问题。与会代表讨论了中国早婚早育问题，指出晚婚晚育的重要性，认为如果立即开始大力抓晚婚晚育，在同样的生育方案假定条件下，晚婚晚育方案可使下世纪中叶中国人口总数减少1.2亿人以上。有代表指出，婚姻法与计生工作晚婚晚育要求相协调的问题已经困扰了人口控制十几年，对这一问题需要在更高的层次协调解决。二是加强90年代人口控制工作的稳定性问题。与会代表指出，加强90年代人口控制工作的稳定性需要对80年代人口控制工作进行深刻的方法论反思。80年代人口控制方法论上的误区在于：人口控制方法以相对高难度工作去带动、保证相对低难度工作的完成。90年代必须将低难、高难工作效果相对分开，充分重视加强低难度工作力度及稳定性的问题。有代表结合考察了90年代"一票否决权"的作用及使用原则，探讨了加强相关指标考核力度的具体方法。认为在稳定政策前提下，加强这特定指标的考核力度，可以大力引导基层巩固这方面的工作，有利于把高难、低难工作成效相对分开。这对于完成90年代人口目标，增加计生工作稳定性以及对计生工作今后适应改革开放大趋势的环境变化，有多方面的意义。

第三，关于人口控制模式的讨论。在会上，来自计划生育工作第一线的代表介绍了许多地区的人口控制模式和经验。专家学者也对一些地区人口控制模式进行了总结。与会代表认为，由于各地区经济、文化背景不同，人口控制模式也不可能相同，但任何地区成功的模式都离不开当地政府对计生工作的重视；任何地区较为先进的经验，都体现了当地计生工作将行政手段与经济、教育、法制，以及社会服务与社会约束机制逐渐结合的趋势。会议介绍了一些经济相对发达地区、贫困地区、中等发达地区的人口控制模式。前者如苏南，浙江东阳市、金华市，安徽黄山市，四川绵竹县，山西临猗县等地的模式。后者如四川雅安、乐至、华莹、湖北英山、恩威、麻城，安徽金寨县，江西南城县，四川苍溪县等等。海南省人口与社区综合发展试验区、湖南省计划生育委员会、湖南株洲市计划生育委员会、黑龙江牡丹江市计划生育委员会的代表也介绍了各自的经验。

此外，会议还就以下问题进行了讨论，即农村养老保险与计划生育系列保险问题、关于人口素质逆淘汰问题、中国人口分布新趋势及其调控机制，以及伴随中国人口转变出现的一系列人口学问题，如性别偏好、核心家庭、独生子女成长、人口老化、老年保障、城市化和少数民族问题等等。

37.北京大学人口研究所开办首届北京大学人口科学国际研究生班

首届北京大学人口科学国际研究生班开学典礼于1992年9月18日上午在北京大学临湖轩隆重举行。世界卫生组织驻华代表基恩博士、世界卫生组织总部人类生殖部代表韦伯博士、联合国人口基金驻华代表斯图格斯博士、国家教育委员会社科司代表阚延河处长、北京大学副校长梁柱,以及国家有关部门的领导、兄弟院校的领导和老师、人口研究所的教职工和中外学生70余人参加了开学典礼。开学典礼由北京大学人口研究所所长张纯元教授主持。

会上,北京大学人口研究所副所长曾毅教授介绍了国际研究生班的筹备经过、培养计划及方向。1991年,北京大学人口研究所被命名为"世界卫生组织人口科学与生育健康合作研究中心"。一年多来,在国家教委、卫生部、北大领导以及世界卫生组织和联合国人口基金的大力支持下,人口科学国际研究生班正式建立,并招收了首批学生。目标是培养包括中国在内的第三世界国家的学生,使其成为具有坚实的人口科学理论基础,掌握现代人口分析技术,能进行国际学术交流的高级专门人才。为达到此目标,培养计划包括三个部分:第一部分是预备课程,主要针对中国学生,他们首先强化英语听、说、读、写能力,学习必修的政治理论课及用中文讲授的中国人口学专业课程;需要强化英语及经费能自理的外国学生也可接受英语强化培训。第二部分是一年的用英语讲授的人口学专业课程。第三部分是硕士学位的论文研究。这个国际研究生班强调人口科学定量分析方法与定性研究相结合、人口科学全面训练与新兴领域——生育健康相结合,强调培训质量,并采取淘汰制。通过所有专业课程考试者方有资格从事硕士学位论文研究,并取得硕士学位;未通过者将获得人口科学研究生班课程结业证书,之后分配工作或出国。国际研究生班还特别强调中外师生的友谊和合作,无论是在北大期间,还是学生毕业回国与走上工作岗位后,都会一直保持友谊,加强合作,共同为发展亚洲与世界人口科学做贡献。

与会国际组织的代表和国家有关部门的领导在讲话中,盛赞北京大学人口研究所具有优秀的教职员工,闻名世界的教学、科研成果和经验。长期以来,大都是中国人出国拿学位,国际研究生班的建立,对改变这种单向流动,进而形成既有中国人出国拿学位、又有外国人来中国获取学位的双向流动起到重要的推动作用。这是中国人口学研究与培训的一个创举,是国际学术合作与交流的典范,北京大学人口研究所有条件、有能力办好这个国际研究生班。

北京大学人口所教师代表涂平副教授在发言中表示,一定要以开拓、创新、严谨、求实的精神搞好教学与科研工作。来自菲律宾和蒙古的学生代表表示将认真、刻苦地学习，努力争取成为首届国际研究生班的合格毕业生。北京大学副校长梁柱在会上祝贺国际研究生班的开学，并表示将在教学、科研的办公用房和有关设施方面予以特别支持。

38.中国1990年人口普查国际讨论会在北京召开

为了扩大中国第四次人口普查的影响，宣传这次普查的成果，加强同国际人口学界专家、学者的交流，同时借鉴国外的经验，1992年10月19日至23日，由国务院人口普查办公室举办的"中国1990年人口普查国际讨论会"在北京召开。来自联合国有关组织的代表及15个国家和地区的100余名专家、学者和友好人士参加了讨论会。中国国家统计局局长张塞致辞，国务委员李铁映作了书面发言。

李铁映在书面发言中指出，中国在1990年进行了人类历史上规模最大的一次人口普查。普查结果表明，中国大陆总人口已达到了11.3亿人。自20世纪70年代中国推行计划生育以来，人口过快增长的势头已经得到有效控制，20年间全国大约少增加2亿人，这在一定程度上缓解了人口增长过快与经济发展的矛盾，给中国带来了巨大的经济效益和社会效果，对促进中国社会主义现代化建设和提高人民生活水平起了重要作用。实行计划生育是中国的一项基本国策。从中国的实际情况和人民的切身利益出发，中国只能在发展经济的同时，抓紧计划生育工作，严格控制人口增长，努力提高人口素质。这是中国政府和人民在一个历史时期内作出的唯一选择。中国计划生育工作做好了，不仅对中国，而且对亚太地区以及全世界的人口控制将产生积极影响。

张塞在致辞中说，中国1990年人口普查所获得的丰富的信息资源不仅是中国的宝贵财富，也是全人类的共同财富。深入开发这些信息资源必将对中国以及全世界的人口与发展产生积极的作用和广泛的影响。

这次讨论会共收到国内外有关学术报告60余篇，大会宣读43篇。

19日，国家统计局局长张塞在《中国1990年人口普查与软科学》一文中，通过阐述系统论、控制论和信息论在中国1990年人口普查中的应用，概括地描述了中国人口普查的领导、组织和管理体系及其运行机制，从运用软科学的角度总结了中国成功完成世界上规模最大的人口普查的经验，把中国人口普查成功的经验提高到了现代管理科学的水平。国家统计局副局长孙兢新在《十一亿人口的普查》一文中，对中国1990年人口普查工作的组织实施全过程进行了详细介绍。与会代表对中国1990年人口普查给予了高度的评价。在发言中还对死亡和生育等问题进行了讨论。外国代表对出生婴儿漏报提出质疑，中国代表对此作了回答："在中国对出生、死亡不申报没有相应的惩罚规定，居民不予重视，因此造成了户籍登记与人口变动抽样调查以及人口普查数据的差距,这从一个侧面反映了人口普查的重要性。尽管人口普查存在一些漏报现象,但普查数据仍然比较接近实际。"

在20日的讨论中,代表们对中国人口普查的户口整顿、数据处理以及在组织实施过程中所采取的摸底、入户询问、事后质量抽查、分散在基层进行数据处理等适合中国国情的普查措施表现出极大兴趣。联合国统计司副司长游允中先生说:"如果有人问是否能用微机进行普查数据处理,我说'能';如果人们进一步问,有哪些国家用微机进行数据处理,我首先回答'中国',人们也就不再有其他疑问了。中国是世界上创造了用微机进行人口普查数据处理先例的人口大国。"

中国1990年人口普查的质量如何是人们普遍关注的问题。经过充分讨论,代表们一致认为:中国的人口普查是高质量的,数据是准确、可信的。

在21日的会议中,代表们主要围绕着人口城市化、人口迁移、出生、性别比等进行了讨论。22日,对中国少数民族人口发展状况、劳动力资源和就业状况、人口婚姻状况、文化程度状况、妇女状况等进行了广泛的交流。代表们在许多问题上取得了共识,对一些有分歧的观点经过讨论也得到了理解。在相互交流和切磋中,彼此增进了友谊。中外学者一致认为这是一次非常成功的讨论会。

39.北京大学首届妇女问题国际学术研讨会在京举行

1992年11月23日至26日,北京大学首届妇女问题国际学术研讨会在北京大学图书馆报告厅举行。来自中国、美国、英国、澳大利亚、日本,以及中国台湾等国家和地区的代表共70余人参加了研讨会。会议就改革大潮中的妇女、妇女与法律、妇女生育与健康以及妇女与文化四个专题进行了大会发言和讨论。

对于专题"改革大潮中的妇女",与会者较一致的看法是:改革为中国妇女参与社会提供了更多的机会,妇女在参与社会的变革中得到了自身的解放和发展。王庆淑对这一观点作了较为全面的阐述发言。她用大量数字和比例数据,从宏观的角度说明当代中国妇女解放的每一个进展,都与中国的社会主义运动同步,都和这个社会制度在中国的建立及其完善化过程紧密相连。

由改革所引发的性别分化、新的性别分工格局及性别歧视问题,是这一专题讨论的热点。李银河认为,中国的男女平等,根植于含有强烈"非性"倾向的中国文化传统之中;妇女地位和观念的改变,是以"非性"为其基本特点的。谭深则认为,以1978年开始的改革为限,前三十年是性别差异缩小的过程,这种由国家行政力量推进的改革,只在制度和意识形态层面上消除了的性别差异,近十几年则呈发展和扩大的趋势。她还特别提出目前处于经济和社会结构转型过程中的性别分化，使妇女在改革中对于生活的选择不是更小而是更大了。

"妇女与法律"专题较多围绕目前已公布并正在实施的《妇女权益保障法》来讨论。美国学者司徒丽莎（Lia Steaurs）从如何通过立法手段进一步完善妇女法、如何通过法律解释扩展妇女法的内容、如何改进妇女法的实施体制等三个方面，提出了若干供讨论和探索的问题。郭建梅认为，妇女法实施过程中遇到的大量问题及目前实施细则仍难以出台的原因，既有法律制定中存在的缺陷，也有由于经济体制、社会结构等其他因素的影响，她呼吁与会的专家学者能就此提出建议。马忆南从中国法规对妇女人权的保障角度，介绍了中国法律中的若干妇女实体人权及程序人权，并分析了妇女人权实践与妇女人权立法的错位及其进一步完善的途径。

将"妇女生育与健康"专题列入妇女问题学术研讨会，在中国还属首次。发言人从医学、计划生育政策、中国传统生育文化的影响等三个方面进行了讨论。涂平根据1990年全国人口普查的结果，分析了中国目前出生性别比偏高的原因。美国学者魏台玉（Tyrene White）以中国农村实行计划生育的情况，驳斥了西方普遍认为的中国妇女对于政府制定计划生育政策毫无影响的论点，证明妇女在关键时刻起了作用。

此次会议中，人工流产问题引起了与会者的关注，是会议讨论中的热点。黎春兰认为，人工流产所引起的并发症，对妇女身体健康会造成不同程度的损害，有的甚至会危及生命。郑晓英从人流术对妇女造成的心理压力的多因素分析中，提出了需要进一步探讨避孕措施的选择。

"妇女与文化"是个涵盖面较广的专题，此次会议中，与会者发言题目也比较分散，涉及妇女文学、妇女历史、妇女教育、妇女文字、少数民族妇女禁忌习俗、取缔娼妓的措施等诸多方面。

40.中国人口发展前景与对策科学研讨会在北京举行

为适应中国由社会主义有计划的商品经济向市场经济体制转轨和改革开放日益深入、拓展的新形势，探讨处于新历史时期的中国人口发展与人口控制在不断更新的社会经济环境中的前景和对策，1993年2月16日至20日，联合国大学人口培训与研究项目"中国人口发展前景与对策"课题组于北京组织召开了中国人口发展前景与对策科学研讨会。来自全国各高等院校、社科院、党校系统以及计生委、老龄委、统计局人口普查办等单位和部门从事学术研究和实际管理工作的60余位代表出席了本次会议，并向会议提交了反映当前人口与社会经济发展最新理论和实践问题的相关学术论文近70篇。国家计划生育委员会副主任蒋正华教授、联合国人口基金驻华代表处金志成先生、国家教育委员会社科司阚延河处长、国家教育委员会国际合作司张艺华副处长、中国人口学会副会长邬沧萍教授、中国人民大学副校长杜厚文教授和科研处处长黄晋凯教授等应邀出席了会议开幕式并致辞。

本次会议中，代表们首先听取了关于"当前我国的人口形势"、"我国的经济形势及有关的若干理论问题"和"北京市小康生活水平的评价体系及其量化标准"等三个专题学术报告，然后围绕着市场经济条件下中国的人口发展前景及人口问题这一中心议题，分别就人口发展态势及其战略设想、人口控制和计划生育、人口迁移与流动、人口老龄化及老年人口问题、人口发展与生态环境的相互关系、人口素质与发展教育、人口的生育、死亡、婚姻、家庭及人口研究方法与模型等各个研究领域和专题进行了学术成果交流和热烈讨论。

除了上述热点问题之外，有关研究论文还对中国妇女的生育状况及其发展态势（特别是对妇女的子女性别分布与性别偏好状况和晚育在延缓人口增长中的作用），影响人口死亡率的社会经济因素，中国人口变动与家庭消费，未来独生子女的婚姻，农村"流失生"的成因和对策以及"脑流失"等问题进行了广泛、深入、独到的实证研究和比较分析。并对胎次妇女比方法、平均预期寿命测定方法、人口迁移成本—效益模型、生育模型等现代人口分析方法进行了应用研究。而对中国商业人口学兴起与发展前景的专文阐述则为人口学更密切地联系社会、更广泛地为社会服务以促进市场经济的繁荣和活跃提供了崭新的发展思路。

本次研讨会对于寻找中国人口发展的新基点，进一步完善人口控制实践，推动中国的人口现代化进程具有重要意义。

41. "如何引导农民走向市场"座谈会在北京举行

1993年3月9日，"如何引导农民走向市场"座谈会在《中国社会科学院要报》编辑部、中国社会科学院社会学所和中国社会科学院农村发展所的联合组织下，在北京顺利举行。此次座谈会上，与会学者针对当前农业和农村总体形势、今后农村经济发展主线以及引导农民走向市场的对策等多个问题展开了热烈讨论。

对于农村主要形势的判断，有两种观点：一种观点认为，当前农村形势不容乐观。有专家指出，从目前的农业形势来看，农业减产已成定局，而且将会对整个国民经济产生较大的不利影响，甚至会激化整个国民经济的矛盾。第二种观点认为，尽管当前粮食有减产的可能，但中国粮食综合生产能力已经登上新台阶，基本可以满足目前的社会消费需要，国家粮食储备和农民存粮相对充足，超过了国际公认的粮食安全线，只要粮食储备不受到大的影响，粮食波动应视为正常的，不必恐慌。当前农村发展中有两个问题亟待解决：一是农民种粮积极性下降。其表现是弃耕抛荒严重、投入减少，负担严重。二是农民的收入增长面临困境。

有专家指出，农业问题的焦点是如何在保证农产品供给总量稳定增长的前提下，使得农产品供给结构更好地适应需求结构的变化，并保证农民收入的稳定增长，逐步缩小工农和城乡的收入差距。由于农民收入增长面临困境，打破收入增长僵局的传统选择是放开农产品价格和增加政府补贴。前者由于农产品的需求制约和国际市场的冲击，中国油料价格高于国际价格，其他农产品接近国际市场，必将受到国际市场价格的抑制，来自这方面的收入不能有过高预期；后者由于中国农民所占比例高达80%，普遍给予实施政府补贴，一是办不到补不起，二是扭曲要素价格，不利于农业自身的发展与增长。因此办法只能在这二者之外去寻找，即大力调整结构，培育市场。结构调整包括两个层次：一是种植业内部调整，即大力发展优质高效农业；二是农村范围内的结构调整，主要是农业和非农业的结构调整，这是主要的收入来源，乡镇企业发展出现的资金增长率和利润率下降是与其生产布局不合理及未与城市化同步发展联系在一起的。

为了引导农民走向市场，专家学者提出：

（1）充分估计粮食供求形势，把握住结构调整的大好时机。一方面，要采取措施保障粮食不连续性减产（可以采取最低保护价和农业生产资料最高限价等措施，同时加速建立从粮食计划体制向市场经济体制过渡的调控体系）。另一方面，不要把这种信号过于放大，否则对进一步调整结构不利。在这方面，尤其要强调中央和省级的分级调控。

（2）创新组织，发展贸工农、产供销一体化，把农民引向市场。一是建立信息系统，把农民从相信路边信息拉到相信政府发布的正式信号。二是组织创新，发展贸工农、产供销一体化，创新农民的流通组织，建立农民自我保护机制，帮助农民把自然风险和市场风险内部化，形成一种新的利益结构，把产、供、加、销建成稳定的渠道（如建立社区利益共同体的供销社、成立专业性供销合作组织和跨地区跨行业多种经济成分参加的农工贸、产供销一体化的经营组织等）。三是立即改革金融体制，建立政策金融、商业金融和合作金融，从而保证农业投放的及时有效。

（3）改革财税体制，尽快实行明税、正租、清费。农民负担重的根本原因是税制混乱，因此导致了乱收费、乱摊派、乱罚款。这是阻碍农民走向市场的一个十分严重的问题，必须尽早解决。要清理税、租、费，把它们分开，这样可以使农民负担问题真正进入司法程序，做到有法可依。

（4）转变政府职能是农民走向市场的保证。专家指出，引导农民走向市场，关键看政府如何为农民创造良好的环境、条件、制度和组织，而这些事情成败的关键是政府行为。目前的问题是该政府做的没去做，而不该政府做的却做了，这是要害所在。

42. "现代化与青年"的亚洲青年研究国际学术研讨会在上海举行

1993年3月26日至28日,国内首次亚洲青年研究国际学术研讨会在上海社科院召开,上海市政府教委办、上海社会科学院、上海市青联的领导王荣华、严谨、夏禹龙、王仲伟,中国青年犯罪学会会长张黎群等来自国内外的60余名学者就"现代化与青年"课题进行了广泛的探讨。来自日本、马来西亚、德国、瑞典、奥地利,以及中国香港、澳门等国家和地区的专家、学者与来自中国10余个省、市的中国学者共计50余人出席了大会,这次会议共收到学术论文30余篇。国际社会学学会执委哈特曼教授、国际社会学学会青年社会学委员会主席芬克博士专程来华出席了此次会议。

会议中,专家学者们分析了当今世界所处的动荡变革的历史背景和经济、文化日趋全球一体化的倾向,就"现代化与青年发展"、"大众传媒对青年价值观的影响"、"青年现状与青年社会问题"等进行了讨论,提出了不少新见解。许多学者通过自己调查和收集的资料的数据对所研究的问题进行论证,一方面显示了20世纪80年代以来实证研究的倾向:绝大多数文章都运用了大量的调查、统计数据;一方面体现了与会者对于理论与实际结合的追求:调查分析和向理论的提高,都是为了切实地把握情况,提高研究水平,寻找适当的对策,解决现代化进程中的实际问题。会议就"传统文化与现代意识的关系"、"青年社会性格、价值观念变化的走向"、"青年社会问题及其教育、控制"、"青年现状与需求以及相应规划政策的制订"、"对亚洲和中国青年研究工作的评估与展望"等几个问题展开了深入的探讨。

43. 中国社会学学会1993年学术年会在深圳召开

1993年4月3日至8日,由中国社会学学会、广东省社会学学会、深圳市社会学学会、深圳市沙头角镇委和镇政府、深圳市沙头角城建开发公司等16家单位联合举办的1993年中国社会学学会"改革开放与社会发展"主题年会,在改革开放的前沿地带深圳市沙头角镇和小梅沙两地举行,来自全国各地的160多位社会学专家、学者和实际工作者出席了会议。

此次年会严格按照以文赴会的原则,从180多件来稿中挑选出69篇论文和3本专著,初步调整了以往年会基本上等于理事会的状况,并取得了很好的效果。年会的大会发言还特设评论员,并限定时间,此举增加了与会者发言的机会,提高了代表们的参与程度。

本次会议,与会者主要集中在"社会学重建的回顾与现状评价"、"区域发展问题"、"农村发展道路与农民的出路问题"、"社会保障制度的改革"、"社会学的改革开放"等问题展开了热烈的讨论。同时,主要围绕"改革开放与社会发展"这一切合当前改革开放的实际、切合社会学发展实际的主题进行了大会交流和分组讨论。年会总结了社会学重建14年来的成就,讨论了社会学如何为社会主义市场经济服务的问题。虽然大家在一些具体问题上还存在种种不同看法,但在用社会学的理论和方法催化和发育社会主义市场经济这一点上取得了共识。

目前,中国正处于从计划经济体制向市场经济体制转轨的关键时刻,社会体制和社会结构均已发生了巨变,如何实现经济和社会的协调发展,减少和避免因社会转型中的种种不协调所带来的社会震荡,这正是新形势下中国社会学研究的重大课题。中国的社会主义现代化建设又进入了一个新的时期,社会学的研究园地将越来越宽广,社会学工作者的责任也将越来越重大。与会者一致认为,社会学工作者应十分珍视这个新的契机,用社会学的理论和方法催化和发育社会主义市场经济,在服务过程中求得学科的新发展。

此次年会还对行政体制改革、流动人口、社会指标、民族社会学、文化产业、企业改革和吸毒与戒毒等问题进行了广泛的探讨。

44.中国第一部社会形势研究报告《1992—1993年中国:社会形势分析与预测》蓝皮书发布

中国第一部社会形势研究报告《1992—1993年中国:社会形势分析与预测》蓝皮书于1993年3月发布。该报告全面分析、预测了社会形势的状况,并对1993年社会发展进行了预测。

一、1992年社会形势的特征

(一)经济改革和社会发展进入新阶段。新阶段的特征是:产业结构、就业结构和城乡结构都正在发生重要变化;市场取向的改革在进一步深入发展,社会主义市场经济机制正在逐步成为经济生活中占主导地位的运行机制,对外开放从沿海推进到沿江、沿边并向内陆发展;消费领域中持续了近40年的短缺消费品票证配给制度已接近终结,卖方市场正逐步转向买方市场;生活追求在多数地区已开始从温饱走向小康;体制改革的重点从突破原有体制框架和消除双轨体制的摩擦转向迅速建立社会主义市场经济新秩序;改革已从经济领域扩展到整个社会领域,实行综合的社会配套改革要求更加迫切。

(二)社会发展和社会结构转型进一步加速。在社会主义制度下,中国正由农业社会向工业社会转化,由乡村社会向城市社会转化,由经济文化不发达国家向现代化国家转化。社会发展10个领域综合计算的社会发展总指数显示,1992年社会发展总指数增长12%,是近几年来社会发展协调性最好的一年。其中经济和科技教育发展指数增长20%,

环境和居民生活发展指数增长15%，劳动、社会保障、卫生保健发展指数增长10%，人口、文化、体育发展指数增长5%，社会治安发展指数持平。

（三）社会秩序保持着基本稳定。1992年，涉及社会稳定的几项关键性指标均控制在警戒线以下：全国居民生活费用价格指数上升6.4%，城镇失业率约2.3%，总体贫富差距比约4倍，居民收入基尼系数约为0.4，全国社会保障覆盖面为30%左右，刑事案件立案率为20‰左右，人口自然增长率约为2%，暂住流动人口约为3000万。

（四）社会主导心态以进取、理性、务实为基本特征，人们对改革和结构变化的心理承受能力有所增强。6省18个城市20500个居民的问卷调查统计结果表明，91.3%的居民对在稳定的局势下加快改革步伐表示支持，60%以上的居民对在20世纪末实现小康目标表示乐观。

二、1992年的经济社会发展存在的不容忽视的问题

（一）在某些地区的某些方面，已经显现"过热"的苗头（如开发区热、股票热、房地产热等）。

（二）城市物价上涨趋快，已接近警戒线。1992年大中城市职工生活费用价格指数上升超过两位数，部分职工生活水平受到了影响。农民年人均纯收入在200元以下的困难户仍占农村总户数的2.7%，加之对农民乱集资、乱摊派和"打白条"的现象比较突出，农民意见很大，导致一些地方干部群众关系紧张。

（三）改革的配套措施不够周密，特别是与经济改革配套的社会改革滞后。社会上关于机构改革取向和机构与工资调整的各种传言较多，致使部分单位干部职工思想不稳。

（四）社会治安的恶性事件和经济犯罪的大案、要案有所增加。

三、1993年国民经济只要在保持其高速增长势头的同时不出现大的波动和较严重的比例失调，那么可以预计，1993年就全国总的社会形势而言，将继续是80年代中期以来最好的年份之一

（一）1993年中国社会的发展将保持良好势头。综合计算的社会发展总指数可望增长12%，其中科技、教育和环境发展指数可望增长10%—15%，居民生活发展指数可望增长5%—10%，劳动、社会保障、卫生保健、文化、体育发展指数可望增长5%左右。

（二）1993年社会结构转型也将进一步加速。在城市化方面，以大城市为中心、以中小城市为重点、以小城镇为网络的城市化过程会形成新的浪潮，城乡间的社会流动频率也会继续提高。

（三）1993年总的社会形势仍能保持基本稳定，除居民生活费用价格指数涨幅将达到8%左右、城镇居民生活费用价格指数将会突破10%之外，多数稳定指标尚能控制在警戒线以下，但是人口和社会治安情况不容过于乐观，发展指数可能会略有下降，变动差幅在

5%左右。

（四）1993年社会主导心态将仍以务实、进取为主要特征。但是，以下几个问题必须引起高度重视：农村农业（尤其是粮食）问题，广大干部职工的切身利益问题，法制建设问题，地区间差距问题，市场经济与政府干预问题，改善生活与中国国情教育问题。

四、对1992年已经出现的一些问题应从全局的角度加以重视，以防止其影响到全国形势

（一）应有具体措施、法令保护农用耕地和粮食生产，保护农民的切身利益，并可适当考虑增加对农业的投入和补贴，争取1993年农民人均纯收入比1992年实际增长到5%以上。

（二）1993年准备出台的各项改革方案（包括城市职工工资、就业、医疗、住房等等），仍应循序渐进、先立后破；并且，应注意确保广大职工的利益得到真正的补偿，使广大群众从经济发展与改革开放中得到实惠，1993年职工工资总额以增长10%—20%为宜。同时机构改革应在总结经验基础上采取积极和稳妥的方针，由点到面地推进，并高度重视干部和知识分子队伍的稳定问题。

（三）随着市场经济的进一步发展，从1993年起应着手全社会的法制建设，把法制看作与市场同等重要的现代化建设之车的两轮。应加快经济立法和其他立法，严厉打击各种刑事犯罪和经济犯罪，尤其是车匪路霸、黑社会团伙，并用法律形式加强对公务人员的监督，惩治腐败。

（四）在有条件的中小城市，应更多地吸纳农村富余劳动力，使城市化区域的中心相对集中，防止出现遍地开花造成的土地、资金、人力浪费和生态环境恶化的现象。1993年应严格限制盲目搞开发区，同时应尽快着手设计城乡管理体制改革的方案。

（五）1993年应加快教育、科研体制的改革，政府应增加对教育、科研的投入，注意解决好中、小学生辍学率偏高的问题，要积极开展对青少年进行爱国主义和国情教育，形成良好的社会风气。

此后，由中国社会科学院社会学研究所主编的《中国社会发展形势分析与预测》（蓝皮书）每年出版一本，到2014年已经出版了23本，在学术界以及社会各界产生了广泛影响，也对党和国家决策起到重要咨询参考作用，并且在国际上也产生了越来越大的影响，在国内数百种蓝皮书、绿皮书和黄皮书中排名居于最前列。

45.中国社会学会社会发展与社会保障研究会在北京成立

为贯彻党的十四大和党的十四届三中全会精神，研究社会主义市场经济条件下的社会发展和社会保障体系问题，中国社会学会社会发展与社会保障研究会于1993年12月在北

京成立。来自国家综合部门、职能部门及大专院校、科研单位有关专家学者90多人参加了成立大会。会议上，国家发展计划委员会副主任、国家发展计划委员会学术委员会副主任、中国社会学会社会发展与社会保障研究会顾问王春正发表讲话；国家计委秘书长、中国社会学会社会发展与社会保障研究会理事长魏礼群作了《关于中国社会学会社会发展与社会保障研究会筹备情况和工作任务的报告》；全国人民代表大会副委员长雷洁琼发来了贺电；中国社会学会会长袁方、副会长陆学艺讲了话；中国老年学会会长、全国政协常委、中国人民大学教授邬沧萍到会并讲话。

中国社会学会社会发展与社会保障研究会，是从事研究社会发展、社会保障与建立同社会主义市场经济体制相适应、促进社会事业与经济协调发展理论与实践问题的全国性民间学术团体，是中国社会学会社会发展社会保障分会，挂靠国家发展计划委员会学术委员会。研究会理事分别由全国各地各有关方面的专家、学者和实际工作者组成，为中国社会学会专业性研究会。

在研究会成立会上，理事长魏礼群以"加强社会发展和社会保障的研究是一项重大而紧迫的任务"为题，分析了当前研究和构建社会保障体系的必要性。他说，社会发展与社会保障是整个国民经济的一个重要方面，也是建立社会主义市场经济体制的重要组成部分。20世纪90年代以至下个世纪上半叶，中国国民经济与社会发展的宏伟目标是实现第二步、第三步战略部署。到20世纪末中国国民经济整体素质和综合国力将迈上新台阶，国民生产总值将超过原定比1980年翻两番的要求，人民生活也将由温饱进入小康。在此基础上，下个世纪上半叶，将进一步向中等发达国家水平迈进。当前，国际国内环境为中国改革开放和发展提供了不可多得的良好条件和机遇，我们必须按照邓小平的重要谈话和党中央的部署，抓住机遇，加快改革开放和社会主义现代化建设步伐，集中精力把国民经济搞上去。同时，发展经济，深化改革，扩大开放，要求有一个稳定的社会环境，要求各项社会事业能够与经济协调发展，要求我们的各项社会政策能够与加快改革开放和经济建设步伐相适应。特别是在建立社会主义市场经济体制过程中，社会发展与社会保障方面的新情况、新问题已经相当多，而且还会进一步增多。教育、文化、卫生、体育等各项事业如何深化改革和加快发展；如何建立合理的个人收入分配和社会保障制度；如何制定能够适应社会主义市场经济体制要求的各项社会政策；如何统筹兼顾国家、集体、个人三者利益，以及局部利益与全局利益、目前利益与长远利益；如何充分发挥中国的丰富劳动力资源，妥善安置劳动就业，特别是解决农村剩余劳动力转移的问题；如何控制人口增长，提高人口素质，妥善解决老龄人口增长过快问题，在经济发展的基础上，体现效率优先、兼顾公平的原则，建立多层次的社会保险体系；如何搞好城乡布局和服务体系的建设，加强国土整治和环境保护；如何提高人民生活水平和生活质量；等等，所有这些，都应是我们研究会开展调查研究与学术交流活动的重要课题。

会议还讨论并通过了研究会章程,选举产生了研究会的领导机构,并制定出《中国社会学会社会发展与社会保障研究会第一届理事会工作规划》。会上,共收到社会发展与保障方面的论文20多篇,还开展了第一次年会的学术交流活动。

46.中国社会学会1994年学术年会在上海举行

由中国社会学会、上海市社会学会和上海浦东新区社会发展局联合主办的中国社会学会1994年学术年会,于1994年5月6日至9日在上海浦东新区举行。围绕"社会保障与社会发展"的主题,来自全国各地的150余位专家、学者和社会工作者,从中国的实际出发,展开了热烈而深入的研讨。此次会议共收到学术论文170余篇,入选论文90余篇。

会议中,上海市副市长、浦东新区管委会主任赵启正,国家民政部副部长阎明复出席了年会的开幕式并先后致辞。全国人大常委会副委员长、中国社会学会名誉会长雷洁琼教授专程从北京赶到上海出席年会并发表了讲话。副委员长、中国社会学会名誉会长费孝通教授委托他人在大会宣读了他的书面讲话。中国社科院副院长汝信研究员出席了年会闭幕式并就社会学的发展问题谈了自己的看法。

与会学者认为,从总体上看,中国的社会保障制度还不能适应当前改革开放和市场经济发展的要求,还存在不少弊端和问题。具体体现在以下方面:

一、社会保障覆盖面太低,发展不平衡;二、社会保障的社会化程度太低,单位式的就业保障制度严重阻碍了劳动力的自由流动,削弱了企业的竞争力;三、社会保障内涵不清、项目不全、管理分散;四、社会保障没有起到调节收入差距的作用,贫富差距有所拉大;五、农村社会保障发展慢、水平低。

涉及中国社会保障制度的模式选择时,许多学者都谈及,现在全国许多地方都在进行社会保障制度改革的试点,采取了不少重大举措,全国存在多种社会保障制度模式,有的已经开始运转,有的将要开始运转,这对深化社会保障制度的改革起到了积极的促进作用。但这种各自为政的局面对下一步的改革将会造成极大障碍。为此,当前社会保障制度改革的研究重点应抓紧把整个制度的基本模式确定下来,以利引导各个单项改革向统一的方向发展。

47.国务院在北京召开全国社会发展会议

为促进全国的社会发展工作,迎接1995年3月在丹麦召开的联合国社会发展世界首脑会议，国务院于1994年10月20日至23日在北京召开了全国社会发展会议。

会议期间，江泽民、李鹏、朱镕基、田纪云、邹家华、钱其琛、温家宝等领导在中南海接见了全体代表。各省、自治区、直辖市、计划单列市及部分省会城市政府和计委，中央、国务院有关部门及直属机构，有关人民团体，有关教学、科研单位、学术团体及部分企业的负责人参加了会议。江泽民总书记代表中国共产党中央委员会、国务院对全国社会发展工作作了重要指示。江泽民指出：我们在保持国民经济持续、快速、健康发展的同时，要把促进社会的发展和全面进步摆在重要的战略地位来考虑。通过这次会议，我们希望各级领导干部进一步加深和提高对社会发展重要性的认识，特别是要认真研究当前社会发展中出现的许多亟待解决的新问题，认真研究解决存在的薄弱环节，在此基础上研究制定中国未来社会发展的战略目标和指导方针，把全国社会发展工作提高到一个新水平。

邹家华副总理在会上作了题为"提高认识，加强领导，大力推进社会发展与进步"的报告，并主持召开了由各省、自治区、直辖市、计划单列市及部分省会城市政府负责同志和国务院有关部门负责同志参加的座谈会，听取了大家对社会发展工作的意见和建议。国家发展计划委员会主任陈锦华在闭幕大会上作了总结报告。陈锦华在报告中指出了这次全国社会发展工作会议的意义和主要任务；总结了中国社会发展的重要成就与基本经验；阐述了社会发展的重要地位和意义；提出了今后15年中国社会发展的指导原则和工作重点；并强调要加强领导，深化改革，把社会发展工作推向新阶段。

陈锦华在闭幕大会上的总结报告中说，通过这次会议，进一步加深了对社会发展的战略地位和重要意义的认识；交流了社会发展领域改革与发展的经验；讨论了《全国社会发展纲要》（草案），提出了许多很好的修改意见。这次会议对于促进全社会都来关心社会发展问题，进一步推动中国社会发展工作将产生重大作用和深远影响。

在讲到如何进一步转变计划职能，充分发挥计划手段在促进社会发展中的重要作用问题时，陈锦华指出，把社会发展纲要的内容纳入中长期规划和年度计划，促进二者协调发展，是计划部门的任务。各级计划部门要当好党委、政府的参谋助手，把中央的方针与地方、部门的实际结合起来，创造性地落实好。

48. 社会变迁中的妇女国际学术研讨会在上海举行

1995年3月25日至28日，复旦大学妇女研究中心、荷兰社会研究学院联合举办的社会变迁中的妇女国际学术研讨会在上海召开。来自中、荷、印、英、法等国的30多位专家、学者参加了本次研讨会。研讨会从社会变革与妇女、社会变革与妇女流动、社会变革与妇女就业、社会变革与人际关系等方面探讨了社会变迁对妇女的影响。

会议上，与会者就在目前形势下妇女如何参与并推动社会的发展、解决在社会变迁中妇女的双重角色、各国政府在制定政策时如何充分考虑性别的因素、非政府组织怎样帮助妇女改善和提高自己地位等问题发表了自己的看法。作为第四次世界妇女大会非政府组织论坛"流动人口中的妇女问题"专题研讨会的会前活动，这次研讨会力求从宏观和微观，多视角、多层次地探讨社会变革给人们带来的影响，尤其是对妇女的影响，并希望以1995年世界妇女大会为契机，深入研究社会变革中的女性等社会问题，为今后国家政策的制定提出更合理、更科学的依据，以实现社会的可持续发展。

针对目前经济改革中下岗、待岗职工多的现象，上海市妇联介绍了妇联组织通过积极开展各项活动，宣传、贯彻《中华人民共和国妇女权益保障法》，发挥团体参与的优势，注重宏观维权，关注女工下岗后的出路、特困妇女救助问题。并从多种渠道提供再就业服务，加强妇女教育，提高妇女自身素质，从根本上提高妇女地位。

与会学者认为，与其他国家不同，中国的人口流动由于受行政管理、经济体制、社会福利等因素制约，是一种受控制的流动。同时，由于经济发展状况、文化背景、家庭内部经济分工不同，所以，流动人口各地区间有许多差异，但不久的将来，中国会更趋同于其他国家。因此深入地研究流动人口问题，可以为制定政策提供良好的建议。从目前来看，不少从农村流入城市的女性开阔了视野，学到了知识，收入也有了不同程度的提高。但她们没有与生俱来的城市福利和随就业而得到的一系列保障，并因生理及心理与男性不同，面临着许多独特的问题，应引起有关部门的重视。鉴于上述情况，部分学者提出以下建议：一、做好女性流动人口的调查及预测工作，建立人口数据库；二、制定流动人口管理办法，加强《劳动法》、《妇女权益保障法》等法律、法规的宣传及执法监督，使劳动力供求双方享有法律保障；三、发挥经济的杠杆作用，进行劳动力市场调节；四、加强婚姻计划生育的管理；五、净化社会环境，倡导健康文明的现代生活；六、重视流动人口的教育、培训，提高她们的综合素质。

与会学者还从女性家庭角色、婚姻状况、老年妇女的代际关系、农村家庭关系等角度分析中国的家庭结构。中国以夫权和家长制为代表的传统家庭关系逐步被平等、民主、和睦的现代家庭关系所代替，家庭结构正趋于核心家庭，妇女的家庭地位与权利有了很大的提高。但是，双重角色加重了妇女负担，由于种种原因，还出现了专职家庭主妇群。有老年人的家庭，尤其是在农村地区，面临着如何处理好经济供养等代际关系问题。

49.北京大学举办首次社会·文化人类学高级研讨班

1995年6月21日，经国家教育委员会的批准，北京大学社会学人类学研究所承办的社会·文化人类学高级研讨班正式开班。

著名学者费孝通教授和袁方教授就北京大学重点发展人类学一事，致函国家教委和北京大学有关领导，建议举办"社会·文化人类学高级研讨班"。这一建议，得到了国家教委和北京大学的大力支持。在开班典礼上社会学人类学家费孝通、民俗学家钟敬文、社会学家袁方、民族学家宋蜀华、人类学家乔健（中国香港）以及国家教育委员会人事司彭新实副处长、北京大学副校长梁柱教授作了讲话。

来自北京、台湾、香港、上海、福建、广东、云南、贵州、江苏、湖北、内蒙古、安徽、山西、山东等十多个省、市和地区，以及来自日本和韩国的正式讲员和学员共59人参加了这次高级研讨班。费孝通、林耀华、中根千枝、李亦园、乔健、金光亿、宋蜀华、蒋斌等海内外著名学者，在研讨班上发表了精彩的学术讲演，并回答了学员们的提问。

在研讨班全体讲员与学员的共同努力下，此次活动比较顺利地完成了研讨班课表上的一切主要安排，并且坚持和实践了研讨班所设定的对话原则。这次研讨班的主要特色之一是十分强调人类学家之间的学术对话。正如费孝通教授在他为学员们写的勉词上所说的那样，"此次研讨班在某种意义上可以说是东亚不同地区几代人类学家之间的对话"。研讨班促成东亚国家和地区人类学家之间的对话，促成中国几代人类学家之间的对话，促成讲员和学员之间的对话，进而促成国内各教学单位、科研单位以及各地区中青年学者们之间的对话，发挥了积极和良好的作用。有不少学员反映，东亚国家和地区人类学家之间的对话，在一定意义上意味着中国的社会·文化人类学，已经开始逐步从国内走向东亚，这应该是中国社会·文化人类学走向国际化的一个必要和重要的阶段与途径。

本次高级研讨班在国内自己培养的博士之间，创造了重要的交流机会。通过安排众多的学有所成的中青年人类学者的讲演和对话的方式，这次高级研讨班不仅使听众比较直接地了解和交流了国外社会·文化人类学的较新信息，同时，在酿成积极健康的学术评论的氛围方面，也有很大的建树。组织者尽可能多地安排了课堂讨论，并且专门设计了比较充足的彼此了解、沟通信息和相互评论的机会。在研讨班期间，讲员、学员和旁听者们共享的学术信息比较密集，学术气氛也十分活跃，大家基本做到了畅所欲言、互通有无。

有不少学员反映，通过这次高级研讨班，大家确实在社会·文化人类学的理论与方法上得到了相当的提高，对国外人类学的一些不同的学说、流派，也有了进一步的了解。尤其是老一辈人类学家现身说法，与大家一起参加课堂听讲，给学员们的启发和鼓舞都很大。同时，参加研讨班的所有学员，还在许多有关本学科发展的基本问题上，达成了共识。例如，对人类学田野工作的高度强调，对人类学田野工作之重要性的认识，都是本次高级研讨班的重要特色之一。

50.第六届亚洲社会学大会在北京举行

1995年11月2日至11月5日，第六届亚洲社会学大会在北京举行。

亚洲社会学大会是全亚洲地区社会学家不定期举行的学术会议，此前已举办过五届。第一届会议在1973年由日本社会学家发起，在日本举行；第二届会议与世界社会学大会同时在瑞典举行；第三、第四届会议在日本举行；第五届会议于1987年在韩国举行。本届大会是由中国社会学家作为东道主，邀请亚洲各国的社会学家前来共同讨论亚洲地区的社会发展与未来前景，以及亚洲社会学的使命。通过讨论与交流，进一步加强亚洲各国社会学家的相互理解与合作，推进亚洲社会学的发展和亚洲社会的全面进步。

参加本届大会的有来自日本、韩国、以色列、埃及、澳大利亚、印度尼西亚、印度、伊朗、菲律宾、土耳其、孟加拉国、越南和中国（包括港台地区）等15个国家和地区的200余位社会学家。中国老一辈社会学家、全国人大常委会副委员长费孝通教授、雷洁琼教授向大会发来贺信。国务委员、国家计生委主任彭珮云代表中国政府出席大会并讲话。中国社会科学院常务副院长、第六届亚洲社会学大会组委会主任汝信教授致开幕词。中国社会学会会长袁方教授致欢迎辞。国务院发展研究中心名誉主任马洪教授、全国人民代表大会常务委员会外事办公室主任朱良、日本社会学会前会长绵贯让治（Joji Watanuki）教授、以色列的罗丝纳（Menachem Rosner）教授等发表了讲话。中国社会学会副会长、中国社会科学院社会学研究所所长陆学艺教授作了主题报告。

本届会议的主题是"21世纪的亚洲社会与社会学"，分为6个专题：一、亚洲地区的经济发展与社会变迁；二、亚洲的传统文化与社会结构；三、亚洲的工业化与劳动力转移；四、21世纪亚洲的社会保障；五、21世纪亚洲地区的家庭和生活品质；六、21世纪亚洲社会经济发展、人口资源与环境课题。会议主要采用了三种交流方式，即大会主题报告及专题发言、学术评议、专题小组发言及讨论。

此次会议共收到约260余篇论文。围绕会议主题，先后约有130多位代表在大会及专题小组会上发言。

51.国际社会工作者联合会、国际社会工作学院联合会和香港社会工作人员协会举办的联合世界会议在香港召开

1996年7月24日至27日，国际社会工作者联合会、国际社会工作学院联合会和香港社会工作人员协会举办的联合世界会议在香港召开。大会的主题是"参与变迁——社会发

展中的社会工作",来自世界 63 个国家和地区的 1095 名社会工作者和社会工作教育者聚集香港,参加在这里举行的国际社会工作者联合会、国际社会工作学院联合会和香港社会工作人员协会之联合世界会议。

此次大会中,发展中国家的社会工作现状及发展趋势是整个大会关注的焦点,发展中国家在此次大会上占有重要的一席之地。大会期间,各国代表还饶有兴趣地参观了香港的社区服务机构,包括老年服务、家庭服务、居民服务等。一些代表还应邀参观了香港社会工作者的家庭,与他们的家庭成员共进晚餐。

大会共收到 450 多篇论文,并分成 6 个专题和几十个小组宣读论文,展开讨论。各国代表就国际社会工作、多元文化、社会福利与保障、老年问题、妇女问题和女性主义、青少年问题、儿童权益与保护、社会性别关系、特殊群体的心理健康问题、残疾人福利问题、种族问题、社区康复活动与计划、家庭暴力问题、家庭服务、社会工作政策、社会工作教育与培训、学校社会工作、家庭与社区支援等领域进行了广泛而深入的讨论和交流。

这次大会召开在香港回归前夕、香港的社会经济经历巨大而迅速的变化的重要历史转折关头,这对于香港社会工作者在香港的平稳交接、过度、保持香港的稳定和繁荣具有重要的特殊意义。

52.中国社会学会1996年年会暨第四届理事会在沈阳召开

1996 年 8 月 2 日至 6 日,由中国社会学会主办,辽宁省社会科学院、中国社会科学院社会学研究所、辽宁省社会科学界联合会、辽宁社会学学会承办的中国社会学会 1996 年年会暨第四届理事会在沈阳顺利举行,本次年会的主题是"21 世纪中国经济社会发展与社会学历史使命"。

辽宁省委副书记曹伯纯、辽宁省副省长郭廷标、中国社会科学院顾问吴介民和辽宁省社会科学院院长阎福君先后在开幕式上致辞。全国人民代表大会常务委员会副委员长、中国社会学会名誉会长雷洁琼教授为会议发来贺信,肯定了 16 年来中国社会学界的广大同仁为恢复和发展社会学、为改革开放和现代化建设所作的贡献,并希望社会学工作者"进一步增强使命感,要勇于回答和解决中国社会发展中的重大理论问题,更好地为社会主义现代化服务"。

这次年会由两部分内容构成:第一部分是进行以"21 世纪中国经济发展与社会发展与社会学历史使命"为主题的理论研讨会;第二部分为举行中国社会学会第四届理事会。

先是理论研讨会,围绕本次年会研讨的主题"21 世纪中国经济社会发展与社会学历史使命"展开。发言者沟通研讨涉及的内容有以下四个方面:一、关于社会转型时期中国社会学面临的机遇和任务；二、国有大中型企业深化改革的社会学思考；三、农村社会流动对于中国社会及社会结构的影响；四、中国社会学重建以来的回顾与未来的展望。

会议进行了换届选举，产生了第四届理事会，主要议程有：一、听取第三届理事会的工作报告；二、审议通过修改学会章程报告；三、选举产生新的学会领导机构。会议召开之前，会议通过投票产生了33名常务理事，在新一届常务理事会议上，陆学艺当选为新任会长，郑杭生、王辉等9人当选为副会长，费孝通、雷洁琼、袁方当选为名誉会长，聘任王康等12位老同志为学会顾问。

53.东亚民俗文化国际学术研讨会在北京召开

1996年9月20日至24日，中央民族大学主办、中央民族大学民俗文化研究中心承办的东亚民俗文化国际学术研讨会在北京举行。

20日上午，大会隆重开幕。开幕式由民俗研究中心主任陶立璠教授致开幕词，国家民委副主任李晋到会祝贺。大力支持此次大会的日本国际交流基金会的代表小熊旭、天乐文化节目制作有限公司董事长陈佩斯也到会祝贺。当天下午的大会特别演讲中，中国民俗学会理事长钟敬文教授、韩国民俗学会名誉理事长任东权、中央民族大学民俗文化研究中心顾问马学良教授以及日本筑波大学的佐野贤治、美国衣阿华大学的欧达伟先后发表演说，希望东亚各国和各地区的民俗学人联合起来，为发掘、整理和研究该地区的民俗文化而携手努力。

参加此次会议的代表和学者共计120多人，其中来自日本、韩国、蒙古以及中国台湾地区的代表有40余人，国内各省、市、自治区的代表80余人。

大会期间，根据代表们所提交的论文内容，将其分为理论民俗、比较民俗和信仰民俗三大主题分组演讲和讨论，共有60余人在分组会上发言，核心议题总结如下：一、21世纪的民俗展望，民俗研究的任务、方法和作用；二、刚刚起步的比较民俗学研究：运用比较研究的方法探讨各民族、各地区的民俗的产生、发展和演变；三、关于民俗信仰。

经过几天认真而激烈的讨论，大会于23日胜利闭幕。大会主持者陶立璠教授在闭幕式上庄重宣布：经过中、日、韩、蒙古等国家代表的反复协商并一致同意，亚细亚民俗学会正式成立。亚细亚民俗学会的成立，标志着东亚地区民俗学工作者的首次有组织、有纲领的大联合。会议推举陶立璠、佐野贤治、金善丰、桑布拉·登都布、范增年分别为中、日、韩、蒙古及中国台湾的联络代表。这次会议的召开受到了世界各国，特别是东亚地区民俗学界的积极关注，海内外学术团体和个人纷纷来电来函表示祝贺，称这是一次具有跨世纪战略意义的盛会。

54.首届全国退役军人安置保障理论研讨会在北京举办

1997年2月23日至25日,由国务院退役军人和军队离退休干部安置小组与中国社会科学院社会学研究所联合组织的首届退役军人安置保障理论研讨会在北京举行。会议主题为:"新时期安置保障体制基本框架",会议对安置保障工作进行了深层次的探讨。

一、与会者认为,退役军人安置保障制度是作为一种特殊的社会保障制度,还是作为社会保障制度的一部分,具有争议性。一方面《中华人民共和国国民经济发展"九五"计划和2010年远景目标纲要》明确了退役军人安置保障是优抚安置保障中的一个方面,是中国社会保障体系的一个组成部分。但是另一个方面,退役军人群体又是社会保障的特定群体,因其安置保障所具有的政治功能、经济功能、军事功能和社会功能而具有特殊性。国家和社会应依据法律规定,对这些特定的对象,通过优待、抚恤和安置,落实政治和经济两个待遇,确保他们的生活不低于当地群众的平均水平,在再就业、住房、医疗、生活福利等制度上享有优惠待遇。

二、与会者还认为,由于目前中国处于深化改革之中,劳动用工制度实行劳动合同制,住房制度由福利分配转向商品化,养老保险制度和医疗保险制度由国家包揽转向国家、企业、个人三者合力分担,建立社会统筹和个人账户相结合等,使原来计划体制下的安置保障工作面临新的挑战。当下安置体制改革的基本思路之一是改革单一主体安置保障模式,逐步建立起国家、集体、个人相结合的多元化主体结构的安置保障模式,将以计划安置为主的体制变为以市场安置为主的体制,与社会主义市场体制相适应,并逐渐走向社会化。

三、加强安置保障的规范化和法制化建设,制定《退役军人安置保障法》已提到日程,确立安置保障的性质、地位和作用,保护退役军人的第一次就业、养老、医疗、服务等合法权益,规范安置部门、地方及接受或安置单位工作中的职责,将军队、民政、人事、劳动等政府职能部门的安置职责和权限具体化。同时,安置保障制度的建立必须以自助、互济、平等、效率为原则,坚持权利和义务、公平和效率相统一的原则。在安置保障中,体现基本保障与贡献挂钩相结合,广开安置渠道,注意将"养"和"为"结合起来,积极发挥军队离退休干部的作用。他们是具有很大潜力的人才资源,是党和国家的宝贵财富。

55.中国社会学会1997年年会在昆明举行

中国社会学会年会1997年5月27日至30日在昆明举行。会议由中国社会学会主办,云南省社会科学院承办。来自中华人民共和国国家发展计划委员会、国家教育委员会、民政部、公安部、建设部、监察部、中华全国妇女联合会、中国社会科学院、国务院宗教事务局、中共中央党校、中国人民大学、北京大学、商务印书馆以及全国各地社会科学院、大专院校的社会学研究、教学等单位和部门的代表一百多人出席了会议。大会共收到论文90篇。全国人民代表大会常务委员会副委员长、中国社会学会名誉会长雷洁琼向大会发来贺词。中国社会学会名誉会长袁方教授向大会发表了贺词。中共云南省委副书记、省委宣传部部长王天玺在大会开幕式上代表云南省委和省人民政府向代表们表示热烈的欢迎。中国社会科学院社会学研究所所长陆学艺研究员、云南省社会科学院院长何耀华分别在大会开幕式和闭幕式上致辞。最后，陆学艺在闭幕式上对这次年会作了总结。

这次年会的学术研讨主题为："走向21世纪的中国社会学"。会议认为，在人类即将迈向21世纪的时候，中国社会学界聚会研讨"走向21世纪的中国社会学"，具有十分重要的意义。与会学者就世纪之交的中国社会学发展、中国社会学恢复重建18年来的成就和经验、如何建立真正具有中国特色为中国社会主义现代化建设服务的社会学、中国社会学在世界上的地位等问题，展开了热烈的讨论。与会者认为，中国社会学建设已经取得重大的成就，且必将会发展成为中国社会科学的一个大学科，必须进行规范化的学术建设，现在这个任务已经摆在了面前。对于社会学来说，前18年的学科建设是解决这个学科的地位问题；今后着重要解决的是学科建设的质量问题，以及它在中国现代化建设过程中的定位问题。要开展的学术建设工作，应包括以下五个方面：一、强化学术意识；二、树立问题意识；三、健全学术规范；四、承续学术传统；五、开展学术对话。

此次会议还分别就中西部发展与区域格局、国家与社会的关系、城乡关系与小城镇建设、结构变迁中的精神文明建设4大专题进行了讨论。

56.北京大学社会生活口述资料研究中心成立

1997年年底，为促进以非官方的民间资料为基础、对半个世纪以来的中国日常社会生活研究的北京大学社会生活口述资料研究中心正式成立。该中心是一个集收集资料和研究一体的学术机构。北京大学社会学系孙立平任中心主任。

该中心以大型社会科学研究项目"20世纪下半期中国农村社会生活口述资料收集计划"为工作主体，由"中国土地改革时期农村社会生活"、"中国合作化时期农村社会生活"、"中国'大跃进'、人民公社时期农村社会生活"、"中国社会主义教育时期农村社会生活"、"中国'文化大革命'时期农村社会生活"、"中国改革时期农村社会生活"6个部分组成，拟在全国不同地区选择6个村庄，对亲身经历20世纪下半期农村社会变迁的农村、农村基层干部、介入过农村社会生活的城市人进行详细访谈。同时也广泛收集其他与20世纪下半期中国社会生活有关的民间资料，主要包括：村庄史、村志、乡志、镇志、农场志、县志、地方行业志；第四代人口述资料；民国时期中国没落行业、工业与艺术会议资料；民国时期县长列传；日记、民间歌谣等。计划约30年时间完成。

该中心准备编辑四个系列的资料或出版物：一、工作论文系列；二、资料系列。内容为访谈录音的文字整理稿和征集资料的打印稿，即原始资料；三、内部通讯；四、合作出版综合性口述系列出版物《往事》。

57.中共中央、国务院召开国有企业下岗职工基本生活保障和再就业工作会议

1998年5月14日至16日，中共中央、国务院召开的国有企业下岗职工基本生活保障和再就业工作会议在北京召开。

这次会议的主要任务是，贯彻落实党的十五大和九届全国人大一次会议精神，部署国有企业下岗职工基本生活保障和再就业工作。开幕会上，中共中央总书记、国家主席江泽民发表了重要讲话。中共中央政治局委员、国务院副总理吴邦国作了工作报告。

会议期间，与会同志学习、讨论了中央领导同志讲话和中共中央、国务院即将发布的《关于切实做好国有企业下岗职工基本生活保障和再就业工作的通知》，交流了经验。会议达到了认清形势、提高认识、统一思想、确定任务、明确政策、坚定信心的目的。会议指出，国有企业下岗职工基本生活保障和再就业工作的指导思想是认真负责、尽力而为、突出重点、加强调控，这是实现中央提出的国有企业三年改革和脱困目标的前提。国有企业职工多年来为经济建设、改革开放和企业发展作出了重大贡献，党和国家理所当然地要把解决国有企业下岗职工的问题作为工作重点。对职工下岗要把握宏观调控力度，要从国家整体利益出发，照顾全局，充分考虑国家财政和社会保障的承受能力，考虑经济发展、结构调整所能提供就业岗位的容量。要坚持减员增效与促进再就业相结合、职工下岗分流与社会承受能力相适应的原则。

会议还要求，必须加大力度，切实加强对国有企业下岗职工基本生活保障和再就业工作的组织领导。要把解决这个问题作为一项全局性的工作抓出成效。各级党政一把手要亲自抓，负总责，一级抓一级，层层抓落实。要统一部署，制定规划，明确目标，落实责任。各方面要密切配合，全社会要大力支持。要加强思想政治工作，扎扎实实作出成效。

58.中国社会学会1998年年会在福建省福清市召开

以"社会主义初级阶段的中国社会与社会学"为主题的1998年中国社会学会学术年会，1998年5月在福建省福清市举行。此次会议主要就当下农村社会问题和国有企业职工下岗与就业问题进行讨论。

与会学者指出，当前农村出现的社会问题中，农村人口超生、宗教势力抬头、耕地减少、农民负担沉重、农村社会治安形势恶化，以及某些农村干部行为失范问题，带有普遍性且对社会的稳定危害严重。

减轻农民负担必须从源头抓起，即从各级政府部门，尤其是从中央国家机关抓起。减轻农民负担的对策，可以概括为"五化一法"：一是机构和人员精简化，主要是乡村组织的精兵简政；二是经济市场化，要规范农村市场的经济关系，避免行政性的乱收费、乱罚款、乱摊派；三是服务社会化，建立农村社会化服务体系，确定服务与服务对象的权利与义务；四是政策公开化，将减负政策让农民家喻户晓，以利于农民监督；五是管理民主化，通过村民民主管理和民主监督，避免出现加重农民负担的现象；六是"一法"是制定保护农民的法律，切实保障农民的权益。

在农村干部示范问题上学者们指出：近年来基层各级纪检监察组织和政法部门加大查办案件的力度，农村干部行为失范现象得到遏制，但并未得到根本解决，形势不容乐观。农村干部行为失范主要表现为公款消费、贪污、腐败、工作作风蛮横霸道等。根据社会学的社会控制理论，要防止农村干部发生行为失范，必须强化对农村干部的社会控制，包括个人的内在控制和社会的外在控制。为增强农村干部个人的内在控制，要认真教育农村干部提高继续社会化的自觉性。为增强农村干部的外在控制，要严格对农村干部的考核制度，发动广大农民行使监督权，建立健全"下访"制度和工作报告制度，调整好农村基层党支部与村委会的关系。

在农村宗教信仰问题上，与会者指出自农村改革以来，由于政治环境的宽松、宗教信仰极左政策的纠正、经济的发展等因素，农村宗教开始复苏，宗教活动逐渐增多，信教人数逐年增加。农村宗教活动对农村社区发展和社区整合的影响，集中表现在宗教控制上，这既是一种信仰控制，又是一种文化控制，它会导致群众思想麻痹、安于现状、听天由命、愚昧、不求进取。宗教将在相当长的历史时期中继续存在，对农村社区影响深远，因此，我们既要尊重信教自由，又要进行正确引导。

会议还认为，由于改革滞后形成的体制空缺，造成了农村社会保障功能脆弱、保障标准低、社会保障覆盖面小等一系列问题。因此，创立新的农村社会保障体制已成了迫在眉睫的重大课题。而西部农村贫困地区的贫困与人口素质低下的恶性循环问题,也已经成为制约西部农村瓶颈地区可持续发展的严重障碍。要以经济扶贫为先导,以科技扶贫为突破口,以社会扶贫为补充,冲破恶性循环。

许多学者指出,中国目前已有1000多万下岗职工,今后三年内出现大批下岗职工已成为势所必然,再就业是一个重大的社会问题,下岗职工就业形势不容乐观。下岗失业是市场经济的发展产物。失业的产生、影响、评价都应该是"中性"的,这决定着我们必须"中性"地对待失业。一方面,国家要采取各种措施,创造有利于再就业的各种"硬件环境";另一方面,下岗失业者本人也需要注意转变观念,提高自身素质。

59.全国养老保险和再就业服务中心建设工作会议在京召开

1998年7月24日,全国养老保险和再就业服务中心建设工作会议在北京召开。中共中央政治局委员、国务院副总理吴邦国在会上指出,党中央、国务院非常重视养老保险制度改革和国有企业下岗职工基本生活保障和再就业工作,我们要按照江泽民总书记、朱镕基总理的指示,进一步贯彻落实今年5月召开的国有企业下岗职工基本生活保障和再就业工作会议精神。加快企业再就业服务中心的建设,确保每个国有企业下岗职工都能领到基本生活费,确保离退休人员养老金的按时足额发放。为维护社会稳定,积极推进改革,实现今年改革和经济增长目标,保持国民经济持续快速健康发展作出贡献。

这次会议的主要任务是部署以下三项工作:一是8月底前,把实行基本养老保险行业统筹的11个部门所属企业的基本养老保险工作全部移交地方管理;二是确保离退休人员按时足额领到养老金,从现在起不能再发生新的拖欠;三是加快建立企业再就业服务中心,确保每一个国有企业下岗职工都能领到基本生活费。

吴邦国强调,要高度重视行业统筹移交地方的工作。这是养老保险管理体制改革的深化,是完善企业职工养老保险制度的一个重要步骤,不仅有利于改变长期以来养老保险条块分割、待遇标准不统一的局面,有利于实行省级统筹和解决企业离退休人员养老金拖欠问题,而且有利于国有企业改革的深化。

会议要求,要尽快实行养老保险省级统筹,实行省级统筹可分两步:第一步先建立省级调剂基金,以保障养老金按时足额发放不出现新的拖欠为原则;第二步完善省级统筹,达到全省统一缴费比例、统一基金管理、统一经办机构。要进一步扩大养老保险覆盖面,提高收缴率,同时改差额拨付为全额拨付,尽快实现社会化发放。要建立再就业服务中心,"中心"一定要建在企业,企业要对职工负责,并积极帮助他们实现再就业。

60.欧亚人口与家庭历史国际学术研讨会在北京大学举行

1998年11月25日至28日,欧亚人口与家庭历史国际学术研讨会在北京大学正大国际中心举行。这次会议实际是由两部分组成:一是由来自美国、意大利、比利时、瑞典、日本和中国的20余位学者针对欧亚人口与家庭历史议题进行讨论;二是由来自美国和中国的20余位学者集中对中国婚姻和家庭问题开展讨论。此次会议汇集了包括历史学、社会学、人口学等不同学科领域的多位学者,他们从不同的视角探讨、分析婚姻家庭的历史和现状,并进行不同区域的比较,从而促进彼此视野扩大,认识加深。

研讨会集中在如下几个议题:东亚人口与西欧人口发展的比较研究、婚姻问题、生育控制、家庭结构、人口死亡研究。

这次研讨会学术交流使国内外研究者获得更多的信息,为彼此研究工作的改进提供了帮助。

61.中国社会学会1999年学术年会在武汉举行

1999年6月12日至15日,中国社会学会主办、湖北省社会学会和华中理工大学社会学系承办的"纪念中国社会学恢复重建二十周年暨1999年学术年会"在华中理工大学举行,来自北京、上海、四川、湖北、广东及海内外各地的180余名社会学专家、学者出席了会议。本次会议的研讨主题是"中国社会学恢复重建的回顾与新世纪前瞻"。此次大会共收到论文93篇。大会主要讨论了四个方面的问题。

一、社会学学科建设。与会代表一致认为,高举中国特色社会主义伟大旗帜一直是社会学学科建设的精神武器和理论支柱,经过艰苦的专业建设、人才培养、研究著述等工作加强了学科理论的建设,使学科地位逐渐稳固;坚持理论与实际相结合,使学科应用日趋拓展,既服务了社会,又获得社会的滋养,还促进了学科不断获得发展的活力。

二、社会学理论、方法和分支社会学。与会学者认为,建构在哲学方法基础之上的有中国特色的广义社会学理论,从宏观上要把握中国社会发展的一般规律,微观研究则是我们把握社会脉搏的基础,而微观研究的积累必须能够使我们达到对社会历史一般的总体把握。综合考察国外研究方法趋同的趋势,我们的选择是在坚持邓小平理论的前提下,海纳百川,广泛运用统计学方法、实验法、资料收集法、调查表法、社会测量法以及生态方法等等。同时指出,中国社会学方法论取向的选择需要发展较大规模的集体协作,不要满足于归纳和经验研究。来自各地的代表,还在人口与老龄社会学、经济社会保障和可持续发展社会学、家庭和性社会学等等分支学科上作了深入的分析,提出了具体的意见和改革措施。

三、社会热点问题研究。伴随经济体制的转轨和市场竞争的加剧,贫富分化问题日渐凸显,利益格局的阶层分化与重组加速进行,中国社会阶层结构正处于急剧转型之中。与会学者对贫富分化、阶层分化与重组提出了自己的思考。来自全国各地的社会学专家、学者还对社会救助制度的改革、人口老龄化、犯罪问题、社会转型对女职工的影响等社会热点问题展开了深入的讨论。

四、社会学学科的重建和任务。社会学得以恢复重建,直接契机在于党的十一届三中全会的"拨乱反正",在于解放思想、实事求是思路的贯彻落实。社会学的立足点在于现实社会生活和社会发展的客观需要。社会学的学科特色在于以非经济因素为切入点,来研究经济与社会的协调发展,它要研究社会的改革、发展和稳定以及三者之间的内在关系,以促进社会的良性运行和现代化进程的顺利展开。因此,与会学者认为,社会学对于中国的现实发展来说,是不可或缺的。这是它之所以能得到恢复重建并很快获得重大发展的根本依据和更深层次的原因。

62. "中国城市的未来:面向21世纪的研究议程"国际讨论会在沪举办

1999年7月28日至31日,由国际社会学协会城市与区域发展研究会、美国社会学协会和上海社会科学院联合举办的中国城市的未来:面向21世纪的研究议程国际讨论会在上海举行。来自亚洲、欧洲、南北美洲和大洋洲等近20个国家和地区的百余名专家参加了会议。与会者讨论了中国城市的变迁、城市立法和重建、公共服务和社会政策、城市规划与管理、移民和流动人口、城市生活质量和社区质量、城市文化、全球性城市中的社会关系等问题。会议认为,中国的城市化将是21世纪全球城市发展的主题,中国城市发展的经验对世界各国有借鉴作用。同时,所有发展的实践也需要放在国际化发展的背景中来理解。会议上,著名城市问题专家约翰·罗根在会上作了题为"中国城市面临的三个挑战:全球化、移民和市场化改革"的主题报告。

63. 中国社会学会2000年学术年会在江苏南京召开

2000年9月22日至24日,中国社会学会2000年学术年会暨第五届理事会在江苏南京召开。本次会议以"面向21世纪的中国社会学"为主题。具体研讨的专题有:中国社会学学科建设的回顾与展望;社会结构变迁的特点和发展趋向;加入WTO以后对职业结构和劳动力就业流动的影响；今日城市化和城市社区建设问题；社会改革、社会发展、社会稳定的理论创新和政策创新。与会代表就上述专题展开了热烈、深入的讨论。本次会议共收到论文156篇，入选论文91篇，经过大会论文评奖委员会的认真评审，评出一等奖12篇，二等奖27篇。

开幕式上，中国社会科学院科研局的宋家鼎研究员宣读了费孝通教授和雷洁琼教授的贺信。费孝通在贺信中表达了他对江苏的深厚感情和对中国社会学发展的殷切希望，他指出：中国过去的20年中成果丰硕，人才辈出，其中中国社会学会的贡献很大。但必须看到，中国的社会学才刚刚开始；而中国社会一方面已经表现出明显的信息社会的特征，另一方面，许多地区还处于乡土社会和前工业化阶段。这就要求社会学既要有前瞻性，又要植根于中国的实际；社会学的学科建设尚未完成，还有很多工作要做。雷洁琼在贺信中希望社会学为中国的改革开放和现代化事业作出应有的贡献，起到巨大的推动作用。中共江苏省委副书记顾浩、中国社会科学院学术委员会副主任汝信研究员到会祝贺并致辞。中国社会学会会长、中国社会科学院社会学研究所研究员陆学艺致开幕词，并向大会作了中国社会学会第四届理事会工作报告；中国人民大学教授郑杭生副会长向大会作了会章修改报告。

到会的理事审议并通过了《学会工作报告》和《会章修改报告》；理事会经投票，选举产生了新一届常务理事，共43人，陆学艺研究员和郑杭生教授当选为会长，社会科学文献出版社社长谢寿光研究员和宋家鼎研究员当选为学会秘书长。

最后，在大会闭幕式上，学会秘书长谢寿光研究员公布了本次年会优秀论文的评选结果。他认为，本次年会论文的总体质量比往年有所提高，有较高学术水平的社会学理论性的论文明显增加。

64.清华大学社会学系召开标志清华大学社会学系恢复的国际学术研讨会

2000年6月26日至27日，清华大学社会学系在清华园内召开标志清华大学社会学系恢复的国际学术研讨会，研讨会主题为"问题与方法——面向21世纪的中国社会学"。与会者提交了27篇学术论文，这些论文均属近年来中国社会学研究水平较高的成果。此次研讨会的召开，充分展示了恢复后的清华大学社会学系的师资和研究水平，有力地推动了清华社会科学的建设。

会议中，与会学者就5个相关议题：经济与社会、社会学研究的过程与方法、文化的生产、社会分层与流动、面向日常生活实践的定性研究方法展开了热烈的讨论。如何借鉴国外社会学的前沿性研究方法及社会学之外其他学科的研究方法，用于研究中国社会的现实问题，成为与会学者关注的焦点。有的学者明确提出"两个面向"的建议，即社会学研究不仅要面向中国社会的真问题，而且要面向国际社会学界进行开放式的对话与交流。其中，关于"扎根理论"的探讨反映出与会者的一点共识，即只有扎根于、来源于中国现实的理论性概念和研究范式才是具有生命力的。此外，与会者还提出了社会学发展的基础性建设问题，例如如何建立一个政府与学术界共同参与的公共数据库（databank）以实现数据资源的累积与共享。

65.社会科学与中国性病艾滋病防治工作研讨会在京召开

2001年1月8日至11日，由中英项目办与清华大学合作举办的社会科学与中国性病艾滋病防治工作研讨会在北京召开，社会学家们提出的艾滋病防治项目实施与社会发展相结合的理念在中英项目活动开展中得到了较好的体现。

会议中，与会的社会科学家、预防医学家、社会工作者和项目官员们在会议上探讨了艾滋病传播的社会因素、艾滋病与贫困、毒品控制与民族问题、艾滋病导致的社会伦理问题、社会对艾滋病以及高危人群的歧视等问题。

在此之后，已经有一定数量的社会科学家加入到了中国艾滋病防治工作之中。与此同时，也有相当数量的医务部门、政府机构、非政府组织将社会科学的研究方法和分析框架应用于实际工作之中。尤其是在中英性病艾滋病防治合作项目的实施过程中，社会科学家与医务工作者、政府官员、非政府组织人员的合作颇为密切。多种合作研究不但促进了中国艾滋病防治工作，还激励了社会科学工作者更加积极地参与社会发展项目的热情。

66.中国人民大学社会学理论与方法研究中心被教育部批准正式列为人文社会科学重点研究基地

中国人民大学社会学理论与方法研究中心被教育部批准正式列为人文社会科学重点研究基地。该中心于2001年3月3日至4日，在中国人民大学举办社会结构与社会公平学术研讨会暨教育部人文社会科学重点研究基地挂牌仪式，来自全国高等院校、科研单位、学术杂志和政府有关部门的60多名专家、学者和领导应邀献言。老一辈社会学家费孝通教授为中心亲笔题名，雷洁琼教授为中心列为重点研究基地发来贺信。中心主任郑杭生教授强调指出：中心将全力为促进中国社会学学科的建设和学术发展，提供平等对话、深入探讨、开放交流的学术平台。简短的揭牌仪式后，专家、学者围绕转型期社会结构与社会公平问题发表了各自的见解。

如何认识转型期社会结构与社会公平问题？孙立平认为，中国社会现阶段出现的"社会分配不公"问题，与支撑现阶段耐用消费品的需求模式的社会结构和制度体系不配套有关系。李培林侧重探讨了贫富差距对国民心态，尤其是对社会公正信念的影响，提出要依靠法律和制度建立分配秩序。庄孔韶建议，应引进人类学的文化相对主义的思想，以加强对弱势群体——如西部开发过程中少数民族群体的利益保护的研究。刘少杰提出，应注意到"社会公平"的主观评价，从日常生活世界出发来评价社会公平。而关于公平与效率问题，刘祖云认为，政府应该在社会基本公共服务方面加大投入，以便最有效地实现"公平与效率双赢"的社会意义。郑杭生则指出，合理的社会分层体系是实现效率优先、兼顾公平的保证。葛延风认为，限于中国在人口、资源等方面的具体国情，目前只能在保持社会基本稳定的前提下，侧重提高效率。对于"社会公平"的政策选择，丁宁宁则指出，政府应该把保障最低收入、保护合法收入、调节过高收入和取缔不合理收入落实到位。王建民则强调应当切实解决政策制定过程中的"受益人缺席"及其利益保护问题，真正保护相关人群的利益。

67.国务院学位委员会正式同意培养社会工作硕士（MSW）和社会行政管理硕士（MSSM）

2001年4月至5月，国务院学位委员会正式同意复旦大学社会学系和香港大学社会工作与社会行政学系联合培养社会工作硕士（MSW）和社会行政管理硕士（MSSM）两个项目。这标志着中国内地第一个国际化、专业化、高层次的社会工作人才基地在复旦大学成立。

社会工作在国际上是一项极其高尚的助人职业，社会工作者是类似于律师、会计师的专业人才，社会工作硕士和社会行政管理硕士正是社会工作实务的运作者。复旦大学社会学系基于学校的整体优势，与拥有50年社会工作训练经验的香港大学联合举办得到国际资格认证的硕士训练课程，有利于复旦大学建设与国际一流大学相近的学科结构，培养社会工作与社会管理领域的高级人才。该项目面向全国，拥有学士学位或具有同等学力、正在或即将从事社会工作的人士都可报名，实行收费教育。课程和论文全部通过者授予香港大学硕士学位。

68.中国社会学会2001年年会在济南召开

2001年6月6日至9日，以"21世纪中国社会发展"为主题的中国社会学会年会在山东省济南市山东省医药大厦举行。此次中国社会学年会由山东省社会学学会、山东社会科学院社会学研究所承办,中国烟台张裕葡萄酒集团有限公司、山东省英泰公司、济南市天桥区北园镇、济南市历下区社区服务中心、济南市大明湖公园等单位协办。

会议收到学术论文188篇,到会学者及有关领导共190多人。会议收到了中国社会学会名誉会长、全国人大常委会原副委员长、著名社会学家雷洁琼教授的贺信,中国香港社会学会会长、香港理工大学应用社会科学系教授李玉先生的贺电,美国斯坦福大学胡佛研究所墨子刻教授和中国香港经济学社胡国亨教授等海外学者、朋友的论文。加拿大社会学家出席了这次年会。

这次年会紧紧围绕"21世纪中国社会发展"这一主题,重点对经济全球化与21世纪中国社会发展、加入WTO后中国经济与社会协调发展、21世纪中国社会结构变迁、城乡关系、城市化与社区建设、高新技术创新与社会发展、社会保障体系建设等事关21世纪中国社会发展的重大社会课题进行了学术交流。除大会发言外,会议还安排了小组交流与讨论。讨论会分为经济全球化、高科技发展、社会结构、城乡关系、城市化、社区建设、社会保障共7个组进行。与会者就自己关心的问题展开了热烈研讨。

会议期间,学会评奖委员会对会议收到的论文进行了认真评议,有37篇论文获得了本届年会的奖励。其中,荣誉奖3篇、一等奖15篇、二等奖19篇。此次年会也摸索出了在经费困难条件下举办全国性社会学理论研讨会的经验。

69.中国社会科学院社会学研究所组织召开第36届世界社会学大会组织委员会筹备会议

2001年11月29日,中国社会科学院社会学研究所组织召开了第36届世界社会学大会组织委员会筹备会议。大会组委会向社会学界的老前辈费孝通教授、雷洁琼教授汇报了世界社会学大会的筹备及进展情况。他们对此次会议的申办成功给予了充分肯定并对筹备工作提出了指导意见。北京大学、中国人民大学、清华大学等单位的30余名代表参加了会议。

70.中国社会与中国研究国际学术研讨会在南京召开

2002年5月21日至24日,南京大学社会学系主办的中国社会与中国研究国际学术研讨会在南京召开,会议聚集了海内外关注中国社会的诸多社会学家。在40多位与会者中,包括了在世界社会学界享有盛誉的费孝通、金耀基、林南、傅高义等,有国内著名大学社会学系的领军人物，也有在海外取得引人注目学术成就的人士。

研讨会期间，还举行了原中央大学社会学系创始人孙本文先生铜像揭幕仪式，由费孝通先生手书的南京大学社会学系系训"创造健康社会"也同时揭幕。

这次学术研讨会的主题是"全球化背景下中国社会已然发生和可能发生的转变，以及中国文明在未来世界中的基本走向和可能影响"。会议共收到论文近50篇，其中较为集中的论题有：中华文化对待自然的态度和对世界秩序建构的独特观点；海外中国研究的新近进展；有关中国社会的研究对社会学理论的贡献；中国社会转型的度量尺度；实践社会学分析视角及其对当今市场转型研究的意义；当代中国社会的分层，特别是中产阶级的问题；中国乡村的演变；社区发展和基层组织问题，以及其他当代中国社会的热点问题与发展策略。

费孝通先生从文化的角度，对全球化条件下人与自然的关系进行了重新思考，提出注重天人合一的中华文化，应当在多元文化的接触和交流中，为人类的持续发展作出贡献。金耀基先生从多元现代性的立场，探讨了儒家文化有关文明秩序的设想在全球化时代的重要性，尤其是对于全球世界的伦理价值。林南先生从社会网络和社会资本的分析视角出发，探讨了有关中国社会的独特结构和经验的研究对于社会学理论建构的意义。其他与会的社会学者也提出了许多极富创意的精彩观点。

71."家庭：优化与凝聚"国际研讨会在上海举办

2002年6月12日至14日，上海社会科学院社会学研究所与美国内布拉斯加州立大学人力资源和家庭科学学院在上海联合举办"家庭：优化与凝聚"国际研讨会。研讨会展示了当前世界有关家庭研究的最新成果，促进了中国学术界与国际学术界在家庭研究领域的对话、交流和协作。

72.中国社会学会2002年学术年会在兰州召开

2002年7月26日至29日，中国社会学学会主办、甘肃省社会科学院社会学研究所与西北师范大学政法学院社会学系联合承办的中国社会学会2002年学术年会在甘肃兰州召开。中国社会学前辈费孝通和雷洁琼分别给大会发来贺信。

本次大会的主题是"全球化与中国社会发展"。来自全国各地的120多位专家学者就这一主题进行了广泛而深入的讨论。整个研讨会分为全球化对中国社会发展的影响、经济全球化与中国社会结构变迁、全球化背景下的西部大开发三大主题展开。中国社会学会会长、中国社会科学院陆学艺研究员在闭幕式的发言中分析了当前的国家经济形势和社会形势,提出了社会学在目前应着重研究的七个方面的问题,即:经济与社会协调发展的问题;社会结构问题;三农问题;城市化及中国城市化道路问题;社会管理问题;社会安全与社会秩序问题;社会保障问题。陆学艺会长强调社会学是一门重实践重调查研究的学科,要重视调查研究,并认为应处理好三个方面的关系:理论与实践的关系;城市和农村的关系;规范的方法与解决实际问题的路径的关系。中国社会科学院社会学研究所所长景天魁研究员就"第36届世界社会学大会"的筹备情况向与会代表作了介绍,引起了代表们的广泛关注。

73.首届法律与社会国际学术研讨会召开

2002年10月11日至13日,由中国人民大学社会学系与中国人民大学社会学理论与方法研究中心共同举办的法律与社会国际学术研讨会在中国人民大学逸夫会议中心举行。美国麻省理工学院著名法社会学家Silbey教授等4名外国学者、北京大学社会学系张静教授等20余名国内学者与会,就法社会学中的一些问题展开了研讨。同时,也实现了中国法学家与社会学家的首次面对面的学术对话。这次研讨会得到美国福特基金会的赞助。

本次研讨会的主要议题有:法社会学的理论与方法、中国法社会学的实证研究、比较法社会学等。中国人民大学社会理论与方法研究中心主任郑杭生教授作了题为"在交流与合作中促进中国法社会学的学科建设"的主题发言。

与会学者对中国的法制建设过程给予了更多的关注。有学者运用问卷调查的数据,试图分析影响人们服从法律的程度的因素,并指出:受教育程度和行政级别与服从法律的程度呈负相关关系,年龄与服从法律程度呈正相关关系。有学者运用个案的调查资料,研究了农村土地使用的过程,指出中国农村土地使用过程中有法律关系政治化的倾向。有学者认为正式的法律和诉讼难以满足解决社会纠纷的需求,中国的ADR(非诉讼纠纷解决机制)应该有更大的发展。有学者研究了中国的刑事辩护过程,并对中国刑事辩护律师面临的困境表示了担忧。有学者认为中国有三个研究调解制度的范式:功能分析、文化解释和权力技术分析,并分别对这三种范式进行了分析和批评。与会学者还就法制与法治的关系、法治社会的形成及其特点、走向法治国家的路径等问题展开了热烈的讨论。

中国的法社会学正处在起步阶段,此次研讨会的召开对国内法社会学的发展起到了积极的推动作用。

74.中国社会学会2003年学术年会在四川大学举行

2003年10月31日至11月6日，中国社会学会2003年学术年会在四川成都举行。本次会议由中国社会学会主办，四川大学公共管理学院社会学系、四川省中英性病艾滋病防治合作项目办公室、四川省社会学会共同承办。年会主题为"全面建设小康社会与中国社会结构变迁"，近两百名社会学专家与会，中国著名社会学家陆学艺、郑杭生等到会并作了大会主题发言。四川大学党委书记卢铁城、原四川省人大常委会副主任孙自强等参加大会开幕式，并作重要讲话。

本次大会共分为8个专题：全面建设小康社会与中国社会学所面临的任务和挑战；全面建设小康社会与农村发展；转型时期中国社会分层与社会流动；西部地区社会发展与社会行为；非典、艾滋病与医学社会学研究；突发性事件与社会应急机制的建构；社会转型期的弱势群体及其社会支持；全球化背景中的文化冲突与文化适应。

关于发展道路的选择问题，与会者认为，中国作为后发型现代化国家，在全面建设小康社会的过程中，必须探索出一条具有中国特色的社会发展道路，牢牢抓住发展第一要务，坚持以经济建设为中心；积极推进政治体制改革，健全民主与法制，建设社会主义政治文明；大力发展社会主义文化，加强社会主义精神文明建设。开幕式由学会秘书长谢寿光主持。会议期间，与会者就全面建设小康社会与中国社会发展、转型时期的社会分层与社会流动、西部发展与多元性、艾滋病和重症急性呼吸综合征（SARS）与医学社会学、弱势群体与社会支持、经济全球化背景下的文化冲突等内容进行了分组研讨。此次会议共收到论文230篇。

会上，中国社会学会会长郑杭生、四川大学袁亚愚、社科院社会学所李培林分别就社会协调发展问题、"三农"问题、中国社会发展趋势问题等作专题发言。与会者指出，社会发展是包括经济增长、政治民主、社会转型、文化变迁、自然协调、生态平衡等在内的全面发展。党的十六大确立的全面建设小康社会的目标，充分体现了社会主义经济、政治、文化、生态的整体协调发展，体现了社会发展的阶段性和目的性的统一。全面建设小康社会，是在中国总体上进入小康社会后的进一步发展，是向"更加富裕的小康社会"乃至"基本现代化"迈进的关键阶段。

75.第36届世界社会学大会在北京隆重召开

2004年7月7日至11日，第36届世界社会学大会在北京举行。7月7日下午，在北京人民大会堂举行隆重的开幕式，来自世界50多个国家和地区的1000多名代表参加了开幕式。全国政协副主席、中国社会科学院院长陈奎元出席开幕式。中国社会科学院副院长李慎明致开幕词。副院长江蓝生主持会议。北京市副市长范伯元、联合国教科文组织代表杜铭那克、国际社会学学会长本-拉斐尔、广东省人民政府代表李子彪、福特基金会代表沙琳、中国社会学会会长陆学艺分别在大会上致欢迎辞。

此次会议是世界社会学大会第一次在日本以外的亚洲国家举行。因病未能参加大会的世界著名社会学家沃勒斯坦在给大会发来的祝词中写道："第36届世界社会学大会在北京召开，这是社会学和社会科学走向真正国际化的历史性一步。只有当知识在世界各地具有了社会基础，只有世界各地的实践者能够进行真正的对话时，知识才能够成熟。中国是世界的很大一部分，有悠久的文化传统。但在世界的知识领域，中国一直未能得到充分的代表，中国对世界知识的贡献未得到充分的认识。愿这次在北京召开的大会，成为这种学术隔绝的终结。"

95岁高龄的中国著名社会学家费孝通，在病榻上给大会发来贺信。他在贺信里说："20世纪70年代末以来，中国现代化的加速转型过程，成为中国社会学发展的沃土。25年来，中国社会学家努力回答社会发展和变迁中提出的重大问题，推出了一大批有价值的研究成果，也培养了一批社会学新人。当今的全球化过程也使中国的社会学更加融入国际社会。"他还说："希望通过这次大会，进一步推动中外社会学家的合作和交流，共同开创世界社会学发展的新局面！"

第36届世界社会学大会的主题是"全球化背景下的社会变迁"，会期5天。大会期间，进行了由国际知名社会学家领衔的主题演讲，举办了100多个专题研讨会，这些研讨会的内容主要涉及发展战略、城市化、就业、人口、收入分配、医疗保健、贫困救助、大众教育、社会保障、环境保护等多个领域。近几十年来，国际社会学界一直关注经济与社会的协调、人的全面发展、节约资源和保护环境等问题，与会的许多社会学家在上述研究领域作出了突出的贡献。

此次大会上，中外社会学家相互切磋和交流，对于推进学术研究和人类进步具有积极的意义。各国社会学家在会议上还发表了《世界社会学家北京宣言》（以下简称《北京宣言》）。《北京宣言》提出：为了推动在21世纪建立和平、公正、相互依存和共同发展的国际新秩序，实现联合国千年首脑会议确定的千年发展目标。我们，来自世界各国的社会学家、国际组织代表、非政府或非营利组织的代表，以及关心世界社会发展的各国各界人士，聚集在北京，在第36届世界社会学大会召开之际，共同发表《北京宣言》。《北京宣言》就国际新秩序的基本原则，经济增长与社会发展，国家发展与区域发展，以人为本和全面、协调、可持续发展，增长收益的分享，技术创新和扩大就业，全球化与文化的多样性等七大论题，提出能够反映时代精神和人类社会进步要求的基本主张和共识。《北京宣言》呼吁所有的国家、政府、国际组织、企业、非政府和非营利组织、社会各界人士，共同承担起责任，为建立21世纪和平、公正、相互依存和共同发展的国际新秩序而努力。

76.全面建设小康社会与中国"三农"问题学术研讨会在合肥召开

2004年12月19日至21日，全面建设小康社会与中国"三农"问题学术研讨会在安徽省合肥市举行，此次会议由深圳民族精神与中国发展研究中心、安徽省社会科学院、全国"三个代表"重要思想研究会、中国社会科学院农村发展研究所、《经济日报》（农村版）等单位联合举办。来自中央各部委、全国各省（市、区）的党政部门、高等院校、科研院所、党校系统的140多名代表应邀参会，就全面建设小康社会与"三农"问题方面的难点、热点问题展开了热烈的讨论和交流，提出了很多颇有见地和有参考价值的观点及政策建议。此次研讨会的重要议题为：一、对中国"三农"问题的重新认识；二、农业生产与粮食安全；三、财政支农与农民增收；四、提高农民素质与转移农民；五、制度创新与农村全面发展。

77.李培林和景天魁在中共十六届中央政治局第二十次集体学习上就"努力构建社会主义和谐社会"问题进行讲解

2005年2月21日下午，中共十六届中央政治局进行第二十次集体学习，中共中央总书记胡锦涛主持。他强调：要加强对构建社会主义和谐社会重大问题的调查研究和理论研究，着力提高构建社会主义和谐社会的本领，把社会主义和谐社会建设的各项工作落到实处。

中央政治局这次集体学习安排的内容是努力构建社会主义和谐社会。中国社会科学院社会学研究所李培林研究员、景天魁研究员就这个问题进行讲解，并谈了他们的有关看法和建议。中央政治局各位委员认真听取了他们的讲解，并就有关问题进行了讨论。

胡锦涛在主持学习时发表了讲话。他指出，调查研究是我们的谋事之基、成事之道。各级党委、政府和领导干部要切实加强对本地区本部门和谐社会建设有关情况和工作的调查研究，全面分析和把握社会建设和管理的发展趋势，为制定政策、开展工作奠定坚实的基础。要加强对社会结构发展变化的调查研究，深入认识和分析阶层结构、城乡结构、区域结构、人口结构、就业结构、社会组织结构等方面情况的发展变化和发展趋势，以利于深入认识在发展社会主义市场经济和对外开放的条件下中国社会发展的特点和规律，更好地推进社会建设和管理。要加强对社会利益关系发展变化的调查研究，深入认识和分析中国社会利益结构、利益关系等方面情况的发展变化和发展趋势，以利于完善政策措施，更好地统筹各方面的利益关系和利益要求。要加强对维护社会稳定工作的调查研究，深入认识和分析公共安全、社会治安等方面情况的发展变化和发展趋势，以利于健全维护社会稳定的有效机制，保证广大人民群众安居乐业。各级领导干部要深入基层、深入群众、深入实际，通过开展广泛深入的调查研究，切实提高思想认识水平、切实提高政策水平、切实提高工作水平，努力把构建社会主义和谐社会的各项工作落实好。

胡锦涛强调，建设民主法治、公平正义、诚信友爱、充满活力、安定有序、人与自然和谐相处的社会主义和谐社会，要求我们必须提高管理社会事务的本领、协调利益关系的本领、处理人民内部矛盾的本领、维护社会稳定的本领。要适应社会主义市场经济发展和社会结构深刻变化的新情况，深入研究社会管理规律，更新社会管理观念，推进社会建设和管理的改革创新，尽快形成适应中国社会发展要求和人民群众愿望、更加有效的社会管理体制。

78.费孝通在北京逝世

2005年4月24日22时38分，著名社会学家、人类学家和社会活动家费孝通在北京逝世，享年95岁。

费孝通是伟大的爱国主义者。1938年，时值中华民族危亡之际，他毅然从英国回国，投身于抗日民主运动，并任教于云南大学社会学系，在教学期间，他积极发表文章，与其他学者一道抨击蒋介石的独裁统治。

费孝通是中国共产党的亲密朋友。1949年初，他应邀赴西柏坡共商建国大计，受到毛泽东、周恩来等党的领导人的亲切接见，深受鼓舞和教育，从此开始了在中国共产党的领导下，与共产党亲密合作的光辉一生。他在担任全国人大、全国政协领导职务期间，参加国家政治生活，参与党和国家大政方针的协商。他把领导工作与学术研究、社会活动密切结合起来，通过开展区域发展战略研究，进行"国是咨询"，将参政议政工作提高到一个新的水平。同时，费孝通是中国民主同盟卓越的领导人。他为坚持和完善人民代表大会制度、共产党领导的多党合作和政治协商制度，为巩固和发展爱国统一战线、促进祖国的统一大业作出了重要贡献。

费孝通是享誉海内外的社会学家、人类学家，中国现代社会学和人类学的创始人。他1930年即投身社会学研究，后考入清华大学师从俄籍教授史禄国攻读人类学。他创办了云南大学—燕京大学社会实地工作站，积极开展农村社会调查，对中国的社会、家庭结构进行深入研究，培养了一批社会学者。1979年受中共中央委托主持社会学学科重建工作，任中国社会学会会长。期间，出访美国、加拿大，了解国外社会学发展现状，回国后，组织编写教材，筹建专业教育和研究机构，并重新开始社会实地调查活动，大力培养国内社会学师资，1985年创建了北京大学社会学人类学研究所，1987年创办了中国社会与发展研究中心。他主张当代的中国社会学应该是结合中国社会实际和民族特点，立足于中国社会的实际，从科学的社会调查研究入手。他积极倡导实地调查的风气，注重把学术研究和培养人才结合在一起，他的倡导和卓越成绩在国际上赢得了声誉，曾获得了马林诺斯基纪念奖、英国皇家人类学会"赫胥黎"纪念奖章、美国"大英百科全书奖"、日本亚洲文化大奖等国际奖项。此外，他还先后获得英国伦敦经济政治学院授予的荣誉院士、澳门东亚大学社会科学博士、香港大学文学博士等荣誉。1999年至2004年相继出版的《费孝通文集》(16卷本)，收集了他从早年至2004年间绝大部分著述，这是他一生重要学术成就的集纳，也是中国社会科学的一项丰硕成果。他的理论对社会学的实践有着积极指导作用。

79.中国社会学会2005年学术年会在合肥召开

2005年10月11日至13日，中国社会学会2005年学术年会暨第六届理事会在安徽合肥举行。中国社会学会会长、副会长、常务理事、理事以及来自全国28个省、直辖市、自治区的有关专家、学者300余位代表出席了会议，其中全国11个社会学博士点负责人全部到会。中国社会科学院秘书长朱锦昌，安徽省委常委、宣传部长臧世凯到会作了讲话，中国人民大学郑杭生、中国社会科学院李培林、江苏省社会科学院宋林飞等专家在会上作了专题报告，安徽省社会学会副会长王开玉作了题为"中国社会学会和安徽社会学发展"的发言。与会代表们围绕会议确定的"和谐社会构建——社会学的神圣使命"这一主题进行了座谈和研讨。大会收到论文163篇，内容涉及和谐社会的现代意义、社会结构、社会安全、社会公平、社会保障、社会政策等六个方面。会上进行了论文评奖，评出一等奖9名、二等奖21名。中国人民大学郑杭生教授就中国现代化建设中社会机制协调问题作了发言。

本次会议由中国社会学会主办，安徽省社会学会承办。会议期间，进行了中国社会学会换届选举，选出第六届理事会理事202人、常务理事61人（其中特邀常务理事12人）。第六届理事会推选出名誉会长雷洁琼、陆学艺，会长郑杭生，常务副会长（法人代表）李培林，副会长邓伟志、王思斌、卢汉龙、刘敏、李强、谷迎春、宋林飞、赵子祥、蔡禾、潘允康，秘书长谢寿光。

80.北京大学—密歇根大学联合研究院"全球化跨学科中国研究和中国计量社会科学研究"暑期课程项目实施

2006年暑期，北京大学—密歇根大学联合研究院兴办的跨学科研究型人文社会科学学院，通过跨国界、跨学科、跨文化的合作，开展教学与研究活动，实现教育资源共享，推动教学改革。该研究院在北京大学执行了两个暑期课程项目：全球化跨学科中国研究和中国计量社会科学研究。

中国计量社会科学研究项目由密歇根大学社会学系讲座教授（Chair Professor）、社会研究院高级研究员谢宇主持，目标是帮助学生学习如何在中国进行高质量的社会科学研究，包括中英文资料运用、访谈、设计结构性调查问卷并开展调研等。

社会研究调查方法是由威斯康辛—麦迪逊大学社会学系教授 Nora Cate Schaeffer 主讲，主要内容包括：访谈模式、基本抽样概念、非参与性的影响、访问、计算机辅助数据采集。该课程重点就调查设计的特点对调查误差的影响进行研究和评论。课程所介绍的理论和实践工具将有助于社会科学研究的计划和实施，时间是2006年6月19日到7月13日。

抽样调查方法由密歇根大学生物统计系教授、社会研究院研究员 James M. Lepkowski 主讲，课程从实际运用的角度讲授抽样调查的基本概念，重点在研究数据采集方式的设计，而不是对采集数据的分析。课程的主要内容包括：简单随机抽样、分层抽样、系统抽样、整群抽样、多级抽样和概率比例抽样。课程从区域抽样和电话抽样两个方面对以上方法进行研究和评估。此外，本课程还涉及了抽样设计、成本模型，以及非抽样误差和损失数据弥补等内容，时间是2006年7月17日到8月10日。

此次暑期课程的开展使中国学生了解国外的教育方式，提升英语水平的同时向国外社会研究院的高级研究员学习了社会研究调查的一些方法、调查误差的影响、抽样调查的方法和其误差的评估以及非抽样调查的误差和处理方法，使学生们了解到计量社会学领域比较前沿的研究情况。此次暑期项目也为国内其他高校学生和社会学领域研究人员提供了一个国际化学习机会，与美国计量社会科学领域水平专家有了近距离学习和交流。真正意义上实现了跨国界的学术交流和教育资源的共享；此外，此次活动也为北大营造了一个国际化的环境，可以让北大"在地国际化"，加深了中国学校与国外学校的合作交流和教育资源的共享。

81.中国社会学会2006年学术年会在太原召开

中国社会学会主办、山西省社会学会承办的中国社会学会2006年学术年会于2006年

7月15日至17日在太原召开。来自全国28个省、市、自治区高校系统、社科院系统、党校系统和其他相关研究单位的400余名专家学者与会,代表们提交会议论文366篇,代表人数和提交会议的论文数创历次年会之最。本次年会的主题是"科学发展、共享和谐",围绕主题,学者们集中在社会主义新农村建设、构建和谐社会等方面展开广泛讨论与交流。本次年会除安排大会主题演讲外,还设立了关于妇女社会学、网络社会学等9个分论坛。

中国社会学会常务副会长李培林研究员致开幕词。中国社会学会会长、中国人民大学郑杭生教授作重要讲话。郑教授针对社会学界存在的理论研究和经验研究失衡的原因和现实,提出三点意见:第一,必须牢记费孝通晚年向中国社会学界多次发出的呼吁——要突破社会学的传统界限!第二,突破社会学传统观念,在崭新的思想境界中开展中国社会学经验研究和中国社会学的理论建设。第三,必须面对中国社会转型的现实,以此为立足点、出发点和归宿点,对从前现代性到现代性的转型、从旧式现代性到新型现代性的转型过程中的各种丰富社会现象作出新理论概括,提出有解释力的有中国特色的社会学理论。

陆学艺作了题为"调整社会结构,构建和谐社会"的主题报告。他指出中国当前的经济形势是"两头冒尖,非常突出",由此引发了经济发展不协调,城乡发展不协调,社会结构发生了重大变化,尤其是就业结构发生了重大变化。所以经济结构上已经是工业化的,而社会结构仍然是工业化的初级阶段。因此中国当前存在的最大问题是经济结构和社会结构的不协调。

孙立平教授、李友梅教授、景天魁教授、苏国勋教授等分别就自己的研究领域向大会作了报告,受到与会者的好评。中国社会学会副会长赵子祥研究员在闭幕式上作大会总结。

医学社会学、妇女/性别社会学、网络社会学和社会学方法分论坛是本次学术年会的亮点。医学社会学论坛的学者们集中讨论了卫生政策与健康保障、社会医学实践的研究、职业压力、艾滋病等对社会发展的影响等,并指出医学社会学是中国亟待开发的一个研究领域;妇女/性别社会学、网络社会学和社会学方法是目前中国社会学界快速发展的几个领域,本次年会专门召开会议讨论成立妇女/性别社会学、网络社会学和社会学方法专业委员会的事宜。妇女/性别社会学论坛讨论热烈、积极,参与人数也是各分论坛最多的,他们分别讨论了社会性别视角对社会主义和谐社会建设的思考、新农村建设中妇女的贫困问题与妇女城乡流动问题、疾病的社会性别意向等热点问题。

82.国际社会学协会第十六届世界大会在南非的德班市举行

2006年7月23日至29日,国际社会学协会第十六届世界大会(XVI World Congressof Sociology of ISA)在南非的德班市举行,3000多位来自世界各国的社会学家参加了本届大会。世界大会是国际社会学协会最受瞩目的活动,其节目内容和参加人数从第一届大会以来便迅速增加,当初第一届大会在瑞士的苏黎世举办,其参与者只有100多人。本次大会的主题是:全球化世界中的社会生存质量。中国代表谭琳、谭深、宋月萍、严明、李春玲等出席了大会。

国际社会学协会(the International Sociological Association,简称ISA)成立于1949年,包括66个国家的社会学协会、11个地区性的社会学协会,以及82个社会学研究机构。个人会员则包括来自109个国家的约3300位社会学家,其宗旨是发展全世界社会学家之间的合作关系,组织国际社会学情报交流,促进国际社会学的研究和发展。国际社会学协会共有53个专业研究委员会(如社会分层与流动专业研究委员会、教育社会学专业研究委员会等),主要的学术交流活动由各个专业研究委员会组织开展。各专业研究委员会除在国际社会学协会世界大会期间举办学术论坛外,还各自举办学术年会或其他类型的国际交流活动。

国际社会学协会世界大会每4年举办一次。本次大会的主题是"全球化世界中的社会生存质量"(The Quality of Social Existence in a Globalizing World)。大会共组织2个大会主席论坛,6个系列大会专题论坛和2个系列的整合性论题论坛。53个专业研究委员会举办了600多个专题论坛。另外,大会还组织了几十个其他类型的论坛(有跨专业研究委员会论坛、各国社会学协会论坛、特别专题论坛、工作组论坛和语言社区论坛等)。一些中国社会学研究者参与了本届大会。全国妇联妇女研究所所长谭琳、中国社会科学院社会学研究所谭深、南开大学社会学系宋月萍等参与了第32专业研究委员会(社会中的妇女)的论坛并提交了学术论文;中国社会科学院社会学研究所严明参与了地区与城市发展的论坛并提交了学术论文;中国社会科学院社会学研究所的李春玲参与了由日本、韩国和中国台湾社会学协会联合组办的"亚洲的社会分层与不平等"论坛并提交了学术论文。

83.中国社会科学院召开第一届中国社会学博士后论坛

2006年10月28日,中国社科院召开第一届中国社会学博士后论坛。论坛由社科院和中国博士后基金会共同主办,社科院博士后流动站、社会学博士后流动站、北京博士后联谊会、社会学博士后联谊会联合承办。论坛主题为"构建和谐社会中的中国社会学"。社科院秘书长朱锦昌出席会议并讲话,他强调,从事社会学的研究人员,要结合建设有中国特色社会主义和谐社会的实践,按照社会发展的总方向和总目标,进行深入的研究,科学创新,为实现全面建设小康社会的宏伟目标贡献智慧和力量。

中国博士后科学基金会秘书长庄子健,社科院人事教育局副局长、院博士后工作负责人潘晨光出席会议。社会学所所长李培林、党委书记李汉林分别主持会议。

朱锦昌在讲话中指出,中国正处于改革发展的关键时期,构建社会主义和谐社会是我们党的一项重大战略任务。中国的社会学迎来一个新的发展战略机遇期,社会学研究工作者要认识到新的历史时代赋予社会学艰巨而光荣的使命,要按照民主法治、公平正义、诚信友爱、充满活力、安定有序、人与自然和谐相处的总要求,以研究人民群众最关心、最直接、最现实的利益问题为重点,推动社会建设和经济建设、政治建设、文化建设的协调发展。社会学研究工作者必须坚持以马克思列宁主义、毛泽东思想、邓小平理论和"三个代表"重要思想为指导,坚持以科学发展观统领各项研究工作。必须坚持解放思想、实事求是、与时俱进,一切从实际出发,立足当前、着眼长远,有重点分步骤地持续推进构建社会主义和谐社会的现实重大课题研究。必须深入实际、深入群众、深入社会,对构建社会主义和谐社会过程中出现的新事物、新问题、新经验、新成果及时总结,深入研究,指导实践,推动发展。必须具有以天下为己任的时代责任感和积极参与国家现代化建设的使命感,要用实际行动影响促进哲学社会科学的繁荣和发展。

庄子健指出,中国博士后制度经过不断探索,不断完善,逐步成为适合中国国情的培养高层次专业技术人才的一条新路子。当前需进一步推进博士后管理制度和博士后基金资助制度的创新,使博士后管理工作更具中国特色。中国社会科学院的博士后发展已取得显著成绩,今后应继续探索创新博士后制度,培养一大批站在社会科学前沿的高层次博士后人员,多出具有原创性和前沿性的创新成果。要加强马克思主义关于社会主义社会建设理论的研究,并用来指导构建社会主义和谐社会的各项工作。要加强对中国历史上关于社会建设理论的研究,努力做到古为今用。要注意研究国外社会建设理论,借鉴其积极成果。要通过深入系统的理论研究,深化对构建社会主义和谐社会的规律性认识,使新形势下构建社会主义和谐社会的理论更加完备,使推进社会主义和谐社会建设的工作更加富有成效。

会上,中国社会科学院人口与劳动经济研究所所长蔡昉、亚洲太平洋地区研究所党委书记张宇燕、社会学研究所所长李培林分别以"发展阶段变化及其挑战"、"经济全球化与中国"、"和谐社会建设和理论创新"为主题进行了演讲。中国社会科学院社会学博士后合作专家代表苏国勋和社会学博士后代表毛振华在会上发言。会议还进行了分组讨论。与会者认为,中国社会学正迎来"天时、地利、人和"的发展机遇期。社会学工作者要深刻领会党的十六届六中全会精神实质,紧密联系中国国情,充分汲取中国传统文化和国外社会理论中的社会和谐思想,不断提高思想水平和认识水平,多出高质量研究成果,为推进中国社会学的研究和发展,为建设富强、民主、文明、和谐的社会主义现代化国家贡献力量。

来自社会学领域的专家学者、博士后合作导师、博士后及研究人员共80余人参加了会议。

84.文化多样性与当代世界国际学术研讨会在中山大学召开

2006年11月24日至26日,中山大学人类学系承办的文化多样性与当代世界国际学术研讨会在中山大学康乐园举行。这次研讨会是为了进一步推动文化多样性研究,促进和谐社会乃至和谐世界的构建,也是为了配合国际人类学与民族学联合会第十六届(2008)世界大会而举办的一次"热身"。本次会议吸引了来自20多个国家和地区的500余位专家学者以及政府官员。中国民族学会副会长、中山大学人类学系主任周大鸣教授主持了开幕仪式,中山大学校长黄达人教授、研讨会筹委会常务副主席(原国家民委副主任)周明甫、广州市社会科学界联合会李明华主席、中国社会学会会长郑杭生教授等分别代表各自的单位向大会致辞。

在为期三天的研讨中,与会者进行了广泛而深入的讨论,形成了《多元文化与和谐世界·广州宣言》,主要包含构建和谐世界的文化观、抢救和保护、社会变迁等人类学研究问题。

此外,会议研讨的内容还包含亚太地区的人口流动与主体性选择、文明对话的话语构建、民族服饰的保护与生产、关于课程体系与学科建设的探讨、和谐与发展、都市化和视觉魅力等问题,在全球化的浪潮冲击下,世界文化多样性和民族文化遗产受到了严重的挑战,尊重多元文化,保护文化的多样性成为世界大多数国家的共识。

85.中国社会学会2007年学术年会在湖南长沙举行

由中国社会学会主办、湖南省社会学会承办的2007年中国社会学学术年会于2007年7月21日至23日在湖南长沙举行。本次年会的主题是"和谐社会与社会建设"。中国社会学会会长郑杭生致开幕词,欧洲社会学会秘书长路易·肖韦尔教授,韩国社会学会会长全兑国教授,日本社会学界代表矢野修次郎教授,中国社科院常务副院长冷溶,湖南省委常委、宣传部长蒋建国,副省长郭开朗,省政协副主席文选德等与会,并发表了重要讲话。

本次年会共设立17个分论坛。这17个分论坛主题主要涉及建立各种能够合理配置社会资源和社会机会的社会结构和社会机制,形成各种能够良性调节社会关系的社会组织和社会力量,创造正确处理社会矛盾、社会问题和社会风险的新机制、新实体和新主体,以及社会公平正义等方面。

这次年会首次设立了国际论坛,国外及港澳台代表20余人参会。其中第十分论坛"第五届中日韩论坛:建设东亚和谐社会",涉及国际和谐社会构建的探讨。这次会议的参加会议人数、论文篇数、论坛个数都超过往届,会议收到参会代表回执 500 余份,各论坛论文共 500 余篇。这是中国社会学兴旺发达的体现。所有的论文都禀持建设性的反思批判精神,以实地调查和考察为依据,指出中国在社会建设方面取得的成绩和存在的问题,尤其是提出积极的建设性意见,共同推进了中国的社会建设。

86.四川地震灾区社会重建调查报告暨研讨会在中国社会科学院举行

2008 年 7 月 15 日,由中国社会科学院社会政法学部主办、社会学研究所承办的四川地震灾区社会重建调查报告暨研讨会在中国社会科学院举行。社会学所所长李培林主持报告会,社会政法学部主任郝时远、荣誉学部委员陆学艺、照那斯图,学部委员景天魁以及来自院内部分学者约 60 人参加报告会。

据介绍,社会学所于 6 月 20 日至 28 日由副所长陈光金带队组成调研组深入地震灾区,对不同类型的灾区和受灾群体进行了深入、细致的访谈和观察。会上,陈光金及部分调研组成员以"四川地震灾后社会重建调查报告"、"地震遇难人员善后问题调查"、"地震灾民安置点管理和服务状况调查"、"地震灾民住房安置状况调查"为题向与会者介绍了他们在灾区的亲身经历,并同与会者共同探讨今后灾区社会重建过程中值得进一步关注和研究的问题。

与会者充分肯定了这次调研的意义,认为做研究,特别是搞社会学研究,光看报纸和听新闻是远远不行的,一定要亲自去看,收集第一手材料,这对研究和理解社会现象都是有帮助的。社会学应该研究规律性的东西,这样才能建立预案,唐山地震的一些经验教训是值得我们深入研究的。

87.中国社会学会2008年学术年会暨第七届理事会在长春举行

由中国社会学会主办,吉林省社会科学院、吉林省社会科学联合会、吉林省社会学会、吉林大学和东北师范大学联合承办的中国社会学会 2008 年学术年会暨第七届理事会于 2008 年 7 月 20 日至 23 日在吉林省长春市举行。本届年会的主题是"光辉的 30 年:改革开放与中国社会学"。中国社会科学院常务副院长王伟光,吉林省委副书记王儒林,吉林省委常委、宣传部部长荀凤栖,吉林省人大常委会副主任车秀兰,吉林省政协副主席林炎志,中国社会学会名誉会长陆学艺、郑杭生等出席了开幕式。来自全国 30 多个省、市、自治区、港澳地区及韩国的近 600 名代表参加了会议。会议收到论文 650 篇。

王伟光在开幕式上代表中国社会科学院对大会的顺利召开表示热烈的祝贺。

荀凤栖代表吉林省委、省政府对大会的召开表示热烈的祝贺。大会由中国社会学会会长、中国社会科学院社会学研究所所长李培林致开幕辞，中国社会学会副会长、吉林省社会科学院院长邴正致欢迎辞，韩国东亚研究会会长、釜山大学的金成国教授代表韩国社会学界致贺词。开幕式后，郑杭生、邴正、沈原、王宁、陈映芳、王雅林、李小云等7位学者作了专题学术报告。本届年会为期3天，共设"中国农村改革开放30年"、"改革开放进程中的公共安全管理研究"、"当代中国农村宗族、传统与地方治理"、"中国社会调查30年"、"社会稳定有序与社会管理机制"、"社会建设的理论与实践"、"社会变迁中的理论社会学"、"社会工程与社会政策"、"改革开放30年与女性发展"、"北京奥运与和谐社会"、"华人社会中产阶级研究"、"新农村建设：社会政策与农村合作组织"、"当代中国移民问题研究"、"当代中国农村宗族、传统与地方治理"、"中国改革开放与传媒社会学"等15个论坛。

学术年会前选举产生了中国社会学会新一届领导机构，李培林当选为会长，王思斌、卢汉龙、刘敏、宋林飞、李友梅、李强、李路路、邴正、蔡禾、潘允康当选为副会长，谢寿光当选为秘书长。

88. 胡锦涛对社会学发展作出批示

2008年7月19日，中国社会科学院荣誉学部委员陆学艺教授等专家学者向中共中央总书记胡锦涛致信，建议在新形势下加强对社会学学科的扶持，以适应构建社会主义和谐社会的迫切需要，胡锦涛作出批示："专家们来信提出的问题，须深入研究。要从人才培养入手，逐步扩大社会学研究队伍，推动社会学发展，为构建社会主义和谐社会服务。"这是自中国改革开放初期邓小平批示恢复重建社会学之后，党和国家最高领导人第一次专门为社会学的发展给予指示。

在新形势下加快社会学的发展，是改革和发展的实践需要，是经济社会协调发展的需要，也是构建社会主义和谐社会的需要。中国社会学面临着前所未有的发展机遇。

陆学艺教授等人在给中央领导的信中强调，改革开放以来，中国的经济建设取得了举世瞩目的成就，国家经济实力有了巨大增长，人民生活水平显著提高，国家的整体实力显著提高。在经济建设取得显著成绩的同时，中国的社会事业和社会发展也取得了长足发展。然而，相对经济发展而言，社会发展是滞后的。正如党的十六届六中全会的决定中所指出的，当前中国城乡、区域、经济社会发展不平衡，人口资源环境压力大；就业、社会保障、收入分配、教育、医疗、住房、安全生产、社会治安等方面关系群众切身利益的问题比较突出；体制机制尚不完善，民主法制还不健全；一些社会成员诚信缺失、道德失范，一些领导干部的素质、能力和作风与新形势、新任务的要求还不适应；一些领域的腐败现象仍然比较严重。这些影响社会和谐的矛盾和问题是我们在建设和谐社会中必须要着手解决的。

专家学者希望党和国家支持社会学的发展，这对于构建社会主义和谐社会有着重要意义，并提出了三点建议：一、建议党中央、国务院委托中央宣传部召开一次社会学工作会议，就社会学面临的形势、发展的目标和任务、特别是如何造就一支结构合理、素质优秀的社会工作人才队伍等问题进行重点研究，并达成共识，作出相应的决定。二、建议国家学位委员会在2007年和今后几年能增加40—50个社会学博士点和100个左右的硕士点。三、建议中国社会科学院增设社会心理研究所、社会政策和社会管理研究所、社会保障和社会工作研究所、社会体制改革研究所。签名的专家学者包括：黄楠森、王梦奎、江流、高尚全、邢贲思、汝信、吴敬琏、郑杭生、李培林、李强、王思斌、景天魁、丁伟志、胡福明、宋林飞、陆学艺。

89."转型中的中国社会和中国社会学：纪念中国改革开放30周年"国际学术研讨会召开

2008年11月29日至30日，北京大学社会学系、北京大学社会学人类学研究所、北京大学中国社会与发展研究中心、北京大学社会理论研究中心、北京大学中国工人与劳动研究中心和北京大学余天休社会学基金会在北京大学共同举办"转型中的中国社会和中国社会学：纪念中国改革开放30周年"国际学术研讨会。此次研讨会旨在纪念中国改革开放30周年，对中国社会和中国社会学的发展现状以及存在的问题进行综合梳理和总结，进一步探索中国社会学发展道路。

本次国际研讨会为期两天。北京大学、清华大学、中国人民大学、北京师范大学、南开大学等兄弟院校，港澳台及海外的知名学者百余人齐聚一堂，共同研讨转型期中国社会学的发展。

北京大学副校长张国有在开幕式致辞中回顾了北大社会学系近30年来的发展，充分肯定了其进步和成果。他指出，改革开放30年来，中国的政治、经济和整个社会都发生了巨大变化，中国的进步对世界作出了重要贡献。世界在关注中国，学术界对中国的发展产生了浓厚兴趣，中国社会发展模式成为世界社会学研究的重要对象。

社会科学部常务副部长萧群在致辞中表示，学术研讨会一方面是回顾历史和总结经验，另一方面是对中国社会问题进行前瞻性预测。社会学动态性、过程性、历史感和大局观的特点需要有关学者进行跨学科的综合研究。

随后，斯坦福大学著名教授沃尔德先生作了题为《共产主义新传统主义30年》（"Communist Neo-Traditionalism：Thirty Years On"）的主题发言，从国外学者的角度解读了中国改革开放30年的变化。中国社会科学院社会学研究所所长、中国社会学会会长李培林讲解了中国改革30年来社会政策的四大变化。在此基础上，他进一步提出中国社会发展面临的挑战。北京大学特聘教授、中国税务改革项目顾问、美国克勤国际企业集团公司总裁顾衍时先生较为全面地诠释了税收的公平原则。

清华大学社会学系孙立平教授、北京大学社会学系王思斌教授、中国社会科学院拉美研究所所长郑秉文先生和国家行政学院公共管理教研部丁元竹先生分别针对社会学学科发展、中国社会福利发展、中国社保制度和公共领域的投资体制作了主题发言。边燕杰教授、澳大利亚国立大学中国研究中心主任Jonathan Unger、牛津大学中国研究中心主任彭可教授和中国人民大学李路路教授分别就中国经济过渡时期关系的重要意义、工业化社区中领导权和身份、中国在新世纪人类学的重要意义和中国中产阶级的社会存在等问题发表了各自的看法。作为本次会议的主办方之一，北京大学余天休社会学基金给予了会议很大的支持。美国胡氏慈善教育基金董事长、余天休先生的女儿胡余锦明女士讲述了父亲和她自己从事慈善公益事业的故事。

90.陆学艺社会学发展基金会在北京召开成立大会

2009年4月10日，北京市陆学艺社会学发展基金会成立大会暨第一届第一次理事会会议在北京隆重举行。中国社会科学院学部主席团成员、原副院长汝信，宋庆龄基金会原副主席刘启林，北京市社会团体管理办公室副主任于清源，北京市社会科学界联合会党组副书记丁力到会祝贺。中国社会科学院学部主席团秘书长何秉孟、原院副秘书长单天伦、荣誉学部委员陆学艺、社会学所所长李培林、社会科学文献出版社社长谢寿光等来自北京市社团办、社科联、中国社会科学院、高校的50余人出席大会。

汝信在致辞中对基金会的成立表示热烈祝贺。刘启林建议在社会学领域加强对非政府组织、非营利组织的研究。何秉孟代表中国社会科学院学部主席团对基金会成立表示热烈祝贺。最后，基金会发起人、基金会名誉理事长陆学艺教授发表感言。基金会理事长李培林指出，这是全国社会学界的第一个基金会。陆老师很想为社会学界做些事情，特别是他已经把一生贡献给了社会学的事业。这件事情还得到了陆老师的家人和学生们的大力支持。希望各位理事能够尽职尽责，也希望我们把基金会的活动真正地搞成一个有社会声望，成为一个得到社会学界普遍认同的基金会。

陆学艺教授是中国著名的社会学家，1978年以来他投身于中国农村发展和社会学的调查研究，先后担任中国社会科学院农村发展研究所副所长、社会学研究所副所长、所长、博士生导师，中国社会学会会长、名誉会长，北京工业大学人文科学学院院长。他是第八、第九届全国人民代表大会代表，1986年被评为国家有突出贡献的中青年专家，1995年荣获全国先进工作者的称号，2006年任中国社会科学院荣誉学部委员。

陆学艺社会学发展基金会的宗旨是推动社会学的学科建设和发展。业务范围是奖励社会学领域教学、科研优秀成果，资助社会学领域教育、学术研究、培训、调研、考察、出版等方面的公益活动。

会上通过了基金会章程，选举产生了基金会领导机构，李培林当选为第一届理事会理事长。

91.国际社会学学会社会分层与流动研究委员会2009年年会在北京举行

2009年5月14日至16日，国际社会学学会（ISA）社会分层与流动研究委员会2009年年会在中国人民大学逸夫会议中心举行。这是该委员会自成立以来，首次在中国大陆举办年会，说明中国社会学的研究和发展正在与世界前沿的发展水平接轨。本次年会的主题为"社会不平等与社会变迁"（Social Inequality and Social Change）。

国际社会学学会社会分层与流动研究委员会成立于1950年。该委员会以提高社会分层与流动领域的研究质量、促进该领域科学信息的国际交流为宗旨，在国际社会学界以及国际社会科学领域中都具有广泛而深刻的影响。截至2009年，该委员会已拥有来自70多个国家和地区的注册会员约1100人。

本次年会由中国人民大学社会与人口学院承办，中国社会科学院社会学研究所、北京大学社会学系、清华大学社会学系、美国密歇根大学社会学系协办。

本次年会的主席是美国加利福尼亚大学洛杉矶分校的教授Robert D. Mare，由中国人民大学社会与人口学院翟振武教授担任主持人，美国密歇根大学谢宇教授和中国人民大学李路路教授担任年会学术委员会主席。国内外著名社会学家Robert M. Hauser、Donald J. Treiman、Michael Hout、李培林、李强、卢汉龙等人在年会上发表了主题演讲，206位来自世界各地的社会分层与流动领域的学者和230名来自全国各地的学生参加了本次年会。

在5月14日上午的开幕式上，国家人口和计划生育委员会副主任王培安、中国人民大学常务副校长袁卫分别致辞。

15日晚，年会邀请美国国家科学院院士Robert M. Hauser举行了以"Cognition and Consequences of Cognition across the Life Course"为主题的公开讲座。

本次年会共举行了30场学术会议，有150位学者就110篇论文发表主题演讲，90位学者以海报演讲的方式展示了60项研究成果。

与会学者深入探讨了教育、收入、婚姻与家庭、健康、职业机会、性别、文化、种族、住房等领域的社会不平等现象，以及劳动力市场、社会网络和国际、城际、城乡移民等课题，既增进了中国社会学界与国外社会学界前沿人士的学习与交流，又向世界展示了中国社会学学科建设的成果和社会学相关领域的研究现状，同时还提升了中国人民大学的国际地位，为校内师生提供了一次国际学习交流机会，更有利于我们借鉴国外社会学的先进理论和方法，推动中国社会和谐与科学发展，进一步推进社会学的建设与发展。

92.2009年中国社会学会学术年会在西安召开

2009年7月20日至22日，中国社会学会2009年学术年会在陕西西安举行。本届年会的主题是"中国社会变迁：60年回顾与思考"。中国社会科学院副院长高全立，中国社会学会名誉会长陆学艺和郑杭生、会长李培林，日本社会学会会长井上俊，韩国社会学会会长金文朝和中国台湾社会学会会长张茂桂等600余名代表出席了大会开幕式。

本届年会为期3天，以分论坛的形式进行学术研讨，共设"社会学恢复与重建30年"、"城乡一体化进程中的中国农村社会变迁"、"就业、劳动与社会保障"、"全球危机下的中国社会政策走向"等23个论坛。年会由中国社会学会主办，陕西省社会科学院、陕西师范大学、陕西省社会学会联合承办。此次年会规模宏大，来自全国30多个省、市、自治区、港澳台地区以及日本、韩国的600多名代表参加了会议。共收到论文近800篇，其中评选出一等奖论文10篇，二等奖论文20篇。

93.国务院学位委员会办公室批准北京大学、清华大学等33所高校开展社会工作硕士专业学位教育试点工作

党的十六届六中全会通过的《中共中央关于构建社会主义和谐社会若干重大问题的决定》作出了"建设宏大的社会工作人才队伍"的战略部署，指出要"制定人才培养规划，加快高等院校社会工作人才培养体系建设，抓紧培养大批社会工作急需的各类专门人才"。党的十七大进一步指出要"加快推进以改善民生为重点的社会建设"，并提出要"统筹抓好以高层次人才和高技能人才为重点的各类人才队伍建设"。

2009年7月21日，国务院学位委员会办公室首次批准部分研究生培养单位开展社会工作硕士专业学位教育试点工作。这项硕士专业学位的设立以国务院学位委员会颁布的《专业学位设置审批暂行办法》和国务院学位委员会、教育部颁布的《关于加强和改进

专业学位教育工作的若干意见》为根据。此举旨在落实党中央的战略部署，满足和谐社会建设对高层次社会工作人才的需求，借鉴国际专业学位设置的通行做法，社会工作硕士（Master of Social Work，英文缩写MSW）是国家在2009年新增设的一种专业学位，培养具有"以人为本、助人自助、公平公正"的专业价值观，掌握社会工作的理论和方法，熟悉中国社会政策，具备较强的社会服务策划、执行、督导、评估和研究能力，针对不同人群及领域的社会服务与社会管理的应用型高级专业人才。

在国际上，社会工作其实早已成为一门独立的学科和专业，它同社会学、经济学、心理学、政治学等具有同等的学科地位，并已形成比较成熟和完备的社会工作专业教育体系。美国、英国、日本等发达国家以及印度、巴西等发展中国家，不但招收大量的社会工作本科生，而且都设有社会工作硕士专业学位来培养实务导向的社会工作高层次人才。社会工作硕士专业学位研究生的招生对象，一般为具有一定社会工作实践经验的学士学位获得者。

各国还通过设置社会工作博士（DSW）和社会福利博士（PHD）学位来培养应用取向、应用与学术相结合的研究人才，从而形成由本科生、硕士研究生、博士研究生三个层次组成的学科教育体系。在这三个层次中，本科是基础教育，硕士研究生教育分为两个取向：一是偏重实务取向的社会工作硕士（MSW），另一个是偏重学术取向的哲学（社会工作方向）硕士（M. Phil）；而博士研究生基本上是研究和学术型的。在发达国家，许多重要的大学（如美国的密歇根大学、哥伦比亚大学、加州大学伯克利分校，英国的牛津大学等）都把培养社会工作硕士作为自己教育体系的重要组成部分。根据国务院学位委员会办公室《关于开展社会工作硕士专业学位教育试点工作的通知》（学位办〔2009〕44号）精神，全国首批开展社会工作硕士专业学位教育试点工作的研究生培养单位一共有33所，其中部委属院校18所，地方高校15所。

94.中国社会学会2010年学术年会在哈尔滨市召开

2010年7月24日，由中国社会学会主办，黑龙江省社会科学院、黑龙江省社会学会承办，哈尔滨市社会科学院协办的中国社会学会2010年学术年会在黑龙江省哈尔滨市举行。本届年会的主题为"中国道路与社会发展"，是在中国社会发展进入科学发展新时期和中国社会学发展进入"理论自觉"新阶段之际举行的一次重要会议。

中国社会科学院党组成员、副院长武寅，中国社会主义学院党组书记、第一副院长叶小文，黑龙江省人大常委会副主任符凤春，中国社会学会名誉会长陆学艺、郑杭生，中国社会科学院学部委员景天魁，中国社会学会会长李培林，中国社会学会副会长王思斌、卢汉龙、宋林飞、李友梅、李强、邴正，秘书长谢寿光，黑龙江省社科院党委书记艾书琴等出席大会开幕式。开幕式由黑龙江省社科院院长曲伟主持。来自全国近30个省、市、自治区的800多名代表参加了会议。

在开幕式上，中国社会科学院党组成员、副院长武寅代表中国社会科学院对大会的召开表示热烈的祝贺。黑龙江省社会科学院党委书记艾书琴致欢迎辞，中国社会学会名誉会长陆学艺、郑杭生分别致辞，中国社会学会会长李培林致开幕词。开幕式后，叶小文院长和王思斌教授在大会上作了主题学术演讲。

改革开放30多年来，中国社会学进入了前所未有的迅速发展时期。30多年来，中国经济持续高速增长，社会结构发生了深刻的变化，为中国社会学的发展提供了肥沃的土壤，中国社会学也为中国的协调发展作出了贡献。在这个历史过程中，社会学家们通过敏锐地观察和分析社会现象，提出发展建议。

本届年会为期3天，共设有28个论坛："城乡统筹背景下中国农村社会问题研究"、"消费社会学研究"、"法律社会学与社会治理"、"社会稳定与社会管理机制论坛"、"后奥运时代的中国体育发展之路"、"灾害社会学与风险危机管理"、"第一届中国海洋社会学论坛：海洋开发与社会变迁"、"中国劳动关系与工人研究论坛——中国劳动关系的调节道路与工人保护"、"社会转型与社会治理"、"农村社会发展轨迹、经验与走向：理论探讨与经验研究"、"移民与社会发展——中国特色的移民之路"、"社会工程与社会建设"、"中国农村社会的变迁：地区的个案研究与'中国经验'"、"社会学质性研究的本土经验与理论反思"、"社会创新与社会发展"、"社会建设的理论与实践：本土化的探索"、"社会稳定与危机预警预控管理系统研究"、"东亚社会福利发展与创新"、"社会网暨社会资本研究分论坛——科技创新与传播的社会网络分析"、"社会性别视野下的中国道路与社会发展"、"中国乡村社会建设"、"公民文化、社会治理和都市软实力"、"社会分层与流动研究"、"新生代农民工的城市化机遇和挑战"、"西部社会发展与西部社会学"、"韦伯与当代中国社会转型"、"市场化背景下的家庭变迁"、"社区矫正制度创新与发展"。参加论坛的学者从不同的学术视角回顾和反思改革开放30年中国独特发展道路，全面探讨了未来中国社会发展问题。

此次年会注册代表即有650余人，与会有800余人；收到论文达到833篇；论坛数量首次达到28个，是中国社会学发展史上规模最为宏大，参会人数和论文数最多，专题论坛最为丰富的一次会议。

95.国际人类学与民族学联合会第16届世界大会在昆明举行

2009年7月27日至31日,国际人类学与民族学联合会第16届世界大会在昆明召开,本次会议经国务院批准后,国家民委以中国都市人类学会名义于2003年7月申办成功。有学者说,这是100多年以来,中国人类学民族学学者第一次站在台上,与世界进行面对面的对话和交流。本届大会组织国内和来自世界各国的专家学者在什么是发展、如何发展等诸多具有全球性意义的问题方面提出人类学的见解,发挥民族学、人类学在探索人类社会可持续发展、多样共容、和谐共存进程上应有的学术功能,促进中国人类学民族学研究的发展。

本次大会主题为"人类、发展与文化多样性",来自全球近100个国家和地区的4300多名专家学者参加了会议。大会共组织165场学术专题研讨、22场影视专题会议、23部人类学影片展映和6个展览活动,有5位国际权威专家和14位著名学者在会上分别作了主旨演讲和名家讲座,参会的国内外学者充分展示和交流了各自最新、最前沿的学术研究成果。

鉴于在全球化的背景下,文化多样性和人类发展面临诸多机遇和挑战,参会的全球人类学与民族学学者共同通过并发布了《昆明宣言》。宣言指出,作为人类生活与生态环境互动的卓越成果之一,文化多样性体现着人类独特的创新能力,同时作为群体互动交流的坚实基础和个人幸福感的不尽源泉而存在。参会学者表示将为文化多样性的保护、共同繁荣的实现及和谐世界秩序的构建而努力奋斗。

《昆明宣言》声明,国际社会必须尊重发展中国家、少数民族、弱势群体参与经济发展的平等权利,必须尊重其文化资源、社会尊严及话语权利。社会文化歧视,包括种族歧视和性别歧视,对人类的道德及社会和谐造成严重伤害,被视为人类的公敌并在全世界范围内受到谴责。

《昆明宣言》认为,文化多样性、人类发展与生态可持续性之间紧密相连。不同文化群体的相互尊重与公平博弈是生态平衡、社会和谐及共同繁荣的保障。人类学与民族学学科的道德义务之一,就是通过知识的积累与共识的寻求,确保文化的多样性、生态的可持续性及少数民族和底边社区的合法权益。

大会组委会主任、国家民委主任杨晶在闭幕式上致辞表示:"这次大会是一次内容丰富、特色鲜明、影响广泛的大会。《昆明宣言》的发表,标志着中外学者就国际社会和学界广泛关注的一些重大问题达成了共识,标志着中国学界与国际学界之间的交流与合作迈上了一个新的台阶。"

经联合会理事国会议投票决定,国际人类学与民族学联合会第 17 届大会于 2013 年在英国曼彻斯特举行,主题为:"人类的演进,新兴的世界"。

96. 伦敦政治经济学院举办费孝通诞辰100周年国际学术会议等一系列纪念活动

2010 年是伦敦政治经济学院杰出校友、荣誉院士、著名社会学家、人类学家和社会活动家费孝通(1910—2005)诞辰 100 周年。为此,费孝通的母校——伦敦政治经济学院于 12 月 5 日至 8 日举办了一系列纪念活动。国际学术大会在 12 月 5 日召开,之后举办了一系列相关讲座。整个活动以"理解中国,与中国人沟通"为主题,以历史、区域和国别为跨度的比较方法,结合费孝通的学术贡献,展示变化中的中国的基本风貌并把握其在全球中的位置;以动态的、综合的、多层面的眼光探讨汉族与少数民族、中国人与非中国人交往的模式;在实践费孝通晚年所倡导的"世界范围文化关系的多元一体格局的建立"的"文化自觉"过程中,促进人类之间的相互理解和全球和平。

本次大会向学界、政界、商界和顾问专业人士等各界人士开放。来自海峡两岸以及日本、美国、西班牙、瑞士、比利时、荷兰和英国等国家和地区的 200 多人参加了本次大会。与会者包括著名学者、政治家、外交官、决策者、商业人士以及学生。来自中国的学者有中国社会学会荣誉会长、中国人民大学前副校长郑杭生教授,北京大学社会学系主任、社会学与人类学所所长谢立中教授,中山大学社会学与人类学学院周大鸣教授,台湾世新大学乔健教授,兰州大学西北少数民族研究中心杨文炯教授等 12 位学者参会。大会由伦敦政治经济学院亚洲研究中心、人类学系、中国比较研究网(CCPN)、伦敦商务孔子学院(BCIL)、英国浙江联谊会(ZJUKA)和中山大学社会学与人类学学院联合主办。此次大会得到了中国驻英大使馆的大力支持,还得到了国家汉语国际推广领导小组办公室、清华大学、中山大学社会学与人类学学院等单位的慷慨资助。大会的接待安排由中英教育服务中心承担。

这次纪念活动的意义体现在三个方面:首先,它呼唤国际学术界从田野、方法到理论等方面重新审视费孝通对人类知识的学术贡献;其次,它促进了中国与其他国家和地区的学者,通过对费孝通学术思想的研究,从而加深对中国社会的理解;最后,这次活动是把中国社会科学研究的精神产品推入人类社会科学殿堂的一项积极的尝试。

97. 中国社会学会2011年学术年会在南昌召开

2011 年 7 月 23 日,由中国社会学会主办,江西省社会学会、南昌市社会科学院、南昌市社科联共同承办的中国社会学会 2011 年学术年会在南昌召开。本届年会的主题是"新发展阶段：社会建设与生态文明"。中国社会科学院副院长朱佳木、著名社会学家陆学艺、郑杭生、李培林等，国际社会学会原会长，中国香港及日本、韩国的社会学者和国内各高等院校与研究机构的老中青社会学者约800人出席了年会。中国社会科学院副院长朱佳木，江西省委常委、宣传部长刘上洋出席了开幕式并发表讲话。中国人民大学郑杭生教授、中国社会科学院潘家华研究员分别作了题为"当代中国社会学面临的挑战"、"中国低碳社会的前景"的主题报告。

朱佳木在讲话中指出，本届年会在中国共产党成立90周年和胡锦涛总书记"七一"重要讲话发表之后不久召开，有着重要的意义。年会选择在江西南昌召开，不仅是对于我们党的90华诞的诚挚祝贺，也是对为中国革命付出巨大牺牲、为新中国建设作出不朽贡献的江西人民的崇高敬意。

刘上洋在讲话中代表省委、省政府对年会的顺利召开表示祝贺。他说，在全国社会学不断发展、走向繁荣的大背景下，江西的社会学从无到有，从小到大，也取得了长足进步，得到了中国社会学会和全国社会学界专家学者的深切关怀和大力支持。希望中国社会学会和全国社会学界对江西的社会学继续给予关心和支持，帮助江西社会学取得更大更好的发展。江西的社会学教学研究人员、社会工作者，要珍惜这次难得的学习机会，并且在今后利用多种途径，创造更多机会，请进来、走出去，向全国社会学同仁虚心学习，博采众长，争取江西社会学的进一步繁荣和发展。

本届年会为期3天，主题为"新发展阶段：社会建设与生态文明"，除安排大会学术报告外，本次年会设立了33个分论坛。分论坛主题涵盖了生态文明与社会变迁、社会建设与社会管理、社会稳定与社会政策、社会结构与社会分层等社会发展的诸多领域，涉及了诸如城市社会学、消费社会学、女性社会学、情感社会学、体育社会学、工程社会学、海洋社会学、西部社会学等社会学的研究内容。与会学者围绕各自关心的分论坛主题展开了热烈研讨，并从不同的学术视角探讨了未来中国社会发展问题。年会还选举产生了中国社会学会第八届理事会，并增设了学会学术委员会，宋林飞被选为新一届学会会长，李强被选为学术委员会委员。

本次年会共收到论文720余篇，评出优秀论文一等奖10名，二等奖19名；评出优秀论坛组织奖7个，即"城市化加速期的社会建设"、"民众维权表达与社会稳定研究"、"中国适度普惠福利社会与国际经验研究"、"当代中国社会分层与流动研究"、"社会建设的理论与实践：社会管理体制的改革与创新"、"西部社会学：中国道路与西部模式"、"全球化时代中国经济社会结构变迁"。

98.中国社会科学论坛（2011社会学）暨金砖国家社会结构比较研究国际研讨会在北京举行

2011年10月8日至9日，由中国社会科学院主办，中国社会科学院社会学研究所承办的中国社会科学论坛（2011社会学）暨金砖国家社会结构比较研究国际研讨会在京举行。中国社会科学院党组成员、副院长李扬出席并致辞。

出席会议并致辞的还有中国社会科学院社会学研究所所长李培林、俄罗斯科学院社会学研究所副所长科济列娃、巴西里约热内卢联邦大学教授塞利、印度斋浦尔国立大学副校长莎玛。

会上，来自"金砖四国"科研机构和高校的专家学者共计70余人围绕"中产阶级与消费"、"教育不平等与收入不平等"、"社会阶层与社会转型"、"社会分层与变迁"等议题展开了广泛而坦率的探讨，并对四国学者联合出版的《金砖国家社会分层：变迁与比较》专著进行了客观评价。

99.北京大学社会学系举办社会学系重建30周年纪念大会

2012年4月7日，北京大学社会学系举办社会学系重建30周年纪念大会。北京大学副校长刘伟，中国社会学会名誉会长陆学艺，中国社会学会会长宋林飞，中国社会学会前任会长李培林，北京大学秘书长、发展规划部部长杨开忠，校长助理、社会科学部部长、社会科学调查中心主任李强，校长助理、党委办公室校长办公室主任马化祥等领导和嘉宾出席纪念大会。国内19所兄弟院校代表，北京大学相关职能部门、院系负责人，社会学系教师和学生代表，社会学系系友代表共400余人参加大会。大会由北京大学社会学系党委书记查晶主持。

北京大学党委书记朱善璐发来贺信。北京大学副校长刘伟发表致辞。社会学系主任谢立中向大会致辞。

中国社会学会名誉会长陆学艺、中国人民大学社会学系主任助理陆益龙代表中国社会学会名誉会长郑杭生、中国社会学会会长宋林飞代表社会学会、南京大学社会学院院长周晓虹代表兄弟院校、北京大学社会学系教授王思斌代表全系教师、当当网总裁李国庆代表全体系友、2008级本科生薛狄枫代表在校学生分别致辞。现场还举行了系友捐赠仪式并进行了系友贡献奖颁奖。

下午，社会学系30周年系庆暨社会学学科建设研讨会、全国社会工作硕士专业学位教育指导委员会会议、"余天休社会学优秀博士论文奖"启动仪式、社会学系系友会第一届理事会第二次全体会议以及系友与在校生足球友谊赛等会议和活动分别举行。

北京大学社会学系重建于 1982 年，经过近 30 年的建设，已经发展成为一个涵盖社会学、人类学、人口学三个二级学科，社会学、社会工作、人口学、人类学四个专业设置，本科生、硕士研究生、博士研究生和博士后四个人才培养层次的相对完整的社会学一级学科教学与科研体系。

100.中国社会学会2012年学术年会在银川召开

2012 年 7 月 13 日至 15 日，由中国社会学会主办，宁夏社会科学院承办，宁夏大学、北方民族大学协办的中国社会学会 2012 年学术年会在银川市隆重举行。来自全国 31 个省、自治区、直辖市和香港特别行政区，美国、日本、韩国、波兰等国家的近千名代表参会。中国社会科学院常务副院长、学部主席团主席王伟光以及宁夏回族自治区副主席屈冬玉出席大会开幕式并作了重要讲话。

宁夏社会科学院院长张进海致欢迎辞，中国社会学会会长宋林飞致开幕词，中国社会学会名誉会长陆学艺、郑杭生，韩国社会学会会长李胤贞分别致辞。开幕式后，中国社会学会副会长、中山大学社会学与人类学学院院长蔡禾，中国社会学会副会长、上海市人民政府参事、上海市社会科学院研究员卢汉龙分别结合广东省和上海市创新社会管理的案例作了大会主题学术演讲。

大会以"社会管理创新：理论与时间"为主题，设立了"社会管理理论创新与政策设计"、"西部民族地区社会建设理论创新与政策设计"、"社会安全预警预控与社会管理创新"、"社区建设与基层社会管理创新"等 37 个分论坛，共收到论文 1100 余篇。本届年会的参会人数、提交论文数、分论坛的设置规模都超过了往届。大会评选出 30 篇获奖论文，其中一等奖 10 篇、二等奖 20 篇，还评选出了 8 个优秀论坛。

101.南开大学社会学学科举行建立30周年庆祝大会

2012 年 10 月 6 日，来自全国各地的南开社会学系校友及在校师生近 300 人欢聚一堂，隆重庆祝南开大学社会学学科 30 周年华诞。

南开大学校长龚克、副校长朱光磊出席庆祝活动，社会学系建系时老教授和系领导苏驼、杨心恒、刘珺珺、曹静、唐德增在主席台前排就座。龚克代表学校向南开社会学学科建立 30 周年表示祝贺。他指出，在中国社会快速发展的今天，社会学研究面临着前所未有的好机遇，南开人应该抓住这个机遇，为加强和创新国家的社会管理作出贡献。朱光磊回顾了过去30年社会学系的发展，他深情地说，南开社会学系培养了二千多名优秀人才，他们从南开毕业，走向全国，走向世界，用辛勤劳动和创造向世人展示了南开风貌，弘扬了南开"公能"精神，他们的成就为南开大学和南开社会学争得了荣誉与尊敬，也进一步证明了南开社会学是一流的社会学学科。

庆祝大会上，南开社会学系第一任主任苏驼寄语广大学子，要读好社会学和社会的大书，发扬不怕困难、执着追求的"傻子精神"。杨心恒希望南开社会学人能够继承费孝通先生提出的"文化自觉"精神，勇于说实话，将我们的学术研究融入世界。刘珺珺在讲话中感谢南开社会学的老师和同学们提供的学术平台，表示虽然她年事已高，但依然关心社会、关心南开发展。

周恩来政府管理学院院长吴志成代表学院向与会来宾表示欢迎，他说，南开社会学系成立至今，涌现出许多具有影响力的学者，这是南开几代人团结奋斗的结果，凝结着老师们的智慧和心血。而立之年的南开社会学，站在了一个新起点，应始终保持强烈的使命感，提升学科优势，让社会学学科"薪火相传"。

随后，多位代表不同年级的校友致辞，追忆南开精神，盛赞在南开社会学系的学习为自己未来事业的长足发展打下了坚实根基，表达了对南开社会学系老师们的感激与祝福之情，并对师弟师妹提出了殷切的希望。

1981年，全国第一个社会学专业班在南开举办，1982年社会学系成立，2003年社会工作专业、社会心理学专业分别发展成为社会工作与社会政策系、社会心理学系。目前南开大学社会学一级学科包括了3个博士点、4个学术型硕士点、2个应用型硕士专业学位点，以及3个本科生专业。

102.《社会学评论》创刊

《社会学评论》于2013年2月创刊，第一任主编为我国著名社会学家郑杭生教授。2013年3月23日，由中国人民大学主办的《社会学评论》在京首发。中国人民大学校长陈雨露、常务副校长冯惠玲、中国社会学会名誉会长郑杭生、中国社会学会常务副会长李培林、《新华文摘》总编辑喻阳以及教育部社科司、新闻出版总署新闻报刊司等有关部门负责人出席首发式暨提高办刊质量座谈会。《社会学评论》由教育部主管，中国人民大学主办。

陈雨露校长在致辞中指出，《社会学评论》的成功创办，为中国人民大学社会学学科的发展提供了更加有力的保障，为社会学学科的队伍建设、科学研究、人才培养和国际学术交流注入了新的活力,也为推动中国社会学学科的进一步发展提供了新的支点。他表示,学校将不断加大对社会学学科的支持力度,希望《社会学评论》能够坚守学术本位,不断提高办刊质量,努力创办一本在国内外具有广泛影响力的一流学术期刊,为中国现代社会新秩序的构筑作出应有的贡献。

郑杭生教授表示,编辑部将始终坚持正确的办刊方向,积极学习优秀学术杂志的办刊机制。《社会学评论》的办刊宗旨是:秉承"崇尚学术,追求真理,理论自觉,建设反思"的信念,刊发高质量、前沿性的社会学研究优秀成果,提供权威的社会学教学和研究的学术交流平台,构建青年社会学者施展才能、更好成长的学术舞台,促进社会学不同学派的学术争鸣,为推动社会学理论、方法和历史诸领域研究的繁荣和发展、推进世界眼光和中国风格兼具的社会学而努力。《社会学评论》创刊体现了学术期刊与一流学科相结合的新的发展模式,对社会学的学科建设、学术交流产生了重要影响。《中国社会科学》、《社会学研究》、《社会》等期刊负责人,北京大学、清华大学、北京师范大学等科研机构和院校代表就提高《社会学评论》办刊质量展开研讨。《社会学评论》北京地区编委会成员、各学术期刊代表、北京地区基地单位及合作单位、中国人民大学有关职能部门负责人参加首发式。

103.著名社会学家陆学艺逝世

著名社会学家、农村问题专家、中国共产党优秀党员、中国社会科学院荣誉学部委员、中国社会科学院社会学研究所原所长、北京工业大学人文社会科学学院院长、中国社会学会名誉会长、研究员、博士生导师陆学艺因突发心脏病于2013年5月13日9时8分在北京逝世,享年80岁。

陆学艺1933年8月出生,江苏无锡人。1962年毕业于北京大学哲学系,同年被中国科学院哲学社会科学学部哲学研究所录取为研究生,毕业后留所工作,任助理研究员、副研究员。1978年后,长期从事农村、农民、农业问题和社会学研究。1983年至1986年,由中国社会科学院派往山东省陵县蹲点调查研究,兼任县委副书记。1985年至1987年任中国社会科学院农村发展研究所副所长;1987年调任中国社会科学院社会学研究所副所长,1988年至1998年任社会学研究所所长、党委书记,所学术委员会主任;1990年,当选为中国社会学会副会长。1993年、1998年,先后当选为第八、第九届全国人大代表。1994年、2004年,当选为中国农村社会学研究会理事长。1995年,被评选为全国先进工作者。1996年、2000年,当选为中国社会学会会长。1998年至2005年,任中国社会科学院学术委员会委员。2000年,任北京工业大学人文社会科学学院院长,在该校创建社会学学科。2006年，当选为中国社会科学院荣誉学部委员。2009年创立陆学艺社会学发展基金会。

陆学艺先生是著名的"三农问题"专家。20世纪80年代初，他提出"包产到户"和"包干到户"适应中国农业生产力水平，符合农民的生产和生活要求，值得推行，由此建议中央推进以两者为主的农村联产承包责任制改革。80年代中期，他指出，由于忽视了对农业基础设施的投入，中国农业将陷入徘徊状态，引发中央决策者的高度重视。与此同时，他认为，农村联产承包责任制改革只是释放了农业生产积极性，并没有触及农业产品流通体制，由此提出推进农村第二步改革的设想：转向农业流通领域体制改革以及县域综合体制改革。20世纪90年代，他认为中国"三农问题"的症结不在农村内部，而在农村之外，在于"一国两策"的城乡二元体制。因此，解决的办法在于破除城乡二元结构的"反弹琵琶"。在他看来，城乡统筹和城乡一体化才是当前和今后中国发展的方向和目标。其学术思想在实践和理论层面对中国农村改革产生了深远的影响。此外，他还主编《当代中国社会阶层研究报告》、《社会蓝皮书：中国社会形势分析与预测》，主持"百县市国情调研"、"十一届三中全会以来中国农村社会变迁研究"、"当代中国社会结构变迁研究"、"中国百村经济社会调查"等重大课题。他于2001年提出的十大社会阶层理论，在社会上引起巨大反响，成为中国社会学界最有影响的社会分层研究之一。他的主要著作有：《农业发展的黄金时代》、《当代中国农村与当代中国农民》、《三农论》、《三农新论》、《当代中国社会阶层研究报告》、《当代中国社会流动》、《当代中国社会结构》、《当代中国社会建设》、《社会建设论》等。

除了自身的学术研究之外，他还积极为中国社会学的发展鼓与呼。2008年，他联合国内知名专家学者，联名上书中央领导，建议加快社会学学科发展和社会学人才队伍建设，以适应中国社会建设之时代需要。信中指出，社会学学科发展和建设远远落后于经济学，正如社会建设落后于经济建设，当前社会建设正需要大力重视社会学学科建设，为了适应社会建设的需要，国家急切需要从政策上促进社会学发展，建议在中国社会科学院设立更多的社会学相关研究所，还建议在大学中设立更多的社会学相关学科的博士点和硕士点。胡锦涛总书记批示："专家们来信提出的问题，须深入研究。要从人才培养入手，逐步扩大社会学研究队伍，推动社会学发展，为构建社会主义和谐社会服务。"这是党和国家最高领导人第一次专门对社会学发展给予指示。

2013年5月19日上午，陆学艺遗体告别仪式在北京八宝山革命公墓东礼堂举行。党和国家领导人王岐山、刘延东、马凯，原国家领导人回良玉、李铁映、华建敏、陈奎元等送花圈吊唁。中国社会科学院院长、党组书记王伟光，副院长、党组副书记赵胜轩，副院长、党组成员高全立、李捷，中纪委驻院纪检组原组长、原院党组成员李秋芳，院秘书长、党组成员黄浩涛参加仪式。中国社会科学院党组、中国社会科学院、中央政策研究室、中央党校、农业部、中央编译局、中国社会学会及相关高校等150多个单位先后送来花圈和挽联，并派代表参加遗体告别仪式。社会各界人士近500人前来送别。

104.中国社会学会2013年学术年会在贵阳举行

2013年7月20日，中国社会学会2013年学术年会在贵阳召开。本届年会的主题是"美丽中国：城镇化与社会发展"。中国社会科学院副院长、党组成员李培林，贵州省人民政府副省长何力等出席了大会开幕式并致辞。

开幕式由贵州省社会科学院党委书记金安江主持，贵州省社会科学院院长吴大华致欢迎辞，中国社会学会会长宋林飞致开幕词。开幕式上，中国社会学会名誉会长郑杭生和韩国社会学会会长郑镇星分别发言。开幕式后，中国社会学会学术委员会主任、清华大学社会科学学院院长李强教授，中国社会学会副会长、北京大学社会学系主任谢立中教授分别以"社会学研究与我国城镇化建设"和"我国当前的收入分配问题"为题作主题演讲。中国社会学会副会长卢汉龙、蔡禾、潘允康、刘敏、李友梅、李路路、邴正、沈原、谢立中，学术委员会副主任王思斌，秘书长谢寿光，贵州省社会学学会会长李建军等出席了开幕式。

本届年会共设立41个学术论坛，包括"从美丽山地到美丽中国——山区社会与文化发展研究"、"性别发展与美丽中国建设"、"中国梦与中国西部社会发展"、"中国梦：生活方式视角"、"城镇化中的美好乡村建设"等主题，涉及领域广泛，内容丰富，具有重要的现实意义和学术意义。与会的社会学者从多种视角，对建设美丽中国、加快城镇化进程、科学促进社会发展的诸多方面展开了深入研讨。

本届年会由中国社会学会主办，贵州省社会科学院、贵州省社会学会承办，贵州大学、贵州民族大学、贵州师范大学、贵州财经大学、贵州师范学院、安顺学院、贵阳学院等协办。来自全国31个省、市、自治区，以及香港特别行政区的1250人提交了论文，1100名代表参加了会议。在参会代表、提交论文、论坛设置等数量方面都是历届年会中规模最大的一次。

105.南京大学社会学院举行成立五周年庆典暨首届中国女社会学家论坛

2013年10月26日上午，南京大学社会学系重建二十五周年、社会学院成立五周年庆典暨首届"中国女社会学家论坛"开幕式在南京大学仙林校区社会学院孙本文—潘菽讲演厅举行。南京大学副校长杨忠教授、布朗大学原副校长Matthew Gutmann教授、中国社会学名誉会长郑杭生教授、兄弟院校社会学院系领导、出席论坛的近20位女社会学家以及南京大学社会学院的师生代表出席开幕式。开幕式由社会学院党委书记徐愫副教授主持。

杨忠副校长致欢迎辞，社会学院院长周晓虹教授向来宾介绍了近年来南京大学社会学院发展状况以及取得的成绩。中国社会学会名誉会长、中国人民大学一级教授郑杭生致辞。布朗大学原副校长，著名人类学家Matthew Gutmann作为海外高校代表致辞。

随后，兄弟社会学院系代表、首届中国女社会学家论坛代表、社会学院教师、兼职教师代表、优秀毕业生代表等一一致辞，表达了他们对社会学院的美好祝愿。简单而隆重的庆典仪式后，首届中国女社会学家论坛开幕。在为期一天半的时间里，国内知名社会学家李银河、郭于华、张静、彭华民、徐安琪、李春玲、周怡、陈映芳等学者分别围绕社会分层、社会信任、城乡差异、家庭结构与功能、性别与性话语体系以及代际关系等方面作报告。

106.《社会发展研究》创刊

经国家新闻出版广电总局批准，由中国社会科学院社会发展研究院主办的《社会发展研究》（*Journal of Social Development*）于2014年创刊并正式发行。

《社会发展研究》是以社会学学科为主，兼具跨学科研究特点的专业学术期刊。办刊宗旨是：以马列主义、毛泽东思想、邓小平理论和"三个代表"重要思想为指导，坚持科学发展观；坚持正确的办刊方向，从社会学视野深入探讨当前中国社会经济改革和发展中的重大问题，以当前中国社会发展之重大问题研究为重点，以社会发展的理论、方法、调查、政策研究以及国际比较研究为主题，努力建设成为科学研究与战略对策相对接的学术平台；全面反映中国社会综合发展的研究成果，为从事社会发展基础和战略对策研究的从业人员提供学术交流平台。

107.中国社会学会2014年学术年会在武汉举行

由中国社会学会主办，湖北省社会科学院、湖北省社会学会、武汉大学、华中科技大学、华中师范大学、华中农业大学、中南财经政法大学、中南民族大学、武汉市社会科学院等单位联合承办，武汉大学社会学系协办的中国社会学会2014年学术年会7月11日至12日在武汉大学隆重召开。

中国社会学会会长李强在开幕词中指出，中国社会学已经进入蓬勃发展时期，如果说中国改革的前三十多年是经济学发展的黄金期，那么，未来的几十年将是中国社会学学科发展的黄金期。社会学的发展对于推进中国社会建设、构建和谐社会，推进中国的社会事业改革和中国的社会体制改革将起到积极的作用。

本次论坛的主题"全面深化改革与社会治理现代化"突出了"社会治理"的思想。中国社会建设论题，从"社会管理"到"社会治理"的重大变化，既体现了理论上的重大进步，也对于社会学学科发展有重大意义。"社会治理"体现了一种新的思路，体现了用多方参与的形式，尽可能动员多方的力量，来处理新形势下新问题的新思路，在推进社会建设、社会体制改革方面，社会治理更具有创新的意义。

尹汉宁介绍了湖北省在全面深化改革和推进社会治理现代化建设方面的努力和成效，指出党的十八届三中全会提出社会治理体制创新，为社会学进一步着眼于解决社会进步当中的问题创造了重要前提和条件。社会学界应该更加关注不同社会群体之间的沟通，消除隔膜，完善伦理秩序，寻求最大社会发展动力。

当日，国务院发展研究中心社会发展研究部研究员葛延风、华中科技大学社会学系教授雷洪、南开大学社会学系教授关信平、复旦大学社会学系教授刘欣、武汉大学社会学系教授林曾等五位学者分别作了题为"立足制度建设，创新社会治理体制"、"转型时期的制度困境——'黑人口'现象的启示"、"当前我国社会政策面临的挑战、机遇和走向分析"、"中国公众的收入公平感：一种新制度主义的解释"、"美国高等教育发达原因的社会学分析"的主题演讲。

与历届年会主要由地方社会科学院牵头承办不同，本届年会首次在高校举办。与会专家表示，这将有利于充分调动高校社会学人参与的积极性，更好地架设起高校与社科院系统的合作桥梁。

本届学术年会为期两天，收到学术论文 1400 余篇，共设立"教育中的社会问题研究"、"改革深化期的城市管理"、"中国乡村基层社会治理研究"等 53 个分论坛，是历届年会中规模最大的一次。

本届年会前，选举产生了中国社会学会第九届理事会，清华大学教授李强当选新一届会长。

108.第18届世界社会学大会在日本横滨召开

2014 年 7 月 13 日至 19 日，第 18 届世界社会学大会在日本横滨召开。在大会期间，中国社会学会、中国社会科学院社会学研究所、日本社会学会和日中社会学会于 7 月 15 日共同主办了"中国日——中国改革与社会转型"论坛。本次论坛分为"中国的改革与社会治理"、"社会转型与结构变迁"和"社会转型与社会流动"三个专题。13 位中国社会学界的知名学者受邀在论坛上宣讲论文,来自世界各地的150多名社会学者参与论坛讨论。

"建设一门全球化的社会学,需要来自不同地区的声音参与其中,中国社会学的声音不能忽视",世界社会学协会(ISA)会长布络维在致辞中表示。"世界社会学大会在横滨召开,意味着东亚社会学作为一股崛起的新兴力量,越来越受到世界社会学的关注。在全球化时代的东亚社会学中,中国社会学将扮演重要的角色",日本成城大学教授矢泽修次郎说道。

作为会议主办方的中国社会学会、中国社会科学院社会学研究所与日本社会学会、日中社会学会,长期以来保持着密切的学术交流。此次"中国日"论坛,正是由中国社会科学院副院长李培林与日本社会学会前任会长矢泽修次郎于2013年提议发起。论坛发起的初衷,就是以世界社会学大会的召开为契机,扩大中国学者在世界社会学界的影响力。专家表示,举办此次论坛对于中国学者向世界社会学界发声,实现中国哲学社会科学"走出去"具有重要意义。

109.中国大陆第一家英文社会学学术期刊 The Journal of Chinese Sociology (《中国社会学杂志》)创刊

The Journal of Chinese Sociology 创刊于2014年,由中国社会科学院社会学研究所主办,由《社会学研究》编辑部和全球第一大科技图书出版公司施普林格(Springer)出版集团合作推出,是中国大陆第一家英文社会学学术期刊。杂志致力于促进中国社会学学科的发展并推动世界各国对中国社会的社会学研究。通过提供高质量的学术产品和服务,杂志旨在为中国社会学者及其国外同行的学术交流和合作打造一个国际一流的学术平台。The Journal of Chinese Sociology 实施双向匿名同行评议制度,欢迎来自社会学各个领域及采用社会学视角的人类学、经济学、法学、政治学、历史学、心理学等各学科的高质量研究。

110.著名社会学家郑杭生逝世

著名社会学家、教育家,中国共产党优秀党员,中国人民大学原副校长、一级教授、校学位评定委员会委员、教育部人文社会科学重点研究基地中国人民大学社会学理论与方法研究中心主任郑杭生教授,因病医治无效,于2014年11月9日21时在北京逝世,享年79岁。

郑杭生教授是中国人民大学社会学研究所创所所长、社会学系创系主任,《社会学评论》杂志和《社会建设》杂志的创刊人。他长期担任中国社会学会、国务院学位委员会政治学社会学学科评议组、国家哲学社会科学基金社会学学科规划和评审组、教育部社会学学科教学指导委员会等全国性学术机构的负责人,为凝聚社会学界力量、提升社会学学科地位、促进社会学学科繁荣发展、推动社会学学科在中国社会治理和社会建设中的应用等方面作出了重要贡献。

郑杭生教授率领学术团队立足中国实践,提出和发展了社会运行论、社会转型论、学科本土论、社会互构论和实践结构论等社会学理论。他还率领学术团队在中国城市及农村各地开展实地调查研究,形成了"中国特色和谐社区系列实地调查研究报告"和"当代中国城市社会发展实地调查研究系列丛书"等实证研究系列成果。自2002年以来,连续12年主持编写《中国人民大学中国社会发展研究报告》。此外,郑杭生教授主编的《社会学概论新编》、《社会学概论新修》、《民族社会学概论》、《中国社会学史新编》、《中国社会思想史新编》等教材,曾多次获得国家级优秀教材奖励和称号,对社会学学科知识体系的完善和传播发挥了重要作用。他创办的北京郑杭生社会发展基金会,从2012年开始实施学子项目和学者项目,为社会学青年人才的培养发挥了重要作用。

111.中国社会学会政治社会学专业委员会成立大会暨社会转型与社会治理学术研讨会在复旦大学举行

由复旦大学社会学系主办的中国社会学会政治社会学专业委员会成立大会暨社会转型与社会治理学术研讨会,于2015年4月25日至26日在复旦大学光华楼隆重举行。中国社会科学院副院长李培林、复旦大学党委副书记刘承功、中国社会学会秘书长谢寿光、复旦大学社会发展与公共政策学院院长梁鸿等出席了开幕式并讲话。此次会议也是纪念复旦大学社会学系成立90周年的一个学术活动,清华大学社会学系主任沈原代表兄弟单位在开幕式上致贺词。来自国内外50多家高校和科研机构的专家学者百余人,复旦大学有关部门的领导、社会发展与公共政策学院和兄弟院系的师生、校友代表300余人,出席了大会。复旦大学社会学系主任刘欣主持了开幕式。

开幕式上,中国社会学会秘书长谢寿光代表中国社会学会宣布了中国社会学会政治社会学专业委员会正式成立,经专业委员会理事会推举,由刘欣担任首届理事长。李培林、刘承功、沈原等与会嘉宾,对复旦大学社会学学科在人才培养、科学研究、社会服务等方面所取得的辉煌成就给予了高度的评价。他们认为,复旦大学的社会学学科,对中国社会学事业的发展作出了重要的贡献,为国家和社会发展提供了重要支撑。在社会分层、社区研究、人口与城市发展、文化与制度变迁等领域里,取得了在学界有重要影响的成果。复旦大学社会学学科已成为在海内外享有较高知名度的学术研究和人才培养的一个重要中心。

在大会的主题报告环节，四位学者以经济新常态为背景，探讨中国社会转型与社会治理的有关议题。李培林、宋林飞（江苏省政府参事室主任、南京大学社会学院教授）、张静（北京大学社会学系教授）、刘欣，分别以"社会发展的新成长阶段"、"小康社会理论的创新与发展"、"治理困局：个体与公共的组织化关联"、"阶层与政治社会学研究"为题作了报告。北京大学社会学系主任谢立中教授、中山大学社会学与人类学学院副院长王宁教授对主题报告进行了评议。复旦大学人口与发展政策研究中心主任彭希哲教授主持了大会主题报告。

除主题报告，大会设立了12个专题论坛，分别探讨了"社会学理论与国家建设"、"社会学理论与社会治理"、"社会治理模式"、"社会不平等"、"人口与城镇化"、"城市空间与基层治理"、"社会心理、网络民意与社会治理"、"社会资本与社会治理"、"社会组织与公共参与"、"民族志与社会治理"、"社会福利与社会政策"、"社会工作与社会保障"等方面的问题。60余位学者在专题论坛上宣讲了论文，20余位学者评议了发言。

与会者认为，改革开放以来，中国社会经历了深刻的变化，各类新型社会组织层出不穷，社会结构和阶层关系变得更加复杂。中国民众的社会生活也发生了重大转变，人们的生活方式、家庭结构、养育模式、价值观念、工作和职业获得模式等都呈现出新的特征。在社会转型过程中，民众的利益诉求日趋多元，政治参与和集体行动有了新的特点，给社会治理提出新的挑战。面对这些变化，国家建设和社会治理，都要通过制度创新，探索吸纳不同社会力量、化解社会矛盾和潜在社会冲突的机制，使利益分配与社会领域的发育协调起来，从而使社会更加和谐。这些研讨，从理论上加深了对中国现实的认识，对基于中国社会转型的经验创新社会学理论具有重要的学术价值，对改善社会治理也具有重要的政策咨询意义。

政治社会学是当代社会学的重要分支，中国社会学会政治社会学专业委员会的成立，为海内外学界，搭建了又一个很好的学术交流的平台。此次盛会，既是社会学学术共同体建设的推进，也是对复旦大学社会学系学科建设90周年的纪念。

112.《社会》英文刊 *Chinese Journal of Sociology* 创刊首发仪式成功举办

2015年6月5日，上海大学《社会》英文刊（*Chinese Journal of Sociology*，简称CJS）首发仪式在上海大学乐乎新楼隆重举行。

《社会》杂志进入教育部名刊工程和获得国家社科基金资助以来，按照既定目标，扎实前行。作为一本高品质的专业性品牌期刊，《社会》一直以率先实现中国大陆社科类期刊的国际化为目标，积极为中国社会学成果的国际交流搭建平台。2015年3月，CJS创刊号正式问世,面向全球发行,在推进中国大陆社科类专业期刊的国际化建设方面迈出了坚实的一步。

CJS 采用上海大学主办、美国 SAGE 出版公司出版发行的合作办刊模式。刊物以社会学的中国研究为主,注重理论研究、定量研究与质性研究之间的平衡,以"搭建中国社会学界与国际同行学术对话的平台、参与构建世界层面社会学学科发展"为办刊宗旨。CJS 为季刊,每年的 3 月、6 月、9 月、12 月出版,全程执行同行双向匿名评审制度。上海大学李友梅教授担任 CJS 编委会主任,美国国家科学院院士、密歇根大学终身教授谢宇担任 CJS 海外主编。

首发仪式由上海大学期刊社社长秦钠主持。国家新闻出版广电总局新闻报刊司期刊处处长董毅敏、教育部社科司出版管理处处长田敬诚、上海市新闻出版局局长徐炯、上海大学党委副书记副校长徐旭、全国高校文科学报研究会理事长蒋重跃、上海市期刊协会会长陈和出席 CJS 首发仪式并分别致辞。中国期刊协会会长石峰就"期刊发展的新常态、新作为"作主题发言。

SAGE 出版公司亚太区编辑总监 Daniel Huke 和 CJS 副主编孙秀林教授也出席了首发仪式。Daniel Huke 先生介绍了 SAGE 出版公司的发展历程、出版现状,对 CJS 的未来发展寄予厚望;孙秀林教授回顾了 CJS 从最初寻求国际合作到最终与 SAGE 签约的长达三年的探索历程,激情洋溢地阐述了 CJS 在根植中国本土、对话国际学术方面所要承担的责任,对刊物的未来发展充满信心。

113.中国社会学会2015年学术年会在湖南长沙举行

由中国社会学会主办,中南大学承办,长沙民政职业技术学院、湖南女子学院等单位协办的中国社会学会 2015 年学术年会于 7 月 11 日至 12 日在湖南省长沙市中南大学新校区的中南讲堂隆重召开。本次年会的主题是"经济新常态下的社会改革与社会治理"。

本次年会的主题具有重大的理论及现实意义,将为经济新常态下中国社会改革与治理、城镇化进程、科学促进社会发展等问题建言献策,同时也将助力绿色潇湘、两型社会的提质性发展。

中国社会科学院副院长、党组成员、学部委员李培林,湖南省委常委、宣传部部长许又声,中国工程院院士、中南大学校长张尧学等领导出席开幕式并致辞,开幕式由中南大学党委副书记高山主持。

李培林首先代表中国社会科学院对这次盛会的召开表示热烈的祝贺。他在致辞中指出,2015 年既是全面深化改革的关键一年,也是全面依法治国的开局之年,还是

"十二五"规划的收官之年和"十三五"规划的谋划之年,本次学术年会以"经济新常态下的社会改革与社会治理"为主题,意义重大。经济新常态下面临着诸多新挑战,但也同样孕育着一些必须把握的新机遇。

湖南省委常委、宣传部部长许又声代表中共湖南省委、省政府向大会的召开表示热烈祝贺。中国工程院院士、中南大学校长张尧学致欢迎辞。中国社会学会会长李强致开幕词。韩国社会学会会长金武庆、日本社会学会代表西原和久也分别致辞。

开幕式后,北京师范大学教授李实、清华大学教授景军、南京大学教授吴愈晓等三位专家分别作了题为"如何看待我国当前的收入分配问题"、"人类健康的社会文化构成"、"近年来社会分层研究的进展和未来的研究议题"的主题演讲。

本届年会会期两天,与会学者围绕会议主题"经济新常态下的社会改革与社会治理"展开广泛而充分的探讨。

除大会主题学术演讲外,年会还设立了"青年博士论坛"、"社会建设的理论与实践:社会体制改革与小康社会建设"、"人口流动与城市治理"、"城乡社区治理论坛"、"社会资本与基层社会治理"、"文化社会学:中国传统文化观念的当代价值"、"发展社会学论坛:新时期中国的城乡发展与基层社会治理"、"城镇化与城乡统筹"等59个分论坛。本届年会共收到论文1580余篇,来自全国各相关机构的学者近1600人参加本次年会。

本届年会在参会代表、提交论文、论坛设置数量等方面将是历届年会中规模最大的一次。在7月12日的闭幕式上,举行了北京市陆学艺社会学发展基金会第四届"社会学优秀成果奖"颁奖活动和"中国社会学年度好书推荐·2015"入选名单发布活动。

114.地方社会学会成立

1979年9月19日,上海市社会学会成立,系中国成立的首个省级社会学会,曹漫之当选为首届会长。

1980年6月10日至12日,黑龙江省暨哈尔滨市社会学会成立,孙镁耀当选为理事长。

1980年11月4日至17日,湖北省社会学会在武昌召开成立大会暨第一次学术讨论会。会上讨论并通过了湖北省社会学会章程,选举了第一届理事会,选举刘绪贻教授为理事长,推举杨开道教授为名誉理事长。会上还决定成立了学会社会学研究所。此次会议的召开,标志着社会学在湖北的正式建立。

1981年3月23日,天津市社会学会成立,王左当选为理事长。

1981年8月18日,北京市社会学会成立,雷洁琼当选为会长。

1981年2月,吉林省成立社会学研究会,丁克全当选为会长。1982年5月7日,吉林省社会学会正式成立。

1982年6月7日至9日，江苏省社会学会在南京成立，吴桢当选为会长。

1983年4月6日，四川省社会学会成立，胡晓风当选为理事长。

1983年4月，安徽省社会学会成立，程毅川当选为会长。

1983年5月13日至14日，重庆市社会学会成立，陶维全当选为会长。

1983年底，武汉市社会学会成立。

1984年6月5日至7日，陕西省伦理学、社会学研究会成立。

1984年9月16日至20日，甘肃省社会学会在兰州成立，伏耀祖当选为会长。

1984年10月，云南省社会学会在昆明成立，并举行首次学术报告会，孙志能当选为会长。

1984年11月27日，内蒙古自治区社会学会成立大会暨首届年会在呼和浩特举行，12月5日正式成立，斯平当选为会长。

1985年5月8日至9日，贵州省社会学会成立大会暨学术交流会在贵阳举行，王瑞迎当选为会长。

1985年5月9日至11日，山东省社会学会成立大会暨首次学术讨论会在济南召开，徐经泽当选为会长。

1985年6月9日，深圳特区社会学研究会成立，会长罗妙；1988年初改称深圳特区社会学会，会长彭建。

1985年11月8日，福州市社会学会成立。

1985年12月9日，广东省社会学会在广州成立，何肇发当选为会长。

1986年1月20日，辽宁省社会学会成立大会暨全国社会学研究成果信息交流会在沈阳召开，王纯山当选为会长。

1986年5月13日至14日，福建省社会学学术报告会暨学会成立大会在福建省社会科学院举行，何启拔当选为会长。

1986年7月7日，湖南省社会学会成立大会暨第一次社会学理论讨论会在常德市召开，王少哲当选为会长。

1986年8月，新疆维吾尔自治区社会学会成立，何炳济当选为会长。

1986年12月24日，浙江省社会学会在杭州成立，马寿根当选为会长。

1988年3月25日至26日，江西省社会学会在南昌成立，吴日生当选为会长。

1989年9月1日，广西壮族自治区社会学会成立。

1996年10月，河南省社会学会正式成立。

2004年1月，山西省社会学会成立。

2005年9月25日，河北省社会学与社会发展研究会成立，孙世芳当选为会长。

2006年，郑州市社会学会正式成立。

2008年6月，宁夏回族自治区社会学会正式成立，陈通明当选为会长。

迄今为止，除了西藏自治区、青海省和海南省未设立社会学会或研究会外，其他28个省、直辖市、自治区均已成立社会学会或研究会。

115.地方社会学科研机构（地方社科院社会学研究所）成立

1980年天津社会科学院在哲学所建立社会学研究小组；1983年建立社会学、伦理学、美学研究所；1987年3月成立社会学研究所。

1981年11月，江苏省社会科学院设立社会学研究所，甄为民任所长。

1982年3月15日，北京社会科学研究所社会学研究室成立，创始人宋书伟。1986年，社会学研究室改为研究所，所长宋书伟。

1983年4月，四川省社会科学院成立社会学研究所，创始人詹一之。

1983年8月，湖南省社会科学院成立社会学研究室，1984年7月改为社会学研究所，所长王少哲。

1983年8月，重庆市社会科学院社会学研究室成立，1988年改为社会学研究所，所长简仕明。

1983年9月，甘肃省社会科学院社会学研究所成立，1985年10月易名为社会学法学研究所，第一任所长毕可生。

1984年，湖北省社会科学院社会学人口学研究所成立，所长李明开。

1984年4月，山东省社会科学院成立综合所，含社会学、人口学和法学，1986年独立为社会学研究所，第一任所长周正三。

1984年4月，上海社会科学院成立社会学与人口研究所，1988年1月独立成立社会学研究所，所长丁水木。

1984年5月，贵州省社会科学院社会学研究所成立，叶小文任副所长。

1984年6月，安徽省社会科学院社会学研究室成立，室主任辛秋水。

1984年6月，陕西省社会科学院社会学研究所成立，所长李万忍。

1984年9月16日，辽宁省社会科学院社会学研究所成立，所长赵子祥。

1984年5月，福建省社会科学院宗教研究所成立，1986年4月更名为社会学研究所。

1985年1月，江西省社会科学院成立社会学研究室，隶属该院科学社会主义研究所；1992年10月，正式成立社会学研究所，王明美为副所长。

1985年，内蒙古社会科学院哲学社会学研究所正式创立，创始人和所长史建海。

1985年3月，黑龙江省社会科学院社会与科技发展研究所成立。

1985年6月，吉林省社会科学院社会学所成立，所长李长庆。

1985年初，广西社会科学院哲学研究所内成立社会学、法学研究室，1987年该室分为社会学研究室和法学研究室，1989年2月社会学研究所正式成立，由邓壬富任副所长。

1986年，浙江省社会科学院社会学所成立，所长谷迎春。

1986年7月，山西省社会科学院社会学研究所成立。

1986年3月16日，河南省社会科学院法学社会学研究所成立，所长母青松；2008年1月1日，法学社会学研究所被分为两个研究所，其中之一是社会发展研究所。

1987年，云南省社会科学院社会学研究所正式组建，初期负责人为李国文，后为尹绍亭。

1987年，宁夏社会科学院法学社会学研究所成立，后改名为社会学法学研究所。

1987年6月，山西省社会科学院原科学社会主义研究室、人口学研究所和社会学所筹备组联合组建的社会学研究所正式成立。

1988年11月，广东省社会科学院社会学研究室正式成立，创始人和研究室主任詹天庠。1994年，社会学室与该院人口研究所合并为社会学与人口学研究所。

1990年9月，青海省社会科学院在原有哲学研究所的基础上，成立哲学社会学研究所。

2007年3月，新疆社会科学院在原有民族研究所社会学研究室的基础上成立社会学研究所，所长李晓霞。

迄今为止，除了西藏自治区社会科学院和新近成立的海南省社会科学院未设社会学研究所外，其他29个省、直辖市、自治区的社会科学院均已设置社会学研究所。

116.社会学教学机构成立

1980年4月，上海复旦大学分校（后改名为上海大学文学院）设置社会学系，袁缉辉任系主任。

1980年11月，南开大学设置社会学专业，1982年3月正式成立社会学系，苏驼任系主任。

1980年，东北师范大学政治系社会学专业设立，丁克全教授主持工作。

1981年，中山大学设立社会学系，何肇发任系主任。

1981年11月，华中理工大学设立社会学研究室，1983年设立社会学研究所，1985年9月筹建社会学系，王康任系主任。

1982年，中国社会科学院研究生院社会学系建立，费孝通任系主任。

1982年4月，北京大学成立社会学系，袁方任系主任。

1983年，山东大学哲学系建立社会学教研室，1986年10月成立社会学系，系主任为徐经泽。

1984年8月，中国人民大学创立社会学研究所，1987年7月，建立社会学系，所、系为同一实体，由郑杭生任系主任兼所长。

1984年，南京大学成立社会学研究室，1988年成立社会学系，系主任宋林飞。

1984年9月，天津师范大学应用文学院社会学系建立，原名为南开大学分校社会学系，创始人曹中德、杨心恒。

1986年，中央党校建立社会学教研室，主任高平。

1986年2月，华中农业大学社会科学系农村社会学专业设立，农村社会学教研室主任李守经。

1987年6月，沈阳师范学院成立社会学教研室，同年9月成立社会学专业，专业负责人王可慎、张美生。

1987年，浙江大学哲学社会学系建立，同年建立社会学教研室，系主任何亚平，社会学教研室主任冯钢。

1988年10月，复旦大学重建社会学系，系主任田汝康。

1988年，贵州民族学院建立社会学系，黄保勤任系主任。

1989年，吉林大学社会学系建立，1995年归入哲学社会学院。

1995年9月，华东理工大学应用社会学研究所、社会工作系，由该校文化研究所、台湾研究所、人文社科教研中心等单位的相关人员重组建立。

1995年，兰州大学哲学系在原专业发展的基础上，创办社会学专业，同时将系名改为兰州大学哲学与社会学系。1996年，兰州大学哲学与社会学系设立，2004年7月，组建哲学社会学院。

1995年，中国农业大学创立社会学专业。

1997年，哈尔滨工业大学建立社会学教研室，1998年3月成立哲学社会学系。

1998年9月，湖南师范大学法学院社会学系成立，系负责人由副院长谢俊贵兼任。

1999年，中南大学公共管理学院社会学系筹建。

1999年6月，安徽大学社会学系成立，2011年5月，社会学系与政治学系合并组建社会与政治学院。

2000年3月，北京工业大学人文社会科学学院社会学系成立。

2000年，中央民族大学民族学与社会学学院社会学系和社会工作系成立。

2000年9月，上海财经大学人文学院经济社会学系成立。

2000年，东南大学社会学系成立。

2003年4月，华东政法学院社会学系及法社会学研究所正式成立，李建勇任系主任、所长，2009年扩建为社会发展学院。

2003年8月，中央财经大学成立社会学系，李志军任系主任。

2003年，北京师范大学哲学与社会学学院成立。

2003年，福州大学人文社会科学学院社会学系成立。

2003年，同济大学政治与国际关系学院社会学系建立。

2004年3月，河海大学成立社会学系，系主任陈阿江。

2004年4月，厦门大学公共事务学院社会学与社会工作系正式成立。

2004年5月，南开大学周恩来政府管理学院成立，由政治学系、社会学系、行政管理系、社会工作与社会政策系、国际关系系、社会心理学系等组成，是一个涵盖政治学、社会学、民族学、公共管理和心理学五个一级学科的综合性专业学院。

2004年6月，西安交通大学人文学院社会学系成立。

2005年7月，中国政法大学社会学院在中国政法大学原社会学教研室和犯罪心理学教研室的基础上组建成立，是全国重点大学中的第一所社会学院，由应星担任院长。

2005年，四川大学公共管理学院社会学与心理学系成立。

2006年12月，中国青年政治学院社会工作学院社会学系和社会工作系成立。

2007年3月，中国传媒大学政治与法律学院社会学系成立。

2008年，南昌大学公共管理学院社会学系成立。

2009年12月，中华女子学院性别与社会发展学院社会学系成立。

到2010年为止，包括上述主要的高校社会学系在内，全国已有221个社会学教学机构（涉及高等院校和党校的社会学院、社会学系、社会工作系、社会学教研部等），详情参见《中国社会学年鉴（2007—2010）》。

117.社会学博士点设立

1985年，教育部批准中国社会科学院设立社会学博士点。至今为止，博士的研究方向有发展社会学、企业组织与社会发展、社会保障、社会组织与社会结构、组织与制度变迁、家庭社会学、社会分层与流动、社会人类学、社会心理学、农村社会学、社会结构与变迁、社会理论等。

1985年，教育部批准北京大学设立社会学博士点。发展至今，博士的主要研究方向有社会学理论、社会学方法、经济社会学、政治社会学、组织社会学、城乡社会学、教育社会学、劳动社会学、社会心理学、宗教社会学、民族社会学、人口社会学、社会人类学、医学人类学、女性学等。

1993年，教育部批准中国人民大学设立社会学博士点。1993年设立社会学理论与方法博士点，2001年设立人类学博士点；2004年设立社会心理学（应用心理学）博士点。博士生导师的研究方向主要包括理论社会学及其应用、中国文化与社会研究、城市社会学与社区研究、社会发展与社会政策、社会政策理论与应用、社会分层、组织研究、经济社会学、现代社会新理论、性社会学、法律社会学、民族文化与社会史、社会心理学、影视人类学等。

1996年，教育部批准南京大学设立社会学博士点。目前为止，博士的主要研究方向包括社会发展与政策选择、经济社会学、社会问题与控制、社会改革与发展、当代中国研究、社会心理学与组织行为研究、城市化与城市现代化发展战略研究、城市社会结构变迁、家庭社会学与人口问题、教育社会学与青少年研究、中国人的心理与行为研究、社会心理学的本土化、传播社会学、新闻传播现实问题研究、艺术社会学、传播与文化等。

1997年，教育部批准南开大学设立社会学博士点，1998年正式招生。该博士点面向全国招收社会学理论与方法、社会心理学、科学社会学、中国社会思想史、社会政策与社会工作、教育社会学、法社会学等研究方向的博士生。

2000年，上海大学社会学系获得社会学博士学位授权点，2005年获得人类学博士学位授权点。上海大学社会学学科以"立足上海，依托长三角，引领学科发展，培育学派风格"为发展宗旨，以"现代社会中的人类合作机制"为核心论题，逐步培育出组织决策分析、社会网络与社会分层研究、社区研究和民间社会认同研究等特色鲜明、优势突出的重点研究方向。

2000年，中山大学社会学系获得博士学位授予权，2006年获得社会学一级学科博士学位授予权。该博士点在城市社会学、社区研究、发展社会学、产业集群研究、农民工研究、港澳社会研究、"大跃进"时期的人口研究、消费社会学等研究领域独具特色，主要招生方向包括城市社会研究、经济社会学、人口与社会变迁、发展社会学、劳工研究、社会工作与社会政策、消费社会学等。

2002年，华中师范大学政治学一级学科招收政治社会学方向的博士研究生，2003年获得社会学专业博士学位授予权。该博士点的主要特色研究方向包括：社会学理论、城市社会学、农村社会学、人口社会学等。

2003年，吉林大学社会学系获得社会学博士学位授予权。发展至今，该博士点已经形成现代社会学理论、文化社会学、发展社会学、环境社会学、组织社会学、经济社会学、城市社会学等稳定的研究方向。

2003年，清华大学社会学博士点获批成立，同年开始对外招生。该博士点的研究方向主要包括：社会分层与流动、新经济社会学的理论与方法、组织社会学、社会发展、社会结构变迁和口述社会史、社会人类学、农村社会研究、中国乡村社会、经济人类学、社会福利与社会保障、医学社会学、老龄社会学、社会统计学、定量分析方法、组织研究、网络分析等。

2003年，武汉大学社会学系获社会学博士学位授予权。该博士点共设有经济社会学、生活质量研究、社会人类学、社会学本土化、中国社会思想史、社会学理论方法与中国社会研究、行为社会学、社会政策等多个研究方向。

2005年，华东理工大学社会学系获社会学博士学位授予权，并于2006年开始招收攻读社会学博士学位的研究生。该博士点共设有社会工作与社会服务、农村社会变迁与三农研究、社会转型与社会问题、经济增长与社会发展、社会福利与社会政策、社会组织与社会管理6个研究方向。

2005年，河海大学社会学系获社会学博士学位授予权。发展至今，该博士点的主要研究方向包括移民社会学、城乡社会学、社会评估、环境社会学、人口社会学、法律社会学等。

2005年，复旦大学社会学系设立社会学博士点。该博士点形成了注重制度分析的特色，主要的研究方向包括社会分层、经济社会学、城市社会学、社会心理学、社区研究、文化与宗教等。

2005年，华中科技大学社会学系设立社会学博士点。该博士点的研究方向主要包括：福利社会学、社会保障、政治社会学、人口社会学、劳动社会学、文化社会学、农村社会学、社会心理学、社会问题等。

2006年，厦门大学社会学系设立社会学博士点。该博士点主要设有农村社会学、社会政策、移民社会学、女性社会学等研究方向。

2011年，中央民族大学民族学与社会学学院设立社会学博士点。该博士点的主要研究方向包括城市社会学、民族社会学、社区研究、生态人类学、俄罗斯民族学、发展社会学、农村社会学、教育社会学等。

2011年，华东师范大学社会发展学院设立社会学博士点。该博士点的主要研究方向包括社会学理论、城市社会学、社会政策、社会福利、社会工作、社会问题、宗教社会学、人口社会学、人类学等。

2011年，哈尔滨工业大学人文与社会科学学院设立社会学博士点。该博士点的主要研究方向包括社会学研究方法及方法论、发展理论与中国现代化、网络社会的理论与实证研究、生活方式的理论与应用研究、文化社会学、都市政治与社区研究等。

迄今为止，中国大陆社会学博士点共有18个。

118.博士后流动站设立

1986年10月，北京大学社会学系和社会学研究所联合申请建立博士后流动站。1987年，北京大学社会学博士后流动站正式成立，它是由中国著名社会学人类学家费孝通先生倡导建立的中国第一个文科博士后流动站，也是北京大学的第一个文科博士后流动站。

1999年，中国社会科学院和中国人民大学相继设立社会学博士后流动站。

2003年，南京大学、南开大学和上海大学相继成立了社会学博士后流动站。

2007年，中山大学、复旦大学、清华大学相继成立了社会学博士后流动站。

2009年，华中师范大学、吉林大学、华东理工大学相继成立了社会学博士后流动站。

119.北京师范大学成立中国社会管理研究院

2011年5月7日，北京师范大学中国社会管理研究院成立大会暨首届中国社会管理论坛在北京师范大学隆重举行。十届全国人大常委会副委员长顾秀莲，十一届全国政协副主席陈宗兴，国务院研究室原主任、国家行政学院原党委书记魏礼群，以及北京师范大学党委书记刘川生、校长钟秉林等领导出席。顾秀莲、陈宗兴、魏礼群、刘川生共同为中国社会管理研究院揭牌。魏礼群被聘任为首任院长。

党中央、国务院高度重视中国特色社会主义社会管理体系建设，作出一系列重要决策和部署，把社会管理创新摆到更加突出的战略位置，作为社会主义现代化建设的重大任务，对社会管理人才培养、科学研究和决策咨询等方面需求十分迫切。中共中央政治局委员、国务委员刘延东和国务委员兼国务院秘书长马凯对北京师范大学成立中国社会管理研究院作出重要批示。

中国社会管理研究院的宗旨是：高举中国特色社会主义伟大旗帜，以邓小平理论和"三个代表"重要思想为指导，深入贯彻落实科学发展观和党的教育方针，发挥优势，突出特色，围绕加强和创新社会管理，培养高素质社会管理人才，研究社会管理基本理论和实践问题，开展社会管理政策咨询服务，为完善中国特色社会主义社会管理体系、提高社会管理科学化水平、建设和谐社会提供人才和智力支持。

中国社会管理研究院的定位是：服务中国特色社会主义事业发展，吸引、汇聚国内外相关领域资源，开展多学科合作，面向现代化、面向世界、面向未来，致力于建设研究型、创新型、开放型研究院,成为培养社会管理高层次人才的教育基地,成为中国社会管理领域具有一流水准和重要影响力的智库,成为北京师范大学建设世界知名高水平大学、服务国家战略与社会发展的重要平台。

中国社会管理研究院瞄准国家重大需求和国际学术前沿,创新科研咨政工作,服务党政决策。围绕创新社会治理体制和社会体制改革等重大问题展开,特色鲜明,层次高,政策研究咨询效果显著,社会影响广泛。2014年,北京师范大学党委作出将中国社会管理研究院建成"中国特色新型社会治理智库"的决定,并正式列入国家级智库建设培育计划。

120.魏礼群提出"关于加强社会管理学科的建议",国务院领导刘延东作出重要批示

2011年5月7日,在首届中国社会管理论坛上,北京师范大学中国社会管理研究院魏礼群院长提出,要高度重视和加强社会管理新兴学科建设,并设立专项课题予以重点研究和攻关。魏礼群担任课题组组长,课题组成员包括李强、王名、赵秋雁、尹桑玉等,以及来自清华大学、北京大学、北京师范大学、中国人民大学、南开大学、中山大学、国家行政学院、中国社会科学院、中国青年政治学院等多个高校、科研机构的知名专家。2012年10月,在深入听取有关方面专家意见的基础上,魏礼群组织专家撰写了《关于增设"社会管理"为国家一级学科的可行性研究报告》,时任中央政治局委员、国务委员刘延东作出重要批示,教育部部长、党组书记袁贵仁,教育部党组副书记、副部长杜玉波也作出批示,都要求推动此项工作。

研究报告共分为三大部分,主要内容如下:一、增设"社会管理"为国家一级学科的必要性,主要体现在三大方面:(一)经济社会发展的战略需求;(二)社会管理人才培养的迫切需要;(三)学科体系建设和发展的内在要求。二、增设"社会管理"为国家一级学科的可行性,主要包括四个方面:(一)党中央、国务院高度重视加强和创新社会管理工作;(二)各地各部门社会管理创新实践方兴未艾;(三)社会管理理论研究日趋深入;(四)社会管理人才培养模式不断创新。这些都为建设"社会管理"国家一级学科奠定了较为坚实的理论和实践基础。三、增设"社会管理"为国家一级学科的基本构想,主要包括四个方面:(一)社会管理的研究对象:人类各种社会事务的管理和服务,包括人类社会生活中微观、中观和宏观层次各种社会事务的管理协调,以及与之相应的社会服务的提供与管理;(二)社会管理的学科体系:可设六个二级学科,包括社区治理、社会组织管理、社会服务、社会工作、社会政策、社会应急管理;(三)社会管理的人才培养体系:包括专业培养目标、就业去向、课程体系;(四)社会管理学的研究方法:包括实证研究方法和规范研究方法等。

　这份研究报告直接影响和加快了我国社会管理学科建设进程。2013年4月，国务院学位委员会在听取各方面意见基础上正式将社会管理列入国家学科体系，明确"社会管理和社会政策"是一门系统地研究社会管理活动基本规律和一般方法的新兴学科，作为社会学的二级学科。同时，在管理科学与工程一级学科下，将"社会管理工程"增设为二级学科，既是管理科学与工程一级学科范畴与内涵的深化，也与社会管理学科遥相呼应。这些已发布在国务院学位委员会第六届学科评议组编写的《学位授予和人才培养一级学科简介》（高等教育出版社，2013年版），这是我国社会管理学科建设的重要里程碑，也是北京师范大学为促进国家学科建设和人才培养作出的贡献。

121. 清华大学成立社会科学学院

　为进一步提升清华大学文科的质量和水平，适应文科的发展规律，按照人文和社会两个学科群建设基础学科，经2011—2012学年度第28次校务会议讨论通过，清华大学决定撤销原人文社会科学学院建制，分别成立清华大学人文学院和社会科学学院。2012年10月27日，清华大学社会科学学院成立大会在清华大学主楼隆重举行。全国政协原副主席徐匡迪，国务院研究室原主任、国家行政学院原党委书记魏礼群，清华大学校长陈吉宁、党委书记胡和平出席大会，并共同为清华大学社会科学学院揭牌。清华大学社会学系教授李强出任社会科学学院首任院长。

　清华大学社会科学学科的发展可以追溯到20世纪20年代。1926年成立的社会学系、政治学系、经济学系和教育心理学系开社会科学研究风气之先，涌现出了费孝通、陈岱孙、钱端升、萧公权等学术大师，培养了一大批学术造诣深厚、社会影响广泛的优秀人才。1952年高校院系调整之后，文、法等学院被调出，清华成为多科性工业大学。20世纪80年代以来，清华大学相继复建社会科学学科，迎来清华大学社会科学发展的新气象。1984年、1993年分别成立社会科学系和人文社会科学学院。2012年，在清华大学新百年的起始之年，在原人文社会科学学院的基础上分别成立社会科学学院和人文学院。新成立的清华大学社会科学学院现有4系2所，4系（社会学系、政治学系、国际关系学系、心理学系），2所是经济学研究所、科学技术与社会研究所，此外还设有当代国际关系研究院、当代中国研究中心、日本研究中心、科学与社会协同发展研究中心、华商研究中心等近20个跨学科非实体研究机构。学院涵括了社会科学的基础学科，构成了比较完整的社会科学学科体系。

　社会科学是以社会现象为研究对象的科学。它的任务是研究与阐述各种社会现象及其发展规律。在现代科学的发展进程中,新科技革命为社会科学的研究提供了新的方法手段,社会科学与自然科学相互渗透、相互联系的趋势日益加强。在改革开放中蓬勃发展的中国社会科学也以空前的广度和深度不断繁荣发展。当前,世界经济社会格局正发生快速、重大的变化,我国经济社会正经历广泛、深刻的变革。我国发展面临前所未有的机遇和挑战,需要研究破解一系列新矛盾新问题。这为我国社会科学领域提出了新任务新要求,社会科学应为我们这个时代承担起更多的责任,给予中国这个巨大的社会科学试验场以新的阐释,为中国社会的建设与治理提供更有深度更有价值的智力支持。在这种大背景下,清华大学成立社会科学学院,加强社会科学研究和人才培养,无论是对清华大学创新发展模式、进入世界一流大学的前列,还是对中国加强和创新社会管理、坚持和发展中国特色社会主义,都具有重要的现实意义和深远的历史意义。

122.中国社会治理论坛(第1—5届)在北京师范大学举行

中国社会治理论坛是北京师范大学中国社会管理研究院/社会学院持续建设的重要品牌活动之一,是建设新型社会治理高端智库的重要依托。从2011年起至2015年已连续举办五届,历届论坛各方面有关领导和知名专家云集,成果丰硕,社会影响广泛。

2011年5月7日,北京师范大学中国社会管理研究院成立大会暨首届中国社会管理论坛在北京师范大学隆重举行。首届论坛由北京师范大学中国社会管理研究院主办,联合国开发计划署协办。论坛设置了"中国特色的社会管理体系建设"和"社会管理创新实践"两个专题。全国政协副主席陈宗兴,十届全国人大常委会副委员长顾秀莲等领导人出席,党中央、国务院10多位部长级干部以及300多位高等学校、科研机构、地方政府、社会组织和企业的代表参加会议,论坛取得丰硕成果,印制发布《成立大会暨首届中国社会管理论坛会刊》和《首届中国社会管理论坛论文集》,《人民日报》2011年7月8日刊载了《努力建设中国特色社会管理体系——"首届中国社会管理论坛"综述》。

2012年5月27日,第二届中国社会管理论坛由北京师范大学中国社会管理研究院、中共北京市委社会工作委员会和中共廊坊市委联合举办。这一届论坛的主题是"深化社会体制改革与推进科学发展",并设置了"中国特色社会主义社会体制"、"社会体制改革与社会管理创新"、"社会管理创新与实践"和"流动人口与社区治理"四个专题。全国政协副主席陈宗兴,十届全国人大常委会副委员长顾秀莲等领导人出席,10多位部长级干部以及300多位高等学校、科研机构、地方政府、社会组织和企业的代表参加会议。数十家媒体报道或转载论坛成果。《人民日报》2012年11月22日第七版长篇刊载了《"第二届中国社会管理论坛"综述》,受到广泛好评。论坛收到近90篇论文,从中精选47篇论文,结集为《社会体制改革与科学发展》,由北京师范大学出版社出版,产生了广泛的社会影响。

2013年5月25日,第三届中国社会管理论坛由北京师范大学中国社会管理研究院、中共北京市委社会工作委员会和中国社会工作协会共同主办,巨人教育集团协办。这一届论坛的主题是"贯彻十八大精神,加快社会体制改革",并设置"社会管理体制和机制建设"、"提高社会管理科学化水平"和"加快形成现代社会组织体制"三个分论坛。十一届全国政协副主席李金华、陈宗兴,十届全国人大常委会副委员长顾秀莲等领导人出席,国际行政科学学会会长金判锡等国际组织负责人应邀参加并演讲,10多位部长级干部以及300多位高等学校、科研机构、地方政府、社会组织和企业中外专家参加会议。北京师范大学中国社会管理研究院负责人参与主持编写的中国社会体制领域首本蓝皮书《社会体制蓝皮书:中国社会体制改革报告 No.1》也在论坛上发布,产生了一批重要科研成果。《光明日报》等近80家媒体报道或转载论坛成果,《人民日报》7月8日理论版刊载了魏礼群院长在论坛上的主旨演讲《加快构建中国特色社会主义社会体制》,受到社会广泛好评。论坛收到近百篇论文,从中精选60篇,结集为《加快构建中国特色社会主义社会体制》,由北京师范大学出版社出版,产生了良好的社会影响。

2014年5月18日,第四届中国社会治理论坛由北京师范大学中国社会管理研究院、中共北京市委社会工作委员会、中国社会科学院社会学研究所、中国社会工作协会、清华大学社会科学学院联合主办。本届论坛根据党的十八届三中全会提出的新思想、新要求、新部署,把"中国社会管理论坛"改为"中国社会治理论坛",以"创新社会治理体制"为主题,并设置"改进社会治理方式"、"激发社会组织活力"、"加强法治社会建设"、"健全公共安全体系"、"完善社会保障制度"五个分论坛。10多位部长级干部出席论坛,60多位嘉宾致辞和演讲,400多位高等学校、科研机构、地方政府、社会组织和企业中外专家参加会议。《光明日报》2014年6月20日头版长篇刊发魏礼群作的主旨演讲,人民网、求是理论网、中共中央文献研究室网、中华人民共和国国史网、全国哲学社会科学规划办公室网、中国社会科学网等近60家网站全文转载,受到社会广泛好评。论坛收到近百篇论文,从中精选55篇,结集为《创新社会治理体制》,产生了良好的社会影响。

2015年5月17日,第五届中国社会治理论坛由北京师范大学中国社会管理研究院、中共北京市委社会工作委员会、中国社会科学院社会学研究所、中国社会工作协会、厦门市人民政府联合主办。本届论坛以"创新社会治理,建设法治社会——十三五建言"为主题,并设置"法治社会建设与全面建成小康社会"、"法治社会建设与国家治理现代化"、"法治社会建设的目标、任务与路径"三个分论坛。十届全国人大常委会副委员长顾秀莲,十一届全国政协副主席李金华、陈宗兴等领导人出席。多位部长级干部以及300多位高等学校、科研机构、地方政府、社会组织和企业中外专家参加会议。中共中央政治局委员、中央政法委书记孟建柱,国务委员、中央政法委副书记、公安部部长郭声琨对魏礼群院长主旨演讲《全面推进法治社会建设》作出重要批示。论坛收到100多篇论文,从中精选50余篇,结集为《创新社会治理,建设法治社会——第五届中国社会治理论坛(2015)》出版,产生良好的社会影响。

"中国社会治理论坛"已经成为具有较高品牌效应和社会影响力的高端智库平台,并体现出以下重要特色:一是把握正确方向,服务社会发展。论坛参会人员不仅有高层领导,而且聚集了大量的资深专家学者和实务工作者,使论坛在问题的提出、研究和解决的过程中形成自己的品牌和特色。二是理论联系实践,瞄准前沿。在中央最新精神的指导下,论坛紧扣国家重大需求,抓住、抓准当前理论界、学术界、实务界的重大理论和实践问题展开交流和研讨。三是根植人民大众,坚持论坛的开放性和公益性。论坛是一个开放性平台,贴近实际、贴近生活、反映民生诉求,保持亲和力。以服务和促进社会公益为目的,倡导和推动社会治理文明进步。

123.全国哲学社会科学规划办公室批准国家社会科学基金特别委托重大项目——中国社会管理创新研究信息库建设

2013年5月24日,全国哲学社会科学规划办公室批准"中国社会管理创新研究信息库建设"(以下简称"信息库")为2013年度国家社会科学基金特别委托项目,责任单位为北京师范大学,工程项目首席专家为国务院研究室原主任、北京师范大学中国社会管理研究院院长魏礼群教授。

信息库建设的背景和意义。党中央、国务院始终高度重视加强和创新社会管理,为形成和发展适应我国国情的社会管理制度进行了长期探索和实践,取得了重大进展,积累了宝贵经验。具有中国特色的、符合当前中国国情需要的现代社会管理研究仍处于探索阶段,而且研究中大多关注宏观叙述和理论推导,科学的、可行性的对策研究和实证分析则较为匮乏,尤其是中国社会管理创新研究信息库建设方面,基本处于空白状态。这直接导致社会管理研究信息不全面、基础不坚实、系统不完善,以及指导实践能力的严重缺失。因此,创建内容丰富、结构完整、方法科学、数据详实的中国社会管理创新研究信息库,不仅是夯实我国社会管理理论研究基础的战略需要,更是指导我国社会管理创新伟大实践的迫切需求,这是贯彻党的十八大精神、服务"加强和创新社会管理"战略部署的特殊重大工程,也是我国社会管理学科建设、特色建设和长远发展的主要抓手,旨在为发展中国特色社会主义事业、促进社会和谐、全面建成小康社会和实现"中国梦"作贡献,具有十分重要的政治意义、理论意义和现实意义。

信息库建设的主要内容和特色。信息库的主体架构包括五个子库：研究成果库、基础文献库、统计数据库、创新案例库、人才机构库。主要涵盖三大方面内容：一是中国社会管理创新重大理论、实践和对策研究信息。将收集各方面的社会管理创新案例和有关资料，加强理论创新、实践创新和对策研究。二是广泛搜集古今中外有关社会管理方面的文献和历史资料，并作全面、深入对比分析研究，建立一个开放的、动态的、系统的、科学的社会管理问题研究数据库，为社会各界提供支撑研究的基础资源。三是建立社会管理和社会建设人才数据库，掌握国内外相关知名专家的资料，把握前沿动态，加强交流合作。信息库建设将体现如下特色：一是以问题为中心的决策咨询导向。针对社会管理创新领域的重大问题，开展针对性研究，提出解决问题的有效对策。二是理论和实践有机结合。形成理论和实践密切结合、良性互动关系。三是跨学科的研究视角。社会管理学科诞生的时代背景和社会管理问题的高度复杂性，决定了新兴的社会管理学科，必然是一个多学科交叉的前沿领域。只有创建交叉学科孵化平台，鼓励学术创新，才能真正推动这项研究的可持续发展。四是顶层制度设计和实践创新相结合。顶层制度设计对中国社会管理创新起着决定性的推动作用，同时具有鲜明区域差异和地方特色的实践创新更是不可或缺。

信息库建设的重大机遇和原则。信息库建设抓住和利用三大机遇：一是抓住国家加强社会建设、创新社会治理体制的重要机遇。二是抓住中国特色新型智库建设的重要机遇。党中央、国务院高度重视智库建设。三是抓住社会管理新兴学科建设的重要机遇。信息库建设坚持以下六点原则：一是坚持站高望远、与时俱进，立足现实、放眼未来，面向世界、服务现代化，重视涵盖内容的广泛性、调查方法的科学性、分析问题的权威性、面向社会的开放性和信息更新的动态性，保证收录数据的客观性、权威性、准确性和及时性，实行开放式、网络型、专业化管理，整体设计，分段实施，逐步完善。二是明确定位，突出特色，全面发挥中国社会管理创新信息库建设的功能作用，使之成为科研、资政、育人、合作的重要载体和平台。三是精心设计，提高水准，致力于建成社会管理领域一流的、现代化的新型智库和大型公益性数据库，使之成为"知识之库"、"智慧之库"、"实用之库"、"精品之库"。四是开放合作，协同创新，欢迎各方参与，汇聚社会力量，共同创建，共享创新数据库成果。五是打牢基础，着眼长远，求真务实，注重实效，确保信息库持续健康发展。六是开放思想，创新模式，以全面改革精神探索新型智库建设的组织形式和管理方式，以适应建设一流的、现代化的社会管理创新信息库的需要。

信息库建设的成果和目标。致力于建成国家社会管理科学决策的权威智能库和大型公益专业数据库。信息库建设这项涉及国家长治久安全局的规模宏大的社会管理创新研究工作，预期产出多样化、持续性和高质量的标志性成果，包括各种资料汇编、调研报告、政策建议、决策咨询、学术论文专著、年度报告、案例采集、国际学术研讨会等，既体现现实性、紧迫性、战略性、长期性、累积性特征，也体现动态开放性，适时上报中央以及召开新闻发布会，还充分利用外译资源，让研究成果走向世界。力求做到，出思想、出成果、出人才、出效益。

124.魏礼群提出"关于改革学科建制和提升社会学地位的建议"，中共中央国务院领导作出重要批示

党的十八大以来，习近平总书记系列重要讲话和党的十八届三中全会通过的《中共中央关于全面深化改革若干重大问题的决定》，标志着改革开放和社会主义现代化建设迈入了新的发展阶段。在新的发展阶段，发展和完善中国特色社会主义事业，需要全面发展和繁荣社会科学特别是社会学。目前，我国社会学发展的一大障碍是不合理的学科建制：社会学不是一个独立门类，仅仅为隶属法学门类下的一级学科，这种学科建制不仅混淆了社会学和法学的学科关系，更重要的是降低了社会学在社会科学领域的地位，严重制约了社会学的发展和繁荣，与我国社会经济不断发展和改革开放全面深化的形势极不相适应，更与加强社会建设、改革社会体制、创新社会管理，实现社会治理现代化的历史任务极不相适应。因此，抓紧改革现行的不合理学科建制，特别是尽快把社会学提升为社会科学领域单独的学科门类，越发成为广大社会学教学科研工作者的共同愿望和追求。

在这一背景下，2013年2月，北京师范大学中国社会管理研究院魏礼群院长牵头成立专项课题组并担任组长，课题组成员包括清华大学、北京大学、北京师范大学、中国人民大学、国家行政学院、中国社科院等多个高校、科研机构的知名专家。2013年6月，在深入听取有关方面专家意见的基础上，魏礼群主持专家撰写了《关于改革学科建制和提升社会学地位的建议》，并获得中共中央政治局常委、中央书记处书记刘云山，中共中央政治局委员、国务院副总理刘延东分别作出重要批示。

研究报告共分为三个部分，主要内容如下：一、把社会学提升为学科门类的必要性。主要包括四个方面：（一）它是全面完善和发展中国特色社会主义伟大事业的必然要求。（二）它是加快培养社会领域专业人才和优化国家人才结构的迫切需要。（三）它是提升我国社会科学影响力和强化国际话语权的战略举措。（四）它是研究借鉴国际上发达国家重视社会学发展经验的重要启示。二、社会学由一级学科提升为学科门类的可行性。主要包括五个方面：（一）社会学已经形成较完整的学科体系。（二）社会学已经具备较为成熟的科学研究架构。（三）社会学已经形成健全的人才培养体系和模式。（四）社会学已经确立了服务国家发展和社会需要的学科定位意识。（五）社会学已经建立了一系列全国性

的学术组织。三、社会学学科门类下的一级学科设置设想建议。建议设立八个一级学科，包括：理论社会学、应用社会学、社会管理、社会工作、人类学、民俗学、民族学、人口学。

加强社会学建设，提升社会学战略地位，从根本上说，就是要发展和完善中国特色社会主义，建设中国特色社会主义社会学，并将其提升到"中国梦"的战略高度。这是一个基本立足点。中国社会学始终是在党中央的亲切关怀下得以重建和发展。中国特色社会主义社会学的建设，既要充分汲取、继承和发扬老一辈社会学家留下的宝贵学术遗产和传统，又要广为借鉴和吸取国外发达国家社会学发展的优秀经验和教训。民族要复兴、国家要富强、中国要走向世界，社会学如果不能提高它的战略地位、不发展、不繁荣，是很难做到的。只有发展繁荣社会学，大力提高社会学学术水平，科学地、系统地把中国社会领域演变的特征、规律研究透彻，才能更好地宣传中国的社会文明进步，让中国声音成为世界最强音。

《关于改革学科建制和提升社会学地位的建议》提出以后，国务院学位委员会办公室多次召集有关方面专家研究论证，有力地推动了社会学建设。

125.北京师范大学成立社会学院

2015年3月15日，北京师范大学社会学院成立大会暨新型社会治理智库建设研讨会隆重举行。新成立的北京师范大学社会学院与2011年成立的中国社会管理研究院实行"一个实体，两块牌子"，作为新型社会治理智库一体化建设。这是北师大响应国家加强社会建设、创新社会治理和推进国家治理现代化战略部署，贯彻落实《关于加强中国特色新型智库建设的意见》，建设世界一流大学的重大体制创新。十届全国人大常委会副委员长顾秀莲，国务院研究室原主任、国家行政学院原党委书记魏礼群，北京师范大学党委书记刘川生、北京师范大学校长董奇共同为社会学院揭牌。魏礼群被聘为首任院长。

北京师范大学社会学院将履行四个方面的职能与使命：一是推进学术创新和理论创新，加强学科建设，为完善和发展中国特色社会学作出贡献。二是提高教学质量和育人能力，培养社会领域专业人才，为我国社会建设和社会治理现代化提供人才支撑。三是参与社会治理智库建设，围绕党和国家战略需求，开展科学研究和政策研究，承担社会服务。四是加强社会文化传承与创新，推动社会文明进步。办好北京师范大学社会学院，要坚持以下原则：一是坚持正确的政治方向和学术方向。二是坚持尊重学科发展的内在规律。三是坚持理论与实际相结合。四是坚持创新治理体制机制。五是坚持实施人才强院战略。

新成立的社会学院与已建设中的中国社会管理研究院一体化建设，既加强社会学建设，又加强智库建设，这是北京师范大学深化教育领域改革、推进体制创新的重要探索。智库建设与学科建设密不可分，在高校要建设高质量智库，必须依托强有力的学科建设，加强学科建设也有利于高质量智库建设。把建设高水平的社会学院与建设高质量的新型智库密切结合，相互促进，相得益彰。

中国社会管理研究院/社会学院在有效推进中国特色社会学学科建设和人才培养的同时，重点打造"七大工程"，即"一策"、"一库"、"一典"、"一论坛"、"一刊"、"一书"、"一学科"。"一策"是向党政建言献策；"一库"是受国家社科规划办特别委托建设"中国社会管理创新研究信息库"；"一典"是组织编写《当代中国社会大事典》；"一论坛"是举办一年一度的"中国社会治理论坛"；"一刊"是办好《社会治理》期刊；"一书"是社会治理智库丛书；"一学科"是加强以社会学为重点的学科建设。根据智库运行特点和规律，不断完善智库总体架构和运行机制，围绕建设新型社会治理智库，聚集和形成一个结构合理、层次清晰、特征突出的科研项目群，建成服务国家战略决策，党和政府信得过、用得上、人民满意的专业化社会治理智库。

126.《社会治理》杂志创刊

2014年8月28日，经国家新闻出版广电总局批准同意创办《社会治理》（新广出审〔2014〕1108号）杂志，由教育部主管、北京师范大学主办、北京师范大学中国社会管理研究院承办，国务院研究室原主任、北京师范大学中国社会管理研究院/社会学院院长魏礼群教授担任杂志编委会主任，创办《社会治理》得到多位党中央、国务院领导同志，中央有关部委领导及许多知名专家的关心与支持。2015年5月17日，《社会治理》杂志隆重举行创刊号发行仪式。十届全国人大常委会副委员长顾秀莲，十一届全国政协副主席李金华，十一届全国政协副主席陈宗兴，国务院研究室原主任、《社会治理》编委会主任魏礼群，北京师范大学党委书记刘川生共同为《社会治理》创刊号揭幕。北京师范大学中国社会管理研究院/社会学院傅昌波教授担任杂志社社长兼总编辑。

《社会治理》杂志是我国第一本全面关注社会治理、理论研究与实践探索相结合的综合性、权威性、创新性专业期刊，是集思想性、学术性、应用性、知识性于一体的刊物。《社会治理》的办刊宗旨是：服务国家战略需求和党政决策，聚焦社会治理领域重大问题，围绕全面加强社会建设、深化社会体制改革、健全社会治理体系、创新社会治理方式、提升社会治理能力，深化理论研究，总结实践经验，积极咨政建言，提出决策咨询建议，推进学术创新和学科建设，繁荣和发展中国特色社会学、公共管理学，注重提高质量，务求办出精品，为推进国家社会治理体系和治理能力现代化、建设社会主义和谐社会提供理论支撑和智力支持。《社会治理》承载着两大使命：一是服务加强和创新社会治理，推进社会治理体系和治理能力现代化；二是服务加强和推动新型社会治理智库建设，搭建一个社会治理研究和成果交流的平台。也就是，发社会治理智库之声，助和谐社会建设之力。

《社会治理》的主要栏目有：权威专论（刊发党政部门负责人、知名专家学者有关推进社会治理和社会治理能力现代化的重要文章）、社会观察（刊发聚焦社会治理领域的热点、重点、难点问题的专题研究成果）、理论探索（刊发加强社会建设、创新社会治理、提升社会治理现代化水平等主题的理论文章）、深度调查（刊发社会治理领域正反典型案例的研究报告）、咨政建言（刊发推进社会治理现代化的咨政报告和研究成果）、古镜今鉴（刊发总结中国历史上社会治理经验教训、传统文化中社会治理优秀思想的文章）、环球视野（刊发关注和研究境外社会治理理论和实践的文章）、撷精汇粹（刊发介绍近期社会治理领域的名著新作、学术动态和重要活动的信息）。

办好《社会治理》杂志，将遵循以下重要原则：一是坚持正确方向，服务国家大局。牢牢把握中国特色社会主义方向，遵守国家法律法规，始终以维护人民利益和国家利益为出发点，立足中国国情，体现中国特色、中国风格、中国气派。始终围绕国家大局、服务中心，推进社会治理领域战略性、前沿性、政策性研究，为提高社会治理水平、建设和谐社会提供积极的正能量。二是坚持联系实际，求真务实。以科学理论为指引，紧紧围绕社会建设和社会治理中的重要问题，深入开展调查研究，说真话、讲实情，尊重群众首创精神，提倡多想、深思，大胆探索、实践和创造，推进理论创新、学术创新、制度创新、实践创新，提供专业化、建设性、切实管用的政策建议。三是坚持百花齐放，百家争鸣。鼓励解放思想、实事求是，弘扬科学精神，提倡独立思考，唯真理是从，唯国运顿首，提倡不同学术观点、不同对策建议进行平等讨论、切磋争鸣，努力营造平等、民主、兼容、创新的学术氛围。四是坚持改革创新，突出特色。注重用改革的办法和创新的精神办刊，改革创新体制机制，优化治理结构。主动适应移动互联网时代的媒体融合趋势，充分运用多媒体技术和移动传播技术，同步建设纸质载体、专业网站和移动终端，精心组织传播和互动。充分发挥高校建设新型智库的优势，彰显社会治理智库特色，推动高校服务社会能力整体提升，把刊物办成具有较强传播力、公信力和影响力的新型智库媒体。

127.《社会体制蓝皮书》出版发行

党的十八大报告提出，加强社会建设，必须加快推进社会体制改革。要围绕构建中国特色社会主义社会管理体系，加快形成党委领导、政府负责、社会协同、公众参与、法治保障的社会管理体制,加快形成政府主导、覆盖城乡、可持续的基本公共服务体系,加快形成政社分开、权责明确、依法自治的现代社会组织体制,加快形成源头治理、动态管理、应急处置相结合的社会管理机制。这就使得社会体制改革成为我国全面深化改革的重要组成部分。党的十八届三中全会进一步提出,要紧紧围绕更好保障和改善民生、促进社会公平正义深化社会体制改革,改革收入分配制度,促进共同富裕,推进社会领域制度创新,推进基本公共服务均等化,加快形成科学有效的社会治理体制,确保社会既充满活力又和谐有序。这就使得社会体制改革越发成为我国全面深化改革不可或缺的重要组成部分。

在这个大背景下,《社会体制蓝皮书》作为中国社会体制改革方面的第一本蓝皮书应运而生,并构成"中国社会治理智库丛书"的重要组成部分。这本蓝皮书是由国家行政学院原党委书记、常务副院长,中国行政体制改革研究会会长、北京师范大学中国社会管理研究院/社会学院院长魏礼群教授提倡编写,并一直给予关心和支持。编写《社会体制蓝皮书》,目的在于凝聚各方面力量,聚焦研讨社会体制改革创新理论和实践问题,探索社会建设和社会体制改革创新规律,建设一支稳定的、高素质的社会治理体制研究队伍。

《社会体制蓝皮书》由国家社会科学基金特别委托重大项目"中国社会管理创新研究信息库建设"和中国行政体制改革研究会行政改革基金资助,国家行政学院社会治理研究中心和北京师范大学中国社会管理研究院共同组织编写。国家行政学院社会治理研究中心主任龚维斌教授担任主编,北京师范大学中国社会管理研究院/社会学院党总支书记兼副院长赵秋雁教授担任副主编。自2013年起,《社会体制蓝皮书》正式出版发行,每年出版一本。

《社会体制蓝皮书》由总报告、社会治理体制篇、基本公共服务篇、现代社会组织体制篇、公共安全与应急管理体制篇和社会创新案例篇等六个部分构成,主要包括四个方面:一是全面分析上一年度社会体制的改革发展状况,并在此基础上分析和预测下一年的运行和发展状况;二是客观分析社会体制改革遇到的主要问题;三是提出具有科学性和可操作性的思路和对策建议;四是开展实证调研,将全国各地有代表性的改革做法予以梳理和总结。《社会体制蓝皮书》致力于让学界和社会各界及时、准确地了解本领域的改革方向和政策措施,希望能够为各级政府决策提供参考依据,更好地发挥社会科学在加快推进我国社会建设中的思想库作用。

《社会体制蓝皮书》以社会体制改革为主题进行专门系统的研究,具有较高的学术创新价值和政策实践意义,形成了良好的社会影响和品牌效应。《社会体制蓝皮书》资料详实,有理有据,论述流畅,可读性强,作者是相关领域的领导干部、专家学者,具有较高的权威性。

注：本章的不少词条内容，是根据《中国社会学年鉴》、《社会学研究》、《社会》等已经出版的著作刊物，以及社会学相关教学和研究机构专业网站等来源的信息资料整理汇编而成。由于《当代中国社会大事典》编写体例的统一要求和篇幅的限制，本章未对这些词条的资料来源或出处进行一一注释。在此，本章编者对有关词条涉及的原作者和相关机构等致以诚挚的谢意。

本章撰写负责人：陈光金

成员：张志敏、吕红新、闻翔、向静林、赵秋雁、陈鹏

索 引[*]

A

阿里巴巴美国纽交所上市 Ⅳ 158
"爱读书、读好书"全民阅读活动 Ⅱ 479
爱国主义教育基地一号工程 Ⅱ 486
爱国主义教育示范基地 Ⅱ 443
安徽阜阳婴幼儿奶粉事件 Ⅲ 498
安徽于英生案 Ⅰ 625
安居工程 Ⅱ 219
安全生产"隐患治理年" Ⅲ 523
安全生产暗查暗访制度 Ⅲ 542
安全生产领导责任制 Ⅲ 474
安全生产许可证条例 Ⅲ 500
按城乡分就业人员数（年底数） Ⅳ 564
按劳分配理论大讨论 Ⅱ 3
按三个产业分就业人员数（年底数） Ⅳ 563
按生产要素分配的提出 Ⅱ 28
奥林匹克标志保护条例 Ⅱ 685

B

白求恩奖章 Ⅱ 541
百步亭社区模式 Ⅲ 245
"百所联网工程" Ⅳ 58
百县千乡宣传文化工程 Ⅱ 440
颁布宗教事务条例 Ⅰ 765
颁发居民身份证 Ⅰ 44
办案质量终身负责制和错案责任倒查问责制 Ⅰ 631
保安服务管理条例 Ⅲ 438
保护母亲河"中国青年志愿者绿色行动营计划"启动 Ⅲ 342
保护私有财产写入宪法 Ⅰ 292
保健食品协会被民政部注销 Ⅲ 297
北京"7·21"特大暴雨 Ⅲ 607
北京"美丽园事件" Ⅰ 459
北京奥运会志愿者 Ⅲ 336
北京成功举办第29届奥运会、第13届残奥会 Ⅰ 164
北京大兴参与式社区治理新模式 Ⅰ 467
北京大学举办"信用中国论坛" Ⅰ 656
北京大学举办首次社会·文化人类学高级研讨班 Ⅳ 655

---

[*] 本事典1—4卷条目按照音序排列，其中罗马数字代表卷数，阿拉伯数字代表页数。如"阿里巴巴美国纽交所上市Ⅳ 158"，代表此条目内容在第四卷第158页。

北京大学—密歇根大学联合研究院"全球化跨学科中国研究和中国计量社会科学研究"暑期课程项目实施 Ⅳ 678

北京大学人口研究所开办首届北京大学人口科学国际研究生班 Ⅳ 642

北京大学社会生活口述资料研究中心成立 Ⅳ 661

北京大学社会学系举办社会学系重建30周年纪念大会 Ⅳ 694

北京大学首届妇女问题国际学术研讨会在京举行 Ⅳ 644

北京大学—香港理工大学中国社会工作研究中心揭牌 Ⅲ 210

北京红枫妇女心理咨询中心 Ⅲ 293

北京联网管理暂住人口 Ⅳ 93

北京申办2000年奥运会失利 Ⅱ 675

北京师范大学成立社会学院 Ⅳ 722

北京师范大学成立中国社会管理研究院 Ⅳ 714

北京实施"大学生社工计划" Ⅲ 207

北京实施公务员"3581"阳光工资 Ⅱ 38

北京市第一支青年志愿垦荒队 Ⅲ 320

北京市微博客发展管理若干规定 Ⅳ 141

北京市志愿服务促进条例 Ⅲ 383

北京首发住房限购令 Ⅳ 235

本禹志愿服务队 Ⅲ 379

编制社会统计指标体系 Ⅳ 384

濒危野生动植物进出口管理条例 Ⅲ 513

病险水库除险加固工程 Ⅲ 594

《博客服务自律公约》正式发布 Ⅳ 115

博士后流动站设立 Ⅳ 714

"渤海二号"沉船事故 Ⅲ 456

补充医疗保险 Ⅲ 50

布达拉宫维修工程 Ⅰ 757

部委联手建立城乡最低生活保障标准动态调整机制 Ⅲ 99

C

CNNIC(中国互联网络信息中心)成立 Ⅳ 77

财政部《城镇经济适用住房建设管理办法》 Ⅳ 220

财政性教育经费占GDP比例4%目标实现 Ⅱ 380

彩票管理条例 Ⅲ 148

菜篮子工程 Ⅰ 63

参加基本养老保险人数 Ⅳ 588

残疾人教育条例 Ⅱ 287

残疾人康复体系逐步建立 Ⅲ 142

残疾人统计 Ⅳ 431

残疾人阳光家园计划 Ⅱ 223

残疾人自主就业 Ⅲ 144

曹禺戏剧文学奖 Ⅱ 432

长城保护条例 Ⅱ 481

厂务公开制度 Ⅱ 146

撤社建乡 Ⅰ 403

撤县设市 Ⅳ 470

尘肺病防治条例 Ⅲ 18

陈冯富珍当选世界卫生组织总干事 Ⅱ 572

陈敏章获世界卫生组织"人人享有卫生保健"金质奖章 Ⅱ 540

成立"社会体制改革专项小组" Ⅰ 365

成立反贪污贿赂局 Ⅰ 547

成立国务院扶贫开发领导小组 Ⅲ 85

成立全国老龄工作委员会 Ⅰ 105

索引

成立中国民族理论学会　Ⅰ 731
成立中国民族学学会　Ⅰ 732
成立中国消费者协会　Ⅰ 43
成立中国宗教学会　Ⅰ 732
诚信教育大纲（试行）　Ⅰ 671
"诚信兴商"活动　Ⅰ 687
"诚信自律同盟"建立　Ⅳ 97
城市、农村社会经济调查队　Ⅳ 454
城市房屋拆迁管理条例　Ⅳ 223
城市公立医院综合改革试点　Ⅱ 593
城市居民委员会　Ⅰ 395
城市居民最低生活保障条例　Ⅱ 200　Ⅲ 90
城市民族工作条例　Ⅰ 755
城市社区建设　Ⅰ 251
城市社区建设试点启动　Ⅲ 249
城市社区文化设施管理办法　Ⅳ 264
城市住户调查　Ⅳ 458
城乡居民大病保险　Ⅲ 67
城乡居民基础养老金　Ⅲ 70
城乡居民人均收支和恩格尔系数　Ⅳ 557
城乡居民生活从贫困向全面小康迈进　Ⅳ 484
城乡居民住房面积和储蓄存款余额　Ⅳ 559
城乡住户调查一体化　Ⅳ 460
城镇单位就业人员平均货币工资及指数　Ⅳ 565
城镇单位就业人员平均实际工资指数　Ⅳ 566
城镇登记失业人数及失业率　Ⅳ 568
城镇集体企业养老保险制度　Ⅲ 16
城镇居民基本养老保险制度　Ⅲ 64
城镇廉租住房管理办法　Ⅳ 225
城镇社会保障的实践和理论研讨会在北京召开　Ⅳ 635
城镇医疗机构分类管理　Ⅱ 557

城镇住房制度改革　Ⅰ 254　Ⅰ 57
"城中村"改造工程　Ⅳ 232
重建中央爱国卫生运动委员会　Ⅱ 522
重庆丰都"三会一评"机制　Ⅰ 450
重庆云阳县社会诚信体系建设　Ⅰ 725
重新设置人民检察院　Ⅰ 515
重组监察部　Ⅰ 531
出版管理条例　Ⅱ 447
出生人口　Ⅳ 366
储蓄存款利息所得个人所得税　Ⅳ 183
畜禽养殖污染防治管理办法　Ⅳ 283
传统文化普及（国学热）　Ⅳ 270
创新能力　Ⅳ 509
创新社会治理体制　Ⅰ 361
创业型城市创建活动　Ⅱ 109
春雨工程　Ⅳ 263
慈善法的起草工作　Ⅲ 167
《从人口大国迈向人力资源强国》报告　Ⅱ 333
促进大数据发展行动纲要　Ⅳ 166
促进基本公共卫生服务逐步均等化　Ⅱ 184
促进就业规划（2011—2015年）　Ⅱ 122
促进中部地区崛起战略　Ⅰ 148
"村官大讲堂"　Ⅲ 284
村民委员会　Ⅰ 396
村民委员会选举规程　Ⅰ 494
村民自治示范活动　Ⅰ 416
村民自治制度　Ⅰ 229　Ⅰ 23
村务公开和民主管理"难点村"治理　Ⅰ 483
村务监督委员会　Ⅰ 489
村务民主听证会　Ⅰ 438

729

D

打工妹之家 Ⅲ 296
打黑除恶专项斗争 Ⅰ 622
打击非法行医专项行动 Ⅱ 569
打击经济领域中严重犯罪活动 Ⅲ 400
打击网上造谣传谣行为联合行动 Ⅳ 156
"打击新闻敲诈，治理有偿新闻"专项行动 Ⅱ 507
打击新闻敲诈和假新闻专项行动 Ⅳ 153
打破"铁饭碗" Ⅱ 132
大地之爱·母亲水窖 Ⅲ 165
大连市志愿服务条例 Ⅲ 385
大气污染防治行动计划 Ⅰ 198
大兴安岭特大森林火灾 Ⅲ 462
大学生"村官"计划 Ⅱ 111
大学生创业引领计划 Ⅱ 123
大学生志愿服务西部计划 Ⅱ 93
大中型水利水电工程建设征地补偿和移民安置条例 Ⅲ 407
单独两孩政策 Ⅱ 654
单位制解体 Ⅰ 242
当代中国社会阶层研究报告 Ⅰ 278
党和国家机关领导干部交流制度 Ⅰ 415
党政机关厉行节约反对浪费条例 Ⅰ 196
党政领导干部选拔任用工作条例 Ⅰ 426
党政领导干部选拔任用责任追究制度 Ⅰ 486
党中央关于建立和完善社会保障制度的决策部署 Ⅲ 4
党中央提出"建设宏大的社会工作人才队伍" Ⅲ 197
道德领域突出问题专题教育和治理行动 Ⅱ 509
邓小平发表《党和国家领导制度的改革》的讲话 Ⅰ 385
邓小平鼓励一部分人先富起来的讲话 Ⅱ 6
邓小平关于政治体制改革的思想 Ⅰ 403
邓小平南方谈话 Ⅰ 72
邓小平提出"社会学需要赶快补课"的论断 Ⅳ 616
地方各级人民代表大会和地方各级人民政府组织法 Ⅰ 378
地方各级政府工作部门权力清单制度 Ⅰ 500
地方社会学会成立 Ⅳ 706
地方社会学科研机构（地方社科院社会学研究所）成立 Ⅳ 708
地方戏曲剧种保护与扶持计划实施方案 Ⅳ 269
地质灾害防治条例 Ⅲ 574
第11届亚洲运动会在北京举行 Ⅰ 65
第18届世界社会学大会在日本横滨召开 Ⅳ 701
第36届世界社会学大会在北京隆重召开 Ⅳ 673
第九届世界公共卫生联盟大会在北京召开 Ⅱ 558
第六次全国人口普查 Ⅰ 174 Ⅳ 344
第六届亚洲社会学大会在北京举行 Ⅳ 657
第三次全国人口普查 Ⅰ 28 Ⅳ 335
第三方电子商务交易平台服务规范 Ⅳ 134
第十届世界烟草或健康大会在北京召开 Ⅱ 550
第四次全国人口普查 Ⅰ 66 Ⅳ 337
第四次中国文学艺术工作者代表大会 Ⅱ 398

索 引

第五次全国人口普查 Ⅰ 109　Ⅳ 340
第一次亚洲议员人口和发展会议及《北京宣言》Ⅱ 605
第一家国有企业倒闭 Ⅰ 246
第一家互联网公司瀛海威创立 Ⅳ 75
第一家网吧"实华开网络咖啡屋"在京开设 Ⅳ 76
第一张福利彩票发行 Ⅱ 17
电信和互联网用户个人信息保护规定 Ⅳ 39
电信网络运行监督管理办法 Ⅳ 30
电影管理条例 Ⅱ 459
电子商务发展"十一五"规划 Ⅳ 113
东北地区等老工业基地振兴战略 Ⅰ 130
"东方之星"客轮长江翻沉事件 Ⅲ 619
东亚民俗文化国际学术研讨会在北京召开 Ⅳ 659
对发生严重危害社会稳定重大问题的地方实施领导责任查究制度 Ⅲ 426
对口支援边疆地区和少数民族地区发展 Ⅰ 733
对外劳务合作管理条例 Ⅱ 173
对养老保险制度进行顶层设计 Ⅲ 72
多部门执行联动机制 Ⅰ 701
多党合作"十六字"方针 Ⅰ 393

E

2001年E-9会议《北京宣言》Ⅱ 321
2001年中美网络大战 Ⅳ 12
2003—2007年教育振兴行动计划 Ⅱ 340
2005年全国1%人口抽样调查 Ⅳ 359
《2006—2020年国家信息化发展战略》发布 Ⅳ 66
2008：行政问责年 Ⅰ 580
"2008年奥运会中国地区互联网和移动平台传播权"协议 Ⅳ 116
2008年南方低温雨雪冰冻灾害 Ⅲ 596
2009年"莫拉克"台风 Ⅲ 599
2009年中国社会学会学术年会在西安召开 Ⅳ 688
2010年海南特大暴雨 Ⅲ 604
"211工程" Ⅱ 283
26℃空调节能行动 Ⅲ 343
恩格尔系数 Ⅳ 196
儿童情况抽样调查 Ⅳ 438
儿童社会工作服务指南 Ⅲ 235

F

发行中国福利彩票 Ⅲ 116
发展和完善农村合作医疗 Ⅱ 549
发展理论与中国现代化研讨会在北京召开 Ⅳ 631
"发展现代医药和我国传统医药"载入《中华人民共和国宪法》Ⅱ 530
"法轮功"事件 Ⅰ 103
法律法规清理工作 Ⅰ 594
法律援助制度 Ⅰ 612
法制建设"十六字"方针 Ⅰ 516
法治社会建设 Ⅰ 304
反分裂国家法 Ⅰ 141
反垃圾邮件协调小组成立 Ⅳ 15
防范刑事冤假错案工作机制 Ⅰ 602
"防网络诈骗联盟"专项行动启动 Ⅳ 35
放宽国营企业内部分配权 Ⅱ 128

非法用工单位伤亡人员一次性赔偿办法　Ⅱ 165
非经营性互联网信息服务备案管理办法　Ⅳ 19
非全日制用工管理　Ⅱ 162
废除干部领导职务终身制　Ⅰ 29
废除农业税　Ⅰ 300
费孝通获马林诺斯基名誉奖　Ⅳ 617
费孝通接受赫胥黎奖章　Ⅳ 622
费孝通在北京逝世　Ⅳ 676
费孝通主编的《社会学概论》出版　Ⅳ 627
扶持人口较少民族发展规划　Ⅰ 786
扶贫标准大幅度提高　Ⅱ 50
扶贫规划试点项目启动　Ⅲ 299
服务百姓健康行动　Ⅱ 212
福利彩票公益金社会工作培训项目　Ⅲ 212
妇女儿童发展纲要统计监测　Ⅳ 423
妇女社会地位调查　Ⅳ 442
富士康跳楼事件　Ⅱ 167

G

改革劳动制度的"四个暂行规定"　Ⅱ 70
改革完善博士后制度　Ⅱ 394
改善农村人居环境　Ⅱ 220
甘肃舟曲"8·8"特大泥石流　Ⅲ 603
橄榄型收入分配格局　Ⅱ 37
高等教育英语标准化考试　Ⅱ 264
高等学校本科教学质量与教学改革工程　Ⅱ 363
高等学校创新能力提升计划（2011计划）　Ⅱ 370
高等学校后勤社会化改革　Ⅱ 313
高等学校教师职业道德规范　Ⅱ 367
高等学校教学名师奖　Ⅱ 336
高等学校教职工代表大会暂行条例　Ⅱ 246
高等学校设立"社会工作"专业　Ⅲ 187
高等学校筒子楼改造工程　Ⅱ 308
高等学校校长任期制　Ⅱ 258
高等学校学生国家奖学金制度　Ⅱ 324
高等学校学生行为准则　Ⅱ 266
高等学校章程制定暂行办法　Ⅱ 376
高等学校招生考试制度改革　Ⅱ 276
高等学校哲学社会科学繁荣计划（2011—2020年）　Ⅱ 377
高等学校哲学社会科学研究学术规范　Ⅱ 341
高等学校重点学科评选　Ⅱ 257
高校毕业生就业推进行动　Ⅱ 116
高校合并　Ⅰ 273
高校扩招　Ⅰ 272
高校试行学生选课学分制　Ⅱ 234
高校招生"阳光工程"　Ⅱ 344
高校自主招生制度　Ⅱ 345
高中毕业会考制度　Ⅱ 272
《格萨尔王传》　Ⅰ 773
个人住房贷款管理试行办法　Ⅳ 220
个税收入中央和地方按比例分享制度　Ⅱ 37
个体工商户　Ⅰ 231
个体工商户信用分类监管制度　Ⅰ 692
各级人民代表大会常务委员会监督法　Ⅰ 465
各项社会事业　Ⅳ 532
各种受教育程度人口占总人口比重　Ⅳ 553
工读学校管理制度　Ⅱ 260
工会、青年、妇女等群团组织系统社会工作快速发展　Ⅲ 188
工伤保险条例　Ⅲ 37
工伤职工劳动能力鉴定管理办法　Ⅱ 174

索 引

工资集体协商 Ⅰ 491
工资集体协商制度 Ⅱ 149
公安部《道路交通安全违法行为处理程序规定》Ⅲ 428
公安部打击整治网络淫秽色情专项行动 Ⅳ 32
公安部建立公民网络身份识别系统 Ⅳ 158
公安部开展"净网行动" Ⅳ 35
公费医疗改革 Ⅲ 21
公共电子阅览室建设计划 Ⅳ 267
公共服务均等化 Ⅰ 299
公共就业服务体系建设 Ⅱ 87
公共就业服务信息化建设 Ⅱ 115
公共文化体育设施条例 Ⅱ 688 Ⅳ 245
公立医院改革试点 Ⅱ 580
公民道德建设实施纲要 Ⅱ 468
公民有序参与立法 Ⅰ 628
公务员工资调查比较制度 Ⅱ 40
公务员工资制度改革 Ⅱ 42
公务员制度 Ⅰ 259
公益慈善类社会组织直接登记试点 Ⅲ 290
公益知识产权万科案 Ⅲ 177
公用电信网间互联管理规定 Ⅳ 13
共产党员志愿服务座谈会 Ⅲ 376
共青团关爱农民工子女志愿服务行动 Ⅲ 349
共青团中央启动"中国青年志愿者海外服务计划" Ⅲ 333
"共铸诚信"活动 Ⅰ 666
构建大众创业万众创新支撑平台 Ⅱ 125
构建和谐劳动关系 Ⅱ 176
构建社会养老服务体系 Ⅲ 124
孤残儿童救助制度的建立与发展 Ⅲ 138

孤儿助学工程 Ⅱ 202
鼓励出国留学 Ⅰ 241
鼓励海外高层次留学人才回国工作 Ⅱ 314
鼓励和引导民间资本进入文化领域 Ⅱ 502
固定工制度的改革 Ⅱ 131
关爱女孩行动 Ⅱ 635
关于"三农"工作的5个中共中央一号文件（1982—1986年）Ⅰ 22
关于办理利用互联网、移动通信终端、声讯台制作、复制、出版、贩卖、传播淫秽电子信息刑事案件具体应用法律若干问题的解释 Ⅳ 18
关于办理死刑案件审查判断证据若干问题的规定 Ⅰ 588
关于保障性安居工程建设和管理的指导意见 Ⅳ 237
关于惩治走私、制作、贩卖、传播淫秽物品的犯罪分子的决定 Ⅱ 424
关于处理涉及佛教寺庙、道教宫观管理有关问题的意见 Ⅰ 792
关于促进互联网金融健康发展的指导意见 Ⅳ 164
关于促进跨境电子商务健康快速发展的指导意见 Ⅳ 162
关于促进民办社会工作机构发展的通知 Ⅲ 206
关于大力发展电子商务加快培育经济新动力的意见 Ⅳ 161
关于大力推进大众创业万众创新若干政策措施的意见 Ⅱ 126
关于发展软件及相关信息服务出口的指导意见 Ⅳ 24

733

关于改革和发展成人教育的决定　Ⅱ 261
关于改进完善全民所有制企业经营者收入分配办法的意见　Ⅱ 23
关于改善农民工居住条件的指导意见　Ⅳ 230
关于高度重视农民工文化生活，切实保障农民工文化权益的通知　Ⅳ 246
关于搞活流通扩大消费的意见　Ⅳ 184
关于公共租赁住房和廉租住房并轨运行的通知　Ⅳ 237
关于鼓励发展民营文艺表演团体的意见　Ⅱ 477
关于鼓励和规范宗教界从事公益慈善活动的意见　Ⅰ 791　Ⅲ 176
关于广泛开展基层文化志愿服务活动的意见　Ⅳ 261
关于规范利用互联网从事印刷经营活动的通知　Ⅳ 114
关于规范志愿服务记录证明工作的指导意见　Ⅲ 391
关于灰色收入的讨论　Ⅱ 54
关于机关事业单位工作人员养老保险制度改革的决定　Ⅰ 367
关于积极促进志愿消防队伍发展的指导意见　Ⅲ 356
关于积极推进"互联网＋"行动的指导意见　Ⅳ 163
关于积极推进企业退休人员社会化管理服务工作的意见　Ⅲ 262
关于计划生育工作情况的汇报　Ⅱ 614
关于计算机信息网络国际联网业务实行经营许可证制度有关问题的通知　Ⅳ 5
关于加大对网吧接纳未成年人违法行为处罚力度的通知　Ⅳ 126
关于加快发展城市社区卫生服务的意见　Ⅲ 261
关于加快发展公共租赁住房的指导意见　Ⅳ 234
关于加快发展社区服务业的意见　Ⅲ 245
关于加快培育和发展战略性新兴产业的决定　Ⅳ 131
关于加快普通高等学校筒子楼改造改善青年教师住房条件的意见　Ⅳ 218
关于加快推进残疾人社会保障体系和服务体系建设的指导意见　Ⅲ 149
关于加快推进社会救助领域社会工作发展的意见　Ⅲ 238
关于加快推进社区社会工作服务的意见　Ⅲ 229
关于加快推进灾害社会工作服务的指导意见　Ⅲ 230
关于加快小微企业和农村信用体系建设的意见　Ⅰ 712
关于加强城乡社区协商的意见　Ⅰ 503
关于加强地方县级和城乡基层宣传文化队伍建设的若干意见　Ⅳ 255
关于加强对进口网络游戏审批管理的通知　Ⅳ 125
关于加强革命文物工作的意见　Ⅱ 450
关于加强公共文化服务体系建设的若干意见　Ⅳ 253
关于加强和改进城市社区居民委员会建设工作的意见　Ⅲ 283
关于加强和改进党的群团工作的意见　Ⅰ 501
关于加强和改进街道社区党的建设工作的意见　Ⅲ 265
关于加强和改进社区服务工作的意见　Ⅲ 272

关于加强和改进网络音乐内容审查工作的通知 Ⅳ 122

关于加强和改善世界遗产保护管理工作的意见 Ⅱ 464

关于加强互联网禁毒工作的意见 Ⅳ 160

关于加强互联网领域侵权假冒行为治理的意见 Ⅳ 54

关于加强互联网易制毒化学品销售信息管理的公告 Ⅳ 129

关于加强环境噪声污染防治工作改善城乡声环境质量的指导意见 Ⅳ 294

关于加强农村生态环境保护工作的若干意见 Ⅳ 281

关于加强农作物秸秆综合利用和禁烧工作的通知 Ⅳ 298

关于加强企业质量信用监管工作的意见 Ⅰ 691

关于加强青少年事务社会工作专业人才队伍建设的意见 Ⅲ 231

关于加强全国社区管理和服务创新实验区工作的意见 Ⅲ 284

关于加强社会工作专业人才队伍建设的意见 Ⅲ 214

关于加强社区残疾人工作的意见 Ⅲ 252

关于加强生活无着流浪乞讨人员身份查询和照料安置工作的意见 Ⅲ 109

关于加强通过信息网络向公众传播广播电影电视类节目管理的通告 Ⅳ 6

关于加强网络文化市场管理的通知 Ⅳ 89

关于加强网络信息保护的决定 Ⅳ 37

关于加强网络游戏虚拟货币管理工作的通知 Ⅳ 124

关于加强我国非物质文化遗产保护工作的意见 Ⅱ 474

关于加强新闻队伍职业道德建设，禁止"有偿新闻"的通知 Ⅱ 430

关于加强音像制品、电子出版物和网络出版物审读工作的通知 Ⅳ 26

关于加强政党协商的实施意见 Ⅰ 505

关于加速发展高等教育的报告 Ⅱ 238

关于价格、工资制度改革的初步方案 Ⅱ 20

关于坚决制止中小学乱收费的规定 Ⅱ 273

关于建国以来党的若干历史问题的决议 Ⅰ 17

关于健全和完善村务公开和民主管理制度的意见 Ⅲ 264

关于教师参与志愿服务活动的指导意见 Ⅲ 372

关于进一步规范经济适用住房建设和销售行为的通知 Ⅳ 221

关于进一步活跃农村经济的十项政策 Ⅳ 173

关于进一步加快推进民办社会工作服务机构发展的意见 Ⅲ 234

关于进一步加强妇幼卫生工作的指导意见 Ⅳ 312

关于进一步加强公共数字文化建设的指导意见 Ⅱ 503 Ⅳ 138

关于进一步加强基层文化建设的指导意见 Ⅱ 460

关于进一步加强计划生育协会工作的报告 Ⅱ 623

关于进一步加强农村文化建设的意见 Ⅳ 247

关于进一步加强少年儿童图书馆建设工作的意见 Ⅳ 258

关于进一步加强网吧及网络游戏管理工作的通知 Ⅳ 25

关于进一步加强网络游戏前置审批和进口网络游戏审批管理的通知 Ⅳ 31

关于进一步加强学校治安综合治理工作的意见 Ⅲ 418

关于进一步加强中小学诚信教育的通知 Ⅰ 675

关于进一步推进和谐社区建设工作的意见 Ⅲ 281

关于进一步做好农民工培训工作的指导意见 Ⅱ 118

关于进一步做好社区组织的工作用房、居民公益性服务设施建设和管理工作的意见 Ⅲ 268

关于进一步做好新形势下社区志愿服务工作的意见 Ⅲ 368

关于开办人民币长期保值储蓄存款的公告 Ⅳ 174

关于开展"网吧"等互联网上网服务营业场所专项治理的通知 Ⅳ 94

关于开展出生缺陷一级预防工作的指导意见 Ⅱ 645

关于开展个人消费信贷指导意见 Ⅳ 179

关于开展全国重要信息系统安全等级保护定级工作的通知 Ⅳ 27

关于开展社会诚信宣传教育的工作意见 Ⅰ 665

关于开展以互联网站为重点的保密检查的通知 Ⅳ 20

关于民政事业单位岗位设置管理的指导意见 Ⅲ 202

关于民族工作几个重要问题的报告 Ⅰ 745

关于培育和践行社会主义核心价值观的意见 Ⅱ 511

关于企业职工养老保险制度改革的决定 Ⅰ 70

关于全面加强农村人口计生工作的若干意见 Ⅱ 641

关于全面推进检务公开工作的意见 Ⅰ 639

关于人民法院在互联网公布裁判文书的规定 Ⅰ 600

关于认真贯彻党的中医政策,解决中医队伍后继乏人问题的报告 Ⅱ 523

关于深化高等教育体制改革的若干意见 Ⅱ 295

关于深化国有文艺演出院团体制改革的若干意见 Ⅱ 483

关于深化检察改革的意见(2013—2017年工作规划) Ⅰ 638

关于深化企业劳动人事、工资分配、社会保险制度改革的意见 Ⅲ 22

关于深化收入分配制度改革的若干意见 Ⅰ 364　Ⅱ 55

关于深化卫生医疗体制改革的几点意见 Ⅰ 322

关于深化文化体制改革的若干意见 Ⅰ 339

关于深化执法规范化建设全面建设法治公安的决定 Ⅰ 642

关于深入开展农村社会主义精神文明建设活动的若干意见 Ⅱ 434

关于深入开展志愿服务活动的意见 Ⅲ 359

关于深入推进学生志愿服务活动的意见 Ⅲ 361

关于实施全面两孩政策 改革完善计划生育服务管理的决定 Ⅰ 219

关于实施刑事诉讼法若干问题的规定 Ⅰ 590

关于是否进入"刘易斯拐点"的争论 Ⅱ 47

关于司法公开的六项规定 Ⅰ 582

关于探索建立社会组织第三方评估机制的指

索 引

导意见 Ⅲ 318
关于推动社区就业工作的若干意见 Ⅲ 257
关于推进城市和国有工矿棚户区改造工作的指导意见 Ⅳ 230
关于推进社会工作者与志愿者联动工作的实施意见 Ⅲ 363
关于推进社区公共服务综合信息平台建设的指导意见 Ⅲ 286
关于推进志愿服务制度化的意见 Ⅲ 366
关于完善人民检察院司法责任制的若干意见 Ⅰ 646
关于网络音乐发展和管理的若干意见 Ⅳ 111
关于网络游戏发展和管理的若干意见 Ⅳ 103
关于维护互联网安全的决定 Ⅳ 11
关于卫生工作改革若干政策问题的报告 Ⅰ 313 Ⅱ 533
关于我国电子政务建设指导意见 Ⅳ 91
关于严防虚假新闻报道的若干规定 Ⅳ 137
关于在农村基层广泛开展志愿服务活动的意见 Ⅲ 370
关于在全国城市推行社区志愿者注册制度的通知 Ⅲ 369
关于在全国推进城市社区建设的意见 Ⅲ 252
关于在刑事执行检察工作中防止和纠正冤假错案的指导意见 Ⅰ 641
关于政府向社会力量购买服务的指导意见 Ⅰ 362
关于支持戏曲传承发展的若干政策 Ⅱ 518
关于住房转让所得征收个人所得税有关问题的通知 Ⅳ 228
关于做好2015年农村危房改造工作的通知 Ⅳ 239

关于做好政府购买养老服务工作的通知 Ⅲ 153
广播电视村村通工程 Ⅳ 243
广播电视电影综合情况 Ⅳ 587
广播电视管理条例 Ⅱ 448
广播电视广告播出管理办法 Ⅰ 700
广电总局在国内发放首张IPTV业务经营牌照 Ⅳ 100
广东发生群体性偷渡外逃风潮 Ⅲ 396
广东河源"瘦肉精"中毒事件 Ⅲ 483
广东陆丰"乌坎事件" Ⅰ 490
广东企业基本养老金"倒挂"现象 Ⅲ 79
广东省青年志愿服务条例 Ⅲ 381
广东省志愿者事业发展基金会 Ⅲ 341
广东增城群体性事件 Ⅲ 441
广开门路,解决城镇就业问题 Ⅱ 66
广州放开社会组织公募权 Ⅲ 175
规范互联网信息服务市场秩序若干规定 Ⅳ 139
规范建筑等行业农民工劳动合同管理 Ⅱ 155
规范域名注册服务市场专项行动 Ⅳ 49
贵阳市的人大旁听制度 Ⅰ 431
贵州瓮安群体性事件 Ⅲ 431
郭美美事件 Ⅲ 174
郭明义爱心团队 Ⅲ 378
国际奥委会恢复中国的合法地位 Ⅱ 657
国际传统医药大会 Ⅱ 542
国际竞争力 Ⅳ 520
国际贫困率 Ⅳ 602
国际人类学与民族学联合会第16届世界大会在昆明举行 Ⅳ 691
国际社会工作者联合会、国际社会工作学院

联合会和香港社会工作人员协会举办的联合世界会议在香港召开　Ⅳ 657

国际社会学协会第十六届世界大会在南非的德班市举行　Ⅳ 679

国际社会学学会社会分层与流动研究委员会2009年年会在北京举行　Ⅳ 687

国际志愿者日主题宣传活动　Ⅲ 377

国家安居工程实施方案　Ⅳ 216

国家安全生产监督管理局成立　Ⅲ 478

国家安全生产监督管理总局成立　Ⅲ 505

国家安全生产监督管理总局等《关于加强企业应急管理工作的意见》　Ⅲ 587

国家八七扶贫攻坚计划　Ⅰ 77

国家版权局发布《关于规范网络转载版权秩序的通知》　Ⅳ 50

国家层面首次组织灾区社会工作支援服务　Ⅲ 235

国家出版基金　Ⅱ 491

国家大剧院　Ⅱ 457

国家电子政务网络传输骨干网网络正式开通　Ⅳ 66

《国家电子政务总体框架》确定　Ⅳ 109

国家发展规划对社会保障发展与改革的思路逐渐清晰　Ⅲ 6

国家高层次人才特殊支持计划（万人计划）　Ⅱ 365

国家公共文化服务示范区创建工程　Ⅱ 206

国家公共文化服务体系示范区建设　Ⅱ 501

国家古籍整理出版规划　Ⅱ 405

国家核事故应急协调委员会成立　Ⅲ 471

国家互联网应急中心成立　Ⅳ 92

国家环境与健康行动计划（2007—2015年）　Ⅳ 315

国家基本公共服务体系"十二五"规划　Ⅰ 182　Ⅱ 183

国家基本公共服务统计监测　Ⅳ 401

国家基本公共卫生服务规范　Ⅱ 213

国家计划生育委员会成立　Ⅱ 604

国家计划生育委员会更名为国家人口和计划生育委员会　Ⅱ 634

国家减灾委员会成立　Ⅲ 559

国家减灾委员会《关于加强城乡社区综合减灾工作的指导意见》　Ⅲ 605

国家将特殊教育纳入义务教育体系　Ⅱ 269

国家教育委员会关于师范教育改革和发展的若干意见　Ⅱ 299

国家教育委员会关于做好学校治安综合治理工作的几点意见　Ⅲ 409

国家科技计划信用管理制度　Ⅰ 672

国家农村小康环保行动计划　Ⅳ 290

国家贫困地区义务教育工程　Ⅱ 293

国家人口发展战略研究报告　Ⅱ 643

国家社会科学基金　Ⅱ 437

国家审计署和地方审计机关　Ⅰ 533

国家实施免费孕前优生健康检查　Ⅱ 649

国家食品药品监督管理局成立　Ⅲ 490

国家食品药品监督管理总局《食品药品行政处罚程序规定》　Ⅲ 543

国家体委被改组为国家体育总局　Ⅱ 682

国家体委关于深化体育改革的意见　Ⅰ 325

国家体委关于体育体制改革的决定　Ⅰ 314

国家体育锻炼标准　Ⅱ 662

国家统一的司法考试制度　Ⅰ 561

国家图书奖　Ⅱ 431

国家网信办重组 Ⅳ 157

国家卫生服务调查 Ⅱ 546

国家卫生和计划生育委员会成立 Ⅱ 589

国家舞台艺术精品工程 Ⅱ 463

国家宪法日 Ⅰ 635

国家协调劳动关系三方会议 Ⅱ 150

国家新型城镇化规划（2014—2020年）Ⅰ 202

"国家信息化'九五'规划和2000年远景目标"通过 Ⅳ 58

国家艺术基金 Ⅱ 510

国家允许个体开业行医 Ⅱ 527

国家知识产权战略 Ⅱ 488

国家知识产权战略纲要 Ⅰ 578

国家中医药管理局成立 Ⅱ 535

国家中长期教育改革和发展规划纲要（2010—2020年）Ⅰ 171　Ⅰ 349　Ⅱ 357

国家中长期人才发展规划纲要（2010—2020年）Ⅰ 172　Ⅱ 353

《国家中长期人才发展规划纲要（2010—2020年）》首提"社会工作人才" Ⅲ 211

国家助学贷款制度 Ⅱ 316

国家综合防灾减灾规划（2011—2015年）Ⅲ 606

国家综合减灾"十一五"规划 Ⅲ 590

国民经济"调整、改革、整顿、提高"方针 Ⅳ 171

国民经济和社会发展"九五"计划和2010年远景目标纲要 Ⅰ 87

《国民经济和社会发展信息化"十一五"规划》发布 Ⅳ 67

国民体质测定标准 Ⅱ 689

国内生产总值及人均国内生产总值 Ⅳ 555

国内生产总值指数 Ⅳ 556

国土资源部办公厅《关于严格管理防止违法违规征地的紧急通知》Ⅲ 446

国务院《城市生活无着的流浪乞讨人员救助管理办法》Ⅲ 93

国务院《高等教育管理职责暂行规定》Ⅱ 251

国务院《工资基金暂行管理办法》Ⅱ 15

国务院《关于发展城市社区卫生服务的指导意见》Ⅳ 311

国务院《关于加强食品等产品安全监督管理的特别规定》Ⅲ 516

国务院《关于解决城市低收入家庭住房困难的若干意见》Ⅳ 229

国务院《关于进一步加强安全生产工作的决定》Ⅲ 499

国务院《关于进一步做好城镇棚户区和城乡危房改造及配套基础设施建设有关工作的意见》Ⅳ 239

国务院《关于全面加强应急管理工作的意见》Ⅲ 584

国务院《关于预防煤矿生产安全事故的特别规定》Ⅲ 507

国务院《国家突发公共事件总体应急预案》Ⅲ 581

国务院《国有企业富余职工安置规定》Ⅱ 77

国务院《国有企业职工待业保险规定》Ⅱ 72

国务院《劳动就业服务企业管理规定》Ⅱ 73

国务院《女职工保健工作规定》Ⅲ 129

国务院《企业职工伤亡事故报告和处理规定》Ⅲ 467

国务院《全民健身计划（2011—2015年）》Ⅳ 305

国务院《全民所有制企业招用农民合同制工人的规定》Ⅱ 74

国务院《特别重大事故调查程序暂行规定》Ⅲ 464

国务院《危险废物经营许可证管理办法》Ⅲ 502

国务院《征收教育费附加的暂行规定》Ⅱ 254

国务院《宗教活动场所管理条例》Ⅲ 416

国务院办公厅《关于加强基层应急队伍建设的意见》Ⅲ 601

国务院办公厅《突发事件应急预案管理办法》Ⅲ 612

国务院办公厅《应急管理科普宣教工作总体实施方案》Ⅲ 577

国务院办公厅发布《关于积极发挥新消费引领作用加快培育形成新供给新动力的指导意见》Ⅳ 187

国务院办公厅发布《关于加快发展生活性服务业促进消费结构升级的指导意见》Ⅳ 186

国务院办公厅公布《关于进一步加强政府信息公开回应社会关切提升政府公信力的意见》Ⅳ 150

国务院办公厅关于社会信用体系建设的若干意见 Ⅰ 693

国务院办公厅关于调控房地产市场的八项举措 Ⅳ 227

国务院办公厅印发《关于全面实施城乡居民大病保险的意见》Ⅲ 80

国务院办公厅印发《人口发展"十一五"和2020年规划》Ⅱ 640

国务院办公厅转发关于进一步做好农村社会养老保险工作意见的通知 Ⅲ 25

国务院办公厅转发关于实行国家公务员医疗补助意见的通知 Ⅲ 31

国务院发布《关于进一步深化城镇住房制度改革加快住房建设的通知》Ⅳ 217

国务院发布《关于深化城镇住房制度改革的决定》Ⅳ 215

国务院发布《关于印发水污染防治行动计划的通知》Ⅳ 300

国务院公布《电子信息产业调整和振兴规划》Ⅳ 123

国务院公布《禁止使用童工规定》Ⅲ 137

国务院公布《社会救助暂行办法》Ⅲ 82

国务院关于筹措农村学校办学经费的通知 Ⅱ 244

国务院关于促进慈善事业健康发展的指导意见 Ⅲ 168

国务院关于促进红十字事业发展的意见 Ⅰ 188

国务院关于促进健康服务业发展的若干意见 Ⅱ 590

国务院关于打击盗掘和走私文物的通告 Ⅱ 418

国务院关于大力发展职业技术教育的决定 Ⅱ 275

国务院关于大力推进职业教育改革与发展的决定 Ⅱ 328

国务院关于机关事业单位工作人员养老保险制度改革的决定 Ⅱ 58

国务院关于基础教育改革与发展的决定 Ⅱ 320

国务院关于加快发展对外文化贸易的意见 Ⅱ 512

国务院关于加快发展民族教育的决定 Ⅰ 797

国务院关于加快发展现代职业教育的决定 Ⅱ 382

索 引

国务院关于加快棚户区改造工作的意见 Ⅱ 217

国务院关于加快推进残疾人小康进程的意见 Ⅲ 147

国务院关于加强爱国卫生工作的决定 Ⅱ 539

国务院关于加强城市基础设施建设的意见 Ⅱ 222

国务院关于加强法治政府建设的意见 Ⅰ 585

国务院关于加强教师队伍建设的意见 Ⅱ 368

国务院关于加强历史文物保护工作的通知 Ⅱ 403

国务院关于加强市县政府依法行政的决定 Ⅰ 577

国务院关于加强职业培训促进就业的意见 Ⅱ 119

国务院关于建立城镇职工基本医疗保险制度的决定 Ⅲ 26

国务院关于建立统一的城乡居民基本养老保险制度的意见 Ⅰ 207

国务院关于解决城市低收入家庭住房困难的若干意见 Ⅲ 97

国务院关于解决农民工问题的若干意见 Ⅰ 147 Ⅱ 101

国务院关于进一步贯彻实施民族区域自治法若干问题的通知 Ⅰ 751

国务院关于进一步加强和改进最低生活保障工作的意见 Ⅲ 102

国务院关于进一步加强农村教育工作的决定 Ⅱ 337

国务院关于进一步加强食品安全监管工作的决定 Ⅲ 494

国务院关于进一步加强新时期爱国卫生工作的意见 Ⅱ 591

国务院关于进一步完善文化经济政策的若干规定 Ⅱ 441

国务院关于进一步做好新形势下就业创业工作的意见 Ⅱ 387

国务院关于开展城镇居民基本医疗保险试点的指导意见 Ⅲ 44

国务院关于全面建立临时救助制度的通知 Ⅲ 108

国务院关于全面推进依法行政的决定 Ⅰ 554

国务院关于深化考试招生制度改革的实施意见 Ⅱ 383

国务院关于深化科技体制改革若干问题的决定 Ⅰ 315

国务院关于深化中小学教师职称制度改革扩大试点指导意见 Ⅱ 356

国务院关于深入推进义务教育均衡发展的意见 Ⅱ 371

国务院关于试行社会保险基金预算的意见 Ⅲ 61

国务院关于特大安全事故行政责任追究的规定 Ⅲ 483

国务院关于推进物联网有序健康发展的指导意见 Ⅳ 71

国务院关于完善城镇社会保障体系的试点方案 Ⅲ 30

国务院关于完善企业职工基本养老保险制度的决定 Ⅲ 41

国务院关于严厉打击非法出版活动的通知 Ⅱ 417

国务院关于在全国建立城市居民最低生活保障制度的通知 Ⅲ 87

741

国务院关于正确实行奖励制度、坚决制止滥发奖金的几项规定　Ⅱ 10

国务院关于职工工作时间的规定　Ⅱ 79

国务院关于职工退休、退职的暂行办法　Ⅱ 62

国务院批转《关于探索建立农村基层社会保障制度的报告》　Ⅲ 19

国务院批准《关于职工医疗制度改革的试点意见》　Ⅲ 23

国务院批准成立国家体育竞赛监察委员会　Ⅱ 686

国务院实施《中华人民共和国民族区域自治法》若干规定　Ⅰ 770

国务院通过《女职工劳动保护规定》　Ⅲ 130

国务院信息化办公室成立　Ⅳ 85

国务院学位委员会办公室批准北京大学、清华大学等33所高校开展社会工作硕士专业学位教育试点工作　Ⅳ 688

国务院学位委员会正式同意培养社会工作硕士（MSW）和社会行政管理硕士（MSSM）　Ⅳ 669

国务院研究室发布《中国农民工调研报告》　Ⅲ 431

国务院印发《关于促进房地产市场持续健康发展的通知》　Ⅳ 225

国务院印发《全民科学素质行动计划纲要》　Ⅳ 251

国务院应急管理办公室成立　Ⅲ 583

国务院应急管理办公室发布《突发事件应急演练指南》　Ⅲ 596

国务院在北京召开全国社会发展会议　Ⅳ 653

国务院住房制度改革领导小组成立　Ⅳ 210

"国医大师"评选　Ⅱ 575

国营企业"破三铁"改革　Ⅱ 22

国营企业工资总额与经济效益挂钩制度　Ⅱ 13

国营企业劳动制度改革　Ⅰ 51

国营企业实行劳动合同制　Ⅱ 133

国营企业职工代表大会条例　Ⅱ 128

国有企业改革　Ⅰ 244

国有企业下岗职工基本生活保障和再就业工作　Ⅰ 96

国有企业职工"下岗分流"　Ⅱ 85

国有土地上房屋征收与补偿条例　Ⅲ 443

H

哈尔滨律师孙少波"贪污"案　Ⅰ 559

海外赤子为国服务行动计划　Ⅱ 351

海外高层次留学人才回国绿色通道　Ⅱ 347

海外高层次人才引进计划（千人计划）　Ⅱ 350

海峡两岸百寺千僧消灾祈福万人大法会　Ⅰ 771

"汉芯"研制中的造假欺骗行为　Ⅰ 685

《汉语大词典》和《汉语大字典》出版　Ⅱ 423

汉族地区佛教道教寺观管理　Ⅰ 744

行政决策听证会　Ⅰ 434

行政审判庭　Ⅰ 534

行政审批制度改革　Ⅰ 124

行政执法体制改革　Ⅰ 606

杭州市计算机信息网络安全保护管理条例　Ⅳ 29

何振梁当选国际奥委会副主席　Ⅱ 673

和谐社会　Ⅳ 498

和谐社会建设　Ⅰ 288

"和谐社区示范单位"创建活动　Ⅲ 266

河南"爱心妈妈"袁厉害事件　Ⅲ 140

索　引

河南邓州"四议两公开"工作法　Ⅰ 446
河南杞县"钴60"卡源事故　Ⅲ 528
河南双汇"瘦肉精"案　Ⅲ 531
黑龙江佳木斯"五环工作法"　Ⅰ 487
胡锦涛对社会学发展作出批示　Ⅳ 684
胡锦涛通过人民网强国论坛同网友在线交流　Ⅳ 119
胡耀邦谈怎样划分光彩和不光彩　Ⅱ 69
胡耀邦写信推荐《小城镇　大问题》一书　Ⅳ 626
湖北巴东邓玉娇事件　Ⅲ 437
湖南妇女参与村级治理　Ⅰ 462
湖南衡阳贿选案　Ⅰ 499
互联网"违法和不良信息举报中心"网站（net.china.cn）开通　Ⅳ 16
互联网 IP 地址备案管理办法　Ⅳ 19
互联网安全保护技术措施规定　Ⅳ 21
互联网出版管理暂行规定　Ⅳ 90
互联网等信息网络传播视听节目管理办法　Ⅳ 98
互联网电子公告服务管理规定　Ⅳ 10
互联网电子邮件服务管理办法施行　Ⅳ 109
互联网接入服务规范　Ⅳ 38
《互联网视听节目服务管理规定》颁布　Ⅳ 116
互联网危险物品信息发布管理规定　Ⅳ 47
互联网文化管理暂行规定　Ⅳ 134
互联网新闻信息服务单位约谈工作规定　Ⅳ 51
互联网新闻信息服务管理规定公布　Ⅳ 105
互联网新闻信息服务自律公约　Ⅳ 93
互联网信息服务管理办法　Ⅳ 9
互联网药品交易服务审批暂行规定　Ⅳ 105
互联网药品信息服务管理办法　Ⅳ 95

互联网医疗卫生信息服务管理办法　Ⅳ 85
互联网用户账号名称管理规定　Ⅳ 47
互联网站从事登载新闻业务管理暂行规定　Ⅳ 11
互联网站管理协调工作方案　Ⅳ 108
互联网站禁止传播淫秽、色情等不良信息自律规范　Ⅳ 17
互联网著作权行政保护办法　Ⅳ 101
户籍管理制度　Ⅰ 309
户籍制度改革　Ⅰ 204
"护苗 2015"专项行动　Ⅳ 53
护士条例　Ⅱ 577
华北、东北、南方部分地区发生干旱灾害　Ⅲ 600
淮河和渭河流域发生洪涝灾害　Ⅲ 575
"环境保护"被确立为一项基本国策　Ⅳ 274
"环境保护"教育　Ⅳ 278
"环境保护"写入宪法　Ⅳ 273
环境统计　Ⅳ 332　Ⅳ 417
环境信息公开办法（试行）　Ⅳ 282
黄闻云上书呼吁建立国家信用管理体系　Ⅰ 655
恢复高考制度　Ⅰ 227
恢复公证制度　Ⅰ 527
恢复奖金与计件工资制　Ⅱ 5
恢复律师制度　Ⅰ 525
恢复重点学校　Ⅱ 228
恢复重建司法部　Ⅰ 518

J

"985 工程"　Ⅱ 304
机关事业单位养老保险改革　Ⅲ 56

积极就业政策　Ⅱ 91
积极引导和鼓励高校毕业生面向基层就业　Ⅱ 100
基本民生　Ⅳ 529
基本普及九年义务教育和基本扫除青壮年文盲　Ⅱ 317
基层工会主席直接选举制度　Ⅱ 135
基层计划生育工作管理办法　Ⅱ 615
基层劳动就业社会保障公共服务平台和网络建设　Ⅱ 195
基层民主"青县模式"　Ⅰ 448
"基层群众性自治组织"载入宪法　Ⅲ 241
基础教育课程改革纲要　Ⅱ 323
基金会管理条例　Ⅰ 337
基尼系数开始超过0.4的国际警戒线　Ⅱ 36
跻身中等偏上收入组　Ⅳ 503
吉林省梨树县的"海选"　Ⅰ 421
即时通信工具公众信息服务发展管理暂行规定　Ⅳ 43
集体合同规定　Ⅱ 139
集镇落户制度改革　Ⅰ 239
计划生育成为基本国策　Ⅱ 609
计划生育工作"三为主"方针　Ⅱ 612
计划生育行政执法责任制　Ⅱ 626
计划生育技术服务管理　Ⅱ 631
计划生育药具工作管理　Ⅱ 642
计算机信息网络国际联网安全保护管理办法　Ⅳ 5
计算机信息网络国际联网出入口信道管理办法　Ⅳ 4
计算机信息系统国际联网保密管理规定　Ⅳ 8

继续开展"安全生产万里行"活动　Ⅲ 487
加快发展养老服务业　Ⅲ 125
加快构建现代公共文化服务体系　Ⅱ 514
加快应急产业发展　Ⅲ 617
加强和创新社会管理　Ⅰ 180　Ⅲ 439
加强和改进新形势下高校宣传思想工作　Ⅱ 517
加强和改进学校德育工作　Ⅱ 288
加强老年人体育工作　Ⅱ 683
加强少数民族人口与计划生育工作　Ⅱ 628
加强社会治安防控体系建设　Ⅲ 447
加强特殊教育教师队伍建设　Ⅱ 191
加强体育法制建设　Ⅱ 681
加强体育文化工作　Ⅱ 698
加强卫生行业作风建设　Ⅱ 568
加强职工体育工作　Ⅱ 697
家电下乡　Ⅳ 182
"家庭：优化与凝聚"国际研讨会在上海举办　Ⅳ 671
家庭上网工程正式启动　Ⅳ 64
家庭与婚姻　Ⅳ 369
家长教育行为规范　Ⅱ 302
价格听证制度　Ⅳ 179
坚持和完善普通高等学校党委领导下的校长负责制　Ⅱ 386
监测地区5岁以下儿童和孕产妇死亡率　Ⅳ 581
监察部等《安全生产领域违法违纪行为政纪处分暂行规定》　Ⅲ 515
监察机关参加特别重大事故调查处理制度　Ⅲ 466
检察机关提起公益诉讼改革试点方案　Ⅰ 649
减持国有股筹集社会保障资金管理暂行

办法 Ⅲ 34
建立安全生产控制指标体系 Ⅲ 496
建立被征地农民的就业培训和社会保障 Ⅲ 43
建立城市居民最低生活保障制度 Ⅰ 93
建立城镇居民最低生活保障制度 Ⅱ 31
建立工资指导线制度 Ⅱ 27
建立健全高校师德建设长效机制 Ⅱ 385
建立农村最低生活保障制度 Ⅲ 96
建立全科医生制度 Ⅱ 588
建立突发公共事件应急预案工作小组 Ⅲ 573
建立下岗职工基本生活保障制度 Ⅲ 91
建立新型农村合作医疗保险 Ⅲ 36
建立中央级救灾物资储备制度 Ⅲ 568
建立重特大生产安全事故责任追究部际联席会议制度 Ⅲ 519
建立最低工资制度规定 Ⅱ 26
建设"信用浙江" Ⅰ 658
建设法治社会 Ⅰ 636
建设工程安全生产管理条例 Ⅲ 489
建设和谐宗教、和谐寺观教堂 Ⅰ 776
建筑市场信用体系建设 Ⅰ 680
"健康中国2020"战略 Ⅳ 316
江苏昆山中荣"8·2"特大爆炸事故 Ⅲ 544
江苏沛县村级事务"1+5管理法" Ⅰ 485
"讲文明、树新风"活动 Ⅱ 444
交通出行 Ⅳ 199
交通运输企业安全生产诚信体系建设实施方案 Ⅰ 727
教师节 Ⅱ 245
教师资格条例 Ⅱ 296
教学成果奖励条例 Ⅱ 286

教育部关于全面提高高等教育质量的若干意见("高教30条") Ⅱ 369
教育部设置"社会工作硕士"(MSW)学位 Ⅲ 203
教育部直属师范大学师范生免费教育实施办法（试行） Ⅱ 349
教育督导制度 Ⅱ 277
教育经费 Ⅳ 575
教育经费统计 Ⅳ 408
教育救助制度 Ⅲ 106
教育乱收费现象及其治理 Ⅱ 334
教育收费公示制度 Ⅱ 329
教育统计 Ⅳ 404
教育网站和网校暂行管理办法 Ⅳ 9
解决城镇居住特别困难户住房问题的若干意见 Ⅳ 210
"巾帼社区服务工程" Ⅲ 251
金融信用信息基础数据库建设 Ⅰ 660
进一步加强精神卫生工作 Ⅱ 567
进一步深化企业内部分配制度改革的指导意见 Ⅱ 34
进一步完善城乡义务教育经费保障机制 Ⅱ 393
进一步完善公共就业服务体系 Ⅱ 194
禁止传销条例 Ⅲ 430
禁止党政机关和党政干部经商、办企业 Ⅰ 53
京沪粤成立社会建设专门机构 Ⅰ 335
京津冀社会信用体系合作共建宣言 Ⅰ 729
经济适用房价格管理办法 Ⅳ 222
"九八"抗洪斗争 Ⅰ 99
"九五"社会综合统计改革方案 Ⅳ 391
就业"春风行动" Ⅱ 92
就业服务与就业管理规定 Ⅱ 107

就业工作目标责任制　Ⅱ 111
就业救助制度　Ⅲ 107
"就业是民生之本"的提出　Ⅱ 88
就业优先战略　Ⅱ 121
就业援助制度　Ⅱ 109
居民身份证制度　Ⅰ 311
居民食品消费　Ⅳ 194
居民收入倍增计划　Ⅱ 53
居民消费倾向和储蓄倾向　Ⅳ 191
居民消费水平及指数　Ⅳ 561
居民衣着消费　Ⅳ 193
居民医疗保健消费　Ⅳ 197
居住证暂行条例　Ⅰ 371
举行立法听证会　Ⅰ 570
军人抚恤优待条例　Ⅲ 151
骏马文学奖　Ⅱ 415

K

开始试点工资集体协商制度　Ⅱ 33
开展"打拐"专项斗争　Ⅲ 425
开展"接送流浪孩子回家"专项行动　Ⅲ 441
开展"六打六治"打非治违专项行动　Ⅲ 540
开展安全生产百日督查专项行动　Ⅲ 524
开展安全生产隐患排查治理专项行动　Ⅲ 518
开展保健品打"四非"专项行动　Ⅲ 538
开展粉尘防爆专项治理行动　Ⅲ 541
开展全国行政复议委员会试点工作　Ⅰ 571
开展社会发展水平综合评价　Ⅳ 388
开展危险化学品安全管理专项整治工作　Ⅲ 486
开展药品"两打两建"专项行动　Ⅲ 537

开展整治非法用工打击违法犯罪专项行动　Ⅲ 517
考试招生制度改革　Ⅰ 205
科技统计　Ⅳ 331
"科教兴国"战略　Ⅰ 84　Ⅱ 292
科学发展观　Ⅰ 127
科学技术是第一生产力　Ⅰ 249
可持续发展战略　Ⅳ 277
跨国药企商业贿赂第一案　Ⅰ 593
跨世纪优秀人才计划　Ⅱ 284
快递业务经营许可管理办法　Ⅳ 185
矿山安全条例和矿山安全监察条例　Ⅲ 458
扩大国家免疫规划　Ⅱ 574
扩大直属高校办学自主权　Ⅱ 300

L

拉萨"3·14"严重暴力犯罪事件　Ⅰ 160
拉萨发生严重骚乱事件　Ⅲ 404
劳动保障监察条例　Ⅱ 154
劳动保障监察制度　Ⅲ 49
劳动服务公司　Ⅱ 63
劳动关系和谐温度计　Ⅱ 168
劳动关系协调员　Ⅱ 161
劳动行政处罚若干规定　Ⅱ 143
劳动行政处罚听证程序　Ⅱ 145
劳动教养制度　Ⅰ 206　Ⅰ 610
劳动力市场"三化"建设　Ⅱ 86
劳动力调查　Ⅳ 362
劳动人事部成立　Ⅱ 68
劳动用工备案制度　Ⅱ 156
劳动预备制度　Ⅱ 146

劳动争议处理暂行规定 Ⅱ 134
劳动争议纠纷案件审判工作 Ⅱ 164
劳动争议调解的"北仑经验" Ⅱ 169
劳务派遣暂行规定 Ⅱ 173
老龄社会 Ⅰ 279
李宁在第六届世界杯体操赛上获得六枚金牌 Ⅱ 663
李培林和景天魁在中共十六届中央政治局第二十次集体学习上就"努力构建社会主义和谐社会"问题进行讲解 Ⅳ 675
立法后评估工作 Ⅰ 584
利比亚大规模撤侨事件 Ⅲ 442
联合国"教育第一"全球倡议行动 Ⅱ 381
联合国第四次世界妇女大会在北京举行 Ⅰ 85
"两江"医疗保险制度改革试点 Ⅲ 24
量刑规范化改革 Ⅰ 587
辽宁海城豆奶中毒事件 Ⅲ 491
"林护杰出社会工作奖" Ⅲ 208
零就业家庭就业援助制度 Ⅱ 101
刘翔打破男子110米栏世界纪录 Ⅱ 690
留守妇女、留守儿童、留守老人 Ⅰ 266
留学人员回国服务体系建设 Ⅱ 364
留学中国计划 Ⅱ 352
流动人口 Ⅳ 372
流动人口基本公共卫生计生服务 Ⅱ 211 Ⅱ 655
流动人口计划生育管理 Ⅱ 648
流动舞台车工程 Ⅳ 249
六次全国人口普查人口基本情况 Ⅳ 554
垄断行业工资总额和工资水平双重调控政策 Ⅱ 52
鲁迅文学奖 Ⅱ 414
陆学艺社会学发展基金会在北京召开成立大会 Ⅳ 686
伦敦政治经济学院举办费孝通诞辰100周年国际学术会议等一系列纪念活动 Ⅳ 692
旅游消费 Ⅳ 206
律师诚信制度 Ⅰ 662
绿色建筑行动方案 Ⅱ 218

M

"马甸会议" Ⅲ 186
马海德博士获"达米恩·杜顿麻风协会"奖章 Ⅱ 531
马克思主义理论研究和建设工程 Ⅱ 472
马克思主义与社会学理论研讨会在北京召开 Ⅳ 633
买断工龄 Ⅱ 147
茅盾文学奖 Ⅱ 406
煤矿安全监察条例 Ⅲ 477
煤矿安全生产七大举措 Ⅲ 536
煤矿矿长保护矿工安全七条规定 Ⅲ 536
煤矿领导带班下井及安全检查监督制度 Ⅱ 166
煤炭工业部《煤矿安全规程》Ⅲ 457
每十万人口各级学校平均在校生数 Ⅳ 574
每万人口卫生技术人员数 Ⅳ 581
"美丽中国"建设 Ⅳ 295
面向21世纪教育振兴行动计划 Ⅱ 309
民办非企业单位登记管理暂行条例 Ⅰ 330
民办非企业单位自律与诚信建设活动 Ⅰ 679
民办高等学校设置暂行规定 Ⅱ 285
民工潮 Ⅰ 250
"民间组织"统一改称"社会组织" Ⅰ 343

747

民事诉讼法首次明确社会组织公益诉讼主体资格　Ⅲ 312
民用爆炸物品安全管理条例　Ⅲ 514
民政部《关于加快推进灾害社会工作服务的指导意见》　Ⅲ 615
民政部的设立与演变　Ⅲ 111
民政部公布42名首批全国专业社会工作领军人才　Ⅲ 238
民政部清理整顿社会团体　Ⅰ 320
民政部设立"民间组织管理局"　Ⅰ 330
民政部设立基层政权和社区建设司　Ⅲ 249
民政部设立社会工作司　Ⅲ 200
民政部首次命名表彰31个全国村民自治模范县（市、区）　Ⅲ 246
民政部首次启动全国"国际社工日"主题宣传　Ⅲ 233
民政事业费使用管理办法　Ⅲ 84
民主法治示范村创建活动　Ⅰ 440
民族法制体系建设"十二五"规划　Ⅰ 789
民族团结进步创建活动　Ⅰ 784
民族乡行政工作条例　Ⅰ 754
莫言获诺贝尔文学奖　Ⅱ 494

N

纳税人识别号制度　Ⅰ 726
纳税信用等级评定管理办法　Ⅰ 668
纳税信用管理制度　Ⅰ 715
耐用消费品拥有量　Ⅳ 200
南都公益基金会启动"新公民计划"　Ⅲ 300
南方科技大学的改革尝试　Ⅱ 361
南方五省（市）遭受寒潮冰雪灾害　Ⅲ 607

南海本田事件　Ⅱ 166
南京大学社会学院举行成立五周年庆典暨首届中国女社会学家论坛　Ⅳ 699
南京青奥会志愿者　Ⅲ 380
南开大学开办社会学研究生班，授予硕士学位　Ⅳ 623
南开大学社会学学科举行建立30周年庆祝大会　Ⅳ 695
内蒙古呼格吉勒图案　Ⅰ 624
农村"一事一议"筹资筹劳制度　Ⅰ 464
农村部分计划生育家庭奖励扶助制度　Ⅱ 637
农村改革　Ⅰ 225
农村合作医疗章程　Ⅱ 525　Ⅲ 15
农村基层民主法制建设　Ⅰ 439
农村基层政权建设　Ⅰ 405
农村家庭联产承包责任制　Ⅱ 12
农村劳动力开发就业试点　Ⅱ 95
农村劳动力跨地区流动有序化工程　Ⅱ 78
农村贫困监测　Ⅳ 463
农村贫困状况　Ⅳ 560
农村社区建设"诸城模式"　Ⅲ 275
"农村社区建设实验全覆盖"示范活动　Ⅲ 277
农村生活垃圾治理验收办法　Ⅳ 302
农村税费改革　Ⅰ 108
农村危房改造抗震安全基本要求（试行）　Ⅳ 232
农村卫生服务体系建设与发展规划　Ⅱ 571　Ⅳ 310
农村五保供养工作条例　Ⅲ 86
农村学前教育推进工程　Ⅱ 189
农村义务教育教师特岗计划　Ⅱ 104
农村义务教育学生营养改善计划　Ⅱ 192

农村住户调查 Ⅳ455
"农家书屋"工程 Ⅳ252
农民工"退保潮" Ⅲ78
农民工成为工人阶级新成员 Ⅰ293
农民工返乡潮 Ⅰ297
农民工监测调查 Ⅳ466
农民工简易劳动合同文本 Ⅱ163
农民减负 Ⅰ263
农药管理条例 Ⅲ479
农业转基因生物安全管理条例 Ⅲ480

O

欧亚人口与家庭历史国际学术研讨会在北京大学举行 Ⅳ665

P

培养少数民族高层次骨干人才计划 Ⅰ768
平均家庭户规模和婚姻状况类型所占比重 Ⅳ552
平均预期寿命 Ⅳ368
普通高等学校党建工作基本标准 Ⅱ305
普通高等学校设置暂行条例 Ⅱ256

Q

"7·23"甬温线动车追尾特大铁路交通事故 Ⅲ533
七项信息安全国家标准正式实施 Ⅳ28
企业安全生产应急管理九条规定 Ⅲ546
企业工会工作条例 Ⅱ156

企业劳动保障诚信制度 Ⅰ667
企业劳动争议协商调解规定 Ⅱ172
企业民主管理规定 Ⅱ171
企业年金 Ⅲ52
企业年金试行办法 Ⅱ39
企业上网工程正式启动 Ⅳ62
企业退休人员社会化管理 Ⅲ38
企业薪酬调查和信息发布制度 Ⅱ52
企业信息公示暂行条例 Ⅰ722
企业信用分类监管制度 Ⅰ682
企业职工基本养老保险实行行业统筹与属地管理 Ⅲ28
企业职工奖惩条例 Ⅱ130
企业职工养老保险实行统账结合制度 Ⅲ25
千年虫病毒事件 Ⅳ6
钱信忠获首届联合国人口奖 Ⅱ610
钱学森之问 Ⅱ343
"强基提质"工程 Ⅱ647
青海玉树"4·14"大地震 Ⅲ602
"青年文明社区"创建活动 Ⅲ248
青少年学生阳光体育运动 Ⅳ314
清华大学成立社会科学学院 Ⅳ716
清华大学社会学系召开标志清华大学社会学系恢复的国际学术研讨会 Ⅳ667
清理企业"三角债" Ⅰ653
清理整治网络视频有害信息专项行动 Ⅳ46
区域卫生规划 Ⅱ554
区域性行业性集体协商制度 Ⅱ157
取缔非法民间组织暂行办法 Ⅰ332
取消"四大"(大鸣、大放、大辩论、大字报) Ⅲ399
取消票证供应 Ⅳ175

取消全国假日办 Ⅳ 186
全方位拨乱反正 Ⅰ 6
全国"教书育人楷模"评选 Ⅱ 360
全国"十佳运动员"评选 Ⅱ 658
全国安全生产委员会成立 Ⅲ 460
全国百城社区建设情况调查 Ⅲ 267
"全国百佳新闻工作者"评选 Ⅱ 432
全国残疾人运动会 Ⅱ 666
全国诚信守法乡镇企业创建活动 Ⅰ 657
全国城市社区服务工作座谈会 Ⅲ 241
全国城市社区建设示范活动指导纲要 Ⅲ 254
全国城市社区建设四平现场会 Ⅲ 258
全国城乡义务教育实现全免费 Ⅱ 355
全国打击淫秽色情网站专项行动 Ⅳ 17
"全国道德模范"评选 Ⅱ 480
全国地面沉降防治规划 Ⅳ 293
全国地市级公共文化设施建设规划 Ⅱ 204
全国第一次大规模职业病普查 Ⅱ 528
全国法制宣传日 Ⅰ 560
全国防盲治盲规划（2012—2015年） Ⅳ 321
全国个人信用信息基础数据库试行 Ⅳ 99
全国工人运动会 Ⅱ 667
全国和谐社区建设工作会议 Ⅲ 278
全国健康教育与健康促进工作规划纲要（2005—2010年） Ⅳ 306
全国街道社区党建工作会议 Ⅲ 280
全国开展社会团体"小金库"治理工作 Ⅲ 307
全国抗击"非典" Ⅰ 122
全国科学大会 Ⅱ 227
全国美术馆、公共图书馆、文化馆（站）免费开放制度 Ⅳ 259

全国美术馆发展扶持计划 Ⅳ 257
全国民族团结进步表彰大会 Ⅰ 746
全国年节及纪念日放假办法 Ⅳ 179
全国农村婚姻家庭协作调查工作会议在北京举行 Ⅳ 631
全国农村社区建设工作座谈会 Ⅲ 273
全国农村社区建设试验县（市、区）工作实施方案 Ⅲ 273
全国农民体育健身工程 Ⅱ 692
全国农民运动会 Ⅱ 672
全国青年歌手电视大奖赛 Ⅱ 413
全国青少年网络文明公约 Ⅳ 87
全国人大常委会关于国务院机构改革问题的决议 Ⅰ 392
全国人大常委会关于加强法制教育维护安定团结的决定 Ⅰ 56
全国人大常委会批准《准予就业最低年龄公约》 Ⅲ 128
全国人口普查 Ⅱ 607
全国人民代表大会常务委员会关于严惩拐卖、绑架妇女、儿童的犯罪分子的决定 Ⅲ 406
全国人民代表大会常务委员会关于惩治劫持航空器犯罪分子的决定 Ⅲ 410
全国人民代表大会常务委员会关于充分发挥专门委员会作用的若干意见 Ⅰ 454
全国人民代表大会常务委员会设立法制工作委员会 Ⅰ 519
全国人民代表大会常务委员会议事规则 Ⅰ 409
全国人民代表大会代表建议和全国政协委员提案办理工作 Ⅰ 456
全国人民代表大会和地方各级人民代表大会代表法 Ⅰ 423

索　引

全国人民代表大会和地方各级人民代表大会选举法　Ⅰ 379

全国人民代表大会议事规则　Ⅰ 411

全国少数民族传统体育运动会　Ⅱ 668

全国少数民族文艺会演　Ⅰ 737

全国社会保障基金　Ⅲ 32

全国社会工作标准化技术委员会成立　Ⅲ 228

全国社会工作者职业水平考试开考　Ⅲ 201

全国社会管理创新综合试点指导意见　Ⅰ 350

全国社会学学科规划会议在成都召开　Ⅳ 625

全国社会主义初级阶段理论与社会学学术研讨会召开　Ⅳ 632

全国社区服务示范城区标准　Ⅲ 247

全国社区建设工作会议　Ⅲ 269

全国首家"爱心慈善超市"建立　Ⅲ 257

全国首批创建信用体系建设示范城市　Ⅰ 728

全国特殊奥林匹克运动会　Ⅱ 669

全国统计执法大检查　Ⅰ 702

全国统一中小学生学籍管理制度　Ⅱ 375

全国土地执法"百日行动"　Ⅰ 581

全国万家社区图书室援建和万家社区读书活动　Ⅲ 262

全国乡村医生教育规划（2011—2020年）　Ⅳ 323

全国消灭脊髓灰质炎规划　Ⅱ 537

全国性行业协会商会评估授牌大会在人民大会堂隆重召开　Ⅲ 317

全国性社会组织首次开展联合援疆行动　Ⅲ 310

全国性宗教团体新闻发布制度　Ⅰ 784

全国养老保险和再就业服务中心建设工作会议在京召开　Ⅳ 664

全国医疗卫生服务体系规划纲要（2015—2020年）　Ⅱ 594

全国医疗卫生系统"三好一满意"活动　Ⅱ 583

全国医院工作条例　Ⅱ 529

全国亿万农民健康促进行动　Ⅳ 303

全国优秀博士学位论文评选　Ⅱ 312

全国优秀电视剧飞天奖和金鹰奖　Ⅱ 404

全国优秀短篇小说评奖　Ⅱ 402

全国优秀儿童文学奖　Ⅱ 416

全国哲学社会科学"七五"规划　Ⅳ 630

全国哲学社会科学规划办公室批准国家社会科学基金特别委托重大项目——中国社会管理创新研究信息库建设　Ⅳ 719

全国整治互联网低俗之风专项行动　Ⅳ 120

全国政协关于政治协商、民主监督、参政议政的规定　Ⅰ 424

全国政协双周协商座谈会　Ⅰ 497

全国政协提案工作条例　Ⅰ 418

全国志愿者队伍建设信息系统　Ⅲ 376

全国中小学创建和谐校园活动　Ⅱ 347

全国中小学勤工俭学暂行工作条例　Ⅱ 239

全国中小学生"安全教育日"　Ⅲ 422

全国中小学网络"校校通"工程　Ⅱ 319

全国中小学危房改造工程　Ⅱ 280

《全国助理社会工作师、社会工作师职业水平考试大纲》发布　Ⅲ 199

全国宗教工作会议　Ⅰ 748

全国综合减灾示范社区标准　Ⅲ 281

全科医生制度　Ⅱ 209

全面改善贫困地区义务教育薄弱学校基本办学条件　Ⅱ 186

751

全面加强和改进学校美育工作 Ⅱ 395
全面建立农村最低生活保障制度 Ⅱ 45
全面建设小康社会与中国"三农"问题学术研讨会在合肥召开 Ⅳ 675
全面取消农业税 Ⅱ 41
全面推进"检务公开"制度建设 Ⅰ 572
全面推进计划生育优质服务工作 Ⅱ 629
全面推进居家养老服务 Ⅲ 123
全面推进依法行政实施纲要 Ⅰ 138
全面推进依法治校实施纲要 Ⅱ 379
全民健身计划 Ⅱ 214
全民健身计划纲要 Ⅱ 679
全民健身条例 Ⅱ 695 Ⅳ 318
"全民健身与奥运同行"活动 Ⅳ 308
全民健身志愿服务大行动 Ⅲ 350
全民科学素养行动计划纲要 Ⅱ 475
全民普法 Ⅰ 528
全民所有制工业企业转换经营机制条例 Ⅱ 76
群星奖·文华奖 Ⅱ 453
群众安全感抽样调查 Ⅳ 445

R

人才强国战略 Ⅱ 332
人才市场 Ⅰ 268
人工影响天气管理条例 Ⅲ 572
人口变动情况抽样调查 Ⅳ 347
人口表 Ⅳ 548
人口出生率、死亡率和自然增长率 Ⅳ 550
人口计生与扶贫开发相结合 Ⅱ 653
人口健康信息管理办法（试行） Ⅳ 324
人口就业状况 Ⅳ 374
人口年龄结构 Ⅳ 370
人口年龄结构和抚养比 Ⅳ 549
人口受教育程度 Ⅳ 373
人口统计调查综述 Ⅳ 333
人口文化建设 Ⅱ 652
人口与就业统计 Ⅳ 329
人力资源市场整合 Ⅱ 196
人民代表大会常务委员会联系人大代表制度 Ⅰ 407
人民代表大会代表议案与代表建议制度 Ⅰ 401
人民公社体制解体 Ⅰ 236
人民监督员制度 Ⅰ 565
人民陪审员制度 Ⅰ 597
人民网上市 Ⅳ 147
人民网舆情监测室成立 Ⅳ 119
人民政协的会议制度 Ⅰ 399
人事部推行《"电子政务"实施方案》 Ⅳ 83
人事档案制度 Ⅰ 310
人事争议处理规定 Ⅱ 158
人文发展水平 Ⅳ 506
"如何引导农民走向市场"座谈会在北京举行 Ⅳ 646
乳品质量安全监督管理条例 Ⅲ 522

S

"3Q大战"爆发 Ⅳ 33
"三个面向"教育方针 Ⅱ 243
"三结合"就业方针 Ⅰ 228 Ⅱ 65
"三年百万"高校毕业生就业见习计划 Ⅱ 113

"三农"问题　Ⅰ 261

"三区"社会工作人才支持专项计划方案　Ⅲ 219

三网融合推广方案　Ⅳ 72

"三下乡"活动　Ⅳ 242

"三支一扶"计划　Ⅱ 104

扫除文盲工作条例　Ⅱ 262

"扫黄打非·净网 2014"行动　Ⅳ 43

森林防火条例与森林病虫害防治条例　Ⅲ 558

山东荣成社会诚信体系建设　Ⅰ 717

山东泰安"菜单式"志愿服务　Ⅲ 345

山东章丘埠西村《村民自治章程》　Ⅰ 419

山西省志愿服务条例　Ⅲ 384

山西文水县假酒事件　Ⅲ 475

山西襄汾"9·8"尾矿库溃坝事故　Ⅲ 525

陕西铜川陈家山"11·28"矿难　Ⅲ 501

商会协会行业信用建设工作指导意见　Ⅰ 678

商品房　Ⅳ 209

商品房销售管理办法　Ⅳ 224

商务部发布通知规范外企从事网络销售等行为　Ⅳ 128

商务部下发通知规范网络购物促销行为　Ⅳ 133

商务领域信用信息管理办法　Ⅰ 697

上海复旦大学分校举办社会学讲习班　Ⅳ 625

上海浦东新区专业社会工作实践　Ⅲ 193

上海社会保障基金案　Ⅲ 76

上海市司法改革试点工作　Ⅰ 618

少数民族人口　Ⅳ 376

少数民族事业五年规划　Ⅰ 774

奢侈品消费　Ⅳ 207

设立工资控制线　Ⅱ 26

设立国家教育委员会　Ⅱ 249

设立国务院食品安全委员会　Ⅲ 529

社队企业的变迁　Ⅰ 238

《社会》英文刊 Chinese Journal of Sociology 创刊首发仪式成功举办　Ⅳ 704

《社会》杂志创刊　Ⅳ 621

社会保险费征缴暂行条例　Ⅲ 29

社会保险基本情况　Ⅳ 589

社会保险基金　Ⅲ 46

社会保障"十二五"规划纲要　Ⅰ 360

社会保障管理体制改革　Ⅲ 12

社会保障卡工程　Ⅱ 197

社会保障信息化建设　Ⅲ 75

社会保障载入宪法　Ⅲ 3

社会保障制度体系不断完善　Ⅲ 9

社会变迁中的妇女国际学术研讨会在上海举行　Ⅳ 654

《社会发展研究》创刊　Ⅳ 700

社会服务统计　Ⅳ 414

社会福利企业的形成与发展　Ⅲ 143

社会福利社会化　Ⅲ 113

社会福利性募捐义演管理暂行办法　Ⅲ 161

社会抚养费征收管理制度　Ⅱ 633

"社会工作"被引入社区矫正领域　Ⅲ 195

社会工作服务项目绩效评估指南　Ⅲ 237

社会工作人才队伍建设试点　Ⅲ 198

社会工作首次写进《社会救助暂行办法》　Ⅲ 232

社会工作者继续教育办法　Ⅲ 205

社会工作者入驻福利院　Ⅲ 194

社会工作者职业道德指引　Ⅲ 227

《社会工作者职业水平评价暂行规定》、《助

753

理社会工作师、社会工作师职业水平考试实施办法》 Ⅲ 196
社会工作专业人才队伍建设中长期规划 Ⅲ 217
"社会管理"成为政府基本职能 Ⅰ 329
社会结构 Ⅳ 535
社会救助情况 Ⅳ 590
社会科学与中国性病艾滋病防治工作研讨会在京召开 Ⅳ 668
社会力量办学条例 Ⅱ 302
社会力量参与流浪乞讨人员救助服务 Ⅲ 103
社会全球化进程 Ⅳ 517
社会生活环境噪声排放标准 Ⅳ 292
《社会体制蓝皮书》出版发行 Ⅳ 724
社会统计 Ⅳ 331
社会统计的信息化发展 Ⅳ 395
社会统计指标体系和社会发展综合指数 Ⅳ 382
社会统计专项工作和专项调查 Ⅳ 421
社会团体登记管理条例 Ⅰ 318
社会协商对话制度 Ⅰ 408
社会信用体系建设部际联席会议制度 Ⅰ 694
社会信用体系建设规划纲要（2014—2020年） Ⅰ 713
社会学博士点设立 Ⅳ 711
社会学教学机构成立 Ⅳ 709
《社会学评论》创刊 Ⅳ 696
《社会学研究》公开发行 Ⅳ 629
《社会诊断》一书翻译出版 Ⅲ 231
社会治安综合治理领导责任制 Ⅲ 412
《社会治理》杂志创刊 Ⅳ 723
社会主义荣辱观（"八荣八耻"） Ⅱ 484
社会主义新农村建设 Ⅰ 143 Ⅰ 295 Ⅳ 487

社会组织服务民生行动 Ⅲ 316
社会组织免税资格认定制度 Ⅰ 346
社会组织纳入国家社会信用体系建设 Ⅲ 314
社会组织评估管理办法 Ⅰ 348
社会组织人才队伍建设纳入国家中长期人才发展规划 Ⅲ 308
社会组织人才培训纳入国家专业技术人才工程 Ⅲ 313
社会组织首次列入省级人代会代表类别 Ⅲ 311
社会组织直接登记制度 Ⅰ 359
社区工作者楷模谭竹青 Ⅲ 271
"社区减灾平安行"活动 Ⅲ 270
"社区建设"列入国民经济和社会发展五年计划 Ⅲ 256
社区老年福利服务星光计划 Ⅲ 122
社区社会组织备案制度 Ⅲ 292
涉外文化艺术表演及展览管理规定 Ⅱ 445
深化干部人事制度改革规划纲要 Ⅰ 481
深化高等学校创新创业教育改革 Ⅱ 389
深化国有企业改革 Ⅰ 270
深化农村改革综合性实施方案 Ⅰ 368
深化医药卫生体制改革公开征求民众意见 Ⅰ 473
深入的生育力调查 Ⅳ 351
深入开展学雷锋活动 Ⅲ 325
深圳滑坡事故 Ⅲ 548
深圳社区治理模式 Ⅲ 266
深圳市义务工作者联合会 Ⅲ 327
神木全民免费医疗 Ⅲ 77
沈阳社区管理模式 Ⅲ 250
审判林彪、江青反革命集团 Ⅰ 524
审判委员会制度 Ⅰ 603

索引

生产安全事故报告和调查处理条例 Ⅲ 520

生活垃圾填埋场污染控制标准 Ⅳ 291

《生态文明体制改革总体方案》的制定 Ⅳ 301

生态移民工程 Ⅰ 129

生育保险 Ⅲ 20

生猪屠宰管理条例 Ⅲ 521

省际工会联动维护农民工权益机制 Ⅱ 153

失业保险条例 Ⅲ 29

失业预警机制建设 Ⅱ 112

"十一五"农民体育健身工程建设规划 Ⅳ 313

"十一五"期间国家突发公共事件应急体系建设规划 Ⅲ 586

"十一五"社区服务体系发展规划 Ⅲ 274

时间储蓄银行 Ⅲ 344

时间利用抽样调查 Ⅳ 450

实行计划生育基本国策 Ⅰ 233

实行农村家庭承包经营制度 Ⅰ 10

实行政社分开，建立乡政府 Ⅰ 34

实施九年制义务教育 Ⅰ 234

食品安全百千万示范工程 Ⅲ 530

食品安全信用体系建设 Ⅰ 669

食品安全性毒理学评价程序 Ⅲ 470

食品质量安全市场准入制度 Ⅲ 481

世界主要国家和地区城市人口比重 Ⅳ 609

世界主要国家和地区出生率 Ⅳ 593

世界主要国家和地区出生时预期寿命 Ⅳ 597

世界主要国家和地区大中小学生入学率 Ⅳ 604

世界主要国家和地区结婚率与离婚率 Ⅳ 599

世界主要国家和地区劳动参与率 Ⅳ 600

世界主要国家和地区社会支出占国内生产总值的比重 Ⅳ 607

世界主要国家和地区失业率 Ⅳ 601

世界主要国家和地区死亡率 Ⅳ 595

世界主要国家和地区医疗支出占国内生产总值比重及人均医疗支出 Ⅳ 606

世界主要国家和地区婴儿死亡率 Ⅳ 596

世界主要国家和地区总抚养比 Ⅳ 592

世界宗教与精神领袖和平千年大会 Ⅰ 762

事业单位登记管理暂行条例 Ⅰ 331

事业单位分类改革 Ⅰ 185

事业单位工作人员收入分配制度改革方案 Ⅰ 340

事业单位工作人员养老保险制度改革试点方案 Ⅰ 344

事业单位人事管理条例 Ⅰ 365

事业单位实行绩效工资制度 Ⅱ 44

适度普惠型儿童福利制度建设试点 Ⅲ 141

收入分配21部委联席会议制度 Ⅱ 57

收入分配中的效率与公平 Ⅱ 21

"守合同重信用"活动 Ⅰ 684

首次发布中国富人榜单 Ⅱ 32

首次金砖国家卫生部长会议在北京召开 Ⅱ 583

首次开征个人收入调节税 Ⅱ 17

首次全国行业协会改革发展经验交流会在广州召开 Ⅲ 305

首钢承包制试点 Ⅱ 8

首届"壹基金·社会工作奖" Ⅲ 213

首届法律与社会国际学术研讨会召开 Ⅳ 672

首届全国老年社工论坛 Ⅲ 226

首届全国退役军人安置保障理论研讨会在北京举办 Ⅳ 660

首届全国优秀专业社会工作服务项目评选 Ⅲ 220

首届世界互联网大会在乌镇举行　Ⅳ 159
首届中国慈善论坛在北京举行　Ⅲ 180
首届中国社工年会　Ⅲ 209
首批3G牌照发放　Ⅳ 122
首张4G牌照发放　Ⅳ 153
兽药管理条例　Ⅲ 497
"枢纽型"社会组织　Ⅰ 345
数字图书馆推广工程　Ⅱ 205
"双百人物"评选　Ⅱ 497
水库大坝安全管理条例　Ⅲ 561
水污染防治行动计划　Ⅲ 618
司法部《跨地区跨单位民间纠纷调解办法》 Ⅲ 415
司法部《民间纠纷处理办法》 Ⅲ 405
司法部等《关于进一步加强律师参与涉法信访工作的意见》 Ⅲ 428
司法公开和审判权运行机制改革试点　Ⅰ 596
司法公开三大平台建设　Ⅰ 599
司法救助制度　Ⅰ 611
司法体制改革　Ⅰ 616
私营经济载入宪法　Ⅰ 247
私营企业主　Ⅰ 256
四川步云乡直选乡长　Ⅰ 430
四川地震灾区社会重建调查报告暨研讨会在中国社会科学院举行　Ⅳ 683
四川芦山"4·20"强烈地震　Ⅲ 608
四大骨干互联网实现互联互通　Ⅳ 59
"四个民主"写入党的全国代表大会报告　Ⅲ 248
"四个全面"战略布局　Ⅰ 210
"四进社区"活动　Ⅲ 259
饲料和饲料添加剂管理条例　Ⅲ 476

松花江流域发生洪涝灾害　Ⅲ 610
松花江水环境污染事件　Ⅲ 509
孙志刚事件与《城市流浪乞讨人员收容遣送办法》被废止　Ⅰ 562

T

太阳村　Ⅲ 162
特别职业培训计划　Ⅱ 114
特级教师评选规定　Ⅱ 282
特殊教育提升计划　Ⅱ 224
特殊群体文化权益保障项目　Ⅳ 265
特种设备安全监察条例　Ⅲ 492
提高个人所得税起征点　Ⅱ 51
"提高两个比重"政策思路的提出　Ⅱ 47
提高农村扶贫标准　Ⅲ 101
提高三条社会保障线水平　Ⅲ 89
提供住宿的社会服务机构床位数　Ⅳ 591
体育产业发展纲要　Ⅱ 677
体育教练员技术职称暂行规定　Ⅱ 661
天津滨海新区"8·12"爆炸事故　Ⅲ 449
天津市和平区新兴街社区服务志愿者协会　Ⅲ 322
调整知识青年上山下乡工作方针　Ⅱ 60
铁路交通事故应急救援和调查处理条例　Ⅲ 593
铁路运输安全保护条例　Ⅲ 506
通信短信息服务管理规定　Ⅳ 52
通信设备　Ⅳ 202
童石军等政协委员关于建立国家信用管理体系的建议　Ⅰ 654
统筹城乡就业试点　Ⅱ 102

统筹推进世界一流大学和一流学科建设总体方案 Ⅱ 391
统计上划分城乡的规定 Ⅳ 467
图书、期刊和报纸出版情况 Ⅳ 585
屠呦呦获 2011 年拉斯克临床医学奖 Ⅱ 582
屠呦呦获 2015 年诺贝尔生理学或医学奖 Ⅰ 212
土壤环境保护工程 Ⅳ 296
推行大病保险，减轻病患负担 Ⅱ 599
推行行政执法责任制 Ⅰ 568
推进分级诊疗制度建设 Ⅱ 597
推进基层综合性文化服务中心建设 Ⅱ 520
推进实施集体合同制度攻坚计划 Ⅱ 176
推进协商民主广泛多层制度化发展 Ⅰ 495
推进医疗卫生与养老服务相结合 Ⅱ 598
拖欠民办教师工资现象及其治理 Ⅱ 270

W

"5·12"全国防灾减灾日 Ⅲ 598
外国记者和外国常驻新闻机构管理条例 Ⅱ 421
外国人在中国就业管理规定 Ⅱ 84
外国商会管理暂行规定 Ⅰ 319
外交部等《中国公民出境游突发事件应急预案》Ⅲ 591
外商企业职工的劳动保险制度 Ⅲ 17
万村千乡市场工程 Ⅳ 180
万名医师支援农村卫生工程 Ⅱ 208
王琇瑛获"南丁格尔奖章" Ⅱ 532
网格化管理 Ⅰ 338
网络文化经营单位内容自审管理办法 Ⅳ 147
网络文化经营许可证 Ⅳ 102
网络文明工程 Ⅳ 83
网络新闻作品首次参加中国新闻奖评选 Ⅳ 110
网络游戏防沉迷系统开发标准出台 Ⅳ 104
网络游戏管理暂行办法 Ⅳ 126
危险化学品安全管理条例 Ⅲ 484
微博"打拐" Ⅲ 139
微软停止 XP 系统服务 Ⅳ 41
"微笑列车" Ⅲ 164
为实现"千年发展目标"作出的贡献 Ⅳ 541
违反和解除劳动合同的经济补偿办法 Ⅱ 142
违反劳动法处罚办法 Ⅱ 140
围歼"车匪路霸"专项斗争 Ⅲ 411
卫生部《餐饮业和集体用餐配送单位卫生规范》Ⅲ 503
卫生部《进一步改革完善公共卫生监督执法体制的通知》Ⅲ 472
卫生部《中国控制吸烟报告》Ⅱ 572
卫生部撤销全国牙防组 Ⅱ 574
卫生部关于深化卫生改革的几点意见 Ⅱ 544
卫生费用 Ⅳ 582
卫生监督体制改革 Ⅱ 556
卫生人才队伍建设 Ⅱ 581
卫生统计 Ⅳ 411
魏礼群提出"关于改革学科建制和提升社会学地位的建议"，中共中央国务院领导作出重要批示 Ⅳ 721
魏礼群提出"关于加强社会管理学科的建议"，国务院领导刘延东作出重要批示 Ⅳ 715
温饱生活水平 Ⅳ 189
温州诚信建设 Ⅰ 711
温州烟具行业协会应对欧盟 CR 法案和反倾

销诉讼　Ⅲ 304
文化、科技、卫生"三下乡"活动　Ⅱ 442
文化部创新奖　Ⅱ 482
文化产业统计　Ⅳ 435
文化产业振兴规划　Ⅱ 495
文化多样性与当代世界国际学术研讨会在中山大学召开　Ⅳ 682
文化机构数　Ⅳ 584
文化名家暨"四个一批"人才工程　Ⅱ 496
文化市场综合行政执法人员行为规范　Ⅱ 504
文化消费　Ⅳ 205
文化信息资源共享工程　Ⅱ 470
文艺工作座谈会召开（2014年北京）　Ⅱ 513
汶川地震抗灾救助行动　Ⅰ 163
我国各民主党派"智力支边"工作　Ⅰ 743
我国织就全球最大"水上物联网"　Ⅳ 136
无公害食品行动计划　Ⅲ 481
无障碍环境建设条例　Ⅲ 150
五部委"汇缴"玉树捐款　Ⅲ 172
"五个一工程"　Ⅱ 427
"五位一体"总体布局　Ⅰ 192　Ⅳ 501
物联网"十二五"发展规划　Ⅳ 143
雾霾治理　Ⅳ 299

X

西部大开发战略　Ⅰ 106　Ⅳ 495
西部地区"少生快富"工程　Ⅱ 636
《西藏发展道路的历史选择》白皮书　Ⅰ 796
《西藏民主改革50年》白皮书　Ⅰ 778
《西藏文化的保护与发展》白皮书　Ⅰ 777
"西新工程"（西部少数民族地区广播电视覆盖工程）　Ⅱ 203
希望工程　Ⅰ 64
习近平就促进亚太互联互通发表讲话　Ⅳ 151
习近平首提中国网络治理主张　Ⅳ 156
下海经商潮　Ⅰ 253
《夏商周年表》公布　Ⅱ 456
县级大部制改革的富阳模式　Ⅰ 477
县级大部制改革的深圳模式　Ⅰ 480
县级大部制改革的顺德模式　Ⅰ 479
县级公立医院综合改革　Ⅱ 585
县级人民代表大会代表由选民直接选举　Ⅰ 383
县级以上地方各级人民代表大会设立常务委员会　Ⅰ 381
县乡两级人大代表换届选举城乡同票同权　Ⅰ 493
"现代化与青年"的亚洲青年研究国际学术研讨会在上海举行　Ⅳ 648
宪法宣誓制度　Ⅰ 646
乡村教师支持计划（2015—2020年）　Ⅱ 390
乡村医生从业管理和队伍建设　Ⅱ 564
乡镇煤矿管理条例　Ⅲ 471
乡镇煤矿实行行业管理　Ⅲ 461
乡镇企业内部信用管理规范化　Ⅰ 690
乡镇企业异军突起　Ⅰ 35
乡镇综合配套改革　Ⅰ 441
乡镇综合文化站管理办法　Ⅱ 493
香港捐赠雅安风波　Ⅲ 180
向民间资本开放宽带接入市场　Ⅳ 167
消除贫困取得举世瞩目的成就　Ⅳ 483
消费者权益日　Ⅳ 175
小城镇户籍制度改革　Ⅰ 274
小城镇建设　Ⅰ 258

小康社会 Ⅰ 281

"小康社会"及统计监测 Ⅳ 474

小康生活水平 Ⅳ 190

校车安全管理条例 Ⅱ 374

新华网 A 股上市 Ⅳ 127

《新疆的发展与进步》白皮书 Ⅰ 780

新疆民族地区社工服务示范站建设项目 Ⅲ 216

新浪、网易和搜狐三大门户网站上市 Ⅳ 79

新社会阶层 Ⅰ 283

新生代农民工 Ⅰ 276

新时期的统一战线和人民政协的任务 Ⅰ 377

新世纪关于"三农"工作的 12 个中共中央一号文件（2004—2015 年） Ⅰ 136

新闻出版总署关于加快出版传媒集团改革发展的指导意见 Ⅳ 145

新闻出版总署关于发展电子书产业的意见 Ⅳ 130

新闻发布会和新闻发言人制度 Ⅰ 476

新闻战线"走基层、转作风、改文风"活动 Ⅱ 498

新型城镇化 Ⅰ 302

新型农村社会养老保险 Ⅲ 60

新兴职业 Ⅰ 291

信访条例 Ⅲ 429

信息产业"十五"规划纲要 Ⅳ 86

信息网络传播权保护条例 Ⅳ 22

信用消费 Ⅳ 203

"信用长三角"建设 Ⅰ 686

刑法修正案取消 13 个死刑罪名 Ⅲ 445

刑事案件速裁程序试点工作 Ⅰ 619

兴边富民行动规划 Ⅰ 787

"幸福工程"——旨在救助贫困母亲的社会公益活动 Ⅱ 620

幸福家庭创建活动 Ⅱ 650

性别统计 Ⅳ 429

修订《进出口商品检验法实施条例》 Ⅲ 504

修订《食品生产许可管理办法》 Ⅲ 547

修订《药品经营质量管理规范》 Ⅲ 539

学前教育三年行动计划 Ⅱ 359

学生入学率和升学率 Ⅳ 573

学校数 Ⅳ 569

学校体育工作条例 Ⅱ 674

"雪炭工程" Ⅱ 216

Y

"12320"医疗卫生服务热线 Ⅱ 570

"12333"劳动保障咨询电话 Ⅱ 152

140 余家网站签署《抵制非法网络公关行为自律公约》 Ⅳ 135

1982 年党政机构改革 Ⅰ 25

1982 年新修订《中华人民共和国宪法》 Ⅰ 27

1985 年国有企业工资改革 Ⅱ 131

1985 年机关事业单位工资制度改革 Ⅱ 15

1987 年全国 1% 人口抽样调查 Ⅳ 354

1993 年机关和事业单位工资制度改革 Ⅱ 25

1995 年全国 1% 人口抽样调查 Ⅳ 356

雅安抗震救灾社会组织和志愿者服务中心 Ⅲ 302

亚洲及太平洋地区社会工作教育研讨会在北京大学举行 Ⅳ 633

亚洲减灾大会在北京召开 Ⅲ 580

亚洲就业论坛与"体面就业"的提出 Ⅱ 106

烟花爆竹安全管理条例　Ⅲ 512
延迟退休年龄大讨论　Ⅲ 71
严惩统计失信行为　Ⅰ 721
严格控制中小学生流失　Ⅱ 263
严厉打击刑事犯罪活动　Ⅰ 32
炎黄艺术馆　Ⅱ 490
研究开征遗产税　Ⅱ 24
"阳光计生行动"　Ⅱ 646
"阳光绿色网络工程"启动　Ⅳ 106
养老服务业综合改革　Ⅱ 198
养老金实行社会统筹　Ⅲ 16
药品安全信用分类管理制度　Ⅰ 674
药品电子商务试点监督管理办法　Ⅳ 79
野生药材资源保护管理条例　Ⅱ 537
"一案三制"应急管理体系基本形成　Ⅲ 592
医疗保险体制改革　Ⅲ 59
医疗机构管理条例　Ⅱ 547
医疗救助制度　Ⅲ 94
医疗事故处理条例　Ⅱ 561
医疗卫生机构床位数　Ⅳ 579
医疗卫生机构数　Ⅳ 576
医疗卫生人员数　Ⅳ 578
"医疗质量万里行"活动　Ⅳ 321
医院首次设立社会工作部门　Ⅲ 190
依法严惩"地沟油"犯罪活动　Ⅲ 534
依法严惩危害食品安全犯罪活动　Ⅲ 530
依法治国基本方略　Ⅰ 550
壹基金及壹基金风波　Ⅲ 171
以创业带动就业　Ⅱ 120
以改善民生为重点的社会建设　Ⅰ 341
"以县为主"的农村义务教育管理体制　Ⅱ 327
义务教育学校标准化建设　Ⅱ 185

异地高考　Ⅱ 373
易制毒化学品管理条例　Ⅲ 508
疫苗流通和预防接种管理条例　Ⅳ 307
饮用水水源保护区污染防治管理规定　Ⅳ 279
营养改善工作管理办法　Ⅳ 319
营业性演出管理条例　Ⅱ 449
应对气候变化统计　Ⅳ 420
优化公共服务流程，方便群众办事创业　Ⅱ 225
优化人民代表大会常务委员会组成人员结构　Ⅰ 436
邮电部和电子工业部合并为信息产业部　Ⅳ 77
幼儿园管理条例　Ⅱ 265
娱乐场所管理条例　Ⅱ 486
原国家经贸委所属十个国家局改制为行业协会　Ⅰ 333
"约翰·凯瑟克爵士全国优秀社会工作学生奖励"　Ⅲ 196
云南鲁甸"8·3"地震　Ⅲ 616
云南民族博物馆　Ⅰ 758
云南民族工作汇报会　Ⅰ 740
允许合法非劳动收入的提出　Ⅱ 19
运动员技术等级标准　Ⅱ 691
《运动员守则》、《教练员守则》和《裁判员守则》　Ⅱ 660

Z

再就业工程　Ⅱ 82
再就业工作部际联席会议制度　Ⅱ 93
在行政管理事项中使用信用记录和信用报告　Ⅰ 705
在校学生数　Ⅳ 571

在中国境内就业的外国人参加社会保险暂行办法 Ⅲ 63
"展璞计划" Ⅲ 287
长江、松花江与嫩江流域发生特大洪涝灾害 Ⅲ 569
长江学者奖励计划 Ⅱ 310
召开全国托幼工作会议 Ⅲ 126
浙江等省市试点建立新闻道德委员会 Ⅱ 505
浙江乐清市人大常委会"人民听证"制度 Ⅰ 468
浙江温岭"民主恳谈会" Ⅰ 445
浙江张氏叔侄案 Ⅰ 563
征信业管理条例 Ⅰ 707
整治互联网重点领域广告专项行动启动 Ⅳ 154
整治事业单位公开招聘问题专项行动 Ⅱ 124
"整治网络弹窗"专项行动 Ⅳ 45
政府大规模派遣大学生、研究生出国留学 Ⅱ 232
政府法律顾问制度 Ⅰ 605
政府公共服务统计综述 Ⅳ 399
政府上网工程启动 Ⅳ 60
政府统计信息化改革 Ⅳ 397
政府信息公开条例 Ⅰ 153　Ⅰ 472
"政社分开"的提出 Ⅰ 307
"政事分开"的提出 Ⅰ 323
支持转企改制国有文艺院团改革发展 Ⅱ 508
知识青年返城 Ⅰ 8
职称改革 Ⅰ 48
职工代表大会制度 Ⅰ 388
职工带薪年休假制度 Ⅱ 160
职工带薪休假条例 Ⅳ 181

职工董事、职工监事制度 Ⅱ 138
职工基本养老保险关系转移接续办法 Ⅲ 47
职工医疗保障制度改革 Ⅰ 89
职务犯罪国际追逃追赃专项行动 Ⅰ 620
职业年金 Ⅲ 53
职业院校教师素质提高计划 Ⅱ 190
"志愿服务"被纳入本科学分 Ⅲ 348
"志愿服务"成为高中生综合素质评价重要指标 Ⅲ 346
志愿服务广州交流会 Ⅲ 380
志愿服务记录办法 Ⅲ 374
志愿服务信息系统基本规范 Ⅲ 390
制定全国人口发展区域规划 Ⅱ 611
制定全国人民代表大会组织法 Ⅰ 390
制定突发公共卫生事件应急条例 Ⅰ 123
治理商业贿赂专项工作 Ⅰ 695
中德签署社会保险双边协定 Ⅲ 35
中等收入群体 Ⅰ 285
中东部地区严重雾霾事件 Ⅲ 613
中共全国人大常委会党组关于进一步发挥全国人大代表作用,加强常委会制度建设的若干意见 Ⅰ 453
中共中央、国务院《中国教育改革和发展纲要》Ⅱ 281
中共中央、国务院关于促进残疾人事业发展的意见 Ⅲ 146
中共中央、国务院关于打赢脱贫攻坚战的决定 Ⅰ 216
中共中央、国务院关于分类推进事业单位改革的指导意见 Ⅰ 354
中共中央、国务院关于加快西藏发展、维护社会稳定的意见 Ⅲ 417

中共中央、国务院关于加强出版工作的决定　Ⅱ 410

中共中央、国务院关于加强和创新社会管理的意见　Ⅰ 352

中共中央、国务院关于加强和改革农村学校教育若干问题的通知　Ⅱ 240

中共中央、国务院关于加强和改进新形势下民族工作的意见　Ⅰ 794

中共中央、国务院关于加强计划生育工作严格控制人口增长的决定　Ⅱ 616

中共中央、国务院关于加强老龄工作的决定　Ⅲ 119

中共中央、国务院关于加强青少年体育增强青少年体质的意见　Ⅱ 693

中共中央、国务院关于加强人口与计划生育工作稳定低生育水平的决定　Ⅱ 625

中共中央、国务院关于加强社会治安综合治理的决定　Ⅲ 408

中共中央、国务院关于加强职工教育的决定　Ⅱ 237

中共中央、国务院关于加强宗教工作的决定　Ⅰ 763

中共中央、国务院关于加速科学技术进步的决定　Ⅰ 326

中共中央、国务院关于进一步加强和改进大学生思想政治教育的意见　Ⅱ 491

中共中央、国务院关于进一步加强和改进新时期体育工作的意见　Ⅰ 334　Ⅱ 687

中共中央、国务院关于进一步加强民族工作加快少数民族和民族地区经济社会发展的决定　Ⅰ 766

中共中央、国务院关于进一步加强农村卫生工作的决定　Ⅱ 560

中共中央、国务院关于进一步加强全国安定团结的通知　Ⅲ 395

中共中央、国务院关于进一步加强人才工作的决定　Ⅰ 134　Ⅱ 338

中共中央、国务院关于进一步加强新时期信访工作的意见　Ⅲ 585

中共中央、国务院关于进一步做好计划生育工作的指示　Ⅱ 606

中共中央、国务院关于进一步做好宗教工作若干问题的通知　Ⅰ 749

中共中央、国务院关于普及小学教育若干问题的决定　Ⅱ 236

中共中央、国务院关于全面加强人口和计划生育工作统筹解决人口问题的决定　Ⅱ 638

中共中央、国务院关于深化教育改革全面推进素质教育的决定　Ⅰ 101　Ⅱ 311

中共中央、国务院关于深化科技体制改革加快国家创新体系建设的意见　Ⅰ 356

中共中央、国务院关于深化文化体制改革的若干意见　Ⅱ 476

中共中央、国务院关于深化医药卫生体制改革的意见　Ⅰ 168　Ⅱ 578

中共中央、国务院关于深入推进城市执法体制改革改进城市管理工作的指导意见　Ⅰ 508

中共中央、国务院关于卫生改革与发展的决定　Ⅰ 92　Ⅰ 328

中共中央、国务院关于严格控制成立全国性组织的通知　Ⅰ 312

中共中央、国务院关于引进国外智力以利四化建设的决定　Ⅱ 242

索 引

中共中央、国务院新疆工作座谈会　Ⅰ 782

中共中央、国务院印发《法治政府建设实施纲要（2015—2020年）》　Ⅰ 511

中共中央、国务院印发《生态文明体制改革总体方案》　Ⅰ 372

中共中央、国务院召开国有企业下岗职工基本生活保障和再就业工作会议　Ⅳ 662

中共中央、国务院召开全国卫生工作会议　Ⅱ 548

中共中央办公厅、国务院办公厅关于加强和改进村民委员会选举工作的通知　Ⅰ 475

中共中央办公厅、国务院办公厅关于健全和完善村务公开和民主管理制度的意见　Ⅰ 443

中共中央办公厅、国务院办公厅关于进一步推行政务公开的意见　Ⅰ 451

中共中央办公厅、国务院办公厅关于依法处理涉法涉诉信访问题的意见　Ⅰ 615

中共中央办公厅、国务院办公厅转发《关于加强流动人口管理工作的意见》　Ⅲ 417

中共中央办公厅、国务院办公厅转发关于领导干部定期接访、定期下访、矛盾纠纷排查化解工作制度化的三个文件　Ⅲ 435

中共中央关于改进和加强高等学校思想政治工作的决定　Ⅱ 259

中共中央关于构建社会主义和谐社会若干重大问题的决定　Ⅰ 151

中共中央关于加强和改进思想政治工作的若干意见　Ⅱ 454

中共中央关于加强和改善党对工会、共青团、妇联工作领导的通知　Ⅰ 316

中共中央关于加强人民政协工作的意见　Ⅰ 461

中共中央关于加强社会主义精神文明建设若干重要问题的决议　Ⅰ 91　Ⅱ 435

中共中央关于坚持和完善中国共产党领导的多党合作和政治协商制度的意见　Ⅰ 412

中共中央关于坚决保证刑法、刑事诉讼法切实实施的指示　Ⅰ 522

中共中央关于建立老干部退休制度的决定　Ⅰ 389

中共中央关于建立社会主义市场经济体制若干问题的决定　Ⅰ 76

中共中央关于教育体制改革的决定　Ⅰ 41　Ⅱ 247

中共中央关于进一步发展体育运动的通知　Ⅱ 665

中共中央关于进一步繁荣发展哲学社会科学的意见　Ⅱ 471

中共中央关于进一步繁荣文艺的若干意见　Ⅱ 419

中共中央关于经济体制改革的决定　Ⅰ 38

中共中央关于科学技术体制改革的决定　Ⅰ 40

中共中央关于控制我国人口增长问题致全体共产党员、共青团员的公开信　Ⅰ 12　Ⅱ 602

中共中央关于全党必须坚决维护社会主义法制的通知　Ⅰ 535

中共中央关于全面深化改革若干重大问题的决定　Ⅰ 199

中共中央关于全面推进依法治国若干重大问题的决定　Ⅰ 626

中共中央关于社会主义精神文明建设指导方针的决议　Ⅰ 54

中共中央关于深化文化体制改革推动社会主义文化大发展大繁荣若干重大问题的决定

763

Ⅰ 184　Ⅱ 499
中共中央关于完善社会主义市场经济体制若干问题的决定　Ⅰ 132
中共中央关于制定国民经济和社会发展第十三个五年规划的建议　Ⅰ 213
中共中央关于宗教问题的基本政策　Ⅰ 741
中共中央精神文明建设指导委员会关于推进诚信建设制度化的意见　Ⅰ 719
中共中央西藏工作座谈会　Ⅰ 736
中共中央印发《中国共产党统一战线工作条例（试行）》　Ⅰ 506
中共中央政治局关于改进作风、密切联系群众的八项规定　Ⅰ 195
中共中央政治局集体学习世界网络技术发展和中国网络文化建设与管理问题　Ⅳ 112
中关村企业信用体系建设模式　Ⅰ 703
中国"慈善问责"第一单　Ⅲ 173
中国 1990 年人口普查国际讨论会在北京召开　Ⅳ 643
中国 21 世纪议程　Ⅳ 276
《中国 21 世纪议程》与可持续发展战略　Ⅰ 80
中国奥委会反兴奋剂委员会成立　Ⅱ 677
中国保护大熊猫及其栖息地工程　Ⅲ 301
中国报业自律公约　Ⅱ 455
中国参加制定《国际反兴奋剂宪章》　Ⅱ 671
中国残疾人福利基金会　Ⅲ 156
中国残疾人联合会　Ⅰ 62
中国成功举办第 29 届奥运会　Ⅱ 694
中国成立空中警察总队　Ⅲ 427
中国诚信建设成果展　Ⅰ 676
"中国城市的未来：面向 21 世纪的研究议程"国际讨论会在沪举办　Ⅳ 666

中国城市化进程　Ⅳ 492
中国出版工作者职业道德准则　Ⅱ 439
中国出入境管理工作　Ⅲ 401
中国慈善联合会　Ⅲ 170
中国慈善事业发展指导纲要（2011—2015年）　Ⅲ 169
中国村民自治第一村　Ⅰ 384
《中国大百科全书》出版　Ⅱ 401
《中国大百科全书·社会学》问世　Ⅳ 638
中国大陆第一家英文社会学学术期刊 The Journal of Chinese Sociology（《中国社会学杂志》）创刊　Ⅳ 702
《中国的禁毒》白皮书　Ⅲ 420
《中国的就业状况和政策》白皮书　Ⅱ 95
《中国的民主政治建设》白皮书　Ⅰ 457
《中国的民族区域自治》白皮书　Ⅰ 769
《中国的民族政策与各民族共同繁荣发展》白皮书　Ⅰ 781
《中国的农村扶贫开发》白皮书　Ⅰ 117
《中国的少数民族政策及其实践》白皮书　Ⅰ 761
《中国的政党制度》白皮书　Ⅰ 469
《中国的宗教信仰自由状况》白皮书　Ⅰ 759
中国地方政府创新奖　Ⅰ 432
中国第一部村民自治章程诞生　Ⅲ 243
中国第一部社会形势研究报告《1992—1993年中国：社会形势分析与预测》蓝皮书发布　Ⅳ 649
中国第一份中文电子杂志《神州学人》上线　Ⅳ 74
中国第一个村民委员会诞生　Ⅲ 240
中国电影华表奖、金鸡奖、百花奖　Ⅱ 425

中国电子政务应用示范工程 Ⅳ 63
中国儿童少年基金会成立 Ⅲ 288
《中国法院的司法公开》白皮书 Ⅰ 644
中国佛教协会全国代表会议 Ⅰ 738
中国佛学院 Ⅰ 739
中国扶贫成就显著 Ⅱ 49
中国扶贫基金会 Ⅲ 157
"中国妇女NGO能力建设"项目 Ⅲ 303
《中国改造罪犯的状况》白皮书 Ⅰ 542
中国高速互联网示范工程 Ⅳ 61
中国公民道德论坛 Ⅱ 487
中国公民确定或变更民族成份的规定 Ⅰ 747
中国公用计算机互联网国际联网管理办法 Ⅳ 75
中国共产党第十八次全国代表大会 Ⅰ 190
中国共产党第十八届中央委员会第四次全体会议 Ⅰ 209
中国共产党第十二次全国代表大会 Ⅰ 30
中国共产党第十六次全国代表大会 Ⅰ 120
中国共产党第十七次全国代表大会 Ⅰ 157
中国共产党第十七届中央委员会第五次全体会议 Ⅱ 181
中国共产党第十三次全国代表大会 Ⅰ 59
中国共产党第十四次全国代表大会 Ⅰ 74
中国共产党第十五次全国代表大会 Ⅰ 95
中国共产党第十一届中央委员会第三次全体会议 Ⅰ 3
中国共产党十七届二中全会关于深化行政管理体制改革的意见 Ⅰ 471
中国古代文明探源工程 Ⅱ 466
中国国际文化交流中心成立 Ⅱ 412
中国国际新闻奖 Ⅱ 433

中国红十字会恢复国内工作 Ⅱ 524
中国红十字志愿服务管理办法 Ⅲ 388
中国互联网行业自律公约 Ⅳ 88
中国互联网络信息中心域名注册实施细则 Ⅳ 36
中国互联网络域名管理办法 Ⅳ 14
中国互联网网络版权自律公约 Ⅳ 132
中国互联网协会抵制网络谣言倡议书 Ⅳ 146
中国互联网协会网络诚信推进联盟 Ⅰ 699
中国环保NGO（非政府组织）参加哥本哈根世界气候大会 Ⅲ 306
中国婚姻家庭研究会成立 Ⅳ 620
中国计划生育工作纲要（1995—2000年）Ⅱ 619
中国计划生育协会成立 Ⅱ 601
中国计划生育协会加盟国际计划生育联合会 Ⅱ 603
中国加入《保护文学和艺术作品伯尔尼公约》和《世界版权公约》Ⅱ 427
中国加入《残疾人权利公约》 Ⅰ 170
中国加入《儿童权利公约》Ⅲ 131
中国加入《联合国反腐败公约》 Ⅰ 567
中国加入《消除对妇女一切形式歧视公约》Ⅲ 127
中国加入世界贸易组织 Ⅰ 115
中国建立博士后制度 Ⅱ 250
中国教育改革和发展纲要 Ⅰ 324
中国教育学会成立 Ⅱ 230
中国就业促进会成立 Ⅱ 98
中国就业论坛共识 Ⅱ 97
中国居民健康素养调查 Ⅳ 316
中国举办第11届亚运会 Ⅱ 673

中国科技大学开办少年班　Ⅱ 229
《中国劳动和社会保障状况》白皮书　Ⅱ 89
中国历史文化名城评选　Ⅱ 409
中国连续当选联合国人权理事会成员　Ⅰ 609
中国梦　Ⅰ 194
中国民告官第一案　Ⅰ 536
中国民间文化遗产抢救工程　Ⅱ 467
"中国民间文化艺术之乡"项目　Ⅳ 241
中国农村初级卫生保健发展纲要（2001—2010 年）　Ⅳ 305
中国农村扶贫开发纲要（2001－2010）　Ⅰ 114
中国女子排球队获第三届世界杯女子排球赛冠军　Ⅱ 662
中国签署《儿童生存、保护和发展世界宣言》　Ⅰ 71
中国签署《公民权利和政治权利国际公约》　Ⅰ 100
中国签署《国际人口与发展会议行动纲领》　Ⅱ 618
中国签署《消除对妇女一切形式歧视公约》　Ⅰ 15
中国青年志愿者行动　Ⅲ 331
中国青年志愿者行动发展规划　Ⅲ 354
中国青年志愿者协会成立　Ⅲ 328
中国青年志愿者协会章程　Ⅲ 387
中国青少年发展基金会　Ⅲ 158
中国人口发展前景与对策科学研讨会在北京举行　Ⅳ 645
中国人口控制模式与实践学术讨论会在北京召开　Ⅳ 640
中国人口日　Ⅳ 378
中国人口再生产类型发生历史性转变　Ⅱ 622

中国人民大学社会学理论与方法研究中心被教育部批准正式列为人文社会科学重点研究基地　Ⅳ 668
中国人民武装警察部队总部成立　Ⅲ 401
中国人民银行出台互联网支付管理办法　Ⅳ 142
中国人民银行下发首批第三方支付牌照　Ⅳ 135
中国人民政治协商会议章程　Ⅰ 398
中国少数民族特色村寨　Ⅰ 793
中国社会保险学会　Ⅲ 73
中国社会保障 30 人论坛　Ⅲ 58
中国社会保障改革与发展战略研究项目　Ⅲ 55
中国社会保障论坛　Ⅲ 43
中国社会保障学会成立　Ⅲ 51
《中国社会报》、《社会工作研究》等专业社会工作刊物创办　Ⅲ 185
中国社会服务志愿者队伍建设指导纲要　Ⅲ 352
中国社会福利基金会　Ⅲ 165
中国社会福利有奖募捐委员会的成立与演变　Ⅲ 114
中国社会改革与社会学发展研讨会在贵阳召开　Ⅳ 632
中国社会工作教育协会成立　Ⅲ 191
中国社会工作协会成立　Ⅲ 189
中国社会工作协会社区志愿者工作委员会　Ⅲ 329
中国社会工作学会成立　Ⅲ 239
中国社会科学论坛（2011 社会学）暨金砖国家社会结构比较研究国际研讨会在北京举行　Ⅳ 694
中国社会科学院社会学研究所与南开大学联

合举办社会学专业班 Ⅳ 619
中国社会科学院社会学研究所与中国社会学研究会联合举办第二期社会学讲习班 Ⅳ 620
中国社会科学院社会学研究所与中国社会学研究会联合举办第一期社会学讲习班 Ⅳ 618
中国社会科学院社会学研究所组织召开第 36 届世界社会学大会组织委员会筹备会议 Ⅳ 670
中国社会科学院召开第一届中国社会学博士后论坛 Ⅳ 680
中国社会科学院正式成立社会学研究所 Ⅳ 617
中国社会心理学研究会在北京成立 Ⅳ 623
中国社会学 1991 年学术年会在天津召开 Ⅳ 636
中国社会学代表团参加美国社会学第 80 届年会 Ⅳ 629
中国社会学函授大学面向全国招生 Ⅳ 628
中国社会学会"当前中国社会变迁与小康社会研究"在杭州召开 Ⅳ 639
中国社会学会 1994 年学术年会在上海举行 Ⅳ 653
中国社会学会 1996 年年会暨第四届理事会在沈阳召开 Ⅳ 658
中国社会学会 1997 年年会在昆明举行 Ⅳ 660
中国社会学会 1998 年年会在福建省福清市召开 Ⅳ 663
中国社会学会 1999 年学术年会在武汉举行 Ⅳ 665
中国社会学会 2000 年学术年会在江苏南京召开 Ⅳ 666
中国社会学会 2001 年年会在济南召开 Ⅳ 669
中国社会学会 2002 年学术年会在兰州召开 Ⅳ 671
中国社会学会 2003 年学术年会在四川大学举行 Ⅳ 673
中国社会学会 2005 年学术年会在合肥召开 Ⅳ 677
中国社会学会 2006 年学术年会在太原召开 Ⅳ 678
中国社会学会 2007 年学术年会在湖南长沙举行 Ⅳ 682
中国社会学会 2008 年学术年会暨第七届理事会在长春举行 Ⅳ 683
中国社会学会 2010 年学术年会在哈尔滨市召开 Ⅳ 689
中国社会学会 2011 年学术年会在南昌召开 Ⅳ 692
中国社会学会 2012 年学术年会在银川召开 Ⅳ 695
中国社会学会 2013 年学术年会在贵阳举行 Ⅳ 699
中国社会学会 2014 年学术年会在武汉举行 Ⅳ 700
中国社会学会 2015 年学术年会在湖南长沙举行 Ⅳ 705
中国社会学会教育社会学研究会在天津成立 Ⅳ 638
中国社会学会社会发展与社会保障研究会在北京成立 Ⅳ 651
中国社会学会政治社会学专业委员会成立大会暨社会转型与社会治理学术研讨会在复旦大学举行 Ⅳ 703

《中国社会学年鉴（1979—1989）》出版发行　Ⅳ 635
中国社会学学会1993年学术年会在深圳召开　Ⅳ 648
中国社会学研究国际讨论会在北京召开　Ⅳ 637
中国社会学研究会成立　Ⅳ 615
中国社会学研究会在武汉召开年会　Ⅳ 624
中国社会与中国研究国际学术研讨会在南京召开　Ⅳ 670
中国社会治理论坛（第1—5届）在北京师范大学举行　Ⅳ 717
中国社会组织在联合国坎昆气候变化大会发布共同立场　Ⅲ 309
中国社区标识发布　Ⅲ 282
中国社区建设展示中心　Ⅲ 276
中国社区志愿者注册管理办法　Ⅲ 389
中国实现与国际互联网的全功能连接　Ⅳ 57
中国首部司法改革白皮书　Ⅰ 591
中国首次参加冬季奥运会　Ⅱ 659
中国首次举办高规格中外大学校长论坛　Ⅱ 330
中国宋庆龄基金会　Ⅲ 155
中国特色社会主义社会管理体系　Ⅰ 357
中国体育代表团首次参加夏季奥运会　Ⅱ 664
中国网民人数首次跃居世界第一　Ⅳ 118
中国未成年人网脉工程　Ⅳ 69
中国文艺工作者公约　Ⅱ 407
中国戏剧节　Ⅱ 420
中国戏剧梅花奖　Ⅱ 411
中国消费者协会成立　Ⅳ 172
中国小公民道德建设计划　Ⅱ 462

中国校园健康行动　Ⅳ 248
中国新时期文学　Ⅱ 399
中国新闻奖、长江韬奋奖　Ⅱ 429
中国信用4·16高峰论坛　Ⅰ 681
中国信用发展报告　Ⅰ 677
中国医疗保险研究会　Ⅲ 74
中国医师奖　Ⅱ 565
中国艺术节　Ⅱ 417
中国音乐"金钟奖"　Ⅱ 460
中国预防与控制艾滋病中长期规划（1998—2010年）　Ⅱ 551
中国在第27届奥运会上首次进入奥运会金牌榜前三名　Ⅱ 684
中国志愿服务标识发布　Ⅲ 377
中国志愿服务大辞典　Ⅲ 378
中国志愿服务基金会　Ⅲ 339
中国志愿服务联合会　Ⅲ 337
中国志愿服务元年　Ⅲ 334
"中国质量万里行"活动　Ⅰ 652
中国注册会计师协会会员执业违法行为惩戒办法　Ⅰ 698
中国注册志愿者管理办法　Ⅲ 387
中国宗教代表团出席世界宗教和平会议　Ⅰ 734
中国足球改革发展总体方案　Ⅱ 699
中国足球协会调整改革方案　Ⅱ 700
中国足协多位高官因操纵比赛涉嫌受贿被查　Ⅱ 696
中韩签署社会保险双边协定　Ⅲ 68
中华慈善博物馆　Ⅲ 179
中华慈善奖　Ⅲ 166
中华慈善总会　Ⅲ 160

《中华大典》面世 Ⅱ 451

中华全国中医学会 Ⅱ 526

中华人口奖 Ⅱ 617

中华人民共和国安全生产法 Ⅲ 485

中华人民共和国保守国家秘密法 Ⅲ 432

中华人民共和国标准化法 Ⅲ 464

中华人民共和国残疾人保障法 Ⅰ 161

中华人民共和国草原法 Ⅲ 554

中华人民共和国草原防火条例 Ⅲ 562

中华人民共和国产品质量法 Ⅲ 469 Ⅳ 176

中华人民共和国城市居民委员会组织法 Ⅲ 242

中华人民共和国传染病防治法 Ⅱ 538 Ⅲ 576

中华人民共和国村民委员会组织法 Ⅰ 429

中华人民共和国大气污染防治法 Ⅲ 620

中华人民共和国道路交通安全法 Ⅲ 493

中华人民共和国电信条例 Ⅳ 81

中华人民共和国电子签名法 Ⅳ 96

中华人民共和国动物防疫法 Ⅲ 473

中华人民共和国防洪法 Ⅲ 566

中华人民共和国防沙治沙法 Ⅳ 284

中华人民共和国防汛条例 Ⅲ 560

中华人民共和国防震减灾法 Ⅲ 564

中华人民共和国房产税暂行条例 Ⅳ 212

中华人民共和国妇女权益保障法 Ⅲ 135

中华人民共和国高等教育法 Ⅱ 306

中华人民共和国工会法 Ⅱ 137

中华人民共和国工业产品生产许可证管理条例 Ⅲ 511

中华人民共和国工业和信息化部成立 Ⅳ 117

中华人民共和国公务员法 Ⅰ 142

中华人民共和国公益事业捐赠法 Ⅲ 162

中华人民共和国固体废物污染环境防治法 Ⅲ 563

中华人民共和国广告法 Ⅰ 708

中华人民共和国国防法 Ⅲ 423

中华人民共和国国籍法 Ⅲ 398

中华人民共和国国家安全法 Ⅲ 414 Ⅲ 451

中华人民共和国国家赔偿法 Ⅰ 543

中华人民共和国国境卫生检疫法 Ⅱ 536 Ⅲ 462

中华人民共和国国民经济和社会发展第六个五年计划 Ⅰ 20

中华人民共和国国民经济和社会发展第七个五年计划 Ⅰ 46

中华人民共和国国民经济和社会发展第十二个五年规划纲要 Ⅰ 177

中华人民共和国国民经济和社会发展第十个五年计划纲要 Ⅰ 112

中华人民共和国国民经济和社会发展第十一个五年规划纲要 Ⅰ 145

中华人民共和国国民经济和社会发展十年规划和第八个五年计划纲要 Ⅰ 68

中华人民共和国海上交通安全法 Ⅲ 459

中华人民共和国海洋环境保护法 Ⅲ 549

中华人民共和国海洋石油勘探开发环境保护管理条例 Ⅲ 550

中华人民共和国行政处罚法 Ⅰ 549

中华人民共和国行政复议法 Ⅰ 552

中华人民共和国行政强制法 Ⅲ 445

中华人民共和国行政诉讼法 Ⅰ 538

中华人民共和国行政许可法 Ⅰ 564

中华人民共和国红十字会法 Ⅱ 545 Ⅲ 159

中华人民共和国环境保护法 Ⅳ 275

中华人民共和国环境噪声污染防治法 Ⅲ 566
中华人民共和国集会游行示威法 Ⅲ 403
中华人民共和国计算机信息网络国际联网管理暂行规定 Ⅳ 4
中华人民共和国计算机信息系统安全保护条例 Ⅳ 3
中华人民共和国价格法 Ⅳ 178
中华人民共和国减灾规划（1998—2010年）Ⅲ 567
中华人民共和国教师法 Ⅱ 271
中华人民共和国教育法 Ⅰ 82 Ⅱ 291
中华人民共和国戒严法 Ⅲ 421
中华人民共和国进出境动植物检疫法 Ⅲ 469
中华人民共和国禁毒法 Ⅲ 419
中华人民共和国精神卫生法 Ⅱ 586
中华人民共和国就业促进法 Ⅰ 156 Ⅱ 105
中华人民共和国军人保险法 Ⅲ 69
中华人民共和国抗旱条例 Ⅲ 597
中华人民共和国矿山安全法 Ⅲ 468
中华人民共和国劳动法 Ⅰ 81 Ⅰ 545 Ⅱ 80
中华人民共和国劳动合同法 Ⅲ 45
中华人民共和国劳动争议调解仲裁法 Ⅱ 159
中华人民共和国老年人权益保障法 Ⅲ 117
中华人民共和国立法法 Ⅰ 555
中华人民共和国民办教育促进法 Ⅱ 325
中华人民共和国民法通则 Ⅰ 50 Ⅰ 530
中华人民共和国民事诉讼法 Ⅰ 541
中华人民共和国民族区域自治法 Ⅰ 36
中华人民共和国母婴保健法 Ⅲ 137
中华人民共和国农产品质量安全法 Ⅲ 511
中华人民共和国农村土地承包经营纠纷调解仲裁法 Ⅲ 433
中华人民共和国企业所得税法 Ⅲ 291
中华人民共和国气象法 Ⅲ 571
中华人民共和国人口与计划生育法 Ⅱ 630
中华人民共和国人民调解法 Ⅲ 440
中华人民共和国森林法 Ⅲ 551
中华人民共和国社会保险法 Ⅰ 353 Ⅲ 65
中华人民共和国食品安全法 Ⅰ 166 Ⅲ 455
中华人民共和国食品卫生法（试行）Ⅲ 458
中华人民共和国收养法 Ⅲ 134
中华人民共和国水法 Ⅲ 557
中华人民共和国水土保持法 Ⅲ 559
中华人民共和国水文条例 Ⅲ 588
中华人民共和国水污染防治法 Ⅲ 552
中华人民共和国水下文物保护管理条例 Ⅱ 422
中华人民共和国体育法 Ⅱ 680
中华人民共和国铁路法 Ⅲ 465
中华人民共和国突发事件应对法 Ⅰ 155
中华人民共和国土地管理法 Ⅲ 556
中华人民共和国未成年人保护法 Ⅱ 274 Ⅲ 132
中华人民共和国文物保护法 Ⅱ 408
中华人民共和国物权法 Ⅰ 575
中华人民共和国献血法 Ⅱ 552
中华人民共和国消防法 Ⅲ 526
中华人民共和国消防条例 Ⅲ 554
中华人民共和国消费者权益保护法 Ⅳ 177
中华人民共和国刑法 Ⅰ 520
中华人民共和国刑事诉讼法 Ⅰ 521
中华人民共和国学位条例 Ⅱ 235
中华人民共和国药品管理法 Ⅱ 532
中华人民共和国义务教育法 Ⅱ 253

中华人民共和国预防未成年人犯罪法 Ⅲ 424

中华人民共和国执业医师法 Ⅱ 553

中华人民共和国职业病防治法 Ⅱ 559

中华人民共和国职业教育法 Ⅱ 297

中华人民共和国治安管理处罚条例 Ⅲ 402

中华人民共和国中央人民政府门户网站正式开通 Ⅳ 65

中华人民共和国中医药条例 Ⅱ 563

中华扫盲奖 Ⅱ 298

中华网作为第一只中国网络概念股登上纳斯达克 Ⅳ 78

《中华文化通志》出版 Ⅱ 446

中华再造善本工程 Ⅱ 465

中华志愿者协会 Ⅲ 340

中基透明指数上线 Ⅲ 176

中山大学社会学系受民政部委托举办社会工作师资培训班 Ⅳ 634

中山市"2+8+N"模式 Ⅲ 277

中外合作办学条例 Ⅱ 289

中小企业信用担保体系建设 Ⅰ 689

中小学教师职业道德规范 Ⅱ 279

中小学生课业负担过重现象及其治理 Ⅱ 268

中小学生学习生活状况专项调查 Ⅳ 447

中小学学生助学金制度 Ⅱ 294

中小学幼儿教师奖励基金会 Ⅱ 255

《中学生守则》和《小学生守则》 Ⅱ 231

中学生体育合格标准 Ⅱ 670

"中学生心声热线"3330564 Ⅲ 321

中央财政科技计划管理改革 Ⅰ 723

中央机构编制委员会关于事业单位改革若干问题的意见 Ⅰ 326

中央民族工作会议 Ⅰ 752

中央企业负责人薪酬制度改革 Ⅱ 56

中央社会治安综合治理委员会 Ⅰ 321

中央社会治安综合治理委员会等《关于加强农村治保会工作的意见》 Ⅲ 413

中央社会治安综合治理委员会等《关于进一步开展基层安全创建活动的意见》 Ⅲ 424

中央网络安全和信息化领导小组成立 Ⅳ 40

中央政法委员会关于切实防止冤假错案的指导意见 Ⅰ 595

中药品种保护条例 Ⅱ 543

《中医大辞典》出版 Ⅱ 529

中医药健康服务发展规划（2015—2020年） Ⅱ 595

中组部、民政部召开全国优秀社区工作者表彰会议 Ⅲ 263

重大动物疫情应急条例 Ⅲ 578

重大决策终身责任追究制度及责任倒查机制 Ⅰ 630

重大水污染事件报告暂行办法 Ⅳ 287

重点城市义务教育免试就近入学 Ⅱ 188

周边国家互联互通基础设施建设规划 Ⅳ 72

朱镕基"诚信为本，不做假账"的演讲 Ⅰ 659

珠海"万人评政府" Ⅰ 435

主观问卷调查 Ⅳ 440

住房担保贷款管理试行办法 Ⅳ 214

住房公积金制度 Ⅳ 212

住房救助制度 Ⅲ 104

住户调查 Ⅳ 330

住宅室内装饰装修管理办法 Ⅳ 286

注册会计师行业诚信建设纲要 Ⅰ 663

著名社会学家陆学艺逝世 Ⅳ 697

著名社会学家郑杭生逝世 Ⅳ 702

著作权涉外代理机构管理暂行办法 Ⅱ 438
专任教师数 Ⅳ 570
"转型中的中国社会和中国社会学：纪念中国改革开放30周年"国际学术研讨会召开 Ⅳ 685
"资源节约型"和"环境友好型"社会建设 Ⅳ 288
自然之友成立 Ⅲ 295
宗教活动场所和境内外国人宗教活动管理 Ⅰ 756
宗教社会团体登记管理实施办法 Ⅰ 750
宗教政策法规学习月活动 Ⅰ 790
综合减灾防灾工程建设 Ⅱ 199
综合社会统计的发展 Ⅳ 380
综合社会统计资料的编辑出版 Ⅳ 392
综合治理出生婴儿性别比升高问题 Ⅱ 624

总人口 Ⅳ 365
最低工资线 Ⅰ 286
最低生活保障制度 Ⅰ 265
最高人民法院、最高人民检察院关于办理利用信息网络实施诽谤等刑事案件适用法律若干问题的解释 Ⅳ 148
最高人民法院《关于当前形势下做好劳动争议纠纷案件审判工作的指导意见》Ⅲ 434
最高人民法院首审互联网反垄断案 Ⅳ 152
最高人民法院统一行使死刑案件核准权 Ⅰ 574
最高人民法院巡回法庭 Ⅰ 632
做好新型农村合作医疗试点工作 Ⅱ 566
做好政府向社会力量购买公共文化服务工作 Ⅱ 516

后 记

《当代中国社会大事典（1978—2015）》（综合卷）1—4卷（以下简称《大事典》），是国家社科基金特别委托重大项目——"中国社会管理创新研究信息库建设"的重要成果之一，由北京师范大学中国社会管理研究院牵头、国内多个单位合作，历时三年完成的一部大型文献图书，也是北京师范大学建设国家新型社会治理智库的一个重点工程。

编写这部《大事典》，是国务院研究室原主任、北京师范大学中国社会管理研究院院长魏礼群提议，经数十位有关领导、专家学者反复论证而确定的。作为编委会主任，魏礼群同志亲自拟定了这部《大事典》的编写规划、条目遴选标准和撰写规范，强调"要从国家全局和长远发展的战略高度，全面把握和理解编写《大事典》的时代方位和历史价值"；要求参编人员"本着对国家负责、对人民负责的精神，以高度的责任感、使命感和紧迫感，兢兢业业，精益求精，切实把这项工作做好"；一再勉励大家"怀揣崇高而又神圣的理想信念和勇于担当的精神，树立质量意识、品牌意识、精品意识，努力将这部大型图书编写成为一部精品力作！"在编写过程的每个重要节点，魏礼群同志都召集编撰人员研讨问题，并提出具体指导意见。在2015年10月至12月间，魏礼群同志又不辞劳苦，对2400多词条的初稿进行了逐条审阅，亲笔修改订正多达1000余处！在本书付梓之际，特向魏礼群同志表示敬意和感谢！

谨向本书副主编宁吉喆、马建堂、李培林、赵世洪、宋贵伦同志，以及丁建华、王金华、尹奕玉、邓文奎、刘应杰、朱光明、李实、李强、陈鹏、陈光金、施子海、侯岩、赵秋雁、龚维斌、葛延风、翟振武、薛澜等编委会各位成员致以敬意和感谢。他们不仅在这部《大事典》酝酿之初就给予了热情支持，提出建设性意见，而且关注整个编写过程，并认真审阅了本书初稿的全部或部分内容，为本书的编写质量和顺利出版提供了保障。

中国社会科学院院长王伟光同志、中央政法委副秘书长徐显明同志亲自为本书申请国家出版基金撰写了专家推荐意见。

中国社会科学院社会学研究所、当代中国研究所，国家行政学院政治学教研部、应急管理培训中心，国家统计局资料研究中心，中共北京市委社会工作委员会，北京师范大学收入分配研究院，是《当代中国社会大事典》编写的主要合作单位。中国社会科学院李文研究员、王春光研究员、陈光金研究员，国家行政学院徐鸿武教授、龚维斌教授，国家统计局丁建华研究员、周彦、胡英、刘巍、江明清、王金萍、张芃和程宏丽，以及北京师范大学收入分配研究院刘浩教授与中国社会管理研究院朱光明教授、张汝立教授、尹栾玉教授、谢琼副教授、党生翠副教授、陈鹏副教授作为各章撰稿负责人，承担了繁重的编写任务。北京大学王思斌教授、刘爱玉教授，中国人民大学匡文波教授、张旭教授、鲁全副教授、郭林副教授，吉林大学李士梅教授，中国社会科学院胡乐明研究员、唐钧研究员，中共北京市委党校李敬德教授，中共中央党校沈传亮副教授，华北电力大学姚建平教授，北京师范大学方增泉研究员，中国劳动保障科学研究院俞贺楠副研究员，国家卫计委办公厅副主任谭相东承担了本书各章初稿的审定工作。

本书有的条目借鉴引用了有关报纸、期刊、网站的相关内容，因事典体例所限难以一一标注，在此一并表示感谢。

《大事典》编委会办公室主任赵秋雁，副主任朱光明、岳金柱，成员尹栾玉、陈鹏、苑仲达、李放作为《大事典》编写的组织协调者，以及《求是》杂志经济部原主任李建军、中共北京市委党校李敬德教授、北京师范大学张公武副教授等作为全书的统审统改人员，都为本书的完成作出了宝贵贡献。

商务印书馆总经理于殿利，华文出版社总编辑李红强、副总编辑方明亮，对《大事典》的出版提供了有力支持和重要帮助。

在本书付梓之际，我们对为《大事典》筹划、编写、审稿、编辑、推荐出版和资助出版的所有人员和单位付出的辛劳和予以的帮助，一并致以衷心的谢忱！

《当代中国社会大事典》编委会办公室
二〇一七年七月

图书在版编目（CIP）数据

当代中国社会大事典：1978—2015：全四卷 / 魏礼群主编. —北京：华文出版社：商务印书馆，2018.1
ISBN 978-7-5075-4859-4

I.①当… II.①魏… III.①中国历史－大事记－1978—2015 IV.①K275.06

中国版本图书馆CIP数据核字（2018）第009309号

权利保留，侵权必究。

责任编辑：胡慧华
封面设计：武守友
版式设计：智善天下

当代中国社会大事典（1978—2015）
（全四卷）

魏礼群　主编

商　务　印　书　馆　出
（北京王府井大街36号　邮政编码100710）版
华　文　出　版　社
（北京广外大街305号8区2号楼　邮政编码100055）
商　务　印　书　馆　发行
三河市尚艺印装有限公司　印刷
ISBN　978－7－5075－4859－4

| 2017年12月第1版 | 开本 787×1092　1/16 |
| 2017年12月第1次印刷 | 印张 187 3/4　插页 4 |

定价：1200.00元